KB219803

국제관계와 글로벌정치

제3판

Andrew Heywood & Ben Whitham 지음
김계동 옮김

명인문화사

국제관계와 글로벌정치, 제3판

제1쇄 펴낸 날 2024년 8월 26일

지은이 Andrew Heywood & Ben Whitham
옮긴이 김계동
펴낸이 박선영
주 간 김계동
디자인 전수연
교 정 김유원

펴낸곳 명인문화사
등 록 제2005-77호(2005.11.10)
주 소 서울시 송파구 백제고분로 36가길 15 미주빌딩 202호
이메일 myunginbooks@hanmail.net
전 화 02)416-3059
팩 스 02)417-3095

ISBN 979-11-6193-090-9
가 격 35,000원

Global Politics, Third Edition

Andrew Heywood and Ben Whitham

* 일러두기
다른 용어와의 중복성을 방지하기 위해 이 책에서는 globalization을 세계화가 아니라 '글로벌화'로 번역한다.

간략목차

1장	글로벌정치의 소개	1
2장	글로벌정치의 역사	26
3장	글로벌정치의 전통이론	55
4장	글로벌정치의 비판이론	85
5장	글로벌 시대의 경제	117
6장	글로벌 시대의 국가, 개인과 외교정책	150
7장	글로벌 시대의 사회	180
8장	글로벌 시대의 민족과 민족주의	202
9장	정체성, 차이, 문화의 글로벌정치	225
10장	권력과 21세기 세계질서	251
11장	전쟁과 평화	283
12장	대량살상무기의 글로벌정치	310
13장	테러리즘	331
14장	인권과 인도적 개입	349
15장	국제법	376
16장	빈곤, 개발, 불평등	397
17장	글로벌 환경이슈	428
18장	글로벌정치에서 여성, 젠더, 성	453
19장	국제기구와 유엔	473
20장	글로벌거버넌스	495
21장	지역주의와 글로벌정치	521
22장	누구의 글로벌정치인가?	547

세부목차

도해목차 x
저자소개 xv
역자소개 xv
제3판 서문 xiv

1장 글로벌정치의 소개 1

'국제'에서 '글로벌'로? 2
국가 중심주의에서 혼합 행위자 모델과 상호의존성으로? 3
국내적/국제적 분열에서 초국가주의로? 5
국제 무정부상태에서 글로벌거버넌스로? 7

글로벌화와 그 함의 9
글로벌화의 정의와 논쟁 9
반글로벌화 정치 12
글로벌주의, 세계화 그리고 세계주의: 글로벌정치의 상상 14

글로벌정치를 관찰하는 렌즈 16
전통적 관점 16
비판적 관점 18

글로벌정치의 연속성과 변화 22

2장 글로벌정치의 역사 26

글로벌세계의 형성 27
최초의 인류에서 '문명'으로 27
식민주의와 자본주의의 세계 재창조 28
산업화와 제국주의 30

'짧은' 20세기: 1914-90년 31
대중사회와 사회운동의 여명기 31
제1차 세계대전 32
제2차 세계대전 35
제국주의의 종말 39
냉전의 등장과 종식 40

1990년 이후의 세계 47
'새로운 세계질서'? 47
9/11: 역사의 회귀? 48
다극체제의 귀환 52

3장 글로벌정치의 전통이론 55

이론이란 무엇인가? 56
이론의 유형 56
이론의 구성요소 57

국제관계이론의 탄생과 1919년의 '신화' 58
전통적 서술 58

현실주의 59
고전적 현실주의 62
국가통치술과 국가이익 63
무정부상태와 그 함의 67
극(polarity), 안정성과 세력균형 68
현실주의의 평가 및 수정 69

자유주의 70
상호의존적 자유주의 71
공화주의적 자유 72
현실주의/자유주의 분열의 마감? 73
신자유주의적 제도주의 74
자유주의의 평가 76

글로벌하게 생각하기 77
상호연결성의 도전 78
세계주의 82

4장 글로벌정치의 비판이론 85

비판으로서의 이론 86
비판이론에서의 '비판' 86
비판이론과 국제관계 87

반식민지론, 탈식민지론, 비식민지론 88
탈식민지 상태 88
반식민주의 실천 89
탈식민지 세계질서의 이론화 91

페미니즘이론 92
페미니즘 국제사상의 미시사회적 근원 92
페미니즘과 국제관계 93
페미니즘 사상을 이용한 국제관계의 이론화 95

마르크스주의, 신마르크스주의, 탈마르크스주의이론 96
마르크스주의와 국제관계 97
마르크스주의의 종류 97

후기 구조주의이론 101
후기 구조주의와 국제관계 103

구성주의이론 104
구성주의와 국제관계 109
국제체제의 구성주의, 갈등, 변화 111

글로벌정치에서 비판이론의 미래 113
주요 이론 내의 긴장과 시너지 효과 113
새로운 위기와 새로운 불공정에 대한 새로운 비판이론? 114

5장 글로벌 시대의 경제 117

자본주의와 신자유주의 118
자본주의의 비전과 모델 118
기업자본주의 119
사회자본주의 120
국가자본주의 121
인종자본주의 123
신자유주의의 '승리' 123
신자유주의의 함의 127

경제 글로벌화 130
경제 글로벌화의 동인 130
어떻게 경제생활이 글로벌화되는가? 135

위기의 글로벌 자본주의 138
부흥과 쇠퇴에 대한 설명 138
대폭락의 교훈 140
현대 위기와 '연쇄확산' 142
아시아 금융위기 143
2007년의 대폭락, 글로벌 금융위기와 대침체 143
민족주의의 부활과 글로벌 금융위기의 장기적 영향 146

6장 글로벌 시대의 국가, 개인과 외교정책 150

국가와 국가사회 151
국가와 주권 151
국가와 글로벌화 154
국가전환 158
행동경제학과 '넛지(Nudge)'국가 160
포스트모던 국가 161
국가의 회귀 164

국가정부에서 다층거버넌스로 166
정부에서 거버넌스로 166
다층 거버넌스 169

외교정책 171
외교정책의 종식? 173
외교정책은 어떻게 결정되는가? 174

7장 글로벌 시대의 사회 180

사회적 연결: 두터움에서 얇음으로 181
산업화에서 후기 산업주의로 181
신기술과 '정보사회' 182
위험성, 불확실성과 안보불안 187

글로벌화, 소비주의와 개인 189
사회를 통한 글로벌 이해 189
글로벌화의 사회·문화적 함의 190
글로벌화하는 소비주의 191
개인주의의 등장 193

글로벌 시민사회 195
글로벌 시민사회의 의미 195
초국가적 사회운동과 비정부기구 196
아래로부터의 글로벌화 200

8장 글로벌 시대의 민족과 민족주의 202

민족주의와 세계정치 203
민족주의에 대한 이해 203
민족국가의 세계 206
민족주의, 전쟁과 분쟁 210

이주시대의 민족 211
움직이는 세계 213
초국가적 공동체와 디아스포라 216

민족주의의 부활 219
21세기 민족주의의 부활 220
문화 민족주의의 부활 221

9장 정체성, 차이, 문화의 글로벌정치 225

정체성과 정치 226
정체성과 문화 226
글로벌 정체성, 글로벌 불평등 229
차이와 글로벌 사회갈등 232
다문화주의의 종말? 238

종교의 부흥 239
종교와 정치 239
근본주의자들의 증가 241

정체성, 문화 및 경쟁적 세계질서 243
문화적 헤게모니: 미국에서 중국의 세계질서로? 244
'서양' 대 '나머지'? 246
'아시아적 가치' 247

10장 권력과 21세기 세계질서 251

권력이론과 글로벌정치 252
능력으로서의 권력 252
국가권력의 원천 252
관계적 권력 255
구조적 권력 255
변화하는 권력의 특성 257
'우월적 권력'으로부터 '협력적 권력'으로 258

냉전의 양극체제와 그 여파 259
냉전의 양극체제 259
냉전의 종식 261
'신세계질서'와 그 운명 261

단극체제: 미국의 패권과 세계질서 264
패권의 부상 264
'테러와의 전쟁'과 그 결과 266
자비로운 패권인가, 악의적인 패권인가? 268

다극적 세계질서? 271
신흥강대국의 부상 271
국가중심의 세계질서 모델을 넘어서 275
다극의 질서 또는 무질서? 277

11장 전쟁과 평화 283

전쟁의 성격 284
전쟁의 유형 284
왜 전쟁이 발생하는가? 286

변화하는 전쟁의 국면 292
'과거의' 전쟁으로부터 '새로운' 전쟁으로? 292
'하이브리드'전쟁 및 사이버공격 295

전쟁의 정당화 300
현실정치 301
정당한 전쟁론 302
평화주의 305

12장 대량살상무기의 글로벌정치 310

대량살상무기의 정의 311
고전적 정의 311
현대적 정의 312

핵확산 313
핵무기의 본질 313
냉전시대의 핵확산 314
탈냉전시대의 핵확산 315

핵 군비통제와 군비축소 320
군비통제와 확산방지 전략 320
핵무기가 없는 세계? 327

13장 테러리즘 331

테러리즘의 이해 332
테러의 정의 333
'새로운' 테러의 등장? 335

테러의 중요성 337
테러의 글로벌화 337

테러에 대한 대응 341
국가안보의 강화 341
군사적 대응 344
정치적 타협 345

14장 인권과 인도적 개입 349

인권의 정의 350
글로벌정치에서의 개인 350
인권의 유형 351
글로벌정치에서 인권의 의미 354

인권레짐 354
유엔 354
비정부기구 355
국가 359

인권에의 도전 362
철학적 반론 362
탈식민주의의 비판 363

인도적 개입 364
인도적 개입의 등장과 쇠퇴 364
인도적 개입과 '신세계질서' 365
인도적 개입과 '테러와의 전쟁' 366
인도적 개입의 조건 368
'보호를 위한 책임'(R2P)? 371
인도적 개입의 효과 372

15장 국제법 376

국제법의 본질 377
법이란 무엇인가? 377
국제법의 원천 379
왜 국제법은 준수되는가? 381

국제법의 변화 385
국제법에서 세계법으로? 386
전쟁법의 발전 389
국제재판소와 국제형사재판소 391

16장 빈곤, 개발, 불평등 397

빈곤과 개발의 이해 398
빈곤의 정의와 측정 398
개발: 경쟁적인 비전 400

보다 불평등한 세계? 406
글로벌 불평등성에 대한 이해 406
글로벌 불평등의 상황 408
글로벌화, 빈곤, 불평등 412
글로벌 불평등이 중요한가? 414

개발과 원조의 정치 415
구조조정프로그램 415
국제원조와 개발윤리 420
채무면제와 공정무역 424

17장 글로벌 환경이슈 428

녹색정치의 등장 429
글로벌이슈로서의 환경 429
녹색정치: 개혁주의 또는 급진주의? 432

기후변화 437
기후변화의 원인 437
기후변화의 결과 439
기후변화는 어떻게 대처해야 하는가? 441
왜 국제협력은 달성하기가 그렇게 어려운가? 444

자원안보 447
자원, 권력, 번영 450

18장 글로벌정치에서 여성, 젠더, 성 453

페미니즘, 젠더, 그리고 글로벌정치 454
페미니즘 사상과 운동 454
글로벌정치에 대한 '젠더렌즈' 455

젠더화와 퀴어화되는 글로벌정치 458
젠더화된 국가와 민족 458
젠더와 안보, 전쟁, 무력분쟁 461
젠더, 글로벌화, 개발 466
젠더화된 글로벌정치의 퀴어링과 탈식민화 470

19장 국제기구와 유엔 473

국제기구 474
국제기구의 등장 474
국제기구는 왜 창설되는가? 475

유엔 477
국제연맹에서 유엔으로 477
유엔의 구조 479
평화와 안보의 증진 481
평화유지에서 평화구축으로 484
유엔 평화유지와 평화구축은 작동되고 있는가? 486
경제와 사회개발의 촉진 487
유엔의 미래 : 도전과 개혁 488

20장 글로벌거버넌스 495

글로벌거버넌스 496
어떤 것이 글로벌거버넌스이고, 어떤 것이 아닌가 496
글로벌거버넌스: 신화 또는 현실? 501

글로벌경제 거버넌스: 브레튼우즈체제의 전개 501
브레튼우즈체제의 수립 502
브레튼우즈체제의 운명 504

글로벌경제 거버넌스의 평가 505
국제통화기금 505
세계은행 509
세계무역기구 510

브레튼우즈체제의 개혁? 513
글로벌경제 거버넌스와 2007–2009년의 위기 513
'베이징 합의'? 518

21장 지역주의와 글로벌정치 521

지역과 지역주의 522
지역주의의 본질 522
왜 지역주의인가? 525
지역주의와 글로벌화 528
아시아의 지역주의 531
아프리카의 지역주의 532
아메리카의 지역주의 534
유럽의 지역주의 535

22장 누구의 글로벌정치인가? 547

'글로벌'의 쇠퇴? 548
글로벌 빌리지의 긴장 549
글로벌의 종말인가, 아니면 글로벌주의의 종말인가? 551
글로벌정치의 질서 재편 552

글로벌 미래에 대한 경쟁적 비전 554
국경 없는 세계? 554
민주주의의 세계? 555
중국의 세기? 558
국제공동체의 성장? 559
글로벌 사우스의 부상? 560
다가오는 환경재앙? 561
지구 밖의 글로벌정치? 562

알 수 없는 미래? 564
누구의 글로벌 미래? 565

참고문헌 568
찾아보기 589

도해목차

도표

1.1 글로벌정치의 차원 2
2.1 1700년 이후 세계인구의 증가 29
3.1 현실주의의 핵심 명제와 두 가지 주요 접근법 61
6.1 다층 거버넌스 170
8.1 전 세계 난민, 지역별 통계 216
10.1 하드, 소프트, 스마트 파워 258
10.2 인도 GDP, 2000–2020년 274
12.1 미국과 소련이 축적한 핵탄두, 1945–90년 316
12.2 핵무기 보유국의 탄두 수, 2020년 (배치 및 미배치 핵무기 추정) 319
16.1 매슬로우의 욕구의 위계 399
16.2 중국 내 절대빈곤층 비율의 감소를 나타내는 세계은행 자료 409
22.1 세계 군사비 지출 553

표

6.1 지방화 사례 171
10.1 영향력 확대 정책 261
14.1 인권의 3세대 353
16.1 인간개발지표(HDI) 순위 상위 10개국과 하위 10개국 410
18.1 성불평등지수비교 일람표, 상위 10개국과 하위 10개국 469
19.1 국제기구에 대한 자유주의와 현실주의의 관점 475
20.1 글로벌정치의 대립적 모델 500
21.1 세계 주요 지역기구 527

지도

10.1 브릭스(BRICs) 신흥강국 271

개념

개인주의 195
거버넌스 168
경제 글로벌화 130
국가 154
국가이익 176
국제기구 474
국제레짐 77
국제법 377
국제원조 421
군비경쟁 315
권력 252
글로벌 시민사회 196
글로벌거버넌스 497
글로벌화 10
다극체제 271
다문화주의 236
다자주의 503
단극체제 265

대량학살 370
문화 226
문화 글로벌화 193
민족 204
민족국가 207
민족성 237
보충성 539
상호성 382
상호의존 5
생태학 430
서양 29
세계정부 498
세력균형 302
소비주의 192
신보수주의 268
신자유주의 127
실패국가 164
연방주의 172
외교정책 175
유교 247
이상주의 71
인권 350
인도적 개입 364
'인종', '인종차별주의', '인종화' 88
자유민주주의 234
자유방임 141
자유주의적 국제주의 73
저개발 405
정부간주의 501
정치 글로벌화 158
제3세계 39
제국주의 31
젠더 455
종교 239
종교적 근본주의 241
주권 4
지역주의 523
지정학 450
집단안보 482
초강대국 41
초국가적 공동체 217
초국가주의 499
카오스이론 82
퀴어이론 457
타자화 235
탈물질주의 197
테러 333
통치성 159
패권 264
평화구축 486
평화유지 484
포드주의와 후기 포드주의 183

주요 인물

(성 – 가, 나, 다 순)

마하트마 간디(Mohandas Karamchand Gandhi, 1869–1948) 307
휴고 그로티우스(Hugo Grotius, 1583–1645) 378
조셉 나이(Joseph S. Nye, 1937년생) 258
제임스 로즈나우(James Rosenau, 1924–2011) 81
한스 모겐소(Hans Morgenthau, 1904–80) 66
장 모네(Jean Monnet, 1888–1979) 536
존 미어샤이머(John Mearsheimer, 1947년생) 279
헤들리 불(Hedley Bull, 1932–85) 560
아담 스미스(Adam Smith, 1723–90) 119
조셉 스티글리츠(Joseph Stiglitz, 1943년생) 507
임마누엘 월러스타인(Immanuel Wallerstein, 1930년생) 137
마이클 월저(Michael Walzer, 1935년생) 304
케네스 월츠(Kenneth Waltz, 1924–2013) 67
우드로 윌슨(Woodrow Wilson, 1856–1924) 478
노암 촘스키(Noam Chomsky, 1928년생) 270
E. H. 카(E. H. Carr, 1892–1982) 37
임마누엘 칸트(Immanuel Kant, 1724–1804) 18
존 케인스(John Maynard Keynes, 1883–1946) 142

로버트 코헤인(Robert Keohane, 1941년생) 477
로버트 콕스(Robert Cox, 1926–2018) 160
칼 클라우제비츠(Karl von Clausewitz, 1780–1831) 289
미셸 푸코(Michel Foucault, 1926–84) 22
토마스 홉스(Thomas Hobbes, 1588–1679) 17
프랑시스 후쿠야마(Francis Fukuyama, 1952년생) 557

글로벌 행위자

20개국 그룹(G20) 157
NATO(북대서양조약기구) 298
구글 188
국제사법재판소 388
국제앰네스티(AMNESTY INTERNATIONAL) 360
국제통화기금 508
무슬림형제단 248
미합중국(미국) 50
비정부기구 8
세계무역기구 556
세계은행 419
여성운동 456
유럽연합 542
유엔 491
이라크와 시리아의 '이슬람국가' (ISIS) 342
인도 222
중국 276
초국적기업 131

분석적 접근

2020 글로벌 코로나바이러스 팬데믹 20
개발 402
국가 162
국제기구 476
국제법 384
국제정치경제 124
글로벌경제 거버넌스 506
냉전의 종식 262
민족주의 208
사회 184
사회구조와 행위성 106
세력균형 318
인간의 본성 64
인권 356
자연환경 436
전쟁과 평화 290
정체성 230
젠더 460
테러 338

주요 연표

고대 문명의 발달 27
세계사, 1900–1945년 36
탈냉전시대 51
전쟁과 경기변동 139
현대 글로벌 자본주의의 위기 144
정보와 커뮤니케이션 기술의 발전 186
아랍-이스라엘분쟁 228
구유고슬라비아의 분쟁 296
주요 핵무기 군비통제 협정 323
주요 국제인권 문서 358
인도적 개입의 주요 사례 367
국제 공법의 기초 378
주요 개발 구상 423
환경에 관한 주요 국제구상 431
유엔의 창설 479
유엔의 발전 489
GATT/WTO 협상 라운드 512

논쟁

냉전은 불가피했나? 42
도덕적 의무는 인류 전체에게 확대되는가? 80
경제 글로벌화는 모든 사람들에게 번영과 기회를 제공하는가? 134
국가주권은 구시대의 개념인가? 167
글로벌화는 글로벌 단일문화를 형성하는가? 198
민족주의는 본질적으로 공격적이고 억압적인가? 212
미국은 글로벌 패권국가로 유지될 것인가? 272
국가 사이의 전쟁은 과거의 일인가? 294
핵무기는 평화와 안정을 촉진하는가? 321
테러에 대응하기 위해서 인권과 기본적 자유를 제한하는 것이 정당한가? 346
인도적 개입은 정당한가? 373
국제형사재판소는 질서와 정의를 유지하기 위한 효과적인 수단인가? 395
국제원조는 효과가 있는가? 425
급진적 행동만이 기후변화 문제를 해결할 수 있는가? 448
모계사회가 보다 평화로울 것인가? 464
유엔은 쓸모없고 불필요한가? 492
자유무역은 번영과 평화를 보장하는가? 514
지역주의의 발전은 글로벌질서와 안정을 위협하는가? 530

초점

글로벌정치의 정의 3
베스트팔렌 국가체제 6
히틀러의 전쟁? 38
아프가니스탄 침공: 역사로부터의 학습? 49
신현실주의의 안정이론: 숫자의 논리? 61
민주적 평화의 명제 74
'가짜 뉴스': 탈진실 세계질서? 105
중국의 경제모델? 126
'워싱턴 합의' 129
'지식경제'에서 글로벌 '긱'경제로? 129
러시아의 부활? 165
국제이주: 사람들은 당겨지는가 또는 밀려나는가? 214
두 민족주의: 선과 악? 219
민주주의 확산: 찬성 또는 반대 244
선제공격 269
패권안정이론 270
공격적 또는 방어적 현실주의? 278
균형 또는 편승? 281
'새로운' 전쟁으로서 이라크전쟁? 297
정당한 전쟁의 원칙 303
21세기 국가의 화학 대량살상무기 사용 313
북한: '불량' 핵국가? 326
미국: '불량국가'? 393
북-남 분열 404
공유지의 비극? 432
지속가능 개발: 성장과 생태학의 조화? 435
인류세 438
풍요의 역설: 자원의 저주? 451
인간안보: 개인은 위험에 처해 있는가? 463
'트랜스젠더 배제' 또는 '비판적 젠더' 466
유엔 안전보장이사회의 개혁? 481
G7/8: 포기된 프로젝트? 517
브릭스와 신개발은행: 브레튼우즈의 대안? 518
아시아의 지역주의: 유럽 경험의 복제? 533
인종차별 프로젝트로서의 유럽? 537
EU는 어떻게 작동되는가? 538
위기 이후의 위기: EU가 살아남을 수 있을까? 544

글로벌정치의 실제

9/11과 글로벌안보(불안) 23
베를린 장벽의 붕괴 46
파리평화회담 1919–20 60
부채와 긴축 시대의 서방 147
팔레스타인의 국가성 추구 155
유럽의 이주 '위기'? 218
아랍의 봄과 그 유산 242
21세기 중미관계 280
'정당한 전쟁'으로서 아프가니스탄전쟁 306
리비아에 대한 인도적 개입 369
새천년개발목표에서 지속가능발전목표로 422
파리협정 445
국제기구에 대한 반론 485
글로벌경제 거버넌스의 붕괴 이후 516
EU의 동쪽으로의 확대 543

저자소개

Andrew Heywood

Andrew Heywood는 정치학과 국제관계를 공부하는 학생들의 요구를 충족시켜 주는 프리랜서 저술가이다. *Politics* (2019), *Key Concepts in Politics and International Relations* (2015), *Political Ideologies* (2012), *Political Theory*를 포함한 그의 베스트셀러 교과서는 전 세계 수십만 명의 학생들이 사용하고 있으며, 20개 이상의 언어로 번역되었다. 25년 이상 정치학을 가르친 Heywood는 크로이던(Croydon) 대학의 부총장을 역임했으며, 수년 동안 정부 및 정치 분야의 A-레벨 대학입시 수석 시험관이었다. 그는 현재 콘월(Conwall)에 살고 있다.

Dr Ben Whitham

Ben Whitham 박사는 글로벌정치에 대해 연구하고 가르치고 논문을 쓴다. 그는 드 몽포르 대학교(2016-2021)를 거쳐 현재는 런던대학교의 SOAS 칼리지(2021-현재)에서 국제관계학 교수로 재직 중이다. 그의 연구 접근방식은 정치사회학과 비판적 사회이론에 뿌리를 두고 있으며, 신자유주의의 이론과 실천부터 이슬람 혐오, 긴축정책, 인종자본주의의 역동성에 이르기까지 글로벌 차원에서 교차하는 불평등 및 문화정치와 관련된 분야를 연구한다. 그의 연구는 주요 학술지에 게재되었고 책으로 편집되었다. Ben은 2015년에 레딩대학에서 박사학위를 받았고, 고등교육아카데미(FHEA)의 펠로우이며, 2019년에 영국정치학회의 버나드 크릭 우수 교수상을 수상했다. 그는 브라이튼에 살고 있으며 중국 전통무술의 열정적인 수련생이다.

역자소개

김계동 교수

김계동 교수는 안보, 외교, 남북한관계를 포함한 국제정치 분야를 가르치고 연구하고 있다. 연세대학교 정치외교학과를 졸업했으며, 영국 옥스퍼드대학교에서 국제정치학 박사학위를 받았다. 한국국방연구원 연구위원, 국가정보대학원 및 연세대학교 교수를 역임했으며, 현재 건국대학교 안보·재난관리학과 초빙교수로 재직 중이다. 단독저서로 『남북한 국가관계 구상: 대북정책의 뉴패러다임』, 『남북한 체제통합론』, 『현대 유럽정치론: 정치의 통합과 통합의 정치』, 『북한의 외교정책과 대외관계』, 『한국전쟁, 불가피한 선택이었나』, 『한반도 분단, 누구의 책임인가』 등 10여 편이 있으며, 이 중에서 5권의 서적이 대한민국 학술원 우수학술도서로 선정되었다. 이 이외에도 수십 편의 공동저서, 단독번역서, 공동번역서가 있다.

제3판 서문

Andrew Heywood와 Ben Whitham의 새로운 공동저술로 출간된 『국제관계와 글로벌정치』 제3판은 글로벌 수준의 정치연구에 대한 포괄적이고 최신의 소개를 제공한다. 이 책은 국제관계의 이론과 실천 모두에서 주요한 변화를 설명하기 위해 대폭 수정되었다. 글로벌정치의 '비판이론'들에 대한 완전한 새로운 장이 추가되었는데, 이는 이 접근법의 영향력이 국제관계 분야의 학문과 공공영역에서 강력하게 증대되고 있다는 점을 의미한다. 탈식민주의, 비식민주의, 반인종차별주의, 페미니즘 접근방식은 비판이론의 장과 더불어 본문 전반에 걸쳐서 보다 심층적으로 다루고 있다. 보다 광범위한 글로벌정치 사상가, 개념 및 분석이 오늘날 최신의 주제를 보다 쉽게 이해할 수 있도록 다루어졌다. '흑인 생명의 중요성(Black Lives Matter)'부터 '#미투(MeToo)'에 이르기까지 글로벌 사회운동에 대한 논의와 분석이 책 곳곳에 내재되어 있다. 민족주의에 대한 이 책의 논의는 해방적, 반식민적 민족주의에 대한 더 많은 자료와 21세기 글로벌 백인 민족주의의 부상에 대한 분석을 포함하고 있다. 대량살상무기에 대한 장은 최근 역사에서 더 자주 사용되는 화학무기로 확장되었다. 환경의 글로벌정치에 대한 장은 최근의 사건들, 그리고 환경에 관한 항의운동을 포함하여 업데이트되었다. 그리고 제3판은 21세기 초를 특징짓는 세계의 격동적인 사회적, 경제적 변화를 논의하는데, 그 핵심 내용은 9/11 및 글로벌 금융위기, 반글로벌주의로의 전환, 중국, 러시아, 미국 간 관계의 재균형, 글로벌 코로나19 팬데믹, 우크라이나전쟁을 포함한다. 이들은 제3판의 몇 가지 주요 특징일 뿐이며, 저자들은 이 책이 글로벌정치의 중추적인 개념, 이론, 이론가들의 도움을 받아 이러한 문제들과 다른 광범위한 문제들이 어떻게 설명되고 분석되며 심지어 실질적으로 해결될 수 있는지에 대해 조명한다는 점을 독자들이 발견하고 이해하기를 바란다.

Andrew Heywood
Ben Whitham

글로벌정치의 소개

출처: *hh5800/Getty Images*

개요

우리는 정치를 어떻게 공부해야 할까? 전통적으로 지역 및 국가 수준에서 정치 행위자와 제도에 집중하는 경향이 있었다. 이를 넘어, 정치학의 하위 분야인 국제관계(IR)의 학생과 학자들은 '국제'를 지역과 국가의 정치적 이해관계가 존재하는 정치적 공간으로 고려하는 경향이 있는데, 그 공간에서는 국가들, 국가지역들, 범세계적인 '국가 시스템' 사이의 상호작용이 이루어진다. 그러나 20세기 후반 이후, 글로벌화**의 개념은 이와 같은 정치에 대한 편협하고 국가 중심적인 사고방식에 도전해 왔다. 이 책은 정치가 글로벌 수준에서 어떻게 작동되는가에 대한 것인데, 그 내용은 권력이 어떻게 배분되고 우리가 어떻게 우리 자신을 가장 잘 조직하고 사회에서 함께 살 수 있는지를 포함하는 권력을 향한 투쟁에 대한 것이다.

그러면 정치에 관련되는 '글로벌'은 무엇이고, 그것이 왜 중요한가? 글로벌은 우리의 세계를 이해하거나 상상하는 방법으로서 '국제'와 어떻게 다른가? 어떤 종류의 행위자, 제도, 과정이 정치의 글로벌화에 가장 많이 기여하고, 어떤 것들이 왜 글로벌화의 흐름을 막으려고 노력하는가? 이 장은 정치와 국제관계에 대한 논의에 있어서 글로벌 상상의 등장을 탐구하고, 국가주권에서 코로나19 팬데믹에 이르는 문제들을 포함한 세계정치의 연구와 실천을 검토하며, 글로벌정치의 지속과 변화를 반영한다.

** **역자 주)** 한국의 학계 및 전문부서에서 'globalization'을 통상적으로 세계화로 번역하여 사용했으나, 이 책에서는 '글로벌화'로 번역한다. 이 장 후반부에 'worlding'과 'worldism'이라는 용어가 나오는데, 이를 '세계화'와 '세계주의'로 번역한다. globality, globalism 등 global로 시작되는 단어는 글로벌성, 글로벌주의로 번역한다.

핵심이슈

- '글로벌'이란 무엇이며, '국제'와 어떤 관계가 있는가?
- 최근 수십 년간 세계정치의 윤곽은 어떻게 변했는가?
- 글로벌화가 세계정치에 미치는 영향은 무엇인가?
- 글로벌정치에 대한 주류 접근과 비판적 접근은 어떻게 다른가?
- 글로벌화로 인해 세계정치의 어떤 측면이 바뀌었고, 어떤 측면이 유지되고 있는가?

'국제'에서 '글로벌'로?

이 책의 목적은 글로벌정치를 최신의 통합적이고 전향적인 차원에서 소개하는 것이다. 이 책은 '글로벌'과 '국제'가 서로 보완적이라는 점, 그리고 경쟁하거나 양립할 수 없는 이해 방식이 아니라는 점을 받아들이면서, 세계문제가 국제적 차원과 더불어 글로벌 차원에서 해결되기를 추구한다. 이 관점에서 글로벌정치는 '글로벌' 수준의 정치뿐만 아니라, 모든 수준의 정치를 포함한다. '글로벌' 수준은 세계적 과정, 시스템, 제도적 틀을 포함하며, 모든 수준은 범세계적, 지역적, 국가적, 그리고 하위 국가의 수준을 의미한다 (도표 1.1 참조). 이러한 접근법은 국가들이 점점 더 광범위한 이슈에 대하여 글로벌 상호연결과 상호의존의 조건에서 상호작용을 하지만, 그럼에도 불구하고 국가는 세계무대에서 핵심적인 행위자로 남아있다는 사실을 반영한다.

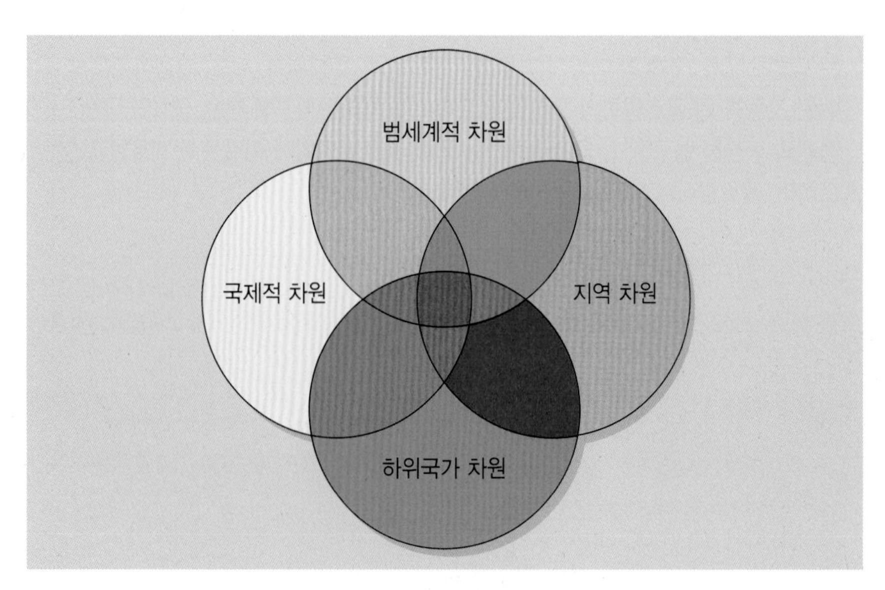

도표 1.1 글로벌정치의 차원

국가(State): 정의된 영토의 경계 내에서 주권적 관할권을 성공적으로 주장하는 정치제도이다.

그러나 세계문제들을 본질적으로 국가 사이의 관계로 귀결시키는 국제적 패러다임이 더 이상 세계정치의 이해를 위한 적절한 기반을 구성하지 않는다면, 무엇이 변화하였고, 얼마나 심대한 변화가 이루어졌다고 할 수 있는가? 최근 몇 년간 세계정치의 윤곽은 어떻게 변화하였는가? 가장 중요한 변화는 다음과 같다.

- 새로운 글로벌 행위자의 출현
- 상호의존성과 상호연관성의 성장
- 국내/국제 격차의 침식
- 글로벌거버넌스의 등장

국가 중심주의에서 혼합 행위자 모델과 상호의존성으로?

전통적으로 세계정치는 국제적인 측면에서 이해되어 왔다. 영토에 기반한 정치적 단위들 간의 갈등과 협력의 현상이 역사를 통해 대규모로 존재해 왔지만, '국제관계'의 개념은 영국의 철학자이면서 사법개혁가였던 벤담(Jeremy Bentham, 1748-1832)이 그의 저서 *Principles of Morals and Legislation* (1789, 1968)에서 이 용어를 사용하기 전까지 존재하지 않았다. 벤담이 '국제관계' 용어를 사용하면서 중요한 변화가 시작되었다. 18세기 후반까지 영토에 기반한 정치 단위들은 보다 분명한 국가의 성격을 가지게 되었고, 그들의 관계는 순수하게 '국가 사이(inter-national)'로 인식되기 시작하였다. 그러나 대개의 현대국가들은 민족국가(p. 207 참조)이거나 민족국가가 되기를 열망하고 있지만, 그들이 세계무대에서 효과적으로 활동할 수 있게 하는 것은 민족성보다는 국가성이다. 따라서 '국

초 점
글로벌정치의 정의

정치가 "글로벌화되었다"는 것은 무엇을 의미하는가? '글로벌'정치는 '국제'정치와 어떻게 다른가? '국제'라는 용어는 국가들 사이를 의미하고, 오늘날 일반적으로 민족국가들 사이 또는 단순히 '국가들' 사이를 의미한다. 반면, '글로벌'이라는 용어는 두 가지 의미를 가진다. 첫째, 글로벌은 단순히 지역 또는 국가가 아닌 지구적이라는 '범세계적' 의미를 가진다. 사실상 지구(globe)의 의미는 세계다. 이러한 의미에서 글로벌정치는 지역적 또는 국가적 수준이 아닌 글로벌 수준에서 행해지는 정치를 의미한다. 따라서 글로벌정치는 주로 거의 보편적인 회원국을 보유한 유엔과 세계무역기구(WTO) 같은 기구들의 활동, 그리고 사건과 발전이 실제로 또는 잠재적으로 전 세계와 지구상 모든 사람들에게 영향을 미치는 상호연결성의 이슈(환경 및 경제와 같은)에 초점을 맞춘다.

둘째 (이 책에서 사용되는 의미), 글로벌은 포괄적인 의미를 가진다. 글로벌은 시스템 전체뿐만 아니라 시스템 내의 모든 요소들과 관련된다. 이러한 접근은 정치적 상호활동의 중요한 (그리고 아마도 증가하는) 범위가 글로벌 수준에서 발생한다는 점을 인정하지만, 글로벌 수준이 어떤 의미에서는 국내, 지방, 또는 다른 차원의 정치를 '초월'한다는 생각을 거부한다. 특히 글로벌정치의 출현이 국제정치를 역사의 쓰레기통에 담아야 한다는 것을 의미하지는 않는다. 이것은 정치가 모든 부분, 즉 '단위'들을 사실상 분리할 수 없는 글로벌 전체로 흡수하는 상호연결의 소용돌이에 휘말린다는 관점이 지속되기 어렵기 때문에 중요하다.

제(international)'정치는 '국가 사이의(inter-state)'정치로 불리는 것이 더 적절하다. 그러면 국가는 무엇인가? 1993년의 '국가의 권리와 의무에 관한 몬테비데오협약(Montevideo Convention on the Rights and Duties of States)'에 의하여 국제법적으로 정의된 바와 같이, 국가의 자격을 가지기 위해서는 아래의 네 가지 자격을 갖춘 속성을 가져야 한다.

- 정의된 영토
- 상주 인구
- 효율적인 정부
- '다른 국가들과 관계를 맺을 수 있는 능력'

이러한 관점에서 국가(영어 표현은 state 또는 country이다 – 역자 주)는 세계무대에서 핵심적인 행위자이며 가장 심각하게 고려되는 대상이다. 이러한 이유로 세계정치에 대한 정통적인 접근은 국가 중심적(state-centric)인 것으로 인식되고 있으며, 국제체제(international system)가 국가체제(state-system: 여기서 의미하는 국가체제는 국가 내의 또는 국가를 형성하는 체제가 아니라 국가들 간의 체제임 – 역자 주)로 자주 묘사되고 있다. 이러한 국제정치관의 기원은 주권을 국가의 구별되는 특징으로 설정한 베스트팔렌조약(Peace of Westphalia, 1648)으로 거슬러 올라간다. 이와 같이 국가주권은 국제정치의 일차적인 조직원리가 되었다.

그러나 세계정치에 대한 국가중심 접근법은 지속되기가 점차 어려워지고 있다. 이렇게 되는 부분적인 이유는 더 이상 국가를 세계무대에서 유일한 주요 행위자로 취급하는 것이 불가능해졌기 때문이다. 초국적기업(TNCs: Transnational Corporations, p. 131 참조), 비정부기구(NGOs: Non-Governmental Organizations, p. 8 참조), 그리고 다수의 비국가기구들이 영향력을 발휘하기 시작하였다. ISIS(p. 342 참조), 미투(#MeToo)운동(p. 92 참조), 흑인 생명의 중요성(Black Lives Matter)으로부터 구글(p. 188 참조)까지 다양한 단체들과 조직들이 상이한 방식과 상이한 수준으로 세계정치를 형성하는 데 기여하고 있다. 실제로 1970년 이래 다원주의 이론가들은 세계정치의 혼합 행위자 모델(mixed-actor model)을 지지하고 있다. 그러나 비록 국가와 국가정부가 세계무대의 많은 행위자들 중에 단지 하나의 행위자 범주에 속한다는 점이 널리 수용되고 있지만, 국가와 국가정부는 가장 중요한 행위자들로 인식되고 있다. 예를 들어, 국경선 내의 질서를 유지하거나 다른 국가들을 군사적으로 다루는 능력에 있어서 TNC나 NGO 중 어느 것도 국가의 강제적 권력에 필적할 수 없다 (국가의 변화하는 역할과 중요성은 제5장에서 심층적으로 분석될 것이다).

국가는 의심할 여지없이 글로벌정치에서 다른 행위자들과 비교하여 상당한 정도의 권력을 유지하고 있지만, 국가가 국제관계에서 서로 상호작용(또는 충돌)

개 념

주권

주권(sovereignty)은 최고의 그리고 논의의 대상이 되지 않는 권위의 본질이며, 국가가 영토 내의 유일한 법의 창조자라는 주장을 반영한다. '대외적' 주권(때때로 '국가주권'으로 불림)은 국가가 세계무대에서 독립적이고 자율적으로 활동할 수 있는 능력을 의미한다. 이는 국가들이 법적으로 동등하다는 점과 더불어 영토의 통합성과 국가의 정치적 독립성은 신성하다는 점을 의미한다. '대내적' 주권은 국가 내의 최고 권력 또는 권위의 소재를 의미한다. 주권제도는 주권의 새로운 개념('경제'주권, '식량'주권 등)이 등장함에 따라서, 또한 주권이 새로운 상황('연합[pooled]'주권, '책임[responsible]'주권 등)에 직면하면서 발전하고 변화하고 있다.

국가 중심주의(State-centrism): 국가를 국내영역에서뿐만 아니라 세계무대에서 가장 중요한 행위자로 삼는 정치분석 접근법이다.

국가체제(State-system): 질서와 예측 가능성의 척도를 설정하는 국가들 간의 관계 양식이다 (p. p. 151 참조).

혼합 행위자 모델(Mixed-actor model): 국제정치는 국가와 국가정부의 역할을 무시하는 것이 아니라 훨씬 더 광범위한 이해관계와 집단에 의해 형성된다는 이론이다.

1

하는 분리적이고 경계가 있는 실체들이라고 하는 이른바 '당구공' 모델은 덜 지속가능하다. 전통적으로 '현실주의' 사상가들이 지지하는 이 모델은 글로벌정치가 사실은 '복합적인 상호의존'으로 특징지어진다는 '신자유주의적 제도주의자'(Keohane and Nye 1977)의 주장뿐만 아니라 (p. 74 참조), 국제관계가 실제로 사회적 관계이므로 결코 국가에 의해 완전히 통제되지 않는다는 '비판적' 설명(제4장 참조)에 의해 존재 근거를 잃게 되었다. 행위자들의 혼합과 그들이 상호작용하는 이슈들의 범위, 비국가 및 하위국가의 상호작용 경로, 경제활동의 증가하는 우선적 위상 등은 모두 국가 중심의 '베스트팔렌' 질서에 대한 글로벌 상상력에 의문을 제기했다 (제6장 참조).

일부 사람들은 국가의 글로벌 행위자로서의 특별한 지위가 보존된다고 주장하는데, 그 이유는 정치사회학자 베버(Max Weber)가 언급한 대로 국가는 '주어진 영토 내에서 물리력의 합법적인 사용을 독점'하기 때문이다 (Weber [1919] 1948). 전쟁을 수행하고 국내법과 질서를 유지하는 실체로서의 국가의 역할은 국가를 특별하게 만들어 준다. 하지만 21세기 초에 이러한 국가의 역할은 덜 확실하게 되었는데, 첫 번째 이유는 '용병'의 현대적 형태인 민간 군사 및 보안회사들(PMSCs: private military and security companies)이 증가했기 때문이고, 두 번째 이유는 치안 유지와 교도소들의 민영화가 증가했기 때문이다. 국제관계에 있어서 국가들은, 특히 이라크전쟁에서 미국과 같은 무력 충돌에서 PMSCs에 점점 더 의존해오고 있는 반면, PMSCs들은 쿠데타 시도에서 준군사적이고 비밀스러운 세력으로서 관여해오고 있다. 후자의 사례는 Silvercorp USA라고 불리는 PMSCs에 고용된 전직 미국 특수부대 병사들이 2020년 5월에 베네수엘라 대통령 마두로(Nicolas Maduro)를 전복하려고 시도했으나 실패한 사례다 (이 용병들은 결국 베네수엘라 군대에 의해 체포되어 수감되었다). 한편, 국가가 허가한 민간 보안회사들은 남아프리카공화국 요하네스버그에 있는 다수 백인의 '폐쇄적 공동체(gated community)'의 경비에서부터 미국과 영국의 교도소와 출입국관리센터의 일상적인 운영에 이르기까지 모든 것을 제공해 왔다. 국가들이 '합법적인' 폭력의 수단들 중 가장 많은 양과 수준 높은 질을 보유하고 있을지 모르지만, 그들은 더 이상 독점권을 가지고 있지 않은 것으로 보인다. '전쟁력'과 '경찰력'을 표현하는 데 있어서 하위국가와 민간 행위자들의 역할 확대(Neocleous 2014)는 우리가 복잡성과 상호의존성을 특징으로 하는 '포스트 베스트팔렌 시대'에 살고 있다는 주장에 더욱 무게를 실어주고 있다.

국내적/국제적 분열에서 초국가주의로?

'국제'의 관점에서 접근하는 연구의 핵심적 함의 중 하나는 정치가 별개의 공간적 또는 영토적 성격을 갖는다는 점이다. 요컨대 국경과 경계가 중요하다. 이는 특

> **개 념**
>
> **상호의존**
>
> 상호의존은 상대방이 취한 결정에 의해 영향을 받는 두 당사자 간의 관계를 의미한다. 따라서 상호의존은 상호 영향의 의미를 내포하는데 양자 간에 동등한 영향을 미칠지는 미지수이며, 대체로 상호의 약점 때문에 이루어지는 경우가 많다. 보편적으로 상호의존은 세계문제에서 협력과 통합을 향한 추세와 연관이 되어 있다. 코헤인과 나이(Keohane and Nye 1977)는 '복합적 상호의존'의 개념을 국제정치의 현실주의 모델에 대한 대안으로 발전시켰다. 상호의존의 주요 내용은 다음과 같다. (1) 국가는 자율적인 국제 행위자가 되는 것을 포기한다. (2) 경제와 다른 이슈들이 세계정치에 있어서 보다 중요한 쟁점이 된다. (3) 군사력에 대한 의존이 줄어들고 정책 선택에 있어서 덜 중요하게 된다.

'당구공' 모델('Billiard ball' model): '현실주의' 사상가들이 글로벌정치를 영토적 경계가 있는 분리된 국가들 사이의 상호작용의 집합으로 보는 방법. 이는 국가 중심 모델이다 (p. 152 참조).

글로벌 상상력(global imaginary): '상상력'은 사물을 보거나 상상하는 방식이다. 글로벌 상상력은 지역적, 국가적, 심지어 국제적 차원이 아닌 전 세계 차원의 사회적, 정치적, 경제적 삶을 상상하는 총체적인 방식이다.

초 점

베스트팔렌 국가체제

통상적으로 베스트팔렌평화조약(Peace of Westphalia, 1648)이 근대 국제정치의 시작점이라는 평을 받고 있다. 이 평화조약은 선언된 또는 선언되지 않은 전쟁들을 포함하는 30년전쟁(Thirty Years War, 1618–48)을 종식시키기 위한 일련의 조약들 중에 하나이다. 30년전쟁은 중부유럽에서 일어난 전쟁으로, 신성로마제국과 다양한 적대국들 간의 전쟁이었는데, 거기에는 덴마크, 네덜란드, 그리고 무엇보다도 프랑스와 스웨덴이 포함되었다. 비록 오랜 기간에 걸쳐 변천이 이루어졌지만, 이 조약들은 권위, 충성, 정체성이 중첩된 중세유럽을 현대 국가체제로 전환시키는 데 기여하였다. 소위 '베스트팔렌체제'는 두 가지 핵심 원칙을 기초로 하였다.

- 국가는 주권적 관할권(sovereign jurisdiction)을 향유하는데, 이는 국가가 자신의 영토 내에서 일어나는 것들에 대하여 독립적 통제권을 가진다는 의미이다 (이에 따라 다른 기구들과 조직들, 신성한 것이든 임시적인 것이든 모두가 국가에 종속된다).
- 국가들 간의 관계는 모든 국가들의 주권적 독립을 수용함으로써 구축된다 (이는 국가들이 법적으로 동등하다는 의미이다).

히 국내정치와 국제정치를 구분하는 경우에 적용되는데, 국내정치는 국경 내에서 질서를 유지하고 규제를 수행하는 국가의 역할에 관심을 갖고, 국제정치는 국가 사이의 관계에 관심을 갖는다. 이러한 의미에서 주권은 정치의 '내부'와 '외부'를 분리하는 '하드 셸'이다. 이러한 국내/국제, 또는 '내부/외부'는 종래에 두 개의 상당히 다른 정치적 상호작용의 영역으로 보아왔던 것을 구분하기도 한다. '내부' 정치는 국내 영역 내에서 규칙을 부과할 수 있는 국가 상층부의 능력으로부터 비롯된 질서 있고 규제적인 성격을 갖는 반면, 이러한 종류의 질서는 국제영역에 주권국가보다 더 높은 권위가 없다는 점에서 '외부' 정치에서는 부재한다. 애그뉴(John Agnew 1994)에 따르면, 그러한 사고는 국제관계의 분야 내에 '영토의 덫'을 만들었는데, 이는 세 가지 가정에 반영된다. 첫째, 국가는 명확하게 경계가 설정된 영토 공간이다. 둘째, 국내문제와 대외문제는 완전히 다른 영역이다. 셋째, 국가는 사회의 '컨테이너'로서, 국가의 경계가 사회의 경계와 일치함을 암시한다.

그럼에도 불구하고 국경과 명확한 영토 구분에 대한 강조는 최근의 추세와 발전, 특히 글로벌화와 관련된 것들로 인해 압박을 받아왔다. 특히, 사람, 상품, 돈, 정보, 아이디어의 이동과 같은 국경을 초월한 흐름과 거래에서 상당한 성장이 있었다. 이것은 초국가주의 현상을 만들어냈다. 국경이 점점 더 '다공성(porous, 구멍이 생기는 것)'으로 되면서, 전통적인 국내/국제 또는 '내부/외부' 구분을 유지하기가 더 이상 어렵게 되었다. 이는 세계 도처에서 발생하는 사건들에 대한 국내경제의 상당히 큰 취약성(2007–8년의 글로벌 금융위기 및 2020년의 글로벌 코로나바이러스 팬데믹의 광범위한 영향에서 입증되듯이), 그리고 국민들이 국가정부가 통제하기 어려운 수단(휴대전화 및 인터넷 등)을 통해 서로 의사소통할 수 있도록 하는 디지털 기술의 광범위한 사용에 의해서 입증되었다. 또한, 환경정치 및 인권과 같이 세계문제에서 두드러지는 이슈들이 본질적으로 초국가적 성격

글로벌화(Globalization): 상호연결의 복잡한 그물망의 출현은 우리의 삶이 점점 더 우리로부터 먼 거리에서 발생하는 사건과 이루어지는 결정에 의해 형성되어 간다는 점을 의미한다.

초국가주의(Transnationalism): 국경을 초월하거나 단절하는 정치적, 사회적, 경제적 또는 다른 형태의 행동과 상호작용이다.

을 갖는 경향이 있다는 점도 주목할 만하다. 그러나 현대 세계가 사실상 '국경 없는(borderless)' 것이라는 주장은 명백하게 터무니없으며, 어떤 면에서는 영토 구분이 덜 중요한 것이 아니라 더 중요해지고 있다. 이는 예를 들어, 9/11테러 공격 이후 세계 많은 지역에서 국가 또는 '국토(homeland)' 안보에 대한 강조가 더해진 것과 국경 및 기타 이민통제를 강화하여 국제이주를 제한하려는 시도에서 분명히 드러난다.

국제 무정부상태에서 글로벌거버넌스로?

국제정치, 특히 '현실주의적' 사고에 대한 전통적인 접근법의 핵심적인 가정은 국가체제가 **무정부상태**에서 작동한다는 것이었다 (p. 59 참조). 이는 국가보다 상위의 권위체는 없다는 관념을 반영한 것으로, 대외정치가 국제적 '자연의 상태', 즉 정치 이전의 사회로 작동한다는 것을 의미한다. 국제 무정부상태가 주는 함의는 심오하다. 무엇보다 중요한 것은, 국가이익을 수호하는 다른 힘이 부재할 때, 국가는 '자조적' 시스템에 스스로 의존할 수밖에 없다는 것이다 (p. 68 참조). 국제정치가 '자조적 시스템'으로 작동한다면, 한 국가의 권력추구 성향은 다른 국가의 경쟁적인 성향에 의해서만 절제될 뿐이며, 이는 갈등과 전쟁이 국제체제의 불가피한 특징임을 시사한다. 이러한 관점에서 볼 때, 갈등은 **세력균형**에 의해서만 제약이 되는데, 세력균형은 평화를 지향하는 지도자들에 의해 외교전략으로 추진되거나 다행스러운 우연을 통해 이루어진다. 이러한 무정부상태의 이미지는 국제체제가 더 '국제사회'처럼 작동한다는 관념에 의해서 수정되어 왔다 (p. 559 참조). 이에 따라 불(Hedley Bull [1977] 2012)은 국제 무정부상태에 대한 전통이론을 대신하여 '무정부 사회'라는 개념을 정착시켰다.

그러나 국제 무정부상태, 심지어 '무정부 사회'라는 더 순화된 개념은 특히 1945년 이후 글로벌거버넌스와 지역 거버넌스의 틀(제20장 참조)이 출현하여 지속되기가 보다 어려워졌다. 이는 유엔, 국제통화기금(IMF, p. 508 참조), 세계무역기구(WTO, p. 510 참조), 유럽연합(p. 542 참조) 등과 같은 기구들의 점증하는 중요성에 반영되고 있다. 강력하고 긴박한 이유로 인하여 국제기구의 숫자가 늘어났으며 중요성이 증대되어 왔다. 특히 이러한 점들은 국가들이 점차로 **집단행동의 문제**에 직면하게 된다는 사실을 반영한다. 가장 강력한 국가들조차도 단독활동을 할 때 어려움에 직면하기 때문에 특히 부담을 갖게 되는 중요한 이슈다. 이는 처음에 기술화된 전쟁의 발전과 특히 핵무기의 발명과 관련하여 명백해졌지만, 그 이후로 금융위기, 전염병, 기후변화, 테러, 범죄, 이주, 개발 같은 도전들에 의해 강화되었다. 그러나 그러한 추세는 아직 국제 무정부상태의 개념을 완전히 불필요한 것으로 만들지는 않았다. 국제기구들이 의심할 여지없이 세계무대에서 중요한 행위자가 되어 때때로 국가 및 다른 비국가 행위자들과 경쟁하지

무정부상태(Anarchy): 보편적으로 통치가 없는 상태를 의미한다. 대체로 중앙정부 또는 상위 권위체의 부재를 의미하는데, 반드시 그렇지는 않지만 불안정 및 혼란과 연관된다.

세력균형(Balance of power): 대략적인 균형을 이루어 어떠한 국가라도 패권적 야망을 가지지 못하게 함으로써, 한 국가가 다른 국가를 지배하지 못하는 상황이다.

집단행동문제(Collective action problems): 국가의 상호의존성에서 비롯되는 문제이며, 어떤 해결책이든 단일국가에 의한 행동이 아닌 국제협력을 수반해야 한다는 것을 의미한다.

글로벌 행위자 비정부기구

비정부기구(NGO: Non-Governmental Organization)는 자신들의 목표를 비폭력적인 방법으로 달성하려는 사적이고 비상업적인 단체 또는 조직이다. 세계은행은 NGO를 '고통을 완화시켜주고, 가난한 사람들의 이익을 증진시켜주고, 환경을 보호하고, 기본적인 사회서비스를 제공하고, 공동체의 발전을 도모하는 행위를 추구하는 사적인 기구'로 정의하였다 (p. 419 참조). 그러한 조직의 최초 사례로는 노예매매폐지협회(Society for the Abolition of the Slave Trade, 1787년 윌버포스[William Wilberforce]가 설립)와 1863년에 설립된 국제적십자위원회가 있다. NGO로 처음 승인을 받은 것은 세계인권선언(Universal Declaration of Human Rights) 이후 설립된 41개의 NGO들의 협의체 자격을 유엔이 1948년에 인정함으로써 이루어졌다 (실제로 일부 NGO 활동가들은 유엔에 의하여 공식적으로 인정받은 단체들만이 '실질적인' NGO라고 생각하였다). 활동형(operational) NGO와 주창형(advocacy) NGO의 차이에 대한 구분이 이루어지고 있다.

- 활동형 NGO들은 개발과 관련된 프로젝트의 설계와 집행을 주 목적으로 하는 기구들이다. 이 기구들은 구조 또는 개발을 지향하고, 공동체 기반, 국가적, 혹은 국제적일 수 있다.
- 주창형 NGO들은 특별한 대의를 발전시키거나 보호하기 위하여 존재한다. 이 기구들은 때때로 '촉진적 압력단체' 또는 '공익단체'로 개념화되기도 한다.

중요성: 1990년대 이후 NGO 숫자의 증가가 폭발적으로 이루어졌다. 2021년까지 유엔은 5,593개의 그룹에 협의의 지위를 부여하였는데, 추정치에 따르면 전 세계적으로 약 50개의 대규모(다국적, 다중업무) 국제 NGO와 30만 개 이상의 작은 국제 NGO가 존재하고 있다. 국가 및 지역 NGO를 고려한다면, 그 숫자는 엄청나게 증가한다. 2021년 현재, 미국은 약 150만 개의 NGO를 보유하고 있으며, 보도에 따르면 2017년 러시아는 22만 4,500개의 NGO를 가지고 있으며, 케냐라는 개발도상국 하나만 보더라도 2001년과 2019년 사이에 1만 1,262개의 새로운 NGO를 등록하였다. 주요 국제 NGO는 대규모의 조직으로 발전하고 있다. 예를 들어, 빈곤을 줄이기 위한 범세계적 기구인 케어 인터내셔널(Care International)은 9억 7,000만 달러 이상의 예산을 통제하고 있으며, 그린피스는 280만 명의 회원과 2,400명 이상의 직원을 가지고 있으며, 국제앰네스티(Amnesty International)는 유엔의 인권기구보다 조직이 더 잘 되어 있다.

주요 국제 NGO와 일반 NGO의 전체적인 영역에 세계무대에서 활동하는 중요한 행위자들이 포함되어 있다는 점은 의심의 여지가 없다. 비록 초국적기업들이 발휘할 수 있는 경제적 수단에는 미치지 못하지만 주창형 NGO들은 '소프트' 파워와 대중의 압력을 동원할 수 있는 능력이 있다는 점이 입증되고 있다. 이러한 점에서 NGO들은 다양한 장점을 갖고 있다. 선두주자로 나서고 있는 NGO들은 상위 수준의 대중적 지지를 이끌어 내고, 미디어의 관심을 끌게 되는 대중의 저항이나 시위에 연관되기도 한다. NGO들은 전형적으로 이타주의적이고 인도적인 목적을 가지기 때문에 대중의 지지를 동원하고, 정치인들과 정당이 경쟁을 느낄 정도로 윤리적인 압력을 가하기도 한다. 광범위한 이슈들에 대한 NGO들의 견해는 전문가들이나 학자들의 견해에 기반하고 있기 때문에 권위적이고 공평하다는 평을 받고 있다. 활동형 NGO들의 경우에는 국제원조의 15퍼센트 정도를 제공하고 있으며, 일부는 국가나 국제 차원의 정부기구들이 할 수 있는 것보다 빠른 대응활동을 할 능력을 갖추고 있다. 구호와 개발을 지향하는 NGO들은 국가정부 또는 심지어 유엔까지도 달가워하지 않는 정치적으로 민감한 지역에서 활동을 하기도 한다.

그럼에도 불구하고, NGO의 등장은 상당한 정도의 정치적 논쟁을 불러 일으키고 있다. NGO 지지자들은 글로벌정치에 이득을 안겨다 주고 발전을 가져온다고 주장한다. 그들은 초국적기업에 도전함으로써 기업의 권력에 맞서는 균형을 이루게 하고, 글로벌화 과정에서 권력을 박탈당한 개인과 단체의 이익을 회복시킴으로써 글로벌정치를 민주화하고, 대중들의 시민적 책임감을 넓히고 심지어는 글로벌 시민권 개념을 증진시켜 윤리적 힘을 행사한다. 이러한 점에서 NGO는 새로 등장한 글로벌 시민사회(p. 195 참조)의 핵심적 요소라 할 수 있다. 그러나 비평가들은 NGO들이 스스로 임명된 '압력' 또는 '이익'단체이며, 민주적 자격을 결여한다고 주장한다. NGO들은 또한 냉소적인 기금모금과 캠페인 전술, 그리고 급진적 사회운동의 성향에 따른 비판에 직면해왔다. 최근 일련의 스캔들 속에서, 일부 주요 서구 국제 NGO들이 개발도상국의 성 착취와 폭력, 그리고 그들의 모국에서 제도적으로 인종차별주의적이고 괴롭힘과 폭력적인 고용 관행에 연루되어 있는 것으로 밝혀졌으며, 2019년 소셜 미디어 해시태그 캠페인 #CharitySoWhite를 생성시켰다 (NGO들의 영향과 의미에 대해서는 6장에서 더 자세히 살펴본다).

만, 그들의 영향력이 과장되어서는 안 된다. 무엇보다도 그들은 정도의 차이는 있지만 회원국들의 창조물이다. 그들은 회원국들, 특히 강대국들이 허용한 것 이상은 할 수 없다.

글로벌화와 그 함의

글로벌화의 출현보다 더 급진적으로 세계정치라는 종래의 국가 중심적 이미지에 도전장을 던진 것은 없다. 1990년대에 이르러 글로벌화는 사회과학으로부터 정치와 대중문화에 이르기까지 핵심적인 '전문용어'가 되었으나, 2000년대 중반 이후 그 효용성이 감소 추세에 있다. 21세기는 원래 '글로벌 세기(global century)'여야 했는데, '글로벌화(globalization)'란 무엇인가? 실제로 일어나고 있으며, 만약 그렇다면 그에 대한 함의는 무엇인가?

글로벌화의 정의와 논쟁

글로벌화는 갈리(W. B. Gallie 1955/6)가 '본질적으로 경합되는 개념'이라고 불렀을 개념이다. 즉, 여러 정의를 가지고 있고, 어떤 정의는 중복되고 어떤 정의는 서로 상충된다. 이는 다양하게 정의되어 왔다.

- '어느 지역의 사건이 수마일 멀리서 일어나는 사건들에 의하여 발생되고 그 반대의 현상이 발생하는 방식에 의하여 먼 거리의 지역들이 연결되는 범세계적 사회관계의 강화' (Giddens 1990).
- '무역, 직접해외투자, 단기자본의 흐름, 노동자와 사람의 이동, 그리고 기술의 전이를 통한 국가경제의 국제경제로의 통합' (Bhagwati 2004).
- '초국적 행위자들이 행사하는 힘의 추구, 정책적 지향, 정체성, 네트워크에 의하여 주권적 민족국가들이 서로 교차되고 부침되어 가는 과정' (Beck 2000).
- '사회관계와 거래를 위한 공간적 조직의 변화를 구체화하는 과정(또는 일련의 과정들)' (Held et. al. 1999)
- '사람들 사이의 초지구적이고 초영토적인 연결의 성장으로 특징지어지는 사회지리학의 재구성' (Scholte 2005)

> **개 념**
>
> **글로벌화**
>
> 글로벌화(globalization)는 우리의 삶이 우리로부터 멀리 떨어져 있는 곳에서 발생하는 사건과 그 곳에서 이루어지는 정책결정에 의하여 점차 형성된다는 것을 의미하는 상호연결성의 복합적 망의 등장이다. 따라서 글로벌화의 중심적 특징은 지리적 거리는 점차 의미를 잃어 가고, 민족국가들의 경계인 영토적 국경의 중요성도 점차 줄어들고 있다는 것이다. 그렇다고 해서 글로벌화가 '지역(local)'과 '국가(national)'가 '글로벌'에 무조건적으로 종속된다는 뜻은 결코 아니다. 오히려 글로벌화는 정치과정을 더욱 '확대'하고 '심화'시켜서, 지방, 국가, 글로벌적인(또는 아마도 지방, 지역, 국가, 국제, 글로벌적인) 사건들을 지속적으로 상호작용하게 한다.

- '실업에서 인종 갈등에 이르기까지 매우 지역적인 발전의 원천이 먼 조건이나 결정으로 추적될 수 있는 시공간 압축 과정 — 말 그대로 축소되는 세상' (McGrow 2017).
- '1990년대의 유행, 그리고 … 미국에서 만들어졌다' (Waltz 1999).

글로벌화는 복잡하고, 명확하지 않고, 논란의 여지가 있는 용어다. 글로벌화에 대한 최근의 문헌 분석은 글로벌화의 때때로 혼란스럽고 모순적인 정의가 글로벌화 개념을 뒷받침하는 동조어(tautology)에 기인한다는 것을 시사한다. 사람들은 종종 '글로벌'의 존재에 대한 주장을 언급함으로써 글로벌화를 이론화 한다 (Kamola 2013, 2019). '글로벌화'는 과정, 정책, 마케팅 전략, 곤경, 또는 심지어 이념을 지칭하는 데 사용되어 왔다. 일부 사람들은 글로벌화의 본질에 대해서 토론을 할 때 논점을 보다 분명하게 하기 위해서 과정 또는 일련의 과정으로서의 글로벌화(현대화와 같이 '-화[-ization]'라는 접미사로 끝나는 다른 단어들과 공통적으로 변환 또는 변화의 역학을 강조함)와 조건으로서 글로벌성(globality) (현대화가 현대성의 조건을 창조한 것처럼 글로벌화가 가져온 일련의 상황들을 나타냄)을 구분하려고 노력해 왔다 (Steger 2003). 글로벌화를 정의하는 데 있어서 문제점은 글로벌화가 '그것'이 아니라 '그들'일수도 있다는 점이다. 글로벌화는 하나의 과정이 아니라 일련의 복잡한 과정이며, 때로는 중첩되고 연동될 뿐만 아니라 때로는 모순적이고 대립적이다. 그럼에도 불구하고, 글로벌화, 혹은 실제로 글로벌성과 관련된 다양한 발전과 징후는 이전에 연결되지 않은 사람들과 제도들 간의 상호연결의 근본적인 현상으로 거슬러 올라갈 수 있다. 이에 따라 헬드 등 (Held et al., 1999)은 글로벌화를 '범세계적 상호연결의 확대, 심화, 속도 증가, 증가하는 영향'으로 정의했다.

글로벌화 이론가들은 글로벌화에 대하여 나름대로 독특한 해석을 하고 있지만, 그들은 결코 상호 배타적인 것은 아니다. 오히려 그들은 복합적이고 다방면의 상이한 관점들을 공유하고 있다. 글로벌화는 세 개의 다른 방식으로 해석되어 왔다.

- '경제'의 글로벌화(p. 130 참조)는 국가경제가 정도 차이는 있지만 단일 글로벌 경제에 흡수되어 가는 과정이다 (제5장에서 보다 심층적으로 분석될 것이다).
- '문화'의 글로벌화(p. 193 참조)는 세계 한 지역에서 생산된 정보, 상품, 이미지들이 글로벌 차원으로 유입되는 과정이며, 국가, 지역과 개인사이의 문화적 차이를 제거하는 '평탄화' 과정이다 (제7장에서 상세하게 논의된다).
- '정치'의 글로벌화(p. 158 참조)는 정책결정의 책임이 국가정부에서 국제기구로 이양되어 가는 과정이다 (제6장에서 보다 자세히 살펴본다).

> **글로벌성(Globality):** 글로벌경제와 같이 완전히 하나로 상호연결된 전체이며, 글로벌화에 의하여 만들어진 사회적 영역이다.

그런데 글로벌화는 실제로 일어나고 있는가? 비록 글로벌화가 수십 년 동안 사회과학, 정치인들과 언론인들 사이에서 전문용어가 되어 왔지만, 그 존재 자체에 대해서는 의문의 여지가 있다. 글로벌화 논쟁에 관한 다양한 입장들의 개요를 설명하기 위한 가장 영향력 있는 초기의 시도는 헬드 등(Held et al., 1999)에 의해 시작되었다. 그들은 세 가지 입장을 구분했다:

- 극단적 글로벌주의자(hyperglobalists)
- 회의주의자(sceptics)
- 변형론자(transformationalists)

극단적 글로벌주의(Hyperglobalism): 20세기의 급속한 정보통신기술(ICT)의 혁신으로 인해 새롭고 글로벌화된 경제적, 문화적 패턴이 불가피해졌으며, 글로벌화는 국가를 쓸모없게 만들어 '국경 없는 세상'을 만들어낸다는 관점이다.

극단적 글로벌주의는 지적인 '허수아비(straw man)'라고 해도 손색이 없는데, 그 이유는 글로벌화가 국가를 더 이상 쓸모없게 만든다는 다소 극단적인 입장이 글로벌화에 대한 일관성 있는 이론적 입장보다 글로벌화 이론에 반대하는 주장에서 더 자주 발견되기 때문이다. 사실 극단적 글로벌주의와 거의 동시에 언급되는 한 가지 텍스트는 오마에(Keniche Ohmae 1990)의 *The Borderless World*다. 오마에의 책은 기업 경영자들을 대상으로 하고 있지만, 그럼에도 불구하고 이 책의 중심 주장들을 쉽게 반박할 수 있기 때문인지 글로벌화 이론의 심각한 작품으로 취급되었다. 오마에는 미국, 유럽, 일본의 '3국'에 의한 무역의 글로벌화가 이 나라들 사이에 "국경이 사실상 사라졌다"는 것을 의미한다고 주장했다. 1990년대에도 이러한 주장은 지지를 받았지만, 21세기에는 '테러와의 전쟁'을 통한 국가권력의 재강조(p. 266 참조), 반(反)이민 정치의 부상, 그리고 점점 더 강경하고 복잡한 이민제도의 등장으로 그러한 주장은 더 이상 지속이 불가능해졌다.

많은 마르크스주의(p. 96 참조)와 현실주의(p. 59 참조) 사상가들을 포함한 글로벌화 회의론자들은 글로벌화가 전혀 존재하지 않거나, 극단적 글로벌주의자들과 다른 글로벌주의자들이 생각하는 것과 다르다고 주장한다. 허스트와 톰슨(Hirst and Thompson 1999)은 특히 '경제적 글로벌화'에 대한 주장은 정밀 검증을 받을 필요가 없다고 강조하는데, 그 이유는 '자유로운' 초국가적 자본 흐름이 일반적으로 강대국 사이, 특히 미국-유럽-일본의 '3국' 사이에 존재하는 경향이 있기 때문이라고 주장한다. 한편, 글로벌화에 대해 회의적 시각을 가진 현실주의자들은 자유주의적 글로벌주의자들과 극단적 글로벌주의자들이 말하는 '글로벌화'가 사실은 단순히 미국의 글로벌 '헤게모니적' 힘의 표현일 수도 있다는 사실을 강조한다. 이러한 관점에서 보면, 미국이 지배하는 자본과 미국의 이익은 제조업을 서양에서 동양으로 아웃소싱하고, '글로벌거버넌스'를 실행하는 국제기구들의 영향력으로부터 획득한다. 현실주의자들에게 있어서, 군사력의 철권 우선의 시각이 '글로벌화' 논의라는 벨벳 장갑 안에 있을 수도 있다. 월츠(Kenneth Waltz, p. 67 참조)는 냉전종식 후에 나타난 열광적인 글로벌화 이론과 예측들에 대해서 다음과 같은 평을 했다. "미국은 세계의 많은 지역을 계속 요새화하고 있으며, 외국에 군대를 주둔시키는 방법들을 찾고 있다" (Waltz 2002).

한편, '변형론자들'은 글로벌화에 대한 주장을 수용하는 사람들과 거부하는 사람들 사이의 '제3의 길'을 나타내는 것으로 여겨진다. 글로벌화에 대한 변형론자의 입장은 기술혁신과 증가된 상호연계성의 결과로 심오한 변화, 즉 변혁이 있었다고 인정하지만, 이러한 변화들을 '글로벌화'로 묶기보다 면밀하게 구체화하는 데 몰두한다.

반글로벌화 정치

글로벌화는 글로벌화가 존재하지 않거나 우리가 생각하는 것이 아니라고 주장하는 사람들에 의해 지적인 비판을 받아왔을 뿐만 아니라, 글로벌화의 잘못된 효과 때문에 지지하지 않는 다양한 글로벌정치 운동과 행위자들에 의해 실제로 반대되기도 했다. 이러한 반글로벌화의 정치에는 두 가지의 광범위한 경향이 있다. 첫 번째는 초국가적인 좌파 정치와 느슨하게 연관되어 있는데, 활동가들, 정치인들 그리고 NGO들은 글로벌화가 실제로 전 세계의 노동자 계급과 소외된 사람들, 그리고 환경에 행해지는 착취와 폭력의 강화라고 주장한다. 두 번째는 아이러니하게도 '초국가적인 민족주의' 운동으로 특징될 수 있는 광범위한 우익 전통과 관련되어 있다. 이 우익 운동은 글로벌화에 의해 가능해진 이민과 인종 혼합에 반대하며, '국가'와 동일시되는 특정 사회집단이 경제적 글로벌화에 의해 '잃어버렸고' 혹은 '뒤떨어졌다'고 한탄한다.

좌익 반글로벌화

좌파세력에 의한 반글로벌화 정치의 첫 번째 물결은 밀레니엄 전환기에 '글로벌 거버넌스'(제20장 참조) 제도에 반대하는 대규모 시위를 중심으로 연합되었다. 1990년대 중반 멕시코의 사파티스타(Zapatista) 봉기에 의해 촉발된, 이 초국가적 사회운동은 인터넷의 부상에 의해 부분적으로 가능해졌는데, 인터넷은 활동가 조직 및 직접적인 행동과 항의를 계획하고 홍보하는 새로운 통로를 제공했다. 주요 시위들은 1999년 '시애틀 전투'와 2001년 제노바에서 열린 'G8' 주요 경제회의에서 시행된 세계무역기구(WTO)에 반대하는 시위들을 포함했다. 이 각각의 시위는 생태학적 보호에서부터 자본주의를 보다 인간적인 경제시스템으로 대체할 필요에 이르기까지 광범위한 이슈에 걸쳐 캠페인을 벌이며 전 세계로부터 수만 명의 시위자들을 끌어들였다. 이 운동은 세계경제포럼(WEF)의 대안인 세계사회포럼(WSF)과 연관되었는데, WEF 포럼은 글로벌경제의 미래를 논의하기 위해 매년 스위스 다보스에서 세계의 경제 및 정치 엘리트들을 하나로 모으는 핵심적인 글로벌거버넌스 기구로 여겨졌다. 그 대신 WSF는 2001년부터 매년 '글로벌 사우스'(Global South, p. 404 참조)에서 모이는데, 처음에는 브라질 포르토 알레그레에서 회합을 했다. 이 포럼은 노동자, 소외되고 소수화된 집단, 토착민, 자연환경을 위한 '글로벌 사회정의'를 달성하는 것과 관련된 활동가들을 결집시킨다. 이 운동이 2000년대와 2010년대에 발전하고 대안 글로벌화와 더욱 가까이 연합하면서, 글로벌화는 불가피할지도 모르고 선을 위한 힘일 수도 있다는 점을 인식하고 있지만, 비민주적이고 책임감이 없는 엘리트들과 그들의 글로벌거버넌스 제도와 관련된 미국 주도의, 기업적이고 문화적으로 균질화되고 폭력적으로 군국주의적인 글로벌화 모델이 '잘못된' 종류의 글로벌화라는 점이 강조되고 있다. 이 광범위하게 좌파적인 반글로벌화 운동은 대신 더 개방적인 글로벌 이민제도, 심지어 국경의 완전 종식, 기후변화와 환경악화를 늦추거나 되돌리기 위한 더 많은 글로벌협력, 그리고 글로벌 인종 간 및 노동자계급 간 연대를 옹호한다. 2008년 글로벌 금융위기가 시작된 이후, 위기의 비용을 '긴축'정책의 형태로 취약한 인구에 대한 목표로 삼는 데에 대해 이의를 제기하는 일련의 관련된 글로벌 운동과 시위가 나타났고, 종종 좌파적인 반글로벌화 운동이 복제 또는 중복되었다. 여기에는 스페인의 반긴축 '인디냐도스(Indignados)' 운동, 2011년에 시작되어 전 세계 도시로 확산된 '월스트리트 점령' 운동, 그리고 2015년 그리스에서 정부를 구성한 시리자(Syriza)와 같은 좌파적인 반긴축 정당들의 부상이 포함되었다. 2015년과 2020년 사이, 미국 상원의원 샌더스(Bernie Sanders)와 영국 하원의원 코빈(Jeremy Corbyn)을 포함한 반/대안글로벌화운동과 반긴축운동을 추진한 좌파 베테랑들은 비록 모두 정권을 장악하려는 야망에 결국 실패했지만 각자 국내 의회에서 '주류' 정치 지도자가 되었다.

우익 반글로벌화

우익의 반글로벌화 운동은 비교적 일관성이 있지만 덜 단결되고 조직화되었으며, 글로벌 네트워크도 훨씬 더 최근에 등장했다. 민족주의 단체들의 각자의 민족적 정체성에 대한 중요성 강조와 외국인에 대한 그들의 적대감을 고려할 때, 초국가적 연대라는 생각이 모순적으로 보일 수 있지만, 상황은 그렇게 간단하지 않다. 사실, 역사적으로 말해서, 민족주의자들도 적어도 자유주의적이고 좌파의 글로벌 행위자들만큼 초국가적인 조직과 연대를 지향해왔다. 예를 들어, 파시스트 통치하에 있던 독일, 이탈리아, 스페인이 형성한 동맹과 협력, 그리고 제2차 세계대전의 '추축세력(axis power)'을 생각해 볼 필요가 있다 (p. 35 참조). 2010년대에 반/대안적 글로벌화 좌파의 반긴축 운동과 병행하여, 글로벌화와 특히 '글로벌주의'에 반대하는 보다 광범위하고 성공적인 초국가적 우익운동이 나타났다 (p. 14 참조). 이는 영국독립당(UKIP), 독일을 위한 대안 정당(AfD: Alternatif fur Deutshland), 이탈리아의 세대정체성 정당(Generazione Identitaria [Generation Identity]), 그리고 미국의 트럼프 대통령 후보를 둘러싼 운동을 포함하여 유럽과 북미의 지역적, 국가적, 그리고 지역적 수준의 운동으로 구성되었다. '서양' 밖에서 (p. 29 참조), 인도의 모디(Narendra Modi)와 브라질의 보우소나루(Jair Bolsonaro) 등의 정치적 지도층을 중심으로 비슷한 운동이 나타났다. 좌파의 반글로벌화 운동에 참여한 사람들처럼, 이러한 글로벌정치 행위자들은 정확한 정치적 목표와 방법의 세부사항에 있어서 차이가 있지만, 그들은 두 가지 사실에 의해서 연합되는데, 그중 한 가지는 글로벌화와 자유주의적이고 글로벌적인 정책을 통해 '그들의' 사람들이 다양한 방식으로 상실감을 가지게 된다는 주장이고, 다른 한 가지는 인종적 또는 '민족적'으로 정의된 국가 정체성 개념을 옹호하는 것이다. 국가적 차원과 글로벌 차원 모두에서 그들의 정치는 정치적 좌파와 인종적, 성별, 성적 소수자들을 악마화하고, '대량' 이민에 대한 반대에 중점을 두는 경향이 있다. 만약 좌익 반글로벌화 정치의 첫 번째 물결이 사파티스타와 다른 반자본주의 좌파에 의해 매우 교묘하게 이용된 기술인 인터넷의 등장에 의해 가능했다고 한다면, 글로벌화에 대한 우익의 반대는 소셜 미디어 없이 등장하기 어려웠을 것이다. 인터넷 콘텐츠가 대기업이 아닌 개인 사용자에 의해 만들어지기 시작한 것과 같이, 소셜 미디어의 발전 효과도 매우 극적으로 이루어져서 새로운 소셜 미디어 모델을 설명하기 위해 '웹 2.0'이라는 개념이 만들어졌다. 일반적으로 정치 조직화와 정치적 논쟁은 트위터와 같은 플랫폼이 특히 정치화되면서 소셜 미디어의 핵심적인 소재가 되었다. 좌우 모두 소셜 미디어를 통해 조직하고 선전하는 반면, 초국가적인 반글로벌화 우파가 실제로 이 플랫폼들을 통해서 태어났는데, 이는 이질적이고 거리감 있는 우익 활동가들이 위에서 논의된 공유된 견해를 중심으로 소통하고 조직할 수 있게 해주었다.

글로벌주의, 세계화 그리고 세계주의: 글로벌정치의 상상

글로벌화 반대 운동의 첫 번째 물결과 연관된 인기 있는 슬로건은 "글로벌하게 생각하고, 지역적으로 행동하라"였다. 이 의미는 사람들이 글로벌화를 의식해야 할 필요성을 강조하는 것인데, 이는 글로벌화의 비판자들이 보는 착취와 불평등이 지속되고 확장된다는 내용을 포함했다, 또한 반글로벌화 행동주의를 지역적 맥락에서 지향해야 할 필요성도 강조하는 슬로건이었다. 정치적 '영역'으로서의 글로벌을 연구하는 비교적 간단한 사례를 제외하고, 국가, 지역, 그리고 국제적 영역이 더 이상 '정치적인 것'을 구성하는 모든 것을 포함하지 못한다는 점에서 '글로벌하게 생각한다'는 것이 무엇을 의미하는지에 대해 더 넓은 의문이 제기되고 있다. 현재 글로벌화와 정치적 공간으로서 '글로벌'을 등장시킨 핵심 동력들 중의 하나는 상상력이라는 점이 널리 주장되고 있다. 이는 글로벌정치가 '진실'이 아니라는 것은 아니고, 글로벌에 대한 초점을 증가시키는 것은 세계에 걸친 사회에서 상상력을 우리 자신의 지역과 국가의 '미시적' 차원에서 보다 '거시적'인 수준으로 전환시키는 것을 의미한다.

이러한 의미에서 '글로벌'정치를 연구하는 것은 우선 '국제관계를 다르게 생각하는 것' (Tickner and Blaney 2012)이며, 국가 간 관계에 대한 전통적인 초점에서 벗어나는 것이다. 카몰라(Isac Kamola 2019)는 '글로벌 상상'의 사회적 구성(p. 104 참조을 우선적으로 포함하는 '세계를 글로벌하게 만드는' 과정이 1980년대와 1990년대 신자유주의의 부상(p. 127 참조)과 밀접하게 연결되어 있다고 주장한다. 이러한 관점에서 '글로벌'의 부상은 다국적기업, 대학 경영대학원, 국제금융기구, 시장주도 정치를 주창하는 정치인들의 영향력 증가에서 비롯되는데, 이들은 모두 글로벌경제에 대한 자신들의 특정 비전에 내포된 정치를 '**글로벌리스트**'적으로 보는 방식을 밀어붙였다.

우리가 정치에 대해 생각할 때 글로벌하게 생각하는 것은 세계를 단순히 한 시스템 내에 상호 작용하는 국가들의 집단으로서가 아니라 '세계' 그 자체로서 세계를 상상하는 것이다 ('당구공' 모델, p. 5 참조). 그러나 이러한 상상력의 변화는 반드시 '자연적', 중립적, 또는 필연적 과정이 아니며, 글로벌이 정치의 '새로운' 공간 혹은 영역으로 부상하는 것, 그리고 우리가 그것을 이해하고 설명해야 할 필요를 단순히 반영하는 것이다. 글로벌하게 생각하는 것은 정치를 포함한 사회관계에 대해 특정한 세계관 또는 '존재론(ontology)' (p. 57 참조)을 채택하는 것이며, 사회에 대한 다른 관점이 존재하는 만큼 우리 자신의 보다 지역적 맥락에 뿌리를 두고 있는 것이다. 이 장에서 되돌아갈 큰 질문들 중 하나는 세계에 존재하는 매우 상이한 문화적이고 사회적인 맥락을 고려할 때 '글로벌하게 생각하기'가 실제로 가능할 것인가에 대한 정도의 문제이다. 세계에서 우리는 보편적인 방식이 아니라 특별한 조건과 제한 속에서 생각하도록 태어났다. 예를 들어, 서양의 주요한 글로벌화 연구와 '글로벌주의' 이론에서 아프리카는 전혀 등장하지 않거나, 논의되더라도 '거의 항상 문제'로 존재한다는 지적이 있어왔다 (Kamola 2012: 183). 따라서 서양의 글로벌주의 상상력은 글로벌 세계를 만드는 데 있어서 아프리카인들의 대리인과 중요성을 부정하는 경향이 있다.

우리는 '글로벌 상상력'이 중국인과 미국인, 또는 유럽인과 아프리카인에게는 매우 다를 수 있지만, 그러한 국가 및 지역 집단 '내에서' 글로벌의 의미에 대해서도 상당한 차이가 있을 것이라는 것을 인식해야 한다. 최근 몇 년간 '탈식민지'(p. 88 참조) 사상가들은 '글로벌주의적' 비전에 대한 대안적 패러다임을 제안했는데, 이 비전은 서양의, 특히 북미의 세계에 대한 상상력과 밀접하게 연관되어 있다. '**세계화**(worlding)'의 개념은 다양한 사회들이 글로벌정치를 상상하는 방식을 설명하기 위해 사용되었고, 링(L. H. M. Ling 1955–2018)은 세계에 대한 다양한 비전의 존재를 설명하기 위해 '**세계주의**(worldism)' 또는 '다중세계이론(theory of Multiple Worlds)'이라는 용어를 사용하는데, 서양의 글로벌주의는 그 중의 하나에 불과하다 (Ling 2014a). '특정한' 사람들과 사회는 자신들의 보다

글로벌주의(Globalism): 글로벌화는 세계의 많은 사회를 현대화하고 발전시키고 궁극적으로 통합시키는, 세계에서 피할 수 없는 자비로운 힘이라고 하는 자유주의 사상(p. 70 참조)과 매우 밀접하게 연관되어 있는 믿음이다.

세계화(Worlding): 다양한 사회가 세계에 대한 상상력을 구성하는 과정이며, 이 과정은 다양한 사회가 주요 행위자와 절차 같은 세계의 구조와 구성부분을 어떻게 상상하는지를 포함한다.

세계주의(Wordism): '다중세계(multiple worlds)'의 이론이며, 세계화의 다양한 지방적, 국가적, 지역적 과정에서 등장하는 다양한 글로벌 비전이다.

'내부적'이고 영적인 삶과 상상력을 포함한 지방적, 국가적, 그리고/또는 지역적 경험에 기초하여, 세계에 대한 '보편적인' 글로벌 상상력을 부과하려고 한다. 링은 철학자 공자(기원전 551–479)와 전략가 손자(기원전 544–496)가 남긴 중국의 지적 전통과 함께, 중국의 도교 철학적 전통에 뿌리를 둔, 서양 모델들에 대한 대안을 제공한다. 링은 이러한 상이한 렌즈들을 통해 사람들, 사회들, 지구, 그리고 따라서 '글로벌'이 서양의 패러다임을 통해 볼 수 있는 것보다 매우 다르게 보여질 수 있다는 점을 알려준다. 무엇보다도, 이러한 글로벌의 대안적 비전은 세계질서에서 '중국의 부상'을 서양의 자유주의적, 글로벌주의적 수사학이 보여온 본질적인 '위협'으로 보도록 하지 않는다.

글로벌정치를 관찰하는 렌즈

글로벌정치를 이해하는 것은 우리가 세계정세를 해석하는 데 필요한 이론, 가치, 가설을 이해하는 것이다. 상이한 분석가들과 이론가들은 세계를 어떻게 보는가? 글로벌정치를 들여다보는 핵심적인 '렌즈'는 무엇인가? 글로벌정치 연구의 이론적 차원은 최근 수십 년 사이에 점점 더 풍부하고 다양한 장(場)이 되고 있다. 이론적 전통의 증가하는 범위에 대한 실질적인 생각들은 제3장과 제4장에서 살펴본다. 그럼에도 불구하고 이 절은 특히 '전통적' 관점과 '비판적' 관점을 구분함으로써 기존의 광범위한 논쟁 영역들을 세밀히 분석한다.

전통적 관점

글로벌정치에 대한 두 가지 '전통적' 관점은 현실주의와 자유주의이다. 그들은 어떠한 점을 공유하고 있으며, 어떠한 측면에서 '전통적'인가? 현실주의와 자유주의는 처음부터 국제관계이론 분야의 전통적인 학문적 접근방식을 다양한 모습으로 지배해 왔기 때문에 주류적 관점으로 인정될 수 있다. 이들은 호크하이머(Max Horkheimer, p. 86 참조)의 '전통적 이론'에 기인한 의미에서도 '전통적'이며, 기존 세계질서의 현상을 재생산하거나 '현상을 유지'하게 하는 글로벌정치에 대한 설명과 예측을 제공한다. 현실주의와 자유주의 이론은 두 가지의 광범위한 공통점을 가지고 있다. 우선 이들은 모두 동시대적 형태로 실증주의(positivism)에 기초하고 있다. 이는 '사실'과 '가치'를 구별하는 능력을 통해 객관적 지식을 개발할 수 있음을 시사한다. 요컨대 이론들과 '현실세계', 즉 '저 밖에 있는 세계'의 비교가 가능하다. 콕스(Robert Cox 1981)는 이처럼 세계를 '그대로' 받아들이고 문제를 통해 생각하고 '현실세계'의 도전 과제를 협상하려는 정책 입안자들에게 신중한 조언을 제공하려고 노력한다는 점에서 그러한 이론을 '문제해결이론'이라고 설명한다 (이 문제들은 4장에서 더 자세히 논의된다). 둘째, 현실주의와 자유

실증주의(Positivism): 사회문제를 비롯한 모든 분야의 탐구방식은 자연과학의 방식에 따라야 한다는 이론이다.

1

권력정치(Power politics): 권력의 추구가 인간의 주된 목표라는 가정하에 정치에 대한 접근을 한다. 이 용어는 때로는 기술적(descriptively)으로 사용된다.

주의 이론가들은 유사한 관심사를 공유하고 유사한 문제를 다루는데, 이는 그들이 서로 피하기보다는 맞서서 대화를 한다는 의미이다. 특히 현실주의와 자유주의 모두의 핵심 관심사는 국가관계에 있어서 갈등과 협력의 균형이다. 비록 현실주의자들은 일반적으로 갈등을 더 중시하는 반면, 자유주의자들은 협력의 범위를 강조하지만, 시간이 지남에 따라 현실주의와 자유주의 간의 차이가 모호해졌다는 경향에서 입증되듯이, 어느 쪽도 상대방이 제기하는 문제를 개의치 않는다 (p. 73의 '현실주의/자유주의 분열의 마감?' 참조). 그럼에도 불구하고 현실주의 관점과 자유주의 관점 사이에서 중요한 차이점을 식별할 수 있다.

현실주의자들은 세계정치를 어떻게 보는가? 투키디데스(Thucydides), 『손자병법』의 저자인 손자, 마키아벨리(Machiavelli, p. 62 참조), 홉스와 같은 사상가들을 회고해 보면, 현실주의 비전은 비관적이다. 국제정치는 지속적인 권력투쟁과 갈등으로 인식되고, 평화적 협력으로 나아가는 길에는 광범위한 장애물들이 놓여 있다. 현실주의는 권력정치(power politics)에 대한 강조를 기반으로 하고 있으며, 다음과 같은 가정들을 기초로 하고 있다.

- 인간의 본성은 이기적이고 탐욕적이다.
- 정치는 권력과 강압으로 구조화된 인간 행위의 영역이다.
- 국가는 핵심 글로벌 행위자이다.
- 국가는 자기이익과 생존을 추구하면서, 안보를 가장 우선시한다.
- 국가는 무정부상태에서 운영되고, 이에 따라 자조(self-help)에 의존한다.
- 글로벌질서는 국가들 간의 권력(능력) 분배에 의하여 형성된다.
- 세력균형은 안정을 보장하고 전쟁을 피하는 주요수단이다.
- 외교정책을 수행하는 데 있어서 윤리문제는 고려사항이 아니다(아니어야 한다).

주요 인물

토마스 홉스(Thomas Hobbes, 1588-1679)

출처: *Hulton Archive/ Handout/Getty Images*

영국의 정치 철학자. 홉스는 2류 성직자의 아들로 태어났고, 그의 아버지는 자신의 가족을 포기했다. 영국혁명에 의해 촉발된 불확실성과 시민투쟁의 시기에 글을 쓰면서 홉스는 인간본성을 이론화했고, 인간본성의 사회적이고 정치적인 의미들을 주로 그의 위대한 작품인 *Leviathan* (1651)에서 탐구했다. 홉스는 프랑스 동시대인이자 대화 상대인 철학자 데카르트(René Descartes 1596-1650)의 영향을 받아 자신의 철학적인 믿음으로부터 인간은 근본적으로 고통을 피하고 즐거움을 추구하도록 연결되어 있다고 추론했다. 홉스는 이것이 사람들이 고통스러운 경험을 피하고 즐거운 경험을 확산할 수 있도록 하는 힘을 축적하도록 동기를 부여한다고 주장했다. 따라서 인간 본성은 '권력 뒤에 권력'을 추구하는 것이고, 홉스가 '자연의 상태'라고 불렀던 삶은 극도로 이기적이며 '악랄하고, 잔인하고, 짧을 것'이라고 주장했다. 이러한 이유로 국가와 정부의 '주권적' 힘은 우리 자신과 서로로부터 우리를 보호하도록 요구된다.

국제주의(Internationalism): 국가 정치의 초월적인 개념에 반대되는 것으로, 국가 간 협력 또는 화합에 기초한 정치의 이론 또는 실천이다.

이에 반하여, 자유주의자들은 글로벌정치를 어떻게 보는가? 자유주의는 글로벌정치에 대하여 보다 낙관적인 비전을 제공하는데, 이는 궁극적으로 인간의 합리성과 도덕적 선(善)에 대한 믿음에 바탕을 두고 있다 (그러나 자유주의자들도 인간이 기본적으로 이기적이고 경쟁적이라는 점은 받아들인다). 자유주의자들은 모든 형태의 사회적 상호작용에서 균형 또는 조화의 원칙이 작동된다고 믿고 있다. 세계정치의 관점에서 자유주의는 국제주의(internationalism)에 대한 일반적인 의미로 반영되는데, 특히 '보편적이고 영구적인 평화'는 칸트(Immanuel Kant)의 관념이 대표적인 사례이다. 글로벌정치의 자유주의 모델은 다음과 같은 핵심적 가설을 바탕으로 한다.

- 인간은 이성적이고 도덕적인 창조물이다.
- 역사는 국제협력과 평화의 발전에 의하여 이루어지는 진보의 과정이다.
- 글로벌정치의 혼합 행위자 모델이 국가중심 모델보다 훨씬 현실적이다.
- 무역과 경제의 상호의존은 전쟁의 가능성을 낮춘다.
- 국제법은 질서를 유지하는 데 기여하고 국가 간의 규칙적인 행동을 촉진한다.
- 기본적으로 민주주의는 평화적이며, 특히 민주주의 국가들 사이의 전쟁 가능성은 점차 줄어들고 있다.

비판적 관점

1980년대 후반 이후, 세계문제에 대한 비판적 접근법의 범위가 상당히 확장되었다. 그 시점까지 마르크스주의는 주류 현실주의 및 자유주의 이론들의 주요 대안을 구성해 왔다. 마르크스주의 접근법을 특별하게 만든 것은 마르크스주의가 국

주요 인물

임마누엘 칸트(Immanuel Kant, 1724-1804)

독일의 철학자. 칸트는 그의 전 생애를 쾨니히스베르크(Königsberg, 당시 동프로이센에 소재)에서 보냈고, 1770년 쾨니히스베르크 대학교의 논리학과 형이상학 교수가 되었다. 그의 '비판적' 철학은 지식이 단지 감각적 인상(sense impression)의 집합체가 아니라, 우리의 경험보다 앞선 인간 이해의 '선험적(priori)' 개념장치에 의존한다고 주장했다. 칸트의 정치적 사고는 도덕성의 중심적인 중요성에 의해 형성되었고, 우리의 권리와 의무에 대한 '계몽' 사고와 '보편주의자' 주장과 밀접하게 연관되어 있다. 그렇다고 해도, 정치공동체의 '코스모폴리타니즘'(글로벌 시민권)에 대한 자신의 주장에도 불구하고, 칸트는 아시아인과 아프리카인에 대한 백인 유럽인들의 문화적 우위를 지적으로 확립하려고 추구했던 글들로 인해 현재 다양한 '과학적 인종차별주의자'로 간주되기도 한다. 칸트의 가장 영향력 있는 작품으로는 *Critique of Pure Reason* (1781), *Idea for a Universal History with a Cosmopolitan Purpose* (1784), *Groundwork for a Metaphysics of Morals* (1785), *To Perpetual Peace: A Philosophical Sketch* (1795)가 있다.

출처: *Culture Club/Getty Images*

가 간 갈등과 협력의 패턴이 아니라 경제력의 구조와 세계문제에서 국제자본이 수행하는 역할에 중점을 두었다는 점이다. 이에 따라 때로는 국제관계의 하위 분야로 인식되는 국제정치경제(p. 124 참조)가 조명을 받게 되었다. 그러나 냉전 종식을 계기로 다양한 '새로운 목소리'가 세계정치 연구에 영향력을 발휘하기 시작하였는데, 거기에는 사회적 구성주의, 비판이론, 후기 구조주의, 탈식민주의, 페미니즘, 녹색정치가 포함된다. 이러한 새로운 비판적 목소리들은 어떤 점에서 공통적이고, 어떤 의미에서 '비판적'인가? 그들의 다양한 철학적 기반과 대조적인 정치적 관점들에 비추어 볼 때, 이러한 '새로운 목소리들'을 융합케 하는 유일한 요인은 전통적 사고에 대한 반감의 공유라고 할 수 있다. 그러나 두 가지의 광범위한 유사점을 확인할 수 있다. 첫 번째는 범위와 방식에서는 차이가 있지만 새로운 목소리들은 전통이론의 실증주의를 넘어서려고 노력하였고, 그 대신 사회적 행동(social conduct)과 세계정세를 형성하는 데 있어서 의식의 역할을 강조하였다. 따라서 이와 같은 소위 후기 실증주의 이론들은 '비판적'인 이론이 되고, 그들은 전통이론들이 내린 결론에 대하여 이의를 제기할 뿐만 아니라, 전통이론들 자체의 또한 그 이론들이 가지는 함의에 포함된 편견들을 노출시킴으로써 그 이론들 스스로가 비판적인 대상이 되도록 유도한다. 두 번째의 유사성은 첫 번째 것과 연계되어 있다. 비판이론들은 서로 다른 방식으로 현대 세계정세를 지배하는 권력과 이익들을 반대하고, 이에 따라 이 이론들 스스로가 주변부화되었거나 억압받는 집단들과 (통상적으로) 제휴함으로써 세계현상에 대하여 이의를 제기하는 등 비판이론들 자체가 '비판적'이 된다. 따라서 각 이론들은 전통이론들이 무시하는 경향이 있는 불평등과 비대칭성을 밝혀내려고 노력한다.

그러나 비판이론가들이 주목하였던 불평등과 비대칭성은 매우 다양하다.

- 탈식민주의 사상가들은 우리의 현재 세계질서를 생산하는 데 있어서 식민주의의 역사적 중심성, 그리고 지적 유산이 오늘날 글로벌정치를 계속 형성하는 방식을 강조하는데, 그 지적 유산에는 구조적 불평등과 신념 또는 이념의 체계로서 인종주의를 포함한다.
- 페미니스트들은 글로벌정치와 모든 다른 형태의 정치를 특징짓는 체계적이고 만연한 성 불평등의 구조에 관심을 기울이고 있다. 특별히 페미니스트들은 주류이론, 특히 현실주의이론이 경쟁, 대립, 불가피한 갈등에 대한 '남권주의(masculinist)' 가설에 기반하고 있다는 점에 초점을 맞추고 있다.
- 마르크스주의자들(실증주의/후기 실증주의의 분열 틈에 양다리를 걸치고 폭 넓은 범위의 전통과 추세를 포괄하는 사람들)은 글로벌 자본주의체제의 불평등을 강조하는데, 이러한 불평등을 활용하여 선진국이나 선진지역이 때로는 초국적 기업을 통해 활동하거나 미국과 같은 '패권적' 권력과 연결되어 국내에서 하는 것처럼 해외의 노동자 계층을 지배하고 착취한다.

분석적 접근

2020 글로벌 코로나바이러스 팬데믹

현실주의 견해

현실주의자들은 국가중심의 사상가들이다. 그들은 전반적인 글로벌화에 대해서, 특히 글로벌화가 글로벌정치 행위자들로서의 국가의 힘과 중요성을 감소시킨다는 개념에 대해서 회의적이다. 2020년 초 글로벌 코로나바이러스 팬데믹이 발생한 이후, 미국의 가장 저명한 현실주의자들 중 한 명인 월트(Stephen Walt)는 이 바이러스가 "현대 글로벌화의 높은 분수령이 이제 우리 뒤에 있다"는 것을 보여준다고 언급하였다 (Walt 2020). 고전적 현실주의 자료인 투키디데스의 펠로폰네소스 전쟁 역사를 대입하여 치명적인 전염병이 아테네의 이웃 도시 국가들과의 국제관계에 미친 영향을 묘사하면서, 월트는 최근의 팬데믹은 "국가들이 여전히 글로벌정치의 주요 행위자임을 상기시켜 준다"고 주장한다 (Tucydides 1963). 현실주의자들은 또한 팬데믹 위기가 장기적으로 다른 사람들이 보기에 '글로벌화'라고 생각하는 추세의 약화에 기여할 가능성이 높으며, 팬데믹의 결과는 월트의 말대로 "국가 간의 국경이 조금 더 높아질 것"(Walt 2020)이라고 주장한다.

자유주의 견해

일반적으로 글로벌화가 세계의 안보와 안정에 더 큰 도움을 주는 현실적이고 필요한 과정으로 받아들이는 자유주의자들은 글로벌 코로나바이러스 팬데믹에 대한 국가의 대응에 좌절했지만, 글로벌거버넌스를 통해 해결될 것이라는 희망을 가졌다. 자유주의자들에게 세계보건기구와 같은 기관들은 '자유주의 세계질서'의 중심이며, 코로나와 같은 위기를 사회가 헤쳐나가는 데 필요한 거버넌스를 제공하도록 정확히 설계되었다고 생각한다. 팬데믹이 안겨준 피해에 대해서 처음에는 중국, 다음에는 다른 나라들에서 기밀을 유지한 데 대해서 자유주의자들은 효과적인 해결책을 강구하는 데 있어서 적이 된다고 비판했다. 자유주의적 관점에서, 보다 개방적이고 민주적인 글로벌 협력은 팬데믹과 같은 집단행동 문제를 해결할 수 있는 유일한 수단이다 (p. 7 참조). 2020년 바이러스가 확산되자, 영향력 있는 미국의 '신자유주의 제도주의자'(p. 74 참조)인 나이(Joseph Nye 2020)는 다음과 같이 주장했다.

> 코로나19와 기후변화 같은 초국가적인 위협에 대해서, 다른 나라들에 대해 영향을 미칠 수 있는 미국의 힘은 충분하지 않다. 성공의 열쇠는 또한 다른 국가들과 함께 힘의 중요성을 배우는 것이다. 모든 나라는 자국의 이익을 최우선시 한다. 중요한 문제는 이 이익이 얼마나 광범위하게 또는 편협하게 정의되는지의 여부다. 코로나19는 우리가 이 새로운 세상에 우리의 전략을 조정하는 데 실패하고 있다는 것을 보여준다.

탈식민주의 견해

탈식민주의 관점에서 보면, 글로벌 팬데믹은 글로벌화가 해결하지 못했거나 심지어 악화시킨 구조적 불평등을 훨씬 더 극명하게 완화해 주었다. 13년 전에 강타한 글로벌 금융위기처럼, 매우 취약한 상황에 처해 있던 사회들의 경제와 기반시설은 매우 무력했다. 주로 '글로벌 사우스(Global South, p. 404 참조)'에 위치한 이 사회들 대부분은 한 때 유럽 식민주의하에 놓였던 나라들이며, 이러한 사실이 상대적인 경제 및 기반시설 취약의 주요 원인이 되었다. 코로나 팬데믹이 발생하면서, 강력한 경제력을 보유한 '글로벌 노스(Global North)' 국가들 또한 크게 고통을 받았는데, 특히 이탈리아, 미국, 영국은 전 세계에서 바이러스로 인한 사망자의 비율이 가장 높은 국가들 중에 속했다. 그러나 탈식민주의 분석은 이들 국가 내부의 역학관계를 지적했는데, 공식 통계에 따르면 특히 미국과 영국에서 소수민족으로 인종차별을 받은 사람들이 백인 다수보다 바이러스로 인해 사망할 가능성이 훨씬 더 높았다는 것을 보여주었다. 밤브라(Gurminder Bhambra)와 같은 탈식민주의 사상가들은 서구에서 소수민족으로 인종차별을 받은 사람들의 불균형한 사망은 국가 노동자계층 사이에서 보건 및 의료에 대한 과도한 대표성과 관련이 있으며, 그 자체가 식민지의 유산이라고 언급하였다.

마르크스주의 견해

마르크스주의자들에게 팬데믹은 자본주의의 또 다른 위기이자, 자본주의 '글로벌화'의 이름으로 행해진 구조적 폭력을 적나라하게 부각시키는 위기다. 미국의 마르크스주의 역사학자 데이비스(Mike Davis)는 글로벌 팬데믹보다 15년 앞서 책을 출판하여 글로벌 제약사들이 "수익성이 없다"는 이유로 백신 연구를 방치한 것, 그리고 공장식 축산(factory farming)**과 '대규모 빈민(megaslum)'의 부상은 새로운 글로벌 전염병의 유리한 조건을 제공한다고 경고했다. 마르크스주의의 관점에서 자본주의는 이윤의 동기만으로 움직이는 경제체제로, 이윤을 추구하는 과정에서 인간의 삶은 퇴화하고 위험에 빠지며 멸망하는 결과가 초래된다. 2020년 데이비스는 다음과 같이 경고했다. "이 새로운 시대의 전염병은 이전 팬데믹 시대와 마찬가지로 경제 글로벌화의 직접적인 결과다. 왜냐하면, 바이러스를 확산시킨 것은 자본주의 시장, 산업, 무역이 필요로 하는 글로벌 상호연계성이었기 때문이다." (Davis 2020)

구성주의와 후기 구조주의 견해

구성주의와 후기 구조주의 견해에서, 글로벌 팬데믹은 글로벌정치에서 국가와 비국가 행위자들에 의해 해석되고 작용되는 방식의 차원에서 관심의 대상이 된다. 글로벌 정치의 지배적인 '상징적 질서'는 국가 및 비국가 행위자들의 궁극적인 관심사로 군사적 형태의 안보를 우선시하는 경향이 있으며, 테러와 같은 문제를 가장 중대한 위협으로 묘사하고 있다. 예를 들어, 스티븐스와 보건-윌리엄스(Dan Stevens and Nick Vaughan-Williams 2020)는 영국의 국가안보전략이 적어도 2010년 이후부터 팬데믹을 핵심 위협으로 목록을 작성했지만, 이러한 인식은 대중의 공감을 받지 못했으며, 어떤 경우에도 향후 발생할 수도 있는 팬데믹에 대한 대비책은 '테러와의 전쟁'에 필적할만한 자금이나 기반시설을 확보하지 못했다고 언급했다 (p. 266 참조). 한편, 팬데믹에 대한 '담론'(p. 101 참조)은 '안보화(securitised)'되었으며, 정치인들과 언론 매체들은 바이러스를 '보이지 않는 적'으로 묘사하고, 글로벌 대응을 '전쟁' 또는 '전투'로 묘사하며, 정치 매개체로서의 언어에 대한 후기 구조주의적 강조를 하고 있다.

페미니즘 견해

페미니스트들에게 팬데믹은 무엇보다도 글로벌화에 따라 국가 중심의 편협한 안보적 접근이 아닌 '인간안보'라는 렌즈가 필요하다는 사실을 강조하는 것이었다. 페미니스트 글로벌정치 이론가들은 오래 전부터 가정 학대를 포함한 가부장적 폭력이 양적으로 볼 때 테러보다 여성에게 훨씬 더 큰 안보 위협이라고 지적해 왔다. 팬데믹은 그러한 가정 폭력을 심화시켰고, 여성과 소녀들이 학대하는 가족들과 함께 집에 '감금'되면서 가정 학대에 대한 보고가 전 세계적으로 급증하였다. 또한, 젠더와 섹슈얼리티에 관심을 가진 페미니스트들은 팬데믹이 트랜스젠더에게 미치는 영향에 대해 우려를 표명하였다. 파나마시와 같은 일부 지역에서는 남성과 여성이 별도의 시간에 외출을 허용하고 트랜스젠더들이 괴롭힘과 학대의 대상이 되는 젠더화된 봉쇄 정책을 운영하였다. 케냐와 미국 등 다른 나라에서는 팬데믹과 관련된 건강관리 때문에 트랜스젠더들이 호르몬 치료와 성전환 수술의 기회를 박탈당하는 고통을 받았다. 페미니즘의 관점에서 이러한 종류의 재 우선순위 설정은 가부장제(p. 92 참조)와 지배적인 '이성애 규범적(heteronormative)' 가치관의 결과로서, 여성, 소녀, LGBTQIA(레즈비언, 게이, 양성애자, 트랜스젠더, 퀴어, 간성, 무성애자) 사람들의 욕구가 체계적으로 '시스헷(cishet: 시스젠더[cisgender: 출생 시 부여된 성별과 일치함]와 헤테로섹슈얼[이성애자인, heterosexual])' 남성보다 덜 중요하게 인식되었다. 한편 크렌쇼(Kimberlé Crenshaw)를 포함한 흑인 페미니스트 사상가들은 글로벌 팬데믹의 인종화와 젠더화된 경험의 교차성을 강조하였다.

** 역자 주) 공장식 축산은 공장에서 제품을 대량으로 찍어내듯 표준화된 방법으로 가축을 사육하여 고기를 저렴한 가격에 대량 공급하는 시스템이다. 동물권 무시, 집단적 질병 발생의 위험성, 환경오염, 영세한 농가의 경쟁력 약화 등의 문제가 발생한다.

- 후기 구조주의자들은 모든 사상과 개념은 그 자체가 권력의 복합적 관계에 얽혀있는 언어로 표현된다고 강조한다. 특히 푸코(Michel Foucault)의 저작물들에 의한 영향을 받아 후기 구조주의자들은 '담론'이라는 개념을 사용하여 권력과 지식의 연계에 주목하였다.
- 구성주의자들은 전통이론들의 객관성에 대하여 의문을 제기하고, 세계가 '상호주관적(inter-subjective)' 자각 등에 의해서 작동된다는 명제를 제시하면서 사람들이 실제로 자신들이 살 세계를 '구성'한다고 주장한다. 구성주의는 실체적 이론이라기보다는 분석적 도구이다.
- 21세기 초 '녹색' 또는 생태학적 이론의 통찰을 바탕으로 다양한 비판적 이론적 접근이 등장했으며, 사회학적 이론은 사회적 실천의 '물질성(materiality)', 글로벌정치의 '행위자'와 '네트워크'의 관계, '인류세(Anthropocene)'로 알려진 시대의 '죽음의 정치(necropolitics)'의 역할에 초점을 맞췄다.

글로벌정치의 연속성과 변화

글로벌정치는 끊임없이 변화하는 분야인 반면, 특히 핵심적 연속성을 특징으로 한다. 베를린장벽의 붕괴(p. 46 참조)와 9/11(p. 23 참조)부터 2020년 글로벌 코로나 바이러스 팬데믹까지 최근 수십 년간 글로벌적으로 중요한 극적인 사건들은 국가 외교정책과 국내 정치적이고 경제적인 운명을 바꿀 수 있게 되었다. 이러한 사건들은 국제기구들과 글로벌거버넌스 기구들, 심지어는 사회 자체의 구조를 재편성할 수도 있다. 그러나 일부 핵심적인 주제들은 글로벌정치에 대한 어떤 분석에도 지속적으로 관련이 되어 있다. **세계질서**는 많은 글로벌정치 활동을 설명하는 근본적인 목표나 원칙으로 지속된다. 실제로 로빈슨(Cedric J. Robinson 1980)은 '질서의 신화'를 서구 정치 개념의 특징으로 정의하고 있으며, '세계질

세계질서(World order): 세계 내에서 인식되는 국가의 계층구조로서, 시기, 장소, 그리고 누가 '주도'하느냐에 따라 다르며, 경제적, 정치적, 문화적, 군사적으로 인식되는 권력과 관련되는 경향이 있다.

주요 인물

미셸 푸코(Michel Foucault, 1926-84)

프랑스 철학자이자 급진적인 지식인이다. 푸코는 비록 그의 학문적 업적이 마르크스주의를 외면하고 '후기 구조주의'로 불리게 되었지만, 처음에 프랑스 공산당(PCF)의 당원이었고 평생의 정치활동가로 남아있었다. 광기(狂氣)의, 의학의, 처벌의, 성(sexuality)의, 그리고 지식 자체의 역사 등 광범위한 주제를 다룬 그의 작품과 대중강연들은 그러한 주제들에 대한 '보편적인' 진리들은 존재하지 않으며, 대신에 우리는 이 분야들을 '담론', 즉 세계를 나타내고 그 안에서 상호작용하는 구조화된 방식으로 이해해야 한다는 주장을 했다. 이는 권력관계가 지식의 구조를 탐구함으로써 파악이 된다는 점을 의미하는데, 그 이유는 "'진실'이 소수의 위대한 정치와 경제 기구의 배타적이지는 아니지만 통제와 지배하에 생산되고 전달되기 때문이다" (Foucault [1972] 1984: 73). 푸코의 가장 중요한 작품들은 *The Order of Things* (1966)와 *The Archaeology of Knowledge* (1969)를 포함한다.

출처: *Bettmann/Getty Images*

9/11과 글로벌안보(불안)

사건: 2001년 9월 11일 아침 미국을 향한 일련의 협력적인 테러공격들이 개시되었는데, 여기에는 4대의 납치된 민항기가 사용되었다 (이 사건은 이후 '9/11'로 알려지게 되었다). 두 대의 비행기는 뉴욕 소재 세계무역센터의 트윈 타워에 충돌하였는데, 먼저 북쪽의 타워가 붕괴하였고 남쪽 타워의 붕괴가 이어졌다. 세 번째 비행기는 워싱턴 D.C.의 근교인 버지니아 알링턴 소재 미 국방부의 본부인 펜타곤에 충돌하였다. 백악관과 미 의사당을 향하였던 것으로 추정되는 네 번째 비행기는 탑승한 승객들이 비행기 통제권을 장악하려고 시도함에 따라 펜실베이니아의 섕크스빌(Shanksville) 근처 벌판에 추락하였다. 어느 비행기에도 생존자는 없었다. 이 테러공격으로 사망자는 주로 뉴욕에서 발생하였는데, 그 숫자는 2,995명이었다. 2001년 10월에 공개된 비디오 테이프에 따르면, 알카에다 조직의 수장이며 추종자들이 '이슬람의 수호자'로 부르는 오사마 빈 라덴(Osama bin Laden)이 이 공격의 책임이 있다고 공개되었다.

중요성: 9/11은 '세계가 변화한 날'로 묘사되곤 한다. 이는 테러 이후의 결과에 의하여 더욱 확실해졌는데, 그 결과는 '테러와의 전쟁' 전개와 아프가니스탄 및 이라크에 대한 공격을 포함하였다. 9/11은 글로벌안보의 급격한 변화를 야기하였으며, 글로벌화와 강대국 대립의 중단이 국제적 갈등을 대폭 축소시키게 된 평화의 시대의 종언을 고하였다. 실제로 글로벌화는 새로운 안보위협과 새로운 형태의 갈등을 촉발한 것처럼 보였다. 예를 들어, 9/11테러는 기술발전의 시대에 국경이 얼마나 침범 당하기 쉬운지를 보여주었다. 세계 초강대국이 이와 같이 자국의 가장 큰 도시와 수도에 공격을 받는다면 다른 국가들은 어떻게 될 것인가? 더욱이 이러한 '외부' 위협은 다른 국가들로부터 나온 것이 아니라, 테러조직으로부터 나온 것이고, 더구나 국가 내에 기반한 조직이 아니라 글로벌 네트워크에 의하여 작동되는 것이었다. 또한, 공격의 동기는 전통적인 것이 아니었다. 9/11 공격은 영토를 점령하거나 자원을 획득하기 위한 것이 아니라 종교적으로 고취된 이데올로기와 서방 외부의 미국 외교정책에 대한 복수라는 이름으로 수행되었고, 서양의 문화적, 정치적, 이념적 지배에 대항한 상징적이면서도 영적인 공격이었다.

2001년 9월 11일 뉴욕시에 있는 세계무역센터의 '트윈 타워'에 납치된 두 대의 여객기가 충돌하여, 붕괴 직전에 연기가 나고 있는 모습.

출처: *Robert Giroux/Getty Images*

그러나 9/11은 새로운 글로벌안보 시대의 등장을 의미하기보다는 의례적으로 발생하는 사건 중의 하나일지도 모른다. 특히 글로벌화 된 세계의 등장은 '국제' 또는 '글로벌'안보보다는 '국가'안보의 중요성을 강조하는 것처럼 보였다. 새로운 안보 도전들, 특히 초국가적 테러리즘의 등장은 외부의 공격으로부터 국민을 보호해야 하는 국가의 중요한 역할을 재강조하고 있다. 이러한 점에서 9/11은 국가에게 새로운 중요성을 부여하였다. 예를 들어, 9/11 이후 미국은 국내('국토안보'의 강화를 통하여)와 국외(국방예산 증가 및 아프가니스탄과 이라크에의 침공을 통하여)에서 국력을 상당 수준 증강시켰다. 미국이 다양한 종류의 국제기구들과 협력하여 활동하는 데 대한 관심을 줄이게 됨에 따라 외교정책에 있어서 일방주의적인 경향이 표출되었다. 테러리즘의 영향을 받은 다른 국가들도 때때로 시민의 자유와 정치적 자유를 희생하고라도 국가안보를 재정립하면서 미국과 유사한 추세를 보이고 있다. 다시 말해서 9/11은 국가에 기반한 권력정치가 생동감을 찾고 재도약하는 데 기여하였다.

안보(Security): 국가가 가장 중요한 행위자들 중 하나로 남아있는 글로벌정치체제에서, 국가들이 시민들에게 제공할 수 있어야 하는 조건인 안보가 정치와 정책에서 크게 나타나고 있는 반면, 안보불안은 언제든지 발생할 수 있는 것으로 남아있다.

정의(Justice): 글로벌정치에 대한 모든 분석은 사회 내부와 사회 사이의 차이와 불평등을 드러내며, 이는 공정과 정의의 문제로 이어진다. 예를 들어, 대안 글로벌화 운동(p. 12 참조)은 '글로벌 사회정의'를 위해 투쟁한다.

권력(Power): 우리가 하고 싶은 일을 다른 사람들이 하도록 만들 수 있는 능력, 정치적 의제를 설정하고 가능하다고 생각되는 것을 정의할 수 있는 능력, 또는 스스로 말하고 행동할 수 있는 생산적인 '권한' 등을 포함하여 다양한 방법으로 인식될 수 있는 것이다.

서'에 대한 생각들은 오늘날 글로벌정치의 이론과 실천의 많은 부분을 지속적으로 형성하고 있다. 안보의 개념과 그 이면의 안보불안은 글로벌화 개념이 등장하기 전에 그랬던 것과 같이, 글로벌정치 시대의 국제관계에 대한 큰 논쟁을 불러일으키고 있다. 이와 유사하게, 사회정의에 대한 오랜 우려들과 그에 수반된 권리, 평등, 불평등에 대한 우려들은 글로벌 시대에 똑같이 관련성이 있다. 그리고 무엇보다도 정치 자체의 본질이라고도 할 수 있는 모든 위상과 분배의 권력은 질서, 안보, 정의를 포함한 글로벌정치의 모든 논의에 달려 있다.

9/11테러부터 글로벌 코로나바이러스 팬데믹까지 21세기의 첫 수십 년 동안 많은 극적인 사건들과 변화들이 있었지만, 권력, 안보, 세계질서, 정의를 위한 투쟁들은 여전히 글로벌정치 이면에 핵심적인 추동력으로 남아있다. 우리는 어떻게 글로벌정치를 이론화하고 설명하고 이해할 수 있는가? 글로벌경제는 어떻게 운용되고, 누구를 위해 가장 잘 작동되는가? 글로벌화된 세계에서 국가와 비국가 행위자들은 어떤 역할을 할 수 있는가? 전쟁은 국제관계의 영구적인 특징인가? 국제기구들은 세계질서에 얼마나 중요한가? 그리고 글로벌정치에서 성(性)과 '인종'이라는 사회적 구조와 정체성은 어떻게 위태로운가? 글로벌정치를 계속해서 활성화시키는 이 질문들은 모두 권력, 안보, 세계질서, 그리고 정의에 관한 것이다. 그리고 그것들은 이 책의 나머지 부분에서 탐구하는 중요한 질문들 중 일부일 뿐이다.

요약

- 글로벌정치는 세계문제에 대한 포괄적인 접근을 기반으로 하고, 정치적 발전을 글로벌 차원뿐만 아니라 지역, 국가, 하위국가의 차원에서 다룬다. 이러한 점에서 '글로벌'과 '국제'는 상호 보완적이며, 정세를 이해하는 데 있어서 경쟁적이거나 모순된 용어가 아니다.
- '국제'정치는 다양한 발전을 통하여 '글로벌'정치로 변환되었다. 국가 및 국가정부와 더불어 새로운 행위자들이 세계무대에 등장하기 시작하였다. 세계정치에 있어서 상호연결성과 상호의존성의 수준이 불균형적이지만 증가하였다. 그리고 국제 무정부상태는 지역적이고 글로벌거버넌스의 틀이 등장함에 따라 수정되었다.
- 글로벌화는 상호연결성의 복합적인 망의 등장이고, 이는 우리의 삶이 우리로부터 멀리 떨어진 곳에서 일어나는 사건들과 먼 곳에서 이루어지는 결정들에 의하여 점차로 영향을 받는다는 점을 의미한다. 경제의 글로벌화, 문화의 글로벌화, 정치의 글로벌화 간의 구분이 특징적으로 이루어지고 있다. 그러나 글로벌화가 실제로 일어나고 있는지, 그리고 글로벌화는 어느 정도로 세계정치를 변화시키고 있는지에 대한 중대한 논쟁이 지속되고 있다.
- 글로벌정치에 관한 두 가지 전통적 관점은 현실주의와 자유주의이다. 이들은 모두 실증주의에 기초하고 있으며, 국가관계에 있어서 갈등과 협력 사이의 균형에 초점을 맞추고 있지만, 그들은 이 균형에 대하여 다르게 이해하고 있다. 이에 반하여 비판적 관점은 이론에 대한 후기 실증주

의 접근을 채택하는 경향이 있고, 소외되거나 억압받는 집단들의 이익과 제휴함으로써 글로벌적인 현상유지에 대립하는 모습을 보인다.

- 글로벌정치는 항상 변하는 분야이며, 변화의 속도는 시기에 따라 다르다. 권력의 변화하는 성격과 글로벌 권력의 변화하는 형태에 대한 논쟁이 지속되고 있다. 그리고 국가안보는 국제안보, 글로벌안보 또는 심지어 인간안보에 의하여 대치되고 있는지의 여부에 대한 논쟁과 정의가 현재 세계주의적 또는 글로벌한 차원에서 고려되어야 하는지에 대한 논쟁도 지속되고 있다.

토의주제 ?

- '국제'정치와 '글로벌'정치는 어떻게 다른가?
- 어떤 면에서 정치의 국제적 차원이 여전히 중요한가?
- 세계무대에서 비국가 행위자들은 어느 정도의 수준으로 국가 또는 국가정부와 경쟁하는가?
- 상호의존은 항상 협력과 평화를 유도하는가? 또는 갈등을 유발할 수도 있는가?
- 글로벌화에 대한 어떤 정의가 가장 설득력이 있으며, 그 이유는 무엇인가?
- 글로벌화의 영향과 중요성은 과장되고 있는가?
- 글로벌정치에 대한 주류 접근과 비판적 접근의 주요 차이점은 무엇인가?
- 현실주의와 자유주의 이론은 무엇에 대하여 동의하지 않는가?
- 최근에 글로벌 권력은 어느 정도 분산되고 있으며 왜 정확히 파악하기가 어려운가?
- 왜 '인간'안보에 대한 관심이 증대되고 있는가?
- '글로벌' 정의라는 개념은 적절한 것인가?

추가 읽을거리

Brown, C. and K. Ainley, *Understanding International Relations* (2009). 국제관계의 이론과 실제에 대하여 읽기 쉽고 사고력을 증진시키는 소개를 하고 있다.

Held, D. and A. McGrew, *Globalization/Anti-globalization: Beyond the Great Divide* (2007). 글로벌화에 대하여 현대정치적이고 지적으로 포괄적이면서 권위적으로 분석하고 있다.

Kamola, I., *Making the World Global: U.S. Universities and the Production of the Global Imaginary* (2019). 어떻게 '글로벌'이라는 개념이 사회과학에서 그렇게 두각을 나타내게 되었는지에 대해 비판적으로 분석한다.

Ling, L. H. M., *The Dao of World Politics: Towards a Post-Westphalian, Worldist International Relations* (2014a). 글로벌정치를 비서구적 관점에서 새롭게 재구상하는 획기적인 방법을 제시한다.

글로벌정치의 역사

출처: *iStock.com/Starcevic*

개요

정치는 사회에서 함께 사는 최선의 방법을 둘러싼 투쟁으로 정의될 수 있다. 이 투쟁이 어떻게 전개되는지에 대한 방향과 기록은 우리가 '역사'라고 부르는 것의 본질이다. 이는 정치와 역사가 불가분의 관계에 있다는 것을 의미한다. 단순한 의미에서 정치는 현재의 역사인 반면, 역사는 과거의 정치이다. 글로벌역사의 관점에 대한 연구는 우리가 현재의 상황들을 이해하고 참여하는 데 도움을 주며, 우리가 어떻게 여기까지 왔는지를 이해할 수 있는 맥락을 제공한다. 역사는 항상 어느 정도는 현재의 렌즈를 통해 이해되는데, 현대의 관심사, 이해, 태도는 우리가 과거를 '상상'하도록 돕는다. 그리고 1960년대에 중국 총리였던 저우언라이(周恩來)가 1789년 프랑스혁명의 교훈에 대해 질문을 받았을 때, "지금 말하기에는 너무 이르다"고 한 대답을 기억할 필요가 있다. 그럼에도 불구하고 현대 세계는 특히 20세기 등장 이후 세계사를 형성해온 중대한 사건들과 변화들에 대한 이해가 없다면 별 의미가 없어진다. 국제정치와 글로벌정치는 어떻게 처음 등장하였는가? 식민주의는 우리의 현재 세계질서를 만드는 데 어떤 역할을 하였는가? 제1차 세계대전과 제2차 세계대전의 발발을 초래한 사건들은 전쟁의 원인에 대해 무엇을 말해주고 있으며, 1945년 이후 '세계' 전쟁의 부재는 그 원인에 대해 무엇을 말해주고 있는가? 세계사는 글로벌정치의 가능한 미래에 대해 우리에게 무엇을 말해주고 있는가?

핵심이슈

- 20세기 이전의 세계사는 어떠한 발전에 의하여 형성되었는가?
- 제1차 세계대전의 원인과 결과는 무엇인가?
- 제2차 세계대전 발발의 원인은 무엇인가?
- '제국의 종말'의 원인과 결과는 무엇인가?
- 1945년 이후 냉전은 왜 시작되었으며, 어떻게 끝났는가?
- 냉전 이후의 역사 – '역사의 종말' 이후의 역사 – 는 어떻게 세계질서를 재구성하였는가?

글로벌세계의 형성

최초의 인류에서 '문명'으로

2017년 모로코에서 발견된 유해들이 인간(호모 사피엔스)인 것으로 밝혀지면서, 세계사에 대한 우리의 이해에 중요한 깨우침을 제공했다. 이 발견은 최초의 인간이 약 20만 년 전 '에덴동산'에서 진화했다는 믿음과 달리, 인류가 30만 년 전에 아프리카 대륙 전역에 존재했을 수도 있다는 것을 암시한다. 그 발견으로 많은 것을 파악하기는 어렵지만, 고고학적 근거는 이러한 초기 인류 사회가 조직적인 면에서 훨씬 더 작고 단순했을 것이라는 것을 암시한다. 그렇다면 고고학의 관점에서 네안데르탈인과 구별하기 어려운, 단순하고, 작고, 고립된 사회에서 어떻게 21세기의 고도로 연결되고 인구가 많은 글로벌 세계로 이행했을까?

기록된 세계사의 시작은 선사시대의 수렵채집 공동체에서 비롯된 고대문명의 전래에서 그 근원을 찾을 수 있다. 이러한 초기 문명의 핵심적인 두 가지 특징은 농업과 문자의 발달이었는데, 농업은 영구 거주와 도시생활을 가능케 하였고, 문자는 기원전 3000년경부터 시작되었다 (가장 초기의 형태는 메소포타미아의 설형문자와 이집트의 상형문자였다). 현대 이라크의 영토인 티그리스(Tigris)와 유프라테스(Euphrates) 강 사이에 위치한 메소포타미아(Mesopotamia)는 종종 '문명의 발상지'로 묘사되고, 그곳을 근거지로 하는 3개의 주요 문명, 즉 수메르(Sumerian), 바빌로니아(Babylonian), 아시리아(Assyrian) 문명이 발생했다. 그러나 다른 문명들은 지구의 거의 모든 지역에서 나타났다 ('주요 연표' 참조).

나일강을 따라 이어진 고대 이집트의 문명은 약 3,500년 동안 지속되었다. 인더스강에서 갠지스강에 이르는 평야를 가로질러 오늘날의 아프가니스탄에서 방글라데시에 이르는 고대 인도는 산스크리트 문학에 반영되어 있듯이 고전 힌두문

주요 연표 ¦ 고대 문명의 발달

기원전 3500년에서 1500년	수메르, 바빌로니아, 아시리아 문명. 고대 이집트의 문명.
기원전 2600년에서 1900년	남아시아에서 가장 초기의 문명이 현재 파키스탄 지역의 인더스 강 계곡에서 출현.
기원전 1600년	중국 문명은 상(商) 나라에서 시작. 춘추전국시대인 기원전 403년–기원전 221년 이후 중국은 진(秦) 나라에 의해 통일.
기원전 800년에서 600년	그리스인들의 정착지는 지중해 동부 전역으로 확대되었고, 소아시아(Asia Minor)는 물론 발칸반도 남부에 식민지 형성.
기원전 509년	로마왕정이 전복된 이후 고대로마가 등장하여 과두제 공화국 탄생.

화의 '황금기'가 탄생하면서 기원전 500년경부터 시작되었다.

일반적으로 '고전고대'로 알려진 시기는 기원전 1000년경부터 지중해 일대에서 다양한 문명의 출현을 목격하였다. 에트루리아 문화의 성장과 페니키아의 해상 무역 문화의 확산을 시작으로 가장 큰 발전은 고대 그리스와 고대 로마의 출현이었다. 고대 그리스는 종종 서구 문명의 기초 문화로 보는 반면, 고대 로마는 지중해 동부에서 북아프리카를 가로질러 유럽의 대부분을 포함하는 거대한 제국으로 발전하였다.

그러나 5세기에 고전적인 세계는 기마 유목민들이 고대문명의 '거대한 초생달(great crescent)' 지역에 침입하여 '암흑기(Dark Age)'를 열면서 점차 위기에 빠져들었다. 이 위기는 유라시아의 확립된 모든 문명들에 영향을 미쳤다. 오직 중국만이 침략자들에 성공적으로 대처했지만, 그들의 출현은 여기서도 정치적 분열의 시기를 촉발했다. 당시 영토적 측면에서 로마제국으로 좁게 정의된 유럽에서, 비유럽인 침략자들과 정착민들은 '야만인(barbarian)'으로 불리며 부정적으로 인종화되었다 (p. 88 참조). 이들은 오늘날 '백인'이나 '유럽인'으로 인종화된 후손들을 포함하는데, 예를 들어 5세기와 6세기에 걸쳐 게르만족과 슬라브족이 포함되며, 9세기와 10세기에 바이킹족, 마자르족, 사라센족 등으로부터 추가적인 침략의 물결이 일어났다. 그럼에도 불구하고 이러한 유목민들 중 가장 영향력 있는 사람들은 아마도 1206년과 1405년 사이에 수준과 범위가 불평등한 제국을 창조한 몽골인들이었을 것이다. 몽골제국은 독일의 동쪽국경으로부터 북극해에서 튀르키예와 페르시아만까지 펼쳐져 있었다. 몽골제국의 세계사에 대한 영향은 매우 중대했다. 아시아와 대부분 유럽의 정치조직이 변경되었다. 모든 사람들은 자기 땅을 떠나야 했고 분산되었으며, 많은 지역의 인종적 특성은 영구적으로 변화하였다 (특히 튀르키예민족이 서아시아 여러 지역으로 분산되었다). 그리고 유럽인들의 아시아와 극동지역에의 접근이 다시 가능하게 되었다.

식민주의와 자본주의의 세계 재창조

유럽의 식민주의시대는 '서양'을 비교적 일관성 있는 글로벌 실체 또는 행위자로 만드는 데 중심 역할을 했다. 식민주의, 그리고 식민주의가 가능하게 한 제국의 건설과 더불어 밀접하게 연결된 몇몇 다른 발전들은 세계질서에서 서양의 부상에 결정적이었다. 정치적인 측면에서, 16세기와 17세기는 강력한 중앙정부가 존재하는 주권국가의 설립을 목격했다. 이는 종종 유럽 전역의 가톨릭과 개신교 국가들 사이에 발생한 일련의 유혈분쟁인 30년전쟁을 종식시켰던 베스트팔렌조약(Peace of Westphalia, 1648)으로 거슬러 올라간다. 주권국가의 출현은 유럽에서 기술혁신과 경제발전을 선도하는 사회적, 정치적 수준의 안정을 촉진했다. '왕권신수설(Divine Right of Kings)'이라는 교리 아래 종교적 교조주의와 군주제로부터의 제한적인 전환을 수반했던 18세기와 19세기의 '계몽(Enlightenment)' 이라고 일컬어지는 과학과 철학적 변화의 시기는 유럽 내의 정치적 발전과 새롭게 등장한 서구의 '정체성' 또는 자아감과 밀접하게 연결되어 있었다. 정치와 도덕 철학자이자 초기 국제관계 이론가인 칸트(Immanuel Kant, p. 18 참조)는 계몽주의 전통과 가장 밀접하게 연관된 지식인들 중 한 명이었다. 이 새로운 유럽 또는 서양의 정체성은 합리주의에 초점을 맞추는 것, 그리고 최근에 유럽 외부의 식민지화되거나 식민지화되지 않은 사회의 국민들에 대한 강한 문화적 우월감으로 특징지어지는데, 이것은 나중에 사이드(Edward Said)가 언급한 '오리엔탈리즘'의 출현(p. 91 참조)이다.

그러나 아마도 가장 중요한 것은 16세기와 17세기 동안 유럽이 중세의 봉건적인 생산방식, 소유권, 교환으로부터 자본주의 경제모델로 전환된 것이었다. 가장 중요한 것은 18세기 중반 영국('세계의 작업장[workshop of the world]')에서 시작하여 19세기 동안 북미와 서부 및 중부유럽 전역으로 퍼져나간 산업화의 성장이 이루어진 것이다. 무엇보다도 산업화된 국가들은 생산능력을 엄청나게 확대했고, 이는 군사력에 기여했다. 농업과 산업기술의 발전도 식단을 개선하고 생활수준을 높이는 데 기여한 결과, 시간이 지나면서 세계인구의 팽창에 큰 영향을 미쳤다 (도표 2.1 참조).

식민주의는 자본주의 발전의 중심이었고, 노예제는 자본주의 이전의 경제체제라는 일반적인 개념과는 반대로 300년 이상 자본주의 세계경제의 일부로서 지속되었다 (Robinson 1983: 4). 아프리카와 '신세계'로부터 온 강제 인간노동의 무역은 유럽 내의 임금노동경제와 산업 노동자계급의 출현으로 보완되었고, 약 800만에서 1,050만 명의 아프리카인들이 영국, 스페인, 포르투갈 그리고 유럽의 다른 주요 식민권력에 의해 주도된 체계적인 노예화 제도에 의해 아메리카로 강제 이송되었다.

서양 역사학자들로부터 나온 이 역사적 시기의 서술들은 종종 자발적이고 내생적인 '서양의 부상'에 대한 '내재적 이야기'의 경향을 보여 왔다 (Anievas and

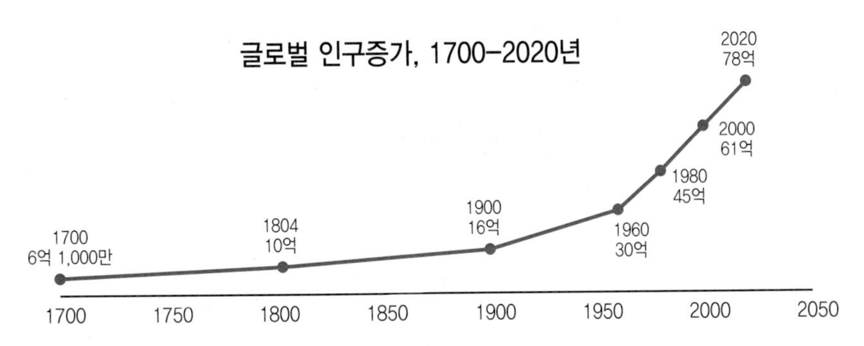

도표 2.1 1700년 이후 세계인구의 증가

개 념

서양

'서양(The West)'의 개념은 두 가지 중첩되는 의미를 갖고 있다. 일반적으로 서양은 유럽의 문화적이고 철학적 유산을 의미하는데, 이는 이민과 식민통치를 통하여 전파되었다. 이러한 유산은 유대-기독교의 종교와 '고전적' 그리스와 로마의 학습에 뿌리를 두고 있으며, 현대의 자유주의 아이디어와 가치에 의하여 형성되었다. 보다 협의의 관점에서 보면, 냉전시대에 '서양(the West: 냉전시대에는 서양보다는 서방이라는 용어를 더 많이 썼다 – 역자 주)'은 소련이 지배하는 공산진영에 반대하는 미국 지배의 자본주의 블록을 지칭했다. 후자의 의미는 냉전이 종식되면서 약화되었고, 전자가 의미하는 가치는 소위 서구열강들의 정치적 또는 다른 이유에 의한 분열로 의문시되었다.

계몽주의(Enlightenment): 이성과 진보의 이름으로 종교, 정치, 학문 전반에 대한 전통적인 믿음에 도전했던 17세기와 18세기 유럽의 정치 및 지적 프로젝트.

봉건주의(Feudalism): 고정된 사회적 계층과 엄격한 의무 패턴을 특징으로 하는 농업 기반 생산체계. 소작농과 다른 노동자들은 가족을 위한 식량과 주거지 같은 생계수단을 대가로 귀족 토지소유주들의 재산 증식에 도움이 되도록 노동을 했다.

Nişancıoğlu 2015: 5). 다시 말해서, 이 서술들은 유럽 내외부의 심층적인 정치-경제적 재질서 구축이 마치 내재적인 유럽 또는 서양의 독창성의 산물인 것처럼 묘사했는데, 정치-경제적 재질서는 자본주의와 산업기술의 출현, 철학적·정치적·문화적 '근대성', 글로벌정치에서의 근대국가체제의 등장을 의미했다. 아니바스와 니산시오글루(Anievas and Nişancıoğlu)는 이것을 유럽중심주의의 '건국신화'라고 부른다 (p. 89 참조). 사실, 식민지시대의 등장과 국제무역으로부터 비서양 철학자들과 신학자들이 서양정치사상에 미친 영향에 이르기까지, 유럽에 대한 외부적이고 '외재적인' 사회현실들과 변화들이 세계를 새롭게 만드는 데 중심적인 역할을 했다.

서양 주도의 세계개발이라는 '내재적 이야기'와 대조적으로, 이 시기 동안 정치적 사상, 권력, 경제발전의 거대한 중심지는 유럽 밖에서 그리고 유럽의 통제와는 독립적으로 존재했다. 19세기 **아편전쟁**까지, 중국의 **청나라**는 번성한 문화적이고 정치적인 강국이었고, 18세기까지 아시아 내륙에서 넓은 지역을 확보하고 차, 비단, 은을 포함한 상품의 광활한 국제무역을 통제했다. 청나라는 주로 유럽에서 출현한 시장경제와 분리된 중국 나름의 시장경제의 성장을 주도했고, 유럽 계몽주의 합리주의보다는 유교가 지배하는 정치적, 문화적 무대를 감독했다 (p. 29 참조).

아편전쟁(Opium Wars): 1839년과 1860년 사이에 영국과 동인도회사, 프랑스, 중국 사이에 두 개의 전쟁이 벌어졌다. 유럽강대국들은 영국이 인도에서 재배한 아편을 포함한 수출품들을 중국이 받아들이도록 강요하기 위해 전쟁을 벌였다. 중국은 패배했고, 마지막 제국 왕조인 청나라 종말의 전조가 되었다.

청나라(Qing Dynasty): 청나라는 1644년부터 1912년까지 통치했던 중국의 제국 왕조 중 마지막 왕조로, 군주들은 중세유럽의 '왕권신수설'과 유사한 '천국의 위임'을 주장했다. 1912년에 중국이 전복되고 중화민국이 설립될 때까지 이어졌다.

제국(Empires): 다양한 문화, 인종집단, 민족이 단일한 권위체에 종속되어 있는 지배 구조.

벨 에포크(Belle époque): '아름다운 시대'를 의미하는 프랑스어이며, 19세기 후반과 제1차 세계대전 발발 사이 유럽의 평화와 번영의 시기는 '황금시대'로 여겨졌다. 이 시대는 또한 아프리카와 아시아의 폭력적인 전유물이 유럽의 번영을 '귀향(back home)'으로 가능하게 했던 유럽 제국주의의 정점이었다.

산업혁명(Industrial Revolution): 18세기 후반에서 19세기 후반 사이의 기간으로, 유럽의 강대국들이 제국주의 정점에 도달함에 따라, 특히 유럽에서 많은 제조업의 기계화와 대규모 기술혁신이 있었다.

산업화와 제국주의

세계의 나머지 부분에 대한 유럽의 영향력은 19세기 후반 동안 소위 '식민지 쟁탈전'으로 심화되었던 제국주의의 성장을 통해 특히 아프리카에 집중됨으로써 상당히 확장되었다. 20세기의 첫 10년까지, 세계의 많은 부분이 유럽국가들의 지배하에 놓이게 되었고, 영국, 프랑스, 벨기에, 네덜란드 **제국**들은 전 세계인구의 약 3분의 1을 관할하에 둔 기록도 있다. '**벨 에포크(Belle époque)**'는 현대의 수준과 비견할만한 경제적 글로벌화의 수준을 수반하였다. 세계의 총 GDP에 대한 국제무역의 19세기 말의 비율은 20세기 말의 비율만큼 높았다. 실제로 이 시대에 가장 앞서 가는 제국이었던 영국은 미국을 비롯한 현대의 어느 국가보다도 무역에 대한 의존도가 높았다.

이 시기는 국경 넘어 이주가 이루어지는 시대로도 표현되며, 1870년과 1910년 사이에 가장 많은 이주가 이루어졌다. 19세기 중반 이후 미국으로의 이주가 지속적으로 증가하였는데, 주로 독일과 아일랜드에서 유입되었으며 그 이외에도 네덜란드, 스페인, 이탈리아, 스칸디나비아 국가들, 동유럽으로부터의 이주도 이루어졌다. 캐나다, 호주, 남아프리카공화국에도 유럽의 빈곤한 지역이나 아시아 일부 지역에서 이주자들이 유입되었다. 증기기관 선박의 개발, 철도의 확산, 전신의 발명과 상업적 활용 등 교통과 통신의 기술적 발전에 의하여 상품, 자본, 사람들의 비교적 빠른 흐름이 이루어졌다. 이러한 주요 기술들은 19세기 **산업혁명**에 의한 중공업화로부터 비롯되었고, 정치를 위한 공간으로서 글로벌을 창조하는 데 중심이 되었다. 그러나 숄트(Scholte 2005)가 '초기 글로벌화'라고 불렀던 이 시기는 '자유 무역의 황금기'가 종식되고 경제적 민족주의로의 복귀와 이주에 대한 반발을 야기한 제1차 세계대전의 발발과 함께 갑자기 끝났다. 이 시대가 현대의 글로벌 시대에 경고를 주는 점은 제1차 세계대전의 발발이 '벨 에포크'의 글로벌화의 결과로 야기되었다는 점이며, 점차로 위축되어 가는 세계에서 자원과 권위를 둘러싸고 유럽국가들 상호 간에 투쟁이 시작되었다는 점이 이를 암시하고 있다.

개 념

제국주의

광범위한 의미에서 제국주의는 한 국가나 사회의 권력 또는 통치를 그 경계 너머로 확장하는 정책이며, 전형적으로 다른 국가나 사회(제국)에 대한 정치적, 군사적, 그리고/또는 경제적 통제의 확립을 통해서 이루어진다. 제국주의는 가장 초기에 이데올로기로 활용되었는데, 이는 민족적이고 인종적인 독트린의 기초가 되어 군사적 팽창과 식민지 획득에 기여했다. 전통적 개념으로서의 제국주의는 공식적인 정치적 지배 또는 식민주의의 확립을 포함하였고, 정복과 (가능하면) 정착의 과정을 통한 국력의 팽창을 반영한다. 현대적이고 보다 교묘한 제국주의의 형태는 정치적 통제가 없는 경제적 지배를 포함하고, '신식민주의(neo-colonialism)'로 표현된다.

'짧은' 20세기: 1914-90년

대중사회와 사회운동의 여명기

19세기의 산업화와 제국주의 시대는 많은 면에서 사회를 '대량화'시켰는데, 이는 두 가지 측면을 통해서 이루어졌다. 첫째는 자본주의 경제에 의한 대량생산의 등장이었고, 둘째는 공장 노동자와 다른 도시노동에 대한 새로운 경제의 수요를 충족시키기 위해 많은 나라에서 농촌에서 도시로 인구가 대규모 이동한 것이었다. 20세기에 들어서면서 이러한 신흥 대중사회는 정치적으로 점점 더 불안정하게 되었다. 글을 읽고 쓰는 능력의 증가와 함께 대중통신과 대중매체의 발전은 사회 내와 사회 사이의 사람들을 연결했고, 보다 글로벌 수준에서 시사문제에 대한 인식을 제고시켰으며, 변화를 위한 사회운동의 확산을 가능하게 했다. 20세기의 첫 20년 동안만 해도 대규모 정치적 봉기가 전 세계에서 발생했는데, 그 사례로는 외국 제국주의 세력에 대항한 중국의 '의화단(Boxer)' 반란(1899-1901), 입헌공화국으로 나라를 변화시킨 멕시코혁명(1910-20), 소련을 세계 최초의 공산주의 사회로 세운 러시아혁명(1917-23)이 발생했다. 서양의 새로 등장한 '자유민주주의국가'에서, 여성참정권을 위한 고도로 조직화되고 투쟁적인 대중운동이 발생하여, 호주(1902), 핀란드(1906), 영국(1918), 네덜란드와 스웨덴 (1919)을 포함한 국가에서 (대부분 백인과 중산층 또는 부유한) 여성의 일부 선거구가 처음으로 허용되어 제한된 투표권을 획득하였다. 그러나 프랑스(1945)와 스위스(1971)를 포함하여, 많은 서양국가들이 여성 참정권을 법령화하는 데에는 훨씬 더 오래 걸렸다.

한편, 유럽인들이 노동과 자원의 획득을 위해 정복하고, 점령하고, 착취하는 데 이전의 세기들을 보낸 대륙들에서 반식민지 대중사회운동(p. 89 참조)이 빠르고 강하게 확산되었다. 제1차 세계대전과 러시아혁명 이후, 그리고 식민지를 지배하던 유럽의 '강대국'과 직접 연관이 된 이러한 사건들의 발생으로 반식민 세력은 더 큰 규모로 조직화되기 시작했다. 자메이카의 국제주의자이자 반식민지 활동가이면서 지식인인 가비(Marcus Garvey, 1887-1940)는 1914년에 세계흑인개선협회(UNIA)를 설립했다. UNIA는 1920년에 뉴욕에서 첫 국제회의를 개

대중사회(Mass societies): 19세기 후반부터 20세기 초반까지, 새로운 기술과 산업의 변화가 전례 없는 수준의 커뮤니케이션, 상업, 그리고 연결로 이끌었고, '대중'은 정치에 접근할 수 있게 되었다.

사회운동(Social movements): 사회 변화를 추구하고자 하는 개인들과 집단들의 연합. 이것은 정부나 국가, 그리고 경제적이고 정치적인 힘의 지렛대에 영향을 미치거나 심지어 장악하는 것을 통해서 모색된다.

최했고, 아메리카, 아프리카, 그리고 다른 지역에서 온 수만 명의 참석자들이 모여서 궁극적으로 '세계흑인권리선언'을 발표했다. 같은 시기에 뒤 부아(W. E. B. Du Bois)는 영향력 있는 서적인 *The Souls of Black Folk* ([1903] 1961)을 출판했고, 1909년에 오늘날 가장 영향력 있는 미국 민권단체 중 하나로 남아있는 전미 유색인발전협회(NAACP)를 공동 창립했다. 한편, 1915년에 간디(Mohandas Gandhi, p. 307 참조)는 반식민지 선동가로서 남아프리카에서 인도로 돌아왔고 1947년에 마침내 영국의 식민지배에서 벗어난 인도 독립운동의 선봉에 서게 된 인도 국민의회당에 합류했다.

이러한 사회적인 대량화와 정치적인 변혁, 그리고 글로벌화의 추세는 통신과 운송을 포함하는 영역에서의 기술발전에 의해 가능해졌다. 1908년에 최초로 적정 가격 수준에 대량생산된 자동차인 포드 모델 T의 생산은 심지어 후대의 사회학자들이 그 시대의 산업과 기술적인 역동성을 묘사하기 위해 '포디즘'이라는 용어를 사용하도록 하였다. 그러나 공장들과 초국가적인 산업노동자 계급의 출현을 포함하여 19세기의 산업화에 의해 가능해졌던 기술혁신의 빠른 속도는 이를 뒷받침했던 잔혹한 노동조건을 포함하는 '어두운 면'을 가지고 있었다. 일부 기업체, 국가, 그리고 특히 제국주의 열강들은 이러한 새로운 기술들을 기반으로 한 전쟁을 활용하는 새로운 방법들을 모색했다. 1903년 미국에서 라이트 형제의 최초의 성공적인 비행과 1844년 영국에서 맥심(Hiram Stevens Maxim)에 의해 개발된 '맥심' 기관총의 출현은 특히 중추적인 발전이었다. 이들과 더불어 다른 새로운 군사기술들은 20세기 내내 전쟁을 하는 극적인 상황을 조성했고, 전투원과 민간들 모두를 대량 학살하는 것을 쉬운 작업으로 만들었다.

제1차 세계대전

때때로 1914년의 전쟁 발발은 '짧은' 20세기의 시작으로 간주되는데 (Hobsbawm 1994), 이 20세기에는 세계정치가 자본주의와 공산주의 사이의 이념적 투쟁으로 점철되다가 1989–91년에 끝나게 된다. 제1차 세계대전은 세계사에서 가장 중요한 전쟁으로 묘사되고 있다. 그 전쟁은 첫 번째의 전면전의 사례이며, 국내인구와 시민생활의 양식(국내전선[home front])이 이전의 전쟁에 비해서 더욱 많은 영향을 받게 한 전쟁이었다. 이 전쟁은 실질적으로 '세계'전쟁이었는데, 그 이유는 유럽의 제국 전역에서 군대를 모집했기 때문만이 아니라 동맹국에 속해 있는 튀르키예와 불가리아, 그리고 협상국이었던 세르비아, 벨기에, 룩셈부르크, 일본, 이탈리아, 루마니아, 포르투갈, 그리스, 그리고 가장 중요하게는 미국을 포함하여 여러 국가들의 참여 때문이었다. 제1차 세계대전은 첫 번째 '현대'전이었는데, 그 이유는 산업화된 무기들이 총동원되었으며, 그 중에는 탱크, 화학무기(독가스와 화염방사기), 그리고 장거리 전략폭격이 가능한 전투기가 사용되었기 때문이

전면전(Total war): 대규모 징병제, 경제의 군사적 목적으로의 무장화, 민간인을 포함한 '적' 표적의 대량 파괴의 결과로 야기되면서 사회 모든 측면을 포함하는 전쟁.

다. 다양한 전선에서 6,500만 명이 동원되어 전쟁에 참가하여 800만 명이 사망하였으며, 이 전쟁의 전투와 1918-19년 겨울 발생한 스페인의 인플루엔자 전염병으로 1,000만 명의 일반시민이 사망하였다.

제1차 세계대전은 1914년 6월 오스트리아 황제의 조카인 페르디난드(Franz Ferdinand) 왕자가 세르비아 민족주의 단체인 흑수단(Black Hand)에 의하여 암살되면서 촉발되었다. 이 사건으로 오스트리아-헝가리와 러시아가 선전포고를 하게 되었고, 이에 따라 과거 10년 동안 이어져 온 3국협상(Triple entente, 영국, 프랑스, 러시아)과 3국동맹(Triple alliance, 독일, 오스트리아-헝가리, 이탈리아) 사이의 광범위한 전쟁이 전개되었고, 결과적으로 몇몇 다른 국가들도 그 갈등에 휘말리게 되었다. 궁극적으로 협상측은 병력과 장비를 동원하는 데 있어서 내부적으로 민주적인 시스템이 운용되었고, 기계화된 무기들을 초기에 보다 효과적으로 사용할 수 있었으며, 궁극적으로 미국이 참전했기 때문에 승리할 수 있었다. 그러나 전쟁의 기원에 대해서는 많은 논쟁이 있었고 지금도 계속되고 있다. 제1차 세계대전과 연계된 주요 동기들은 아래와 같다.

- '독일 문제'
- '동부유럽 문제'
- 제국주의
- 민족주의

'독일 문제'는 다양한 해석이 가능하게 하는 현상이었다. 권력획득과 국익추구에 대한 국가들의 기본성향은 세력균형(p. 68 참조)에 의해서만 제지될 수 있다고 믿고 있는 현실주의 이론가들은 유럽의 불안정이 1871년 독일통일로 중부유럽에 지배세력이 등장하여 야기된 구조적 불균형으로부터 시작되었다고 주장한다. 이러한 불균형은 독일로 하여금 권력을 추구하게 하였는데, 그 사례는 식민지 획득을 모색(독일의 '양지바른 땅[a place in the sun]')하고, 특히 해군력에 있어서 영국에 대한 전략적이고 군사적인 경쟁력을 키워 나간 것이었다. '독일 문제'에 대한 대안적인 해석은 독일 팽창주의의 근원을 독일의 정치 및 군사 엘리트들의 사고방식에서 찾는 경향이 있다. 독일의 역사학자 피셔(Fritz Fischer 1968)는 1888년부터 1918년까지 이어진 독일 황제 빌헬름 2세(Kaiser Wilhelm II) 통치기간의 공격적이고 팽창적인 외교정책을 형성하는 데 있어서 '세계정책(Weltpolitik)'의 역할을 강조하였다. 이러한 견해는 독일(적어도 정치지도자들)이 제1차 세계대전 발발에 책임이 있다는 논리로 전개되었고, 동맹국들은 이를 베르사유조약(Treaty of Versailles, 1919)의 '전쟁책임'조항을 통해 표현하였다.

제1차 세계대전이 발칸반도에서 발발하였고 러시아와 오스트리아-헝가리가 초기의 선전포고에 포함되었다는 점은 소위 '동부 문제'의 중요성을 강조하게 된다. '동부 문제'는 19세기 후반과 20세기 초반 발칸지역의 구조적 불안정성과 연관되어 있다. 이러한 불안정한 상황은 중동, 남동유럽의 많은 부분과 북아프리카 일부 지역을 점령했던 오스만 제국(Ottoman Empire)의 영토적이고 정치적인 쇠퇴 때문에 발생한 힘의 공백에 의하여 야기되었다. 이는 다양한 인종과 종교집단을 포함하고 있으며 민족주의의 충동이 점진적으로 격화되어 가는 발칸지역이 유럽의 전통적인 강대국들인 러시아와 오스트리아-헝가리의 팽창주의적 야망에 불을 지폈다는 점을 의미하였다. 1914년 6월 오스트리아의 페르디난드 왕자의 암살은 단순한 지역적 사건으로 남을 수도 있었다. 그러나 이 사건은 러시아와 오스트리아-헝가리의 전쟁을 불러 왔고, 궁극적으로는 대륙 전체로 퍼지면서 세계대전이 되었다.

제1차 세계대전의 기원에 대해서는 제국주의의 출현과 민족주의의 영향 등 광범위하고 다양한 측면의 설명이 등장하였다. 앞에서 언급한 바와 같이, 19세기 후반은 제국주의의 팽창, 특히 '아프리카 식민지 획득 경쟁(scramble for Africa)'이 치열한 시기였다. 마르크스주의 역사가들은 때때로 레닌(V. I. Lenin)의 견해에 따라서 제국주의가 세계대전의 핵심 원인이라고 주장하고 있다. 레닌([1916] 1970)은 제국주의가 자본주의의 가장 '최고'의 무대라고 묘사하면서, 해외로부터 들여오는 원재료와 값싼 노동력의 추구가 자본주의 국가들 사이의 식민지 경쟁을 부추겼고 결국은 전쟁으로 이어졌다고 주장하였다. 레닌과 동시대의 아프리카계 미국인 인종차별 반대 학자이자 활동가인 뒤 부아(W. E. B. Du Bois)는 전쟁 발발에 있어서 아프리카의 중심성을 강조하였다. 반면, 뒤 부아는 1915년 기사에서 "세계사를 쓰면서 이 가장 놀라운 대륙을 제외하는 사람들이 있다"고 언급하면서, 사실 "매우 실제적인 의미에서 아프리카는 우리가 보아 온 문명이 끔찍하게 뒤엎어진 주요 원인이다"라고 강조했다 (Du Bois 1915). 뒤 부아에 따르면, 소위 '아프리카 식민지 획득 경쟁'에서의 '약탈행위'가 전쟁의 주요 동인이 되었다. 유럽의 제국주의가 쇠퇴하기 시작하면서 유럽국가들 간의 경쟁은 19세기 후반과 20세기 초에 아프리카의 천연자원과 노동력에 관심을 돌리기 시작했다.

그러나 제1차 세계대전에 대한 레닌의 마르크스적 해석을 비판하는 사람들은 레닌이 제국주의를 기본적으로 경제적 현상으로 분석했기 때문에 민족주의의 형태로 나타난 더욱 강력한 힘을 고려하는 데 실패했다고 주장한다. 19세기 후반부터 민족주의는 군국주의 및 **쇼비니즘**과 결합되어 정치적 엘리트들과 일반대중들이 팽창적이고 공격적인 외교정책을 추진하는 데 대한 지지를 하도록 하였다. 이 견해에 따르면 쇼비니즘 혹은 팽창주의적인 민족주의는 '신'제국주의를 가속화하였고 격렬한 국제적 갈등을 야기하여 1914년의 전쟁이 발발하게 하였다.

쇼비니즘(Chauvinism): 어떠한 대의나 집단에 대한 무비판적이고 불합리한 헌신이며, 일반적으로 '국가 우월주의'와 같이 우월성에 대한 믿음에 기반을 둔다.

제2차 세계대전

제1차 세계대전은 '모든 전쟁들을 끝내기 위한 전쟁'으로 생각되었지만, 한 세대 내에 두 번째 세계전쟁이 발발하였다. 제2차 세계대전은 세계에서 가장 큰 규모의 군사대결이었다. 9,000만 명 이상의 병사들이 동원되었고, 민간인을 포함하여 4,000만에서 6,000만 명이 사망하였다. 이 전쟁은 제1차 세계대전보다 더 '총력전'이었고, 민간인 사망자 비율이 더 높았고 (무차별적 공습과 나치체제의 잔악한 정책, 특히 유대인에 대한 정책 때문에), 국내사회의 파괴 정도가 더 심했고, 경제는 전쟁수행을 위하여 재편성되었다. 제2차 세계대전은 그야말로 글로벌한 전쟁이었다. 전쟁은 1939년 9월 1일 나치 독일과 소련에 의한 폴란드의 침공으로 유럽전쟁으로 시작되었고, 수일 내에 영국과 프랑스가 독일에 선전포고를 하면서 본격화되었다. 1940년 덴마크, 노르웨이, 벨기에, 네덜란드가 독일의 전격전(Blitzkrieg)에 의하여 전쟁에 휘말리게 되었다. 1941년 독일이 유고슬라비아, 그리스, 그리고 가장 결정적으로 러시아를 공격함으로써 동부전선에서의 전투가 시작되었다. 1941년 12월 7일 일본이 하와이의 진주만에 있는 미군기지를 공격함으로써 아시아에서의 전쟁이 촉발되었다. 결국, 미국은 독일과 이탈리아에 대항한 전쟁에까지 참전하게 되었고, 버마 및 동남아시아와 태평양지역의 전쟁에 깊숙하게 개입하게 되었다. 1942년 전쟁은 북아프리카까지 확대되었다. 1945년 5월 독일의 항복으로 유럽전쟁이 끝났으며, 히로시마와 나가사키에 원자탄이 투하된 이후 아시아전쟁도 1945년 8월에 끝났다.

제2차 세계대전의 결과에 영향을 미친 결정적인 요인들은 소련과 미국의 개입이었다. 소련과의 전쟁으로 독일은 병력과 물자를 동부전선에 다량으로 투입해야 했기 때문에 두 개의 전선에서 싸워야 했다. 1942-3년 겨울 스탈린그라드 전투 이후 독일의 힘은 약화되었고 끊임없는 퇴각이 시작되었다. 미국의 개입은 세계에서 가장 강력한 산업국가가 독일과 일본의 패전을 위하여 총력을 기울이게 되었다는 점에서 경제적인 세력균형에 근본적인 영향을 미쳤다. 그러나 제2차 세계대전의 기원에 대해서는 제1차 세계대전 때보다 더 많은 역사적인 논쟁이 벌어졌다. 제2차 세계대전의 발발에 관련된 주요 요인들은 아래와 같다.

- 제1차 세계대전 이후 평화정착 문제
- 글로벌 경제위기
- 나치의 팽창주의
- 아시아에서 일본의 팽창주의

많은 역사학자들은 제2차 세계대전을 제1차 세계대전의 재연으로 보고, 베르사유조약(1919)을 전쟁으로 가는 길의 시작점으로 생각하였다. 이러한 점에서

주요 연표 ¦ 세계사, 1900–1945년

1900–01	중국 의화단운동
1904–05	러일전쟁
1910–29	멕시코혁명
1914	제1차 세계대전 발발
1915	아르메니아인 집단 학살
1917	러시아혁명으로 세계 최초의 공산주의 국가 수립
1919	베르사유(Versailles) 조약 체결
1922	무솔리니(Mussolini) 이탈리아 정권 장악
1929	월스트리트 붕괴(10월), 대공황 시작
1929	스탈린, 소련의 강제 집단화 시작
1930	일본의 만주 침공
1932	루스벨트(F. D. Roosevelt) 미국 대통령 당선, 뉴딜정책 시작
1933	히틀러 독일 총통 취임
1934	마오쩌둥 대장정(Long March) 시작
1935	이탈리아 아비시니아(Abyssinia, 에티오피아) 침공
1936	독일 라인란트(Rheinland) 재점령
1938	오스트리아 합병(Anschluss)
1938	뮌헨협정
1939	제2차 세계대전 개전
1940	독일, 이탈리아, 일본 포함 추축국의 3국동맹조약(Tripartite Pact) 체결
1941	일본의 진주만 공격
1942–3	스탈린그라드 전투
1942–5	나치의 유태인 대학살
1945	제2차 세계대전 유럽전쟁 종식(5월)
1945	미국의 히로시마와 나가사키에 대한 원폭투하로 10만 명 이상의 시민 사망 후 일본항복, 제2차 세계대전 종식(9월)

1919년부터 1939년까지의 기간은 '20년의 휴전' 기간으로 간주된다. 베르사유조약에 대한 비판자들은 그 조약이 두 가지의 모순된 목적으로 만들어졌다고 주장하는 경향이 있다. 첫 번째는 유럽의 제국들을 해체하고, 세계 최초의 글로벌거버넌스의 시도인 국제연맹이 경찰하는 독립국가들의 집단이 유럽제국들을 대체하도록 하는 자유적 세계질서를 만들기 위한 시도였다 (제20장 참조). 두 번째는 특히 프랑스와 독일의 주변국들이 주장하는 내용으로 독일이 전쟁에 대한 보상을 해야 하고, 특히 승리에 대한 대가로 영토와 경제적 이익을 획득해야 한다는 기대로 베르사유조약이 체결되었다는 것이다. 이 때문에 '전쟁책임' 조항이 만들어졌고, 독일은 동부와 서부 국경지대의 영토를 잃었으며, 전쟁배상을 부과받았다. 비록 베르사유조약은 유럽의 세력균형을 새롭게 구성하려는 시도였지만 사태를 더 악화시켰다. 현실주의자들은 카(E. H. Carr)의 주장에 동조하는데, 그에 따르면 1939년 전쟁으로 이어진 '20년 위기'의 주요 원인은 '유토피아주의' 또는 자유주의적 국제주의에 대한 신념이었다. 이는 '가진 국가들(haves: 제1차 세계대전 승전국들)'로 하여금 향후 국제정세가 이익의 조화에 의하여 좌우될 것이라고 가정

전쟁배상(Reparations): 전쟁, 그리고 노예제도를 포함한 다른 국제적인 인간의 재앙에 대한 비용을 충당하기 위해 보통 재정적인 지불 또는 상품의 물리적인 징발을 수반하는 보상.

주요 인물

E. H. 카(E. H. Carr, 1892-1982)

영국의 역사학자, 저널리스트, 국제관계 이론가. 카는 외무성에 참여하여 제1차 세계대전 종식 이후 파리평화회의에 참석하였다. 1936년 애버리스트위스의 웨일스 대학 국제정치학과에 우드로 윌슨 교수로 임명되었다가, 영국의 『더 타임즈(*The Times*)』의 부편집장으로 활동한 후 1953년 학자로 복귀하였다. 카는 1939년에 저작한 『20년의 위기 1919–1939(*Twenty Years Crisis 1919–1939*)』로 유명한데, 이 책은 1919년의 평화협상 전체와 더불어 외교문제에 대한 '유토피아주의'의 영향, 특히 국제연맹 같은 국제기구에의 의존을 비판하였다. 때때로 그는 '가진' 국가와 '가지지 못한' 국가 사이의 갈등을 관리(무시하지 말고)해야 한다는 데 관심을 가지는 핵심적인 현실주의 이론가로 인식되고 있다. 그러나 그는 도덕적 판단을 결여한 냉소적인 '현실정치(Realpolitik)'를 비판했다. 카의 다른 저서로는 *Nationalism and After* (1945)와 14권으로 구성된 유사 마르크스주의 저서인 *A History of Soviet Union* (1950–78)가 있다.

하도록 하였고, '가지지 못한 국가들(have-nots: 특히 독일과 이탈리아)'의 힘의 추구를 무시하도록 하였다.

유럽에서의 국제적 긴장을 더 심화시킨 두 번째 주요 요인은 1929–33년의 글로벌 경제위기였다. 1929년 10월의 월스트리트 붕괴에 의하여 야기된 경제위기는 글로벌경제의 높은 수준의 상호연관성(산업화된 세계로의 급격한 확대를 통하여)과 함께 금융제도의 구조적인 불안정성을 드러냈다. 경제위기가 가져다 준 주요 정치적 영향은 실업과 빈곤의 증가였는데, 독일과 같이 정치적으로 불안정한 국가들은 강력한 힘을 동원하여 이러한 문제들을 급진적이고 극단적인 정치적 방법으로 해결하려고 하였다. 경제적으로 이 위기는 자유무역의 포기 및 보호주의로의 회귀와 더불어 경제자립체제(autarky)로 귀결되었다. 이에 따라 경제적 민족주의로 전환되면서 정치적 민족주의와 국제적 불신의 증가를 조장했다.

그러나 제2차 세계대전의 기원에 대한 주요 논쟁은 나치 독일의 역할과 중요성에 대한 것이다. 역사가들은 전쟁 발발을 설명하는 데 있어서 이데올로기의 중요성(독일의 공격성과 팽창주의가 파시즘과 특히 나치즘의 등장으로 설명될 수 있는가?), 그리고 전쟁이 히틀러(Adolf Hitler)의 목표와 계획적인 의도의 결과라는 주장에 대하여 동의하지 않는다. 독일의 외교정책은 1933년 히틀러와 나치가 집권한 이후 보다 공격적이 된 것은 확실하다. 1936년 라인란트를 점령했고, 1938년 오스트리아를 합병하였고, 1938–9년에는 체코슬로바키아의 수데텐란트를 먼저 점령한 후 체코슬로바키아의 나머지 지역에 대한 침략을 했으며, 폴란드는 1939년 9월에 침공하였다. 더욱이 파시즘과 나치이데올로기가 사회적 다윈주의를 쇼비니즘적 민족주의와 조합한 결과 히틀러의 독일이 구세주 또는 광신적인 임무를 부여받은 것으로 보이게 하였다. 이에 의하여 전쟁과 정복을 통하여 민족의 재건과 국가위신의 재탄생을 모색하게 하였다. 반면에 다른 전문가들은 나치의 외교정책이 이데올로기의 영향을 덜 받았고, 지정학적 요인 또는 19세

경제자립체제(Autarky): 경제적 자원을 관리하고 다른 국가에의 의존을 줄이기 위하여 팽창과 정복의 방법을 통하여 경제적으로 자급자족하는 체제이다.

사회적 다윈주의(Social Darwinism): 사회적 존재가 경쟁이나 투쟁, 또는 '적자생존'으로 특징지어진다는 우생학적 믿음이며, 이는 국제적 갈등과 아마도 전쟁이 불가피하다는 것을 암시한다.

초 점

히틀러의 전쟁?

제2차 세계대전에 대한 히틀러의 개인적 책임에 대한 논쟁은 특히나 격렬했다. '히틀러의 전쟁' 논문을 지지하는 이들은 그가 『나의 투쟁(*Mein Kampf*)』(1924)에서 독일을 향해 출발한 세 가지 목표와 1930년대 나치 팽창주의를 펼쳐내는 것 사이의 분명한 상관관계를 강조한다. 히틀러의 '전쟁 목표'는 첫째, 대독일(오스트리아와 수데탄 독일인들의 제3제국 편입을 통해 달성) 달성, 둘째, 레벤스라움 또는 '생활공간'을 찾아 동유럽으로 확장(러시아 침공을 통해 달성), 셋째, 주요 바다 제국인 영국과 미국의 패배를 통한 세계 권력에의 도전이었다. 이러한 견해는 나치 독일이 사실상 히틀러의 국가로서, 도전할 수 없는 단일 지도자의 손에 권력이 집중된 채 운영되었다는 사실로도 뒷받침된다.

반면에, 이 견해의 반대자들은 (역사가 더 큰 정치적, 사회적, 그리고 경제적 힘으로부터 독립적으로 행동하는 지도자들에 의해 '만들어진' 것으로 보이는) 역사의 '위대한 사람' 이론의 한계를 강조해왔다. 예를 들어, 마르크스주의 역사가들은 나치 확장주의가 독일 대기업의 이익과 어느 정도까지 일치하는지에 관심을 가져왔다. 다른 이들은 히틀러와 나치의 침략을 억제하고자 했던 사람들 모두의 계산 착오에 관심을 끌었다. 여기서 대체로 진정한 주범은 유럽 도처에 만연하여 정치가들이 일반적으로 권력 정치의 현실에 눈을 감게 했던 자유주의 국제주의에 대한 믿음과 히틀러가 영국 그리고 끝내는 미국과의 전쟁을 촉발하지 않고 폴란드를 침공할 수 있다고 믿도록 부추겼던 영국의 유화정책에 대한 미련으로 확인된다.

기 통일과정에서 형성된 정치문화의 영향을 더 받았다는 주장을 하고 있다. 이러한 관점에서 볼 때 이전의 바이마르공화국(1919–33)과 빌헬름독일(Wilhelmine Germany)의 외교정책 목표는 중요한 연속성이 있으며, 1930년대의 공격적 팽창정책은 이데올로기에 의한 것이 아니라 기회의 개념으로 설명되어야 한다.

그러나 제1차 세계대전과 달리 제2차 세계대전은 유럽의 전쟁이 세계 다른 지역의 전쟁 기원에 영향을 미치는 전쟁은 아니었다. 아시아 자체의 특징적인 발전에 의하여 전쟁이 발생하였는데, 그것은 일본의 국력상승과 제국주의적 야욕의 등장과 관련이 있다. 여러 가지 측면에서 전간기(戰間期, interwar period: 제1차 세계대전과 제2차 세계대전의 사이 기간 – 역자 주)의 일본 상황은 제1차 세계대전 이전의 독일 상황과 유사했다. 한 국가의 경제력과 군사력의 증강이 대륙의 세력균형을 뒤흔들고 팽창주의적 경향에 불을 지폈다. 일본의 식민지 획득 추구는 1920년대와 30년대에 더 강력해졌는데, 특히 1931년 만주를 점령하고 괴뢰국가인 만주국을 수립한 이후 최고조에 달했다. 1936년 일본은 독일 및 이탈리아와의 반코민테른조약(Anti-Comintern Pact) 체결에 참여했고, 이 조약은 완전한 군사 및 정치동맹인 1939년의 철강조약(Pact of Steel)으로 발전된 후, 결국 1940년 3국동맹협정(Tripartite Pact)으로 이어졌다. 아시아에서의 팽창주의는 일본과 영국 및 미국 사이의 점증하는 긴장을 야기하였다. 1941년까지 태평양에서 일본의 해군력이 미국 및 영국의 해군력과 같은 수준이 되었다고 계산하는 동시에 1941년 6월 독일이 러시아를 침공하면서 전세가 자신들에게 유리한 방향으로 전개될 것이라고 판단한 일본은 진주만에 대한 선제타격을 함으로써 미국과의 전쟁을 시작하였다. 미국을 전쟁에 참전시킴으로써 전쟁의 결과에 큰 영향을 미

유화정책(Appeasement): 상대방의 정치적 목적을 바꾸게 하고 궁극적으로 전쟁을 피하기 위하여 침략자에게 양보하는 외교정책 전략 중의 하나이다.

치는 계기를 만들었다.

제국주의의 종말

1945년은 여러 가지 측면에 있어서 세계사의 전환점이 되었다. 특히 유럽 제국들의 점진적이지만 극적인 해체를 가져 온 탈식민화의 과정이 시작되었다. 이는 '제국의 종말'과 유럽세력의 심각한 쇠퇴를 의미하였을 뿐만 아니라, 아시아, 아프리카, 중동의 많은 지역에 걸쳐 정치적, 경제적, 이념적인 발전을 가져왔으며, 결국은 글로벌정치의 중대한 변화를 야기하였다.

해외의 영토와 사람들에 대한 유럽의 통제가 해체되는 과정은 제1차 세계대전이 끝나면서 시작되었다. 독일은 베르사유조약의 일환으로 식민지들을 포기해야 했고, 영국의 자치령들은 1931년에 실질적인 독립을 달성했다. 이 과정은 아래와 같은 세 가지 요인의 조합을 통해 제2차 세계대전 이후 더욱 촉진되었다.

- 첫째, 전통적인 제국주의 세력(특히 영국, 프랑스, 벨기에, 네덜란드 등)은 '과도한 제국주의의 과잉(imperial over-reach)'으로 고통을 받게 되었다 (Kennedy 1989).
- 둘째, 외교적 차원에서 유럽의 식민주의를 반대하는 시각이 대두되었다. 제국주의를 해체하라는 미국의 압력은 제2차 세계대전이 끝난 후 더 강력해졌고 거부하기도 어려운 상황이 되었다.
- 셋째, 아시아, 아프리카, 라틴 아메리카에서의 식민주의에 대한 저항은 더욱 강력해졌고 정치적인 개입이 이루어졌다. 이러한 저항은 일련의 급진적인 정치사상이 확산되는 영향을 통해서, 민족주의의 형태와 결합된 범아프리카주의 같은 토착 저항 이론들(p. 210 참조)을 통해서, 인간의 근본적인 평등 및 인종주의와 가난의 폐해를 강조하는 '해방신학'으로 알려진 기독교와 무슬림 전통의 종교적 교리들을 통해서, 그리고 마르크스-레닌주의의 반제국주의와 반자본주의 교리들을 통해서 이루어졌다. 종합적으로 이러한 저항적 지향은 '민족해방'을 추구하면서 '제3세계'로 알려지게 된 강력한 반식민지 민족주의의 형태를 만들었고, 정치적 독립뿐만 아니라 사회적 혁명까지 이루어지면서 정치적이고 경제적인 해방을 맞이하게 되었다.

전 세계적으로 확대되어 6억 이상의 인구를 포함하고 있던 대영제국의 종말은 매우 큰 의미를 갖고 있었다. 인도는 1947년 독립이 되었고, 이어서 1948년 버마와 스리랑카, 1957년 말라야가 독립하였고, 아프리카 식민지들은 1950년대 후반과 1960년대 초반에 독립하였다. 짐바브웨가 1980년 독립하면서 완결된 대영제국의 해체는 49개의 새로운 국가들을 탄생시켰다. 영국은 말라야와 케냐에서 군사적인 저항에 직면하였으나, 탈식민지화의 논리는 불가피한 것이 되었다. 대조적으로 프랑스는 제국의 지위를 유지하려는 결정을 하여 베트남(1945-54)과 알

개 념

제3세계

'제3세계'의 개념은 냉전시기에 '제1세계'로 불리는 자본주의 진영이나 '제2세계'로 불리는 공산주의 진영 어느 곳에도 속하지 않은 지역을 말한다. 이전에 식민지화된 상태였고 새롭게 독립한 아프리카, 아시아, 라틴 아메리카의 저개발 국가들은 제1과 제2세계에 경제적이고 군사적으로 종속되어 있고 광범위한 빈곤과 기아의 상태에 놓여 있기 때문에 '제3'의 취급을 받는다. 또한, 제3세계 국가들은 '비동맹'으로 인식되기도 하였으며, 흔히 제1세계와 제2세계가 벌이는 지정학적 분쟁의 장소가 되기도 했다. 카마이클(Stokely Carmichael)과 같은 '제1세계' 국가들의 일부 인종차별 반대 운동 및 흑인해방론자들은 자신들의 운동이 제3세계와 연결되거나 연합된 것으로 위치시켰으며, 국가 및 글로벌 차원에서 비백인 민족에 대한 평등한 형태를 강조했다. 제3세계의 개념은 1970년대 이후 점차 사용빈도가 줄어들었는데, 그 이유는 퇴화되어 가는 이데올로기적 함의, 식민경험의 중요성에 대한 공감대 축소, 아시아 경제의 발전 때문이었다.

제국주의의 과잉(imperial over-reach): 제국주의 권력이 성공적으로 유지할 수 있는 물적 자원(재정 및 군사능력 포함)보다 더 많은 영토나 민족에 대한 통제권을 행사하려는 오만한 시도이다.

제리(1954-62)의 독립을 막기 위해 장기간 잔혹하고, 궁극적으로 성공적이지 못한 반식민지 전쟁을 수행해야 했다. 이와 유사하게 포르투갈의 경우 아프리카 식민지인 기니비사우, 모잠비크, 앙골라에서 작고, 장비가 제대로 갖춰지지 않았음에도 매우 의욕적이고 조직적인 반식민지 투쟁에 의해 식민지 권력이 폭력적으로 전복되었는데, 이것이 '포르투갈 식민지전쟁'(1961-75)으로 알려진 일련의 혁명전쟁(p. 285 참조)이다.

탈식민지화의 의미는 냉전의 의미보다 더 깊은 것이었다고 주장될 수 있고, 오랜 기간 동안 충격을 준 것도 사실이다. 우선적으로 제2차 세계대전 이후 한동안 세계사에 있어서 가장 극적이고 강력한 국가건설의 과정이 진행되었다. 유럽의 탈식민지화로 제3세계에서 유엔 회원국이 3배로 증가하였는데, 1945년의 약 50개 회원국에서 1978년 150개의 회원국이 되었다. 이는 17세기에 형성된 유럽의 국가체계가 1945년 이후 진정한 글로벌체계로 전환되었음을 의미하는 것이었다. 그러나 제국의 종식은 초강대국의 영향력 확대에 중요하게 연결되었다. 탈식민지화와 냉전은 분리된 별개의 과정이 아니라 중첩되고 뒤얽힌 것이었다. 개발도상의 세계는 동서진영의 갈등이 시현되는 전쟁터가 되었다. 이에 따라 글로벌 국가체계 수립, 그리고 주권독립 원칙의 분명한 승리는 글로벌화 등장의 중요한 계기와 일치하였다. 정도의 차이는 있지만 세계의 거의 모든 지역들은 경쟁하는 권력블록의 어느 한 쪽으로 편입되었다. 이 과정은 전략적이고 군사적인 상호의존의 망을 형성하였는가 하면, 새롭게 독립한 국가들에 대한 경제적이고 문화적인 침투의 결과를 낳았다.

마지막으로, 공식적인 독립의 성취는 개발도상국들에게 경제와 사회발전의 측면에서 혼합된 결과를 가져다주었다. 동아시아, 동남아시아, 그리고 석유를 생산하는 걸프지역 국가 등 소위 '호랑이' 경제국들은 빈곤을 벗어나고 광범위한 번영을 구가하는 등 높은 수준의 성장을 이루어냈다. 1949년부터 1975년까지 마오쩌둥 시대의 정치적 격변에도 불구하고, 꾸준한 수준의 경제성장은 중국이 시장경제로 전환하는 데 필요한 초석을 마련하였고 1980년 이후 괄목할만한 경제성장을 이루어내고 있다. 그러나 이 이외의 다른 지역은 별로 성공적이지 못하였다. 1970년대 이후 '글로벌 사우스'(global south, p. 404 참조), 더 정확히 말해서 사하라 이남 아프리카 국가들의 경우 만연되고 때로는 심각한 빈곤이 지속되었다.

냉전의 등장과 종식

만약 '짧은' 20세기가 자본주의와 공산주의의 이념적 대립의 기간으로 규정된다면, 1945년은 전후에 세계질서가 변화됨에 따라 이 대립의 강도와 범위를 극적으로 전환시킨 시점으로 기록될 수 있다. 제1차 세계대전으로 최악의 상황에 몰리게 되었고 특히 미국에 비하여 상대적인 경제적 쇠퇴를 겪었지만, 유럽의 열강들은 1939년 이전의 세계정치를 형성하는 주요한 동력이 되었다. 그러나 1945년 이후의 세계는 미국과 소련이 '초강대국(superpower)'으로 등장하는 시기로 규정되었고, 이들은 과거의 '열강'들을 제치고 세계무대의 강력한 행위자로 등장하였다. 초강대국의 시대는 냉전의 성격을 보여 주었으며, 이 시기에는 미국이 주도하는 서방진영과 소련이 지배하는 동방진영의 긴장으로 점철되었다. 이에 따라 제2차 세계대전 이전의 다극화(p. 271 참조)체제는 냉전의 양극화(p. 259 참조)체제로 탈바꿈하였다.

냉전이 시작된 지역은 유럽이었다. 독일의 패배로 비롯된 유럽의 분단(소련군이 동부유럽을 장악하고, 미국, 영국과 기타 동맹국들이 서부로 진격했다)은 즉시 영구화되었다. 1946년 처칠(Winston Churchill)은 미주리 풀톤에서의 유명한 연설에서 동부와 서부 사이에, 북부독일의 뤼벡에서 아드리아 해의 트리에스테까지 '철의 장막'이 쳐졌다고 주장했다. 냉전의 시작을 1945년의 포츠담 회담에서 찾는 사람들이 있는데, 포츠담 회담에서 독일과 베를린을 4분할하는 데 대하여 의견 불일치가 있었다. 다른 사람들은 미국이 '자유를 추구하는 사람들(free people)'을 지원한다는 내용을 담은 1947년의 '트루먼 독트린', 그리고 후에 추진된 마셜플랜을 냉전의 시작으로 보았다. 마셜플랜은 공산주의 확산을 막기 위한 목적으로 전쟁에 의해 황폐화된 유럽을 재건설하기 위한 원조계획이었다. 분단의 과정은 1949년 '두 개의 독일' 수립과 경쟁적인 군사동맹체가 동서유럽에 설립되면서 완성되었는데, 두 동맹체는 1949년에 창설된 북대서양조약기구(NATO: North Atlantic Treaty Organization)와 1955년의 바르샤바조약기구(Warsaw Pact)였다. 그 이후 냉전은 전 세계로 확대되었다. 1949년의 중국혁명에 이은 한국전쟁(1950-3)은 냉전이 아시아로 확대되는 계기가 되었다. 그러면 냉전은 처음에 어떻게 시작된 것일까?

냉전을 야기한 광범위한 상황에 대해서는 약간의 논쟁이 있다.

- 현실주의 이론가(p. 59 참조)들의 가설과 관련하여 보면, 초강대국들은 저항할 수 없는 팽창의 기회를 맞게 되었고 이는 양 초강대국 사이의 충돌을 불가피하게 했다.
- 미국과 소련의 경우 이 충돌은 그들의 유럽에서의 공통된 지정학적 이해관계와 상호간의 깊은 이념적 불신 때문에 더욱 격화되었다.
- 냉전의 양대 세력으로서 미국과 소련 사이의 타협할 수 없는 이념적 대립은 공산주의와 자유 자본주의 사이의 반목에 근거하고 있었는데, 공산주의는 대중통치의 집단주의적 이념이자 국가가 통제하는 '명령'경제를 기반으로 했고, 자유 자본주의는 '자유시장' 경제와 대의정부의 개인주의적 이념에 뿌리를 두고 있었다.
- 두 초강대국 사이의 긴장에는 특히 모든 대량살상무기(제12장 참조) 중 가장 파괴

개 념

초강대국

폭스(William Fox 1944)가 처음으로 이 용어를 사용했으며, 이는 기존의 '열강(great power)'보다 강력한 국가를 의미한다. 폭스는 초강대국(Superpower)이 거대한 힘을 보유할 뿐만 아니라 '힘을 동원할 수 있는 거대한 능력'도 보유한다고 주장한다. 이 용어는 냉전 기간 미국과 소련이라는 특정국에 대하여 사용되었기 때문에, 개념적 의미보다는 역사적 의미가 더 크다. 미국과 소련을 초강대국으로 표현한다는 점은 이 두 국가들이 다음과 같은 것들을 소유하고 있다는 점을 의미한다. (1) 글로벌 범위(global reach)에 도달했고, (2) 각국의 이념적 진영 또는 세력권 내에서 지배적인 경제적이고 전략적인 역할을 하고, (3) 특히 핵무기 측면에서 압도적인 군사적 능력을 보유한다.

논 쟁

냉전은 불가피했나?

피할 수 없는 일을 역사적 사건으로 읽는 경향이 항상 있다. 그것들은 일어나야 했기 때문에 일어난 것이다. 역사는 예정된 진로를 가지고 있다. 냉전의 경우, 이 논쟁은 세계정치를 이끄는 요소들에 대한 경쟁적인 이론들과 연결되어 있기 때문에 특별하게 격렬해진다. 역사는 거역할 수 없는 정치적이고 이념적인 동력에 의하여 형성되는가, 아니면 오판과 오산의 산물인가?

그 렇 다

양극체제의 역동성. 현실주의 이론가들은 냉전은 권력정치와 국제체제 성격의 관점에서 가장 잘 이해될 수 있다고 주장한다. 이러한 점에서 국가들은 자국의 생존에 가장 중요한 관심을 가지며, 따라서 군사와 안보 분야를 우선시한다. 그러나 권력을 추구하거나 유지하기 위한 능력은 국제체제 내에서 더 넓은 권력 분포에 의해 결정된다. 냉전을 불가피하게 만든 것은, 제2차 세계대전 이후 독일, 일본, 이탈리아의 패배와 영국 및 프랑스와 같은 승전국들의 쇠퇴가 세계질서를 미국과 소련이 지배적인 영향력을 구사하는 양극체제로 만들었기 때문이다. 이에 따라 제2차 세계대전 이후 국제정치의 형상은 분명해졌다. 양극체제에 의하여 미국과 소련 사이의 충돌과 대립이 불가피해졌고, 자국의 세력권을 결속하는 동시에 가능하면 확대하려고 시도하였다. 이는 미국이 주도하는 서방과 소련이 지배하는 동방 사이의 점증하는 적대감으로 나타났다. 두 초강대국이 지배하던 세계를 다수의 강대국들이 주도하게 되었고, 그 초강대국들 사이의 평화와 협력은 불가능하게 되었다.

이념적 '장기전'. 냉전의 불가피성에 대한 대안적인 버전은 이데올로기를 거부할 수 없는 원동력으로 묘사한다. 이러한 관점에서 냉전은 본질적으로 19세기에 나타났지만 1917년의 러시아혁명 이후 더 구체적인 형태를 띠는 자본주의와 공산주의 사이의 세계적인 이념적 투쟁의 표현이었다. 자본주의와 공산주의의 적대감은 그들이 경제부분에서 공존하기 어려운 방식을 대표한다는 사실로부터 기인하는데, 이는 미래에 대한 상충되는 비전과 연관이 되어 있다. 따라서 냉전은 자본주의 서방과 공산주의 동방 사이의 대립이었고, 미국과 소련은 단순히 이 대결의 도구에 불과하였다. 이러한 점에서 냉전은 1945년 파시즘이 사라진 이후에 불

아 니 다

소련에 대한 서방의 오해. 냉전은 양극체제나 이데올로기에 의하여 시작된 것이 아니라, 실수, 오판, 오해로부터 비롯된 것이다. 핵심 행위자들은 평화와 협력을 하기 위한 기회를 놓쳐 버리는 실책을 범했다. 오해가 점점 깊어지면서 '폭탄, 달러, 독트린'에 대한 의존심이 더해졌고, 상호 의심과 뿌리 깊은 적대감을 피할 수 없게 되었다. 서방의 소련에 대한 오해는 소련의 외교정책이 영토의 안보가 아니라 이데올로기에 의하여 결정된다는 가설에 기초하였다. 소련의 주된 관심사는 독일을 영구적으로 약화시키고 동유럽에 '우호'국가들을 설립하여 완충지대를 만드는 것이었다. 그러나 1946-7년까지 미국의 정책분석가들은 소비에트 블록의 형성을 깊게 자리잡은 러시아의 제국주의적 야욕 또는 범세계적 계급투쟁을 부추기는 마르크스-레닌주의의 표현으로 보기 시작하였다. 트루먼 행정부의 핵심 인사들은 자신들이 세계혁명을 추구하는 소련의 도전을 받는다고 믿게 되었고 이에 대응하는 정책을 구사하기 시작하였다.

서방에 대한 소련의 오해. 소련, 특히 스탈린 치하의 소련은 서방에 대한 깊은 불신에 의한 영향을 많이 받았는데, 이 불신은 전간기의 '자본주의의 포위'로부터 비롯된 것이었다. 서방의 소련에 대한 오해와 마찬가지로 소련의 지도자들은 미국의 외교정책이 전략적 고려보다는 이데올로기, 특히 반공주의의 고려에 의하여 결정된다고 믿었다. 따라서 미국이 유럽 주둔 군사력을 대폭 줄였는데도 (1945년 5월 유럽주둔 미군은 350만 명이었으나 다음 해 3월에 40만으로 줄였고 궁극적으로 8만 1,000명이 되었다) 이는 소련의 정책결정자들에게 거의 아무런 영향도 주지 못했다. 그들은 제2차 세계대전 이후 미국이 진실로 협력을 원하고 있다고 믿을 수가 없었다. 소련과 미국이 장기적인 관

2

가피하게 등장한 것이고, 이에 따라 글로벌정치는 동서갈등으로 구조화되었다.

계 (방위비 부담을 줄여서 국내발전에 투자해야 한다는 공통된 인식에 기초한)를 수립해야 한다는 상호 이익은 상대방에 대한 두려움과 적대감을 해소시킬 만큼 충분하게 강하지 않은 것으로 입증되었다.

적인 핵무기 보유에서 비롯된 군사적 능력의 대략적인 균형이 이루어지고 있었다.

그럼에도 불구하고 냉전 시작의 책임에 대해서는 중요한 논쟁이 이루어졌는데, 이 문제는 냉전을 더욱 격화시키는 데 도화선이 된 경쟁과 이념적 상충성에 긴밀히 연관되어 있었다. 냉전에 대한 전통주의 또는 '정통주의(orthodox)'의 설명에 따르면 확실하게 소련의 책임이 있다. 전통주의는 동유럽에 대한 소련의 강압정책을 오랫동안 지속되어 온 러시아의 제국주의적 욕심의 표현으로 간주했으며, 이는 국제공산주의 설립을 목표로 한 범세계적 계급투쟁을 위한 마르크스-레닌 독트린의 재현으로 분석했다.

그러나 냉전에 대한 '수정주의(revisionist)' 해석은 베트남전쟁(1964–75) 기간에 콜코(Gabriel Kolko 1985)와 같은 학자들에 의하여 주창되어 지지를 받았다. 수정주의의 주장에 따르면, 소련의 동유럽으로의 팽창은 공격적이라기보다는 방어적이었으며, 근본적으로 소련과 적대적인 서방 사이에 완충지대를 설치하고 독일을 영구히 약화시키기 위한 동기가 작용되었다. 또한, 다양한 내용의 '후기 수정주의' 해석이 등장하였다. 이들 중 일부는 양 강대국의 패권적 야망을 인정하면서, 독일과 일본의 패배와 영국의 쇠퇴에 따라 생성된 힘의 공백상태의 결과 냉전이 불가피했다고 주장한다 (Yergin 1980). 또 다른 해석은 오해와 기회의 상실에 보다 강조점을 둔다. 예를 들어, 새로 창설된 유엔의 틀 내에서 평화적 협력에 대한 루스벨트 대통령의 신념을 실행할 수 있는 희망이 있었고, 스탈린은 유고슬라비아의 티토와 중국의 마오에 대하여 분명히 절제된 태도를 보인 측면이 있었다.

냉전시대에 긴장이 내내 계속된 것은 아니고 완화된 시기도 있었다. '온'과 '냉'의 국면이 교차하였고, 때로는 '열전'이 발발한 위기도 있었다. 1962년의 쿠바 미사일위기는 초강대국이 직접적 군사대결을 벌이게 할 가능성이 높은 가장 절박한 순간이었을 것이다. 이러한 벼랑끝전술(Brinkmanship)에 의한 대립이 평화적으로 종료된 사실은 강대국들 사이의 긴장이 군사적 충돌로 발전하는 것을 막는 데 있어서 상호확증파괴(MAD: Mutual Assured Destruction) 조건의 효용성이 입증된 것이라고도 할 수 있다. 그러나 냉전의 양극체제는 1970년대 이후에 조금씩 불명확해지기 시작하였다. 그 이유는, 첫째, 공산권 내에서의 분열(특히 소련과

완충지대(Buffer zone): 잠재적인(그리고 보다 강력한) 적대세력들 사이에 위치하는 지역, 국가 또는 국가집단이며, 특히 지상 공격의 가능성을 감소시키는 역할을 한다.

벼랑끝전술(Brinkmanship): 상대를 설득하여 물러나게 하는 것을 목표로 전쟁의 위험(벼랑끝까지 가는 것)까지 대립을 고조시키는 전략이다.

상호확증파괴(MAD: Mutual Assured Destruction): 서로가 가공할만한 수준의 제2공격 능력을 보유하기 때문에 어느 한 편의 핵공격이 스스로 파괴를 불러오게 되는 조건이다.

데탕트(Detente): (프랑스어) 이전에 적대적인 국가들 사이의 긴장관계를 완화시키는 '느슨하다'라는 의미의 단어이며, 냉전의 한 국면을 표현할 때 종종 사용된다.

중국의 갈등) 때문이었고, 둘째, 독일과 일본이 '경제대국'으로 재등장하였기 때문이었다. 이에 따라 1963-71년 기간에 다극체제가 형성되었고, 이어서 1972-80 기간에는 동서진영 사이에 '데탕트(Detente)'가 이루어졌다.

그러나 냉전은 극적이고 신속하며 상당히 예상치 못한 방향으로 끝났다. 1989-91년의 2년 사이에 70년 이상 지속되던 공산주의가 붕괴되었으며, 중국과 같이 생존한 공산체제에서는 급격한 변화가 이루어졌다. 세계사에서 중요한 해로 기록될 1989년의 동유럽 공산주의의 지배는 소련 국경까지 밀려났고, 1990년 유럽안보협력회의(CSCE) 파리회의에서 냉전의 종식이 공식적으로 선언되었고, 1991년에 소비에트연방 자체가 해체되었다. 이렇게 분명한 과정을 거쳐서 냉전이 종식되었음에도 불구하고 냉전 종식에 대한 논쟁은 냉전의 기원에 대한 논쟁만큼 많이 벌어지고 있다 (p. 41 참조). 공산주의의 붕괴와 냉전의 종식과 관련된 요인들의 범주는 아래와 같다.

- 소련식 공산주의의 구조적 약점
- 고르바초프 개혁과정의 영향
- 미국의 외교정책
- 경제와 문화의 글로벌화

일부 사람들은 공산주의 붕괴가 예견되었던 사건이며, 소비에트 방식의 체제가 운명적으로 맞이해야만 했던 구조적 결함의 필연적 결과라고 주장했다. 소비에트 공산체제가 자본주의체제에 대하여 갖는 약점은 경제와 정치적 측면의 두 종류였다. 경제적 약점은 중앙계획경제의 근본적인 실패에서 기인하였다. 전체적인 번영을 가져오고 현대의 소비상품을 생산하는 데 있어서 중앙계획경제가 자본주의 경제보다 효율적이지 못하다는 점이 판명되었다. 따라서 1980-91년의 정치적 불만의 폭발은 경제적 퇴보에 대한 의사표현이었으며, 서방수준의 삶의 기준과 소비상품에 대한 갈망을 표명하는 것이었다. 정치적 약점은 공산주의체제가 대중들의 요구에 구조적으로 대응하지 못한다는 사실로부터 기인하였다. 특히 경쟁적인 선거, 독립적인 이익집단, 자유로운 미디어가 없는 상태에서, 단일정당 공산주의 국가들은 정치적 불만을 표현하고 통치자와 국민 사이의 대화를 주도할 만한 장치를 보유하지 못하였다. 경제적 실패에 더하여, 1989-91년 대중의 저항이 서방의 자유민주주의체제에서 허용되는 것과 같은 종류의 시민자유와 정치적 권리를 요구하기 시작한 것은 당연한 것이었다.

구조적 결점들은 공산주의의 붕괴를 설명할 수 있었을지 몰라도 언제 얼마나 급작스럽게 붕괴할지에 대해서는 설명하지 못하였다. 수십 년에 걸쳐서 축적된 경제와 정치의 퇴보가 몇 개월 또는 몇 주일 만에 체제붕괴에 영향을 미치게 되었는가? 그 해답은 1985년 이후 고르바초프(Mikhail Gorbachev)가 소련에서 시도한 개혁의 결과에 나타나 있다. 개혁과정은 세 가지 중요한 측면이 있었다.

- 페레스트로이카(Perestroika)의 슬로건하에 추진된 첫 번째 시도는 소련의 중앙계획체제의 장기적인 결함을 치유하기 위해 시장경쟁과 사적소유의 요소들을 도입하는 것이었으며, 이를 위해서 과거 특히 유고슬라비아에서 실험했던 '시장사회주의'를 원용하였다. 그러나 고르바초프의 경제구조조정 시도는 재앙적 결과만을 가져 왔다. 페레스트로이카는 비효율적이지만 그런대로 기능하고 있는 계획경제를 거의 기능하지 않는 제도로 대체하였다.
- 개혁과정의 두 번째 관점은 글라스노스트(Glasnost)의 슬로건하에 표현의 자유와 정치적 토론에 가했던 제한을 제거하는 것이었다. 그러나 글라스노스트는 고르바초프의 반대파들에게 정치적 발언권만 부여하였다. 그들은 정당-국가 엘리트들의 권위와 권력을 위협할지도 모르는 어떠한 개혁도 반대하는 강경한 공산주의자들, 그리고 중앙계획체제와 공산주의 통치를 위한 장치를 해체하자고 주장하는 급진적인 인사들이었다. 결국 고르바초프는 점차 소외되어 갔고, '개혁적 공산주의'가 아니라 공산당의 권력 독점을 공식적으로 포기하는 보다 급진적 변화를 택하게 되었다.
- 세 번째이면서 가장 중요한 고르바초프 개혁의 관점은 미국 및 서유럽에 대하여 새로운 접근을 하는 것이었는데, 이는 브레즈네프 독트린(Brezhnov doctrine)을 포기하는 것이었다. '시나트라 독트린(시나트라는 'My Way'를 부른 Frank Sinatra를 의미했다 – 역자 주)'으로 불리는 대안은 동유럽 국가들이 '자기 갈 길'을 가도록 하였고, 이는 베를린 장벽 붕괴와 더불어 1989–90년 공산주의 국가들의 순차적 붕괴에 고르바초프와 소련이 개입하지 않겠다는 점을 의미하였다.

냉전 종식에 대한 대안적 설명은 소련과 공산주의 블록 내부의 발전에 대한 관심으로부터 벗어나, 공산주의가 작동되는 틀의 변화에 초점을 맞추는 것이다. 공산주의의 붕괴에 기여한 주요 외부요인들은 미국 레이건 행정부의 정책과 경제적이고 문화적인 글로벌화의 진전이었다. 이 과정에 대한 레이건 행정부의 대표적인 기여는 1980년대에 미국 군사력을 새롭게 증강시킨 것이며, 그 대표적인 사례는 1983년부터 추진한 전략방어구상(SDI: Strategic Defence Initiative: '스타워즈' 구상으로 불렸음)이었다. 의도했든 의도하지 않았든 미국의 군사력 증강은 소련이 군비경쟁(p. 315 참조)에 휘몰리게 하였다. 이미 쇠약해진 소련의 경제는 이를 감당하기 어려웠으며 경제의 붕괴에 직면하여 개혁에 대한 압력이 더 거세졌다.

경제 글로벌화의 기여는 동서 양 진영의 상이한 삶의 기준을 더 넓혔다는 것이다. 1970년대 이후 무역과 투자의 국제화는 미국이 주도하는 서방의 기술과 경제발전에 기여한 반면, 글로벌시장에서 제외된 소련이 지배하는 동방(East)에서는 경제침체에서 벗어나지 못하였다. 문화의 글로벌화가 냉전종식 과정에 제공한 기

페레스트로이카(Perestroika): (러시아어) '구조조정(restructuring)'이라는 뜻으로, 소련에서 명령 또는 계획경제에 시장요소를 도입하는 것과 연관하여 사용된다.

글라스노스트(Glasnost): (러시아어) '개방'이라는 뜻을 가졌으며, 일당 공산주의국가인 소련에서 표현의 자유와 관련하여 사용된 용어이다.

브레즈네프 독트린(Brezhnov doctrine): 1968년 브레즈네프(Leonid Brezhnev)가 발표한 독트린으로 바르샤바조약국들이 '제한된 주권'을 누린다는 내용으로 소련의 개입 가능성을 정당화하였다.

베를린 장벽의 붕괴

사건: 1989년 11월 9일 지친 기색의 동독정부 대변인은 여행제한이 철폐될 것이라고 발표하였다. 추가질문에 당황한 그는 이 조치는 '즉시' 시행될 것이라고 답변하였다. 이 발표의 효과는 극적인 것이었다. 폴란드와 헝가리 공산체제의 붕괴, 라이프치히 같은 동독 주요 도시들에서 매주 열리는 크고 작은 시위에 열광하여 동서베를린에 거주하던 사람들은 베를린 장벽에 모여 들었다. 행복한 파티 분위기가 급속도로 퍼지면서 사람들은 장벽 위에서 춤을 추면서 양방향에서 올라오는 사람들을 서로 도왔다. 11월 10일 아침 냉전시대의 주요 상징이었던 베를린 장벽의 해체가 시작되었다. 그 후 며칠과 몇 주일이 지나면서 양 독일과 양 베를린 사이의 국경이 점차 개방되었다. 베를린 장벽의 붕괴가 동유럽 다른 지역에서의 사건들에 의하여 영향을 받은 것처럼 베를린 장벽의 붕괴 자체도 다른 사건을 고무하였다. 체코슬로바키아의 공산 통치가 12월에 붕괴되었고, 루마니아의 시민혁명으로 공산주의 지도자 차우셰스쿠와 그의 부인 엘레나가 헬리콥터로 탈출하였으나 바로 체포되어 크리스마스날 처형당하였다.

중요성: 베를린 장벽의 붕괴는 역사적인 1989년의 상징적인 의미를 부여하였으며, 동유럽 혁명의 연장선상에서 발생한 중요한 사건이었다. 동유럽의 혁명은 공산주의의 경계를 소련의 국경으로 후퇴시켰고, 전체 공산주의 세계에 영향을 미치는 개혁의 과정에 불을 붙였다. 1989년은 세계사에 있어서 매우 중요한 해로 기록이 되는데, 다른 중요한 해는 1648년 (유럽 국가체제의 등장), 1789년 (프랑스혁명), 1914년 (제1차 세계대전 발발), 1945년 (제2차 세계대전의 종료와 냉전의 시작) 등이다. 1989년의 역사적 순간은 세계사에 다른 일련의 사건들을 불러 일으켰다. 첫째, 독일이 1990년에 통일이 되었고, 이는 EU와 NATO가 동쪽으로 확대되면서 유럽이 재통일될 것이라는 점을 암시하였다. 또한, 1990년 동서유럽 군사대립의 당사자였던 NATO와 바르샤바조약기구 대표자들이 파리에서 만나 적대관계의

출처: *GERARD MALIE/Getty Images*

종식을 공식적으로 선언하였고, 냉전을 끝냈다. 마지막으로 1991년 12월 첫 번째 공산국가였던 소련이 해체되었다.

1989년 후쿠야마(Francis Fukuyama)는 '역사의 종말'을 기록하였는데, 그는 세계사의 주요 추동력의 하나였던 마르크스-레닌주의의 붕괴는 세계적으로 자유민주주의가 유일하게 실행 가능한 경제 및 정치체제가 되었음을 의미하는 것이라고 주장했다 ('역사의 종말'에 대한 추가적인 논의를 보려면, p. 112 참조). 보비트(Philip Bobbitt 2002)는 1989년에 촉발된 사건들은 민족국가의 헌법적 틀을 규정짓기 위한 자유주의, 파시즘, 공산주의 사이의 '장기전'의 종식을 기록하였다고 주장하였다. 그러나 일부 전문가들은 베를린 장벽의 붕괴로 대표되는 1989년의 역사적 중요성에 대하여 두 가지 측면에서 의문을 제기한다. 첫째, 1989년 이전과 이후에는 중요한 연속성이 있는데, 그 둘은 모두가 미국이 향유하는 패권적 지위에 의하여 생성되었다. 실제로 1989년은 미국이 보다 장기적으로 패권을 유지하기 위한 새로운 단계라는 주장이다. 둘째, 1989-91년은 러시아 권력의 일시적 약화에 불과하고, 1990년대의 위기에서 벗어나 푸틴하에서 새로운 영향력을 발휘하기 시작하였고 미국과의 냉전시대와 유사한 경쟁을 하게 되었다는 주장이다.

여는 라디오와 텔레비전 기술의 발전을 통하여 이루어졌는데, 이에 따라 보다 자유롭고 보다 풍요로운 서방의 아이디어, 정보, 이미지들이 동유럽과 같이 어느 정도 발전된 공산주의 사회에 침투되었다. 이는 불만을 더욱 부채질했고 서방 스타일의 경제와 정치개혁에 대한 지지를 더욱 이끌어냈다.

1990년 이후의 세계

'새로운 세계질서'?

탈냉전 세계의 등장은 낙관주의와 이상주의를 수반하였다. 동서 대립으로 점철된 초강대국 시대는 지구 전체를 파멸시키고도 남을 핵무기의 생산을 가져 왔다. 동유럽에서 공산주의가 붕괴되고 소련의 권력이 국내외적으로 쇠퇴하면서 미국의 부시 대통령은 '신세계질서'의 등장을 공표하였다. '신'세계질서는 때로는 명확한 의미를 결여하고 있었지만, 본질적으로 자유의 희망과 기대를 표현하였다는 점은 의심의 여지가 없다. 냉전이 이데올로기의 대립과 공포의 균형에 기초한 반면, 초강대국 대립의 종식은 국제규범의 공통된 인식과 윤리의 기준에 기반한 '자유적 평화(liberal peace)'의 가능성을 열어 놓았다. 새로 등장하는 세계질서의 중심에는 분쟁을 평화적으로 해결하고, 침략과 팽창을 반대하고, 군비를 통제하고 축소하며, 인권의 존중(제14장 참조)에 기초하여 국민들을 공정하게 다루어야 한다는 필요성에 대한 인식이 자리잡고 있었다. 후쿠야마(Francis Fukuyama 1989, 1991)와 같은 '역사의 종말' 이론가들은 세계의 모든 지역이 자유민주주의에 기초한 경제와 정치의 유일한 발전 모델을 향하여 나아가게 될 것이라고 주장하였다.

탈냉전 세계질서는 자유주의적 낙관주의를 바탕으로 하여 어렵지 않게 주요 관문을 통과하는 듯 보였다. 1990년 8월 이라크의 쿠웨이트 합병은 광범위한 서방과 이슬람 동맹군을 형성하게 하였고, 결국 1991년 걸프전 결과 이라크 군대는 축출되었다. 세르비아와 크로아티아의 전쟁을 유발한 1991년의 유고슬라비아 해체는 유럽안보협력회의(CSCE: Conference on Security and Cooperation in Europe, 1994년에 유럽안보협력기구[OSCE: Organization for Security and Cooperation in Europe]로 변경되었음)를 처음으로 국제위기 해결 장치로 활용하였고, 이 기구가 바르샤바조약기구나 NATO를 대체할 것이라는 희망을 가지게 되었다. 비록 1975년 헬싱키 회의에서 창립된 이후 CSCE는 초강대국들의 대립 때문에 방관자의 입장만 유지하였으나, 1990년 파리에서 개최된 CSCE 정상회의에서 냉전의 공식적 종식을 가져 온 조약이 체결되었다. 그러나 새로운 형태의 불안감과 불안정이 등장하면서 국제적 조화와 협력의 초기 약속은 환상에 불과하였다는 점이 입증되었다.

신세계질서의 강조점은 냉전질서가 유발하였던 긴장과 갈등을 완화시키는 것

자본주의의 포위(Capitalist encirclement): 러시아 내전(1918–21) 동안 자본주의 국가들이 공산주의를 붕괴시킬 목적으로 소련을 전복시키는 시도에 적극 참여했다는 내용의 이론이다.

이었다. 외부로부터의 위협('국제공산주의' 또는 '자본주의의 포위'였든 간에)은 국내 결속을 촉진했고 사회가 목표와 정체성을 갖도록 하였다. 예를 들어, 서방은 동방에 대한 적대감으로 자신들의 존재감을 가지게 되었고, 그 반대도 마찬가지였다. 분명히 많은 국가에서 외부 위협의 해소가 인종, 민족, 지역적 긴장의 형태로 원심적인 압력을 분출시키는 데 기여했음에 틀림없다. 이는 세계 여러 지역, 특히 동유럽에서 발생하였는데, 유고슬라비아의 해체와 세르비아인들, 크로아티아인들, 그리고 무슬림들 사이의 장기적인 피비린내 나는 분쟁이 대표적인 사례이다. 보스니아전쟁(1992–5)은 20세기 후반의 가장 오래 계속되고 가장 폭력적인 전쟁이었다. 정의와 인권에 대한 존중을 바탕으로 한 세계질서를 창출하는 대신, 국제공동체는 1999년 코소보 위기가 발생하기 전까지 세르비아가 팽창을 위한 전쟁을 하는 데 대하여 허용을 하는 동시에 제2차 세계대전을 연상케 하는 인종학살 정책을 수행하는 것을 방관하였다. 그러나 탈냉전 초기의 이러한 희망적인 또는 절망적인 추세는 2001년 글로벌 테러리즘의 출현으로 뜻밖의 분기점을 맞게 되었다.

9/11: 역사의 회귀?

많은 사람들은 2001년 9월 11일 세계무역센터와 국방부에 대한 공격(p. 23 참조)이 세계사에 있어서 결정적 순간이었다고 평한다. 즉 탈냉전시대의 진정한 성격이 나타났고 전례 없는 세계적 투쟁과 불안정이 시작되었다는 것이다. 반면에 9/11의 충격이 과장된 측면도 있다. 케이건(Robert Kagan 2004)이 주장한 대로 "9월 11일에 미국은 변하지 않았다. 보다 자기중심적이 되었을 뿐이다." 1990년대에 미국은 표면적으로 '글로벌 경찰관'의 역할을 채택하여, '인도주의'의 구심점 아래 유엔과 NATO의 지원을 받는 군사개입을 주도했고, '실패한' 그리고 '불량한' 국가들을 안정시키며, 자국민과/또는 인근 국가들을 위협하는 독재자들을 좌절시켰다. 이러한 개입은 중동의 이라크(1990–1)부터 아프리카 뿔 지역의 소말리아(1992–3), 그리고 공산주의 이후 동유럽의 코소보(1999)에 이르기까지 광범위하게 전개되었다. 9/11 이후 외교정책 담론은 뚜렷한 방향으로 전환되었으며, '글로벌 테러리즘', 특히 다수 이슬람 국가들에 점점 더 집중되었다. 부시(George W. Bush Jr)가 시작한 '테러와의 전쟁'(p. 266 참조) 이후 미국은 아프가니스탄(2001)과 이라크(2003)를 침공하였으나, 명확하고 결정적인 종착점에 이르지 못하고 복잡한 갈등을 초래하였다.

다른 서방 열강들, 특히 영국의 참전을 빠르게 얻어낸 '테러와의 전쟁'은 처음에는 9/11 테러의 책임을 자처한 '이슬람교도' 무장세력의 네트워크인 알카에다에 집중되었다. 그러나 2000년대와 2010년대에 그 범위는 아시아, 중동, 아프리카에 걸친 훨씬 더 광범위한 무장 이슬람 조직과 서방국가들의 이슬람 시민으로

초 점

아프가니스탄 침공: 역사로부터의 학습?

1980년 소련이 아프가니스탄을 침공하고, 2001년 미국 주도의 연합군이 아프가니스탄을 침공했을 때, 그들은 아프가니스탄을 정복하려는 이전의 시도들로부터 교훈을 얻는 데 실패하고 있었을까? 이런 의미에서 역사는 경고를 보내는 것일까? 19세기에 아프가니스탄은 북쪽으로는 러시아 제국, 동쪽으로는 영국령 인도 사이 강대국 경쟁의 중심지였다. 이는 두 개의 전쟁이라는 결과를 낳았다. 제1차 영국-아프간전쟁(1839–42)은 19세기 영국의 가장 큰 제국주의적 재난이었다. 영국군은 왕좌에 샤 슈자(Shah Shuja)를 재옹립함으로써 영국의 영향력을 확장하려는 의도로 아프가니스탄을 침공했다. 그러나 1842년 카불에서의 슈자 암살사건은 영국군을 지속 불가능한 위치에 놓이도록 했다. 두 달간 포위를 당한 후, 영국군은 '카불로부터의 후퇴'라고 불리게 되는 것을 시작했다. 카불을 떠난 1만 8,500명의 강력한 병력 중에서 단 한 명만이 오늘날 파키스탄의 잘랄라바드에 있는 영국 주둔부대에 도착했다. 그럼에도 불구하고, 약 40년 후 제2차 영국-아프간전쟁(1878–80)이 발발했다. 이번에 영국은 아프간 외교정책에 개입하여 러시아의 영향력을 줄이는 목표를 달성했으나, 아프가니스탄은 내부주권을 확보하여 1919년 영국의 영향력으로부터 완전히 독립했다.

이러한 19세기 전쟁들의 교훈은 '제국의 무덤'이라고 명명된 아프가니스탄을 침공하려는 어떤 국가든 극도의 주의를 기울여야 한다는 것이라고 일부 사람들은 주장해왔다. 아프가니스탄은 정복자가 되고자 하는 사람이라면 누구나 감당하기 힘든 도전을 맞게 되는데, 그 도전들은 (주로 산과 사막으로 구성된) 불리한 지리적 환경, 혹독한 겨울, 기간시설 부족, 복잡한 부족 구성과 다양한 민족성, 중앙집권화된 권위의 역사 부재, 외국의 점령에 대한 전통적인 적대감 등을 포함한다. 이러한 요인들의 조합은 아프가니스탄에 대해 전통적인 군사전략을 사용하기에 부적합하게 만들며, 침략군이 보유하는 모든 기술적 이점의 균형을 맞춘다. 논쟁의 여지는 있지만, 2001년의 침공은 이전의 침공 사례와 마찬가지로 정치적 이득을 얻지 못하고 끝나게 되어 2021년 NATO군이 철수하고 탈레반 정부가 재정립되었다. 역사는 '처음에는 비극으로, 나중에는 코미디로' 반복된다는 (나폴레옹 1세와 나폴레옹 3세와 관련하여 만들어진) 마르크스의 진술을 상기할 필요가 있다. 그러나 결정론을 역사로 읽는 것은 항상 위험하다. 어떤 두 세트의 역사적 상황도 결코 동일하지 않다. 예를 들어, 2001년 미국 주도의 침공은 알카에다를 공격하고 탈레반을 권력에서 제거하는 것 외에도, 표면적으로 대의민주주의에 기초하여 아프가니스탄을 내부적으로 개조하려고 했다는 점에서, 이전의 식민지 침략보다 훨씬 더 야심적인 목표를 가지고 있었다.

확장되었다. 이는 외교정책의 변화와 탈냉전 세계질서의 변화를 기록했지만, 일부 중요한 관점에서 이 기간 동안 미국의 외교정책은 또한 역사적 연속성을 유지했다. 특히 많은 사람들은 미국경제가 다수의 이슬람국가들이 통제하고 있는 석유에 의존하고 있기 때문에, 미국(그리고 대체로 서방국가들)이 중동의 다수 이슬람국가들에 대한 기득권을 가지고 있는 것으로 보았다. '테러와의 전쟁'을 비판하는 사람들은 이라크전쟁이 이라크 국민들에 대한 인도주의적 관심 때문에 수행된 것이 아니었고, (사담 후세인의 세속 독재에서 어떤 경우든 환영 받지 못했던) 이슬람 무장세력들의 테러전술의 발전을 막기 위한 것도 아니었으며, 석유가 풍부한 지역에서 미국의 전략적 이익을 보존하고 확장하는 것에 더 중점을 둔 것이라고 자주 주장해 왔는데, 이것이 '현실정치(realpolitik)'인 것이다 (p. 301 참조).

식민지화에서 탈식민지화까지의 과정을 통해 이 지역에 대한 서방의 개입은 종종 부패와 독재를 조장하고 불안정의 씨앗을 뿌린 것으로 간주된다. 특히 1947년 이스라엘 국가의 설립은 주변의 새로 독립한 아랍국가들의 많은 사람들에게 서방 식민주의의 연장, 아랍세계를 약화시키기 위해 고안된 서방 전초기지의 창

글로벌 행위자 미합중국(미국)

형태	인구	1인당 국내총생산(GDP)	인간개발지수(HDI) 순위	수도
국가	3억 1,500만 명	$49,601	3/187	워싱턴 D.C.

미합중국(United States of America)은 1787년 헌법의 채택을 통해 연방공화국으로 설립되었다. 1776년 독립전쟁 이후 13개의 이전 영국 식민지역들이 연합형태로 시작하였다. 19세기에 지금과 같은 모습으로 영토적 통합이 이루어졌다. 1912년까지 48개의 연속되는 주들을 영토로 하여 미합중국이 만들어졌다 (하와이와 알래스카는 1959년에 추가되었다). 미합중국은 다음을 포함하는 자유민주주의 국가이다 (p. 234 참조).

- 하원과 상원을 포함하는 의회 (주의 크기와 관련 없이 각 주에서 2명의 상원의원 선출)
- 행정부를 대표하는 대통령
- 헌법에 위배되는 법이나 행위를 무효화할 수 있는 대법원

미국의 정부체계는 헌법 차원에서 견제와 균형의 네트워크 성격을 가지는데, 이는 연방주의와 더불어 입법, 행정, 사법부의 권력 분립으로부터 나온다. 이에 따라 '정부의 정체현상'이 우려되고 있다. 예를 들어, 조약은 대통령이 서명하고 상원이 비준하게 되어 있으며 대통령이 군통수권자이지만 전쟁은 의회만이 선포할 수 있다.

중요성: 미국의 글로벌 패권국가로서의 등장은 19세기 경제대국으로서의 출현에 의해서 이루어졌다. 1900년까지 미국은 세계 제품의 약 30퍼센트를 생산하면서 세계를 선도하는 산업국으로 영국을 추월하였다. 미국이 전통적인 고립주의 정책을 포기하면서 경제대국으로서의 지위가 점차로 상승하기 시작하였다. 이 과정은 1945년에 완성되었는데, 당시 미국은 초강대국으로 등장하여 난공불락의 군사 및 경제력을 보유하였고 자본주의 서방 전체에 대하여 영향력을 행사할 수 있게 되었다. 이후 미국은 글로벌 패권국으로 등장하였는데, 그 이유는 1991년 소련이 붕괴되면서 미국은 세계 유일의 초강대국이 되었고, 미국과 '가속화되는' 글로벌화의 긴밀한 관계 (때로는 글로벌화는 '미국화'의 과정이라는 견해가 제시되기도 한다) 때문이었다. 탈냉전 시대 미국의 권력은 대규모로 증액되는 군사비에 의하여 지탱되었고, 이에 따라 미국은 특히 최첨단 군사장비에 있어서 난공불락의 선두자리를 차지할 수 있었다. 그리고 9월 11일 테러에 대한 대응이 보여주었듯이, 미국은 세계의 한 곳 이상의 지역에 대한 개입을 유지할 수 있는 유일한 국가가 되었다.

그러나 미국 권력은 모순적인 성격을 가지고 있다. 예를 들어, 미국 군사의 지배적 능력은 의심의 여지가 없지만, 그 정치적 효용성에 대해서는 의문이 남는다. 9월 11일 테러는 미국이 새로운 안보위협, 특히 초국가적 테러리즘에 노출되어 있다는 점을 보여 주었다. 9월 11일 테러에 대한 대응으로 시작한 '테러와의 전쟁'은 미국 권력의 한계를 보여 주었고, 어떠한 측면에서는 역효과를 낳았다. 2001년의 아프가니스탄 공격과 2003년의 이라크 침공은 목표로 했던 체제를 제거하는 데 빠르게 성공하였으나, 양 전쟁은 장기화하고 고도로 복합적인 반란진압활동(counter-insurgency)으로 발전하였으며, 이는 재래식 전략으로는 '승리'하기가 어렵다는 것이 입증되었다. 더욱이 부시 행정부의 일방주의에 대한 보편적인 성향과 특히 '테러와의 전쟁' 접근법은 미국의 '소프트' 파워에 손상을 입혔고, 특히 이슬람 세계의 저항을 불러 일으켰다. 보다 상호의존적인 세계에서 다자주의 틀 내에서 활동해야 한다는 필요성이 2008년 이후 오바마 대통령하에서 추진된 외교정책의 변화에 따라 인식되어 왔고, 이 변화들 중 일부는 공화당 트럼프 행정부(2017–20)하에서 폐지되었으며, 민주당의 후계자 바이든은 이 변화들을 복구하기 시작했다. 내부적으로 미국은 공화당에 투표하는 우파와 민주당에 투표하는 진보 사이에서 점점 더 정치적으로 양극화되어 왔다. 그러나 미국 권력에 대한 가장 중요한 도전은 소위 급부상하는 국가, 특히 중국의 등장일 것이다. 베트남전쟁의 패배와 일본 및 독일에 대비한 경제적 쇠퇴 등의 이유로 미국의 패권이 약화되었던 1970년대와 1980년대로 회

귀할지도 모른다는 경고들은 '과도한 제국주의의 확대(imperial over-reach)'로 해석되었다 (p. 265 참조. 특히 중국의 부상은 새로운 글로벌 패권국가로 등장할지도 모른다는 점을 의미할 수도 있는데, 특히 2020년대에 경제적 측면에서 중국이 미국을 앞설 것으로 전망되고 있다.

설로 인식되었고, 아랍-이스라엘전쟁의 연이은 패배는 아랍세계 전역에 좌절감과 굴욕감을 심화시켰다. 1948년 전쟁 이후 수만 명의 팔레스타인 아랍인들이 이주하고 1968년 6일전쟁 이후 '점령된 영토'의 설립과 같은 '팔레스타인 문제'의 정치적, 상징적 영향은 특히 아랍세계 전역에서 그리고 다른 많은 이슬람 국가들에서 과대평가하기 어려운 문제다. 이스라엘 국가에 구체화되는 것으로 보이는 서방의 영향에 대한 증오의 분노감을 키우는 데 더하여, 부패하고 현실에 안주한 군사 독재자들이 대중의 지지를 동원하기 위해 이스라엘과 팔레스타인 이슈를 이용할 수 있다는 점은 권력을 잡고 유지하는 것을 쉽게 만들었다.

2008년 이후 미국에서 오바마 행정부의 출현은 처음에는 '끝이 없는 전쟁'으로 여겨졌던 '테러와의 전쟁'에 대한 가능성 있는 '종말의 시작'으로 간주되었지

주요 연표 | 탈냉전시대

1991	걸프전쟁 (1월–2월)
1992	구유고슬라비아의 내전 발생
1993	유럽연합 창설
1994	르완다 집단 학살 (4월–7월)
1994	남아공에서 인종차별(Apartheid) 종식 (9월)
1996	탈레반이 아프가니스탄 권력 장악
1997–8	아시아 금융위기
1998	인도와 파키스탄 핵실험
1999	코소보전쟁
2001	미국에 대한 9/11 테러공격 (p. 23 참조)
2001	미국 주도 아프가니스탄 침공 (10월)
2002	국제형사재판소 설립
2003	미국 주도 이라크 침공 (3월)
2006	북한 핵실험
2008	러시아 조지아 침공
2007–9	글로벌 금융위기
2010	아랍의 봄 시작 (12월) (p. 242 참조)
2010–3	유로존 위기
2011	리비아 내전
2011	시리아내전 시작
2013	이집트 쿠데타 (7월)
2015	이란, 유엔 안전보장이사회 및 EU 회원국들과 핵협정 체결
2016	영국, 유럽연합 탈퇴 투표 실시 첫 국가
2017	도널드 트럼프, 미국 대통령 취임 (p. 146 참조)
2020	홍콩, '안보'법 시행, 중국의 정치통제 강화
2020–1	세계는 치명적인 글로벌 코로나바이러스 팬데믹으로 타격 (p. 20 참조)

만, 실제로는 그렇지 않았다. 오바마는 미국의 드론 공격 프로그램을 대대적으로 확장하여(p. 268 참조), 부시 행정부가 식별해 놓은 다수 이슬람국가들의 표적에 대한 암살을 감행했다. 오바마 행정부는 또한 국제 인권법을 위반하는 것으로 간주될 수도 있어 논란의 여지가 있는 책략을 실행했는데, 그 책략에는 다른 나라 출신의 용의자들에 대한 '특별범인인도'(납치), 그리고 그들에 대한 느슨한 인권 집행으로 제3국의 비밀 '블랙 사이트' 감옥에 구금하거나 고문을 할 수 있는 것이 포함되었다. 2017년 트럼프 행정부가 들어섰을 때, 부시의 정치적 권리에 대한 시각에 상당히 부합하였지만, 실제로는 이전 행정부들보다 다소 덜 개입하는 접근법을 제공하였다. 그리고 2020년 1월 이란의 장군 카셈 솔레이마니가 이라크를 방문했을 때 드론 공격으로 암살하는 가장 논란이 많았던 외교정책결정을 내린 것은 부시와 오바마에 의해 이미 확립된 메커니즘과 규범을 사용하여 이를 실행한 것이었다. 바이든 행정부는 2021년 아프가니스탄에서 미군을 철수시켜 20년간의 전쟁 후에 탈레반에게 통제권을 다시 넘겨주어 논란을 불러 일으켰다. 아프가니스탄은 9/11 테러에 대한 보복으로 시작된 대표적인 '테러와의 전쟁'의 서명국이었지만, 바이든 행정부는 초사법적인 '표적살인'을 수행하기 위한 드론 공격을 포함하여 '테러와의 전쟁'의 기제에 계속해서 관여하였다 (p. 268 참조).

다극체제의 귀환

소련의 붕괴와 냉전의 종식은 겉보기에는 미국이 세계 유일의 초강대국으로서 우뚝 섰기 때문에 글로벌정치에 새로운 단극체제 시대를 예고한 것처럼 보였다. 그러나 9/11 테러 이후부터 이 '글로벌 패권'(p. 272 참조)은 점차로 실존적 도전의 대상이 되어갔다. 21세기 첫 10년간 중국의 경제적 부상과 더 광범위한 '브릭스(BRICS)' 개발도상국 집단(p. 518 참조)은 미국이 제2차 세계대전 이후 그리고 20세기 후반 기업 글로벌화의 출현을 통해 구축한 거대한 경제력이 일시적인 것일지도 모른다는 점을 보여주었다.

현대의 역사는 여러 측면에서 세계문제에 대한 미국의 중요성이 감소하고 있음을 시사한다. 특히 중국이 점점 더 중요한 글로벌 행위자가 되고 있다. 21세기 초의 중국 경제성장은 전 세계적으로 유례를 찾아볼 수 없었다. 20세기 후반 덩샤오핑(1904–97)의 지도하에 중국의 공산주의 국가경제가 글로벌 자본주의 시장에 최초로 '개방'을 한 이후, 중국은 점점 글로벌 생산사슬(production chain)의 중심지가 되어 갔다. 2009년까지 중국은 미국을 제치고 세계 최대 상품 수출국이 되었고, 저렴한 가전제품부터 의류, 장난감, 스포츠 용품에 이르기까지 다양한 상품에서 글로벌 제조업과 무역을 장악했다. 불과 몇 십 년 전만 해도 중국을 능가하는 경제력을 보유했던 주요 서방국가들은 중국의 수입에 크게 의존하게 되었다. 최근 자국 경제에 대해 보호무역의 기치인 '미국 우선주의' 접근법을 운용하고 있으며(p. 280 참조), 글로벌정치에서 중국에 적대적인 접근법을 채택하고 있는 서방 초강대국인 미국도 중국을 최대 수입 파트너로 열거하고 있다. 경제력과 세계 소비재의 불균형한 생산과는 별개로, 중국의 '소프트 파워'(p. 257 참조)와 문화적 영향력, 그리고 군사적이고 기술적인 힘과 지역적 영향력은 모두 중국을 떠오르는 잠재적 글로벌 패권으로 지적하고 있다. 국경을 공유하고 있으며, 2020년 6월 라다크에서 45년 만에 양국 사이에 최초로 치명적인 충돌을 초래한 중국과 인도 사이의 긴장 증가는 세계질서의 '다극화' 가능성을 보여준다. 중국, 인도, 러시아를 포함한 주요 핵무장 국가들은 경제적 자원, 글로벌 정치적 영향력, 영토 통제를 위해 겨루고 있는데, 이는 미국 및 미국의 글로벌 리더십과 거의 관련이 없는 경쟁이다. 이런 맥락에서 트럼프 행정부의 상대적으로 '고립주의'적인 자세는 아마도 놀랍지 않은 것이었다.

브릭스의 발전경로는 의심의 여지가 있고(p. 518 참조), 중국의 경제성장이 2010년대에 크게 둔화되었지만, 미국이 2020년대에 글로벌정치에서 2000년대에 비해 덜 중심적이라는 것은 의문의 여지가 없다. 그렇긴 하지만, 최근의 사건들이 미국의 글로벌 패권과 세계정치에서 비공식적인 '미국 제국'의 종말의 시작을 의미하더라도, 이러한 쇠퇴는 느리고 제한적일 가능성이 높다. 고대 로마부터 한나라와 대영제국에 이르기까지 패권을 가진 강대국들의 제국주의 붕괴의 불가피성을 보여주었지만, 미국을 차별화하는 몇 가지 역사적 요인들이 있다. 아마도 이들 중 첫 번째는 핵무기 보유이다 (제12장 참조). 미국이 경솔하게 핵전쟁을 일으키거나, 핵전쟁을 통하여 글로벌정치에 미치는 영향력 감소를 어떻게든 막아보려는 시도를 하면 안 되지만, 이 정도 규모의 군사력을 달성한 국가가 갑자기 세계질서의 위계에서 아래로 밀려난 최근의 선례는 없다. 그리고 미국이 글로벌정치에서 자국의 이익이라고 인식하는 것을 보호하기 위해 싸울 것이라는 점은 의심의 여지가 없으며, 이는 미국의 위상 감소에 기여한 신흥강대국들과 직접적인 충돌을 초래할 가능성은 어느 정도 존재한다.

요약

- '현대' 세계는 최초의 인류사회에서 고대 문명의 발흥에 이르기까지, 그리고 산업화와 제국에서 '대중사회'의 여명에 이르기까지 일련의 발전에 의해 형성되었다.
- 제1차 세계대전은 '모든 전쟁들을 끝내기 위한 전쟁'을 의미하였지만, 한 세대가 지나기도 전에 제2차 세계대전이 발발하였다. 제2차 세계대전 발발의 핵심 요인들은 제1차 세계대전의 평화적 해결 방식, 1930년대의 글로벌 경제위기, 때로는 히틀러의 개인적 영향력과 연관되어 있는 나치의 팽창 프로그램, 그리고 아시아에서 일본 팽창주의의 심화 등이었다.
- 1945년은 세계사에 있어서 분수령이었다는 평을 받는다. 두 가지의 중요한 과정이 전개되었다. 첫째는 탈식민화와 유럽제국의 붕괴 과정이었다. 둘째는 냉전이 시작되어 세계가 미국과 소련이 지배하는 양대 진영으로 나뉘어 양극 사이의 갈등이 시작된 것이다.
- 냉전은 1989–91년 동유럽 혁명에 의하여 종식되었으며, 이는 소련의 붕괴로 이어졌다. 이러한 상황의 전개 이유는 소련식 공산주의의 구조적 취약성, 고르바초프 개혁과정의 영향, 그리고 경제와 문화 글로벌화의 광범위한 영향 때문이었다.
- 글로벌경제 내의 세력균형은 중요한 방식으로 변화해 왔다. 전후 세계질서가 미국 주도의 경제 글로벌화의 추세를 보인 반면, 중국과 같은 다른 글로벌 강대국들은 21세기 세계경제 변혁의 핵심이었다.
- 냉전 이후의 시기에 대한 서방의 '자유주의적' 예측은 잠시 번성하다가 9/11 테러에서부터 서방 내부의 반자유주의 정치의 부상, 그리고 다극체제의 재등장에 이르기까지의 사건들로 혼란스러워졌다.
- 오늘날 글로벌정치는 식민주의와 제국주의 지배의 역사로 남아있는 가운데서도 중요한 초국가적 사회운동뿐만 아니라 다수의 주요 군사강국과 경제강국 간의 투쟁인 다극체제에 의해 형성되고 있다.

토의주제

- 1900년 이전 유럽은 왜 그리고 어떻게 세계에 지배적인 영향을 미칠 수 있었는가?
- 식민주의와 자본주의의 역사는 오늘날 글로벌정치를 형성하는 데 얼마나 중요한가?
- 진실로 제2차 세계대전은 제1차 세계대전의 재판이었는가?
- 히틀러가 없었더라도 제2차 세계대전은 발발하였을까?
- 1945년 이후 미국과 소련의 경쟁과 대립은 불가피했나?
- 냉전의 '승자'가 있는가?
- 국제협력과 평화공존의 '신'세계질서에 대한 희망은 왜 그렇게 짧게 존재했는가?
- 9/11은 세계사의 전환점이 되었는가?
- 중국은 글로벌정치에서 가장 강력한 힘을 가진 미국을 능가하는 과정에 있는가?
- 역사는 '교훈들을 가르치고', 우리는 그 교훈들로부터 배울 수 있는 근거들이 있는가?

추가 읽을거리 

Adelman, J., E. Pollard, and R. Tignor, *Worlds Together, Worlds Apart: A History of the World from the Beginnings of Humankind to the Present, 6th Edition, Volumes 1 and 2* (2021). 가장 포괄적이고 유럽 중심적이지 않은 세계 역사의 기록 중 하나이다.

Anievas, A. and K. Nişancıoğlu, *How the West Came to Rule* (2015). 마르크스주의와 반유럽 중심주의 이론에 뿌리를 둔 자본주의의 지정학적 기원에 대한 구체적인 재평가를 한다.

Hobsbawm, E., *Globalization, Democracy and Terrorism* (2008). 현대 세계사의 주요 흐름에 대하여 짧으면서도 명료한 설명을 하고 있으며, 특히 중동의 발전에 대하여 논의한다.

Young, J. W. and G. Kent, *International Relations since 1945: A Global History 3rd Edition* (2020). 냉전과 그 이후 기간의 국제개발에 대하여 포괄적으로 설명한다.

글로벌정치의 전통이론

출처: *George Dadvani/EyeEm/Getty Images*

개요

어느 누구도 세계를 '있는 그대로' 보지 않는다. 우리는 세계를 이론, 전제, 가정의 베일을 통해서 본다. 이러한 점에서 관찰과 해석은 불가분의 관계를 가진다. 우리는 세계를 볼 때 중요한 의미를 부여하기 때문에 이론이 중요하다. 이론은 우리가 복잡한 현실을 이해하는 데 도움이 되는 명확한 설명, 분석, 규칙을 제공한다. 사회이론과 정치이론은 수천 년 동안 존재해왔고, 우리는 플라톤과 공자에서부터 울스톤크래프트와 마르크스에 이르기까지 이 사실을 증명하는 텍스트를 가지고 있다. 그러나 20세기에 글로벌정치는 영어권 대학에서 자체적인 이론 '과목'과 학문적 연구분야를 보유하게 되었는데, 그것은 국제관계(IR)다. 이 분야 내의 지배적인 주류 관점은 전통적인 현실주의와 자유주의였고, 각기 세계문제에서 갈등과 협력 사이의 균형에 대한 상이한 설명을 제공했다. 현실주의와 자유주의 사이의 논쟁은 새 천년이 들어설 무렵 '비판'이론(제4장)이 더 많은 근거를 얻기 시작할 때까지 20세기 내내 IR 이론의 중심에 있었다. 그러면 IR이론과 이 두 위대한 전통적인 이론의 학문은 어디에서 비롯된 것일까? 왜 현실주의자들은 글로벌정치를 끊임없는 갈등으로 특징짓는 반면, 자유주의자들은 협력의 가능성과 지속적인 평화를 믿는 것일까? 그리고 왜 현실주의와 자유주의의 생각은 시간이 지나면서 점점 비슷해질까? 어떻게 '글로벌하게 생각'하는 것이 가능할까? 글로벌 상호연결은 우리가 기존의 이론들을 재고하도록 어떤 방식과 어느 정도로 요구할까?

핵심이슈

- 이론이란 무엇이며, 이론은 어떤 형태를 띠며, 이론을 구성하는 요소는 무엇인가?
- 왜 현실주의자들은 세계문제를 권력과 자기 이익의 측면에서 이해해야 한다고 주장해왔는가?
- 왜 자유주의자들은 세계정치가 상호의존과 평화에 유리한 방향으로 기울어져 있다고 믿는가?
- 글로벌 상호연결의 경험적, 도덕적 함의는 무엇이며, 전통이론은 글로벌화를 적절하게 수용할 수 있는가?

이론이란 무엇인가?

이 책은 글로벌정치에서 분석되는 두 가지의 광범위한 이론 범주, 즉 전통이론(이 3장)과 비판이론(4장)을 탐구한다. 그러나 이론이란 무엇인가? 계획에서 추상적인 지식에 이르기까지 어떤 것이든 '이론'으로 묘사될 수 있다. 학문연구에서, 이론은 무엇인가를 가장 넓게 설명하고 해석하거나 평가하고자 하는 일종의 추상적이거나 일반화된 사고로 볼 수 있다. 그러나 이론은 단수의 현상이라기보다는 복수의 현상이며, 다양한 양상과 형태로 나타난다.

이론의 유형

첫째, 이론은 상당히 다른 목적을 수행할 수 있다. 이에 따라 다음과 같은 세 가지 '유형'의 이론을 확인할 수 있다.

- '설명이론'. 때때로 '서술적' 또는 '경험적' 이론이라고 불리는 설명이론은 왜, 그리고 어떤 상황하에서, 사건들이 발생하거나 전개되는지를 설명하는 데 도움이 된다. 설명이론은 일반화된 인과명제(causal propositions)를 구현하는데, 이는 '확실한' 증거, 즉 우리의 인식과 별개로 존재하는 데이터에 대해 시험될 수 있다. 글로벌정치에 대한 전통적인 관점은 이러한 의미로 이론을 사용하는 경향이 있다.
- '해석이론'. '구성적' 이론이라 불리기도 하는 이 이론은 세계를 설명하는 것이 아니라, 이해하려고 하는 사건이나 쟁점에 의미를 부여한다. 해석이론은 인간의 성찰이 사회적 과정임을 강조하며 '현실세계'를 일련의 경쟁적인 진리나 해석으로 다룬다. 이는 글로벌정치에 대한 비판적 관점과 가장 일반적으로 연관되는 입장이다.
- '규범이론'. 때로는 '규정적' 또는 '정치적' 이론이라 불리는 규범이론은 가치와 행위기준을 규정하고, 무엇이냐가 아니라 무엇이 '되어야 하는지'에 대해서 다룬다. 그러나 글로벌정치의 모든 경험적 이론들은 규범적 고려에 의해 어느 정도 뒷받침된다. 규범이론은 해석이론과도 겹치는데, 그 이유는 해석이론이 사실과 가치의 구분을 거부하기 때문이다.

고전적 현실주의(Classical realism): 인간의 자기중심주의 또는 이기주의의 관점에서 권력정치를 설명하는 현실주의의 형식.

신현실주의(Neorealism): 국제체제의 구조적 제한에 초점을 맞춤으로써 권력정치의 모델을 변화시키는 국제정치의 관점. '신' 또는 '구조적' 현실주의로 불린다.

둘째, 이론들은 그 범위와 규모 면에서 상이하다. 글로벌정치의 가장 광범위한 이론들은 이론적 전통들(때로는 '시각', '담론', '사상학파', '세계관' 또는 '패러다임'으로 명명되기도 한다)이다. 이론적 전통은 상호 연관된 가치관, 이론, 가정 등을 포함하는 지적 틀로서, 세계문제 분석에 대한 광범위한 접근법을 구성한다. 그 예로는 현실주의, 자유주의, 마르크스주의, 페미니즘 등이 있다. 이러한 전통들 각각은 그럼에도 불구하고 일련의 하위 전통들, 즉 '사상의 추세'로 구분될 수 있다. 예를 들어, 현실주의는 고전적 현실주의, 신현실주의, 아마도 후기 신현실주의를 포괄하는 반면, 자유주의는 상호의존적 자유주의, 공화주의적 자유주의, 신자유주의적 제도주의를 포함한다. 경쟁적인 하위 전통들 간의 긴장은 때로는 이론적 전통들 '간의' 논쟁만큼 이론적 전통 '내에서' 많은 논쟁이 있을 수 있음을 의미한다. 마지막으로, 신현실주의적 안정이론(p. 61 참조), 세계체제론(p. 100 참조), 정당한 전쟁론(p. 302 참조)과 같은 구체적인 이론들이 있다. 그러한 이론들은 보통 특정한 이론적 전통 또는 특정한 하위 전통과 연결되는 반면, 다른 이론들은 어떤 단일 전통의 '부속물'이 되는 것에 저항할 수 있다.

공화주의적 자유주의(Republican liberalism): 공화주의정부의 이익을 강조하고, 특히 민주주의와 평화 사이의 관계를 강조하는 자유주의의 한 형태.

신자유주의적 제도주의(Neoliberal institutionalism): 자유주의 원칙과 목표의 실현에 있어서 제도의 역할(공식적, 비공식적)을 강조하는 연구 접근.

3

이론의 구성요소

흔히 국제관계의 이론들은 구체적인 **존재론적**, **인식론적**, **방법론적** 세계관을 전제로 한다고 한다. 이들은 다음과 같은 것들에 대해 보다 명시적인 '확인', 혹은 보다 암묵적인 '가정'의 형태를 취할 수 있다.

- 국제관계의 사회 세계는 무엇으로 구성되는가 (**존재론**)? 예를 들어, 글로벌정치의 주요 연구 대상은 국가와 그 상호 작용인가, 아니면 국가의 국경 넘어 개인과 집단 간의 사회적 관계에 관한 것인가?
- 이 사회 세계에 대한 지식은 어떻게 생산될 수 있으며, 우리는 유효한 지식과 무효한 지식, 정확하거나 부정확한 지식 사이를 어떻게 판단할 수 있는가 – '지식 습득' 이론 (**인식론**)을 예로 들 수 있다. 예를 들어, 국제관계의 사회과학자들이 반복적인 '경험적' 관찰로부터 결론을 도출하는 것과 같이, 글로벌정치의 사회 세계가 생물학, 물리학 또는 화학의 자연 세계와 유사한 방식으로 연구될 수 있을까?
- 이전의 존재론적이고 인식론적인 확인 또는 가정(**방법론**)을 고려할 때, 어떠한 방법들이 글로벌정치를 연구하는 데 가장 적절한가? 예를 들어, 글로벌정치에 대한 의미 있는 '자료'는 국가행동, 전쟁, 경제지표 등에 대한 거시적 수준의 통계적(정량적) 정보 수집을 통해서 획득될까, 또는 일상적인 활동과 경험이 국제적인 것을 '구성하는' 사람들과의 미시적 수준의 (질적) 인터뷰와 초점그룹을 통해 생성될까? 아니면 그 둘의 혼합에 의해서 이루어질까? 그리고 이 자료에 대한 어떤 분석이 가능한가? 우리는 글로벌정치가 어떻게 작동하는지에 대한 '객관적인' '법칙들'을 확인할 수 있는가, 아니면 우리가 세계에 대해 수집한 자료에 대해 '주관적인' 해석만 할 수 있는가?

이론가들이 존재론과 인식론을 명시적으로 다루는 경우는 드물고, 방법론은 완전히 별개의 학문적 문헌을 구성한다. 이러한 철학적 또는 '메타이론' 원칙이 이 장과 4장(글로벌정치의 비판적 이론들에 대해)에서 수시로 언급될 것이다. 이는 그들이 존재하는 많은 경쟁이론들에 대한 유용하고 중요한 사고방식을 제공하고, 그들이 어떻게 차별화되고 비교되며 대조될 수 있는지를 제공하기 때문이다.

존재론적이고 인식론적인 이론적 기초는 글로벌정치를 넘어서 실제로 우리의 '상식'을 구성하는 '일상적' 이론들을 형성한다. 예를 들어, 종교적 믿음을 가진 사람들은 신, 천사, 악마, 천국, 그리고/또는 지옥과 같은 초자연적이고 반드시 경험적으로 관찰할 수 있는 것이 아닌 실체와 장소가 존재하는 '신의' 존재론과 인식론을 가정한다. 이러한 관점에서 세계에 대한 지식은 '계시'를 통해 수립된 신에 의해 부여될 수 있는 반면, 사회적 현실 자체는 단순히 미리 결정된 '신의 계획'의 전개일 수 있고, 세계에 대한 우리의 지식은 우리가 언제든지 알아야 한다고 신이 간주하는 것으로 제한된다.

■ 역자 주

국제관계이론에 대한 국내 참고 서적으로는 다음을 참조할 것. Oliver Daddow 지음, 이상현 옮김, 『국제관계이론』 (명인문화사, 2020).

국제관계이론의 탄생과 1919년의 '신화'

앞서 언급한 바와 같이 국제관계의 학문적 분야는 글로벌정치이론들의 중심적인 원천이 되어 왔다. 그러나 고대 그리스와 고대 중국의 사상가들이 이미 2000년 훨씬 전에 국제관계를 이론화하고 있었음을 고려할 때, 이 새로운 이론 분야는 왜 필요했고, 어떻게 등장했는가?

전통적 서술

오래되고 지속되는 이야기가 국제관계 학문의 탄생에 대해 밝히고 있다. 이야기에 따르면 제1차 세계대전(p. 32 참조)에 의한 글로벌 인류 재난 이후, 정책입안자들과 지식인들은 이에 필적하는 미래의 분쟁 발발을 막을 필요가 있다는 것을 깨달았다. 제1차 세계대전 기간 기관총, 항공기, 그리고 다른 신기술의 발전으로 살인이 '산업화'되고 약 2,000만 명이 사망했다. 당시 '다극화'된 세계질서의 주요 제국 세력들 간의 경쟁으로 전쟁이 예상되었지만, 보스니아 세르비아의 민족주의자 '가브릴로 프린치프'가 페르디난드 대공을 기습적으로 암살하여 촉발되었다. 이 전쟁의 성격은 전반적으로 자의적이고 잔인하며 무의미한 전쟁의 성격을 지녔고, 거대한 제국주의적 야심의 이름으로 평범한 노동자 계층을 대량 학살하는 부도덕성을 부각했다.

아마도 '세계평화'의 추구에 대한 새로운 초점의 가장 상징적인 인물은 미국의 윌슨(Woodrow Wilson, p. 478 참조) 대통령으로, 그는 최초의 자유주의 이론가 칸트(Immanuel Kant)가 '영구적 평화'에 관한 공화적 자유주의이론에서 구상했던 종류의 국제기구인 국제연맹의 창설을 주도했다 (p. 18 참조). 윌슨의 이름은 자유주의 정치인과 사상가들이 보다 평화롭고 통합된 세계질서를 수립하기 위한 전간기 노력과 동의어가 되었으며, 이러한 입장은 '윌슨식 자유주의적 관념론'으로 언급되었다 (p. 478 참조). 1919년 적어도 영어권에서 이 학문 분야에서 최초로 알려진 교수직이 우드로 윌슨 국제정치학 석좌라는 이름으로 웨일스대학(현재 애버리스트위스대학)에 만들어졌다. 이후 다른 철학자들, 이론가들, 사회학자들, 외교관들이 국제관계를 다양한 방식으로 이론화했다.

전통적 서술에 따르면, 국제연맹의 실패와 1930년대의 제2차 세계대전으로의 접근은 윌슨의 자유주의적 이상주의 접근법에 정반대되는 국제관계이론의 두 번째 핵심 가닥인 현실주의의 출현으로 이어졌다. 자유주의자들처럼 현실주의자들은 국제문제에 대한 주장을 하기 위해 정치이론, 특히 역사학의 훨씬 오래된 전통들을 이용하였다. 자유주의자들과 달리, 현실주의자들의 이론적 주장은 전쟁이 국가 내에서 국가 단위 또는 지방단위에서 이루어지는 정치와는 근본적으로 다른 영역이기 때문에 글로벌정치는 영원하고 불변하는 특징임에 틀림없다고 강조했다. 그 이유는 국내 정치공동체는 주권자의 힘과 공통된 도덕적 기풍이나 법에 의해 제약을 받기 때문이다. 이어지는 서술에 따르면, 국제관계이론에서 첫 번째 '위대한 논쟁'은 전간기와 제2차 세계대전 이후에 이루어졌고, 본질적으로 자유주의자와 현실주의자 사이의 이원론적 논쟁이었다.

현실주의

글로벌정치에 대한 서양의 핵심적인 전통적 관점은 현실주의와 자유주의였다. 냉전과 탈냉전 시기에 특히 이 두 이론은 학계에서뿐만 아니라 정책입안자들 사이에서도 글로벌정치에 대한 가장 영향력 있는 설명을 제공하였다. 1950년대부터 1970년대까지 새로운 버전의 현실주의와 자유주의가 등장했고, 시간이 지나면서 이 두 지배적인 전통 간의 차이는 희미해졌다.

현실주의 국제관계이론(예술적이고 철학적인 형태의 현실주의와 구별하기 위해 '정치적 현실주의'라고도 불리기도 한다)은 세계정세를 '현실적'으로 볼 수 있는 사고를 제공한다고 주장하는데, 그 배경에는 현실에 집착하고 있으며, 기대하는 사고와 숙고된 윤리관이 결여되어 있다. 현실주의자들에게 있어서 글로벌정치는 전반적으로 권력과 자기이익에 의하여 작동된다. 이 때문에 국제정치가 '권력정치' 모델로 묘사된다. 모겐소(Hans Morgenthau, p. 66 참조)가 주장한 대로 "정치는 인간관계에 있어서 권력을 향한 투쟁이며, 궁극적인 목표가 무엇이든지 간에 권력은 정치가 당면한 즉각적인 목적이다. 권력을 획득하고 유지하고 과시하는 방식은 정치행위의 기술을 결정한다" (Morgenthau 1946, p. 167). 권력정치이론은 두 가지 핵심적인 가설에 기반하고 있다 (Donnelly 2000).

- 인간은 기본적으로 이기적이고 경쟁적인데, 이에 따라 이기주의가 인간의 본성을 정의한다.
- 국가체계는 국제 무정부상태의 맥락에서 작동되는데, 그 의미는 주권국가 이상

권력정치(Power politics): 때때로 독일 이름으로 불리는 '리얼폴리틱(Realpolitik)'은 권력과 그 추구가 세계정치를 지배하는 유일한 규칙이라는 관점을 의미한다.

이기주의(Egoism): 자신의 이익이나 안녕, 또는 이기심에 대한 관심. 자신의 이익이 다른 사람들의 이익보다 도덕적으로 우월하다는 믿음.

파리평화회담 1919-20

사건: 제1차 세계대전의 여파로 연합국대표들(미국 대통령 윌슨[p. 478 참조], 프랑스 수상 클레망소, 영국 수상 로이드 조지)은 1919년 1월 파리에서 독일과 평화 조약을 체결하기 위해 만났다. 그 결과 베르사유(Versailles) 조약이 1919년 6월에 체결되었고, 그 이후 다른 패전국들과 일련의 조약을 체결하였다. 이 조약에는 두 가지 주요 동기가 있었다. 첫째, 권력정치를 영구히 제거하는 '정의로운 평화'를 통하여 새로운 국제질서를 만드는 기대가 윌슨 대통령으로 하여금 14개 조항(1918년 1월 의회연설에서 선언한 평화 프로그램)을 주창하게 하였다. 이는 민족자결주의에 기초하여 중앙과 동부유럽의 지도를 새로 그리고, 유고슬라비아, 체코슬로바키아, 폴란드 같은 국가들을 새로 탄생시키는 결과를 낳았다. 그러나 윌슨 대통령의 베르사유 회의에의 주요 기여는 국제연맹을 창설한 것이었다. 이에 더하여 프랑스 클레망소 수상의 유도로 독일에 대한 응징과 프랑스 안보의 강화가 이루어졌다. 이는 대규모의 독일 무장해제, 독일영토의 손실, 독일 보유 식민지에 대한 동맹국들의 '위임통치', 그리고 '전쟁책임' 조항의 부과로 이어졌다.

1919년 베르사유에서 개최된 파리평화회담에 참석한 대표들.

출처: *Photo 12/Getty Images*

중요성: 파리평화회담으로부터 불과 20년이 지난 후 세계는 다시 세계전쟁의 구렁텅이에 빠지게 되었다. 제2차 세계대전은 제1차 세계대전보다 더 심한 살육과 고통을 안겨 주었다. 무엇이 잘못된 것일까? 왜 '정의로운 평화'가 실패하였을까? 이 문제는 국제관계이론가들을 시대별로 분리하였다. 카(E. H. Carr)가 이끄는 현실주의자들은 1919년 전쟁의 발발을 파리 평화조정자들의 '이상적' 또는 '유토피아적' 아이디어와 연계시키고 있다. 그들은 제1차 세계대전이 과격한 군국주의와 다국적 제국주의를 포괄한 '구질서'에 기인한다고 믿으면서, 민주주의, 민족자결, 국제기구에 믿음을 보냈다. 특히 그들은 권력정치가 전쟁의 원인이 되는 것이 아니라 전쟁을 피할 수 있는 주요 방편이라는 점을 인식하지 못했다. 제1차 세계대전을 일으켰다는 비난(공정성에 의문이 가지만)을 받은 독일이 베르사유조약의 조항들을 위반하면서 중요하고 야심찬 군사강국으로 등장하였을 때, 국제연맹은 이를 중단시키지 못하고 무기력하게 방관하였다. 자유주의 정치가들과 이론가들은 다음과 같은 국제관계의 가장 기본적인 사실을 무시하였다. 모든 국가들은 궁극적으로 자기 이익에 따라 활동할 것이기 때문에, 단지 권력만이 권력을 제한할 수 있고, 법, 도덕, 국제제도에 의존하는 것은 별 의미가 없게 된다. 제2차 세계대전 이후 이러한 분석이 널리 받아들여짐에 따라 국제관계라는 학문에서 자유주의 이론가들보다 현실주의 이론가들의 상승세가 이루어졌다.

반면, 자유주의적 국제주의자들은 파리평화회담에서 자유주의 원칙들이 일관되지 않게 적용되었다는 점을 지적하였다. 베르사유조약은 절대로 '자유주의 평화'라 할 수 없다. 이는 그 조약이 많은 민족주의적 갈등을 해결하지 않은 채 남겨 놓았고 때로는 더 악화(특히 프랑스와 체코슬로바키아에 대한 독일 영토의 상실)시켰기 때문이고, 중요한 측면에서 독일을 응징하고 영구히 약화시키려는 노력이 정의로운 평화를 추구하는 것보다 우선시되었기 때문이다. 이와 같이 제2차 세계대전의 씨앗은 '유토피아' 원칙에 대한 의존이 아니라 베르사유가 여러 가지 관점에서 '승리자'들의 평화였다는 사실 때문이다. 패자에 대한 '푸대접'은 세월이 지나면서 적대적이고 공격적인 외교정책을 조장하는 데 기여한 대규모의 저항감만을 축적시켰다. 더욱이 야심차게 만들어진 국제연맹은 이름값도 못했는데, 그 가장 큰 이유는 세계 최강대국인 미국이 참여를 거부했기 때문이었다. 이러한 점에서 파리평화회담은 최악의 상황을 만들었고, 유럽에서 권력정치의 추세를 더욱 강화시켰다.

초 점

신현실주의의 안정이론: 숫자의 논리?

신현실주의의 관점에서 양극체제는 안정을 지향하고 평화의 가능성을 강화한다. 이는 다음과 같은 이유로 발생한다.

- 단지 두 강대국의 존재는 단순한 과정을 필요로 하기 때문에 각자가 양극체제를 유지하도록 부추긴다.
- 강대국의 숫자가 줄면 강대국 전쟁의 가능성이 줄어든다.
- 오직 두 강대국의 존재는 오판의 가능성을 줄여주고 효과적인 억지력 시스템의 운용을 용이하게 한다.
- 각 블록이 내부자원(경제 및 군사), 외부수단(다른 국가 또는 블록과의 동맹)에 의존할 수밖에 없기 때문에 권력관계는 더 안정적이다.

반면에 다극체제는 다음과 같은 이유로 본질적으로 불안정한 경향이 있다.

- 강대국의 수가 많을수록 발생 가능한 강대국 충돌의 수가 증가한다.
- 다극체제는 유동성과 불안정성이 생성되는 편향을 만들어 내는데, 그 이유는 강대국들이 자신들의 영향력을 확장할 수 있는 외부적인 수단을 가지고 있어서 동맹을 변화시킬 수 있기 때문이다.
- 권력이 보다 분산됨에 따라 기존 강대국들은 더 무모하고 야심적으로 될 수 있으며, 약한 국가들은 동맹을 맺고 기존 강대국들에 도전하고 이를 대체할 수 있다.

이러한 사고는 냉전시대에 가장 널리 퍼져 있었으며, 특히 초강대국 시대의 역동성을 설명하는 데 사용되었다. 이후 안정과 갈등을 단순히 국제체제의 구조적 역동성으로 설명하는 방식은 유행에 뒤떨어진 것이 되었다.

의 권위체가 없다는 것이다.

따라서 현실주의이론의 핵심 명제는 평형상태로 요약될 수 있는데, 그 의미는 이기주의와 무정부상태가 권력정치와 평형을 이룬다는 것이다. 일부 사람들은 이러한 형태가 현실주의의 근본적인 이론적 결점을 나타내고, 도표 3.1과 같이 고전적 현실주의와 신현실주의 또는 구조적 현실주의의 두 개의 사고 학파로 나누어진다고 주장한다. 그러나 이러한 대안적 접근법은 경쟁적인 학파들로 나누는 것보다 현실주의 내에서 강조점의 차이를 반영하는데, 그 이유는 비록 대부분의 현실주의자들은 어떠한 요인들이 궁극적으로 가장 중요하느냐에 대해서는 합의를 하지 못하지만, 그들은 현실주의의 중심 가설들에 대해서는 공통적인 견해를 보이고 있기 때문이다.

현실주의의 핵심 명제는 아래와 같다.

- 고전적 현실주의
- 국가통치술과 국가이익

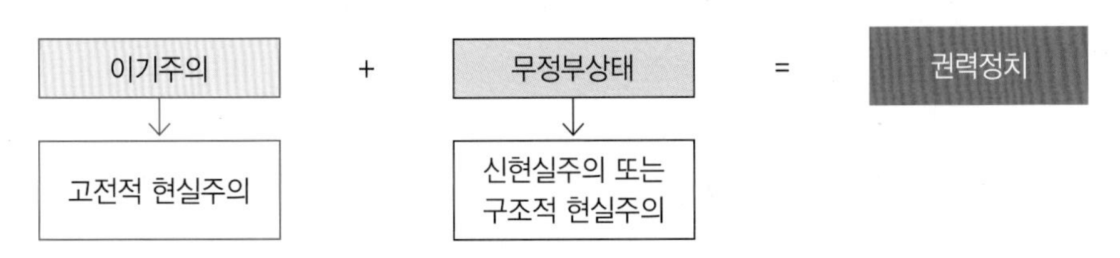

도표 3.1 현실주의의 핵심 명제와 두 가지 주요 접근법

- 국제 무정부상태와 그 함의
- 양극체제, 안정, 세력균형

고전적 현실주의

현실주의적 국제관계이론과 관련하여 '고전적'이라는 단어를 사용하는 것에 대해서는 두 가지 의미가 있다. 첫째, 카(E. H. Carr)나 모겐소 같은 고전적 현실주의자들은 20세기에 국제관계가 출현하면서 개척자적 혹은 '독창적' 현실주의자로 널리 여겨졌고, 그들의 사상은 이후 월츠(Kenneth Waltz)와 미어샤이머(John Mearsheimer)의 '신현실주의'이론들과 구별될 수 있다. 둘째, 고전적 현실주의적 사고는 '고전적' 또는 고대, 중세의 정치적 사고에 그 뿌리를 두고 있는 '인간 본성'의 특정한 비전에 뿌리를 두고 있다. 인간의 본성에 대하여 비관적이지만 '현실적인' 모델에 의한 정치이론에 기초하여(p. 64 참조) 고전적 현실주의자들은 오래 지속되어 온 사고의 전통 내에서 활동하였다. 이 전통은 펠로폰네소스(Peloponnesian)전쟁을 분석한 투키디데스(Thucydides), 그리고 중국에서 거의 같은 시기에 작성된 손자의 고전작인 『손자병법』까지 거슬러 올라갈 수 있다. 다른 중요한 인물들로는 마키아벨리와 홉스 (p. 17 참조)가 포함된다. 마키아벨리의 정치이론은 변화가 없는 인간 본성에 대한 어둡고 부정적인 모델에 기초하고 있었다. 그가 보기에 인간은 "은혜를 모르고 신뢰할 수 없다. 그들은 거짓말을 하고, 날조하고, 현금에 욕심을 내고 위험 앞에서 도피한다" (Machiavelli 2014, p. 66). 이를 근거로 마키아벨리는 정치적 삶이 항상 피할 수 없는 싸움을 특징으로 한다고 주장하면서, 정치지도자들이 교활, 잔인함, 조작을 통해 통치하도록 부추겼다. 홉스의 사고 역시 인간 본성은 본질적으로 이기적이라는 관점에 의해 추진되었다. 그는 인간은 비이성적인 욕구, 즉 혐오, 두려움, 희망, 갈망에 의해 구동된다고 주장했다.

자신의 욕망을 충족시키고 혐오감을 벗어나는 주된 방법이 '권력'을 얻는 것임을 알게 되면, 그들의 핵심 목표는 '끊임없는 권력 추구'가 된다. 국가의 주권적 권위가 없을 때, 어떤 단일한 사람이나 집단도 지배력을 확립할 만큼 강하지 않게 되면, 사회에 대한 질서 있는 통치체계(홉스가 '자연의 상태'라고 칭한 조건)는 사회 구성원 모두 사이에 전개되는 내전이 된다. 이 '자연의 상태'에서의 삶은 따라서 '고독하고, 가난하고, 불결하고, 잔인하고, 불충분하게' 될 것이다 (Hobbes [1651] 1909, p. 97). 홉스에 따르면 그러한 사회의 야만성에서 벗어나는 유일한 방법은 주권적이고 도전할 수 없는 권력의 수립, 즉 국가의 창조일 것이다.

자연의 상태(State of nature): 정치적 권위가 배제되고 개인에 대한 공식적(법적)인 견제가 없는 사회.

이러한 생각이 어떻게 국제정치에 대한 이해를 높였는가? 첫째, 어떠한 형태의 세계정부(p. 498 참조)도 설립될 수 없다는 현실주의자들의 주장과 같이 정치는 있는 그대로, 즉 국제적 '자연상태'에 의하여 유지된다. 따라서 국제무대는 위험하고 불확실하며, 항상 무질서하고 불안정하다. 둘째, 마키아벨리와 홉스는 개인과 사회집단의 행동을 설명하는 데 관심을 가졌던 반면, 국제적 현실주의 이론가들은 무엇보다도 국가의 행위에 관심을 보이고 있다. 현실주의자들은 국가가 일관되고 응집성 있는 '단위'라 생각하며, 국가가 세계무대에서의 가장 중요한 행위자라고 간주한다. 국제정치에 대한 현실주의자들의 이론은 확고하게 국가중심적이다. 셋째, 그리고 가장 중요한 것으로 국가가 근본적으로 이기적이고 탐욕스럽고 권력을 추구하는 사람들을 포함하고 그들에 의하여 이끌어진다는 점은 국가행위가 인간의 본성과 동일한 특징으로 설명된다는 것을 의미한다. 따라서 인간이기주의는 국가이기주의를 결정한다. 아니면 모겐소(Morgentau 1962, p. 7)가 언급하였듯이 "사회 세계는 인간 본성을 집단적 평면에 투영하는 것에 지나지 않는다." 인간의 이기주의가 개인과 집단들 간의 끊임없는 갈등을 유발하는 것과 같이, 국가이기주의는 국제정치가 불가피한 경쟁과 대립으로 점철된다는 점을 의미한다. 근본적으로 자기중심적인 행위자로서 각 국가의 궁극적인 목표는 생존이며, 이에 따라 생존이 지도자들의 최우선적 목표가 된다. 모든 국가들이 군사력 또는 전략적 수단의 활용을 통하여 안보를 추구하고 다른 국가들의 희생을 딛고 이득을 취하려 하기 때문에, 국제정치는 갈등을 향한 끊임없는 도전으로 규정된다.

국가통치술과 국가이익

현실주의(특히 신현실주의)는 때때로 국제정치를 객관적이거나 '과학적'인 관점에서 이해하려는 시도를 하지만, 국가통치술(statecraft)에 의하여 운용되는 중요한 역할의 관점에서도 인식을 한다. 예를 들어, 제1차 세계대전과 제2차 세계대전 사이를 분석한 '20년의 위기(twenty years crisis)'에서 카(E. H. Carr, p. 37 참조)는 1919-20년 개최된 파리평화회의(p. 60 참조)에 참여한 주도적인 인물들이 '생각하는 것(thinking)'을 '원하는 것(wishing)'이 지배하도록 한 데 대하여 비판하였다. 국제정치에서 권력의 중요성을 간과함으로써 세계가 불가피하게 보다 심각한 갈등에 휩쓸리게 하였다고 주장하였다. 이와 유사하게 모겐소(Morgenthau 1948)는 '국가통치의 기술(art of statecraft)'을 강조하면서, 실질적인 정치행위는 아래와 같은 '정치적 현실주의의 6가지 원칙'에 의하여 설명되어야 한다고 주장하였다.

1. 정치는 인간의 본성에 기초한 '객관적 법률'에 의하여 운용되어야 한다.
2. 국제정치 이해의 핵심은 '권력'의 관점에서 정의된 이익의 개념에 기초해야 한다.
3. 국가권력의 형식과 성격은 시간, 장소, 맥락에서 다양성을 가지지만, 이익의 개념은 '불변적'이다.

국가통치술(Statecraft): 공적인 문제에 대처하는 방식, 또는 그에 관련된 기술을 의미한다.

분석적 접근

인간의 본성

현실주의 견해

인간의 본성은 고전적 현실주의 분석의 시작점이고, 고전적 현실주의는 때때로 '생물적 현실주의'로 불리기도 한다. 홉스와 마키아벨리 같은 사상가들의 영향을 받아 현실주의자들은 세 가지 주요 특징을 지닌 인간 본성에 대한 이론을 수용해 왔다. 첫째, 인간의 본성은 고정되어 있고 주어진 것이며, '후천(nurture)'적(교육 및 전반적 사회요인의 영향)이 아니라 '선천(nature)'적(생물학적 또는 유전적 요인)으로 형성된 것이다. 둘째, 본능이 궁극적으로 지성을 압도한다. 인간들은 혐오, 두려움, 희망, 기대와 같은 것들에 의하여 생성된 비이성적인 욕망을 추구하는데, 그들 중에서 가장 강력한 것은 '끊임없는 권력 추구'이다. 셋째, 인간은 기본적으로 자기 본위적이고 이기적이기 때문에, 살면서 그들 사이의 갈등을 피하기가 어렵다. 고전적 현실주의자들은 이러한 개인의 이기주의가 국가 이기주의를 결정짓고, 경쟁과 국익추구로 규정되는 국제체제를 형성한다고 주장한다. 그러나 신현실주의자들 — 특히 월츠(Kenneth Waltz) — 은 인간 본성을 국제관계의 현실주의이론의 근거로 강력하게 거부한다. 그들은 국제체제에서의 국가행위는 사람이 아니라 체제 자체의 구조(무정부상태)에 의해 결정된다고 주장한다.

자유주의 견해

자유주의자들은 인간의 본성에 대하여 광범위한 낙관적 견해를 갖고 있다. 인간은 자기 본위적이고 자립적이지만, 또한 이성에 의한 지배를 받으며 개인적인 자기발전을 할 수 있다. 한편으로 개인과 집단들, 그리고 국제무대에서 국가들 사이에는 근본적이고 불가피한 대립과 경쟁의 경향이 있다. 그러나 다른 한편 대립의 경향은 이익의 조화에 대한 근본적인 신뢰(갈등이 해소될 수 있고 해소되어야 한다는)와 갈등을 대화, 토론, 협상에 의하여 풀려는 의지에 의하여 억제된다. 자유주의를 비판하는 사람들(현실주의자들 포함)은 자유주의자들이 '인도적' 목표의 이름으로 전쟁을 수행할 준비가 되어 있다고 주장하지만, 자유주의자들은 국제관계에서 무력사용을 수사학적으로 개탄한다. 이 견해에 따르면, 무력사용은 자기방어 또는 억압에 대항하는 수단으로서 정당화될 수 있지만, 항상 그리고 이성과 주장이 실패한 후에만 정당화된다. 무자비한 권력 극대화자로서의 인간의 현실주의적 이미지와 대조적으로, 자유주의자들은 인권 독트린에 가장 일반적으로 반영되는 인간 본성에 도덕적 차원이 있다고 강조한다.

마르크스주의 견해

개인보다 사회적인 것(집단, 또는 공동체의 권리와 복지)을 우선시하는 사회주의이론은 마르크스와 엥겔스(p. 96 참조)의 업적보다 앞서며, 마르크스주의 사상과 공존했다. 여기에는 로빈슨(Cedric J. Robinson)이 보여주었듯이, 비서방적 사회주의 흐름이 포함되었다. 이러한 비마르크스주의적 사회주의는 종종 사회주의가 자유주의, 보수주의, 자본주의의 개인주의적 교리가 왜곡하거나 억압하는 인간 본성(협력적이고 동정적이며 공동체적)의 '진정한' 표현이라는 관점에 뿌리를 두고 있다. 그러나 마르크스와 엥겔스, 그리고 글로벌정치의 비판적 이론으로서의 마르크스주의는 인간 본성 사고에 대한 보다 급진적인 거부를 옹호했다. 마르크스주의의 자칭 '과학적' 역사적 유물론적 철학은 사람들의 사상과 행동이 대체로 또는 전적으로 그들의 구체적이거나 '물질적'인 사회적 조건에 의해 결정된다는 점을 말해준다. 자본주의 사회에서 '인간 본성'으로 보이는 것, 즉 '정상적'으로 여겨지는 사회적 관행과 행동은 그 사회의 경제적 기반, 즉 자본주의적 생산방식을 반영할 것이다. 마르크스주의 관점에서 이념, 또는 '통치사상'은 직설적인 '거짓' 신념에 대한 것이 아니라, 오히려 역사적으로 구체적이고 맥락적인 것이다. 예를 들어, 우리 세계는 글로벌 자본주의에 의해 질서가 잡혀 있기 때문에, 현재의 맥락에서 '개가 개를 잡아먹는 세상이다'와 같은 인간 본성의 상투적인 말을 하는 것은 '참'일 수도 있다. 마르크스와 마르크스주의자들의 낙관적인 희망은 새로운 경제적 기반으로서의 공산주의가 전혀 다른 형태의 인간 행동에 대한 새로운 맥락을 제공할 수 있다는 것이다.

구성주의와 후기 구조주의 견해

구성주의자들과 후기 구조주의자들은 아마도 마르크스주의자들보다 훨씬 더 정적이고 역사적인 '인간 본성'에 대한 어떤 개념에 대해서도 회의적일 것이다. 구성주의자들에게 있어서, 우리의 결정은 우리의 정체성 감각에 의해 인도되며, 정체성 감각은 다른 사람들과의 상호작용에 의해 형성된다. 사회적 실천에 대한 '규범'이 오랜 기간에 걸쳐 지속될 수 있지만, 관계와 정체성이 이동함에 따라 여전히 변화할 수 있다. 한편 후기 구조주의자들에게 인간 본성에 대한 관념은 구체적인 역사적 정치적 프로젝트와 강하게 연결되어 있으며, 이와 관련하여 푸코(Michel Foucault, p. 22 참조)는 인간의 본성을 자유주의적 또는 신자유주의적 '생명정치'에 의해 규정을 짓는데, 이는 인간의 '생물학적' 개념을 서양사회의 정치권력에 연결시키며 전통적인 주권 모델을 대체하게 된다. 이러한 관점에서 인간 본성은 정치적 '담론'과 '거대한 설화'의 한 범주이며, 특히 사람들이 권력을 수립하고 행사하는 '계몽' 시기부터 나타났다.

페미니스트 견해

페미니스트들, 특히 드 보부아르(Simone de Beauvoir)와 같은 '제2의 물결' 사상가들(p. 454 참조)과 버틀러(Judith Butler)와 같은 '제3의 물결' 후기 구조주의 젠더 이론가들(p. 460 참조)은 인간 본성의 개념을 대체로 거부해왔다. 이는 여성을 항상 열등한 존재로 만들고 다양한 방식으로 남성으로만 제한하는 남성과 여성의 선천적, '자연적' 젠더 차이에 대한 전통적 관념이 가부장제의 핵심에 있기 때문이다 (p. 92 참조). 여성이 남성에 비해 신체적, 정신적으로 열등한 존재라는 점을 나타내기 위해 가부장제 사회에서 '본성'이 이념적으로 정의되고 무기화되어 왔다. 여성이 태어나면서부터 사업, 정치, 공적인 삶이 아닌 '보살핌' 및 가사노동에 제한되어 있다는 관점은 여성이 가정이라는 사적 영역에 국한되고 광범위한 사회적 관행과 직업에서 배제되는 근거가 되어 왔다. 한편 성전환자(transgender)와 간성(intersex)의 권리를 증진하거나 보호하려는 페미니스트들은 남성/여성 이진법이 '자연적' 질서라는 관점을 혐오하고 거부한다. 인간 본성에 대한 젠더화된 관념은 사회에 매우 강하게 내재되어 있다. 일부 글로벌정치의 페미니스트 이론가들은 '자연적' 또는 내재적 성차(gender difference) 관념을 거부하지 않는다. 티크너(J. Ann Tickner)는 모겐소의 현실주의적 접근을 '인간 본성에 대한 부분적, 남성적 관점'이라고 부르지만, 그녀는 인간 본성은 남성적 특성과 여성적 특성을 모두 포함하고 있으며, 글로벌정치가 후자를 더 많이 활용할 수 있음을 강조한다.

탈식민주의 견해

많은 탈식민주의 사상가들에게 중세 유럽 철학을 통해 발전하고 국제관계이론의 현실주의와 자유주의 전통에서 계속된 서양의 '인간 본성' 개념은 매우 문제적이다. 인간 본성의 개념이 현실주의 전통에서와 같이 비관적이든 자유주의 전통에서와 같이 낙관적이든 간에, 인간 본성에 대한 특정 개념은 유럽 중심적일 뿐만 아니라 (p. 89 참조), 그 개념이 '인간성' 자체의 지평을 결정한다는 것이다. 이러한 인간 본성에 대한 생각은 유럽 중심적 모델에 맞지 않는 사람들을 '인간 이하'로 규정했기 때문에 식민주의를 정당화하는 중심역할을 했다. 예를 들어, 아메리카 원주민 일부 부족은 백인 유럽 식민주의자들에 의해 보통 이하의 혹은 열등한 '인종'(p. 88 참조)으로 특징지어졌는데, 이는 그들의 행동이 너무 평화롭고 인간의 본성이 자연환경과 밀접하게 연결되어 있다는 유럽의 생각과 일치하는 근거에 기초했다. 탈식민주의 관점에서, 인간 본성을 정의하는 것은 '타자'(완전한 인간이 아닌 것으로 이해되어야 하는 사람들)를 정의하고, 그들을 억압하기 위한 의사과학적(pseudoscientific)이고 도덕적 기반을 제공하기 위해 고안된 작업이다. 그럼에도 불구하고, 인간 본성에 대한 비서양적 비전들도 존재하며, 그 중 일부는 '아시아적 가치' 논쟁에 의해 포착된다는 점에 주목할 필요가 있다 (p. 247 참조). 비서양적 인간 본성에 대한 생각은 종종 성격적으로 덜 개인주의적이다.

국가이익(National Interest): 사회 전체에 이득을 가져다 줄 것으로 예상되는 외교정책 목표, 목적 또는 정책선호 (공공이익에 상응하는 외교정책 개념) (p. 176 참조).

4. 보편적인 '윤리 원칙'들은 국가행위에 지침이 되지 않지만, 이것이 정치행위에 있어서 윤리의 중요성을 배제하는 것은 아니다.
5. 윤리적 기준은 국가들마다 다르다. 보편적으로 합의된 윤리 원칙은 없다.
6. 정치영역은 '자율적'인데, 이는 국제정치에서의 핵심 질문이 "이 정책은 국가권력에 어떠한 영향을 미치는가?"라는 점을 의미한다.

현실주의 전통에서 국가통치술의 핵심은 **국가이익**에 대한 고려이다. 이러한 고려는 정치윤리에 대한 현실주의적 입장을 표현한다. 일반적으로 현실주의는 두 가지 점에서 비도덕적이라는 평을 받는데, 첫 번째는 인간의 이미지를 음흉하고 권력을 추구하는 창조물로 보는 점 때문이고, 두 번째는 윤리적 고려사항이 외교정책 결정과정에서 철저하게 배제되어야 한다는 입장을 견지하기 때문이다. 그러나 현실주의 분석 내에는 규범적인 강조점도 나타나는데, 국가정책이 국가이익을 철저하게 따라야 한다는 점은 궁극적으로 국가가 국민의 안녕을 추구해야 한다는 점을 의미하기 때문이다. 따라서 현실주의자들이 거부하는 것은 국가에 기반한 정치윤리의 개념이 아니라 모든 환경에서 모든 국가들에 적용될 것으로 예상되는 보편적인 윤리원칙이다. 실제로 현실주의자들의 관점에서 후자에 관련된 문제들 중의 하나는 후자가 전자를 추구하는 데 방해된다는 것이다. 더욱이 국가이익에 대하여 숙고를 하게 되면, 언제, 어디서, 왜 전쟁을 수행해야 하는지를 명확하게 결정할 수 있다. 비록 현실주의가 일반적으로 끊임없는 전쟁의 아이디어와 연관되어 있지만, 현실주의자들은 때로는 전쟁과 공격적인 외교정책을 반대하기도 한다. 그들의 관점에서 전쟁이란 것은 국가이익이 위태로울 때 행해지는 것이고, 개전 결정은 전략적 이익의 개념에 입각한 비용-편익 결과 분석에 기초해야 한다. 예를 들어, 이러한 생각에 기초하여 모겐소를 비롯한 대개의 미국 현실주의자들은 베트남전쟁을 반대하였다 (1969-77년 닉슨과 포드 대통령 시절 국가안보 보

주요 인물

한스 모겐소(Hans Morgenthau, 1904-80)

출처: *Denver Post/Getty Images*

모겐소는 독일에서 태어난 미국의 국제관계이론가였다. 나치 독일로부터 유대인 난민이었던 모겐소는 1937년 미국에 도착하여 국제관계의 '교황'으로 불리게 한 학문적 경력을 시작했다. 모겐소의 *Politics Among Nations* (1948)은 국제관계이론의 발전에 매우 큰 영향을 미쳤다. 그는 마키아벨리와 홉스의 이상을 받아 들여 '권력정치'의 개념을 발전시켰다. 그가 칭하는 '정치가'는 기본적으로 다른 사람들을 지배하려는 탐욕의 충동을 가진 선천적으로 이기적인 사람이다. 국제정치에 대한 '윤리적' 접근법을 거부한 모겐소는 세력균형 분석과 국익증진의 필요에 기반한 '현실적' 외교에 대한 강조를 지지하였다. 그의 다른 주요 저서로는 저술은 *Scientific Man Versus Power Politics* (1946), *In Defence of the National Interest* (1951), 그리고 *The Purpose of American Politics* (1960)을 포함한다.

좌관과 국무장관을 역임한 키신저는 제외). 현실주의자들은 '테러와의 전쟁'에 대해서도 신랄하게 비판하고 있으며 (p. 266 참조), 미국의 대표적 현실주의 학자 34명은 2002년 이라크에 대한 미군 증강을 공개적으로 반대했다 (p. 74의 '초점: 민주적 평화의 명제' 참조).

체제이론(System theory): '체제'라는 단어에 초점을 맞춰 연구하는 접근법으로, 구성 요소 간 상호 작용의 관점에서 체제의 작동과 발전을 설명한다.

무정부상태와 그 함의

1950년대 후반부터 '초기' 또는 '고전적' 현실주의에 비판적인 현실주의 전통 안의 새로운 사고가 등장하기 시작했다. 이 과정에서 핵심적인 텍스트는 월츠(Kenneth Waltz)의 *Man, the State, and War* (1959)와 *Theory of International Politics* (1979)이었다. 월츠에게 있어서 국제정치이론은 '개인, 국가, 국제체제의 세 가지 분석 수준'(Waltz 1959)에 의거하여 전개될 수 있었다. 이러한 점에서 고전적 현실주의의 결점은 그 이론이 국가 이상의 수준에서의 행태를 분석할 수 없다는 점이었는데, 이는 내생적 이론(endogenous theory)의 한계이다 (p. 106의 '사회구조와 행위성' 참조할 것). 체제이론을 이용하여, '구조적 현실주의'라고도 불리는 신현실주의는 국가의 행위를 국제체제의 구조적 측면에서 설명한다. 이러한 점에서 신현실주의는 글로벌정치의 외생적 이론(exogenous theory: 행위자들의 행위를 '외부', 맥락 또는 구조적 측면에서 설명하는 것)이다. 신현실주의는 관심을 국가로부터 국제체제로 전환시키면서 무정부상태가 갖는 함의를 강조한다. 국제사회의 특징은 국가들(그리고 다른 국제행위자들)이 공식적인 중앙 권위체가 없는 영역에서 활동한다는 사실로부터 시작된다. 그러면 무정부상태는 어떠한 행위를 구성하는가? 그리고 왜 신현실주의자들에 따르면 국제 무정부상태는 협력 보다 갈등을 조장하는 경향이 있는가?

신현실주의자들은 국제 무정부상태는 세 가지 이유로 긴장, 갈등, 피할 수 없는 전쟁의 가능성을 필연적으로 발생시킨다고 주장한다. 첫째, 국가들은 분리되고 자율적이며 공식적으로 동등한 정치 단위이기 때문에 자신들의 이익을 실현

주요 인물

케네스 월츠(Kenneth Waltz, 1924-2013)

미국 국제관계 이론가. 초기의 *Man, the State, and War* (1959)는 전통적 현실주의 접근 방식을 받아들였고, 전쟁분석의 효시를 이루었다. 그의 *Theory of International Politics* (1979)는 당대의 국제관계이론에 가장 영향력있는 저서였고, 이 학문분야에 있어서 월츠가 모겐소의 계승자로 자리매김하게 하였다. 인간의 본성과 국가통치의 윤리관을 무시한 채, 월츠는 국제 무정부상태가 어떻게 효과적으로 국가의 행위를 결정하는가를 설명하는 데 체제이론을 활용하였다. 국제체제의 변화는 국가들 사이의 능력분배의 변화에 기인한다는 논리를 기반으로 하였다. 월츠의 분석은 냉전과 긴밀하게 연관되어 있었고, 그는 양극체제가 다극체제보다 평화와 안전을 더 보장한다고 믿었다.

자조(Self-help): 국가안보와 생존을 외부의 지원에 의존하기보다는 자국의 능력과 자원에 의존.

안보딜레마(Security dilemma): 방어를 목적으로 한 군사력 증강을 다른 국가들이 공격적이라고 해석하는 사실로부터 생성되는 딜레마.

상대이득(Relative gains): 상호간에 관련된 국가의 위상은 국가 사이의 이익과 능력의 분배에 영향을 미친다.

극(Polarity): 하나의 체제 내에 하나 또는 그 이상의 주요 행위자들이나 '기둥들(poles)'이 존재하면서, 다른 행위자들의 행위에 영향을 미치거나 체제 자체의 윤곽을 형성하여 구조적 역동성을 결정짓는다.

하는 데 있어서 궁극적으로 자체의 자원에 의존해야 한다. 따라서 국가들은 '자신들을 보살펴 달라고' 다른 국가들에게 의지할 수 없기 때문에, 국제 무정부상태는 '자조(自助)'체계로 귀결된다. 둘째, 국가들의 관계는 항상 불확실하고 의혹적인 것으로 규정된다. 이는 **안보딜레마**로 가장 잘 설명된다 (Booth and Wheeler 2008). 비록 자조는 국가들로 하여금 다른 국가들이 공격하지 못하도록 하는 억지에 충분한 군사력을 건설하여 안보와 생존을 확립하는 힘을 부여하지만, 이러한 행위는 호전적이거나 공격적으로 해석될 가능성이 항상 존재하고 있다. 동기에 대한 불확실성은 국가들로 하여금 모든 다른 국가들을 적으로 간주하게 하는데, 이는 영구적인 안보불안이 국제 무정부상태의 피할 수 없는 결과라는 점을 의미한다. 셋째, 또한 갈등은 국가들이 다른 국가들에 대한 스스로의 위상을 유지하거나 향상시키려는 데 주로 관심을 가진다는 사실로부터 조장된다. 다시 말해서 **상대이득**(relative gains)을 얻기 위함이다. 무엇보다도, 이는 협력을 방해하고 국제기구의 효율성을 축소시킨다 (p. 475 참조). 모든 국가들이 특별한 행위나 정책으로부터 이익을 볼지 몰라도, 각 국가는 다른 국가들이 자신보다 더 많은 이익을 획득할까봐 걱정을 하게 된다.

극(polarity), 안정성과 세력균형

그러나 국가들이 다른 국가를 적국으로 간주하는 경향이 필연적으로 유혈사태를 불러 오고 폭력을 야기하는 것은 아니다. 고전적 현실주의자들과 마찬가지로 신현실주의자들은 갈등이 세력균형에 의하여 해소될 수 있다고 믿고 있다 (p. 302 참조). 따라서 세력균형은 모든 현실주의 이론가들에게 있어서 핵심적인 개념이다. 그러나 고전적 현실주의자들은 세력균형을 신중한 외교술의 산물로 간주하는 한편, 신현실주의자들은 국제체제의 구조적 역동성, 특히 국가들 사이의 세력(또는 능력) 분배의 결과로 본다. 요컨대 세력균형이 이루어지는 데 영향을 미치는 주요 요인, 즉 전쟁과 평화의 전망은 국제체제 내에서 활동하고 있는 강대국의 숫자에 달려 있다. 신현실주의자들은 국제체제 내에 보편적으로 불균형보다 균형이 이루어지는 경향이 있다고 믿지만 (p. 281의 '균형[balance] 또는 편승[bandwagon]?' 참조), 세계질서는 강대국들의 변화하는 운명에 따라 결정된다. 이는 **극**(polarity)에 대한 강조로 반영된다.

보편적으로 신현실주의자들은 보다 안정적이고 전쟁의 가능성이 낮은 양극체제에 긍정적인 관심을 보이고, 이에 따라 다극체제는 불안정하고 전쟁가능성이 높은 체제로 평가된다. 따라서 신현실주의자들은 냉전의 양극체제를 긍정적인 측면에서 '오랜 기간의 평화'로 생각하며 (p. 259 참조), 탈냉전시대에 다극체제가 형성될 가능성에 대하여 경고한다 (제10장에서 보다 구체적으로 논의될 예정이다). 그러나 현실주의자들은 구조적 불안정과 전쟁가능성 간의 관계에 대해서는 동의하지 않는다. 소위 공격적 현실주의자들에게 있어서, 예를 들어 미어샤이머에게 있어서, 세력의 획득은 국가들의 주요 동기 중의 하나이기 때문에, 세력균형이 무너지면 (다극체제의 환경에서 일어나기 쉬운 일이지만) 전쟁이 발발할 가능성은 매우 높아진다 (Mearsheimer 2001). 반면에 방어적 현실주의자들은 국가들이 세력보다는 안보를 우선시하기 때문에 국제체제의 역동성에도 불구하고 보편적으로 전쟁을 꺼리게 된다고 주장한다 (Mastanduno 1991) (p. 278의 '공격적 또는 방어적 현실주의?' 참조).

공격적 현실주의(Offensive realism): 국가를 '권력 극대화자(power maximizer)'로 규정하고, 국제환경을 관리하려는 욕망에 아무런 제한이 없다고 생각하는 구조적 현실주의의 한 형태.

방어적 현실주의(Defensive realism): 국가를 '안보 극대화자(security maximizer)'로 규정하고, 세계 강대국이 되려고 노력하는 것 이상의 공격은 자제한다고 생각하는 구조적 현실주의의 한 형태.

현실주의의 평가 및 수정

현실주의는 제2차 세계대전 이후 대부분의 기간 동안 국제관계 내에서 지배적이었고, 월츠의 *Theory of International Politics* (1979)가 출판되었을 때, 어떤 이들은 신현실주의에서 현실주의 학문이 '마스터이론'을 찾았다고 주장했다. 현실주의가 지배적이었던 이유들 중 하나는, 초강대국 대립과 핵무기 경쟁으로 특징지어지는 냉전이 권력과 안보의 정치를 부정할 수 없이 관련되고 통찰력 있는 것처럼 보이게 만들었기 때문이다. 이에 따라 월츠(Waltz 1986)는 현실주의가 '소수의 크고 중요한 것들'을 식별한다고 주장할 수 있었다. 그러나 1970년대와 1980년대 동안 시작되었지만, 냉전이 끝나면서 발생한 세계정치의 점점 더 많은 측면들은 현실주의 기대에 역행하거나 현실주의 분석의 한계를 강조하는 방향으로 나아가게 되었다. 이들은 냉전 자체의 종식(현실주의자들의 예측 실패와 설명의 한계 [p. 261 참조]), 세계문제에 대한 비국가 행위자들의 영향 증대, 글로벌화의 진전, 인권 관련 문제들의 중요성 증가를 포함했다. 따라서 국제관계 내에서 현실주의의 중심성은 점진적으로 증가하는 압력을 받게 되었다. 부활된 자유주의와 구성주의 같은 '새로운' 비판적 목소리의 형태로 경쟁적인 이론적 접근에 더 많은 관심이 주어졌을 뿐만 아니라, 현실주의 분석의 핵심 원칙들을 다양한 정치적 가능성과 혼합하려고 노력하는 현실주의자들(때로는 '연약한' 또는 '속박된' 현실주의자들이라고도 불림)이 점점 더 늘어나고 있다.

그럼에도 불구하고 경쟁적 전통이론들에 비해 현실주의가 해석적 우선순위를 점유해야 한다는 충동은 퇴색했을지 모르지만, 현실주의이론의 지속적인 관련성은 의심의 여지가 거의 없으며, 현실주의가 국제관계의 학문적 분석 도구의 일부를 형성해야 한다는 것을 부인하는 사람은 거의 없다 (Donnely 2000). 이러한 점이 수용될 수 있는 점은 무정부상태(아마도 다른 발전에 의해 수정될 수도 있지만)가 세계정치의 기본적인 특징으로 남아 있을 것이라는 논리가 현실주의를 훨씬 넘어서는 것이기 때문이다. 그러므로 자조적인 국제체제의 구조적 역동성에 대한 신현실주의적 사고가 무시되는 경우는 거의 없다. 더욱이 광범위한 영역에서 현실주의는 현대 논쟁의 최전선에서 계속되고 있다. 이는 특히 미국에서 '테러와의 전쟁'

과 특히 이라크 침공에 대해서, 그리고 중국의 부상과 관련하여 미국이 어떻게 대응해야 하는지에 대해서 중요한 논쟁점으로 부각되고 있다 (p. 273 참조).

1990년대 이래로 현실주의이론에서 가장 명확한 경향 중 하나는 시스템분석을 단위 수준 접근법과 융합하는 경향이었고, 이는 '신고전적 현실주의' (Rose 1998)를 등장시켰다. 슈웰러(Randall Schweller), 울프워스(William Wohlforth), 자카리아(Fareed Zakaria)와 같은 신고전적 현실주의자들은 의사결정과 리더십, 그리고 인간의 행동에 대한 고전적 현실주의적 사고를 무정부상태와 세계질서를 포함하는 더 구조적인 요소들에 연결하는 형태의 외교정책분석을 실행한다. 고전적 현실주의의 통찰에 대한 더 큰 개방성은 특히 국가통치술의 중요성을 새롭게 강조할 수 있게 하였다. 이는 현실주의이론이 가르치는 가장 지속적인 교훈이 아마도 행동이 아무리 좋은 의도를 가지고 있더라도 항상 의도하지 않은 결과를 가져올 수 있다는 것을 강조하며, 따라서 가능한 경우 국제문제는 신중하게 접근해야 한다는 것을 암시한다.

자유주의

냉전이 끝나고 21세기로 접어들면서, 자유주의가 서양정치사상을 형성하는 지배적인 이념적 힘이 되었다고 말하는 것은 올바른 평가다. 최근에 와서야 반자유주의 정치와 국제관계가 이러한 흐름을 명백하게 바꾸기 시작했는데, 가장 괄목할 만한 동기는 유럽정치의 더 광범위한 우파로의 변화뿐만 아니라 2016년 미국 45대 대통령으로 트럼프의 선출과 영국의 유럽연합 탈퇴 투표가 시행된 것이다. 실제로, 어떤 이들은 자유주의를 산업화된 서양의 이념으로 묘사하고, '서양문명' 그 자체와 동일시한다. 자유주의의 아이디어와 이론들은 제1차 세계대전 이후의 국제관계 연구에 상당한 영향을 미쳤다. 자유주의이론은 칸트(p. 18 참조)의 '보편적이고 영구적인 평화'의 가능성에 대한 신념으로부터 토마스 아퀴나스(p. 302 참조)와 같은 '정당한 전쟁' 사상가들의 아이디어를 망라하는 소위 '이상주의'이론의 보다 고전적인 전통으로부터 기원하고 있다. 자유주의에 기반한 베르사유체제의 실패와 현실주의 사상의 등장에 따라 1945년 직후에 자유주의는 별다른 관심을 끌지 못했지만, 1970년대 이후 자유주의 아이디어는 점차 주목받기 시작하였고, 특히 신자유주의적 제도주의의 형태로 재등장하였다. 대체로 이상주의의 틀로부터 자유주의가 벗어나기 시작하였다. 냉전의 종식(때때로 세계문제에 있어서 '자유주의의 기회'로 인식되었다), 글로벌화의 증가하는 영향과 1990년대 새로운 민주화의 물결은 자유주의이론에 새로운 기제를 제공하였다.

어떠한 형식이든 자유주의의 핵심 명제는 충돌하는 이익들 간의 조화와 균형을 모색하는 것이다. 개인, 단체, 그리고 국가들이 자기이익을 추구할지라도 궁극

신자유주의적 제도주의(Neoliberal institutionalism): 무정부주의적 성격을 부정하지 않으면서 국제체제 내에서 협력적 행위의 범위를 강조하는 자유주의 내의 사상 학파.

민주화(Democratization): 권위주의로부터 자유민주주의로 전이함으로써 자유와 정치적 권리의 제공, 경쟁적인 선거제도 확립, 시장개혁을 실시.

적으로는 자연적인 평형상태가 이루어진다. 보다 심층적인 차원에서, 대립하는 이익들은 상호 보완적이고, 화해할 수 없는 갈등은 없다. 자유주의 관점에서 살펴보면, 자연적이거나 규제되지 않은 안정된 상태가 경제 분야에서 나타나는 경향이 있듯이 (p. 124의 '분석적 접근: 국제정치경제' 참조), 세계국가들 사이에서 이익의 균형이 발전하는 경향이 있고, 이에 따라 자유주의자들은 평화와 협력의 가능성에 대한 믿음을 가지게 된다. 그러나 자유주의 패러다임은 현실주의와 명확하게 구분이 되지 않는데, 그 이유는 양자 모두가 국제정치가 어떻게 작동되는가에 대한 주요 가설을 공유하기 때문이다. 가장 중요하게 자유주의자들과 현실주의자들은 세계정치가 국가들 간의 경쟁에 의하여 형성되고, 국제체제는 분권화되어 있으며 아마도 항상 분권화되어 있어야 한다는 점에 동의한다. 그러나 차이점은 자유주의자들이 체제 내의 경쟁은 조화의 큰 틀 내에서 이루어진다고 가정하는 것이다. 이는 자유주의자들로 하여금 국제주의(p. 73 참조)에 대한 믿음을 가지도록 하고, 현실주의자들은 분권화된 국가체제 내의 협력과 통합을 근본적으로 과소평가하게 된다.

자유주의이론의 핵심 명제는 다음과 같다.

- 상호의존적 자유주의(Interdependence liberalism)
- 공화주의적 자유주의(Republican liberalism)
- 신자유주의적 제도주의(Neoliberal institutionalism)

상호의존적 자유주의

상호의존(p. 5 참조)에 관한 자유주의이론들은 무역과 경제관계에 기반하고 있다. 그러한 생각은 19세기의 상업적 자유주의(commercial liberalism)로 거슬러 올라가고, 고전 경제학의 리카르도(David Ricardo, 1770-1823)와 소위 '맨체스터 자유주의자'들로 불리는 콥덴(Richard Cobden, 1804-65)과 브라이트(John Bright, 1811-89)의 주장에 기초하고 있다. 상업적 자유주의의 핵심 명제는 자유무역의 가치에 대한 믿음이었다. 자유무역은 각 나라가 가장 이로운 상품과 서비스의 생산에 특화할 수 있도록 하는 경제적 이점, 즉 '비교우위(comparative advantage)'를 지니게 된다. 그러나 자유무역은 국가들을 경제적 상호의존의 망에 말려들게 한다는 점에서 매우 중요하고, 이는 국제분쟁의 물질적 비용이 크기 때문에 전쟁을 사실상 생각할 수 없게 한다는 점을 의미한다. 콥덴과 브라이트는 자유무역이 다른 인종, 다른 종교, 다른 언어를 사용하는 사람들을 하나 되게 하는데, 콥덴은 이를 '영구적 평화의 결속'이라고 1846년 맨체스터의 연설에서 표현하였다. 자유무역은 부정적인 이유(중요한 재화를 빼앗길지도 모른다는 두려움)로 평화를 유지하는 동시에 긍정적인 이득도 가져다주는데, 이는 상이한 사람

개 념

이상주의

이상주의(idealism, 때로는 유토피아주의[utopianism]라고 불림) (p. 36 참조)는 권력과 국익의 추구보다는 윤리적 가치와 이상의 중요성을 강조하는 국제정치에 대한 접근방식이다. 외교정책을 결정하는 지침으로써 이상주의는 자유주의적 국제주의의 변형이다. 이상주의는 국제평화의 전망에 대하여 강력한 낙관주의를 반영하고, 대체로 국제법을 강화하는 방식으로 국제체제를 개혁해야 한다는 주장을 하고 (제15장 참조), 범세계적 윤리관을 확립하려는 시도를 한다. 그러나 이상주의는 자유주의와 동일하다고 보기는 어렵다. 이상주의는 자유주의보다 광범위하고 모호한 의미를 가진다. 그리고 현대 자유주의이론은 이상주의의 동기와는 연관되어 있지 않다.

상업적 자유주의(Commercial liberalism): 자유무역의 경제적이고 국제적인 이득을 강조하는 자유주의의 형태이며, 이러한 이득은 국가들 간의 평화와 상호 이익과 보편적 번영으로 이어진다.

자유무역(Free trade): 관세 또는 다른 형태의 보호주의에 의하여 제한받지 않는 국가들 간의 무역체계.

상위정치(High politics): 자기보호와 관련된 방위와 외교정책 등의 중요성을 강조하는 정치 분야.

하위정치(Low politics): 외교 또는 국내 분야에서 핵심적인 국가이익에 포함되지 않는 정치 분야.

들이 동일한 가치와 공통의 상업문화에 의하여 연합하고, 이에 따라 상호 간에 이해를 높이는 방식에 의하여 이루어진다. 요컨대 침략과 팽창주의는 '상업정신'에 의하여 가장 잘 억지될 수 있다.

상업적 자유주의의 기초가 되는 상호의존에 대한 강조는 신자유주의자들에 의하여 더욱 발전되어 왔다. 코헤인과 나이(Keohane and Nye 1977)는 '복합적 상호의존'이라는 표현을 썼는데, 이는 현실주의에 대한 대안적 이론 모델로 개발되었다. 복합적 상호의존은 현대의 정부와 국민들이 다른 지역에서 발생하는 사건, 특히 다른 국가의 정부나 국민들의 행위에 의한 영향을 받는 정도를 반영한다. 이는 글로벌화의 발전에 의하여 경제분야에 적용되는 동시에, 기후변화, 개발과 빈곤 감소, 인권과 같은 다른 범위의 이슈들과 관련해서도 분명하게 주목의 대상이 되고 있다. 이러한 견해는 국제정치의 군사와 외교적 측면, 즉 안보와 생존이라는 '상위정치'에만 편협하게 관심을 두는 현실주의가 잘못된 것이라는 지적을 한다. 그 대신 국제문제는 보다 광범위해졌고, 복지, 환경보호, 정치적 정의 등 '하위정치'에 보다 많은 관심을 두기 시작하였다. 국가들 간의 관계도 현대국가들이 전쟁보다는 무역을 우선적으로 고려하는 경향을 통하여 변해왔을 뿐만 아니라, 국가들 간의 긴밀한 협력 또는 심지어는 유럽연합의 경우와 같이 통합을 통하여 변해왔다. 그러나 그러한 경향의 중요성에 대해서도 상호의존적 자유주의자들 사이의 견해도 일치하지 않았다. 소위 '강력한' 자유주의자들은 무정부주의, 자조, 안보딜레마의 충격을 완화시키고 평화, 협력과 통합을 향한 불가항력의 경향을 창출하는 국제체제 내의 질적인 변화가 이루어지고 있다고 믿는다 (Burton 1972; Rosenau 1990). 반면에 '연약한' 자유주의자들은 분석의 시작점으로 국제 무정부주의의 함의에 대한 신현실주의자들의 가설을 받아들인다. 이에 따라 현대 현실주의와 자유주의가 때때로 중첩된다는 사실이 강조된다 (Axelrod 1984; Stein 1990).

공화주의적 자유

고전적 현실주의와 마찬가지로, 국제정치에 대한 자유주의의 시각은 이론화하는데 있어서 '내부로부터 외부로의 투사(inside-out)' 접근법을 수용한다. 이에 따라 국제문제와 글로벌 문제에 대한 보다 광범위한 결론은 그 문제들의 기본요소들에 대한 가설로부터 도출된다. 평화와 국제적 조화에 대한 자유주의의 강조는 권력정치에 대한 현실주의의 신뢰와 뚜렷한 차이가 있지만, 자유주의와 현실주의의 관점은 국가들을 기본적으로 자기이익 추구자들로 생각하는 점에 있어서는 공통된다. 이에 따라 각국은 다른 국가에 대하여 적어도 잠재적인 위협이 된다. 그러나 현실주의자들과 다르게, 자유주의자들은 국가의 대외적 행위는 정치적이고 헌법적인 구성의 영향을 많이 받는다고 믿는다. 이는 공화주의적 자유주의 전통에 반영되었고, 칸트까지 거슬러 가지 않더라도 우드로 윌슨으로 대표된다 (p. 478 참조). 독재국가 또는 권위주의 국가들은 전통적으로 군국주의적이고 공격적인 반면, 민주주의 국가들은 평화적이며, 특히 다른 민주주의 국가들을 평화적으로 대한다 (Doyle 1986, 1995). 권위주의체제의 공격적인 성향은 그들이 국민들의 압력을 받지 않고 전형적으로 강하고 정치적으로 강력한 군대를 보유하고 있다는 사실에 기인한다. 그러한 국가들은 세력을 유지하기 위하여 무력을 사용하는 데 익숙해져 있기 때문에, 보다 넓은 세계에 접근하고 다른 국가들과의 분쟁을 해결하는 데 무력을 사용한다. 더욱이 자유주의자들은 권위적인 국가들이 근본적으로 불안정한데, 그 이유는 그 국가들이 국민들의 압력에 대응하고 경쟁적인 이익의 균형을 확립하는 제도적 장치를 결여하고 있으며, 체제를 결속하는 수단으로 모험적인 외교정책을 사용하지 않을 수 없기 때문이라고 생각한다. 만약 국민들의 참여와 동의를 통한 국민들의 지지를 확보할 수 없는 경우, '애국적(patriotic)' 전쟁이 유일한 해결책이 된다.

이러한 점에서 자유주의자들은 민주주의가 평화를 보장한다고 생각한다. 공산주의의 붕괴 이후 민주적 평화의 명제가 다시 부각되었는데, 특히 후쿠야마(Francis Fukuyama, p. 557 참조)의 저작물들에서 강조되었다. 후쿠야마의 견해에 따르면, 자유민주주의의 원칙과 구조의 광범위한 수용과 시장자본주의의 확대는 '역사의 종말'을 고하였고 보다 안정되고 평화로운 글로벌질서의 창출을 약속하였다. 자유주의자들은 그러한 신념에 경험적이고 이론적인 지지를 보냈는데, 특히 민주주의 국가들 간에는 전쟁이 전혀 발생하지 않았다는 점을 강조하였다 (그러나 민주주의 국가들과 다른 국가들 간의 전쟁은 지속적으로 발생하였다). 또한, 그들은 보편적인 민주화의 발전을 '평화의 지역'과 연계시키고 있는데, 그 지역에는 유럽, 북미, 호주와 아시아 등 성숙된 민주주의 국가들로 구성되어 있으며, 이는 세계의 다른 '혼란의 지역'과 대비된다 (Singer and Wildavsky 1993). 그러나 공화주의적 자유주의는 심각한 논쟁에 휘말리기도 하는데, 이는 소위 자유주의적 개입주의에 대한 논쟁과 더불어 군사적 수단에 의한 '체제변화(regime change)'를 통하여 민주주의가 촉진될 수 있고, 그래야만 한다는 점에 대한 논쟁이다. 이 이슈는 '테러와의 전쟁'에 대하여 논하는 제10장에서 구체적으로 논의될 것이다.

> **개 념**
>
> **자유주의적 국제주의**
>
> 국제주의는 국가 간, 또는 사회 간의 협력에 기초한 정치의 이론 또는 실천이다. 인간의 본성에 대한 보편주의적 가설을 바탕으로 한 국제주의는 정치적 민족주의와 대립되는 개념이다. 민족주의는 정치적 정체성이 민족의식에 의하여 형성된다는 점을 강조한다. 그러나 자유주의적 국제주의는 국가 정체성을 완전히 제거하거나 포기하는 것이 아니라 이전에 존재했던 국가들 간의 협력이나 연대를 요구한다는 점에서 민족주의와 양립할 수 있다. 따라서 국제주의는 세계주의와 다르다 (p. 82 참조). 자유주의적 국제주의는 자유무역과 경제적 상호의존에 대한 지지, 그리고 국제기구를 건설하거나 강화하겠다는 약속에 반영된다.

현실주의/자유주의 분열의 마감?

현실주의와 자유주의는 국제정치의 대립적인 이론으로 묘사된다. 현실주의는 이기주의, 권력, 갈등을, 자유주의는 도덕, 평화, 협력을 강조하지만, 그들 사이의 차이는 시간이 지나면서 희미해지는 경향이 있다. 신자유주의자들의 특징 중 하나는 일부 신현실주의의 가정들을 수용하는 것인데, 예를 들어, 신자유주의자들

민주적 평화의 명제(Democratic peace thesis): 평화와 민주주의는 본질적으로 연결되어 있으며, 특히 민주국가들은 서로 전쟁을 하지 않는다는 관념.

은 국가의 행동을 사리사욕의 측면에서 설명하고 국제체제가 본질적으로 무정부주의적이라는 점을 받아들이는 것을 '전통적' 자유주의자들보다 더 적절하다고 생각한다. 이와 유사하게, 대부분의 현대 현실주의자들은 '약한' 또는 '제한된' 현실주의자들인데, 그 이유는 그들이 국제정치를 힘, 사리사욕, 갈등의 측면에서만 배타적으로 설명할 수밖에 없기 때문이다. 그러므로 '신(neo)-신(neo) 논쟁'은 점점 더 기초적이라기보다는 기술적인 논쟁이 되었다.

국제정치가 현실주의와 자유주의의 관점 모두에서 가장 잘 설명된다는 견해는 1960년대 이후 때로는 국제관계의 '영국학파'로 간주되는 사람들에 의해서 주도되었는데, 그들은 '국제사회(p. 559 참조)'의 관점을 지지하는 이론가들이고 갈등과 협력의 균형을 모색한다. 이 견해는 권력정치와 국제 무정부주의에 대한 현실주의적 강조를 단순히 '국가체제'가 아닌 '국가사회'의 존재를 제시함으로써 수정하는데, 이는 국제관계가 규칙에 의해 통치되고 이러한 규칙들이 국제질서를 유지하는 데 도움이 된다는 점을 암시한다. 문화적 결속과 사회통합을 발생시키는 주요한 제도는 국제법, 외교, 국제기구의 활동이다. 따라서 불(Hedley Bull [1977] 2012)은 국제 무정부주의라는 종래의 현실주의적 관념을 대신하여 '무정부주의적 사회(anarchical society)'라는 개념을 발전시켰다. 국제사회이론은 자유주의적 현실주의의 한 형태로 볼 수 있다.

신자유주의적 제도주의

주권국가들의 야망을 제한하는 데 필요한 중요한 '외부적' 기제는 국제기구라고 자유주의자들은 믿고 있다. 이는 신자유주의적 제도주의(neoliberal institutionalism)라 불리는 이론에 투영되어 있다. 그러한 견해의 근거는 국내정치의 구조

초 점
민주적 평화의 명제

'민주적 평화의 명제(DPT: democratic peace thesis, '자유적 평화의 명제'로도 알려져 있음)'는 대부분 자유주의자들의 지지를 받고 있으며, 자유주의적 민주주의 국가들 사이에 헌법적 차원에서 전쟁이 일어나지 않는다는 점에서 공화주의적 자유주의, 민주주의, 평화가 서로 연결되어 있다는 점을 제시한다. 자유주의 지지자들은 국제관계이론이 제시하는 이 명제가 자연과학(예를 들어, 물리학 법칙)에서 발견되는 종류의 법칙에 가장 가까운 것으로 간주하고 묘사하고 있다. 이는 자유주의자들이 자신들의 주장을 입증할 설득력 있는 증거를 제시할 수 있기 때문에 가능하다. 이 명제는 칸트의 18세기 철학적 공화주의에 뿌리를 두고 있다. 전쟁은 보통 사람들보다 경쟁적인 군주들을 위해 수행되는 경향이 있기 때문에, 국민들이 더 많이 참여하는 정부(또는 적어도 국민들을 위한 정부)가 전쟁을 덜 벌이게 된다는 것이 칸트의 견해였다. 민주적 평화 이론가들은 데이터가 이 이론을 뒷받침한다고 주장한다. 현대적인 형태로, 도일(Michael W. Doyle)은 자신이 주장하는 '이원적(dyadic)' 자유주의적 평화 명제의 가장 강력한 지지자였다. 이 이론의 버전은 더 많은 공화국의 창조로 인해 전 세계가 평화로워질 것이라는 칸트의 '단순한' 비전이 지나치게 낙관적이었다는 점을 암시한다. 도일은 자유민주주의 국가들은 "서로 전쟁을 하지 않는 것처럼 보이지만, 다른 어떤 정권만큼 전쟁을 선호하는 것처럼 보인다"고 주장한다 (Doyle 1997: 294).

3

중요성: DPT는 이론뿐만 아니라 국제관계에서도 가장 영향력 있는 아이디어 중 하나이다. DPT는 서양 자유민주주의국가들에서 정치적으로 진보적인 정부와 정치적으로 보수적인 정부 모두로부터 지지를 받아왔고 지도 원리였다. 1994년 미국의 민주당 출신 대통령 빌 클린턴은 '민주주의국가들은 서로 공격하지 않는다'는 원칙으로 자신의 개입주의적인 탈냉전 미국 외교정책 기조를 설명했고, 10년 후인 2004년 공화당 대통령 부시(George W. Bush)는 군사 개입주의인 새로운 '테러와의 전쟁' 단계를 "민주주의국가들은 서로 전쟁을 하지 않는다"는 동일한 용어로 설명했다. '인도적 개입'과 '보호해야 할 책임'(제14장 참조)의 교리는 군사 개입을 통해 새로운 자유민주주의국가를 만드는 것이 궁극적으로 세상을 더 평화롭게 만들 것이며, 자유민주주의를 촉진, 창조, 안정시키고 보호하기 위해 다른 국가에 군사적으로 개입하는 것(전쟁수행)이 도덕적 선이라는 믿음으로 알려져 왔다. DPT를 뒷받침하는 증거로는 '전쟁의 상관관계(Correlates of War)' 프로젝트 데이터베이스가 있으며, 이 데이터베이스는 모든 무력충돌을 기록하고 있다. DPT 이론가들은 이 자료가 두 자유민주주의국가들 사이에 전쟁이 전혀 없었다는 것을 보여준다고 설명한다.

냉전 이후 서방세계의 가장 저명한 지도자들 사이에서 광범위한 지지를 받고 있음에도 불구하고, DPT는 또한 많은 논란이 되어 왔으며, 특히 글로벌정치의 다른 이론가들에 있어서도 마찬가지였다. 현실주의자들은 서방정부들이 스스로 '역사의 올바른 편'에 서 있다는 도덕적 믿음이 갖는 위험한 자만심을 격렬하게 비판해왔다. 이들의 입장은 전쟁이 때때로 불가피하지만, 그럼에도 불구하고 비극적이고 바람직하지 않으며, 신중하고 전략적인 명분이 필수적이라는 것이다. 이들은 자유민주주의 국가들이 '민주주의 확산'이라는 명분하에 위협적이지 않은 다른 주권국가들을 공격하는 '선택의 전쟁'을 혐오하고 있다. 예를 들어, 2003년 이라크 침공을 앞두고, 미어샤이머(John Mearsheimer), 쉘링(Thomas Schelling), 슈웰러(Randall Schweller), 월트(Stephen Walt), 월츠(Kenneth Waltz)를 포함하여 현존하는 현실주의 사상가들 중 가장 영향력 있는 인물들이 뉴욕 타임즈에 공동으로 게재한 광고에서, 임박한 전쟁은(부시 대통령이 민주화 촉진이라는 언어를 사용하여 정당화한) 불필요한 것이며, '합당한 출구전략'을 가지고 있지 않을 것이며, '알카에다에 대항하는 캠페인을 위험에 빠뜨릴 것'이며, 미국과 동맹국들이 처한 당면의 위협에 근거한 것이 아니라고 경고했다. 이 광고의 제목은 "이라크와의 전쟁은 미국의 국익이 아니다"였다 (Art et al. 2002).

한편, 비판이론가들은 DPT에 포함되어 있는 자유주의, 민주주의, 전쟁에 대한 선택적이고 모호한 해석 또는 정의를 강조했다. 예를 들어, 바카위와 라페이(Tarak Barkawi and Mark Laffey 2001, pp. 13–14)는 DPT의 '자유주의'와 '민주주의'의 용어적인 연결을 지적하며, "민주주의와 자유주의는 구별되고 결코 조화될 수 없다. 민주주의는 대중의 통치에 관한 것이다. 이와 대조적으로, 자유주의는 개인의 권리를 중심으로 조직된 특정 종류의 사회 질서의 구축에 관한 것이다"라고 주장했다. 그들과 다른 비판적 학자들은 DPT에서 이러한 '변수들'을 정의하는 방식을 파악하기 어렵고, 이론가들이 "자유주의-민주주의 국가들 사이에 전쟁이 없다"고 말할 때 대리전쟁이나 쿠데타는 제외한다고 주장한다. 대표적으로 라틴 아메리카에서 민주적으로 선출된 다수의 좌파정부를 미국이 지원하여 전복시키는 행위 등이 배제된다는 의미다. 다른 사람들은 세계를 '민주주의'와 '비민주주의'로 분리하는 것은 세계질서를 더 호전적으로 만드는 것이며, 이것이 '실존하는' 위협으로 인식된다고 주장한다 (Geis, Brock and Müller 2006). 후기 구조주의자들은 특히 현대의 '자유주의적 전쟁 방식'(Dillon and Reid 2009)에 대해 비판적인데, 이는 9/11 이후 서방국가들의 안보정책이 '자유주의 테러(liberal terror)'의 시대를 가져왔다는 것을 시사한다 (Evans 2013). 한편, 탈식민주의 이론가들은 DPT를 서방의 주요 강대국들이 '글로벌 사우스(Global South)'에서 추구하는 폭력적인 신식민지 정책을 가리는 무화과 잎으로 보았다.

바그다드에 대한 폭격, 2003년.

출처: *Nam Hun SUNG/Getty Images*

탈냉전시대는 논쟁의 여지는 있지만 '민주적 평화'의 시기라기보다는 '자유주의적 전쟁의 시대'가 되고 있다 (Freedman 2005). 서방의 자유민주주의 국가들은 다른 유형의 국가들보다 더 호전적일 수도 있는데, 이는 다른 사회들을 '민주화'하려는 어설픈 계획에 근거하여 '선제적'인 전쟁을 시작하는 것이다. 그러므로 DPT는 2016년 미국에서 트럼프 대통령의 당선으로 반자유주의정치의 새로운 물결이 서방을 강타했을 때 이미 의미를 잃고 있었다. 트럼프의 '미국 우선주의', 반글로벌주의적 수사는 미국 외교정책의 덜 개입하는 비전을 제공했고, 중국에 대한 공격적인 입장, 그리고 2019년 이란 고위 장군의 드론 암살에도 불구하고, 트럼프는 냉전 이후 대통령 취임 후 첫 임기 내에 새로운 군사개입을 위해 군대를 파견하지 않은 첫 번째 대통령이었다.

법의 지배(Rule of law): 모든 행위와 활동이 이루어지는 틀 내에는 법의 '지배'가 이루어져야 한다는 원칙.

절대이득(absolute gains): 다른 국가들에 대한 영향을 고려하지 않은 정책이나 행위로부터 국가들이 획득하게 되는 이익.

를 성찰함으로써 국제정치에 대한 통찰을 얻을 수 있다는 사상인 '국내의 유추(domestic analogy)'에 있다. 홉스와 로크(John Locke, 1632-1704) 같은 사상가들에 의하여 발전된 사회계약론을 원용해 보면, 주권의 구축만이 시민들을 혼란과 '자연 상태'의 폭력과 위험으로부터 보호할 수 있다는 사실에 주목하게 된다. 국내정치에서 질서는 '위로부터' 부여되는 것과 같이, 국제정치의 경우에도 마찬가지이다. 이는 법의 지배를 수립하기 위한 기초를 제공하는데, 우드로 윌슨이 언급한 것처럼 법의 지배는 국제정치라는 '정글'을 '동물원'으로 변화시킨다. 비록 실패했지만 국제연맹이 그러한 사상을 실천으로 옮기려는 최초의 시도였다. 유엔(p. 479 참조)은 보다 광범위한 지지를 받았고, 글로벌정치에 있어서 영구적인 조직으로 자리 잡았다. 자유주의자들은 그러한 기구들이 집단안보(p. 483 참조)와 국제법 준수를 바탕으로 하면서 규칙의 지배를 받는 국제체제를 설립하기를 기대하였다.

국제관계이론의 현대 신자유주의자들은 이러한 국제기구에 대한 적극적인 접근법을 구축하였고 이것이 신자유주의적 제도주의로 불리게 되었다. 일부 초기 자유주의자들의 세계주의에 대한 꿈과 거리를 두면서, 현대 신자유주의자들은 점증하는 협력과 통합을 기능적인 개념에 의하여 설명하면서 개별적 이익에 연결시켰다. 이에 따라 공동이익에 관련된 문제들에 대하여 국가 간의 협력을 촉진하는 중재자 역할을 하기 위하여 국제기구들이 설립되었다. 신현실주의자들은 국가들이 '상대적' 이득을 강조하기 때문에 그러한 협력은 이루어지기 어렵고 또한 붕괴되기 쉽다고 주장하는 반면, 신자유주의자들은 국가들이 절대이득에 더 관심이 많다고 강조한다. 상대방에 대하여 유리한 위치를 점하려고 노력하는 대신, 국가들은 보다 나은 결과가 나올 것이라고 확신한다면 기꺼이 협력할 것이다. 신자유주의자들은 그러한 논리를 세계무역기구(WTO, p. 510 참조), 국제통화기금(IMF, p. 505 참조), 그리고 유럽연합(p. 542 참조)과 같은 지역경제블록 같은 기구들의 기원과 발전을 설명하는 데 활용하였고, 보다 비공식적인 기구들에 대해서도 관심을 기울였다. 그들은 이를 '신'제도주의로 불렀고, 이는 기성의 공식적인 조직들과는 다른 기구들을 의미하였다. 그러나 보다 광범위한 의미에서, 신제도주의는 제도를 확립된 공식적인 기관이 아니라 그 안에서 일하는 사람들에 의해 내재화된 규범, 규칙, '표준 운영 절차'의 집합으로 정의한다. 이는 신자유주의이론 내에서 국제레짐의 역할에 대한 강조점을 설명한다.

자유주의의 평가

자유주의이론에 대한 관심은 1970년대부터 자유주의적 사고와 밀접하게 일치하는 것으로 보이는 일련의 글로벌정치 추세의 출현을 통해 되살아났다. 글로벌화의 진전은 상호의존적 자유주의에 대한 새로운 관심을 불러일으켰고, 특히 자유주의 정치경제가 긍정적인 관점에서 글로벌화를 추진하는 데 사용이 되었으며, 이는 경제적 역동성과 세계적 번영의 전망과 연계되었다. 1980년대 후반 공산주의의 몰락과 함께 시작된 민주화의 물결은 민주주의와 평화 사이의 연관성에 대한 제1차 세계대전의 여파로 시작된 논쟁을 되살리며 공화주의적 자유주의의 부활을 자극했다. 그리고 국제기구의 두각은 신자유주의적 제도주의를 신현실주의에 대한 주요 경쟁자로 확립하는 데 도움을 주었으며, '무정부상태에서의 협력'의 가능성을 지지하는 방향으로 나아가게 했다. 그러나 세계문제에 '자유주의적 시기'가 있었다면, 그 시기는 1990년대를 훨씬 넘어서지 못했을 수도 있는데, 그 이유는 자유주의적 분석에 도전하는 것처럼 보이는 다른 경향들이 나타났기 때문이다. 예를 들어, 정치적 이슬람의 성장과 종교 부흥주의를 포함한 더 광범위한 추세가 이러한 현상이 나타나게 했다. 이러한 발전은 현대화와 세속화가 함께 진행된다는 자유주의적 믿음에 분명히 배치되었는데, 특히 합리주의의 발전에 의해 종교적 믿음이 약화되거나 점점 더 사적 영역에 국한되는 현상이 나타났다.

자유주의이론에 대한 추가적인 도전들은 이 이론의 다종다양하고 복잡한 성격으로 인해 발생했다. 현실주의가 권력, 안보, 생존 문제에 편협하게 초점을 맞추는 것과 비교할 때 자유주의의 폭은 일반적으로 강점으로 보여짐에도 불구하고, 자유주의이론의 전반적인 일관성에 의문이 제기될 수 있다. 이는 부분적으로 자유주의의 세 가지 주요 하위 전통이 반드시 서로를 지지하는 것이 아니며 심지어 모순될 수 있기 때문에 발생한다 (Griffiths 2011). 따라서 자유무역에 대한 지지와 (상호의존적 자유주의에 따라) 단일 글로벌경제로의 국가경제 통합은 글로벌 시장과 초국적기업(p. 131 참조)들이 국가정부에 명령을 내리도록 허용함으로써 국내 민주주의의 질을 훼손할 수 있다 (공화주의적 자유주의의 핵심 관심사임). 자유주의 내부의 다른 긴장의 원천들도 확인될 수 있다. 예를 들어, 글로벌화의 진전은 글로벌 시장의 자유로운 작동을 신뢰하는 사람들과 글로벌 자본주의가 규제의 틀을 통해 스스로로부터 보호될 필요가 있다고 주장하는 사람들 간의 자유주의 정치경제 내의 분열을 강조한다. 같은 방식으로, 국제기구의 성장은 자유주의 내부의 국제주의적(internationalist) 성향과 세계주의적(cosmopolitan) 성향 사이의 긴장을 노출한다. 자유주의적 국제주의자들은 국제기구를 주권국가들이 협력할 수 있는 메커니즘으로 사용하려고 하는 반면, 자유주의적 세계주의자들은 초국가적 통치를 옹호하고 국가주권의 규범이 인권의 규범에 종속된다고 주장한다.

개 념

국제레짐

레짐은 국제정치에서 특정 이슈영역에 대한 국가들과 비국가 행위자들의 상호작용에 적용되는 일련의 원칙, 절차, 규범, 규칙의 집합이다. 이러한 점에서 공식적이거나 비공식적인 성격을 가지는 사회적 제도라 할 수 있다. 레짐의 사례는 조약, 협약, 국제협정, 국제기구를 포함한다. 현재 국제레짐이 포괄하는 영역은 경제, 인권, 환경, 교통, 안보, 치안, 통신 등이다. 레짐의 중요성이 증대될수록 상호의존이 심화되고, 협력과 협조는 모든 당사자에게 절대적 이득을 가져다준다는 인식이 제고된다.

글로벌하게 생각하기

1980년대 이후 급진적으로 추진된 글로벌화는 세계정치의 재구성에 기여했을 뿐만 아니라 일련의 새로운 이론적 도전을 가져왔다. 이는 글로벌 상호연결성에 등장하는 조건을 개념화하는 데 있어서 적지 않은 문제를 야기하였다. 상호연결성에 의하여 정치는 세계, 지역, 국가 및 하위국가 수준에서 작동되는 상호의존의 망에 점차로 빠져들게 되었다. 다시 말해서, '글로벌하게 생각하기(think globally)'는 어떻게 가능할까? 글로벌한 생각의 의미는 무엇일까? 특히 두 가지의 도전이 있어 왔다. 첫째, 글로벌 상호연결성이 경험적 이해에 가져다주는 어려움이다. 모든 것이 다른 모든 것에 영향을 미치는 세계를 어떻게 이해할 수 있는가? 둘째, 글로벌 연결성의 규범적 함의이다. 국민들 사이의 광범위한 사회적 연결은 우리가 살고있는 윤리적 세계를 확대하고 있는가?

상호연결성의 도전

전통적인 이론들이 글로벌 생각을 어느 정도까지 수용할 수 있을까? 이는 글로벌화의 이슈를 이해하는 정도에 따라 다양한 방식으로 측정된다. 여기서 보여지는 그림은 복합적이다. 현실주의는 단위수준 분석에 초점을 맞추고, 국가를 국제무대에서 주요 행위자로 인식한다. 현실주의는 글로벌화에 대한 거의 모든 주장에 동의하지 않고 특히 연결적인 글로벌경제의 아이디어를 거부한다. 따라서 현실주의자들은 글로벌화의 이슈들이 새로운 것이 아니고 차별성도 없다고 거부한다. 글로벌화는 국가들이 국가들에 대하여 하는 게임의 측면에서 '새로운 것이 없다'고 한다. 현실주의 관점에서, 허풍 떠는 '상호의존 세계'는 대체로 신화에 불과한 것이다. 월츠(Kenneth Waltz 1999, p. 694)는 "글로벌화는 1990년대의 유행이며, 글로벌화는 미국산이다"고 주장하면서, 미국과 더 넓은 서양이 '글로벌화'라고 부르는 것은 진실로 이기적인 미국의 외교정책이었다고 주장했다. 왈츠는 글로벌화의 현실은 미국이 IMF(p. 505 참조)와 같은 국제금융기구들을 도구화하여 신자유주의적 경제개혁의 황금구속복(golden straitjacket: 글로벌화에 편입되기 위해서 반드시 따라야 하는 조건 – 역자 주), 즉 미국의 자본과 무역에 상당한 혜택을 주는 개혁들을 '제3세계' 국가들에 강요하는 것이라고 주장했다. 이와 더불어 월츠는 미국이 "해외에 주둔하고 있는 군대를 철수하기보다는 세계의 많은 부분을 요새화하여 주둔시키는 방안을 강구하는 목표를 수립하고 있다"고 하면서, 미군은 글로벌화의 장갑 속에 감춰진 철권 역할을 할 수도 있다고 주장했다.

반면에 자유주의자들은 글로벌화 현상을 자신들의 사고에 융합시키기를 열망해왔다. 자유주의자들에게 있어서 글로벌화의 출현은 장기간 주장해 온 경제적 상호의존성과 자유무역의 가치에 대한 관념과 잘 들어맞았다. 글로벌화의 거대이론은 자유주의의 가설, 특히 보편적인 번영과 광범위한 자유를 획득하기 위하여 시장이 장기간의 균형을 이루려는 경향에 대한 가설에 기반하고 있다. 따라서 시장경쟁에 있어서 '보이지 않는 손'에 대한 아담 스미스(p. 119 참조)의 이미지는 시장에 바탕을 두고 적극성을 가진 글로벌 상호연결의 모델에 기반을 제공하는 것으로 이해될 수 있다.

동시대의 가장 영향력있는 자유주의 국제관계이론가들 중 한 명인 모랍칙(Andrew Moravscik)은 자유주의를 '세계정치의 근본적인 힘이 글로벌화라고 믿는 국제정치이론'으로 '정의'하는데 (OpenLearn 2014), 그는 이를 다른 사회에 있는 집단의 상호의존성이 증가하는 것으로 설명한다. 모랍칙의 '자유주의적 정부간주의'는 유럽연합의 존재와 전후 유럽통합의 역사를 설명하기 위해 특별히 고안된 이론으로, 회원국들이 자발적으로 국가의 초국가적 기관에 주권을 양도하는 것을 고려할 때 현실주의자들이 설명하기에 특히 까다로운 현상들이다. 이는 '생존'이 국가의 최우선 목표가 아닐 수도 있다는 점을 나타내는 것이다. 그러나 모랍칙과 다른 사람들은 이 이론을 글로벌정치의 수준으로 확장했다. 이 자유주의자들에게 있어서 글로벌화는 우리가 보다 긴밀한 상호의존과 협력을 볼 수 있는 엔진인데, 이러한 상호의존과 협력은 상이한 국가의 시민들이 공유하는 '선호'들이 축적된 결과로 외교정책의 수준에서 이루어진다. 모랍칙은 그 자신이 전직 미국 무역외교관이며, 또 다른 영향력 있는 자유주의 국제관계학 학자이자 국제변호사이면서, 오바마 행정부의 국무부 정책기획국장인 슬로터(Anne-Marie Slaughter)의 파트너라는 것은 글로벌정치와 글로벌화에 대한 자유주의적 사고가 미국의 외교정책결정에서, 그리고 결과적으로 탈냉전 초기의 서구가 지배하는 세계질서의 구조 안에서 얼마나 촘촘하게 짜여져 왔는지를 말해준다. 트럼프 대통령이 자유주의와 소위 '글로벌주의'에 대해 명백히 거부한 것, 그리고 자신의 구체적인 외교정책 입장과 주요 외교적 역할을 수행할 인사에 대한 임명은 지난 세기의 많은 시간 동안 세계질서를 형성하는 데 중심이었던 친글로벌화 자유주의로부터의 결정적인 변화를 시사하는 것이었다.

그러나 일부 사람들은 글로벌 상호연결성이 기존의 모든 이론들에 도전을 하고 있으며, 실제로 완전히 새로운 사고방식을 요구하고 있다고 주장한다. 그 이유는 상호연결성의 복잡한 형식이 등장함에 따라 '원인'과 '효과'라는 기존의 방식으로 생각하는 것이 어려워지거나 더 이상 불가능해졌기 때문이다. 상호의존적인 세계에서 둘 또는 그 이상의 요인들, 과정들 또는 변수들의 관계는 상호인과관계, 또는 상호조건화의 성격으로 특징지어진다. 이에 따라, 만약 A, B, C가 상호의존적이라면, B의 변화는 A와 C의 변화로 귀결될 것이고, A의 변화는 B와 C의 변화로 귀결될 것이다. 그리고 C의 변화는 A와 B의 변화로 귀결될 것이다 (Hay 2010). 그러나 복잡성은 거기서 끝나지 않는다. A의 변화가 B와 C뿐만 아니라 A 자체의 변화까지 유도한다는 사실은 A와 B를 독자성을 가진 것으로 생각하기 어렵다는 점을 뜻한다. '복잡성 과학'을 정치와 국제문제 연구에 적용한 최초의 이론가 중 한 명은 로즈나우(James Rosenau)였다. 글로벌화의 역학과 결과를 고려할뿐만 아니라 글로벌화 패러다임을 넘어서면서, 로즈나우는 끝없이 이어지는

논 쟁

도덕적 의무는 인류 전체에게 확대되는가?

글로벌 정의라는 아이디어의 중심에는 '국경을 초월한 정의'라는 지구적 차원의 보편적 권리와 의무라는 관념이 자리 잡고 있다. 그러한 생각은 어디에 기초하고 있으며, 얼마나 설득력이 있는가?

그 렇 다

도덕적 창조물로서의 인간. 세계윤리의 핵심적 특징은 어느 특별한 정치공동체가 아니라 개인이 도덕적 가치의 주요 원천이라는 아이디어에 기초하고 있다. 공통적으로 인권 독트린을 통하여 사람들은 가치 있는 삶을 위한 적어도 최소한의 조건을 누릴 권리가 있다는 관념이 주장되고 있다. 이러한 권리들은 인도적 가치 때문에 사람들에게 적용된다는 점에서 근본적이고 보편적이며, 국적, 종교, 문화적 정체성 등에 의하여 거부되지 않는다. 따라서 인권 독트린은 단일의 도덕적 공동체만이 존재한다는 점을 의미하며, 그것이 인류이다. 모든 지역의 사람들은 동일한 도덕적 세계의 한 부분이다.

도덕적 감수성의 글로벌화. 도덕적 감수성을 자기 사회에 있는 사람들에게만 국한시키는 것은 상호연결성이 점차로 증대되는 세계에서 유지되기가 어렵다. 초국경적 정보와 커뮤니케이션이 증대됨에 따라, 특히 텔레비전의 영향에 의하여 지구 다른 곳에 있는 사람들과 사회에 대한 '이상함'과 낯설음은 현저하게 줄어들고 있다. 예를 들어, 2004년 인도양에서 발생한 쓰나미에 대한 뉴스보도, 특히 사진들은 세계 다른 지역에 인도주의적 관심을 폭풍처럼 일으켰고, 긴급구호 프로그램에 기금이 모여들었다. 따라서 글로벌화는 중요하고 불가항력적이고 도덕적인 차원을 지니고 있다.

글로벌 시민권. 세계의 다른 지역에 있는 사람들에 대한 도덕적 의무의 중요성은 우리가 그들의 삶에 영향을 미친다는 사실로부터 시작된다. 우리는 글로벌 인과관계의 세계에 살고 있다. 이에 따라 세계 어느 지역에서의 구매 결정은 세계 다른 지역의 고용문제, 노동환경, 빈곤 수준에 영향을 미친다. 우리가 좋아하든 싫어하든 우리는 도덕적인 비난을 받는 경우가 있고, 이는 우리의 행위가 다른 사람들에게 도덕적 함의를 가진다는 뜻이다. 그러한 생각은 우리가 세계에서 고통

아 니 다

도덕성은 안에서부터 시작된다. 공동체이론가들의 주장에 따르면, 도덕성은 지역에 기반하며, 우리가 속해 있고 우리의 삶과 가치들을 형성하는 공동체를 바탕으로 하고 있을 때에만 이해가 될 수 있다. 어디서든지 사람들은 그들이 가장 잘 알고 있는 사람들에게 우선적으로 도덕적인 태도를 보이는데, 그 사람들은 가족과 친한 친구들이고, 다음으로 지역공동체의 구성원들이며, 민족적 또는 문화적 인식을 공유하는 사람들 순이다. 도덕성은 특정 사회의 특유한 역사, 문화, 전통에 의하여 형성될 뿐만 아니라, 유사한 윤리적 틀을 공유하는 사람들 너머로 우리들의 의무를 어떻게 확대시킬지의 방안을 강구하는 것은 매우 어려운 일이다.

대리인 문제. 보편적 권리에 대한 인식은 누가 권력 보유자들에게 무엇을 해야 하는지에 대한 식별이 가능할 때에만 이해될 수 있다. 만약 도덕적 의무가 개별 인간에게 부여된다면, 개인으로서 그들은 자연재해나 내전과 같은 사건 발생 시 할 수 있는 것은 거의 없다. 만약 우리의 의무가 국가나 정부를 통하여 실행된다면 국가들은 서로 다른 능력을 보유하고 있다는 문제가 생긴다. 따라서 시민과 국가의 의무는 그 사회의 부와 권력의 반영 이상이 되지 않을 수 있다. 만약 보편적 의무가 세계정부의 맥락에서만 이해될 수 있다면(p. 498 참조), 글로벌 정의가 초국가적 기구들에 의하여 유지될 것이고, 이는 글로벌 차원의 독재를 낳게 될 것이다.

자조의 미덕. 보편적 권리와 의무의 독트린들은 세계의 부유하고 선진화된 지역들이 빈곤하고 불운한 지역들을 어떤 식으로든 지원해야 한다고 주장하는 데 항상 사용되고 있다. 그러나 그러한 간섭은 때때로 종속을 심화시키고 자립을 방해하는 역효과를 발생시킨다. 아마도 우리가 다른 사람들과 다른 사회에 대하여 져야 할 주요 의무는 그들을 그대로 두어야 한다는 것일지도 모른다. 이는 단기적인 도덕적 비용을 치를지 모르

을 넘어선 최대의 즐거움을 달성하도록 하고 각 개인의 행복이 고난을 이겨낼 수 있도록 행동을 해야 한다는 실용적인 믿음을 가져다준다. 따라서 세계시민을 위한 기본적인 윤리원칙은 '해치지 말라'이다.

지만 장기적으로 윤리적 이득을 가져다 줄 것이다. 그 사회는 시민들이 고통과 고난을 당하지 않도록 더 잘 보호할 수 있을 것이다. 따라서 국가주권은 올바른 정치적 차원뿐만 아니라 선한 도덕적 차원의 의미도 가질 수 있다.

3

'원거리 근접성'의 연속으로 가장 잘 이해될 수 있는 불확실성, 변화, 복잡성의 세계의 출현을 강조했다.

원거리 근접성(Distant proximity): 복잡성에 뿌리를 둔 현상으로, 멀리 떨어져 있는 것이 가까이에 있는 것처럼 보이는 것이다.

복잡한 상호연결성은 거의 틀림없이 "모든 것은 존재하거나 존재하지 않아야 한다"는 아리스토텔레스의 주장으로 거슬러 올라가는 서양 전통사상에 나타나 있는 합리성의 기반에 도전한다. 사고에 대한 이 이원론적 또는 '이것 아니면 저것'의 접근방식은 세계가 선형적, 인과적 관계의 관점에서 이해될 수 있다는 것을 암시하는 반면, 복잡한 상호연결성은 아마도 이해에 대한 대안적인 전체론적, 비이원론적, 그리고 따라서 비선형적 접근법을 요구한다. 동양의 일반적인 사고와 특히 불교는 (모든 개념과 대상이 자기 존재의 '공허'하다는 믿음에 근거한) 비이원론적 사고의 전형적인 사례로 일컬어진다 (Clarke 1997). '이것 아니면 저것'의 구분 이상으로 생각하는 시도들은 '퍼지(fuzzy) 사고' (Kosko 1994), 근본 생태주의 (Capra 1996)와 시스템 사고 (Capra 2003)를 포함한다. 그러면 비선형적이고 비이원론적인 사고는 우리를 어디로 인도하는 것인가? 인과관계의 패턴이 점차 식별하기 어려워짐에 따라 사건들은 무작위적이 되고 임의적인 성격을 가지게 된다. 이는 카오스이론(p. 82 참조)에 의하여 강조되는데, 시스템들은 수많은 변수와 알기 어려운 요인들을 포함하고 있기 때문에 그 행태를 전망하기 어렵다는 것이 카오스이론의 골자이다. 예를 들어, 카오스 성향은 전통적인 글로벌 금

주요 인물

제임스 로즈나우(James Rosenau, 1924-2011)

미국의 정치학자이자 국제관계학자이다. 외교정책결정 분석의 선구자인 로즈나우는 글로벌화의 역동성과 결과, 그리고 복잡성과 불확실성의 증가라는 더 넓은 현상에 초점을 맞추게 되었다. 그는 *Turbulence in World Politics* (1990)에서 NGO의 중요성 증가와 세계정치에서 행위자로서의 개인의 권한 부여를 포함하여 국가를 넘어 세계정치를 형성하는 새로운 세력들을 조사하였다. *Domestic-Foreign Frontier* (1997)와 *Distant Proximities* (2003)에서 사건과 관련된 행위자들의 증가와 그들 간의 상호의존 정도가 어떻게 인과층(causal layer)으로 밀집된 환경을 조성하는지 강조함으로써 앞서의 분석을 더 진척시켰다. 그의 '분절화' 개념은 글로벌화를 넘어서 작동되는 지방화와 분권화의 역동성을 포착하고자 하였다.

출처: *Courtesy of Institute of Global Leadership*

개 념

카오스이론

카오스이론(chaos theory)은 선형 미분 방정식에 대한 대안을 모색하는 수학의 한 분야로 1970년대부터 등장하였다. 선형성은 예측가능성에 대한 절대적인 요인을 의미한다 (예를 들어, 당구공이 다른 공과 부딪혔을 때 어떤 방향으로 나아갈지). 이와 비교하여, 카오스이론은 비선형 시스템의 행태를 시험한다 (기후 시스템과 같은). 비선형 시스템에는 폭넓은 가변변수들이 있는데, 그들 중 어느 하나의 변화가 다른 것들에게 불균형적이고 무작위적인 영향을 미친다. 이의 고전적인 사례는 소위 '나비 효과'이다. 나비의 날개짓 하나가 지구 다른 편에 허리케인을 일으킬 수 있다는 아이디어이다 (p. 549 참조).

융시장의 불안정성(Soros 2000), 그리고 대체적으로 사회가 위험적이고 불확실한 방향으로 나아가는 성향이 이를 입증한다 (Beck 1992).

세계주의

글로벌 상호연결성은 우리가 세계를 어떻게 이해해야 하는가에 대하여 문제를 제기할 뿐만 아니라, 아마도 우리의 윤리적 관계에 대해서도 이의를 제기한다. 틀림없이 글로벌화의 진전은 윤리적 측면을 가지고 있는데, 이는 세계주의(cosmopolitanism)의 형태로 새로운 관심대상이 되고 있다. 이는 때때로 글로벌 정의 또는 세계윤리와 같은 아이디어로 주목받고 있다 (Dower 1998; Caney 2005). 원래 칸트에 의해 대중화되었고 정치 및 국제이론의 자유주의적 전통과 밀접하게 연결된 또 다른 사상인 세계주의는 문자 그대로 세계의 시민권 또는 '우주(cosmos)'를 의미한다. 사람들이 자신들과 거리가 멀리 떨어진 곳의 다른 나라에 다른 사람들이 살고 있다는 점을 인식하면서 세계는 '축소'되고 있으며, 이에 따라 사람들의 도덕적 의무감을 단일의 정치사회에 국한시키는 것이 점점 어렵게 되어 가고 있다. 그들은 더 많이 알게 되면서, 점점 더 많은 관심을 가지게 된다. 세계주의 이론가들은 세계가 단일의 윤리공동체를 구성하게 된다고 인식하고 있다. 이에 따라 사람들은 국적, 종교, 민족성 등을 불문하고, 세계의 다른 사람들에 대하여 (잠재적인) 의무를 가지게 된다. 그러한 사고는 통상적으로 인권에 대한 독트린에 기반하고 있다. 퍼기는 이러한 권리에 기반한 세계주의를 세 가지 요소로 구분하여 정리하였다 (Pogge 2008). 첫째, 개인주의(individualism)로, 인간 또는 개인들이 윤리적인 관심을 갖게 되는 궁극적 단위라고 한다. 둘째, 보편성(universality)으로, 개인들이 동등한 도덕적 가치를 가진다는 의미이다. 셋째, 일반성(generality)으로, 개인들은 자신들의 동료뿐만이 아니라 모든 사람들에게 관심을 가진다는 주장이다. 이와 더불어 도덕적 세계주의의 다른 형식들이 제시되고 있다. 오닐은 우리가 어떠한 환경에서도 모든 사람들에게 적용되어야 하는 원칙에 따라 행동해야 한다는 칸트의 관념을 활용하여, 사람들은 다른 사람들을 해치지 말아야 하고 이러한 공약은 보편성을 가져야 한다고 주장했다 (O'Neil 1996). 반면에 싱어는, 글로벌화의 윤리관은 세계가 겪는 고통의 전반적 수준을 낮추기 위하여 우리가 행동하도록 요구한다고 주장했다. 그는 분리된 사람들이나 국가들의 집합체가 아니라 '하나의 세계'의 관점에서 사고했다 (Singer 2002).

도덕적 세계주의 자체도 비판의 대상이 되었다. 세계주의를 급진적으로 비판하는 사람들은 모든 인류와 사회를 구속하는 보편적 가치를 확립하는 것이 불가능하다는 관점에서 글로벌 정의와 세계윤리 같은 아이디어를 거부한다. 이러한 문화적 상대주의는 특히 인권이 기본적으로 서양의 이상이고 따라서 비서양 문화에서는 자리잡기 어렵다고 주장하는 데 종종 사용된다. 보다 광범위한 관점에

문화적 상대주의(Cultural relativism): 옳고 그름의 문제는 문화적으로 결정되며, 도덕적 질서는 불변하고 보편적이기보다는 그것이 출현하는 시간과 장소에 따라 특별하다는 관점.

서 보면, 세계주의는 때때로 공동체주의(communitarianism)와 비교된다. 공동체주의의 관점에서 도덕적 가치는 그 가치가 특정 사회와 특정 역사적 시기에 기초할 때만 의미가 있다. 이는 인간이 문화적이고 민족적 정체성을 공유하는 사람들의 필요와 이익에 대해서 도덕적으로 선호하게 된다는 점을 의미한다. 공동체주의는 1980년대 이후 미국과 영국에서 보수주의의 '뉴 라이트' 정치와 밀접하게 연관되어 왔다. 2016년 영국의 보수당 정치인 메이(Theresa May)가 영국의 EU 회원권 유지에 대한 국민투표 후 총리가 되었을 때, 유권자의 과반수가 선택한 '브렉시트'를 관철하겠다는 그녀의 의지를 강조하기 위해 그녀는 세계주의에 대한 공동체적 대응을 포함한 간결한 성명서를 발표했다. "만약 당신이 세계의 시민이라고 믿는다면, 당신은 어디에도 없는 시민이다." 다시 말해서, '세계' 혹은 '글로벌'은 정치공동체가 아니다. 이 세계주의적 이상에 대한 반박은 최근 몇 년 간 서양정치에서 반자유주의, 반글로벌주의적 전환의 중심에 있어왔고, 이것은 기업의 글로벌화와 국제적 일자리의 아웃소싱에 대한 반대뿐만 아니라 특히 일반적이고 자유주의적인 세계주의적 시민의식의 이민에 대한 반대로 명시되어 왔다.

공동체주의(Communitarianism): 개인이 속한 공동체에 의해 형성된다는 관점에서, 공동체를 통해 자아 또는 개인이 구성된다는 믿음.

반면, 세계주의를 온건하게 비판하는 사람들은 인권과 같은 보편적 가치들이 도덕적 관념을 생성한다는 점은 받아들이지만, 그 가치들이 도덕적 세계주의 내에서 조화된다는 점을 우선시하는 데 대해서는 반대한다 (Nagel 2005). 예를 들어, 이 관점은 글로벌한 고통의 전체적인 수준을 낮추려는 의욕에 대해서는 높이 평가하지만, 이는 일상적인 도덕적 이성을 충족시키기에는 신뢰할 수 없고 실제로 비현실적인 지침이라고 주장한다. 이러한 일상적인 도덕적 이성은 불가피하게 보다 개인적이고 지역적인 관심에 의하여 형성된다고 한다. 따라서 세계주의의 윤리는 존재할지 모르지만, 국가와 지역공동체에서 발생하는 도덕적 연결성의 '두터운' 인식보다는 도덕적 연결성의 '얇은' 인식에 기반하고 있다 (Walzer 1994).

전통이론으로서 현실주의와 자유주의는 우리에게 글로벌정치를 설명하고 이해하는 데 유용한 많은 도구를 제공한다. 이들은 국제관계를 지배한다고 믿는 규칙들의 명확한 설명 모델을 제시하고, 외교정책을 수립하는 사람들을 위한 잠재적인 행동 지침을 제공한다. 이러한 의미에서, 비록 그들이 매우 상이한 정치적이고 이론적인 전통에서 비롯되었지만, 현실주의자들과 자유주의자들은 우리가 '현상'에 머물러 있는 글로벌정치를 더 잘 이해하고, 함께 살고, 개혁하고, 조종할 수 있게 해주기를 원한다. 이것이 바로 현실주의와 자유주의가 다음 장에서 탐구될 비판이론들과의 차이점이다. 비판이론들은 국제관계를 보는 전통적인 방식들 중 일부를 뒤집고, 현실주의나 자유주의보다 더 급진적인 비판과 변화를 위한 프로그램을 제공하고자 한다.

요약

- 권력정치에 대한 현실주의 모델은 인간의 이기주의 또는 자기본위와 국제 무정부주의의 구조적 함의 등 혼합된 아이디어를 바탕으로 하고 있다. 이는 갈등을 향한 강한 경향성을 의미하는 동시에, 처절하고 공개된 무력분쟁은 세력균형에 의하여 억제될 수 있다. 국제체제에 있어서 핵심적 역동성은 국가들 사이의 권력(또는 능력)의 배분에 의하여 이루어진다.
- 국제정치에 대한 자유주의 사상의 중심 명제는 조화와 균형에 대한 믿음이다. 평화, 협력, 통합을 향한 성향은 경제적 상호의존, 자유무역, 민주주의의 확산, 국제기구의 설립 등의 요인을 바탕으로 발전되었다. 그러나 시간이 흐르면서 자유주의(또는 신자유주의)는 현실주의와 구분이 불분명하게 되어 가고 있다.
- 점점 가속화되는 글로벌 상호연결성의 수준은 점차 확대되는 글로벌화와 연계되어 있으며, 일련의 새로운 이론적 도전들을 불러 일으켰다. 여기에는 복합성이 기존의 선형적인 사고에 주는 어려움, 세계가 단일의 도덕공동체를 구성할 가능성 등이 포함된다.

토의주제 ?

- 모든 정치는 권력과 자기이익의 추구로 요약되는가?
- 현실주의는 어느 정도로 단일의 일관성있는 이론인가?
- 현실주의자들은 평화와 안정의 시기를 어떻게 설명하는가?
- 왜 자유주의자들은 세계문제들이 균형과 조화로 성격이 규정된다고 믿는가?
- '민주적 평화'의 명제는 설득력이 있는가?
- 국가들은 상대이득과 절대이득 중에 어느 것에 더 관심을 두는가?
- 전통적 이론들은 단순히 글로벌 현상유지를 정당화하는가?
- 기존의 이론은 복합적인 상호연결성의 도전에 대응할 수 있는가?
- 세계를 단일의 도덕공동체로 생각하는 것은 합리적인가?

추가 읽을거리

Bell, D. (ed.), *Ethics and World Politics* (2010). 세계정치와 중요한 도덕적 딜레마의 일반적 관점을 논의하는 훌륭한 서적이다.

Burchill, S. et al., *Theories of International Relations* (2009). 국제관계의 연구에 있어서 주요 이론적 접근에 대하여 체계적이고 포괄적으로 소개하고 있다.

Capra, F., *The Hidden Connections* (2003). 인간사회, 기업, 민족국가, 글로벌 자본주의에 대하여 체제이론을 활용하여 사려 깊은 분석을 하고 있다.

Jackson, R. and G. Sørensen, *Introduction to International Relations: Theories and Approaches* (2007). 현대 국제사상의 복합성에 대하여 이해하기 쉽고, 명료하고, 포괄적인 소개를 하고 있다.

글로벌정치의 비판이론

출처: *Elsie Dippenaar/Eye Em/Getty Images*

개요

1980년대 이후 글로벌정치의 이론화에 있어서 핵심적인 변화는 제3장에서 논의된 전통적 이론들이 '비판'이론들에 지적인 기반을 잃어가고 있다는 점을 의미한다. 이러한 접근법들은 국제관계의 이론가들과 분석가들이 자신들의 특정한 문화적, 정치적, 역사적 그리고 근본적인 사회적 맥락들에 내재되어 있고, 자신들의 이론들 또한 이러한 맥락들의 산물이라는 것을 강조한다. 국제관계의 전통적 이론가들은 확실히 20세기 후반까지 그 이론들의 '객관성'에 대해 강력히 주장하는 경향이 있었다. 신현실주의자들과 신자유주의 제도주의자들은 자연과학자들의 작업과 비슷한 방식으로 경험적 자료를 이용하여, 자신들의 이론이 글로벌정치를 객관적이거나 '과학적'으로 설명하는 시도라는 프레임을 만들었다. 그러나 21세기 초에 숫자가 계속 늘어난 비판이론가들은 그러한 특성화를 거부한다. 반대로, 그들은 국제관계의 전통적인 이론들이 계급, 인종, 민족, 젠더 같은 '사회적으로 구성된' 특성에 의해 정의되는 특정 사회집단들의 특별 관심사를 반영하고, '이념적' 기능을 수행하여 글로벌정치와 세계질서에서의 '현상유지'를 가능하게 한다고 주장한다. 이 장에서는 탈식민주의, 페미니즘, 마르크스주의, 후기 구조주의, 구성주의를 포함한 글로벌정치의 비판이론들을 소개하고, 일련의 핵심적인 질문들을 다룬다. '비판적'이라는 것은 무엇을 의미하는가? 대중적인 비판이론들과 개념들은 무엇이고, 핵심적인 이론가들은 누구인가? 그리고 글로벌정치의 비판이론들과 그들의 변혁적 목표들에 대한 미래는 어떠한가?

핵심이슈

- 무엇이 이론이나 이론가를 '비판적'으로 만드는가?
- 비판이론이 필요한 이유는 무엇이며, 전통적 이론과 어떤 관계가 있는가?
- 글로벌정치를 이론화하기 위한 핵심적인 비판적 접근법은 무엇인가?
- 비판이론이 글로벌정치 문제에 대한 해답을 제공할 수 있을까?
- 비판이론 내의 긴장은 무엇이며, 그 미래는 어떻게 될 것인가?

비판으로서의 이론

비판이론에서의 '비판'

이론을 '비판적'이라고 부르는 것은 무엇을 의미하는가? '비판적'으로 생각하고 이론화하는 것 또는 이론적으로 '비판'을 하는 것은 우리가 속한 세계에 대한 지식을 창조하고 우리 자신을 변화시키기 위한 예로부터의 글로벌적 접근법이다. 고대 그리스에서 소크라테스(470-399 BCE), 플라톤(428-348 BCE), 아리스토텔레스(384-322 BCE)와 같은 정치 철학자들은 세계에 대한 이론을 제안하기 위해 '변증법'의 비판적 방법을 사용했고, 그 후 그들을 비판의 대상으로 삼아 타당성을 시험하기 위해 반증하려는 노력을 기울였다. 동시에, 수천 마일 떨어진 전국시대 중국(475-221 BCE)에서 전국책(戰國策)에 기록된 위대한 사상가들의 성찰은 '설득'과 비판에 의해 진행되는 이야기의 형식을 취했는데, 그 형식은 대안의 강점을 나타내기 위해 주어진 원칙, 전제, 전략이 왜 거짓이거나 약한지를 확인하는 것이었다.

세계에 대한 지식을 생산하는 도구로서의 지적인 부정성의 이러한 일반적인 사용과는 별개로, 칸트(Immanuel Kant, p. 18 참조)는 서양철학에서 '비판적 전통'으로 알려지게 된 것을 창시한 공로를 인정받고 있다. 철학적으로 해석하는 칸트의 '선험적' 방법은 세계를 있는 그대로의 '가능성의 조건'에 대해 성찰하는 것이다. 다시 말해서, 관찰하기는 어렵지만 규칙 이전의 존재론(p. 57 참조)을 추측하는 것은 우리 주위에 존재하는 특정 유형의 사회와 행위를 파악하는 데 도움이 된다. 서양철학의 이 비판적 전통은 특히 정치에 대한 사고에 유용했으며, 그 중에서도 헤겔(G. W. F. Hegel, 1770-1831)과 마르크스(Karl Marx, p. 96 참조)에게 영향을 미쳤다.

마르크스의 업적과 마르크스주의 전통 속에서 작업하는 20세기 이론가들의 업적에는 오늘날 사회 세계에 대한 연구에서 사용되는 '비판적'이라는 가장 대중적인 의미의 뿌리가 있다. 마르크스는 오늘날 '독일 이데올로기'라고 알려진 철학적 텍스트에 담긴, 가장 널리 인용된 격언(실제로 너무 상징적이어서 나중에 무덤에 새겨지게 됨) 중 하나에서 다음과 같이 썼다. "철학자들은 세상을 다양한 방식으로 해석할 뿐이지만, 그 핵심은 세상을 바꾸는 것이다" (Marx and Engels 1974). 프랑크푸르트학파의 비판이론가인 호크하이머(Max Horkheimer)는 이것이 전통이론과 비판이론의 중심적인 구분이라고 주장했다. 전통이론은 그들이 발견하는 대로 세계를 설명하고, 기존 사회질서에 대한 정당화를 추구하는 반면, 비판이론은 지배적인 사회계층의 심오한 불의에 대해 지적이고 물질적으로 도전하고자 한다.

세계의 긴장과 모순을 강조하고 더 나은 해결책이 존재한다고 주장하는 이론들처럼 비판이론들을 광범위하지만 구체적으로 개념화하는 것은 글로벌정치에 대한 다양한 이론적 접근을 등장시킨다. 예를 들어, 탈식민지이론과 페미니즘이론은 마르크스주의이론과는 초점이 매우 다르다. 그러나 각 이론은 우리가 발견하는 세계가 인종차별과 백인 우월주의, 성차별과 가부장제, 자본주의와 계급 착취 등 일련의 사회적 불의로 특징지어지는 전제, 그리고 이론의 목적은 이러한 상황을 강조하고, 그렇게 함으로써 변화시켜야 한다는 전제를 공유한다.

비판이론과 국제관계

비판이론들은 20세기 전반에 걸쳐서 인류학에서 문학에 이르는 학문분야에서 인기를 끌었지만, 국제관계(IR) 분야에는 상당히 늦게 등장했다. 현실주의와 자유주의 같은 전통이론들은 이미 자체적인 용어로 분야에 대한 정의를 내리고 있었다. 월츠(Kenneth Waltz)가 자신의 영향력 있는 저서의 제목인 *Man, the State and War* (1959)가 언급하는 핵심적 관심사항들이 이 학문분야의 이론적 기준점이 되었다. 이에 따라 사회학적 방향으로 경도된 비판이론들은 궤도를 찾기 위해 고군분투했다. 20세기 중반까지 서양 대학의 사회과학 전반에 걸쳐 널리 퍼져있는 접근법인 마르크스주의는 국제관계이론의 현실주의적이고 자유주의적인 정통성에 강력하게 도전한 최초의 비판적 접근법이었다.

1960년대와 1970년대까지 마르크스주의는 국제관계이론들 사이에서 소외되기는 했지만 심각한 경쟁자였다. 국제관계이론에서 세 번째 '대토론' 혹은 '패러다임 간 토론'은 이 시기에 현실주의, 자유주의, 마르크스주의 학자들 사이의 토론이었다. 그러나 1980년대와 1990년대부터 페미니즘과 탈식민주의 이론이 이 학문에 진출하기 시작했다. 여성해방을 지지하고 백인 우월주의와 식민지배에 반대하는 폭력투쟁을 포함하는 구체적인 사회운동들에서 비롯된 이러한 이론적 전통들은 20세기 초부터 전쟁과 국가권력 같은 핵심적 국제관계 문제들과 직접적으로 연결되어 있었다. 그러나 사회운동들에 대한 관심은 국제관계이론의 현실주의 주류에 의해 '하위' 또는 '국내'정치로 격하되었고, 이 분야와는 거의 관련이 없었다. 1980년대에 개척자적 페미니스트와 탈식민주의 학자들은 '국제관계'의 학문분야 자체가 국가를 행위자로 인정을 하면서 사회관계를 심각하게 받아들이지 않는 편협한 이해를 바탕하고 있다고 강조하며, 주류이론들이 가부장적, 남성주의적, 신식민주의적, 인종차별적인 관념을 지지하는 데 대해서 우려감을 보이면서 비판이론에 대한 관심을 폭발적으로 불러 일으켰다. 오늘날 전통이론들이 엘리트 대학의 학자들과 (특히 미국의) 외교정책 입안자들 사이에서 상당한 명성을 유지하고 있지만, 페미니즘, 탈식민주의, 마르크스주의 및 후기 마르크스주의, 후기 구조주의 및 사회적 구성주의의 학문은 국제관계를 공부하고 가르치는 대부분의 대학에서 흔하다.

개 념

'인종', '인종차별주의', '인종화'

'인종(race)'은 유럽사회가 전 세계의 다른 사회를 식민지화하기 시작하면서 개발되고 대중화된 의사과학적(pseudoscientific) 개념이다. 유럽인들이 다른 대륙의 사람들을 폭력적으로 정복하면서, 자신들의 행위를 정당화하는 수단으로 인종이라는 언어를 구성했다. 그들은 자신들이 마주친 다양한 사회를 '인종'이라는 질서와 위계에 위치하도록 하고, '생물학적' 특성이 그들의 인간으로서의 행동, 능력, 가치를 결정짓는다고 생각했다. 식민지 땅에 있는 사람들을 가부장적인 통제와 지도가 필요하거나 도덕적인 처벌이 필요한 '열등한 인종'으로 간주하는 것은 유럽인들로 하여금 비유럽 사회들과의 관계에 있어서 도덕적 우월감을 갖도록 해주었는데, 그 우월감은 인종적 백인성과 관련되어 나타났다. 오늘날 비판적인 인종 연구를 하는 학자들이 '인종'을 사회적 구성성을 강조하는 데 위치하여 놓지만, 그럼에도 불구하고 '인종'은 오늘날 살아있는 개념이며, 이는 특히 '인종차별적'인 사회구조와 믿음체계를 통해 계속해서 생산된다. '인종'과 인종차별주의(racism)는 불변적, 생물학적 또는 과학적인 범주로 존재하기보다는, 특정한 '인종'을 특정한 집단의 사람들에게 귀속시키고 인종의 가치, 장점, 자격 수준을 조화시키는 인종화(racialization)를 진행 중인 사회적 과정의 산물이다.

반식민지론, 탈식민지론, 비식민지론

탈식민지 상태

유럽의 식민주의는 아마도 오늘날 우리가 살고있는 세계질서를 만들어 낸 가장 중요한 글로벌한 정치 및 경제 과정이었을 것이다 (제2장 참조). 식민주의는 적어도 15세기 이후부터 아프리카, 아시아, 아메리카, 오세아니아 대륙의 사회와 자원을 통제하고 착취하기 위해 군사 및 경제수단을 사용한 유럽인들(나중에 백인으로 인종화된)의 관행이었다. 아마도 가장 분명한 것은, 오늘날 '서방', '제1세계', '선진세계', '선진산업경제', '글로벌 노스(Global North)' 등으로 다양하게 묘사되는 국가들의 집합체는 대다수 백인 유럽사회들과 그리고 백인 유럽인들이 성공적으로 비유럽 원주민을 대체한 정착민 식민지들(미국, 캐나다, 호주, 뉴질랜드)로 구성되어 있다.

서구에서 흔히 처칠(Winston Churchill)의 것으로 잘못 생각되는 오래된 속담에 따르면, 역사는 승자에 의해 쓰여진다고 한다. 정복한 유럽의 열강들, 그리고 그들이 식민지화한 땅에 수립한 백인 사회들은 대부분 혹은 전적으로 자신들의 식민지 착취를 자비로 나타내는 경향이 있다. 이처럼 그들의 역사를 바라보는 시각은 구조적 또는 문화적 **인종차별주의**의 현대적 형태인데, 그 이유는 세계 다른 지역의 열등한 국민들이 온정주의적인 백인 유럽의 지배를 필요로 했고, 혜택을 받았음을 암시하기 때문이다. 예를 들어, 20세기 초 최고 절정에 달했을 때, 영국제국은 전 세계 인구의 1/4을 지배했고, 영어를 글로벌 '공용어'로 만들었으며, 전통적으로 영국인들과 일부 다른 서양 역사가들은 영국제국이 상대적으로 호의적인 통치를 했다고 간주해왔다. 특히 주목할 만한 사실은, 아메리카 대륙의 노예제 폐지에서부터 1857년의 인도 반란에 이르기까지, 또는 아시아인과 아프리카인 그리고 다른 식민지화된 국민들의 궁극적인 독립에 이르기까지, 식민주의가 붕괴된 것은 영국과 다른 유럽 식민지 개척자들이 제공한 관용의 결과라는 일반적인 관념이다.

백인 유럽인들이 식민주의의 기능 또는 궁극적인 목표의 일환으로 식민지들에게 자유를 '제공'했다는 대중적인 이야기는 식민지역의 사람들이 폭력적이고 일치된 저항을 하였다는 사실과 영향력을 지워버린다. 그들은 세계의 '미개한' 사람들이 자치의 가치와 능력을 보유하도록 '문명화'시켰다는 주장을 하면서 식민통치를 합리화한다 (Gopal 2019). 이는 길로이(Paul Gilroy 2004)가 '식민지 이후의 우울증'이라고 불렀던 것과 다른 사람들이 '제국의 기억상실증'과 '제국의 향수'라고 불렀던 것을 반영한다. 이러한 논리는 백인 서양인들을 '좋은 사람들'로 그리기 위해 우리의 집단적인 사회역사를 다시 쓰고자 하는 열망을 반영한다. 이러한 세계를 보는 방식은 다수의 백인 서양사회가 식민주의를 먼 역사적 사실로 프레임화하는 것을 가능하게 하며, 따라서 탈식민주의 비평가들이 오늘날 **'신식민지'** 국제관계라고 부르는 것을 '볼 수 없도록' 만든다. 이러한 사회들은 이전에 소유했던 식민지에 대한 지배관계를 유지하기 위해 글로벌 차원의 제도화된 정권을 활용하면서, 대다수가 백인인 국가 내에서 백인이 아닌 인종으로 인종화된 사람들이 경험한 구조적이고 직접적인 인종차별주의를 무시하거나 의혹을 받지 않으려고 노력한다.

사실, 20세기는 일련의 유혈 반식민주의 독립투쟁을 수반했고 수십 개의 새로운 탈식민 국가의 설립이라는 결과를 낳았다. 호치민과 은크루마부터 카브랄과 파농에 이르기까지 이러한 독립투쟁의 주요 조명은 반란군들과 정치인들뿐만 아니라 영향력 있는 이론가들이었다. 알려진 바와 같이, 탈식민주의이론은 반식민 투쟁의 화염 속에서 형성되었다.

유럽중심주의(Eurocentrism): 백인, 유럽의 사회 현실에 맞는 이론을 개발하거나, 그들의 '정착민-식민지' 후손(예: 미국)에게 글로벌적 타당성을 부여하는 생각.

실천(Praxis): 마르크스주의에 의해 대중화된, 사회이론과 사회적 실천이 불가분하게 연결되어 있다는 생각 (반식민주의 정치와 이론에 많은 영향을 미쳤다).

반식민주의 실천

마르크스주의는 유럽중심주의 이론이지만 20세기 중반 아프리카, 아시아, 중동, 라틴 아메리카에서 식민 지배를 탈피하기 위한 사회운동에 큰 영향을 미쳤다. 그리고 마르크스주의의 실천(praxis) 개념, 즉 사회이론이 사회적 실천에 활성화된 관계를 맺고 있다는 개념은 전사학자(warrior scholar)들이 식민주의의 물질적, 지적 권력에 대항하는 투쟁에서 잘 드러난다. 파농(Frantz Fanon, 1925–61)은 국제관계에서 마르크스주의의 반식민사상과 가장 밀접하게 연관된 인물이 되었다. 그에게 이 지위를 획득할 수 있는 계기를 만들어 준 책은 미국에서 임종과정에 완성된 책인데, 원래 제목은 *Les Damné de la Terre*이고 영어로 *The Wretched of the Earth* (1961)의 제목으로 번역된 책이다. 이 책은 식민주의와 이에 대한 무력저항의 글로벌정치와 윤리에 관한 작지만 선풍적인 관심을 끈 책이다.

파농의 이전 저작인 *Black Skin, White Masks* (1952)와 더불어 *The Wretched of the Earth*는 심리학이론, 식민지 주체들과 함께 한 임상 정신의학적 실천 경험, 그리고 범아프리카주의를 포함한 마르크스주의와 반식민주의 사상의 혼합을 그렸다. 서양의 많은 백인 마르크스주의자들은 파농과 '파농주의'가 비정통적인 접근방식이라며 거부했지만, 월러스타인(Immanuel Wallerstein, p. 137 참조)은 예외라서 주목을 받았다. 그는 마르크스주의 언어인 '프롤레타리아', '부르주아', 혁명을 '정착민'과 '토착민' 사이의 관계 분석과 결합했으며, 이는 탈식민주의 이론가들과 흑인 세력 활동가들 모두에게 큰 영향을 미쳤다. 파농의 이론은 그가 프랑스에 거주하는 동안 식민주의가 흑인들에게 미친 심리적 피해에 대한 분석을 하여 *Black Skin, White Masks*를 쓰면서 촉발되었고, 나중에 알제리의 반식민주의 혁명의 열기(1954–62)에 자극받아 형성되었다. 파농은 프랑스의 식민 지배를 떨쳐 버리기 위해 민족해방전선(FLN)과 싸웠고, 그 결과 *The Wretched* *of the Earth*이 저술되었다. 파농은 폭력적인 반식민주의 투쟁의 정당성과 필요성을 강조했고, '정착민'과 '토착민' 사이의 후견적이고 비인간화적인 관계가 식민주의를 통해 확립되는 방식을 이론화했는데, 전자는 후자의 계몽된 교육자이며 후자는 동물적이고 열등하며 백인 관리가 필요한 아이 같은 사람들로 대표된다는 내용이었다.

'탈식민지'가 인종차별주의를 포함한 식민지 유산을 중심으로 한 글로벌정치의 구조적 불평등을 비판적으로 설명하는 것을 목표로 하는 이론들에게 가장 친숙한 상징이 되었지만, 파농과 다른 선구적인 이론가들은 동 시대에 식민주의에 적극적으로 맞서 투쟁했기 때문에 실제로는 '반식민지'였다. '탈식민지' 접근법을 확실하게 만든 것은 사이드(Edward Said)와 같은 후대 학자들이었다. 탈식민지 이론은 식민지화하거나 점령한 권력에 대한 적극적이고 폭력적인 저항의 전략보다는, 유럽 식민주의가 20세기에 마침내 공식적으로 붕괴될 때까지 어떻게 유지되었는지, 그리고 그 유산이 현재의 탈식민지적 상황을 어떻게 계속 형성하고 있는지에 대한 비판적인 분석을 개발하는 것에 크게 관심을 두는 경향이 있다. 탈식민지이론가들은 글로벌 노스와 글로벌 사우스 사이, 그리고 세계 사회들 내에서 상이하게 인종화된 집단들 사이의 지속적인 불평등을 식민주의의 직접적인 결과로 간주한다. '신식민주의'는 덜 공식적이지만, 덜 실제적이지 않고 덜 폭력적이지 않은 동일한 현상의 발현을 지칭한다. 예를 들어, 글로벌 노스가 글로벌 사우스 국가들을 활용하여 경제를 '자유화'(국가산업을 민영화하고 글로벌 노스로부터의 외국인 투자까지 개방)하기 위해 국제부채메커니즘(세계은행과 IMF, 제20장 참조)을 사용하는 것은 흔히 신식민지관계의 한 형태로 간주된다.

반식민지 및 탈식민지 사상에 더하여, 세 번째로 중요한 요소는 '비식민지(de-colonial)'이론이다. 유럽국가들이 20세기 중반까지 대부분 식민지 지역과 민족에 대한 영토 주장을 포기한 반면, 비식민지주의의 과정은 이것보다 더 깊게 진행된다. 케냐의 비평가이자 작가인 티옹고(Ngũgĩwa Thiong'o)가 *Decolonising the Mind* (1986)에서 강조했듯이, 언어, 문화, 그리고 유럽의 지배 아래에 있던 사회들의 정체성과 정신 바로 그 자체가 식민지화되었다. 키자노(Anibal Quijano, 1930-2018)와 미뇰로(Walter Mignolo, 1941-)와 같은 비식민지 이론들은 특히 라틴 아메리카로부터 등장하기 시작했고, 정치권력의 동시대적 형태의 '식민지성'을 강조하고 있으며, 어떻게 '인식론들'(세계에 대한 유효한 지식으로 간주되는 것들에 대한 이론들)이 글로벌 사우스에 의해 생산된 지식을 배제하기 위해 식민지화했는지를 강조하고 있다. 따라서 비식민지화는 21세기 초에 '교육과정의 비식민지화'와 '대학의 비식민지화'를 위한 주요 캠페인과 일부 기관들이 비식민지화를 공식적인 정책 또는 프로젝트로 채택하면서 고등교육을 포함한 영역으로 확장된다.

비식민주의(Decoloniality): 식민지화와 비식민주의 과정은 유럽의 식민지 권력이 해외 영토에서 철수하는 데서 그치지 않고 사상, 언어, 문화, 사회제도에서 식민지 영향력을 제거하기 위한 지속적인 투쟁이다.

탈식민지 세계질서의 이론화

오늘날 '탈식민지 국제관계이론'으로 받아들여지고 가르치는 것의 대부분은 사실상 국제관계의 학문적 연구와는 다른 역사와 문학 같은 분야에서 발전되었으며, 서양의 관점에서 가장 영향력 있는 영어 사용 탈식민지 학자들인 사이드(Edward Said), 스피박(Gayatri Spivak), 밥하(Homi Bhabha)는 모두가 국제관계의 학문적 배경을 갖고 있지 않다. 그러나 그들의 연구는 국제관계학자들에 의해 보다 최근에 활용되고 일상적으로 받아들여지고 있는데, 그 이유는 그들의 강력한 아이디어가 우리에게 국제관계와 글로벌정치에 대해 많은 것을 알려줄 수 있기 때문이다.

글로벌정치는 문화정치를 포함하며, 탈식민지 이론가들의 작업은 이러한 문화정치의 역동성을 정확히 부각시키며, 이는 국제관계의 역동성을 탐구하는 데 활용될 수 있다. 예를 들어, 사이드의 영향력 있는 '오리엔탈리즘' 개념화([1978] 2003)는 서양의 '동양'에 대한 문학의 '규범'에는 강력한 인종차별적 수사(修辭)나 담론들이 있음을 시사한다. 여기에는 서양인/서양을 이성적, 과학적, 진보적, 계몽적으로, 동양인/동양을 비이성적, 비과학적, 후진적, 미신적으로 묘사하는 경향이 포함된다. 여기에는 서양의 이슬람에 대한 표현도 포함된다. 이러한 관점에서, 동시대 이슬람 혐오증, 즉 반이슬람 인종주의는 서양의 오리엔탈리즘에 오랜 뿌리를 두고 있다.

그러나 탈식민지이론으로부터의 통찰은 또한 지정학적이고 정치-경제적 요인들을 포함하는 동시대의 세계질서를 설명하는 데 사용될 수 있다. 탈식민지사상은 1980년대 국제관계이론, 특히 '제3세계'의 연구와 개발의 하위 분야에 침투하기 시작했지만, 21세기 초에 이러한 접근법은 훨씬 더 실질적인 '주류화'로 특징지어진다. 쉴리엄(Robbie Shilliam)과 밤브라(Gurminder Bhambra) 같은 사상가들은 브렉시트의 정치가 어떻게 '백인성(whiteness)'과 시민권에 대한 이해에 의해 형성되고 탈식민지 영국의 인종적이고 계급적인 불평등의 교차에 의해 형성되는 식민지 유산과 연결되는지를 이해하기 위해 탈식민지이론을 적용하고 발전시켰다. 한편 콕스(Oliver Cromwell Cox)가 만들고 국제적인 이론가 로빈슨(Cedric J. Robinson)의 글을 통해 대중화된 '인종자본주의'의 개념은 바타차리야(Gargi Bhattacharyya)와 다른 사람들에 의해 글로벌 금융위기에 대한 대응으로서 많은 국가들에서 전개된 '긴축' 프로젝트를 탐구하는 데 사용되었다 (p. 147 참조). 이러한 유럽의 공공지출 삭감조치의 효과는 여성과 소수 인종화된 사람들, 특히 소수민족 여성들에 의해 가장 절실히 느껴졌음을 증거로 제시한다. 인종자본주의이론은 이러한 삭감조치가 설계된 방식에 의한 의도하지 않은 결과라기보다는 핵심적인 특징이라고 제시한다. 이러한 견해에 따르면, 국가적이고

오리엔탈리즘(Orientalism): 사이드(Edward Said)의 저서 *Orientalism*이 비서양사회, 특히 이슬람 사회와 극동사회를 대표하는 다수 백인 서양사회의 인종차별적 관행을 '퇴보적', '비이성적', '야만적', 일반적으로 덜 '발전된'으로 묘사하기 시작한 이후 '동양'에 대해 연구하는 서양학자들이 사용하는 용어였다.

인종자본주의(Racial capitalism): 체제로서의 자본주의는 항상 단순한 계급 착취가 아닌 식민주의, 인종화, 인종차별주의와 결부되어 있었다는 이론 (p. 88 참조).

4

글로벌적인 부의 분배는 쉴리엄(Shilliam 2018)이 '인종과 가치 없는 가난'하다고 생각되는 사람들에 대한 정치에 의해 결정된다. 이는 국가들이 국경 내에서 소수민족으로 인종차별화된 사람들과 그들의 영토로 이주한 사람들을 악마로 간주하고 예산을 삭감하고, 그들을 다수민족 시민들에게 제공되는 사회 보장을 받을 '가치가 없는' 존재로 그려낸다.

페미니즘이론

페미니즘 국제사상의 미시사회적 근원

탈식민지이론과 마찬가지로, 오랫동안 사회이론과 정치이론의 영향력 있는 가닥이었던 페미니즘이 국제관계이론 분야에 수용되기 시작한 것은 1980년대 이후였다. 또한, 탈식민지이론과 마찬가지로, 페미니즘은 19세기 후반에 시작된 이래 이론적 접근이면서 사회적 운동이었다. 20세기 초반 몇십 년 동안 여성의 참정권을 위한 투쟁은 주로 자유주의적이고 사회주의적인 '제1의 물결' 페미니스트들에 의해 이루어졌고, 페미니즘 사상의 급진적인 제2의 물결은 1960년대와 1970년대의 '여성해방'을 위한 저항운동과 투쟁, 그리고 가족과 가사 노동을 포함한 '사적' 영역으로의 격하에 반대하는 것으로부터 성장했다. 한편, '제3의 물결' 페미니스트들은 투쟁의 살아있는 경험들로부터 '교차성'과 '수행성' 같은 개념들을 도출했는 데, 여기에는 제1의 물결과 제2의 물결 페미니스트들 사이에 만연한 배타적인 '백인성'에 대한 통찰력이 포함된다.

페미니즘의 제1차 물결의 이론적이고 설명적인 기여는 글로벌 인구의 대다수인 여성을 '공공의 삶'(예를 들어, 정치와 비즈니스)으로부터 체계적으로 배제하는 것을 드러내고 이의를 제기하는 것이다. 페미니즘 이론의 제2차 물결은 이러한 배제와 과소대표의 문제에 여성과 소녀들에 대한 광범위한 성적이고 가정 내 학대로부터 성 고정관념과 가정 내 노동과 육아의 불평등한 성별 분배에 이르기까지 가부장제로 인한 폭력과 착취의 구조적 분석을 더했다. 훅스(Bell Hooks)와 크렌쇼(Kimberlée Crenshaw) 같은 인종, 계급, 젠더 불평등의 상호교차성을 강조하는 흑인 페미니스트들부터 버틀러(Judith Butler)와 같은 후기 구조주의 페미니스트들까지 제3차 물결 이론가들은 젠더, 권력, 폭력에 대한 더 많은 정교한 분석을 요구하며, 게이와 논바이너리 트랜스젠더와 함께 일부 여성(특히 흑인과 노동자 계층의 여성)이 (특히 백인) 가부장제 사회에서 다른 사람들보다 더 심하게 고통받는 데 대해서 강조했다. 일부에서 페미니스트 행동주의의 '제4차 물결'이라고 부르는 것은 2010년대 디지털 소셜 미디어에 의해 등장하게 되었고, '#미투(#MeToo)' 캠페인과 정치와 연예 및 미디어 산업에서의 성적 학대에 대한 폭로에 의해 예시되었다. 이 운동은 이전 물결의 이론들을 이용하며, 상호교차성과 트

가부장제(Patriarchy): 문자 그대로 '아버지의 통치'인 가부장제는 남성의 사회적 지배와 남성주의적 가치관이다. 가부장제 사회(자유민주주의, 파시스트 독재정권, 또는 '다른 형태의 정권'일 수 있음)는 여성보다 남성에게 혜택을 주도록 구조화된 사회들이다.

#미투(#MeToo): 성적이고 젠더에 기반한 괴롭힘과 폭력의 경험을 강조하는 여성(그리고 일부 남성)의 초국가적인 운동. 이 해시태그는 버크(Tarana Burke)가 마이스페이스의 2006년 게시물에서 만들었지만 2017년에 처음으로 '유행'했다.

랜스젠더들이 자기 정체성에 대한 권리를 가지고 박해로부터 자유롭게 살 수 있는 경우와 같은 개념들의 중요한 '주류화'를 이루었다.

페미니즘과 국제관계

전통적인 국제관이론으로부터 배제되었음에도 불구하고, 많은 페미니스트들은 그들의 행동주의에서처럼 항상 직접적으로 그리고 명시적으로 국제적 측면에 관심을 가졌다. 페미니즘 이론가들의 '첫 번째 물결'은 겉보기에는 제1차 세계대전의 무의미한 대량 학살에 대해 유럽의 많은 여성들이 느꼈던 분노의 표현으로 나타났는데, 그 분노는 부분적으로 국가와 제국에 대한 남성주의적인 생각에 의해 추동되었다. 투표권 획득 이외에도, 여성의 참정권 운동 중 많은 부분이 평화주의 신념에 의해 활기를 띠었다 (p. 305 참조). 무력충돌에 반대하는 여성들의 대규모 시위는 평화주의 또는 적어도 반군사주의가 많은 페미니즘이론의 특징이 되면서, 페미니스트 운동의 핵심적 특징이 되었다.

국제관계이론 내에 광범위한 페미니즘 사고가 존재하지만, 페미니즘 사회이론 내에는 보다 대중적인 진보적, 마르크스주의적, 탈식민주의적, 상호교차적 접근법과 관련된 소수의 공통된 통찰력이 존재하고 있다. 국가헌법, 국가체제 및 전쟁에서 남성의 압도적인 우위는 이러한 공통된 관심사 중 하나이다. 2019년 유엔은 세계에 존재한다고 인정하는 206개 국가 중 단지 11명의 여성이 국가원수로, 12명이 정부수반으로 재직하고 있다고 발표했는데, 이는 '세계지도자'의 대다수인 총리와 대통령직을 남성이 차지하고 있음을 의미한다. 2019년 세계 국회의원의 4분의 1 미만과 5명의 정부 장관 중 1명만이 여성이었고, 여성 장관을 위한 '가장 일반적인 5개의 부서'는 '사회분야였으며, 그 순서는 가족/자녀/청년/노인/장애인, 환경/천연자원/에너지, 고용/노동/직업훈련, 무역/산업' (UN Women 2019) 순이었다. 한편, 2017년 외교에서의 젠더 연구는 다음과 같이 밝혔다. "여성 대사의 비율은 눈에 띄게 낮다. 세계 대사의 85퍼센트가 남성이므로, 이 고위직은 남성들에 의해 여전히 지배되고 있는 또 다른 국제적인 자리가 되고 있다" (Towns and Niklasson 2017, p. 537). 2010년대 후반 북부 이라크와 시리아의 쿠르드 지역에서 ISIS를 패배시키는 데 중심적 역할을 했던 YPJ 쿠르드족 여성 전사들과 같은 일부 예외를 제외하고, 남성들이 군인, 수병, 공군뿐만 아니라 장교와 고위 전략적 의사 결정권자들을 포함하여 세계 군인의 절대 다수를 계속 구성하고 있다.

성(性)적으로 재생산하는 대부분의 종(種)들과 마찬가지로, 글로벌적으로 인간의 성비는 1:1에 가깝다. 그러므로 '국제'와 관련된 이 모든 중요한 공간들로부터 여성이 배제된다는 사실은 특정한 사회적이고 문화적인 규범, 규칙, 그리고 역사적 과정들의 결과이다. 페미니즘의 관점에서, 가부장제는 민족과 국가 수준의 기

남성주의(Masculinism): 남성성(masculinity)과 남성됨(maleness)에 공통적으로 연관된 특성과 행동에 중심을 둔 세계관. 남성성은 종종 여성성보다 '합리적'이고 '객관적'인 동시에 더 공격적이고 폭력적인 것으로 표현되는 사회 구성이다.

관들, 그리고 결과적으로 국제적, 국가 간 기관들의 남성 지배라는 결과를 낳았다. 한편, 많은 사회에서 '남성성(masculinity)' 또는 '남성됨(maleness)'과 문화적으로 연관된 공격성과 폭력 같은 행동들은 남성 중심적이거나 '남성주의적' 기관들에 의해 국제관계에서 받아들여졌다. 남성 권력의 위치와 표현으로서의 국가, 그리고 남성주의적 폭력의 정점인 전쟁은 남성들에 의해 그리고 남성들을 위해 고안된 현실주의와 자유주의 같은 전통적인 국제관계이론들에 의해 '맹목적으로 인정'되었다. 이 이론들은 국가와 그 (대부분 남성인) 지도자들의 우월성에 기반한 초폭력적이고 경쟁적이며 남성주의적인 세계질서를 '핑계'대고 정당화하기 위해 설계되었다. '공공' 대 '민간', 그리고 '국제' 대 '국내'와 같은 일련의 신중한 지적 구분과 이진법, 그리고 국가와 기관에서 그러한 구분의 고정을 통해, 남성주의적 국제관계이론은 여성이 국제관계에 관여할 수 있는 물리적 방식들을 박탈한다. 마르크스주의자들과 다른 많은 비판이론가들처럼, 대부분의 페미니스트들은 국제관계를 국가와 국제조직들이 상호작용하는 좁은 영역으로서가 아니라, 국가의 경계와 관련 없이 본질적으로 초국가적인 사회적 관계의 한 종으로서 보기를 선호한다.

아마도 현실주의자들과 자유주의자들이 주의를 기울이도록 강요한 선구자로 널리 알려진, '주류' 영역에서 상대적으로 가장 영향력 있는 페미니스트 국제관계 이론가는 티크너(J. Ann Tickner)일 것이다. 전통적인 국제관계이론에 대한 티크너의 강력한 페미니스트 비평은 모겐소(Morgenthau)의 '정치적 현실주의의 6가지 원칙'의 재구성을 포함한다 (p. 63 참조). 모겐소가 글로벌정치를 '객관적 법칙에 의해 운영되는' 영역으로 본 반면, 티크너(Tickner 1988, p. 437)에게 있어서 "객관성은, 문화적으로 정의되는 바와 같이, 남성성과 관련이 있다. 인간 본성에 대한 '객관적' 법칙들은 부분적이고 남성적인 관점에 기초한다고 추정된다." 티크너는 '지배와 통제'로서의 권력과 비도덕적인 국제영역에 대한 현실주의의 생각을 페미니스트의 비판에 대입하여, 이러한 지적 상상이 어떻게 여성들의 관심과 기여를 배제하는지를 보여준다. 특히, 티크너는 남성이 지배하는 외교정책 결정의 분야 혹은 '국제관계'의 실천에 '남성주의'가 얼마나 널리 퍼져 있는지를 보여주며, 국제관계의 이론화는 무력충돌이 글로벌정치의 오래되고 핵심적인 특징이었던 진짜 이유일지도 모른다고 주장한다.

여성, 전쟁, 평화, 안보 사이의 관계는 페미니즘 국제관계이론의 중심 주제다. 페미니즘 연구 프로그램에서 탐구된 문제들은 전쟁에서 강간을 무기로 사용하는 것, 전쟁에서 젠더에 기반한 성적 폭력의 만연, 전쟁의 원인으로서 '군사적 남성성'과 '남성주의적 외교정책결정'의 역할, 그리고 실제로 여성이 전쟁에 참여하는 방식을 포함하며, 이 이슈들은 학문적 연구와 보도에 제대로 나타나지 않는다. 엔로이(Cynthia Enloe), 그리고 더 최근에 쇼버그(Laura Sjoberg)는 군사기지에서 군인들을 위해 서비스하는 성 노동자들부터 외교관들과 최전방 전사들에 이르기까지 무력충돌에서 여성의 역할이 전쟁에 대한 주류 언론과 이론에서 어떻게 지워지거나 왜곡되는지를 탐구했다.

페미니즘 사상을 이용한 국제관계의 이론화

페미니즘 사상은 '전통적'인 현실주의와 자유주의 학문에 대한 비판의 형태로 국제관계이론에 진입했다고 생각했지만, 그럼에도 불구하고 페미니즘은 그 분야의 인종, 계급, 젠더화된 일부 규범에 구속되었다. 오늘날 흔히 '위대한' 페미니스트 국제관계 이론가로 인식되는 사람들 대부분은 미국의 '엘리트' 대학에서 경력을 보낸 백인 여성들이며, 그들의 연구는 예를 들어 흑인과 노동자 계급 여성 또는 글로벌 사우스의 여성들의 경험을 항상 설명하지는 않았다.

상호교차성 페미니즘, 블랙 페미니즘 그리고 탈식민지 페미니즘 접근법은 훅스(Bell Hooks)가 '제국주의적 백인 우월주의 자본주의 가부장제'라고 부르는 것을 조명한다. 다시 말해서, 이러한 형태의 페미니즘 이론은 우리가 구조적 불평등, 폭력, 착취를 포함하는 중첩적이고 상호의존적이며 '상호구성적'인 체계의 국제적이고 글로벌적 차원들을 이해하도록 하는데, 그 핵심은 인종차별주의, 자본주의, 가부장제를 기본 내용으로 한다. 이러한 관점에서, 제국주의와 유럽 식민주의 프로젝트, 그리고 현대 글로벌정치의 다른 요소들은 소수의 백인사회들로부터의 백인 우월주의, 자본주의, 가부장적 남성성의 형태를 세계에 투사하는 것으로 이해될 수 있다. 1960년대 급진적 페미니즘 구호가 말하듯이, 개인은 정치적이고, 따라서 개인은 또한 글로벌정치의 일부이다. 예를 들어, 트럼프의 미국 대통령직 수행에 대한 상호교차적 페미니즘 분석은 그의 개인적인 성차별주의자 또는 여성 혐오주의자의 행동과 논평들 (예를 들어, "당신은 무엇이든 할 수 있다 … 여성들의 주요 부위를 잡아채라"는 여성을 성적으로 공격하는 언행), 그리고 인종주의자이면서 반페미니즘주의자인 '대안 우파(alt-right)'에 대한 국내정치적인 연결들, 또한 멕시코인들이 '살인범이고 강간범'이라는 데 대한 논평들로부터 중국과의 '무역전쟁', 그리고 소위 '여행 금지' 혹은 '이슬람 금지'에 이르기까지 그의 이민과 외교정책적 입장들을 강조한다. 글로벌정치의 행위자로서 트럼프의 거시적 수준의 역할은 미국사회에서 개인적으로 부유하고, 백인 남성으로서의 미시적 수준의 역할과 연관되어 있다. 일부 현대 페미니스트들에게, 그의 개인적인 편협함은 그의 외교정책에 반영되어 있고, 그의 정치는 인지된 '진보적' 가치들에 대항하고, 소수의 권리에 대항하고, 페미니즘 자체에 대항하는 분노의 반격 또는 '백인의 반격'을 나타낸다.

마르크스주의, 신마르크스주의, 탈마르크스주의이론

역사적 유물론(Historical materialism): 마르크스의 사회적, 정치적, 경제적 분석을 뒷받침하는 철학. 마르크스와 엥겔스는 당시 독일 철학의 '이상주의'에 대항하여 역사적 유물론을 발전시켰다. 역사적 유물론은 우리가 살고 있는 물질적 사회적 조건, 특히 우리의 생산 방식이 우리의 지적, 정치적, 문화적 삶을 형성한다는 것을 강조하는 반면, 이상주의자들(예: 헤겔)은 반대로 보는 경향이 있었다.

생산방식(Mode of production): 한 사회가 자체적으로 재생산하는 데 필요한 사회적 재화의 생산, 분배, 소비를 물질적으로 조직하는 방식이며, 그 사례로는 식료품과 의복이 포함된다. 마르크스와 엥겔스가 가장 자주 언급하는 예는 봉건적 생산 방식과 자본주의적 생산 방식인데, 이는 어떤 사회계층이 경제의 어느 부분에 대한 소유권이나 통제권을 갖는지에 따라 크게 다르다.

혁명(Revolution): 마르크스주의 관점에서, 자본주의 생산방식의 중심에 위치하는 계급적 적대감의 필연적인 결과는 프롤레타리아 혁명이고, 이는 부르주아의 지배를 전복시키고 노동자 민주주의의 급진적 형태인 공산주의로 대체한다.

마르크스(Karl Marx, 1818–83)와 엥겔스(Friedrich Engels, 1820–95)의 이론은 인간을 다른 종들과 구별하는 것은 우리 자신의 재생산 수단을 의식적으로 재생산할 수 있는 우리의 능력이라는 '역사적 유물론'의 전제에서 출발한다. 다시 말해서, 농업과 같은 사회적 실천을 통해 우리는 (단순히 '생존하는' 것이 아니라) 우리가 살아가는 데 필요한 것을 생산하고 심지어 잉여를 생산하기 위한 계획을 설계하고 실행할 수 있다. 우리가 사회를 구성하여 구조화된 방식으로 살아갈 수 있도록 상품과 서비스의 생산, 분배, 소비가 이루어지고, 마르크스와 엥겔스에게 이러한 사회구조는 국제관계가 포함된 나머지 사회생활의 대부분을 결정하는 '생산방식'에 해당한다.

마르크스주의의 관점에서, 주어진 역사적 시기에 특정 생산 방식과 잉여가 생성되고 분배되는 방식은 사회계층의 체계를 결정한다. 마르크스와 엥겔스는 자신들의 가장 유명한 저서인 『공산당선언(*Communist Manifesto*)』(1976)에서 봉건적 생산방식을 대체한 자본주의 생산방식이 어떻게 자본주의 계급으로 하여금 임금노동자들을 착취하게 하는지에 대해서 초점을 맞추고 있는데, 그들은 임금노동자들을 '프롤레타리아' 또는 노동자 계급으로 불렀고, 자본주의 계급은 '생산수단(토지, 공장 등)'을 소유한 '부르주아(bourgeoisie)'라고 언급했다. 노동자들은 자본이 없고, 오직 노동력만 가지고 있으며, 그들은 일자리를 위해 경쟁함으로써 가장 많은 임금을 주는 사람에게 자신을 판매한다. 노동자들에게 최저생계비를 지급하고, 그들의 노동으로부터 '잉여가치'(즉, 이윤)를 창출함으로써, 부르주아적 자본가 고용주들은 자신들을 풍요롭게 할 뿐만 아니라, 이윤의 일부를 새로운 자본으로 끌어올려 더 많은 이윤을 창출할 수 있는 기업에 투자하고, 이 과정을 '무한정' 되풀이한다. 이를 월러스타인(Wallerstein, p. 137 참조)은 자본주의의 '자존적 과정(self-regarding process)'이라고 불렀다.

그러나 자본주의 생산방식은 그 핵심에 긴장이나 모순을 지니고 있다. 거대한 대다수의 사람들이 임금노동자로 예속되어 불행한 삶을 살고 있으며, 개인적인 투자가 거의 없거나 전혀 없는 노동을 수행하는데, 마르크스는 이를 '소외된' 노동이라고 불렀다. 오직 부르주아 소수만이 자본주의로부터 물질적으로 이익을 얻으며, 따라서 이 계급은 노동자들에게 자본주의체제가 그들에게 이익이 된다고 설득하는 데 전념한다. 마르크스주의의 관점에서, 노동자들이 자신들이 착취당한다는 인식을 하고 부르주아에 대항하는 혁명을 일으키게 되면, 자본주의체제가 공산주의로 대체될 것이며 급진적인 자치정부가 수립될 것이다. 그러나 주목할 만한 사실은 1917년 러시아에서 일어난 가장 잘 알려진 역사적인 공산주의 혁명은 부르주아 자본주의 사회에서가 아니라 반봉건적(semi-feudal) 사회에서 일어난 것이다.

마르크스주의와 국제관계

19세기까지 세계 대부분의 대규모 사회를 포함하는 초국가적 생산방식이었던 착취적인 자본주의 계급체계는 국가 국경을 넘어 종종 '글로벌'로 묘사된다. 자본주의 국가들이 해외에서 천연자원과 노동력을 폭력적으로 착취하는 동시에, 자신들의 상품을 수출하기 위한 새로운 잠재적 소비시장을 창출하는 과정에서 제국주의와 식민주의는 자본주의의 글로벌화를 이끄는 추동력이 되었다. 국가 국경을 넘어 확장하는 자본주의의 필요성은 레닌이 제국주의를 '최고 단계'라고 부르도록 이끌었는데, 어느 시점에서 잉여가치의 축적, 따라서 새로운 자본의 축적은 국가 수준에서 한계에 도달할 것이므로 제국주의 확장은 이 잠재적인 경제위기에 대한 해결책을 제공한다는 것이 레닌의 생각이었다.

심지어 마르크스보다 앞선 사회주의 사상가들과 활동가들은 국제적인 것을 항상 중추적인 사회 영역으로 생각해왔고, 많은 마르크스주의자들에게 국제관계는 노동자들을 위한 계급투쟁이 승리할 수 있는 유일한 영역이 되었다. 일생 동안, 마르크스는 초국가적인 유럽 사회운동인 제1차 국제노동자협회(1864-76)의 중심인물이었는데, 이 사회운동을 통하여 마르크스와 같은 사회주의자들과 바쿠닌(Mikhail Bakunin, 1814-76)과 같은 무정부주의자들이 산업자본주의의 잔혹한 조건들로부터 노동자 계급을 해방시키기 위한 투쟁에 참여했다. 마르크스와 엥겔스의 작품들뿐만 아니라 특히 러시아의 혁명 이론가이자 제2차 인터내셔널의 회원인 레닌의 작품들도 이러한 국제주의를 반영했다. 마르크스의 자본주의 비판은 현재 국제정치경제 혹은 IPE(p. 124 참조)로 알려진 분야가 설립되는 데 기여했고, '자본주의의 최고 단계'인 제국주의에 대한 레닌의 성찰은 20세기 내내 국제주의자와 반제국주의 정치에 지식을 제공했다.

마르크스주의의 종류

마르크스와 엥겔스의 저작 자체와는 달리, 마르크스주의는 내부적으로 다양한 사회적, 정치적, 경제적 이론의 집합체였다. 더 정통적이거나 '고전적' 버전 이외에, 오늘날의 글로벌정치를 설명하는 데 사용되는 다양한 종류의 마르크스주의 사상이 등장했다. 특히 1920년대부터 소련에서 스탈린의 권위주의로 전환되면서 서유럽의 많은 마르크스주의자들은 정통적 버전의 이론이 지닌 혁명적 잠재력을 재고하게 되었다. 동유럽에서 노동자 해방을 잔혹한 독재로 전환시킨 실수를 되풀이하고 싶은 사람은 거의 없었고, 따라서 20세기 중반부터 '새로운', 심지어 '탈'마르크스주의까지 광범위하게 등장했다.

레닌주의와 트로츠키주의에서 프랑크푸르트학파와 탈마르크스주의에 이르기까지 마르크스 국제사상의 상당한 내적 다양성에도 불구하고, 마르크스주의는 몇 가지 주요한 측면에서 통합된 채로 남아 있다. 글로벌정치에 대한 마르크스 이론은 자본주의가 독단적인 엘리트주의적이고 잔인하고 비인간적인 경제체제라는 근본적인 비판, 그리고 그 체제를 폐지하고('점진적'개혁 또는 긴급한 혁명으로) 마르크스가 요구하는 방식으로 사회적 재화를 분배하는 더 나은 질서로 대체하겠다는 약속을 중심으로 연합한다. "각자의 능력에 따라, 각자의 필요에 따라(From each according to his ability, to each according to his needs)." (Marx and Engels 1968, p. 321).

'서구 마르크스주의' 사상

오늘날 영향력이 남아있는 '서구 마르크스주의' 사상의 가장 중요한 학파들은 이탈리아의 공산주의자 그람시(Antonio Gramsci, 1891–1937), 그리고 아도르노(Theodor Adorno, 1903–69), 호크하이머(Max Horkheimer, 1895–1973), 마르쿠제 (Herbert Marcuse, 1898–1979)를 포함한 '프랑크푸르트학파' 이론가들과 함께 시작되었다. 이 사상가들은 자본주의 비판에 대해 덜 경제적이고 더 '인도주의적' 접근법을 취했던 '젊은 마르크스'의 초기 작품들을 이용하여 보다 사회적이고 문화적인 차원의 중요성을 탐구했는데, 그 내용은 노동자들을 자신이 생산하는 생산수단과 생산물 둘 다로부터 소외시키는 것을 포함했다. 따라서 그람시와 프랑크푸르트학파는 학교, 교회, 신문, 문학, 음악, 영화, 텔레비전 등 문화와 문화제도들이 경제에 기반한 단순 현상이 아니라, 오히려 재생산에 있어서 절대적으로 중심적인 역할을 한다고 강조했다. 다시 말해서, 서구 마르크스주의에 있어서 학교와 교회부터 TV 쇼와 비디오 게임에 이르기까지 사람들에게 자본주의의 자연스러움과 선함을 설득하기 위해 자본주의적인 이념적인 문화생산이 없다면, 자본주의 경제는 있을 수 없다는 것이다.

현대의 많은 국제관계 이론가들이 프랑크푸르트학파에 의해 대중화된 개념들을 이용하는 반면, 링클레이터(Andrew Linklater)는 아마도 가장 유명하고 집중적인 국제관계에 대한 프랑크푸르트학파에 의해 고취된 비판이론을 제공했을 것이다. 링클레이터의 작품은 초기 이론가인 아도르노와 호크하이머, 그리고 하버마스(Jügen Habermas, 1929–)의 업적으로 전형화된 20세기 후반 프랑크푸르트학파의 사상을 수용하면서, 커뮤니케이션, '정치적 공동체'의 국제적인 형태에 대한 전망, 그리고 다양한 세계주의에 초점을 맞추고 있다.이러한 국제관계의 광범위한 비판적 이론의 궤적은 많은 사람들을 고통받고 가난하게 만드는 자본주의를 포함한 억압적이고 폭력적인 사회구조로부터 인간을 해방시킬 필요를 강조한다. 목표는 인간의 공통적이고 협력적인 본성을 (재)발견하고, 모든 사람이 참여하는 민주적인 의사결정에 기초한 초국가적 또는 글로벌한 형태의 정치적 공동체를 설립하는 것이다.

그람시의 국제관계론은 때로는 '신그람시즘(neo-Gramscianism)'이라고도 하는데, 이 두 용어는 서로 대체되어 사용되기도 한다. 이 이론은 이 장의 앞부분에서 인용된 콕스(Robert Cox)의 논문에 의해 실제로 인용되었고, 1980년대와 1990년대에 그와 다른 사람들에 의해 발전되었다. 그람시의 작업은 복잡했고 해석을 필요로 한다 (그의 글 대부분은 1920년대와 1930년대 이탈리아에서 무솔리니의 파시스트 정권에 의해 투옥된 상태에서 집필되었으며, 감옥의 검열을 피하기 위해 어느 정도의 난독함을 필요로 했다). 그러나 중심 주제는 경제질서의 재생산에 대한, 그리고 그러한 질서를 향한 저항과 혁명에 대한 문화적, 정치적 역학이다. 특히 군사력 이상을 포함하는 다른 국가들에 대한 무경쟁이거나 안정적인 지배로 이해되는 그람시의 '헤게모니'(p. 264 참조)의 개념화는 매우 영향력이 컸고, 지금도 여전히 그 영향력이 남아있다. 그람시인들은 헤게모니를 권력의 경제적, 사회적, 문화적 형태를 포함하는 과정으로 이해한다. 예를 들어, 미국의 헤게모니는 핵무기와 거대한 군대뿐만 아니라, 미국이 주도하는 세계질서에 대한 동의와 협력을 얻는 미국의 자본과 문화의 세계 내 지배를 통해서도 이루어진다. 미국을 종종 세계의 자비로운 세력으로 묘사하는 주류 미국 영화의 글로벌 소비, 그리고 미국이 창조하거나 지배하는 국제정치 및 금융기관(UN, IMF, WTO 등)에 이르기까지, 미국의 헤게모니는 단순히 공포와 강요를 통한 지배의 문제가 아니다.

'신마르크스주의' 사상

신마르크스주의 이론가들은 소외되고 추방되고 결국은 스탈린에 의해 암살당한 러시아혁명가 트로츠키(Leon Trotsky)의 업적을 근거로 삼고, 동시대의 글로벌 정치를 설명하기 위해 그의 이론인 '불균등한 복합발전(uneven and combined development)'을 사용했다. 스탈린주의는 사회가 일련의 경제와 사회발전의 '단계'를 통해 진보해야 한다는 믿음을 수반한 반면, 트로츠키주의자들은 글로벌 자본주의경제가 다른 경제단계를 포함하여 다른 속도로 다른 사회를 발전시킬 수 있다고 주장한다. 아마도 이는 산업동향을 뒷받침하는 기술발전의 측면에서 가장 쉽게 관찰된다. 예를 들어, 일부 아프리카 사회는 21세기 초에 이동식 디지털 통신 네트워크를 구축했는데, 이는 20세기의 대부분 동안 서유럽과 북미 사회의 가정과 사업체 대다수를 연결했던 광범위한 전통적 '유선전화' 시스템을 본질적으로 비약시킨 것이다. 국제관계를 연구하는 이러한 이론가들 중 가장 저명한 로젠버그(Justin Rosenberg)는 국제관계에 대한 마르크스주의이론을 옹호하고 자본주의의 또 다른 이념으로 현실주의를 부각시키는 데 자신의 가장 잘 알려진 연구를 몰두했다. 이는 표면적으로 폭력적이고 구조적인 국제불평등을 정당화하기 위해 실제로 존재하는 국제관계에 대한 '설명'이론이다 (Rosenberg 1994).

한편, 세계체제론은 역사적 유물론의 철학과 역사사회학의 실천 둘 다에 뿌리를 둔 접근법을 제공하며, 글로벌 수준의 정치를 통합된 경제체제의 관점에서 설명하고자 한다. 세계체제론의 가장 존경 받는 주도자인 월러스타인(p. 137 참조)은 자본주의 세계체제는 '핵심(core)', '주변(periphery)' 그리고 '반주변(semi-periphery)'으로 구성된다고 주장했다. 핵심국가는 생산과정이 더 전문화되고 고도로 숙련된 노동자를 필요로 하는 경향이 있으며, 상품의 소비수준이 더 높은 국가들이다. 이러한 점에서 '핵심'은 대략적으로 때때로 높은 수준의 GDP, 평균소득, 생활기준을 유지하는 '서구' 또는 '글로벌 노스'라고 불리는 글로벌 정치적 지리와 거의 동일한 국가들을 말한다. 반면에 '주변'은 한때 '제3세계'로, 그리고 오늘날 더 흔히 '글로벌 사우스'의 '개발도상국'으로 알려진 국가들로 구성된다. 이 사회들에서 생산과정들은 더 위험하고 오염시키는 경향이 있는데, 그 사례로는 원자재의 수집과 가공, 혹은 '노동착취공장'이 포함된다. 이 국가들에서는 평균소득, 국가 GDP, 개인소비, 생활수준은 매우 낮다. 반주변은 핵심적이고 주변적인 생산과 소비 동향을 혼합한 국가들을 포함한다. 예를 들어, 21세기 초 중국의 경우 매우 빠르면서도 지속적인 성장으로 인해 엄청나게 생산적인 경제를 가진 나라인데, 그곳에서는 초첨단 기술의 설계와 제조, 그리고 광대하고 선진적인 서비스 부문이 광물 채굴과 가공, 풍부한 공장, 노동착취공장 그리고 대량농업과 함께 자리 잡고 있다.

'상품사슬(commodity chain)'은 세계체제 전체에 존재하는데, 예를 들어 플라스틱 부품을 만들기 위한 원유, 면이나 가죽, 접착제, 염료, 그리고 다른 화학물질 등 스포츠화의 원료는 주변부에서 생산되고 가공될 수 있고, 신발은 주변부 또는 반주변부에서 조립되고 완성되고 포장될 수 있는 반면, 소매 목적지는 핵심부에 있을 수 있다. 월러스타인은 이 시스템이 오늘날의 '핵심' 국가들의 이익을 위해 운영되고 있으며, 초국가적 상품사슬들은 주변부에서 더 높은 수준의 이윤창출(더 잔인한 형태의 착취를 통해)을 하고, 핵심부에서 더 많은 한계이윤을 창출할 수 있게 한다고 강조한다.

후기 마르크스주의

라클라우와 무페(Ernesto Laclau and Chantal Mouffe 1985)가 만들어낸 이론인 '후기 마르크스주의'는 '이념과 담론 분석'에 뿌리를 둔 정치 이해 접근법을 표방한다. 다시 말해서, 후기 마르크스주의 사상은 이데올로기, 계급적 반목, 경제구조라는 마르크스주의적 개념 어휘, 그리고 담론과 권력으로서의 지식이라는 후기 구조주의적 개념을 모두 기반으로 한다. 후기 마르크스주의는 프롤레타리아 혁명을 요구하는 보다 정통적인 마르크스주의의 대안으로 '급진적 민주주의'를 표방하며, 노동과 자본의 단순한 대립보다는 '민주주의'라는 자유주의적 담론과 이념에 대한 비판에 더 가까운 글로벌정치를 바라보는 시각을 제시한다. 이름에서 알 수 있듯이 후기 마르크스주의는 어떤 면에서는 마르크스주의를 '넘어서' 나아가면서도 다른 면에서는 마르크스주의의 핵심적 통찰을 유지하고자 한다. 지젝(Slavoj Žižek)과 하워스(David Howarth)와 같은 잘 알려진 후기 마르크스주의자들은 마르크스주의이론을 프로이드(Sigmund Freud)와 라캉(Jacques Lacan)의 정신분석학 이론과 융합하여, 자본주의 이념이 대중에게 해로운 영향을 끼치지만, 대중에게 실제로 어떻게 '즐겨지고' 있는지 보여준다. 따라서 후기 마르크스주의 이론은 자본주의가 연루된 모든 경제위기 후에도, 마르크스주의자들이 경제위기가 고통과 착취를 초래했다고 주장한 후에도 자본주의의 영속성을 더 잘 설명할 수 있다. 궁극적으로 후기 마르크스주의 관점에서 보면 자본주의 이념의 힘은 체제로서 자본주의에 대한 우리의 깊은 심리적이고 정서적 투자를 이끌어낸다는 점이다.

후기 구조주의이론

후기 구조주의는 부분적으로 마르크스주의에 대한 비판적인 반응으로 등장했다. 두 명의 후기 구조주의이론(post-structuralist theory)의 선도자인 푸코(Michel Foucault, 1926–84)와 데리다(Jacques Derrida, 1930–2004)는 마르크스주의 이론의 중요한 발전을 제공한 지적 프로젝트들의 혜택을 받은 전직 공산주의자들이었다. 보다 '정통적'인 마르크스주의의 변형은 '경제적'이고 '결정적인' 설명을 하는 경향이 있고, 글로벌정치와 문화를 사회의 실제 경제적 '기반'인 생산양식의 단순한 효과 또는 '최상구조(superstructure)'로 만든다. 그람시주의자들과 달리, 후기 구조주의자들은 사회변화를 이론화하는 데 경제학적 모델의 사용을 거부한다. 대신, 그들은 언어, 의미, 그리고 푸코가 정치권력의 핵심 결정요인으로 '담론'이라고 불렀던 것에 집중한다.

예를 들어, '구조주의자' 소쉬르(Ferdinand de Saussure, 1857–1913)와 같은 언어학 학문의 선구자들이 서로 다른 언어 내부와 언어 사이의 구조적 유사성에 대해 관심을 가졌던 반면, 후기 구조주의자들은 특히 '상징'과 의미 만들기에 대한 연구인 '기호학(semiotics)'의 언어 하위 분야에 의해 영향을 받았다. 바르트(Roland Barthes, 1915–80)와 같은 '기호학자'는 문화를 생산하는 데 있어 의사소통, 상징, 기호 및 의미의 역할에 관심이 있었다. 예를 들어, 바르트의 가장 유명한 에세이 중 하나는 어떻게 현대 공연 스포츠인 레슬링에서 승리와 공정함이 상대적으로 중요하지 않게 되었는지에 대해서 탐구했는데, 레슬링은 고전적인 '드라마'의 한 형태로 이해되고 레슬링 선수들은 물리적인 대결을 하면서 '역할'과 '의미'를 구현한다. 후기 구조주의의 기호학은 의미와 지식의 생산이 근본적으

담론(Discourse): 논쟁적 개념. 후기 구조주의자들에게 '담론'은 '세계를 대표하는 구조화된 방식'과 같은 것을 의미하며, 사회 권력의 핵심적 위치이다.

해체(Deconstruction): 의미하는 바의 우연성을 드러내어 가정을 '해체'하여 개념과 믿음을 분석하고자 하는 비판적 추론에 대한 접근법이다.

계보(Genealogy): 해체와 마찬가지로 특정 개념, 신념, 담론을 비판적으로 분석하여, 그들의 보편적이고 추상적이며 시대를 초월하는 지위를 부정하고, 그들을 권력의 실제 사회사에 위치시키는 방법이다.

로 자의적이고, 구조에 의해 제약을 받지 않으며, 따라서 변화와 조작의 대상이 된다고 여긴다. 푸코와 데리다와 같은 후기 구조주의자들은 이것을 사회적 권력의 핵심 영역인 정치를 탐구하기 위해 의미 만들기에 초점을 돌렸다. 데리다가 사회비평과 설명에 대해 '해체론적' 접근이라고 부르거나, 푸코주의의 '계보'와 유사한 방법을 수용하면서 후기 구조주의자들은 우리가 가장 당연한 것으로 받아들이거나 검증되지 않은 범주들이 권력정치에 연루될 수 있다는 비판적인 전제로부터 시작한다. 푸코의 접근법은 아이디어(푸코의 초기 작품에는 광기[madness]의 아이디어)나 제도를 받아들여, 문제가 없고 보편적인 사회범주는 "존재하지 않는다"고 상상하는 것이다. 만약 '광기'가 존재하지 않는다면, 그것과 관련된 사회적 관행들은 무엇인가? 예를 들어, 정신의학이나 제도의 구속? 실제로는?

'담론'이라는 용어의 전통적인 사용이 한 주제에 대한 긴 구두 또는 서면 검토를 의미하는 반면, 푸코 이후의 후기 구조주의자들은 이 용어를 특별한 방식으로 사용한다. 푸코의 영향을 받은 용법에서 말하는 담론은 현실과 도덕, 참되고 거짓된 것, 옳고 그른 것을 묘사하는 세계를 나타내는 방식이다. 예를 들어, 섹슈얼리티에 관한 담론들은 일부 사회적이고 역사적 맥락에서 동성애를 도덕적으로 잘못된 것(그리고 범죄)으로, 다른 맥락에서는 정상적이고 수용 가능한 것으로 다양하게 표현해 왔다. 이처럼 담론들은 강력하다. 그들은 세계를 '잘못된' 것(사실적으로 또는 도덕적으로)으로 보거나 표현하는 특정한 다른 방식들을 배제하고, 그렇게 함으로써 그들은 가능한 다른 방식들보다 세계에서 어떤 일을 하거나 존재하는 일부 방식들을 촉진하고 영속화한다. 따라서 담론은 그들이 말하는 대상을 체계적으로 형성하는 의사소통적이고 언어적인 실천이다 (Foucault 1972, p. 54).

이에 따라 마르크스주의자들은 전통적으로 사회의 물질적 경제기반 — 생산방식, 생산수단의 소유 등 — 이 사회적, 문화적, 정치적 구성을 명령하고 재생산하는 것으로 보는 반면, 후기 구조주의자들은 담론(사회에 대해 말하고 쓰며 소통하는 방식)을 적어도 똑같이 중요하게 간주한다. 이러한 관점에서 자본주의, 가부장제, 인종주의는 물질적인 의미에서 구조적으로 불평등한 사회구성 방식이지만, 각각은 담론적으로 재생산된다.

더 중요한 차이점은 푸코와 푸코의 후기 구조주의자들이 권력을 마르크스주의자들에 의해 대표되는 것처럼 순수하게 억압적이고 부정적인 것이 아니라 정치적으로 '생산적인' 것으로 본다는 것이다. 후기 구조주의 프로젝트는 비판적이지만 반드시 해방적인 것은 아니다. 사실 마르크스주의에 대한 후기 구조주의 관점은 마르크스주의가 '노동자 계급'이나 '대중'을 보호하고 본질화하며, 대부분의 평범한 노동자들이 자신들의 삶에서 제한된 기관과 의식을 부여하고 자신들에게 이른바 해방적 프로젝트를 부과한다는 것이다.

후기 구조주의와 국제관계

후기 구조주의자들의 사회학적 접근은 글로벌정치의 분야와 다른 국제관계 이론가들의 이론적 상상과 개념을 탐구하는 것과 매우 조화될 수 있다. 예를 들어, 신자유주의와 신자유주의적 제도주의를 뒷받침하는 주요 공유된 가정은 주권국가들이 무정부상태하에서 상호작용하고 이익을 추구하며 때로는 전쟁을 초래하는 세계국가체계의 존재를 포함한다 (p. 74 참조). 후기 구조주의자들은 여기서 각각의 핵심 개념에 대해 의문을 제기하거나 '해체'한다. 일부는 국가의 '주권'(Bartleson 1995), '국경', 영토 정의(Walker 1992)의 개념을 비판적으로 탐구한다. 후기 구조주의자들에게 있어서 국제'안보'는 정적이고 달성 가능한 존재의 상태보다 일련의 담론과 실천이 최우선적인 것이다 (Bigo 2011). 다른 사람들은 푸코의 '통치성(governmentality, p. 159 참조)' 개념을 사용하여 글로벌 거버넌스에서 권력과 지식이 결부되는 방식을 강조하는 반면, 많은 후기 구조주의자들(및 구성주의자들)은 국제안보 개념을 다시 이론화했다 (Campbell 1992; Buzan et al. 1998; Lipschutz 1995). 한편, 현대 글로벌정치의 자유주의 이론의 중심인 글로벌화 자체의 개념은 후기 구조주의 이론가들에 의해 해체되었는데, 이들은 서방 자유민주주의 국가들이 사회를 보호한다는 명목으로 전쟁을 벌이면서 '인도적 개입'이라는 미명하에 실제로 어떻게 공격적인 제국주의 프로젝트를 추구해 왔는지를 보여주었다 (Dillon and Reid 2009).

많은 국제관계이론의 중심 초점이면서, 현실주의자들이 관심을 가져야 한다고 주장하는 궁극적인 '상위정치' 문제를 생산적으로 보여주는 주제인 '전쟁'은 특히 후기 구조주의자들에게 있어서 생산적인 주제다. 그러나 현실주의자들이 한편으로는 통치술, 전쟁, 평화, 외교의 '상위정치', 그리고 다른 한편으로는 언어, 문화의 '하위정치'와 '국내적' 영역 사이를 완전히 구분하는 반면, 후기 구조주의자들은 이 두 가지가 상호 의존적이라고 주장한다. 전쟁은 군인, 총알, 폭탄뿐만 아니라 담론으로 수행된다. 비용이 많이 들고 위험한 노력인 무력충돌을 정당화하고 정당성을 부여하기 위해서 국가와 정부를 포함한 관련 당사자들은 광범위한 대중의 지지를 얻어야 한다. 그들은 전쟁을 도덕적인 것까지는 아니더라도 최소한 필요한 만큼은 옳은 것이라는 표현을 성공적으로 할 수 있어야 한다. 후기 구조주의자들은 특히 서방 자유민주주의 국가들이 전쟁을 수행하는 데 있어서 푸코가 말하는 '생물정치'와 '생물권력'의 역할을 강조했다. 본질적으로 이는 국가들이 전쟁을 생명 그 자체를 보호하기 위한 인도주의적 노력, 즉 '삶을 살기 위해 죽이기'로 정당화하는 경향이 있다는 것을 의미한다 (Dillon and Reid 2009). 전쟁에 대한 자유주의적 담론에 따르면, 1999년 코소보 또는 2011년 리비아에 대한 NATO의 개입이나 심지어 2003년 미국이 주도한 이라크 침공과 같이, 폭력적인

'인도적 개입'(제14장 참조)은 궁극적으로 독재자의 탄압이나 인종청소의 위협으로부터 평범한 사람들의 생명을 구하기 위해 필요한 폭격과 전투의 캠페인이다. 인도주의와 '인간안보', '보호해야 할 책임'(p. 371 참조), 사상자를 최소화하기 위한 '정밀타격'의 활용 등에 대해 이야기하는 정치지도자들은, 인간으로서의 종(種)을 돌봄과 보호의 핵심 대상으로 강조하고, 제거되어야 할 생물학적 실체로서 비자유주의적 요소(예를 들어, '불량국가', 독재정권, 폭력적 비국가 행위자, '테러범')들을 '인류'의 건강에 대한 위협으로 묘사하는 자유주의적 생물정치적 담론에 주목하고 있다. 아이러니하게도 자유민주주의 국가들은 국제질서와 안보를 유지한다는 명분 아래 자신들에게 전혀 직접적인 위협이 되지 않는 국가나 비국가 행위자들을 상대로 선택적 전쟁 또는 침략을 벌일 수 있으며, 심지어 자신들의 전쟁이 보호할 것이라고 주장하는 바로 그 외국 민간인들을 '부수적 피해(collateral damage)'로서 살해할 수도 있다.

구성주의이론

비판이론들 중에서 현실주의와 자유주의의 전통에 필적하는 '주류'의 위상에 근접한 이론이 있다면, 그것은 사회구성주의(또는 현대 국제관계이론에서 보다 일반적으로 '구성주의'로 부르는)이다. 국제관계를 이론화하는 데 있어서, 1990년대부터 현실주의-자유주의의 지적 헤게모니에 대한 핵심적인 도전자로 구성주의자들이 마르크스주의자들을 대체했다고 주장하는 경우가 많아졌다 (Vitalis 2015).

다른 비판적 국가관계이론들처럼, 구성주의는 사회 내부의 일상생활에 대한 국가 수준의 그리고 '미시사회적' 이론들에 뿌리를 두고 있고, 단지 나중에 국제적인 수준으로 외삽되었다. 별개의 이론으로서 구성주의의 기원은 버거와 루크먼(Peter Berger and Thomas Luckmann 1966)의 *The Social Construction of Reality*로부터 시작한다. 버거와 루크먼의 책은 어떻게 '현실'의 지식이 생산되고 매개되며 인증되는지에 대한 지식의 사회학에 대한 조정이었다. 그들은 다음에 주목했다.

> '현실'과 '지식'에 대한 사회학적 이해는 거리의 남자와 철학자의 중간쯤에 해당한다. 거리의 남자는 자신의 '현실'과 자신의 '지식'을 당연한 것으로 받아들인다. 단지 거리의 남자들이 한 사회와 다른 사회 사이의 '현실'을 당연하게 여긴다는 사실에 대한 자신의 체계적인 인식 때문에 사회학자는 이렇게 할 수 없다. … 반면 철학자는 직업적으로 아무것도 당연하게 여기지 않을 의무가 있으며, 거리의 남자가 '현실'과 '지식'이라고 믿는 것의 궁극적 위상에 대해 최대한 명확성을 확보해야 한다.
>
> (Berger and Luckmann 1966: 14)

초 점

'가짜 뉴스': 탈진실 세계질서?

사건: 후기 구조주의이론은 최근 글로벌정치의 주요 논쟁들 중 하나인 이른바 '가짜 뉴스'를 탐구하는 데 적용될 수 있다. 2016년 미국 대선 캠페인 동안, 주로 트럼프의 민주당 경쟁자인 클린턴(Hillary Cliton)을 폄하하는, 부분적으로 또는 완전히 거짓이며 종종 미친 듯이 환상적인 음모론을 포함하는, 광범위하게 문서화된 '뉴스' 이야기들이 소셜 미디어에서 광범위하게 공유되는 경향이 있었다. 아마도 가장 악명 높은 것은 '피자게이트' 이야기였는데, 이 이야기는 클린턴과 그녀의 남편이면서 전 대통령인 빌 클린턴이 워싱턴 DC 피자 가게에서 아이들을 성적으로 학대하는 것에 관여했던 기이한 음모를 '사실'이라고 퍼뜨렸다. 트럼프가 선거에서 승리한 지 몇 주 후, 소총으로 무장한 한 남자가 피자 가게를 급습하여 지하실에서 '감금자'들을 풀어주려고 시도했다. 그는 소총 한 발을 발사했고, 아무도 다치지 않았지만, 이 사건은 클린턴이 연설에서 '지난 1년 동안 소셜 미디어에 넘쳐났던 악의적인 가짜 뉴스와 거짓 선전의 유행'을 비난하도록 하였다. 이 때부터, 소셜 미디어에 잘못된 정보가 유포되는 데에 대한 우려와 함께, 트럼프의 많은 지지자들, 그리고 대통령 자신도 선거 캠페인, 취임식, 그리고 대통령직에 대한 불리한 언론 보도를 '가짜 뉴스'라는 용어를 사용하여 비난하기 시작했다. 몇 주 후, 트럼프의 취임식 이후 며칠 동안, 트럼프의 고문인 켈리안 콘웨이는 취임식 참석자 규모에 대한 백악관 대변인의 거짓 진술에 대해 질문하는 기자들에게 그 진술이 '대안적 사실'에 기초했다고 말했다. 이것은 소위 '탈진실' 정치에 대한 더 많은 언론 논쟁을 촉발시켰다.

중요성: 후기 구조주의적 관점에서 보면, '진실'은 절대적이거나 보편적으로 경험된 사실이 아니라 사회적으로 조정된 범주이다. 이 주장의 특징을 보여주는 아주 단순한 예는 규범적이고 과학적인 합의의 전환으로부터 비롯된 '진실'로의 역사적 변화에 있다. 갈릴레오가 지구가 우주의 중심이라는 주장을 부인하여 투옥되었을 때, 그 주장이 '진실'이라고 널리 믿어졌다. 이와 유사하게 뉴턴의 물리학 법칙은 아인슈타인이 그 법칙이 진실이 아니라는 것을 증명하고 새로운 '진실'을 만들기 전까지 다수의 과학자와 시민들에게 유일한 '진정한' 지식이었다. 더욱 강력하고 위험하게, 흑인 아프리카인들이 백인 유럽인들보다 '열등'하다는 19세기 유럽 '인종학(race science)'의 '진실'이 널리 받아들여짐에 따라, 오늘날에도 글로벌정치를 구성하고 있다는 주장이 지속적으로 수용되고 있다 (p. 88 참조). 후기 구조주의의 관점에서 정치적 힘은 언제나 진실 주장과 지식의 생산을 통해 생산되었다.

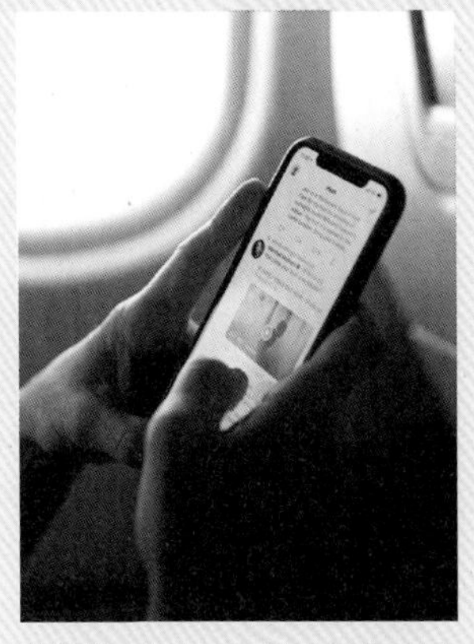

출처: *Photo by Marten Bjork via Unsplash*

이러한 관점에서 가짜 뉴스는 새로운 현상이 아니라 진실을 정의하기 위한 투쟁, 즉 정당한 지식의 생산을 통제하기 위한 투쟁의 형태로 발생하는 권력투쟁의 한 에피소드이다. 이는 '지식이 힘이다'라는 시대를 초월한 지혜에 포스트모던적 가미를 하는 것이지만, 한편으로는 관찰된 사실의 한 세트와 다른 한편으로는 '대안적 사실'의 다른 세트 사이에 사실이 없다는 것을 암시하거나 잘못된 동등성을 이끌어내는 것은 아니다. 후기 구조주의자들이 비평가들에 의해 '사실'을 거부하는 사람들로 풍자되더라도 (그리고 심지어 '탈진실'의 부상에 대한 비난을 받음에도 불구하고 – D'Ancona 2017 참조), 그들은 존재론적 관심보다 인식론적 관심을 강조하고 있다. 즉, 그들은 '진실'의 존재에 대해 이의를 제기하는 것이 아니라, 진실에 대한 우리의 접근이 불가피하게 부분적이고 변화하는 것이며 우리의 '주관적 위치'에 묶여 있다는 것을 강조하는 것인데, 주관적 위치는 우리가 누구인지를 만들어 주는 사회적 경험과 정체성이다. 후기 구조주의 관점에서 볼 때, 최근 몇 년간 음모론의 확산과 '가짜 뉴스' 또는 '탈진실' 글로벌정치의 부상은 '진실의 정치'가 불안정해지는 현상에 더 가깝다고 할 수 있으며, 정치인들과 언론인들의 진실 주장과 더불어 사회과학과 자연과학적 형식의 지식은 지식 생산이 점점 더 분산되고 국가와 정부가 경찰에게 더 어렵게 되는 디지털 '정보화 시대'에 더 적은 권위를 가지게 된다.

최근 글로벌정치에서 사회적으로 분열된 이슈들은 이러한 통찰력을 설명하는 데 도움을 줄 수 있다. 예를 들어, 트럼프 리더십의 '현실' 혹은 브렉시트의 바람직함은 어떤 '거리의 사람'에게 말하느냐에 따라 근본적으로 다르다. 일부 미국인

분석적 접근

사회구조와 행위성

이른바 '구조-행위성(structure-agency) 문제'는 20세기 후반부터 정치학과 국제관계에서 인류학과 사회학에 이르기까지 사회과학 전반에 걸친 이론적 논쟁의 중심이었다. 심리학의 '선천-후천' 논쟁과 마찬가지로, 문제가 되는 것은 특정한 원칙과 관행(어떤 일을 수행하고 관찰하는 방식을 계승하거나 확립하는 것)을 중심으로 구조화된 사람들의 집단으로서의 사회가 개인의 '행위성'(의사결정과 자유의지)보다 발생하는 일에 더 많은 또는 더 적은 영향을 미치는지 여부이다.

현실주의 견해

현실주의자들은 전반적으로 사회과학의 철학적 질문에 대해서 덜 노골적으로 관심을 갖지만, 그들은 글로벌정치에서 구조-행위성 문제에 대한 다양한 갈등적 관점들을 보여준다. 인간의 본성과 통치술에 초점을 맞춘 고전적 현실주의자들은 국제관계에서 결과를 형성하는 데 있어 행위성, 특히 정치지도자들의 행위를 강조하는 경향이 있다. 반면, 신현실주의자들은 사회구조, 특히 국제체제의 피할 수 없는 무정부적 구조가 국가지도자들이 내리는 결정의 중요한 요인이 된다고 확신한다. 한편, 신고전주의 현실주의자들은 이러한 두 가지 관점의 사이에서 '제3의 길'을 택하는데, 그 내용은 글로벌정치에서 결과를 만들어내는 데 있어 구조와 행위, 혹은 국가의 외교정책결정과 결합된 국제 무정부의 중요한 역할을 인정한다.

자유주의 견해

자유주의 정치이론은 국가적 맥락과 국제적 맥락 모두에서 글로벌정치의 엔진으로서 개인의 행위를 강조한다. 자유주의는 존재론적이고 정치적인 개인주의에 뿌리를 두고 있는데, 그 논리는 사회의 기본 단위가 인간 개인(예를 들어, 더 넓은 사회가 아닌)이라는 믿음이다. 이는 개인이 세계에서 일어나는 일에 대해 상당한 수준의 행위성을 보유한다는 생각에 기반하고 있으며, 신현실주의자들과 마르크스주의자들이 제공하는 글로벌정치에 대한 보다 '구조주의적'인 설명에 대한 반박에 기초하고 있다. 자유주의자들에게 국가사회와 국제사회는 모두 개별 행위자들이 내리는 선호와 결정의 총합으로 구성된다. 그들은 자본주의와 가부장제와 같은 사회구조에 거의 관심이 없으며, 대신 지배적인 신념이나 '규범'이 글로벌 '아이디어의 시장'에서 사람들이 내리는 지속적인 선택에 의해 결정된다고 믿는다. 이것은 단순한 비유가 아니다. 자유주의자들에게 사회적 진보는 자본주의 시장을 통해 균형과 안정을 지향하는 경향이 있는 인간의 교류와 상호작용의 '자연스러운' 방식의 사회로 진화하는 것을 의미한다. '나쁜' 사상은 궁극적으로 '찬밥신세'가 될 것이고, '좋은' 사상과 이성이 결국에는 우세할 것이며, 후쿠야마가 예견한 것처럼, 사회를 어떻게 구성할 것인가에 대한 궁극적인 '좋은 사상'으로서 자본주의적 자유민주주의는 결국 보편적인 사회구조가 될 것이다.

구성주의 견해

구성주의는 구조와 행위성의 교차를 목표로 하는데, 이러한 노력에 있어서 구성주의 국제관계이론은 '제3의 길' 정치사회학이론과 밀접하게 연결된다 (Giddens 1998). 기든스(Anthony Giddens)와 같은 제3의 길 사회이론가들은 '구조화이론(structuration theory)'을 제안했는데, 이 이론은 구조와 행위가 사회적 실천을 통해 '공동구성적'이 되고 결과에 영향을 미친다는 관점을 선호하는 마르크스주의자들의 고도로 구조주의적인 접근과 자유주의자들의 행위 중심적 사고를 모두 거부했다. 구성주의 이론가들은 이러한 사고방식을 글로벌정치에 적용하면서 국제관계에서 구조와 행위의 '상호구성적' 성격을 강조하는데, 그 이유는 개별국가와 정치지도자, 국제기구, 더 넓은 세계질서는 사실 복잡한 초국가적이고 글로벌한 사회관계에서 서로를 생산하기 때문이다.

마르크스주의 견해

물질적 경제구조 또는 '토대', 특히 생산방식이 정치와 문화의 사회적 '상부구조'에서 일어나는 것을 결정하는 방식에 대한 마르크스와 엥겔스의 주장 때문에 마르크스주의는 본질적으로 구조주의이론으로 특징지어진다. 예를 들어, 영향력 있는 프랑스 마르크스이론가 알튀세르(Louis Althusser)를 포함한 일부 마르크스주의자들은 이 엄격한 구조주의 렌즈를 통해 글로벌정치를 보는데, 이러한 마르크스주의의 이미지는 비평가들에 의해 더 자주 명확하게 표현되고 있다. 마르크스 자신과 많은 후속

마르크스주의 사상가들은 사실 자본주의의 상호 구성적 본질을 우리가 태어난 강력한 사회구조와 이 구조를 생산하고 재생산하는 개별 사람들의 (다소 '의식적'인) 결정과 행동으로 인식했다. 사실, 마르크스주의의 혁명이론은 이러한 인식을 전적으로 수용하는데, 그 이유는 사회구조의 재생산뿐만 아니라 그들의 갑작스러운 전복의 가능성을 사회 내 개인과 집단(특히 혁명당)의 행위와 실천의 결과로 인정하기 때문이다.

후기 구조주의 견해

이름이 시사하듯이, 후기 구조주의자들은 어떤 면에서 구조주의를 넘어서기를 추구하는 이론가들이다. 구체적으로, 그들의 생각은 구조주의적 사고의 형태가 전통적으로 영향을 미쳤던 언어학과 기호학 분야에서 나왔다. 언어, 문화, '담론'과 같은 사회구조의 자의성과 역사적으로 변화하는 성격을 강조함에 있어서, 후기 구조주의자들은 그러한 구조들이 모든 사회생활을 포괄하고 결정론적일 수 있다는 생각에 저항한다. 특히, 그들은 마르크스주의의 결정론적 구조주의와 그것의 '이념'이론(자본주의 경제의 생산방식에 의해 촉진되는 강력한 생각들이 글로벌정치에서 사람들이 생각하고 행동하는 방식을 크게 결정한다는)을 거부하고 사회변화에 대한 덜 엄격한 구조적 이해를 선호한다.

탈식민주의 견해

탈식민지주의의 관점에서, 추상적이고 보편적인 '무정부적 국제체제'가 아닌 유럽의 제국주의와 식민주의는 오늘날 글로벌정치에 만연한 지배적인 구조를 만들었다. 위계적 '세계질서'는 식민지 역사의 직접적인 결과이며, 이전에 식민지였던 사회들이 성취할 수 있는 것들을 제약하는데, 이 제약은 유엔과 IMF를 포함한 서방이 지배하는 국제관료 및 군사메커니즘을 통해 이루어진다. 군사적인 '인도적 개입'(제14장 참조)부터 과도하게 국제부채를 사용하고 식민주의와 노예제도에 대한 배상금을 지불하지 않는 것까지, 현재 구성된 국제체제의 구조는 나머지 세계의 희생 위에서 글로벌 노스(Global North)의 강대국들에 의해 설계되고 작동된다. 인종에 초점을 맞춘 글로벌정치의 탈식민주의적 설명은 '백인성'을 식민지 세계질서에서 나오는 지배적인 구조적 원리로 강조하고, 세계의 다양한 유색인종 사회를 위계적 질서로 배치한다. 이러한 질서들은 주로 '위'에 백인, '아래'에 흑인 아프리카인, 그리고 그 사이에 다른 '인종'이 있는, 식민지화된 인종의 구조를 반영한다. 이러한 백인의 질서는 글로벌정치를 계속해서 구조화시키고 있으며, 글로벌 사우스 국가들과 글로벌 노스 국가들 내 유색인종 모두가 자신의 권한을 행사할 수 있는 선택권을 어느 정도 제한받고 있다.

페미니즘 견해

페미니스트들은 사회적 구조, 특히 가부장제에 대해 강한 관심을 갖는 경향이 있다. 급진적인 제2물결 페미니스트들, 특히 교차적인 제3물결 페미니스트들의 관점에서, 사회구조는 비판의 핵심 대상이 된다. 가부장제, 심지어는 '제국주의적이고 백인 우월주의적 자본주의 가부장제'는 이러한 관점에서 볼 때 초국가적이고 잠재적으로 글로벌한 현상이다. 남성 중심적이고 남권주의적인 세계질서는 사회 내부와 사회 사이에서 가부장적인 사회구조에 의해 유지된다. 이러한 구조는 성별에 따른 급여 차이, 여성이 비천한 노동과 가정 노동에 광범위하게 구속되는 것, 전쟁에서의 성폭력과 가정 내 학대에 대한 표적화, 다양한 다른 불평등을 통해 실현된다. 탈식민주의 페미니스트들은 이러한 분석에 더하여, 글로벌 노스의 일부 '백인 페미니스트들'이 자신들의 나라에서 가부장제의 백인 우월주의적 특성에 의해 훈육되어 글로벌 사우스의 유색인종 여성들에 대한 후견적인 '백인 구원자'의 태도를 취하게 되고, 그들을 '개발된' 북부보다 더 나쁜 가부장제의 희생자로 묘사한다는 사실을 추가한다. 사회구조로서의 글로벌 가부장제는 또한 젠더 정체성을 규율하는 것으로 보여지는데, 특히 사람들을 남성/여성의 이진법으로 제한하고 트랜스젠더 또는 논바이너리로 커밍아웃하는 사람들을 탄압한다. 자유주의적이고 후기 구조주의적인 페미니스트들 모두 가부장적 사회구조의 결정론적 지위에 의문을 제기하며, 대신 광범위한 성차별적 또는 가부장적 사회 내에서 투쟁과 논쟁을 통해 스스로의 운명과 사회적 역할을 형성하기 위한 여성의 무시당하는 행위를 강조한다.

들에게 트럼프는 뛰어난 지도자이며, 시민들의 이익을 보호하는 빈틈없고 성공적인 경제 및 이민 정책을 통해 '미국을 다시 위대하게' 만든다. 다른 사람들에게 트럼프는 괴팍하고 인종차별적인 여성혐오주의자이며, 자신의 이익을 위해 보통 미국인들의 두려움을 냉소적으로 이용하고, 언론과 대중 모두에게 뻔뻔하게 거짓말을 하며, 자신의 무능함으로 사람들의 목숨을 위험에 빠뜨린다. 유사하게 브렉시트에 대해서 영국 여론이 양극화되어 있는데, 모든 '거리의 영국인들'에게 브렉시트의 '현실'은 민주적으로 결핍되었거나 비합법적인 초국가적 조직으로부터의 성공적인 주권회수이고, 경제적 부활의 기회가 되고 있으며, 일부 사람들에게 브렉시트는 외국인 혐오증이나 인종차별적인 '제국적 향수'에 뿌리를 두고 있으며, 브렉시트로부터 개인적 이익을 얻으려는 냉소적인 정치인들에 의해 좌지우지되는 경제적 재앙의 증폭이 되고 있다. 이러한 상황에 대한 구성주의적인 해석은 현실이 존재하지 않는다는 것이 아니라 현실이 항상 우리의 세계관, 즉 우리 각자가 태어난 사회적 환경과 조건에 의해 조정된다는 것이다. 현실은 사회적으로 구성된다. 이 통찰의 가장 중요한 함의는 현실이 사회적 상호작용을 통해 만들어지고 변화된다는 것이다.

> 일상의 현실은 내게 상호주관적인 세계, 즉 다른 사람들과 공유하는 세계를 제시한다. 이러한 상호주관성은 일상생활을 내가 의식하고 있는 다른 현실들과 분명하게 구분한다. 나는 꿈의 세계에 혼자 있지만, 일상의 세계는 나 자신에게 있는 것처럼 다른 사람들에게도 실재한다는 것을 안다. … 일상의 현실은 현실로서 당연하게 받아들여지고 있다. 그것은 단순한 현존을 넘어서 계속해서 추가적인 검증을 요구하지 않는다. 그것은 자명하고 설득력 있는 사실로서, 단지 거기에 있다. 나는 그것이 실재라는 것을 안다.
>
> (Berger and Luckmann 1966: 37)

만약 '일상적 삶'의 현실이 버거와 루크먼이 말한 것처럼 '상호주관적'이라면, 글로벌정치의 현실도 마찬가지다. 우리가 '국제적'이라고 믿는 것은, 어떤 종류의 실체, 과정, 사건을 포함하든지 간에, 그리고 그 사회적 영역에서 일어나는 일을 우리가 어떻게 해석하고 설명하는지 간에, 서로 간의 상호작용에 의존하고 있다. 그리고 국제관계의 이론화에 있어서 더욱 중요한 것은, 상이한 사회, 정부, 지도자, 국제조직이 서로를 어떻게 인식하는지가 서로 간의 상호작용을 통해 형성된다는 것이다. 이 과정은 때때로 '자신'과 '타인'의 '공조적 구성'이라고 불린다.

구성주의 이론가들은 우리가 일상생활에서 당연하게 여기는 '사물'들이 '주어진', 자연스러운, 변하지 않는, 혹은 필연적인 정도가 아니라 '사회적으로 구성된' 정도를 고려할 것을 요구했다. 버거와 루크먼이 개념적으로 구성주의를 다듬은 반면, 글로벌정치의 영역을 포함한 사회 세계가 '사회적으로 구성된' 것이라는 생각은 이미 살펴본 바와 같이 비판이론의 많은 오래된 전통 속에 함축되어 있었다.

구성주의는 이러한 기본적인 이론적 통찰을 사회 세계의 성격에 적용하고, 그 함의를 풀어내어 교육에서 사업에 이르기까지 다양한 사회적 영역에 적용한다.

구성주의와 국제관계

글로벌정치를 이론화하기 위한 후기 구조주의의 접근은 많은 주류 이론가들이 받아들이기에 너무 급진적인 것이었다. 신자유주의 제도주의자 코헤인(Robert Keohane)이 실증주의의 존재론 및 인식론적 접근을 거부하기 위해서 국제관계에 대해서 '성찰주의적(reflectivist)' 접근이라고 언급한 것은 일부 사람들로 하여금 냉소적인 반응을 일으키게 했다.

전통적 국제관계 이론가들 중 가장 격렬한 비판자들에 따르면, '포스트모던'은 가식적이고, 저술작품들이 '흐릿하고 파악하기 어려우며', 글로벌정치의 이론화를 '낱말게임'으로 축소시킨다 (Østerud 1996 1996). 구성주의는 1990년대에 국제관계이론의 무대에 등장했는데, 이 시기는 이 분야의 '제4차 논쟁'의 시기로 알려져 있다. 구성주의는 한편으로는 전통적 현실주의 접근과 자유주의 접근의 존재론 및 인식론적 가정, 다른 한편으로는 비판적 접근(특히 '포스트모던' 또는 후기 구조주의자) 사이의 깊은 분열에 의하여 등장했다. 구성주의자들은 이러한 분열을 연결시키려는 노력을 한다. 즉, 국제관계가 무엇으로 구성되는지에 대한 전통적 및 실증주의적 접근의 존재론적 논점의 일부를 받아들이면서도, 개념적 및 분석적 통찰력을 형성하는 후기 실증주의적 인식론을 주장했다. 예를 들어, 웬트(Alexander Wendt)는 국제체제가 무정부적 구조로 특징지어진다는 것(현대 현실주의와 자유주의 이론의 핵심 주장)을 인정하면서도, 이는 "무정부는 국가들이 만드는 것"이라고 덧붙였다 (Wendt 1992). 다시 말해서, 무정부가 세계체제의 구조적 원리일 수 있지만, 그 무정부가 협력 또는 갈등으로 이어지든, 그것은 체제를 구성하는 국가들에 달려 있다. 이러한 국가들이 가지는 상호작용의 유형에 의한 '상호주관적' 경험, 그리고 이와 관련된 정체성 및 차이에 대한 인식은 그들이 미래에 어떻게 상호작용을 이어갈 것인가를 크게 결정할 것이다.

구성주의는 후기 구조주의에 내재된 몇몇 주요 사상들을 전통적인 현실주의자들과 자유주의 이론가들에게 더 잘 수용될 수 있도록 만들었고, 이것이 구성주의가 국제관계이론의 지적 프로젝트에서 더 성공적으로 '주류화'된 이유이다. 국제관계이론 구성주의자들은 언어의 구조, 담론, 권력/지식에 대한 후기 구조주의적 초점을 대체하여, 국가이익을 포함한 '이익'이 어떻게 실제로 인식되는 이익이며 따라서 사회적으로 구성되는지에 대한 더 단순한 분석을 선호한다. 다시 말해서, 국가(또는 보다 정확하게 국가의 정치지도자, 외교관, 시민)가 국익으로서 특별히 식별하고 추구하는 것은 다른 국가 및 비국가 행위자들과의 역사적이고 현대적 상호작용에 의해 형성되는 자아상 또는 정체성에 의존하고 있다. 예를 들어,

지리적으로 미국보다 인도네시아, 중국, 인도에 훨씬 더 가까이 위치한 호주는 '주어진' 또는 '자연적'인 지리적 특성 때문이 아니라 '서방'이라고 인식되는 다른 국가들과의 공유된(그리고 인식된) 문화적, 언어적, 경제적, 역사적 식민지적 연계 때문에 자국이 '서방'의 일부라는 것을 인식하고 있다. 서방의 사회적 구성은 이 서방국가들과 '비서방'이라고 여겨지는 국가들(아시아, 중동, 아프리카 국가들과 같은) 사이의 국제관계에서 비교적 균질한 일련의 '서방의 이익'에 대한 믿음을 포함한다. 서방국가들은 이를 기반으로 하여 글로벌 정치활동을 진행하는 경향이 있는 것과 같이, 그들은 '서방'과 '나머지' 사이의 사회적으로 구성된 구분을 재현하고 강화하는 경향이 있으며, 자신들이 생각하기에 안정적이고 통일성있다는 기준에 미달하는 사회들에 집단적인 정체성을 부여하며 '타자화'한다.

홉프(Ted Hopf 1998)는 자신이 주장하는 구성주의의 '전통적인' 형태와 '비판적인'(혹은 '포스트모던'적인) 형태를 구분한다. 홉프는 전통적 형태가 국제관계 이론에서 성공적이었다고 주장하는데, 그 이유는 전통적 형태가 사회적 진실과 현실에 대한 '급진적'인 구성주의의 비판을 제공하는 것이 아니라, '방어 가능한 경험의 규칙, 또는 관습'을 채택하기 때문이다. 그렇게 함으로써, 전통적 구성주의자들은 이론가들이 전형적으로 관심을 가지고 있는 문제들에 대해 현실주의자들 및 자유주의자들과 직접적인 논쟁에 참여할 수 있다. 국제관계 구성주의자들은 일부 (실증주의적인) 인식론적이고 방법론적인 가정들, 즉 어떻게 우리가 글로벌정치에 대한 지식과 설명들을 생성할 수 있는지에 대한 원칙을 '전통적인' 이론과 공유하고, 홉프는 이러한 양립성으로부터 발생하는 글로벌정치의 '주류 퍼즐'에 대한 '구성주의적 해결책' 네 가지 사례를 제시한다.

- 현실주의 전통이 선호하는 개념인 **세력균형**(p. 68 참조)은 신현실주의자 월트(Stephen Walt)가 말하는 '위협의 균형'으로 더 잘 이해된다. 따라서 구성주의자들은 가지고 있지만 현실주의자들은 가지고 있지 않은 것을 필요로 하게 되는데, 그것은 '정체성'에 대한 설명에 뿌리를 둔 위협'인식'이론이다.
- 현실주의사상의 또 다른 중심 강령인 **안보딜레마**는 상이한 국가들이 서로의 전략적 및 군사적 활동에 다른 '의미'를 부여하는 것을 나타낸다. 보편성과는 거리가 있는 안보 딜레마가 어떻게 어디서 나타나는지는 이러한 의미들에 달려 있다. 예를 들어, 인도에서 파키스탄의 핵무기 보유는 비록 어느 국가도 핵무기를 사용하지 않았거나 직접적으로 사용하겠다고 위협하지 않았더라도 영국의 핵무기 보유와는 매우 다른 무언가를 의미한다. 구성주의는 이러한 의미의 사회구성이 정체성과 관련되어 어떻게 국제관계의 결과에 중요한지를 강조한다.
- **신자유주의적 제도주의**는 게임이론을 비롯한 경제학 모델을 활용하여, 국가들이 '서로 착취하는 것을 선호하는' 곳에서도 '반복적 상호작용'을 통해 협력과 상호의존을 지향할 수 있다고 제시한다. 신자유주의적 제도주의자들과 달리 구

성주의자들은 무정부상태에서 협력이 이루어질 수 있다는 데 동의하지만, 이를 '관련국들의 정체성과 이익의 분배'의 결과로 본다. 국가들이 자국의 이익을 어떻게 이해하느냐에 따라 국제 제도, 레짐, 규칙을 통해 어떤 목표를 추구하고, 어떤 국가들과 협력할 수 있느냐가 달라진다.

- 세계정치의 가장 강력하고 잘 입증된 설명 이론 중 하나로 자주 인용되는 **자유주의적 평화명제**(p. 74 참조)는 구성주의적 재해석에도 적합하다고 홉프는 주장한다.

국제체제의 구성주의, 갈등, 변화

세계체제의 중대한 변화에 대해 구성주의가 현실주의, 자유주의, 마르크스주의보다 더 설득력 있는 설명을 제시할 수 있다는 점이 글로벌정치이론으로서 성공의 배경이 되었다. 구성주의가 국제관계학에서 수용된 시점으로서 1990년대는 두 가지 의미를 지니고 있다. 한편으로는 구성주의가 '제4차 토론'에 적시에 개입하여 '전통'이론과 '비판'이론이 도달한 인식론적 교착상태에서 벗어날 수 있는 잠재적 경로를 제시했지만, 다른 한편으로는 20세기 후반의 대규모 사건인 냉전의 종식을 이론화하려는 노력과 함께 시작되었다. 만약 제2차 세계대전의 발발을 막지 못한 것이 전간기(戰間期) 윌슨주의의 '자유주의적 이상주의' 이론이 실용적이거나 '현실적'인 해결책을 제시하지 못한 것이라면, 1989년에서 1992년 사이에 냉전이 갑자기 종식된 것을 예측하거나 적절하게 설명하지 못한 것은 모든 전통적 국제관계이론의 설명 실패와 일부 비판적 접근법의 실패였다.

국제관계에서 행위자와 과정의 '관념적' 성격에 초점을 맞추고, 사회적 상호작용을 통해 정체성과 이익이 변할 수 있는 잠재성에 초점을 맞춘 구성주의는 다른 이론들이 실패한 분야에 그럴듯한 설명을 제공했다. 냉전은 동유럽에서 공산주의가 붕괴되었기 때문에 종식되었지만, 공산주의의 붕괴는 파괴적인 전쟁이나 다른 격동적인 사건으로부터 비롯된 것이 아니고, 오히려 공산주의 사회의 일반시민들의 믿음이 변했기 때문에 발생한 것이다. 동독 혹은 소련 같은 국가들은 자국의 사회가 자유민주주의, 자본주의 서방의 사회들에 대해 우월한 삶의 방식을 가지고 있고, 다른 사회들과 근본적으로 다르다는 자국 인구들 사이의 관점을 유지하기가 어려워졌다. 체제들은 말 그대로, 그리고 비유적으로 붕괴되었다.

2000년대와 2010년대는 구성주의 이론을 지지하는 사람들이 '테러와의 전쟁' 시대에 국제관계의 고도로 그리고 종종 명백하게 '사회적으로 구성된' 성격을 강조하는 것을 목격했다. 구성주의자들은 '테러와의 전쟁'에 대해 말하는 것이 단순한 물질적 현실을 묘사하는 것이 아니라 일련의 은유를 사용하는 것이라는 사실을 강조했다. 그들은 또한 이 전쟁을 수행하는 데 있어 미국이 강조하는 것은 정체성과 차이에 대한 명백한 언급에 있다고 주장했다.

냉전종식, 그리고 그와 함께 두 세계 권력의 거대한 극으로서 미국과 소련을 중심으로 구성된 양극 세계체제의 붕괴는 대부분의 국제관계이론가들에게 충격으로 다가왔다. 그들은 이에 대해서 서둘러서 설명과 예측을 이어서 했는데, 이들 중 일부는 정밀한 조사나 그에 따른 역사적 변화에 부합하지 않았다. 미어샤이머(John Mearsheimer, p. 279)와 같은 신현실주의자들과 월러스타인(p. 137 참조) 같은 마르크스주의 세계체제이론가들은 양극체제의 붕괴가 거대한 국제적 무질서, 그리고 유럽과 '서방' 내에서의 무력충돌의 잠재적 재발을 초래할 것이라고 전망했다. 후쿠야마(Francis Fukuyama)는 동유럽에서 공산주의의 '패배'는 자유주의적인 '역사의 종말'로 이어질 것이고, 자본주의 시장과 자유민주주의체제가 점차 전 세계의 규범이 될 것이며, 한 종으로서의 인류가 최종 형태의 정치조직을 발견할 것이라는 상상을 했다. 그러나 이 모든 것이 틀린 것으로 판명되었다.

1990년대와 2000년대의 탈냉전 시기는 무질서한 다극체제 대신에 미국 패권의 '단극체제'의 시기로 널리 특징지어졌다. 미국은 글로벌 '경찰'로서 세계에 군사개입을 시작했고, 미국의 경제는 기업과 대중문화로 호황을 누렸고, '워싱턴 합의(Washington consensus)' 경제정책(p. 129 참조)이 글로벌 '사회의 맥도날드화'로 전 세계에 부과되고 소비되었다 (Ritzer [1993] 2019). 소말리아에서 아프가니스탄과 이라크에 이르기까지 미국의 '경찰' 개입은 목표를 달성하는 데 있어서 분명히 '성공적'이지 않았고, 추가적인 무력충돌을 포함하여 치명적인 '의도하지 않은 결과'를 가져왔을 수도 있었다. 그러나 미국은 이 첫 번째 탈냉전 시기 동안 한국과 베트남에서 벌어진 것과 같은 방대한 대리전에 참여하지 않았고, 세계에서 경제적이고 군사적으로 가장 강력한 국가에 대해 도전하는 심각한 경쟁자들에 맞서게 되지도 않았다. 2000년대 후반과 2010년대에 걸쳐, 중국의 급격한 경제적 부상과 그 지역에서의 점점 더 적극적인 전략적이고 군사적인 태세가 (푸틴의 러시아와의 관계 악화와 함께) 단극체제의 종말이 다가오는 것처럼 보였다. 그러나 미중관계가 트럼프 행정부하에서 '무역전쟁'으로 확대되고 양측 모두 점점 호전적인 비난을 시작하면서, 미국과 중국 사이에 다시 시작되는 것은 다극체제가 아니라 양극체제다.

신현실주의자들, 신자유주의적 제도주의자들, 신마르크스주의 국제관계이론가들은 자신들이 존재하는 시대의 글로벌정치를 설명하기 위해 냉전의 맥락에서 자신들의 이론을 발전시켰다 (그들은 자신들의 통찰력의 초역사적[transhistorical]인 적용 가능성에 대해 더 큰 주장을 했지만). 그들의 가장 중요한 이론적 통찰 중 일부는 타당성 있는 냉전적 세계체제에 의한 양극 구조에 의존했고, 특히 그 구조가 어떻게 그리고 왜 갑자기 붕괴되었을 수 있었는지 설명하는 데 어려움을 겪게 되었다. 후기 냉전시대에 국가들의 상호작용에 의해서 비롯된 국가 정체성과 국제규범의 변화를 포함하여, 어떻게 그러한 극적인 정치적 전환이 이념적 요인에 의해 가능했는지를 보여주는 이론적이고 설명적인 틀을 제공하는 구성주의도 등장했다.

냉전종식을 설명하는 데 있어서 구성주의가 초기에 성공적이었던 것은 거의 틀림없이 글로벌정치의 다음 분기점을 구성했던 사건들에 의해 반복되고 확장되었는데, 그들은 2001년 미국에서 발생한 '9/11' 공격과 이에 대응하여 미국과 동맹국들이 시작한 '글로벌 테러와의 전쟁'이었다 (p. 266 참조). 2001년 '전쟁'을 발표하면서 부시 대통령은 미국 밖의 사람들과 국가들에게 '우리와 함께 하든가 혹은 테러리스트들과 함께 하라'고 선언하면서 세계를 자기-타자의 관계로 갈라놓았다. 부시와 그의 후임자들은 '이슬람주의' 테러 프로젝트의 정신을 '악마'로 자주 언급했다. 특히 오스틴(J. L. Austin)의 '화행(speech act)'이론을 토대로 한 구성주의자들은 '안보화(securitization)' 개념을 적용하여 테러와의 전쟁이 어떻게 정치적 이슈를 안보의 영역으로 변화시켰는지 보여주었고, 여기서 비상조치와 '예외상태'가 부과될 수 있었고, 표적이 되는 인구(특히 서방의 이슬람 소수민족과 다수의 이슬람국가 지역)에 대한 시민적이고 민주적인 권리를 효과적으로 중단시켰다.

구성주의가 글로벌정치의 비판이론들 중에서 전례 없이 '주류' 지위를 달성하는 성공은 다른 비판이론들의 주장들을 수용, 단순화 또는 희석시키고, 현실주의자들과 자유주의자들도 전통적으로 관심을 가진 것들과 같은 종류의 '상위정치' 국제적 사건들에 대해 상세하고 그럴듯한 설명을 제공하는 데서 비롯된다. 예를 들어, 다른 비판이론들이 국제관계를 둘러싼 논쟁을 인종, 젠더, 계급의 정치가 유효한 탐구 대상으로 간주되는 공간으로 강제하려고 하는 반면, 구성주의는 오히려 현실주의자 또는 자유주의자들이 설명할 수 있기를 원하는 문제들을 다루기 위해 비판적 어휘와 분석을 동원하여 전통이론에 유화적인 태도를 보인다.

글로벌정치에서 비판이론의 미래

주요 이론 내의 긴장과 시너지 효과

3장에서 논의된 바와 같이, 현실주의와 자유주의의 전통이론들은 여러 가지 측면에서 서로 더 가까워졌다. 그러나 비판이론들 사이에는 몇 가지 중요한 긴장이 지속되고 있다. 후기 구조주의는 부분적으로 마르크스주의에 대한 비판적인 반응으로 등장했고, 후기 구조주의 이론은 마르크스주의의 이념과 계급 같은 개념들이 본질주의(essentialism)적이며, 마르크스주의 명제는 위험하게 전체화되어 있다고 주장한다. '인식론적으로 상대주의적'인 후기 구조주의 사상가들은 마르크스주의 사상을 뒷받침하는 보편주의 사상에 대해서 많은 의구심을 갖고 있다. 많은 페미니즘 계열들이 반자본주의적이지만, 페미니즘이론은 마르크스주의가 불평등에 대한 환원주의(reductionism)적 접근을 가지고 있으며, 성별에 따른 불평등을 단지 자본주의 계급체계의 효과로 축소하고 가부장제의 더 긴 뿌리를 인식하지 못한다고 주장한다. 탈식민주의이론은 인종에 대해서 마르크스주의의 환원주의적 접근을 하고 있으며, 많은 탈식민주의 이론가들은 또한 마르크스주의 사상에 생산적으로 접근한다. 마르크스주의자들 자신은 후기 구조주의, 그리고 일부 페미니즘 및 탈식민주의 사상이 현대 자본주의의 주요 이념인 자유주의/신자유주의에 위험할 정도로 가깝게 접근한다고 본다. 더 정통적인 마르크스주의자들은 페미니즘과 반인종차별주의 이론 및 행동주의를 자본주의 생산 양식에 맞는 '정체성 정치'(제9장 참조)로 폄하하고, 개인 정체성의 수평적 차이를 강조하기 위해 수직적인 계급적 적대감을 지운다. 반면, 구성주의는 후기 구조주의, 그리고 때때로 다른 비판이론들이 비판적 분석을 하는 데 있어서 '너무 멀리' 가는 경향이 있고, 따라서 '절제'되어야 하는 국제관계이론으로서 유용하지 않다고 주장한다. 사회변화, 그리고 특정 이론들이 어떻게 '급진화'되는지에 대한 근본적인 질문도 이러한 긴장의 중심에 있다. 마르크스주의(그리고 신마르크스주의와 후기 마르크스주의), 탈식민주의, 페미니즘 모두가 단순히 세계를 설명하는 것이 아니라, 세계를 변화시키고자 하는 '비판적' 기준을 충족하는 것인 데 반해, 탈식민주의와 후기 구성주의 모두 그런 정치적 프로젝트에 결부되지 않는다. 이 모든 점을 고려해 볼 때, 비판이론들 간의 시너지 효과는 아마도 긴장만큼이나 중요하다. 이 장에서 밝혀진 바와 같이, 탈식민주의, 페미니즘, 마르크스주의와 다른 비판이론들이 현실의 사회적 구성의 변화를 분석하고 옹호하기 위해서 점점 더 많이 융합되고 함께 사용되면서 '학제간' 접근방법의 부상은 '환원주의'의 주장들을 해결하고 불공정과 불평등에 도전하는 데 도움이 되었다.

새로운 위기와 새로운 불공정에 대한 새로운 비판이론?

글로벌정치에서 전례가 없는 것은 아니지만, 최근 몇 년 동안 환경악화와 기후변화, 바이러스 팬데믹, 강제 이주, 자본주의의 위기, 그리고 전후 미국이 지배하던 '자유주의적' 세계질서의 파편화 또는 쇠퇴 같은 많은 '새로운' 글로벌 도전들이 더 큰 주목을 받고 있다. 다양한 형태의 현실주의자들과 자유주의자들인 전통이론가들은, 성공여부에는 의문이 가지만, 설명에 필요한 일반적인 자원들로부터 시간이 흘러도 변치 않는 지혜라고 생각되는 것을 적용하려고 노력하는 반면, 비판이론들은 오히려 새로운 위기 지향의 글로벌정치에 더 많은 반응을 보이며 새로운 이론적 사고의 길을 열어왔다.

생태학 또는 '녹색'이론은 여전히 소외되어 있지만, 국제관계 이론화의 중요한 한 부분이 되었다. 페미니즘과 탈식민주의 사상뿐만 아니라 후기 구조주의와 후기 마르크스주의 이론에 기반한 사상가들은 '인류세(anthropocene, p. 438 참조)'에 초점을 맞추고 '탈인류'질서를 요구하는 글로벌환경정치에 대한 접근법을 발전시켰다. 이러한 관점에 대해 비판이론을 포함한 지금까지의 '인간중심적' 사회이론은 생태학적으로 무책임한 태도를 전파했고, 이는 결과적으로 기후변화와 다른 환경재앙을 초래한 책임이 있다. 인간과 더 넓은 생태계에 가하는 위협에 대한 과학적 근거와 국제기구들의 경고가 점점 더 명확해짐에 따라, 이러한 비판이론과 개념은 글로벌정치를 설명하고 변화시키는 데 흥미가 있는 사람들 사이에서 더 많은 관심을 받게 되었다.

4

'신유물론자'와 '행위자 네트워크이론' 사상가들은 국제관계에서 무엇이 중요한지에 대한 전통적인 생각들뿐만 아니라 많은 비판적인 생각들에 도전해 왔으며, 이는 탐구의 범위가 개인, 사회, 국가, 조직 간의 관계를 넘어 그러한 관계에 개입하고 제약하거나 가능하게 하는 물리적인 것들과 비인간적인 '것'들을 고려해야 한다고 제안한다. 베넷과 라투어(Jane Bennett and Bruno Latour)의 철학적이고 사회적인 생각에 영감을 받아, 이 국제관계 이론가들은 사람들 사이의 국제관계가 어떻게 비인간적인 것들, 동물들, 환경들 사이의 더 넓은 관계의 세계에 내재되어 있는지를 이해하기 위해 국경에서 사용되는 보안 카메라부터 이주자들에 의해 버려진 플라스틱 병까지 범위에 이르는 것들의 '행위'와 '행위성'을 탐구한다.

카메룬의 철학자 음벰베(Achille Mbembe)는 점점 더 대중적으로 인기를 얻고 있는 '죽음의 정치(necropolitics)'라는 개념을 창조하고, 파농(Frantz Fanon)과 푸코(Michel Foucault)를 포함한 탈식민주의 및 후기 구조주의 사상을 바탕으로 권력의 한 형태로서 주권에 대한 죽음의 중심성을 탐구하였다. 2020년에 전 세계적으로 확산되어 수백만 명을 감염시키고 수십만 명을 사망케 한 세계적인 코로나바이러스 팬데믹 이후, 글로벌정치에 대한 새로운 비판적 사고가 관심을 받고 있다. 팬데믹 대응에는 정치적 결정이 개입되며, 이 과정은 기존의 사회적 권력구조에 의해 형성된다. 예를 들어, 표면적으로 '번영한' 국가들 내의 가난하고 인종화된 소수 공동체들 사이의 코로나19 팬데믹으로 인한 사망자 수가 극도로 불균형적으로 증가함에 따라, 공중 보건정책에서 사회적 불평등이 재생산되고 있음이 강조되었다. 소외된 노동자 계층 사람들의 '사망 방관'은 죽음의 정치의 적극적 선택이며 정치적 권력의 표현이라는 비판이론의 렌즈를 통해 살펴볼 수 있다.

요약

- 비판이론에서 '비판'은 두 가지 의미를 갖는 경향이 있다. 첫째, 세계에 대한 지식의 생산과 공유가 권력관계에 내재되어 있으며 특정 이익이나 집단에 기여하는 데 대해서 '비판적으로 사고하라'는 명령이다. 둘째, (모두는 아니지만 대부분의) 이론 자체가 더 나은 세상을 변화시키기 위해 존재해야 한다는 것을 강조하는 윤리적 접근법이다.
- 현실주의와 자유주의 같은 국제관계의 전통이론들은 세계정치에서 권력의 현상유지를 비판적 관점에서 재현하는 경향이 있다. 비록 비판이론은 탈식민지이론과 페미니즘에서 마르크스주의와 후기 구조주의에 이르기까지 다양한 접근법을 포함하고 있지만, 글로벌정치의 전통적인 또는 '주류' 이론에 대한 그들의 비판은 모두 공통적이다.
- 비판이론가들은 대체로 국제관계를 연구하는 대학, 학술저널 등 학문적 제도 내에서 소외되어온 반면, 냉전종식 이후 사회구성주의의 급속한 부상은 많은 비판적 개념과 접근법이 보다 많은 '주류'의 지위를 획득하게 하였다. 구성주의자들은 현실주의자들과 자유주의자들이 관심을 가지는 것과 같은 질문들을 해결함으로써 주류화를 이루었다. 보다 급진적인 비판이론가들은 결과적으로 구성주의를 비판개념과 분석에 대한 다소 피상적인 접근법으로 보는 경향이 있다.
- 이미 '정립된' 비판적 접근법은 자체적으로 비판과 도전에 직면하고 있으며, 새롭게 부상하는 글로벌정치 문제(예: 기후변화)를 설명하거나 새로운 렌즈를 통해 오래된 문제(예: 불평등)를 바라보는 새로운 비판이론이 등장하고 있다.

토의주제

- 글로벌정치의 모든 이론은 단순히 이론을 고안한 이론가들의 이익에 부합하는가?
- 현실주의와 자유주의 이론은 어떤 방식으로 글로벌정치의 현상을 재현하는 데 연루될 수 있는가?
- 모든 글로벌정치의 서방 이론들은 유럽중심적인가?
- 어느 정도로 세계는 '글로벌 유색인종 차별(global colour line)'으로 특징지어지고 있는가?
- 남성에 의해 지배되기 때문에 글로벌정치는 더 폭력적인가?
- 경제적 불평등과 계급관계가 21세기에도 여전히 중요한가?
- 언어와 '담론'은 글로벌정치를 어떻게 형성하는가?
- 왜 구성주의가 다른 비판이론들보다 더 성공적으로 주류화되어 왔는가?

추가 읽을거리

Anievas, A. and S. Shilliam (eds), *Race and Racism in International Relations: Confronting the Global Colour Line* (2014). 탈식민주의와 반인종주의 전통에서 활동하는 비판적인 국제관계학자들의 영향력 있는 에세이 모음집.

Guzzini, S. and A. Leander (eds), *Constructivism and International Relations: Alexander Wendt and His Critics* (2006). 후기 구조주의자와 구성주의자들의 에세이와 웬트 자신의 대응을 포함한 구성주의 사상가 알렉산더 웬트의 작품에 대한 비판적 평가.

Tickner, J. A. and L. Sjoberg (eds), *Feminism and International Relations: Conversations about the Past, Present and Future* (2011). 국제관계에 대해 페미니즘이 접근하는 내용을 기록한 에세이들.

Weber, C., *International Relations Theory: A Critical Introduction, 5th Edition* (2021). 글로벌정치의 핵심 비판이론과 개념, 그리고 전통이론의 일부 핵심 문제에 대한 광범위하고 접근 가능한 소개.

글로벌 시대의 경제

출처: *ProPIC/ Getty Images*

개요

최근 글로벌정치에서 가장 극적이고 널리 논의되고 있는 많은 변화들은 적어도 부분적으로 경제문제에 의해 주도되고 있다. 예를 들어, 서방국가들에서 글로벌화, 일자리, 이민에 대한 경제적 서술들은 주요하고 성공적인 새로운 우익 정치운동과 더불어 자유주의적인 '글로벌주의'에 대한 반발을 뒷받침해왔다. 한편, 중국은 탈냉전 시대에 전례 없는 경제성장으로 인해 세계에서 힘과 위신이 크게 증가했다. 중국의 경제력과 함께 지정학적 힘도 크게 강화되고 있다. 중국의 지도자들과 외교관들은 다양한 지역의 영토적 주장에 대해 점점 더 적극적인 접근을 하고 있다. 그리고 아시아, 아프리카, 라틴 아메리카의 국가들은 식민주의와 구조적 불평등의 유산이 지금까지 그들에게 제공했던 것보다 세계경제에서 더 나은 분배를 지속적으로 요구하고 있다.

이 장은 우리가 정치적으로 논쟁적인 '글로벌경제'와 그 기초, 즉 자본주의(여러 형태의)와 신자유주의에 대해 말할 때 무엇을 의미하는지 설명하고 분명히 한다. 자본주의의 형태는 어떻게 다르고, 그러한 차이가 시사하는 바는 무엇인가? 1980년대 이후 자본주의 발전의 한 특별한 형태는 보통 신자유주의라고 불리는 글로벌 지위를 얻었다. 신자유주의의 '승리'의 주요한 결과들은 무엇이었는가? 더 많은 발전은 경제 글로벌화 과정의 중대한 가속화였다. 신자유주의적 글로벌화는 모든 사람들에게 번영과 기회를 제공하였는가, 아니면 새로운 형태의 불평등과 불공정을 야기하였는가? 이러한 질문들은 위기와 경제적 불안정을 보다 심각하게 만드는 것처럼 보이기 때문에 보다 중요성을 갖게 되었다. 경제위기는 장기적인 경제적 성공을 위해 지불할 가치가 있는가, 아니면 그들은 글로벌 자본주의의 근본적인 실패의 징후인가?

핵심이슈

- 현대 세계에서 자본주의의 주요 형태로는 어떠한 것들이 있는가?
- 신자유주의가 지배적인 된 이유는 무엇이며, 주요 의미는 무엇인가?
- 경제 글로벌화를 어떻게 가장 잘 설명할 수 있는가?
- 현대 세계경제는 어느 정도로 '글로벌화' 될 수 있는가?
- 왜 자본주의는 호황과 불황을 지향하는 경향이 있는가?
- 최근의 경제위기는 글로벌 자본주의의 본질에 대해 무엇을 말해주었는가?

자본주의와 신자유주의

자본주의의 비전과 모델

자본주의의 기원은 주로 봉건적인 사회에서 발전한 17세기와 18세기 유럽으로 거슬러 올라갈 수 있다. 봉건주의는 토지 소유지의 필요에 맞춘 농업기반의 생산, 고정된 사회계층, 그리고 계약된 농노의 복종과 의무의 경직된 패턴에 의해 특징지어졌다. 자본주의 관행은 처음에는 시장을 지향하고 점점 더 임금 노동에 의존하는 상업적 농업의 형태로 뿌리를 내렸다. 신흥 자본주의체제의 핵심인 시장제도는 기술혁신에 대한 압력을 강화했고 생산능력의 확대를 가져왔다. 이는 18세기의 '농업혁명'으로 이어졌는데, 그 내용은 과도하게 방목되는 공유지에 울타리를 치는 것과 비료와 과학적 생산방식을 사용하는 것 등을 포함하였다.

그러나 자본주의 역사에서 가장 괄목할만한 발전은 산업혁명에 의하여 이루어졌다. 산업혁명은 18세기 중반 이후 영국에서 시작되어 미국을 거쳐서 유럽지역으로 전파되었다. 산업화는 기계와 공장을 기반으로 한 생산 형태, 노동의 분업화, 그리고 농촌으로부터 도시로의 인구 유입 등을 통하여 사회를 완전히 바꿔 놓았다. 그 과정에서 산업화는 자본주의의 생산능력을 극대화시켰고, 산업자본주의가 19세기 중반 이래 세계적으로 가장 지배적인 사회경제체제로 발돋움하게 되었다. 산업자본주의의 발전은 세계경제의 진화에 중요한 국면을 기록하였으며, 이에 따라 유럽에서 북미, 남미, 아시아 지역으로 자본의 수출이 이루어졌고, 국가들 사이에 또한 세계 다른 지역들 사이에 노동의 분업이 더욱 발전적으로 이루어졌다. 이러한 방식들을 통해서 19세기 후반에 현대 글로벌 자본주의의 기초가 마련되었다. 그러나 자본주의는 단일의 사회-경제적 형식을 구성하지는 않고, 다양한 사회-경제적 형식을 이룬다 (Brown 1995; Hall and Soskice 2001). 자본주의체제의 최소한 네 가지 유형 또는 비전을 식별하는 것이 가능하다.

자본주의(Capitalism): 사유재산이 허용되고 시장원칙에 따라 경제활동이 이루어지면서, 일반화된 이윤추구를 위해서 상품을 생산하는 체제.

시장(Market): 수요와 공급의 힘에 의하여 형성되고 가격제도에 의하여 규제되는 상업적 교환체계.

노동의 분업(Division of labour): 경제의 효율성를 증진시키기 위하여 생산작업을 분리하고 보다 전문화하는 과정.

자본(Capital): 일반적인 의미에서 모든 '자산', 금융 또는 기타의 의미이다. 마르크스주의자들은 '생산수단'에 구체화하기 위한 축적된 부를 지칭하기 위해 이 용어를 사용한다.

- 기업자본주의
- 사회자본주의
- 국가자본주의
- 인종자본주의

사회민주주의(Social democracy): 자본주의를 폐기하기보다는, 시장과 국가 사이의 균형을 선호하는 온건하고 개혁적인 사회주의의 형태.

시장화(Marketization): 경제와 사회적 측면에서 상업적 거래와 물질적 자기이익에 기반한 시장 관계의 확대.

기업자본주의

기업자본주의(enterprise capitalism)는 특히 영미권에서 '순수한' 자본주의로 인식되고 있으며, 다른 형태의 자본주의들이 불가피하게 접근하게 되는 제도이다(Friedman 1962). 기업자본주의의 본거지는 미국이며, 1945년 직후 케인스식의 사회민주주의가 인기를 끌었음에도 불구하고 영국에서도 기업자본주의가 뿌리내렸다. 이후 기업자본주의는 경제 글로벌화의 영향을 받아 영미권을 넘어서 확대되기 시작하였고, 시장화(marketization)의 촉진으로 더욱 힘을 얻게 되었다. 기업자본주의는 고전 경제학자들인 아담 스미스(Adam Smith)와 리카르도(David Ricardo, 1772-1823)의 사상에 기초하고 있으며, 오스트리아의 경제학자이면서 정치철학자인 하이예크(Friedrich von Hayek, 1899-1992)와 프리드먼(Milton Friedman, p. 123 참조)과 같은 현대 이론가들에 의하여 신자유주의의 형식으로 현대화되었다. 기업자본주의의 중심적 특징은 시장경쟁이 구속받지 않고 작동된다는 데 대한 확신이며, 시장은 자율 규제 메커니즘(또는 아담 스미스가 표현한 대로 '보이지 않는 손')이라는 믿음으로부터 생성되었다. 이러한 아이디어는 아담 스미스의 유명한 어구로 표현됐는데, 그 내용은 "우리의 저녁식사는 정육점 주인, 양조장, 빵 굽는 사람의 자비에서 제공되는 것이 아니라, 그들 자신의 이익이기 때문에 제공되는 것이다." (Smith [1776] 1999, p. 15).

미국에서 그러한 자유시장 원칙은 공공소유권을 최소한으로 유지하고 복지제공이 안전망 이상으로 작동하지 않도록 하는 데 도움이 되었다. 미국 기업들은 전

주요 인물

아담 스미스(Adam Smith, 1723-90)

스코틀랜드 경제학자이면서 철학자이고, 현대경제학의 창시자로 알려져 있다. 글라스고대학의 논리학과 윤리철학 교수로 재직한 이후, 아담 스미스는 브쿨뢰흐(Buccleuch) 공작의 개인교사가 되었는데, 이를 기회로 프랑스와 제네바를 방문하여 자신의 경제이론을 발전시킬 수 있었다. *The Theory of Moral Sentiments* (1759)는 동기부여이론(theory of motivation)을 발전시켰는데, 이 이론은 인간의 이기적인 성향을 규제하지 않는 사회질서와 조화시키는 것을 내용으로 하였다. 아담 스미스의 가장 유명한 저서인 『국부론(*The Wealth of Nations*)』(1776)은 경제의 작동을 시장의 개념으로 설명한 첫 번째의 체계적인 시도였으며, 노동 분업의 중요성을 강조하였다. 아담 스미스는 종종 자유시장 이론가로 평가되었지만, 그는 시장의 한계에 대해서도 인식하고 있었다.

출처: *iStock*

형적으로 이윤을 추구하며, 높은 생산성과 노동의 유연성을 강조하고 있다. 노동조합은 보통 무력한데, 이는 강한 노동조합들은 이윤 최대화에 장애가 된다는 우려를 반영하고 있는 것이다. 이러한 형태의 자본주의의 성장과 기업성에 대한 강조는 부분적으로 생산적인 부를 보험회사나 연기금과 같은 투자에 대한 높은 수익률을 요구하는 금융기관들이 주로 소유하고 있다는 사실에서 비롯된다.

의심할 여지가 없는 미국의 경제력은 기업자본주의의 활력을 보여준다. 상대적인 경제력 쇠퇴의 명백한 증거에도 불구하고(미국은 1945년 세계 제조업 생산의 절반을 차지했지만, 2007년까지 5분의 1 이하로 꾸준히 감소하여 중국에 추월당한 이후 이 수준을 유지하고 있다), 미국은 여전히 GDP 기준으로 가장 큰 경제국이다. 미국은 분명히 시장원리의 적용을 통해 이익을 얻을 수 있는 자연적 이점들을 누리고 있는데, 특히 대륙 전체의 내수시장, 풍부한 천연자원, 그리고 '개척정신'으로 보이는 엄격한 개인문화 등이 미국의 기업자본주의 발전의 원동력이 되고 있다. 또한, 기업자본주의는 심각한 단점도 보유하고 있다. 그 중에 가장 중요한 것은 아마도 광범위한 물질적 불평등과 사회적 분열의 경향일 것이다. 예를 들어, 유럽에서는 발견할 수 없는 절대적 빈곤층이 미국에 나타나고 있으며, 교육을 제대로 받지 못하고 사회에 의존하는 하층계급이 증가하고 있다는 사실이 이를 입증한다.

사회자본주의

사회자본주의는 특히 제2차 세계대전 이후 중서부유럽의 많은 지역에 뿌리를 내린 자본주의의 한 형태를 말한다. 독일은 그 본거지이지만, 사회자본주의의 원칙은 오스트리아, 베네룩스 3국, 프랑스, 스칸디나비아의 많은 지역에서 다양한 형태로 채택되었다 (van Kersbergen 1995). 이 경제형태는 경제적 민족주의에 대한 영향력있는 이론가인 리스트(Friedrich List, 1789-1846)와 같은 경제학자들의 유연하고 실용적인 사상으로부터 많은 영향을 받았다. 이 자본주의 모델의 핵심 주제는 사회시장(social market)의 개념인데, 이는 시장경쟁을 사회적 결속 및 연대와 연계시키려는 시도이다. 이는 단기적 수익성보다는 장기적 투자를 강조하는 데서 드러난다. 소위 라인-알파인(Rhine-Alpine) 자본주의라고 불려온 기업조직도 사회적 파트너십을 기반으로 한다는 점에서 영미 자본주의와 차이가 있다. 노동조합은 노동조합협의회를 통해 대표성을 누리고 통상 산업계 차원에서 이루어지는 연례 임금협상에 참여한다. 마르크스주의 지리학자이자 경제이론가인 하비(David Harvey)가 말했듯이 "거의 모든 국가에서 전후 정착의 한 가지 조건은 상류층의 경제력을 억제하고, 노동이 경제 파이의 훨씬 큰 몫을 차지하는 것에 대해서 합의되는 것이었다" (Harvey 2007: 15).

사회자본주의의 장점은 제2차 세계대전으로 황폐화된 독일을 1960년대까지

사회시장(Social Market): 시장원리에 의해 구조화되고 정부의 간섭으로부터 대체로 자유로운 경제로서, 포괄적 복지제도와 효율적 복지서비스를 통해 응집력이 유지되는 사회에서 작동한다.

유럽의 경제대국으로 성장시킨 '경제 기적'이 잘 대변해 주고 있다. 높고 안정된 수준의 자본투자와 더불어 직업과 기술에 관련된 교육과 훈련에 집중함으로써 독일은 유럽에서 가장 높은 수준의 생산성을 달성할 수 있었으며, 오늘날에도 그 위상은 유지되고 있다. 그러나 사회자본주의의 장점은 보편적으로 받아들여지고 있지 않다. 결점 중의 하나는, 사회자본주의가 협의, 협상, 합의를 너무 강조하기 때문에, 비즈니스의 유연성이 부족하게 되고 시장상황 (예를 들어, 경제 글로벌화와 동아시아, 라틴 아메리카 등으로부터 시작되는 경쟁 강화)에 적응하는 것이 어렵게 된다. 높은 수준의 복지사회를 유지하기 위하여 요구되는 상대적으로 높은 수준의 사회적 지출이 사회민주주의에 또 다른 긴장을 야기한다. 이들은 세금을 더 납부하도록 하고, 따라서 고용주과 피고용인 모두에게 부담이 된다. 사회자본주의를 지지하는 사람들은 사회와 시장이 본질적으로 연결되어 있다는 입장을 고수하는 반면, 비판자들은 사회자본주의가 개념상 모순에 빠져 있다고 주장한다.

5

국가자본주의

'국가자본주의'라는 용어는 다양한 방식으로 정의되어 왔다. 예를 들어, 트로츠키주의자들은 스탈린 치하의 소련이 생산력 통제를 통해 노동자 계급을 억압하는 정책을 자본주의 사회와 유사하게 부각시키기 위해 이 용어를 사용했다. 그러나 오늘날 국가자본주의는 국가가 중요한 지도적 역할을 하는 자본주의 경제를 설명하는 데 더 일반적으로 사용된다. 이들은 종종 비자유주의적 자본주의 사회로 인식된다. 홀과 소스키스는 기업들이 자신들의 활동을 경쟁적 시장구조에 조화시키는 '자유시장경제', 그리고 비시장(non-market) 구조에 의존하는 '조정시장경제'로 구분하였다 (Hall and Soskice 2001). 이는 동아시아와 동남아시아의 '호랑이 경제' 국가들이 열정적으로 채택한 모델이었고, 신흥 중국자본주의는 물론 어떤 면에서는 러시아자본주의에도 영향을 미쳤다.

국가자본주의의 특성은 협력과 장기적 관계를 강조하는 데 있고, 이러한 이유로 '집단자본주의'로 불리는 경우도 있다. 이는 경제가 비개인적 가격에 의해서가 아니라 '관계형 시장(relational market)'에 의하여 운용되도록 한다. 이의 사례는, 일본에서 산업과 금융이 긴밀한 관계를 가졌다는 점을 확립한 지분공동보유의 패턴이 일본기업들로 하여금 단기 또는 중기 이윤보다는 장기 투자를 바탕으로 한 전략을 채택하게 하는 것이다. 국가자본주의에서 기업들은 노동자들의 생활을 위한 사회적 역할을 한다. 노동자(특히 대기업의 남성 노동자)는 회사의 '가족'들인데, 이는 미국이나 유럽의 사회시장에서는 발견할 수 없는 현상이다. 회사에 대한 충성, 헌신, 노력의 대가로 노동자들은 평생고용, 연금, 사회적 보호, 레저 및 레크리에이션의 기회를 보장받을 수 있다. 팀 작업과 집단의식의 구축을 강조하고 있는데, 이는 관리자와 노동자 사이의 좁은 소득 차이에 의해 뒷받침되어 왔다. 이러한 경제적 혼합의 마지막 요소는 정부이다. 동아시아에서의 공공지출과 조세 수준은 국제기준에 비하여 상대적으로 낮은 수준(때로는 GNP의 30퍼센트 이하)이지만, 국가는 투자, 연구, 거래결정에 있어서 중요한 역할을 수행하고 있다. 이의 모델은 1945년 이후 일본의 '경제 기적'을 가져 온 국제무역산업성(MITI)이었다.

일본식의 국가자본주의는 1945년 직후에는 매우 성공적인 것처럼 보였다. 전쟁의 참화로부터 벗어나 세계 두 번째의 경제대국이 될 수 있었고, 아시아의 '호랑이 경제'(남한, 대만, 홍콩, 싱가포르 등)의 부상에 기여하였다. 그러나 1990년대('잃어버린 10년') 이후 일본의 느린 성장과 1997년 아시아의 금융위기는 국가자본주의의 부족한 융통성과 글로벌경제의 변화무쌍한 압력에 적절히 대응하지 못한 점을 강조하면서 어두운 그림자를 드리웠다. 더욱이 노동자들과 그들의 가족들에 대한 과도한 요구 때문에 일본경제의 성공은 대가를 지불하게 되었다. 긴 작업시간과 힘든 작업환경은 개인주의를 억압하게 되고 노동만이 존재의 중심 이유가 되었다. 이러한 상황에서, 중국(p. 276 참조)은 1980년대 후반 이후 약 9퍼센트의 성장률을 지속적으로 달성했고, 세계 제2위의 경제규모에 도달하였다. 중국의 급성장하는 자본주의와 스탈린주의 정치통제의 혼합은 값싼 노동력의 거대한 공급과 경제 기간시설에 대한 거대한 투자로부터 이익을 얻으면서, 지속적인 경제성장을 제공하는 데 현저하게 효과적이었다.

러시아가 국가자본주의로 전환한 것은 옐친(Boris Yeltsin)의 '충격요법'인 시장개혁이 도입되었던 1990년대 혼란의 여파로 일어났다. 1999년부터 푸틴(Vladimir Putin)은 정치적이고 경제적인 측면에서 국력을 재강조하기 시작하였는데, 부분적으로 이는 권력을 소위 '올리가르히(oligarch)'로부터 되찾아 오기 위하여 시도되었다. 올리가르히는 국가로부터 많은 부를 축적하였고 1998년의 러시아 금융위기를 초래했다고 비판을 받은 신흥재벌들이었다. 푸틴의 핵심적 경제전략은 러시아의 방대한 에너지 비축량을 활용하여 경제성장을 도모하고 러시아(p. 165 참조)가 이웃국가들, 특히 많은 유럽 국가들에 대하여 영향을 미칠 수 있는 수단을 확보하는 것이었다. 국가자본주의의 강점은 실용성과 유연성에서 나온다. 국가자본주의를 채택하고 있는 강한 국가들은 일치단결되면서도 때로는 무모할 정도로 경제적 우선권을 추구하는데, 자유민주주의 국가들은 이와 같이 실행하기 어렵다. 이에 따라 주요 기간산업에 대한 투자와 경제적 개건이 보다 쉽게 추진될 수 있고, 자본과 통화시장의 급변이 경제정책을 결정하는 데 주는 영향을 줄일 수가 있다. 일부 전문가들은 소위 '베이징 합의(Beijing consensus, Ramo 2004)'가 '워싱턴 합의(p. 129 참조)'로 대체되는 과정에 있는지도 모른다고 주장한다. 그러나 국가자본주의의 주요 단점은 경제적 자유주의와 비자유주의적 정치제도 사이의 모순이다. 예를 들어, 비평가들은 시장경제와 일당 공산주의 통치의 혼합에 기초한 중국식 국가자본주의가 경제적 자유의 확대는 조만간 정치적 자유의 확대를 위한 압력을 발생시켜야 한다는 점에서, 궁극적으로 지속 불가능하다고 주장해 왔다 (Hutton 2007).

인종자본주의

위와 같은 다양한 자본주의의 역사적 출현을 진정한 글로벌 맥락에 위치시키려면, 우리는 또한 자본주의와 식민주의의 관계를 고려해야 한다. 글로벌 자본주의 경제는 유럽의 식민주의와 함께 등장했고, 그것에 의존했다 (p. 28 참조). 자본주의 기업가 정신과 축적의 논리는 유럽 국가들의 영토 경계를 넘어서는 확장을 빠르게 필요로 했다. 토지와 노동력을 장악하기 위한 명분으로, 세계의 일부 국민을 '열등'으로 인종화(p. 88 참조)하는 것을 포함한 식민주의 관행은 초기 유럽의 자본주의 국가들이 세계 곳곳의 새로운 자본축적 장소를 찾을 수 있도록 하는 데 핵심적이었다. 로빈슨(Cedric Robinson)과 다른 이들이 '식민자본주의' (Ince 2018) 또는 '인종자본주의'라 부르는 것은 '다양한' 자본주의의 이름 중의 하나가 아니다. 그것은 오히려 자본주의가 일반적으로 식민주의와 인종주의에 뿌리를 두고 있으며 여전히 의존하고 있는 것으로 상상하는 한 방식이다. 자본주의 비전에 대한 증거는 분명하다. 윌리엄스(Eric Williams)의 *Capitalism and Slavery*라는 1994년의 고전적 서적이 보여주듯이, 아프리카인들과 다른 사람들의 납치와 노예화는 새롭게 식민지화된 영토로 확장되면서 이루어진 자본주의 기업의 논리적 확장이었다. 이러한 아프리카에서의 납치와 노예화는 아마도 식민 역사상 가장 끔찍한 형태의 인종차별적 폭력이라 할 수 있다. 낮은 임금과 높은 이윤을 유지하고 새로운 시장과 수익원을 찾으려는 자본주의의 명제는, 인간을 '주인들'의 생각에 적합한 수준으로 사고팔거나 다른 방식으로 처분할 수 있는 상품으로의 전환을 가능하게 했다. 이러한 관점에서 인종주의는 그러한 폭력적인 착취가 조직화되고 정당화되는 사고체계였고 지금도 그렇게 유지되고 있다. 인종자본주의 이론가들에 따르면, 오늘날 글로벌경제의 '주변부'에 아프리카, 아시아, 라틴 아메리카, 그리고 더 넓게는 '글로벌 사우스' 국가들이(p. 404 참조) 위치하는 것은 사실상 경제체제의 '결함'이라기보다는 '특징'이며, 글로벌 노스 국가들의 탈식민지 사회에 거주하는 유색인종시민들의 불평등한 경제적 기회와 결과의 범위도 마찬가지이다.

신자유주의의 '승리'

1980년대 이래 경제발전은 신자유주의의 미명 아래 세계 여러 지역에 어느 정도 확산되기 시작하였다. 신자유주의는 다른 형태의 자본주의들에 대하여 기업자본주의의 우세를 반영하였으며, 이는 시장 근본주의를 바탕으로 하고 있었다.

시장 근본주의(Market fun-damentalism): 시장에 대한 절대적인 신뢰를 의미하며, 시장제도가 모든 경제적이고 사회적인 문제에 대한 해결책을 제시한다는 믿음을 반영한다.

중상주의(Mercantilism): 15세기부터 17세기 후반까지 유럽에서 가장 영향력이 있던 경제철학으로, 국제무역을 관리하고 번영을 보장하는 국가의 역할을 강조한다.

보호무역주의(Protectionism): 국제무역에 대한 세금과 관세 등의 경제적 조치를 사용하여 국내산업을 글로벌시장 경쟁의 변화로부터 보호하는 것.

'중상주의'와 '보호무역주의' 용어 해설은 다음 페이지에서 시작되는 분석적 접근에 포함되는 내용임

분석적 접근

국제정치경제

스미스, 마르크스, 리카르도로 그 뿌리를 거슬러 올라갈 수 있는 국제정치경제(IPE) 또는 글로벌정치경제(GPE)에 대한 연구는 국제관계(IR) 연구 내에서 독자적인 분야 또는 학문이 되었다. 주요 국제관계이론들은 더 넓은 세계관에 대응하는 국제정치경제에 대한 접근법들을 정교화했다.

현실주의 견해

현실주의 경제이론은 종종 '경제적 민족주의'나 '중상주의'와 동등하게 간주되며, 이에 확고한 기반을 두고 있다. 중상주의는 국가를 가장 중요한 경제행위자로 보고, 정치에 의해 결정되는 경제적 관계에 중점을 두고 있다. 이 관점에 의하면, 시장은 '자연스럽게 생기는' 것이 아니라, 국가권력에 의하여 형성된 사회적 맥락에서 존재하는 것이다. 국가체계는 무정부적이기 때문에 글로벌경제는 제로섬 게임 속에서 국가들이 권력과 부를 위해 경쟁하는 갈등으로 특징지어지는 경향이 있다. 고전적 중상주의 전략은 수입은 최소화하면서 수출용 상품을 개발하여 국가의 부, 권력, 위신을 구축하는 것이다. 이를 달성하기 위한 주요 장치는 바로 보호주의다. 방어적 중상주의는 '신생'산업과 취약경제를 부강국과의 '불공정한' 경쟁으로부터 보호하기 위해 고안된 것인 반면에, 공격적 중상주의는 팽창주의와 전쟁을 위한 기반을 마련하기 위해 국가경제를 강화하는 데 목적을 두고 있다. 이와 같이 글로벌경제는 강대국들의 이익에 따라 움직여 왔고, 때때로 신식민지주의나 약소국에게 시장을 개방하도록 압력을 가하는 자유무역협정을 통해 이루어지기도 한다. 일부 현실주의자들은 안정적인 세계경제를 위해서 단일의 지배국이 존재할 필요가 있다고 주장하는데, 이는 패권안정이론에 따른 것이다 (p. 270 참조).

자유주의 견해

자유주의 경제이론은 합리적으로 사리사욕이 있는 생명체, 즉 '효용 극대자'로서 개인이 핵심적인 경제주체라는 믿음에 기초한다 (효용 극대자는 고통 대비 최대 행복을 추구하기 위해 행동하며, 이는 물질 소비를 척도로 계산한다). 이러한 측면에서, 기업들은 생산을 조직하고 결국 부를 창출해 내는 주요한 수단이다. 경쟁하는 세력들 간의 균형이나 조화에 대한 깊은 자유주의적 믿음하에, 경제자유주의의 주된 견해는 규제 받지 않는 시장경제가 장기적으로 균형을 이루게 된다는 것이다 (시장의 '보이지 않는 손'인 가격 메커니즘이 '공급'과 '수요'를 일치시키는 것이다). 고전적 자유주의 정치경제학의 관점에 따르면, 이는 자유방임(p. 141 참조)의 정책을 나타내는 것으로, 국가는 경제에 관여하지 않고 시장이 스스로 해나가도록 두는 것이다. 따라서 시장을 통한 경제적 교환은 포지티브섬 게임이며, 더 큰 효율이 경제성장을 낳고 모든 사람에게 이익을 준다는 것이다. 그러므로 글로벌경제는 무역과 그 외 경제적 관계가 상호이익과 전반적 번영을 가져올 것으로 기대되어 상호협력을 특징으로 지니게 된다. 이는 더 나아가 경제의 글로벌화를 긍정적인 시각에서 조망하고 있고, 국경과 같은 '비이성적' 장애물을 극복한 시장의 승리로 여겨진다. 이와 같은 관점은 신자유주의(p. 127 참조)에 의해서 가장 심도 있게 다루어지고 있다. 그러나 케인스로 대표되는 자유주의 정치경제의 전통적 대안은 시장이 실패할 수도 있고 불완전하다는 점을 인정하면서, 시장은 국가적 혹은 글로벌 차원에서 관리되거나 규제 받을 필요가 있다고 주장하고 있다.

마르크스주의 견해

마르크스주의는 경제에 대한 비판적 접근법을 지배해 왔는데, 마르크스주의는 자본주의를 계급적 착취의 체계로 묘사하고 사회계층을 주요 경제주체로 취급한다. 마르크스주의 관점에서 볼 때 계급적 충성심이 국가적 충성심보다 더 강력한 것으로 간주되기 때문에 정치경제는 항상 국제적 차원의 성격을 갖는다. 현대의 경제상황에서 자본주의 계급, 즉 부르주아 계급의 이해관계는 점점 더 국가정부보다 더 강력한 것으로 간주되는 초국적 기업(p. 157 참조)의 이해관계와 동일시되며, 이는 경제가 정치보다 우선한다는 점을 의미한다. 따라서 자본주의는 본질적으로 글로벌화의 경향을 지니며, 이는 국경에 관계없이 끊임없이 확장될 필요가 있다는 점을 나타내준다. 그럼에도 불구하고 글로벌경제는 자본주의체제 자체의 억압적인 속성에서 기인하는 갈등으로 특징지어진다. 일부 마르크스주의자들은 이를 제국주의와 원자재 및 값싼 노동력을 확보하려는 욕구로 표현한다. 월러스타인(Immanuel Wallerstein, p. 137 참조)을 포함한 '신' 마르크스주의자들은 글로벌 자본주의를 세계체제로 해석했으며, 세계체제는 소위 '핵심' 영역과 '주변' 영역, 특히 초국적기업과 개발도상국 사이의 착취적 관계에 의해 구성된다고 주장했다. 다른 사람들은 경제적, 정치적, 문화적 권력이 결합되어 있는 정도에 초점을 맞추면서 헤게모니의 역할(p. 264 참조)을 강조하는 신그람시주의적 접근법을 채택했다.

페미니즘 견해

보다 최근에, 국제정치경제에 대한 페미니즘 접근법이 전면에 등장했다. 라이(Shirin Rai), 엘리아스(Juanita Elias), 몽고메리(Joanna Montgomerie)와 같은 학자들은 글로벌경제에 대한 여성의 기여(그리고 보다 전통적인 국제정치경제 관점의 삭제)를 강조할 뿐만 아니라, 글로벌 불평등의 불균등적이고 성별에 따른 영향을 탐구한다. 페미니즘 국제정치경제는 여성이 분투하는 '국내'경제를 국제화하고 정치화하며, 사회적 돌봄을 포함한 간과된 형태의 노동에 대한 관심을 끌어 모은다.

탈식민주의 견해

국제정치경제에 대한 탈식민주의의 관점은 보스럽(Ester Boserup 1970)의 경제발전에 있어서 여성의 역할로부터 베네리(Lourdes Benerí 1981)와 센(Gita Sen 1981)의 10년 후 논문 재평가에 이르기까지 글로벌경제에서 성별화되고 인종화된 불평등과 그 교차점들을 오랫동안 강조해왔다. 실제로 국제관계이론과 탈식민주의를 '연결'하기 위한 최초의 노력들 중 일부(Darby and Paolini 1994)는 글로벌경제를 인종화되고 성별화된 렌즈를 통해 조망했다. 최근 실리엄(Robbie Shilliam)과 밤브라(Gurminder Bhambra)와 같은 당대 국제정치사회학자들과 탈식민주의 이론가들은 브렉시트 정치에서 인종과 계급의 역할과 같은 문제들에 대한 정치경제학적 분석에 참여해왔고, 밤브라는 국제정치경제나 글로벌정치경제 패러다임보다 세계경제를 연구하기 위한 대안적 접근법으로 '식민주의적 글로벌경제'를 제안한다.

구성주의와 후기 구조주의 관점

국제정치경제는 후기 구조주의의 이론적 전통과 연관되는 학문분야는 아니다. 그러나 미셸 푸코의 후기 연구는 정치경제의 초국가적 방식으로서 신자유주의 논리에 관심을 보이고 있으며, 그가 말하는 소위 신자유주의의 '미국식' 모델의 승리에도 관심을 가지고 있는데, 글로벌 차원으로 확대되는 미국 모델은 경제를 운용하는 데 있어서 보다 강한 국가의 역할을 강조하는 독일의 '질서자유주의(ordoliberal)' 전통에 대해서 승리를 한 것이다. 그리고 후기 구조주의자들은 오늘날 세계경제를 형성하는 담론들을 계속해서 탐구하고 있다. 구성주의자들은 항상 자유주의 및 현실주의와 동일한 현실세계의 문제들에 관여하는 자신들의 이론적 능력을 입증하기를 열망하며, 그러한 점에서 국제정치경제를 보다 직접적으로 다루고 있다. 1990년대 이후 구성주의 학자들은 국제무역, 화폐, 금융 및 위기와 관련된 정치를 포함한 광범위한 국제정치경제 주제에 대한 새로운 이론화와 분석을 제공하였다(Nelson 2020). 구성주의자들은 현실주의적이고 자유주의적인 국제정치경제의 주류를 뒷받침하는 합리주의적이고 개인주의적 가정을 회피하는 경향이 있으며, 가변가능한 정체성의 상호작용을 포함한 '사회적 사실'이 세계경제의 표현과 관행에서 어떻게 위태로운지 탐구하는 것을 선호한다.

■ 역자 주

국제정치경제에 대한 국내 참고 서적으로는 다음을 참조할 것.
David N. Balaam 외 지음. 민병오, 김치욱, 서재권, 이병재 옮김. 『국제정치경제』 (명인문화사, 2016).

초 점
중국의 경제모델?

1970년대 후반 시장개혁을 도입한 이후 중국이 괄목할만한 경제성장을 할 수 있었던 동인은 무엇인가? '중국 특색의 자본주의' 같은 것이 있는가? 중국의 경제모델은 다수의 분명한 특징을 갖고 있다. 첫째, 14억 인구를 보유하고 있으며, 역사적으로 유례가 없을 정도로 지방에서 급성장하고 있는 도시, 특히 동해안으로 사람들이 이동하면서 값싼 노동력의 무한정 공급으로부터 이익을 얻었다. 둘째, 일본 및 아시아 '호랑이' 들과 마찬가지로 중국은 제조업에 기반하고 '세계의 일터'가 되는 목표를 추구하는 수출주도형 성장전략을 채택하였다.

셋째, 높은 저축률은 미국이나 많은 서방국들의 경제와 달리 중국에의 투자가 대체로 내부 원천으로부터 나온다는 점을 의미한다. 이는 중국의 은행제도가 미국, 영국 등 서방국들에 비해서 견실할 뿐만 아니라, 중국이 외국에 대규모 대출을 가능하게 한다는 점을 제시한다. 이러한 대출은 미국 달러에 비해 중국의 통화 가치를 낮게 유지함으로써 중국 수출품의 경쟁력을 높여준다. 넷째, 경제는 정부의 개입정책에 의하여 성공을 할 수 있었는데, 개입정책은 무엇보다도 기간산업에 대규모 투자를 하고 자원안보를 달성하는 목표를 향하여 외교정책을 추진하는 것이다. 이를 통하여 확대되는 경제가 절실하게 필요로 하는 석유, 철광석, 구리, 알루미늄 및 기타 산업 광물의 공급을 보장할 수 있다.

그러나 중국의 '시장 스탈린주의'의 정통성과 급성장하는 중산층과 기업 엘리트들의 충성이 중국의 GDP를 지속적으로 증대시키는 능력과 밀접하게 연계되어 있다. 다양한 요인들이 중국의 경제모델을 위협하고 있거나, 중국으로 하여금 새로운 경제모델을 개발하도록 요구하고 있다. 이 요인들에는 2000년대 중반 이후 중국의 임금상승의 징후가 나타나고 있다는 사실이 포함된다. 이는 값싼 노동력의 무제한적 공급이 어려워지고 세계의 다른 국가들에 비해서 저렴하게 상품을 생산할 수 있는 능력을 위기에 빠트린다는 점을 의미한다. 수출시장에의 과도한 의존은 국내소비를 부양시켜야 할 필요성을 제기하였고, 이는 특히 2008-9년의 글로벌 경제불황으로 인해 더욱 명확해졌다. 그러나 확대된 국내소비는 수입에 더욱 많이 의존해야하는 결과를 가져오고 이는 현재 중국의 긍정적인 무역균형을 깨트릴 수가 있다. 그리고 생산가능 인구를 감소시킬 출산율의 급격한 하락을 막기 위한 노력으로 2016년부터 중국의 한 자녀 정책은 포기되어야만 했다. 비록 그 이후 출산율이 다시 하락하기 시작했지만, 두 자녀 정책의 도입은 초기에 영향을 미쳤다. 오늘날 중국의 지속적인 경제발전에 가장 큰 위협은 트럼프의 리더십 아래 두 나라 사이의 발생한 '무역전쟁'으로 보복적인 수출입 관세의 부과가 이루어졌고, 더 근본적으로 중국의 경제와 정치모델 사이의 모순도 발전의 위협이 되고 있다. 중국의 반자치지역인 홍콩에서의 폭력적인 불안 조성과 억압적인 정부의 대응은 최근 경제와 정치 사이의 모순을 더 심각하지는 않을지 몰라도 더 가시적으로 만들었다. 홍콩은 글로벌 자본주의 중심지이고, 홍콩시민들은 본토 중국인들보다 더 많은 경제적, 사회적, 정치적 권리를 누려왔지만, 그들의 정착은 점점 더 불안정해 보인다.

사실상 '신자유주의 혁명'은 반혁명적인 것이었다. 신자유주의의 목표는 20세기의 대부분, 특히 1945년 직후에 팽배하였던 '큰' 정부와 국가개입의 경향을 중단시키거나 가능하다면 되돌리는 것이었다. 신자유주의를 대표하는 주요학자들로는 하이예크와 프리드먼이었다. 그들의 공격의 중심 대상은 케인스주의와 그들이 1970년대의 '스태그플레이션'(경제 침체와 그에 따른 실업 증가, 그리고 높은 인플레이션의 일반적인 상승)에 책임이 있다고 주장한 '세금과 지출' 정책이었다. 신자유주의의 해결책은 국가의 경계선을 '회복'하여 시장의 힘에 자유로운, 혹은 적어도 훨씬 더 자유로운 지배를 허용하는 것이었다.

케인스주의(Keynesianism): 완전고용을 달성하기 위해 총수요를 규제하는 것과 관련된 이론(J. M. Keynes[p. 142] 참조) 또는 경제관리정책.

신자유주의 첫 번째 실험은 칠레에서 이루어졌다. 1973년 CIA의 지원으로 군사 쿠데타를 일으켜 아옌데(Salvador Allende) 정권을 붕괴시킨 후, 새로 들어선 피노체트(Pinochet) 정권은 미국과 미국에서 훈련 받은 자유시장 경제학자들인 소위 '시카고 소년들(Chicago boys, 밀턴 프리드먼과 '시카고 학파'의 영향을 반영하였다)'의 권고를 받아들여 전반적인 시장개혁을 추진하였다. 그들의 영향은 브라질, 아르헨티나 등 남미 여러 지역으로 퍼져 나갔다. 1980년대에 신자유주의는 '레이거니즘'(레이건 대통령, 1981-89)과 '대처리즘'(대처 수상, 1979-1990)의 형식으로 미국과 영국, 그리고 캐나다, 호주, 뉴질랜드로 삽시간에 확대되었다. 광범위하면서 불가항력적으로 보이는 신자유주의의 발전은 1990년대에 글로벌 경제거버넌스 제도와 글로벌화의 영향을 통하여 이루어졌다. 1980년대에 세계은행(p. 509 참조)과 국제통화기금(IMF, p. 505 참조은 나중에 '워싱턴 합의(Washington Consensus)'로 불리게 된 아이디어로 전환되었다. 워싱턴 합의는 레이건과 대처의 경제 의제와 보조를 같이 하였고 자유무역, 자본시장의 자유화, 유연한 환율, 균형예산 등과 같은 정책에 초점을 맞추었다. 1989-91년의 동유럽 혁명 이후 이러한 사고는 러시아, 헝가리, 폴란드 같은 국가들에서 중앙계획경제에서 자유시장 자본주의로 전환하는 '충격요법'의 기반이 되었고, 자유시장 개혁은 '구조조정'프로그램을 통하여 많은 개발도상국들로 확산되었다 (p. 415 참조).

경제 글로벌화는 다양한 방법으로 신자유주의의 발전을 지원하였다. 특히 강력한 국제경쟁은 투자유치와 초국적기업(TNCs, p. 131 참조)의 다른 지역으로의 이전을 방지하기 위하여 정부가 경제에 대한 규제를 철폐하고 세금 수준을 낮추도록 고무하였다. 공공지출, 특히 복지예산을 축소하라는 강한 압력이 가해졌는데, 이는 고조된 글로벌 경쟁의 맥락에서 완전고용의 유지보다는 인플레이션의 통제가 경제정책의 주요 목표가 되어야 한다는 논리에서 이루어진 것이다. 미국경제에서 성장과 생산성의 회복, 그리고 일본이나 독일과 같은 국가자본주의의 다른 모델에서의 상대적으로 부진한 성과가 이루어지면서, 1990년대 말까지 신자유주의는 '새로운' 세계경제의 지배적인 이데올로기로 자리매김하였고 아무런 도전을 받지 않았음을 의미하였다. 중국과 같은 단지 몇 개 국가만이 신자유주의적 글로벌화를 자체적인 방식에 따라 취급할 수 있었는데, 그들은 환율을 낮추는 방식 등으로 경쟁을 극복하려 하였다.

개 념

신자유주의

신자유주의(때로는 신고전적 자유주의로도 불림)는 고전적 자유주의의 현대화된 형식이다. 경제학과 관련해서, 신자유주의의 중심 명제는 경제가 정부에 의하여 홀로 남겨질 때 가장 잘 작동된다는 아이디어이며, 자유시장경제와 원자적 개인주의를 반영한다. 규제되지 않은 시장 자본주의는 효율성, 성장, 폭넓은 번영을 가져다주지만, 국가의 '검은 손'은 창의력을 약화시키고 기업의 발전을 저해한다. 요컨대 신자유주의 철학은 '시장은 좋은 것, 국가는 나쁜 것'이다. 핵심적인 신자유주의 정책에는 민영화, 낮은 공공지출, 규제철폐, 감세(특히 법인세와 직접세), 복지축소 등이 포함된다. 또한, 신자유주의 용어는 자유주의적 국제관계이론의 현대적 발전을 묘사하는 데 사용된다 (제3장에서 논의되었다).

신자유주의의 함의

신자유주의의 명백한 글로벌 차원의 '승리'는 상당한 논쟁을 불러일으켰다. 신자유주의자들과 그 지지자들에게 시장개혁과 경제 자유화를 지지하는 가장 명확한 주장은, 시장개혁과 경제 자유화가 새로운 경제적 위상으로 미국에서 30년 동안 (예를 들어, 미국이 일본과 독일에 의해 가려질 것이라는 1970년대와 1980년대에 널리 행해진 예측을 확실히 묻음) 뿐만 아니라 세계경제에서 성장을 자극했다는 것이다. 이러한 점에서 신자유주의는 구시대의 케인스주의-복지주의적 전통에 대한 확고한 우월성을 보여준 새로운 성장모델에 기초하고 있었다. 신자유주의 성장모델의 중심에는 금융시장과 '금융화(financialization)'가 자리 잡고 있다. 이는 경제의

■ 역자 주

신자유주의에 대한 국내 참고 서적으로는 다음을 참조할 것. Damien Cahill & Martijn Konings 지음, 최영미 옮김, 『신자유주의』 (명인문화사, 2019).

금융화(Financialization): 기업, 공공기관, 국민 개개인이 돈을 빌리고 지출을 늘릴 수 있도록 금융구조를 재건하는 것.

금융영역의 대규모 확대에 의하여 가능했고, 월스트리트, 런던, 프랑크푸르트, 싱가포르 등의 중요성을 설명하고 있다. 이러한 과정에서 자본주의는 '초고속 자본주의(turbo-capitalism)'로 전환되었으며, 투자증대와 고소비를 통한 통화 흐름의 대규모 확대에 의한 이득을 누리게 되었다. 비록 이 과정은 공적이고 때로는 사적인 부채의 상당한 증가를 가져왔지만, 이는 부채가 야기된 근원적인 성장에 따른 지속 가능한 것으로 생각되었다. 신자유주의 성장모델의 다른 핵심적 특징은 국내경제의 글로벌경제로의 강력한 통합 (그리고 이에 따른 경제 글로벌화의 가속화), 주도산업의 제조업에서 서비스업으로의 전환, 그리고 새로운 정보기술의 급진적 도입을 포함하는데 이는 종종 '지식경제'의 성장으로 인식되었다 (p. 129 참조).

신자유주의는 비판도 받고 있다. 예를 들어, 복지조항들을 회복하고 물질적 자기이익추구('탐욕은 좋은 것이다')에 대한 윤리관을 증진시키는 데 반대하여 신자유주의자들은 경제 독트린에 대한 대중적인 정통성을 유지하기 위하여 투쟁하고 있지만 불평등의 확산과 사회의 붕괴 때문에 힘을 발휘하지 못하고 있다고 비판자들은 주장하고 있다. 이러한 이유로 1990년대 뉴질랜드, 캐나다와 영국에서 '신자유주의 혁명'에 대하여 완전한 부정은 아니지만 수정이 가해지고 있으며, 심지어는 미국에서 신자유주의의 우선권에 대한 재평가가 2009년 이후 오바마정부에서 이루어지고 있다. 더욱이 시범 케이스인 칠레, 그리고 개발도상국들에서 구조조정프로그램들의 실망스러운 결과(p. 415[제19장] 참조)가 이어지고, 시장개혁의 '충격요법' 실험들이 실패하자 발전 프로그램으로써 신자유주의의 한계가 노정되었다. 러시아와 같은 사례들에 있어서, 실업과 인플레이션의 증가, 그리고 신자유주의의 원칙인 '충격요법'을 적용하면서 발생한 심각한 안보불안은 시장개혁에 대한 반작용을 발생시켰고 민족적이고 권위적인 움직임에 대한 지지를 강화하게 만들었으며, 궁극적으로 국가자본주의로 이행하게 되었다. 또 다른 문제는 신자유주의의 '초고속(turbo)' 특성이 시장의 역동성이나 기술혁신과는 별 연관이 없고, 지출하고 빌리려는 소비자들의 의지 및 투자하려는 기업의 의지와 연관이 되어 있다는 점이며, 이에 따라 이러한 경제모델은 금융시장의 급변상황과 소비자나 기업의 신뢰 변화에 특별히 약점을 지니고 있다는 비판을 받는다. 이 내용은 이 장의 자본주의의 위기를 논할 때 보다 자세히 탐구될 것이다.

콕스(Robert Cox, p. 160 참조)는 신자유주의, 또는 그의 표현에 따르면 '초자유주의적 글로벌화 자본주의(hyper-liberal globalizing capitalism)'는 주요 모순점들과 투쟁에 근거하고 있는데, 신자유주의의 지배는 도전을 받게 되고 궁극적으로는 전복될 운명에 처하게 된다고 주장한다. 이러한 모순점들은 '국가의 국제화'(국가가 여론보다는 글로벌경제의 명령에 대응하는 경향)에 의하여 발생하는 '민주성의 결핍,' 고속 경제성장으로 인한 파괴로부터 환경을 보호해야 한다는 압력의 증가, 기업의 재정과 경제적 이익에 대한 국가권위의 몰락 등을 포함한

초 점

'워싱턴 합의'

'워싱턴 합의(Washington consensus)'라는 용어는 윌리암슨(John Williamson 1990, 1993)에 의하여 만들어졌는데, 그는 IMF와 세계은행 등 워싱턴에 본부를 두고 있는 국제기구들과 미국 재무부가 개발도상 세계의 탈식민적 경제를 재건하는 데 목표를 둔 정책들을 묘사하기 위하여 이 용어를 만들었다. '현대화의 발전'을 위한 '정통적' 모델과 신자유주의 사상에 기초한 워싱턴 합의의 핵심은 '안정화, 민영화, 자유화'였다. 장기적인 측면에서 워싱턴 합의는 다음 것들을 선호한다.

- 재정규율(공공지출 삭감)
- 세제개혁(개인세 및 법인세 인하)
- 금융자유화(금융시장과 자본통제에 대한 규제완화)
- 변동 및 경쟁 환율제도
- 무역의 자유화(자유무역)
- 해외직접투자에 대한 개방
- 민영화

이러한 정책들에 대한 반발로, 때로는 이 정책들이 실패하면서, '진일보'한 워싱턴 합의가 등장하였는데, 이는 법적/정치적 개혁, 반부패, 노동시장 유연성, 빈곤감소 등에 대한 정책을 강조한다.

다. 클라인(Naomi Klein 2008)은 신자유주의에 대하여 보다 더 암울한 해석을 했다. '재앙의 자본주의'의 등장에 초점을 맞추며 그녀는 신자유주의의 진전이 다양한 형태의 '충격', 비상사태와 위기를 안겨다 주고 있다고 주장하며, 아옌데 정권의 전복으로부터 '테러와의 전쟁'으로 이어지는 미국의 모험주의적 외교정책은 신자유주의의 확산과 연결된다는 점을 강조했다. 많은 사람들이 2007-9 글로벌 금융위기는 신자유주의 모델의 취약점을 나타낸다고 인식하고 있으며, 그 내용은

초 점

'지식경제'에서 글로벌 '긱'경제로?

'지식경제(knowledge economy)'는 21세기 초에 대중화된 용어로, 특히 정보기술(IT)의 적용을 통해 지식이 경쟁력과 생산성의 주요 원천으로 추정되는 새로운 글로벌 경제질서를 묘사하기 위해 사용되었다. 지식경제는 때때로 산업사회에서 정보사회로의 이행의 경제적 표현으로 묘사된다. 이 아이디어의 지지자들은 더 유동적이고 이동적인 글로벌경제와 덜 가시적이고, 물리적이며, 착취적인 노동방식을 상상했다. 그러나 20세기 후반에 시작된 IT 혁명이 실제로 그러한 '기술-유토피아'를 낳았는가?

최근에, '긱(gig)'경제라는 개념이 평론가들 사이에서 인기를 얻고 있다. 비판적 국제관계 이론가 스르니첵(Nick Srnicek)이 '플랫폼 자본주의'라고 부르는 시대에, IT 분야의 초국적기업들은 명목상 자영 노동자와 생산자들이 자신들의 상품과 서비스를 소비자들에게 연결하고 판매할 수 있는 하드웨어 또는 소프트웨어 '플랫폼'을 제공하고 있다. 미국에 기반을 둔 '피어 투 피어' 승차공유, 미니캡, 음식 배달 회사, 우버는 이 기반으로 60개 이상의 국가에서 운영되고 있고, 또 다른 실리콘 밸리의 거대 기업인 에어비앤비는 개인이 방 또는 집을 임대할 수 있도록 190개 이상의 국가에서 숙소를 찾는 여행자들에게 연결해준다. 이 경제모델의 핵심적인 이점은 유연성일 것이다. 예를 들어, 승차공유 운전자는 다른 유급노동 또는 가사책임을 가지고 있으면서 언제 어디에서 일하고 싶은지를 선택할 수 있고, 고객은 중앙 위치에서 차가 보내지기를 기다리는 대신 가장 가까운 곳에서 차를 발견할 수 있다. 그러나 비평가들은 긱 경제 회사들이 노동자들 수입의 많은 부분을 차지하면서 그 대가로 그들에게 거의 권리와 혜택을 제공하지 않는 착취적인 운영을 하며, 심지어 그들이 한 회사에서 근무하는 곳에서도 노동자들이 자영업자로 분류되기 때문에 종종 국내 노동법을 피해간다고 주장한다.

개 념

경제 글로벌화

경제 글로벌화는 모든 국가들의 경제가 연동적인 글로벌경제로 흡수되는 과정을 의미한다. 따라서 글로벌화는 '개별 국가경제의 세계로부터 생산이 국제화되고 금융자본이 국가 간 자유롭고 즉각적으로 흐르는 글로벌경제로의 전환'으로 정의되었다 (Kinabo 2004). 그러나 경제 글로벌화는 국제화(internationalization)와는 구분되어야 한다. 후자는 국가경제들 간의 상호의존 강화('느슨한 통합')로 유도된다. 반면에 전자는 '긴밀한 통합'을 향한 질적인 전환을 의미하는데, 여기서 생산, 유통, 소비를 위한 통합된 글로벌시장의 구축을 통하여 국경선이 초월된다.

이 장의 후반부에서 논의될 것이다.

경제 글로벌화

경제 글로벌화의 동인

경제 글로벌화의 등장은 어떻게 가장 잘 설명될 수 있으며, 경제 글로벌화는 얼마나 진행되었는가? 경제 글로벌화에는 새로운 것이 없다. 초국경적이고 초국가적 경제구조의 발전은 제국주의의 중심적 특징이었고, 경제 글로벌화의 최고점은 19세기 후반 아프리카와 아시아의 식민지를 놓고 쟁탈전을 벌이면서 찾아왔다. 그러나 현대와 과거의 글로벌화 형식은 중요한 점에서 차이가 난다. '초창기 글로벌화'로 불리는 이전의 글로벌화 형식은 팽창주의적 정치적 구상 뒤에 초국가적 경제조직이 자리 잡고 있었다. 예를 들어, 국가의 지원을 받지만 사실상 '민간'이고 이윤을 추구하는 사업체인 영국 동인도회사는 인도대륙에서 영국 식민주의를 확립하는 데 중요한 역할을 했다. 제국주의 국가들은 제국주의적 측면에서는 확산과 성공을 하였을지 몰라도, 국경선을 지우는 데에는 성공하지 못하였고 단순히 자신들은 정치적인 지배세력으로만 자리매김할 수밖에 없었으며, '문명'세계와 '야만'세계 사이의 새로운 경계만을 구분하였을 뿐이었다. 이와 비교하여 글로벌화의 현대적 현상은 경제적 상호연결성과 상호의존의 망이 확대되어감에 따라, 처음으로 세계경제를 '단일' 글로벌체제로 인식하게 되었다. 이에 따라 경제생활이 '국경 없이' 되었다고 느끼게 되었다 (Ohmae 1990).

현대의 글로벌화한 경제는 20세기 중반 이후 두 가지 국면의 산물로 존재하기 시작했다. 첫째 국면은 제2차 세계대전 종료에서 1970년대 초반까지 지속되었는데, 전후 브레튼우즈(Bretton Woods)체제(제20장에서 논의될 것임)로 불리는 국제금융체제의 관리를 위한 새로운 장치들로 특징지어졌다. 고정환율, 규제, 지원체제를 통하여 브레튼우즈는 1930년대 대공황에 기여하였고, 그 과정에서 정치적 극단주의와 공격성을 부추긴 '이웃 궁핍화 정책(beggar-thy-neighbour policies)'으로 회귀하는 것을 방지하는 목표를 세웠다. 미국의 유럽에 대한 재정지원, 특히 전후 재건을 위한 지원인 마셜플랜과 더불어 지속적인 성장으로 인도하기 위한 케인스식의 경제정책을 폭 넓게 받아들이면서 브레튼우즈체제는 1945년 이후의 소위 '장기적 호황'을 전후 기간에 누릴 수 있게 하였다. 생산능력을 대규모로 확대하고 자본주의의 소비자 행태를 변화시키는 데 기여하면서 브레튼우즈는 후일 경제 글로벌화의 '촉진'에 기초가 되었다.

그러나 1970년대에 브레튼우즈체제가 붕괴되어 주요 통화가 고정되지 않고 변동되면서, 글로벌화된 자본주의 발전의 두 번째 국면이 조성되었다. 브레튼우즈체제는 세계경제가 일련의 상호연결된 국가경제로 구성되어 있다는 가설에 기

국제화(Internationalization): 국경을 넘나들면서 국가들 사이의 관계와 이동의 증가(예를 들어, 상품, 돈, 사람, 메시지, 아이디어)이며, 보다 높은 수준의 상호의존이 이루어진다.

초하였다. 그 목적은 민족국가들 사이의 무역관계를 규제함으로써 국가 차원의 경제적 안정성을 보장하는 것이었다. 그러나 이 체제의 붕괴는 고정환율을 변동환율로 전환시키면서 국가경제에 심각한 경쟁의 압력을 가하였고, 결국은 국가경

글로벌 행위자 초국적기업

초국적기업(TNC: Transnational Corporation)은 둘 또는 그 이상의 국가에서 경제활동을 하는 회사이다. 통상적으로 모기업은 한 국가에 자리 잡고, 자회사들은 다른 지역에 자리 잡고 있으며, 자회사들은 서로 분리된 회사들일 수도 있다. 이러한 기업은 영어로 다국적(multinational)보다는 초국적(transnational)이라는 표현을 쓰는데, 이는 초국적기업의 전략과 과정이 단순히 국경을 넘나든다는 것이 아니라 국경을 초월한다는 의미이다. 경제 부문 간의 통합과 기업 내 거래의 점증하는 중요성에 의해 초국적기업들로 하여금 자체적인 권한을 가지고 경제 단위체로서 활동을 하도록 하고, 지역적 유연성, 제품 혁신의 이점 및 글로벌 마케팅 전략을 추구할 수 있는 능력에 따른 혜택을 받도록 하고 있다.

초기의 일부 초국적기업들은 유럽 식민주의의 확대와 연관되어 발전하였는데, 고전적인 사례는 1600년에 설립된 동인도회사(East Indian Company)이다. 그러나 1945년 이래 초국적기업의 숫자, 규모, 지역적 분포에 있어서 극적인 발전을 하였다. 초기에 초국적 생산은 주로 미국에 의해 이루어졌고, 제너럴 모터스, IBM, 엑손 모빌, 맥도널드 등이 주도하였다. 유럽과 일본기업들이 뒤따르면서 초국적기업 현상은 전 세계로 확대되었다. 오늘날 가장 큰 초국가기업은 애플, 구글과 같은 미국의 IT 대기업들이며, 화웨이와 같은 중국의 IT 기업들도 강력한 경쟁자가 되었다.

중요성: 초국적기업들은 막대한 경제력과 정치적 영향력을 행사하고 있다. 초국적기업이 경제 규모 면에서 종종 국가들을 왜소하게 만든다는 사실이 초국가기업의 경제적 중요성을 반영한다. 2018년 미국 소매업체 월마트는 스페인이나 호주보다 고객으로부터 더 많은 수익을 거둬들였다. 이러한 측면에서 엑손 모빌과 같은 석유회사들과 애플과 같은 기술관련 초국적기업은 인도, 러시아, 튀르키예, 멕시코보다 더 큰 '경제규모'를 갖게 된다. 그러나 경제규모가 반드시 정치력이나 영향력을 의미하지는 않는다. 국가들은 초국적기업들이 꿈만 꾸는 법 제정이나 군대양성 같은 것들을 할 수 있다. 초국적기업이 국가정부에 비해서 얻을 수 있는 전략적 이득은 '초국경', 심지어 '초글로벌' 커뮤니케이션과 상호활동을 통하여 영토의 개념을 초월할 수 있는 능력이다. 이에 따라 초국적기업은 생산과 투자에 있어서 지역을 초월하는 유연성을 가질 수 있다. 요컨대 초국적기업들은 이윤을 극대화시킬 수 있는 환경을 물색할 수 있다. 예를 들어, 그들은 안정된 정치적 환경, 낮은 수준의 세금(특히 기업세), 낮은 수준의 경제와 금융 규제, 저렴하면서도 숙련된 노동, 약한 노동조합, 노동권에 대한 제한된 보호, 고소득의 소비자들을 제공할 수 있는 국가나 지역에 관심을 가지게 된다. 이는 국가와 초국적기업 사이의 구조적 의존관계를 형성하는데, 국가는 초국적기업에 일자리와 자본의 흐름을 의존하는 대신 오직 사업의 이익에 유리한 환경만을 제공하여 유인한다.

기업을 옹호하는 사람들은 기업이 대규모의 경제적 이익을 제공하지만, 기업의 정치적 영향력이 반글로벌화 운동에 의하여 많이 과장되어 있다고 주장한다. 초국적기업을 지지하는 주장은 효율성과 높은 수준의 소비자 반응성이라는 두 가지 거대한 경제적 이익을 지적한다. 더 큰 효율성은 역사적으로 전례 없는 이익을 가져다 줄 수 있는 능력, 새로운 생산방식의 발전과 새로운 기술의 적용으로 극대화되고 있다. 초국적기업에 대한 소비자의 대응은 연구와 개발에 대한 대규모 투자와 기술혁신에 의하여 증진된다. 그러나 비판자들은 초국적기업의 사악한 이미지를 묘사하며, 초국적기업이 과도한 경제력과 수용할 수 없는 수준의 정치적 영향력을 축적하였으며, 소비성향을 조장하여 공공영역을 오염시키는 '브랜드 문화'를 만들어 냈다고 주장한다.

제의 약화를 초래하였다. 그 결과, 그리고 초국적기업의 중요성이 부각되는 등 다른 요소들과 관련하여, 국가경제는 상호연결성의 망으로 빠져들게 되었다. 1990년대 들어서 경제적 상호연결성은 글로벌화하였는데, 이는 동유럽과 다른 지역의 공산주의의 붕괴와 중국경제의 개방에 힘입은 바 크다. 그러나 비록 글로벌경제가 존재하게 되는 사건들에 대한 폭 넓은 합의가 있었지만, 이러한 사건들을 형성하고 결정하는 추동력과 역동성에 대하여 더 많은 논의가 계속되고 있다. 이러한 논의는 글로벌정치경제에 대한 경쟁적인 관점과 경제상황이 생산조직 등과 같은 구조적 요인들에 의하여 잘 설명될 수 있는지, 아니면 국가, 기업, 개인과 같은 경제 행위자들의 자유로운 선택에 의하여 잘 설명될 수 있는지에 대한 상반된 입장을 반영한다.

실제로 글로벌 자본주의체제의 등장과 같은 혼합적인 경제발전은 구조와 행위자들의 역동적 관계를 통하여 가장 잘 설명될 수 있다 (O'Brien and Williams 2020). 글로벌경제의 등장에 대한 가장 영향력 있는 구조주의적 설명은 자본주의가 원천적으로 보편적인 경제체제라는 마르크스주의자들의 주장이다. 요컨대 글로벌화는 자본주의 생산체제의 자연적이고 불가피한 결과이다. 마르크스(p. 96 참조)가 *Grundrisse* ([1857–8] 1971)에 기록한 대로 자본주의의 본질은 '통상에 대한 모든 지역의 장벽을 허물고, 전 세계를 자본주의 시장으로 편입시키는 것'이다 (McLellan 1980, p. 128). 자본주의체제에 잠재해 있는 역동성은 자본을 축적하여, 새로운 시장을 개척하려는 불가항력의 욕망과 새롭고 값싼 자원에 대한 억제할 수 없는 갈망을 창조해 낸다. 마르크스주의자들에 따르면, 19세기 말에 제국주의가 이익의 수준을 유지하기 위한 욕망을 펼친 것처럼, 20세기 후반부터의 글로벌화 진전은 1945년 이후의 '장기적 호황'의 종식과 1970년대 글로벌 불황 시작의 결과였다.

비록 자유주의자들은 자본주의에 대한 비판적인 마르크스주의의 견해를 강력하게 거부하지만, 그럼에도 불구하고 그들은 잠재되어 있는 경제 논리가 글로벌화를 가속화한다는 견해는 받아들인다. 자유주의자들에게 있어서 이 문제는 자본주의 정신의 충동이 아니라 인간의 본성, 즉 보다 나은 경제를 위한 인간의 선천적이고 이성적인 욕망에 연계된다. 이 견해에 따르면, 글로벌경제는 문화와 전통의 상이함과 관련 없이 어느 곳의 사람이든지 시장의 상호작용이 물질적 안전과 개선된 삶의 기준을 보장한다는 점을 인식하게 된다는 사실을 단순히 반영한다. 이는 특히 자유무역의 교리와 경쟁우위이론에 표현되는데, 이는 제19장에서 자세하게 탐구될 것이다. 이러한 '글로벌성(globality)'을 향한 경향이 언제 어떻게 실현될 것인가에 대한 설명에 관하여 자유주의자들은 종종 기술혁신의 역할을 강조한다. 두말할 필요도 없이 기술은 오랜 기간 사람들 사이의 초경계적이고 심지어는 초세계적 연결을 하는 역할을 수행하였는데, 이는 전신(1857)의 소개로부터 시작하여, 전화(1876), 항공기개발(1903), 컨테이너에 의한 해양운송의 도입(1960년대와 1970년대)에 의하여 이루어졌다. 그러나 1960년대 광섬유의 발명, 1971년 상업용 실리콘 칩, 1981년 개인용 컴퓨터(PC)의 개발 등 정보통신기술의 발전은 글로벌화를 향한 발전에 특히 중요한 역할을 수행하였으며, 특히 글로벌 금융시장과 기업의 글로벌 경영의 발전을 가져 왔다. 소위 초글로벌주의자(hyperglobalist)들은 일단 컴퓨터를 통한 금융거래, 휴대폰, 인터넷이 널리 사용되면서 글로벌화 된 경제와 문화패턴이 불가피하게 되었다고 주장한다.

그러나 글로벌경제는 경제와 기술의 힘만으로 이루어진 것이 아니고, 정치적이고 이념적 요인도 중요한 역할을 하였다. 현실주의 이론가들은 **중상주의(mercantilism)**를 부활시키면서 자유주의와 마르크스주의의 아이디어에 맞대응하였는데, 자유주의와 마르크스주의는 글로벌화가 정치에 대한 경제의 최후 승리라고 하면서 글로벌경제는 국가정책과 제도적 규제의 산물이라는 점을 강조하였다. 글로벌화는 국가를 배제하는 것이 아니라 어떠한 점에 있어서는 미국과 같은 강대국들이 자신들의 목표를 달성하는 수단이기도 하다. 예를 들어, 미국은 브레튼우즈체제를 만들기도 하고 붕괴시키는 역할도 하였다. 이러한 점에서 글로벌화는 1970년대와 1980년대 미국경제의 상대적인 침체에 대한 대응으로 시작되었다. 이 시기는 '스태그플레이션'으로 특징지어지는 서방경제의 초국가적 불황기였고, 그 불황은 1973년 석유파동이 주 원인인데, 당시 미국과 서방국들이 욤키푸르전쟁에서 이스라엘을 지지했다는 이유로 석유수출국기구(OPEC: Organization of the Petroleum Exporting Countries) 이 그 국가들에 대한 금수조치를 실시하여 촉발되었다. 이러한 맥락에서, 보다 개방되고 '자유화된' 무역체제를 향한 전환은 미국 기반 초국적기업들이 많은 기회를 갖게 되는 수단이었고, 미국경제를 건전하게 만드는 역할을 하였다. 실제로 이 중에 많은 부분은 1945년 이후에 만들어진 경제거버넌스의 제도들을 통하여 이루어졌다. 세계은행과 IMF에 대하여 행사하는 미국의 불균형적인 영향력, 그리고 관세 및 무역에 관한 일반협정(GATT: General Agreement on Tariffs and Trade)을 보다 강력한 친자유무역적인 세계무역기구(WTO: World Trade Organization)로 전환시키는 데 있어서 미국이 수행한 역할은 경제 글로벌화가 워싱턴 합의를 통한 미국의 선호에 의하여 구조화되었다는 점을 보여준다.

마지막으로 이러한 발전들은 이념적 차원도 지니고 있다. 예를 들어, 19세기의 제국주의와 달리 20세기와 21세기의 글로벌화가 강압과 명시적인 정치적 지배를 통하여 이루어진 것이 아니라는 점이다. 자유주의자들은 '합의에 의한 글로벌화' — 예를 들어, WTO에 참여하고자 하는 국가들의 열망이 이를 반영 — 가 상호경제이익을 근본적으로 인정하는 것이라고 주장하는 반면, 글로벌화의 혜택이 공평하게 배분되지 않는다는 점을 강조하는 비판이론가들은 글로벌화에 대한 합

논 쟁

경제 글로벌화는 모든 사람들에게 번영과 기회를 제공하는가?

냉전의 종식을 자본주의 경제모델과 공산주의 경제모델 간의 거대한 이념대결의 종결로 넓게 보면서, 탈냉전 정치 논쟁은 자본주의의 글로벌화에 초점을 맞추는 경향이 있다. 경제의 글로벌화를 환영하고 포용해야 할까, 아니면 저항해야 할까?

그 렇 다

시장의 마술. 경제 자유주의의 관점에 따르면, 시장은 유일하게 부를 창출하는 신뢰할만한 수단이며, 번영과 경제적 기회를 가장 확실하게 보장하는 방식이다. 그 이유는 시장, 경쟁, 이윤의 동기는 노동과 기업에 인센티브를 제공하고, 가장 많은 이윤을 남길 수 있도록 자원을 분배하기 때문이다. 이러한 관점에 의하면, 시장경제의 초국경 확대에 기초한 경제 글로벌화는 모든 나라의 사람들이 자본주의만이 가져다 줄 수 있는 폭넓은 번영과 확대된 기회의 혜택을 받을 수 있다는 점을 확인하여 준다.

모든 사람들이 승자이다. 경제 글로벌화의 이득은 그것이 승자들과 승자들의 게임이라는 점이다. 그것은 부자들을 더 부유하게 만들지만, 가난한 사람들을 덜 가난하게 만들기도 한다. 이는 국제무역이 국가들로 하여금 '비교우위'를 가질 수 있는 상품과 서비스의 생산을 전문화하도록 하고, 이 전문화로 인한 경제의 규모 확대로 다른 이득도 챙길 수 있기 때문이다. 이와 유사하게, 초국적 생산도 유리한 동력이다. 예를 들어, 초국적기업들은 부를 확산시키고 고용기회를 확대하고 개발도상국의 기술을 현대화하는 동시에, 왜 개발도상국 정부들이 그렇게 외부로부터의 투자를 유치하려 하는지에 대하여 설명하는 데 도움을 준다. 따라서 경제 글로벌화는 빈곤을 줄이는 가장 신뢰할만한 수단이다.

경제의 자유는 다른 자유도 촉진한다. 경제 글로벌화는 사회를 부유하게만 만드는 것은 아니다. 오히려 개방되고 시장에 기반한 경제는 사회적이고 정치적인 이득도 가져다준다. 사람들이 보다 광범위한 직업, 경력, 교육의 기회를 이용할 수 있게 되면서 사회적 이동성이 증가하고, 개인주의와 자기표현의 기회가 확대되면서 관습적이고 전통적인 '압제'가 약화된다. 이에 따라 경제 글로벌화는 민주화와 연계되어 있고, 특히 1990

아 니 다

빈곤과 불평등의 심화. 글로벌화를 비판하는 사람들은 새롭고 확고하게 자리 잡은 불평등의 출현에 주목했다. 따라서 글로벌화는 승자와 패자의 게임이다. 비판이론가들은 승자들은 일반적으로 초국적기업들과 미국으로 대표되는 산업적으로 선진화된 국가들이고, 패자들은 개발도상 세계에 있는데, 그 곳에서 임금은 낮고 규제가 약하거나 존재하지 않으며, 생산은 국내의 필요에 의해서가 아니라 글로벌시장을 목표로 하여 이루어진다. 따라서 경제 글로벌화는 신식민주의의 한 형태이고, 이는 가난한 국가들에게 시장을 개방하도록 강요하고 부유한 국가들이 자원을 착취하는 것을 허용하고 있다.

정치와 민주주의를 '텅 비게' 한다. 경제 글로벌화는 국가정부의 영향을 감소시키고, 따라서 공적 책임을 제한한다. 국가정책은 외부로부터의 투자유치와 격화되는 국제경쟁의 압력에 따른 필요에 의하여 추진된다. 따라서 글로벌경제로의 통합은 대체로 조세제도개혁, 규제철폐, 복지축소를 의미한다. 자주 논의되는 글로벌 자본주의와 민주화는 신화이기도 하다. 시장을 개혁하고 글로벌경제로의 통합을 추구하는 국가들은 독재국가는 아니더라도 권위주의적인 국가로 남게 되고, 국가자본주의의 원칙에 순응하게 된다.

소비 물질주의의 부패. 경제 글로벌화가 사람들을 부유하게 만드는 데 성공했다 하더라도, 그들의 삶의 질 자체를 향상시켰는지에 대해서는 덜 명확하다. 그 이유는 경제 글로벌화가 소비주의와 물질적 이기주의의 윤리를 촉진하기 때문이다. 전 세계 사람들이 동일한 상품을 소비하고, 같은 상점에서 구매하고, 유사한 노동조건과 생활환경을 향유하기 때문에 문화적이고 사회적인 특수성이 상실된다. 이는 특히 '브랜드 문화'의 발전에 의하여 입증되고 있는데, 브랜드 문화는 사려 없년대에 이 두 과정이 동시에 발생하였다. 그 이유는 폭넓은 경제와 사회적 기회를 향유하게 된 사람들이 특히 다당제 선거의 도입을 통한 정치참여의 기회를 넓혀 달라고 곧 요구하게 되기 때문이다.

는 소비주의 문화를 창조하기 위해 공적이고 사적인 공간을 오염시키고, 이러한 문화에 대한 급진적 도전들을 소비자 제품으로 관심을 돌려서 이 문화가 지배하는 영역으로 흡수한다 (Klein 2000).

의가 친시장적 가치, 소비주의, 물질주의 문화를 통하여 날조된 것이라고 주장한다. 이러한 견해에 의하면, 경제 글로벌화의 진전은 신자유주의 이념의 발전에 의하여 보강되는데, 이 이념은 글로벌자본주의체제를 대체할 만큼 신뢰가 가는 경제적 대안이 없고 이 체제는 공정하고 모두에게 이득을 가져다준다고 주장한다.

소비주의(Consumerism): 개인의 행복은 소유한 재산을 소비하는 것과 같다는 심리적이고 문화적인 현상 (p. 192 참조).

어떻게 경제생활이 글로벌화되는가?

경제 글로벌화는 신화인가 아니면 현실인가? 국가경제는 효과적으로 단일의 글로벌체제에 흡수되었는가, 아니면 세계경제는 상호연결된 국가경제들의 집합체로 구성되는가? 이 논의에는 두 개의 상당히 상반되는 입장이 토의되고 있다. 한편으로, 초글로벌주의자들이 '국경 없는' 글로벌경제의 이미지를 제시하는데, 여기서 초국경적 또는 초세계적 성격을 가지는 경제적 상호행위의 경향은 정보통신기술의 발전에 의하여 불가항력적으로 촉진된다. 다른 한편, 글로벌화에 의문을 가지는 사람들은 국가경제의 쇠퇴는 상당히 과장되어 있는데, 특히 이념적인 이유로 과장된다고 한다. 그들은 자유시장으로의 전환을 위해서 또는 신자유주의 정책이 불가피하다는 점을 내세우기 위하여 글로벌화가 발전적이고 불가역적인 것으로 묘사된다고 한다 (Hirst and Thompson 1999). 그러나 단일 글로벌경제의 모델이냐 아니면 독립된 국가경제의 집합이냐에 대한 선택은 잘못된 것이다. 이는 글로벌경제의 존재를 부정하는 것은 아닐지라도, 이 이미지는 보다 복합적이면서 차별화된 현실의 한 부분이라는 점을 나타낼 경우에만 의미가 있다. 세계경제는 '글로벌'경제라기보다는 '글로벌화'하는 경제로 인식되는 것이 더 낫다. 현대의 경제생활은 점차적으로 단순히 국가적 성격이 아니라 지역적이고 글로벌적인 성격을 가지는 과정에 의하여 점점 더 많이 형성되고 있다. 그러나 국가적, 지역적, 글로벌 차원의 중요성은 경제영역과 활동유형, 그리고 세계 어느 지역이냐에 따라 현저하게 차이가 있다. 경제 글로벌화는 분명하게 균형적인 과정은 아니다. 그럼에도 불구하고 글로벌 상호연결성은 다양한 방식으로 증대되고 있다. 이들 중 가장 중요한 것들은 아래와 같다.

- 국제무역
- 초국경 생산

기업 내 거래(Intra-firm trade): 동일한 회사 내의 두 계열사 간 또는 모회사와 계열사 사이의 거래.

- 글로벌 노동분업
- 글로벌금융체제

국제무역

국제무역의 증가는 1945년 이후 세계경제에 있어서 가장 괄목할만한 특징이다. 이 기간 동안 국제무역은 국제생산보다 평균 배 이상의 속도로 증가했다. 예를 들어, 글로벌 수출품의 무역가치는 1960년 1,300억 달러에서 2019년 19조 5,000억 달러로 증가했다. 이러한 추세는 무역과 경제성장 간의 광범위한 연결고리에 의해 촉진되었는데, 이의 사례로는 1950년대 이후 독일과 일본의 수출지향적 경제, 그리고 1970년대 이후 동아시아와 동남아시아의 '호랑이' 경제의 성공 등이 대표적이다. 1970년대에 보호주의의 부활에 따라 잠시 중단되었던 자유무역의 추세도 시작되었다. 현대 세계경제에서 국제무역의 새로운 특징 중 하나는 산업 간 무역이 아닌 동일 산업 내에서 이루어지는 비율의 증가(가격 경쟁을 고조시킨다)와 초국가기업의 증가에 따른 기업 내 거래의 확대다. 글로벌화 심화의 가장 명확한 징후 중 하나는 분리된 개별 기업 간 무역이 아닌 기업 내 무역의 증가이다. 반면, 회의론자들은 국제무역의 추세가 글로벌화 정도의 강력한 지표는 아니라고 주장한다. 예를 들어, 국제무역의 현대적 수준과 역사적 수준과의 차이는 거의 없고, 기업 내 거래를 제외하고 국제무역은 단일의 글로벌화된 경제보다는 '느슨한' 통합과 강력한 상호의존을 촉진한다. 또한, 세계무역의 80퍼센트가 선진국들 사이에 이루어지고 있으며, 이들 중 대부분이 북미, 유럽과 동아시아 및 동남아시아를 포함하는 특정 지역에 치중되어 있으며 다른 지역들과의 무역은 거의 이루어지지 않고 있다.

초국경 생산

초국경 생산의 이슈는 증가되는 초국적기업의 중요성과 매우 밀접한 관계를 가지는데, 초국적기업들이 세계생산의 대부분을 차지하고 있고 세계무역의 거의 절반이 초국적기업에 의하여 이루어지고 있다. 초국적기업들은 원자재, 부품, 투자, 서비스를 세계 어느 지역에서든 끌어 모을 수 있는 능력을 가짐으로써 글로벌 소싱의 이점을 보유하고 있다. 결정적으로, 초국적기업들은 또한 효율성과 수익성에 유리한 국가 또는 지역에서 생산을 찾고 이전할 수 있는 이점을 가지고 있다. 이에는 저렴하지만 상대적으로 기술수준이 높은 노동력을 공급받을 수 있고 낮은 기업세와 제한된 노동권이 보장되는 지역을 포함한다. 그러나 이러한 추세는 완전히 글로벌화한 생산체제까지는 도달하지 못하고 있다. 대부분의 초국적기업들은 그들의 모국에 강하게 연계되어 있기 때문에 '초국적'이라는 말은 허울뿐이며, 생산은 주로 선진지역에 집중되어 있다.

글로벌 노동분업

경제 글로벌화는 강화된 글로벌 노동분업에서도 나타난다. 이는 비록 세계 단일 노동시장을 구축하는 데는 미치지 못하지만, 경제전문화의 더 명확한 패턴이 분명해졌다. 특히 고도의 첨단기술이 필요한 생산은 선진세계에 집중되어 있는 반면, 많은 빈곤국들이 글로벌경제에 편입된다는 것은 농산물과 원자재를 수출용으로 생산하게 된다는 것을 의미한다. 신마르크스주의자들과 월러스타인 같은 세계체제 이론가들은 경제 글로벌화는 불균형적이고 위계적 과정에 의하여 진행되고, 승자와 패자가 확실한 게임이며, '주변세력'의 희생을 딛고 경제적 '핵심세력'에 경제력이 집중된다고 주장한다. 핵심 지역의 사회들은 가장 정교한 형태로 자본이 집중됨으로써 혜택을 받는 반면, 주변부 사회들은 원자재를 핵심으로 수출하는 데 의존하고 있으며, 반주변부는 핵심 생산과정과 주변부 생산과정이 모두 중요한 사회들로 구성되어 있다 (오늘날 중국이 좋은 예가 될 것이다). 이들 사회를 연결하는 '상품사슬'에서 이윤율은 임금이 가장 낮고 숙련도가 부족한 주변부 말단에서 가장 높을 것이다 (예를 들어, 방글라데시에서 의류 제조 '노동착취공장'이 유행함). 또한, 이러한 격차는 글로벌경제 내에서 다른 통합 수준을 반영하여, 핵심 지역 또는 국가들이 글로벌경제에 더 완전히 통합되어 혜택을 누리는 반면, 주변부 지역은 그 외곽 또는 주변부에 머물러 있음을 어느 정도 반영한다.

글로벌금융체제

글로벌금융체제는 때때로 경제 글로벌화의 추동력으로 묘사되며, 심지어는 글로벌경제의 초석이 되기도 한다. 글로벌금융체제는 두 가지 과정을 거쳐 탄생했다.

주요 인물

임마누엘 월러스타인(Immanuel Wallerstein, 1930년생)

출처: *Louis MONIER/Gamma-Rapho/Getty Images*

미국 사회학자이면서 세계체제론을 창시. 신마르크스주의의 종속이론과 프랑스 역사학자 브로델(Fernand Braudel, 1902–85) 사상의 영향을 받은 월러스타인은 현대 자본주의 세계체제는 '핵심'과 '주변' 사이의 국제적 노동분업에 의하여 성격이 규정된다고 주장했다. 월러스타인은 또한 핵심 패권(지배적 강대국)의 흥망성쇠를 시간이 지남에 따른 세계체제의 변화로 추적하며 냉전의 끝이 미국 패권의 승리가 아닌 쇠퇴를 표시한다고 주장했다. 월러스타인에게 '글로벌화'는 사실상 19세기 말에 완성된 과정인 자본주의 세계경제의 영토 확장이 아니라 고착화를 의미했다. 글로벌화는 자본주의 사회 및 경제적 관계의 확대가 아니라 심화이며, 월러스타인은 이를 '모든 것의 상품화'라고 불렀다. 비록 계급과 상품화에 대한 언어를 포함하여 마르크스주의이론과 용어에 깊은 인상을 남겼지만, 월러스타인은 마르크스주의자와 사회민주주의 좌파 모두에게 비판적이었다. 그는 또한 알제리 혁명가이자 영향력 있는 반식민주의 이론가인 파농(Frantz Fanon)의 친구이자 지적인 옹호자였는데, 파농의 다인종, 계급, 혁명에 대한 주장은 많은 백인 유럽 마르크스주의자들로부터 적대감을 촉발시켰다. 월러스타인의 주요 저서로는 *The Modern World System* (1974, 1980, 1989), *Historical Capitalism* (1983), *The Decline of American Power* (2003) 등이 있다.

첫째는 1970년대와 1980년대의 규제를 받지 않는 금융시장으로의 일반적인 변화였고, 이는 브레튼우즈의 붕괴와 함께 변동환율제로 이어졌다. 이에 따라 통화와 자본이 국가 내에서 그리고 국가들 사이에 쉽게 이동할 수 있게 되었다. 그리고 1990년대에 정보통신기술이 금융시장에 활용됨으로써 금융거래는 영토를 초월하는 성격을 가지게 되었고, 초국경 거래는 '생각의 속도'라는 표현을 할 만큼 빠르게 진행되었다. 그 예로 글로벌 외환시장의 등장을 들 수 있는데, 이는 통화가 국가적 성격을 잃게 되고 전 세계적으로 거래되면서 글로벌시장의 힘에 의해 결정되는 가치를 지닌다는 점을 반영했다. 2013년 기준 글로벌 외환시장에서 거래되는 거래 규모는 하루 약 5조 3천억 달러에 달한다. 2019년까지 이 수치는 6조 6,000억 달러로 증가했는데, 이는 부분적으로 소규모 거래자들의 확산과 알고리즘(자동화) 거래의 증가에 힘입은 것이다. 그러나 금융 글로벌화가 국가경제의 안정과 글로벌 자본주의에 미치는 영향은 많은 논쟁거리가 되고 있다.

이러한 글로벌 상호연결성의 요소들을 고려하여, 경제생활이 어느 정도 글로벌화되었는지에 대한 전통적인 논쟁은 생산적인 노동으로 취급되는 것과 경제적으로 활동적이라고 간주되는 사람들에 의해 확립된 좁은 범위 내에서 진행된다는 것을 기억하는 것이 중요하다. 공산주의의 붕괴와 사회주의의 더 넓은 후퇴에도 불구하고, 중요한 비자본주의적인 또는 적어도 비상업적인 경제형태는 세계의 많은 곳에서 지속되고 있다. 특히 페미니스트 경제학자들은 가사, 육아, 노인 돌봄 및 소규모 농업과 같은 분야에서 주로 여성에 의해 수행되는 무급노동에 의존하는 광대하고 비공식적이며 '보이지 않는' 경제에 관심을 가져왔다. 개발도상국에서 특히 중요한 이 경제는 완전히 글로벌시장 밖의 교환 및 물물 거래에 의해서 운영된다. 그럼에도 불구하고, 이 경제는 세계 인구의 상당 부분을 먹여 살리는 데 책임이 있을 수 있다. 예를 들어, 유엔 식량농업기구는 남아시아와 중앙아시아, 그리고 태평양 섬들의 사회에서 여성들이 종종 집 마당을 통해 국가적인 농업생산에 크게 기여한다는 것을 발견했다. 이 '보이지 않는' 경제의 중요성에 대한 인식이 유엔과 세계은행이 수용하는 개발전략에 점점 더 많은 영향을 미쳤는데, 이는 전통적인 시장기반 개발전략이 '보이지 않는' 경제를 약화시킬 수 있다는 인식 때문이기도 하다.

위기의 글로벌 자본주의

부흥과 쇠퇴에 대한 설명

자본주의 경제 내에서 호황, 불황, 위기에 대한 추세는 고전적 자유주의 정치경제에 쉽게 들어맞지 않는다. 경제적 자유주의는 시장경제가 아담 스미스가 말한 '보이지 않는 손'이라는 가격 메커니즘의 작동을 통해 수요와 공급이 균형을 이루는 상태를 자연적으로 향하게 된다는 가설을 바탕으로 하고 있다. 그러나 국내와 국제적 차원에서의 자본주의 역사는 이러한 균형과 안정의 이미지를 입증하지 못하고 있다. 그 대신에 자본주의는 항상 호황과 불황을 되풀이하고 있으며, 심지어는 격렬한 변동과 위기에 놓이기도 한다. 이미 1720년에 남해포말사건(South Sea Bubble, 스페인 소유 남미 식민지들과의 노예무역을 독점한 영국의 남해회사 주가가 폭락한 사건)은 수천 명의 투자자들을 재정적인 파탄에 빠지게 하였다.

디플레이션(Deflation): 일반적인 물가 수준의 하락으로, 경제활동 수준의 하락과 연결된다.

경기변동에 연계된 요인들 중의 하나는 전쟁이다. 지속적인 디플레이션의 극적인 역사사건들은 거의가 전쟁의 여파에서 시작되었다 ('주요 연표' 참조). 전쟁과 경제성과의 연계는 다양한 요인들에 기인하는데, 그들은 비생산적인 군사활동에 대한 자금조달 비용, 상업의 와해, 자본이동의 동결, 재건설비용 등이다.

그러나 호황과 불황에 대한 다른 설명들은 그 원천을 자본주의체제 자체의 본질 안에서 찾는다. 이의 고전적 사례는 자본주의에 대한 마르크스의 분석에서 발견된다. 마르크스는 타협할 수 없는 계급 갈등에 기초하여 자본주의의 불안정성을 강조하였는가 하면, 자본주의 발전의 본질을 분석하는 데도 관심을 기울였다. 특히 그는 자본주의가 경제위기를 심화시키는 추세에 대하여 관심을 보였다. 이들은 주로 과잉생산의 순환적 위기로부터 발생하며, 경제를 침체에 빠지게 하고 노동계급에 실업과 '고통'을 안겨 준다. 시간이 갈수록 위기는 더욱 심각해지는데 그 이유는 장기적으로 이윤의 비율이 점차 떨어지기 때문이라고 마르크스는 분석하였다. 이는 궁극적으로 그리고 불가피하게 사회의 대다수인 프롤레타리아가 혁명을 일으키도록 하는 상황을 조성할 것이다. 어떠한 다른 이득이 있더라도, 자본주의의 '심각한' 위기에 대한 마르크스의 이미지는 체제가 최종적으로 붕괴되고 불가항력적으로 다른 대체 체제로 이어지고 불합리한 방향으로 나아가게 할 것이

주요 연표 | 전쟁과 경기변동

갈등	경제적 여파
미국독립전쟁 (1775–83)	지속적인 경제불황
나폴레옹전쟁 (1803–15)	고비용 산업투자와 다수의 파산으로 특징지어지는 수십 년간의 디플레이션
이탈리아 (1815–71)와 독일 (1864–71)의 재통일전쟁	19세기 중반의 투기 거품이 무너지면서 광범위한 파산과 주식 시장 주식 시장붕괴로 이어짐
제1차 세계대전 (1914–8)	1920–1년 주요 서방 경제가 붕괴되기 전에 잠시 재건 붐이 일어났고, 1929년부터 대공황으로 연결
한국전쟁 (1950–3)과 베트남전쟁 (1955–75)	인플레이션의 급등은 처음에는 금리를 낮추었다가 다시 금리를 올리면서 산업투자의 급증과 하락을 초래

경기순환(Business cycle): 시간 변화에 따른 기업 활동 수준의 규칙적인 진동이며, 때로는 'trade cycle'로 표현되기도 한다.

라는 내용인데, 이러한 이미지는 부정적인 것으로 판명되었다. 이에 반하여, 자본주의는 괄목할만하게 탄력적이고 융통성 있게 되고 다양한 종류의 금융과 경제적 폭풍을 이겨낼 수 있는 능력을 갖추게 될 것이며, 또한 장기적인 성장과 확대를 이루게 될 것이다. 이는 특히 기술혁신을 할 수 있는 자본주의의 능력이 마르크스의 기대를 훨씬 능가한다는 사실을 통하여 이루어질 것이다. 따라서 호황과 불황의 순환 경향을 자본주의의 치명적 단점으로 생각하거나, 사회혁명을 위한 선구적 역할을 하지 못할 것이라고 지속적으로 예견하는 사람은 거의 없다.

비마르크스 이론 중에서 가장 영향력 있는 이론은 오스트리아의 경제학자이면서 사회이론가였던 슘페터(Joseph Schumpeter, 1883–1950)에 의하여 개발된 이론이었다. 마르크스의 자본주의 경기순환이론에 기초하여 슘페터(Schumpeter 1942)는 자본주의가 동요의 상태로 존재하는 가운데, 기존의 기업들이 파괴되고 새로운 것들로 대체되는 혁신이 계속된다고 주장하면서 이를 '창조적 파괴'로 표현했다. 창조적 파괴의 관념은 두 가지 아이디어에 기반하고 있다. 첫째, 경제를 조종하는 것은 기업가들인데, 그들은 성장을 도모하고 성공과 실패를 통하여 경기순환을 주도한다. 둘째, 혁신이 부(富)의 주요 추동력이다. 그러나 슘페터 자신은 자본주의의 장기전망에 대해서는 회의적이었다. 그는 엘리트주의와 국가개입의 성장을 통해 주기적 침체의 인적, 사회적 비용과 역동성, 창의성, 개인주의를 억압하는 것이 궁극적으로 자본주의의 종말을 초래할 것이라고 주장했다. 그러나 1945년 이후의 발전, 특히 가속화된 글로벌화와 '초고속자본주의(turbo-capitalism)'는 자본주의의 창조적 파괴에 대한 지속적인 열망을 슘페터가 과소평가하였다는 점을 나타내고 있다. 보다 전통적인 경제학자들은 호황과 불황의 순환을 기업투자와 이의 GDP 수준으로의 효과를 결정하는 요인으로 설명한다. 이러한 견해에 따르면, 기업투자의 수준은 승수효과(지출과 투자가 경제에 미치는 작은 영향이 상승효과를 가져오는 것)와 가속원칙(투자의 수준이 산출량의 변화에 따라 변동한다는 가설)과 같은 요인들 때문에 본질적으로 불안정하다.

대폭락의 교훈

현재까지 국제자본주의가 직면한 가장 큰 도전은 1930년대의 대공황에 의한 것이었는데, 이는 1929년 월스트리트 폭락 또는 대폭락으로 시작되었다. 1926년부터 미국은 주가가 전례 없이 상승할 것이라는 추측과 기대감이 고조되면서 인위적인 호황을 경험하게 되었다. 그러나 1929년에 상품판매가 줄어드는 징후가 나타나면서 경제에 대한 신뢰가 갑자기 약화되기 시작하였다. 1929년 10월 24일('검은 목요일'), 하루에 1,300만 주의 주식 소유주가 변동되면서 주식시장에 혼란이 발생하였다. 10월 29일 1,600만 주가 팔렸다. 이어서 금융체제가 붕괴하였고, 주요 기업들이 파산하기 시작하였으며 실업이 증가하기 시작하였다. 미국의 심각한 경제 폭락이 해외로 확산되기 시작하여 산업화된 국가들에 영향을 미쳤으며, 대폭락이 대공황이 되었다.

월스트리트 폭락은 비교적 설명하기가 쉽다. 갈브레이스(J. K. Galbraith)는 자신의 고전적 저서 *The Great Crash*, 1929 ([1954] 2021)에서 그것은 역사적으로 전례 없는 규모이지만 '또 하나의 추측되는 거품'이었다고 강조하였다. 그것은 노력과 일을 하지 않고 부자가 될 수 있다고 '억지로 믿게 하는 현실도피'였다고 주장하였다. 주식시장의 위기가 '실질'경제에 영향을 미칠 것이라는 점은 놀랄 만한 일은 아니다. 왜냐하면 주가 하락은 불가피하게 기업과 소비자의 신뢰의 하락을 초래하고, 투자와 국내수요에 필요한 자금을 축소하는 결과를 야기하였기 때문이다. 그러면 경기침체(recession)는 반드시 완전한 공황으로 이어지는가? 대폭락의 경우 두 가지 핵심적 실수들이 발생하였다.

첫째, '강렬한 개인주의'에 대한 강한 신념과 자유방임주의의 관점에서, 후버 행정부는 월스트리트 붕괴에 대해서 공공지출을 낮게 유지하고 균형재정을 달성하기 위해 노력함으로써 대응했다. 이는 실업자들이 생존을 위해 주로 민간 자선단체('급식시설' 등)에 의존해야 하는 것을 의미했을 뿐만 아니라, 경제에서 돈을 인출하는 것이 위기를 치유하기보다는 심화시키는 데 도움이 되었다는 것을 의미했다.

이 교훈은 케인스로부터 가장 중요한 가르침을 받게 되었는데, 그는 *The General Theory of Employment, Interest and Money* (1936)라는 저서를 통하여 고전적인 경제학적 사고에 도전하면서 자기 규제적인 시장에 대한 믿음을 거부하였다. 케인스는 경제활동의 수준과 이에 따른 고용은 경제의 수요 총량, 즉 수요의 집합에 의하여 결정된다고 주장하였다. 이는 정부가 국가의 재정정책을 조정하고, 경기침체와 고용이 높은 시기에 공공지출을 늘리거나 세금을 감면하여 경제에 수요를 투입함으로써 경제를 운용할 수 있다는 점을 의미하였다. 따라서 실업은 자본주의의 보이지 않는 손이 아니라 정부의 개입에 의하여 해결될 수 있다. 이 경우 정부는 지출을 늘려서 적자예산을 운영한다. 제한적이었지만 케인스의 아이디어를 처음으로 적용한 시도는 미국에서 루스벨트 대통령이 추진한 '뉴딜'정책이었다. 그러나 루스벨트는 균형 예산을 벗어나는 정책을 추진하는 데 주저하였고 이것이 1930년대 전반에 걸쳐서 대공황이 지속된 이유였다. 대공황은 제2차 세계대전이 발발하여 군사비 지출이 늘어나면서 종료되었다. 독일에서는 1930년대 중반 이후 재무장과 군사력 팽창이 시작되었기 때문에 독일의 대공황은 비교적 빨리 끝나게 되었으며, 이는 '우연한 케인스주의'의 형태로 해석되었다.

대폭락의 두 번째 교훈은 본질적으로 '이웃 궁핍화(beggar-thy-neighbour)' 정책을 향한 경향에 의하여 대폭락의 경제적 영향이 심화되었다는 점이다. 정부는 화폐 평가절하를 통해 수입을 줄이고 수출을 극대화하려고 했다. 해외 고객들

개 념

자유방임

자유방임(Laissez-faire, 프랑스 어로 '그렇게 하도록 내버려 둬라'의 의미)은 경제문제에의 불개입원칙이다. 이는 정부가 간섭을 하지 않을 때 경제가 가장 잘 운용될 것이라는 핵심적인 원칙이다. 이 개념은 토지와 농업이 가치생산의 중심이라고 믿었던 18세기 프랑스의 중농주의자들로부터 기원한 것으로, 그들은 "개인을 내버려 둬라, 그리고 물자들이 자유롭게 순환되도록 해라(laissez faire est laissez passer)"라는 금언을 만들어 냈다. 자유방임의 주요 가설은 규제받지 않은 시장이 자연적으로 균형적이 되는 경향이 있다는 것이다. 통상적으로 이는 '완전경쟁' 이론에 의하여 설명된다. 이 관점에 의하면, 정부의 개입은 독점을 방지하고 안정된 가격을 유지하는 것과 같은 시장경쟁을 촉진하는 행위에 국한되지 않으면 해가 되는 것으로 간주된다.

경기침체(Recession): 통상적인 경기순환의 일부로 일반적으로 경제가 하락하는 시기.

재정정책(Fiscal policies): 정부가 공공지출이나 조세를 사용하여 성장이나 고용증가와 같은 국가경제의 효과를 창출하는 정책.

이웃 궁핍화 정책(Beggarthy-neighbour policies): 자국의 단기적 국익을 위하여 다른 국가들의 희생을 모색하는 정책이며, 대체로 보호주의를 묘사할 때 사용하는 표현.

화폐 평가절하(Devaluation): 다른 화폐에 비하여 자국 화폐의 가치를 낮추는 것.

카지노 자본주의(Casino capitalism): 금융자본의 투기 지향적 상승에 취약하기 때문에 변동성이 크고 예측 불가능한 자본주의의 한 형태.

연쇄확산(Contagion): 세계 한 지역의 위기에 경각심을 가진 투자자들이 다른 지역에서 자금을 회수하여 초기에 발생한 문제의 범위를 훨씬 넘어 공황을 확산시키는 경향.

에게 수출품은 저렴해지는 반면 수입품은 상대적으로 비싸지고 덜 바람직한 것이 되기를 바랐다. 그러나 비록 조기에 평가절하한 국가가 나중에 평가절하한 국가보다 빨리 공황에서 회복할 수 있었지만, 경쟁적으로 평가절하하면 디플레이션 효과가 더 발생하고 따라서 경제위기는 더욱 심화된다. 정부는 수입품에 대한 관세를 인상했는데, 이는 국내산업을 보호하고 실업을 줄이기 위한 것이었고, 케인스가 선호하는 정책이었다. 그러나 이웃 궁핍화 정책의 전체적인 영향은 자멸적인 것이 되었고 대공황이 더욱 심화되고 장기화되는 결과만 초래하였다. 모든 국가가 똑같은 정책을 추진하려 한다면, 모든 국가가 수입을 최소화하면서 수출을 극대화하는 것은 불가능했다. 브레튼우즈체제가 들어선 것은 주로 1945년 이후의 기간에 국제경제가 타격을 입는 것을 막기 위한 것이었다.

현대 위기와 '연쇄확산'

1945년 직후 서방정부들은 경기순환의 불안정성은 케인스주의의 원칙들을 적용시킴으로써 해결할 수 있을 것이라고 광범위하게 믿었고, 이것이 부흥과 쇠퇴의 성향에 대처하는 수단을 제공할 것으로 생각하였다. 그러나 신자유주의의 모습으로 자유방임 사고가 재현되면서 촉발된 1970년대의 '스태그플레이션' 위기가 발생한 이후 케인스주의에 대한 믿음은 줄어들기 시작하였다. 자본주의체제 내에서의 흥망성쇠는 치료되기는커녕 더 악화되었고, 창조적 파괴의 경향은 더욱 심화되었다. 특히 '금융화' 경향의 직접적인 결과로 불안정성이 확대되었다.

금융시장은 투기적 버블의 결과 항상 변동과 불안정의 위험에 놓여 있다. 그러나 글로벌화 된 금융시스템의 등장은 이러한 추세를 보다 강화하여, 국가들을 더욱 취약하게 하고 글로벌시장의 변동에 노출되게 하였다. 이는 스트레인지(Susan Strange 1986)가 주장한 '카지노 자본주의'를 창조하였다. 엄청난 규모의 '매드 머니(mad money)'가 전 세계에 급증하게 되고, 이에 따라 금융의 연쇄확산(contagion) 현상이 발생한다. 대체로 현대의 금융성장은 대부분 실제 생산이 아닌 미래의 수익으로 연결되는 이른바 '헤지펀드(hedge fund)'와 같은 순수한 현금거래통화와 주식교환의 형태로 이루어진다는 사실에 의하여 금융시장의

주요 인물

존 케인스(John Maynard Keynes, 1883-1946)

영국의 경제학자이다. 케인스의 명성은 그가 베르사유조약(Treaty of Versailles)을 비판하면서 확립되었는데, 이는 *The Economic Consequences of the Peace* (1919)에 나타나 있다. 그의 주요 저서인 *The General Theory of Employment, Interest and Money* ([1936] 1963)는 신고전주의 경제이론으로부터 이탈하여 현재 거시경제로 불리는 분야를 확립하는 긴 여정을 걸었다. 자유방임 원칙에 도전하면서 케인스는 수요관리정책의 이론적 기초를 제공하였으며, 이는 제2차 세계대전 직후 서방정부들이 폭 넓게 받아들였다. 말년에 그는 IMF와 세계은행을 포함한 브레튼우즈체제의 구축을 통하여 전후 국제금융질서를 형성하는 데 심혈을 기울였다.

불안정성은 더욱 악화된다. 따라서 비록 글로벌금융의 흐름이 인위적인 호황과 불황을 불러일으킬 수 있고 글로벌 투기꾼들에게 막대한 이득을 챙기게 할지 모르지만, 어쩌면 그 흐름은 '실물'경제의 이행으로부터는 한 걸음 떨어져 있는 것이다. 금융 버블이 형성되는 추세는 세계에 산재해 있는 은행과 금융기구들에 다양한 수준으로 영향을 주는 '보너스 문화(bonus culture)'에 연결되어 있다. 막대한 보너스 지급은 단기적인 위험을 감수하도록 하는데, 은행과 금융기구들은 더욱 불안하게 되고 버블이 터지게 되면 붕괴될 위험에도 처하게 된다.

카지노 자본주의의 경제적 불안정성과 금융위기의 경향은 1990년대 중반부터 멕시코, 동아시아 및 동남아시아, 브라질, 아르헨티나 등에서 나타나고 있다.

아시아 금융위기

아시아 금융위기는 2008년 글로벌 금융위기 이전에 발생한 위기 중 가장 심각하고 광범위한 위기였다. 1997년 7월 아시아 금융위기는 태국의 투기꾼들이 자국 통화인 바트화를 평가절하해야 할 것으로 예상하고 강력하게 매도함으로써 그들의 기대가 현실로 바뀌면서 비롯되었다. 그 결과 고전적인 금융 연쇄확산으로 이어졌는데, 인도네시아, 말레이시아, 한국에 대해서도 비슷한 투기세력의 공격이 이어졌고, 홍콩, 대만은 물론이고 심지어 중국까지 위기에 내몰릴 위험에 처했다. 각국 정부가 외환보유고를 총동원하면서 경제생산이 감소하고 실업률이 증가하며 임금이 폭락했다. 1997년 말 동남아시아 전체가 글로벌경제의 안정을 위협하는 금융위기의 고통하에 놓이게 되었다. IMF가 태국, 인도네시아, 한국에 구제금융을 제공함으로써 금융안정과 점진적인 경제회복을 가져왔다. 그러나 이는 자국 금융시스템의 자유화와 그에 따른 국내 경제통제의 축소를 가져왔다. 이에 반해 IMF의 압력에 저항하고 자본통제를 도입한 말레이시아는 더 이상 급속한 초국경 자본흐름을 막는 데 성공했다. 또한, 1960년대 초부터 1990년대 사이 동아시아와 동남아시아의 상당 부분, 특히 '호랑이' 경제에서 높은 성장률에도 불구하고 아시아 금융위기가 발생했다는 점에서 금융시장과 '실물' 경제의 성과의 괴리를 보여주었다.

2007년의 대폭락, 글로벌 금융위기와 대침체

2007년 중반 특히 미국과 영국을 중심으로 한 신용위기와 함께 시작된 글로벌 금융위기는 은행들이 채무불이행 가능성이 높은 고객들에게 대출을 해준 미국 주택시장과 연계된 부채 거품의 결과로 시작되었다. 그러나 이것은 글로벌 자본주의가 금방이라도 나락으로 주저앉을 듯한 상황이 되어 체제 실패 위협의 가능성이 높아지던 2008년 9월에 벌어진 놀라운 사건들의 전초를 제공했을 뿐이었다. 결정적인 사건들은 미국에서 발생했다. 패니 메(Fannie Mae)와 프레디 맥(Freddie

신용위기(Credit crisis): 일반적으로 은행들이 서로 대출을 원하지 않기 때문에 대출(또는 신용)의 일반적인 가용성 감소.

Mac) 등 정부가 지원하는 두 개의 저당회사들이 연방 당국에 의해 긴급구제를 받았고, 158년 역사를 지닌 투자은행인 리만 브라더스(Lehman Brothers)가 파산했고, 거대 보험회사인 AIG가 정부의 850억 달러 구제금융계획으로 간신히 생존하였고, 미국에서 네 번째로 큰 규모의 은행인 와코비아(Wachovia)를 420억 달러의 악성부채를 떠안고 시티그룹이 인수하였다. 다른 지역에서도 은행위기가 발생하였고, 주식시장은 세계적으로 주식 가치가 크게 하락하는 등 글로벌 침체의 조짐이 나타났으며, 이러한 상황은 대부분의 국가에서 2009년까지 지속되었으

주요 연표 ¦ 현대 글로벌 자본주의의 위기

1994-5	멕시코 경제위기는 멕시코 페소화의 급격한 평가절하로 시작되어 라틴 아메리카 다른 지역에도 영향을 미치고 있다 ('테킬라 효과').
1997-8	아시아 금융위기는 바트화의 붕괴와 함께 태국에서 시작되었지만, 통화가 폭락하고 주식시장이 붕괴하는 동남아 대부분 지역과 일본으로 확산되었다.
1998	러시아 금융위기는 주식, 채권, 외환시장이 붕괴되는 것을 아시아 금융위기에 따른 상품가격 하락의 맥락으로 보고 있다.
1999-2002	아르헨티나 경제 위기는 GDP가 하락하는 상황에서 아르헨티나 경제에 대한 투자자들의 신뢰를 상실함으로써 자금이 국외로 이탈하는 것으로 시작되었다.
2000	닷컴 위기는 1998년 이후 IT 관련주들의 급격한 투기적 상승 이후 '닷컴 버블'의 붕괴를 목도했다.
2002	우루과이 은행위기는 우루과이경제와 아르헨티나경제 붕괴의 연관성에 대한 우려 속에 은행들이 대규모의 영향을 받고 있는 것을 목격했다.
2007-8	미국 서브프라임 모기지 사태는 글로벌 금융위기를 촉발했다.
2007-9	글로벌 금융위기.
2010-13	유로존 위기 (p. 544 참조).
2010-	베네수엘라 위기는 부분적으로 유가 하락과 2010년대 말까지 필수품의 주요 부족에 의해 촉발되었다.
2014-15	러시아의 또 다른 금융위기는 유가 하락, 루블화가치 하락, 우크라이나로부터 크림반도를 병합한 것에 대한 제재 등 다양한 경제적, 정치적 원인을 내포하고 있다 (p. 165 참조).
2014-16	브라질 경제위기는 부분적으로 중국경제의 성장 둔화와 브라질 상품수출에 미치는 영향에 의해 촉발되었다.
2016	영국의 EU 탈퇴 투표 결과 미국 달러화, 유로화 및 기타 통화에 대한 영국 파운드화 가치가 급락하였고, 아직 회복되지 않고 있다. 브렉시트 조건에 대한 불확실성으로 인해 환율의 지속적인 변동성이 발생하고 있다.
2020-	2010년 글로벌 코로나19 팬데믹의 시작, 10년 글로벌 금융위기의 지속적인 영향, 그리고 2022년 러시아와 우크라이나 간의 대규모 전쟁의 발발은 상당한 글로벌경제 변동성을 초래했다.

나, 일부 유럽국가의 경우는 2011년에 침체가 다시 시작되었다.

2007-9년 글로벌 금융위기의 의미에 대한 논쟁은 그 근본 원인에 대한 이견과 밀접하게 관련되어 있다. 위기는 미국 은행 시스템에 뿌리를 둔 것이었을까, 영미 기업자본주의에 뿌리를 둔 것이었을까, 아니면 자본주의 시스템 자체의 본질에 있었던 것일까? 한 차원에서 위기는 '서브프라임' 모기지 시장인 미국 은행과 모기지 기관들이 채택한 부적절한 대출전략과 관련이 있었다. 신용 이력이 부실하거나 존재하지 않는 신청자들에 대한 이러한 고위험 대출은 상환될 가능성이 거의 없었으며, '독성부채'의 규모가 명백한 충격파가 되었을 때 미국 금융시스템과 그 너머로 흘러갔다. 그러나 더 깊은 차원에서 보면, 미국의 '서브프라임' 문제는 자유시장과 규제를 받지 않은 금융 시스템에 기반을 둔 미국, 영국 등에서 뿌리를 내린 신자유주의 자본주의의 결함과 취약성의 징후에 불과했다. 소로스(George Soros)에게 있어서 2007-9년 위기는 신자유주의 경제학적 사고를 지탱해 온 시장 근본주의의 실패를 반영했다. 소로스(Soros 2008)는 시장이 가장 수익성 있는 용도에 자원이 할당되도록 합리적으로 작동한다는 개념에 도전하면서, 규제를 받지 않은 금융시장이 약 25년에 걸쳐 '슈퍼 버블'을 형성하도록 허용했고, 이는 거대하고 지속 불가능한 부채의 형태를 띠었다고 주장했다. 이 슈퍼 버블이 붕괴되자, 그 어느 때보다 많은 양이 거래되던 많은 금융상품(채권, 증권, 파생상품 등)이 갑자기 거의 가치가 없는 것으로 드러났다. 심지어 전 연방준비제도 이사회 의장인 그린스펀(Alan Greenspan 2008)과 같이 자유방임적 자본주의를 옹호하는 사람들도 시장이 '비이성적 과열'로 향하여 자산 가치의 과도한 상승으로 이어지는 점에 대해서 지적했다.

2007-9년의 위기는 1970년대의 스태그플레이션 위기 이후 세계경제에 있어서 최초의 진정한 글로벌위기였고, 그것은 1930년대 대공황 이후 글로벌 생산수준의 가장 심각한 하락을 야기했으며, 후에 '대침체(Great Recession)'라고 불리게 되었다. 대부분의 주요 경제가 2009년에 성장으로 돌아옴에 따라, 국가정부들이 신속하게 시작했고 G20가 조정한 거대한 노력이 성공적이었던 것으로 보인다. 이들은 은행의 자본 재조달, 금리의 큰 폭 인하(통화 부양책), 그리고 지출이 세금을 초과하도록 허용함으로써 내수를 진작시켰다 (재정 부양책). 무엇보다도, 국제적인 조치는 1929년 월스트리트 폭락의 결과 발생한 것과 같은 심각한 실수의 재발을 막았다. 즉, 금융위기가 깊고 장기적인 경제위기로 바뀌는 데 원인이 된 보호무역주의의 발생을 막기 위한 노력을 했다. 그러나 2010년 이후부터 심각한 경제문제들이 다시 시작되었는데, 특히 많은 '유로존' 경제에서 국가부채위기의 형태로 나타났다. 이는 특히 서방경제에 있어서 글로벌 금융위기가 부채와 긴축 시대의 시작을 촉발시킬 수 있다는 점을 암시했다 (p. 147 참조).

금융위기의 가장 널리 예상되는 결과 중 하나는 글로벌화라는 신자유주의 모

유로존(Eurozone): 단일통화(유로화)가 사용되는 EU의 지역 (2015년, 19개 회원국 포함).

국가부채위기(Sovereign debt crisis): 국가재정의 구조적 불균형으로 제3자의 도움 없이는 국가채무를 상환할 수 없거나 차환할 수 없다.

델에 대한 재평가, 그리고 아마도 반대로 이어질 것이라는 점이었다. 이는 어느 정도 과거의 주요 위기가 세계경제의 운영에 중대한 변화를 초래했기 때문이었다. 1930년대 대공황이 미국에서 루스벨트의 뉴딜정책을 통해 1945년 이후 세계가 케인스주의에 유리한 방향으로 전환되는 결과를 초래한 반면, 1970년대의 '스태그플레이션' 위기는 케인스주의의 포기와 신자유주의의 부상에 기여했다. 그럼에도 불구하고 2007-9년의 대침체에 대응하여 유사한 비율의 변화가 나타났다는 증거는 상대적으로 거의 없다. 예를 들어, 2008년 9월 직후 글로벌 경제거버넌스체계를 신자유주의에서 재지향시킬 '뉴 브레튼우즈' 건설의 진전은 더디게 진행되고 있다. (p. 516에서 대공황 시기의 글로벌 경제거버넌스의 관계에 대해 논의한다.) 그 이유로는 신자유주의적 글로벌화와 가장 밀접하게 연결된 이해관계의 구조적 힘(초국적기업, 주요 은행, 글로벌시장 등)에 의해 정치적 선택이 제약을 받는다는 점을 포함하고, 이는 좌파 정치인들의(좌익 또는 중도좌익 정당이든, 혹은 반자본주의 운동이든) 지적 및 이념적 실패를 반영하기도 한다. 그러나 대공황의 완전한 이념적 중요성은 거의 10년에 걸친 대량실업과 세계대전의 개입 이후인 1945년에야 드러났기 때문에 대공황의 장기적 효과를 가늠하기에는 시기상조일 수 있다.

그럼에도 불구하고 2007-9년의 위기는 글로벌경제의 권력이 서양에서 동양으로, 그리고 특히 미국에서 중국으로 옮겨가는 데 있어 중요한 순간으로 다가올 수 있다. 금융위기 이전 20년 동안 세계경제성장의 상당 부분이 중국, 인도, 브라질 및 기타 신흥국에 의해 만들어졌을 뿐만 아니라, 그들의 저렴한 공산품을 대량 생산하는 능력이 선진국 경제의 심각한 구조적 결함을 은폐하는 데 도움을 주었는데, 이는 부분적으로 인플레이션이 '완치'되었다는 인상을 심어주기도 했다. 이와 더불어 중국과 많은 신흥국들은 2007-9년의 폭풍을 선진국들보다 훨씬 잘 견뎌냈다. 예를 들어, 중국은 이 기간 동안 성장률이 약간만 하락했을 뿐이다. 또한, 신흥국들은 대체로 상당한 무역흑자를 기록하고 있었고, 때로는 주요 채권국이 되었으며, 선진국 부채의 상당 부분을 사들였기 때문에 위기 이후의 시기로 접어들 수 있었다. 그러나 이러한 경제력 균형의 변화는 이전보다 훨씬 상호의존적인 세계에서 일어나고 있다. 미국의 경제회복이 중국에게 중요한 것처럼, 중국도 미국의 국가채무의 상당 부분을 보유하고 있기 때문에 개도국은 자국의 생산품을 시장에 제공하기 위해 선진국의 회복이 필요하다.

민족주의의 부활과 글로벌 금융위기의 장기적 영향

2017년 1월 20일 트럼프는 미국의 45대 대통령으로 취임하면서 "오늘부터 미국만이 우선이다"라고 선언했다. 사업가이자 텔레비전 유명인인 트럼프는 미국 최초의 아프리카계 미국인 대통령인 오바마가 미국에서 태어나지 않았다고 하면서

부채와 긴축 시대의 서방

사건: 2008년 9월의 사건들이 1930년대 이후 글로벌경제 생산에 있어서 가장 가파른 감소를 촉발시켰다. 비록 세계경제가 2009년에 완만한 성장으로 돌아왔지만, 2010년 동안 국가부채가 증가하는 형태로 서방지역 전역에 새로운 경제문제가 등장했다. 어떤 경우에는, 대출상환 능력에 대한 우려가 이자율을 급등시켰고, 이는 외부 개입을 필요로 함에 따라 국가의 신용도에 의문이 제기되었다. 종종 은행위기와 연결된 국가의 부채위기는 그리스(2010과 2012), 아일랜드 (2010), 포르투갈(2011), 스페인(2012), 키프로스(2013)에 대한 EU, IMF, 그리고 유럽중앙은행 사이의 구제금융 협상이 있었던 유로존에서 가장 심각했다. 다른 곳에서, 낮은 성장과 증가하는 부채는 국가들이 소중한 AAA 신용도 지위를 잃었다는 것을 의미했으며, 이는 2011년 미국, 2012년 프랑스, 그리고 2013년 영국에 발생했다. 구제금융에 부속된 조건 때문이거나 부채에 대한 더 넓은 불안 때문에, 많은 서방국가들은 재정부양에서 벗어나 '재정긴축' (공공지출을 줄이거나 세금을 늘림)으로 경제정책을 전환하여 '긴축의 시대'를 시작하는 데 도움을 주었다.

중요성: 대부분 서방경제의 구조적 약점이 대침체로 드러나지만, 더 깊은 원인이 있었다. 여기에는 부풀려지고 규제를 받지 않는 은행과 금융부문이 가능하게 만든 훨씬 더 높은 수준의 소비자 차입(모기지, 은행대출, 신용카드 등의 형태)을 통해 성장을 가져오려는 경향이 포함된다. 더욱이 약 30년간 세계경제의 성장은 이 성장이 계속될 것이라는 믿음에 확신을 가져다주어 서방 정부들이 국가부채에 대해 안심하도록 해주었다. 이러한 가정은 대침체로 처참하게 파괴되었으며, 생산이 급감함에 따라 세수도 줄어들었고, 결과적으로 차입금이 폭발하면서 공공 재정을 혼란에 빠뜨렸다.

그러나 부채의 어두운 부분을 어떻게 다루어야 하는지에 대한, 그리고 특히 부채와 긴축 사이의 관계에 대한 주요한 논쟁이 있다. 유럽의 많은 부분에서 채택된 긴축정책의 접근법은 만성적인 부채가 문제라면, 그 해결책은 특히 공공지출을 줄임으로써 달성되는 부채 감축이어야 한다는 믿음에 기초한다. '긴축약'을 복용하지 않으면 부채부담 증가를 미래 세대에게 전가할 위험이 있다. 그럼에도 불구하고, 긴축은 지출삭감 및/또는 세금인상이 경제에서 수요를 빼앗아 경제침체를 초래할 수 있다는 문제를 수반한다. 그러므로 부채가 있는 한 가족이 선택할 수 있는 적절한 해결책은 경제 전체에 적용된다면 자기 패배적이고, 다양한 연계 경제에 적용된다면 (수출에 미치는 영향 때문에) 재앙적일 수 있다.

출처: *Pacific Press/Getty Images*

또한, 긴축정책은 광범위한 항의시위와 심지어 시민불안을 촉발시켰다. 한편으로는 새로운 '급진적' 좌파와 민주사회주의 운동의 부상, 다른 한편으로는 극우파의 부활과 연결되었다. 급진적 좌파는 그리스의 시리자정부, 스페인의 포데모스의 부상, 그리고 영국의 베테랑 민주사회주의자 코빈(Jeremy Corbyn)과 미국의 샌더스(Bernie Sanders)의 등장과 업적이 포함되었다.

긴축정책과 민주사회주의 정책의 대안은 균형재정이라는 장기적 목표를 수용하면서, 특히 인프라 프로그램에 대한 단기적, 아마도 중기적으로 지출을 유지하는 신케인스주의 전략이다. 이는 대체로 미국 오바마 행정부가 채택한 접근법이었다. 그러한 전략에서 차입을 계속하거나 늘린 이유는 경제가 살아나면서 성장을 촉진하고, 적절한 시기에 세수를 늘려 부채문제를 해결할 수 있기 때문이다.

(따라서 그 자리에 있을 자격이 되지 않는다), 그의 출생증명서를 요구하는 등 잘못된 주장을 하는 선도적인 '출생음모론지(birther)'로서 정치적인 명성을 얻었다. 흑인이 '진정한' 미국인이 아니라는 가정과 같은 이 운동의 다소 노골적인 인종차별적인 저의는 전 세계에서 지지를 얻고 있던 일련의 종족민족주의적 분위기의 전형적인 것이었다. 그러나 트럼프의 '미국 우선주의' 수사와 무역정책이 시사하는 바와 같이, 이러한 민족주의적 운동은, 밀레니엄 시대에 서방의 경제적 성공의 원인이면서 글로벌 금융위기의 재앙적인 결과로 보여지는 경제 글로벌화의 과정을 포함하는 '글로벌주의적' 국제주의에 반대되는 상황에 놓이게 되었다.

(자유주의적인) 글로벌주의에서 벗어나 (보수적이고 극우적인) 종족민족주의로의 전환은 글로벌 금융위기와 대침체의 중장기적인 효과일 수 있다고 주장되었다. 임금 억제, 상승하는 생활비, 높은 실업률, 통화의 평가절하는 복합적인 경제적 원인들을 가지고 있을지 모르지만, 주로 우파뿐만 아니라 좌파의 일부 정치인들에게 간단한 해결책은 이민자, 소수민족, 혹은 외세를 막론하고 그림자와 같은 '다른' 인물들을 근본 원인으로 간주하는 것이다. 논평가들은 경제위기의 열병적인 맥락이 1930년대의 파시스트 정치적 성공을 낳는 데 얼마나 중심적이었는지에 대해서, 그리고 2007년에 시작된 위기가 이 시기의 월스트리트 붕괴와 대공황 이후 확실히 가장 규모가 큰 위기라는 점에 주목한다. 반면에, 보수적인 논평가들은 신파시스트의 부상에 대한 심각한 경고를 과대선전으로 혹은 심지어 전통에 반하는 좌파의 '문화전쟁'의 일부로 보는 경향이 있고, 보수적인 관점에서 '서방'의 완전히 도덕적으로 적절하고 민족적이며 국가적인 가치들이라는 평을 받고 있다.

요약

- 자본주의는 부의 개인 소유와 시장원리에 따라 경제생활이 조직화된 일반적인 상품 생산체제다. 그러나 기업자본주의, 사회자본주의와 국가자본주의는 이들 내에서의 시장과 국가 사이의 균형에 따라 차이를 보이고 있다.
- 신자유주의의 발전은 경쟁적인 자본주의의 유형에 대한 기업자본주의의 우월성을 반영한다. 신자유주의 신봉자들은 경제 글로벌화와 관련하여 신자유주의가 글로벌 성장을 주도하는 신뢰할만한 수단이라고 주장하는 반면, 비판자들은 불평등의 확대, 금융위기 및 다양한 종류의 정치적 '충격'과 연관시킨다.
- 경제 글로벌화는 국가경제들이 상호연결된 글로벌경제로 흡수되는 과정이다. 그러나 경제생활이 글로벌화 된 정도에 대해서, 그리고 좋은 방향이든 나쁜 방향이든 경제 글로벌화의 영향에 대하여 논쟁이 벌어지고 있다.
- 글로벌화의 성공에도 불구하고, 자본주의는 항상 호황과 불황에 취약하다. 마르크스주의자들은 이 위기들을 자본주의의 과잉생산에 대한 내재적 성향의 관점에서 설명한 반면, 슘페터는 자본주의 내에서의 '창조적 파괴'의 성향에서 비롯되는 경기순환에 주목하였다.
- 현대 위기들과 '연쇄확산(contagion)'은 신자유주의적 글

로벌화 속에서 암묵적으로 일부 사람들이 주장하는 '금융화'를 선호하는 흐름에서 파생되었다. 이는 소위 '카지노 자본주의'를 만들어 냈는데, 이는 투기거품이 생성되었다가 소멸되는 등 매우 급변하기 쉽고 전망이 어려운 경제체제이며, 전 세계에 영향을 미치게 된다.

- 2007-9년의 글로벌 금융위기의 기원에 대해서 이 위기가 미국의 은행시스템, 영국과 미국 기업자본주의, 또는 자본주의 그 자체의 속성에 근거하고 있는지에 대하여 뜨거운 논쟁이 계속되고 있다. 이 위기는 글로벌 파워의 중요한 전환을 촉진했을지 모르지만, 그것이 국가 또는 글로벌금융을 규제하는 데 유리한 주요 변화로 귀결되었는지는 덜 분명하다.

토의주제 ?

- 기업자본주의의 주요 장점과 단점은 무엇인가?
- 자본주의는 포괄적 복지조항과 어느 정도로 조화를 이루는가?
- 국가자본주의는 개념상 모순적인 것인가?
- 신자유주의와 경제 글로벌화는 어느 정도 연결되어 있는가?
- 경제 글로벌화의 주요 추동력은 무엇인가?
- 글로벌경제 아이디어는 신화인가?
- 초국적기업은 좋은 것인가 나쁜 것인가?
- 자본주의는 기본적으로 불안정하고 위기를 유발하는 것인가?
- 2007-9년 글로벌 금융위기는 현대 세계경제에 대하여 무엇을 말해 주는가?
- 글로벌화는 민족주의의 부활에서 살아남을 것인가?

추가 읽을거리 

Casey, T. (ed.), *The Legacy of the Crash* (2011). 2007-9년 위기의 본질과 결과, 그리고 미국과 영국의 다양한 정치적 대응을 검토한 폭 넓은 에세이 모음집.

Harvey, D., *A Brief History of Neoliberalism* (2005). 신자유주의의 기원, 확산, 효과에 대한 간결하고 비판적인 탐구.

O'Brien, R. and M. Williams, *Global Political Economy: Evolution and Dynamics* (2020). 글로벌정치경제에 대한 명료하고 포괄적인 소개.

Ravenhill, J. (ed.), *Global Political Economy* (2020). 선도적인 전문가들이 글로벌정치경제의 주요 이슈를 분석한 포괄적이고 체계화된 교과서.

글로벌 시대의 국가, 개인과 외교정책

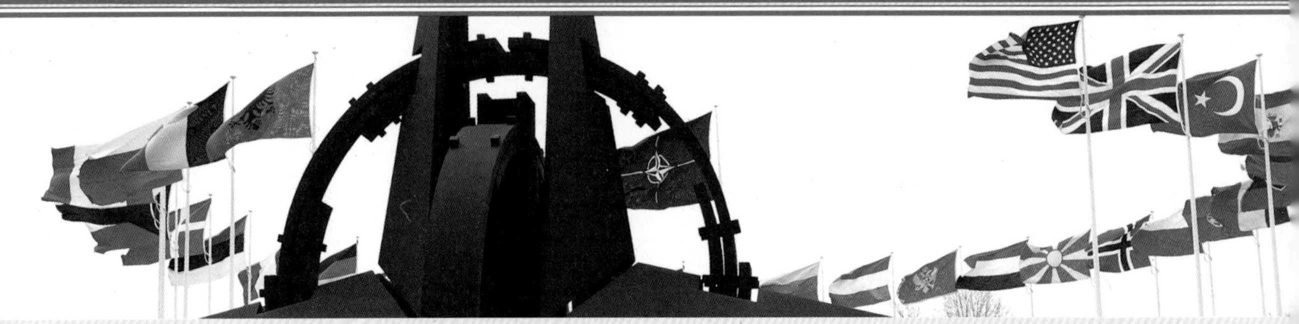

출처: *Anadalou Agency/Getty Images*

개요

국가는 오랜 기간 세계무대에서 가장 중요한 행위자이면서 글로벌정치의 기본 '단위'로 간주되어 왔다. 국가의 지배는 주권으로부터 나온다. 만약 독일의 사회학자 베버(Max Weber)가 주장했듯이 사회적 실체로서 국가의 본질에 대한 정의가 국경 내에서 거의 도전받지 않는 '합법적'인 권력의 행사라면, 우리는 국가가 세계문제에서 독립적이고 자율적인 실체로서 작동하기를 기대하게 된다. 그러나 20세기 후반부터 국가는 광범위한 위협을 받고 있다고 간주되어 왔다. 경제 및 정치 글로벌화는 핵심권력이 국가에서 하위국가, 초국가, 다국가적 실체로 이전하도록 했는데, 그 실체들로는 유엔 및 아프리카연합과 같은 지역기구에서 세계무역기구, 초국적기업, NATO와 같은 집단안보기구까지 포함된다. 21세기 초까지 글로벌화가 국제관계에서 국가권력을 점점 더 쓸모없게 만들고 있다는 관점은 사실상 '상식'적인 것이었다. 그러나 새로운 세기의 첫 20년 동안은 국가가 글로벌정치에서 오히려 더 강력한 행위자일 수 있음을 보여주었다. 전통적인 '강대국' 경쟁자들의 재등장, 그리고 강압적인 정치와 전쟁의 지속과 함께 글로벌화의 경제 및 인구학적 효과를 목표로 하는 반글로벌화의 정치적 '반격'은 국가의 종말을 훨씬 덜 확실하게 만들고 있다. 그렇다면 글로벌정치에서 국가의 미래는 무엇인가? 한편 국가 내 정부는 점점 더 국가가 아닌 개인의 수준에서 '미시적' 사회관계를 목표로 하면서 '거버넌스'에 역할을 양보하고 있다. 이러한 변화는 국가와 개인에게 무엇을 의미하며, 국가정부가 다른 국가 및 국제기구와의 관계를 관리하는 핵심 메커니즘으로서 외교정책의 발전을 어떻게 형성하는가?

핵심이슈

- 주권과 국가성은 글로벌화된 세계와 양립할 수 있는가?
- 민족국가는 시장국가 또는 포스트모던국가로 전환되었는가?
- 어떠한 방식과 무슨 이유로 국가는 보다 중요하게 되었는가?
- 국가정부는 어느 정도로 다층 거버넌스(multilevel governance)에 밀려나고 있는가?
- 외교정책의 개념은 어느 정도로 의미가 있는가?
- 어떤 외교정책결정이론이 가장 설득력이 있는가?

국가와 국가사회

국가와 주권

국가(p. 154 참조)는 역사적인 기관이다. 국가는 15세기와 16세기 유럽에서 시간적이고 정신적인 측면에서 모든 다른 기관과 집단을 종속시키는 데 성공한 중앙집권적인 통치체계로 등장했다. 베스트팔렌평화조약(1648)은 종종 현대적인 국가의 개념을 공식화하는 데 있어 핵심적인 순간으로 대표된다. 영토주권의 상호인정이 이루어지면서 국가가 세계무대에서 주요 행위자로 등장하였다. 따라서 국제정치는 '국가시스템'으로 인식되었다. 국가시스템은 유럽에서 북미로 점차 확대되었고, 19세기에는 남미와 일본으로 전파되었으며, 20세기에는 대체로 아시아, 아프리카, 카리브해 지역과 태평양의 탈식민지화에 힘입어 진정한 글로벌시스템이 되었다. 21세기 국가사회는 보다 대중적이고 국가설립 이전보다 훨씬 활성화되었다. 2019년 유엔은 193개 국가를 승인했는데 이는 1945년의 50개국에 비해 급격히 늘어난 것이고, 현재 '옵서버 지위'를 가지고 국가로 인정받기를 원하는 바티칸(교황청)과 팔레스타인도 있다. 최근에 승인된 국가는 코소보(2008년, 세르비아가 아직도 영토를 주장하고 있기 때문에 부분적으로 인정됨)와 남수단(2011)을 포함한다. 소말릴란드(소말리아)부터 남오세티아(조지아)에 이르기까지 승인을 받기 위해서 고군분투하는 후보국들도 있다. 그러면 국가란 무엇이며, 국가의 주요 특징은 무엇인가?

국가들은 이중 구조를 지니고 있으며, 외부로 지향하거나 내부로 지향하는 양면성을 보유하고 있다 (Cerny 2010). 국가의 외부지향성은 국가가 다른 국가와 관계를 맺는 것과 외부의 공격을 막아내는 능력을 의미한다. 국제법에서 국가에 대한 고전적인 정의는 '국가의 권리와 의무에 관한 몬테비데오협약(Montevideo Convention on the Rights and Duties of the State, 1933)'에 나타나 있다. 이 협약의 제1조에 따르면 국가는 4가지 특징을 가지고 있다.

■ 역자 주

국가에 대한 국내 참고 서적으로는 다음을 참조할 것.
Colin Hay 외 지음, 양승함 옮김, 『국가: 이론과 쟁점』(명인문화사, 2024).

국가구성론(The constitutive theory of the state): 국가의 정치적 존재는 전적으로 다른 국가들의 인정에 의존한다는 이론.

주권(Sovereignty): 절대적이고 제한받지 않는 권력에 대한 원칙이고, 국내나 대외적으로 어떠한 상위 권위는 존재하지 않는다 (p. 4 참조).

- 경계가 정해진 영토
- 영속적인 인구
- 실효성 있는 정부
- 다른 국가들과 관계를 가질 수 있는 능력

몬테비데오협약은 국가에 대한 '구성적' 이론이 아니라, 국가가 국가지위에 대한 최소한의 기준을 충족함으로써 국가가 되는 '선언적' 국가이론을 촉진시킨다. 국가는 인정을 받지 않더라도 스스로의 통합성과 독립성을 수호하고 보존과 번영을 제공하며 결과적으로 자체적으로 적합하다고 생각하는 방식으로 조직할 권리를 가진다 (제3조).

국가의 내면을 지향하는 모습은 국경 내에서 살아가는 개인과 집단의 관계와 국내질서 유지 능력을 다룬다. 이러한 관점에서 볼 때, 국가는 보통 지배의 도구로 간주된다. 독일의 사회학자인 베버(Max Weber, 1864-1920)는 국가를 '정당한 폭력' 수단을 독점하는 차원에서 정의를 내렸다. 슘페터(Joseph Schumpeter 1954)는 이러한 정의를 보완하여 국가가 시민에 대한 과세권을 독점하여 재정적인 독점을 한다고 지적하였다. 국가의 이중적 구조의 관점에서 보면, '국가성'이라고 부를 수 있는 것은 국가가 외부로부터의 공격을 막아내고 국내질서를 유지하는 능력, 그리고 이들을 동시에 수행하는 능력이라고 볼 수 있다 (Brenner 2004).

비록 몬테비데오협약의 국가 특징에 대한 목록 또는 베버가 주장한 국가의 정당한 폭력 사용에 대한 관념에 명시적으로 언급되지는 않았으나, 국가의 근본적인 특성은 유일한 핵심적 특성인 주권에 의하여 확립된다. 최종 분석에서 국가는 정의된 국경 내에서 주권을 행사할 수 있는 능력을 보유하고 있기 때문에 국가이며, 따라서 자율적이고 독립적인 행위자이다. 현실주의 이론가들이 내세우는 세계정치에 대한 당구공 모델에 의하면 국가들은 서로 충돌하는 당구공이고, 주권은 딱딱하고 침투가 불가능한 공의 외피이며, 이는 충돌할 때의 충격을 이겨낼 수 있도록 한다. 주권을 가장 먼저 주장한 이론가는 프랑스의 정치철학자 보댕(Jean Bodin, 1530-96)이다. 그는 주권을 '공동체의 절대적이고 영구적인 권력'으로 정의를 내렸다. 그의 견해에 따르면, 정치적이고 사회적인 안정의 유일한 보장은 최종적인 법 제정권을 보유한 주권자의 존재이다. 그러한 점에서 법은 주권자의 '의지'를 반영한다. 홉스(Thomas Hobbes, p. 17 참조)에 따르면, 주권에 대한 요구는 인간의 자기추구적이고 권력지향적인 성향에서 나오게 된다. 이는 지배자 없이, 즉 '자연상태'에서 인간의 생활은 모든 사람들 상호 간의 전쟁에 빠지게 된다는 점을 의미한다. 이 경우 인간의 생활은 '고독하고, 빈곤하고, 험악하고, 잔인하고, 단명하게' 된다. 따라서 홉스는 주권을 강제력의 독점으로 정의를 내렸고 주권은 한 명의 통치자(이것이 군주든, 군주가 선호하는 정부형태든, 과두정 집단이든 심지어 민주적인 의회든)에게 귀속되어야 한다고 주장했다. 그러나 국가의 이중적 구조를 감안하여 주권은 국내적이고 대외적인 측면에서 이해되어야 한다.

국내주권의 개념은 국가 내에서 권력이나 권위의 위치를 의미하며, 국가구조와 통치체제의 발전에 매우 중요한 역할을 한다. 정치체제 내에서 최종적이고 궁극적인 권위는 어디에 위치해야 하는가? 이미 언급한 바와 같이 초기 사상가들은 주권이 단일인물, 즉 군주의 손에 놓여 있어야 한다고 생각했다. 절대군주들은 스스로를 '주권자'라고 표현했고, 17세기 프랑스의 루이 14세가 했던 바와 같이 자신이 국가라고 선언했다. 이러한 절대주의적 주권 개념으로부터 가장 급진적 이탈은 18세기 스위스 정치철학자 루소(Jean-Jacques Rousseau)가 군주의 통치를 반대하고 대중적 주권개념을 옹호한 것이다. 루소에게 있어서 궁극적 권위는 국민들이 가지는 것이고, 이는 '일반 의지(general will)'로 표현되었다. 국민주권의 독트린은 때때로 현대 민주주의이론의 기초로 간주된다. 이는 무엇보다도 정치적 권위의 정당성있는 원천은 규칙적이고 공정하며 경쟁적인 선거로부터 시작된다는 자유민주주의 사상을 고무하고 있다. 그러나 일부 자유주의 사상가들은 국내주권의 개념은 항상 절대적인 기원에 의하여 타락한다고 경고한다. 그들은 권위의 절대적이고 최종적인 원천 개념은 현대 민주국가의 분산된 권력과 다원적 경쟁의 현실과 조화되기가 어렵다고 주장한다. 그러나 국내주권에 긴장이나 갈등이 있는 경우에도, '다른 국가들'은 그 국가를 주권국으로 간주할 수 있다. 이것이 대외주권 개념이다.

국내주권(Internal sovereignty): 국가 내에서의 최고 권력/권위이며 국가 내에서 모든 국민들, 집단, 기구를 구속하는 결정을 하는 기초 근거.

대외주권(External sovereignty): 세계무대에서 특정 영토와 인구를 대표하는 행위자로서 국가의 절대적이고 무제한적인 권위다.

대외주권은 국가의 다른 국가들 또는 국제행위자들과의 관계로 정의된다. 이는 국가가 세계문제에 있어서 독립적이고 자율적으로 행동할 수 있는 국가의 능력을 확립해 준다. 이러한 점에서 글로벌정치에 있어서 주권의 형태는 매우 중요한다. 예를 들어, 대외주권은 국제법(제15장 참조)의 기초를 제공한다. 유엔은 주권평등의 원칙에 의하여 작동되고, 모든 국가들이 총회의 회원자격을 통하여 국제관계에 동등하게 참여한다. 더 중요한 것은 대외주권에 의해서 각 국가의 영토적 결속과 정치적 독립이 침범 당하지 않는다는 점을 보장한다는 것이다. 유사한 논리로 세계정치의 가장 심각한 분열의 많은 부분은 대외주권에 대한 갈등적 논쟁으로부터 시작된다. 예를 들어, 아랍-이스라엘의 장기적인 분쟁은 팔레스타인에게 대외주권 문제를 불러 일으켰다 (p. 155 참조). 2022년 러시아-우크라이나전쟁의 발발(p. 165 참조)은 러시아의 푸틴 대통령이 우크라이나 동부의 일부 지역을 본질적으로 러시아 영토로 간주했다는 근거로 러시아가 우크라이나의 대외주권을 부인한 데 따라 발생한 것이다.

그럼에도 불구하고, 대외주권의 개념은 도덕적 의미와 실질적인 중요성 모두

개 념

국가

국가는 정해진 영토적 경계선 내에 주권적 관할권을 확립시키는 정치적 결사체이다. 정치이론에 의하면 국가는 항상 시민사회와 비교하여 정의된다. 국가는 집단조직의 공동생활에 책임을 지고 있는 '공공성'을 지니고 있으며 세금징수를 통하여 재정을 확보하는 기관들을 포함하고 있다. 그 기관들은 정부, 법원, 군대, 국영기업, 사회보장체제 등이다. 그러나 국제정치에 있어서 국가는 대체로 대외적 관점에서 정의되며, 따라서 시민사회를 내포하고 있다. 이 견해에 따르면 국가는 4가지의 특징을 지니고 있는데, 그들은 정의된 영토, 영구적 인구, 실효성 있는 정부, 주권이다. 이러한 점에서 state라는 국가의 영어 표현은 country와 동등한 것이다.

에 대해 의문이 제기되면서 점점 더 많은 논란의 대상이 되어왔다. 대외주권이 국가들로 하여금 자국의 국민들을 학대하고 고문하며 심지어 대량학살(p. 370 참조)하는 행위를 허용하기 때문에 윤리적 문제가 제기되었다. 따라서 대외주권의 원칙과 인권 독트린, 특히 글로벌 또는 보편적 정의의 기준 사이에 긴장이 존재하고 있다. 이 긴장은 인도적 개입 이슈와 관련되어 있는데, 이는 14장에서 구체적으로 논의될 것이다. 대외주권의 실질적 중요성에 대한 관심도 매우 민감해졌다. 어떤 면에서 국가들이 보유한 힘의 차이가 주권의 의미에 대하여 항상 의문을 제기하는데, 특히 강대국들이 약소국의 독립과 자율성에 대하여 침해하는 경우가 많다. 그러나 다양한 수준의 현대적 발전에 의하여 국가들은 '주권의 종말,' 심지어는 '국가의 여명'이라는 전망을 할 수 있게 하는 압력을 받고 있다. 이의 가장 중요한 부분은 글로벌화의 발전과 연관되어 있다.

국가와 글로벌화

글로벌화의 등장은 글로벌화 된 세계에서 국가의 힘과 중요성에 대한 논쟁을 불러 일으켰다. 세 가지의 비교되는 점이 식별된다. 첫째, 일부 이론가들은 '탈주권 거버넌스'를 과감하게 주장했는데 (Scholte 2005), 그들은 글로벌화의 진전이 의미있는 행위자로서의 국가의 쇠퇴를 가져왔다는 점을 제시한다. 소위 초글로벌주의자들의 가장 극단적인 주장에 따르면 국가는 사라져 가는 것이며 불필요한 것이다. 반면에 현실주의자들은 글로벌화가 세계정치의 핵심적 특징을 변화시켰다는 점에 대하여 부인한다. 이전과 마찬가지로 주권국가들은 국경 내 상황에 대한 주요 통제를 유지하고, 세계무대의 주요 행위자로 남게 된다. 이러한 두 가지 견해 사이에 제3의 의견이 있다. 이 의견은 글로벌화가 국가의 역할과 중요성, 그리고 주권의 본질에 질적인 변화를 가져왔다는 점은 인정하지만, 국가권력을 감소시키거나 증가시키기보다는 국가를 단순히 변화시켰다고 강조한다.

국가와 주권이 글로벌화의 힘으로부터 영향을 받지 않는다고 주장하는 것은 매우 어렵다. 특히 이는 국가의 영토 관할권의 사례에 적용이 된다. 전통적 주권이론은 국가가 국경 내에서 발생하는 일들에 대하여 최고의 통제권을 가지고 있으며 국경 밖에서 일어나는 일들도 통제할 수 있다는 아이디어에 기초하고 있었다. 그러나 국제이주의 증가와 문화 글로벌화의 진전(p. 193 참조)은 국경을 점차 '침투성이 있는' 것으로 만들게 되었다. 이는 라디오, 위성 텔레비전, 휴대전화와 인터넷을 통한 국경을 넘나드는 통신과 정보의 흐름이 발전함에 따라 더욱 확실해지고 있다. 이들은 매우 빠른 속도로 다량으로 확산되고 있기 때문에 국가로써는 이를 감지해 내기도 어려워지고 효과적으로 통제하기도 어려워졌다. 변화하는 국가의 성격과 권력에 대한 논의의 대부분은 경제 글로벌화(p. 130 참조)의 영향에 주목하고 있다. 경제 글로벌화의 중심적 특징 중의 하나는 '초영토성'인

거버넌스(Governance): 폭 넓게 말해서 사회생활이 조정되는 다양한 방식이며, 정부는 단순히 한 부분에 속한다 (p. 168 참조).

초영토성(Supraterritoriality): '초국경(transborder)'과 '초글로벌(transglobal)'한 소통과 상호활동의 성장을 통해 사회생활이 영토를 초월하는 성향.

팔레스타인의 국가성 추구

사건: 2011년 9월 팔레스타인해방기구(PLO)의 의장인 압바스(Mahmoud Abbas)는 팔레스타인의 유엔 정회원국으로의 가입을 요청하는 공식 요청서를 제출했다. 그 다음 달, 유네스코 집행위원회는 107 대 14의 투표를 통해 이 제안을 지지했다. 2012년 11월 유엔 총회는 압도적인 표차로 팔레스타인을 '비회원 옵서버 국가'로 인정하기로 결정함으로써 팔레스타인은 국제형사재판소를 포함한 유엔 기구에 가입할 수 있게 되었다. 팔레스타인 아랍인들 사이에서 민족의식의 출현은 제1차 세계대전 이전 팔레스타인(당시 오스만제국의 일부분이었다)으로의 유대인 이민 증가에 대한 반발로 거슬러 올라갈 수 있는데, 이는 제1차 세계대전 기간 영국이 아랍 민족주의를 고무함에 따라 더욱 강화되었다. 1948년 이스라엘 국가의 설립은 아랍 팔레스타인의 대다수가 난민이 된다는 것을 의미했고, 그 후 시나이, 가자지구, 요르단강 서안, 골란고원이 이스라엘에 점령되면서 문제는 더욱 악화되었다. PLO와 이스라엘정부의 첫 대면 회담인 1993년 오슬로협정은 1996년 요르단강 서안과 가자지구에 정부의 권한을 갖지만 주권은 가지지 않는 팔레스타인자치정부(Palestinian National Authority)의 설립을 위한 길을 마련했다.

출처: *Uriel Sinai/Getty Images*

중요성: 팔레스타인의 국가성 추구는 법적인 측면과 정치적인 측면을 모두 가지고 있다. 팔레스타인의 법적인 지위는 논란과 약간의 혼란을 포함한다. 1964년 이질적인 팔레스타인 아랍단체들을 연합한 PLO의 설립은 팔레스타인인들이 더 큰 아랍인 집단들로부터, 그리고 요르단, 이집트, 시리아, 레바논과 같은 기존의 국가들로부터 분리되어 국가 또는 국민으로서의 개념을 강화하는 데 많은 역할을 했다. 그러나, 비록 법적이고 실질적인 주권은 결여되었지만, 팔레스타인자치정부가 설립된 이후에야 팔레스타인은 정의된 영토와 효과적인 정부를 가지고 있다고 말할 수 있게 되었다. 팔레스타인의 지위는 공식적인 인정을 통해 국가지위를 확립하는 유엔의 역할이 결정적으로 좌우한다. 팔레스타인이 유엔 총회에서 옵서버 지위를 가진 '비국가적 실체'에서 '비회원 옵서버 국가'로 전환된 것은 유엔 안전보장이사회에 의해 승인되지 않았고 유엔의 완전한 회원국 자격에 미치지 못한다는 의미다. 그럼에도 불구하고 2022년 4월 현재 유엔의 193개 회원국 중 138개 회원국이 팔레스타인의 존재를 인정했다.

그러나 팔레스타인 국가성의 정치적 차원이 훨씬 더 중요하다. '팔레스타인 문제'는 아랍-이스라엘 갈등의 중심에 놓여 있고 수십 년 동안 중동정치의 폐해가 되어왔다. 그러므로 이스라엘과 팔레스타인 사이의 관계 개선 없이 서방과 아랍세계 사이에 상호 존중과 이해 구축의 의미 있는 진전을 상상하기는 어렵다. 팔레스타인의 국가성 추구를 지지하는 사람들은 보통 소위 '2개 국가' 해결책이 이스라엘-팔레스타인 분쟁의 유일한 실행가능 해결책으로 본다. 이러한 관점에서 팔레스타인의 주권 독립에 대한 지속적인 거부는 정치적 극단주의, 이스라엘에 대한 적대감, 그리고 아마도 폭력을 강화할 뿐이다. 그러나 팔레스타인 국가건설 가능성은 실질적인 측면에서 성취되기 어려울 수 있다. 팔레스타인자치정부는 영토적으로 그리고 정치적으로 분열되어 있을 뿐만 아니라 (팔레스타인 무장단체인 하마스는 가자 지구를 통제하고 있으며, PLO의 파타 진영은 요르단강 서안을 지배하고 있다), 만약 팔레스타인국가가 1967년의 국경선에 따라 건설된다면, 이는 약 50만 명의 이스라엘인들이 다른 나라에 살게 된다는 점을 의미한다. 그럼에도 불구하고 이스라엘의 많은 사람들은 '2개 국가' 해결책에 대해 더 깊은 의구심을 가지고 있다. 그들에게, 팔레스타인의 이스라엘 국가에 대한 집요한 증오는 팔레스타인 주권국가가 이스라엘의 안보와 생존에 지속적이고 참을 수 없는 위협을 가할 것이라는 점을 의미할 것이다.

경제주권(Economic sovereignty): 국가가 국경 내에서 이루어지고 있는 경제생활에 대하여 행사하는 절대적 권위이며, 재정과 통화 정책, 그리고 무역과 자본 흐름에 대한 독립적인 통제를 포함한다.

데, 이는 영토의 위치, 지리적 거리와 국경선의 중요성을 약화시키고 있다. 점차적으로 '국경 없는 세계'에서의 경제활동이 증가하고 있다 (Ohmae 1990). 특히 이는 글로벌화하고 있는 금융시장과 관련하여 분명하게 나타나고 있다. 자본의 흐름은 전 세계적으로 동시에 일어나고 있기 때문에, 어떠한 국가도 세계 다른 지역에서 발생한 금융위기의 충격을 차단하기가 어렵다. 영토를 보유한 국가와 '탈영토화'된 초국적기업의 힘 사이의 균형이 변화하고 있는 것이 확실하다. 만약 국가정책이 기업의 이윤을 극대화시키는 데 도움이 되지 않는다면 초국적기업은 투자와 생산을 세계의 다른 지역으로 옮길 것이다. 나아가 글로벌화는 지역화의 추세와 밀접하게 연계되어 있으며, 이의 대표적인 사례로는 유럽연합(EU)과 북미자유무역협정(NAFTA)이 있다.

만약 국경이 침투 가능하게 되고 과거의 지리적 확실성이 흔들리게 되면, 적어도 전통적인 개념의 국가주권은 존재하기가 어렵게 된다. 이는 21세기의 거버넌스가 탈주권적 성격을 가졌다는 점을 의미한다. 특히 어떻게 경제주권이 글로벌화 된 경제와 조화하는지를 이해하는 것은 어렵다. 경제생활에 대한 주권적 통제는 개별적인 국가경제가 존재하는 세계에서만이 가능했다. 국가경제들이 어느 정도에서건 단일의 글로벌화 한 경제에 편입되는 것은 경제주권을 무의미하게 만든다. 스트레인지(Susan Strange 1996)가 언급한 대로, "과거에 국가가 시장의 주인이었다면, 지금은 많은 이슈에 있어서 시장이 국가정부의 주인이다." 그러나 '국경 없는' 글로벌경제의 은유는 너무 과도하게 표현되는 감이 있다. 예를 들어, 글로벌화는 국가들이 경제의 성공을 위하여 채택하는 전략을 변화시킬지 모르지만, 이것이 반드시 국가의 경제적 행위자 지위를 약화시키는 것은 아니다. 이 절의 뒷부분에서 언급하겠지만, 글로벌화는 경제를 현대화하는 데 있어서 핵심적인 역할을 한다. 적어도 시장에 기초한 경제는 국가만이 제공할 수 있는 법과 사회질서의 테두리에서만 효율적으로 작동될 수 있다는 인식이 점차 증가하고 있다. 국가들이 개별적으로 활동할 경우에 초국적 경제활동을 통제할 수 있는 능력이 감소되지만, G20, 세계무역기구(WTO, p. 510 참조)와 국제통화기금(IMF, p. 505 참조)에 의하여 제공되는 것과 같은 거시적인 경제적 규제체제를 통하여 국가들은 초국적 경제활동을 통제할 수 있는 능력을 보유하게 된다.

국가의 권력과 중요성은 의심의 여지없이 정치 글로벌화 과정(p. 158 참조)의 영향을 받고 있다. 그러나 그 영향은 복합적이며 어떠한 측면에서는 모순적이기도 하다. 유엔(p. 491 참조), EU(p. 542 참조), NATO(p. 298 참조)와 WTO 같은 국제기구들은 국가가 자치단위로서 활동하는 능력을 제한한다. 예를 들어, EU 가입시 국가권력이 위협을 받는데, 그 이유는 점점 더 많은 결정들(예를 들어, 통화정책, 농수산정책, EU 내에서 상품과 사람의 이동)이 회원국들이 아니

글로벌 행위자 20개국 그룹(G20)

형태	설립	회원국
국제경제포럼	1999년	20개국

20개국의 재무장관과 중앙은행장들로 구성된 G20는 1990년대 말의 금융위기에 대응할 목적, 그리고 주요 신흥국들이 글로벌경제 논의와 거버넌스에서 배제되고 있다는 인식이 점차 증가하면서 1999년에 설립되었다. G20 회원국이 되기 위한 공식적인 기준은 존재하지 않고, 창립 이후 회원국 구성은 변하지 않고 있다 (아르헨티나, 호주, 브라질, 캐나다, 중국, 프랑스, 독일, 인도, 인도네시아, 이탈리아, 일본, 멕시코, 러시아, 사우디아라비아, 남아공, 한국, 튀르키예, 영국, 미국, EU). 이 그룹은 세계의 주도적인 국가들 전부는 아니지만 거의 대부분을 포함하고 있다. 세계 GNP의 90퍼센트를 차지하고 있으며, 지리적 균형(회원국들은 세계 모든 대륙에 분포되어 있다)을 이루고 있으며 인구 대표성(세계 인구의 2/3 포함)에 있어서도 주요 분포를 이루고 있다. G7/8(p. 517 참조)과 마찬가지로, G20는 재무장관, 중앙은행장, 정부수반 사이의 대화를 촉진하기 위한 비공식 포럼으로 운영되며, 어느 특정지역에 상주하지 않고 상근 직원들도 없다. 그러나 2009년 9월 피츠버그 정상회담에서 정상들은 G20에 충분한 재원과 상주직원을 두기로 합의하였다. G20 내에서 경제나 인구의 규모에 상관없이 회원국들은 한 목소리를 내고 있다.

중요성: 초기 몇 년 동안 G20는 G8에 비하여 덜 중요하였고 비교적 주변조직에 불과하였다. 그러나 2007-9년 글로벌 금융위기가 발생하면서 위상이 변하였다. 자신들의 경제적 운명이 위기에 대한 글로벌적인 협력 대응에 전적으로 달려 있다고 인식한 선진국들은 개도국들과 같이 하기를 원했고 G20가 이를 위한 포럼이 되기를 기대했다. 별 희망도 없이 노후화되고 있는 G8은 중국, 인도, 남아공, 멕시코, 브라질 등 경제적으로 부상하는 국가들을 포함시키지 않은 문제가 있었다. 2008년 11월과 2009년 4월에 각각 워싱턴과 런던에서 열린 정상회담에서 위기에 대한 글로벌 대응을 함으로써 G20의 위상이 상승하였다. 이 대응의 중심에는 글로벌 경기부양 프로그램에 G20 회원국들이 5,000억 달러를 기부하겠다는 합의가 있었다. 물론 시작점에는 글로벌경제 거버넌스의 개혁도 포함되어 있었는데, 그 내용은 IMF의 대출 프로그램을 확대하고 세계은행이 개발도상국들을 지원하기 위하여 균형적인 정책을 취하는 것을 포함하였다. 피츠버그 정상회담은 G20가 국제경제협력을 촉진하는 주요 포럼으로서 G8을 대신하기로 결정하였다.

G20의 부상은 잠재적으로 역사적 전환을 예고하였다. G20는 새로운 제도적 세계질서의 등장을 내포 및 대표하고 있음을 예고하였는데, 그 질서는 현재의 경제현실을 더 잘 반영함으로써 보다 확실한 글로벌 정통성을 누리는 것이다. 이에 비하여, G8, IMF, 세계은행, 유엔(안보리를 통하여)은 글로벌 정책결정을 오로지 소수의 국가들에게만 맡기고 있다. G20는 비판도 받고 있다. 첫째, G20의 탁월함은 일시적인 것일 수 있고 특히 글로벌 금융위기와 연계되어 있다. 이 위기에서 선진국과 개발도상국들은 '같은 배'를 탔다는 데 공감하였다. 선진국과 개도국의 이해관계가 엇갈리는 기후변화나 세계무역 같은 이슈들에 대해 글로벌적인 협력대응을 하는 것은 보다 어려울 수 있다. 둘째, 비록 상설화되었지만 G20는 강력한 힘을 발휘하지 못한다. G20는 무책임하게 활동하는 국가들을 비판하고, 국가와 글로벌한 차원에서 취약한 금융규제를 비난하지만, G20의 의지를 강제할 만한 능력을 결여하고 있으며 위반자들을 처벌할 수가 없다. 셋째, G20는 G8보다는 더 나은 대표성을 보이지만, 그래도 일부 부유국들과 모든 빈곤국들을 제외하고 있다. G20의 주도국들은 시장과 글로벌화를 선호하는 주류 경제철학에 확고하게 경도되어 있다.

6

 개 념

정치 글로벌화

정치 글로벌화는 국제기구들의 증가하는 중요성과 관련이 있다. 이 기구들은 단일국가 내에서가 아니라 여러 국가들로 구성되어 있는 국제무대 내에서 영향력을 행사하는 초국적 조직들이다. 그러나 정치 글로벌화의 성격과 국가에의 함의는 글로벌화가 정부간주의(p. 501 참조) 원칙 또는 초국가주의(p. 499 참조) 원칙에 의하여 추진되는가의 여부에 따라 차이를 보인다. 정부간 국제기구들은 적어도 이론적으로 국가들이 주권을 희생시키지 않고 공동의 행위를 할 수 있는 메커니즘을 제공한다. 반면에 초국가기구들은 국가에게 자신들의 의지를 부과할 수 있다. 그러나 대개의 비평가들은 정치 글로벌화가 글로벌화의 경제적이고 문화적인 형태에 현저하게 뒤떨어진다는 데 동의한다.

라 EU기구에 의하여 이루어지기 때문이다. 정부간 또는 초국가적 차원에서 이루어지는 결정의 범위와 중요성은 섬차 증내되고 있으며, 이는 국가들로 하어금 지역이나 글로벌기구들을 통하여 영향력을 행사하거나 그 기구들이 만들어 놓은 틀 내에서 활동하도록 강요하고 있다. 예를 들어, WTO는 글로벌 무역분쟁의 심판 역할을 하고 회원국 사이의 무역거래 협상을 위한 포럼으로서 역할도 한다. 이는 상호연결된 세계에서 국가들이 홀로 활동할 수 있는 능력이 점차 감소되고 있다는 점을 반영하는데, 그 이유는 국가들이 글로벌 차원은 아니더라도 초국적 도전과 위협에 점차 확대되어 노출되기 때문이다.

반면에, 정치 글로벌화는 국가들에게 새로운 기회를 제공하는가 하면 기회를 감소시키기도 한다. 국제기구와 국제레짐(p. 77 참조)에 참여함으로써 국가들은 능력을 확대할 수 있고, 글로벌화되고 상호연결된 세계에서 영향력을 지속적으로 확대할 수 있다. 이는 국가들이 주권을 '연합(pool)'할 때 가능하다. 연합주권(pooled sovereignty)의 개념은 명시적으로 EU와 관련하여 개발되었지만, 다른 국제기구에도 적용될 수 있다. 주권을 '연합'하여 회원국들은 일부 권력을 국가정부에서 EU기구로 전환시키고, 이에 따라 보다 확대되고 보다 의미있는 주권을 행사할 수 있게 된다. 이러한 견해에 따르면, 주권은 제로섬 게임이 아니다. EU의 연합주권은 적어도 EU를 구성하는 국가들의 주권을 합친 것보다 큰데, 그 이유는 글로벌화 된 세계에서 지역기구의 회원국들이 개별적으로 행사할 수 있는 영향력보다 지역기구가 더 큰 영향력을 행사할 수 있기 때문이다.

국가전환

글로벌화의 추세는 국가주권 원칙의 지속적인 적절성에 대하여 의문을 제기할 뿐만 아니라, 국가 자체의 성격과 역할을 재형성하였다. 역사적 제도로서의 국가는 다양한 전환과정을 거쳐 왔다. 19세기 초부터 시작된 민족주의는 민족국가(p. 207 참조)의 창설을 가져 왔고, 이는 중앙집권화된 통치체제로서의 국가를 사회적 결속과 정치적 정통성의 원천으로서의 국가성으로 전환시켰다. 그 이후 민족자결주의의 추구는 국가구성의 주요 추동력이 되었다 (제8장에서 논의될 것이다). 20세기의 대부분 기간 동안 국가의 성격은 확대되는 사회적이고 경제적인 역할로 규정되었다. 이의 가장 극단적인 사례는 집산국가(collectivized state)의 발전인데, 이 국가는 경제생활 전체를 국가의 통제하에 두도록 시도하였다. 그러한 국가의 대표적인 사례는 소련과 동유럽국가들 같은 정통 공산주의 국가들이었다. 그러나 자본주의 국가들도 비록 보다 온건한 형식이었지만 경제와 사회적인 개입의 경향을 보였다. 이는 경제관리와 사회보호 강화에 관한 케인스주의의 채택을 의미하였고, 이는 복지국가의 발전으로 이어졌다. 이에 따라 번영을 가져다 주고 사회적 박탈로부터 시민들을 보호해 주는 능력이 대부분의 국가에서 정통성

연합주권(Pooled sovereignty): 둘 또는 그 이상의 국가들이 결합한 주권이다. '연합한' 주권은 국가의 주권보다 강력한 권력과 영향력을 행사한다.

집산국가(Collectivized state): 개인기업을 폐지하고 중앙계획 또는 '명령'경제를 추구하는 국가.

복지국가(Welfare state): 시민들의 사회복지를 주요 책임으로 간주하는 국가이며, 다양한 사회보장, 보건, 교육 및 다른 서비스를 제공한다 (국가마다 차이는 있다).

의 주요 원천이 되었다.

그러나 1980년대 이후 많은 비평가들은 새로운 국가 형태를 만들어낸다고 추정되는 점진적인 국가 '공동화'에 주목하였다. 이것은 '경쟁'국가, '시장'국가(Bobbitt 2002)와 '포스트모던' 국가(Cooper 2004) 등 다양한 이름으로 묘사되었다. 이에 대한 가장 공통적인 설명은 국가와 시장의 변화된 관계였는데, 이는 경제 글로벌화로 인한 압력 때문에 발생하였다. 이는 신자유주의를 향한 일반적인 추세에 반영되었으며, 1990년대 과거 공산주의국가들의 집산경제에서 시장 기반 경제로의 전환에 의하여 가장 극적으로 묘사되었다. 그러나 세계적으로 민영화, 규제철폐, 복지국가로의 '회귀'도 어느 정도 경험하게 되었다. 영향력 있는 프랑스 후기 구조주의자 푸코(Michel Foucault, p. 22 참조)는 서방세계에서 신자유주의의 부상이 **'통치성(governmentality)'**의 부상과 관련이 있으며, 통치성은 베버식 국가성의 개념에 중심하고 있는 것과 같은 폭력적 주권 형태의 권력에 덜 의존하고, '자기와 다른 사람들의' 내재화되고 개별화된 정부와 더불어 사회의 개별적 구성원들의 '행위'에 더 의존하는 거버넌스의 형식이다.

글로벌화는 적어도 세 가지 방식에 있어서 그러한 발전들을 촉진한 것으로 보일 수 있다. 첫째, 글로벌시장으로의 보다 많은 접근은 많은 국가들로 하여금 해외자본과 내부로의 투자를 유인하도록 구상된 전략들을 채택하도록 고무하고 있는데, 이들은 금융과 경제에 대한 규제완화정책이다. 둘째, 해외경쟁의 심화는 국가들로 하여금 임금수준을 낮게 유지하고 노동의 유연성을 촉진하는데, 이는 국제경쟁 때문에 복지비용과 다른 장애요인들이 줄어든다는 점을 의미한다. 셋째, 초국적기업들은 글로벌화 한 경제에서 만약 국가정책이 기업의 이익에 불충분하게 되면 생산과 투자를 다른 지역으로 옮김으로써 국가를 희생시키고 영향력을 증대시킨다.

그러나 시장과 국가 사이의 변화된 관계는 단순히 국가의 역할이 '줄었다'는 것이 아니라, 오히려 '다른' 역할을 가지게 되었다는 점을 의미한다. 국가는 쇠퇴하는 것이 아니라 전환되는 것이다 (Sørensen 2004). 콕스(Robert Cox)는 생산과 금융의 글로벌조직의 발전은 정부와 사회에 대한 전통적인 개념을 변화시켰고, 이는 '국가의 국제화'로 이어졌다고 주장했다. 이는 국가제도, 정책, 관행 등이 글로벌 자본주의 경제에 맞춰서 국가경제를 재구성하는 도구가 되는 과정이다. 이는 국가가 경제에 대한 중요한 권력을 상실한 의미로 보이지만, 경제 글로벌화의 과정은 국가에 의하여 제공되는 정치적 틀을 필요로 하는데, 그 정치적 틀은 '집행자의 군사적이고 영토적인 권력'의 형태를 띤다 (Cox 1994). 현대 글로벌 경제에서 이 역할은 대체로 미국이 떠맡고 있다.

제섭(Bob Jessop 2002)은 보다 시장지향성 국가의 출현을 '케인스주의적인 복지국민국가'로부터 소위 '슘페터식 경쟁국가'로 나아가는 개념으로 설명했다.

개 념

통치성

파리 콜레주 드 프랑스(Collège de France)에서의 인기 있는 공개강의(1970-84)에서 발전된 미셸 푸코의 통치성(governmentality) 개념은 오늘날 글로벌정치의 비판적이고 탈구조주의적인 학자들 사이에서 널리 사용되고 있다. 푸코 개념의 초기 대표자인 딘(Mitchell Dean)은 우리가 보통 '정부'와 그 권력을 국가와 동일시하는데, 국가는 '독립적인 영토 권력과 폭력의 수단을 독점하는 주권적 기관'과 동일시된다고 언급한다 (Dean 2010, p. 16). 반면에, 통치성은 정부권력이 더 확산되고 덜 국가 중심적인 것으로 생각하는 방법이다. 현대사회는 개별 '주권자'들이 규율적이고 위계적인 형태의 권력을 자신의 '국민'에게 덜 행사하고, 보다 합리적으로 지배하여 시민들 대부분이 자신과 다른 사람들을 지배한다. 이와 같이 사안을 이해하고 수행하는 지배적인 방식의 사례가 신자유주의다. 푸코의 강의에서 탐구된 좋은 예는 '자아의 기업가 정신(entrepreneurship of the self)'이다 (Foucault 2008). 신자유주의 사회에서 자아의 기업가 정신은 우리가 노동에 대한 접근, 레저활동, 활발한 소비, 자기표현을 통해서 우리 자신을 끊임없이 발전시켜야 한다는 점을 우리에게 알려 주는 합리성이다. 특히 실업자들에게 그 어느 때보다 사회보장을 덜 제공하는 경제에서 우리는 매우 유용하고 흥분되고 역동적이며 유연한 개인으로서 자각적으로 활동해야 한다. 한편, 국제관계에서 신자유주의적 통치성은 글로벌 금융위기 이후 그리스나 영국이 그랬던 것처럼 국가들이 자발적으로 가혹한 긴축정책을 채택하거나 (p. 147 참조), 공공서비스의 민영화에 관한 이른바 '워싱턴 합의'의 원칙을 수용하는 논리이다 (p. 129 참조).

주요 인물

로버트 콕스(Robert Cox, 1926-2018)

캐나다 출신 국제정치경제학자이면서 비판이론을 주도하는 학자이다. 1970년대 초반 학자가 되기 이전까지 콕스는 세계노동기구(ILO)에서 근무하였다. 콕스는 이론에 대한 '역행성(reflexive)' 접근을 받아들였는데, 이는 이론이 맥락과 주제에 밀접하게 연결되어 있다는 주장이다. 그의 독창적인 연구인 *Production, Power, and World Order: Social Forces in the Making of History* (1987)는 생산, 아이디어, 제도 사이의 관계를 세 시기에 걸쳐서 분류하였다. 세 시기는 자유주의적 국제경제(1789-1873), 경쟁적 제국주의(1873-1945), 신자유주의적 세계질서(1945년 이후)다. 콕스의 저서들은 글로벌화의 함의와 미국의 글로벌 헤게모니의 성격 등과 같은 이슈들을 분석하고, 반패권적 사회권력에 대한 전망도 한다. 콕스의 주요 저서로는 제이콥슨(H. Jacobson)과 함께 쓴 *The Anatomy of Influence* (1972), 그리고 싱클레어(Timothy J. Sinclair)와 함께 쓴 *Approaches to World Order* (1996)가 있다.

경쟁국가(Competition state): 글로벌화된 경제에서 장기적인 경쟁력을 확보하기 위한 전략을 추구하는 국가.

경쟁국가는 보다 넓은 글로벌경제에서 경쟁우위를 확보하여 국내 경제성장을 목적으로 하는 국가이다. 경쟁국가는 신기술 의존 경제에서 경제적 성공을 보장하는 주요 방식으로 교육과 훈련을 강화할 필요성을 인정함으로써 그 특징이 나타나고, 이러한 접근은 1970년대 이후 아시아의 '호랑이' 경제들에 의하여 채택되었다. 그들은 기업주의와 노동의 유연성을 발전시켜 시장의 대응력을 강화하려고 시도하지만, 경쟁국가들은 사회적 배제에 맞서고 사회의 도덕적 기초를 강화해야 할 필요가 있다는 점도 인식하고 있다. 경쟁국가의 출현은 소위 '수요 측면'의 경제(케인스식의 리플레이션에 의하여 소비자들이 소비하도록 장려)로부터 '공급 측면'의 경제(교육과 훈련, 노동유연성과 규제완화를 통해 생산자들에게 생산하도록 장려)로의 전환을 의미한다.

행동경제학과 '넛지(Nudge)'국가

국가 내부 변혁의 핵심적인 차원 중 하나는 통치를 위한 새로운 아이디어와 기술의 출현이다. 국가와 정부는 추상적인 원칙들에만 근거하기보다는 실제 인간의 행동을 서술하고 예측하는 것과 관련된 경제이론의 한 분야인 행동경제학으로부터 교훈을 얻어왔다. 정부는 정책에 맞는 시민의 행동을 유도하기 위해 행동 '넛지'를 사용한다. 예를 들어, 건강 관련 공공지출을 줄이기를 원하는 정부는 시민의 건강에 해로운 영향을 미칠 수 있는 음식, 음료, 담배 및 기타 제품들에 창의적이고 시각적인 건강 경고를 사용할 것이다. 이러한 경고는 사람들이 어떤 행동이 건강하지 않다는 것을 '알지만' 습관이나 다른 심리사회적 이유에서 벗어나 계속 행동할 수 있다는 행동 통찰력에 기초한다. 하지만 미시사회적 수준에서 넛지 개입을 하면, 특정 인구를 목표로 하고 상대적으로 적은 비용으로 정부정책을 지원하는 데 도움이 될 수 있다. 2010년 영국정부 내각이 구성하고 심리학자 할펀(David Halpern)이 이끄는 행동 통찰력 팀(Behavioral Insights Team) 또는 '넛지 유닛(Nudge Unit)'은 경찰모집에서 복지혜택에 이르기까지 다양한 사회정책

영역에 걸친 넛지를 성공적으로 실험했으며, 이러한 거버넌스 모델을 개척했다. 2019년 세계은행 보고서는 영국, 호주, 캐나다, 덴마크, 프랑스, 독일, 네덜란드, 페루, 싱가포르, 미국을 '행동과학'의 글로벌 사용을 주도하는 10개 국가로 포함했으며, 세계은행의 행동과학팀은 '개발도상국'의 경우에도 행동과학이 적용되기를 희망한다. 넛지국가의 부상은 '보모(nannying)' 또는 심지어 시민의 권위주의적이고 미시적 관리부터 주제를 비인간화하고 사생활을 손상시킬 위험이 있는 '빅 데이터' 및 알고리즘(자동화된) 처리에 대한 의존에 이르기까지 다양한 비판에 열려 있다.

6

포스트모던 국가

'포스트모던 국가'의 개념은 특히 쿠퍼(Robert Cooper 2004)의 저서들과 연관되어 있다. 쿠퍼의 분석에 따르면, 탈냉전 세계는 세 부분으로 분리되어 있는데, 이들은 국가구조로 구분된다. 그들은 '전근대적', '현대화, '후기 현대화(포스트모던)' 세계이다. 포스트모던 세계는 분쟁을 해결하는 수단으로서의 무력을 거부하고, 그 대신 법의 지배에 대한 존중과 다자적 제도를 통한 활동 의지를 바탕으로 하여 질서가 유지되는 세계이다. 이러한 세계에서 안보는 투명성, 상호개방성, 상호의존성, 그리고 무엇보다도 상호취약성에 대한 인식에 기반을 두고 있다. 그러한 세계에 적합한 국가인 '포스트모던' 국가는 이전의 관료적 '현대' 국가에 비해서 더 다원적이고, 더 복합적이고 덜 중앙집권화되어 있으며, 덜 민족주의적이고, 덜 복합적 정체성을 허용하고 심지어는 장려하고 있다. 포스트모던 국가는 거버넌스의 과정에서 민간조직에 의하여 행해지는 폭 넓은 역할에 의하여 규정되며, 정부의 역할은 점차적으로 개인의 발전과 개인소비의 촉진을 향하고 있다. 쿠퍼(Cooper 2004, p. 53)가 주장한 바와 같이, "국가운영의 지배적인 명제에 있어서 개인소비가 집단의 번영을 대체한다." 대외관계에 있어서, 포스트모던 국가들의 특징은 호전적이지 않고, 이는 국제관계에 대하여 윤리적 의식을 적용하는 데 반영되며, 탈냉전시대에 세력균형(p. 302 참조)이 작동되지 않는다는 반대입장을 보이고 있다. 이 점에 기초하여, 포스트모던 국가의 유일하고 분명한 사례는 유럽에서 발견될 수 있으며, EU는 아마도 포스트모던의 최초 국가가 될 것이다.

그러나 이전에 식민지화된 사회와 '개발도상국'에서 국가의 곤경이 가장 심각할 수 있다. 쿠퍼는 이를 탈제국주의 혼란의 '전근대적' 세계로 묘사했는데, 여기서 현재의 국가구조와 같이 (베버의 말대로) 정당하게 무력을 독점적으로 사용할 수 없고, 따라서 풍토적인 군벌주의, 광범위한 범죄 및 사회적 탈동을 초래한다. 그러나 그러한 상황은 개발도상국 전체에 지속적으로 적용되는 것은 아니다. 인도, 한국, 대만 같은 개발도상국의 경우 경제 현대화와 사회발전전략의 추구는 상당히 성공적으로 진행되고 있다. 그리고 쿠퍼의 분석은 미뇰로(Walter Mignolo)

군벌주의(Warlordism): 주권국가가 없는 상태에서 지역적으로 무장한 무리들이 권력을 향하여 경쟁하는 상황이다.

분석적 접근

국가

현실주의 견해

현실주의자들은 국가를 외부, 즉 국제체제의 관점에서 보는 경향이 있다. 무엇보다도 그들은 국가를 단일적이고 결속된 행위자로 인식하고, 국제체제의 기본 '단위'로 간주한다. 국가의 단일적이고 결속된 성향은, 국가 지도자들이 국내적으로 어떠한 방식의 통치를 하건, 자국을 대표하여 발언하고 행동을 하며 국민과 자원을 자신이 원하거나 선택하는 방향으로 전개할 수 있다는 점으로부터 기원한다. 비록 현실주의자들은 이것이 침략이나 공격을 피하기 위한 방어적인 의지인지 또는 권력을 최대화하여 지배를 하기 위한 공격적 의도인지(p. 278의 '공격적 또는 방어적 현실주의?' 참조)에 대하여 논의하는 것은 동의하지 않지만, 국가행위는 유일하고 우선적인 동기인 '생존의 욕구'에 의하여 결정된다 (Waltz 2002). 따라서 국가의 사회적, 헌법적, 정치적인 구성은 대외적 행위와는 무관하다. 이러한 점에서 국가는 '블랙박스'이다. 특히 신현실주의자들은 국가가 '능력'과 권력원천의 측면에서만 차이가 있다고 주장한다. 그러나 모든 현실주의자들은 국가가 주도적인 글로벌 행위자라는 점에 대해서는 동의하고, 따라서 글로벌정치의 국가 중심 견해를 수용한다. 예를 들어, 현실주의자들은 글로벌화와 국가는 분리된 것이 아니고 반대되는 것도 아니라고 생각한다. 오히려 글로벌화는 국가에 의하여 창조되었고 국가의 이익을 충족시키기 위하여 존재한다고 한다. 이에 따라 다른 행위자들은 국가가 허용하는 만큼만 영향력을 행사한다.

자유주의 견해

자유주의자들은 국가가 사회의 필요에 따라 생겨났으며 개별적 시민의 이익을 반영한다고 믿고 있다. '사회계약론'은 '자연 상태(국가가 없거나 정치 이전의 사회)'의 혼란과 무자비함으로부터의 탈피를 목적으로 시민들이 주권의 창출을 합의함으로써 국가가 설립되었다고 주장한다. 따라서 국가의 핵심 역할은 사회 내에서 경쟁하는 개인과 집단 사이에서 중재하여 질서를 확립하는 것이다. 이는 사회구조의 변화가 국가의 역할과 권력을 바꿀 수 있고 바꿀 것이라는 점을 의미한다. 그 결과 자유주의자들은 국가가 지배적인 글로벌 행위자라는 점을 현실주의자들보다 덜 지지하는 편이고, 그 대신 글로벌정치의 혼합 행위자 모델을 지지한다. 실제로 자유주의자들은 권력이 국가에서 벗어나 특히 글로벌시장과 초국적기업(p. 131 참조)뿐만 아니라 개인에게도 이동함에 따라 글로벌화는 국가의 쇠퇴(그리고 아마도 민족국가에서 '포스트모던' 또는 '시장'국가로의 전환)로 특징지어졌다는 점을 일반적으로 받아들였다. 더욱이 자유주의자들은 국가의 헌법적이고 정치적인 구성이 대외활동에 중요한 영향을 미친다는 입장을 고수하고 있다. 특히 공화적 자유주의자들은 전통적으로 민주주의 국가들이 비민주적 국가들보다 더 평화적이라고 주장한다 (Doyle 1986).

마르크스주의 견해

비판이론가들은 현실주의의 국가중심주의와 자유주의의 국가 후퇴 주장을 모두 거부하지만, 다른 방식으로 그러한 주장을 한다. 20세기 후반 서구 마르크스주의자들은 국가의 본질에 대해 열띤 이론적 논쟁을 벌였는데, 그들은 국가에 대한 '도구'적 관점을 개괄한 밀리반드(Ralph Miliband)와 국가를 '사회적 관계'로 더 잘 이해된다고 주장한 풀랑차스(Nicos Poulantzas, 그리고 후에 제섭[Bob Jessop])이었다. 신마르크스주의자들과 후기 마르크스주의자들은 마르크스와 엥겔스가 '공산당 선언'에서 언급한 것처럼, (자본주의) 국가는 지배층의 이익을 관리하기 위한 '위원회'에 불과하다는 정통적인 믿음을 포기했을지 모르지만, 그들은 국가구조와 세계질서가 사회적 관계에 근거를 두고 있다고 계속 주장한다. 시장과 국가 간의 상호의존성은 사실상 글로벌화의 결과로 심화되었고, 콕스(Cox 1993)는 이를 '국가의 국제화'라고 불렀다.

구성주의 견해

사회구성주의자들은 국가가 고정적이고 객관적인 성격을 가지고 있다는 것을 부정하며, 오히려 국가의 정체성은 다양한 역사적이고 사회학적 요인에 의해 형성되고, 이것들은 다시 국가와 그 행동의 이익을 알려준다. 예를 들어, 웬트(Wendt 1999)는 국가의 사회적 정체성(국제사회가 국가에 부여하는 지위, 역할, 또는 성격에 의해 형성됨)과 집합적 정체성(내부의 물질적, 이념적, 문화적 요인에 의해 형성됨)을 구분하였다. 국가는 상호 승인할 뿐만 아니라 상호작용과 서로에 대한 이해에 의해 상호 구성된다.

호프(Hopf 1998)는 구성주의적 관점에서 "사실상 동일한 국가는 세계정치에서 상이한 행위자들이며, 서로 다른 국가는 서로의 정체성에 기초하여 다른 국가에 대해 다르게 행동한다"고 주장한다.

페미니즘 견해

페미니즘 이론가들은 국가에 대해 다른 의견을 가지고 있다. 자유주의 페미니스트들은 모든 수준에서 여성의 대표성을 증가시킴으로써 내부로부터 국가를 개혁하는 것이 가능하다고 믿었지만, 급진적 페미니스트들은 국가가 본질적으로 가부장적인 성격을 가지고 있다고 믿으면서 국가와 남성권력체계 사이의 구조적인 연관성을 강조했다. 교차 페미니스트들은 인종적이고 성별화되고 계급화된 구조적 불평등을 생산하는 국가의 역할을 지적한다. 예를 들어, 훅스(Bell Hooks)는 서방국가 모델을 언급할 때 '백인 우월적 자본주의 가부장제'라는 용어를 사용하는데, 자유주의와 현실주의 이론가들은 이 경우 전통적으로 '자유주의적 민주주의'와 같은 용어를 사용한다. 티크너(J. Ann Tickner)와 같은 페미니스트 국제관계이론가들은 외교와 국제정치에서 '정치인'의 중심 역할과 호전적이고 국가 중심적인 '남성주의' 접근법을 비판했고, 후퍼(Charlotte Hooper)는 식민지화를 통해 '패권적 남성성'을 확립하는 '남성적 국가'들 간의 투쟁을 언급했다.

탈식민주의 견해

러시아의 마르크스주의 혁명가 레닌은 제국주의를 강대국들이 가치 있는 상품과 노동력을 추출하기 위한 목적으로 스스로 방어할 수 없는 국가들의 사회를 점령하고 식민지화하는 관행으록 간주했고, 이것이 '자본주의의 최고단계'이자 자본주의국가의 핵심 목표로 보았다. 마르크스주의와 레닌주의 사상의 영향을 받은 탈식민지 이론가들과 반식민지 운동들은 식민주의와 제국주의 폭력에서 국가의 역할을 정확히 인식해왔다. 국가세력은 식민지화된 사회의 침략, 점령, 착취를 이끌었을 뿐만 아니라, 그러한 사회에서 국가구조를 설립했다. 오늘날 아프리카 대륙에서 인정되는 54개의 국가들 중 어느 것도 유럽의 식민지화 이전에 현재의 형태로 존재하지 않았다. 그들은 식민주의, 반식민지 투쟁, 궁극적인 탈식민지화의 결과로 만들어졌다. 유럽열강들은 식민지배 '소유지'를 종종 잔인한 지역 관료들을 통해 지배했는데, 이 관료들은 탈식민지화 이론의 '유색인종주의' 개념과 더불어 카스트 및 인종주의에 기반한 사회 및 경제정책을 동원하여 그들이 예속했던 사회를 더 효과적으로 착취했다. 유럽국가들이 아프리카, 아시아, 아메리카의 영토에 대한 통제력을 잃었던 20세기 후반까지 글로벌정치가 '탈식민지' 시대에 접어들었지만, 탈식민주의 사상가들은 다수의 백인들로 서방국들이 종종 '유색 계열'을 따라 과거 식민지였던 국가들과 식민 또는 '신식민'관계를 유지하는 방식을 강조한다. 예를 들어, 이를 위해서 IMF는 '글로벌거버넌스'의 메커니즘과 제도를 사용한다.

와 같은 학자들이 확인한 식민주의(및 그 유산)와 근대성의 상호 구성적 특성을 설명하지 못한다. 그러나 다른 국가들은 자체적인 결함 때문에 '약소국가', '준국가(quasi-state)' 또는 '실패국가(failed state)'로 불리고 있다. 이 국가들은 기본적인 국가권력의 실험에 실패했고, 국내질서와 개인안전을 유지하기가 어려운 상황이며, 사회갈등과 심지어는 내전이 거의 일상화되어 있다. 실패국가들은 국내문제만을 갖고 있지 않다. 그들은 난민문제를 발생시키고, 마약상, 무기밀수업자와 테러조직에 피난처를 제공하고, 지역 불안정을 초래하고 있으며, 인도적 구호

개 념

실패국가

실패국가(failed state)는 영토 내에서 무력 사용을 독점하여 국내질서를 확립하는 핵심역할을 수행할 수 없다고 다른 국가 또는 국제 조직에 의해 간주되는 국가를 의미한다. 최근 수십 년 동안 실패국가들의 사례로는 캄보디아, 아이티, 르완다, 라이베리아, 소말리아가 있다. 실패국가들은 신뢰할만한 법체계와 질서를 결여하고 있기 때문에 믿을만한 정치 단위체로서 더 이상 활동할 수가 없으며, 또 내전과 군벌주의에 시달리게 된다. 또한 그 국가들은 시민들에게 제공할 것이 없고 제대로 기능하는 기간시설도 없기 때문에 경제 단위체로서 더 이상 활동하기도 어렵다. 완전히 붕괴하는 국가는 상대적으로 적지만, 훨씬 더 많은 수가 거의 기능을 하지 못하고 붕괴 위험에 처하고 있다. 그러나 이 용어를 종종 다른 국가에 적용했던 미국조차도 2021년 1월 미국 의사당 공격과 더 광범위한 총기 폭력의 물결이 강조되면서, 국경 내의 조직적인 비국가 폭력을 통제하는 데 있어서 점점 더 어려움을 겪고 있기 때문에 이 개념은 회의적으로 간주되어 왔다.

와 평화를 위하여 외부 개입이 발생하는 계기를 만들어 주고 있다.

그러한 국가들의 실패는 주로 식민주의의 경험으로부터 발생한다. 식민주의가 종식되었을 때(주로 1945년 이후), 별도의 독립체로 효과적인 기능을 하는 데 필요한 정치적, 사회적, 경제적이고 교육적인 발전이 결여되어 있는 사회가 정치적 독립을 하게 되는 문제를 안게 되었다. 그러한 국가들의 국경은 대체로 문화적으로 통합된 인구가 아니라 식민주의 정략에 의하여 결정되었으며, 탈식민지 국가들은 때때로 인종적, 종교적이고 부족 간의 심각한 분열을 맞게 되었다. 따라서 실패국가들은 실패한 탈식민지 국가들이다. 그러나 식민주의는 그 자체로 탈식민지 국가들의 약점이나 실패를 설명하지는 못한다. 국가실패의 다른 요인들은 사회 엘리트의 존재, 후진적 제도, 편협한 가치체계 등과 같은 국내적 요인들을 포함하는데, 이들은 산업화 이전의 농경사회에서 현대 산업사회로 전환하는 데 제약요인으로 작용하였다. 국가 실패의 대외적 요인들은 초국적기업과 신식민주의의 영향을 포함한다.

국가의 회귀

21세기 초 국가에 대한 담론은 처음에는 퇴각 또는 쇠퇴에 대한 것이 지배적이었다. 국가주권은 일상과 관련이 없는 것으로 치부되었고, 국가는 죽음을 기다리는 공룡으로 인식되었다. 그러나 현실은 더 복잡하며, 2010년대 중반까지 국가와 그 주권이 글로벌정치를 이해하는 데 핵심적인 것으로 남아 있다는 것이 명백해졌다. 현실주의자들과 국가중심주의를 옹호하는 비평가들은 글로벌화의 경제적, 문화적, 정치적 영향은 항상 과장되어 왔으며, 국가는 결정적인 정치행위자들이라고 주장한다. 최근의 많은 발전들은 국가를 강화하고 국가의 근본적인 중요성에 대하여 뒷받침하고 있다. 무엇이 국가의 회귀를 설명하는가? 우선 국내질서를 유지하고 국민들을 외부의 공격으로부터 보호하는 국가능력은 초국적 테러리즘(p. 337 참조)과 같은 21세기의 새로운 안보적 도전에 의하여 강력하게 부각되고 있다. 보비트(Bobbitt 2002)는 '국가는 폭력을 다스리기 위해 존재'하고, 따라서 국가는 기본적으로 '전쟁을 일으키는 조직'이라고 강조했다. 냉전종식, 소위 '평화의 배당(peace dividend)' 시기의 군사비 축소는 1990년대 후반에 역전되기 시작하여 9/11 테러 공격과 '테러와의 전쟁'이 시작된 이후 글로벌 군사비는 급격하게 증가하였다. 거대한 국방예산을 지출하는 미국이 현대 세계질서의 결정인자가 되고 있으며 (p. 553 참조), 중국, 프랑스, 영국, 러시아와 다른 지역의 군사비도 크게 증가하고 있다. 더욱이 많은 국가들이 국경수비를 강화하며 영토적 단위체로서 국가의 불가침성을 강화하는 조치를 취하고 있다. 대테러 전략을 수행함으로써 국가들은 보다 광범위한 감시, 통제와 구금의 권력을 행사하고 때로는 '국민안보국가(national security state)'가 되기도 한다.

최근 메드베데프(Dmitry Medvedev) 러시아 총리가 2016년 '신냉전'으로 규정한 (그리고 2008년 러시아의 조지아 침공과 2014년 우크라이나로부터 크림반도를 병합하여 촉발된) 미국과 러시아의 '강대국' 경쟁구도가 재등장한 것은 2018년 발발한 미국과 중국의 무역전쟁과 더불어 국가권력이 전적으로 쇠퇴하고 있지 않음을 시사한다.

비록 명령과 통제의 경제 운용 시대는 끝났을지 모르지만, 국가는 때때로 현대화의 대리인 역할을 자임하고 있다. 신자유주의의 신화는 번영과 성장이 순수하게 시장 역동성의 결과라고 주장한다. 실제로 시장경제는 국가만이 보장할 수

초 점

러시아의 부활?

러시아는 최근 몇 년간 국내정치와 국제관계에 대한 접근방식 모두에서 상당한 변화를 겪어왔다. 소련 이후 초기에, 러시아는 초국적 조직범죄와 공공자산을 독점하고 있는 '올리가르히(oligarchs: 과두정치 지배자)'들의 피난처로 알려지게 된 반면, 러시아는 너무 약하거나 부패하여 가장 기본적인 기능들 중 일부만 수행할 수 있었다. 그러나 21세기 푸틴 대통령의 권위주의적인 '강한' 리더십 아래, 러시아는 일부 사람들이 역사에 맡겨졌다고 생각했던 관행들을 되살려 국가권력을 재확인해왔다.

러시아 안보국가는 폴로늄과 노비촉(novichok: 생화학무기 중 가장 강력한 독극물 중 하나로 꼽히는 신경작용제로서 1970-80년대 러시아에서 군사용으로 개발 – 역자 주) 같은 방사성 및 화학무기를 사용하여 오래된 냉전 적국 중 하나인 영국의 주권 영토의 중심부에서 망명자 '국가의 적'에 대한 대담한 냉전 스타일의 암살을 수행했다. 2008년 러시아는 러시아어를 주로 사용하는 분리주의 지역인 남오세티아와 압하지야를 지원하기 위해 이웃국가인 조지아에 단기간이지만 매우 논란이 많은 침공을 시작했다. 2014년 러시아는 또 다른 주권국가인 우크라이나의 크림 지역에서 '하이브리드전쟁(p. 295 참조)'을 벌였고 궁극적으로 그 지역을 합병했다. 그리고 2022년 러시아는 우크라이나를 '탈나치화'라는 명목 (러시아에 필적하는 극우 활동이 증가하고 있지만)으로, 그리고 우크라이나의 동부 돈바스 지역에서 러시아어를 사용하는 우크라이나 인구를 '해방'한다는 핑계로 우크라이나와 전면전을 시작했다. 한편, 러시아는 소셜 미디어 허위정보와 선전캠페인을 사용하여 외국선거(2016년 미국 대선 포함)에 개입하고, 국내에서 반대 의견을 통제하기 위해 시위자들을 폭력적으로 대량 체포하여 비난을 받아왔다.

인접한 주권국가들에 대한 러시아의 공격성과 많은 서방 국가들에 대한 적대감은 서구, NATO (p. 298 참조), EU (p. 542 참조)로부터의 분노, 비난, 위협 및 경제적 제재의 부과로 이어졌다. 이에 대한 대응으로 푸틴은 가장 중요한 물질적 자원 중 두 가지를 동원하겠다고 위협했는데, 이들은 2022년 2월에 러시아의 핵군사력을 '엄중한 경계' 상태에 놓이게 하는 것, 그리고 제재의 영향을 완화하기 위한 협상카드로 서유럽으로의 천연가스 공급에 대한 통제를 사용하는 것이다.

2022년 2월 7일 블라디미르 푸틴 러시아 대통령과 에마뉘엘 마크롱 프랑스 대통령이 임박한 우크라이나 침공을 막기 위한 외교회담 개최.

출처: *THIBAULT CAMUS/AFP/Getty Images*

냉전의 여파로 러시아가 '약소' 국가로 여겨졌던 1990년대와 달리, 푸틴의 러시아는 점점 더 힘을 보여주기 위해 노력해왔다. 그러나 2022년 우크라이나 침공은 미래 러시아의 군사자원과 능력을 고갈시킬 것이라는 많은 예측과 함께 너무 먼 단계로 증명될지도 모른다. 우크라이나는 서방으로부터 상당한 군사원조를 받고 있는 매우 큰 국가이고, 전쟁의 결과가 어떻든 간에 장기적으로 이 침공은 푸틴정권에 의한 '제국의 과도한 영향'의 사례로 간주될 가능성이 있다 (p. 265 참조).

국가건설(State building): 정부 핵심 분야의 정책을 수립하고 집행하기 위한 정통성 있는 기구들의 설립을 통하여 기능적인 국가를 설립하는 것.

있는 법과 사회질서의 조건하에서만 성공적으로 작동될 수 있다. 특히 법치와 재산권 집행의 경우에 가능하며, 그렇지 않으면 경제활동은 위협, 뇌물, 폭력에 의하여 좌우되는 종말을 맞게 된다. 이 외에 현대화 국가들은 장기적인 경제 성공을 보장하는 전략을 개발하고 집행한다. 이를 위하여 '경쟁국가'들은 생산성 향상을 목적으로 교육과 훈련을 개선하고 핵심적인 수출산업을 지원한다. 중국 및 러시아와 같은 국가들은 시장을 인정함으로써 경제를 현대화하였으나, 국가통제의 중요한 요소들은 계속 유지되었고 재현되었다 (이 문제는 제5장에서 국가자본주의와 관련하여 논의되었다). 보다 광범위한 수준에서 경제문제에 대한 국가의 핵심 역할은 2007-9년 글로벌 금융위기에 의하여 강조되었다. 비록 G20 국가들이 협력적 글로벌 대응을 발전시킬 수 있는 포럼을 제공하였지만, 대규모의 재정적이고 다른 종류의 개입이 국가들에 의하여 합의되고 수행되고 있다. 실제로 일부 사람들은 이 위기가 30년 동안의 반국가주의적 신자유주의의 글로벌화와 새롭게 규제된 글로벌화 시대 사이의 분수령을 기록하였으며, 국가들은 국제기구를 통하여 또는 단독적으로 보다 적극적인 경제적 역할을 수행한다고 주장한다.

마지막으로 발전을 촉진하는 데 있어서 국가의 역할을 점차로 인정하는 분위기가 증대되고 있다. 이는 평화구축(p. 486 참조)의 보다 큰 과정의 핵심 과정으로써의 국가건설에 대한 점증적인 강조에 반영되고 있다. 인도적 구호와 분쟁해결의 임무는 법과 질서가 기능하는 체제가 없이는 거의 불가능하다. 1990년대 초 이후 인도적 개입의 광범위한 사용 — 후에는 '보호책임(responsibility to protect, p. 371 참조)'이라는 기치하에 사용 — 은 적어도 처음에는 질서 있는 지배가 외부열강에 의해 자주 제공된다는 것을 의미했다. 그러나 이는 장기적인 해결을 구성하는 요소는 아니다. 소말리아, 이라크, 아프가니스탄의 사례가 보여주듯이, 외부에 의한 질서는 단지 제한된 기간에만 지속된다. 왜냐하면 개입하는 국가의 경제적이고 인적 비용은 장기적으로 지속하기에는 어려움이 있고, 외국군대와 경찰의 주둔은 언젠가는 저항감과 적대감을 불어 일으키기 때문이다. 따라서 외국의 개입은 시간이 지나면서 효율적인 토착 리더십의 구축에 초점을 맞추고, 군대, 경찰, 법원, 중앙은행, 정부부처, 지방행정부, 세무서와 같은 정통성 있는 국가기구의 건설을 도모하고, 교육, 교통, 에너지, 의료체계가 제대로 기능하기를 원하게 될 것이다. 그러나 국가건설 과정은 때로는 매우 어려운 작업이다.

국가정부에서 다층거버넌스로

정부에서 거버넌스로

국가의 역할과 중요성에 대한 변화는 정부의 성격과 기능에 중요한 의미를 지니고 있다. 정부는 국가 차원에서 질서를 유지하고 집단행위를 촉진하도록 작동되

논 쟁

국가주권은 구시대의 개념인가?

국가주권은 전통적으로 국제체제의 핵심 원칙으로 인식되어 왔다. 그러나 글로벌화와 다른 발전들이 국제체제를 근본적으로 변화시켰다는 주장이 있는가 하면, 국제체제의 형태는 기본적으로 변하지 않았다는 견해도 있다.

그 렇 다

침투 가능한 국경. 전통적으로 영토 주권을 보장한 국경은 외세의 침투가 증가하면서 침투가 가능하게 되었다. 여기에는 해외여행과 인터넷을 통한 지식과 정보의 이동도 포함된다. 글로벌 금융시장과 초국적 자본의 흐름으로 경제주권이 의미를 잃게 되었다. 고전적인 국내/국제적 분리가 점차 유지되기 어려워지면서 국가는 더 이상 영토적 단위가 아닌 것으로 되었다.

비국가 행위자들의 등장. 국가는 세계무대에서 더 이상 유일하면서 반드시 지배적인 행위자가 아니다. 초국적기업은 국가보다 강한 재정력을 행사하고 있으며, 글로벌경제에서 생산과 투자를 다른 지역으로 옮길 수 있는 능력을 통하여 국가정책을 효과적으로 좌우할 수 있다. 그린피스나 국제앰네스티 같은 비정부기구도 글로벌 차원의 영향력을 행사한다. 그리고 국가안보는 다른 국가들에 의해 위협받는 것만큼 알카에다와 같은 글로벌테러조직에 의해 위협받을 가능성이 높다.

집합적 딜레마. 현대적 상황에서 국가는 점차 집합적 딜레마에 처하게 되었으며, 특히 단독으로 활동할 때 국가에 가장 강력하게 부담을 주면서 혼동에 빠뜨릴 수 있기 때문에 중요한 이슈가 되었다. 단순하게 말해서 글로벌한 문제는 글로벌한 해결책을 강구해야 한다. 집단적 또는 글로벌한 성격을 갖는 문제들이 증가하고 있다. 그들은 기후변화, 테러, 초국적 범죄, 전염병, 국제이주 등을 포함한다. 주권국가가 아니라 오로지 국제기구만이 이 문제들을 해결할 수 있다.

국제인권. 모든 국가들이 자국민들을 다루는 데 있어서 행위의 기준이 있다는 믿음이 증가하면서 국가주권에 대한 존중은 감퇴되어 왔다. 그러한 견해는 항상 인권에 대한 믿음에 기초하고 있으며, 근본적인 개인의 권리는 국가의 독립과 자율성에 대한 권리보다 윤리적인 측면에서 우월하다는 점이 인정되고 있다. 이는 국제법의 변화(제15장에서 논의된다)와 인도적 개입(제14장 참조)의 폭 넓은 수용에 의하여 입증되고 있다.

아 니 다

'국경 없는 세계'의 신화. 세계정치는 국가의 통제를 약화시키는 초국적 과정들에 의해 지배되고 있다는 이미지는 과도한 과장이다. 예를 들어, 국가경제는 '국경 없는' 글로벌경제에 흡수되지 않았고, 경제활동은 국경을 넘어서가 아니라 국경 내에서 더 많이 이루어지고 있다. 더욱이 글로벌화 추세는 반드시 국가를 약화시킨다는 설도 오해의 소지가 있다. 그 대신 국가는 글로벌경제에의 참여를 선택하고, 국익의 차원에서 그러한 결정을 한다.

국가의 지배는 유지되고 있다. 세계무대에서 국가는 여러 행위자들 중의 하나이지만, 가장 중요한 행위자이다. 국가는 다른 행위자들이 할 수 없는 방식과 수준으로 권력을 행사하고 있다. 특히 정부의 행정과정과 도전받지 않는 강제력에 의존함으로써 영토 내에서 일어나는 일에 대한 국가의 관할권은 도전을 받지 않는다. '실패한' 또는 '약소' 국가로 분류된 극히 일부 국가들만이 국경 내에서 일어나는 문제에 대한 통제권을 상실하게 된다.

연합주권. 정치 글로벌화의 발전과 글로벌거버넌스의 등장이 주권을 침해하지 않고 있다. 오히려 그들은 국가에게 필요한 기회, 즉 협력의 이득을 확대시키고 있다. 국제기구는 국가들에 의한, 국가들을 위한 조직이며, 국가가 자체의 목표를 달성하기 위한 도구로 사용되고 있다. 실제로 국가들은 함께 활동하면서 주권을 연합하고, 그들이 단독으로 활동하는 것보다 많은 능력과 영향력을 행사할 수 있다.

민족국가의 지속적인 매력. 국가는 국민의 충성을 지속적으로 향유하는 한 지배력을 잃을 가능성은 거의 없다. 대부분의 국가들은 민족국가이고, 세계에서 가장 강력한 이념인 민족주의가 존재하는 한 민족국가는 지속적으로 생존할 것이다. 세계주의와 같은 경쟁적인 독트린들, 그리고 종교, 문화, 민족성에 기초한 충성심은 민족주의에 비하여 덜 중요하다.

개 념

거버넌스

'거버넌스'는 '정부'보다 광범위한 개념이다. 아직 합의된 정의는 없지만, 거버넌스는 사회활동이 조정되는 다양한 방식과 관련되어 있다. 따라서 거버넌스는 과정(또는 과정의 혼합)이고, 그 주요 형식에는 시장, 계층, 네트워크가 포함된다. 비록 정부는 거버넌스에 포함되지만, '정부 없는 거버넌스'가 가능하다. 거버넌스는 국가/사회 구분(공공조직 및 제도들과 밀접한 활동을 하는 민간조직과 제도들)을 모호하게 하고 다수의 수준 또는 층(잠재적으로 지역, 지방, 국가, 글로벌 수준)을 포함하면서 유형화 된다. 국제문제를 조정하는 과정들은 '글로벌거버넌스'로 인식되고 있다.

는 공식적이고 제도적인 과정을 포함한다. 정부의 중심적 특징은 집단적 결정을 하고 이를 집행하는 능력이다. 그러나 1980년대 이후 국제 이론가들과 정치 분석가들은 '정부'보다는 '거버넌스(governance)'라는 용어를 더 많이 언급하기 시작하였고, 이에 따라 '글로벌거버넌스' (제20장 참조), '굿 거버넌스', '집단 거버넌스'의 용어가 통용되고 있다. 국제정치와 국내정치 연구에 있어서 소위 '거버넌스로의 전환(governance turn)'은 다양한 발전의 결과이다. 여기의 중심에는 정부를 지배계층(hierarchy) 또는 지배계층의 집단으로 인식하는 전통적 개념의 중복성에 근거하고 있다. 베버(Max Weber 1948)에 따르면, 관료제로 불리는 지배계층의 형태는 현대 산업화 사회의 전형적인 조직형태이다. 지배계층은 확고하고 공식적인 관할권, 법과 규칙의 존재에 의하여 전형화되었고, 질서정연한 지배계층은 하향식 명령 사슬의 존재로 전형화되었다. 그러한 명령과 통제체제의 가치는 합리성을 가정하고 있었다. 베버에 따르면, 관료화는 사회조직의 신뢰할 수 있고 예견할 수 있고 무엇보다도 효율적인 수단의 발전을 반영하였다. 따라서 관료제 또는 지배계층은 군대와 경찰에서, 학교와 대학에서, 그리고 정부부처와 집행기구들이 등장한 현대국가에서 발전하였다. 경제적 효율성 제고를 목표로 한 자본주의 경제의 등장은 20세기에 대규모이면서 지배적인 형태의 기업조직을 만들어 냈다.

정부에서 거버넌스로의 전환은 보다 유동적이고 분화된 사회의 등장에 대한 정치적 반영이다 (7장에서 토의됨). 이러한 맥락에서 하향식 권위구조는 비효율적이고 무반응적이며 점차 사라져가는 형세를 보이고 있다. 따라서 거버넌스의 출현은 대량생산에 기초한 '포드주의' 모델에서 유연성, 혁신, 탈중앙적 의사결정을 강조한 '후기 포드주의' 모델(p. 183 참조)로 전환한 경제 추세와 유사하다. 정부가 행하는 방식과 통치 방식에 적응하도록 하는 압력은 다양한 방향에서 가해지고 있다. 여기에는 1970년대의 '장기적 호황'이 끝나면서 유발된 국가의 금융위기와 글로벌경제의 침체가 포함된다. 선진국에서 1950년대와 1960년대의 지속적인 경제성장은 국가의 복지와 사회적 책임이 확대되는 데 대한 비용을 지불해야 했으며, 이는 정부의 효용성에 대한 신뢰를 강화하는 데 기여했으나, 축소된 세금수입은 국민들이 정부에 대하여 기대하는 것과 정부가 실제로 제공할 수 있는 것의 차이를 만들었다. 정부들은 정부에 대한 국민의 기대를 축소시키거나, 정부의 서비스를 보다 값싸고 효율적으로 제공할 수 있는 보다 새롭고 이상적인 방식을 찾아야 했다. 1980년대와 1990년대에 자유시장과 신자유주의의 우월성을 향한 이념적 전환으로부터 추가적인 압력이 가해졌다. 자유시장과 신자유주의는 미국의 레이거니즘(Reaganism)과 영국의 대처리즘(Thatcherism)을 통하여 가장 급진적으로 추구되었으나, 거의 모든 국가에 영향을 미쳤다. 이는 경제가 시장의 힘에 의하여 규제될 때 가장 잘 작동되고 개인은 '보모국가(nanny state)'의

굿 거버넌스(Good governance): 사회에서 의사결정의 표준들로, (유엔에 따르면) 국민참여, 법치주의 존중, 투명성, 대응성, 책임성을 포함한다.

지배계층(Hierarchy): 등급에 기초하고 하향식의 분명한 권위 구조가 정해져 있는 조직.

횡포로부터 해방되어야 한다는 신념하에 '큰 정부'를 해체하였다. 경제 글로벌화도 이 과정에서 중요한 역할을 수행하고 있다. 국가경제의 글로벌경제로의 통합은 모든 국가들로 하여금 강화된 경쟁 압력에 직면하게 하고 있으며, 정부가 세금을 낮추고 경제활동에 대한 규제를 철폐하고 보다 유연한 노동시장을 촉진함으로써 개인투자를 유치하거나 유지시키는 정책을 추진하여 '바닥을 향한 경주'를 하게 되었다.

이러한 상황에서 정부들은 어떻게 적응을 해 나가는가? 통치(governing)의 거버넌스 형태로의 전환은 서로 관련되는 세 가지 발전에 의하여 입증되고 있다. 첫째, 정부의 역할은 재정의 되고 있으며 어떠한 측면에서는 의미가 축소되고 있다. 정부의 임무는 '노젓기(rowing)' (서비스를 집행하고 제공하는 것) 대신에 점차적으로 '조정하기(steering)' (대상과 전략적 목표 수립)로 국한되고 있다. 이는 부분적으로 전통적인 행정부가 자선단체, 공동체 집단, 비정부기구(p. 8 참조)와 같은 '제3영역'의 조직과 개인기업에 비해서 비효율적이고 비대응적이라는 점을 인정하는 것이다. 그러한 아이디어가 탄생하고 가장 적극적으로 수용된 미국에서 '노젓기' 책임의 변화는 '재창조적 정부'로 표현되고 있다 (Osborne and Gaebler 1992). 둘째, 정부와 시장 사이, 따라서 공공영역과 민간영역 사이의 구분이 흐려지고 있다. 이는 다양한 방식으로 나타나고 있다. 예를 들어, 공공서비스를 민간영역에 외주를 주거나 또는 전면적 민영화를 통하여, 공공 서비스를 제공하는 데 있어서 민관 파트너십이 증가하고 '내부시장'이 도입되며, 소위 '새로운 공공관리'를 통하여 공공영역에 민간 경영 스타일과 구조가 도입되고 있다. 셋째, 정부의 과정 내에 상하계층 구조에서 네트워크 구조로의 전환이 일어나고 있으며, 카스텔즈(Castells 1996)는 '네트워크 사회'와 '네트워크 기업'과 마찬가지로 '네트워크 국가'가 등장하고 있다는 주장을 하였다. 예를 들어, 정책을 개발하고 집행하는 업무는 상하계층 구조의 정부부처들로부터 정책 네트워크로 점차 이동하고 있다. 네트워크는 점점 복잡해지는 환경에서 사회활동을 교환하고 협력하는 데 있어서 특히 효율적이라는 점을 입증하고 있다.

다층 거버넌스

정부에서 거버넌스로의 전환은 보다 복합적인 방식으로 반영되는데, 이를 통하여 현대사회에서의 사회활동이 조화를 이루게 된다. 이는 시장과 네트워크의 광범위한 역할과 공공-민간 구분의 약화를 통해서 이루어진다. 또한, 거버넌스로의 전환은 정부의 많은 수준으로의 '확대'에 의해서도 명백한 현상으로 나타난다. 다시 말해서, 정부는 더 이상 분리된 사회에서 행하는 특별한 국가활동을 한다고 더 이상 생각될 수 없다. 이는 '다층 거버넌스'의 현상으로 이어진다. 정책결정의 책임은 '흡수'와 '소멸'로 나누어지게 되고, 이는 상호행위의 복잡한 과정이 된다 (도

정책 네트워크(Policy network): 특정분야에서 공동이익 또는 일반적 지향점을 공유하는 정치 행위자들 사이의 체계적인 관계 집합.

다층 거버넌스(Multilevel governance): 초국가적 또는 하위 국가적 조직의 성장 또는 중요성 증가에서 비롯되는 중첩되고 상호 연관되는 공적 권위체의 형식.

지방분권(Decentralization): 권력과 책임을 국가조직으로부터의 이양을 통한 지역자율성의 확대

지방화(Localization): 지방을 정치활동, 문화 정체성, 경제조직의 기본으로 생각하는 성향이며, 통상적으로 하위국가 거버넌스의 중요성과 연관되어 있다.

표 6.1 참조). 정책결정 책임의 '흡수'는 정치 글로벌화의 등장과 더불어 지역과 글로벌거버넌스의 중요성 증대에 의하여 이루어진다.

정책결정 책임의 '소멸'은 **지방분권**의 과정을 반영한다. 20세기의 대부분 동안 대개의 국가들은 경제적이고 사회적인 역할의 확대로 인하여 중앙집권화의 추세를 보였다. 대규모의 재정능력을 보유한 중앙정부가 지방정부보다 경제를 운용하고 폭 넓은 공공서비스를 제공하는 데 있어서 유리하다. 그러나 1960년대 이후 이 추세는 반대로 역전되어 **지방화(localization)**로 변화해 갔다. 이는 주변적이거나 하위국가 정치조직의 성장과 강화로 반영되었다 (표 6.1 참조).

지방화는 글로벌화와는 반대의 개념으로 보이지만, 두 과정은 밀접하게, 아마도 본질적으로 연결되어 있고, '글로컬화(glocalization)'라는 용어가 생성되었다 (Robertson 1992). 지방화를 추동하는 핵심적인 힘 중의 하나는 문화적이고 인종적인 정치의 등장이고, 이는 고전적인 민족주의의 쇠퇴와 연관되어 있다. 1960년대 후반과 1970년대 초반에 서유럽과 북미지역에서 분리주의 집단들과 인종적 민족주의가 분출되기 시작하였다. 그 사례로는 캐나다의 퀘벡, 영국의 스코틀랜드와 웨일스, 스페인의 카탈로니아와 바스크 지역, 프랑스의 코르시카, 벨기에의 플랑드르 등이 있다. 지방화는 정치적인 탈중앙화의 압력을 생성하였고, 때로는 헌법적 격변도 발생시켰다. 인종적 독립성의 표현은 캐나다와 미국의 원주민들, 호주의 토착민들, 뉴질랜드의 마오리족 등에서 나타나고 있다. 지방화의 다른 사례는 종교의 부활을 향한 추세인데, 이슬람교, 기독교, 힌두교, 유대교와 심지어는 불교가 근본주의적인 믿음과 관습을 통하여 신앙을 재확인하기 위하여 지방으로 가게 되었다. 또 다른 사례는 반자본주의 운동 내에서 정치적 저항과 정치적

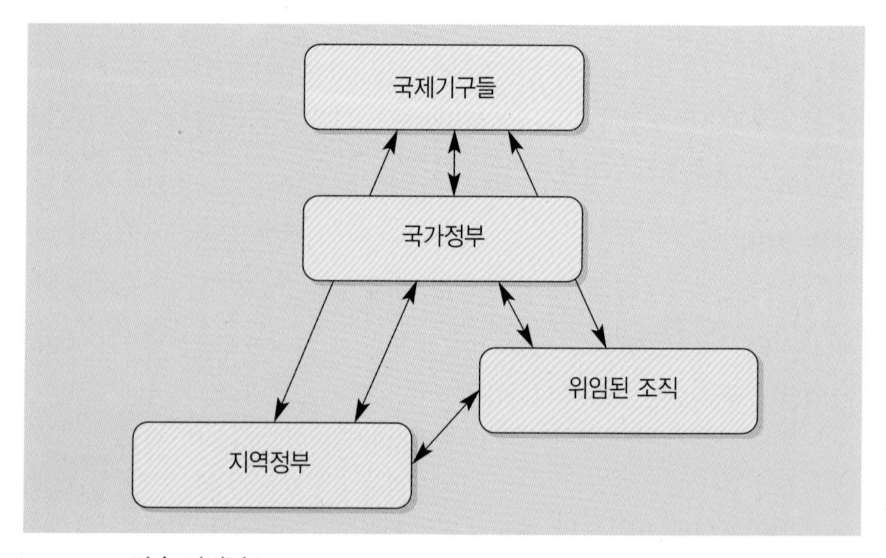

도표 6.1 다층 거버넌스

표 6.1 지방화 사례

인도	독립 이후 영국식 단일체제보다는 미국식 연방체제를 선택하였다.
스페인	1975년 프랑코 장군이 사망한 후, 민주정부로의 전환 과정에서 각기 국내정책에 대한 광범위한 통제권을 가지고 있으며 선출된 의회에 기반을 둔 17개의 자치 공동체를 포함한 권력이양(devolution)체제가 채택되었다.
프랑스	1982년 '기능적 지역주의' 전략은 22개의 직접 선출된 지방의회를 기반으로 본격적인 지방정부체제가 되었다.
영국	1990년대 후반에 들어서면서 스코틀랜드의회, 웨일스의회, 북아일랜드의회가 탄생하여 권력이양이 이루어졌고, 준연방주의 형태가 등장하게 되었다.

행동주의에 대한 강조이며, 이는 "생각은 글로벌하게, 행동은 로컬하게"라는 슬로건을 탄생시켰다.

문화적이고 경제적이면서 특히 정치적 형식의 지방화는 정책과정을 보다 분절화하고 분권화하면서 거버넌스의 과정에 심오한 의미를 부여하고 있다. 국가 및 초국가뿐만 아니라 하위 국가를 포함하는 복잡한 과정을 통해 활동을 하는 EU는 다층 거버넌스의 대표적 사례이다. 지방 권위체들과 위임받은 조직들은 때때로 국가정부를 무시하고 브뤼셀(EU본부)에 직접 대표권을 행사하여, EU 차원의 경제계획과 사회기반시설 개발에 대한 참여를 강화한다. 더욱이 1980년대 후반 이후 '지역의 유럽(Europe of the Regions)'이라는 아이디어가 정착되었고, 지역 및 지방정부들은 유럽지역개발기금(European Regional Development Fund)이라는 직접적 배분 원조의 혜택을 받기 위해 로비를 하였다. 시간이 지나면서 지역 원조는 농업분야가 EU예산의 가장 큰 부분을 차지하던 것을 상회하는 위치를 점하게 되었다.

권력이양(Devolution): 권력을 중앙정부로부터 하위의 지역기구로 이양하는 것이지만 주권은 공유하지 않는다. 책임과 권력은 완전하게 중앙으로부터 기원한다.

행태주의(Behavioralism): 사회, 정치, 경제 세계를 설명하기 위해서는 '인간 본성'에 대한 추상적인 이론이나 사회구조에 대한 분석을 개발하는 것보다는 인간의 행동을 분석해야 한다는 관점을 전제로 한 사회과학에 대한 광범위한 접근법이다.

외교정책

국제관계(IR)이론(제3장과 제4장 참조)은 국가가 글로벌정치의 핵심적인 존재라는 것을 당연하게 여기는 경향이 있고 국가 상호작용이라는 렌즈를 통해 구조와 사건을 분석하는 데 초점을 맞춘다. 1950년대 후반 미국에서 처음 등장한 대안적 접근법은 사회 내 의사 결정자로서 '개인'의 중요성을 강조한다. 외교정책분석(FPA: Foreign Policy Analysis)은 20세기 중반 국제관계와 보다 광범위한 사회과학에서 행태주의적 전환으로부터 나온 하위 분야이다. FPA 학자들에게 있어서, '국제' 안에서 발생하는 것들은 국가 및 하위 국가 수준에서 개인이 내린 결정의 결과이며, 그 개인들에는 대통령과 총리, 외교장관, 외교관, 관료 그리고 심지

■ 역자 주

외교정책에 대한 국내 참고 서적으로는 다음을 참조할 것.
김계동 외 지음. 『현대외교정책론, 제4판』(명인문화사, 2022).

개 념

연방주의

연방주의(라틴어 foedus가 어원인데, 이는 '협정[pact]' 또는 '계약[covenant]'을 의미한다)는 서로 종속적이지 않은 별개의 두 정부 수준 사이에서 권력을 분배하는 법적이고 정치적인 구조를 의미한다. 따라서 연방주의의 핵심적인 특징은 주권공유의 원칙이다. '고전적' 연방은 미국, 인도, 스위스, 벨기에, 캐나다, 호주 등 그 수가 많지 않다. 그러나 더 많은 국가들이 연방형 특징을 지니고 있다. 대개의 연방 또는 연방 형태의 국가들은 다수의 기존 정치공동체들이 집합하면서 형성되었다. 그들은 때로는 규모가 크기도 하고 문화적으로 다양한 인구를 포함한다. 연방주의는 국제적인 측면도 가지는데, 특히 '유럽 연방주의'의 경우와 같이 지역통합의 기반을 제공하기도 한다 (제21장에서 논의됨).

어 대중 구성원이 포함된다. 따라서 FPA 접근법은 세계정치의 거대한 구조가 아니라, 특정한 외교정책 결정이 어떻게 특정하게 관련된 개인에 의해 내려지는지를 분석한다. 이러한 정책은 이후 다른 개인들로부터 다른 국가의 외교정책의 형태로 반응을 이끌어내고, 진정한 '국제관계'는 이러한 정책의 상호작용에 의해 이루어진다.

FPA 학문은 개인의 외교정책 의사결정을 이해하기 위해 개인적이고 사회적 심리학에서 미디어학, 역사학에 이르기까지 다양한 사회과학적 학문들을 활용하고 있으며, 매우 다양한 관련 변수들을 탐구하고 있다. 많은 FPA 연구들은 권력의 위치에 있는 특정한 의사결정자들의 리더십 스타일과 개인적인 특성, 신념, 심리에 초점을 맞추고 있다. 다른 연구들은 관료제의 역할을 ― 정부위원회를 포함한 외교정책결정 조직, 특정한 업무를 담당한 개인들에게 부여되는 권한 등 ― 서로 다른 외교정책 의제를 가진 개별 정책결정자들 사이에서 '끌고 당기기'가 발생하는 공간으로서 분석한다 (Allison 1969). 반면, 구성주의의 외교정책분석은 외교정책결정의 원인으로서 정체성과 인식에 초점을 맞추는 경향이 있다 (예를 들어, Campbell 1992). FPA는 왜 세계정치에서 특정한 결과가 나오는지에 대한 단서를 찾기 위해 종교적 신념에서부터 인지적 편향, '집단 사고', 그리고 여론에 이르기까지 모든 것이 외교정책결정자들에 미치는 영향을 연구한다.

FPA는 특히 1960년대, 1990년대 및 2000년대에 주도하는 시기가 있었지만, 국제관계와 글로벌정치 연구의 광범위한 학문 분야에서 다소 주변부에 머물러 있다. FPA의 지지자들은 FPA가 "21세기에 사회과학의 최첨단 분야 중 하나가 될 준비가 될 수 있다"고 주장하지만 (Hudson and Day 2020, p. 216), 이 하위 분야에 대한 비판적인 관점은 몇 가지 잠재적인 약점을 드러낸다. 첫째, FPA 학자들은 자신들도 인정하지만, 글로벌정치에 대한 설명을 경우에 따라 사회과학적이 아니라 저널리즘적으로 지향한다 (Hermann 1980). 이 접근법은 개인이 결정에 얼마나 강력하게 도달했는지에 대한 매력적인 설명을 할 수 있지만, 이러한 분석은 엄격하지 않을 수 있으며, 때때로 (예를 들어, 지도자의 개인 심리와 내면생활에 대해) 입증하기 매우 어려운 주장으로 진행될 수 있다.

예를 들어, 지도자들의 '개인 특성'과 '특징', 그리고 그들이 어떻게 외교정책을 결정하게 되었는지에 대한 허만(Margaret Hermann)의 광범위한 연구는 오늘날 우리가 다양한 세계 지도자들을 선발할 수 있는 깔끔한 FPA 유형을 제공한다. 허만(Hermann 1980)에게 두 가지 광범위한 다양성이 지배적인데, 그들은 '공격적' 지도자와 '타협적' 지도자다. 공격형 지도자는 '권력 추구 성향이 강하고, 개념적 다양성이 부족하고, 다른 사람들에 대한 불신감이 높고, 민족주의적이며, 자신들이 관련된 사건에 대해 어느 정도 통제권을 가지고 있다고 믿는다.' 타협적 지도자는 '소속감이 높고, 개념적 다양성을 지니고, 다른 사람들에 대한 신뢰감이

주권공유(Shared sovereignty): 주권이 두 가지 차원의 정부 사이에 분리되어 있으며, 각 차원은 특정 범위의 이슈에 대하여 최고의 자율권을 행사하도록 하는 헌법적 조치.

높고, 민족주의적 성향이 낮으며, 자신들이 관련된 사건을 통제할 수 있는 자신의 능력에 대한 믿음을 거의 나타내지 않는다.' 지도자가 더 공격적인지 아니면 유화적인지가 그들이 외교정책 문제에 대해 내리는 결정을 좌우할 것이다.

하지만 정말로 두 가지 '종류'의 지도자가 있을까? 사회심리적이고 정치적인 의사결정이 정말로 그렇게 편협한 유형론으로 환원될 수 있을까? 그리고 이러한 특징들의 목록에는 어떤 종류의 도덕적 판단이나 규범적 약속이 함축되어 있을까? 여기서 '공격적'은 부정적인 의미를 포함하는 것처럼 보이지 않는가? 게다가, 두 종류의 지도자와 관련된 매우 구체적인 주장들 중 일부는 엄밀하게 판단해 보면 미국 이외의 경우에는 해당이 안 될지도 모른다. 은크루마(Kwame Nkrumah)는 한편으로 매우 '타협적인' 외교정책결정자였는데, 이는 그가 확고한 범아프리카주의자였고 (p. 210 참조), 그리고 확실히 사회와 정치이론가로서도 '개념의 다양성에서 높은 수준'이었지만, 다른 한편으로 그는 또한 민족주의적이었는데, 이 성향은 허만이 '공격적' 지도자로 분류한 성향이다. 아마도 이러한 성향을 보이는 이유는 허만과 광범위한 FPA 분야가 초점을 맞추고 있는 맥락이 미국의 것이며 민족주의는 가장 자주 우익 반동적이고 '백인' 민족주의의 형태를 취하는 데 반해, 탈식민지 가나와 더 넓은 아프리카 대륙에서는 반식민적인 민족주의가 해방주의적이고 진보적인 정치세력인 경향이 있기 때문이다. 그리고 바로 여기에 FPA에 대한 핵심적인 비판이 있는데, 의사결정자들, 그들의 맥락, 성격, 심리에 관한 범주와 가정이 정확하다고 주장되지만, 그들은 종종 문화적이고 정치적으로 서구적이거나, 심지어 더 구체적으로 미국의 사례들에 국한되기 때문이다. 개인의 동기와 결정을 이해하려면 FPA에 실질적인 도전을 하는 일정 수준의 문화적, 맥락적 내재화와 이해가 필요한데, 이 분야는 유럽중심주의에 의해 방해받을 수 있다. 반면에, 방법론적 개인주의에 대한 경향은 얼마나 더 넓은 사회적 힘(구조, 전통, 확립된 관행 등)이 글로벌정치에서 결과를 형성할 수 있는지에 대한 다소 제한적인 관점을 제공한다. 이러한 이유로, 개인에 초점을 덜 맞추는 외교정책결정에 대한 넓은 접근법도 중요하다.

외교정책의 종식?

전통적으로 외교정책 결정은 국제정치의 핵심적 특징 중의 하나로 간주되어 왔다. 외교정책은 국가의 중요한 행위이며, 이를 통하여 국가정부는 다른 국가나 국제기구와의 관계를 유지하여 나간다. 실제로 외교정책 결정은 때로는 고귀한 행위로 생각되는데, 특히 국가의 생존과 직결되는 '상위(high)'정치로 인식된다. 상위정치는 주권 및 안보와 관련된 문제들을 다루는데, 이는 경제 및 덜 중요한 국가행위를 포함하는 '하위(low)'정치와 비교된다. 그러나 최근의 발전상은 '외교정책'의 개념에 대한 의문이 들게 하고, 특히 외교정책이 고위의 정치수준에서 이루

방법론적 개인주의(Methodological individualism): 사회과학적 접근은 사회적 실재가 인간 개인들의 행동, 결정, 선호의 총합에 지나지 않는다는 관점을 전제로 한다. 그것은 '사회적 구조'에 대한 연구를 거부한다 (p. 106 참조).

해외(Foreign): (라틴어로 '외부(outside)'를 의미함) 다른 나라, 지역, 또는 사람들을 다루거나 관련되는 것. 이상하거나 익숙하지 않은 것을 암시.

어지는 개별 활동이고 국가 사이의 공식적인 외교적 상호활용을 포함한다는 점에 대하여 의구심을 들게 한다. 이러한 현상은 다양한 측면에서 이루어지고 있다. 우선, 1970년대 후반 신자유주의의 등장으로 외교정책, 그리고 실질적으로 국제정치에서의 광범위한 정책결정 과정이 더 이상 의미 있는 것으로 보이지 않게 되었다. 월츠(Kenneth Waltz, p. 67 참조) 등에 따르면, 국가행위는 기본적으로 국제체제를 형성한 세력균형을 통하여 설명될 수 있다. 체제를 형성하는 요인이 매우 중요하기 때문에, 정부수반, 외교장관, 국방장관, 고위 외교관 등과 같은 외교정책 행위자들의 역할 구분이 거의 또는 전혀 이루어지지 않고 있다. '무정부의 논리'가 이를 설명해 주고 있다.

또 다른 압력은 글로벌화의 발전과 '복합적 상호의존'의 성장으로부터 야기되었다. 이러한 발전은 국가 사이의 상호작용의 영역을 확대하고 심화시켰다. 국내와 해외, 내부와 외부, 그리고 '상위'정치와 '하위'정치의 구분이 극도로 희미해지면서 '해외(foreign)'정치와 '국내'정치의 구별도 점차 어려워졌다. 만약 '해외'라는 개념이 의미가 없다면, 외교정책이 계속 존재할 수 있을까? 이미 이 문제는 글로벌화의 추세가 탈주권 거버넌스의 등장 및 비국가 행위자들의 성장과 관련이 있다는 사실 때문에 더욱 심각히 제기되었다. 비국가 행위자들은 초국적기업, 비정부기구, 테러집단, 국제기구 등이다. 적어도 이는 외교정책이 더 이상 "국가들이 다른 국가들에 대해서, 또는 다른 국가들과 함께 하는 것"으로 단순하게 생각될 수 없다는 것을 의미한다.

그러나 외교정책에 대한 연구는 적어도 두 가지 이유에서 가치 있는 활동으로 평가된다. 첫째, 해외/국내의 구분은 희미해졌지만 불필요한 것은 아니다. 세계는 단일의 동질화된 실체라기보다는 구분되는 공동체들로 분리되어 있다 (Hill 2003). 이러한 공동체들이 자신들의 관계를 어떻게 운영하는가의 문제는 흥미롭고 중요한 이슈이다. 둘째, 외교정책은 구조와 행위자의 상호작용에 중점을 두면서, 사건들은 '하향식' 제도적 압력에 의해서 또는 '상향식' 개인의 의사결정에 의해서만 설명될 수 없다고 강조한다 (p. 106의 '사회구조와 행위성' 참조). 이에 따라 외교정책은 글로벌정치 내에서 결정, 선택, 의도 영역의 중요성에 초점을 맞춘다.

외교정책은 어떻게 결정되는가?

정책결정은 분명히 정책과정의 핵심이다. 정책결정은 정책발의와 집행에도 관련이 되어 있지만, 정책결정과 결론도출은 그 나름대로 중요한 특징을 지니고 있다. 그러나 어떻게 그리고 왜 결정이 이루어지는가를 파악하는 것은 어려울 수도 있다. 외교정책결정에 있어서 분석수준은 월츠가 전쟁의 원인으로 분석한 세 가지 차원과 연관되어 있다 (Waltz 1959).

- 정책결정자 '개인' 차원 (개인의 선호, 심리적이고 인지적 성향 등 포함)
- '민족국가' 차원 (국가성격, 정부유형, 관료구조 등 포함)
- '체제' 차원 (국제체제 내의 세력균형, 국가 상호의존의 그물망, 글로벌 자본주의의 역동성 등 포함)

정치적 의사결정에 대한 많은 이론들이 등장하고 있다. 가장 중요한 이론들은 합리적 행위자 모델, 점증적 모델, 관료조직 모델, 인지과정과 신념체제 모델 등이다.

개 념

외교정책

공공정책은 정부와 다양한 기관들의 행위 지침을 제시하는 것이다. 넓게 말해서 외교정책은 국경 밖에서 일어나는 사건들에 대하여 영향을 미치거나 관리하려는 정부의 시도를 의미하는데, 통상적으로 외국정부와의 관계를 활용하는 데 반드시 배타적인 것은 아니다. 외교정책 결정은 목표를 설정하고 달성하는 수단을 강구하는 것을 포함한다. 현대 글로벌정치에서 국내외 문제의 상호침투가 증가함에 따라 '대외관계'라는 용어가 때때로 외교정책이라는 용어보다 선호되고 있으며, 대외관계는 다양한 수준에서 다양한 행위자들에 의하여 이루어진다. 적어도 외교정책의 영역은 더 이상 단순히 외교장관이나 외교부 사이의 관계, 또는 외교관들 사이의 관계에 국한되지 않고 있다.

합리적 행위자 모델

인간의 합리성을 강조하는 의사결정 모델은 대체로 공리주의로부터 도출된 경제 이론들을 바탕으로 구성되어 있다. 다운즈(Anthony Downs 1957)와 같은 사상가들에 의하여 개발된 이 이론들은 소위 '경제적 인간(economic man)'에 대한 관념을 바탕으로 하고 있으며, 이는 실리의 개념에 따른 자기이익을 위하여 물질적 만족의 추구를 강조하는 인간 본성의 모델이다. 이러한 측면에서 결정은 아래와 같은 과정을 걸쳐서 이루어진다.

- 문제의 본질이 파악된다.
- 개인의 선호 순서에 따른 목적 또는 목표가 설정된다.
- 이러한 목표를 달성하는 데 필요한 수단은 효율성, 신뢰성, 비용 등의 개념에 의하여 평가된다.
- 원하는 목적을 달성하는 데 가장 가능성이 높은 방법을 선택하여 결정을 한다.

이러한 유형의 과정은 분명한 목표가 있어야 하고 인간이 그 목표를 합리적이고 일관된 방식으로 추구할 수 있어야 한다는 전제를 담고 있다. 그러한 의사결정 모델의 가장 훌륭한 사례는 기업이 결정을 할 때 사용되는 비용-편익분석에서 발견된다. 기업인들은 이익 극대화라는 목표에 따라 가능한 가장 적은 비용을 들여 가능한 가장 큰 이익을 보장하는 의사결정을 하며, 이 둘은 모두 통화의 개념으로 계산된다. 현실주의 이론가들은 국제정치의 의사결정에 대해서도 유사한 가설을 제시한다. 그들의 견해에 따르면 외교정책은 단일의 우선적인 목표에 의하여 추진되는데, 그것은 핵심적 국가이익의 추구이다. 이는 최소한 국가생존을 확립하는 것이고, 그 이상으로는 국가의 야망을 달성하는 데 필요한 힘을 추구하는 것이다. 이는 체제 차원의 압력(신현실주의)을 받기도 하고 국가 자체에서 발생되는 이기적인 압력(고전적 현실주의)에 의한 영향을 받는다. 어떠한 경우든, 개인 의사결정자들의 역할은 사전에 결정된 목적을 달성할 최선의 수단을 선택하는 데 국한된다는 것을 의미한다.

> **개 념**
>
> **국가이익**
>
> 광범위한 의미에서 국가이익은 사회 전체에 이득을 안겨주는 외교정책의 목적, 목표 또는 정책선호를 의미한다('공공이익'과 대등한 외교정책). 그러나 이 개념은 때로는 모호하고 논쟁의 여지가 있다. 현실주의 이론가들이 가장 유용하게 사용하는 개념이고, 국제 무정부상태의 구조적 차원에서 정의되며, 따라서 국가안보, 생존 및 권력 추구와 밀접하게 연관되어 있다. 의사결정 이론가들에게 국가이익은 외교정책 수행을 책임지고 있는 사람들이 추구하는 전략과 목표를 의미하지만, 이는 단순한 수사가 되어 버릴 수도 있다. 다른 측면에서 국가이익은 민주적인 절차를 통하여 승인된 외교정책 목표이기도 하다.

합리적 행위자 모델은 어떻게 결정이 이루어져야 하는지에 대한 모든 사람들의 믿음을 반영하기 때문에 매력적이다. 확실히 정치인들과 기타 사람들은 자신들의 행동이 목표 지향적이고 신중한 사고의 산물이라고 강하게 표현한다. 그러나 심층적으로 탐구해 보면 합리적 계산은 특별히 신뢰할만한 의사결정 모델이 아닐 수도 있다는 점을 알게 된다. 첫째, 실제로 의사결정은 부적절하거나 때로는 부정확한 정보에 근거하여 이루어지는 경우가 종종 있다. 이러한 어려움을 사이먼(Herbert Simon 1983)은 '제한된 합리성(bounded rationality)'으로 표현했다. 이 주장은 모든 가능한 행동과정을 분석하고 선택하는 것이 불가능하기 때문에, 기본적으로 정책결정은 상이한 가치에 의하여 평가된 결과와 부정확한 계산에 기초한 결과들을 절충하는 행위라는 점을 인정한다. 사이먼은 이 과정을 '최소한 충족된(satisficing)' 것으로 표현한다. 합리적 행위자의 모델과 관련된 두 번째 문제는 이 모델이 인식(perception)의 역할을 무시한다는 점인데, 인식이라는 것은 행동이 현실 그 자체에 의해서가 아니라 현실에 대한 신뢰와 가정에 의하여 형성되는 수준을 의미한다. 이에 따라 개인적이고 집단적인 심리 또는 의사결정자들의 가치와 이념적 성향에 중요성이 거의 또는 전혀 부여되지 않는다.

점증주의 모델

점증주의(Incrementalism)는 종종 합리적 의사결정 모델의 대안으로 인식된다. 브레이브룩과와 린드블롬(David Braybrooke and Charles Lindblom 1963)은 이 모델을 '분할적 점증주의(disjointed incrementalism)'로 개념화하였고, 린드브롬은 '그럭저럭 지내기(muddling through)의 과학'으로 적절하게 요약하였다. 이 입장은 실제로 정책결정이 부적절한 정보와 낮은 수준의 이해를 바탕으로 이루어지고, 이는 의사결정자들이 과감하고 혁신적인 결정을 하는 데 저해 요인이 된다는 것이다. 따라서 정책결정은 지속적이고 탐색적인 과정이다. 뚜렷한 목표가 없게 되면 정책결정자들은 기존의 형태나 틀 내에서 활동하는 경향이 있고, 자신들의 입장을 이전 결정의 결과가 주는 피드백에 적응시킨다. 실제로 점증주의는 회피 또는 도피의 전략을 제시하고, 정책결정자들은 문제를 해결하려고 노력하기보다는 문제로부터 거리를 두려는 경향을 보일 수도 있다.

> **점증주의(Incrementalism)**: 분명한 목표를 향해 결정이 이루어지는 것이 아니라, 변화하는 환경에 따라 조금씩 적응해 가면서 결정이 이루어진다는 이론.

점증주의에 대한 린드블롬의 사고는 규범적일 뿐만 아니라 서술적이다. 린드브롬은 이 접근법이 현실세계에서 어떻게 결정이 이루어지는가에 대한 보다 정확한 설명을 하는 이외에 융통성이 있으며 다양한 견해들을 표현할 수 있는 장점을 가지고 있다고 주장했다. '그럭저럭 지내기'는 적어도 대응성과 유연성, 협의와 타협을 의미한다. 그러나 점증적 모델은 정책결정자가 혁신적이기보다는 타성적인 성향을 보이는 상황에 더 잘 어울린다. 이에 따라 이 모델은 현상유지(status quo)를 수정하거나 타파하려는 것보다는 현상유지를 지지하는 외교정책의 성향을 보다 쉽게 설명한다. 예를 들어, 점증주의는 1930년대 영국과 프랑스가 추구한 유화정책 같은 것을 잘 설명한다. 이들은 전쟁을 피할 목적으로 독일 히틀러의 호전적인 요구를 들어 주었으나, 그 결과는 독일의 대담성만 키워주고 서방 열강들이 나치의 팽창을 막기 위하여 아무런 행동도 하지 않을 것이라는 확신만 히틀러에게 심어 주었다. 반면에 나치의 팽창 그 자체, 1942년 일본의 진주만 공격, 그리고 2003년 미국의 이라크 공격 등은 점증적 모델로 설명이 어렵다. 신현실주의자들은 현상을 유지하려는 외교전략과 현상을 수정하려는 외교전략의 차이는 일부 정책결정자들의 '그럭저럭 지내기' 성향보다는 세력균형(p. 302 참조)에 의하여 설명이 더 잘 된다고 주장한다. 마지막으로 점증주의는 신념과 가치의 역할은 거의 또는 전혀 강조하지 않는데, 이는 예를 들어 나치 독일의 외교정책결정을 추동한 중요한 요인들이다 (p. 38의 '히틀러의 전쟁?' 참조).

6

관료조직 모델

합리적 행위자 모델과 점증적 모델은 모두가 기본적으로 의사결정의 '블랙박스' 이론들이다. 어느 모델도 정책결정과정의 구조가 궁극적으로 결정에 미치는 영향에 대해서는 아무런 관심을 기울이지 않는다. 반면에, 민족국가의 차원에서 관료 또는 조직 모델들은 과정이 산출에 영향을 주는 정도에 초점을 맞추면서 블랙박스의 안을 밝히려 한다. 이 접근은 앨리슨(Graham Allison 1971)에 의하여 개발되었는데, 그는 1962년 쿠바 미사일 위기 당시 미국과 소련의 정책결정에 대한 분석을 하였다. 이 연구에 의하여 두 개의 대비되지만 연관되는 모델들이 등장하였다. 첫째, '조직과정(organizational process)' 모델은 대규모의 조직에서 발견되는 가치, 가설, 그리고 규칙적 행동 패턴에 초점을 맞춘다. 정책결정은 합리적 분석이나 객관적 평가에 의하기보다는 결정을 내리는 정부의 부처나 기관들에 구축되어 있는 문화를 반영하는 것처럼 보인다. 두 번째 이론인 '관료정치' 모델은 각기 다른 이익을 추구하는 개인과 기관 사이의 협상이 결정에 미치는 영향을 강조한다. 이 접근법은 국가를 단일의 견해와 단일의 이익에 의한 하나의 통합체로 보는 아이디어를 부인하고, 이익의 균형이 지속적으로 변화하는 경쟁의 무대에서 이루어진다고 주장한다.

비록 이 모델들은 틀림없이 의사결정의 중요한 관점에 관심을 기울이고 있지만, 그들은 결점도 지니고 있다. 첫째, 조직과정 모델은 상부로부터 지시사항이 전달되는 정치 리더십에 대한 고려가 거의 없다. 모든 결정이 조직의 압력과 인식에 의하여 이루어진다고 주장하는 것은 옳지 않은 것이다. 이 논리에 의하면 '테러와의 전쟁'을 시작한 미국의 부시 대통령, 그리고 독일의 폴란드 침공을 결정한 히틀러의 개인적 역할과 영향은 무시하게 된다. 둘째, 관료정치 모델이 제시하는 것과 같이 정치 행위자들은 자신들의 입장과 자신들이 속해 일하고 있는 조직의 이익만을 기초로 한 관점을 지니고 있다는 주장은 너무 단순한 것이다. "당신이 가지는 입장은 당신이 어디에 소속되어 있는가에 달려 있다 (where you stand depends on where you sit)"라는 격언이 있지만, 개인적 공감과 개인 목표가 평가절하 되어서는 안된다. 마지막으로 결정을 완전하게 블랙박스의 관점에서만 설명하는 것은 보다 광범위한 정치적, 경제적, 문화적, 이념적인 맥락으로부터 발산되는 외부의 압력에 무게를 두는 데 실패하게 된다.

요약

- 국가는 네 가지의 특징을 지니고 있다. 그것은 경계가 정해진 영토, 영구적인 인구, 실효성 있는 정부, 그리고 다른 국가들과 관계를 가질 수 있는 능력이다. 그러나 핵심적인 특징은 주권, 즉 절대적이고 제한이 없는 권력의 원칙이다. 주권에는 내부적 또는 외부적 차원이 존재한다.
- 광의의 개념으로 글로벌화는 국가주권을 축소하고 '탈주권 거버넌스'를 창조하는 것으로 간주된다. 특히 경제주권은 국경을 초월한 무역, 자본 등의 흐름에 의하여 제약된다. 일부 사람들은 그러한 발전이 국가의 성격을 변화시켜 왔으며, '경쟁'국가, '시장'국가, '포스트모던' 국가의 등장을 가져 왔다고 믿는다.
- '쇠퇴주의자'들의 주장과 달리 국가권력의 회복에 대한 근거가 점차 증폭되고 있다. 안보위협에 대한 대응, 국가를 경제 현대화의 도구로 사용하는 기회의 확대, 국가건설을 발전 촉진의 수단으로 인정하는 사고를 통해 국가권력의 회복이 지지를 받고 있다.
- 국가가 작동되는 환경의 변화는 정부가 거버넌스로 대체되고 있으며, 이는 지휘와 통제에서 협력으로 전환되고 있다는 점을 의미한다고 많은 사람들이 주장한다. 이 추세는 정부의 역할이 많은 층으로 확대되는 것과 연관되며, 다층 거버넌스가 등장하게 되었다.
- 전통적으로 외교정책결정은 국제정치의 핵심 주제들 중의 하나로 인식되어 왔고, 중요한 국가 행위 중의 하나이다. 그러나 일부 사람들은 국제체제의 구조적 역동성과 글로벌화의 등장과 같은 요인들의 관점에서 외교정책이 더 이상 의미가 있느냐는 의문을 제기한다.
- 외교정책 결정에 대한 일반이론이 다양하게 개발되었다. 이들 중 가장 중요한 것들은 합리적 행위자 모델, 점증주의 모델, 관료조직 모델 등이고, 그들은 반드시 대립적인 것들은 아니다.

토의주제 ?

- 어떠한 점에서 국가는 이중적 구조를 가졌는가?
- 왜 주권은 국가의 핵심적 특징으로 인식되는가?
- 대외적 주권에 대한 주요 위협은 무엇인가?
- '탈주권 거버넌스'라는 관념은 의미가 있는가?
- 국가에게 있어서 국제기구의 성장은 어떠한 함의를 가지는가?
- 글로벌화하는 추세는 국가의 성격과 역할을 어느 정도로 새롭게 발전시키는가?
- '국가의 회복'은 신화인가 또는 현실인가?
- 거버넌스는 어떠한 점에서 정부와 다른가?
- 외교정책결정은 개인, 국가 또는 체제 차원에서 가장 잘 이해되는가?

- 어떻게 신현실주의는 외교정책의 전통적 개념에 도전하는가?
- 외교정책 행위자들이 합리적이고 균형된 결정을 하는 것이 왜 어려운가?

추가 읽을거리 

Bell, S. and A. Hindmoor, *Rethinking Governance: The Centrality of the State in Modern Society* (2009). 현대국가들이 특정문제들을 해결하기 위해 어떻게 다양한 거버넌스 방식을 사용하는지에 대한 명확한 설명은 '탈중심화된' 국가의 개념에 도전한다.

Davies, J., *Challenging Governance Theory* (2011). 그람시의 '헤게모니' 개념이 더 유용한 프레이밍임을 시사하는 '네트워크' 거버넌스의 보편적 개념에 대한 비판.

Hay, C., M. Lister, and D. Marsh (eds), *The State: Theories and Issues* (2006). 국제적인 범위에서 국가의 본질과 국가변혁의 문제를 고찰하는 통찰력 있는 탐구.

Hudson, V. M. and B. S. Day, *Foreign Policy Analysis: Classic and Contemporary Theory* (3rd edition) (2020). FPA의 하위 분야에 대한 소개이면서 포괄적 지침.

Sørensen, G., *The Transformation of the State: Beyond the Myth of Retreat* (2004). 변화하는 국가의 성격을 수용하면서도 세계문제에서 국가의 지속적인 중요성을 강조하는 체계적 분석.

글로벌 시대의 사회

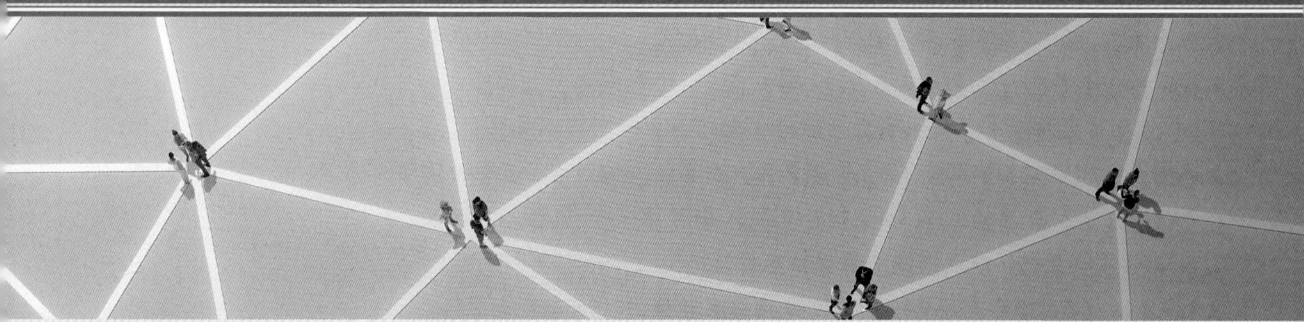

출처: *iStock.com/imaginima*

개요

전통적으로 국제관계에 대한 연구는 사회적 힘과 사회적 요인에 대하여 별로 관심을 기울이지 않았다. '사회'보다는 '국가'가 세계무대의 주요 행위자로 인식되었고, 그들 사이의 관계는 사회적인 것이 아니라 엄격한 정치적 고려(권력과 안보에 연결)에 의하여 결정되어야 한다고 생각되었다. 어떠한 측면에서는 글로벌화의 등장이 이러한 '사회'의 경시를 가속화하였고, 특히 초글로벌주의자들은 글로벌화를 완전히 경제적인, 또는 심지어 기술적인 현상으로 묘사했다. 그러나 그러한 견해들은 국가나 경제와 같은 제도들이 사회적 관계의 네트워크 내에서 작동되며, 이것이 정치와 경제발전을 주도한다는 점을 인식하지 못하고 있다. 실제로 현대사회는 현대경제와 같이 빠르고 급진적으로 변화하고 있다. 핵심적 변화는 사회적 연결성의 변화이며, 특히 소위 후기 산업사회의 등장과 커뮤니케이션 기술의 급격한 성장이 대표적이다. 사회적 연결성의 '두터운' 형상은 '얇은' 형상으로 대체되고 있는가? 더욱이 문화 글로벌화는 사회적 규범과 가치를 재구성하고 있으며, 특히 소비주의의 확산과 개인주의의 확대를 통하여 개발도상국들을 결코 배타시 하지는 않는다. 이 과정의 주요 추동력은 무엇이고, 글로벌 단일문화의 확산으로까지 이어질 것인가? 마지막으로 초국적집단과 글로벌운동의 성장은 '글로벌 시민사회'의 등장을 통하여 사회적 관계와 정체성이 재형성 과정에 있다는 점을 알려 준다. 글로벌 시민사회 같은 것이 존재하는가? 그렇다면 그것은 글로벌정치의 미래 형상에 있어서 어떠한 함의를 가지는가?

핵심이슈

- 후기 산업사회의 등장과 커뮤니케이션 혁명의 사회적 함의는 무엇인가?
- 왜 위험과 안보불안은 현대사회의 주요 특징이 되고 있는가?
- 어떻게, 그리고 어느 정도로 글로벌화는 사회규범과 문화적 신뢰를 변경시켰는가?
- 왜 NGO와 사회운동이 최근 들어 성장하는가?
- 글로벌 시민사회는 선을 위한 힘인가, 악을 위한 힘인가?

사회적 연결: 두터움에서 얇음으로

사회는 무엇인가? 모든 사회는 상호작용의 규칙적인 패턴에 의하여 성격이 규정된다. '사회'는 단지 같은 영토를 점유한 사람들의 집합만은 아니다. 이러한 행동 패턴은 시간이 지남에 따라 사회의 '구조'를 구성하지만 (p. 106 참조), 사회과학 철학자 바스카(Roy Bhaskar)가 언급했듯이, "사회구조는 그 자체로 사회적 산물이기 때문에 가능한 변혁의 대상이며, 따라서 비교적 오래 지속될 수도 있다 (Bhaskar 1979: 41). 따라서 사회는 구성원들 사이의 항구적인 안정적 관계에 의하여 형성되고, 구성원들은 상호인식과 협력의 형태로 '상호연결'의 의식을 가지게 된다. 그러나 사회는 상이하면서도 상호 연결되는 수준에서 존재할 수도 있다. 민족적 또는 국내적 차원에서 특정 국가들은 공유된 문화와 정치적 충성에 의한 공통의 정체성을 가지게 되는 경우 사회로 인정이 되기도 한다. 소위 '영국학파'로 불리는 이론가들은 사회가 국제적인 차원에서 존재하기도 하는데, 국가들이 규범과 가치를 공유하고 규칙적인 상호교류를 하게 되면 '국제사회'를 형성한다고 주장하였다. 보다 상위 차원에서, 일부 사람들은 사회가 '세계사회(world society, Burton 1972)' 또는 '글로벌 시민사회(p. 195 참조)'라는 형식으로 글로벌한 측면을 갖기도 한다고 주장하고 있다. 이 내용은 이 장의 끝 부분에서 논의될 것이다.

사회의 본질, 이에 따른 사회적 연결의 성격은 세월이 지나면서 의미 있게 변해 왔다. 주로 민족과 국내사회에 적용되면서 현대사회는 사회적 연결이 쇠퇴하고 있는 것처럼 보이는데, 이는 긴밀한 사회적 유대와 고착화된 충성이라는 '두터운' 연결에서 보다 유동적이고 개인적인 사회구조라는 '얇은' 연결로 전환되고 있는 상황을 의미한다. 이 변화의 주요 관점은 글로벌화의 사회적이고 문화적인 함의와 연관되어 있는데, 이는 다음 절에서 설명된다. 변화의 다른 변수들은 후기 산업사회의 등장, '정보화 시대'의 출현, 불확실성, 안보불안, 위험상황의 전개 등과 같은 발전문제와 연관되어 있다.

산업화에서 후기 산업주의로

산업화는 현대사회의 구조와 성격을 형성하는 가장 강력한 요인이 되어 왔다. 산업화는 도시화의 과정을 통해 지리적 이동성의 극적인 증가에 기여해 왔다 (2000년대 초반까지 당시 세계 63억 인구가 대부분 지방보다는 도시에 살았다). 또한, 산업화의 진전은 사회계급이 사회를 조직하는 중심 요인으로 등장함에 따라 사회구조를 변화시켰다. 계급 구분은 토지의 소유에 따라 결정되는 전통사회의 고정된 사회적 위계질서를 대체하였다. 그 과정에서 사회적 연결의 성격도 바뀌게 되었다. 이러한 변화를 전달하기 위한 가장 영향력있는 시도는 독일의 사

사회계급(Social class): 유사한 사회적이고 경제적인 지위를 공유하는 사람들의 집단이며, 생산수단의 관계 또는 직업군의 수입과 자격에 기초한다.

후기 산업사회(Post-industrial society): 제조업보다는 서비스업에 기반하고 있으며, 화이트 칼라 노동자가 현격하게 늘어나는 사회.

원자주의(Atomism): 독자적으로 활동하는 원자들처럼, 자기이익을 우선시하고 자부심이 강한 개인들의 집단으로 형성되는 사회의 경향.

하층계급(Underclass): 빈곤하다고 정의되지만 정치적으로 논쟁거리가 있는 개념. 실업 또는 저임금, 거주의 어려움, 교육기회의 제한 등 다양한 박탈을 받는 사람들.

프레카리아트(Precariat): 사람들은 주로 '불안정한' 노동에 의존한다 (Precariat는 불안정하다는 뜻의 precarious와 proletriat의 합성어 – 역자 주). 보장된 시간이나 급여 없이, 그리고 노동이 부족할 때 의지할 수 있는 경제적 또는 사회적 자본이 거의 또는 전혀 없이, 단기, 파트타임, 그리고 기간제 계약에 의존한다.

회학자 퇴니스(Ferdinand Tönnies, 1855–1936)에 의하여 이루어졌다. 퇴니스는 게마인샤프트(Gemeinschaft, 'community')와 게젤샤프트(Gesellschaft, 'association')를 구분하여 설명하였다. 게마인샤프트는 전통적인 사회에서 발견되고 자연적인 감정과 상호존중으로 성격이 규정되고, 게젤샤프트는 도시와 산업사회에서 전형적으로 발견되는 느슨하고 인위적이며 계약적인 결합이다.

그러나 계급 간의 결속은 대개의 산업사회에서 중요한 특징으로 남아 있지만, 자유주의자들과 마르크스주의자들은 계급 불평등의 본질에 대하여 상당히 다른 의미를 부여하고 있다 (자유주의자들은 노동 능력과 의지와 같은 개인적 차이를 강조하고, 마르크스주의자들은 재산 소유와 관련된 구조적 분열에 관심을 보인다). 그러나 계급적 충성은 대체로 정치적 충성을 구조화한다. '블루 칼라'(공장) 노동자들은 일반적으로 좌파정당을 지지하였고, '화이트 칼라'(사무실) 노동자들은 우파정당을 지지하였다. 그러나 1960년대 이후 소위 후기 산업사회의 등장과 함께 추가적인 변화가 이루어졌다. 그러한 사회의 주요 특징은 탈산업화의 과정이고, 이는 석탄, 철강, 조선과 같은 노동집약적 중공업의 쇠퇴를 가져 왔다. 이러한 추세는 명확한 정치적 충성과 대체로 강력한 조합의 조직화에 뿌리를 둔 연대문화(solidaristic culture)로 이어졌다. 이에 비하여 확대되고 있는 서비스 경제 분야는 개인주의적이고 도구주의적인 태도를 촉진한다. 따라서 후기 산업사회는 점증하는 원자주의(atomism)와 약화되는 사회적 연결로 특징지어진다. 피오르와 사벨(Piore and Sabel, 1984)은 이러한 변화를 포드주의로부터 후기 포드주의 시대로의 전환으로 해석하였다. 대량생산과 대량 소비체계, 그리고 포드주의의 주요 특성의 쇠퇴는 더욱 느슨한 다수의 계급을 형성하였다.

전통적인 노동계급의 감소는 소위 '2/3–1/3' 사회의 발전을 가져 왔는데, 여기서 2/3는 비교적 부유한 집단으로, 교육의 확대, 풍요 및 소비주의와 관련된 사회적 평준화를 이루는 추세를 보인다. 갤브레이스(J. K. Galbraith 1992)는 이러한 추세를 활용하여 현대사회에서 정치적으로 활동적인 사람들 중에서 물질적인 풍요로움과 경제적 안전성을 지향하는 사람들이 정치적인 보수가 된다는 점을 강조하였다. 이 과정에서 현대사회의 사회적 불평등과 빈곤의 본질에 대한 논쟁은 노동계급에 대한 관심으로부터 하층계급(underclass), 보다 최근에는 프레카리아트(Precariat)에 대한 것으로 전환되고 있다. 하층계급은 전통적으로 이해되는 것보다 빈곤으로부터의 고통은 덜 받지만 사회적 배제를 더 당하게 되어, 경제와 사회에 의미있게 참여할 수 없도록 문화적, 교육적, 사회적 장애에 부딪히게 된다.

신기술과 '정보사회'

기술변화는 항상 사회변화와 긴밀하게 연결되어 왔다. 예를 들어, 증기동력과 중공업(철강)의 기계화를 통한 산업기술의 도입은 급속한 인구증가로 이어졌으며 가족, 친구 및 직장의 관계 패턴을 크게 변화시키는 과정에서 사회 및 지리적 이동성을 크게 증가시켰다. 이는 정보와 통신기술의 발전을 가져 왔고, 특히 인쇄술의 개발에서부터 현대의 세 가지 정보혁명으로 불리는 것까지 이어졌다. 첫 번째 혁명은 전신, 전화, 라디오의 발명이다. 둘째는 텔레비전, 초기 세대 컴퓨터, 위성이다. 셋째는 소위 '새로운' 미디어의 출현인데, 여기에는 휴대폰, 케이블과 위성텔레비전, 보다 저렴하고 강력한 컴퓨터, 그리고 가장 중요하게 인터넷이 포함된다. 세 번째 정보혁명은 접속(connectivity)의 기술에 특별한 연관을 가지면서 관심을 끌고 있다. 정보와 통신 교류의 양이 폭발적으로 증가하면서 일부 사람들은 산업시대를 대신하여 '정보시대(information age)'로 접어들고 있으며, 사회는 '정보사회', 그리고 경제는 '지식경제'로 전환되고 있다는 주장을 한다 (p. 129 참조).

'새로운' 미디어의 등장은 글로벌화 과정에 거대한 추진력을 제공했다. 실제로 초글로벌주의자들은 기술결정론(technological determinism)에 동의하면서, 기술이 폭 넓게 활성화된다면 글로벌화의 가속화는 불가피하게 된다고 주장한다. 새로운 미디어가 글로벌화하는 추세의 가장 명확한 근거는 통신에 관한 한 국경선은 점차 개방된다는 점이다. 산업화시대는 지역수준보다는 국가수준에서 (전국신문, 전화시스템, 라디오와 텔레비전 서비스 등을 통해) 소통할 수 있는 새로운 메커니즘을 만든 반면, 초국가적 특성을 지닌 정보기술시대에는 휴대폰, 위성텔레비전, 인터넷이 국경과 관련 없이 작동되고 있다. 이는 국제앰네스티(p. 360 참조)와 같은 비정부기구(NGO), 흑인생명의 문제와 같은 사회운동, 구글과 같은 초국적기업(TNCs)부터 국제범죄조직 및 알카에다와 같은 글로벌테러집단에 이르기까지 다양하다. 국가들은 초국경적 구조를 가진 집단과 조직을 통제하고 속박하는 데 어려움을 겪을 뿐만 아니라, 국민들이 보고 듣고 아는 것을 통제하는 능력도 많이 약화되고 있다. 예를 들어, 중국, 미얀마, 이란 같은 국가들은 휴대폰과 인터넷을 통한 국경 외부와의 통신을 수차례에 걸쳐서 제한하려 했지만 기술변화의 속도는 장기적으로 이러한 통제를 약화시킬 것으로 보인다. 2000년 미국의 클린턴(Bill Clinton) 대통령은 중국의 인터넷을 통제하려는 시도에 대하여 젤리로 벽을 뚫는 것과 마찬가지라고 비유하였다.

정보사회는 사회적 연결의 범위에 있어서 역사적으로 전례가 없는 변화를 가져왔을 뿐만 아니라 (심지어 때로는 국경을 초월한 연결), 사회적 연결의 '성격'도 변화시켰다. 더 많은 사람들이 다른 사람들과 연결되었지만, 과거와는 다른 방식이었다. 이를 설명하는 가장 영향력있는 시도들 중의 하나는 '네트워크 사회'에 관심을 보인 카스텔즈(Manuel Castells, 1996)에 의하여 제시되었다. 산업사회에서 사회조직의 지배적인 형식은 위계적인 것이었다면, 보다 복잡하고 다원화된 정보사회는 시장에 기반하여 (시장경제의 폭 넓은 역할과 경제 글로벌화의 영

 개 념

포드주의와 후기 포드주의

포드주의(Fordism)와 후기 포드주의는 변화하는 생산형태와 조직의 관점에서 현대사회의 경제적, 정치적, 문화적 변동을 설명하는 데 사용되는 개념이다. 포드주의는 미국 디트로이트에서 헨리 포드가 개척한 대규모의 대량생산 방식을 의미한다. 포드는 표준화되고 상대적으로 저렴한 제품을 생산하기 위해 기계화와 고도로 조직화된 생산라인의 노동과정에 의존하였다. 후기 포드주의는 보다 유연한 초소형 전자기술에 기반한 기계를 도입한 결과에 의하여 등장하였으며, 이는 개별 노동자들에게 보다 많은 자율권을 부여하였고 하도급과 일괄생산(batch production)과 같은 혁신이 가능하게 했다. 후기 포드주의는 작업장소의 분산, 사회적이고 정치적인 분열, 그리고 선택과 개체에 대한 더 많은 강조와 연계되어 있다.

접속(Connectivity): 하나의 장치(컴퓨터, 스마트폰, 가전제품 등)에서 다른 장치들로 연결하는 것을 의미하는 정보통신기술의 '유행어'이며, 정보교환의 속도, 용이성, 정도에 영향을 미친다.

정보사회(Information society): 핵심적인 자원 또는 상품이 지식/정보인 사회이며, 주요 역동적인 힘은 기술의 개발과 전파의 과정이다.

기술결정론(Technological determinism): 기술의 혁신과 발전이 사회적, 경제적 또는 정치적 변화의 주요 원동력이 된다고 하는 역사 이론.

분석적 접근

사회

현실주의 견해

현실주의 이론가들은 어떠한 측면에서도 사회에 대하여 거의 주목하지 않았다. 이는 그들의 관심은 주로 국가에 놓여 있었다는 점을 의미한다. 그들은 국가를 '블랙박스'로 보았고, 국내의 사회적, 정치적, 헌법적, 문화적 문제들은 글로벌시스템에서 이루어지는 국가의 행위와는 관련이 없다는 시각을 보였다. 현실주의 견해는 국가가 사회로부터 자원을 추출해내고 사회에 국가의 의지를 강요할 수 있는 강하면서도 자율적인 단위로 간주함에 따라, 외교정책은 가장 우선적이고 중요하게 권력과 안보에 대한 고려에 의하여 결정된다. 더욱이 국가들 간의 관계는 기본적으로 '사회적'이라기보다는 '전략적'이다. 국제체제는 경쟁과 투쟁의 성격을 가지고 있을 뿐이며, 공동규범, 공유된 가치, 협력하려는 의지를 통하여 발전되는 규칙적인 사회적 상호작용이 국가체제의 성격이 아니다.

자유주의 견해

사회에 대한 자유주의 견해는 개인주의에 기초하고 있다 (p. 195 참조). 이에 따라 자유주의자들은 사회를 자율적 권리를 가진 실체가 아니라 개인들의 집합체로 보고 있다. 사회는 자기이익을 추구하는 인간들이 맺은 자발적이고 계약적인 합의에 의하여 존재한다. 그러나 다원주의자들은 사회 내의 다양한 이익들을 표현하는 데 있어서 집단들의 역할에 대하여 관심을 보이고 있다. 그러나 사회가 단순히 자기이익을 추구하는 개인들의 집합체로 이해되든지, 아니면 경쟁하는 집단들의 집합체로 이해되든지 간에, 자유주의자들은 사회 내에는 조화와 평형을 촉진시키는 일반적인 이익의 균형이 존재한다고 주장한다. 이 조화는 대체로 국가에 의하여 이루어지며, 국가는 사회 내의 대립하는 이익들과 집단들 사이에서 중립적인 중재자 역할을 함으로써 사회질서를 보장한다. 그 임무는 외교정책에 있어서도 의미를 가지는데, 외교정책은 사회 내의 다양한 집단들에 의한 정치적 영향력에 의하여 형성된다. 이에 따라 자유주의자들은 외교정책결정은 사회 중심적이라 하며, 국가 중심의 현실주의 모델에 대하여 반대한다. 자유주의자들은 전형적으로 글로벌 시민사회의 등장을 환영하고, 이것이 권력을 다원화할 것이고 정부간 협력에 의한 정책결정을 할 수 있는 계기를 제공할 것으로 생각한다. 또한, 자유주의자들은 국가들 간의 상호활동은 중요한 사회적 구성요소들을 함유하고 있다고 생각하는 경향이 있으며, '국제사회'라는 용어를 선호하고, 국가와 비국가 행위자들 간의 상호활동은 원칙, 절차, 규범 또는 규칙에 의하여 구조화되는 경향이 있으며, 때로는 국제레짐(p. 77 참조) 형성을 주도한다고 주장한다.

구성주의 견해

구성주의자들은 세계문제에 대한 정체성과 이해관계가 사회적으로 구성되어 있다는 점을 강조함으로써 사회학적 탐구를 글로벌정치의 중심에 올려놓았다. 따라서 국가와 다른 행위자들의 행동에 영향을 미치는 데에는 사회적, 문화적, 역사적 요소가 주된 관심사이다. 현실주의와 자유주의 이론가들은 사회를 행위자들이 자신의 다양한 이익을 합리적으로 추구하는 '전략적' 영역으로 보는 경향이 있는 반면, 구성주의자들은 사회를 '구성적' 영역, 즉 행위자들이 정체성과 이해관계를 형성하도록 만드는 영역으로 간주한다. 그러나 예를 들어, 구성주의는 신마르크스주의자들과 페미니스트들에 의해 진보된 것처럼 실체적 사회이론이라기보다는 학문적 탐구의 사회학적 차원을 강조하는 분석적 도구이다.

마르크스주의 견해

마르크스주의는 '사회이론'인데, 이는 사회가 어떻게 역사적으로 출현했는지, 어떻게 구조화되었는지, 그리고 어떻게 그들이 변화할 수 있는지(변화해야 하는지)에 대한 이론이다. '젊은 마르크스'는 자본주의에 대한 비판에서 특히 사회학적이고 철학적이었던 반면, '성숙한 마르크스'는 경제분석에 더 초점을 맞추었다. 정통 마르크스주의자들은 사회를 경제적인 '기반'(생산 양식)으로 설명하는 경향이 있으며, 이 기반 위에 사회적이고 문화적인 '상부구조'(계급체계를 포함하여)가 구축된다. 마르크스주의자들의 관점은 자본주의 사회에서 가장 착취당하고 소외된 사회계층으로서 프롤레타리아 계급이 혁명적인 사회

변화와 급진적인 평등을 위한 해방적인 세력이 될 수밖에 없다고 보았다. '신마르크스주의자들'과 프랑크푸르트학파 비판이론가들은 여성운동(p. 456 참조), 녹색운동, 평화운동과 같은 계층 간 '반문화적인' 사회운동과 동맹을 더 믿는 경향이 있었다. 이러한 관점에서, 글로벌 시민사회 일반, 또는 특히 반자본주의운동은 때때로 자본주의적 존재 방식의 사회적이고 문화적인 지배에 저항하는 반패권적 세력으로 간주되어 왔다.

페미니즘 견해

페미니스트들은 거의 모든 동시대 및 역사적 사회가 가부장제, 즉 남성에 의한 여성의 종속과 착취로 특징지어지는 것으로 보면서 주로 성 불평등의 관점에서 사회를 분석해왔다. 이후 페미니즘 사상과 행동주의의 물결은 젠더, 인종, 계층, 그리고 장애와 섹슈얼리티와 같은 구조화된 사회 불평등의 매개체 사이의 교집합을 강조했다. 동시대 페미니스트들은 종종 식민주의와 자본주의를 포함한 억압적이고 폭력적인 사회구조의 남성주의적 특성을 지적하며, 이성애자, 시스젠더(cisgender: 자신의 심리적 성별을 생리적 성별과 동일하게 느끼는 사람 – 역자 주), 백인 남성을 최고 또는 보편적인 사회적 주체로 위치시키는 것이 과거와 오늘날 글로벌정치의 많은 문제의 근원임을 시사한다.

탈식민주의 견해

마르크스주의나 페미니즘처럼, 탈식민주의는 국제적인 이론일 뿐만 아니라 근본적으로 사회적인 것이다. 다시 말해서, 그것은 '국제적인' (예: 제국주의, 식민주의)과 '국내적인' (예: 인종주의, '식민성[coloniality]')의 수준에서 나타나는 원인들을 포함하는 인간의 행동에 대한 깊은 설명을 제공한다. 탈식민주의 관점에서, 현대사회는 특히 유럽의 식민주의 역사에 의한 상처를 받고 있다. 이 역사적 과정은 폭력과 착취를 정당화하려는 노력의 일환으로, '식민자'와 '피식민자'를 구분하고 '정착자'와 '토착민'을 구분하면서, 관련된 모든 사회 내에서 이항적인 구조와 정체성을 만들어냈다 (Fanon 1961). 한때 식민지화되었던 사회들에서, 이 유산은 구조적으로 불리한 글로벌 경제의 위치, 국내 정치경제적 갈등, 그리고 이전의 식민주의자들에 의한 식민지 또는 '신식민지' 착취의 지속으로 유지되고 있다. 한편, 세계의 이전 식민지화된 사회들에 대한 폭력적이고 착취적이었던 외교정책을 정상화하는 한편, 소수자로 인종화된 사람들에 대한 인종차별적인 사회정치적 담론의 패턴들을 지속적으로 보여준다. 따라서 탈식민지화 사회이론은 그 범위에 있어서 완전히 초국가적이거나 글로벌적이다.

후기 구조주의 견해

1960년대 프랑스 사회이론의 한 형태로서 후기 구조주의의 등장은 사회를 이해하는 데 있어서 마르크스주의 전통과 결정적인 단절을 이루었다. 후기 구조주의 관점에서 보면, 계급과 같은 사회구조가 반드시 인간의 모든 행동을 결정하는 것은 아니다. 언어와 '담론'의 정치, 그리고 지식과 권력의 친밀한 관계는 사회 내의 개인들이 정통 마르크스주의자들이 허용했던 것보다 훨씬 더 많은 행위성(agency)을 행사할 수 있다는 것을 의미한다. 후기 구조주의는 상상되는 바와 같이 사회구조의 존재를 완전히 거부하지는 않지만, 사회구조는 사회적 의미와 해석의 집합에 지나지 않는다는 사실을 강조하면서, 사회구조의 우연성과 '맥락 의존성'을 강조한다. 이러한 관점에서, 권력의 사회적 역학을 이해하기 위한 핵심 고려사항은 어떻게 일부 구조(담론)는 사회에서 지배적이 되며, 다른 일부는 소외되거나 비정당화되는지에 대한 것이다. 그러나 이 이론에서 소통과 해석의 중요성은 마르크스 사회이론의 '구조주의' 계열이 허용하는 것보다 지배적인 담론에 대해 더 많은 사회적 '행위성', 그리고 '저항'의 가능성을 가진 사람들에게 더 믿음을 보인다.

네트워크(Network): 사람들이나 조직 간의 느슨하고 비공식적인 관계를 통해 사회생활을 조정하는 수단으로, 보통 지식의 보급이나 교류를 목적으로 한다.

향 반영 [p. 130 참조]) 또는 보다 느슨하고 보다 확산된 네트워크에 기반하여 작동된다. 카스텔즈에 따르면, 기업들이 '네트워크 조직'으로의 기능을 점차 확대해 간다. 예를 들어, 많은 초국적기업(TNC)들이 프랜차이즈와 자회사의 네트워크로 조직된다. 유사한 추세가 사회적이고 정치적인 측면에서도 나타난다. 예를 들어, 노동조합과 이익집단과 같은 위계적 조직은 반글로벌화운동과 환경운동 같은 네트워크에 기반한 사회운동의 등장에 따라 점차 의미를 상실해 가고 있다. 심지어 알카에다와 같은 테러조직들도 네트워크 조직 형태를 지향하고 있다. '새로운' 미디어와 특히 유비쿼터스에 가까운 구글(p. 188 참조)과 같은 검색엔진을 통한

주요 연표 ¦ 정보와 커뮤니케이션 기술의 발전

1455	구텐베르크 성경이 출판되어, 탈부착이 가능하고 재사용이 가능한 활자를 처음 사용하여 인쇄혁명 발생.
1837	영토 간의 통신을 처음으로 가능하게 만든 전신(telegraph)이 발명됨.
1876	벨(Alexander Graham Bell)의 전화 발명. 그러나 최초 전화장치는 1861년 독일 과학자 라이스(Johann Philip Reis)에 의하여 설치됨.
1894	라디오는 마르코니크(Guglielmo Marconi)가 발명하였고, 대서양 횡단 라디오 신호가 1901년에 처음으로 수신되었음.
1928	텔레비전은 베어드(John Logie Baird)가 발명하였고, 1930년대 말에 상업화되었으며, 1950년대와 1960년대에 대중들이 시청할 수 있게 되었음.
1936	주제(Konrad Zuse)가 처음으로 자유롭게 프로그래밍 할 수 있는 컴퓨터 발명.
1957	소련 스푸트닉(Sputnik) 1호가 발사되어 통신위성 시대를 열었음 (때로는 SATCOM으로 불림).
1962	집적회로(또는 마이크로 칩)를 사용하는 '제3세대' 컴퓨터 등장 (특히 나사의 아폴로 유도 컴퓨터).
1969	캘리포니아대학교와 스탠포드 연구소를 연결하는 아르파넷(ARPANET)의 형식으로 최초의 인터넷이 개발되었고, 3년 뒤에 전자메일 또는 이메일이 개발되었음.
1991	최초 버전의 글로벌 정보매체인 월드 와이드 웹(World Wide Web)은 사용자들이 인터넷에 연결된 컴퓨터를 통하여 읽고 쓸 수 있게 되었음.
1994	상용화된 최초의 웹 브라우저인 넷스케이프 네비게이터는 사람들이 집에서 월드 와이드 웹을 탐색(browsing), 생성(creating), 게시(posting)를 시작할 수 있게 해주었음.
1998	'실리콘밸리'의 거대 기업이자 대표적인 인공지능(AI) 개발사인 구글(Google)이 출범. 구글은 월드와이드웹에서 가장 널리 쓰이는 검색엔진으로 급부상.
2003	세계 최초로 성공한 웹 기반 소셜 미디어 플랫폼인 마이스페이스(MySpace) 출범. 그 뒤를 이어 페이스북, 트위터 등 더욱 성공적인 플랫폼이 탄생했으며, '웹 2.0'의 일환으로 전 세계적으로 수억 명의 사용자가 콘텐츠를 만들고 서로 공유할 수 있도록 주도.
2007	애플은 첫 아이폰을 출시했고, 구글은 안드로이드 모바일 운영체제를 출시했는데, 이는 '스마트폰' 시대를 연 두 개의 개발품이다. 오늘날 30억 명 이상의 사람들이 스마트폰을 사용하는 것으로 추정.

인터넷의 사용 증가는 사회 연결망(social networking)의 급속한 발전을 주도하고 정보에 대한 대중적 접근을 대폭 확대시키고 있다. 이러한 발전의 효과는 의심의 여지가 없지만, 사회적 함의에 대해서는 논쟁거리로 남아 있다.

위험성, 불확실성과 안보불안

사회적 연결이 '얇아지는 것'이 심각한 함의를 가지고 있지만, 연결의 범위가 확대되는 것은 중요할 수도 있다. 사람들은 가족, 친구, 직장 동료 등 직접 대면하는 상호활동의 한계를 넘어서는 영향에 전례 없이 노출되어 있는데, 그 영향은 사람, 사건, 과정에서 비롯된다. 바우먼(Zigmunt Bauman 2000)은 사회적 연결이 얇아지면서 범위가 확대되는 조화가 인간 조건의 모든 측면을 변화시키고 있다는 주장을 한다. 사회는 '무거운' 또는 '견고한' 하드웨어에 기초한 현대화로부터 '가벼운' 또는 '액체적인' 소프트웨어에 기초한 현대화로 이동하고 있다. 바우먼이 말하는 '액체사회(liquid society)'는 글로벌 과정의 새로운 원격성과 접근 불가능성의 성격을 가지는데, 이는 인간의 일상생활이 비구조적이고 불충분하게 정의되며, 불안정하게 되는 상황이다. 더욱이 이는 사회의 불확실성과 안보불안의 수준을 현저하게 증가시킨다. 모든 것이 단명하고 현상유지를 하지 못할 때 사람들은 불안감을 느끼고 경계심을 가지게 된다.

일반적인 수준에서, 사회적 연결 범위의 확대는 그 자체가 위험성, 불확실성과 불안정성을 증가시키는데, 그 이유는 이것이 결정이나 사건들에 영향을 미치는 요인들의 범위를 확대시키기 때문이다. 카오스이론(p. 82 참조)이 제시하듯이, 더 많은 것들이 다른 것들에 영향을 미칠 때, 사건은 보다 광범위한 결과를 초래하는 동시에, 이 결과들을 전망하기가 더욱 어려워진다. 따라서 상호연결되는 세계는 변칙적이고 불안정하고 심지어는 위기발생 가능성이 높은 성격을 지닌다. 벡(Ulrich Beck 2008)은 이 분석을 받아들이면서, 현대사회에서 위험의 증가는 '제1의 현대화'에서 '제2의 현대화'로의 전환을 반영한다고 주장했다. 제1의 현대화 기간에 적어도 서방에서 국가가 민주주의, 경제성장, 안보를 제공할 것이라고 기대되고, 제2의 현대화 세계는 '통제가능성을 초월'한다. 벡이 말하는 소위 '위험사회(risk society)'의 등장에 따른 결과들 중의 하나는 '**비극의 개별화**(tragic individualization)'가 등장한 것이다. 산업화 사회에서 정치적 갈등은 '재화'의 배분에 의하여 정의되었으며, 전형적으로 재화 또는 자원은 정부에 의하여 제공되었는데, 그들은 수당, 보조금, 일자리, 보건과 연금을 포함하였다. 이에 비하여 위험사회에서 정치적 갈등은 위험, 위협 또는 문제들과 같은 '나쁜 것들(bads)'의 배분에 의하여 정의된다. 더욱이 이러한 '나쁜 것들'은 통상적으로 '자연'재해가 아니라 창조된 위험이다. 그 사례들로는 오염, 쉽게 처리될 수 없는 산업 폐기물, 원자력 방사능, 자원고갈, **인위적인** 기후변화 등을 포함한다.

월드 와이드 웹(World Wide Web): 전 세계 서버에 저장된 온라인 콘텐츠 모음에 인터넷 사용자가 액세스할 수 있도록 해주는 하이퍼텍스트 기반의 시스템으로, 단순히 www 또는 '웹'이라고 불린다.

웹 2.0(Web 2.0): 소프트웨어 개발자들이 사용하는 버전 번호 부여에 관한 매체인 웹 '2.0'은 2000년대 초반 이후 일반 사용자들이 더 이상 콘텐츠를 '검색'하거나 다운로드하는 것에 그치지 않고 소셜 미디어 게시물, 블로그, 브이로그, 팟캐스트 등을 통해 콘텐츠를 생성하고 업로드하는 경우가 증가함에 따라 그 사용의 극적인 변화를 나타내고 있다.

비극의 개별화(Tragic individualization): 위험을 관리할 수 있는 과학적, 정치적, 그리고 기타 전문 시스템이 붕괴함에 따라 개인 스스로가 글로벌 세계의 불확실성에 스스로 대처하도록 강요받는 상황.

인위적(Anthropogenic): 인간에 의해 생성되거나 발생하는 것.

글로벌 행위자 구글

형태	설립	본사	직원수
법인	1998	미국 캘리포니아 마운틴뷰	10만 명 이상

구글(구글이란 이름은 10의 100 제곱을 뜻하는 수학 용어 구골[googol]의 표기오류에서 유래했다)은 스탠포드 대학 재학 중이던 페이지(Larry Page)와 브린(Sergey Brin)에 의해 1998년에 설립되었다. 이 회사의 주목할 만한 성장은 구글이 야후나 알타 비스타와 같은 다른 점색엔진을 빠르게 쇠락시키며 세계의 지배적인 검색엔진(월드 와이드 웹에서 데이터와 정보를 검색하기 위해 고안된 수단)이 된 것에 기인한다. 2022년까지 전 세계 인터넷 검색의 약 85퍼센트가 구글을 이용해서 이루어졌다. 구글은 전략적 인수와 제휴로 급속도로 확산되었고, 이메일, 구글지도, 맞춤 홈페이지(iGoogle), 유튜브와 소셜 네트워킹 사이트와 같은 상품을 상당히 다양화하였다. 한편 '구글 X'와 '구글 AI' 같은 자회사들은 이 코드를 사회와 경제생활의 다른 영역에 적용하려고 추구하면서, 이 회사가 세계에서 가장 효과적이고 인기 있는 검색 알고리즘을 만드는 데 있어 성공한 것을 이용한다. 구글은 세계에서 가장 힘있는 브랜드 중 하나로 발전했을 뿐만 아니라, 환경보호주의, 자선활동과 긍정적인 고용관계로 명성을 키웠다. 구글의 비공식적인 슬로건은 '악마가 되지 말자(Don't be evil)'이다.

중요성: 기업으로서 구글의 성공은 의심할 여지가 없다. 구글의 광범위한 이용과 제품의 다양성은 때때로 구글을 명사에서 동사("누군가 혹은 무엇을 구글하다")로 전환시키는 데 일조했다. 그러나 구글의 문화, 사회, 정치적인 영향에 관해서는 꽤 논란이 있다. 구글 옹호자들은 웹사이트와 온라인 자료와 정보에의 접근을 촉진하면서 구글은 대체로 시민과 비국가 행위자들의 지위를 향상시키고 국가정부, 국제공무원, 전통적 정치엘리트들의 희생하에 글로벌 시민사회가 강화되었다고 주장한다. 지식이 힘이라는 자주 반복되는 문구는 대개 정부 단체들과 정치 리더들에게 유리하게 작용했었다. 그러나 사이버 시대에 뉴스와 정보로의 더 쉽고 넓은 접근은 시민들과 시민단체가 때때로 정부의 것과 상반될지도 모르는 정보의 질과 양에 처음으로 접근함을 의미한다. 따라서 비정부기구들, 싱크탱크들, 이익집단들과 항의운동들이 정부의 입장과 행동에 도전하는 데 더욱 효과적이 되었고, 심지어 환경과 세계빈곤의 영역으로부터 공중보건과 시민자유에 이르기까지의 전문적인 주제들에 대한 의견이나 정보의 권위적인 원천으로서 정부를 대체할지도 모른다. 이런 의미에서, 구글과 다른 검색 엔진들이 월드 와이드 웹을 민주화의 동력으로 전환한 것이다.

한편, 구글과 인터넷에서 접할 수 있는 지식과 정보의 어지러운 배열 또한 비판의 대상이 되고 있다. 가장 중요한 단점은 인터넷상의 품질관리의 결여다. 즉, 우리가 인터넷에서 읽은 것이 사실인지 확신할 수가 없다는 것이다. 음모론, '가짜 뉴스', '탈진실' 또는 '대안적' 사실의 증가는 이 문제에 대한 증거이다. 우리가 특정한 정보를 '구글'로 검색할 때 검색 엔진이 토해내는 내용의 관점이 무엇인지 항상 확신할 수도 없다. 이것은 인터넷이 좋은 아이디어와 나쁜 아이디어를 구별하지 않는다는 사실과 관련된다. 그것은 사회적으로 가치 있고 정치적으로 균형 잡힌 견해뿐만 아니라 정치적 극단주의, 인종차별, 종교적 편견, 다양한 종류의 포르노 작품의 보급을 위한 플랫폼을 제공한다. 좀 더 위험한 것은 정보를 지식, 경험, 지혜와 구별하는 능력을 손상시키면서, 자료와 정보의 수집 그 자체가 목표가 되는 '정보의 광신적인 숭배'의 성장이다 (Roszak 1994). 그러므로 구글 세대는 더 많은 것을 알고 있을지 모르지만 사려 깊고 지혜롭게 판단하는 능력은 점차 감소한다. 이러한 비판은 인터넷 '서핑'이 실제로 정보의 일부를 대충 훑어보고 다음으로 넘어가도록 조장하여 집중력을 헤치면서, 사람의 생각하고 배우는 능력을 손상시킨다는 주장과 일맥상통한다. 따라서 구글은 사람들을 좀 더 박식하게 만들기보다는 어리석게 만들고 있는지도 모른다 (Carr 2008, 2010).

현대사회는 다양한 종류의 '만들어진' 위험과 불안정성으로 가득 차 있다. 산업화의 확산과 규제 틀의 해체는 다양한 환경위협을 창출하고 있으며, 이 위협들은 국경을 무시하고 전 세계에 영향을 미치고 있다. 이 중에서 가장 심각한 것은 강과 호수의 화학물질 오염, 오존층 파괴, 산성비, 기후변화 등이다 (제17장에서 분석된다). 또한, 경제 글로벌화는 세계 한 지역에서의 경제적 조건과 생활은 세계 다른 지역에서 발생한 사건이나 선택된 결정에 의하여 쉽게 영향을 받을 수 있다는 점을 의미한다. 예를 들어, 경제 글로벌화는 초국적기업에 의하여 이루어지는 투자와 재배치 결정에 적용되고, 글로벌화 된 금융시스템(자본주의의 위기와 관련하여 제5장에서 설명되었다)에서 주식시장 붕괴의 보다 광범위하고 거의 동시적인 충격에 영향을 미친다. 더욱이 개인의 안전과 안보 수준은 대량살상무기의 확산과 글로벌테러리즘(p. 337 참조)의 성장에 의하여 훼손되고 있다. 화생 및 핵무기 개발과 보유가 용이해짐에 따라 국가들 간의 그리고 국가 내에서의 무력분쟁으로 민간인들에게 가해지는 위협이 급격하게 증가하였고, 테러리즘 그 자체도 예견할 수 없고 무작위적인 위협을 가하고 있다.

글로벌화, 소비주의와 개인

사회를 통한 글로벌 이해

우리가 이 장 앞부분에서 언급했듯이, 전통적인 국제관계이론은 글로벌정치를 국가들이 '사물' 또는 '행위자'의 공간이며 시스템 내에서 상호활동하는 독립체로 생각하는 경향이 있다. 이러한 관점들은 국제관계의 사회적 성격을 과소평가한다. 국제관계학자 조셉(Jonathan Joseph)은 글로벌과 가장 관련된 학문으로서 국제관계가 (일부는 냉전에 대한 초기의 고정관념 때문에) 그러한 이론과 분석을 통합하는 것이 더뎠다고 언급하면서, 사회이론과 사회학적 분석을 통해 '글로벌'을 이해할 필요가 있다고 주장했다 (Joseph 2012). 국제관계의 전통이론(제3장 참조)은 사회 내의 사회적 관계가 사회 전체의 관계를 구성하는 방식을 탐구하기보다, '민족 간(inter-national)' (즉, 분산된 민족 간의 관계, 또는 오히려 국가 간의 관계) 영역에 고유하다고 보는 것을 강조한다. 그리고 많은 비판적 접근(제4장 참조)이 보다 사회적인 접근을 하고, 종종 사회적 관계의 '글로벌' 성격을 강조하지만, 그들은 글로벌리즘의 사회적 뿌리와 강력한 효과에 대해 탐구하지 않고 글로벌리즘을 무비판적으로 수용하는 경향이 있다는 것이 조셉의 주장이다. "그러나 글로벌에 대한 생각이 문제가 있다면, 글로벌정치와 글로벌거버넌스와 같은 것들이 존재하고 있으며, 이들은 아무리 오해의 소지가 있더라도 글로벌에 대한 이미지를 구성하는 데 도움이 된다. 글로벌과 같은 것이 있다면, 우리는 글로벌의 사회적 성격에 대한 관찰의 중요성을 강조해야 할 것이다" (Joseph 2012: 20).

2000년대에 국제관계의 학문적 하위 분야인 국제정치사회학(IPS)이 보다 '사회적'인 관점을 통해 글로벌정치를 탐구하기 위해 등장했다. 국제정치경제학과 같은 오랜 하위 분야를 보완하면서, IPS 학자들은 국제관계가 전통적으로 사회학적 전통을 '경시'해 왔다는 점을 지적한다 (역사적으로 현실주의나 자유주의 같은 국가 중심의 이론에 의해 지배되었기 때문에 특히 그렇다). IPS는 국제 또는 글로벌 공간에서 '사람들이 무엇을 하는지에 대한 분석'에 대해서 관심을 가진다 (Bigo and Walker 2007). IPS 관점에 뿌리를 둔 연구, 서적, 기사의 확산은 21세기 초 글로벌정치의 그림을 넓혔다. 글로벌정치를 이론화하고 분석하기 위한 이 새로운 접근법은 사회적이고 정치적인 경향이 사회를 어떻게 단절하고 국제적 차원에서 실현되는지를 강조하는데, 그 사례는 2010년대의 '글로벌 백인 민족주의'의 부상이다. 이는 IPS 접근법이 국가를 완전히 무시한다는 것이 아니라, 풀랑차스(Nicos Poulantzas)나 제섭(Bob Jessop)과 같은 국가 이론가들의 전통에서 국가를 국제관계에서 비교적 자율적인 '행위자'로서가 아니라 사회에서 나오는 '사회적 관계'로서 생각한다는 것을 의미한다. 이 분야의 연구는 비판이론들, 특히 마르크스주의, 페미니즘, 탈식민주의, 후기 구조주의 이론에 의해 지배되는 경향이 있다. 국제를 연구하는 현실주의자들에게 사회학적 렌즈는 국가 내의 '하위' 정치를 이해하는 데 유용할 수 있지만, 국제체제에서 상호작용하는 국가에 대한 연구와는 무관하다. 반면 자유주의자들에게 IPS는 오히려 너무 해체적이고, 자본주의와 같이 주어져 있는 개념과 범주들을 비판적으로 훼손하거나 변성시키는 것이다.

글로벌화의 사회·문화적 함의

글로벌화는 다차원적 과정이다. 글로벌경제의 설립과 연결하여 주로 경제적인 차원에서 이해되지만, 글로벌화의 사회적이고 문화적인 함의도 상당히 중요하다. 예를 들어, 인간사회는 전통적으로 명확한 영토적 기반을 지녀 왔다. 사람들은 공동체 내에서 다른 사람들을 알고 서로 영향을 주며 지내고 있으며, 조금 덜 하지만 이웃하는 공동체와도 연관을 가지고 있다. 요컨대, 지리와 거리가 중요하다. 그러나 글로벌화는 '영토초월성(supraterritoriality)'과 '탈영토화(deterritorialization)'의 개념을 등장시켰으며 (Scholte 2005), 이를 통하여 지리와 거리에 의하여 부과된 제약들이 대체로 극복되고 있다. 이 과정은 교통과 통신의 기술발전에 의하여 진행되고 있다. 휴대폰, 인터넷, 항공여행은 우리의 시간에 대한 이해를 혁명적으로 변화시켰을 뿐만 아니라, 동시적인 정보의 흐름을 통하여 시간에 대한 관념도 변화시키고 있다. 이러한 점에서 하비(David Harvey 1990, 2009)는 글로벌화를 '시간/공간 압축' 현상에 연계시켰는데, 이는 처음으로 인간의 상호활동이 공간과 시간의 제한 밖에서 이루어질 수 있다는 점을 의미하였다. 시간/공

탈영토화(Deterritorialization): 사회적 공간이 더 이상 영토적 장소, 영토적 거리, 영토적 경계의 개념에 의하여 지도화될 수 없는 과정.

시간/공간 압축(Time/space compression): 글로벌화 된 세계에서 시간과 공간이 더 이상 소통과 상호활동의 장벽이 되지 않는다는 개념.

간 압축은 사람들의 세계에 대한 경험을 다양한 방식으로 변화시켰다. 예를 들어, 시간/공간 압축은 사건, 거래, 여행이 보다 빠르게 진행되면서 생활의 속도도 빠르게 되었다는 점을 의미한다.

문화 글로벌화의 과정은 때때로 보다 중요하다는 시각이 종종 대두된다. 이 견해에 따르면, 글로벌화의 본질은 국가와 지역 사이의 문화적 차이가 '평준화'되어 가는 과정이다. 글로벌화에 대한 그러한 접근은 문화의 균질화를 의미하는데, 이는 우리가 같은 텔레비전 프로그램을 시청하고, 같은 상품을 사고, 같은 음식을 먹고, 같은 스포츠 스타를 성원하고, 같은 '글로벌 유명인사'의 익살을 접하는 등 세계에서 문화적 다양성을 약화시키거나 파괴하는 것을 조장한다. 문화의 글로벌화를 촉진하는 주요 요인들은 초국적기업, 특히 글로벌 미디어 기업(애플, 디즈니, AT&T, 폭스와 같은 전통적인 미디어 회사들과 페이스북, 트위터, 인스타그램과 같은 소셜 미디어 회사들 포함)의 성장, 해외여행의 증가, 그리고 물론 정보와 통신의 혁명 등이다.

많은 비평가들은 문화의 글로벌화를 '하향식' 과정으로 묘사하였고, 세계의 모든 부분에 흔적을 남기는 단일 글로벌시스템, 즉 글로벌 단일문화를 만드는 것이라고 주장하였다. 이 관점에 따르면 문화의 글로벌화는 문화 제국주의와 동일한 것으로 간주된다. 즉, 문화의 흐름은 불평등한 파트너들 사이에 일어나는 것이고, 강대국들이 약소국들을 지배하는 수단으로 활용된다. 따라서 일부 논자들은 문화의 글로벌화를 '서양화' 또는 '미국화'로 묘사한다. 그러나 균질화로서의 글로벌화 이미지는 부분적인 것에 지나지 않는다. 글로벌화는 종종 지역화, 지방화 및 다문화주의와 관련되어 사용된다. 균질화가 특히 '위로부터' 또는 '밖으로부터' 강요된다고 인식될 때 균질화의 위협과 이에 대한 두려움은 문화적이고 정치적인 저항을 야기한다. 이는 쇠퇴해 가는 언어와 소수문화, 그리고 종교적 근본주의와 민족주의 형태의 확산에 대한 관심을 다시 불러일으키고 있다 (제8장 참조). 그럼에도 불구하고 문화의 글로벌화가 포함하는 두 가지의 주요 요인은 소비주의의 확산과 개인주의의 성장이다.

글로벌화하는 소비주의

문화의 세계화는 소비 자본주의 문화의 범세계적 출현과 관련되어 있으며, 때로는 '초고속 소비주의(turbo-consumerism)'로 불리기도 한다. 이의 한 관점은 '코카 식민지화(Coca Colonization)'로 불리는데, 이는 1950년대에 프랑스 공산주의자들이 처음으로 주장한 과정이다. 코카 식민지화는 글로벌 상품과 글로벌 브랜드(코카콜라가 대표적인 사례)의 등장에 힘입어 세계의 경제시장을 점차로 지배하면서 브랜드 획일화의 방향으로 나아가고 있다. 그러나 더 깊은 수준에서 음미해 보면, 고도로 세련된 마케팅과 광고를 통하여 이 브랜드들이 얻게 되는 심

문화적 균질화(Cultural homogenization): (보통 미국 주도의) 글로벌화에 직면하여 국가적, 지역적 문화의 차이가 상실되는 경향.

문화 제국주의(Cultural imperialism): 외국의 신념, 가치, 태도를 부과함으로써 지역의 문화적 전통과 관행을 대체하는 것으로, 보통 경제적 및/또는 정치적 지배를 공고히 하거나 합법화하는 것과 관련이 있다.

브랜드(Brand): 전형적으로 이름, 로고, 상징을 포함하는 상징적 구성이며, 생산물들의 약속, '개성', 또는 이미지를 전달한다.

개 념

소비주의

소비주의(consumerism)는 개인의 행복이 물질의 소유와 소비에 달려 있다는 심리적이고 문화적인 현상이다. 소비주의는 '소비 사회'와 '소비 자본주의'와 연계되어 있다. 소비 자본주의는 대중매체의 성장과 대량의 풍요로움의 확산을 통한 새로운 광고와 마케팅 기술의 발달에 의하여 형성되었다. 소비사회는 상품과 서비스의 생산이 아니라 소비에 의하여 조직된다. '생산주의' 사회는 훈련, 의무, 노동의 가치를 강조하는 반면, 소비사회는 물질주의, 쾌락주의, 그리고 점진적보다는 급진적 만족을 강조한다.

리적이고 정서적인 힘에 의하여 자유, 젊음, 활력, 행복 등의 상징으로 자리 잡게 되었다. 마르크스주의자들은 이를 상품물신숭배(商品物神崇拜, commodity fetishism)로 표현한다. 소비주의는 현대 반기업 비판의 핵심적 대상들 중의 하나가 되고 있으며, 대표적인 인물은 클라인(Naomi Klein)이며, 특히 녹색운동에 의하여 강조되고 있다. 이는 17장에서 자세히 논의된다.

글로벌 소비주의의 경향을 가장 영향력있게 분석한 바버(Benjamin Barber 2003)는 다가오는 세계를 '맥월드(McWorld)'로 표현하였다. 맥월드는 기술, 생태환경, 통신, 통상으로 함께 결합되면서 '통합과 획일이라는 빛나는 시나리오'를 창조한다. 세계 도처의 사람들은 '패스트 뮤직, 패스트 컴퓨터, 패스트 푸드'의 매력에 빠져서 MTV, 매킨토시, 맥도널드를 애용하는데, 이들은 사회를 상업적으로 균질화된 '테마 파크'로 만든다. 이러한 상황의 발전은 '맥도널드화'로 표현되는 기업조직과 활동의 표준화를 유도한다. 맥월드의 등장을 뒷받침하는 것은 물질적 가치의 확산을 조장하는 것이고, 이는 부와 행복이 본질적으로 연결되어 있다는 관념에 기초한다. 이 추세는 많은 사람들에게 분명히 서양적인, 특히 미국적인 성격으로 비친다. 문화 글로벌화의 '서양화' 모델은 서양이 소비 자본주의의 본거지라는 사실로부터 도출되고, 물질적 자기추구의 윤리는 서양의 자유주의에서 비롯되는 특별한 서양의 가치라는 믿음에 의하여 지지된다. 문화 글로벌화의 '미국화' 모델은 현대의 통상과 미디어를 지배하는 상품과 이미지가 미국으로부터 시작되었다는 별로 균형적이지 못한 주장에서 비롯되었고, 이는 세계가 소비 자본주의가 아니라 소비 자본주의의 매우 특별한 미국 모델에 의하여 지배당하고 있다는 점을 의미한다.

그러나 문화 글로벌화의 추세에 대하여 비판만 있는 것은 아니다. 많은 사람들에게 소비문화의 등장과 광범위한 상품과 문화산물을 접촉할 수 있다는 것은 기회를 확대하고 문화적 다양성에 대한 더 넓은 이해를 제공하며 '전통'사회의 편협성에 대한 대안을 제공하는 것이다. 예를 들어, 문화의 글로벌화는 편협한 민족주의와 우호적으로 비교될 수 있다. 그러나 문화 글로벌화에 대한 대개의 평가는 비판적이거나 비관적이다. 적어도 세 가지 측면에서 공격을 받고 있다. 첫째, 문화 글로벌화는 경제적 또는 정치적 지배세력의 이익을 옹호해 주고 있다. 이 견해에 따르면, 문화 글로벌화는 새로운 글로벌 경제세력인 초국적기업과 미국을 포함한 서양의 지배적인 이익에 의하여 추동되고 있다. 그리고 문화 글로벌의 역할은 시장 침투와 글로벌 자본주의의 주도권 확보에 유리하도록 가치, 취향, 라이프스타일을 형성하는 것이다. 둘째, 문화의 균질화는 지역적, 지방적, 국가적 특수성에 대한 공격이라고 비판받고 있다. 모든 것이 동일하게 간주되고 모든 사람들이 같은 방식으로 생각하고 행동하는 세계는 정체성과 소속감이 결여된 세계이다. 셋째, 소비주의와 물질주의는 속박의 형식이며, 가치를 왜곡하고 행복을 부정하는

상품물신숭배(Commodity fetishism): 상징적이고 사회적 중요성 때문에 상품에 투자하는 과정이며, 상품이 인간을 지배하도록 허용된다.

미국화(Americanization): 미국의 정치 경제적 지배 또는 미국의 문화적 가치와 관행을 세계의 다른 지역으로 전파하는 것 중 하나 또는 둘 다.

조작의 형식이라고 비난받고 있다.

개인주의의 등장

'얇은' 사회적 연결성의 추세와 글로벌화에 의하여 생성된 압력은 현대사회에서 공동체보다는 개인에 더 강조점을 두기 시작하였다. 세계 도처에서 '개인'에 대한 관념이 친숙하게 되어 개인의 정치적이고 사회적인 중요성이 부각되고 있다. 전통사회에서 개인이 자신만의 이해관계를 가지고 고유한 정체성을 지니고 있다는 주장은 거의 없었다. 오히려 사람들은 자기가 소속해 있는 가정, 마을, 부족, 지역 공동체 등 사회집단의 일원이라고 간주되었다. 그들의 삶과 정체성은 대체로 그 집단의 성격에 의하여 결정되었고, 세대가 변하더라도 이 과정은 변치 않았다. 개인주의의 등장은 지배하는 사회조직의 형식으로서 산업자본주의의 출현의 결과로 인식되었고, 처음에는 서양사회에서 등장하였으며, 글로벌화 덕분으로 확산되었다. 산업자본주의는 사람들이 광범위한 선택과 사회적 가능성에 직면하게 되었음을 의미하였다. 그들은 처음으로 자신들을 개인적인 측면에서 생각하게 되었다. 예를 들어, 가족 모두가 동일한 토지의 일부분에서 살면서 일하던 농부들은 '자유로운 사람'이 되었고, 누구를 위해서 일을 해야 하는지 선택할 능력을 가지게 되었다. 아니면 그들은 모두가 그 토지에서 떠나 발전하는 도시에서 새로운 일을 찾을 수 있게 되었다. 개인으로서 사람들은 자신의 (물질적) 이익에 따라서 활동하게 되었고, 자신들의 경제적이고 사회적인 상황을 스스로 책임을 져야 하는 의무감도 가지게 되었다. 이는 **경제적 개인주의**의 독트린으로 발전하였다.

그러나 개인주의 확산의 함의에 대한 심각한 의견 불일치가 있다. 많은 사람들에게 있어서 개인주의의 확산은 공동체와 사회적 소속감을 약화시키고 있으며, 이는 사회에 대한 전통적인 관념도 더 이상 존재하지 않는 것으로 인식되고 있다. 예를 들어, 사회학이라는 학문은 산업화와 도시화의 확산에 대한 사회적 함의를 연구하기 위하여 19세기에 시작되었는데, 산업화와 도시화는 개인주의와 경쟁을 점차적으로 조장하였다. 퇴니스에게 있어서 이는 소위 게젤샤프트(Gesellschaft)의 성장을 의미했다. 게젤샤프트는 사회적 충성보다는 개인의 이득을 위한 욕구를 반영하는 인위적이고 계약적인 것이다. 뒤르껭(Émile Durkheim, 1858–1917)은 '아노미(anomie, 사회적 무질서)' 확산에 의한 사회적 규칙과 규범이 약화되는 데 대하여 강조했다. 아노미는 소외, 고립감, 무의미함의 감정을 유발한다. 뒤르껭의 견해(Durkheim [1897] 1997)에 따르면 아노미 현상은 산업사회에서 자살자의 숫자를 증가시킨다. 개인주의의 성장에 대한 유사한 우려가 현대 공동체주의 사상가들에 의하여 제기되었는데, 그들은 이기주의와 원자론의 성장이 사회적 의무와 윤리적 책임감을 약화시켰다고 주장한다. 사람들이 자신들의 이익과 권리만을 생각하도록 고무됨에 따라, 윤리적 진공상태가 발생하고 사회는 분

개 념

문화 글로벌화

문화의 글로벌화는 세계의 한 지역에서 생산된 정보, 상품, 이미지가 글로벌 흐름을 타고 퍼져서 국가, 지역, 개인들 사이의 문화적 차이를 '평준화' 해 가는 과정이다. 문화의 글로벌화는 경제 글로벌화, 그리고 통신과 정보의 혁명과 밀접하게 연관되어 있다. 그러나 문화 글로벌화는 균질화 또는 문화의 '평준화', 그리고 분극화와 다양화를 생성해 가는 복합적인 과정이다. 후자는 문화 상품이 지역의 전통과 이해에 적응하면 더 쉽게 확산되기 때문에 발생할 수도 있고, 외국의 사상, 가치, 생활 방식에 의해 인지된 지배가 인종적, 종교적 또는 민족적 운동의 증가를 부채질할 수 있기 때문에 발생할 수도 있다.

공동체(Community): 사회단체의 집단적 정체성, 동지적 결합, 충성과 의무에 기초한 원칙 또는 감정.

경제적 개인주의(Economic individualism): 개인이 경제적 의사결정에 있어서 자율성을 가질 권리가 있다는 신념이다. 경제적 개인주의는 때때로 사유재산과 동의어로 사용되고 자유방임주의(laissez-faire)의 의미를 가진다 (p. 141 참조).

사회자본(Social capital): 사회적 결속, 정치적 안정과 번영을 촉진하는 문화적이고 윤리적 자원으로, 네트워크, 규범과 신뢰를 포함.

사회적 성찰성(Social reflexivity): 개인과 사회 행위자들이 자신의 행위에 대하여 높은 수준의 자기 인식, 자기이해, 생각의 조건을 거의 지속적으로 반영하는 경향.

열하게 된다. 예를 들어, 퍼트넘(Robert Putnam 2000)은 현대사회에서의 사회자본의 쇠퇴를 강조했는데, 이는 공동체 활동과 정치적 참여(투표와 정당가입)의 쇠퇴를 가져 왔다고 주장한다. 공동체주의적 관심의 특별한 원천은 이스라엘계 미국인 사회학자 에치오니(Amitai Etzioni 1993)가 '부모역할결핍증(parenting deficit)'이라고 불렀던 것, 즉 자신의 즐거움과 행복을 걱정하느라고 현대 부모들이 자식들을 적절하게 통제하거나 사회화하도록 돌봐 주지 않아서 일반적인 예의범절의 부족과 비행 수준과 범죄의 증가를 초래했다.

한편, 자유주의 이론가들은 특히 개인주의의 등장을 사회발전의 특징으로 표현한다. 이 견해에 따르면, 개인주의의 발전은 진보적이며 심지어는 계몽적인 사회적 가치의 확산, 관용과 기회의 균등과 관련되어 있다. 만약 인류가 개인의 위상을 가장 최우선적으로 생각된다면, 그들은 같은 권리를 가져야 하고 같은 수준으로 존중을 받아야 할 자격이 있다. 성별, 인종, 피부색, 종교, 또는 사회적 배경의 기준에 의하여 불이익과 차별을 받지 말아야 하는 윤리적 문제가 존재한다. 현대 산업사회는 페미니즘의 확산에 따른 여성의 역할과 가족구조의 변화가 이루어지고 있다. 선택과 기회의 확대와 개인주의의 연결은 현대사회의 사회적 성찰성(social reflexivity)의 확산에 의하여 강조되고 있다 (Giddens 1994). 이는 다양한 이유로 발생하며 대중교육의 발전, 라디오, 텔레비전, 인터넷 등에 의한 정보접근의 확대, 그리고 사회 내에서 그리고 사회 사이의 문화적 교류의 증대를 포함한다. 그러나 사회적 성찰성은 이득과 위험 모두를 가져다준다. 한편, 사회적 성찰성은 개인의 자유 영역, 사람들이 자신이 누구이고 어떻게 살기를 원하는지를 정의할 수 있는 능력, 소위 '라이프스타일' 이슈들이 정치영역을 지배하는 추세를 대폭 넓혀 준다. 다른 한편, 사회적 성찰성의 발전은 소비주의와 물질주의적 윤리의 강화를 야기한다.

그러나 개인주의의 발전과 이에 따른 공동체의 쇠퇴에 대하여 과장하지 않는 것이 중요하다. 개인주의는 영어권 세계에서 자연스럽게 수용되며, 종교적이고 윤리적인 측면에서 가장 바람직한 것으로 받아들여지고 있다. 이에 반하여, 유럽과 다른 지역에서의 가톨릭 사회는 개인주의에 저항하고 사회적 책임의 윤리를 유지하는 데 있어서 성공적인 성과를 거두고 있다. 이는 사회적 책임의 표현과 사회적 결속을 지탱하는 수단으로서 복지 제공을 유지하기 위한 강력한 열망으로 반영되고 있다. 그러나 성공적인 반개인주의 사회의 가장 좋은 사례는 아시아, 특히 일본, 중국, 대만, 한국, 싱가포르를 포함한 아시아의 '호랑이' 국가들에서 발견된다. 이는 일련의 소위 '아시아적 가치'와 유교(p. 247 참조)가 서양의 자유주의 사회의 개인주의에 대한 대안으로서 존재가 가능한지에 대한 논쟁을 불러 일으켰다. 이에 덧붙여서, '얇은' 형태의 사회적 연결에 의하여 지배되어 가는 현대사회의 이미지는 많은 사회에서의 '두터운' 사회적 연결의 재등장에 의하여 빛을 잃어 가고 있다 (제9장 참조). 특히 이러한 현상은 정체성 정치의 형태를 바탕으로 하고, 세계문제에 있어서 문화, 인종과 종교의 중요성과 연결되었다. 따라서 글로벌 단일문화의 등장에 대한 관념은 신화일수도 있는데, 그 이유는 글로벌화가 소비주의와 개인주의의 확산과 연관이 있는 만큼 민족주의와 종교적 근본주의(p. 241 참조)와도 연관되어 있기 때문이다. 실제로 바버(Barber 2003)는 맥월드의 등장이 호전적인 이슬람 또는 '지하드(Jihad)'와 공생적으로 연결되어 있다고 주장하였다. 글로벌정치에 있어서 문화와 종교의 점증하는 중요성은 제9장에서 보다 자세히 논의될 것이다.

글로벌 시민사회

글로벌 시민사회의 의미

글로벌화의 출현과 경제적, 문화적, 정치적 생활의 전향적인 '탈영토화'는 사회가 단순히 국내적이고 민족적인 차원에서만 이해되어야 한다는 아이디어를 점진적으로 약화시키고 있다. 만약 사회가 상호인식과 협력의 정도를 포함하는 구성원들 간의 안정된 관계로 이해된다면, 글로벌화의 결과들 중의 하나는 '초국가' 또는 '세계' 사회의 등장이라는 논리가 제시될 수도 있다 (Burton 1973; Buzan 2004). 그러나 사회 정체성이 글로벌인구를 전체로 해서 형성되었거나 형성되는 과정에 있다는 점을 과장해서는 안된다. 사회의 초국가적 차원에 대한 효과있는 사고방식은 '글로벌 시민사회'(p. 196 참조)로 개념화하는 것이다. 글로벌 시민사회라는 개념에 대한 관심은 1990년대에 새로운 단체 및 조직들과 운동들의 결성으로써 증대되기 시작하였는데, 이들은 '집단적' 글로벌화에 대하여 도전하고 저항했으며 사회적, 경제적, 정치적 발전의 대안적 모델로 보이는 것들을 명확하게 제시했다. 이는 냉전 이후에 전 세계에 민주화 요구가 확산되고 글로벌 상호 연결성이 강화되는 과정을 배경으로 발생했다. '사회운동 간 초국가적 연대'(Colas 2002: 1)의 증가는 글로벌 시민사회의 특히 눈에 띄는 징후이다. 예를 들어, 2010년대의 '미투'와 '흑인 생명의 중요성' 운동의 글로벌 도달 범위를 생각해 볼 필요가 있다. 어떤 경우에는 이러한 단체와 조직들이 '반글로벌화' 운동의 일부로 자신들을 스타일링하면서 글로벌화를 완전히 거부했지만, 다른 경우에는 '사회민주적' 또는 '세계적(cosmopolitan)' 글로벌화로 간주되는 글로벌화의 개혁된 모델을 지지했다.

새로운 글로벌 시민사회의 발전은 **대항적 권력**(countervailing power)이론에 의하여 가장 잘 설명이 될 수 있는데, 이 이론은 갤브레이스(J. K. Galbraith 1963)에 의하여 시작되었다. 이 견해에 따르면, 글로벌 시민사회의 등장은 글로벌화 과정에서 기업의 이익이 지배하는 데 대한 직접적인 대응이다. 따라서 글로벌 시민사

개 념

개인주의

개인주의(individualism)는 어떠한 사회단체나 집합체보다 개인이 월등하게 중요하다는 신념이며 '집단주의'의 반대말이다. 이러한 점에서 개인주의는 두 가지 의미를 갖고 있다. 첫째, 각 개인은 분리된, 특히 독특한 정체성을 갖고 있으며, '내면적' 또는 자기만의 특성을 반영한다. 이는 개인성(individuality)이라는 아이디어에 반영되고, 인간은 자기이익을 추구하고 대체로 자기의존적인 창조물이라는 관념과 연결된다. 둘째, 모든 개인은 인종, 종교, 국적, 성별, 사회적 지위와 관련없이 '인간(person)'으로서의 동일한 윤리적 지위를 공유한다. 개인이 동등한 윤리적 가치를 가졌다는 관념은 권리, 특히 인권선언(제14장 참조)의 아이디어에 반영된다.

집단주의(Collectivism): 자유주의와 보수주의와 같은 정치적 교리가 존재론과 정치적 개인주의에 의해 뒷받침되는 경향이 있는 반면(p. 57 참조), 사회주의, 마르크스주의, 무정부주의, 페미니즘의 일부 계열을 포함하는 집단주의 교리는 개인보다 사회의 우선성을 강조한다.

개인성(Individuality): 자신의 차별성 있고 독특한 정체성 또는 특성을 통하여 달성하는 자기충족이며, 어느 개인을 다른 모든 사람들과 구분하게 한다.

대항적 권력(Countervailing power): 권력의 집중은 일시적인데, 그 이유는 이 집중이 반대권력과 권력의 경쟁적인 중심이 생성하도록 촉진하기 때문이라는 이론이며, 집단적 권력에 대한 도전을 설명할 때 자주 사용된다.

> **개 념**
>
> **글로벌 시민사회**
>
> '시민사회'의 개념은 정부와 독립적으로 활동하는 자율적인 집단과 조직의 영역을 의미한다. 따라서 글로벌 시민사회는 초국가적 비정부 단체와 조직이 상호작용하는 영역에 초점을 맞춘다. 이 집단들은 전형적으로 자발적이고 비영리적이며, 초국적기업으로부터 거리를 두고 있다. 그러나 '글로벌 시민사회'의 개념은 복잡하고 논쟁적이다. '행동주의'적 관점에서 초국가적 사회운동은 글로벌 시민사회의 핵심적 상징이고, '외부자(outsider)' 성향을 가지고 인도적 목표와 세계주의적 이상을 추구한다. '정책'적 관점에서, 비정부기구들이 글로벌 시민사회의 핵심적 행위자이고, '내부자(insider)' 성향을 가지고 글로벌 거버넌스(제20장 참조)와 중첩되는 의미를 가진다.

회의 출현은 신자유주의의 승리에 대한 반발의 한 부분이다. 이는 대개 새로운 단체 및 운동들의 이념적 지향을 설명하는 데 도움을 주는데, 그들은 대체로 글로벌 사회정의 또는 세계 윤리 의제를 선호한다. 이러한 이념적 지향성은 인권의 영향력을 확대시키고, 국제법(제15장 참조)을 심화시키고, 감시할 수 있는 시민 네트워크를 발전시켜서 국가들과 국제기구들에 압력을 가해야 한다는 열망으로 반영된다(Kaldor 2003). 또한, 이러한 단체들의 성장은 글로벌거버넌스의 틀이 등장함에 따라서 촉진되었는데, 이에 따라 시민사회 단체들은 재정지원뿐만 아니라 정책형성, 때로는 정책집행에 참여할 수 있는 기회를 제공받았다. 다른 요인으로는 초국가적 커뮤니케이션과 조직을 촉진하기 위한 첨단 ICT의 광범위한 가용성을 포함하고, 비록 방식과 이유는 다르지만 글로벌화된 자본주의체제에 의해 소외감을 느끼는 선진국과 개발도상국의 교육을 받은 전문가 풀의 발전 등도 포함된다.

1992년 리우데자네이루에서 개최된 '지구정상회의(Earth Summit)'는 글로벌 시민사회로 기능한 가장 최초의 사례라고 자주 언급된다. 2001년 세계사회포럼(World Social Forum)의 결성은 글로벌 시민사회 영역이 집중적으로 조명을 받고 조직적 지향성에 대하여 논할 수 있는 기회를 가지게 되었으며, 이를 계기로 가장 거대한 자본주의 경쟁세력인 세계경제포럼(World Economic Forum)에 도전하게 되었다. 이런 의미에서 글로벌 시민사회는 시장이나 국가 어느 것도 대표하지 않는 초국가기업과 국제기구 사이의 제3세력으로 등장했다. 그러나 글로벌 시민사회의 개념에 대해서는 논쟁이 계속되고 있다. 1990년대의 신조어인 글로벌 시민사회는 빠르게 유행되었고, 세계 지도자, 정책결정자, 정치행동가들이 자주 사용하면서 빠르게 유행했다. 그런데 그것은 실재하는가, 아니면 단순한 열망인가? 예를 들어, 글로벌 시민사회에의 참여는 비교적 적은 숫자의 사람들에게 제한되어 있다. 글로벌 시민사회에 속하는 어느 집단도 19세기와 20세기 초반에 노동조합과 정당에 비교될만한 진정한 대중운동을 하지 않았다. 더욱이 글로벌 시민사회 내 상호연결의 정도에 대해서도 의문이 제기되고 있다. 특히 글로벌 시민사회 내의 초국적 사회운동과 비정부기구라는 두 개의 주요 행위자들 사이의 차이가 있다.

초국가적 사회운동과 비정부기구

'새로운' 사회운동이라 불리는 초국가적 사회운동(transnational social movement)은 1960년대와 1970년대에 학생 급진주의의 발전, 베트남전쟁 반대운동, '반문화' 입장과 정서 등의 배경에 대항하여 전개되었다. 핵심 사례들로는 여성운동, 환경 또는 녹색운동, 평화운동 등이 포함된다. 이 운동들은 젊고 교육을 많이 받았으며 비교적 부유한 사람들, 전형적으로 '탈물질주의' 윤리관을 가진 사람들에게 인기를 끌었다. 그들은 전통적인 관심 대상이었던 사회발전보다는 삶의 질문제와 문화의 변화에 대하여 더 관심을 가지는 경향을 보였다. 비록 그들은 다른 단체들의 견해를 분명하게 구분하지만, 신좌파(new left)와 연결되는 이념을 폭넓게 공유하고 있다. 처음부터 이 운동들은 초국가적, 심지어는 글로벌적인 성향을 가지고 있었다. 이는 이 운동들에 대한 지원이 국경을 넘나들고 (예를 들어, 여성운동), 국가의 구분은 해결이 아니라 문제를 제기한다는 사실을 반영한다 (예를 들어, 평화운동과 녹색운동).

1990년대 이후 이러한 추세는 더욱 가속화되었는데, 이는 '반글로벌화', '반자본주의', '반기업', 또는 '글로벌정의' 운동 등의 출현과 함께 시작된 사회운동 행동주의의 새로운 물결 덕분이었다. 이러한 느슨하고 이념적으로 다양한 '운동들의 움직임'은 소위 '새 정치'의 중심이 되고 있으며, 분산화되고 참여적인 정책결정을 강조하고 저항정치의 혁신적이고 극적인 형태를 모색한다. 이의 사례로 1999년 당시 세계무역기구(WTO)에 대한 대중시위가 경찰과 저항단체들 간의 격렬한 충돌로 악화된 '시애틀 전투(Battle of Seattle)'를 들 수 있고, 현재 WTO, OECD, G20(p. 157 참조)과 같은 단체들의 회의에 정기적으로 수반되는 다른 유사한 반자본주의 시위와 2011년에 시작된 '월스트리트 점령' 운동(p. 13 참조)이 있다.

이처럼 초국가적 사회운동들은 글로벌 시민사회의 '외부자(outsider)' 측면을 대표한다. 대체로 이러한 '외부자'의 지위는 그들의 이념적이고 정치적인 목표의 성격에 따른 결과인데, 이 목표는 주류보다는 급진적이다. 따라서 보편적으로 국가와 글로벌 차원의 전통적인 정책결정자들의 목표와 조화되지 못한다. 미디어의 관심을 끌고 잠재적인 지지자들을 행동주의자들로 전환시키기 위하여 행진, 시위, 저항운동 같은 것들을 '외부자' 전략으로 사용한다. 그러나 '외부자' 지위는 글로벌 사회운동이 정책적 영향력을 행사하는 데 대하여 큰 제약을 가하기도 한다. 가치와 문화인식을 광범위하지만 모호한 수준으로 변화시키기도 하는데, 이는 주로 환경운동과 여성운동에서 발생한다. 반글로벌화 운동은 보다 최근의 것이지만, 자유무역과 소비주의 가치에 대한 젊은 사람들의 태도를 정치적-문화적으로 변화시키는 데 기여하였다.

그러나 많은 사람들은 비정부기구들(NGOs)을 글로벌 시민사회의 핵심 행위자들로 인식하고 있으며, 비정부기구들의 이점은 그들이 제도화되고 전문화된 '내부자들'이라는 점이다. 주요 국제 비정부기구들과 비정부기구 영역 전체는 글로벌무대에서 정치적 행위자들의 중요한 집단을 구성한다는 데 대하여 의심의 여지가 없다. 옹호성 비정부기구들은 다양한 방면에서 분명한 성공을 거두어 왔다. 이들은 초국적기업들의 영향력을 제한하고, 국가정부와 국제기구의 정책적 방향을 변화시켜 왔다. 1992년 리우에서 열린 유엔의 지구정상회의에서 약 2,400명의 비정부기구 대표들과 약 1만 7,000명의 사람들을 끌어들인 병행 비정부기구 '글로벌포럼'이 행사한 비정부기구 압력은 온실가스 배출을 통제하기 위한 과정

개 념

탈물질주의

탈물질주의(Postmaterialism)는 경제발전의 수준에 대한 정치적 관심과 태도를 설명하는 이론이다. 이는 대체로 매슬로우(Abraham Maslow, 1908–70)의 '욕구 단계설(hierarchy of needs, p. 399 참조)'을 기초로 하는데, 이 이론은 물질적이고 경제적인 욕구보다 가치와 자아실현(self-actualization)을 상위에 둔다. 탈물질주의는 물질 결핍의 상황에서 이기적이고 탐욕적인 가치가 생기고, 이는 정치에 대한 경제 이슈들의 지배를 의미한다. 전형적으로 탈물질주의는 윤리, 정치적 정의와 개인적 충족에 관심을 가지고, 페미니즘, 세계평화, 빈곤축소, 인종화합, 환경보호, 동물권리 등을 포함한다.

신좌파(New Left): 1990년대와 2000년대에 정통 공산주의와 사회민주주의를 거부하고 분권화와 참여민주주의에 기반한 새로운 해방정치를 옹호하는 현대의 좌파 사상.

새 정치(New politics): 대의적 기제와 관료적 과정을 불신하고 대중동원과 직접 행동을 옹호하는 정치 방식.

자아실현(Self-actualization): 감성의 정화에 의하여 생성된 개인적 충족이며, 자아실현은 대체로 이기주의와 물질주의의 초월성과 연결되어 있다.

논 쟁

글로벌화는 글로벌 단일문화를 형성하는가?

세계화의 지배적인 이미지는 세계의 문화적 차이를 줄여주고, 동일성을 강화하는 것이다. 그러나 현대사회는 다양화와 다원화의 추세를 강하게 구현하고 있다.

그 렇 다

균질화로서의 글로벌화. 글로벌화의 한 관점은 보편화이다. 사물, 이미지, 아이디어와 경험을 세계의 모든 사람들에게 전파하는 것이다. 예를 들어, 경제 글로벌화와 초국적기업의 출현은 '글로벌 상품'(스타벅스 커피, 바비 인형 등)을 등장시켰다. 텔레비전, 영화, 라디오, 그리고 물론 인터넷과 같은 통신기술의 확산은 글로벌문화의 흐름을 균질화하였고 '글로벌 유명인사'(예: 비욘세 및 르브론 제임스)를 만들어 냈다. 그리고 영어는 지배적인 글로벌언어가 되고 있다. 영어는 많은 비영어 사용국의 대학에서 가르치는 언어이고, 컴퓨터 소프트웨어 및 온라인 컨텐츠를 생산하는 데 사용되는 대부분의 지배적인 프로그래밍 언어의 기본 언어이며, 인터넷 사용자들 사이에서 가장 인기 있는 언어이다 (2020년대에는 중국어가 거의 근접한 두 번째이지만). 한편, 영어로 된 영화 및 텔레비전은 전 세계에서 소비되고 있다.

'세계의 미국화'. 많은 사람들에게 균질화로서의 세계화 명제는 보다 깊은 과정인 서양화, 특히 미국화의 진전을 은폐하고 있다. 글로벌 동일성(sameness)은 지배적인 경제적, 사회적, 문화적 모델을 세계에 확산시키는 것이다. 점차 균질화되어 가는 대중문화의 성장은 뉴욕, 할리우드, 런던, 밀라노에 기반을 둔 서양 '문화산업'의 영향을 받고 있다. 따라서 서양의, 그리고 보다 구체적으로 미국의 규범과 생활방식은 취약한 문화를 압도하고 있는데, 그 일례로 팔레스타인의 젊은 이들이 시카고 불스의 맨투맨을 입는다. 또한, 미국의 경제적이고 문화적인 영향은 세계의 '맥도널드화'가 상징하고 있으며, 미국식 소비자본주의가 중단되지 않고 확대되어 나가고 있다.

글로벌 자유화. 균질화 명제의 세 번째 버전은 세계적으로 자유의 이념과 구조가 향상된다는 데 초점을 맞춘다. 경제적 측면에서, 자유시장과 자유무역에 유리

아 니 다

혼성화(hybridization)로서의 글로벌화. 문화교류는 하향식 또는 일방적인 방식으로 이루어지는 것이 아니다. 경제적으로나 정치적으로 강하다 하더라도 모든 사회는 글로벌화된 문화시장에 의하여 보다 다양하고 다원적으로 된다. 소위 '문화의 역류'는 바바(Homi Bhabha)와 사이드(Edward Said) 같은 탈식민주의 사상가들이 '혼성화' 또는 혼합화(creolization: 다른 문화들이 상호작용할 때 생기는 융합[cross-fertilization])를 조성한다. 코카콜라, 맥도날드, MTV에 대한 대응으로 미국과 더 넓은 서양은 점점 더 비서구 문화들에 의해 영향을 받아왔다. 동양의 종교와 철학은 그 어느 때보다 영향력이 커지고 있다. 수십 억 달러 규모의 서양 '웰니스' 산업과 직장 내 '직업 건강' 사업의 주요 요소에 도교와 불교 사상에서 도출된 '마음 챙김' 개념이 중요한 역할을 하고 있다. 종합격투기(MMA)도 이와 비슷하게 미국에 기반을 두고 있지만 글로벌문화에 의해 영향을 받는 수십억 달러 규모의 초국가적 산업이다. 가장 인기 있는 종목인 브라질의 주짓수(BJJ)는 전통적인 일본 격투기 방식의 남미 파생종목이다. 한편, 21세기 초 서양 국가들에서 한국음식, 영화 및 텔레비전, 그리고 대중음악('K-pop')이 크게 인기를 얻었는데, 이는 부분적으로 미국에 있는 대규모 한인 이민자들 덕분이기도 하다.

지역의 복원. 균질화로서의 글로벌화 명제는 글로벌화가 지역상황에 적응해야 하고 지역적 영향력을 강화하게 됨에 따라 쇠퇴하게 되었다. 예를 들어, 개발도상국에서 서양의 소비재와 이미지는 현지화(indigenization) 과정(이를 통해 외부 상품과 관행이 지역의 조건과 필요에 적응)을 통하여 전통적인 문화관습에 흡수된다. 발리우드 영화 산업과 알자지라 텔레비전 네트워크가 그 사례들이다. 지역 행위자들이 세계에 나열되어 있는 것들을 고르고 변형시키는 문화를 빌리는 과정을 로버트슨(Robertson 1992)은 '글로컬라이제이션(glocalization)'으로 묘사했다.

한 방향으로 글로벌 트렌드가 형성된다. 정치적인 측면에서, 선거 민주주의와 정당 경쟁을 기반으로 한 자유민주주의의 확산으로 발전된다. 문화적이고 이념적인 측면에서, 개인주의의 성장, 기술적 합리주의(technocratic rationalism)에 대한 강조, 그리고 세계적인 정치 교의로서 인권선언의 발전 등에 반영된다.

문화의 다원화. 경제와 문화의 글로벌화가 이국적이고 위협적인 가치를 확산시킬 때, 때때로 반발이 일어나고 있으며, 그 결과는 균질화가 아니라 다원화이다. 이는 바버(Barber 2003)가 '맥월드'와 '지하드'를 공생적으로 연결하여 만든 세계문화의 이미지를 통하여 볼 수 있다. 이와 유사하게 헌팅턴(Samuel Huntington)은 글로벌 단일문화의 발상을 일축하고, 그 대신 '문명의 충돌'의 등장을 예고했다. 냉전이 종식된 이후 글로벌정치는 서양이 지배하는 국면에서 벗어나, 서양문명과 비서양문명 사이뿐만 아니라 비서양 문명끼리도 상호작용하는 상황이 점차 증가하고 있다고 주장했다. 이에 따라 핵심적인 문명의 충돌은 미국과 중국, 그리고 서양과 이슬람 사이에서 발생할 것이다.

을 시작했다. 90개국에서 활동하는 1만 4,000개 비정부기구들의 네트워크인 국제지뢰금지캠페인(International Campaign to Ban Land Mines)은 1997년에 시작되었고, 이 캠페인을 통하여 120개국이 대인지뢰의 생산, 사용, 축적을 금지하는 합의를 하였다. 비정부기구들의 일치된 압력이 없었다면, 국제형사재판소가 설립되지 않았을 수도 있는데, 이는 법원의 효과적인 업무를 위해 계속해서 필수적인 영향력이다. 그리고 106개국의 607개 비정부기구 단체들의 네트워크인 핵무기폐기 국제캠페인(ICAN: International Campaign to Abolish Nuclear Weapons)은 2021년에 발효된 핵무기금지조약(Treaty on the Prohibition of Nuclear Weapons)에 찬성하도록 122개 유엔 회원국들을 설득하는 선도적인 역할을 인정받아 2017년 노벨 평화상을 수상했다 (p. 327 참조).

비정부기구가 핵심적인 정책결정자, 정책에의 영향력 행사자, 그리고 심지어는 정책집행자로 인정됨에 따라, 비정부기구는 '길들여진' 사회운동을 모색하게 되었다. 글로벌거버넌스의 과정에 참여하는 대가는 보다 주류의 또는 '책임 있는' 정책적 위상을 가져야 한다는 것이다. 이에 따라 비정부기구, 정부, 국제기구 사이의 구분, 또한 비정부기구와 초국적기업의 구분이 점차 희미해지고 있다. 비정부기구는 국제기구 내에서 협의를 할 수 있는 공식적 권한을 가지고 있으며, 전문적인 자문과 정보의 원천으로 받아들여진다. 또한, 비정부기구와 국제기구는 다양한 수준의 인도적 프로젝트를 만들어내고 수행하는 작업을 공동으로 한다. 많은 비정부기구들은 부분적으로 정부의 재정적 지원을 받기도 한다. 예를 들어, 국경 없는 의사회는 예산의 거의 반 정도를 정부로부터 지원받고 있다. 비정부기구와 초국적기업 사이의 연결도 발견되고 있는데, 현재 세계경제포럼은 주요 비정부기구의 대표를 포함하고 있으며, 초국적기업은 비정부기구의 전 지도자들과 전문가들을 고용하는 '회전문' 인사정책을 추진하여 사회적 책임에 협조하는 모습을 보이고 있다.

아래로부터의 글로벌화

글로벌 시민사회는 글로벌권력의 재편성에 기여하고 있는가? 글로벌 시민사회는 하향식 기업 글로벌화에 대한 대안, 문명화된 세계질서를 향한 상향식 민주적 비전, 또는 '아래로부터의 글로벌화'를 대표하는가? 글로벌 시민사회에 대한 낙관론자들은 이 시민사회가 두 가지 주요 장점을 지니고 있다는 주장을 한다. 첫째, 글로벌 시민사회는 기업의 권력에 대항하는 데 필요한 균형력을 제공한다. 1990년대까지 초국적기업의 이익은 효율적인 저항을 거의 받지 않았다. 특히 국제기구들은 자유시장과 자유무역을 지향하는 신자유주의의 영향력에서 쉽게 벗어나기가 어려웠다. 초국가적 사회운동과 비정부기구는 초국적기업의 이익과 아이디어가 견제되어야 하고 도전받아야 하고 감시받아야 한다는 점을 확실히 하였는데, 그 이유는 초국적기업의 이익을 봉쇄하거나 경제 글로벌화를 방해하기 위해서가 아니라, 글로벌 정책결정 과정에 보다 많은 견해와 목소리가 반영되어야 하기 때문이라고 강조했다. 둘째, 새로운 시민사회는 신생 민주적 글로벌정치의 한 형태로 인식된다. 그 이유는 시민사회가 반패권적 힘을 발휘하면서, 글로벌화 과정에서 약화된 시민들과 단체들의 이익을 분명하게 제시하기 때문이다. 이와 유사하게, 국제기구, 국제회의, 정상회담 등에 대중의 감시와 책임을 도입하게 함으로써, 글로벌 시민사회는 개별 기관과 글로벌기관 간의 소통 채널로 기능하고 있다.

그러나 글로벌 시민사회는 비판도 받고 있다. 첫째, 비정부기구와 사회운동의 민주적 성격은 충분히 담보할 수 없다는 비판이다. 예를 들어, 공개적으로 선출되지 않고 스스로 임명하는 제도를 가진 비정부기구들이 얼마나 민주화의 선봉자라고 할 수 있는가? 대규모 회원들이 대중의 저항과 시위를 주도할 수 있는 능력을 가지고 있기 때문에 사회운동과 비정부기구는 정치적 영향력을 가진다. 그러나 자신들의 견해가 사회 전체에서 어떠한 무게를 차지하고 있는지 테스트할 수 있는 제도적 장치가 없게 되면 민주적 권위를 확보하기가 어렵다. 둘째, 사회운동과 비정부기구의 대중적 행동주의와 직접 행동도 비판을 받고 있다. 예를 들어, 주요 반자본주의 저항운동이 폭력을 동반하여 많은 잠재적 지지자들이 떠나게 하였고, 무모하고 무책임하다는 이미지가 생성되었다. 마지막 비판은 비정부기구와 사회운동이 압력을 행사하고 지지와 재정지원을 받기 위한 수단으로 미디어의 관심을 끄는데 집착하여 국가적 그리고 글로벌 정치의제를 왜곡한다는 것이다. 정치적 이슈를 '과대포장'하고 저항정치를 지속하기 위하여 과장된 주장을 하게 된다는 평을 받는다.

직접 행동(Direct action): 수동적 저항으로부터 테러까지 헌법과 법의 틀을 벗어난 정치행동.

요약

- 사회는 구성원들 사이의 안정된 관계에 의하여 만들어진다. 그러나 긴밀한 결합과 확고한 충성의 '두터운' 사회적 연결은 보다 유동적이고 개인주의적인 사회적 구성인 '얇은' 연결로 대체된다. 이는 후기 산업주의와 통신기술의 광범위한 사용에 반영된다.
- 얇아지고 넓어지는 사회적 연결은 위험, 불확실성과 불안정성의 증가와 관련된다. 현대사회의 위험과 불안정성에는 증가하는 환경위협, 경제적 상호연결성 증가로 인한 경제위기, 새로운 안보위협의 출현 등이 포함된다.
- 문화 글로벌화는 세계의 한 부분에서 생산되는 정보, 상품, 이미지들이 글로벌 흐름으로 편입되는 과정이며, 이에 의하여 국가, 지역, 개인 사이의 문화적 차이가 '평균화'된다. 이는 소비주의와 개인주의의 범세계적인 확산과 연관되어 있다.
- 그럼에도 불구하고 새로운 글로벌 단일문화의 이미지는 도전을 받고 있다. 현대사회의 다양성과 다원화가 증대되고 있는데, 그 이유는 문화적 상품들이 지역의 전통과 이해에 적용되어 널리 유포되는 요인 때문이고, 또한 해외의 아이디어, 가치관, 생활양식에 대한 반발 때문이다.
- 1990년대 동안 '기업'의 글로벌화에의 도전을 모색하는 새로운 단체, 조직, 운동의 발전은 글로벌 시민사회의 출현으로 해석되었다. 그러나 글로벌 시민사회는 초국가적 사회운동과 비정부기구 중 어느 것이 핵심적 대리인이냐에 따라서 다르게 해석되고 있다.
- 글로벌 시민사회를 옹호하는 사람들은 글로벌 시민사회가 글로벌파워를 효과적으로 재수성하고 문명화하는 세계질서의 '상향식' 민주적 비전을 제공했다고 주장한다. 그러나 비판자들은 사회운동과 비정부기구의 민주적 신뢰성에 의문을 제기하고, 직접 행동의 사용을 비난하고, 그들이 국가와 글로벌정치의제를 왜곡시켰다고 비판하였다.

토의주제 ?

- 무엇이 사회를 사회로 만드는가?
- 왜 사회적 연결이 얇아지는가?
- 문화 글로벌화는 진실로 문화 제국주의의 한 형태인가?
- 개인주의는 사회적 연대와 결속의 적인가?
- 네트워크 사회는 '가상'의 공동체를 실질적인 공동체로 대체하는가?
- 새로운 커뮤니케이션 형식은 글로벌 차원의 권력 배분을 변경시켰는가?
- 소비주의는 사람들을 해방시키는가, 구속하는가?
- 비정부기구는 이기적이고 무책임한 기구들에 불과한가?
- 글로벌 시민사회는 어느 정도로 민주적이라고 평가되는가?

추가 읽을거리 

Bauman, Z., *Liquid Times: Living in an Age of Uncertainty* (2007). '유동적'이고 '가벼운' 현대의 등장이라는 관점에서 변화하는 인류의 조건을 연구.

Beck, U., *World at Risk* (2009). '세계 위험'의 다원적 표현을 고려하는 현대사회의 성격에 대한 논의.

Cohen, R. and P. Kennedy, *Global Sociology* (2013). 현재의 이슈들과 사회변화의 역동성에 대한 풍부하고 다양한 분석.

Joseph, J., *The Social in the Global: Social Theory, Governmentality and Global Politics* (2012). 푸코의 정부성이론을 적용하여 글로벌정치의 권력을 탐색.

Keane, J., *Global Civil Society?* (2003). 현재 글로벌 시민사회의 성장을 촉진하거나 위협하고 있는 모순적인 권력에 대한 탐색.

Vanden, H. E. et al., *The New Global Politics: Global Social Movements in the Twenty-First Century* (2017). 필진이 글로벌 사회운동의 부상에 대해 논의.

글로벌 시대의 민족과 민족주의

출처: *JOHN WESSELS/Getty Images*

개요

민족주의는 200년 동안 세계정치에 있어서 가장 강력한 힘이 되어 왔다. 민족주의는 전쟁과 혁명의 발생을 고무하기도 한다. 민족주의는 새로운 국가의 탄생, 제국의 해체, 국경의 재편 등과 긴밀하게 연결되어 있다. 그리고 민족주의는 현존하는 체제를 강화하거나 재구성하는 데 사용된다. 민족주의가 가장 크게 성취한 것은 민족을 정치단위의 핵심 단위인 소위 민족국가로 만든 것이다. 민족주의자들은 '민족국가'가 정치조직의 가장 기본적이고 유일하게 정통성 있는 단위로 받아들여졌다고 주장한다. 그러나 민족주의의 성격과 세계정치에의 함의에 대해서는 심각한 논쟁이 이어지고 있다. 민족주의는 정치적 자유의 대의명분을 발전시켰는가, 아니면 단순히 침략과 팽창만 정당화한 것 아닌가? 21세기의 여명기에 현대의 민족들은 이전에 경험하지 못한 압력을 받고 있다. 글로벌화에 의하여 영토에 기반한 민족국가가 글로벌정치, 경제, 문화 네트워크의 망에 편입됨에 따라 민족국가는 약화되고 있는 것으로 보인다. 그리고 국제이주의 증가로 초국가적 공동체가 증가되고 있으며, 다문화 성격을 가진 사회들이 성장하고 있다. 민족주의는 쇠퇴하는 정치적 권력인가? 민족주의는 움직이는 세계에서 존재할 수 있을까? 반대의 전망도 많지만, 인종적 또는 종교적 정체성과 연결된 민족주의가 부활하고 있다는 근거가 있다. 지난 10년 동안, 서양 전역에서 백인 민족주의의 증가와 인도에서 힌두 민족주의가 이러한 부활을 예시했다. 민족주의는 또한 글로벌화에 의해서 이루어지고 있는 문화적 균질화 현상과 경제적 질서에 대한 반작용으로 다시 나타나고 있다. 민족주의의 부활은 어떻게 설명될 수 있고, 그것은 어떤 형태를 취했는가?

핵심이슈

- 민족은 무엇인가? 민족주의는 어떻게 하면 가장 잘 이해될까?
- 어떻게, 그리고 어느 정도로 민족주의는 세계정치를 형성했는가?
- 최근 수십 년간 국제이주가 증가한 이유는 무엇인가?
- 인구이동은 세계정치에 어떤 영향을 미쳤는가?
- 왜 21세기 초반에 민족주의가 새롭게 부각되고 있는가?
- 현 시대의 민족주의는 이전의 민족주의와 다른가?

민족주의와 세계정치

근대 민족과 민족주의의 아이디어는 18세기 말에 태동되었으며, 일부 비평가들은 1789년 프랑스 혁명의 산물이라고 주장한다 (Kedourie 1966). 이전에 국가는 '왕국(realm 또는 kingdom)'이나 '공국(principality)'으로 생각되었다. 국가에 거주하는 사람들은 '피지배자(subject)'로 간주되었으며, 그들의 정치적 정체성은 민족적 정체성이나 애국심보다는 지배자에 대한 충성에 의하여 형성되었다. 그러나 루이 16세에 대항하여 발생한 프랑스 혁명은 국민(people)의 이름으로 시작되었고 국민이 '프랑스 민족'으로 이해되었다. 따라서 민족주의는 혁명적이었고 민주주의의 신념을 바탕으로 하였으며, '왕관의 신하'가 '프랑스의 시민'이 되어야 한다는 아이디어를 반영하였다. 그러한 아이디어는 배타적으로 프랑스에만 해당되는 것은 아니었다. 19세기 초 민족주의의 물결은 전 유럽에 펼쳐 나갔으며, 1848년부터 유럽의 이베리안반도로부터 러시아 접경까지 일련의 혁명이 이어졌다. 20세기 동안 유럽 태생의 민족주의 독트린은 지구 전체에 확산되었고, 아시아와 아프리카 사람들이 식민지배에 저항을 시작한 계기가 되었다.

민족주의에 대한 이해

민족주의는 매우 복잡하고 논쟁적인 정치현상이다. 가장 간단히 말해서, 민족주의는 민족이 정치조직의 가장 기본적인 원칙이며, 그래야 된다는 믿음이다. 그러면 민족은 무엇인가? 흔히 사용하는 단어들인 '민족(nation)', '국가(state 또는 country)', 그리고 심지어는 **'인종(race)'**은 바꿔서 사용될 수 있을 정도로 혼용되고 있다. 예를 들어, 유엔(United Nations)은 잘못된 이름이다. 왜냐하면 유엔은 민족(nation)의 집단이 아니라 국가(state)의 집단이기 때문이다. 국제정치에서 실제로 논의되는 것은 정부가 한 활동인데도, '미국인들', '중국인들', '러시아인들' 등으로 표현되는 경우가 많다. 영국의 경우, 하나의 민족으로 표현해야 할

애국심(Patriotism): 어휘상으로 자신의 '모국'에 대한 사랑이며, 자신의 민족이나 국가에 대한 충성심이다.

개 념

민족

민족(어원은 '태생'이라는 의미의 라틴어 nasci)은 문화적, 정치적, 심리적인 요인들의 집합에 의하여 형성된 복합적인 현상이다. 문화적으로, 민족은 공통된 언어, 종교, 역사, 전통을 가진 사람들의 집단이지만, 모든 민족들은 어느 정도의 문화적 이질성을 보인다. '정치적으로' 민족은 자신들이 '자연적' 정치공동체에 속한다고 생각하는 사람들의 집단이며, 주권을 확립하고 유지하기를 원한다. '심리적으로' 민족은 애국심의 형식으로 충성과 애정을 공유함으로써 구분되는 사람들의 집단이지만, 민족적 자존심이 부족한 사람들이라도 자신들은 민족에 '속한다'고 인정한다. 따라서 민족은 일반적으로 사회적으로 구성된 것으로 이해되거나(p. 104 참조) 또는 '상상된' 공동체로 이해된다 (p. 206 참조).

지 아니면 잉글랜드, 스코틀랜드, 웨일스, 북아일랜드 등 4개의 민족으로 구성된 하나의 국가로 표현할지에 대하여 혼란이 있다. 북아프리카와 중동의 아랍인들도 매우 유사한 문제를 안고 있다. 예를 들어, 이집트, 리비아, 이라크, 시리아는 자체적인 권리를 보유한 민족들로 취급해야 하는가? 아니면 공동언어(아랍어), 공동종교(이슬람)에 기초하고 같은 베두인(Bedouin) 종족의 혈통을 이어받은 단일의 통합된 아랍민족으로 봐야 하는가?

이러한 어려움들은 모든 민족이 객관적이고 주관적인 요인의 혼합과 문화적이고 정치적인 특징의 혼합을 포함하고 있기 때문이다. 가장 기본적인 수준에서, 민족은 가치와 전통, 특히 동일한 언어, 종교와 역사를 공유하는 동시에 같은 지리적 위치를 차지하는 문화적인 실체이다. 이러한 관점에서 민족은 객관적인 요인에 의하여 정의될 수 있다. 자신에게 필수적인 문화적 범주에 만족하는 사람들은 같은 민족에 속한다고 할 수 있다. 그렇지 못한 사람들은 다른 민족으로 분류된다. 이러한 요인은 민족주의 정치를 형성한다. 예를 들어, 캐나다의 퀘벡인들의 민족주의는 프랑스어를 사용하는 퀘벡인들과 주로 영어를 사용하는 캐나다 나머지 지역의 사람들 사이의 언어적 차별성에 대체로 기초하고 있다. 인도에서 민족주의적 긴장은 변함없이 종교적 분열에서 비롯되는데, 펀자브 지역의 시크교도들의 분리운동(칼리스탄 지역)이나 카슈미르의 무슬림들이 카슈미르를 파키스탄에 편입시키기 위해 벌이는 운동 등이 그 예이다. 그러나 객관적인 요인들만 가지고 민족에 대한 정의를 내리는 것은 불가능하다. 모든 민족들은 어느 정도 문화적 이질성을 가지고 있다. 스위스에는 세 가지 주요 언어(프랑스어, 독일어, 이탈리어)와 방언들이 있지만 스위스 민족은 영속적으로 존재하고 있다. 북아일랜드에서 경쟁 민족주의를 형성한 가톨릭과 개신교 간의 분열은 영국 본토에서는 거의 무관했고, 독일과 같은 국가에서는 미미한 의미만을 가지고 있다.

하나의 민족이라고 스스로 주장하는 문화적 통합성을 파악하는 것은 어렵다. 민족은 어떤 확실한 하나의 형식보다는 다양한 문화적 요인들의 조화를 반영한다. 이러한 점은 결국 민족이란 것은 그 구성원들에 의하여 주관적으로 정의될 수 있다는 사실을 강조한다. 민족은 심리정치적(psycho-political) 실체이며, 스스로를 자연적인 정치공동체로 간주하고 애국심의 형식으로 충성과 애정을 공유하는 사람들의 집단이다. 민족성의 정치적 측면은 민족과 인종집단의 차이를 근거로 한다. 인종집단은 틀림없이 공동의 정체성과 문화적 자존심을 가지지만, 민족과 달리 집단적 정치 동기는 부족하다. 인종집단은 주권적 독립 또는 정치적 자율성을 확립하거나 유지하려는 노력을 하지 않는다. 민족성의 심리적 차원은 영토가 없거나, 인구가 적거나, 경제자원이 부족한 것과 같은 객관적인 어려움이 심각하더라도 민족주의적인 열망은 지속되는 것이다. 예를 들어, 라트비아는 인구가 260만 명밖에 안 되고(이중 절반만이 라트비아인), 연료자원과 천연자원이 거의

인종집단(Ethnic group): 공통된 문화와 역사적 정체성을 공유하는 사람들의 집단이며, 전형적으로 공통된 혈통에 대한 믿음으로 연결되어 있다.

없지만 1991년에 독립하였다. 이와 마찬가지로 중동의 쿠르드족은 민족적 열망은 갖고 있지만 정치적 통합을 경험하지 못했고, 터키, 이라크, 이란, 시리아 등에 흩어져 살고 있다.

민족주의 현상에 대한 논쟁 때문에 민족을 정의하는 요인들에 대한 혼란이 조성된다. 민족주의는 감정인가, 정체성인가, 정치 독트린인가, 이데올로기인가, 사회운동인가? 아니면 이들 모두를 합한 것인가? 민족주의의 등장을 어떻게 해야 가장 잘 설명할 수 있을까? 민족주의는 자연적인 현상인가, 아니면 창조된 것인가? 1970년대 이래 민족주의 연구자들은 두 진영으로 나누어졌는데, 그들은 원초주의자(primordialist)와 현대주의자(mordernist)이다 (Hearn 2006). **원초주의**에 따르면 민족 정체성은 역사적으로 주어진 것이며, 민족은 공통의 문화적 전통과 언어에 뿌리를 두고 있다. 이러한 점에서 모든 민족주의자들은 원초주의자들이라 할 수 있다. 원초주의의 중요한 명제는 아래와 같다.

원초주의(Primordialism): 민족은 심리적, 문화적, 생태학적으로 고대로부터 이어져 오는 것이고 깊은 뿌리를 갖고 있다는 이론.

폴크스가이스트(Volksgeist): (독일어) 말 그대로, 국민의 정신. 국민의 문화, 특히 언어에서 드러나는 국민의 유기적 정체성.

8

- 사람들은 전통적으로 집단 지향적이며 민족은 이의 표현이다.
- 민족 정체성은 세 가지 핵심적 요인에 의하여 수립되는데, 그들은 동일한 혈통, 영토적 소속감, 그리고 공통 언어이다.
- 민족은 역사적 실체이며, 보다 단순한 인종공동체에서 유기적으로 진화한다.
- 민족주의는 혈연관계를 닮은 정서적 애착으로 성격이 규정된다.

이러한 견해는 독일의 철학자 헤르더(Johann Herder, 1744–1803)의 저술로 거슬러 올라가는데, 그는 각 국가가 노래, 신화, 전설에서 스스로를 드러내고 민족에 창조성의 원천을 제공하는 '**폴크스가이스트**(Volksgeist)'를 가지고 있다고 주장했다. 그가 주장하는 문화주의(culturalism)에 따르면 민족은 자연적이거나 유기체적인 정체성을 지니고, 이는 고대까지 거슬러 올라가고 인류사회가 존재하는 한 계속 유지될 것이다. 현대 비평가들은 유사한 아이디어를 발전시키고 있다. 예를 들어, 스미스(Anthony Smith, p. 207 참조)는 현대의 민족과 현대 이전의 인종공동체 사이의 연속성을 강조하면서 이를 '민족(ethnies)'이라고 불렀다. 결국 민족주의는 민족성(ethnicity, p. 237 참조)의 변형이고, 현대 민족은 기본적으로 오래 전의 인종공동체가 최신화 된 버전이다.

이에 비하여 민족주의에 대한 현대주의의 접근은 변화하는 사회적이고 역사적인 상황에 대한 대응으로 민족적 정체성이 생성된다고 주장한다. 여러 경우에 있어서, 현대주의는 민족주의의 기원을 현대화의 과정, 특히 산업화의 등장에 연계한다. 비록 다양한 현대주의 이론가들은 다른 요인들을 강조하지만, 현대주의는 3개의 광범위한 명제와 관련되어 있다.

- 산업경제와 자본주의경제의 등장은 전통적인 사회적 결속을 약화시켰고, 새로

운 사회적 긴장을 유발하여 통합된 민족정체성의 필요성을 증가시켰다.

- 국가는 종종 민족 정체성을 발현시키는 핵심적인 역할을 수행하고, 이는 국가가 앞서면서 민족을 '건설'한다는 점을 의미한다.
- 글을 읽고 쓸 줄 아는 사람들의 증가와 교육 확대는 민족정체성 수립에 중요한 기여를 하였다.

이에 따라 겔너(Ernest Gellner)는 전근대 사회가 봉건적 결합과 충성으로 구조화되어 있었으나, 신흥 산업사회는 사회적 이동성, 자기 추구, 경쟁을 증진시켰으며, 따라서 새로운 문화적 결속이 필요하게 되었다고 강조하였다 (7장에서 자세히 논의되었다). 이러한 문화적 결속의 새로운 원천은 민족주의에 의하여 제공되었으며, 이는 실제로 민족주의가 민족을 만들어냈지 민족이 민족주의를 생성시킨 것이 아니라는 점을 의미한다. 겔너의 이론은 민족이 특정 사회조건과 상황에 대한 대응으로 연합한다고 주장하지만, 민족공동체는 깊은 뿌리를 가지고 있으며 영속적이기 때문에 전근대적 충성과 정체성으로 돌아가는 것은 생각도 할 수 없다는 주장도 있다. 앤더슨(Benedict Anderson)도 현대 민족을 사회-경제적 변화의 산물로 묘사하고, 자본주의의 등장과 현대 매스컴의 출현에 의한 영향력을 강조하는데, 그는 이를 '인쇄 자본주의(print capitalism)'로 불렀다. 그의 견해에 따르면 민족은 '상상의 공동체'이며, 개인은 민족 내에서 자기와 민족정체성을 공유한다고 생각되는 사람들을 극소수 만나게 된다고 주장한다 (Anderson 1983). 민족이 존재한다면, 그들은 교육, 매스미디어, 그리고 정치사회화 과정을 통하여 만들어진 상상적인 실체일 뿐이다. 홉스봄(Eric Hobsbawm 1992)과 같은 마르크스주의자들에 따르면 민족주의는 지배계급이 사회혁명에 대항하기 위하여 만든 방안으로 간주한다. 지배계급은 이를 통하여 계급적 연대보다는 민족적 충성을 강조하여 노동계급을 현존하는 권력구조에 구속시킨다 ('분석적 접근: 민족주의', p. 208 참조).

민족국가의 세계

민족주의는 200년 이상 세계정치를 형성하고 재형성하는 데 기여해 오고 있다. 그러나 민족주의가 주는 영향의 성격에 대해서는 상당한 논쟁이 전개되고 있다. 민족주의는 카멜레온과 같은 이데올로기이고, 다양한 형태의 현혹적인 정치적 형식이 될 수 있는 능력을 보유하고 있다. 시대에 따라 민족주의는 진보적인가 하면 반동적이 되었고, 민주적인가 하면 권위적이 되었고, 해방적인가 하면 억압적이 되었고, 공격적인가 하면 평화적이 되는 등 다양한 모습을 보여 왔다. 이 결과 민족주의를 좋은 것과 나쁜 것으로 나누고, 하나의 일관된 정치 세력으로서의 민족주의 사상과 완전히 분리한다. 민족주의의 해방적이고 진보적인 측면은 고전적인 정치적 민족주의에서 종종 볼 수 있다. 고전적 민족주의는 프랑스 혁명까지 거슬러 올라가고, 많은 가치들을 구체화하였다. 민족주의 아이디어는 유럽의 많은 지역에 빠르게 확산되었고, 예를 들어, 이탈리아와 독일의 통일운동과 오스트리아-헝가리, 러시아 제국, 오스만 제국 등의 독립에 적지 않은 영향을 미쳤다. 아마도 고전적 민족주의에 대한 가장 분명한 표현은 미국의 윌슨(Woodrow Wilson) 대통령의 '14개 조항(Fourteen Points)'에서 발견된다. 1918년에 작성된 이 14개 조항은 제1차 세계대전 이후 유럽의 재건을 위한 기초로 제안되었고, 베르사유조약(1919)에 의하여 수행된 광범위한 영토 변경을 위한 청사진을 제공하였다.

고전적 민족주의는 자유주의 사상과 가치에 강하게 연관되어 있다. 모든 형태의 민족주의와 마찬가지로, 고전적 민족주의는, 인류가 민족들의 집단으로 자연적으로 분리되어 있고 각 민족은 분리된 정체성을 지니고 있다는 점에 기초하고 있다. 따라서 민족은 정치지도자들이나 지배계급이 만든 창조물이 아니라 순수한 또는 유기적인 공동체이다. 그러나 고전적 민족주의의 특성은 민족을 대중적 주권과 연결시킨다는 것인데, 이는 루소(Jean-Jacques Rousseau, 1712-78)의 '일반 의지(general will)'에 대한 생각으로부터 파생된 것이다. 이러한 논리가 나오게 된 배경은 19세기 유럽의 민족주의자들이 대항하여 투쟁한 다민족 제국들이 독재적이고 탄압적이었기 때문이었다. 예를 들어, 마치니(Mazzini)는 이탈리아의 통일을 원했을 뿐만 아니라 오스트리아의 독재적 영향력에서 벗어나기를 원하였다. 윌슨 대통령은 유럽을 구성하고 있는 민족들이 국가를 수립하기를 원했을 뿐만 아니라 그 국가는 미국 스타일의 자유적 공화주의를 바탕으로 재설립되기를 원했다. 따라서 이러한 민족주의 형식의 중심적인 명제는 **민족자결** 원칙이다. 이에 따른 목표는 민족국가를 설립하는 것이다.

이러한 민족주의의 형식은 세계정치에 깊은 함의를 제공해 왔다. 19세기 초반 이후 불가역적인 민족국가의 형성과정은 국가체계를 전환시켰고 지구상의 정치적 권력을 재구성하였으며, 과거에는 국가들에게 결여되었던 내부결속, 목표의식, 정체성을 제공하였다. 그러나 이는 복잡한 과정이었다. 스미스(Anthony Smith 1986, 1991)와 같은 원초주의자들은 현대 이전의 민족공동체를 현대국가의 원형으로 보는 경향이 있지만, 민족주의가 국가체계를 변화시킨 것처럼 민족국가의 형성은 민족주의를 확실하게 변화시켰다. 이베리아반도로부터 러시아 국경에 이르는 유럽지역에 확산된 1848년의 혁명의 중요한 요소는 민족주의였다. 그러나 민족주의 운동은 그것만으로 민족건설 과정을 달성할 정도로 강하지 못했다. 민족주의 목표가 달성된 이탈리아와 독일의 경우(양국은 모두 1871년에 통일되었다), 민족주의가 강력한 내부 주들의 욕망과 일치했기 때문에 통일을 이루어냈는데, 그 주들은 피에드몽(Piedmont)과 프러시아(Prussia)였다. 민족주의의 성격도 변화하였다. 이전에 민족주의는 자유주의적이고 진보적인 운동과 연계되

개 념

민족국가

민족국가는 시민권과 민족성이 중첩되어 연결됨으로써 형성된 자치적인 정치공동체이며, 정치적이고 문화적인 정체성이 일치된다. 이에 따라 민족국가는 마치니의 목표인 "각 민족은 한 국가를, 하나의 국가만이 전 민족을 포용"을 반영한다. 대개의 현대국가는 민족국가이며, 고전적 민족주의 덕분에 민족은 정치지배의 기본단위로 수용되게 되었다. 그러나 민족국가는 실제보다는 정치적 이상의 측면이 더 강한데, 그 이유는 모든 국가들은 문화적이고 인종적으로 어느 정도 혼합되어 있기 때문이다. 그러나 '민족국가'의 개념은 많은 대중과 일부 학자의 담론에서 '국가'와 동의어가 되고 있다.

민족자결(National self-determination): 민족이 주권적 실체라는 원칙이며, 자결은 민족의 독립과 민주적 통치를 의미한다.

분석적 접근

민족주의

현실주의 견해

일반적으로 현실주의자들은 민족주의에 대하여 별로 강조하지 않는다. 그들의 견해에 따르면, 현대 국제체제 발전의 가장 중요한 국면은 1500-1750년 사이의 주권국가의 등장(특히 1648년의 베스트팔렌평화조약)이었으며, 19세기 초반 민족주의의 등장으로 국가들이 민족국가로 전환된 것이 중요한 국면이 아니었다. 따라서 국제체제는 보다 정확하게 말해서 국가 간의 체제(inter-state system)라 할 수 있다. 그러나 현실주의자들은 민족주의를 대체로 긍정적인 시각으로 보는 경향이 있다. 현실주의의 관점에서 민족주의는 국가권력의 핵심적인 보조적 요인이고, 민족국가의 대외적 효율성을 강화하는 내부 결속의 원천이다. 국가이익을 '민족이익'으로 해석함으로써 현실주의자들은 민족주의가 국제 무정부상태를 유지하고 국가 사이의 협력을 제한하고, 인권과 같은 보편적 가치가 결함이 있다는 의미를 갖게 하는 힘을 갖고 있다는 점을 인정한다.

자유주의 견해

자유주의자들은 오랫동안 민족주의를 옹호해 왔다. 특히 19세기 유럽에서 자유주의자가 되는 것은 민족주의자가 되는 것을 의미하였다. 자유주의적 민족주의는 민족주의의 원리적 형식이고, 무엇보다도 민족자결주의에 기반하고 있다. 이는 민족을 주권적 실체로 묘사하고, 민족의 독립과 민주적 통치를 의미한다. 모든 민족주의자들과 마찬가지로 자유주의적 민족주의자들은 민족을 '자연적' 공동체로 표현하지만, 그들은 기본적으로 민족을 공통의 가치와 정치적 충성의 존재에 기반한 시민적(civic) 실체로 간주하고 있다. 자유주의 관점에 따르면, 민족국가는 정치적 이상이고, 자유의 목표와 더불어 자신의 운명을 결정하는 각 민족의 권리를 대표한다. 더욱이 민족자결은 보편적인 권리이고 민족의 평등성을 반영하며, 자유주의자들이 자기 민족의 주권국가 건설뿐만 아니라 독립적인 민족국가 세계의 건설을 목표로 한다는 점을 의미한다. 자유주의자들은 그러한 세계는 평화와 조화의 성격을 가질 것이라고 주장한다. 그 이유는 민족국가들이 서로의 권리와 자유를 존중하는 경향이 있고, 어떠한 민족국가도 자신의 시민과 문화의 통합이 위태롭게 되는 것을 원하지 않을 것이기 때문이다. 그러나 자유주의자들은 민족주의와 국제주의가 서로 대립적이 아니라 보완적인 원칙으로 인정한다. 대체로 자유적 국제주의의 특출한 형식들은 경제적 상호의존을 촉진하기 위한 자유무역을 지지하는 것이고, 비용이 많이 들기 때문에 전쟁을 거의 고려할 수 없게 하는 것이며, 법에 의한 국제적 지배를 확립하기 위하여 정부간 또는 초국가적 조직을 구축하는 것이다.

마르크스주의 견해

마르크스주의자들에게 민족은 '거짓 의식'의 한 예일 수 있는데, 이는 노동자 계급들을 어지럽고 혼란스럽게 하며, 자신들의 진정한 이익을 인식하는 것과 자신들 사이의 경쟁적이고 적대적인 사회적 관계를 만드는 것을 방해하는 환상이다. 특히, 사회적 계급에 대한 민족의 유대를 강조하는 데 있어서, 민족주의는 불평등한 계급 권력의 현실을 왜곡하고 은폐하며, 사회혁명을 방지하는 역할을 한다. 마르크스주의는 사회주의적 국제주의와 함께 민족주의를 직접적으로 반대한다. 즉, 마르크스주의이론이 전통적으로 민족주의를 이념적이고 환상적이라고 거부하는 반면, 마르크스주의를 실행에 옮기는 것은 종종 프롤레타리아 계급을 동원하기 위한 민족주의 수사학의 사용, 또는 '자유주의적' 정치적 민족주의의 보다 완전한 수용을 수반했다. 마르크스와 엥겔스는 때때로 자신들의 글에서 민족주의 세력을 지지했는데, 이는 그들이 주어진 국가에서 혁명을 위한 최고의 희망이라고 생각하는 것과 일치했다. 그러나 가장 중요한 것은, '아프리카민족주의'(p. 210 참조)의 많은 변형에서와 마찬가지로, 20세기 반식민주의운동은 마르크스주의와 민족주의 사상의 조합을 통해 매우 자주 분명하게 표현되었다.

구성주의 견해

특히 사회구성주의자들은 '고정된' 인종적 정체성과 민족적 정체성이라는 원초주의적 이미지에 대해 비판하면서, 국가 귀속감은 사회적, 정치적, 기타의 과정을 통해 '구성'된다는 점을 강조해왔다. 따라서 이들은 앤더슨(Benedict Anderson)의 '상상된 공동체'로서의 민족 이미지에 공감하면서, 민족은 민족주의 자체에 의해 형성된다고 주장하는 경향이 있다. 구성주의적 관점에서 민족정체성, 따라서 민족주의는 국제관계의 과정을 통해 상호 구성되며, 이러한 과정을 통해 만들어지지 않거나 변화될 수 있다.

페미니즘 견해

많은 페미니스트들에게 '가족'과 같은 민족은 남성주의적 권력 개념에 뿌리를 둔 가부장적 사회구조이다. 민족의 건설은 사실상 성 정체성의 혼합에 의해 구성된 사회에 소속되는 획일적이고 남성 중심적이며 남성이 지배하는 설화에 대한 것이다. 특히, 정치적 권리에 대한 민족주의 단체들은 이성애적인 '가족 가치관'을 옹호하고 반페미니스트적 견해를 주장하며, 민족 자체의 근본으로서 '전통적'이고 가부장적인 젠더의 역할을 강조한다. 그렇긴 하지만, 민족주의는 등장 이래 페미니즘에서 분열을 일으키는 이슈이기도 하다. 영국의 여성참정권 운동은 제1차 세계대전에서 국가적 '전쟁 노력'을 지지하기 위해 자신들의 캠페인을 중단하거나 적응한 사람들, 또는 평화운동을 조직하고 전쟁에 반대하는 운동을 한 사람들 사이에 분열이 고조되었다. 한 세기 후, 패리스(Sara Farris 2017)는 '여성극우주의(femonationalism)'라는 용어를 글로벌 사우스의 여성 해고, 그리고 페미니즘 논쟁에 대한 민족주의자들의 대응에 서구의 일부 자칭 친 페미니스트들의 참여를 설명하기 위해 만들었다. 패리스는 다음과 같이 언급한다.

> 현재의 유럽 민족주의 정당들이 오래된 정당들과 구별되는 두드러진 특징들 중 하나는 외국인 혐오라는 수사 내에서 성평등(그리고 때로는 성소수자 권리)을 언급한다는 점이다 (Farris 2017: 1).

후기 구조주의 관점

후기 구조주의와 포스트모더니즘의 민족주의 접근법은 민족주의 프로젝트의 핵심이 서사, 즉 설화의 집합체임을 암시하는 경향이 있다. 역사책, 소설, 상징, 신화 등에 의해 민족의 이야기가 전해지는데, 특히 민족의 기원을 오래 전의 시기로부터 찾고 민족에 특별한 특성을 불어넣는 기반 신화가 중요하다. 민족주의는 '차이의 정치'와 연결된다는 점에서 후기 구조주의자들에게 중요하다. 구체적으로 민족주의는 사회 전반의 다양한 정체성에 대한 정치와 권력투쟁을 '해결'하거나 초월하고자 한다. 민족주의 서사는 민족과 동일시하지 않는 (또는 다른 사람들에 의해 동일시되지 않는) 사람들을 '배반'하고 위험하며, 잠재적으로 배제되거나 심지어 말살될 필요가 있는 사람들로 제시한다. 후기 구조주의자들은 민족주의자들이 응집력 있는 민족 '자율성(self)'이라는 목표를 결코 완전히 달성할 수 없다고 믿는 경향이 있는데, 왜냐하면 항상 '저항', 일탈, 차이가 존재할 것이기 때문이다.

탈식민주의 견해

탈식민주의이론과 민족주의 사이의 관계는 미묘하고 풍부하다. 한편으로, 민족과 민족주의는 식민지 및 탈식민지 인종주의 폭력의 근원이다. 사회 내부 및 사회 사이의 '타자화(othering)'의 사회적 과정은 종종 민족주의 렌즈를 통해 굴절되는데, 누가 민족에 '속하거나' 속하지 않는지는 식민지 역사와 관련된 투쟁의 일부이며, 이에 뒤따르는 구조적인 인종주의이다. 다른 한편, 민족주의는 반식민지 투쟁, 특히 20세기 중반에 번성한 '아프리카 민족주의'에서 핵심적인 역할을 해왔고, 범아프리카주의와 마르크스주의 또는 사회주의 정치 및 경제사상 모두와 밀접하게 관련되어 있다. 카브랄(Amilcar Cabral)과 같은 최초의 탈식민주의 '이론가'들 중 많은 사람들이 아프리카 민족들이 유럽의 식민지배로부터 독립하도록 고군분투한 활동적인 반식민지 운동가들과 혁명전사들이라는 점에서, 그들은 또한 자칭 민족주의자였다. 아프리카 내의 아프리카 민족주의는 백인이 다수인 사회의 흑인 민족주의와 범아프리카주의 해방운동과 강한 관련이 있다.

어 있었으나, 점차로 보수적이고 반동적인 정치가들에 의하여 지배되기 시작하였다. 그들은 사회적 결속, 질서, 안정과 제국주의적 팽창을 촉진하였다.

20세기 동안에 다민족 제국들이 영토에 기반한 민족국가로 대체되는 과정이 아프리카와 아시아로 확대되었다. 실제로 19세기 유럽 제국주의는 반식민지 '민족해방' 운동을 촉발함으로써 민족주의를 진정한 글로벌 신조로 바꾸어 놓았다. 전간기(戰間期: 제1차 세계대전 종료와 제2차 세계대전 시작 사이인 1918–1939)에 등장한 독립운동은 제2차 세계대전이 종결되면서 새롭게 추진되었다. 과도하게 전개되어 있던 영국, 프랑스, 네덜란드, 포르투갈 제국들은 민족주의가 등장하면서 무너지기 시작하였다. 인도는 1947년에 독립하였다. 중국은 1949년 공산주의 혁명 이후에야 실질적인 통일과 독립을 이룰 수 있었다. 1950년대와 60년대 초의 탈식민지화 과정을 거치면서 아프리카의 정치 지도는 완전히 새롭게 그려졌다. **아프리카민족주의**는 해방정치의 독특한 다양성이 되었고, 아프리카민족들은 자기 결정권과 식민지 지배의 타도를 추구했다. 한편으로는 마르크스주의나 사회주의 원칙, 다른 한편으로는 **범아프리카주의** 또는 '**네그리튀드**'에 대한 약속과 종종 혼합된 아프리카민족주의는 '아프리카'와 '서양' 요소들을 모두 포함했으며, 유럽의 지배를 벗어 던지고 수십 개의 새로운 국가들을 세우는 데 성공했다.

그러나 주권을 소유한 민족국가에 대한 이미지는 오해받기 쉽다. 첫째, 주요 제국들이 붕괴되었지만, 해결되지 않은 심각한 민족주의적 긴장이 지속되고 있다. 여기에는 중국에서 티베트와 주로 무슬림 지역인 신장성(新疆省), 러시아의 체첸, 중동의 쿠르드족, 스페인의 바스크족 등이 포함된다. 둘째, 어떠한 민족국가도 민족적이나 문화적으로 '순수'하지 않고, 모두가 자신의 존재를 유지하기 위하여 어느 정도 정치적 환경에 의존한다. 유고슬라비아의 등장과 붕괴가 이의 대표적인 사례이다. 마지막으로, 민족국가들의 경제적이고 정치적인 권력이 불균형하게 남아 있는 한, 진실된 민족자결은 실현이 어렵다. 이러한 추세는 글로벌화의 진전과 국가주권의 침식 때문에 심화되었다.

민족주의, 전쟁과 분쟁

그러나 민족주의는 민족의 통합과 독립의 달성과 관련된 해방의 명제를 지지할 뿐만 아니라, 공격성, **군국주의**와 전쟁의 정치를 통하여 표현되기도 한다. 특히 팽창적 민족주의는 고전적 민족주의의 핵심인 평등권과 자결의 원칙과 믿음에 대한 정반대의 이념으로 정의된다. 이러한 맥락에서 민족의 권리는 모든 민족이 함께 보유하는 권리가 아니라 특정 민족이 다른 민족보다 우월하다는 바탕 위에서 정립되는 권리이다. 따라서 팽창적 민족주의는 민족적 **쇼비니즘**(chauvinism) 아이디어와 결부된다. 나폴레옹과 프랑스의 대의에 대하여 광적인 신봉을 하는 프랑스의 군인 쇼빈(Nicholas Chauvin)의 이름으로부터 유래된 쇼비니즘은 민족

아프리카민족주의(African nationalism): 해방주의적이고 반식민지적인 민족주의적 사회운동의 모델. 아프리카민족주의는 통일된 '아프리카성'이라는 '범아프리카주의적' 이상을 강조하고, 유럽의 식민지화하는 강대국들로부터 독립적인 새로운 민족국가들을 요구하면서 창조했다.

범아프리카주의(Pan-Africanism): 아프리카 민족과 전 세계 아프리카 디아스포라 사이의 문화적, 정치적, 경제적 유대를 인정하고 강화하려는 광범위한 운동.

네그리튀드(Négritude): 탈식민주의 시인, 문학이론가, 활동가인 세제르(Aimé Césaire)가 아프리카 또는 흑인의 '존재 방식'을 설명하기 위해 만든 개념으로, 아프리카 민족주의를 포함한 많은 반식민주의 및 탈식민주의 이론과 실천에 내재되어 있다.

군국주의(Militarism): 군사적 수단에 의한 목표의 달성, 또는 민간사회에 군사적 사상과 가치를 확산시키는 것.

쇼비니즘(Chauvinism): 자신의 단체나 사람들이 우월성과 지배력을 갖고 있다는 비이성적인 신념이며, 이는 민족, 인종집단, 젠더 등에 적용될 수 있다.

들이 각기 특징들을 가지고 있으며 서로 다른 운명을 가지고 있다는 믿음에 기초한다. 일부 민족들은 지배할 능력을 가지고 있으며, 다른 민족들은 지배받을 운명에 처해 있다. 전형적으로 이러한 형태의 민족주의는 인종적 우월주의와 관련되며, 이에 따라 민족주의와 민족적 우월감이 융합된다. 쇼비니즘을 보유한 사람들은 특별하고 '선택된 사람'들이며, 다른 사람들은 약하고 열등적이거나 호전적이고 위협적으로 보인다. 이의 극단적인 사례는 독일 나치의 경우인데, 나치의 아리안주의(Aryanism)는 독일사람들(아리안족)을 세계를 지배할 운명의 '지배자 민족(master race)'이고, 이는 반유대주의를 기초로 하고 있다고 주장했다.

이러한 관점에서 보면, 민족주의의 발전은 독립된 민족국가들 사이의 균형과 조화가 아니라 심각한 경쟁과 지속적인 투쟁과 연관되어 있다. 실제로 일부 사람들은 초기부터 민족주의는 쇼비니즘에 감염되어 있고, 다른 사람들보다 자신의 민족을 선호하는 것이 '자연스러운' 것이라는 가정에 기초하여 적어도 항상 암묵적인 인종차별적인 믿음을 가지고 있었다고 주장한다. 이러한 점에서 민족주의는 본질적으로 억압적이며 팽창적으로 보일 수 있다. 따라서 모든 형태의 민족주의는 외국인 혐오증(xenophobia)을 보이고 있다. 민족주의의 공격적인 면은 19세기 후반부터 점차 부각되기 시작하였는데, 당시 유럽의 강대국들은 민족의 영광과 '유리한 지위'를 위하여 '아프리카 쟁탈전'에 탐닉하고 있었다. 범민족주의(pan-nationalism)의 형태 역시 공격성과 팽창이 특징이었는데, 이는 제1차 세계대전으로 이르기까지 러시아와 독일에서 팽배하였다. 이와 유사하게 제2차 세계대전으로 가는 과정도 제국주의적 팽창이라는 민족주의가 바탕이 된 프로그램에 의하여 형성되었는데, 그 주축은 독일, 일본, 이탈리아였다. 따라서 민족주의는 20세기 두 차례 세계전쟁의 발발을 설명하는 주요 근거가 되었다. 이러한 형태의 민족주의는 1945년에도 사라지지 않았다. 예를 들어, 1990년대 유고슬라비아의 해체 당시 보스니아의 세르비아 민족은 군국주의와 '인종청소'라는 공격적인 계획을 통해 '대 세르비아(Greater Serbia)'를 건설하였다.

반유대주의(Anti-Semitism): 유대인들에 대한 편견이나 증오. 셈족(Semites)은 노아의 아들인 셈(Shem)의 후손들이다.

외국인 혐오증(Xenophobia): 외국인에 대한 두려움 또는 증오. 병적인 자민족중심주의.

범민족주의(Pan-nationalism): 팽창주의나 정치적 연대를 통하여 이질적인 사람들을 하나로 만드는 데 전념하는 민족주의의 한 스타일이다 ('범'은 전부 또는 모두를 의미).

인종청소(Ethnic cleansing): 인종의 순수성을 이유로 어떠한 인종집단이나 집단들을 강제로 추방하는 것을 완곡하게 표현한 것이며, 때로는 폭력에 의한 대학살도 자행된다.

8

이주시대의 민족

민족주의의 아이러니 중의 하나는 민족주의가 세계의 마지막 남은 제국의 붕괴를 완성시킨 것처럼, 민족국가는 내부와 외부의 힘에 의하여 훼손되고 있다는 점이다. 이에 따라 일부 사람들은 '민족국가의 위기' 또는 심지어 '민족국가의 여명기'라고 언급하고 있다. 이를 추동하는 힘들은 다양하다. 여기에 포함되는 것들은 자율적 경제단위로서 기능할 수 있는 국가의 능력을 약화시키는 경제 글로벌화와 민족국가의 문화적 특수성을 약화시키는 문화 글로벌화 등이다. 그러나 일부 사람들은 국가에 대한 가장 강력한 위협은 국제 이주의 증가, 그 결과로서 초국가적

논 쟁

민족주의는 본질적으로 공격적이고 억압적인가?

원칙적으로 민족주의는 전체가 방어적인가? 일부 사람들은 민족주의가 팽창주의와 억압성과 연관되어 있는 점은 민족주의 자체가 지니고 있는 깊고 암흑적인 힘을 보여준다고 주장하는가 하면, 다른 사람들은 민족주의가 평화적이며 사회적으로 문명화된 것이라고 주장한다.

그 렇 다

자기중심주의(narcissism)로서의 민족주의. 모든 형태의 민족주의는 당파성에 기초하는데, 이는 다른 민족보다 자기 민족을 선호한다는 감정을 바탕으로 한다는 점을 의미하고, 자신들이 특별하고 독특한 수준을 가졌다는 믿음으로부터 시작된다. 따라서 민족주의는 보편적인 가치와 글로벌 정의의 적이다. 민족 내의 이기심이 증진되면서 각 민족은 도덕적 관심을 자기 사람들에게만 제한하고, 자신들의 이익이 다른 사람들의 이익보다 우선한다고 믿는다. 따라서 민족주의는 본질적으로 쇼비니즘의 성향을 가지며, 잠재적인 공격성을 보유한다. 문제는 민족의 쇼비니즘이 공개적이냐 암묵적이냐, 따라서 공격성이 현시적이냐 잠재적이냐의 차이일 뿐이다.

부정적 통합성. 민족의 정체성은 자신의 민족이 독특하고 '특별'하다는 믿음을 통해서, 그리고 다른 민족이나 인종을 위협이나 적으로 간주하는 부정적 통합성(negative integration)을 통해서 만들어진다. 따라서 민족주의는 '그들'과 '우리들' 사이를 명확하게 구분한다. '우리들'이라는 감정을 키우기 위하여 비웃음과 증오의 대상인 '그들'이 있어야 한다. 세계를 '내집단(內集團, in group)'과 '외집단(外集團, out group)'으로 분류하는 것은 민족주의가 배타적이라는 점을 의미한다. 모든 종류의 민족주의는 불관용, 호전성, 인종차별적 성향을 나타낸다. 따라서 '진정한' 민족주의는 인종적 민족주의이다.

민족주의와 권력. 민족주의는 반드시 권력추구와 관련되어 있기 때문에 협력보다는 경쟁과 갈등으로 나아가게 된다. 약자들의 민족주의는 무력감과 패배감으로부터 나오며, 부정과 억압에 대항하여 민족의 권리와 정체성을 획득하려는 노력을 한다. 그러나 민족이 주권국가를 수립하게 되면 권력추구가 완화된다고 믿는 것

아 니 다

민족주의와 자유. 민족주의는 카멜레온과 같은 이데올로기이다. 민족주의의 성격은 민족주의의 열망이 발생하는 환경과 민족주의를 생성시키는 (매우 다양한) 정치적 대의들에 의하여 결정된다. 민족주의가 외국의 지배 또는 식민통치의 경험에 대한 반응일 때, 민족주의는 해방적인 성격을 가지며, 자유, 정의, 민주주의의 목표와 연계된다. 민족주의는 자결의 원칙을 바탕으로 하여 세계에 자유를 확대시키는 반팽창주의와 반제국주의의 힘을 보유한다. 더욱이 자결은 국내 정치권력 조직에 강력한 힘이 되고 있으며, 동등한 시민권과 민주적 책임성을 함유한다.

시민적 민족주의. 민족주의는 인종적인 개념으로 편협하게 정의될 때 불관용적이고 억압적이 된다. 그러나 일부 민족들은 문화적 동질성보다는 특정 가치와 시민적 이상에 순종하는 차원에서 구성된 매우 분명한 '정치적' 민족이 된다. 그렇게 발전된 민족주의의 형태는 전형적으로 관용적이고 민주적이 되며, 종교적, 언어적, 문화적, 인종적 다양성에 의한 배경에 대항하는 높은 수준의 사회적 조화와 정치적 통합을 유지하게 된다. 따라서 민족 정체성은 포용적, 유연적이고 항상 진화적이 되며, 변화하는 정치와 사회적 상황에 적응해 나간다.

문화적 소속감. 민족주의에 의한 주요 이득은 민족주의가 사람들에게 문화적 유산과 자신들이 누구인지에 대한 감정을 가져다주고, 그들을 하나로 묶어 사회성을 증진시켜 준다는 점이다. 이러한 점에서 민족주의의 성공은 왜 시민권과 민족의식이 중첩되는 아이디어인지를 설명해 준다는 점이다. 정치적 안정과 사회적 통합을 증진시키는 민족주의의 '내적(inner)' 이득은 언제나 또는 반드시 팽창주의, 정복, 전쟁에 연관되지는 않는다. 따라서 민족주의와 군국주의 사이의 연계는

은 망상에 불과하다. 안정된 국가, 심지어 강대국들의 민족주의는 자기과시의 성격을 가지고, 민족 정체성은 확대와 '위대함'의 추구로 재구성된다. 제한적이며, 민족적 감정이 국제경쟁과 대립에 의하여 생성될 때에만 발생하는 경향이 있다.

공동체와 일반적인 혼종성의 성장에서 비롯된다고 주장한다. 따라서 인구이동은 현대 세계정치에 주요한 영향을 미쳤다.

혼종성(Hybridity): 개인과 집단의 정체성에 영향을 미치는 사회적, 문화적 혼합 또는 융합의 상태.

이주(Migration): 한 사람 또는 한 무리의 사람들이 국경을 넘거나 국가 내에서 이동하는 것을 말한다.

움직이는 세계

이주는 인간이 경험한 인류역사의 한 부분이다. 실제로, 정착은 8,000년 전쯤에 농업이 시작되면서 이루어졌고, 인간사회는 300만 년 이전부터 사냥꾼과 채집자들에 의한 유동적인 공동체로 시작되었다. 그러나 마을과 도시의 발전은 이주를 종식시키지 못하였다. 최초의 인류는 현재의 아프리카에서 기원했다고 믿어지며, 이후 유라시아로 이주하여 전 세계로 퍼져 나갔다. 예를 들어, 기원전 3,000년에서 1,000년 사이에 히타이트(Hittites), 페니키아(Phoenicians), 그리스(Greeks)와 같은 초기 제국들은 유럽 대부분, 북아프리카 일부, 중동과 중앙아시아의 문화를 재형성하였다. 이 과정은 인도-유럽집단이 밀접하게 연결되는 언어들의 분포에 반영되는데, 이는 산스크리트어와 페르시아어를 한편으로 하고, 그리스어, 라틴어, 프랑스어, 독일어, 영어를 다른 한편으로 한다. 9세기와 10세기에 바이킹, 마자르와 사라센족이 북부와 중부유럽을 침략하였고, 바이킹족은 아이슬란드, 그린란드와 뉴펀들랜드에 정착지를 건설하였다. 유럽의 해외팽창은 16세기 스페인이 멕시코와 페루를 침공하면서 시작되었고, 북미지역을 영국이 주도적으로 식민지화하였다. 이 세상의 어느 민족도 지금 사는 지역에서 계속하여 살아 왔다고 말할 수는 없다.

이주는 여러 가지 이유로 발생한다. 근대 초기까지 앞서 설명한 바와 같이 이주는 항상 정복과 침략의 결과로 이루어졌고, 정착과 식민지화로 이어졌다. 미국, 캐나다, 호주, 그리고 전체 라틴 아메리카의 경우, 정복과 정착은 이주 민족들의 등장을 가져왔고, 원주민들은 질병, 억압과 차별대우 때문에 소외된 소수세력으로 축소되었다. 또한, 대규모 이주는 강압적인 과정을 보이기도 했는데, 가장 적절한 사례는 노예무역과 강제노역제도였다. 미국과 카리브해에 약 4,000만 명의 노예들이 있었는데, 이들은 16세기 중반에서 18세기 중반 사이에 아프리카에서 붙잡혀 유럽을 통하여 '신세계'의 설탕과 담배 농장에서 노역을 하도록 이송되었다. 노예들과는 조금 다른 상황에서 사는 강제 노역자들은 19세기 중국과 인도에서 포획되어 영국, 프랑스, 독일, 네덜란드가 소유한 식민지에서 노동을 하였

디아스포라(Diaspora): (히브리어) 분산. 힘에 의한 변위나 분산을 의미하지만, 그러한 분산의 결과로 생겨난 초국가적 공동체를 지칭하기도 한다.

이주(Emigration): 사람들이 다른 나라에 정착하기 위해 고국을 떠나는 과정.

기후 난민(Climate refugees): 기후변화에 의해 강제로 국제이주된 사람들을 설명하기 위해 NGO와 운동가들에 의해 일반적으로 사용되는 이 용어는 기후변화가 현재 국제법에서 난민 지위의 원인이 될 수 없기 때문에 유엔에 의해 아직 공식적으로 채택되지 않았다.

다. 그러한 상황하에서 약 3,700만 명이 해외로 보내졌고, 노예제도가 폐지된 이후 인도를 떠났던 많은 사람들이 돌아갔지만 오늘날 카리브해와 동아프리카의 인도공동체들은 주로 강제노동자들의 후예로 구성되어 있다.

그러나 다른 이주민들은 경제적인 이유로 선택적인 이주를 하는데, 여기에는 상당한 가난과 고난이 연관된다. 이는 19세기 중반부터 제1차 세계대전 발발까지 유럽에서 미주로의 자발적인 대규모 이주가 해당되는데, 예를 들어 1845-7년의 감자기근(potato famine: 아일랜드 인구의 5분의 1을 아사시킨 대기근 – 역자 주)을 탈피하기 위하여 약 100만 명의 아일랜드인들의 이주, 농촌의 빈곤과 주기적인 작황실패로 300만 명 이상이 독일을 떠난 사례 등이 포함된다. 이주의 마지막 이유는 종교적 또는 정치적 박해 때문이다. 이의 고전적 사례는 유대에서 로마의 탄압에 의해 시작되었고 유대인들이 영국, 프랑스, 스페인, 포르투갈, 독일의 많은 도시로부터 추방당한 유대인 디아스포라였다. 식민지 시대와 19세기 후반에 유럽에서 북아메리카로 이주한 것은 또한 종종 청교도, 다양한 종류의 비순교도, 가톨릭 신자 및 유대인 집단의 종교적 박해로부터 탈출하려는 이유도 있었다.

보다 최근에는, 인류가 발생시킨 기후변화가 실제적이고 잠재적인 이주의 원인으로 부상했다. 2022년 현재 유엔난민기구(UNHCR)는 비정상적인 폭우와 해수면 상승에서 가뭄과 사이클론에 이르기까지 기후변화와 관련된 극단적인 기상현상들이 매년 2,000만 명 이상의 사람들로 하여금 자국 내에서 이동하게 만들었다고 추정했다. UNHCR은 최근 몇 년 동안 종종 '기후 난민'이라고 불리는 사람들을 위한 주요 구호활동에 참여해 왔으며, 예를 들어, 2019년 말라위, 모잠비크, 짐바브웨의 사이클론 이다이, 2020년 중앙아메리카의 허리케인 에타에 대한 대응을 포함한다.

초 점

국제이주: 사람들은 당겨지는가 또는 밀려나는가?

이주에 대한 이론은 개인의 역할을 강조하는 이론과 구조적 요인에 초점을 맞추는 이론으로 구분될 수 있다. 실제로 이 요인들은 상호작용하는데, 왜냐하면 개인의 결정은 구조적 맥락과 분리되어 이해될 수 없기 때문이다.

각 이론들은 합리적인 사리사욕의 추구에 영향을 받아 이주 결정을 내리는 데 있어 개인 계산의 역할을 강조한다. 이는 이주의 경제적 모델이며, 일종의 비용-편익 분석에 의존한다. 이에 따르면, 이주를 하는 데 드는 비용보다 편익가 더 크다는 인식에 의하여 사람들이 '당겨짐'에 따라 이주가 발생하게 된다. 이 관점에 의하면, 이주비용을 더 들게 하거나(예를 들어, 이민의 할당과 통제), 이주의 편익을 줄이게 되면(예를 들어, 이주자들에 대한 사회보장을 제한하거나 직업의 제한을 두는 것), 이주가 억제될 수 있다.

구조이론은 사회적, 경제적 또는 정치적 요인들이 개인의 행위에 영향을 미치거나 결정을 하는 정도를 강조한다. 따라서 이주민들은 자기의 모국에서 '밀려나거나' (만성적이고 심각한 빈곤, 정치적 불안과 내전 같은 이유 때문에), 정착하는 나라로 '당겨지게' (경제가 확대되어 추가적인 노동력이 필요하게 되고, 원래의 국내인구들이 싫어하는 직종과 기술의 부족 때문에) 된다. 이 관점에 의하면, 글로벌 차원의 불평등을 줄이고 안정된 거버넌스를 확대하는 전략을 모색하면 이주를 억제할 수 있다.

이주의 대부분은 항상 내부적이었고, 지금도 계속되고 있다. 예를 들어, 국내실향민의 수(2019년 4,570만 명)는 지속적으로 국제 난민의 수(2,600만 명)를 초과하며, 노동이주는 글로벌화보다 도시화와 더 일반적으로 연관되어 있다 (예를 들어, 중국의 경우, 2014년에 세계은행은 1990년대 이후 2억 6,000만 명이 시골에서 도시로 이주했다고 밝혔다. 2016년 중국 국가통계국은 1년 동안만 2억 8,170만 명이 농촌에서 도시로 이주했다고 기록했다). 그러나 현대세계에서 국제이주가 점점 더 중요한 특징이 되었다. 국제이주자의 수는 1970년 8,100만 명에서 2019년 2억 5,800만 명으로 증가했으며, 이는 세계 인구의 3.35퍼센트에 해당한다 (변칙적인 이주자들[기록되지 않거나 불법 이주로] 때문에 정확한 수를 파악하는 것은 쉽지 않다). 국제 이주자가 함께 거주한다면 그들은 세계에서 5번째로 인구가 많은 국가가 될 것이다. 현대는 '이주의 시대'라는 아이디어는 국경을 넘는 이주가 급격히 증가했을 뿐만 아니라, 경제적, 사회적, 문화적, 정치적 차원에서 이주가 점차 중요해 지고 있다는 점을 의미한다 (Castles et al. 2013). 무엇보다도, 이주의 시대는 국가의 주권에 대한 국제이주가 제기하는 도전으로 특징지어지는데, 이는 증가하는 노력에도 불구하고 국경을 넘는 사람들의 이동을 효과적으로 규제할 수 없을 거라는 점이다. 따라서 화폐, 상품 및 기타 경제자원의 흐름과 마찬가지로 초국가 및 초국경 인구 흐름에 있어서 국내영역과 국제영역 간의 격차는 크게 줄어들고 있다.

최근 몇 년간 왜, 그리고 어떻게 이주 패턴이 바뀌었는가? 이주의 가속화와 더불어 국제이주도 점점 더 차별화되고 있다. 현대 이주의 한 차원은 분명히 경제 글로벌화와 연결되어 있다. 글로벌화의 시작은 다양한 방식으로 국제이주에 대한 압력을 강화했다. 여기에는 작지만 점점 더 많은 고임금 및 고위직 일자리를 위한 진정한 글로벌노동시장이 발달하게 되었고, 글로벌화가 조장한 구조조정이 국내 인구가 충족할 수 없는 다양한 기술을 요구하게 되었으며, 정치사회적 혼란으로 안보불안과 불안정의 위협을 받은 지역에서 새로운 경제기회를 찾거나 찾을 필요가 있는 사람들이 증가한 점이 포함된다. 이러한 경향은 또한 '이주의 글로벌화', 즉 더 많은 국가가 동시에 이주의 영향을 받는 경향과 더 많은 원천국가(source sountry)에서 이민이 오는 경향을 설명하는 역할을 한다. 이는 1945년 직후 이주 흐름이 더 가난한 국가에서 더 부유한 이웃으로의 또는 이전 식민 통치국으로의 이주 패턴과 현저하게 대조된다. 이전에는 때때로 해외에서 노동자를 모집하는 의도적인 정책이 기획되었다.

현대 이주의 또 다른 차원은 난민과 연결되어 있으며, 알제리, 르완다, 우간다에서 방글라데시, 아프가니스탄, 시리아, 우크라이나에 이르는 지역에서 전쟁, 민족갈등, 정치적 격변의 결과이다. 시리아내전이 시작된 이래 10년이 되는 2021년에 UNHCR은 이 분쟁이 670만 명의 내부적인 실향민에 더하여 680만 명

국내실향민(Internally displaced person): 무장충돌, 일반화된 폭력 또는 자연재해 또는 인재의 영향으로 인하여 국외로 출국하지 못하고 상주 주거지에서 도피할 수밖에 없는 사람을 말한다.

난민(Refugee): 생명, 안전 또는 자유를 위협받기 때문에 어쩔 수 없이 모국을 떠나야 하는 사람.

이민(Immigration): 정착을 목적으로 외국인들이 한 국가로 이주하는 과정.

인신매매(Human trafficking): 강요나 무력의 위협이나 사용으로 인하여 발생하는 착취를 목적으로 하는 사람의 모집과 운반을 말한다.

동화(同化, Assimilation): 이주 공동체가 스스로의 문화적 독특성을 상실하고 이주한 국가의 가치, 충성, 생활양식에 적응해 가는 과정.

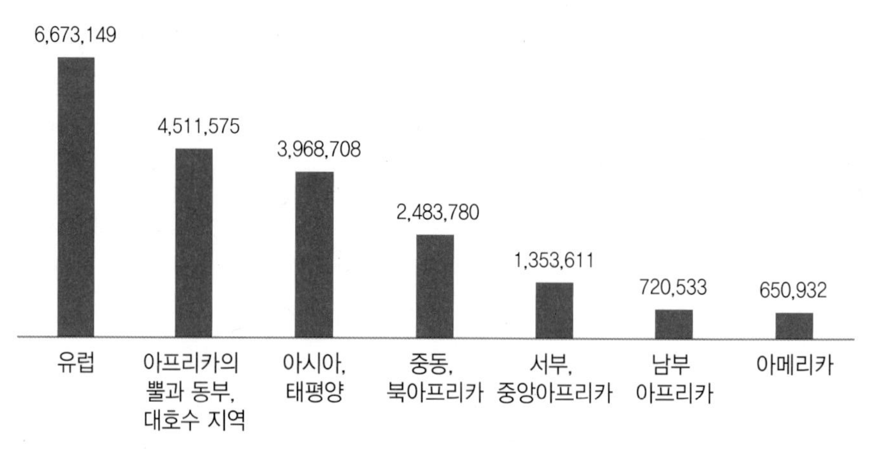

도표 8.1 전 세계 난민, 지역별 통계

출처: 'UNHCR, 2020'에 보고된 정부의 통계에 기초.

을 난민으로 만들었다고 보고했다. 국경을 넘는 대규모 이주는 많은 개발도상국에서 주요한 문제로 남아 있으며, 이는 전 세계 난민의 약 85퍼센트를 포함한다. 현대 이주의 마지막 차원은 인신매매이다. 비록 인신매매의 실제 범위를 평가하는 것은 매우 어렵지만, UNHCR과 국제노동기구(ILO)는 수백만 명의 사람들을 한 시기의 희생자로 추정하고 있으며, 불균형한 수로 여성과 어린이가 포함되어 있다. 2017년에 ILO는 2,500만 명이 전 세계에서 강제노동의 조건하에 처해 있고, 이들 중 거의 4분의 1이 자신의 거주국 밖에서 착취당하고 있다고 추정하면서 인신매매의 규모를 지적했다. UNHCR은 2020년에 탐지된 인신매매 사례 중에서 가장 일반적인 것으로 확인된 인신매매의 형태는 성적 착취(50퍼센트)이며, 강제노동(38퍼센트)이 그 뒤를 잇는다고 주장했다. 거의 항상 조직적인 범죄의 한 형태인 인신매매는 보통 더 가난한 나라에서 더 부유한 나라로 발생하고, 가난, 갈등, 또는 다른 조건들 때문에 사람들이 인신매매에 취약하게 된다.

초국가적 공동체와 디아스포라

현대 이주의 흐름은 국가의 국내정치에 중요한 함의를 가진다. 여기에는 민족적 충성보다는 초국가적 충성에 의하여 단결이 되는 많은 공동체 사회들의 발전이 포함된다. 물론 흩어진 공동체가 동화(同化)의 압력에 저항하여 문화적 독특성을 누렸다는 사실은 새로운 이야기가 아니다. 기원전 8세기까지 거슬러 올라가는 유대인의 디아스포라는 초국가적 공동체의 고전적 사례이다. 모순되지만, 유대인의 모국 영토가 없는 상황에서도 유대교와 히브리 언어의 놀라운 회복력은 다양한 형태의 반유대주의를 통한 차별과 박해의 역사에 의해 상당히 설명될 수 있다. 다른 사례로는 비잔틴 제국 시대에 계속되는 침략과 정복으로 인하여 추방을 당했던 아르메니아인들이 포함된다. 그러나 많은 사람들은 초국가적 공동체의 등장은 현대의 글로벌화된 세계의 주요 특징들 중의 하나라고 주장한다 (Basch, Glick Schiller, and Blanc-Szanton 1994).

국제이주의 증가는 그 자체가 새로운 초국가적 사회공간을 만드는 것은 아니다. 초국가적 공동체가 설립되기 위해서는 이주민 집단이 모국과 정착국의 사회를 연결하는 관계를 형성하고 유지해야 한다. 이는 다양하게 발전하는 현대사회에서 보다 용이하다. 19세기 미국으로 이주한 아일랜드 사람들은 고향으로 돌아갈 수 있는 가능성은 거의 없었고 친구 및 가족들과 교류를 하기 위해서는 우편 방법 밖에 사용할 수가 없었으나, 현대에 들어서서 걸프 국가들에 이주한 필리핀 사람들, 호주에 있는 인도네시아 사람들, 영국에 있는 방글라데시 사람들은 저렴한 교통과 발전된 통신의 혜택을 받고 있다. 항공여행은 이주민들이 정기적으로 '고향'을 방문하는 것을 가능하게 하였고, 모국의 사회도 아니고 정착국의 사회도 아닌 유연한 공동체가 만들어지게 되었다. 어디에나 있는 휴대전화는 또한 새로운 이민자들을 위한 기본적인 자원이 되어 아시아와 아프리카의 시골 지역을 포함한 개발도상국에 침투하고 있다. 더욱이 초국가적 공동체들은 가족 간의 네트워크와 경제적 흐름에 의하여 결합된다. 예를 들어, 초기 이민자들이 그들의 가족이나 마을의 다른 구성원들에게 기반을 제공하고 때때로 나중에 이주하는 사람들에게 노동기회를 제공하기 때문에 이주는 확장된 친족관계를 약화시키기보다는 유지할 수 있게 해 준다.

그러나 영토를 기반으로 한 민족국가로부터 탈영토화된 초국가 공동체로 전환되고 있다는 사실은 너무 과장될 필요는 없다. 현대 이주의 행태와 다양한 형식의 글로벌화가 주는 영향은 단순한 초국가주의에 대한 관념이 의미하는 것보다 훨씬 복잡하다. 첫째, 초국가적 공동체에 의한 위협을 받게 되면서 동질적인 민족은 하나의 신화 같은 존재가 되었는데, 그 신화는 민족주의의 이데올로기 자체가 만들어낸 것이다. 문화적 혼합은 전혀 새로운 이야기가 아니고 오래 전부터 있어 온 일이다. 둘째, 초국가적 공동체들은 공통성과 연대성만큼 차별성과 분열의 성격이 강조되어야 한다. 디아스포라 공동체 내에서의 가장 큰 분열은 젠더와 사회계급이고, 더불어서 인종, 종교, 연령, 세대에 따른 분열도 나타나고 있다. 셋째, 초국가적 충성은 민족주의와 같이 안정적이고 지속적일지에 대해서는 분명하지 않다. 아주 단순하게 말해서 영토적 기반을 두거나 지리적으로 정의된 바탕에서 이루어지지 않은 사회적 결속은 장기적으로 유지가 가능할지에 대해서는 확실하지 않다. 초국가적 공동체의 지속적인 성격에 대한 의문은 이주민들이 귀환하는 현상 때문에 제기되고 있는데, 그 귀환은 모국의 정치적 또는 경제적 상황이 개선되어 이루어지는 경우에 발생한다. 예를 들어, 1980년대 이후 사람들이 아시아, 특히 중국과 대만으로 돌아가는 경향이 시작되었는데, 그 이유는 경제발전의 혜택

> **개 념**
>
> **초국가적 공동체**
>
> 초국가적 공동체(transnational community)는 문화적 정체성, 정치적 충성, 심리적 지향 등이 국경을 초월하거나 국경을 넘어서 생기는 공동체이다. 따라서 초국가적 공동체는 정치-문화적 정체성을 특정 영토나 '모국'에 연결하는 민족국가의 이상에 도전한다. 이에 따라 초국가적 공동체는 '탈영토적 국가' 또는 '글로벌 종족'으로 간주된다. 그러나 모든 디아스포라 공동체가 초국가적 공동체인 것은 아닌데, 그 이유는 구성원들이 모국에 대한 충성을 지니고 있기 때문이다. 그러나 초국가적 공동체는 전형적으로 복합적인 연결성을 가지는데, 그 이유는 모국에 대한 충정이 정착국가에 대한 연결을 배제하는 것이 아니기 때문이다.

유럽의 이주 '위기'?

사건: 중동과 북아프리카의 '아랍의 봄' 봉기 이후 무력 충돌과 정치-경제적 불안정이 2011년 이후 이주의 주요 원인이었다. 시리아에서의 장기간의 내전과 리비아에서의 폭력에 대한 국가 독점의 붕괴가 특히 중요한 동인이었다. 시리아 분쟁이 1,200만 명 이상의 난민 또는 국내 실향민으로 만들었지만, 취업 기회 전망과 지중해의 남쪽에 위치해 있기 때문에 리비아는 인접한 아프리카 국가들로부터의 이주자들과 난민들에게 목적지이자 '경유국'이었다. 유엔이 2021년 리비아에 거주하고 있다고 보고한 59만 7,611명의 이주자들과 4만 1,404명의 난민들 중 많은 사람들이 더 나은 경제상황과 전쟁으로부터의 탈출을 찾아 궁극적으로 이탈리아, 그리스 및 유럽연합을 향하여 위험한 바다를 건너는 모험을 택할 수도 있다. 한편, 아랍의 봄 이전에 분쟁으로 인해 실향민이 된 많은 아프가니스탄인, 이라크인, 쿠르드족 및 기타 사람들은 서유럽에서 망명과 일자리를 계속 찾고 있다. 2014년까지 유럽으로의 이주, 특히 지중해를 건너는 작은 보트의 수가 증가하면서 유럽 정치인들과 언론은 '위기'를 선언했다. 그 해 OECD(p. 399 참조)는 '1992년 보스니아와 세르비아의 분쟁 동안 마지막으로 도달한 숫자'라는 63만 건의 망명 신청이 EU국가들에 등록되었다고 보고했다 (OECD 2015).

중요성: 유럽의 정치인들과 언론, 그리고 많은 국제기구들은 이주의 증가를 '위기'라고 규정했다. 이러한 집단과 개인들이 정치적 스펙트럼의 어디에 서 있느냐에 따라, 그들은 위기를 약간 다르게 명명했다. 정치적 우파의 민족주의자들은 피난처를 찾는 사람들 자신이 문제라고 프레임화하면서 '이주 위기'를 언급하는 경향이 있다. 이러한 의미에서, 국가의 경계가 배제를 확립하는 데 덜 효과적이 됨에 따라 위기는 '국가 정체성'의 위기로 나타난다. 반면, 정치 좌파의 많은 이들은 사람들이 선택보다는 필요에 의해 여행을 하고 있다는 점을 강조하면서 '난민 위기'로 규정지으며 위의 논리에 반대했다. 더 '중립적' 프레임을 추구하는 조직들은 '이주 위기'로 규정하는 경향이 있다. 그런데 정말로 위기가 있을까? 그리고 만약 그렇다면, 누구를 위한 위기인가?

유럽의 민족주의자들이 최근 몇 년간 이주에 대해 경각심을 일깨웠지만, 국내실향민이든 국제적 난민이든 자신의 집에서 강제로 쫓겨난 사람들의 압도적인 대다수는 개발도상국에 거주하고 있는데, 2020년 UNHCR에 따르면 86퍼센트가 난민이었다. 튀르키예는 그 해에만 370만 명의 난민을 수용했는데, 그 중 92퍼센트가 이웃 시리아 분쟁으로부터 피난처를 찾는 사람들이었다. 이와 대조적으로, 국가 GDP가 튀르키예의 거의 4배이고 인구가 다소 적은 매우 부유한 영국은 2015–20 시리아 재정착 프로그램을 통해 2만 명의 시리아 난민만 받아들였다.

이탈리아 람페두사 섬 근처에서 NGO Open Arms의 보트가 2021년 9월 튀니지에서 출항한 70명의 승객이 탄 보트를 구조하고 있다.

출처: *Europa Press News/Getty Images*

일부 이주 학자들은 이 문제를 유럽의 '위기'로 규정하는 것에 의문을 제기한다 (Crawley 2016). 만약 정말로 위기가 있다면, 유럽의 국가 정체성 위기보다는 자신의 집과 거주국을 강제로 떠나야 하는 사람들의 인도주의적 위기로 이해하는 것이 더 나을 수 있다. 그 위험은 극명하다. 2014년부터 2022년까지 유엔의 '실종 이주민 프로젝트(Missing Migrants Project)'는 2만 3,936명이 지중해에서 사망하거나 실종되었다고 보고한 반면, 리비아의 이주자 수용소, 심지어 영국과 같은 일부 수용국의 상황은 종종 심각하고 폭력적이라고 보고되었다. 그럼에도 불구하고, 이주민과 다른 외부인들과 관련된 위기에 대한 외국인 혐오 담론은 역사적으로 민족주의 운동에 정치적으로 유용하다는 것이 입증되었고, 지속될 가능성이 높다.

을 받기 위해서였다. 마지막으로, 민족과 국가들이 서로 영향을 미치고 혼합적 정체성의 복합적인 망을 형성한다고 해서 초국가주의가 민족주의를 내몰았다고 주장하는 것은 잘못된 것이다. 따라서 혼합성(hybridity 또는 'creolization')은 세계화의 주요 특징들 중의 하나이며, 다문화주의 현상과 관련되어 연구되어야 한다. 다문화주의는 제9장에서 검토한다 p. 236 참조)

민족주의의 부활

20세기가 전개되면서, 민족주의가 쇠퇴하고, 심지어는 '탈민족' 세계가 건설될 것이라고 전망되었다. 제2차 세계대전에 의한 야만행위와 파괴는 민족주의가 전통적으로 팽창주의와 분쟁에 연결되어 있는 이데올로기라는 혐오감을 심어 주었고, 문화, 경제와 인구가 국경을 넘는 이동이 증가하면서 주권을 보유한 민족국가가 불필요하게 되었다. 정치적 정체성을 재정의하는 과정이 시작되었으나, 민족주의의 후계가 다문화주의, 초국가적 공동체 또는 세계주의(cosmopolitanism) 중 어느 것이 될 지에 대해서는 불분명하였다. 그러나 현실은 매우 달랐다. 민족주의는 엄청난 회복력과 내구력을 갖고 있었다. 21세기에 지구상의 거의 모든 사람들이 어느 한 민족에 속한다는 점을 수용하고 있으며, 민족성은 정치적 충성의 기반으로서 타의 추종을 불허하는 지위를 누리고 있다. 실제로 민족주의가 다양한 방식으로 부활되고 있다. 어떻게 그리고 왜 이러한 일이 발생하는가? 물론 원

시민 민족주의(Civic nationalism): 평등한 시민들의 공동체에 대한 비전을 바탕으로 정치적 충성을 강조하여 핵심적인 시민적 가치에 도전하지 않는 민족적, 문화적 다양성에 대한 존중을 가능하게 하는 민족주의의 한 형태이다.

인종 민족주의(Ethnic nationalism): 민족의 유기적이고 통상적인 인종적 통일성을 강조하고 민족의 '정신'과 문화적 동일성을 보호하거나 강화하는 것을 목적으로 하는 민족주의의 한 형태이다.

8

초 점

두 민족주의: 선과 악?

민족주의는 두 개의, 상당히 구별된 전통을 포함하는가? 민족주의는 '좋은' 면과 '나쁜' 면을 가지고 있는가? 사실상, '두 개의 민족주의'가 있다는 생각은 보통 민족주의가 대조적인 시민적 형태와 민족적 형태를 가지고 있다는 믿음에 기초한다. 시민 민족주의라고 종종 불리는 것은 주로 공유된 정치적 충성도와 정치적 가치에 의해 형성된다. 그 민족은 따라서 '시민들의 연합'이다. 시민 민족주의는 개방적이고 자발적이라는 이유로 옹호되어 왔다. 민족의 구성원 자격은 어떤 미리 결정된 민족적 또는 역사적 정체성이 아니라 선택과 자기 정의에 기초한다. 시민 민족주의는 전향적이고 상당한 정도의 문화적 및 인종적 다양성과 양립할 수 있는, 일반적으로 관용 및 자유주의적 가치와 일치하는 민족주의의 한 형태이다. 그러나 비평가들은 시민 민족주의가 의미가 있는지에 대해 의문을 제기한다 (Kymlica 1999). 심지어 '시민적' 또는 '정치적' 국가에서도, 대부분 시민들의 국적은 선택이 아닌 출생에서 유래한다. 게다가, 민족성, 언어 및 역사의 유대로부터 분리된, 정치적 충성도와 시민적 가치는 단순히 민족주의에 힘을 주는 소속감과 뿌리 깊음을 생성할 수 없을지도 모른다.

대조적으로, 인종 민족주의는 민족적 통합과 깊은 문화적 소속감에 뿌리를 두고 있다. 이러한 형태의 민족주의는 종종 폐쇄적이거나 고정적인 성격을 가지고 있다고 비판을 받는다. 시민이 아닌 사람들이 민족의 구성원이 되는 것은 어렵고 아마도 불가능할 것이다. 따라서 민족주의는 외국인들에 대한 두려움이나 의심을 낳고 문화적인 독특함의 생각을 강화하며, 종종 민족의 위대함에 대한 믿음과 혼합된다. 따라서 인종 민족주의는 비합리적이고 심지어 피에 굶주린 채로 부족주의적인 경향이 있다. 다른 한편으로, 폐쇄적이고 고정적인 정치적 소속감을 생성하는 능력 또한 인종 민족주의의 미덕일 수 있다. '인종' 또는 '문화' 민족들은 높은 수준의 사회적 연대와 강한 집단적 목적의식을 특징으로 하는 경향이 있다.

초주의자(primordialist)들은 민족주의의 생존은 자신들의 이론이 사실이라는 점을 입증하고 있다는 주장을 한다. 민족공동체는 사라지지 않을 것이기 때문에 민족주의는 죽어가는 독트린이 아니라고 한다. 현대주의자들은 겔너(Gellner)의 주장을 따라서, 20세기 후반의 민족주의의 부상을 산업자본주의의 동시적인 확산의 개념으로 설명한다. 그러나 부활하는 민족주의는 다수의 방식으로 설명이 되고, 따라서 다수의 근본적인 이유들이 제시된다. 주요 이유로는 탈냉전 시대의 민족적 자기주장의 증가, 문화적이고 인종적인 민족주의의 성장, 그리고 반글로벌화 민족주의의 출현이다.

21세기 민족주의의 부활

냉전시대에 민족주의의 쇠퇴는 없었다. 냉전시대에 동서경쟁과 자본주의와 공산주의의 이념적 적대감의 맥락에서 민족주의의 갈등이 발생하였다. 예를 들어, 1978-9년 베트남의 캄보디아 침공과 점령은 혁명적인 마르크스체제와 다른 체제 사이에서 수행된 유일한 대규모 재래식 전쟁이었다 (Anderson 1983). 냉전종식, 그리고 정치-경제 프로젝트로서의 공산주의의 감소하는 중요성은 현대화의 권력으로서 민족주의가 부활하는 기회를 제공하였다. 이는 동아시아와 동남아시아에서 분명하게 나타났는데, 특히 싱가포르, 한국, 대만 같은 '호랑이' 국가들은 국가건설을 글로벌 차원에서의 경제적 성공을 위한 전략으로 활용하였다. 글로벌화가 민족주의에 대한 새롭고 도전적인 상황을 제공했을지 모르지만, 위의 사례들은 글로벌화가 민족과 민족의 정체성을 재정의하는 데 어떠한 기회를 제공했는지를 보여주고 있다. 싱가포르가 이의 특별한 사례이다. 전통적인 민족국가가 가지는 인종적이고 문화적 통합성은 결여되어 있지만, 싱가포르는 세계에서 가장 글로벌화 된 국가가 될 수 있었다. 이 과정은 여당인 인민행동당(PAP: People's Action Party)에 의하여 실현되었는데, 이 당은 국가의 공공제도에 대한 자부심과 국민들의 애국심을 불어 넣어 시민적 민족주의를 고양시키려는 시도를 하였다. 이에 따라 시민 민족주의는 권위적 통치에 정당성을 부여하였고 사회통제를 확립하였으며, 이는 해외자본 유치를 가능하게 하였다. 이에 의하여 애국심과 국가에 대한 충성을 높은 수준으로 유지할 수 있었다.

탈냉전시대에 유동적 성격의 세계질서가 형성됨에 따라 민족적 자기주장은 강대국들에게도 점차로 중요한 전략이 되었다. 따라서 민족주의는 경제와 정치발전을 추동하는 데 있어서, 힘, 단합, 자부심을 기초로 한 이데올로기의 동기와 함께 능력을 과시하였다. 예를 들어, 중국의 경제발전은 민족주의의 부각과 함께 이루어진 것이 확실하다. 대만의 공식적인 독립을 막기 위해서는 중국 자체의 경제발전이 필요하였고, 티베트와 신장(新疆)의 독립운동에 대한 힘의 대응이었고, 반일감정의 성장도 동기가 되었다. 2008년의 베이징올림픽 개최, 그리고 공업과 기술의 발전도 국내에서 애국심을 불러일으키고 해외에 중국의 발전과 성공을 알리는 데에도 사용되었다. 인도의 민족주의 부각, 특히 힌두 민족주의는 1998년 인도인민당(BJP)이 집권을 하는 데 기여하였다. BJP 정부는 핵무기 개발에 박차를 가하여 1998년에 성공하였고, 인도가 핵무기 보유로 강대국 지위를 가지게 됨에 따라 인도의 여론은 상당히 호조되었다. 러시아의 경우, 1999년 푸틴(Vladimir Putin)이 집권한 이후 민족주의가 크게 부각되었다 (p. 165 참조).

문화 민족주의(cultural nationalism): 정치적 자결보다는 전통적인 언어나 방언, 예술과 음악, 요리, 복장, 종교적 실천 등 정의된 문화를 재현하는 데 더 중점을 두는 민족주의의 한 형태.

문화 민족주의의 부활

비록 글로벌화가 '국경 없는' 경제적 흐름의 시대에는 유지되기 어려운 민족국가의 이상에 기초하고 있는 고전적인 민족주의를 약화시켰을지 몰라도, 글로벌화는 문화적이고 인종적인 형식의 민족주의를 강화시켰다. 고전적인 민족국가가 더 이상 의미있는 정치적 집단 정체성을 발생시키기 어렵게 될 때, 지역, 종교, 민족 또는 인종을 바탕으로 한 배타적 민족주의가 대신 등장할 수도 있다. 그러한 추세는 1960년대로 거슬러 올라갈 수 있는데, 당시 분리주의 집단과 문화 민족주의가 서유럽과 북미 여러 지역에 분출되었다. 그 사례로는 캐나다의 퀘벡, 영국의 스코틀랜드와 웨일스, 스페인의 카탈로니아와 바스크, 프랑스의 코르시카, 벨기에의 플랑드르가 포함된다. 이는 정치적 분권화의 압력을 가하였고, 심지어는 헌법적 위기까지 발생시켰다. 인종적 자기주장은 미국의 흑인, 캐나다와 미국의 원주민들, 호주의 원주민(Aboriginal)들, 뉴질랜드의 마오리족에서 제기되었다. 이들은 국가 정체성에 대한 주요한 재평가를 가져왔다.

인종 민족주의는 냉전 종식 이후에 더 중요성을 가지게 되었다. '신민족주의'(Kaldor 2007)에 의하여 1990년대에 구유고슬라비아에서 일련의 전쟁이 발생하였고, '인종청소'라는 이름하에 제2차 세계대전 이후 유럽에서 최악의 학살이 자행되었다. 몇 개의 민족국가들이 새로 만들어졌지만, 이 과정에서 등장한 다른 국가들은 심각한 인종경쟁과 긴장에 놓이게 되었다. 예를 들어, 보스니아는 '인종적으로 순수한' 이슬람교도, 세르비아계, 크로아티아계 지역으로 분리되었으나, 2008년 코소보의 독립선언은 북부 코소보의 세르비아계 소수와 대다수 이슬람교도 인구 사이의 심각한 긴장을 불러 왔다. 민족적 자기주장의 다른 사례들로는 체첸과 코카서스 산맥의 다른 지역에서의 분리주의 소요와 1994년 르완다의 대량학살이 포함되는데, 르완다에서는 80만에서 100만 명 사이의 투치(Tutsis)족과 온건한 후투(Hutus)족이 호전적인 후투족에게 학살당하였다.

냉전종식 이후 인종 민족주의가 부각된 점은, 냉전시대에 공산주의 통치와 동서경쟁으로 종교적, 인종적, 민족적 정체성이 지하에 묻혀 있었는데, 냉전의 억압적인 요소들이 사라지고 난 후 이들이 표면으로 부각되었다는 개념으로 설명될 수 있다. 그러나 이 과정은 보다 복합적이고 어떠한 면에서는 뿌리 깊은 것이다.

글로벌 행위자 인도

형태	인구	1인당 국내총생산(GDP)	인간개발지수(HDI) 순위	수도
국가	13억 명	$2,104	129/189	뉴델리

인도아대륙(Indian Subcontinent)의 320만 제곱킬로미터 이상을 차지하고 있고 적어도 13억 명의 인구가 살고 있는 인도공화국은 세계에서 가장 큰 국가 중 하나이다. 인도는 최초의 호모 사피엔스가 75,000년에서 35,000년 전에 아프리카로부터 인도에 도착했다고 믿어지는 고대사회다. 항상 매우 이질적인 사회이며, 기원전 1,500년경부터 '베다(Vedic)'인들은 인도에서 가장 영향력 있는 집단 중 하나가 되었고, 힌두교의 경전과 근본적인 믿음을 남겼는데, 오늘날 인도에서 가장 큰 종교적 믿음이 되었다. 베다인의 정착 이후 수천 년 동안 그리스, 불교, 이슬람 문화에 영향을 받은 인도는 매우 다양한 사회가 되었다. 16세기부터 유럽의 식민주의가 인도에 자리 잡았는데, 처음에는 포르투갈인, 나중에는 영국인이 도착했다. 19세기 중반까지 영국은 인도 전체에 대한 제국주의적인 통제를 확립했다. 간디(Mohandas Gandhi)와 네루(Jawaharlal Nehru, 1889-1964)를 포함한 지도자들이 주도한 인도의 반식민주의운동은 인도와 파키스탄이 '분단'된 1947년에 영국으로부터의 독립을 위한 투쟁에 성공했고, 1950년에 인도공화국이 탄생했다. 오늘날 인도는 세속적인 공화국이며 성문헌법에 기초한 의회민주주의를 채택하고 있다. 인도는 지구에서 두 번째로 인구가 많은 국가이며, 의회민주주의를 채택하고 있는 가장 큰 국가다.

중요성: 분열 이후 많은 이슬람교도들이 파키스탄(그리고 1971년 방글라데시가 된 '동파키스탄')으로 떠났고, 인도는 여전히 수백만 명의 이슬람교도, 기독교도, 시크교도, 수십만 명의 불교도와 자이나(Jain)교도가 포함되어 있지만 힌두교의 대다수는 인도에 더 많이 정착되었다. 분열은 특히 힌두교인들이 새로 설립된 파키스탄으로 도망가는 이슬람교도들을 상대로 한 끔찍한 공격을 포함한 심각한 지역사회 간 폭력을 포함했다. 이후 이 폭력적 갈등은 극도로 긴장된 상태로 남아 있었고, 1965년, 1971년, 1999년에 심각한 무력충돌이 발생하여 이 두 민족국가 사이에는 폭력적 관계에 의한 분위기가 지속되었다. 분쟁 중인 북부의 잠무와 카슈미르 지역에서의 긴장은 인도-파키스탄분쟁의 중심적인 원인으로 남아 있으며, 두 국가와 지역 패권국으로 등장한 중국 간의 관계도 점점 더 중요해지고 있다. 2020년에 인도는 라다크 지역에서 중국군과 심각한 국경 분쟁을 겪었고, 파키스탄은 중국과 더 강력한 관계를 발전시키고 있다. 1960년대와 1970년대 사이에 인도와 파키스탄은 서로에 대한 직접적인 경쟁의 결과로 세계에서 여섯 번째와 일곱 번째로 '핵무기 보유국'을 선언했다.

많은 인종과 종교적인 집단, 그리고 수십 개의 언어를 포함하여, 그렇게 방대하고 다양한 인구를 가진 나라에서 강한 민족정체성을 확립하는 것은 쉬운 일이 아니다. 초기 인도 민족주의 지도자들은 문화적 차이 사이에서 어느 정도 통일을 추구했다. 그러나 '힌두트바', 즉 힌두교 민족주의의 증가는 그 나라의 (매우 큰) 소수 인구의 희생을 가져왔다. 모디(Narendra Modi) 총리는 이 점에서 특히 분열을 일으키는 인물이었다. 2014년에 총리로 선출된 모디 총리와 그의 BJP는 힌두교도들이 유일한 '진실된' 인도인이라면서 인종적 민족정체성의 모델을 홍보해왔다. 이는 인도 내에서 심각한 사회적 갈등과 심지어 파시즘에 대한 비난으로 이어졌지만, 모디 총리는 인도뿐만 아니라 서양의 '백인 민족주의자들' 중에서도 '보수주의자', 특히 반이슬람 정치인과 활동가들로부터 지지를 받았다.

인도는 여전히 세계에서 가장 큰 국가 중 하나이자 의회민주주의 국가로서 조직된 가장 큰 국가다. 2019년 인도의 GDP는 2조 8,750억 달러인 반면, 이웃 중국의 GDP는 14조 3,430억 달러로 5배였고, 미국의 GDP는 21조 3,740억 달러였다. 이런 의미에서, 인도는 '글로벌 사우스'의 '개발도상국'으로 여겨지고 있으며, 수백만 명의 국민들은 구매력 평가의 빈곤선 이하에서 살고 있다.

인도의 빈부 간의 구조적 불평등은 또한 인종차별과 젠더의 불평등과 교차하는 반면, 베다문명으로부터 물려받은 '카스트' 시스템은 인도 대다수의 힌두교 신자들 사이의 번영 수준을 결정하는 강력한 요인으로 남아 있다.

스미스(Smith 1995)는 20세기 후반에 왜 민족주의가 부활했는지에 대한 세 가지 요인을 강조했다. 첫째는 그가 '민족사의 불균형적인 분배'로 부른 것으로, 이는 권위가 별로 없거나 상대적으로 박탈상태에 있는 공동체들은 공포 없이 정체성을 확보할 수 있는 강한 민족에 대하여 필적할 수 있도록 노력한다는 의미이다. 둘째는 민족주의가 지배를 정당화하고 사람들을 동원할 수 있는 종교적 믿음에 대한 자원을 확보할 수 있는 능력을 보유하는 것인데, 이는 인종 민족주의와 종교적 근본주의 사이의 유사성을 설명하는 데 도움을 준다. 마지막으로, '조상의 고향'이라는 아이디어가 강력한 상징으로 남아 있고, 남아 있을 것이다. 이는 불평등한 힘을 보유한 국가들의 세계에서 민족자결 추구가 달성되기 어렵다는 사실을 강조한다 (인종 민족주의는 제9장에서 정체성 정치와 관련하여 추가로 설명될 것이다).

요약

- 민족주의는 복잡하고 심각하게 얽혀 있는 정치현상이다. 모든 민족은 문화적이고 정치적인 성격, 객관적이고 주관적인 성격의 혼합이기 때문이다. 또한, 민족주의는 폭 넓은 교리, 운동, 대의와 관련되는 중첩적인 이데올로기다.
- 원초주의의 관점에서 민족정체성은 문화유산과 언어에 뿌리를 둔 것으로 국가건설이나 독립추구를 목표로 하고 있다. 이와 비교되는 현대주의 관점에 따르면, 민족정체성은 변화하는 사회와 역사적 상황, 특히 산업화와 연관된 상황에 대한 대응으로 형성된다.
- 민족주의의 해방적 측면은 세계를 민족자결의 원칙을 기초로 하는 민족국가들로 재구성하는 것이다. 그러나 억압적 측면은 침략, 군국주의, 전쟁의 정치와 공통적으로 연결된다. 일부 사람들은 민족주의가 본질적으로 공격적이고 억압적이라고 주장하는 반면, 다른 사람들은 '좋은' 민족주의와 '나쁜' 민족주의가 있다고 주장한다.
- 현대 세계에서 민족주의는 국제이주의 급증으로 약화되고 있는데, 이는 모두는 아니지만 대개의 사회에서 혼종과 다문화주의의 성장을 가져왔다. 이주 물결은 초국가적 공동체와 디아스포라의 형성을 이루게 했는데, 일부 사람들은 이들이 전형적인 민족의 대안이 될 것이라고 믿는다.
- 민족과 민족주의는 괄목할만한 회복력을 보이고 있다. 실제로 민족주의는 '탈이데올로기화'한 탈냉전시대에 국가의 자기주장을 지지하면서 부활했다. 또한, 민족주의는 백인 민족주의를 비롯한 문화적이고 인종적인 민족주의의 형태로 재등장했으며, 글로벌화를 통해 초래된 변혁이 도전받거나 저항하는 매개체를 제공했다.

토의주제 ?

- 민족과 인종은 어떻게 구분되는가?
- 민족은 '창작된' 또는 '상상된' 공동체에 지나지 않는가?
- 왜 민족국가는 성공한 정치형태가 되었는가?
- 민족주의는 어느 정도까지 하나의 교리인가?
- 민족주의는 본질적으로 억압적이고 파괴적인가?
- 국제이주의 증가는 경제 글로벌화의 필연적 결과인가?
- 초국가적 공동체는 전통적인 민족의 대안이 될 수 있는가?
- 어떻게 그리고 왜 민족주의는 탈냉전 시대에 부활하였는가?
- 글로벌화하는 세계에서 민족주의의 미래가 있는가?

추가 읽을거리

Castles, S., H. de Haas, and M. J. Miller, *The Age of Migration: International Population Movements in the Modern World* (2019). 국제인구이동의 성격, 수준, 차원에 대한 최근의 포괄적인 평가.

Farris, S., *In the Name of Women's Rights: The Rise of Femonationalism* (2017). 서양 페미니즘이 민족주의적 (특히 이슬람 혐오적) 프로젝트에서 공동 선택 또는 공모되어 온 방식에 대한 비판적 분석.

Geary, D., C. Schofield, and J. Sutton, *Global White Nationalism: From Apartheid to Trump* (2020). 이 책은 '백인 민족주의 최초의 초국가적 역사'를 제공한다.

Sutherland, C., *Nationalism in the Twenty-First Century* (2012). 현대 글로벌정치에서 민족주의의 지속적인 중요성에 대한 통찰적 분석.

정체성, 차이, 문화의 글로벌정치

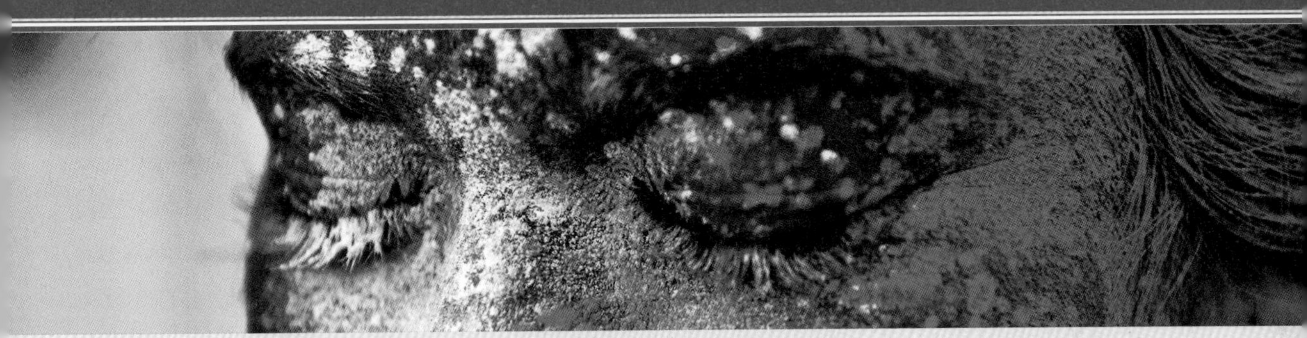

출처: *Anand purohit/Getty Images*

개요

정체성과 차이, 즉 우리가 누구인지 그리고 다른 사람들과의 관계에서 우리는 어디에 자리하고 있는지에 대한 감각은 항상 정치의 중심이 되어왔다. 이는 정체성이 우리 또는 다른 사람들이 최선이라고 믿는 결과, 즉 '이익'을 형성하기 때문만은 아니다. 이 점에서 사회적, 정치적 현실에 대한 우리의 매우 깊은 이해는 우리의 정체성의 산물이며, 이러한 이유로 '모든 정치는 정체성 정치'라고 제안되기도 한다. 정체성은 다면적이며 젠더, 섹슈얼리티, 인종부터 종교, 언어, 문화에 이르기까지 실질적인 또는 인식되는 특성을 포함할 수 있다. 9/11 이후 서방 국가권력과 알카에다, ISIS와 같은 호전적인 '이슬람주의자' 네트워크들 사이의 대립에서부터 인도, 브라질, 영국, 미국의 종교적이고 정치적 노선을 따라 조직된 국가적 '문화전쟁'에 이르기까지 정체성과 차이는 21세기 글로벌정치의 중심이 되었다. 정체성과 차이는 무엇이며, 그들은 어떻게 글로벌정치를 구조화하였는가? 21세기 글로벌화된 세계에서 문화 정치는 얼마나 중요한가? 정체성과 차이, 문화에 의해 정의되는 '테러와의 전쟁', 21세기 이주의 글로벌정치, 탈식민지적 세계질서는 어느 정도인가? 그리고 오늘날 세계정치에서 종교적 정체성은 어떤 역할을 하는가?

핵심이슈

- 정체성과 차이는 무엇이며, 그들은 어떻게 정치적인가?
- 정체성, 차이, 문화는 어떻게 동시대의 갈등을 형성하는가?
- 근본적으로 다른 정체성이 평화롭게 공존할 수 있는가?
- 세계정치를 가장 잘 형성할 수 있는 정체성은 무엇인가?
- 정체성은 어떻게 글로벌정치와 글로벌종교를 연결하는가?

개 념

문화

광범위한 의미에서 문화는 사람들이 살아가는 방식이며, 그들의 신념, 가치, 실천을 포함한다. 사회학자들과 인류학자들은 '문화'와 '자연' 사이를 구분하는 경향이 있는데, 문화는 생물학적 유전을 통해서가 아니라 배움에 의하여 한 세대에서 다음 세대로 전달되는 것이다. 따라서 문화는 언어, 종교, 예술, 전통, 사회규범, 윤리적 원칙을 포함한다. 그것은 우리가 자연 속에서 공유되는 삶에 '의미'를 부여하는 방법이다. 때로는 '상위'문화와 '하위' 또는 '대중' 문화로 구분된다. 상위문화는 지적이고 개인적 발전의 원천이 되는 예술이나 문학에 의하여 대표된다. 하위문화는 대량소비와 대중적 본능을 지향하며, 사회를 타락시키는 영향을 주기도 한다.

정체성과 정치

정체성과 문화

현대적이고 일반적인 표현을 하게 되면, 우리의 정체성은 아마도 '우리가 누구인지' 또는 '우리가 무엇과 같은 것인지'로 가장 자주 이해된다. 이는 정체성에 대한 보다 공식적인 정의에서 비롯되는데, 그 의미는 "대의, 구성, 본질, 속성에서 동일한 성질 또는 조건, 절대적 또는 본질적 동일성, 단일성을 포함한다" (OED 2020). 다시 말해서, 우리가 누구인지에 대한 것 이상으로, 우리의 정체성은 정말로 우리가 무엇인지, 또는 누구인지에 대한 우리의 감각이다. 예를 들어, 우리는 특정한 성별, 또는 '인종', 민족, 종교 공동체와 '동일시'할 수 있다. 정체성에 대한 한 가지 중요한 결정 요인은 우리가 어떻게 '인종화'되는가이다 (p. 88 참조). 인종화는 정체성의 '양방향 거리'를 조명하는데, 왜냐하면 누군가가 반드시 특정한 '인종'과 '동일시'하도록 '선택'하는 것이 아니고, 대신 '다른 사람들'에 의해 인종화된다 (사회적으로 분류되고 '인종'에 할당된다). 정체성은 단순히 우리의 자기인식 또는 개인 심리의 내적 과정에 관한 것이 아니다. 정체성은 사회적이고 공적인 삶의 일부이다. 이와 같이, 정체성은 또한 사회적 '힘'에 의해 형성되고 따라서 정치와 얽혀 있다.

정체성의 정치는 다양한 렌즈를 통해 볼 수 있다. 그러한 렌즈 중 하나는 정치적 소속이다. 많은 사람들의 정체성은 부분적으로 정당, 이론적 전통, 활동가 집단, 공동체에 대한 소속을 통해 정의되는데, 이는 그들 자신 또는 다른 사람들에 의해서 이루어진다. 마르크스주의자, 자유주의자, 보수주의자는 모두 정치적 정체성을 가지고 있는데, 이러한 광범위한 사고체계 중 하나에 대한 소속감은 정치적 사상가, 행위자, 그룹 및 개인의 더 넓은 공동체와 '동일성' 또는 '하나됨'을 확인해준다. 보다 구체적으로, 정당 기반 정치체제에서 정당에 대한 지지 또는 당원권은 정체성의 핵심 요소를 구성하는데, 이는 다당제 자유민주주의 국가뿐만 아니라 권위주의 및 일당국가에서도 이루어진다. '양당제'가 우세한 국가에서는 어떤 주요 정당을 지지하는지가 다양한 주요 정치문제에 대해 어떻게 인식하고, 사회적으로 혼합하며, 입장을 결정하는 핵심 결정요인이 될 수 있다. 예를 들어, 미국에서 민주당 또는 공화당을 지지하는 경향이 있는지의 여부는 인종차별, 총기규제, 섹슈얼리티 또는 낙태법과 같은 논란이 많은 국가적 문제에 대한 견해와 상관관계가 있을 가능성이 높다.

주요 정당의 정치가 명시적으로 '문화적'인 정당정치체제에서, 정당에 대한 소속감은 광범위하거나 좁은 종교적 정체성을 의미할 수도 있는데, 이는 명시적으로 선언된 특정 집단의 정체성에 기초한다. 예를 들어, 2014년부터 인도를 통치해온 인도인민당(BJP)의 지지자들은 오늘날 정당 지도자인 모디와 관련되는 '힌두트바(Hindutva)', 즉 힌두민족주의라는 브랜드와 연관되어 있는데, 이는 종교적 노선을 따라 '민족'을 정의하고 인도의 민족정체성에서 비힌두인들을 배제하려는 움직임이다. 한편, 이스라엘에서 주요 정당들은 모두 '시온주의자(Zionist)'다. 즉, 각 정당은 오늘날의 이스라엘(1948년 5월 14일 설립)의 영토가 있는 지역에 '유대인 국가'의 설립과 유지에 따라 역사적 서술과 종교적 교리에 전념하고 있다는 것이다. 그러나 이러한 주요 정당들 중 어느 정당을 지지하는지는 시온주의에 대한 더 광범위하거나 좁은 의존, 팔레스타인인들의 권리와 영토에 대한 태도를 의미하는 반면, '정통주의' 유대인 종교정당들을 포함한 다양한 소규모 정당들은 시온주의를 완전히 거부한다.

중요한 것은 종교적, '민족적' 또는 '인종적' 정체성이 정체성의 정치와도 교차할 수 있다는 것인데, 그 이유는 종교공동체의 모든 구성원들은 외부인들이 자신들의 신앙으로 '전환'할 수 있다는 것을 받아들이지 않고, 자신들의 공동체가 '세습'에 의해 정의되는 것으로 간주하기 때문이다. 예를 들어, 일부 유대인들은 다른 사람들이 유대교로 개종할 수 있다는 것을 받아들이지 않고, 대신 '깨지지 않는' 모계혈통(유대인 어머니, 유대인 어머니에게서 태어난 자신 등)이 유대인 정체성의 핵심 기준이라고 주장한다. 이처럼 '인종', 종교, 민족은 정체성의 정치에 의해 함께 묶여 있다.

'민족'은 적어도 1648년 베스트팔렌조약으로부터 '민족국가' 모델이 부상한 이후, 동시대의 글로벌정치를 형성하는 정체성의 가장 중요한 측면이었다. 민족정체성은 아주 흔하게 '인종' 및/또는 '문화'의 개념을 포함하며, 언어, 영토, 정치공동체와도 관련이 되어 있다 (제8장 참조). 에든버러 출신의 사람이 자신을 주로 스코틀랜드 또는 영국인이라고 생각하는지, 아니면 바르셀로나 출신의 사람이 자신을 카탈로니아인 또는 스페인인이라고 생각하는지는 민족과의 관계에 있어서 그들의 정체성 정치를 매우 직접적으로 표현한 것이다. 이러한 예들이 오늘날 '인종'과의 연관성을 유발하지는 않는데, 그 이유는 스코틀랜드와 카탈로니아인이 영국인과 스페인인은 아닐지라도 대부분 백인으로 인종화되었기 때문이다. '인종'과 인종주의 역사가들이 보여주듯이, 유럽의 역사적인 발전은 오늘날 '인종적으로' 백인으로 정의될 수 있는 사람들을 쫓아내는 것을 수반했다. 20세기까지도 아일랜드 사람들은 모든 영국인들에 의해 '백인'으로 여겨지지 않았다. 민족정체성 정치의 중요성은 전쟁을 통한 동원에서 가장 극명하다. 사람들은 민족국가의 정부와 군대에 의해 '당신의 나라'를 위해 그리고 다른 민족으로 정의된 적들과 싸우도록 소집된다. 사람들은 민족을 위해 죽이고 죽을 만큼 충분히 강하게 민족과 동일시된다. 이와 관련하여, 특정 국제전의 경우 내부적인 민족정체성 정치가 영향을 미칠 수도 있다. 예를 들어, 제2차 세계대전 당시 히틀러의 나치정부는

주요 연표 ┆ 아랍-이스라엘분쟁

1880년대	유대인의 팔레스타인 이주가 시작되고 시온주의 이데올로기가 등장한다.
1917	영국의 위임통치(1917–47)가 시작할 당시의 밸푸어(Balfour) 선언은 '유대인 모국'을 팔레스타인에 설립하는 것을 지지하였다.
1947	팔레스타인에 아랍과 유대인 국가를 수립하는 유엔의 분할 계획을 아랍인들이 거부했다.
1948	이스라엘 국가 수립 선포는 1948년의 아랍-이스라엘전쟁을 불러 일으켰고, 많은 팔레스타인인들이 주변 아랍국에 난민으로 이주하였다.
1956	수에즈운하 위기는 시나이 반도에 대한 이스라엘의 공격을 유발하였고, 이후 미국과 국제사회의 압력으로 철수하였다.
1967	6일전쟁에서 이스라엘은 이집트 및 시리아와의 전쟁에서 승리하고, 가자지구(이집트로부터), 서안지구(요르단로부터), 골란고원(시리아로부터)을 점령하였다.
1973	이스라엘은 유대인들의 단식일에 기습적인 합동 공격을 가한 이집트와 시리아를 욤키푸르전쟁에서 격파했다.
1978–9	미국의 중재로 이루어진 캠프데이비드협정은 1979년의 이스라엘-이집트 평화조약으로 이어졌다.
1982	이스라엘은 팔레스타인의 테러공격에 대한 보복으로 레바논을 공격하였고, 1985년까지 레바논 영토에서 대부분 철수 했다.
1987–93	서안지구와 가자지구에서 이스라엘의 점령에 항거하는 팔레스타인의 봉기(인티파다, Intifada)가 발생하였고, 1988년 팔레스타인이 독립을 선언하였다.
1990–1	걸프전은 이라크가 이스라엘 도시들과 핵시설들을 공격하는 것을 포함한다.
1993–2000	이스라엘과 팔레스타인해방기구(PLO)의 협상에 의하여 오슬로협정이 이루어졌고, 팔레스타인 자치지구 설립 방안이 마련되었다.
2000–2005	제2차 인티파다는 팔레스타인의 시위와 폭력의 부활을 의미한다.
2006	이스라엘과 헤즈볼라의 충돌은 베이루트와 레바논 남부 대부분 지역에 대한 이스라엘의 공격과 헤즈볼라의 북부 도시에 대한 폭격으로 이어졌다.
2008–9	이스라엘은 하마스와 협상한 휴전이 결렬된 후 가자지구 전면 침공, '캐스트리드작전(Operation Cast Lead)'에 돌입했다.
2014	이스라엘은 이스라엘 10대 3명을 납치 살해한 사건에 대응해 가자지구에 대한 전면적 공격인 '프로텍티브엣지작전(Operation Protective Edge)'을 다시 시작했다.
2017–18	지역 긴장을 고조시키는 것으로 널리 알려진 논란의 여지가 있는 조치로, 미국 트럼프 대통령은 이스라엘의 수도로 텔아비브가 아닌 예루살렘을 인정하라고 명령하고 미국 대사관을 그곳으로 옮겼다.

독일의 유대인들을 국가와 군대의 일부로 고려하지 않았고, 연합국들도 '적'으로 간주하지 않았다. 그러나 나치 홀로코스트의 대량학살을 통해 독일 민족국가에

의해 박해, 투옥되고 조직적으로 살해되었으며, 연합국은 (어느 정도까지) 난민으로 받아들였고 나중에 강제수용소에서 해방되게 해 주었다. 한편 일본계 미국인들은 자신들이 미국인들에게 외부인이며 잠재적인 위협이라는 인종적 정체성과 국가 정치적 '담론'에 근거하여 '수용소'에 수감되어 전쟁기간을 보냈다. 이런 의미에서 전쟁은 '민족'와 '인종'을 (재)결정하거나 (재)규정하는 데 중요한 동력이 되는데, 이러한 동력은 민족적 충성심, 인종적 정체성, '적'에 대한 표현을 통해 누가 포함되고 누가 제외되는지를 결정함으로써 이루어진다.

글로벌 정체성, 글로벌 불평등

정체성의 정치를 볼 수 있는 또 다른 렌즈는 인종, 계층, 젠더와 관련된 구조적 사회 및 경제 불평등의 경험에 대한 것이다. 오늘날, '정체성 정치'라는 용어는 정치적 논쟁과 행동을 불평등의 지형에 포함시키는 이론가, 활동가 및 기타 정치 행위자의 접근법을 설명하기 위해 비판적이고 부정적인 방식으로 사용된다. 예를 들어, 흑인 생명의 중요성(Black Lives Matter) 운동은 일부 사람들에 의해 단지 '정체성 정치'의 한 형태로 치부되는데, 페미니스트 운동 또한 그들의 비평가들에 의해 낙인찍혔다. 이 용어에서, '정체성 정치'는 일부 정치적 투쟁과 이슈를 매우 개인주의적인 것으로 분류하는 방식이며, 많은 경우 '결속된' 사회 전체(대부분 '국가')로 인식되는 것에 대해 사회적으로 '분열적인' 것으로 분류한다. 정치적으로 보수적이고 자유주의적이며 일부의 경우 사회주의적인 전통은 반인종주의 및 정체성 정치의 일부 또는 모든 가닥을 이러한 기반에 두고 문제를 삼는다. 이러한 정치적 전통은 그들 자신의 주요 관심사인 보수주의자를 위한 전통, 진보주의자를 위한 개인의 권리와 책임, 사회주의자를 위한 계급투쟁과 평등에 초점을 맞추는데, 이들은 다른 '덜 중요한' 문제에 초점을 맞춘 공허한 '정체성 정치'와 대조되는 '실질적인' 또는 유효한 인간의 이익에 관한 것이다. 정치적으로 보수적이고 자유주의적이며 사회주의적인 생각도 정도에 따라 다양하다. 이는 그들이 '계몽'과 밀접하게 연관된 신념에 전념하고 있다는 점을 의미하는데, 그 신념은 국가 또는 글로벌 정치공동체가 정체성과 경험의 근본적인 동일성을 공유함으로써 정의된다는 믿음이다. 한편, 반인종주의자와 페미니스트가 주장하는 '정체성 정치'는 '서방'에서 더욱 확립된 '계몽' 전통에 의해 '특수적인 것'으로 간주되며, 따라서 보편주의의 도덕적이고 정치적인 프로젝트를 잠재적으로 훼손한다.

그러나 '정체성 정치'의 경멸적인 일반적 표현은 다소 혼란스러울 수 있다. 데이비스(Angela Davis), 훅스(bell hooks), 크렌쇼(Kimberlee Crenshaw), 콜린스(Patricia Hill Collins)와 같은 흑인과 '교차적' 페미니즘 사상가들과 활동가들은 사람들이 '구조적'이고 '제도적' 형태의 불평등, 억압, 착취, 폭력을 경험하면서 사회적 존재의 주요 정치적 문제로서 젠더, 인종, 계급 (또한 성, 장애, 기타 문

분석적 접근

정체성

현실주의 견해

현실주의자들은 자신들이 '하위' 정치의 한 형태라고 생각하는 정체성의 문제에 상대적으로 거의 관심을 기울이지 않았다. 그들의 주된 관심사는 국가를 구성하는 국민들보다는 지배적인 글로벌 행위자인 국가의 이익과 행위에 대한 것이었다. 그러나 국가는 통일되고 결속된 실체로 인식되기 때문에, 이는 정치적 충성과 사회적 소속감에 대한 가설을 반영한다. 대개의 국가들은 민족국가이기 때문에, 현실주의자들은 민족과 시민권의 중첩되는 결속을 통하여 정체성이 만들어진다고 가정한다. 실제로 민족정체성은 '자연적'인 것이고, 사람들은 자기와 유사한 사람들과의 정체성을 공유하는 불가역적인 심리적 성향을 가지게 된다.

자유주의 견해

일반적으로 자유주의자들은 정체성을 완전히 개인의 차원에서 이해한다. 인간은 일단 최우선적으로 개인이며, 독자적 정체성을 지녔다. 그러나 개인의 중요성에 대한 강조는 두 가지 비교되는 의미를 가진다. 개인은 자신에게 고유한 '내부적(inner)' 특성과 속성에 의하여 정의되지만, 그러한 생각은 보편주의적인 것이다. 즉, 모든 개인은 인간으로서 동일한 지위를 누리기 때문에 같은 권리와 기회가 주어진다는 의미이다. 이는 인권선언에 대한 자유주의의 지지에 나타나 있다. 따라서 자유주의자들에게 정체성은 독특하면서도 보편적인 것이다. 개인주의에 대한 자유주의의 견해는 사회 정체성 또는 집단 정체성이론에 중요한 함의를 가진다. 특히 자유주의는 인종, 종교, 문화, 젠더, 사회계급은 잘 해봤자 두 번째 가는 요인들이고, 인간 정체성의 '핵심'이 아니라고 주장한다. 그럼에도 불구하고 자유주의자들은 그러한 이슈들에 대하여 광범위한 견해를 가지고 있으며, 개인 정체성의 사회적 차원도 인정한다. 이는 자유주의적 공동체주의(Taylor 1994)와 자유주의적 민족주의(Miller 2007)의 아이디어에서 명백하게 나타나고 있다.

마르크스주의 견해

마르크스주의 전통의 이론가들은 전통적으로 정체성을 사회계급의 관점에서 이해해왔다. 우리의 상대적인 계급의 입장이 우리의 이익을 결정하지만, 우리의 '진짜' 이익은 (대다수의 임금 노동자 또는 '프롤레타리아'들이 '부르주아' 지배계층으로부터 해방되는) 우리의 관점과 이익을 지배계급의 것들과 일치시키는 것을 가르치는 강력한 정치적 사상('이념')에 의해 종종 가려진다. 때로는 계급적 초점에서 '환원주의'로 간주되는 이 관점은, 예를 들어, 인종적이고 성별화된 형태의 정체성과 차이를 덜 중요하거나 심지어 환상적인 것으로 논박하는 경향이 있다. 그럼에도 불구하고, 계급적 정체성은 잠정적인 것이지, 근본적인 것이 아니다. 계급적 정체성은 본질적으로 자본주의체제의 불평등의 표현이며, 계급이 없는 공산주의 사회가 확립되면 휩쓸려 버릴 것이다.

구성주의 견해

사회구성주의자들은 국가든 개인이든 글로벌 행위자들의 이익과 행동이 그들의 정체성에 의해 형성되는 정도를 강조해 왔으며, 이는 비물질적 요소에 의해 조건화된다. 웬트가 주장했듯이, '정체성은 이익의 기초이다'. 이러한 입장은 행위자들이 미리 정해진 선호도 집합을 가지고 서로 마주친다는 생각과 마찬가지로 고정되거나 변하지 않는 정체성 개념을 거부한다. 따라서 개인들은 잠재적으로 세계적 정체성을 포함하여 다양한 문화적 및 이념적 상황에서 다른 정체성을 채택할 수 있다. 즉, 구성주의자들은 정체성이 국가 간의 상호작용을 통해 생성된다는 사실에 민감하며, 따라서 반복되는 부정적인 상호작용이 차이감의 강화와 대립적 반목으로 이어질 수 있으므로 (냉전 기간 미국과 소련의 사이처럼) 한동안 '실존적' 차이와 적대감이 우세할 수 있다.

탈식민주의 견해

탈식민주의 관점에서 정체성, 특히 '인종화된' 정체성은 최소한 개인과 집단에 의해 가정되는 만큼 부과될 수 있는 것이다. 유럽 식민지시대 동안 '인종'의 발견과 유사과학은 식민지 민족을 구체적이고 제한적이며 고정관념적인 특성과 능력을 가진 것으로 식별했다. 이 정체성 정치는 비유럽 인구를 본질적으로 '열등'으로 묘사했으며, 사이드(Edward Said)의 '오리엔탈리즘' 개념화 (p. 91 참조)와 같은 탈식민주의이론의 주장은 정체성과 차이의 이러한 표현이 탈식민지 시대에 서방과 비서방 세계 (그리고 서방사회와 일부 비서방사회 내의 '인종관계') 사이의 사회적 관계를 계속 구조화한다는 것이다. 이러한 관점에서 오늘날 '백인 우월주의'는 지성, 문화, 창의성, 역사적이고 '문명적' 중요성, 그리고 과학적, 정치적, 경제적 '합리성' 측면에서 비백인에 대한 그들의 '우월성'에 대한 간접적인 또는 명시적 주장을 기반으로 하여 세계사회 내와 세계사회 사이에서 백인의 특권적 지위를 확보하는 정체성 정치의 글로벌 사회구조이다.

페미니즘 견해

페미니스트들에게 젠더, 그리고 많은 사람들에게 섹슈얼리티는 글로벌정치에서 우리가 스스로를 식별하고 다른 사람들에 의해 식별되는 방법의 매우 중요한 측면이다. '성별임금격차(gender pay gaps)'부터 폭력적인 동성애 혐오와 성전환 혐오 공격에 이르기까지, 여성들, 그리고 성 또는 성 정체성이 사회적으로 소수화된 사람들은 체계적으로 불평등과 불공평의 대상이 된다. 덧붙여서 많은 페미니스트들은 관점, '입장' 또는 '살아있는 경험' 측면에서 젠더(그리고 종종, 인종, 계급, 섹슈얼리티, 장애, 정체성과 차이)의 필수적인 중요성을 강조한다. 다시 말해서, 그들은 여성(또는 유색인종여성, 레즈비언, 게이 남성, 트랜스젠더, 논바이너리 사람들)의 불평등한 경험을 제대로 이해하기 위해서는 그들의 목소리를 들어야 한다고 주장한다. 젠더 또는 섹슈얼리티에 의해 소수화되는 여성과 집단에 불이익을 주도록 구성된 사회에서, 이러한 경청과 이해가 부재하며, 페미니스트 비평은 백인, 중산층, 중년, 시스젠더, 이성애자 남성과 같이 지배적이거나 상대적으로 특권을 가진 사회적 정체성을 겨냥한다. 페미니스트 비평은 이 형상이 종종 사회가 누구를 위한 것이고, 누구를 위해 설계되어야 하는지에 대한 '보편적' 주제로 가정되는 방식을 강조한다. 결과적으로, 이 광범위한 분류에 맞는 개별 남성은 소외된 목소리를 듣거나 그들 자신의 정체성을 특권화하는 경향이 있는 구조적 불평등을 해결하는 데 많은 저항을 할 수 있다.

후기 구조주의 견해

글로벌정치에 대한 후기 구조주의적 설명은 주로 '차이'의 범주와 관계 되는 정체성에 관심이 있다. 후기 구조주의를 가능하게 만든 사회이론에서의 전체 언어학적 또는 '기호학적' 전환은 언어의 체계가 의미의 고정되고 필수적인 구조에 뿌리를 두고 있는 것이 아니라, 오히려 더 자의적이고 변화 가능한 형태의 반대와 차이에 뿌리를 두고 있다는 통찰을 중심으로 한다. 단어, 더 넓게 '기호(signs)'는 주로 다른 단어나 표시에 대한 반대를 통해 의미를 담고 있으며, 그들이 의미하고자 하는 것에 대한 본질적이고 영구적인 관계에 의한 것이 아니다. 이것이 여러 인간 언어의 존재를 가능하게 만드는 것이며, 차이에 대한 이러한 초점은 구조주의 및 후기 구조주의 철학 및 문화이론과 밀접하게 연관된 주로 프랑스, '대륙' 이론가들(Jacques Derrida, Roland Barthes)에게 특히 중요했다. 한편, 푸코(Foucault)와 푸코주의자(Foucauldian) 학자들에게 '담론'에 내재된 표현에서 비롯되는 정체성의 중심성은 정체성을 정치적으로 강력하게 만든다. 코놀리(William E. Connolly)는 아마도 최근 글로벌정치 및 국제관계의 가장 잘 알려진 후기 구조주의 이론가이다. *Identity/Difference* (1991)에서 코놀리는 글로벌정치에 대한 순수하게 비판적인 '해체주의' 접근법을 거부하고, 대신 긍정적인 민주주의 질서가 '논쟁적', 갈등적 원칙을 중심으로 구축될 수 있다고 제안하는데, 그것은 정치적 다원주의의 형태이다.

제들)을 이해하고 다루어야 할 필요가 있다고 강조한다. 다시 말해서, 그들은 사람들이 권력과 (불)평등을 경험함으로써 비롯되는 '신뢰'의 교차적이고 구성적인 역할을 강조할 뿐만 아니라, 그러한 권력과 (불)평등을 경험함으로써 비롯되는 인종주의, 계급주의, 자본주의, 동성애 혐오, 여성 혐오, 기타 억압의 '사회적 구조'의 교차적이고 구성적인 역할을 강조한다. 그들은 보다 정의로운 사회질서를 위한 투쟁을 이러한 제도적 억압과 불평등에 대한 투쟁으로 본다. 그리고 많은 보수, 진보, 사회주의 정치행위자들에 의해 '정체성 정치'로 지적되는 것이 바로 이러한 접근법이다. 그러나 이러한 가장 영향력 있는 교차적 페미니즘 사상가들의 글에서 우리는 그들이 경멸적으로 '정체성 정치'라고 부르는 것에 대해 명시적이고 명확하게 거부한다는 점을 발견한다. 이는 이 이론가들이 개인적 경험의 개성이나 특수성을 강조하는 데에 관심이 없기 때문이다. 반대로, 그들은 모든 사람의 사회생활 경험을 포화시키고 구조화하는 광범위하고 체계적인 사회 추세에 관심을 끌기를 원한다. 예를 들어, 훅스가 '백인 우월주의의 자본주의적 가부장제'라고 부르는 것은, 자신의 편협하고 개인적인 경험에서 비롯된 정치라는 의미에서의 '정체성 정치'에 대한 것이 아니라, 대다수가 백인인 서양사회의 정치적 'DNA'에 암호화된 불평등과 억압의 사회적 구조에 대한 것이다. 우리가 '살아있는 경험'의 목소리에 대해 요구하는 교차적 페미니스트들의 관심은 정치적 이익에 대한 이해를 개별화하는 것이 아니라, 개별상황과 경험에 대한 이해를 사회화하는 것이다. 이는 그들이 설명할 수 없는 실제 사회 세계에 추상적인 이론적 개념을 강요하는 것이 아니라, 실제 사회적 실천으로부터 사회이론을 도출하기 위한 요구이다.

차이와 글로벌 사회갈등

정체성이 다른 사람들과의 '동일성' 또는 '단일성'에 해당한다면, 그것은 항상 '차이'로 인식되는 것과 반대로 표현된다. 카탈로니아 민족주의자 또는 독립주의자는 부분적으로 그들 자신이 스페인 사람이 아니라고 인식하기 때문에(또는 프랑스, 포르투갈, 또는 다른 어떤 국적도 아니라고 인식하기 때문에) 그들 자신을 카탈로니아 사람이라고 인식한다. 그들은 스페인성과 카탈로니아성이 무엇을 수반하는지에 대한 믿음을 가지고 있으며, 그들 자신을 전자가 아닌 후자의 범주에 맞는다고 본다. 다시 말해서, 정체성은 차이에 의해 부분적으로 정의된다.

정체성과 차이의 중요성과 공동구성은 고대의 사회적 사실이다. 헤겔(G. W. F. Hegel, 1770–1831)과 같은 서양전통의 정치철학자들이 우리의 정체성이 어떻게 다른 사람들과의 상호작용으로부터, 그리고 따라서 차이 그 자체로부터 나오는지를 강조했지만, 정체성과 차이가 서로 겹치거나 서로를 포함할 수도 있다는 이 '변증법적'인 생각은 적어도 2,000년 전 고대 중국에서 도교와 후기 불교철학에 이미 존재했다. 명암(明暗), 경질/연질, 그리고 다른 이항 대립들이 실제로 하나의 존재가 다른 존재의 전제조건인 사물들의 쌍이라는 철학적 통찰을 나타내는 '음양' 기호를 생각해보라. 글로벌정치에서 우리는 이를 민족문화 간, 국가 간, 국제기구 간, 그리고 심지어 개인 간의 차이를 통해 표현되는 정체성의 관점에서 생각해 볼 수 있다. 구성주의자들이 지적했듯이, 냉전의 맥락에서 미국과 소련은 그들의 정체성(그리고 결과적으로 그들의 '이익'과 목표)을 서로에 대한 대립으로 정의했다. 심지어 미국의 군사 개입주의 또는 '세계치안' 정책과 9/11 이후의 '테러와의 전쟁'은 소련에 의해 한때 수행되었던 역할을 충족시키기 위해 새로운 적을 구축하고 미국의 힘과 외교정책 정체성에 대한 존재 이유를 복원하려는 노력이라고 제시되었다.

'중국의 부상'에 대한 서방의 많은 우려는 다름에 대한 두려움에 해당하는 것으로 보인다. 서방의 글로벌 '상상'에서 중국은 미국과는 다른 권력의 극을 나타내며, 자유민주적 다자주의 국가모델과 이를 뒷받침하는 개인주의적 권리기반 질서에 대한 거부를 포함하여 매우 다른 정치문화의 규범을 특징으로 한다. 쳉신판(Chengxin Pan 2012)은 '중국의 부상'에 대한 그의 분석에서 탈식민주의(p. 88 참조), 구성주의, 후기 구조주의(p. 101 참조)를 포함한 이론적 접근법을 사용하여 차이의 재현이 이러한 글로벌 정치적 변화에 어떻게 중심이 되는지 보여준다. 중국은 서방과 다른 것으로 표현되며, 그 다름은 세계의 뚜렷한 사회적, 정치적, 경제적, 문화적 힘이 아닌 서방에 대한 '위협'과 '기회'의 집합으로 표현된다. 쳉신판은 21세기 초반의 '중국관찰'의 기능은 '서방/미국의 자기 상상력'과 '타자성의 구축'(Pan 2012: 51)으로서 작동되었다고 주장한다. 즉, 중국을 극히 '다른' 것으로 표현하고, 상상 속의 중국의 사회문화적 특성과 고정관념을 그 나라의 국내외 정책에 부과하는 것은 글로벌정치의 서방 분석가들이 자신의 정체성을 더 예리하게 정의할 수 있게 한다. 차이는 글로벌정치에서 정체성이 확립되는 수단이다.

정체성과 차이에 대한 문제가 사회적 갈등의 형태만큼 극명한 것은 없다. 트럼프 행정부에 의해 시작된 미중 '무역전쟁'(p. 280 참조)부터 미얀마의 로힝야족, 다른 곳의 소수 무슬림 인구의 박해, 그리고 심지어 글로벌 흑인 생명의 중요성(Black Lives Matter) 운동의 부상까지, 정체성과 차이의 상호작용은 많은, 또는 대부분 갈등의 근원이라고 할 수 있다. 냉전이 끝나갈 무렵, 미국 학자 헌팅턴(Samuel P. Huntington)은 국가와 경제를 어떻게 조직할 것인가에 대한 이념적 갈등(즉, 자본주의 대 공산주의)이 줄어들고, 차이의 주요 선이 개인, 지역, 국가, 지역 정체성의 다른 측면에 집중됨에 따라, '문명'과 문화가 미래에 글로벌갈등의 동인이 될 것이라고 예측했다. 헌팅턴의 '문명의 충돌' 명제는 논란의 여지가 있었는데, 이는 백인 미국인 학자인 그가 세계의 민족들 사이에 심오하고 본질적인 차이라고 본 것을 설명하기 위해 문화적 본질주의와 인종화(p. 88 참조)를 수

본질주의(Essentialism): 사람이나 사물이 변하지 않는 '본질'을 가지고 있다고 가정하는 철학적 또는 사회과학적 추론에 대한 접근.

개 념

자유민주주의

자유민주주의(liberal democracy)는 개인의 권리와 자유에 대한 '자유주의적' 보장과 대중통치에 대한 '민주적' 믿음이 혼합된 정치체제다. 핵심적 특징은 다음과 같다. (1) 통치권은 보편적 성인 참정권에 기초한 정기적이고 경쟁적인 선거를 통해 확보된다. (2) 헌법, 제도적 견제와 균형, 그리고 개인 권리의 보호를 통해서 정부에 대한 제한이 가해진다. (3) 강력한 시민사회는 자본주의, 민간기업 경제, 독립된 노동조합과 자유언론으로 구성된다. 일부 사람들은 자유민주주의를 서양의 가치와 경제구조의 정치적 표현이라고 간주하는 반면, 다른 사람들은 자유민주주의가 가장 폭 넓은 견해와 믿음을 표현하도록 허용하기 때문에 보편적으로 적용이 가능하다고 주장한다. 일부 비평가들은 현대 서방 자유민주주의의 정치문화를 '백인 우월주의 자본주의적 가부장제'와 동의어로 묘사하기까지 한다.

반했기 때문이기도 하다. 예를 들어, 헌팅턴은 세계를 '서양, 유교, 일본, 이슬람, 힌두, 슬라브-정교회, 라틴 아메리카 및 아마도 아프리카 문명'으로 구성된 '7개 또는 8개의 주요 문명'으로 축소했다 (Huntington 1993). 이러한 범주는 문제가 많은 것으로 지적받았다. 첫째, 그들은 같은 종류가 아니며, 일부는 종교 집단(예를 들어, 힌두교)이고, 다른 일부는 철학적(예를 들어, 유교), 지역적(예를 들어, 라틴 아메리카), 그리고 심지어 민족(일본)이다. 둘째, 아프리카를 단지 '아마도' 제8의 문명으로, 그리고 그의 작품에서 추가적인 것으로 배치한 것은 아프리카를 본질적으로 '비문명화'된 지역으로 보는 유럽 식민주의 관점의 확장으로 볼 수 있다. 게다가, 미래의 갈등 가능성을 나타내는 척도로서, 범주들은 시간대를 명시하지 않았다. 예를 들어, 러시아와 우크라이나 사이의 전쟁을 고려하게 되면, 헌팅턴이 '슬라브-정교회'으로 분류하는 두 국가 사이의 갈등이다. 추정되는 인종적 정체성과 소속감('슬라브족')이나 공통의 종교문화('정교') 둘 다 이 두 사회를 헌팅턴이 구상하는 단일한 '문명'의 일부로 만들지는 못한다. 그러나 헌팅턴의 명제는 같은 시기에 또 다른 미국 학자인 후쿠야마(Francis Fukuyama, p. 557 참조)가 제시한 "역사의 종말" 논문의 보다 보수적인 비전을 구성하기도 했다. 후쿠야마가 정치문화적인 측면에서 차이를 줄이면서 느리지만 다소 불가피한 **자유민주주의**의 확산을 구상했다면, 헌팅턴은 글로벌정치에서 차이의 선이 날카로워지고, 아마도 갈등이 증가할 것이라고 예측했다.

그러나 이 두 명의 미국 사상가들은 모두 이슬람의 '세계' 혹은 '문명'인 '정치적 이슬람'이 탈냉전 세계에서 미국이 주도하는 서방 권력에 대해 특별히 다르고 도전적인 정체성이 될 가능성에 주목했다. 냉전이 끝난 지 10년 후에 9/11 테러가 일어났을 때(p. 23 참조), 미국의 외교문제를 둘러싼 이론과 정책결정에 관련된 많은 보수주의자들과 일부 자유주의적인 미국인들은 이 순간을 '문명의 충돌' 명제의 일부 버전을 증명하는 것으로 보았다. 9/11 테러에 대한 대응으로 부시 대통령에 의해 촉발된 '글로벌 테러와의 전쟁'은, 그 후 이어진 '중국의 부상' 이야기만큼이나 정체성, 차이, 그리고 표현의 정치에 뿌리를 두고 있었다. 사이드(Edward Said)와 같은 탈식민주의 이론가들이 오랫동안 주장해온 것처럼, 서양은 종종 '이슬람 세계'에 반대하는 입장으로 스스로를 확인해왔고, 서양사회의 문화정치는 '무슬림'과 '이슬람'을 '서양사람들' 및 '서양'과 근본적으로 다른 것으로 표현해왔다. 이 문화적 본질주의와 **'타자화'**는 고정관념(특정한 신념과 행동을 문화적으로 정의된 더 넓은 집단과 전체 사회에 투영하는 것)과 정체성 및 차이에 대한 주장의 확고함을 수반한다.

'테러와의 전쟁'과 관련하여 정체성과 차이라는 글로벌정치가 더 광범위한 관련 문제를 조명한 것은 글로벌화 된 21세기 세계에서 '다른' 무슬림들에게 가장 많은 일을 한 서방정부와 정치집단 중 일부가 사실은 이슬람 소수민족을 포함하는 매우 큰 국가(예를 들어, 오늘날 인구의 5퍼센트 이상인 약 340만 명이 무슬림인 영국)들 소속이기 때문이다. 정체성과 차이의 대표적인 정치는 종종 추방당하거나 다른 사람들을 통해 갈등을 일으키는데, 이 사람들은 한 사회나 문화에 '소속'되지 않은 사람들로 대표된다. 단순한 사실은 21세기의 많은 사회가 매우 다양한 정체성과 문화, 민족사를 가진 사람들로 혼합적으로 구성되어 있다는 것이다. 결과적으로, 정체성과 차이의 정치는 사회 내에서 그리고 사회 전반에 걸쳐 상당히 많은 사회적 갈등을 초래한다.

그러나 정체성과 차이의 글로벌정치는 또한 해방과 권력이양의 원천이 될 수 있다. 이는 사회적으로 소외되거나 타자화된 집단들의 자기실현과 자기주장 과정을 통해 사회적 그리고 정치적 진보를 제공할 수 있다. 여러 면에서, 최근 역사에서 해방정치의 전형적인 모델은 가비(Marcus Garvey)와 같은 활동가들에 의해 영감을 받아 20세기 초에 처음 등장한 흑인 의식 운동이었다. 흑인민족주의는 1960년대 시민권 운동이 개혁주의와 혁명주의 양쪽 모두에서 증가하면서 더 큰 명성을 얻게 되었다. 개혁주의적인 측면에서, 이 운동은 마틴 루터 킹(Martin Luther King Jr, 1929–68)과 전미유색인진흥협회(NAACP)의 지도하에 미국에서 전국적인 명성에 얻게 된 시민권을 위한 투쟁의 형태를 취했다. 그러나 흑인지위향상운동(Black Power movement)은 저항과 비폭력 시민 불복종 전략을 거부하고, 흑인 분리주의를 지지하였으며, 1966년에 설립된 흑표범단(Black Panthers)의 지도하에 물리적 힘의 사용과 무력충돌을 조장하였다. 흑인 민족주의의 기본전략은 지배적인 백인문화에 대한 의식고양 과정을 통해 맞서는 것이었고, 이는 이후 다른 형태의 정체성 정치에 의해 채택되었다.

현대사회에서 정체성의 글로벌정치를 가장 중요하게 보여주는 것 중의 하나는 다문화주의다. 이는 1970년대 이후 증가한 국제이주로 인해 (적극성의 정도는 다르지만) 점점 더 많은 사회가 다문화적 성격을 받아들이게 되면서 나타났다. 다문화주의는 인종, 민족, 종교, 언어에 기반한 문화적 차별성을 특별히 고려하여 '차이 속의 함께'라는 개념을 천명한다 (Young 1995). 다문화주의는 문화적 다양성을 인정할 뿐만 아니라 그러한 차이를 존중하고 공개적으로 확인해야 한다고 주장한다. 이민자 사회인 미국은 오랫동안 다문화 사회였지만, 다문화주의의 대의는 1960년대 흑인 의식운동이 일어나기 전까지 논의되지 않았다. 호주는 1970년대에 다문화주의를 공식화했다. 뉴질랜드의 다문화주의는 독특한 민족 정체성을 형성하는 마오리 문화의 역할을 인정하면서 시작되었다. 캐나다의 다문화주의는 프랑스어를 사용하는 퀘벡과 대다수의 영어 사용 인구 사이의 화해를 이루고 토착 이누이트족의 권리를 인정하려는 시도와 관련이 있다.

그러나 다문화주의는 다양성의 도전에 대한 다른 접근법뿐만 아니라 다양한 범위의 모호성을 포괄하는 광범위한 용어이다. 다문화주의의 중심에 있는 모호성

타자화

타자화(othering)의 개념은 오늘날 글로벌정치에 대한 비판적이고 특히 탈식민적인 접근법과 가장 흔하게 연관되어 있지만, 그 뿌리는 보다 '전통적인' 철학에 있다. 헤겔(G. W. F. Hegel, 1770–1831)과 후설(Edmund Husserl, 1859–1938) 같은 '현상학' 철학자들과 어떻게 경험이 우리의 의식을 형성하는지에 관심이 있었던 라캉(Jacques Lacan, 1901–1981) 같은 후기 정신분석이론가들은 '타인'('나' 또는 '우리'의 바깥에 있거나 또는 '우리'로부터 떨어져 있다고 우리가 인식하는 사물들 또는 사람들)에 대한 우리의 경험을 통해 '자기'의 어떤 감각도 실제로 만들어지거나 '구성된다'고 주장했다. 이 철학적 '구성적 타자'는 탈식민주의이론에서 채택되는데, 이는 '타자화'가 식민지 사회가 그들이 식민지화 한 사회에 가하는 폭력을 이해하고 도덕적으로 정당화하려는 과정으로 구체적으로 이해되는 것이다. 예를 들어, 파농(Frantz Fanon)의 연구에서, 식민지 세계질서를 특징짓는 '정착민-원주민' 관계는 백인 유럽인 '정착민'이 흑인, 또는 유색인종, '원주민'을 자신과 근본적으로 다르고, 구체적으로 열등하고 통제와 지배가 필요한 사람으로 나타내는 관계이다. 마찬가지로, '오리엔탈리즘'에 대한 사이드의 비판에서도, '옥시덴탈(Occidental)'은 '동양'을 지적이고 문화적으로 열등하다고 '타자화'를 하여 자신들의 우월감과 '서양 문명'을 찾는다. 따라서 글로벌정치에서 타자화는 사람들을 근본적으로 또는 '본질적으로' 다른 것으로, 그리고 보통 열등한 것으로 표현하고 취급하는 과정이다.

9

개 념

다문화주의

다문화주의(multiculturalism)는 기술적이고 규범적인 개념으로 사용된다. 기술적인 개념으로서 다문화주의는 한 사회 내에 존재하는 둘 또는 그 이상의 집단들로부터 생성되는 문화적 다양성에 기초하고, 이 집단들의 신념과 관습은 인종적 또는 언어적 차이와 연결되는 집단적 정체성을 발생시킨다. 규범적인 개념으로써 다문화주의는 공동체적 다양성을 긍정적으로 인정하는 것을 의미하는데, 그 다양성은 상이한 문화 집단들이 존중되고 인정받는 권리에 기초하거나, 윤리적이고 문화적인 다양성을 가진 보다 큰 사회에 가져다주게 되는 이득에 기초한다. 이러한 점에서 다문화주의는 개인과 집단이 자기이해와 자기가치를 수립해 가는 데 있어서 신뢰, 가치와 삶의 방식의 중요성을 인정한다.

은 한편으로는 민족적 소속감이라는 생각과 다른 한편으로는 다양성의 포용, 심지어 축복 사이의 긴장에 반영된다. 다문화 이론가들은 정체성의 근거로서 민족성의 중요성을 강조한다. 다문화주의는 개인이 아니라 집단에 초점을 맞춘다는 점에서 공동체주의의 형태라 할 수 있으며, 개인의 자존감은 민족 공동체의 믿음, 가치, 관행에 대한 존중과 인정과 불가분하게 연결되어 있는 것으로 간주된다. 그러므로 다문화주의의 발전은 때때로 '특별한' 혹은 '복합민족' 권리라고 불리는 소수 권리들을 위한 캠페인과 함께 진행되어 왔다. 이들은 한 공동체의 민족적인 독특성을 인정하고 보호하기 위한 노력을 기울이며 의상, 언어, 학교, 공휴일과 같은 문제에 영향을 미치는 권리들이다. 캐나다, 호주, 뉴질랜드와 같은 국가에서, 이 권리들은 토착민들을 위한 특별한 대표권 또는 영토권으로 확장된다. 이와 유사하게, 브라질과 같은 이전에 식민지였던 글로벌 사우스 국가들에서, 토착민들의 토지 권리는 (비록 이들이 최근에 국가 내 일부 다른 사회집단들과 논란이 있지만) 특정한 헌법적인 보호를 제공받았다. 그러나 동시에, 다문화주의는 문화적인 혼합과 혼종으로 비롯되는 이익을 주장하는데, 각 공동체의 가치는 문화적인 차이로 특징지어지는 사회 내에 존재하는 것으로부터 유래한다. 따라서 문화는 문화적인 기회를 확대하고 문화 간의 이해를 강화하면서, 서로로부터 배우고 풍부하게 지낼 수 있다. 그 결과는 현대사회에서 더 깊은 수준의 사회적인 그리고 문화적인 혼합을 만들기 위해 문화 글로벌화와 함께 운영되는 일종의 '섞어서 짝맞추기(mix and match)' 다문화주의이며, 그 과정에서 국가적인 독특성은 흐릿해진다.

더욱이, 다문화주의를 설명하는 경쟁적인 모델들이 있는데, 그들은 다양성과 함께하는 것(togetherness)이 어떻게 조화를 이룰 수 있는지에 대한 다른 접근법을 제공하고, 다문화주의와 민족주의 사이의 복잡한 관계에 대한 경쟁적인 견해를 제공한다. 자유주의적인 다문화주의자들은 다양성이 사적인 영역에 국한될 수 있거나 국한되어야 하고, 공적인 영역을 통합의 영역으로 남겨야 한다고 주장하면서 시민통합의 중요성을 강조하는 경향이 있다. 따라서 도덕적, 문화적, 그리고 생활방식의 선택은 대체로 개인에게 맡겨질 수 있는 반면, 공통의 정치적 또는 시민적 충성은 사람들을 함께 묶는 데 도움을 준다. 이 견해에 따르면, 다문화주의와 민족주의는 양립할 수 있으며, 심지어 문화적 다양성과 공동의 시민성이 균형을 이루는 다문화 민족주의의 형태로 새로운, 아마도 21세기의 민족 정체성 모델을 만들어낸다. 이것이 민족성과 인종성 사이의 연결을 파괴하는 한, 이는 매우 명확하게 시민 민족주의의 형태에 기반을 두고 있다. 그러나, 안정적이고 성공적인 사회가 공유된 가치와 공동의 문화에 기반을 두어야 한다고 주장하는 보수주의자들은 민족주의와 다문화주의가 근본적으로 양립할 수 없다고 주장한다. 이 견해에 따르면, 인간은 제한되고 의존적인 생명체이며, 이들은 자신과 비슷한 다른 사람들에게 자연스럽게 끌리지만, 동시에 어떤 식으로든 다른 사람들을 두려워하거나 불신한다. 따라서 다문화 사회는 본질적으로 분열되고 갈등으로 가득 차 있다. 다른 민족공동체들 사이의 의심, 적대감, 그리고 심지어 폭력은 편협함, 무지, 또는 사회적 불평등의 산물이 아니라 사회심리의 단순한 사실이다. 따라서 민족적이고 문화적인 다양성은 국가통합과 정치적 안정의 화해가 어려운 적이다.

그럼에도 불구하고 다문화사회의 기록은 인종 간의 갈등이나 적대감에 대해 자연스럽거나 피할 수 있는 것이 없음을 시사한다. 이는 20세기 후반 인종적 민족주의의 부활과 관련하여 볼 수 있지만(이 장의 뒷부분에서 설명), 민족갈등과 사회경제적 분열 사이의 밀접한 관계에서도 분명하다. 어떤 의미에서 공동체의 긴장은 민족성에서 발생하는 것과 같이 사회계층에서도 발생한다. 다른 민족 집단은 경제 내에서 다른 위치를 차지하고 다른 수준의 경제 및 사회보장을 향유하는 경향이 있다. 예를 들어, 사람들이 인종차별을 받는 방식은 수입, 복지에 대한 접근 및 기타 경제적 재화와 밀접한 관련이 있다. 다문화 사회에서 대다수를 차지하는 인종의 사람들은 종종 국가경제 내에서 구조적 특권 또는 불로소득 형태를 누리며, 더 고용 가능한 것으로 간주되거나 소수화 집단이 얻기 어려운 (명시적으로 아파르트헤이트와 같은 인종차별적 법률에 의해 또는 암묵적으로 인종차별 고용관행에 의해) 직업에 접근할 수 있다.

어떤 면에서, 이러한 경제에 기반한 민족적 긴장은 글로벌화의 시대에 더욱 첨예해졌다. 이는 적어도 두 가지 방법으로 발생했다. 첫째, 추아(Amy Chua 2003)가 주장했듯이, 많은 개발도상국에서 글로벌시장의 혜택을 착취하는 위치에 있는 사람들의 손에 부의 집중이 증가함에 따라 종종 소규모 소수민족이 엄청나게 불균형한 경제력을 획득할 수 있었다. 추아가 '시장지배적인' 경제적 소수민족으로 부르는 사례로는 동남아시아 많은 지역의 중국인들, 동아프리카의 인도인 및 서아프리카의 이보(Igbo) 사람들이 있다. 이러한 상황에서, 넓어지는 경제적 분열은 점점 더 폭력적으로 표출되는 다수민족의 적대감과 인종적 편견을 유발하여 추아가 '불타는 세계'라고 부르는 용어를 만들게 했다. 경제적 및 민족적 긴장이 혼합되는 두 번째 방법은 내부의 소수민족이 주변부, 낮은 지위 및 저소득 직업에 국한되는 글로벌 노스 국가들이다. 이러한 상황은 차별, 구조적 인종차별 및 국가폭력과 연결되며 때때로 소수민족 젊은이들 사이의 심각한 민간 소요사태로 이어졌다. 이러한 예는 1981년, 2001년 및 2011년 영국의 여러 지역에서, 1992년 로스앤젤레스, 2004년 호주 퀸즐랜드 및 2005년 프랑스의 많은 지역에서 발생했다. 한편 '흑인 생명의 중요성(Black Lives Matter)' 시위는 2014년 이후 미국 및 기타 다수가 백인인 서양사회를 휩쓸었고 2020년 조지 플로이드 살해 후 최고치에 도달했다.

개 념

민족성

민족성(ethnicity)은 구분되는 인구, 문화집단 또는 영토지역에 대한 충성심이다. 이 개념은 인종과 문화의 의미를 함축하고 있기 때문에 복합적이다. 민족집단의 구성원들은 대체로 공통된 조상의 혈통을 잇고 있으며, 혈연관계로 통합되어 확대된 친족집단으로 간주된다. 보다 공통적인 의미에서 민족성은 문화적 정체성의 형태로 이해되고, 깊고 감정적인 차원에서 작용된다. '민족'문화는 가치, 전통, 관습을 포괄하지만, 결정적으로 이는 사람들이 출신과 혈통에 관심을 두게 함으로써 공통된 정체성과 차별성을 제공한다.

특권(Privilege): 특히 정치적 권리의 경우, 때때로 논란의 여지가 있는 개념인 특권은 노력 없이 얻는 사회적 이점을 의미하며, 예를 들어 다수의 인종이나 성 정체성에 대한 근접성을 통해 부여될 수 있다

다문화주의의 종말?

2011년 당시 선출된 캐머런(David Cameron) 영국 총리는 뮌헨 안보회의에서 연설을 했고, 이는 나중에 그의 '뮌헨연설'로 알려지게 되었다. 캐머런은 '국가 다문화주의'의 실패를 선언했고, 13년에 걸친 노동당정부의 통치 후에 영국이 보수정치로 돌아섰을 뿐만 아니라, 유럽과 글로벌안보에 대한 더 넓은 비전을 알렸다. 국제안보에 대한 주요 위협으로 '이슬람의 극단주의'에 초점을 맞춘 캐머런의 뮌헨연설은 서방 목표물에 대한 무슬림들의 테러공격이 '고통'에 의해 동기부여가 된 것이고, '정부들이 이 문제를 해결한다면 이 테러는 멈출 것'이라는 논리를 제시하는 다문화주의를 유럽의 '소프트 좌파'로 비난했다. 캐머런은 대신 '더 강한 사회와 정체성'을 구축함으로써 국가 다문화주의가 '힘 있는 자유주의'로 대체되어야 한다고 요구했다. 실제로, 캐머런과 다른 서방국가의 우익 지도자들은 일반적으로 인종적으로 소수화된 사람들과 특히 서방의 무슬림들을 대상으로 훨씬 더 강력한 동화주의 정책을 옹호하기 시작했다.

다문화주의는 어떤 형태에서는 현대적이고 서양적이며 자유주의적인 '국가 다문화주의의 교리'보다 훨씬 앞선다. 예를 들어, 인도의 식민지 이전, 식민지 시대, 식민지 이후의 역사는 서로 다른 신앙, 언어, 부족의 소속 및 '카스트'를 가진 방대한 수의 사람들이 공존하고 있었다. 이러한 공존이 항상 평화로운 것은 아니며, 일부 사회집단이 다른 사람들에 대해 성공적으로 지배력을 행사해 왔지만, 다수의 문화가 어느 정도의 자율성과 자기 결정력을 가지고 함께 사는 가능성은 서양이 아닌 환경에서 오랫동안 분명하게 드러났다. 그러나 캐머런의 뮌헨연설은 중요했는데, 그 이유는 그 연설이 서양의 자유민주주의 국가들이 자신들에 대해 말했던 서사들의 중심이 되었던 자유주의적 다문화주의의 구체적이고 20세기 모델로부터의 전환을 표현했기 때문이다. 프랑스에서 사르코지(Nicolas Sarkozy, 2007-12) 대통령은 비슷한 경향으로 특징지어졌다. 사르코지는 뮌헨연설이 끝나고 며칠 후, 다문화주의의 실패를 선언하고 "우리는 도착하는 사람의 정체성에 대해 너무 걱정해왔고, 그를 받아들이는 국가의 정체성에 대해 충분하게 고려하지 않았다"고 진술하면서 캐머런의 논평을 되풀이했다.

유럽, 북미, 오세아니아의 '서양'사회들 사이에서, 2010년대 10년은 다문화주의에 대한 이러한 우려를 분명히 보이는 '주류' 보수정치의 부상뿐만 아니라, 이러한 주장들을 반향(그리고 더욱 발전)시키는 극우정치의 활동주의와 폭력의 새로운 물결로 특징지어졌다. 그러나 이 국가들 중 많은 곳에서, 주요하고 주류의 정당들에 속하는 일부 정치인들이 극우의 주장을 반복하거나 지지했는데, 그 수준은 좌파정치와 중도 비판자들이 극우정치의 '정상화' 또는 '주류화'를 언급할 정도로 이루어졌다. 이러한 주장과 반론은 특히 미국의 트럼프와 영국의 보리스 존슨의 전국적인 선거 캠페인 및 그에 따른 정치적 지도력과 관련하여 제기되었다.

그러나 정치적 우파와 좌파 간의 소위 '문화전쟁'은 글로벌적이지는 않더라도 완전히 초국가적인 사건으로, 부분적으로 소셜 미디어 소통과 공식정치 사이의 정치적인 선이 흐려지면서 가능해졌다. 주요 서방국가에서 사회적인 자유주의적 가치에 반대하고 경제적이고 정치적인 '글로벌주의' 프로젝트에 반대하는 '전환'은 다문화주의에서 벗어나 동화주의 또는 민족주의의 배제 모델로의 전환으로도 해석될 수 있다. 그러나 이러한 상대적으로 최근의 발전이 다문화주의의 훨씬 오래된 구조를 대체할지는 두고 보아야 한다.

개 념

종교

가장 일반적인 의미에서 종교는 현실을 초월한 믿음을 공유한 사람들로 조직된 공동체이다. '초월'은 '저승'의 최고의 존재 또는 창조자 신에 의한 '이승'에서 개인 해방의 경험을 의미하는데, 불교에서의 열반 개념과 같은 것이다. 유일신종교(기독교, 이슬람교, 유대교)와 다신(多神), 비신(非神), 자연종교(힌두교, 불교, 자이나교, 도교 등) 사이에는 근본적인 차이가 있다. 유일신종교는 유일하거나 제한된 수의 경전과 권위체계를 보유하고, 다신, 비신, 자연종교는 보다 느슨하고 분산되었으며 다원화된 구조를 갖고 있다.

종교의 부흥

종교와 정치

문화의 점증하는 정치적 중요성에 있어서 가장 괄목할만한 관점은 의심의 여지없이 종교의 부흥과 종교운동의 성장이다. 헌팅턴(Huntington 1996)의 견해에 따르면, 종교는 문명의 '중심으로 정의되는 특징'이고, '문명의 충돌'은 종교의 충돌을 의미한다. 그러나 그러한 견해는 지속되기가 어렵다. 세계종교들 일부는 유사한 목적을 갖고 있으며, 중첩되는 종교들이 있다. 예를 들어, 불교는 힌두교로부터 발전하였고, '경전의 종교'인 기독교, 이슬람교, 유대교는 구약성서의 믿음에 공통으로 기반을 두고 있다. 그리고 다른 사회와 다른 문화에서 종교는 매우 다양한 역할을 하고 있다. 예를 들어, 유대교와 기독교의 신앙은 서양 '문명'을 구성하는 요소임은 확실하지만 그 문명을 정의하는 특징은 아니고, 그리스-로마의 영향과 계몽운동의 합리주의의 전통도 마찬가지로 중요한 역할을 하였다. 실제로 서양, 특히 유럽사회의 특징들 중의 하나는 세속주의(secularism)에 기반하고 있다는 점이다. 그렇긴 하지만, 인구의 70.6퍼센트가 기독교이고, 유권자의 약 4분의 1이 스스로를 복음주의 또는 '다시 태어난' 기독교인이라고 정의하는 미국과, 가톨릭이 강력한 사회적이고 정치적 힘으로 남아 있는 이탈리아와 같은 나라들은 덜 명확한 '세속적인' 정치적 공간이다. 그러나 세속주의의 발전이 반드시 종교의 쇠퇴를 의미하는 것은 아니다. 오히려 공공과 민간이 구분되는 상황에서 자유주의적 믿음과 같은 선상에 종교의 '적절한' 영역과 역할이 자리 잡게 된다. 그 목표는 사적 영역에 종교의 울타리를 치게 하여 거기서 사람들이 원하는 대로 자유롭게 활동하게 하면서, 공적 생활은 완전히 세속적인 차원에서 유지되게 하는 것이다. 따라서 종교의 자유는 자유민주주의의 핵심 원칙에 수용되었다. 그러나 합리주의와 과학적 교리의 진보, 물질주의적이고 소비주의적인 가치의 성장과 같은 다른 힘들은 많은 사회에서 '이승(this-worldly)'에 대한 관심을 강화했다.

세속주의(Secularism): 종교가 세계의 세속문제에 개입하지 말아야 한다는 믿음이며, '교회와 국가'를 분리하여야 한다는 요구를 반영한다.

세속적 논제(Secularization thesis): 현대화는 종교에 대한 이성의 승리와 정신적 가치의 세속적인 것으로의 대체를 수반한다는 이론이다.

그러나 세속적 논제를 지지하는 사람들이 틀렸다는 점이 20세기 후반부터 입증되기 시작하였다. 종교는 점차 중요해지기 시작하였다. 새롭고 보다 자기주장이 강한 형태의 종교가 등장하여 종교적 운동에 대한 영향력을 제고시켰고, 정치의 종교화와 종교의 정치화를 통하여 종교와 정치 사이의 관계가 더욱 긴밀해졌다. 이는 1970년대에 분명해졌고, 1979년 이란에서의 '이슬람 혁명'이 가장 극적인 사례이다. 이 혁명으로 호메이니(Ayatollah Khomeini)가 세계 최초의 이슬람 국가인 이란의 지도자가 되었다. 그러나 이는 이슬람에서만 배타적으로 발생한 일이 아니라는 점이 곧 밝혀졌다. 기독교 내의 소위 '근본주의' 운동, 특히 인도의 '정치적' 힌두교와 시크교가 그랬던 것처럼 미국에서 '새로운 기독교 우익'의 형태가 등장했다. 이의 다른 징후들은 라틴 아메리카, 아프리카 및 동아시아에서 미국 스타일의 오순절주의 확산이 있었고, 중국에서 7,000만 명의 사람들이 지지를 한 정신적인 운동인 파룬궁이 등장하였는데 당국은 반공주의의 표현이라고 제재를 했으며, 공산주의 이후 러시아의 정통 기독교가 부흥했으며, 일본에서는 옴 진리교 최후의 날 숭배가 출현했다.

종교의 부흥은 정체성 정치가 등장한 결과로 보일 수 있지만, 현대 상황에서 종교는 개인적이고 사회적 정체성을 재생하는 강력한 수단이라는 점이 입증되고 있다. 현대사회가 점차 원자화되고, 분산되고, 다원화되어 가면서, 종교의식이 제공하는 의미, 목적성, 확실성에 대한 열망이 증대하고 있다. 이는 종교가 신도들에게 신적인 영령에서 비롯되는 최고 상위의 세계관과 도덕적 비전을 제공하기 때문에 가능하다. 따라서 종교는 사람들이 존재하는 이유에 대한 정의를 내리고, 윤리적 상대주의로 규정되는 세계에서 윤리적 방향과 더불어 준거의 틀을 제공한다. 이에 덧붙여서 종교는 사회를 결속시키는 강력한 의식을 가지게 하고, 사람들을 '두텁고' 깊은 수준으로 연결시키는데, 이는 현대사회의 형식적인 '얇은' 연결과는 반대되는 의미이다.

종교의 부흥은 다양한 정치적 목적을 내포하고 있다. 이들 중에 세 가지가 특징적이다. 첫째, 종교는 점차로 사회적 보수주의의 중요한 요소가 되고 있으며, 종교적인 가치와 실천으로의 회귀를 통하여 사회의 윤리적 망을 강화하고 있다. 그러한 종교지향적인 윤리적 보수주의는 특히 1970년대의 미국에서 뚜렷했는데, 당시 새로운 기독교 우파가 '미국을 그리스도로 돌려보내기'를 통하여 종교와 정치의 융합을 추구하였다. 새로운 기독교 우파는 공화당, 특히 레이건과 부시 대통령에 대한 영향력을 통하여 윤리적이고 문화적인 이슈들을 미국정치의 전통적인 경제와 외교정책 이슈들과 같은 수준으로 격상시켰다. 윤리적이고 문화적인 이슈들은 낙태반대, '창조주의', 총기규제 반대, 동성애 권리, 줄기세포연구 등을 포함했다. 둘째, 종교는 인종적 민족주의에 있어서 중요한 요소가 되어 가고 있다. 정치 정체성의 주요 원천으로서 민족보다 종교가 매력적인 것은 집단을 형성하는 데 있어서 근본적이고 불변하는 기초를 제공하기 때문이다. 인도에는 힌두 민족주의와 시크 민족주의가 등장하였다. BJP의 힌두 민족주의자들은 힌두교를 민

윤리적 상대주의(Moral relativism): 절대적인 가치가 없고, 윤리적 이슈에 대한 깊고 폭넓은 의견 불일치가 있다고 생각하는 믿음.

족 정체성의 기초로 만드는 노력을 하였고 무슬림, 시크교, 자인, 다른 공동체들의 '힌두화(Hindunization)'를 모색하였다. 시크 민족주의자들은 오늘날의 펀자브(Punjab) 지역에 '칼리스탄(Khalistan)'을 세워서 시크주의가 국가종교로 되고 정부가 이 종교의 전파를 방해하지 않기를 원하고 있다. 이스라엘에서 소규모의 초정통파 유대교 정당과 단체들은 시오니즘을 '위대한 이스라엘 땅'의 수호를 위한 방편으로의 전환을 추구하고 있다. 이는 1967년의 6일전쟁 당시 점령하였고 이후 공식적으로 이스라엘이 합병한 지역에 유대인 정착촌을 건설하려는 캠페인으로 표현되고 있다. 셋째, 종교는 가장 강력한 정치적 영향력을 행사하고 있는데, 이는 주로 호메이니가 주장한 "정치는 종교다"라는 신념을 기본으로 한 호전적인 정치-문화의 부흥을 통해서 이루어지고 있다. 정치와 연계되는 종교의 관점은 대체로 '종교적 근본주의'로 인식되고 있다.

근본주의자들의 증가

'근본주의'의 개념은 20세기 초반 미국 개신교 내의 논쟁으로부터 시작하였다. 1910년과 1915년 사이에 복음주의 개신교인들이 『근본(*The Fundamentals*)』이라는 시리즈의 팸플릿을 발행하였는데, 이는 기독교에 대한 현대적 해석에 직면하여 성경이 정확하고 사실이라는 점을 강조하기 위한 목적이었다. 그러나 근본주의 개념은 융통성이 없고 독단적이고 권위적이라는 점에서 많은 논쟁을 불러일으켰다. 그 결과 근본주의자들로 분류되는 많은 사람들은 이 근본주의라는 용어를 거부하고, 그 대신 '전통주의자', '보수주의자', '복음주의자', '복고주의자' 등으로 자신들을 표현하는 것을 선호하였다. 그러나 이러한 대안적 용어들과 달리, 근본주의는 종교-정치운동의 아이디어를 전달하는 데 있어서 단순한 성서문자주의(scriptural literalism)의 강조보다는 유리한 점이 있다. 따라서 종교적 근본주의는 종교와 정치의 분리를 반대한다. 실질적으로 정치는 종교라고 한다. 이는 종교의 원칙이 개인적인 생활에 국한되는 것이 아니라, 정치뿐만 아니라 법, 사회적 행위, 경제 같은 공적 영역에도 관련이 된다는 점을 의미한다. 일부 사람들은 근본주의의 경향이 기독교, 이슬람, 힌두교, 유대교, 불교, 시크교와 같은 세계의 주요 종교들에도 해당된다고 주장한 반면, 다른 사람들은 근본주의가 이슬람과 프로테스탄트에 국한된다고 주장한다. 왜냐하면 이 종교들은 전통적으로 상이한 성격과 욕망을 가지고 있지만 정치개혁에 대한 포괄적 프로그램은 거부하는 입장을 지니고 있기 때문이다.

20세기 후반 이후에 등장한 근본주의 부활의 대의를 일반화하는 것은 어렵다. 근본주의는 세계의 여러 지역에서 상이한 교리적 형식을 지니고 비교되는 이념적 특징을 보이고 있기 때문이다. 그러나 분명한 것은 근본주의가 매우 문제가 있는 사회, 특히 정체성의 위기가 생긴 사회에서 등장한다는 것이다. 루스벤(Ruthven

개 념

종교적 근본주의

'근본주의(fundamentalism)'라는 단어는 라틴어 'fundamentum'에서 유래했는데, 그 뜻은 '기본(base)'이다. 종교적 근본주의의 핵심 아이디어는 종교가 개인영역에 국한될 수 없고/국한되면 안되고, 대중을 동원하는 정치와 사회개혁을 최고로 적절하게 표현해야 한다는 것이다. 종교적 근본주의는 성서를 문자 그대로만 해석하는 데 동조하면 안되는데, 그 이유는 '근본적'이라는 것은 카리스마를 가진 지도자들의 '역동적' 해석의 과정을 통해 추출되기 때문이다. 종교적 근본주의는 극단적 정교회(ultra-orthodoxy)와는 다른데, 그 이유는 근본주의의 프로그램은 사회의 윤리적이고 정치적인 쇄신을 종교적 원칙에 따라 발전시키는 것이며, 이는 부패한 세속사회가 순수한 신앙에 기초한 공동체를 퇴보시키는 것과는 다르기 때문이다.

근본주의(Fundamentalism): 어떠한 원칙이 도전을 받지 않고 지배하는 권위를 가졌다는 사실을 인정하는 사고의 스타일이며, 때로는 광적이고 폭력적인 행위를 한다.

성서문자주의(Scriptural literalism): 경전의 문자적 진리에 대한 믿음이며, 신의 말은 의문의 여지가 없는 권위를 가졌다는 주장.

아랍의 봄과 그 유산

사건: 2010년 12월 17일 수도 튀니지에서 남쪽으로 약 300킬로미터 떨어진 시디 부지드에 살던 튀니지 시장 상인 모하메드 부아지지는 경찰이 그의 카트와 농산물을 압수하고, 불리하게 대우한 데 대한 항의로 스스로 불을 질렀다. 부아지지는 2011년 1월 4일에 사망했다. 이 사건은 24년간 튀니지를 통치한 벤 알리 대통령이 1월 14일 사임하도록 한 시위의 물결을 촉발시킨 것으로 인정된다. 튀니지 사건에 영향을 받아 이집트의 시위자들은 호스니 무바라크 대통령의 사임을 요구하며 1월 25일에 거리로 나섰다. 이집트 군부의 증가하는 압력과 시위가 고조되면서 무바라크는 2월 11일에 사임했다. 리비아에서 발생한 시위는 무장봉기와 내전으로 이어졌고, 반란군들은 NATO의 공중공격 지원을 받았으며, 10월 22일의 무아마르 카다피의 포획과 살해는 정권의 붕괴를 알리는 신호탄이었다. 다음 달, 과거 불법적으로 권력을 찬탈했던 알리 압둘라 살레는 예멘의 대통령직에서 물러나기로 동의했다. 시리아에서, 2011년 3월에 바셰르 아사드 대통령에 대항하여 시작된 시위는 수개월에 걸쳐 매우 복잡하고 다루기 힘든 내전으로 발전했다.

중요성: 2011년 북아프리카의 많은 지역과 중동의 일부 지역을 휩쓸었던 저항운동은 '아랍의 봄'이라고 불렸다. 그러나 이러한 반란들은 복잡한 범위의 세력들을 촉발시켰는데, 이는 아랍의 봄의 중요성에 대한 논쟁이 수년간 계속될지도 모른다는 것을 의미했다. 비록 그 어떤 것도 자체적인 설득력을 가질 것 같지는 않지만, 적어도 네 가지 해석이 제시되었다. 첫째, '아랍의 봄'은 권위주의에서 지속 가능한 민주주의로의 전환이 시작된 '아랍세계의 1989'로 여겨진다. 적어도 네 명의 독재자들의 전복과 2011년 말과 2012년 초에 튀니지, 이집트, 모로코에서 아랍세계 최초의 자유롭고 공정한 선거가 개최된 것은 이러한 견해를 뒷받침한다. 그러나 민주화는 (구정권과 관련된 사람들을 포함한) 핵심집단들과 이해관계들이 새로운 민주적 '게임의 규칙'에 조화를 이루는 통합의 과정을 요구한다. 아랍의 봄의 경우, 이는 (어떤 형태로든) 군부와 무슬림 형제단에 특히 적용되며, 이집트에서 모하메드 무르시의 짧고 논란이 많은 대통령직 수행이 보여주었듯이, 두 집단의 화해는 당연한 것으로 이루어질 수는 어려운 과제였다.

출처: *MOHAMMED HUWAIS/Getty Images*

두 번째 해석은 아랍의 봄이 정치적 이슬람의 부흥을 촉발했다는 것이다. 아랍의 봄은 초기의 소외에도 불구하고 형제 결연 단체들의 힘을 북돋아 주었는데, 이는 아랍의 봄이 그들의 정치활동에 대한 제한을 완화해 주었기 때문이기도 했고, 선거의 도입이 그들의 조직 수준과 종교의 매력으로 인해 그들에게 확실한 권력에의 통로를 제공했기 때문이기도 했다. 그러나 무르시의 이집트 사태가 다시 한 번 보여주듯이, 무슬림형제단 관련 정당들이 이슬람 의제를 발전시키려는 시도는 그들의 대중적 지지를 약화시키고 정치적으로 취약하게 만들었다.

세 번째 해석은 '아랍의 봄'이 독재정권이 아랍세계로 다시 돌아오기 전의 잠깐의 막간으로 여겨진 것이다. 이런 관점에서 볼 때, '아랍의 봄'이 촉발한 분열과 불안정성은 신뢰할 수 있는 정치질서의 유일한 원천으로서 군부의 중요성을 부각시켰을 뿐만 아니라, '국가의 구세주'를 자처하며 조만간 재도약할 수 있는 기회를 만들어냈을 뿐이다. 네 번째 해석은 '아랍의 봄'이 수니파와 시아파 사이가 아랍과 더 넓은 무슬림 세계의 분열을 상당히 강화시킨 것이다. 비록 이라크에서 이 분쟁의 불길이 잡혔지만 시리아내전 동안 가장 격렬하게 타올랐고, 이는 결국 수니파 무슬림과 시아파 무슬림 간의 '대리전'으로 볼 수 있으며, 이는 궁극적으로 중동지역을 장악하기 위한 것이었다.

2005)은 점차로 의심스럽고 불확실성이 증가하는 세계에서 '의미 찾기'의 일환으로 근본주의가 등장했다고 강조하였다. 다양한 사태발전이 그러한 의구심과 불확실성에 불을 지폈다. 특히 세 가지 요인들이 그러한 위기를 조장하면서 종교적 근본주의의 충동을 강화했는데, 그들은 세속화, 글로벌화, 탈식민주의다. 세속화는 전통적인 종교의 쇠퇴를 가져왔고 확립된 윤리관을 약화시켰다. 이러한 점에서 근본주의는 타락과 위선에 대한 윤리적 저항의 측면도 있다. 근본주의는 '정의로운' 질서를 회복하고 인간세계와 신 사이의 연결을 회복하는 것을 목표로 삼는다. 따라서 근본주의는 윤리적 상대주의에 대한 대항수단으로 보일 수도 있다.

또한, 종교적 근본주의는 본질적으로 글로벌화의 진전과 연결될 수도 있다. 전통사회가 사람, 상품, 사상, 이미지들의 세계적 흐름에 의하여 붕괴위기에 놓이게 되면서, 종교적 근본주의는 반혁명적인 힘, 즉 부도덕과 부패에 대한 저항세력으로 등장하게 되었다. 이는 왜 근본주의자들이 '빛'과 '어둠', 또는 선과 악 사이의 투쟁을 강조하는 마니교적 세계관을 가졌는지 설명을 해 준다. 만약 '우리'가 신의 의지에 따라 행동하도록 선택된 사람들이라면, '그들'은 우리와 의견이 다른 사람들일 뿐더러 지구상에서 신의 목표를 파괴시키려는 집단이다. 그들은 '어둠의 세력'일 뿐이다. 따라서 근본주의자들에게 있어서 정치적 갈등은 전쟁이며, 궁극적으로 신봉자 또는 이단자들 중 어느 한쪽이 승리해야 한다.

정체성, 문화 및 경쟁적 세계질서

우리가 살펴보았듯이, 인종, 계급, 성별, 종교와 같은 요소들을 포함하는 정체성과 문화는 개인의 수준에서 경험될 수 있지만, 그럼에도 불구하고 깊은 사회적 현상이다. 정체성과 문화가 창조되고 경쟁되는 과정들, 그리고 차이의 주장 또는 경쟁과 같은 과정들은 글로벌 사회적 과정들이고, 그들은 일상생활에서 만큼이나 '세계질서'에 연관되어 있다. 글로벌정치는 제국주의적 경쟁의 지형이었고, 국가적이고 지역적인 정체성과 자기 결정권의 표현들이었다. 국가적이고 종교적인 정체성의 문제들은 30년전쟁(1618-48)부터 탈냉전 '유고슬라비아전쟁(1991-2001)'과 최근에 분쟁 중인 나고르노-카라바흐(1988-)를 둘러싼 아르메니아와 아제르바이잔 사이의 갈등이 포함된다. 그러나 이들은 영미 자유주의에 의해 구체화된 세속화된 기독교 원칙들뿐만 아니라, 미국의 예외주의와 '명백한 운명'(미국의 권력은 신에 의해 위임된다는 믿음)과 같은 종교적이고 문화적인 전통에 뿌리를 두고 있기 때문에, 정체성과 문화는 미국과 더 넓은 '서방'이 글로벌정치를 지배하고, 통치하고, 세계를 질서하기 위한 노력에 필수적이다.

초 점

민주주의 확산: 찬성 또는 반대

민주국가들은 민주주의를 확산시키기 위하여 다른 국가의 문제에 개입할 권리 또는 의무를 갖고 있는가? 만약 '민주주의 확산'이 정당한 외교정책의 목표라면, 어떻게 추구해야 하는가? 민주주의 확산은 적어도 네 가지 방식에 의하여 정당화될 수 있다. 첫째, 민주주의는 인간의 존엄성, 개인의 권리, 정치적 평등과 같은 가치를 기반으로 하고 있기 때문에, 민주주의의 역사, 문화, 가치가 어떠하든 민주적 통치는 모든 사회에 잘 적용되는 보편적인 것이다. 따라서 민주주의를 확산시킬 수 있는 능력을 보유한 모든 사람들은 그렇게 해야 할 의무를 갖고 있다. 이는 모든 곳에 민주적 거버넌스를 갈망한다는 전제를 바탕으로 하고 있다. 둘째, 권위주의정권은 반대파를 탄압하고, 시민들의 정치참여권을 부정하고, 내부로부터의 압력만으로 민주주의가 수립되기 어렵기 때문에 외부의 지원이 필요하다. 이 지원은 무력사용을 포함하는데, 그 이유는 권위주의체제가 스스로 권력을 포기할 가능성이 없기 때문이다. 셋째, '민주적 평화' 논제가 제시하듯이, 적어도 민주주의 국가들 사이에서는 민주주의가 평화와 협력의 가능성을 증대시킨다. 넷째, 민주주의는 정치권력에의 접근을 확대시키는 데 있어서 불만과 악영향을 줄이고 정치적 극단주의와 테러를 방지할 수 있는 실질적인 이득을 가질 수가 있다. 이러한 점에서 권위주의 또는 독재정치는 불안정과 정치폭력의 주요 원인들 중의 하나이다.

그러나 민주주의 확산 정책은 폭 넓은 비판을 받고 있다. 일부 사람들에게 그 정책은 허울 좋고 자기만족의 논리에 기초하고 있으며, 실제로는 서양의 패권을 확대하고 중요 에너지자원에의 접근권을 확보하기 위한 제국주의적 프로젝트에 대한 설득력 있는 정당성을 확보하는 목적을 가지고 있다. 두 번째 비판은 서양식의 민주주의가 과연 보편적인가에 대한 의구심이다. 일부 사람들은 아랍과 무슬림 사람들이 민주주의를 실행할 "준비가 안 되었다"고 단순하게 주장하는 반면, 다른 사람들은 민주주의가 세계의 다른 지역에서 다른 형태를 지녀야 한다고 주장한다. 자유민주주의의 개혁은 유럽중심적인 것이며, 실패할 가능성이 높다. 셋째 비판은 민주주의와 정치적 온건성 사이의 연결은 보증될 수 없다는 점이다. 예를 들어, 1991년 알제리에서 다당제 선거의 도입은 호전적인 이슬람구국전선에 대한 승리가 될 것으로 예견되었으나, 알제리 군대가 대중의 지지를 받은 종교적 근본주의에 대한 개입을 하여 탄압을 가하였다. 마지막으로 민주주의를 확산시키기 위한 개입은 윤리적이고 정치적으로 혼란을 야기한다는 비판을 받았다. 정치적 자유를 증진시키기 위하여 민족자결원칙을 위배하는 것은 모순되는 것으로 비쳐진다. 이에 따른 양심의 가책은 제쳐 놓더라도, 광범위한 저항과 적대감을 불러일으킬 가능성이 있고, 이는 국가건설(또는 민주주의 건설)의 과정을 매우 어렵게 할 수 있다.

문화적 헤게모니: 미국에서 중국의 세계질서로?

아마도 21세기 초 세계질서를 형성하는 데 정체성과 문화의 역할에 대한 가장 중요한 질문은 글로벌권력으로서 중국의 '부상'(또는 더 정확하게는 '부활')이 어떤 영향을 미칠 것인가에 대한 것이다. 제2차 세계대전 이후 미국은 다양한 글로벌 거버넌스의 주요 기관들의 설계와 건설을 지배할 수 있었다 (제20장). 그 결과, 때때로 세계질서가 이러한 맥락에서 등장하였고 소련의 붕괴와 1990년대 냉전종식에 의해 더욱 강화된 세계질서가 미국의 문화적 가치를 구현하는 경향이 있었다고 주장된다. 실제로 미국의 브랜드와 소비문화가 세계를 지배하게 되면서 '기업'과 '미국 주도'의 글로벌화가 글로벌문화의 균질화 효과를 가져왔다고 주장했다. 실제로, '브랜드'라는 단어의 현대적인 사용은 미국의 '올드 웨스트'라는 상징으로 소의 브랜드를 매기는 유럽 정착민 식민주의자들의 관행, 그리고 판매자와 소비자에 의한 쇠고기의 특정한 '브랜드'와 관련된 다양한 품질에서 직접적으로 비롯된다. 20세기 대중사회와 대량생산의 부상과 함께, 1950년대부터 지금까지

소비문화(Consumer culture): 사회적 지위가 주로 생산하는 것에 의해 좌우되는 '노동자주의' 사회경제모델에서 소비하는 것에 의해 정의되는 '소비자주의' 모델로의 전환. 20세기에 등장.

문화의 균질화(Cultural homogenization): 세계의 다양한 문화형태와 전통의 광범위한 범위가 단일한, 지배적 또는 패권적 문화에 의해 지워지거나 소외되는 것.

맥도날드화(McDonaldization): 점점 더 많은 사회생활 영역이 미국 패스트푸드 체인점이 도입한 모델에 맞게 변형되는 과정.

발전된 광대한 광고산업을 포함한 발전된 형태의 자본주의 문화가 자리 잡으면서, 소비문화는 더욱 확고해졌다. 사회들은 점점 더 그들의 정체성을 글로벌브랜드에서 찾도록 장려되었다. 20세기 중반 프랑크푸르트학파 비평이론가 마르쿠제는 다음과 같이 주장했다. “사람들은 그들의 상품에서 자신을 인식한다. 그들은 자신의 영혼을 자신의 자동차, 하이파이 세트, 분할가옥, 주방장비에서 찾는다” (Marcuse 1964: 9).

미국식 세계질서 속 소비문화는 20세기 중반의 초기 성공 이후 계속 진보했다. 기술(애플, 마이크로소프트, 구글)부터 음식과 음료(맥도날드, 코카콜라), 스포츠웨어(나이키)에 이르기까지, 미국 브랜드의 세계적인 지배력은 21세기에도 강력하게 유지되고 있다. 이러한 브랜드 제품들의 소비는 종종 사회계층이나 신분의 감각을 포함하며 특정 정체성과 연관된다. 그러나 그들은 또한 전체 국가의 경제모델을 재구성하는 데 필수적일 수도 있다. 사회학자 리처(George Ritzer)는 1980년대 초의 한 기사에서 ‘맥도날드화’라는 용어를 처음 만들었고, 1990년대의 여전히 인기 있는 책에서 미국 내의 사회경제적 경향과 글로벌화를 통해 세계로 확장되는 데 대해서 설명했다. “글로벌 차원에서, 여행자들은 더 친숙함과 더 적은 다양성을 발견하고 있다. 이국적인 환경이지만, 미국의 패스트푸드 체인점과 다른 맥도날드화 된 환경을 선호하게 될 장소로 변화할 가능성이 점점 더 높아지고 있다” (Ritzer [1993] 2019: 180). 다시 말해서, 브랜드화, 생산, 소비라는 패스트푸드 모델은 ‘다양성’이 ‘균질화’에 자리를 내주게 되면서, 다른, 비식품 ‘설정’의 범위까지 영향을 미친다. 이러한 관점에서, 정체성이 ‘동일성’에 관한 것이라면, 미국이 주도하는 기업 글로벌화는 미국 자본주의의 가치에 의해 유포된 브랜드 정체성의 동질적인 집합을 글로벌인구에게 강요하려는 노력이다.

그렇다면 미국의 지배력이 중국의 글로벌 힘에 의해 철저히 대체된다면 (언제쯤일지 몰라도) 세계질서는 어떤 모습일까? 중국은 일부 미국 브랜드가 번성한 국가들 중 하나이며, 확실히 소비문화의 부상으로부터 자유롭지 못한 국가이다 (오늘날 부유한 젊은 중국인들은 종종 부유한 젊은 미국 및 유럽인들과 같은 글로벌 엘리트에 속하며, 같은 형태의 소비를 무척 즐긴다). 그러나 중국의 경제모델은 광범위한 문제에 걸쳐 기업들에 엄격한 통제가 부과되는 기껏해야 ‘국가자본주의’에 불과하다. 그리고 중국의 가치가 자본주의 기업에 대한 개별화된 권리에 의해 강력하게 형성된다는 것은 전혀 분명하지 않다 (아래 ‘아시아적 가치’에 대한 논의 참조). 대신, 효(부모와 조상들을 기리고 지원하는 것), 가족의무, 건강한 삶, 그리고 ‘균형’이라는 집단주의적 문화가치가 미국의 사회질서에는 없는 방식으로 중국사회에서 우세할 수 있다. 최근 몇 년 동안, 장기적인 경제성장과 더불어, 중국은 국제관계를 통해 ‘소프트 파워’ 전략도 펼치고 있다. 현재 미국과 유럽을 포함한 전 세계의 수백 개 대학에는 학생과 학자들 사이에서 중국어와 문화를

** 역자 주
공자학원(孔子学院)은 중국정부가 중국어 교육 및 중국의 사상과 문화를 전파·홍보하여 중국의 소프트파워 영향력을 강화할 목적으로 세계 각지에 설립한 기관이다. 미국의 국무부는 공자학원을 단순한 교육 시설이 아니라, 중국정부에 의한 정치외교적 활동을 맡는 조직, 즉 중국정부의 해외임무기관으로 간주하고 있다.

홍보하는 '공자학원'**이 있다.

중국의 문화와 정체성이 세계질서에 어떻게 영향을 미칠 수 있는지에 대한 힌트는 아프리카에 대한 중국 경제력의 얽힘에서도 찾아볼 수 있다. 중국은 아프리카 전역의 사회기반시설과 사업에 막대한 투자를 했으며, 아프리카대륙에서 중국의 문화, 가치, 정체성을 홍보하는 기회도 갖게 되었다. 서방의 '중국 관찰자들'을 자극하는 우려들 중 하나는 중국기업들이 아프리카에서 사업을 하는 접근 방식에서 특히 착취적이거나 추출적이었다는 것이지만, 앙골라와 에티오피아에서 사업을 하고 있는 기업들에 초점을 맞추고 1,500명의 근로자들을 인터뷰한 첫 번째 주요 학술연구(Oya and Schaefer 2019)는 이러한 견해를 뒷받침하는 증거를 거의 찾아내지 못했다. 사실, 중국기업들은 일자리 창출을 주도하고 다른 기업들과 다르지 않은 조건을 제공하는 것으로 나타났다. 나이지리아, 레소토, 케냐, 에티오피아에 대한 중국의 투자를 분석한 결과, 선(Irene Yuan Sun 2017)은 아프리카에 있는 중국공장들이 사실은 '아프리카인들에게 광범위한 기반의 번영을 만들고 다음 단계의 글로벌 성장을 이끌' 긍정적인 발전이며, 중국 기업들은 그들이 운영하는 아프리카 사회의 보건, 사회 및 문화 활동에도 투자를 해왔다고 주장했다. 2011년 세네갈의 다카르에 1,800석을 보유한 대극장이 개장했는데, 이 극장은 아프리카에서 가장 큰 극장이었고, 이 극장은 주로 중국의 자금지원을 받아 설립되었다 (약 3,100만 달러의 비용). 아프리카 문화기반시설에 대한 중국 투자의 일환으로 2014년 중국의 소림사의 무술 승려들이 아프리카 국가들에 대한 보다 확대된 투어의 일환으로 그 극장에서 공연을 했다. 태극권과 기타 중국의 전통 무술도 아프리카 지역의 공장 노동자들과 그들의 가족들에게 가르쳤다.

그러나 다른 견해는 미국의 힘의 쇠퇴와 중국의 힘의 상대적 증가가 세계질서에 깊은 영향을 미치겠지만, 비슷한 '스왑'으로 이어지지는 않을 것이며, 중국이 새로운 글로벌, 문화적 패권국으로 부상하고, 미국의 소비주의적 패권을 대신해 중국의 문화, 가치, 정체성을 세계에 강요할 것이라는 점이다. 오히려 아차리야(Amitav Acharya 2018)가 시사하듯이, '미국의 세계질서의 종말'은 그가 말하는 '멀티플렉스' 세계의 전조가 될 수 있다. "패권국이 없고, 문화적이고 정치적으로 다양하지만 경제적으로 상호 연결되어 있는 이 세계의 안보적 도전들은 점점 더 초국가적이지만 질서를 깨뜨리고 만드는 힘은 분산되고 파편화되어 있다."

'서양' 대 '나머지'?

세계질서에 대한 가장 지속적인 비전 중 하나는 세계를 '서양'과 '나머지'로 나누는 것인데, 아마도 서양사회에서보다 심한 곳은 없을 것이다. '계몽적' 합리주의의 입장과 더불어 유럽식민주의의 출현은 많은 서양사회 내에서 이 사회들이 세계를 '주도'하고 있으며, 다른 세계들, 특히 '글로벌 사우스'의 이전에 식민지였던 사회들은 '나머지'로 간주된다. 이러한 관점에서 볼 때, '나머지'는 '서양'을 따르거나 '서양'에 의해 끌려간다. 서양이 세계의 선도적 우위라는 이러한 비전은 부분적으로 '서양성'과 자본주의 및 자유민주주의 국가모델을 동일시하는 데 달려 있으며, 예를 들어, 후쿠야마의 '역사의 종말' 논문의 뿌리를 두고 있다. 그러나 유럽중심주의와 강하게 연관된 세계질서에 대한 이러한 관점은 점점 더 지속되기 어려워지고 있다.

개 념

유교

유교(Confucianism)는 공자(孔子, 기원전 551–479년)에 의하여 공식화된 윤리체계이고, 그의 사상은 주로 논어에 수록되어 있다. 유교사상은 인간관계와 수신(修身)이라는 두 가지 명제를 기초로 하고 있다. 인(仁)에 대한 강조는 전통적인 사상과 가치에 대한 지지를 의미하는데, 여기에는 효, 존경, 충성, 자비가 포함된다. 군자(君子)에 대한 강조는 특히 교육을 통해서 실현되는 인간의 발전과 성숙을 위한 능력을 제시하였다. 유교는 도교 및 불교와 더불어 중국의 3대 사상체계로 인정되고 있으며, 많은 사람들은 유교가 중국의 문명화와 가장 연관이 있다고 생각한다.

'아시아적 가치'

아시아의 문화와 신념이 서양의 문화와 신념에 대한 대안이 될 수 있다는 아이디어는 1980년대와 1990년대에 중요한 계기를 얻게 되는데, 이는 일본의 경제대국으로의 등장과 홍콩, 한국, 태국, 싱가포르 등 소위 아시아 '호랑이'들의 경제적 성공 때문이었다. 이러한 위상은 1993년의 방콕선언으로 확실해 졌는데, 비엔나에서 개최될 세계인권회의의 준비를 위하여 개최된 회의에서 이란에서 몽골까지 포괄하는 아시아 국가 대표들은 소위 '아시아적 가치'를 옹호하는 과감한 선언을 하였다. 보편적인 인권에 대한 아이디어를 거부하지 않으면서, 아시아 국가들은 서양과 아시아적 가치체계의 차이가 있기 때문에 인권문제를 다루는 데 문화적 차이가 고려되어야 한다고 주장했다. 특히 당시 말레이시아의 마하티르(Mahathir Mohamad) 수상과 싱가포르의 리콴유(Lee Kuan Yew) 수상이 이 점을 강조하였다. 이 관점에 따르면 인권문제는 전통적으로 서양의 문화에 치우친 가설에 기초하여 논의되었다. 공동체의 이익보다는 개인주의가 강조되었고, 의무보다는 권리가 우선하였으며, 사회경제적 복지보다는 시민과 정치적 자유가 중요시되었다. 아시아적 가치는 이러한 점들에 대한 수정을 추구하였다. 그 핵심은 가정에서의 부모, 학교에서의 교사, 사회에서의 정부 등 모든 형식의 권위에 대한 충성과 존경에 기반을 둔 사회적 조화와 협력에 대한 비전이었다. 이러한 아시아적 가치는 엄격한 직업윤리와 근검절약과 결합하여 사회적 안정과 경제적 성공을 위한 비책으로 간주되었다.

아시아적 가치에 대한 생각은 1997–8년의 아시아 금융위기로 치명적인 타격을 입었다. 이에 따라 '떠오르는 아시아'의 이미지에 대한 의구심이 들기 시작하였고, 더욱 심각한 것은 소위 아시아적 가치가 금융위기의 우선적인 책임일지도 모른다는 시각이었다. 기업가 정신, 경쟁과 '거친' 개인주의와 같은 시장의 원리를 수용하는 데 실패함에 따라 아시아 경제는 비틀거리게 되었다. 이 실패는 아시아의 문화, 특히 복종, 권위, 의무, 충성에 대한 강조로부터 도출되었다. 그러나 중국의 발전, 조금 낮은 수준이지만 인도의 발전은 아시아적 가치에 대한 관심을 다시 이끌어 냈다. 아시아적 가치는 비판의 대상도 되고 있다. 일부 사람들은 아시아적 가치가 단순히 권위적 통치의 합리화에 사용되고 있으며 아시아의 많은

아시아적 가치(Asian values): 아시아 사회의 역사, 문화, 종교의 배경을 반영한 가치이며, 개인보다 집단(가족, 더 넓은 사회 및 국가)에 대한 우선권을 강조한다.

글로벌 행위자 무슬림형제단

형태	설립	위치
종교운동	1928년	이집트, 서아시아, 북아프리카

무슬림형제단은 1928년 이집트 이스마일리아에서 하산 알 반나(Hassan al-Banna, 1906–49)에 의해 설립되었다. 처음에 학교, 병원, 사회 서비스 네트워크 구축에 중점을 두었던 형제단은 1930년대 동안 정치로 전환했고 1954년 나세르 대통령에 의해 금지될 때까지 잠시 폭력으로 어둠 속에서 활동했다. 이 시기에 형제단은 요르단, 시리아, 팔레스타인, 리비아, 수단 및 기타 지역으로 퍼져나갔다. 이집트에서 무바라크정권하에 불법으로 남아 있었지만, 형제단은 2005년 의회선거에서 '독자' 후보를 출마시켜 88석을 차지하면서 사실상 현대 이집트에서 최초의 합법적인 야당 세력이 되었다. 2011년 무바라크를 전복시킨 봉기 이후, 형제단은 자유와 정의당의 기치 아래 공식적으로 정치에 입문했다. 2011년 후반과 2012년 초반에 튀니지, 이집트, 모로코에서 의회선거가 실시되었을 때, 형제단에 의해 설립되거나 영감을 받은 정당들이 참여했고, 2012년 6월에 형제단의 지원을 받는 후보인 모하메드 무르시가 이집트 대통령이 되었다. 그러나 무르시는 2013년 7월 대규모 시위 이후 군부에 의해 해임되었으며, 이후 이집트 법원은 형제단과 그와 관련된 조직이나 활동을 불법화했다.

중요성: 무슬림형제단은 세계에서 가장 오래되고 가장 영향력 있는 이슬람 운동이다. 형제단은 이슬람 자선사업과 결합된 정치적 행동주의의 모델을 개척했고, 이는 그 후 무슬림세계 전역에 널리 받아들여졌다. 제2차 세계대전이 끝날 무렵, 형제단은 200만 명의 회원을 보유했고, 이집트에서만 약 50만 명의 회원을 가진 것으로 추정되었다. 그러나 비록 형제단은 정치적 이슬람의 불꽃을 유지했지만, 법적 금지와 정치적 억압은 1945년 이후 대부분의 기간 동안 형제단을 정치적인 변방에 머물도록 만들었다. 비록 1970년대 이후 이슬람주의의 부상이 형제단에 대한 새로운 관심을 가져왔지만, 이 운명을 바꾼 것은 2011년 아랍의 봄이었고, 이는 중동과 북아프리카의 정치를 근본적으로 바꾸겠다고 약속한 범이슬람주의의 한 형태를 이끌 수 있게 해주었다. 이집트, 튀니지, 모로코에서 권력을 장악하고, 요르단에서 제1야당을 형성했을 뿐만 아니라, 형제단의 영향력은 가자지구(1987년 형제단 회원들에 의해 설립된 하마스를 통해)와 이라크(이 나라에서 가장 큰 수니파 정당인 이라크 이슬람당을 통해)까지 확대되었다. 형제단과 관련된 정당들은 경쟁 정당들보다 더 잘 조직되고 더 많은 자금을 지원한다는 장점이 있었고, 축출된 정권과의 연관성에 의해 오염되지 않았으며, 혁명적인 격변에도 불구하고 보수적으로 남아있는 사회에서 종교적인 호소력이 계속해서 강하다는 장점이 있었다. 그럼에도 불구하고, 2013년 이집트에서 형제단이 겪은 극적인 반전은 만약 형제단이 대중의 지지를 유지하지 못하거나 군대와 직접적인 갈등을 빚을 경우 이 운동이 취약하게 된다는 점을 강조했다.

그러나 무슬림형제단의 이념적 성격을 둘러싸고 논쟁이 발생했다. 창립 이래로, 형제단은 샤리아에 기반을 둔 이슬람국가의 설립에 전념해 왔지만, 1970년대 이후에 시작된 실용주의 정치로의 전환은 형제단에 연계된 정당들이 이슬람주의를 민주적이고, 때로는 자유주의적인 신념과 조화를 이루게 하려고 시도함으로써 정치적 주류에 진입하게 했다. 이에 따라 이란식 명시적인 이슬람국가가 아닌 이슬람 정당에 의해 운영되는 터키식 세속국가의 목표를 중심으로 하여 스스로를 재구성하고 있었다. 그럼에도 불구하고 민주적 또는 입헌적 이슬람주의의 형태를 구성하려는 시도는 아랍의 봄을 시작한 세속적이고 자유로운 민주 세력으로부터, 또한 보다 과감하고 급진적인 이슬람화를 추진하는 살라피 단체들로부터의 공격에 노출시킴으로써 무슬림 형제단을 약화시켰다. 무슬림형제단을 비판하는 사람들은 형제단이 폭력적인 과거와 완전히 결별하지 않았다고 주장하거나, 자유로운 민주적인 장식 뒤에 있는 여성의 권리, 종교적인 소수자에 대한 관용, 그리고 진정한 정치적 다원주의에 대한 약속이 단지 종잇장처럼 하찮아 질 수 있다고 주장한다. 이집트의 무르시체제하에서 대통령의 '일시적인' 무제한 권력장악과 같은 발전은 비판적 견해를 지지하기 위해 사용되었다.

지역에서 자유민주주의의 개혁이 이루어지지 않고 있다고 비판한다. 이러한 점에서, 아시아적 가치의 핵심은 경제발전 대신 정치적 자유를 희생시켜 권위주의에 대하여 도전을 못하게 하는 정치적 수동성이다. 독특한 아시아적 가치들이 도출되는 '아시아의 문명'도 문명의 구조물 모델과의 연장선상에서 비판을 받고 있다. 아시아 문화는 광범위한 민족의 전통과 더불어 종교(이슬람, 힌두교, 불교, 기독교 등)의 혼합을 포괄하고 있으며, 그러한 민족의 전통도 매우 다양하다. 예를 들어, 소위 '중국문명'은 유교에 의하여 정의되는 것이 아니라, 불교, 도교 등 유교와 경쟁되는 사상에 의하여 영향을 받았고, 현대에 들어서는 마오주의와 마르크스-레닌주의의 영향을 받고 있다.

사회 내부와 사회 사이의 인종, 계급, 그리고 젠더의 정치든, 식민주의, 종교부흥주의의 유산이든, 또는 세계질서를 형성하는 문화적 힘의 변화든, 정체성과 차이는 분명히 오늘날 글로벌정치를 만드는 데 중심이 된다. 정치는 종종 '갈등'과 관련하여 정의되는데, '좋은 삶'에 대한 다양한 비전과 우리 사회를 어떻게 조직해야 하는지에 대한 투쟁, 입법부와 언론에서의 협상과 논쟁, 개인과 집단 사이의 권력관계에 대한 긴장 등이 그것이다. 그러한 갈등의 근원은 대부분 정체성과 차이에 대한 인식에 뿌리를 두고 있다. 이런 의미에서, 유행적이지만 일시적인 시대정신으로서 '정체성 정치'에 대한 저항에도 불구하고, 우리가 누구인지 (그리고, 더 나아가, 그렇지 않은 사람인지에 대한)에 대한 정체성은 세계정치의 영구적인 특징일 수 있다.

요약

- 정체성과 차이에 대한 인식은 사회조직의 중심이며, 사회적 결합은 부분적으로 '우리'가 아닌 것을 지정하는 '타자화' 과정을 통해 달성된다.
- 정체성과 차이에 대한 우리의 감각은 종종 우리의 문화를 이해하는 방법, 즉 우리 공동체에 내재되어 있고 우리가 세계를 이해하는 공유된 믿음, 관행, 전통의 체계와 연결된다.
- 냉전 말기에 발표된 헌팅턴의 '문명의 충돌' 논문은 공산주의와 자본주의 사회 사이에 글로벌 차원의 대규모 이념투쟁이 없는 상황에서, 문화적이고 정체성 기반의 정치가 일차적 단층선이자 갈등의 원인이라고 주장할 것임을 시사했다.
- 헌팅턴의 논문은 논란의 여지가 있고 결함이 있었지만, 최근에는 종교 부흥주의가 이른바 '정체성 정치'를 주장하는 데 큰 역할을 했다. 특히 2001년 9·11 테러 이후 미국이 시작한 '테러와의 전쟁'을 통해 '무슬림 세계'와 서방의 구분이 주요 지정학적 단층선으로 구축됐다.
- 탈식민 세계에서 다문화주의의 사회적 사실, 즉 사회 내에 다양한 문화적 정체성의 상대적인 안정적 공존은 문화적, 종교적 원인에 의한 사회적 갈등에도 불구하고 오늘날 글로벌정치의 문명이론이 덜 타당하다는 증거일 수 있다.
- 글로벌정치에서 정체성에 대한 가장 큰 질문 중 하나는 광범위하게 예상되는 '서방의 쇠퇴'와 장기적인 '중국의 부상'에 의해 세계질서가 어떻게 변화될 수 있는가 하는 것이다. 이는 세계가 정치적, 경제적으로 조직되는 과정에 있어서 문화적 '가치'와 문화적 정체성의 발현에 대한 중요한 질문을 제기한다.

토의주제

- 모든 정치는 정체성 정치인가?
- 글로벌정치에서 정체성과 차이의 관계는 왜 나타나는가?
- '타자화' 없이도 정체성을 유지할 수 있을까?
- 오늘날 헌팅턴의 '문명의 충돌' 논문은 얼마나 설득력이 있는가?
- 다문화주의는 정말 사망했는가?
- 글로벌정치는 어느 정도까지 서방 대 '나머지'에 관한 것인가?
- 아시아적 가치 논쟁은 21세기에도 여전히 관련이 있는가?
- 종교적 정체성은 여전히 세계정치에서 중요한 요소인가?

추가 읽을거리

Huntington, S. P., *The Clash of Civilizations and the Remaking of World Order* (2002). 문명의 충돌에 대한 원저자의 과감하고, 창의적이며, 매우 논쟁적인 분석.

Kepel, G., *Jihad: The Trial of Political Islam* (2006). 이슬람주의의 현상에 대한 도전적이고 계시적인 개관.

Parekh, B., *A New Politics of Identity: Political Principles for an Interdependent World* (2008). 글로벌화가 윤리, 종교, 민족 및 다른 정체성에 미치는 영향에 대한 광범위한 분석.

Young, R., *Postcolonialism: A Very Short Introduction* (2003). 탈식민주의의 본질과 함의에 대한 접근 가능한 설명.

권력과 21세기 세계질서

출처: *guvendemir/Getty Images*

개요

냉전이 끝나갈 무렵, 고르바초프와 부시는 모두 '새로운 세계질서'의 서막을 알렸다. 그 질서는 그 후 몇 년 동안 전개되면서 미국과 소련이 지배하던 '양극'체제에서 미국만이 '초강대국' 지위를 부여받는 '단극'체제로 세계를 바꿔 놓았다. 30년이 지난 지금, 미국이 주도하는 경제 글로벌화와 미국이 주도하는 군사개입주의로 특징지어지는 이 질서의 핵심적인 측면들은 해체되고 있는 것처럼 보인다. 세계질서 이슈는 국가와 다른 행위자들 간의 권력 분배를 반영하기 때문에 매우 중요하다. 그러나 이는 권력 자체의 본질에 대한 의문을 제기한다. 권력은 국가와 다른 행위자들이 소유하는 속성인가, 아니면 글로벌정치의 다양한 구조 속에 함축되어 있는가? 권력은 항상 지배와 통제를 수반하는가, 아니면 협력과 유치를 통해서도 작동할 수 있는가? 이러한 질문에 답하는 것은 또한 특정한 세계질서에 대한 성찰을 요구한다. '신세계질서'는 무엇이었고, 그것의 운명은 무엇이었는가? 미국은 오늘날에도 여전히 '글로벌 패권국'인가? 그리고 다극화와 글로벌권력의 파편화, 중국과 러시아 같은 신흥 또는 부활하는 강대국들의 부상, 글로벌화의 진전, 그리고 비국가행위자들의 증가된 영향력은 세계질서에 어떠한 영향을 미쳤는가? 다극적 세계질서는 평화, 협력, 통합을 가져올 것인가, 아니면 새로운 갈등과 불안정성을 고조시킬 것인가?

핵심이슈

- 권력이란 무엇인가?
- 권력의 성격은 어떻게, 그리고 어느 정도까지 변화했는가?
- 냉전종식의 세계질서에 대한 함의는 무엇이었는가?
- 미국은 패권국인가, 아니면 쇠락하는 강대국인가?
- 현재 세계는 어느 정도 다극화되어 있으며, 이러한 추세는 계속될 것인가?
- 증가하는 다극화는 글로벌정치에 어떤 영향을 미칠 것인가?

개 념

권력

광범위한 의미에서 권력(power)은 사건의 결과에 영향을 미칠 수 있는 능력이고, 이는 무엇을 할 수 있는 힘이다. 글로벌정치에서 권력은 한 국가가 다른 국가들의 간섭없이 자국이 할 수 있는 능력을 포함하고, 자율성에 관련되는 힘이다. 그러나 권력은 항상 관계와 연결되어 생각된다. 즉, 다른 국가들이 스스로 선택하지 않는 방향으로 활동하게 하는 능력, 즉 타자에 대한 힘이다. 따라서 권력은 A가 하도록 하지 않았으면 B가 하지 않았을 활동을 B가 하도록 하는 것이다. 권력은 잠재적/실질적 권력, 상대적/구조적 권력, 그리고 '하드(hard)/소프트(soft)' 권력으로 구분된다.

권력이론과 글로벌정치

정치는 우리가 사회에서 어떻게 함께 살아야 하는가에 대한 투쟁으로 이해될 수 있으며, 이러한 의미에서 정치는 상당 부분 권력에 관한 것이다. 이 관점은 라스웰(Harold Lasswell)의 책 *Politics: Who Gets What, When, How?* (1936)의 제목이 명확하게 요약하고 있다. 그러나 이는 또 다른 질문인 권력은 무엇인가라는 질문을 제기한다. 권력은 복합적이고 다차원적인 현상이다. 나이(Joseph Nye 2005)는 권력을 사랑에 비유하여, "정의를 내리거나 측정하는 것보다 경험하는 것이 더 쉽지만, 매우 현실적인 것이다"라고 언급하였다. 권력과 관련된 문제는, 권력이 기본적으로 논쟁적인 개념이라는 점이다. 권력에 대해서는 합의된 개념이 없고, 일련의 경쟁적인 개념들만이 있을 뿐이다. 권력은 능력의 측면에서 이해될 수 있고, 국가 또는 다른 행위자들이 상징적으로 '보유'하는 것이다. 권력은 '관계'의 측면에서 이해될 수 있는데, 그 의미는 다른 행위자들에게 영향을 미칠 수 있다는 것이다. 그리고 권력은 '구조'의 자산으로 이해될 수 있고 정치적 의제를 통제할 수 있으며 사건들이 진행되는 방향을 관리하는 능력이다. 더 혼란스러운 것은 권력의 변화하는 성격, 그리고 특히 어느 행위자가 다른 행위자에 영향을 미칠 수 있는 핵심요인들에 대한 논쟁이 지속되고 있다는 점이다.

능력으로서의 권력

국제정치에 있어서 권력에 대한 전통적인 접근법은 능력의 관점에서 다루는 것이다. 따라서 권력은 상징이고 소유이다. 예를 들어, 그러한 접근법은 군사력이나 경제력과 같은 국가 권력의 유형적 또는 정량화 가능한 '요소' 또는 '성분'을 나열하려는 시도에 반영되었다. 시간이 지남에 따라 사기와 리더십 기술과 같은 덜 유형적인 요소에도 더 큰 관심이 기울여졌다. 권력에 대한 능력 접근법은 국가가 보유한 권력이나 자원에 기초하여 국가를 분류할 수 있게 하고, 국가를 '강대국', '초강대국', '중견국', '지역강국' 등으로 분류할 수 있게 한다.

국가권력의 원천

국가권력과 관련하여 흔히 언급되는 일련의 능력은 만(Michael Mann)의 서사시적인 국제 역사사회학 저서 *The Sources of Social Power* (1986, 1993, 2012)가 1760년부터 2011년까지를 체계화했다. 맨의 'IEMP(Ideology, Economy, Military, Politics)' 모델은 다음과 같은 네 가지 유형의 권력이 중요함을 시사한다.

- '이념권력': 이는 사회적 행동의 용인되는 '규범'을 정의하고, 따라서 사회구조와 관행을 형성하는 권력이다. 이는 국가의 핵심적 요건인 정당성의 인식을 달성하기 위해 국가적 차원에서 특히 중요하다. 종교뿐만 아니라 자유주의, 파시

즘, 마르크스주의와 같은 정치적 신념체계도 따라서 이념권력의 원천으로 간주될 수 있다. 만은 이념이 국경을 넘어 쉽게 도달할 수 있고 글로벌정치에 영감을 줄 수 있는 '광범위한 지리적 논리'를 가지고 있다고 제안하는데, 우리는 이런 의미에서 신자유주의(p. 127 참조)를 '글로벌화'된 이념의 한 예로 생각할 수 있다.

- '경제력': 국제문제에서 국가의 '비중'은 부와 경제적 자원과 밀접하게 연결되어 있다. 이는 부분적으로 경제발전이 군사력을 뒷받침하기 때문에 적용되며, 대규모 군대를 개발하고 현대 무기를 획득하며 비용이 많이 들거나 지속되는 전쟁을 수행할 수 있는 자원을 확보한다. 특히 국가화폐가 국제교환수단으로 널리 사용될 정도로 강력하고 안정적이라면, 현대기술과 선진 산업기반은 무역상대국과 관련하여 국가에 정치적 영향력을 부여한다.
- '군사력': 많은 논평가들에게, 특히 현실주의 학파에게 국제정치에서의 권력은 결국 군사력으로 귀결된다. 예를 들어, 미어샤이머(John Mearsheimer, p. 279 참조)는 국제관계와 세계질서는 글로벌적인 '강압적인 능력의 분배'에 의해 결정된다고 주장한다. 군사력은 한 국가가 외부의 침략으로부터 영토와 국민을 보호하고 정복과 확장을 통해 해외에서 자국의 이익을 추구할 수 있게 해준다. 따라서 핵심 요소는 군대의 규모, 사기, 훈련, 규율 및 리더십 측면에서의 효과성, 가장 진보된 무기와 장비에 대한 접근성이다.
- '정치권력': 만의 정치권력에 대한 정의는 동시대의 많은 설명들보다 오히려 더 좁다. 그는 정치권력을 '사회생활의 중앙집권적이고 영토적인 규제'라고 명명하고, 사실상 이러한 형태의 권력을 행사한다고 말할 수 있는 유일한 실체는 국가라고 주장한다. 만에 따르면, 국가의 정치권력은 외면적(국제관계)이든 내면적(국가정부)이든, '다형성적'이며, 상이한 정치이슈에 대해 상이한 방식으로, 그리고 이러한 이슈에 대해 로비를 벌이는 핵심 선거구들의 상이한 이해관계에 따라 결정된다.

10

만의 IEMP 모델은 완전하지 않고 논쟁의 여지가 있다. 인구, 지리, 통신은 이 모델이 정당하게 설명할 수 없는 국가권력 원천의 사례다. 이들은 초월론적 철학자 칸트(Immanuel Kant, p. 18 참조)가 IEMP의 일부 요소를 구성할 수 있는 '가능성의 조건들'이라고 부르는 '물질적'이고 기술적인 권력의 형태들이다. 다시 말해서, 국가가 행사하는 이념적, 경제적, 군사적, 정치적 권력의 정도는 다음과 같은 다른 요소들에 의존할 수 있다.

- 인구가 많으면 경제적으로나 물질적으로 국가에 이익이 되고, 상당한 노동력과 대규모 군대를 개발할 수 있는 잠재력을 제공한다.
- 한편, 지정학은 토지 면적, 위치, 기후, 지형, 천연자원과 같은 지리적 변수의 중요성을 전통적으로 강조해 왔다 (p. 450 참조). 지리적 이점으로는 바다에

대한 접근성(무역 및 군사 목적), 지진대 및 강력한 열대 폭풍우가 빈번한 지역에서 멀리 떨어진 온대기후, 운송, 무역, 에너지 생산을 위한 항해 가능한 강, 농업을 위한 경작지, 그리고 광물 및 에너지 자원에 대한 접근성 등이 있다.

- 마지막으로, 소셜 미디어가 지배하는 고도의 디지털 시대에서, 의사소통 권력은 점점 더 중요해지고 있는 것으로 보인다. 메시지, 특히 뉴스와 정치적 의사소통의 형식을 어떻게 생산하고 수신하는지를 형성하는 능력은 다른 형태의 권력을 달성하고 유지하는 데 매우 중요하다. 소셜 미디어를 통해 전파되는 '가짜뉴스' — 내러티브, 이미지 및 인식의 정교한 디지털 조작 — 그리고 '탈진실' 정치를 생산하는 데 대한 우려는 오늘날 글로벌정치에 대한 의사소통 권력의 중요성을 지적한다. 예를 들어, 러시아는 외국 선거에 대한 간섭을 통해서든, 아니면 크림반도를 합병하기 위한 '하이브리드 전쟁'의 일환으로 소셜 미디어에 선전 및 전략적 오보를 퍼뜨리든 간에, 더 많은 정치권력을 글로벌정치에 행사할 수 있게 되었다 (이념권력과 경제와 함께 국가 정통성을 인식하는 것은 상대적으로 약함). 소셜 미디어 영향력의 행사뿐만 아니라 해킹, 산업스파이 및 방해행위, 새로운 형태의 국가 스파이 행위를 포함한 '사이버' 권력은 미래 세계질서를 결정하는 데 중심이 될 수 있으며, 핵무기 획득과 같은 질서를 변경하는 전술보다 더 적은 재정적 투자와 정치적 위험을 요구할 수 있다.

그러나 능력의 관점에서 권력을 측정할 수 있다는 생각은 많은 단점을 지니고 있으며, 사건의 결과를 결정하는 데 있어 신뢰할 수 없는 수단이 되기도 한다. 자주 인용되는 베트남전쟁(1959-75)이 대표적 사례이다. 미국은 북베트남과 그 공산주의 동맹인 베트콩보다 월등한 경제적, 기술적, 군사적 우월성에도 불구하고 베트남전쟁에서 전세를 지배하는 데 실패하였다. 능력은 잠재적 힘을 정의하며 실질적인 힘을 나타내지 못하고, 능력을 실질적인 정치적 자산으로 전환시키는 것은 어렵고 아마도 불가능할 수도 있다. 여기에는 다음과 같은 여러 가지 이유가 있다.

- 권력이 가지는 상대적인 중요성은 논쟁의 여지가 있다. 인구는 영토의 크기보다 중요한가? 지금의 경제력은 군사력보다 중요한가?
- 국력의 일부 요소들은 처음에 생각되던 것보다 이득을 덜 가져다줄 수도 있다. 예를 들어, 고학력자가 많으면 전쟁을 수행할 수 있는 국가의 능력을 제한할 수 있고, 자연자원이 많으면 소위 '풍요의 역설'(p. 451 참조)과 같이 경제성장을 저해할 수 있다.
- 주관적 요인은 계량화된 객관적 요인만큼 중요할 수 있다. 주관적 요인에는 군대의 의지와 결의, 그리고 '국가의 사기'라고 불릴 수 있는 것들이 포함된다. 전략과 리더십도 결정적일 수 있는데, 예를 들어, 소위 비대칭 전쟁에서 약한 행위자들이 강한 행위자들에 대한 우세를 점할 수도 있다. 테러리즘(p. 333 참조)과 반란 발생시 '약자의 힘'이 사례라 할 수 있다 (Ignatieff 2004).

- 자원과 역량을 실질적인 정치 효율성으로 전환시키는 것은 특별한 상황에서만 가능하다. 예를 들어, 어떤 국가가 테러위협을 받거나 게릴라전을 수행할 때 핵무기 보유는 별 의미가 없고, 핵무기는 대부분 정치적 상황에서 사용하기가 어렵다는 것이다.
- 권력은 역동적이고 항상 변하는 것이다. 이는 권력관계가 고정적이거나 '주어진 것'이 아니라는 의미이다. 예를 들어, 경제의 호황과 불황, 금융위기, 새로운 에너지 자원의 발견, 새로운 무기의 획득, 자연재해, 인종분쟁 등으로 권력이 변화하게 된다.

관계적 권력

권력에 대한 대안적인 사고방식은 권력을 관계로 묘사하는 것이다. 고전적인 설명에 따르면, 권력은 A가 하도록 하지 않았으면 B가 하지 않았을 행동을 B가 하도록 하는 것이다. (능력 접근에서와같이) 권력을 '힘'과 동일시하기보다는, 관계에 대한 관심을 가지고 보면 권력은 '영향'과 동일시된다. 능력과 관계는 분명하게 구분되는 것은 아니지만, 국가 또는 행위자 사이의 권력관계는 개별적 능력의 균형을 반영하는 것이다. 이 경우 힘에 대한 관계의 모델은 위에서 개괄한 많은 결점들을 안게 된다. 이러한 이유로 관계적 권력(relational power)은 능력에 대한 비교평가보다는 행위와 결과, 즉 한 행위자가 다른 행위자에게 미치는 영향의 관점에서 이해된다. 특히 힘을 인식론적으로 평가할 때 이러한 상황이 발생한다. 국가와 다른 행위자들은 상대적 권력에 대한 자신들의 '계산'에 기초하여 상대방을 다룬다. 예를 들어, '객관적' 측면에서 쇠퇴하고 있는데도 과거의 평판 때문에 국력이 유지된다. 따라서 외교정책결정이 다른 국가의 권력을 과소평가 또는 과대평가하는 바탕 위에서, 또는 다양한 오해와 오인하에서 이루어진다. 더욱이 군사문제에 있어서 A는 두 가지 방식 중에서 한 가지 방식으로 B에게 영향력을 행사한다. A의 요구가 없다면 B가 하지 않을 행동을 B에게 하도록 하는 것(강요)과 A의 요구가 없다면 B가 할 행동을 하지 못하도록 하는 것(억제)이다. 일반적으로 강요가 더 모험적이고 억제보다 많은 자원을 사용해야 한다. 2003년 '정권교체'를 목적으로 단행한 이라크 공격(강요의 사례)과 '비행금지 구역'을 유지하여 쿠르드족과 시아 무슬림을 공격하지 못하게 한 정책(억제의 사례)을 비교하면 이 점이 명확해진다.

구조적 권력

권력의 능력과 관계 모델이 행위자나 대리인 등 일반적으로 국가의 존재를 분명히 가정하는 반면, 구조적 권력은 권력의 분배를 행위자들이 서로 관계를 맺고 결정을 내리는 사회 구조 내의 편향과 연결시킨다.

관계적 권력(relational power): 한 행위자가 다른 행위자로 하여금 자기 뜻대로 행동하지 못하도록 영향을 미칠 수 있는 능력.

강요(Compellance): 전쟁 또는 침략 위협을 통하여 적대세력에게 양보를 하도록 힘을 발휘하는 전술 또는 전략.

억제(deterrence): 군사적 대응의 규모를 강조하여 공격을 방지하기 위한 전술 또는 전략이다(공격의 비용이 그 공격에 의한 이득보다 크다는 점을 인식시킴).

구조적 권력(Structural power): 글로벌 행위자들이 서로 관계를 맺는 틀을 형성하여 '어떻게 되어야 하는지'에 영향을 미치는 능력.

역사적으로 구조적 권력의 작동을 강조하는 가장 강력한 목소리는 페미니스트와 반인종차별주의자 등 구조적 불평등을 경험한 이론가와 활동가들이었다. 노예제도, 인종차별, 시민권 투쟁의 맥락에서 말하고 쓰는 아프리카계 미국인 사상가들은 이와 관련하여 특히 영향력이 있었다. 1903년 뒤 부아(W. E. B. Du Bois)가 '색채선'을 확인한 것부터 서방사회 구조를 '백인 우월주의 자본주의 가부장제'로 교차 분석한 것까지, 미국의 흑인 지식인들은 권력이 주로는 아니더라도 부분적으로 구조적 현상이라고 주목했다. 1969년까지 카마이클(Stokely Carmichael)로 알려졌던 투레(Kwame Ture)와 해밀턴(Charles V. Hamilton)의 *Black Power: The Politics of Liberation in America* (1967)는 인종차별이 직접적인(흑인 개인에 대항하는 백인 개인)과 구조적인(집단적 흑인공동체에 대항하는 백인공동체)의 두 가지 방식으로 작동한다고 주장했다. 후자인 구조적 권력은 흑인 미국인들에게 불이익을 주고 백인 미국인들에게 특혜를 주는 정책과 관행으로 나타난다. 글로벌정치의 수준에서 그들은 심지어 탈식민화 과정에서도 "이 나라의 흑인들은 식민지를 형성한다"는 주장은 '빈민촌'에 국한되고 경제적, 구조적 폭력과 직접적 폭력(경찰, 조직적인 인종차별 집단 등)의 대상이 된다고 강조한다. 다시 말해서, 미국의 국가권력은 '백인권력'의 한 형태였고, 세계의 다른 지역에서 전쟁(직접적 폭력)의 형태로, 그리고 국내에서 빈곤, 빈민촌화, 배제(구조적인 폭력)의 형태로 유색인종들을 탄압했다. 선구적인 '평화학' 학자이자 국제관계 이론가인 갈퉁(Johan Galtung)은 나중에 카마이클의 주장이 세계정치에서 구조적 폭력과 직접적 폭력의 사이의 구별방식을 직접적으로 알려주었다고 언급했다.

스트레인지(Susan Strange)는 국제관계에서 구조적 힘에 대한 또 다른 영향력 있는 설명을 제공했는데, 그는 구조적 권력을 '사건을 어떻게 전개할지 결정하는 힘. 그리고 국가들이 서로 연결되는, 국민들과 연결되는, 기업들과 연결되는 틀을 형성하는 힘'으로 정의했다(Strange 1988). 스트레인지는 네 가지의 주요 권력구조를 구분했다.

- 행위자의 신념, 생각, 인식에 영향을 미치는 '지식'구조
- 신용 또는 투자에 대한 접근을 통제하는 '재정'구조
- 국방과 전략 이슈를 결정하는 '안보'구조
- 경제발전과 번영에 영향을 미치는 '생산'구조

스트레인지는 동일한 국가 또는 국가들이 이 구조들 중의 어느 것도 지배할 필요가 없고, 구조적 권력이 이 구조들에 다양하게 영향을 미친다고 주장한다. 이러한 힘에 대한 분석은 국가중심주의에 대한 대안을 제공하고, 레짐과 국제기구가 수행하는 역할과 중요성을 강조한다.

변화하는 권력의 특성

변화하는 권력의 성격에 대한 최근의 논쟁은 개념적으로 새로운 형식의 권력이 등장하는 데 대해서는 덜 반영하고, 상대적 권력이 행사되는 메커니즘의 변화에 대해서는 더 많은 언급을 하고 있다.

군사력에서 경제력으로

이와 관련하여 세 가지 변화가 관심을 끌고 있다. 첫째는 군사력에서 경제력으로의 일반적인 변화이다. 군사력은 세계정치에 있어서 전통적인 가치이다. 현실주의 관점에서 국제체제는 무엇보다도 안보와 생존에 의하여 구조화되어 있기 때문에 현실주의 이론가들은 특히 군사력을 강조한다. 자조적인 세계에서 국가는 자기방어 능력을 보유하지 않으면 국가재난에 직면하게 된다. 그러나 군사에 기반한 힘의 정치는 신자유주의자들에 의하여 도전을 받았는데, 그들은 점증하는 무역과 상호의존 때문에 국가 간 전쟁은 더욱 많은 비용을 소모하게 하고 따라서 발발 가능성이 낮아진다고 주장한다. 따라서 군사력은 덜 신뢰적이고 덜 중요한 정책 선택사안이 되었다. 결국 현대세계에서 국가들은 무력의 사용보다는 무역을 통하여 경쟁하고 있다.

하드 파워에서 소프트 파워로

두 번째 변화는 '하드' 파워의 쇠퇴인데, 하드 파워는 군사력과 경제력 모두를 포함한다. 하드 파워는 '강제적 권력(command power)'이며, 유인(당근)과 위협(채찍)의 사용을 통하여 다른 행위자들이 하는 것을 변화시키는 능력이다. 이에 비교하여 '소프트' 파워가 증대되었다. 소프트 파워는 '흡수력(co-optive power)'이다. 소프트 파워는 '강압'보다는 '유인'을 사용하여 다른 행위자의 선호도를 변화시키는 능력에 의존한다 (Nye 2004). 하드 파워가 무력, 제재, 보상, 매수 같은 방식에 의존하는 한편, 소프트 파워는 주로 문화, 정치적 이상과 외교정책을 통하여 행사된다 (특히 이들이 매력적이고, 정통성이 있거나 윤리적 권위를 보유하고 있을 때 사용된다). 하드 파워와 소프트 파워 사이의 차이는 도표 10.1에 나타나 있다.

하드 파워에서 소프트 파워로의 전환은 어떻게 이루어지는가? 상호의존과 상호연결이 증대되면서 사람들은 지구에서 무슨 일들이 발생하고 있는지에 대하여 더 많은 것을 보고, 더 많은 것을 듣고, 더 많은 것을 알게 된다. 이미지, 정보, 아이디어가 국경을 자연스럽게 넘나들면서, 사람들은 다른 국가들의 문화와 가치, 그리고 자기 정부의 외교와 국내정책들에 대한 평가를 더 쉽게 할 수 있게 된다. 이 추세는 세계적으로 개선된 문맹 수준과 교육의 향상, 그리고 민주주의의 확산에 의한 도움을 받고 있으며, 특히 민주체제는 주로 소프트 파워 메커니즘(리더의 개성, 정당의 이미지와 가치 등)을 통하여 작동되고 있다. 이러한 상황에서 국가

하드 파워(Hard power): 한 행위자가 위협과 보상을 사용하여 다른 행위자에게 영향을 미칠 수 있는 능력이며, 전형적으로 군사적 '채찍'과 경제적 '당근'을 활용한다.

소프트 파워(Soft power): 원하는 행위를 하도록 규범과 대의를 따르거나 동의하도록 설득함으로써 다른 행위자들에게 영향을 미치는 능력이다.

스마트 파워(Smart power): 하드 파워의 사용 가능성에 의해 백업되는 소프트 파워의 사용.

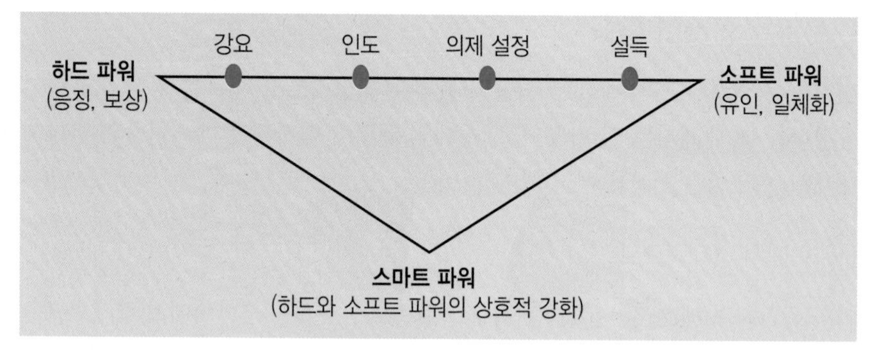

도표 10.1 하드, 소프트, 스마트 파워

가 하드 파워 전략을 사용하게 되면 '가슴과 마음'을 상실하게 되는 위험에 처하게 된다. 예를 들어, 부시 행정부의 '테러와의 전쟁'과 2003년 이라크 공격은 아랍과 무슬림 세계에서 반미감정을 확대시키는 부작용을 가져왔고, 테러리즘을 부채질하는 결과를 초래했다. 그러나 대개의 상황에서 하드 파워와 소프트 파워는 병행되어 작동되어 '스마트 파워'라는 개념으로 이어진다. 그럼에도 불구하고, 바티칸, 달라이 라마, 캐나다, 노르웨이와 같이 하드 파워가 없을 때 작동하는 소프트 파워의 예가 있는데, 이들은 각각 하드 파워의 도구를 피하는 경향이 있음에도 불구하고(또는 형식적으로 부족함) 견인과 설득을 통해 파워를 휘둘렀다.

'우월적 권력'으로부터 '협력적 권력'으로

권력을 지배와 통제 — 다른 행위자에 대한 물질적 힘 — 의 측면에서 보는 전통적 관념은 아직도 유지되고 있는가? 1980년대까지 권력에 대한 지배적인 인식은 국가의 우월성과 세계정세에서 군사력과 경제력의 중요성에 대한 현실주의적 가설에 기초하고 있었다. 이는 세계정치에 대한 당구공 이미지와 부합되는데, 여기서

주요 인물

조셉 나이(Joseph S. Nye, 1937년생)

미국 학자이자 외교정책 분석가. 나이는 코헤인(Robert Keohane, p. 477 참조)과 함께 현실주의자들이 믿고 있는 국제 무정부상태에 대안을 제시한 '복합적 상호의존론(complex interdependence)'의 주창자 중 한 사람이었다 (Keohane and Nye 1977). *Bound to Lead* (1990)와 *The Paradox of American Power* (2002)에서 그는 글로벌화와 정보혁명과 같은 발전의 측면에서 미국이 국가이익을 재정립할 필요성이 있다고 강조했으며, 글로벌 상호의존의 새로운 조건은 다자협력을 강조한다는 점을 인정하였다. 그가 말했듯이, 미국은 "혼자서는 발전할 수 없다" 나이는 특히 자신이 만들어낸 용어인 '소프트 파워 (유인과 설득의 능력)' 이론의 신봉자이다. 후에 소프트 파워는 소프트와 하드 파워가 복합된 스마트 파워로 이어진다. 나이의 다른 주요 저서로는 *Soft Power* (2005), *Understanding International Conflict* (2008)와 *The Powers to Lead* (2008)가 있다.

출처: *Rick Friedman/Getty Images*

당구공(국가)들이 서로 부딪힐 때 권력이 발휘된다. 그러나 권력에 대한 이러한 개념은 다양한 방향의 시대적 발전 때문에 시간이 지나면서 설득력을 잃어 가고 있다. 냉전 양극체제의 위협 시스템 붕괴와 미국 주도의 '테러와의 전쟁'의 시작에 더하여, '글로벌 사우스' 국가의 영향력 증가, 인권 관련 담론의 더 큰 부각, 지역과 글로벌 차원의 거버넌스의 등장 등을 포함한다.

이러한 관점에서 바넷과 듀발(Barnett and Duvall 2005)은 권력에 대해 '강제적', '제도적', '구조적', '생산적' 권력의 네 가지 대조적인 (아마도 중첩된) 개념에 기초하여 보다 미묘한 접근법을 제안했다. 이 중 처음 두 가지는 이 주제에 대한 기존의 현실주의적이고 자유주의적인 사고로부터 익숙한 반면, 후자의 두 가지는 비판이론가들에 의해 보다 일반적으로 사용된다.

- '강제적' 권력은 군사와 경제적 수단을 사용하여 한 행위자가 다른 행위자에 대한 직접적인 통제력을 가지게 되는 것이다.
- '제도적' 권력은 국가들이 자신들에게는 장기적으로 이득을 안겨 주고 다른 국가들에게는 불이익을 안겨 주는 국제제도를 만드는 것과 같이, 행위자가 다른 행위자에게 간접적인 통제력을 행사하는 권력이다.
- '구조적' 권력은 행위자들 서로와 관련된 능력과 이익을 형성하는 구조를 통하여 작동된다. 글로벌 자본주의체제에서 자본과 노동 사이에 차별적인 관계가 형성된다. (Strange 1996; '구조적 권력'의 개념은 이러한 관점과 '제도적' 권력을 포괄한다.)
- '생산적'권력은 니체의 정치철학과 '지식이 힘'이라는 통찰에 영향을 받은 푸코(Michel Foucault, p. 22 참조)의 후기 구조주의이론에서 나타난다. 생산적 권력은 '정통적' 지식을 정의하고 누구의 지식이 중요한지를 결정함으로써 작동하며, 따라서 이 힘의 개념은 많은 페미니스트와 글로벌정치의 탈식민주의 분석의 중심이 되었다.

냉전의 양극체제와 그 여파

냉전의 양극체제

비록 21세기에 걸쳐 세계질서의 본질에 대해 상당한 논쟁이 있지만, 냉전시기에 대해서는 광범위한 의견 일치가 있다. 1945년 제2차 세계대전에서 독일, 일본, 이탈리아의 패배 여파로, 그리고 영국이 전쟁으로 약화되고 장기적인 상대적 경제쇠퇴로 고통을 받으면서, 미국과 소련은 전통적인 '강대국'보다 더 큰 세력을 보유하고 '초강대국'으로 부상했다. 그들의 지위는 (특히 핵무기의 측면에서) 압도적인 군사력과 이념적인 지도적 위상으로 특징지어진다. 이 냉전적 양극화(미국

세계질서(World order): 상대적으로 안정적인 관계와 행동의 패턴을 발생시키는 국가와 다른 주요 행위자 사이의 실제 또는 인식된 힘의 분포이다.

이 지배하는 서방진영과 소련이 지배하는 공산권)는 1949년 라이벌 군사동맹인 NATO와 1955년 바르샤바조약기구로 강화되었고, 1961년에 설치된 베를린장벽으로 상징되는 유럽의 분열에 반영되었다. 그러나 냉전의 양극화 모델은 1960년대 이후부터 점점 더 정확하지 않게 되었다. 이는 첫째, 공산주의 세계의 분열(특히 모스크바와 베이징 간의 적대감 심화, 1949년 발생한 중국혁명)의 증가 때문이었고, 둘째, 일본과 독일이 경제적인 초강대국으로 부활한 것 때문이었다. 이 새로운 다극체제(p. 271 참조)의 결과 중 하나는 동서 간의 '데탕트'였다. 데탕트는 1972년 닉슨 대통령의 역사적인 중국방문과 1967년과 1979년 사이에 SALT Ⅰ과 SALT Ⅱ의 결실을 낳은 전략무기제한협상(제12장 참조)에 반영되었다.

냉전 양극체제의 국제체제에 대한 함의는 무엇이었는가? 특히 신현실주의자들에게 양극화는 안정과 질서에 편향되어 있다. 이것은 여러 가지 이유로 발생한다. 첫째, 그리고 가장 중요한 것은 양극체제가 세력균형을 지향하는 경향이 있다는 것이다 (p. 302 참조). 냉전 기간 동안, 역동적이기는 하지만, 미국과 소련의 대략적인 군사적 균형이 억제전략으로 기울었다. 일단 상호확증파괴(MAD)의 조건이 달성되면서, 특히 '공포의 균형'을 통해서 두 초강대국은 서로의 힘을 효과적으로 상쇄시킬 수 있었다. 둘째, 이 시기의 안정은 단둘의 핵심 행위자만이 있었다는 사실에 의해 보장되었다. 강대국의 숫자가 적었기 때문에 강대국 전쟁의 가능성이 줄었을 뿐만 아니라, 결정적으로 오판의 가능성을 줄임으로써, 효과적인 억제체제의 운영을 더 쉽게 만들었다. 셋째, 냉전체제에서의 세력관계는 세력을 확대시키는 가용한 외부(다른 국가 또는 블록과의 동맹)의 수단이 부족하여, 각 블록 내부(경제적 및 군사적) 자원에 의존할 수밖에 없었기 때문에 보다 안정적일 수 있었다. 일단 유럽의 분열이 사실상 세계의 분열로 발전되면서, 세력균형을 불안정하게 만들 수도 있는 동맹들을 변화시키는 요소들은 대부분 배제되었다. 따라서 양극화는 1945년과 1990년 사이에 '긴 평화'를 가져다주었으며, 특히 20세기에 처절한 세계대전을 두 번이나 경험한 유럽에 평화를 가져다주었다.**

** 역자 주

유럽에서는 1945년부터 1990년까지 긴 평화가 유지되었을지 몰라도, 아시아, 특히 동아시아의 경우는 그렇지 않다. 냉전 시작 직후 한반도에 전쟁이 1950년에 발생하였고, 1960년대의 베트남 전쟁으로 이어졌다.

그러나 모든 이론가들이 냉전의 양극체제에 대하여 긍정적인 견해를 갖고 있었던 것은 아니다. 양극체제는 미국과 소련 모두에서 제국주의 경향을 강화시켰다는 비판을 받았는데, 그 이유는 미국과 소련이 직접적인 대결을 벌이지 못하는 상황에서 각기 영향권에 대한 통제력을 확장 또는 강화시키려는 노력을 했기 때문이다 (표 10.1 참조).

양극체제에 대한 또 다른 비판은, 초강대국 대립과 핵억제 전략이 냉전을 '열'전으로 만들 것이라고 위협하는 지속적인 긴장 상황을 초래할 것이라는 우려였다. 다시 말해서, 냉전이 '냉'전으로 남을 수 있었던 것은 체제 자체의 구조적 역동성 때문이 아니라, 운이 좋았고 지도자들이 좋은 인식을 가졌기 때문이라는 것이다.

표 10.1 영향력 확대 정책

미국	소련
신식민주의	바르샤바조약기구 헝가리 침공(1956)
라틴 아메리카에 대한 정치적 간섭	체코슬로바키아 침공(1968)
베트남전쟁(1955–75)	아프가니스탄 침공(1979)

냉전의 종식

신현실주의는 냉전의 양극체제가 가져다주는 이득에 대하여 효과적으로 강조할 수 있었지만, 냉전의 종식을 설명하는 데 있어서는 어려움을 겪고 있다. 1985년 이후 고르바초프(Mikhail Gorbachev)에 의하여 주도된 개혁을 가속화하는 프로그램은 소련이 전략적으로 달성한 많은 것들을 포기하는 내용이 핵심이었다. 그 주요 내용은 동유럽과 소련 내에 러시아를 제외한 공화국들에 대한 군사적이고 정치적 지배를 포기하는 것이었다. 한편, 냉전 양극체제 내에서 균형의 이미지는 항상 잘못된 표현이었다. 나중에 논의하겠지만, 1945년 이후 미국이 다양한 측면에서 패권국이 되었고, 소련은 한 번도 미국과 대등한 지위를 가지지 못하였고 항상 도전하는 위치에 있었다. 소련이 군사적으로 초강대국이라는 점은 틀림이 없었지만, 경제적 초강대국이 된 적은 한 번도 없었다. 더욱이 소련의 군사력과 경제발전 수준 사이의 불균형은 소련을 항상 취약하게 만들었다. 이러한 취약성은 1980년대에 레이건(Ronald Regan) 대통령에 의하여 활용되었는데, 레이건이 추진한 미국의 군사비 증액은 허약하고 비효율적인 소련의 경제에 막중한 압력을 가하였고, 이는 고르바초프 개혁과정의 중요한 요인으로 작용하였다.

10

'신세계질서'와 그 운명

냉전의 종식으로 자유주의적 국제주의(p. 73 참조)에 대한 열광이 이어졌고, 우드로 윌슨의 제1차 세계대전 이후의 평화설계, 그리고 유엔과 브레튼우즈체제(Bretton Woods system)의 창설을 가져 온 제2차 세계대전의 종전 이후의 과정을 기억나게 했다. 탈냉전 시대는 '신세계질서'의 성격을 가질 것이라는 생각은 1988년 유엔 총회 연설에서 고르바초프가 처음으로 언급하였다. 고르바초프는 유엔의 강화와 평화유지 역할의 활성화를 요구하는 동시에, 보다 많은 협력을 달성하기 위하여 국가들 사이의 탈이념화를 요구하면서 국제사회에서 힘의 사용이나 위협은 더 이상 정당한 것으로 간주되지 말아야 한다는 제의를 하였다. 1989년의 몰타정상회담에서 부시와 고르바초프는 봉쇄와 초강대국 대립의 시대에서 새로운 안보적 조치에 기반한 초강대국 협력의 시대로 전환할 것을 약속하였다.

분석적 접근

냉전의 종식

현실주의 견해

냉전의 종식은 대다수의 현실주의 이론가들에게 충격으로 다가왔고, 현실주의이론 내에 일종의 위기감을 조성했다. 현실주의적 가정에 따르면, 국가들은 특히 군사 및 영토 안보의 유지를 통해서 국익을 추구한다. 그러나 1989년과 1991년 사이에 고르바초프 치하의 소련은 동유럽에 대한 군사 및 정치적 지배를 포기할 준비가 되어 있었고, 비러시아 공화국들의 분리를 받아들였다. 더욱이, 이는 소련에 대한 거부할 수 없는 외부의 전략적 압력 없이 성취되었다. 따라서 냉전의 양극화 세계질서의 갑작스러운 붕괴는 많은 현실주의자들에게 놀라움으로 다가왔고, 미래에 대한 상당한 우려를 촉발했다. 냉전이 끝날 무렵, 신현실주의자 미어샤이머(John Mearsheimer, p. 279 참조)는 양극체제의 붕괴가 1945년 이후 처음으로 유럽의 주요 국가 간 전쟁으로 이어질 수 있다고 예측했을 때, 비현실주의 이론가들은 동의하지 않았다. 그러나 러시아와 우크라이나 사이의 주요 전쟁 발발(미어샤이머가 2010년대 후반 연구에서 자주 경고했던 대립)을 고려할 때, 신현실주의이론은 아직 완전히 검증되었다고 할 수 없다.

자유주의 견해

냉전의 종식은 국제외교의 중심에 힘의 정치보다는 윤리성이 자리 잡고 있어야 한다고 주장하는 자유주의 이론가들에게 낙관적인 희망을 가져다주었다. 그러나 자유주의자들은 냉전의 종식을 현실주의자들만큼이나 예상하지 못하였다. 그러나 1970년대 이후 자유주의자들은 군사력 사용을 배제하고 협력을 선호하는 일반적인 추세를 강조하였다. 이는 '복합적 상호의존'의 패턴을 창조하는 경제의 현대화 추세에 기초하고 있었으며, 이 패턴은 통합을 선호하고 국가들이 전쟁보다는 무역을 통한 경쟁을 하도록 장려하였다. 데탕트가 시작되면서, 냉전 스타일의 적대감과 핵경쟁을 형식으로 한 군사대결은 구시대의 산물로 보이게 되었다. 이러한 점에서, 소련이 동유럽에 대한 통제와 자국의 영토적 통합을 유지하기 위한 군사력 사용을 자제한 점은 동서대립의 종식이 경제적 이득을 가져다 줄 것이라는 인식으로부터 나왔다.

마르크스주의 견해

비판적이고 급진적인 집단에서 소련에 대한 환멸이 꾸준히 커졌지만, 마르크스주의 전통의 일부 이론가들은 실제로 존재하는 동구권의 사회주의를 불완전할지라도 실행 가능한 서구 자본주의의 대안으로 간주하기를 계속했다. 따라서 공산주의체제는 보통 안정적이고 응집력 있는 것으로 간주되었다. 이에 따라 1989년 동유럽에서 입증된 공산주의체제에 대한 대중의 불만 수준은 일부 서구 마르크스주의자들을 놀라게 했다. 그러나 마르크스주의 비판 이론가들은 몇 가지 훌륭한 통찰력을 제공했다. 월러스타인(Immanuel Wallerstein, p. 137 참조)은 1993년에 "1945년 이후 시대의 확실성은 이제 끝났다", "우리는 이제 탈아메리카 시대로 접어들었지만 후기 자유주의 시대로 접어들었다"며 "이는 거대한 글로벌 무질서의 시대가 될 것을 약속한다"고 썼다. 월러스타인의 예측은 1990년대와 2000년대의 단극적인 질서에 의해 입증되지 않았으며, 자유주의의 주장은 미국 외교정책의 '진정한' 동기는 아닐지라도 수사학에 강력하게 정보를 제공했다. 그러나 2010년대에 자유주의에 대한 반발이 커지면서 명백하게 반자유주의적이고 반글로벌주의적이며 친국가주의적인 트럼프 행정부를 등장시켰고, 이 행정부는 미국을 지난 수십 년 동안의 국제주의 궤도에서 벗어나 내부 지향적인 '미국 우선주의' 교리를 선호하는 방향으로 나아가게 되었다. 미국이 2019년 냉전시대 중거리핵전력폐기조약을 포함한 다양한 조약과 협상에서 탈퇴하거나 좌절하는 것을 포함한 극적인 변화는, 북한의 떠오르는 핵 능력, 지역 및 글로벌정치에서 점점 더 중요해지는 러시아의 역할, 유럽 안팎에서 초국가적인 극우파의 부상, 영국의 브렉시트 정치와 함께 볼 때 월러스타인이 예상한 '자유주의 이후' '대규모 세계 무질서'의 시작으로 읽힐 수 있다.

구성주의 견해

냉전의 종식은 사회구성주의에 상당한 자극을 주었다. 냉전이 종식된 이유를 제대로 설명하지 못한 기존 이론들은 아이디어와 인식에 의해 수행되는 역할이라는 실종된 차원만을 강조했다. 1990년대에 변화하고 있던 것은 소련의 정체성이었고, 소련의 정체성은 소련의 이익과 행동을 알려주었다. 고르바초프와 소련의 젊은 세대 지도자들이 국내외 정책수행에 가져온 '신사고'는 소련의 사회적 정체성을 재구성했다. 소련의 이익이 자본주의/공산주의 분열을 가로지르는 국제적 참여에 의해 가장 잘 수호될 것이고, 더 이상 미국과 자본주의 서방을 안보위협으로 인식하지 않을 것이라고 믿은 고르바초프와 젊은 지도자들은 동유럽에 대한 정치적, 군사적 지배가 소련의 핵심 전략적 이익이 아니며, 실제로 장애물이 될 수도 있다고 계산했다. 구성주의자들은 상호작용을 통해 서로의 정체성을 구성하는 국가와 다른 행위자 사이의 복잡하고 변화하는 이념적 관계의 결과로 국제적 결과를 이해한다. 이러한 관점에서 구성주의자들은 현실주의자나 자유주의자들보다 소련과 냉전의 존재와 같은 안정적인 사회 현실이 어떻게 일순간에 사라져 버릴 수 있는지를 설명할 수 있는 더 나은 도구를 갖추고 있었다. 사실 구성주의자들이 냉전의 종식에 대해 설득력 있는 설명을 할 수 있었던 것은 1990년대에 그들이 획득한 지적기반이 큰 역할을 했고, 2000년대에 이르러 구성주의가 마르크스주의를 대신하여 국제관계에 대한 세 가지 '주류' 이론적 접근법 중 하나로 자유주의 및 현실주의와 나란히 앉게 만들었다는 사실을 인정받게 되었다.

페미니즘과 탈식민주의 관점

페미니스트들과 탈식민주의 이론가들 모두 냉전의 결과로 학문적인 측면에서 혜택을 경험했다. 페미니즘 국제관계 이론가 티크너(J. Ann Tickner)는 국제관계이론을 발전하게 한 냉전 상황이 '국가안보에 몰두하게 한 학문'을 낳았다고 분명히 인정한 반면, 냉전의 종식은 국제관계연구를 '더 넓은 범위의 이슈와 인식론'으로 '개방'하게 했다고 주장했다 (Tickner 2014: 1). 1980년대 말부터 주목을 받은 이슈들 중에는 성별, 인종/인종차별주의, 식민주의가 있었고, 인식론 (p. 57 참조)은 세계정치를 연구하는 데 더 비판적인 접근법을 포함하도록 다양화되었다 (제4장 참조). 그러나 페미니즘과 탈식민주의의 관점에서 의미를 갖는 것은 냉전의 학문적 연구뿐만이 아니다. 냉전 동안의 세계정치의 실천은 한편으로 남성주의적 자세를 수반했고(핵 위협과 상호확증파괴 원칙의 사례), 다른 한편으로 미국과 소련은 최근 해방된 '제3세계' 사회에 대한 신식민주의적 또는 제국주의적 설계를 수반했다. 이러한 의미에서 냉전의 종식은 이러한 접근법에 대한 일련의 지적이고 실용적인 기회를 제시했다.

탈냉전 세계에 대한 부시의 구체적인 비전은 국제법의 지배를 보장하는 미국의 리더십, 미국과 소련의 파트너십, 그리고 소련의 세계경제기구로의 통합, 그리고 집단안보 증진에 의한 무력사용 견제를 포함하는 것으로 나타났다.

그러나 탈냉전 세계의 등장을 환영한 낙관주의와 이상주의의 물결은 오래 가지 못하였다. 많은 사람들이 '신세계질서'는 부르기에 편리한 구호에 지나지 않고 확실히 발전된 전략적 비전을 기반으로 한 것도 아니라고 폄하하였다. 이러한 '신세계'가 어떻게 작동될 것인가는 불투명하였다. 예를 들어, 유엔은 어떻게 그리고 어느 정도까지 강화되어야 하는가? 미국과 소련의 파트너십이 유지되게 하려면 어떠한 제도적 조치가 필요한가? 무력사용의 포기는 미국의 '세계 경찰'로서의 새로운 역할을 어떻게 수행하게 할 것인가? 결국 초강대국들의 협력이 등장한 것은 소련이 약화되었다는 점을 알리는 것이었고, 부시와 고르바초프 사이의 개인적인 관계도 역할을 하였다.

또는, 몇몇은 새로운 세계질서가 아니라 새로운 세계무질서의 상승을 예고했다. 그 이유 중의 하나는 냉전하에서 통제가 유지되던 압박과 긴장이 완화되었기 때문이었다. 외부의 위협(그것이 국제공산주의 또는 자본주의의 포위일지라도)을 받는 이미지를 유지하면서, 냉전은 내부 결속력을 증진시키면서 사회에 공통된 목적과 정체성을 유지시키는 역할을 했다. 그러나 외부 위협의 소멸은 원심적인 압력이 폭발하는 데 기여했는데, 이는 민족, 인종, 지역 분쟁으로 나타났다. 이는 세계 도처에서 발생했지만, 특히 동유럽의 분쟁이 심각했다. 1990년대에 구유고슬라비아에서 세르비아, 크로아티아 민족들과 무슬림들 사이에 장기간 유혈분쟁이 지속되었다. 또한, 1994년에 러시아와 체첸공화국의 분리주의자들 사이의 전쟁도 발생하였다. 정의와 인권에 대한 존중을 바탕으로 한 세계질서를 만드는 대신에, 국제사회는 구유고슬라비아에서 1999년 코소보 위기가 일시 해결될 때까지 세르비아가 팽창전쟁을 일으키고 제2차 세계대전에서 사용한 방식을 연상시키는 대량학살 범죄를 저지르는 것을 방관하였다. 자유주의적 세계질서의 등장에 있어서 가장 큰 약점은 미국의 역할과 위상의 변화에 대하여 고려하지 않았다는 점이다. 냉전종식의 가장 중요한 의미는 미국에 대한 가장 강력한 도전세력이었던 소련이 붕괴되고 미국이 세계에서 유일한 초강대국이 되었다는 점이다. 실제로 '신세계질서'에 대한 논의는 미국의 힘의 행사를 정당화하는 이념적 도구에 지나지 않았을 수도 있다. 다시 말해서, 국제사회의 '자유시대'는 '단극시대'로 판명되었다. 그러면 새로 등장하는 단극체제는 어떠한 모습이었으며, 미국은 이러한 새로운 위상에 어떻게 대응을 했을까?

> **개 념**
>
> **패권**
>
> 패권(hegemony, 어원은 그리스어 hegemonia이며, 그 의미는 '리더'이다)의 가장 단순한 의미는 타자에 대한 리더십 또는 지배이다. 그람시(Gransci)는 이 개념을 종속계급에 대한 부르주아계급의 지배를 설명하는 데 사용하였다. 글로벌 또는 국제정치에 있어서 패권국은 국가들의 집단 내에서 주도하는 국가이다. 패권적 위상은 경제와 군사자원을 통제할 수 있는 구조적 힘의 보유를 기초로 한다. 패권국은 무력사용을 통해서가 아니라 자발적인 동의를 하게 하여 다른 국가들의 선호와 행위를 형성한다. 그람시는 국제적 또는 글러벌 리더십이 부분적으로 관념적 또는 이념적 수단을 통해 작동된다고 주장했다.

단극체제: 미국의 패권과 세계질서

패권의 부상

냉전종식 이후 미국은 '미 제국(American empire)', '글로벌 패권국', 또는 '극초강대국(hyperpower)'이라고 불렸다. 미국과 19세기 대영제국이 자주 비교되었고, 적실성은 별로 없지만 16세기 스페인과 17세기 네덜란드와도 자주 비교되었다. 그러나 미국은 매우 다르고 독특한 패권국이었고, 유일하게 역사적으로 비교할 수 있는 대상은 로마제국이다. 특히 미국이 '제국'으로 발전되었다 하더라도, 미국은 전쟁, 정복과 식민지 획득이라는 전통적인 제국주의 방식을 사용하지는 않았다. 이러한 논리에는 두 가지 이유가 있다. 첫째, 혁명에 의하여 탄생한 미국은 역사 또는 문화가 아니라 이념에 의하여 정의되는 '정치적' 국가이다. 영국의 식민주의에 대항하여 발생한 1776년의 미국혁명은 새로 탄생한 미합중국에 반제국주의의 이미지를 심어줬을 뿐만 아니라, 정치적 자유, 개인적 자부심, 입헌정부 등과 같은 '미국의 가치'를 부여하였다. 이러한 이념적 유산을 이어받은 미국은

> 극초강대국(Hyperpower): 잠재적인 경쟁세력보다 월등하게 강한 국가이며, 따라서 세계정세를 지배한다.

전통적인 유럽의 제국주의에 대해 반기를 들었을 뿐만 아니라 외교정책도 윤리적 측면을 고려하여 추진하여 왔다. 두 번째 요인은, 영국과 같은 중간 크기의 국가에 비해서 광대한 영토를 지녔기 때문에 외부팽창보다는 내부확장을 통해 경제발전을 도모할 수 있다는 점이다. 따라서 1880년대까지 미국은 제한이 없어 보이는 대규모 국내 시장에 의존하고, 상대적으로 낮은 수준의 국제 무역에도 불구하고 대부분의 산업 분야에서 영국을 능가할 수 있었다.

냉전시대에 미국이 점점 더 자본주의 서방 내에서 경제적, 정치적, 군사적 주도국의 위치를 맡게 되면서, 제2차 세계대전 이전의 고립주의로 회귀하는 일은 없을 것임을 보장했다. 미국은 1945년 이후 다자기구 설립을 주도했는데, 이에는 유엔, 국제통화기금(IMF), 세계은행 등이 포함된다. 미국은 전쟁으로 황폐화된 서유럽과 일본의 경제회복을 지원하였고, 미국 기업들은 거의 모든 경제영역에서 빠르게 국제적인 지배를 하였다. 콕스(Robert Cox, p. 160 참조)와 같은 이론가들은 그러한 발전들을 미국 패권의 성장으로 해석하였다. 이 견해에 따르면, 미국은 세계의 경제성장을 위한 정치적 틀을 제공하였고, '집행자로서의 군사적-영토적 권력'을 행사했다 (Cox 1994).

그러나 1970년대와 1980년대 동안 내외적 도전의 결과로 미국의 패권이 흔들린다는 주장이 확산되었다. 내부적으로 1960년대 이후 인종, 소비주의, 낙태, 젠더 역할과 같은 문제에 대한 전통적인 견해에 도전하는 민권운동, 반체제 청년세력의 '반문화', 여성운동에 의하여 정치문화적 긴장이 꾸준히 고조되어 왔다. 이는 닉슨 대통령을 사임까지 몰고 간 1974년의 워터게이트(Watergate) 스캔들이라는 국가적 차원의 정신적 쇼크에 의하여 더욱 심화되었다. 외부의 도전들은 미국의 베트남전쟁에서의 사실상 패배, 이란 인질 위기(테헤란의 미국 대사관이 점거 당하여 66명의 미국시민이 1979년 11월부터 1981년 1월까지 444일 동안 인질로 억류되어 있었다), 그리고 가장 중요한 것은 독일, 일본, 그리고 '아시아 호랑이들'과 같은 경제적 경쟁국들의 등장이었다. 이 기간에 미국은 과거의 강대국들이 공통적으로 경험하였던 과도한 제국주의(imperial over-reach)의 경향에 압도되는 모습을 보였다. 케네디(Paul Kennedy 1989)가 언급한 대로 "군사갈등은 항상 경제적 변화의 맥락에서 이해되어야 한다." 따라서 강대국의 흥망성쇠는 장기간의 무력충돌을 유지할 수 있는 능력뿐만 아니라 그러한 충돌이 경제력에 미치는 영향의 맥락에서 이해되어야 한다.

그러나 미국은 정치적이고 경제적으로 매우 탄력적인 국가라는 점이 입증되었다. 레이건 행정부(1981–9)는 기업가주의, 감세, 복지의 회복에 의한 국내이념을 강화하고 명확한 반공주의 외교정책을 추진(소련에 대항한 군사력 증강 포함)하는 등 미국의 민족주의를 강화하였다. 더욱이 일본, 독일 등 이전의 경제적 경쟁국들이 1980년대와 1990년대에 머뭇거리는 동안, 미국은 연구, 개발, 훈련에

개 념

단극체제

단극체제(unipolarity)는 지배적인 국가가 단 하나, 즉 '극'이 존재하는 국제체제이다. 단극체제에는 유일한 초강대국이 존재하는데, 이는 그 국가를 제한할 수 있는 잠재적인 경쟁국이 없다는 의미이다. 이는 세계정부의 한 형태를 의미하기 때문에, 단극체제는 절대적인 것이 아니고 상대적인 것이다. 단극체제는 지배적인 행위자가 '세계경찰'로 행동할 수 있다는 점에서 도전을 받지 않고, 분쟁을 해결하고 전쟁을 방지하는 동시에, 경제행위의 기본원칙을 정하고 유지시켜 경제적이고 재정적인 안정을 보장한다. 그러나 비판자들은 단극체제가 지배적 행위자 입장에서는 과대망상증을, 다른 행위자들에게는 두려움, 불만, 적대감을 불러일으킨다고 비판한다.

과도한 제국주의(Imperial over-reach): 군사적 책임이 국내 경제성장을 능가하여 제국주의적 팽창이 불가능하게 되는 상황.

일방주의(Unilateralism): 한편으로 치우치는 것을 의미하며, 다른 국가나 조직의 제한을 받지 않고 단일국가의 이익과 목표에 따라 결정된 정책을 추진하는 것이다.

막대한 투자를 하여 미국의 생산성을 제고하였고, 글로벌경제의 첨단기술 분야에서 아무도 도전을 하지 못할 수준으로 선두를 지켜 나갔다. 가장 중요한 사건은 공산주의가 붕괴하고 1989-91년의 혁명에 의하여 소련이 해체된 것이었다. 그 결과 미국은 단극세계에서 글로벌 패권을 수립할 수 있는 기회를 맞게 되었다.

냉전의 종식이 서방과 미국의 자본주의 경제에 새로운 시장과 새로운 기회를 제공함에 따라 경제의 글로벌화가 빠르게 추진되었다. IMF의 지원을 받아 많은 탈공산주의 국가들은 중앙계획경제로부터 자유방임의 자본주의로 '충격요법' 전환을 시작하였다. 많은 탈공산주의 국가들은 미국식의 자유민주주의 거버넌스를 빠르고 열성적으로 받아들였다. 걸프전과 1990년대의 인도적 개입(p. 364 참조)을 향한 추세는 '세계경찰국'의 역할을 수용한다는 미국의 의지를 반영한 것이었다. 그러나 단극체제의 추세와 역동성은 양극체제와는 차이가 있었다. 단일 지배국가의 존재는 다른 국가들의 불만과 적대감을 야기하였으며, 패권국은 다른 국가의 활동의 자유를 구속하는 다자주의의 제한을 무시하는 경향이 생겼다. 이러한 미국 외교정책의 일방주의적 경향은 2000년 대통령에 선출된 부시의 몇 가지 결정에서 나타나는데, 그들은 국제형사재판소로부터의 탈퇴, 글로벌 기후변화에 대한 교토의정서의 지속적인 서명 거부 등을 포함한다. 그러나 9월 11일의 테러공격은 미국 외교정책의 방향과 세계질서의 균형을 변화시켰다.

'테러와의 전쟁'과 그 결과

2001년 9월 11일은 1945년과 1990년에 버금가는 세계질서 형성의 중요 시점으로 다루어지고 있다. 실제로 일부 평론가들은 '9/11'은 탈냉전의 진면목이 드러나는 시점이고 전례 없는 글로벌 투쟁과 안보불안이 시작된 시점이라고 주장한다. 이러한 점에서 공산주의의 붕괴보다는 '테러와의 전쟁'이 '실질적'인 21세기의 탄생을 알리는 사건이다. 한편, 9/11의 충격은 과장되었을 수도 있다. 케이건(Robert Kagan 2004)이 주장한 바와 같이 "미국은 9월 11일 테러로 변하지 않았고, 보다 자신에 충실해진 것이다."

9/11의 여파로 시작된 '테러와의 전쟁'은 아마도 21세기 세계질서에 대한 주요 안보위협을 다루는 '긴 전쟁'을 위한 전략을 수립한 것으로 보인다. 특히, 그 전쟁은 비국가 행위자들과 특히 테러리스트 집단들에 의해 제기되는 위협들의 긴급한 조합에 대응하는 것을 목표로 했다.

그러나 아프가니스탄과 이라크에서 '테러와의 전쟁' 기치 아래 벌어진 미국의 전쟁은 논란의 여지가 있었고, 비용이 많이 들었으며, 비평가들에 따르면 역효과를 낳았다. 그 전쟁은 또한 광범위한 영향을 미친 장기간의 갈등이었다. 2003년 미국의 이라크 침공을 강력하게 반대했던 현실주의와 신현실주의 국제관계 이론가들은 후일 이라크와 시리아에서 ISIS의 설립과 성공(그리고 유럽에서 ISIS의 지원을 받는 공격)을 오만한 군사적 모험주의의 '의도하지 않은 결과'로 간주했다. 전쟁은 분명하게 폭압적이고 잔인한 독재자로부터 이라크의 인구를 보호한다는 자유주의적 수사에 기반을 두었지만, 실제로는 이전보다 사회를 더 폭력적이고 덜 안정되게 만들었고, 또한 미국의 중동 개입주의를 글로벌 무슬림 공동체에 대한 새로운 형태의 '성전'으로 본 사람들의 보복을 불러 일으켰다.

'테러와의 전쟁'과 관련된 용어와 관행은 점점 더 미국을 넘어 채택되고 있다. 영국과 같은 서방의 미국 동맹국들은 해외에서 전쟁을 수행하는 '의지의 연합'에 가입했고, 인신보호영장(habeas corpus: 기소 또는 재판 없이 구금되는 것으로부터 보호)과 같은 전통적인 자유를 국내에서 정지시키는 대테러 법안을 채택했을 뿐만 아니라, 미국의 영향권 밖의 국가들도 이러한 조치에 동참하게 되었다. 2000년대에 러시아는 '테러와의 전쟁'이라는 용어를 대다수 무슬림 지역인 체첸에서 장기간 지속되고 있고, 잔혹하며, 인종적으로 편향된 반란진압작전(counter-insurgency operations)을 설명하기 위해 사용했으며, 스리랑카는 타밀 타이거즈(Tamil Tigers)에 대항한 더 오래 지속되고, 마찬가지로 인종문제로 실시된 반란진압작전의 마지막 단계를 설명하기 위해 사용했다. 타밀인들에 대한 인종 프로파일링과 수십만 명의 타밀 민간인들을 유엔은 '수용소'라고 부르지만 비평가들은 '강제수용소'라고 부르는 곳에 비자발적으로 감금한 것은 거의 30년간의 갈등 끝에 결국 타이거즈들을 패배시킨 '테러와의 전쟁'의 마지막 추진의 일환으로 2009년에 정당화되었다.

전 세계 국가들은 '테러와의 전쟁'의 용어와 전술을 사용할 수 있었고, 서방국가들과 미국이 지배하는 국제기구들이 자신들을 겨냥한 인권유린에 대한 위선적인 비난을 저지할 수 있었다. 2002년까지 중국은 분리주의를 옹호하는 위구르족 무슬림 사람들을 '테러범'이라고 부르고 있었다. 2014년 이후, 수십만 명의 위구르인들이 공식적으로 '교육' 수용소로 지정된 신장의 수용소에 갇혀 있다. 2019년의 위성사진은 이 지역 전역의 모스크와 이슬람 사원들이 – 일부는 수세기 전으로 거슬러 올라가는 – 2016년 이후 붕괴된 것으로 보인다는 것을 알려주었다. 한편, 이웃 나라인 미얀마(옛 버마)에서는, 한 때 민주주의와 인권 운동가였던 아웅산 수치가 유엔이 로힝야 무슬림 소수 민족의 '학살'을 지정한 것에 대해 제1차 국가고문(최고 민간정치사무소)으로 주재하여 '테러와의 전쟁'의 명분 아래 다시 정당화했다. 2001년 미국의 부시행정부에 의해 시작된 '테러와의 전쟁'은 사실상 '글로벌화'되었다.

아프가니스탄과 이라크에서, 모두 초기의 극적인 성공에도 불구하고, 미국과 동맹국들은 예상보다 훨씬 더 문제가 많고 장기적인 것으로 판명된 전쟁을 치르고 있었다. 11장에서 살펴보겠지만, 게릴라전, 테러, 자살폭탄 공격 등의 전술을 구사하는 적에 대한 복합적인 반란진압전으로 발전한 아프가니스탄과 이라크전쟁은 미

10

개 념

신보수주의

신보수주의(neoconservatism)는 단극세계에서 미국이 전례 없는 권력과 위상의 이득을 취할 목적으로 추구하는 외교정책 결정을 위한 접근 방식이다. 이는 신레이건주의와 '하드' 윌슨주의의 융합이다. 신레이건주의는 마니교 세계관의 형식을 가졌는데, 이에 따르면 '선(善: 미국)'이 '악(WMD를 보유했거나 보유하려는 '불량'국가와 테러집단)'과 충돌한다. 이는 미국이 군사적인 측면에서 도전세력을 압도하는 위상을 확보함으로써 경쟁자들을 억제하고 글로벌 영향력을 보유해야 한다는 점을 의미한다. '하드' 윌슨주의는 가능하면 군사적 수단을 통한 '정권교체'에 의하여 세계에 미국 스타일의 민주주의를 확산시키려는 노력을 포함한다.

국 군사력의 한계를 부각시켰다. 전술적 실패와 전략적 어려움은 '테러와의 전쟁' 수행을 약화시켰다. 전술적 결함 중에는 이라크 침공 초기에 부족한 병력을 배치한 점, 미국의 목표 달성이 예상보다 어려울 경우 출구 전략이 부재한 점, 침공을 하기 전에 사담 후세인 이후의 이라크체제에 대한 명확한 계획을 세우지 못한 점 등이 포함되었다. 또한, 아프가니스탄에 투입되던 관심과 자원을 이라크 침공에 집중한 결과 탈레반 반군이 다시 세력을 구축할 수 있도록 하는 중대한 착오를 범했다.

이러한 '테러와의 전쟁'의 장애물들은 부시행정부로 하여금 부시의 두 번째 임기인 2005-2009년 동안 **다자주의** 쪽으로 기울게 만들었다. 그러나 그의 후임자인 오바마 대통령하에서 더욱 중대한 변화가 일어났다. 미국은 "협력하는 법을 배우고 경청하라"는 소프트 파워 이론가들의 조언(Nye 2005)에 따라, 오바마는 미국의 세계문제, 특히 무슬림 세계와의 관계의 분위기를 확실하게 바꾸었다. 2009년 6월 카이로에서의 기조연설에서 오바마는 세계에서 미국과 무슬림의 '새로운 시작'을 요구하였고, "어떠한 국가도 다른 국가에 대하여 특정 정부체제를 요구할 수 없다"는 점을 인정하였다. 그 해 3월 오바마는 이란의 새해에 맞춰 페르시아어 자막이 있는 비디오를 공개했는데, 그 비디오에서 그는 미국이 이란과의 관계(특히 핵무기를 획득하려는 시도에 비추어 볼 때, 신보수주의 적개심의 대상)에서 수십 년간 지속된 긴장을 끝내기를 원한다고 선언하고, 이란정부에게 미국에 대한 호전적인 수사를 완화하라고 요구했다.

반면에 오바마는 수사(修辭)를 포기하면서도 '테러와의 전쟁'의 은밀한 군사 범위를 확장했다. 2017년 탐사보도국(Bureau of Investigative Journalism: 영국의 비영리 탐사보도 매체 - 역자주)에 따르면, 오바마 대통령 재임 기간 파키스탄, 소말리아, 예멘에서 '테러와의 전쟁'에 따른 미국의 공습이 부시 대통령 재임 기간보다 10배나 더 많았다. 테러나 반란에 연루된 것으로 의심되는 사람들에 대한 '표적살해'(암살)를 수행하기 위해 미 공군 무인기를 광범위하게 사용한 것은 오바마 시대 '테러와의 전쟁'의 핵심이자 매우 논란이 많은 특징이었다. 무인기 운용 중 국가주권의 원칙을 무시하고, 무인기 공격으로 인한 민간인 사망자가 대거 발생한 것을 '부수적 피해'로 받아들인 것도 비판을 받았다. 오바마가 부시 대통령 시절 해외에서 용의자를 납치해 미국 밖의 비밀 '블랙사이트' 교도소로 이송하는 '용의자 해외이송' 프로그램을 지속한 것과 더불어, 종종 '살인 명부(kill list)'를 사용해 공격을 승인한 것은 탈냉전 세계질서에서 미국의 리더십에 대한 도덕적 권위를 더욱 깎아내리는 데 기여했다.

다자주의(Multilateralism): 다른 국가 또는 국제기구와 협력하여 활동하는 정책, 또는 셋 이상의 행위자들 사이의 협력적 관계의 체계 (p. 503 참조).

자비로운 패권인가, 악의적인 패권인가?

냉전종식 특히 9월 11일 테러 이후, 과거 자본주의와 공산주의의 좌우 대결에 대신하여 미국의 태도가 글로벌정치에서 새로운 관심 대상으로 떠올랐다. 미국은 평화와 번영을 가져다주는 '없어서는 안될' 자비로운 패권국가인가? 아니면 현대 세계의 혼란과 불의의 원천인 악의적인 패권국가인가? 미국의 패권이 악하다는 해석은 9월 11일 테러에 대한 미국의 대응을 비판하는 개도국들에서 지지를 받았는데, 이는 미국의 대응에 대하여 공감을 보였던 선진국들의 태도와 비교되었다. 미국의 외교정책이 점차로 일방주의적인 모습을 보이면서 반미감정이 시작되었고, 미국이 유엔으로부터 군사행동에 대한 분명한 동의를 받는 데 실패하고 이라크에 대한 공격을 강행하면서 반미감정이 고조되었다. 현실주의 관점에 따르면 모든 글로벌 패권국들은 정치적, 경제적, 이념적인 성격과 상관없이 결국은 악하게 된다. 모든 국가들은 권력을 축적함으로써 국익을 추구하기 때문에, 패권국들은 경쟁국으로부터 아무런 구속을 받지 않으면서 무자비하고 결연한 방식에 의하여 국익을 추구하게 된다. 따라서 신보수주의자(네오콘)들이 선호하는 '자비로운 패권'의 아이디어는 환상에 불과할 뿐이다.

급진적 이론가들이 미국을 가장 신랄하게 비판했고, 그 중에서도 촘스키(Noam Chomsky)가 가장 강력한 비판을 했다. 국제정세에 대한 촘스키의 분석은 무정부주의, 또한 폭력, 사기, 불법이 국가의 자연적인 기능이라는 믿음에 의한 영향을 받았다. 촘스키의 '급진적' 현실주의에 따르면, 국가가 강력해질수록 폭정과 억압의 경향이 강해진다. 그는 여러 측면에서 미국이 제국주의를 유지하면서 강화하고 있다고 분석했다. 기업권력의 성장과 신식민주의의 확산을 통하여, 그리고 베트남, 파나마, 소말리아, 아프가니스탄, 이라크 같은 지역에의 크고 작은 규모의 개입을 통하여 미국은 경제적 이득을 획득하고 주요 자원을 확보하기 위한 팽창주의를 추구하고 있다. 따라서 미국의 대중동 정책과 '테러와의 전쟁'은 대체로 석유 공급원을 확보하기 위하여 추진된다. 이러한 점에서 '불량(rogue) 초강대국'인 미국은 세계적으로 테러리즘과 폭력의 주요 원천이다.

10

초 점
선제공격

선제공격(preemptive attack)은 때로는 예방전쟁으로도 불리는데, 이는 미래의 침략 가능성을 사전에 차단하거나 예방하기 위한 군사행동이다. 따라서 선제공격은 예견된 공격에 대한 자기방어의 형태이며, "먼저 보복을 해라"라는 의미를 가진다. 이에 따라 선제공격은 잠재적인 적을 다루는 수단으로 억제, 봉쇄, '적극적 개입'과 같은 전략의 대안이다. 선제공격은 1990년대 이후 '불량'국가들과 테러리즘으로부터의 위협과 관련하여 주목을 받았고, 특히 2003년 이라크 공격의 경우에 가장 많이 주장되었다.

선제공격의 유혹은 잠재적인 적이 너무 강해지기 전(예를 들어, 상대방이 대량살상무기를 획득할 가능성이 높아질 때)에 군사활동을 해야 군사충돌의 비용이 줄어든다고 생각할 때 가장 끌리게 된다. 이에 대한 대안적 전략은 상대방에 유화정책을 펼치는 것인데, 이는 아무 도전을 받지 않는 적을 더욱 대담하게 만들 수 있다. 선제공격의 결점은 상대방의 미래행위나 위협에 대한 계산이 틀릴 수도 있다는 점이다. 또한, 실제 공격이 아니라 예상된 공격에 기초하기 때문에 선제공격에 대한 국내적이고 국제적인 지지를 받기 어려울 것이다. 마지막으로 유엔헌장에 따르면 선제공격은 완전히 불법적인 행동이다. 유엔헌장은 개별적이고 집단적인 자위일 경우에만 전쟁을 승인하고 있다.

주요 인물

노암 촘스키(Noam Chomsky, 1928년생)

출처: *Rick Friedman/Getty Images*

미국 언어학자이자 급진적 지식인인 촘스키는 동유럽에서 이민 온 부모 아래에서 필라델피아에서 태어났다. *Syntactic Structures* (1957)에서 그는 인간은 언어를 습득할 수 있는 선천적 능력이 있다고 제안한 '변형 문법(transformational grammar)' 이론과 함께 언어학에 혁신을 일으켰다. 베트남전쟁 동안 급진주의자가 된 촘스키는 미국 외교정책에 대한 급진적 비판을 지속적으로 주도했고, *American Power and the New Mandarins* (1969), *New Military Humanism* (1999), *Hegemony and Survival* (2003)과 같은 광범위한 저서에서 자신의 견해를 발전시켰다. 헤르만(Edward Hermann)과 함께 쓴 *Manufacturing Consent* (1988)와 같은 저서에서 그는 매스미디어에 대한 급진적 비평을 발전시켰고 제국주의 침략에 대한 대중의 지지가 어떻게 동원되는지 탐구했다.

그러나 이러한 견해도 비판의 대상이 되고 있으며, 미국이 제공한 이미지에 대한 다른 시각을 보이고 있다. 예를 들어, 다른 방식으로는 폭정, 불의와 위선을 밝힐 수 없었을 것이라며 촘스키의 '새로운 반제국주의'를 환영하는 사람들조차도 그의 분석은 너무 단순하고 한 쪽에 치우쳤다는 점을 인정한다. 미국의 힘은 민주주의를 좌절시키지 않고 오히려 촉진하고 있으며(예를 들어, 제2차 세계대전 이후 독일과 일본), 미국이 다른 국가들이 행사하는 억압과 안보 위협의 원천을 무시하거나 정당화하는 것이 문제라는 시각이 등장하였다. 미국의 패권에 대한 긍정적인 시각은 패권안정이론(hegemonic stability theory)에 기초하여 제시되었는데, 이 이론은 패권국이 다른 국가들이나 국제체제 전반에 가져다주는 이득에

공공재(public good): 속성상 모든 사람에게 이익이 되는 재화나 서비스를 말하며, 어떤 당사국도 이에 대한 접근을 거부할 수 없음을 의미한다.

초 점

패권안정이론

현실주의자들과 신자유주의자들이 수용하는 패권안정이론(hegemonic stability theory)은 군사와 경제적으로 지배적인 국가들이 자유적 세계경제에서 안정과 번영을 추구한다는 이론이다 (Kindleberger 1973; Gilpin 1987). 이러한 자유적 패권의 두 가지 핵심적 사례는 19세기 말과 20세기 초의 영국과 1945년 이후의 미국이다.

이 이론은 두 가지의 주요 요소들을 포함한다. 첫째, 자유적 세계경제는 민족주의의 발전과 보호주의의 확대에 의하여 좌절될 위기를 항상 안고 있다. 이는 소위 근린궁핍화정책(beggar-thy-neighbour)에 의하여 명확하게 보여지고 있는데, 이러한 정책에 의하여 1930년대의 대공황이 발생하였다. 따라서 경제 경쟁을 위한 기본규칙이 필요하고, 특히 자유무역의 유지에 초점을 맞추어 그러한 경제가 성공하도록 해야 한다. 둘째, 지배국이나 패권국은 그러한 규칙을 제정하고 집행할 의지와 능력을 보유하고 있다. 그러한 의지는 패권국가가 됨으로써 자국의 이익이 시스템 자체의 이익과 매우 부합된다는 인식으로부터 도출된다. 이는 시스템 내에서 중요한 이해관계를 가진다. 세계경제의 안정을 확립하는 것은 자국의 장기적 이익을 수반한다 (이타적으로 행동하지 않는다). 이러한 행위를 할 수 있는 능력은 공공재를 단독적으로 제공할 수 있는 능력을 의미하는데, 공공재는 관련되는 개별국가가 아니라 집단적으로 혜택을 받을 수 있는 재화이다. 다시 말해서 패권국은 '상대적 이득'보다는 '절대적 이득'을 추구하기에 충분한 힘을 갖고 있는 국가이다. 이에 반하여, 작고 힘이 약한 국가는 자국의 국익만을 위하여 보다 편협한 행위를 하게 된다. 따라서 패권국가가 되기 위해서는 (1) 시스템의 규칙을 강제하기에 충분한 힘을 가져야 하고, (2) 이 힘을 사용하려는 의지를 보유해야 하고, (3) 많은 국가들에게 혜택을 가져다주는 시스템에 관여할 수 있어야 한다.

초점을 맞춘다. 미국은 그러한 패권국가가 되기 위한 의지와 능력을 보여주고 있는데, 이는 1945년 이후 글로벌경제 거버넌스의 제도적 리더십, 그리고 국제통화로서의 달러의 역할을 통하여 이루어지고 있다 (비록 이 두 가지는 21세기에 위협을 받고 있지만). 마지막으로 '자비로운' 패권국으로서 미국의 이미지는 세계정세에 대한 (아마도 독특하게도) 윤리적 접근에 의하여 유지된다. 미국은 다른 국가들과 마찬가지로 국익을 추구하지만, 자유와 기회의 땅이라는 미국의 '자유주의적' 이미지는 미국으로 하여금 세계정세에서 자제와 다자주의의 성향을 보이도록 한다. 이는 제1차 세계대전과 제2차 세계대전 이후 미국이 전후 재건에 기여한 점에 의하여 입증되고 있다.

> **개 념**
>
> **다극체제**
>
> 다극체제(multipolarity)는 셋 또는 그 이상의 강대국들이 포함되어 있는 국제체제이다. 그러나 다극체제는 3극체제(20세기 후반 미국, 일본, EU)로부터 무극체제까지 포함되는데 (Haass 2008), 무극체제는 힘이 분산되어 어느 국가도 '극'이라고 불릴 수 없는 체제이다. 신현실주의자들은 다극체제는 유동성과 불확실성을 조장하여 불안정성과 전쟁가능성('무정부주의적' 다극체제)을 증대시킨다고 주장한다. 그러나 자유주의자들은 다극체제가 다자주의적 경향을 보이고, 글로벌 세력이 분할되어 평화, 협력, 통합('상호의존적' 다극화)을 증진시킨다고 주장한다.

다극적 세계질서?

미국 패권의 쇠퇴 또는 종식은 다극체제의 등장에 대한 평가와 연결되어 있다. 이는 두 가지 이슈를 포함한다. 첫째, 세계질서는 다극적 성격을 어떠한 방식으로, 어느 정도로 가지게 되는가? 둘째, 다극체제가 가지는 함의는 무엇인가?

신흥강대국의 부상

현 시대의 세계질서는 다수의 다극화 추세에 의하여 형성되고 있다. 이의 가장 뚜렷한 현상은 소위 '신흥강대국'들의 등장이다. 이들은 21세기의 새롭고 미래지향적인 강대국들이다. 이 국가들과 미국을 포함하면, 세계 인구의 절반 이상, 글로벌 GDP의 75퍼센트, 그리고 글로벌 군사비의 80퍼센트를 차지한다.

지도 10.1 브릭스(BRICs) 신흥강국

논 쟁

미국은 글로벌 패권국가로 유지될 것인가?

미국의 글로벌 패권이 쇠퇴하고 있다는 논쟁은 새로운 것이 아니다. 1950년대 후반 소련이 스푸트니크(Sputnik) 위성을 발사한 시점으로 거슬러 올라가고, 1970년대와 80년대에 독일과 일본의 부활로 미국의 쇠퇴가 예견되었다. 그러나 글로벌 금융위기의 여파, 트럼프 행정부의 내부 지향적인 '미국 우선주의' 정책, 중국이 글로벌 강대국으로 부상하면서 이 문제에 대한 새로운 관심이 고조되었다.

그 렇 다

글로벌 군사적 우위. 세계의 나머지 지역에 대한 미국의 군사적 우위는 엄청나다. 2021년 미국은 세계 군사비 지출의 38퍼센트를 차지했고, 중국보다 두 배 이상 많은 지출을 했으며 (이는 2011년의 5배 수준에서 감소한 것이지만), 세계에서 두 번째로 많은 군사비를 지출했다. 또한, 2021년에 미국은 최소 80개국에 약 750개의 군사기지를 보유하고 있고, 159개국에 17만 3,000명의 병력을 배치했으며, 첨단 무기와 공군력에서 독보적인 선두를 달리고 있는 것으로 추산되었다. 미국은 세계 어느 지역이라도 군사적으로 개입하여 다수의 작전을 수행할 수 있는 유일한 국가이다.

경제적 탄력성. 미국은 연구 개발에 다른 어떤 나라보다도 많은 돈을 투자하고 있다. 2020년에 66억 달러 이상을 투자하여 첨단기술을 보유하고 있는 중국경제를 능가했고, 다른 나라들에 비해 거의 비교할 수 없는 기술적 우위를 점하고 높은 생산성 수준을 확보하고 있다. 더욱이 미국과 독일이 추월했음에도 불구하고 영국이 20세기 중반까지 글로벌 패권국가로 남았듯이, 미국이 첫 번째 경제대국의 자리를 잃더라도 글로벌 리더십은 지속적으로 유지할 것이다.

미국의 인구. 미국인구는 2058년까지 4억 명에 이를 것으로 예상되며, 히스패닉계와 아시아계 미국인의 수가 크게 증가하여 경제적 성과를 뒷받침하고 급속하게 고령화되는 유럽, 일본 및 중국에 비해 미국의 연령 구성을 낮게 유지하는 데 도움이 된다. 여기에는 특히 과학 및 기술과 같은 분야에서 미국 인구의 고학력 및 숙련된 특성이 포함된다. 대학 순위 또한 일반적으로 글로벌 상위 10위 안에 7개의 미국 대학을 포함시키는 반면, 아시아 대학은 단지 최근에 20위 안에 진입하기 시작했다.

아 니 다

과잉 군사력. 압도적인 군사력은 더 이상 패권의 확실한 근거가 될 수 없다. 미국의 군사력은 정치적으로 달성할 수 있는 것과 파괴력 사이에 커다란 차이가 있다. 1984년 레바논과 1993년 소말리아에서 미국이 강제로 철수하고, 이라크와 아프가니스탄에서 비대칭 전쟁을 이기지 못한 어려움은 테러, 게릴라, 반란 전술을 사용하면 아무리 앞선 강대국도 좌절시킬 수 있음을 보여준다. 이러한 군사력의 효과적인 행사가 불가능한 것은 20년에 걸친 전쟁 끝에 2021년에 미국이 아프가니스탄에서 철수하고 탈레반이 권력에 즉각 복귀한 것을 통해서도 나타난다.

경제의 상대적 쇠퇴. 미국은 세계에서 가장 큰 규모의 경제대국이지만, 중국과 인도를 비롯한 경쟁국들은 최근 들어 매우 빠른 속도로 성장하고 있다. 2007–9년의 글로벌 금융위기는 미국을 더욱 약화시켜 미국 경제모델의 결함을 노출시켰고, 세계 주도 통화로서 달러의 위상에 대해서도 의문이 제기되었다. 관련 이슈로는 세계에서의 미국의 위상과 미국정치의 안정성에 영향을 미치는 미국의 시급한 재정 문제가 있다 (Mabee 2013). 한편, 실업과 빈곤, 그리고 마약성 진통제 중독 감염은 금융위기 이후 미국의 일부 지역, 특히 산업화 이후의 '러스트 벨트(rust belt: 미국의 중서부와 동북부의 쇠락한 공업지대 – 역자 주)'의 문제가 지속되고 있다.

소프트 파워의 손상. 여러 가지 측면에서 미국의 '소프트' 파워가 쇠퇴하고 있다. 기업권력과의 연계, 글로벌 불평등의 확대, '글로벌화-미국화'에 대한 불만 증대 등에 의하여 미국 소프트 파워의 명성이 손상받고 있다. '테러와의 전쟁'과 이라크전쟁으로 미국의 윤리적 권위가 손상되었고, 특히 아부 그레이브와 관타나모 수용소의 수감자들에 대한 가혹행위로 더욱 많은 비난을 받고 있다.

타의 추종을 불허하는 구조적 권력. 미국은 글로벌 경제거버넌스 기구들과 NATO에 대해 불균형적인 영향력을 행사한다. 개도국과 신흥국의 영향력이 점차 증가하고 있지만, 아직도 글로벌 경제정책 결정에 대한 미국의 영향력에 도전할 수 있는 국가는 없다. 이는 2007-9 글로벌 금융위기에 대한 글로벌적인 대응책을 마련하는 데 있어서 미국이 수행한 주도적 역할에 의하여 입증되고 있다.

외교적 영향력의 저하. 트럼프 행정부 이전에도 미국은 라틴 아메리카(과거에는 '미국의 뒷마당'으로 불리던 지역)에서의 영향력을 잃고 있다. 북한에 영향력을 행사하기 위해서는 중국에 의존해야 한다. 이란에 영향력을 행사하기 위해서는 EU의 외교가 필요하다. 한편 트럼프의 일방주의적이고 고립주의적인 접근법, 민족주의적 수사, 협상 거부가 맞물리는 데 대하여 2019년 미국 외교의 직업 외교관이자 역사가인 번스(William Burns)는 "양당의 대통령 5명과 국무장관 10명을 자랑스럽게 모셨는데, 외교에 해가 되는 공격을 본 적이 한 번도 없다" (Burns 2019)고 썼다.

중국

미국에게 경쟁이 되는 국가들 중에 가장 중요한 국가는 중국임이 틀림없다. 실제로 많은 사람들은 20세기가 '미국의 세기'였던 것 같이 21세기는 '중국의 세기'가 될 것이라고 전망한다. 중국이 강대국 지위를 가질 수 있는 계기는 1970년대 중반부터 시작된 경제개혁인데, 경제개혁은 덩샤오핑(鄧小平, 1904-97)의 주도로 시작되었고 1990년대에 가장 극적인 성과를 보게 되었다. 거의 30년 동안 중국은 8에서 10퍼센트의 경제성장(미국과 다른 서방국가들의 두 배)을 하였고, 2009년에는 세계 최대 수출국이 되었으며, 2010년에는 일본을 제치고 세계 2위의 경제대국이 되었다. 2010년의 중국경제 규모는 1978년의 90배가 되었다. 세계 최다 인구(14억 명) 보유국인 중국은 값싼 노동력을 무한정 공급할 수 있고, 글로벌경제의 제조업 중심지로 부각되고 있다. 중국 경제모델(p. 126 참조)의 탄력성은 2007-9년 글로벌 금융위기를 잘 견뎌냈다는 점에서 더욱 입증되었다. 또한, 중국의 군사능력도 증대되고 있으며, 군사비 지출은 미국 다음으로 2위를 차지하고 있다. 중국의 글로벌 역할도 계속 증대되고 있는데, 그 사례들은 WTO, G20, 그리고 기후변화에 발휘되는 중국의 영향력, 또한 아프리카, 호주, 그리고 중동 및 중남미 국가들과의 자원협력 강화 등이다. 종종 무시되는 중국의 영향력은 중국 '소프트' 파워의 엄청난 발전이다. 두 가지 요소가 포함되는데, 하나는 아시아 국가들과의 협력에 있어서 문화적 기반이 되는 유교이고, 다른 하나는 아프리카와 개도국들에게 매혹적인 중국의 반제국주의 전통이다. 이에 비하여, 미국과 서방 강대국의 명성은 다양한 형태의 식민주의에 의하여 오점을 남기고 있다. 21세기가 '중국의 세기'가 될 것이라는 점은 22장에서 보다 자세히 논의된다.

그럼에도 불구하고 중국의 부상은 글로벌 세력균형이 서양으로부터 동양, 특히 아시아로, 그리고 미국으로부터 브릭스(BRICs) 국가들(p. 518 참조)로 크게 전환되는 것으로 인식된다. 일부는 21세기가 '중국의 세기'보다는 인도와 일본도 핵심 역할을 하는 '아시아의 세기'가 될 것이라는 주장을 한다. 인도가 신흥강대국으로 변모하는 것은 경제성장률에 기반을 두고 있지만, 중국보다 약간 덜 인상적일 뿐이다.

그러나 인도의 경제모델은 중국의 탈공산주의적 권위주의적 '국가자본주의'와 현저한 차이가 있다 (p. 121 참조). 세계에서 가장 큰 자유민주주의 국가인 인도의 경제성장은 중국이 시장개혁을 시작한 지 10여 년이 지난 1990년대 초반에 자유적 경제개혁의 도입으로부터 시작되었으며, GDP는 2000년 0.5조 달러 미만에서 2020년 2조 5,000억 달러 이상으로 5배 증가했다 (도표 10.2 참조). 인도는 컴퓨터 소프트웨어와 생명공학과 같은 산업에서 세계적인 선두주자가 되었으며, 발리우드 영화는 세계적인 엔터테인먼트 현상이 되었다. 반면 일본은 1945년 이후 '경제 기적'을 일으켜 주요국이 된 후 1970년대에 세계 두 번째 규모의 경제를 운용하였다. 1990년대까지 독일과 더불어 일본은 경제 초강대국으로 여겨졌고, 21세기 '비무장화된' 강대국의 모델로 인식되었다.

그러나 중국이 선도하는 아시아의 전진이 계속될 것이라고 속단하기는 어렵다. 일본경제의 발전은 1990년대에 최악의 상태를 맞이하였고(일본의 '잃어버린 10년'), 21세기 일본의 경제적이고 정치적인 중요성은 대체로 중국 및 인도 등 아시아의 신흥강대국들과의 관계발전에 의존하게 되었다. 1950년대 일본의 경제성장률 10퍼센트의 기록은 이후 계속 하락하였는데, 이는 고속성장이 과연 장기적으로 유지될 지에 대한 교훈을 중국과 인도에게 주고 있다. 인도의 강대국으로서의 부상은 여러 요인에 의하여 제한을 받고 있다. 아직도 인도는 빈곤과 문맹의 심각한 문제를 안고 있는데, 이는 인구증가의 위기로부터 비롯되며 통제가 불가능한 상황이다. 인도는 2001년에 '핵클럽'에 가입하였지만, 중국에 비해서 군사

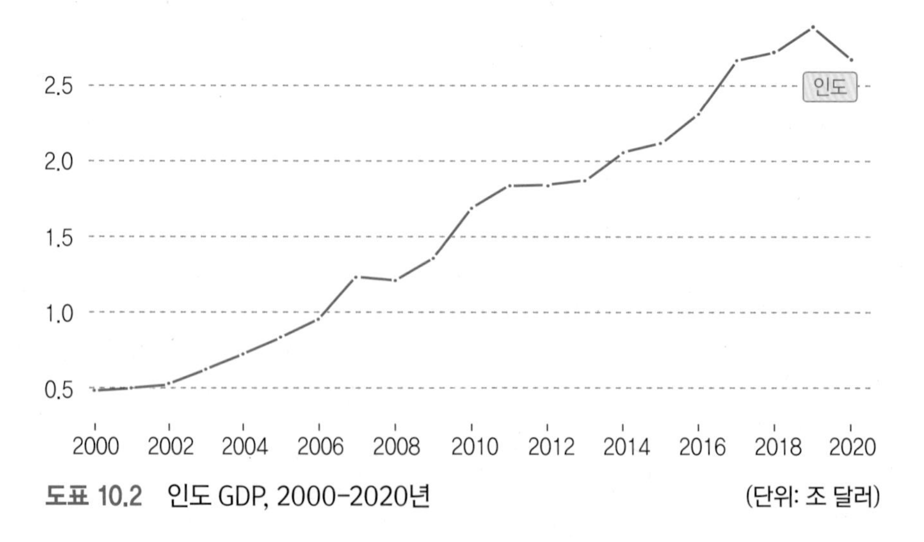

도표 10.2 인도 GDP, 2000-2020년 (단위: 조 달러)

력 증강에 대한 관심이 부족하다. 인도는 주로 파키스탄 그리고 중국과의 심각한 지역적 긴장이 이어지고 있기 때문에 보다 큰 세계적인 역할에 대한 관심은 거의 없는 편이다. 중국의 경우 중국이 심각한 미국의 경쟁국이 될 수 있느냐에 대한 질문이 나오는 여러 가지 이유가 있다. 중국경제는 값싼 노동력에 많은 의존을 하고 있으며, 고도의 숙련과 발전된 생산기술에 기반한 첨단 경제로의 전환은 아직 이루어지지 않고 있다. 1979년에 도입된 중국의 한 자녀 정책은 중국이 세계에서 가장 빠른 고령화 인구를 보유한다는 것을 의미하며, 이에 따라 미래 경제는 심각한 위험에 빠질 우려가 있다. 그러나 중국이 직면한 가장 심각한 위기는 정치와 경제의 구조 사이의 긴장을 어떻게 조정하는가의 문제이다. 중국의 정치체제는 중국공산당에 의한 일당지배의 확고한 스탈린주의를 유지하고 있는 반면, 경제체제는 시장지향성을 확대하고 있으며 글로벌 자본주의체제에 편입되어 가고 있다. 권위주의는 대규모 경제적 변화를 관리하고 기간시설 건설 프로그램을 추진하는 데에는 이득이 되지만, 시장 자본주의체제에 의한 다원화와 자유화의 압력을 극복하기에는 어려움을 안겨주고 있다.

러시아

러시아가 강대국으로 재등장하는 것은 두 가지 주요 측면에서 분명해지고 있다. 첫째, 1990년대 시장경제로의 '충격 요법'에 의한 전환으로 경제 쇠퇴를 경험했지만, 빠르게 회복이 이루어졌다. 이는 대체로 석유와 가스 생산의 괄목할만한 확대에 의하여 추동되고 있다. 700만 평방 킬로미터의 영토는 어느 다른 나라보다 크고 대부분이 미개척지라는 사실과 상품 가격의 지속적인 상승으로 인해 가능했다. 러시아 경제는 다양화를 필요로 하고 있으며, 세계 소비재 시장에 많은 의존을 하고 있지만, 러시아는 에너지 초강대국으로 등장하고 있다. 특히 동유럽 국가들에 대한 영향력을 제고하고 있으며, 석유와 가스 자원의 공급과 가격의 통제를 통해 경제적 영향력을 확대시켜 나가고 있다. 둘째, 점증하는 경제적 확신과 강화된 민족주의를 발판으로 하여 러시아는 특히 '가까운 외국'에 대하여 군사적 과시의 새로운 야망을 보이고 있다. 특히 2008년 조지아와의 전쟁, 2014년 크림 반도 합병, 2022년 우크라이나에서의 전면전 개시 등에서 입증되었다. 그러나 러시아의 군사비 지출은 NATO에 비하여 많이 뒤떨어져 있고, 많은 무기와 장비들은 냉전시대의 것들이며, 광범위하고 노출된 국경은 여러 가지 점에서 공격에 취약할 수 있는 전략적 문제점도 갖고 있다.

국가중심의 세계질서 모델을 넘어서

21세기 세계질서의 다극화 경향은 신흥강대국들의 출현 때문만은 아니다. 세 가지의 광범위한 발전이 글로벌 권력의 파편화와 다원화를 가져 왔고, 국가중심 세

글로벌 행위자 중국

형태	인구	1인당 국내총생산(GDP)	인간개발지수(HDI) 순위	수도
국가	14억 350만 명	$8,827	86/187	베이징

중화인민공화국(People's Republic of China)은 1949년 10월 1일 마오쩌둥(毛澤東)에 의해 세워졌다. 1950년대에 중국공산당은 전 국가를 통제하고자 하였다. 이런 통제는 정치적 통제뿐만이 아니라 집단주의 경제의 수립과 중국 사회와 문화의 사상적 조직화를 포함하였다. 1966년에 마오는 '위대한 프롤레타리아 문화혁명'을 시작하였고, 이는 결과적으로 경제적, 문화적 엘리트들과 중국공산당을 극적으로 숙청하는 계기가 되었다. 1976년 마오와 그의 충실한 참모 저우언라이(周恩來)의 사망 이후 실용주의자인 덩샤오핑(鄧小平)의 빠른 재출현에 이어진 시장 기반의 경제개혁 도입과 같은 급격한 변화가 일어났다. 중국은 다음에 기반한 일당 공산주의 국가이다.

- 전국인민대표회의, 짧은 회기를 갖는 약 3,000명의 의원들로 구성된 입법부
- 총리가 이끄는 국무원(중국에는 국가원수의 직무를 수행하는 주석이 있다)

현대 중국에서 정치적인 변화는 경제적인 변화보다 훨씬 느리다. 이는 중국 정치체제에서 가장 중요한 측면이 중국공산당의 주도적인 역할로 남아 있다는 것을 의미한다. 당원들이 모든 주요 정치기관의 요직을 차지하고 있으며, 인터넷을 포함한 미디어 매체들은 엄격히 통제되고 있다.

1949년 중화인민공화국 건국 70주년을 맞이하여 2019년 베이징에서 개최된 열병식

출처: *Kevin Frayer/Getty Images*

중요성: 세계 강대국으로서 중국의 재부상은 1949년 중국혁명으로 거슬러 올라간다. 그렇지만 중국의 현대적 부상은 1977년부터 도입된 시장기반의 경제개혁에서 기인한다. 30년 동안 연간 약 10퍼센트의 성장률을 계속 유지하면서 중국경제는 세계에서 미국 다음으로 두 번째가 되었다. 중국은 세계에서 두 번째 무역국가이며, 첫 번째 수출국이면서 두 번째 수입국이다. 만약 이런 추세가 계속된다면 중국은 2030년경 세계에서 가장 큰 경제 대국(글로벌 코로나바이러스 팬데믹 등으로 2020년대에서 연기된 추정치)이 될 것이다. 비록 중국의 세계 권력이 경제부흥과 밀접히 연관되어있지만, 중국의 영향력은 다른 면에서도 증대되고 있다. 중국은 세계에서 가장 큰 군대를 소유하고 있으며, 군사비는 미국에 이어 두 번째로 많은 지출을 하고 있다.

특히 아프리카에 대한 중국의 영향력은 에너지와 원자재의 공급확보와 관련된 막대한 투자 덕택으로 상당히 확장되어 있다. G20의 증가하는 영향력 (p. 157 참조), WTO내에서의 역할(p. 556 참조), 그리고 2009년 코펜하겐 기후변화회의의 운명에서 보듯이, 중국의 구조적 힘 또한 성장해왔다. 중국의 '소프트' 파워는 반식민주의와의 연대와 그 자신을 글로벌 사우스의 대표로 묘사하는 능력과 연계된다.

그러나 중국의 글로벌 파워가 과대평가되어서는 안된다. 우선, 중국이 세계 제1의 강대국으로서 미국에 대적하기에는 아직 다소 무리가 있다. 사실, 중국의 리더십은 중국과 관련하여 미국의 패권이 다양한 측면에서 이점을 가지고 있으며, 중국은 글로벌 책임을 가지지 않는 한 글로벌 파워가 될 수 없다는 점을 인정하고 있는 것처럼 보인다. 예를 들어, 2007–9년 글로벌 금융위기 당

시 국제적인 대응을 조정하는 데 중요한 역할을 한 것은 중국이 아니라 미국이었다. 이와 유사하게, 중국은 BRICs(p. 518 참조)의 경우와 같이 다른 국가들과 연합하여 행동하는 것을 더 염두에 두면서 단독으로 명확한 세계적 역할을 하는 것을 꺼려왔다. 이런 의미에서, 중국의 외교정책은 글로벌 파워로써의 투영보다는, 지속적인 경제성장에 도움이 되는 조건 구축에 더 집중된다. 그럼에도 불구하고 많은 사람들은 중국의 내부적 모순이 결국 외부 영향력에 제한을 가할지도 모른다고 말한다. 이 중 가장 중요한 것은 경제 자유화로 인해 발생할 수 있는 정치적 압력과 관련이 있으며, 이는 일당지배의 권위주의적 통치를 지속 불가능하게 만들 수 있다. 이것은 중국공산당의 정치권력 독점이 지속적인 경제성장으로 인해 제한받거나, 경제개혁이 불가피하게 정치개혁 압력을 증가시켜 더 큰 불안정성과 아마도 중국 공산당의 몰락을 초래할 수 있다는 것을 의미할 수 있다.

계질서 모델(양극, 단극, 또는 다극체제)과 글로벌 권력의 배분을 구식인 것으로 만들었다. 첫째, 글로벌화의 전개이다. 강대국들이 글로벌 경제구상에 대부분 개입되어 있고 서로 연결되는 자본주의 시스템에 참여하게 되면서, 국가의 이익 추구는 오로지 통합과 협력을 의미한다고 글로벌주의자들은 주장한다. 따라서 강대국들에 의하여 지정학적 갈등이나 세계전쟁이 발생할 것이라는 우려는 과거의 것이 되었다. 상호의존과 상호연결이 증대되는 맥락에서 군사적 갈등을 경제적 경쟁이 대치하게 되었다(적어도 강대국들 사이에서는). 두 번째 발전은 글로벌거버넌스 또는 지역 거버넌스의 점진적인 성장이다. 국가들이 직면하는 주요 도전들인 기후변화, 범죄, 이주, 질병 등은 점차 초국적인 성격을 가지게 되고, 초국가적 협력을 통해서만 해결될 수 있으며, 권력은 갈등에 대한 것이기도 하고 협력에 대한 것이기도 하다는 점이 강조된다 (이 발전들에 대해서는 제19, 20장에서 보다 자세히 논의된다).

셋째, 글로벌화의 추세, 그리고 지역 및 글로벌거버넌스의 등장은 세계정세에서 비국가 행위자들의 역할을 강화시키는 효과를 가져왔다. 이 비국가 행위자들은 초국적기업(TNCs, p. 131 참조)과 비정부기구(NGOs)로부터 테러네트워크와 국제범죄단체까지 다양하다. 일부 사람들에게 글로벌 시민사회(p. 196 참조)의 등장은 세계 민주주의가 존재하게 하는 과정이며, 따라서 이전에는 약하고 주변적이었던 단체와 운동들에게 힘을 부여하는 것이다 (Archibugi and Held 1995). 이는 22장에서 논의된다. 만약 글로벌 권력이 신흥강대국들의 집단, 확대되는 국제조직과 비국가 행위자들에게로 분산된다면, 극에 대한 아이디어는 의문시되고 세계질서는 무극(nonpolar)의 성격을 가지게 될 것이다 (Haass 2008).

다극의 질서 또는 무질서?

만약 21세기 세계질서가 다극의 성격을 가졌다면, 이는 전쟁, 평화, 글로벌 안정에 어떠한 의미를 가지는가? 21세기는 유혈사태와 혼란으로 기록될 것인가, 아니면 협력과 번영으로 기록될 것인가? 다극 세계질서에는 두 가지 매우 상이한 모델이 있다. 첫째는 권력이 글로벌 행위자들 사이에 광범위하게 분산되는 비관적 함의이다. 특히 신현실주의자들은 다극체제의 위험성에 대하여 경고하면서, 불안정과 혼란이 다극체제의 구조적 역동성의 특징이라고 주장한다. 따라서 미어샤이머(Mearsheimer 1990)는 냉전 양극체제의 종말을 아쉬워하면서, 특히 유럽의 미래는 '미래로의 귀환(back to the future)' 시나리오가 될 것이라고 경고한다. 그는 다극 세계질서가 강대국들에게 팽창주의 목표를 추구하도록 하여 제1차, 제2차 세계대전의 발발에 기여했다고 주장한다. 다극적 국제체제 내에서 힘의 균형이 유동적이었기 때문에 이것이 가능했다고 한다. 이러한 점에서 다극체제는 양극체제와 비교하여 불안정하다. 행위자가 많아지면, 분쟁의 가능성이 높아지고 높은 수준의 불안정성을 야기하며 모든 국가들의 안보딜레마를 격화시킨다. 덧붙여서 다수 행위자들 사이의 동맹의 변화는 세력균형의 변화가 보다 자주, 보다 극적으로 일어날 수 있다는 점을 의미한다. 특히 '공격적'인 현실주의자들은 이러한 상황들이 강대국들로 하여금 끊임없는 야망을 불러 일으켜서 세계평화에 대한 불가피한 결과와 함께 규율을 결여하고 위험을 감수하는 경향을 더 쉽게 만든다고 주장한다.

다극체제의 구조적 함의에 대한 관심에 더하여 수많은 결점과 긴장이 등장하는 점이 식별되고 있다. 가장 공통적인 것은 과거의 패권국가인 미국과 새로운 패권국가인 중국 사이의 적대감 증대의 가능성이며, 전쟁까지 벌어질지 모른다는 우려가 팽배하고 있다. 중국의 부상은 계속해서 평화적으로 이루어질 것인가? 미국과 중국 사이 권력의 변화에 대하여 가장 비관적인 사람들은 패권국가가 쇠퇴하는 위상에 대하여 쉽게 또는 평화적으로 적응하기 어렵고, 새로 부상하는 패권

초 점

공격적 또는 방어적 현실주의?

국제체제의 불확실성과 불안정성은 국가로하여금 생존 또는 지배 중 어느 것에 우선권을 두게 하는가? 국가는 국가안보를 유지하는 데 만족하는가, 아니면 '끊임없는 권력'을 추구하는가? 이러한 질문들은 무정부적인 국제질서 내에서 국가가 활동하는 주요 동기에 대하여 신현실주의 이론 내에서 이루어지고 있는 논의이다. 미어샤이머(Mearsheimer 2001)와 같은 '공격적 현실주의자'들은 무정부상태와 다른 국가의 행위에 대한 불확실성의 조합은 국가들로 하여금 끊임없이 권력을 추구하도록 한다. 따라서 국가행위의 주요 동기는 권력의 위계질서 내에서 위상을 증진시키는 것이다. 이 견해에 따르면, 모든 국가는 '극초강대국(hyperpower)' 또는 '글로벌 패권국가'가 되려고 하며, 이는 영구적인 강대국 대립은 불가피하게 된다는 의미다.

한편 마스탄두노(Mastanduno 1991)와 같은 '방어적 현실주의자'들은, 국가들은 자신들의 비용으로 다른 국가들이 이득을 보지 못하도록 하면서 그 대가로 자기의 이득을 취하려 하며, 자신의 이득을 최대화시키기 위한 별도의 노력을 하지 않는다고 주장한다. 다시 말해서, 국가들의 우선적인 동기는 자국의 안전을 보장하는 것이며, 권력은 그 목적으로만 사용되는 수단이다. 그 사례는 1945년 이후 일본의 산업이 발전할 때 미국이 온건하면서도 때로는 지원하는 대응을 보인 것이다. 공격적 현실주의나 방어적 현실주의 어느 것도 글로벌정치의 설득력있는 모델은 제공하지 못하고 있다. 전자는 끊임없는 전쟁과 폭력을 제시하고, 후자는 국제정세가 평화와 안정을 특징으로 한다는 견해를 제시한다. 이들은 현실주의 분석의 토대이지만, 이들의 이미지는 어느 것도 현실적이지 못하다.

주요 인물

존 미어샤이머(John Mearsheimer, 1947년생)

미국 정치학자이며 국제관계 이론가. 미어샤이머는 공격적 현실주의의 대표적인 인물 중 한 명이며, 신현실주의 안정이론의 주요 설계자이다. *Back to the Future* (1990)에서 그는 양극체제인 냉전의 종식이 국제적 충돌을 증가하게 할 것이라고 경고하면서, 냉전이 대체로 유럽의 지속적인 평화를 책임졌다고 주장했다. *The Tragedy of Great Power Politics* (2001)에서 미어샤이머는, 생존을 확신하기 위해서 얼마만큼의 힘이 필요한지를 결정하는 것이 불가능하기 때문에, 강대국들은 자신들의 라이벌에 대해 힘의 우위를 향유하고 있다고 믿을 때 공격적으로 행동하면서 항상 패권을 추구할 것이라고 주장했다. 미어샤이머는 중국에 대한 미국의 정책을 강하게 비판하면서, 미국의 정책이 중국의 힘을 강화할 것이라고 주장했다. 그는 또한 이라크전쟁에 대한 공공연한 반대자였다. 그의 다른 주요 저서로는 월트(Stephen Walt)와의 공저인 *The Israel Lobby and US Foreign Policy* (2007)가 있다.

출처: *Anadolu Agency/ Getty Images*

국가는 자국의 경제적 지배를 반영하는 정치-군사적 권력의 수준을 추구하게 된다고 주장한다. 더욱이 미중갈등의 잠재적 이유가 다양하게 존재하고 있다. 예를 들어, '자유민주주의'적인 미국과 '유교'적인 중국의 문화적이고 이념적인 차이는 점증하는 적대감과 오해의 기초를 제공한다. 이러한 점에서, 19세기 영국의 패권이 20세기 미국의 글로벌 패권으로 평화롭게 전환된 것은, 양국의 역사적, 문화적, 정치적 유사성 때문에 영국이 미국의 부상에 대한 위협을 느끼지 않았기 때문이었다. 또한, 대만, 티베트, 인권문제와 같은 이슈들과 더불어 아프리카, 중동과 다른 지역에 대한 자원경쟁에 의한 갈등도 존재하고 있다. 그러나 다른 사람들은 중국의 부상을 훨씬 덜 위협적이라고 표현하고 있다. 중국과 미국은 경제적 상호의존의 유대(미국은 중국의 주요 수출시장이고, 중국은 미국의 가장 중요한 채권국이다)로 함께 묶여 있을 뿐만 아니라, 21세기가 진행되면서 양 강대국들은 새로운 형태의 양극체제를 형성하고 있다. 신현실주의자들은 새로운 양극체제가 높은 수준의 안보와 안정을 이끌어 낼 것이라고 전망하고 있다. 더욱이 미국은 중국이 세계문제에 대하여 더 많은 책임을 부담하기를 원하고 중국이 균형(balance)보다는 편승(bandwagon)하도록 격려하고 있다.

글로벌 긴장의 또 다른 가능성이 있는 원천은 러시아가 힘을 회복하여 새로운 냉전이 등장할지도 모르는 것이다. 러시아의 GDP는 NATO회원국들의 GDP를 합친 것의 25분의 1도 되지 않지만, 러시아가 보유한 핵무기 때문에 세계에서 미국을 파괴시킬 수 있는 유일한 국가이다. 따라서 러시아에 대한 미국의 정책은 러시아가 글로벌거버넌스의 제도(예를 들어, G8 가입) 내에 편입되게 하는 것이고, 러시아의 영토적 팽창과 영향력의 회복을 막는 것이다. 러시아의 팽창을 막는 목표는, EU와 NATO가 과거 소비에트 블록의 국가들로 확대되는 것을 지지하고, 나중에 포기되었지만 폴란드와 체코공화국에 미국의 탄도미사일을 배치하

균형(Balance): 혼자 남겨지는 것을 두려워하며 더 강하거나 부상하는 국가에 대하여 반대하거나 도전하는 것이다.

편승(Bandwagon): 안보와 영향력을 증진시키는 희망을 가지고 강한 국가와 관계를 맺는 것이다. '시류에 편승하다(jumping on the bandwagon)'라는 말이 있다.

21세기 중미관계

사건: 2012년 11월 동안, 세계의 가장 큰 두 강대국인 미국과 중국에서 며칠 사이에 그들의 고위 정치 지도층에 대해 중요한 결정이 이루어졌다. 11월 6일 미국 대통령 선거에서 민주당 현직 대통령인 오바마가 승리했다. 미국 선거 다음 날 중국공산당(CCP)의 18차 대회가 시작되어 십 년에 한 번 있는 중국의 정치적 지도자를 선출하는 임무를 맡았다. 시진핑이 중국공산당 총서기로 임명되었다. 4년 후인 2017년 11월 미국 대통령 선거는 정치적 배경이 없는 기업가이자 TV 진행자인 트럼프가 당선되는 반면, 2018년 중국 지도자의 임기가 폐지되어 시진핑이 '평생'을 효과적으로 통치할 수 있게 되었다.

중요성: 외교정책에 대한 개별 정치 지도자들, 혹은 정치체제 성격의 중요성은 여전히 핵심적인 논쟁거리로 남아 있다. 자유주의자들은 정치권력의 내부 조직이 한 국가의 외부행동에 지대한 영향을 미칠 수 있다고 주장하지만, 현실주의자들과 비판적 이론가들은 세력균형, 글로벌 자본주의 또는 가부장제와 같은 구조적인 요인들의 측면에서 외교정책을 설명한다. 신현실주의자들은 '구' 패권국이 새롭게 부상하는 패권국에 의해 도전을 받을 때 권력이양의 영향에 대해 어두운 경고를 한다 (Mearsheimer 2001, 2006). 왜냐하면 신흥강대국이 부상할 때 다른 국가들은 '편승'('시류에 편승'하여 강대국 편이 되는 것)하기보다는 '균형'(자국이 위기에 노출될까 우려하여 그 권력에 반대하거나 도전하는 것)을 추구하려는 경향이 보이기 때문이다. 따라서 중국의 증가하는 경제력은 정치적, 전략적 권력에 대한 욕구를 불러일으키기 때문에, 중국은 공격적이지는 않더라도 점점 더 적극적인 외교정책 입장을 취할 것이다. 예를 들어, 이는 동중국해와 남중국해에 있는 분쟁 중인 섬들을 둘러싼 일본 및 다른 국가들과의 증가된 갈등에 반영되어 있다. 미국은 2010년 오바마 행정부가 발표한 아시아에 대한 '축'을 설정하여 부상하는 중국을 억제하고, 그 과정에서 자국의 패권적 위치를 공고히 하는 행동을 해왔다. 이에 따라, 미국은 아시아 전역에서 국방을 강화하고 태평양에서 해군력을 확장해왔다

출처: *AFP Contributor/Getty Images*

고집 센 미국이 야심 찬 중국에 맞서면서 강대국 경쟁이 심화되는 이 비관적인 이미지는 오바마 행정부 동안 완전히 입증되지는 않았는데, 미국은 군사적으로 더 강력해진 반면 중국은 경제성장에 더 관심을 가지고 있기 때문이고, 이것이 그들로 하여금 평화공존하게 만들었다. 그러나 트럼프는 글로벌무역에 대해 더 강경하고 보호주의적인 노선을 취하고, 지난 수십 년 동안의 경제 글로벌화의 일환으로 미국에서 중국과 멕시코와 같은 국가로 아웃소싱 되었던 제조업 일자리를 다시 가져오는 것을 포함한 경제 공약에 기초하여 선출되었다. 취임 후 트럼프의 '미국 우선주의' 경제계획은 관세 부과에 중점을 두었는데, 특히 우선적으로 중국산 태양 전지판과 세탁기 수입, 그리고 나중에 다른 상품 다수에 대한 관세 부과를 포함했다. 2018년과 2019년은 중국의 거대 기술 회사인 화웨이의 미국 내 운영에 대한 구체적인 제한뿐만 아니라 '무역전쟁'이라고 널리 알려진 두 국가 사이에 일련의 보복관세가 도입되었다. 2019년 5월 국제긴급경제권한법(International Emergency Economic Powers Act)과 국가비상사태법(National Emergencies Act)에 따라 발표된 대통령 행정명령은 미국 회사들이 '국가안보'를 이유로 화웨이 통신기술을 구매하는 것을 막기 위해 사용되었다. 이러한 새로운 환경에서, 그리고 중국이 반자치 지역, 특히 홍콩에 대한 군사적 주장을 강조하면서, 중미관계의 미래는 훨씬 덜 확실하게 되었다.

초 점

균형 또는 편승?

신현실주의 이론가들은 세력균형을 국가들 사이의 힘(또는 능력)의 배분에 의하여 발생하는 구조적 압력의 결과로 인식하고 있다. 국제체제는 그러한 우연한 세력균형을 어떻게 만들어낼 수 있을까? 국제 무정부상태의 불확실성과 불안정성에 직면하여 국가들은 '균형을 맞추든가' (다른 약소국들과 제휴를 하여 주요 강대국에 대항하는 것), 아니면 '편승을 하든가' (주요국과 함께 하는 것) 둘 중의 하나를 선택해야 한다. 신현실주의자들은 대개의 상황에서 편승을 하는 것보다 균형을 맞추는 것이 지배적이라고 주장한다. 무정부상태에서 주요 강대국들은 두려움의 대상이고, 그들이 약소국들을 대하는 방식을 제한할 방법이 없기 때문이다. 매우 간단하게 말해서 강대국들은 믿을 수가 없다. 따라서 국제체제의 구조적 역동성은 세력균형으로 나아가는 경향이 있다. 또한, 이는 제2차 세계대전 기간 동안 미국과 소련이 동맹을 했던 것과 같이, 정치적이고 이념적으로 적대적인 국가들이 동맹을 형성하는 이유를 설명해 준다.

는 협정을 체결하는 방식으로 추진되었다. 케이건(Kagan 2008)은 다른 시나리오를 제시했는데, 그는 민주주의와 권위주의 사이의 심화된 긴장의 형태로 '역사의 귀환'이 나타날 것이고, 권위주의는 부상하는 강대국들인 중국과 러시아가 선도할 것이라고 주장했다. 그러나 이러한 견해의 문제점은 민주주의국가들 사이의 긴장(예를 들어, 미국과 EU 사이의 긴장)과 권위주의국가들 사이의 긴장(예를 들어, 중국과 러시아)은 민주주의-권위주의의 분열만큼 심각하다는 상황을 설명하지 못한다는 점이다.

그러나 대안적이고 보다 낙관적인 또 다른 다극체제 모델도 있다. 첫째, 신흥강대국의 등장과 미국의 상대적인 쇠퇴는 평화를 유지하고 경쟁을 통제하는 방식으로 관리될 수 있을 것이다. 잠재적인 경쟁 대상들에 대한 미국의 기존 접근은 그 국가들이 분명한 자기이익을 추구하도록 하면서, 보다 많은 역할을 하도록 고무되는 것을 저지하는 것이었다. 이는 1945년 이후 일본의 재건을 미국이 지지한 점, 유럽의 통합과정을 지속적으로 격려한 점에서 나타난다. 비슷한 접근이 중국, 인도, 러시아에 대해서도 적용되었다. 이러한 접근은 신흥강대국들에게 '균형'이 아니라 '편승'을 택하여, 미국에 반기를 들기보다는 미국이 주도하는 글로벌무역과 금융체제에 참여하도록 격려하는 것이었다. 또한, 미국은 잠재적 경쟁국들이 미국에 대하여 관심을 가지는 것만큼 자신들 서로에 대하여 관심을 가지게 하여 '미국 대 나머지 세계'의 갈등 가능성을 현저하게 줄이려는 접근도 하고 있다.

요약

- 광의의 개념에 의하면, 권력은 사건의 결과에 영향을 미칠 수 있는 능력이다. 그럼에도 불구하고 실질적/잠재적 권력, 상대적/구조적 권력, 그리고 '하드/소프트' 파워가 구분되고 있다. 타자에 대한 물질적 권력으로서의 권력에 대한 관념은 점차 비판을 받고 있으며, 권력에 대한 미묘하고 다면적인 개념의 중요성이 부각되고 있다.
- 냉전은 미국이 지배하는 서방과 소련이 지배하는 동구 사이의 양극 대립으로 기록되었다. 냉전의 종식은 '신세계질서'의 출현에 대한 선포로 이어졌다. 그러나 이러한 신세계질서는 항상 부정확하게 정의되었고, 이 아이디어는 곧바로 관심을 잃게 되었다.
- 유일하게 남은 초강대국인 미국은 '글로벌 패권국'으로 인식되었다. 미국 패권의 의미는 9월 11일 테러 공격 이후 미국의 외교정책 결정이 신보수주의 접근에 기반하여 '테러와의 전쟁'을 시작하면서 더욱 분명해졌다. 그러나 이는 미국이 문제가 많은 군사개입에 깊게 빠져들게 하였다.
- 21세기 세계질서는 점차 다극적인 성격을 지니고 있다. 이는 중국을 의미하는 '신흥강대국'의 부상으로 확인되고 있지만, 또한 이는 글로벌화와 글로벌거버넌스의 발전, 비국가 행위자들의 중요성이 부각되는 등 보다 광범위한 결과이기도 하다.
- 신현실주의자들에게 있어서 글로벌 행위자들 사이의 다극적 권력 분산은 불안정과 심지어는 전쟁의 가능성을 조성한다. 반면, 다극체제는 안정, 질서, 협력을 유도하는 다자주의의 추세를 강화한다.

토의주제 ?

- 왜 능력으로써의 권력에 대한 관념은 비판을 받는가?
- 글로벌 성과는 '구조적' 권력에 의한 영향을 어느 정도까지 받는가?
- 세계정세에서 '하드' 파워는 과다하게 존재하는가?
- 냉전의 양극체제는 안정과 평화, 또는 긴장과 불안 중 어느 경향을 더 보였는가?
- '신세계질서'의 개념은 미국의 패권을 정당화하기 위한 도구에 불과했는가?
- 세계질서에서 패권의 의미는 무엇인가?
- '테러와의 전쟁'은 미국의 글로벌적 위상에 어떠한 영향을 미쳤는가?
- 중국은 차기 글로벌 패권국으로 되는 과정에 있는가?
- 미국과 '나머지 세계' 사이의 긴장은 글로벌정치에서 문제가 되고 있는가?
- 다극체제의 등장은 환영을 받는가, 우려의 대상인가?

추가 읽을거리

Cooper, R., *The Breaking of Nations: Order and Chaos in the Twenty-first Century* (2004). 근대, 현대, 후기 현대 사이의 분열에 기초한 냉전종식의 의미에 대한 해석.

Emmott, B., *Rivals: How the Power Struggle between China, India and Japan will Shape Our Next Decade* (2009). 아시아의 경쟁관계와 세계문제에 주는 시사점에 대한 분석.

Parmar, I. and M. Cox (eds), *Soft Power and US Foreign Policy* (2010). 세계질서의 균형에 영향을 미치는 소프트 파워의 역할에 대한 폭 넓고 통찰력 있는 에세이들의 모음집.

Young, A., J. Duckett and P. Graham (eds), *Perspectives on the Global Distribution of Power* (2010). 변화하는 글로벌 권력의 분배를 검토하고 주요 행위자들의 권력의 원천에 대한 변화를 분석하는 최신의 논문 모음집.

전쟁과 평화

출처: *Future Publishing/Getty Images*

개요

전쟁은 거의 모든 시대, 모든 문화 및 모든 사회에서 발견되는 인류역사의 어디에나 있는 특징이다. 현대 글로벌정치에서 군사력은 국가권력의 핵심 척도이다. 전쟁은 많은 국제외교가 궁극적으로 회피하고자 하는 결과다. 전쟁의 위협(묵시적이거나 명시적인)은 국가들 간의, 또는 비국가 행위자들 간의 특정한 상호 작용, 그리고 '세계질서'에 대한 일반적인 생각 모두를 약화시킨다. 하지만, 전쟁은 인류의 역사만큼 오래된 것으로 보이지만, 그 성격에 대해서는 다양한 질문들이 제기되고 있다. 전쟁은 다른 형태의 폭력과 어떠한 차이가 있는가? 전쟁과 평화의 주요 원인은 무엇인가? 시간이 지남에 따라 기술과 군사 전략 측면에서 전쟁의 본질은 어떻게 바뀌었는가? 기술은 훨씬 더 파괴적인 무기 제조를 시작했고, 활은 소총과 기관총 등으로 대체되었다. 산업기술이 전투를 위해 사용됨에 따라, 20세기에 주요한 변화가 '전면'전의 등장으로 인해 일어났다. 냉전의 종식은 매우 다른 형태의 전쟁이 등장하게 하였다. 내전(전형적으로 소규모의 저강도 전투를 포함)이 '새로운' 전쟁으로 등장하였고, 내전은 민간인과 군인의 구분을 흐리게 하였으며 때로는 비대칭 전쟁이 되었다. 소위 '포스트모던' 전쟁은 '첨단' 무기에 강한 의존을 하고 있다. 이러한 새로운 형식의 전쟁은 얼마나 새롭고, 그 의미는 무엇인가? 그것들은 '하이브리드'와 '사이버'전쟁에 대한 보다 최근의 우려와 어떻게 관련되는가? 마지막으로 전쟁이 정당화될 수 있는지, 어떠한 상황에서 정당화될 수 있는지에 대한 오래된 논쟁이 계속되고 있다. 일부 사람들은 전쟁과 평화의 중요성은 국가이익에 대한 냉철한 평가에 의하여 결정되어야 한다고 주장하는가 하면, 다른 사람들은 전쟁이 정의의 원칙에 따라야 한다는 입장을 고수하고, 또 다른 사람들은 어떠한 상황에서든 전쟁은 거부되어야 한다고 주장한다. 전쟁은 어떻게 정당화되는가? 윤리의 원칙이 전쟁에 적용될 수 있고, 적용되어야 하는가?

핵심이슈

- 전쟁은 무엇인가? 전쟁에는 어떠한 유형이 있는가?
- 전쟁은 왜 발생하는가?
- 탈냉전시대 전쟁의 국면은 어떻게, 그리고 어느 정도로 변화하였는가?
- 전쟁의 결과를 판단하는 것이 왜 점점 어려워지는가?
- 전쟁에서 기술은 얼마나 중요한가?
- 어떠한 경우에 전쟁을 하는 것이 정당화되는가?
- 전쟁을 '영구적 평화'로 대치하는 것이 가능한가?

전쟁의 성격

전쟁의 유형

전쟁이란 무엇인가? 무엇이 살인, 국내폭력, 심지어 조직적인 '갱단' 범죄와 같은 다른 형태의 폭력과 전쟁을 구분하는가? 첫째, 전쟁은 정치집단들 간의 투쟁이다. 최근 몇 세기 동안, 이 집단들은 국가들이고, 영토와 자원을 놓고 벌이는 국가 간의 전쟁 — 약탈전 — 이 전형적인 전쟁으로 간주되어 왔다. 그러나 최근 들어서 국가 간의 전쟁은 덜 발생하고, 내전으로 대치되고 있으며, 게릴라 집단, 저항운동, 테러조직 등 비국가 행위자들이 개입된 전쟁들이 발생하고 있다. 둘째, 전쟁은 무작위적이고 산발적인 공격을 하는 것과는 대조적으로 전략에 따라 활동하는 군대 또는 훈련된 전투원들에 의하여 수행되기 때문에 조직화된 것이다. 실제로 재래식전쟁은 고도로 조직화되고 훈련된 전쟁이며, 군복을 입고 교범에 의한 훈련을 받고 경례를 하며 계급장을 단 군인들이 참여하는 전쟁이다. 심지어 전쟁은 '전쟁법규(laws of war, 제15장에서 논의됨)'에 의하여 제시된 규칙을 준수하는 행동을 해야 한다. 그러나 현대전은 본질적으로 덜 조직화되어 있다. 현대전에는 느슨하게 조직되어 있고 규칙에 따라 전투를 하는 것을 거부하는 비정규 전투원들이 참여하고, 군인과 민간인의 구분이 희미해지는 경향을 보이고 있다. 이는 이 장의 후반부에서 논의된다.

내전(Civil war): 국가 내에 정치적으로 조직화된 집단들 사이의 무력충돌이며, 국가를 통제하기 위해서 또는 새로운 국가를 건설하기 위해서 싸운다.

재래식전쟁(Conventional warfare): 군복을 입은 정규군과 국가의 군부대가 수행하는 전쟁이며, 재래식 무기(핵무기 아님)와 전투전술을 활용한다.

셋째, 전쟁은 그 규모에 의하여 구분된다. 몇 명의 사상자만 발생시키는 일련의 소규모 공격은 보통 전쟁으로 불리지 않는다. 유엔은 매년 적어도 1,000명이 사망하는 것을 '주요 분쟁'으로 정의한다. 그러나 이는 임의적인 숫자로 평가되었다. 이 숫자에 따르면 거의 보편적으로 전쟁으로 간주하는 1982년의 포클랜드 전쟁이 전쟁이라는 범주에서 제외된다. 마지막으로, 일련의 전투와 공격이 계속되기 때문에 전쟁은 통상적으로 상당 기간 계속된다. 그렇지만 일부 전쟁은 아주 짧은 기간 동안 이어졌는데, 이스라엘이 이집트, 시리아, 요르단과 전투를 벌인 1967년의 6일전쟁이 대표적인 사례이다. 다른 전쟁들은 대체로 오랜 기간 지속되고, 때로는 중간에 평화가 이루어지는 기간이 있어서 언제 시작하고 끝났는지 혼란스러운 전쟁도 있다. 예를 들어, 100년전쟁은 영국과 프랑스 사이에 1337년부터 1453년까지 계속된 여러 전쟁들을 지칭한다. 이와 유사하게 제1차 세계대전과 제2차 세계대전은 통상적으로 분리된 전쟁으로 간주되지만, 일부 역사학자들은 중간 20년 동안 휴전이 이루어진 하나의 전쟁이라고 주장한다.

전쟁의 성격은 세월이 흐르면서 군사기술과 전략의 발전에 따라 많은 변화를 하게 되었다. 실제로 전쟁은 그 시대의 기술과 경제의 발전을 반영한다. 군인들이 강선형활강소총(smoothbore musket)을 가지고 1열 종대로 전투를 하던 시대를 지나 전쟁은 점차 유연성을 보였는데, 이는 처음에는 소총, 가시 철조망, 기관총과 간접조준사격의 등장에 따른 것이었고, 다음으로는 탱크의 개발, 그리고 독일이 제2차 세계대전에서 활용한 '기습공격(*Blitzkrieg*)'을 포함하여 전술이 확장되었다. 20세기 들어 산업화, 그리고 국가가 전 국민을 동원할 수 있는 능력의 확보는 전면전의 현상이 나타나게 하였고, 양차 세계대전이 대표적인 사례이다. 전쟁들 사이의 다른 차이점들은 전쟁의 규모와 결과에 따른 것들이다. 한편에는 **패권전쟁**들이 있는데, 이들은 '글로벌', '일반', '체제' 또는 '세계' 전쟁으로 불린다. 이 전쟁들에는 많은 국가들이 참여하며, 각 국가는 세계의 세력균형을 유지하거나 변화시키기 위한 투쟁에 경제와 사회적 자원들을 총동원한다. 반면, '제한전' 또는 '지역전'이 있는데, 이 전쟁은 국경선을 재조정하거나 점령군을 물리치기 위한 것과 같은 제한적인 목적으로 수행된다. 그 사례로는 1991년의 걸프전(쿠웨이트에서 이라크군 축출 목적), 1999년 미국 주도 NATO군의 코소보 공습(세르비아 군대 추방 목적)이 포함된다.** 마지막으로, 다양한 전쟁들이 '비정규전'의 사례로 고려되는데, 그 이유는 핵, 화학 또는 생물무기를 사용(제12장에서 논의됨)하기 때문이거나, 때로는 **게릴라전쟁**으로 불리는 '새로운' 전쟁으로 분류되기 때문이다.

1950년대 쿠바혁명의 지도자였던 체 게바라(Ernesto 'Che' Guevara)에 의해 대중화된 개념인 게릴라전은 **혁명전쟁**의 전형적인 특징이다. 혁명전쟁은 쿠바나 1918년의 러시아 혁명에서와 같이 한 국가 내에서 경쟁하는 파벌들과 인구의 부분들 사이의 내전의 형태를 보일 수 있지만, 식민지역의 사람들이 자신들을 지배하고 착취하는 외국세력을 격렬하게 전복시키는 반식민지 투쟁의 형태를 보일 수도 있다. 예를 들어, 알제리혁명(1954-62)으로도 알려진 알제리 독립전쟁은 정치지도자들 중 파농을 포함하는 민족해방전선(FLN)의 군대가 프랑스군대와 싸워서 100년 이상의 프랑스 식민 지배 후에 알제리의 독립을 이루어 냈다. 유사한 혁명전쟁들은 20세기에 몇몇 아프리카 국가에서 유럽의 식민주의에 종말을 가져왔다.

기습공격(Blitzkrieg): (독일어) 문자상으로는 전광석화와 같은 전쟁이며, 적의 저항을 줄이기 위하여 공중폭격을 먼저 시행하고 무장한 병력이 깊숙하게 침투하는 전술이다.

전면전(Total war): 대규모 징집, 군사목적의 경제 조달을 포함한 사회의 모든 분야가 동원되는 전쟁이고, 적진영의 대량 파괴를 통하여 무조건 항복을 추구한다.

패권전쟁(Hegemonic war): 글로벌 세력균형을 재구조화하여 세계질서 전체에 대한 지배력을 확립하기 위하여 수행하는 전쟁이다.

게릴라전쟁(Guerrilla war): (스페인어) 문자 자체로는 '작은 전쟁'을 뜻한다. 지형에 적합한 전술을 사용하여 우세한 군사력이 아니라 기동성과 기습을 강조하면서 비정규 부대가 벌이는 반란, 즉 '인민전쟁'이다.

혁명전쟁(Revolutionary war): 이전의 통치자들에 대항하여 인민들이 벌이는 일종의 내전, 또는 반식민지 전쟁. 종종 게릴라 전술로 특징지어진다.

11

** 역자 주

1950년부터 1953년까지 지속된 한국전쟁도 '제한전'의 범주에 속한다. 전면전이고, 전선이 한반도 남단과 북단을 오르내리는 대규모 전쟁이었고, 유엔이 직접 참전했고, 전 세계 약 20개국이 참전하였으나, 전쟁이 중국 등지로 확대되지 않고 한반도에 국한되었기 때문에 제한전으로 분류된다. 한국전쟁은 1953년 7월 27일 전투행위를 끝냈으나, 휴전협정에 의한 전투 중단이기 때문에 전쟁은 아직 끝나지 않을 것으로 인식되고 있다. 한국전 종전을 위해서는 전쟁 당사자들 사이에 평화협정을 체결하거나 평화체제 수립이 요구되고 있다.

왜 전쟁이 발생하는가?

각 전쟁은 특별한 역사적 환경하에서 발생하기 때문에 독특한 성격을 가진다. 예를 들어, 제2장에서 제1차 세계대전, 제2차 세계대전과 냉전의 기원에 대해 살펴봤다. 그러나 전쟁이 역사의 불변하는 상수로 생각되기 때문에 일부 이론가들은 전쟁에 대하여 모든 시대와 모든 사회에 적용될 수 있는 심층적이고 기초적인 설명이 가능하다고 주장한다 (Suganami 1996). 전쟁이라는 주제의 표준서라 할 수 있는 월츠(Kenneth Waltz)의 *Man, the State and War* (1959)는 전쟁의 원인으로 인간의 본성, 국가의 내부적 특징, 또는 구조적이거나 체제적인 압력 등 세 가지 수준을 지적한다.

인간적 수준

전쟁에 대한 가장 공통적인 설명은 개별 인간에 내재하는 본능과 욕망으로부터 전쟁이 시작된다는 것이다. 따라서 투키디데스는 전쟁의 원인이 '탐욕과 욕망으로부터 시작되는 힘에 대한 욕구'라고 주장한다 (Thucydides 1974). 인간의 욕구와 탐욕은 무한하지만, 인간을 충족시킬 자원은 한정되어 있기 때문에 전쟁은 끊임없이 일어난다. 이와 같은 투쟁과 경쟁은 필연적으로 유혈과 폭력으로 자신을 표현한다. 인간의 이기심에 대한 과학적 근거는 영국의 생물학자 다윈(Charles Darwin, 1809-82)의 진화론과 '적자생존'의 원칙을 주장한 스펜서(Herbert Spencer, 1820-1903)의 사회진화론에 기초하고 있다. 오스트리아의 동물학자 로렌츠(Konrad Lorenz 1966)와 같은 진화론적 심리학자들은 공격이 생물학적인 본성이며, 특히 모든 종(種)의 수컷에서 나타나는 영토적이고 성적인 본능의 결과라고 주장한다. 조국을 보호하기 위하여, 부와 자원을 획득하기 위하여, 국가의 영광을 달성하기 위하여, 정치적 또는 종교적 원칙을 발전시키거나 인종적 지배를 확립하기 위하여 전쟁을 하든지 간에, 전쟁은 인간의 본성에 강하게 자리잡고 있는 공격적 충동을 배출하는 불가결한 수단이다.

이와 같은 가설들은 권력정치에 대한 고전적 현실주의이론을 지지한다. 국가나 다른 정치단체 사이의 투쟁을 개인의 이기심과 경쟁이 집단적인 수준에서 표현되는 것이라고 이해한다. 전쟁에 대한 생물학적 이론들은 그 자체의 결점도 지니고 있다. 그 이론들은 '본성(nature)'을 너무 강조하고 '양육(nurture)'은 거의 강조를 하지 않기 때문에 인간의 본성에 대한 불균형적인 견해를 제시한다. 사회적, 문화적, 경제적, 정치적인 요인들의 맥락적 범위인 '양육'은 인간의 행위를 구성하고 본능적 욕구를 수정하고 특정 방향으로 나아가게 한다. 더욱이, 선천적인 공격성에 대한 아이디어를 수용한다 하더라도, 대규모의 조직화된 전쟁이 불가피하게 발생한다는 점에 대해서는 입증을 하지 못한다.

군국주의(Militarism): 군사의 우선순위, 사상, 가치가 사회를 지배하는 문화적이고 이념적인 현상이다.

사회적 수준

왜 사람들이 전쟁을 일으키는지에 대한 덜 개인주의적이고 덜 생물학적으로 결정론적인 설명이 최근 몇 년 동안 비판적 군사학(CMS: critical military studies) 분야에서 등장했다. 이 분야를 연구하는 학자들은 인간의 본성이나 생물학보다는 군국주의로의 사회화 과정이 전쟁을 일으키는 과정이라고 주장한다. 예를 들어, CMS를 주도하는 학자인 바샴(Victoria Basham)은 전쟁 기념의 사회적 관행과 전통이 어떻게 인종차별적이고 성차별적인 담론에 내재되어 있는지 탐구했다. 이러한 관점에서, "우리는 우리의 군대를 지지한다"와 같은 구호부터 기념상징물의 착용, 전사자들의 동상건립에 이르기까지 기념적이고 다른 애국적인 관행들은 전쟁의 조건들을 재현하는 것일 수 있다. 만약 뒷 세대들이 전사들을 숭배하고, 군국주의를 자연스럽고 옳은 것으로, 그리고 남성성과 애국심의 핵심적인 부분으로 이해하는 것이 사회화된다면, 그들은 미래의 전쟁을 지지하거나 심지어 참여하는 데 더 나은 위치에 놓일 것이다. 따라서 CMS는 근본적으로 '군사력을 당연하게 여기기보다는 문제의식을 가지고 접근하는 것'을 목표로 한다 (Basham, Belkin and Gifkins 2015). 이러한 의미에서, 2015년부터 자체 학술지를 보유하고 엔로(Cynthia Enloe)를 포함한 기성학자들의 기고를 이끌어낸 CMS 분야는 전쟁의 원인에 대해 해체주의(deconstructionism)적인 입장을 취한다. 이에 대한 지지자들은 주로 후기 구조주의, 페미니즘, 탈식민주의, 비판적 이론적 전통 출신들이다. 따라서 그들의 목표는 전쟁의 신비성과 당위성을 제거하며, 그 원인을 사회 내의 권력관계와 사회적 재생산의 관점에서 맥락화하는 것이다.

국가적 수준

세 번째 이론의 범위는 전쟁이 정치 행위자들의 내적 특성 측면에서 가장 잘 설명된다는 것을 시사한다. 예를 들어, 자유주의자들은 오래전부터 국가의 헌법적 및 정치적 장치가 일부는 침략의 방향으로 기운다고 하는 반면, 다른 사람들은 평화를 선호한다고 주장해 왔다. 이는 '민주평화론'의 논제에서 알 수 있듯이, 민주국가들은 서로 전쟁을 하지 않는다는 개념에서 가장 명확하게 드러난다. 이에 비해 권위주의적이고 제국주의적인 국가들은 군국주의와 전쟁을 선호한다. 이는 그러한 정권들이 대의 절차가 없고 종속된 민족 및 인종집단을 제압해야 할 필요성을 통해 국내질서를 유지하기 위해 군대에 크게 의존하기 때문에 발생하며, 이는 정치와 군사 엘리트들이 융합되는 경우가 많다는 것을 의미한다. 이는 전형적으로 군대에 대한 미화, 영웅주의와 자기희생에 대한 인간 본래의 믿음에 의해 형성된 정치문화, 그리고 전쟁을 정당한 정책수단일 뿐만 아니라 국가 애국심의 표현으로 인식하는 것으로 이어진다. 현대의 사례는 2014년 이후 우크라이나에 대한 낮은 수준의 전쟁을 치르다가 2022년부터 전면전을 치르고 있는 푸틴의 러시아이며,

이 전쟁들은 러시아 내의 전쟁을 강력하게 지지하는 애국적 내러티브와 러시아 도시들에서 발생하는 반전 저항에 대한 조직적인 경찰진압을 기반으로 하고 있다.

보다 급진적인 국가 중심의 인과적 설명은 "전쟁이 국가를 만들었고 국가가 전쟁을 만들었다"는 역사사회학자 틸리(Charles Tilly)의 자주 인용되는 주장에서 제시된다. 틸리가 천여 년의 유럽역사를 분석한 결과, 국가들은 전쟁을 통해서, 그리고 전쟁을 준비하기 위해서 형성된다. 즉, 무력충돌의 증가하는 비용과 정교화를 위해서는 유럽 민족국가 형성의 기반이 되는 세금체계와 다른 특징들이 요구된다. 이러한 관점에서, 전쟁 만들기는 모든 국가들의 중심적인 특징으로 남아 있는데, 그 이유는 국가가 전쟁을 하도록 설계되었기 때문이다.

구조적 수준

전쟁에 대한 네 번째 다양한 구조적이고 체계적인 이론들이 제시되었다. 이들 중에서 가장 영향력있는 이론은 신현실주의의 주장인데, 그 내용은 국제체제의 무정부주의 특성으로 국가들은 자조(self-help)를 해야 하기 때문에 전쟁은 불가피한 것이라는 논리다. 공격적 현실주의자들은 국가가 어떠한 정부구조를 가졌는지 상관없이 단순히 안보뿐만 아니라 권력의 극대화를 추구하며, 이는 국제관계가 이익추구를 위한 끊임없는 투쟁의 성격을 가지지 않을 수 없게 되고 군사충돌이 불가피하게 된다고 주장한다. 이 경향은 국가들 사이의 두려움과 불확실성으로부터 발생하는 안보딜레마에 의하여 가속화되며, 이에 따라 국가들이 방어적인 행위를 해도 다른 국가들은 잠재적이거나 실질적인 공격행위로 해석하는 경향이 있다. 현실주의자들에게 있어서 전쟁을 국제사회에서 영원히 추방할 수 있는 유일한 방안은 세계정부(p. 498 참조)를 수립하여 무정부상태를 불식시키는 것이다(그러나 현실주의자들은 이것이 매우 가능성이 낮고 위험하다고 한다).

전쟁에 대한 다른 구조적 이론들은 경제적 요인을 많이 강조한다. 예를 들어, 마르크스주의자들은 전쟁을 자본주의체제의 국제적 역동성의 결과로 본다. 자본주의국가들은 새로운 시장, 원자재, 값싼 노동력의 공급에 대한 통제권을 확보하여 이익을 극대화하려는 목적으로 상호간에 충돌이 불가피하다. 따라서 모든 전쟁은 자본가 계급의 이익을 위하여 수행되는 약탈전쟁이다. 반면 자유주의적 관점에 따르면, 전쟁이 발생하는 경제적 동기는 경제적 민족주의이며, 이를 통하여 국가들은 자립적 경제체제를 추구하게 된다. 자립의 추구는 국가들로 하여금 보호주의 정책, 그리고 궁극적으로 식민주의를 모색하게 하여, 경제적 경쟁과 전쟁의 가능성을 높인다. 그러나 1945년 이후 무역이 팽창이나 정복보다는 번영을 향한 길이라는 점이 수용되면서, 전쟁에 대한 경제이론들은 영향력을 잃게 되었다. 상호의존과 통합을 향한 경제적 압력이 강화되면서, 경제적 요인이 전쟁을 가속화시키기보다는 전쟁의 충동을 약화시키는 것으로 인식되고 있다.

자립(Autarky): 어원적으로는 자치(self-rule)이며, 식민주의의 팽창과 국제무역에서 철수하는 방식을 통하여 경제적으로 자급자족하는 것이다.

정치의 연속으로서의 전쟁

전쟁에 대한 가장 영향력있는 이론은 클라우제비츠의 *On War* ([1832] 1976)에 제시된 것이다. 클라우제비츠에 따르면, 모든 전쟁은 동일한 '목적'을 지니고 있다. "전쟁은 다른 수단에 의한 정치(또는 정책)의 연속이다." 따라서 전쟁은 목적을 이루기 위한 수단이며, 상대방이 자신의 의지에 굴복하게 하는 방식이다. 그러한 논리는 전쟁과 평화의 연속성을 강조한다. 전쟁과 평화는 모두가 자기이익의 합리적 추구에 의해, 그러므로 갈등에 의해 특징지어진다. 유일한 차이점은 목표를 달성하기 위하여 선택되는 수단이고, 이는 도구에 기초하여 결정된다(Howard 1983). 따라서 국가들은 전쟁을 하는 것이 자국에 이익이 된다고 판단할 때 전쟁을 시작한다. 이러한 비용-편익분석의 사용은 전쟁을 정책도구로 인식하는 현실주의의 견해와 맥락을 같이 한다. 클리우제비츠의 논리, 또는 전쟁에 대한 '정치적' 개념에 따르면, 전쟁은 국가들 사이의 관계에 의하여 형성된 베스트팔렌 국가체제의 산물이다 (그러나 엄격하게 말해서 비국가 행위자를 비롯해서 어떠한 정치행위자도 전쟁을 정책도구로 사용할 수 있다). 전쟁을 국가이익의 '합리적' 추구로 보는 이미지는 19세기에 특히 매력적이었는데, 당시 전쟁은 대부분 국가들 사이에 발생하였고, 당시 발생한 모든 전쟁 중 5분의 4가 전쟁을 일으킨 국가들이 승리하였다. 더욱이 국민들의 적대감 때문에 전쟁을 할 필요가 있더라도, 전쟁은 군인들이 싸우는 것이기 때문에 대규모 민간인들보다는 공식적인 전투원들에게 영향을 미친다. 이는 전쟁의 비용을 보다 제한적이고 계산하기 쉽게 한다.

그러나 전쟁에 대한 클라우제비츠의 개념도 많은 비판의 대상이 되었다. 이 비판들의 일부는 윤리적인 성격을 지녔다. 클라우제비츠는 전쟁을 정상적이고 불가피한 것이고, 더구나 전쟁은 정의와 같은 광범위한 원칙이 아니라 편협한 국가이익에 의하여 정당화된다고 주장한 데 대한 비판을 받았다. 따라서 이는 전쟁이 정당한 정치적 목적에 의하여 발생한다면 윤리적 의미는 무시된다는 점을 의미하게 되는데, 이는 이 장의 마지막 절에서 논의된다. 반면, 전쟁을 하려는 의지가 합리적인 분석과 신중한 계산에 기초한다는 클라우제비츠의 주장을 보다 견실하게

11

주요 인물

칼 클라우제비츠(Karl von Clausewitz, 1780-1831)

프로이센 장군이자 군사이론가. 루터교 목사의 아들 클라우제비츠는 12세에 프로이센 군대에 입대해 38세에 소장이 되었다. 클라우제비츠는 칸트 철학(p. 18 참조)을 공부하면서 프로이센 군대의 개혁에 참여했고, *On War* ([1832]1976)에서 자신의 군사전략에 대한 생각을 정리하였다. 전쟁은 본질적으로 정치적 행위, 정책의 도구라는 생각이 발전적으로 널리 해석되면서, 그 책은 (1) 국민적 적대감으로 동기가 부여된 대중들, (2) 전쟁의 발생을 대비하기 위한 전략들을 강구하는 군대 (3) 군사작전의 목적과 목표를 세우는 정치리더들을 포함하는 전쟁의 '삼위일체'이론을 정리했다. 클라우제비츠는 군사이론과 전쟁의 가장 위대한 저술가로 여겨진다.

분석적 접근

전쟁과 평화

현실주의 견해

현실주의자들에게 있어서 전쟁은 국제관계와 세계정치에 있어서 지속되는 특징이다. 전쟁의 가능성은 권력정치의 피할 수 없는 역동성으로부터 발생한다. 국가들은 국익을 추구하기 때문에 그들은 불가피하게 서로 충돌하게 되어 있다. 그리고 그 충돌은 때때로 군사적 차원에서 이루어진다. 현실주의자들은 폭력적인 권력정치를 두 가지 방식으로 설명한다. 첫째, 고전적 현실주의자들은 국가의 이기주의를 강조하면서, 정치공동체 사이의 경쟁은 이기주의, 경쟁과 공격을 향한 인간의 본능적인 경향을 반영한다고 주장한다. 둘째, 신현실주의자들은 국제체제가 무정부적이기 때문에 국가들은 생존과 안보를 위해서 자조에 의존하게 되고, 이는 군사력의 확충을 통해서만 확립될 수 있다. 공격적 현실주의자들에게 있어서, 이는 전쟁으로 이어질 가능성이 매우 높다 (p. 278의 '공격적 또는 방어적 현실주의?' 참조). 그러나 모든 현실주의자들은 전쟁을 피하는 주요 요인은 세력균형(p. 302 참조)이라는 데 동의한다. 국가들은 자신들의 승리가 별로 가능하지 않다고 판단하게 되면 전쟁을 피한다. 따라서 전쟁과 평화에 대한 결정은 일종의 비용-편익분석 차원에서 이루어지고, 자기이익에 대한 합리적인 판단을 하여 전쟁의 사용 또는 회피를 결정한다. 따라서 평화를 유지하고자 하는 국가들은 잠재적인 침략자를 억지하고 다른 국가나 국가의 연합이 지배적인 지위를 차지하는 것을 막기 위하여 전쟁을 준비해야 한다.

자유주의 견해

자유주의자들은 국제관계에서 평화가 당연한 것이지만, 필수적인 조건은 아니라고 한다. 자유주의자들의 관점에 따르면, 전쟁은 세 가지의 상황에서 발생하는데, 이들 각각은 피할 수 있다고 한다. 첫째, 자유주의자들은 무정부적 상태에서의 국가 이기주의가 충돌과 전쟁의 가능성을 야기한다는 현실주의의 분석을 수용한다. 그러나 자유주의자들은 국제 무정부상태는 국제법의 지배에 의하여 대치되고 초국가기구를 수립하여 달성해야 한다고 믿는다. 둘째, 자유주의자들은 전쟁이 가끔 경제적 민족주의와 연결되어 있고, 경제적 자립의 추구는 국가들이 서로 폭력적인 충돌을 하게 만든다고 주장한다. 그러나 평화는 자유무역과 다른 형태의 경제적 상호의존을 통하여 달성되고, 이는 전쟁의 고비용 측면 때문에 전쟁을 고려하지 않도록 한다. 셋째, 국가가 전쟁 또는 평화의 성향을 가졌는가는 헌법의 성격에 따라 다르다. 권위주의 국가들은 국내외적인 목표를 달성하기 위하여 무력을 사용하는 데 습관이 되어 있으며, 군국주의적이고 팽창주의적인 성향을 보인다. 그러나 민주주의 국가들은 적어도 다른 민주주의 국가들과의 관계에 있어서는 보다 평화적이다 ('민주적 평화'의 명제에 대해서는 p. 74 참조).

구성주의 견해

사회적 구성주의자들은 국제환경을 위협적이고 불안정한 것으로 묘사하거나, 국가나 정치집단에 군국주의적 또는 팽창주의적 자아상을 부여함으로써 전쟁 가능성을 높이는 문화적 및 이념적 요인에 특히 중점을 둔다. 따라서 19세기 후반 유럽에서 사회적 다윈주의 사고의 확산은 제1차 세계대전을 초래한 국제적 긴장의 증가와 관련이 있으며, 냉전은 부분적으로 국제 공산주의의 팽창주의적 성격에 대한 미국의 우려와 자본주의 포위의 위험에 대한 소련의 두려움에 의해 지속되었다. 마찬가지로, 아리아 인종 우월주의와 독일 세계 지배 개념이 제2차 세계대전으로 확대된 나치의 침략에 기여했다. 이슬람권과 서방의 근본적인 충돌에 대한 지하디즘이론이 이슬람반란과 테러활동에 영향을 미쳤다.

마르크스주의와 무정부주의 견해

마르크스주의 전통의 비판이론가들은 전쟁을 주로 경제적인 용어로 설명하는 경향이 있다. 예를 들어, 제1차 세계대전은 아프리카와 다른 지역에서의 식민지 이익을 추구하기 위해 싸운 제국주의 전쟁이다 (Lenin 1970). 따라서 전쟁의 기원은 자본주의 경제체제, 즉 사실상 다른 수단에 의한 경제이익의 추구로 거슬러 올라갈 수 있다. 이러한 분석은 사회주의가 평화의 최고의 보장이며, 사회주의 운동이 종종 국제주의에 대한 의무에 의해 형성된 뚜렷한 반전 또는 심지어 평화주의적인 성향을 가진다는 것을 의미한다. 촘스키(p. 270 참조)와 같은 무정부주의 전통의 비판이론가들은 세계의 가장 강력한 국가들이 글로벌경제와 정치 이익을 방어하거나 확장하기 위해 직

간접적으로 전쟁을 사용한다고 믿으면서 패권전쟁의 현상에 특별한 관심을 보여 왔다. 그러므로 전쟁은 패권(p. 264 참조)과 밀접하게 연관되어 있는 반면, 평화는 글로벌권력의 급진적인 재분배를 통해서만 건설될 수 있다.

페미니즘 견해

티크너(J. Ann Tickner)와 같은 페미니즘 이론가들은 전형적으로 국제관계를 남성우월주의의 분야라고 하면서 전쟁을 '남성우월주의'의 추구로 간주한다. 이러한 측면에서 관련 행위자들(대통령, 총리, 외교관, 군사 지도자)와 이론가(특히 현실주의 이론가) 모두는 전통적으로 남성이라는 점을 강조하면서, 전쟁은 주로 남성에 의해 그리고 남성을 위해 치러진다고 주장한다. 한편 유엔이 제시하고 전 세계 대학의 연구와 이론화에 의해 뒷받침되는 여성, 평화, 안보(WPS) 의제는 전투원으로서의 참여부터 전쟁의 '무기'로서 조직적인 성폭행과 강간을 표적으로 삼는 것까지 전쟁과 관련된 여성의 역할과 대우를 검토해왔다 (제15장 참조). 보다 최근에는 페미니즘이론이 '비판적 군사 연구'라는 독특한 이론적 분야의 출현의 중심이 되어 왔는데, 이 분야는 무엇보다도 군사적 남성성의 중심적인 기능, 일상생활과 문화의 군사화, 국가와 국가 시스템의 재생산에 이르기까지 탐구하고 있다.

탈식민주의 견해

탈식민주의의 관점에서 볼 때, 강력한 국가, 그들의 정부 및 그들의 인구에 의해 '평화'로 인식되는 것은 그 국가와 사회에 예속된 사람들에 의해서는 전쟁의 상태로 경험될 수 있다. 이는 물론 식민주의 자체의 조건이었다. 침략, 점령, 식민지 치안의 직접적인 폭력이든, 강요된 기회와 결과의 불평등이라는 '구조적' 폭력이든(p. 461 참조) 아프리카, 아시아, 아메리카의 식민지 사람들은 심지어 그들을 예속하고 있는 유럽인들이 '평화의 시간'이라고 부르는 기간 동안에도 매일 '전쟁'을 통해 살았다. 이것이 간디(Mohandas Gandhi, p. 307 참조)와 달리 파농(Frantz Fanon)이 반식민지 투쟁에서 폭력의 사용을 정당화하는 데 주저하지 않은 이유이다. 유럽의 식민통치를 종식시킨 식민지전쟁이 끝난 지 오랜 후, 노예제와 자의적이거나 인종화된 국가폭력, 식량 및 의료에 대한 제한된 접근에 이르기까지 식민지 주체들에게 행해진 조직적 폭력은 진행 중인 전쟁의 한 형태로 볼 수 있다. 오늘날, 서방의 진보적인 '개입주의'에 대해 탈식민주의 학자들은 우리가 그러한 개입을 '글로벌 노스'와 '글로벌 사우스' 사이의 (비록 변형이긴 하지만) 식민지 관계의 연속으로 이해할 수 있음을 시사하고 있다.

따른다면, 많은 현대전들이 발생하지 않았을 것이다. 클라우제비츠의 전쟁 개념에 대한 다른 비판은 클라우제비츠의 논리가 구시대적인 것이고 나폴레옹 시대에나 적용이 되는 것이며 현대전에는 의미가 없다고 주장한다. 첫째, 현대의 정치와 경제 환경하에서 전쟁은 별로 효과적이지 않고, 아마도 쓸모없는 정책수단이기도 하다. 만약 현대국가들이 전쟁을 하려는 마음을 별로 가지지 않는다면 군사력은 세계정세에서 불필요하게 될 것이다 (van Creveld 1991; Gray 1997). 둘째, 산업화된 전쟁의 등장과 전면전 현상은 전쟁의 비용-편익분석을 신뢰할 수 없도록 만들고 있다. 그렇게 되면 전쟁은 정치적 목적을 달성하는 적절한 수단이 되지 못할 것이다. 마지막으로 클라우제비츠에 대한 대개의 비판은 전쟁에 대한 클라우제비츠의 패러다임을 더 이상 적용할 수 없게 만드는 전쟁의 성격 변화에 초점을 맞춘다. 그러면 현대전들은 어느 정도로 탈클레우제비츠전쟁이 되었는가?

변화하는 전쟁의 국면

'과거의' 전쟁으로부터 '새로운' 전쟁으로?

탈냉전시대의 가장 논쟁적인 특징들 중의 하나는 탈냉전이 전쟁과 전쟁장비들에 어떠한 영향을 미쳤는지에 대한 것이다. 현대전은 '새로운', '포스트모던', '탈클라우제비츠' 또는 '후기 베스트팔렌'전쟁으로 인식된다 (Kaldor 2012). 전통적인 관념에 따르면, 전쟁은 대립하는 국가들 사이의 무력충돌이고, 이는 베스트팔렌 국가체제를 수용하면서 나온 설명이다. 이 시대에 전쟁은 클라우제비츠의 패러다임과 일치하는 것처럼 보였다. 국가정책의 수단으로서의 전쟁은 군복을 입고 조직화된 육, 해, 공군의 병사들이 전쟁을 한다는 의미였다. 또한, 무력충돌을 규제하기 위한 규범과 규칙들도 발전되었는데, 그들은 공식적 전쟁포고, 중립선언, 평화조약과 '전쟁법규(laws of war)' 등을 포함한다. 그러나 전쟁은 변화하고 있다. 알제리, 베트남, 팔레스타인과 같은 지역의 민족해방운동, 다음에는 소말리아, 라이베리아, 수단, 콩고와 같은 국가들의 분쟁을 포함한 1950년대와 1960년대의 전술로부터 시작하여, 새로운 형태의 전쟁이 개발되고 전쟁 자체에 대하여 재정의하게 되었다 (Gilbert 2003). 1990년대 소련과 유고슬라비아의 해체 이후 보스니아와 코카서스, 특히 체첸에서 '새로운' 전쟁이 발발하였고, 이라크와 아프가니스탄에서는 확대된 '테러와의 전쟁'도 발생하였다. 어떠한 점에서 이 전쟁들은 '새로운' 것이고, '새로운' 전쟁과 '과거' 전쟁의 구분은 얼마나 명확한가?

'새로운' 전쟁들은 동일하지 않지만, 그들은 모두는 아니더라도 다음과 같은 특징들을 보인다.

- 그들은 국가 간의 전쟁보다는 내전의 성격을 보인다.
- 통상적으로 정체성의 이슈들이 현저하게 등장한다.
- 비대칭적인 전쟁들이며, 때로는 불균형적인 집단들이 전투를 한다.
- 민간인/군인의 구분이 사라진다.

탈냉전시대에 전통적인 국가 간 전쟁이 감소하고 내전이 증가하고 있다. 1990년대 중반 이후 95퍼센트의 전쟁이 국가 사이가 아니라 국가 내에서 발생하였다. 이러한 추세의 예외로는 이란-이라크전쟁(1980–8)과 2008년 러시아와 조지아전쟁, 2014년 크림반도 합병, 2022년에 시작된 러시아-우크라이나전쟁이 있다. 국가 간 전쟁의 감소와 세계 일부지역에서 전쟁의 불필요성(소위 '평화지대')은 다양한 요인들로 설명할 수 있다. 이 요인들은 민주주의의 확산, 글로벌화의 진전, 유엔의 역할과 연계된 윤리적 태도의 변화, 대규모 전쟁으로 인한 파괴를 엄청나게 증가시킬 무기기술, 특히 핵무기의 발전 등이다. 반면, 내전은 식민주의가 종종 민족적 또는 부족적 경쟁, 경제적 저개발, 약한 국가권력의 유산을 남긴 탈식민지 세계에서 더 일반화되었으며, 이에 따라 소위 '준국가' 또는 '실패국가'의 출현이 나타났다 (p. 164 참조).

국가 간의 전쟁은 일반적으로 비교적 비슷한 경제수준을 가진 적대세력들 사이의 전쟁인 반면, 현대전들은 비대칭적인 것들이 많은데, 특히 산업이나 군사적으로 발전한 국가들이 '3류'로 보이는 국가들과 전쟁을 하는 경우가 많다. 그 사례로는 미국 또는 미국이 주도한 세력이 베트남, 코소보, 이라크, 아프가니스탄 등에서 수행한 전쟁과 러시아가 체첸에서 수행한 전쟁 등이 있다. 비대칭 전쟁은 군사와 경제적으로 차이가 나는 상대와 전쟁을 하기 위한 군사전략과 전술을 택하여 수행한다. 비대칭 전쟁의 결과는 미리 예측하기가 어렵다. 책략과 기습에 치중하는 게릴라전은 소규모의 습격, 매복과 공격을 통하여 보다 앞선 화력을 가진 적을 물리치는 효력을 발생한다. 또한, 게릴라전은 도로 주변에 대한 폭탄 공격으로부터 자살공격까지를 포함한 테러전술의 사용으로 보완된다. 게릴라전은 민간인들과의 연결을 강화하기 위하여 특별한 노력을 기울이는데, 이는 전쟁을 대중의 저항 또는 반란(insurgency)의 성격으로 보이게 하기 위한 전략이다. 이러한 전술은 완전한 군사적인 개념에 의하여 적을 패배시키기보다는 적의 사기를 저하시키고 정치적 의지를 꺾기 위해서 수행된다. 그 사례로는 베트남, 이스라엘, 이라크, 아프가니스탄에서의 전쟁을 들 수 있다. 소규모의 저강도 반란전에 대처하기 위하여 선진국들은 '지상전'의 대안을 찾으려고 노력하고 있다는 징후가 나타나고 있다.

민간인/군인의 구분이 다양한 방식으로 희미해졌다. 30년전쟁(1618–48) 이후, 전투원과 민간인 사이에 분명한 구분이 이루어졌는데, 이는 전투가 전장(battlefield)에 국한되었고 군인들에 의해서만 수행되었기 때문에 가능했다. 그러나 현대전은 민간인들에 보다 많은 영향을 미친다. 이는 전쟁이 하나의 독립된 주요 전장에서 벌어지기보다는 소규모 충돌이 이어서 일어나는 현대전의 분산된 성격 때문이다. 전장이라는 전통적 개념은 불필요한 것으로 관심에서 벗어났다. 전쟁은 '국민들 간의 전쟁'으로 발전하였다 (Smith 2006). 이러한 모호함은 또한 민간인 인구가 점점 더 국가의 군대와 비국가 무장 단체 및 테러 단체에 의해 군사 행동의 표적이 되었기 때문에 발생했다. 따라서 현대전은 때때로 난민문제를 수반한다. 수천, 때로는 수백만 명의 실향민들이 임시로 또는 영구적인 거처와 안전을 찾아 헤매고 있다 (8장에서 논의되었음). 군대와 보안군의 성격변화도 민간인/군인의 구분을 희미하게 한다. 예를 들어, 게릴라군은 비정규 군인 또는 지원병으로 구성된 무장한 집단으로 구성되어 있으며, 반란은 종종 민중봉기의 성격을 반영한다. 2004년 적도 기니에서의 실패한 쿠데타의 경우와 같이 아프리카 일부지역에서 용병을 사용한 무력분쟁이 자주 발생하였다. 그러한 방식은 선진국, 특히 미국도 자주 사용하였다. 이라크전쟁은 역사상 가장 '민영화'된 전쟁으로,

비대칭 전쟁(Asymmetrical war): 군사, 경제, 기술적인 능력에 있어서 분명한 차이가 있는 적대국들이 수행하는 전쟁이며, 전쟁수준은 약한 쪽에게 필요한 수준에 맞춰진다.

반란(Insurgency): 기존의 체제를 전복할 목적을 가지고 비정규군이 참여하는 무장폭동이다.

용병(Mercenaries): 외국의 군사활동에 고용된 군인들이다.

논 쟁

국가 사이의 전쟁은 과거의 일인가?

20세기 후반 이후, '새로운 전쟁' 명제와 같은 생각들은 둘 또는 그 이상의 민족국가들 사이의 조직적인 폭력으로서 전쟁에 대한 '전통적' 개념과의 관련성이 점점 떨어지고 있다고 제안한다. 그런데 그러한 전쟁들은 정말로 과거의 것인가?

그렇다

더 이상의 선전포고는 없다. 국가 간 전쟁은 한때 호전적인 세력이 공식적인 선전포고의 형태로 선언했던 것에 비해, 지금은 극히 드물다. 예를 들어, 지난 세기의 많은 대규모 전쟁에서 주도적 역할을 해온 미국은 제2차 세계대전 이후 공식적으로 선전포고를 하지 않았다. 이는 한국, 베트남, 걸프만, 아프가니스탄에서의 전쟁과 아프리카, 중동에서의 수십 차례의 대반란 및 대테러 작전이 모두 '선언되지 않은' 것임을 의미한다. 이러한 사례에서 선전포고가 없는 것은 미국이 해당 국가나 인구와 전쟁을 벌이는 것이 아니라, 특정 정부나 지도자, 비국가 집단과 전쟁을 벌이는 것으로 간주한다는 사실을 강조하기 위한 것이다.

내전과 반(反)내란의 부상. 지금까지 21세기의 가장 중요한 전쟁 중 일부는 내전이었다. 코트디부아르의 두 차례 내전과 시리아에서 진행 중인 내전에서부터, 아프가니스탄에서 하미드 카르자이와 아슈라프 가니정부하에서 탈레반에 대한 성공하지 못한 20년간의 반(反)내란 전쟁(2002-21)까지, 이제는 국가 간의 전쟁보다 하위 국가에 대한 전쟁이 더 일반적이다. 오늘날 국가들은 그러한 '전쟁들'보다는 국내든 해외든 비국가 행위자를 목표로 하는 '반(反)내란 작전'으로 전쟁을 구성할 가능성이 훨씬 더 크다.

분쟁에서 비국가 행위자의 역할. 점점 더 무장충돌이 비국가 행위자에 의해 주도되고 있다. 반란과 무장 단체로부터 민간 군사 및 보안회사에 이르기까지 이러한 행위자는 이제 한때 국가 폭력이 했던 거의 모든 역할을 수행할 수 있게 되었다. 미국과 같은 강대국이 다른 국가를 침공하고 점령하는 전쟁에서도 종종 민간 계약자 또는 '용병'에게 무장 기반시설 보안, 치안유지 및 군사기지 경비를 제공하는 책임을 맡긴다. 그러한 계약자는 전투작전에 직접 참여하기도 한다. 한편

아니다

대리전(proxy war). 공식적으로 선언된 국가 간 전쟁들은 제2차 세계대전 이후 대규모로 감소했지만, 냉전과 냉전종식 이후의 기간은 두 개 이상의 국가 간의 대립이 간접적으로 일어나는 '대리전'으로 특징지어진다. 한국전쟁과 베트남전쟁은 미국과 서방 동맹국들이 간접적으로 중국과 소련에 맞서는 대리전의 전형적인 사례들이었으며, 두 초강대국은 공산주의 세력과 싸우는 주요 이웃국가들을 무장하고 지원했다. 더 최근의 예들은 러시아와 동맹국들에 의해 무장된 반란군들의 전진을 중단시키려고 노력했던 제1차 코트디부아르내전(2002-7)에 개입했던 프랑스와 유엔군을 포함한다. 그리고 러시아 외무장관 세르게이 라브로프는 심지어 2022년 우크라이나와의 전쟁이 '대리전'이라고 선언했다. 전쟁이 발발한 지 단 몇 주 만에, 러시아의 오랜 지정학적 라이벌인 미국은 우크라이나군에 수천 개의 첨단 미사일 시스템, 소총 및 기타 소형무기, 2,000만 발 이상의 탄약, 수류탄 및 박격포를 포함하여 8억 달러 이상의 무기와 장비를 보냈다고 발표했다. 영국도 러시아군에 대항하는 데 필요한 무기를 보냈다. 이러한 대리전은 때때로 덜 직접적이지만 주요 강대국 간의 전쟁이 지속되고 있음을 보여준다.

국가 간 전쟁에 의한 정권교체. 미국과 러시아를 포함한 강대국들이 전쟁을 '대반란' 또는 '대테러' 작전, 심지어 '인도주의적' 노력이라고 흔하게 선언하지만, 그 동기에 대해서는 의문의 여지가 있다. 미국은 '테러와의 전쟁'을 설명하면서 자국이 아프가니스탄이나 이라크를 국가로 침공하거나 '전쟁 중'인 것이 아니라, 이 국가들의 국민들을 자국정부와 위험한 비국가 행위자들로부터 보호하기 위해 인도주의적 임무를 시작하고 있다고 주장했다. 그러나 국가 내의 특정 정부, 지도자, 또는 헌법체계의 변경을 목표로 하는 '정권 교체'를 위한 전쟁이 발발하기도 하는데, 이러한 전쟁은 주권

ISIS(p. 342 참조)와 같은 전투적 네트워크는 시리아 및 다른 국가뿐만 아니라 쿠르드 분리주의 무장단체, 심지어 다른 '이슬람주의' 네트워크와도 전쟁을 벌이고 있다.

세력에 대한 침공, 점령, 국가 정규군의 패배를 수반하는 경향이 있다. 이는 국가 간 전쟁이 반드시 쇠퇴하기보다는 전쟁에 대한 담론적인 프레임화가 더 중요해졌음을 시사한다.

'역사의 귀환'. '역사의 귀환'이라고 불리는 변화 속에서, 부활하는 강대국들, 특히 중국과 러시아는 점점 더 전통적인 국가 군사력의 표현으로 나아가고 있다. 홍콩과 대만에 대한 중국의 강경한 입장은 너무 많은 자치권을 부여받은 '분리' 지역에 대한 영토적 통제를 재확인하기 위한 무력사용은 합리적이라고 볼 수 있음을 시사한다. 한편, 2022년 러시아의 우크라이나 침공은 이웃국가들 사이의 직접적인 국가 간 전쟁이라 할 수 있으며, 러시아의 분명한 목표는 우크라이나의 합병(2014년 크림반도의 성공적 합병에 이어서), 키예프 내 국가정부의 교체, 한때 점령했던 우크라이나의 '탈(脫)나치화'를 위한 보다 모호한 계획 등을 포함했다.

11

2007년 중반까지 정규군인들보다 더 많은 민간 군사계약자들이 이라크에서 활동하며 블랙워터와 핼리버튼 같은 회사에서 일하고 있다. 때때로, 블랙워터는 2004년 4월 나자프에서의 봉기를 진압하는 임무를 맡았을 때, 심지어 미국 해병대를 통제하기도 했다. 현재 용병시장에 있는 많은 회사 중 하나인 이 회사는 중동에 대한 관여를 계속하고 있다. 2015년에 인접한 예멘의 내전에서 후티 반군과 싸우기 위해 아카데미 회사를 통해 아랍에미리트와 계약된 것으로 추정되는 호주와 콜롬비아 용병 6명이 전사했다.

'하이브리드'전쟁 및 사이버공격

클라우제비츠는 "모든 시대에는 고유한 종류의 전쟁이 있다"고 보았다. 아쟁크루 전투(Battle of Agincourt, 1415)의 긴 활에서부터 제1차 세계대전(1914–8)의 기관총과 1940년대 후반부터 냉전시대에 등장한 핵무기에 이르기까지, 전쟁의 변화는 대체로 기술혁신에 뿌리를 두고 있다. 1990년대 이후부터 특히 미국에 의해 이루어진 무기기술과 군사전략의 발전은 군사분야의 혁명에 해당하는 유사한 중요성을 가지고 있다고 널리 주장되고 있다. 드론 또는 무인항공기와 함께 인터넷을 포함하여 도처에서 등장하는 새로운 기술은 기존의 지상군이 대결할 필요성을 줄이고 결과적으로 사상자를 줄이는 새로운 형태의 전쟁을 가능하게 했다

이러한 '포스트모던'전쟁들은 1991년 걸프전부터 2001년 이후 아프가니스탄

군사분야의 혁명(RMA: Revolution in Military Affairs): 신속하고 결정적인 결과에 달성하기 위한 미국의 '첨단'기술과 '스마트' 무기에 기초한 군사전략의 개발이다.

드론(Drone): 감시 또는 공격 목적으로 사용될 수 있는 무인 비행체.

주요 연표 ┆ 구유고슬라비아의 분쟁

- 1919 오스트리아-헝가리 제국의 붕괴 이후 베르사유조약에 의하여 유고슬라비아 국가가 승인되었다.
- 1945 유고슬라비아는 6개의 공화국(세르비아, 크로아티아, 보스니아 헤르체고비나, 슬로베니아, 마케도니아, 몬테네그로)과 세르비아 내에 2개의 자치주(코소보와 보이보디나)가 포함된 공산국가가 되었다.
- 1986–9 1987년 밀로셰비치(Slobodan Milošević)가 지도자로 등장하면서 세르비아(가장 크고 영향력이 강한 공화국)에서 민족주의가 부각되기 시작하였다.
- 1990 동유럽 전체의 공산주의가 붕괴된 이후 각 공화국들은 다당제 선거를 실시하고 슬로베니아와 크로아티아의 독립을 지지했다.
- 1991 슬로베니아와 크로아티아(6월), 마케도니아(9월), 보스니아 헤르체고비나(1992년 1월)의 독립선언으로 유고슬라비아가 해체되고, 1992년 4월, 유고슬라비아에는 세르비아와 몬테네그로만 남게 되었다.
- 1991 슬로베니아의 분리로 10일전쟁이 발생하였고, 슬로베니아인들은 세르비아가 주도한 유고슬라비아 군대에 성공적으로 저항하였다.
- 1991–5 크로아티아의 독립전쟁 발생. 유고슬라비아 군대의 지원을 받는 크로아티아계 세르비아 소수민족과의 처절한 내전이 지속되었다.
- 1992–5 보스니아내전이 발생하였고, 이 전쟁은 20세기 후반 유럽에서 발생한 가장 길고 잔인한 전쟁이 되었다. 보스니아가 유고슬라비아로부터 분리되는 데 대한 세르비아 민족의 반대로 인하여 시작되었으며, 수천 명의 보스니아 무슬림들이 학살당했으며, 잔인한 '인종청소' 프로그램에 의하여 무슬림들과 크로아티아인들이 세르비아가 관리하는 지역으로부터 추방당하였다. 통합된 국가를 수립하기 위한 데이튼(Dayton) 협정에도 불구하고, 보스니아는 두 개의 자치구로 분리되었으며, 한 쪽은 무슬림-크로아티아인들이, 다른 한쪽은 세르비아인들이 점령하였다.
- 1996–9 코소보전쟁의 발생. 대량학살과 '인종청소'를 비난하며 코소보 해방군이 세르비아인들에 대항하여 무장 저항을 시작하였다. 1999년 미국이 주도한 NATO의 공습으로 세르비아 군대는 코소보에서 철수하였고, 이는 2000년 베오그라드의 밀로셰비치정부의 붕괴로 이어졌다. 2008년 코소보는 세르비아로부터 독립을 선언하였다.

하이브리드전쟁(Hybrid warfare): 재래식 군대와 함께 비재래식 전술(예: 은밀하고 비정규적인 군대, 그리고 사이버전)을 사용하는 것이다.

에서의 반군소탕작전, 2011년 리비아에서 카다피(Muammar Gaddafi) 정권의 전복을 지원하기 위한 NATO의 개입에 이르기까지 계속해서 비대칭성을 특징으로 하고 있다. 그러나 그들은 또한 많은 경우에 재래식 그리고 비재래식 전술과 기술을 모두 포함하는 '하이브리드'의 성격을 띠고 있다. 하이브리드전쟁의 개념은 2014년 러시아가 우크라이나로부터 합병한 크림반도의 분쟁기간과 그 이후에 유행되었다. 러시아는 크림반도의 친러시아 분리주의자들을 지원하기 위해 우크라이나군대에 대한 국경 간 포격을 하는 데 전통적인 전쟁방식을 사용했다. 그러나 다양한 비재래식 방법들도 사용했다. 우크라이나가 가스공급에 대하여 접근하는 데 대한 가격과 물리적 통제를 실시한 것은 러시아가 분쟁의 준비 기간과 실제 분쟁 동안 사용한 도구였다. 글로벌 뉴스매체가 방송한 크림반도의 도시 게릴라

초 점
'새로운' 전쟁으로서 이라크전쟁?

여러 가지 측면에서 이라크전쟁은 '과거의' 전쟁으로 인식될 수 있다. 첫째, 미국이 주도하는 '의지의 연합(coalition of the willing)'과 후세인(Saddam Hussein)의 이라크 사이에 벌어진 국가 간의 전쟁이었다. 둘째, 미국은 2003년 3월 이라크에 대한 공격을 고전적 개념인 자기방어의 측면에서 정당화하였다. 이라크가 대량살상무기(WMD)를 보유하였고(후에 증명되지 않았음), 후세인 정권이 알카에다를 포함한 테러단체들과 연관되어 있으며 지원(의문이 제기됨)하고 있기 때문에 미국에게 위협이 된다는 이유로 '정권교체'를 해야 한다는 것이 미국의 이라크 공격의 명분이었다. 셋째, 전쟁에 대한 비판론자들은 미국의 이라크 공격을 미국이 석유 공급지인 걸프지역에 대한 관할권을 획득하기 위한 전통적인 제국주의 전쟁으로 묘사한다.

그러나 이라크 전쟁은 '새로운' 전쟁의 측면을 많이 보여주고 있다. 3주일 내에 바그다드를 함락시키고 후세인의 24년 통치를 마감시킨 전쟁의 초기 국면이 끝난 후, 전쟁은 점차로 복합적인 반란전으로 발전하였다. 2004년 이후 점차로 잔인해지면서 전쟁은 두 가지 측면을 보여주었다. 하나는 미군과 수니파 게릴라 전사들 사이의 전쟁이었는데, 수니파 게릴라들은 초기에는 후세인에게 충성하는 사람들이었으며 나중에 이라크의 종교적 급진주의자들과 해외의 알카에다 전사들이 참여하였다. 다른 하나는 이라크의 수니파와 시아파 공동체 사이의 투쟁이었으며, 종파 사이의 폭력이 고조되었다. 따라서 정체성과 관련된 이슈들이 전통적인 정치적 이슈들과 혼합되었다. 시간이 흐르면서 미국도 '새로운' 전쟁의 도전에 전략을 맞춰나가기 시작하였다. 2007년 초 이후 미군의 전술은 반란에 대응하는 목표를 수행하는 것이었다. 이라크에 대한 군대 파견을 증가시켰고, 이라크 국민들과의 관계를 개선하고 미군과 수니파 반군들 사이의 동맹을 촉진하기 위하여 이라크 도로에 더 많은 미군을 배치하였다. 이렇게 하여 종교적 급진주의자들과 알카에다 전사들을 소외시키려 하였다.

전 비디오 영상 또한 많은 수의 중무장하고 고도로 훈련된 분리주의 전사들을 보여주었는데, 이들은 민간인 복장으로 위장한 러시아 특수부대로 널리 인식되었다. 우크라이나는 이 분쟁 동안 개인적인 비정규 전사들이 일반적인 위장복장을 하지 않고 러시아 군복을 입고 있었지만, 2008년 조지아 러시아전쟁에도 존재했던 비정규 전사들이 크림반도 분쟁에 존재했다는 것을 보여주는 사진 증거를 제시했으나, 러시아는 개입을 부인했다. 따라서 내부분쟁에 러시아가 비밀리에 개입한 것으로 널리 알려진 것은 위에서 언급한 재래식 및 경제적 공격뿐만 아니라 '사이버' 공격으로도 확인되었다.

인터넷, 그리고 인터넷이 만들어내는 '사이버 공간'은 그 자체로 군사기술 혁신의 산물이다. 미국 국방부 산하 고등연구계획국(Advanced Research Projects Agency: Arpa, 오늘날 DARPA)은 1970년대 중반까지 미국 전역에 컴퓨터 네트워크를 개발했다. '아르파넷(Arpanet)'의 목적은 전쟁에서 사용될 수 있는 통신기술을 개발하는 것이었다. 인터넷이 사용되면서 점차 광범위한 교육적, 상업적, 그리고 다른 비군사적 용도들을 발견했지만, 인터넷이 가능하게 만든 기술들은 점점 더 전쟁의 최전선에 서 있다. 네트워크화된 군사용 컴퓨터들은 (일반적으로 대중이 접근할 수 있는 인터넷이 아닌 안전한 위성 통신 시스템을 사용하여) 먼 나라들 위를 비행하는 드론들과 대륙간 통신을 할 수 있거나, 지상의 군대들과 고국의 군사적, 정치적 지도자들 사이에 거의 순간적인 시청각 통신을 가능하게 한다.

그러나 더 복잡한 '사이버' 공격은 인터넷 자체가 '사이버전쟁'의 새로운 지형

사이버전쟁(Cyber warfare): 바이러스와 멀웨어에서 영향을 미치는 소셜 미디어에 이르기까지 인터넷 기술을 사용하여 분쟁 시 전략적 목표를 달성하는 것이다.

글로벌 행위자 NATO(북대서양조약기구)

형태	설립	본부	회원국
정부간 군사동맹	1948	벨기에 브뤼셀	29개국

북대서양조약기구(NATO: North Atlantic Treaty Organization)는 1948년 벨기에, 영국, 네덜란드, 프랑스, 룩셈부르크가 북대서양조약(브뤼셀조약이라고도 함)에 서명하면서 1948년에 만들어졌다. 다음 해 미국, 캐나다, 덴마크, 노르웨이, 아이슬란드, 이탈리아, 포르투갈 등 7개국이 동맹에 참여했다. 2019년까지 NATO회원국은 29개국이 되었으며, 대부분의 신생회원국들은 이전 공산국가들이다. NATO의 중심 목표는 정치적 또는 군사적 수단을 통해 회원국의 자유와 안보를 지키는 것이다. 군사동맹으로서 NATO의 주요 원칙은 하나 또는 여러 NATO회원국에 대한 공격을 동맹전체에 대한 공격으로 간주한다는 것이다 (NATO조약 제 5조). NATO의 모든 결정은 만장일치에 기초해서 이루어진다.

중요성: NATO는 세계 제1의 군사동맹이다. 모든 NATO회원국들의 총 군사비용은 미국에 힘입어 세계 군사비용의 70퍼센트에 이른다. NATO는 냉전의 기원이면서, 약 40년 동안 냉전의 산물로 존재하고 있다. NATO의 주요 목적은 소련과 동구권 위성국가들의 집단 군사동맹인 바르샤바조약기구(1955)의 위협을 억지하는 것이었다. NATO의 제1대 사무총장이었던 이즈메이(Lord Ismay)가 주장한 것처럼, NATO의 역할은 '러시아인들을 내몰고, 미국인들을 받아들이며, 독일을 약화시키는 것'이었다. 이로써 NATO는 1945년 이후 미국과 서유럽의 결속을 더 강화시켰고, 바르샤바조약기구인 공산권 지역과 군사적 교착상태를 유지하는 데 있어서 중요한 역할을 하였다.

그러나 1990년 냉전의 종식과 함께 NATO는 효과적으로 새로운 역할을 찾아야만 했다. NATO는 스스로 유럽과 세계의 평화유지와 위기관리라는 역할을 찾아냈다. NATO는 1996년 보스니아에서 유엔 평화유지군으로서 중요한 역할을 했고, 전 바르샤바조약기구 가맹국과 다른 국가들이 NATO와 양자관계로 연계될 수 있는 기회를 제공하는 평화를 위한 협력(PFP: Partnership for Peace) 협정을 맺으면서 역할을 확장시켰다. PFP 회원 가입은 종종 NATO의 완전 회원국이 되기 위한 첫 단계로 여겨진다. NATO의 새로운 역할은 1993-6년 구유고슬라비아에서 평화유지와 평화집행 활동을 함으로써 확실해졌다. 1999년에 NATO는 11주일에 거쳐 폭격을 하는 첫 번째의 대규모 군사작전(연합국작전, Operation Allied Force)을 수행하여, 코소보에서 세르비아군을 격퇴하는 데 성공했다. 비록 NATO는 유엔의 위임하에 움직이지만, 대부분의 NATO국가들은 NATO의 군사공격이 유엔 안전보장이사회의 승인을 받아야 한다는 데에 대하여 반대한다.

9월 11일 공격은 역사상 처음으로 NATO가 조약 제5조를 발동시키는 원인이 되었다. 이 사건은 NATO가 글로벌 역할을 할 수 있게 되는 중요한 계기를 제공하였다. 2003년에 NATO는 북대서양 지역을 벗어난 첫 임무로 아프가니스탄에 있는 국제안보지원군의 지휘권을 넘겨받았다. 이에 따라 NATO는 '테러와의 전쟁'에 더욱 깊숙이 개입하게 되었고, 복합적인 반란 대응에 대한 책임을 넘겨받게 되었다. NATO의 추가적인 변화는 유럽연합(EU)의 동쪽으로의 확대와 병행하여, 2000년대에 동유럽의 구공산권 국가들로 확장된 것이다. 그러나 EU의 확대는 상대적으로 논란이 적은 반면, NATO의 확장은 특히 미국을 포함한 NATO와 러시아 사이의 긴장이 심화되는 원인이 되었고, 러시아는 냉전시대의 전통적인 NATO의 역할이 재현되고 있다는 주장을 했다. 특히 우크라이나와 조지아의 NATO 가입 문제는 많은 논쟁을 불러 일으켰다. 조지아의 NATO 가입 문제는 특히 논란이 많았는데, 무엇보다도 러시아의 2008년 조지아와의 전쟁, 2014년과 2022년 우크라이나전쟁의 원인이 되었다는 설이 대세를 이루고 있다.

이 되는 것을 목격한 것이다. 러시아정부의 지원을 받는 것으로 널리 믿어지는 친러시아 해커들도 2014년 크림반도 분쟁에 연루되었다. 우크라이나 베르쿠트 특수경찰부대(크림반도 합병 중 결국 러시아 내무부로 망명)의 이름을 따 '사이버베르쿠트'라고 불리는 단체는 우크라이나 중앙선거관리위원회 전산 시스템을 목표로 삼았고, 극우 성향의 야로쉬(Dmytro Yarosh) 후보가 승리하도록 2014년 총선결과를 바꾸려고 시도했다. 비록 공격이 감지되었고 변화된 결과가 수정되었지만, 이는 러시아와 러시아가 지원하는 군대가 분쟁에서 사이버전을 수행한 많은 방법들 중 하나였을 것이다. 분쟁에서 확인된 또 다른 차원의 사이버전쟁은 소셜 미디어의 사이버 영역에서 발생한다. 고대의 전쟁 도구인 선전의 확산은 전 세계 수십억 명의 사람들이 뉴스와 정보에 접근하는 페이스북과 트위터 같은 소수의 '소셜 네트워크'의 등장과 함께 촉진되었다. 자동화된 또는 '봇' 계정의 사용, 그리고 '가짜 뉴스' 및 다른 형태의 선전 공유는 최근 몇 년 동안 잘 문서화되었는데, 그 사례로는 2014년 크림반도 분쟁뿐만 아니라 아마도 2016년 미국 대통령 선거의 결과에 영향을 미치기 위한 러시아의 캠페인(미국 중앙정보국, 연방수사국 및 국가안보국에 의해 확인됨) 의혹도 포함된다.

하이브리드 및 사이버전쟁을 전개하는 것은 러시아뿐만이 아니다. 그러한 방법을 추구하는 데 필요한 자원을 상대적으로 더 많이 가진 서방국가들도 그들의 전략적 목적을 달성하기 위해 은밀한 하이브리드 전술에 참여하고 있다. '웜(worm)' 컴퓨터 바이러스 또는 '멀웨어(malware)'의 한 형태인 스턱스넷(Stuxnet)은 미국 국방기관들에 의해 개발된 것으로 널리 알려져 있다. 2010년 스턱스넷은 이란에 있는 우라늄 농축시설의 컴퓨터 네트워크에 침투했으며, '감염' 기간 동안 소프트웨어가 시설 내 수백 개의 원심분리기를 치명적인 물리적 손상을 입힌 속도로 작동하도록 강제하여 농축과정을 늦추었고, 이란이 고장 난 기계를 처리하도록 하여 비용을 증가시킨 것으로 알려져 있다. 방해행위는 (제2차 세계대전에서 다리 폭파를 생각하면) 재래식전쟁의 일부였지만, 사이버 공간은 '코더(coder)'에 의해 개발된 원격개발 소프트웨어 솔루션이 수천 마일 떨어진 곳의 물리적 하드웨어에 손상을 입힐 수 있는 새로운 기회를 제공한다.

전쟁은 점점 더 하이브리드 및 사이버 차원을 특징으로 할 가능성이 높다. 드론전쟁 및 기타 군사기술 혁신의 출현과 민간 군사 및 보안회사 형태의 용병 부활을 보완하는 이러한 변화는 전쟁을 설명하고 이해하고 예측하기 더 어렵게 만들 수 있지만, 어떤 측면에서는 전쟁수행이 더 쉬워질 수 있다. 이는 평화주의자들이 희망하는 전쟁폐지 전망(p. 305 참조)을 덜 가능성 있게 만든다.

포스트모던전쟁은 얼마나 효율적이라고 입증이 되고 있는가? 걸프전과 코소보의 사례를 볼 때, 적어도 제한된 목표(이라크와 세르비아 군대의 축출)를 달성하는 데 있어서 매우 효율적이었다고 말할 수 있다. 더욱이 미국의 '첨단'무기들은 세계의 군사적 지배력을 확립하고 세계에서 패권적 역할을 제고하는 데 큰 도움이 되었다. 이는 다른 국가들로 하여금 균형보다는 편승을 택하도록 하였다 ('균형 또는 편승?'에 대해서는 p. 281 참조). 반면, 과거와 마찬가지로 전쟁기술과 군사전략의 발전은 항상 용이하게 전략적 효율성의 제고로 전환되는 것은 아니다. 그 이유 중의 하나는 공군력만으로는 전쟁에서 승리하는 것이 거의 어렵기 때문이다. 1940-1년 런던에 대한 블리츠(Blitz: 대규모 폭격, p. 285 참조), 1945년 연합군의 독일도시 드레스덴에 대한 폭격, 보다 현대에는 이스라엘의 2006년 7월 헤즈볼라 폭격과 2008년 12월 하마스에 대한 폭격을 보면, 지상공격 없는 공군의 공격만으로는 성과를 거두기 어려우며, 더 많은 사상자를 내기 때문에 적의 결의만 더 강화시킬 수 있다는 점을 보여 준다. 코소보의 경우 3일로 계획된 폭격을 78일이나 계속했지만, 결국 세르비아 군대의 철수를 이끌어 낸 것은, 전면전 발생 시 세르비아를 지지하지 않을 것이라는 러시아의 입장 표명이었다. 기술과 전략의 발전이 전략적 효율성으로 이어지지 않는 또 다른 이유는, 적의 기동성이 뛰어나고 민간인들을 구분하기가 어려운 상황에서 발생하는 소규모이면서 저강도 전쟁에서 첨단무기는 제한된 가치만 가지기 때문이다. 예를 들어, 이라크전쟁 초기 미국의 바그다드에 대한 '충격과 공포(shock and awe)' 공격은 후세인의 실각과 바티스트체제의 붕괴를 빠르게 실현시켰지만, 장기적이고 극도로 복잡한 반란 대응전을 막지는 못하였다. 반란대응의 한계가 점점 더 명백해짐에 따라 드론과 다른 무인장치의 훨씬 더 광범위한 사용을 포함한 새로운 스타일의 전쟁을 개발해야 한다는 압력이 커졌다.

전쟁의 정당화

시간이 지나면서 전쟁의 성격이 크게 변하였지만, 전쟁이 정당화될 수 있는지, 어떠한 상황에서 정당화될 수 있는지에 대한 논쟁이 지속되고 있다. 이는 히포의 아우구스티누스(Augustine of Hippo, 354-430)와 토마스 아퀴나스(Thomas Aquinas) 등 고대 로마와 중세시대 유럽 철학자들까지 거슬러 올라간다. 이 이슈에 대해서는 아래와 같은 세 가지 입장이 채택되었다.

- '현실정치(Realpolitik)' – 전쟁은 정치행위이기 때문에 윤리적 정당화가 불필요하다.
- 정당한 전쟁론(Just war theory) – 전쟁은 윤리적 원칙을 따를 경우에만 정당화 될 수 있다.
- 평화주의(Pacifism) – 전쟁은 불필요하고 사악한 것이기 때문에 절대로 정당화될 수 없다.

현실정치

때로는 '현실정치(Realpolitik)'로 불리는 정치적 현실주의의 개념적 특징은 전쟁과 평화의 중요성이 윤리적 측면을 초월한다는 것이며, 따라서 전쟁과 평화는 국가이익의 추구에 의하여 결정된다는 점이다. 이 관점에 따르면, 전쟁은 인류역사의 보편적인 규범으로 수용된다. 비록 전쟁은 장기간의 평화에 의하여 중단되기도 하지만, 평화는 항상 일시적인 것이다. 현실정치 신봉자들에게 있어서, 무력충돌을 선호하는 성향은 인간 내부의 공격적 본성에서 나오거나, 끝없는 인간의 욕구와 그 욕구를 채워줄 수 있는 자원의 부족에서 비롯되는 부조화에서 나온다. 어떠한 것이든 이는 소극적 평화에 대한 믿음을 의미하며, 전쟁 또는 (보다 일반적으로) 적극적인 폭력과 반대되는 것은 없다는 것으로 정의된다 (Dower 2003).

현실정치(*Realpolitik*): (독일어) 이상, 도덕, 원칙보다는 실질적인 현상에 의하여 형성되는 정치 또는 외교의 한 형태.

소극적 평화(Negative peace): 전쟁을 일으킬만한 힘은 남아 있지만, 전쟁이 임박하거나 실제로 전투가 벌어지지 않는 상황.

그러나 정치적 현실주의자들을 전쟁에 의한 사망자와 피해에는 전혀 관심이 없는 전쟁광으로 묘사하는 것은 잘못된 것이다. 예를 들어, 슈미트(Carl Schmitt 1996)는 정당한 전쟁(just war)을 비판했는데, 그 이유는 정치적 이득을 위하여 시작된 전쟁은 분명한 전략적 목표 내에서 전쟁을 하기 때문에 제한되는 반면, 정당한 전쟁, 특히 인도주의적 전쟁은 확대된 목표와 도덕적 열정 때문에 전면전이 될 가능성이 높기 때문이라고 주장했다. 실제로 현실주의자들이 '영구적 평화'에 대한 이상적 자유주의의 꿈을 비판하는 이유 중의 하나는 전쟁의 가능성을 더 높이는 국제정치의 본질을 자유주의자들이 이해하지 못하기 때문이라는 것이다. 예를 들어, 양차 대전 사이 기간에 자유주의적 국제주의이론에 현혹된 영국과 프랑스의 정책결정자들은 독일이 팽창주의적 세력으로 재등장하는 것을 막는 데 실패하였고, 이는 제2차 세계대전의 발발 이유가 되었다. 따라서 현실정치의 정수는 '잘못 되는 것'보다 '강해지는 것'이 낫다는 데 기초하고 있다. 이러한 관점에서 평화를 유지하기 위하여 유일하게 신뢰할 수 있는 방안은 세력균형을 이루고, 힘은 힘으로만 견제할 수 있다고 인식하는 것이다. 또한, 현실정치가 도덕과는 상관없다고 묘사하는 것도 잘못된 것이다. 오히려, 현실정치는 다른 모든 도덕적 고려보다 국가의 자기이익을 우선시하는 일종의 윤리적 민족주의에 의해 이루어진다는 점에서 도덕적 상대주의의 한 예이다. 다시 말해서, 적(敵)은 도덕성 자체가 아니라 보편적 도덕원칙의 관념이다.

11

그러나 현실정치는 신랄한 비판을 받고 있다. 첫째, 현실정치는 전쟁과 무력사용을 정당화하는 요소로 권력정치, 갈등, 탐욕, 폭력이라는 가설을 기반으로 하고 있으며, 무력의 사용을 '사물들의 자연적인 질서'의 한 부분으로 정당화하고 있다. 페미니스트 이론가들의 경우, 국익과 군사력을 강조하는 것은 기본적으로 국제정치에 대한 남권주의적 견해를 반영하는 것이며, 이는 '남성전사(man the warrior)'에 대한 신화에 뿌리를 두고 있다는 주장을 한다 (Elshtain 1987;

개 념

세력균형

'세력균형(balance of power)'의 개념은 다양한 방식으로 사용된다. 정책적 차원에서 세력균형은 어느 국가가 지배적인 지위를 가지지 못하도록 외교 또는 전쟁을 사용하여 힘의 평형상태를 모색하는 시도이다. 체제적 차원에서 세력균형은 일반적인 평형상태를 만들고 국가들이 패권을 추구하려는 욕구를 자제시켜 한 국가가 다른 국가를 지배할 수 없는 조건을 만드는 것이다. 그러한 세력균형을 의도적으로 만드는 것은 어렵지만, 신현실주의 자들은 국가들이 패권국가의 등장을 두려워하기 때문에 국제체제는 자연스럽게 균형상태로 나아가게 된다고 주장한다 (p. 318의 '세력균형' 참조).

Tickner 1992a). 둘째, 전쟁이 가져다주는 피해와 고통의 관점에서 볼 때, 전쟁과 평화의 문제가 (보편적이든 다른 방식이든) 도덕성을 초월한다는 주장은 윤리적 중요성을 무시하는 것이다. 따라서 전쟁이 왜 그리고 언제 정당화될 수 있는가에 대한 대부분의 생각은 어떻게 전쟁의 시작과 수행이 윤리와 조화될 수 있는가, 즉 '정당한 전쟁'의 관념과 연계되어야 한다.

정당한 전쟁론

'정당한 전쟁(just war)'의 개념은 전쟁이 정당화될 수 있고 윤리적 범주에 기반하여 판단되어야 한다는 가설에 기초하고 있다. 이에 따라 전쟁은 현실주의 또는 현실정치, 그리고 평화주의 사이에 놓여 있다. 현실주의는 전쟁을 권력 또는 자기이익의 추구로 인식하고, 평화주의는 전쟁과 폭력은 어떠한 경우에도 윤리적으로 정당화될 수 없다고 주장한다. 그러나 정당한 전쟁은 고정화된 독트린이라기보다는 철학적 또는 윤리적 성찰을 기초로 한다. 정당한 전쟁의 기원은 로마의 사상가 키케로까지 거슬러 올라가지만, 히포의 아우구스티누스, 토마스 아퀴나스, 프란시스코 데 비토리아(1492-1546)와 그로티우스(p. 378 참조) 등이 체계적으로 발전시켰다. 예를 들어, 아퀴나스는 전쟁이 정당하기 위한 세 가지 조건을 확인했다. (1) 전쟁은 그렇게 할 수 있는 권한이 있는 사람에 의해 선언되어야 하고, (2) 전쟁은 정당한 이유가 있어야 하며, (3) 호전적인 사람들은 올바른 의도 (즉, 평화에 대한 열망과 악의 회피)가 있어야 한다. 정당한 전쟁의 개념을 발전시킨 현대 학자들은 월저(Michael Walzer), 엘쉬테인(Jean Bethke Elshtain), 로댕(David Rodin) 등이다.

정당성의 기준이 전쟁에 적용될 수 있을까? 그렇게 하는 의미는 무엇인가? 정당한 전쟁 전통을 지지하는 사람들은 자기들의 생각을 두 가지 가설에 기초하고 있다. 첫째, 인간의 본성은 변화하지 않는 선과 악의 혼합적 요소로 이루어져 있다. 사람들은 선을 추구하지만 언제든지 비도덕적인 행동을 할 수 있고, 이 행동은 다른 사람들을 살해하는 것도 포함된다. 다시 말해서 전쟁은 불가피한 것이다. 둘째, 전쟁으로 겪는 고통은 전쟁에 대해 윤리적인 제한을 가하면서 개선될 수 있다. 정치인, 군대, 시민들이 정당한 전쟁의 원칙과 전쟁법규에 민감하게 되면서, 전쟁의 숫자가 줄어들고 전쟁에 의한 피해도 감소할 것이다. 따라서 정당한 전쟁 이론가들은 전쟁의 목적이 평화와 정당성을 재확립하는 것이어야 한다고 주장한다. 그런데 전쟁이 이러한 높은 이상을 성취한 적이 있는가? 제2차 세계대전은 정당한 전쟁의 고전적 사례라고 인식되고 있다. 1930년대 나치의 공격성이 고조됨에 따라 히틀러가 과감하게 팽창하고 심지어는 세계를 지배하려는 목표를 추구할 것이 의심의 여지가 없게 되었다. 전쟁 기간 600만 명의 유대인 등을 학살한 것 자체가 나치의 지배가 잔인성과 공포를 보여주는 것이었다. 정당한 전쟁론은

정당한 전쟁(Just war): 목적과 수행방식이 윤리기준을 준수하고, 따라서 도덕적으로 정당화되는 전쟁이다.

평화주의(Pacifism): 어떠한 상황에서도 전쟁이나 폭력을 거부하고 평화를 모색한다 ('pacific'은 라틴어에서 유래했으며 '평화를 만드는 것'을 의미한다).

초 점

정당한 전쟁의 원칙

유스 아드 벨룸(전쟁을 시작하는 정당한 의지)의 원칙

- '최후의 수단'. 무력 사용이 정당화되려면 모든 비폭력적인 선택지가 소진되어야 한다. 이는 종종 필요성의 원칙으로 간주된다.
- '정당한 이유'. 전쟁의 목적은 고통받는 잘못된 것을 되돌리는 것이어야 한다. 이는 통상적으로 군사공격에 대응하는 자기방어와 연관되어 있으며, 전쟁에 대한 고전적인 정당화로 인식된다.
- '정통성있는 권위'. 개인 또는 개별적인 단체가 아니라 주권국가의 합법적으로 수립된 정부를 의미한다.
- '정의로운 의도'. 전쟁은 복수나 해를 입히기 위한 목적이 아니라 윤리적으로 수용할 수 있는 (정당한 원인과 동일할 수도 있고 그렇지 않을 수도 있는) 목적에 기초하여 수행되어야 한다.
- '성공에 대한 합리적 전망'. 전쟁은 목적도 이익도 없이 생명이 소모되는 절망적인 명분으로 치러져서는 안 된다.
- '비례성 준수'. 전쟁은 악보다는 선으로 끝나야 한다. 공격에 대한 대응은 비례성에 맞아야 한다 (유스 인 벨로와 구분하기 위하여 '거시적 비례성'으로 표현되기도 한다). 예를 들어, 국경충돌에 대한 대응으로 전면공격을 해서는 안 된다.

유스 인 벨로(정당한 방식으로의 전쟁 수행)의 원칙

- '정확한 식별'. 민간인들과 비전투원들은 결백하다는 전제하에 무력은 군사적 목표만 향해야 한다. 따라서 합법적인 목표에 대한 공격임에도 불구하고 민간인들이 우발적인 또는 불가피한 희생자가 되었을 경우에만 민간인들의 사망이나 부상이 수용되며, 이를 부수적 피해(collateral damage)로 간주한다.
- '비례성 준수'. 유스 아드 벨룸과 중첩되며, 수용될 수 있는 군사적 목표를 달성하는 데 필요한 것보다 많은 군사력을 사용하지 말아야 하며, 도발을 유도할 정도의 군사력을 사용하면 안된다.
- '인간애'. 포로가 되거나, 부상당했거나, 전쟁포로로 수용되어 있는 적의 병사들에게 직접적인 무력을 사용해서는 안된다. 다른 유스 인 벨로 원칙들과 함께, 이는 시간이 지나면서 '전쟁법규'로 공식화되고 있다.

인도적 개입(p. 364 참조)을 대체로 정당한 것으로 인정하고 있다.

정당한 전쟁론은 분리되지만 연관된 두 가지 이슈를 제시한다. 첫째는 전쟁을 시작할 때의 정의이며, 이는 라틴어로 '유스 아드 벨룸(jus ad bellum)'이라 부른다. 둘째는 전쟁의 올바른 수행이며, 라틴어로 '유스 인 벨로(jus in bello)'이다. 이 둘은 정당한 전쟁을 생각하는 데 있어서 서로 보완적이지만, 서로 다른 의미를 지니고 있다. 예를 들어, 정당한 원인 때문에 전쟁을 하는 국가는 정당하지 않은 방식을 사용하여 전쟁을 수행할 수도 있다. 그러나 전쟁이 정당화되기 위해서 '유스 아드 벨룸'과 '유스 인 벨로' 모두를 충족시켜야 하는지, 하나만 확실하게 충족시켜야 하는지는 불분명하다. 정당한 전쟁론자들 사이에는 어느 것에 더 중점을 두어야 할지에 대한 논쟁도 있다. 예를 들어, 일부 사람들은 정당한 명분 때문에 전쟁이 시작되었다는 점에 강조점이 두어져야 한다고 주장하는 반면, 다른 사람들은 전쟁은 항상 최후의 수단으로 선택되는 것이 중요하다고 주장한다. 같은 맥락에서 일부 정당한 전쟁 이론가들은 목적이 수단을 정당화한다는 논리하에 '유스 인 벨로'의 원칙들보다 '유스 아드 벨룸'의 조건들이 더 중요하다고 주장한다. 마지막으로, 정당한 전쟁은 반드시 필요하고 지켜져야 하지만, 실제로 적용될 때

부수적 피해(Collateral damage): 군사작전 동안 의도하지 않게 또는 우발적으로 상해나 피해를 입는 것 (보통 완곡한 표현으로 사용됨).

유스 아드 벨룸(jus ad bellum): 전쟁의 시작이 정당해야 하며, 무력을 정당하게 사용하도록 제한하는 원칙.

유스 인 벨로(Jus in bello): 전쟁의 수행을 정당하게 하는 것이며, 전쟁이 어떻게 수행되어야 하는가를 강구하는 원칙.

주요 인물

마이클 월저(Michael Walzer, 1935년생)

출처: Leonardo Cendamo/Getty Images

미국 정치철학자. 월저는 전쟁 윤리에 대한 사고에 주요 기여를 하였다. *Just and Unjust Wars* (1977)에서 개인의 권리와 의무, 그리고 정치공동체(국가로 이해되는)의 권리와 의무 사이의 균형을 이끄는 '합법주의 패러다임'에 기초한 정당한 전쟁론을 발전시켰다. 이는 국가가 선제공격을 통해서(정당한 전쟁) 공격으로부터 자신을 방어할 수 있지만, 자기이익을 추구하기 위한 공격(정당하지 않은 전쟁)은 배제됨을 암시한다. 월저는 또한 '최고의 비상사태(국가에 대한 즉각적이고 최우선적인 위협으로 기인하는)'에서 "규칙은 잠시 제쳐두는 것"을 필요로 할지도 모른다고 하면서, 인도적 개입을 옹호했다. 월저의 다른 주요 저서로는 *Spheres of Justice* (1983)와 *Arguing about War* (2004)가 있다.

는 오히려 정치적, 도덕적, 철학적 문제를 일으키는 경우가 많다.

예를 들어, 전쟁은 최후의 수단으로만 선택되어야 한다는 원칙은, 무력사용이 지연됨에 따라 적이 더 강하게 될 수도 있으며, 이에 따라 궁극적으로 전쟁이 발생하게 되면 더욱 처절한 전쟁이 될 수도 있다는 점을 간과한 것이다. 1930년대 나치 독일의 경우가 이 사례를 보여준다. '정당한 명분'의 원칙은, 이미 이루어진 잘못된 공격에 대한 보복이어야만 하는가, 아니면 선제공격(p. 269 참조)의 경우와 같이 예견된 공격에 대한 자기방어도 포함되느냐의 논쟁으로 복잡하게 되었다. 이와 유사하게 정통성 있는 권위에 대해서도 문제가 제기된다. 일부 사람들은 오로지 헌법상 민주적으로 형성된 정부만이 정통성이 있다고 간주된다고 주장한다. 전쟁을 하기 위해서는 어느 정도 승리할 가능성이 있어야 한다는 주장은 비판을 받는데, 그 이유는 어떠한 대가를 치루더라도 위협과 공세를 견뎌내야 하는 전쟁도 있기 때문이다 (1940년 러시아의 공격에 대한 핀란드의 저항). 이 원칙을 적용하는 것은 '새로운' 전쟁이 출현한 이후에 더욱 어려워졌는데, 그 이유는 상대국과 힘을 비교하여 성공여부를 계산하는 것은 매우 신뢰하기 어렵게 되었다.

정당한 전쟁론에 대해서 많은 비판들이 나오고 있다. 첫째, 어느 정도로 바람직할지 모르겠지만, 정당한 전쟁이 되도록 하는 요인들에 대하여 국가들이 준수하기 어려운 기준을 정해줄 수도 있다. 어느 한편이라도 정당한 전쟁의 규칙을 완전하게 준수한 전쟁이 있었는지에 대하여 의문이 간다. '착한 전쟁'인 제2차 세계대전의 경우에도, 영국은 드레스덴 같이 군사적으로 중요하지 않은 독일의 도시에도 무차별 폭격을 가하였다. 일본과의 전쟁도 수많은 민간인 사상자를 낸 히로시마와 나가사키에 대한 원자탄 투하로 전쟁을 끝냈다. 실제로 정당한 전쟁의 아이디어는 민간인에 대해 해를 입히지 않는 것이 거의 불가능한 현대전 수행방법에 있어서 별 연관성이 없다. 둘째, 정당한 전쟁의 원칙을 적용하려는 시도는 '잘못된' 결과를 초래할 수도 있다. 유스 인 벨로의 원칙은 유스 아드 벨룸의 원칙과 모순되는 경우도 발생할 수 있다. 정당한 명분으로 전쟁을 시작한 측은 팔을 등 뒤에 묶은 채 전쟁을 수행해야 하기 때문에 패배할 가능성이 있다. 분명히 전쟁이 시작되면 윤리적 고려보다는 전세를 뒤집고 승리하는 실질적인 고려사항에 집중해야 하지 않을까? 특히 이 이슈는 소위 더러운 손의 문제와 연결되는 테러와 전쟁을 할 때 중요하게 부각된다. 예를 들어, 월저(Walzer 2007)는 '시한폭탄가설(ticking bomb scenario)'에 관심을 기울였는데, 이는 테러 용의자를 고문하여 폭탄의 위치에 대한 정보를 알아내어 수백 명의 목숨을 구하도록 명령을 내리는 것이다. 셋째, 정당한 전쟁 원칙은 교전 당사자들이 같거나 비슷한 문화적이고 윤리적인 신념을 가졌을 경우에만 적용이 가능하다. 그러한 경우에만 한 당사국이 정당하지 않더라도 다른 당사국은 정당성을 유지할 수 있다. '테러와의 전쟁'의 기치 아래 벌어지는 것과 같은 현대전들은 문명들 사이의 전쟁은 아니더라도 다른 문화들 간의 전쟁이고, 이 경우 앞서 언급한 조건은 적용하기가 어렵다. 군사적 경쟁자들은 화합될 수 없는 가치체계와 윤리적 믿음을 가졌기 때문에 자기편이 정당하다고 자신있게 주장한다.

더러운 손의 문제(Dirty hands, problem of): 정치인들이 정치공동체를 위하여 수용된 윤리적 원칙을 어기고 잘못된 것을 옳은 것으로 만드는 문제.

양심적 병역거부(Conscientious objection): 양심을 바탕으로 하여 군대징집을 거부하는 것이며, 일반적으로 전쟁의 대리인으로 행동하는 것은 잘못된 것이라는 믿음에 기초.

평화주의

정당한 전쟁론은 전쟁을 정의의 틀 내에 편입시켜 윤리성과의 조화를 시도한 반면, 평화주의는 전쟁과 윤리성은 조화될 수 없는 것으로 본다. 요컨대, 평화주의는 모든 전쟁이 도덕적으로 잘못된 것이라고 주장한다. 그러한 입장은 두 가지 사상에 근거하고 있는데, 이들이 결합되어 평화주의 주장의 부분을 형성하고 있다(Holmes 1990). 첫째는 살해가 잘못된 것이기 때문에 전쟁도 잘못이라는 주장이다. 어떠한 상황에서도 전쟁과 살해를 거부하는 원칙은 생명의 존엄성과 고결함에 대한 지지를 기초로 하고 있는데, 이는 때때로(항상은 아니지만) 종교적 신념에 뿌리를 두고 있다. 평화주의의 논리는 기독교, 힌두교, 비폭력에 대한 간디의 윤리관, 불교 등에서 발견된다. 평화주의의 강력한 신념은 양심적 병역거부에 윤리적 기초를 제공한다. 두 번째는 '우발적 평화주의(contingent pacifism)'로, 비폭력이 인간의 안녕에 주는 광범위하고 장기적인 이득을 강조한다. 이 견해에 따르면, 폭력은 해결될 수 없는 방식인데, 그 이유는 폭력이 증오, 고통, 복수의 심리를 발전시켜 또 다른 폭력을 유발시키기 때문이다. 이러한 사유로 평화주의와 비폭력이 정치적 책략으로 사용되기도 하는데, 마틴 루터 킹(Martin Luther King)과 1960년대 미국의 시민권 운동이 보여주었듯이 윤리적인 오염을 방지시켜 주는 것으로 확인된 것이 그 사례이다.

평화주의는 두 가지 점에 있어서 국제정치의 중요한 힘으로 작용하였다. 첫째, 평화주의는 소위 '법적 평화주의'의 형식으로 국제연맹과 유엔 같은 초국가기구의 설립에 기반을 제공했다. 이들의 목적은 국제법체계를 통하여 국제분쟁을 평화적으로 해결하는 것이다. 이러한 이유 때문에, 평화주의자들은 세계연

'정당한 전쟁'으로서 아프가니스탄전쟁

사건: 2001년 10월 미국과 NATO동맹군은 탈레반정권이 알카에다 테러리스트들에게 은거지를 제공하고 지원을 한다는 이유로 그 정부를 무너뜨리려는 의도로 아프가니스탄을 공격했다. 아프간 군벌과 부족 지도자들, 특히 북부동맹의 지원을 받은 동맹군은 2001년 12월 탈레반정권을 붕괴시키는 데 성공하였고, 대부분의 알카에다 테러리스트들은 살해되거나 파키스탄의 국경지역으로 도망갔다. 그러나 탈레반 정권의 남은 세력, 다른 종교적 전사들, 카불에 새로 수립된 친서방 정부를 반대하는 세력들을 대적하는 반란대응전이 뒤따랐다. 그들은 헬만드 지방과 아프가니스탄의 남쪽 이웃 지방에서 세력을 떨쳤다.

2002년 7월 아프가니스탄에서 미군이 로봇과 금속 탐지기를 이용해 지뢰와 급조폭발장치(IED)를 제거하고 있다.

출처: *Patrick AVENTURIER/Getty Images*

중요성: 여러 측면에서 아프간전쟁은 '정당한 전쟁'으로 간주될 수 있다. 우선, 이 전쟁은 뉴욕과 워싱턴에서 벌어진 9/11 공격에 의해서 입증된 테러의 위협으로부터 미국과 서방을 보호하기 위한, 자기방어의 관점에서 정당화 될 수 있다. 엘쉬테인(Elshtain 2003)과 같은 논평가들은 아프간전쟁이 주요한 부분을 차지했던 '테러와의 전쟁'은 정당한 전쟁이었다고 주장한다. 왜냐하면, 이 전쟁은 '종말론적 테러리즘(apocalyptic terrorism)'의 대량학살 위협에 대항한 전쟁이었고, 이 전쟁은 모든 미국인들과 유대인들에게 잠재적 위협을 가하는 동시에 전투원과 비전투원의 구분 없이 수행되었던 전쟁이었기 때문이다. 또한, 2001년 아프가니스탄에 대한 공격은 명확한, 그리고 명확히 선언된 목표가 있었다. 알카에다와 연결된 탈레반 정권의 제거라는 목표는 명확하게 세워졌고 반박의 여지가 없었다. 또한, 미국과 동맹국들은 정당한 권위체로 행동했고, NATO의 지원을 받았으며, 러시아와 중국을 포함한 국제적 지원도 광범위하게 받았다. 마지막으로, 9/11 공격의 가해자들은 외교적 혹은 비폭력적 압력에 의해서 행동이 확실하게 자제될 수 없었다. 예를 들어, 유엔은 이슬람 테러리즘에 의해 세계안보가 위협받는 상황에 대처할만한 능력, 권위, 의지를 결여하고 있었다.

그러나 비평가들은 이 전쟁을 정당하지 않고, 정당화할 수 없는 전쟁이라고 묘사한다. 이들의 주장은 다음과 같은 논지들을 포함한다. 첫째, 전쟁의 목적과 의도가 정당화 될 수 없는데, 그 이유는 미국이 글로벌 패권을 공고화하고, 중동의 석유자원에 대한 통제력을 강화하기 위하여 전쟁을 수행했기 때문이다. 이러한 점에서, 아프가니스탄에 대한 공격은 부당한 것이었다. 둘째, 1991년의 걸프전과 달리 아프간전쟁이 특별한 유엔 결의에 의해서 이루어진 것이 아니었기 때문에, 미국과 동맹국들이 정통성 있는 권위체라 간주될 수 없었다. 셋째, 비록 탈레반정권을 무너뜨리는 데 성공할 가능성은 높았지만, 아프간전쟁을 통해 이슬람 테러리스트들을 패배시킬 가능성은 매우 의심스러웠다. 이러한 의구심은 공격이 무슬림의 의견을 자극하고 급진적으로 만들 가능성 때문이기도 했고, 게릴라 전술을 사용하는 적과 싸워서 기술적 우위의 이득을 볼 수 있을지에 대해 의구심이 들기도 했기 때문이었다. 넷째, 미국은 전쟁포로의 대우(관타나모 수용소로 보내져 고문을 당함), 종종 민간인의 사망으로 이어지는 알카에다와 탈레반 근거지에 대한 공격을 하여 수용된 전쟁협약을 위반했다. 다섯째, 이슬람 사람들은 정의가 침략군이 아니라 탈레반과 알카에다 측에 있었다고 주장했는데, 그 이유는 자신들이 이슬람을 순수하게 정화시키고 무슬림 세계에서 외국의 영향력을 추방하는 지하드(jihad, 성전)에 참전한 것이기 때문에 정당성이 있다는 것이었다. 마지막으로, 2021년 모든 미군의 철수와 탈레반의 신속한 권력 복귀는 정의의 측면에서 전쟁의 주요 목표인 정의롭지 않은 정권의 제거를 최종적으로 완전히 실패한 것이었다. 20년간의 전쟁과 241,000명의 목숨(미국에 본부를 둔 왓슨 연구소의 통계)을 앗아간 전쟁이 가장 근본적인 임무를 수행하는 데 실패한다면 그 전쟁은 정당화될 수 있을까?

방 또는 세계정부의 설치를 강력하게 옹호한다. 이러한 점에서 평화주의자들은 종종 주권국가들의 세계를 초월하기를 모색하고, 평화를 정치적이고 사회적인 정의와 연결시키는 적극적 평화를 포용한다. 둘째, 평화주의는 성격은 다르지만 '평화운동'의 성장을 가속화하는 데 도움을 주고 있다. 평화 행동주의는 핵무기 시대의 출현에 대한 대응으로 처음 시작되었고, 유럽핵군축(END: European Nuclear Disarmament)와 영국의 핵군축캠페인(CND: Campaign for Nuclear Disarmament) 같은 단체들을 형성하는 데 뒷받침이 되었다. 이들은 핵무기의 개발이 전쟁으로 인한 인간비용(human cost)에 대한 계산과 전쟁의 윤리적 함의를 근본적으로 변경시켰다는 사실을 인식시키는 데 주력하였다. 특히 1962년의 쿠바 미사일 위기 이후 1960년대에 이러한 단체들에 대한 지지가 상승하였다. 더 최근에, 반핵 평화주의 전통의 계승자인 핵무기폐기 국제캠페인(ICAN: International Campaign to Abolish Nuclear Weapons)이 핵을 금지하는 조약을 위한 성공적인 로비에 대한 업적으로 2017년 노벨평화상을 수상했다. 또한, 평화주의는 베트남전쟁에 대한 시위를 계기로 하여 반전운동이 강화되는 데 기여하였고, 이는 후일 이라크전쟁에서의 경우와 같은 저항운동의 모델이 되었다. 비록 반전운동들이 완전히 평화주의 정서에 의하여 유발된 것은 아니지만, 그들은 정부의 군사활동 수행과 유지 능력을 국내적으로 제한할 수 있는 기초를 마련했다.

적극적 평화(Positive peace): 조화롭고 총체적인 것으로 정의된 평화이며, 전쟁뿐만 아니라 전쟁 원인을 불식시킨다.

평화주의는 여러가지 측면에서 비판을 받고 있다. 예를 들어, 평화주의자들은 군대의 존재와 다른 사람들의 전투 의지가 조성해 놓은 안보로부터 혜택을 받으면서 윤리적으로는 덜 오염되는 '무임승차'를 하는 비겁자들이라는 비판을 받는다. 이에 따라 그들은 정치에 있어서 '깨끗한 손'을 가질 수 있다는 기만적인 믿음을 주려고 한다. 또한, 평화주의는 윤리적이고 철학적으로 심각한 어려움에 처하기도 한다. 첫째, 평화주의는 사리에 맞지 않는 것으로 간주된다. 평화주의는 생명의 권리에 기초하고 있지만, 이 권리는 자기 자신이나 다른 사람들을 보호하

주요 인물

마하트마 간디(Mohandas Karamchand Gandhi, 1869-1948)

출처: *Dinodia Photos/Getty Images*

인도의 정신적이고 정치적인 지도자(마하트마[Mahatma]라고 불리는데, 그 의미는 '위대한 영혼'이다)이다. 영국에서 교육을 받은 변호사 간디는 남아프리카공화국에서 일하며 차별에 반대하는 시위를 조직했다. 1915년 인도로 돌아온 후 간디는 독립을 끊임없이 주장하는 캠페인을 벌이면서 민족주의 운동의 지도자가 되었으며, 결국 1947년에 독립을 쟁취하였다. 간디의 비폭력 '저항주의(satyagraha)'는 그의 금욕적인 생활에 의하여 강화되었으며, 인도의 독립운동에 커다란 도덕적 권위를 부여했다. 힌두교에서 파생된 간디의 정치철학은 우주가 진리의 '원초성(satya)'에 의하여 통제된다는 점과, 인류는 '궁극적으로 하나'라는 가정에 근거한다. 간디는 독립 이후 격렬한 힌두-무슬림 폭력의 희생자가 되면서 1948년에 광신적인 힌두교 신자에 의해서 암살되었다.

11

기 위하여 힘을 사용하려는 의지를 통해서만 방어될 수 있는 것이다 (Narveson 1970). 이러한 관점에서, 공격을 받지 않을 권리는 공격을 받았을 때 필요하다면 살해할 수도 있는 힘으로 자신을 보호해야 하는 권리이다. 두 번째 어려움은 살해를 하지 말아야 하는 중요성을 무시해야 하는 의미를 지니며, 이는 자유, 정의, 인정, 존중과 같은 개념들에 2차적인 중요성을 부과하게 되는 입장이라 할 수 있다. 그러나 생명의 가치는 사람들이 살아가는 조건에 불가피하게 밀접하게 연결되어 있으며, 이는 살해 방지와 다른 가치들의 보호 사이의 관련성이 필요하다는 점을 의미한다. 그러한 관련성은 인도주의적인 전쟁을 정당화하고, 일방적인 개입의 윤리적 비용은 고통의 축소와 인권의 보호와 균형을 이루게 된다. 이 이슈는 제14장에서 구체적으로 논의된다.

요약

- 전쟁은 전통적으로 둘 또는 그 이상의 당사자들, 특히 국가들 사이의 무력충돌이 발생하는 상황이다. 그러나 시간이 지나면서 군사기술과 전략의 발전에 의해 전쟁의 성격이 엄청나게 변화하였다. 그럼에도 불구하고 인간의 본성, 국가의 내적인 성격, 또는 구조적이거나 체제적인 압력에 초점을 맞추면서 전쟁이 왜 발생하였는지에 대한 상당한 논쟁이 벌어지고 있다.
- 클라우제비츠에 의하여 발전된 전쟁에 대한 개념은 전쟁을 다른 수단에 의한 정치의 연속으로 인식하였다. 그러나 전쟁에 대한 클라우제비츠의 개념은 전쟁에 대한 윤리적 의미를 무시했다는 비판을 받고 있다. 또한, 클라우제비츠의 개념은 구식이라는 비판을 받았는데, 그 이유는 전쟁이 덜 효과적인 정책도구가 되었기 때문이거나, 현대전을 도구적 개념으로 해석하는 것이 덜 쉽게 되었기 때문이다.
- 많은 사람들은 전쟁의 성격이 탈냉전시대에 변화하였다고 주장한다. 소위 '새로운' 전쟁은 국가 사이의 전쟁이라기보다는 내전의 경향이 짙어 가며, 정체성 문제를 가지고 충돌한다. 또한, 새로운 전쟁들은 공통적으로 불균형적인 당사자들이 싸우는 비대칭 전쟁들이고, 민간인/군인의 구분이 희미해지고 있으며, 무차별적인 폭력이 증가하는 추세이다.
- 전쟁과 전쟁장비는 '스마트' 무기와 인터넷의 등장부터 '하이브리드'와 '사이버'전쟁의 시대에 이르기까지 최근의 기술발전으로부터 영향을 받고 있다.
- 전쟁과 윤리에 관한 이슈에 대해서는 세 가지의 광범위한 입장이 채택되고 있다. '현실정치(*Realpolitik*)'는 정치적 행위로서의 전쟁은 도덕적 정당화를 필요로 하지 않음을 시사한다. 정당한 전쟁론은 전쟁이 정당한 이유로 시작하고 정당하게 수행될 경우에만 그 전쟁이 정당화된다고 주장한다. 평화주의자들은 전쟁이 불필요하게 사악한 것이기 때문에 절대로 정당화될 수 없다고 주장한다.

토의주제 ?

- 전쟁과 다른 형식의 폭력은 어떠한 차이가 있는가?
- 재래식전쟁과 비재래식전쟁 사이에는 의미있는 차이가 있는가?
- 전쟁은 불가피한 것인가? 그렇다면 왜 그런가?
- 전쟁은 정치적 행위라는 생각은 얼마나 설득력이 있는가?
- 비대칭 전쟁에서 승리하는 것은 왜 그렇게 어려운가?
- 사이버전은 재래식전쟁과 같은 규모의 위협인가? 어떤 의미에서 반란대응이 '실패'한 것인가?
- 현실주의는 윤리와 전쟁 사이의 연관성을 거부하는가?
- 유스 아드 벨룸(*jus ad bellum*)이라는 고전적 정당한 전쟁 원칙들은 얼마나 타당한가?
- 유스 인 벨로(*jus in bello*) 원칙은 효율적인 전쟁수행에 방해가 되는가?
- 왜 평화주의자들은 전쟁을 거부하는가?

추가 읽을거리

Burke, J., *The 9/11 Wars* (2012). 9/11 이후 아프가니스탄과 이라크의 전쟁 전개 상황을 면밀히 조사.

Clarke, R. A. and R. Knake, *Cyber War: The Next Threat to National Security and What to Do About It* (2012). 워싱턴 DC 국가안보 '내부자' 2명이 작성한 전쟁의 미래에 대한 경고.

Frowe, H., *The Ethics of War and Peace: An Introduction* (2011). 전쟁에 대한 윤리적 논쟁을 새롭고 접근 가능하게 소개하고, 자기 방어, 정당한 전쟁론 및 전쟁법규와 관련된 문제를 논의.

Kaldor, M., *New and Old Wars: Organized Violence in a Global Era* (2012). '새로운 전쟁'의 현상에 대한 매우 영향력 있는 설명.

대량살상무기의 글로벌정치

출처: *DIMITAR DILKOFF/Getty Images*

개요

1945년의 핵무기 개발과 사용은 전쟁사, 특히 인류사에 있어서 중요한 전환점이 되었다. 매우 빠르게, 모든 인간의 생명을 파괴하고 지구의 더 넓은 생태계를 파괴할 수 있는 충분한 핵탄두가 만들어졌다. 냉전이 전개되면서 세계는 '폭탄'의 그림자 밑에 놓이게 되었다. 그러나 일부 사람들은 핵무기가 강대국 사이의 전쟁을 효율적으로 억제한 핵심이라고 인식하는 한편, 다른 사람들은 핵무기 경쟁이 끊임없는 긴장과 안보불안의 원천이 되고 있다는 주장을 한다. 핵억제이론은 작동될 것인가? 핵무기는 책임 있는 정치를 촉진할 것인가, 아니면 팽창주의적 욕망을 부풀릴 것인가? 탈냉전 시대에, 비록 미국과 소련의 '상호확증파괴'를 통한 핵 참화 위협의 즉각성은 사라졌지만, 핵무기를 둘러싼 글로벌 긴장은 여전히 남아 있다. 오늘날 핵무기를 보유하고 있는 국가는 냉전이 고조될 때보다 더 많다. 핵무기는 제2차 세계대전 말 미국의 일본 폭격 이후 무력충돌에 사용되지 않았지만, 방사성무기와 화학무기를 포함한 비핵 대량살상무기는 소규모로 배치되었다. 군비통제에 관한 국제적인 협상과 입법도 계속되어 왔으며, 특히 2017년 '핵금지조약(Nuclear Ban Treaty)'의 형태로 나타났다. 그러나 그러한 무기에 대한 군비통제가 효과적일 수 있는가? 어떤 국가의 그러한 무기의 보유 또는 사용이 '합법적'으로 간주되며, 누구에 의해 '합법적'으로 간주되는가? 핵, 화학, 생물학적 무기는 도덕적으로 '재래식' 무기보다 '더 나쁜' 것인가?

핵심이슈

- 대량살상무기란 무엇이며, 다른 무기들과 어떻게 다른가?
- 핵확산은 어떻게 해야 가장 잘 설명할 수 있는가?
- 핵무기는 국제평화와 안정을 촉진하는가, 또는 위협하는가?
- 대량살상무기의 확산은 어떻게 해야 가장 잘 통제가 되고, 또는 반전시킬 수 있는가?
- 탈핵시대는 가능한 것인가, 아니면 단순한 기대인가?

대량살상무기의 정의

고전적 정의

‘대량살상무기(WMD: weapons of mass destruction)’라는 문구는 1937년 당시 캔터베리 대주교로 영국 국교회와 전 세계 성공회의 지도자였던(Bentley 2014: 30) 랭(William Lang)이 쓴 신문 칼럼에서 처음으로 사용되었다고 알려져 있다. 특히, 랭은 스페인내전(1936-9)과 제2차 중일전쟁(1937-45)의 공중폭격 캠페인으로 인한 대량 사망과 파괴로 인해 혼란을 겪었다. 폭발물을 항공기에서 떨어뜨리는 군사적인 전술은 이탈리아-터키전쟁(1911-12)에서 이탈리아인 조종사에 의해 시작되었다. 1911년 11월 1일 리비아 트리폴리 상공에서 새를 닮은 독일 타우베 경비행기로 정찰 비행하는 동안, 줄리오 가보티 중위는 비행기에 있던 폭발물을 오스만 제국의 야영지에 떨어뜨리기로 결정했다 (Hippler 2017). 이것은 무력충돌 시 목표물을 향해 폭발물을 발사하는 데 처음으로 항공기를 사용한 사례로 남아 있다. 몇 년 후, 제1차 세계대전 당시, 호전적인 여러 국가들은 군사시설뿐만 아니라 도시와 다른 민간지역에도 폭탄을 투하하기 위해 작은 항공기와 훨씬 더 큰 수소로 채워진 ‘체펠린’ 풍선을 사용했다.

랭 대주교의 두려움은 제2차 세계대전에서 확인되었다. 랭의 기사에서 언급된 바 있는 스페인내전의 파시스트들을 지원하기 위해 나치 루프트바페(공군)가 바스크의 도시 게르니카에 가한 파괴는 제2차 세계대전에서 민간인들을 대상으로 한 대량 폭격의 표본이었다. 1940-1년 독일은 영국에 광범위한 폭격을 실시했는데, ‘블리츠’ 공중폭격(p. 285 참조)으로 최소 4만 명의 민간인들이 사망하고 런던에 있는 거대한 건물과 사회기반시설들이 다수 파괴되었다. 한편, 1942년 영국 공군 폭격사령부에 내려진 영국의 ‘지역폭격지침(Area Bombing Directive)’은 제2차 세계대전에서 연합군의 군사행위 중에서 가장 논란이 많은 측면들 중 하나로 남아 있다. 이 지침은 독일 민간인들을 대상으로, 특히 군수품공장과 더 광범위한 ‘전쟁수행’에 중요한 산업노동자 계급이 주거하는 도시지역을 대상으로 공격하도록 명시적인 지시를 내렸다. 그리고 1945년에 3일 동안 영국의 악명 높은 드레스덴 폭격은 2만 5,000명에 달하는 사람들을 죽였고, 그 중 대다수는 민간인들이었다.

이러한 규모의 폭격은 ‘전면전’ 성격에 특유한 전투행위지만, 20세기 후반에 이르러서는 무력충돌에서, 특히 주요 서방 강대국들이 선호하는 전술로 공중폭격이 활용되었다. 미국이 주도적인 역할을 해온 냉전 이후의 갈등은 종종 지상군이 투입되어 전투를 벌이고 영토를 점령하기 전에 광범위한 공중폭격의 초기 기간을 가진다. 한편 드론전쟁의 출현은 주로 ‘원격통제’에 의해 수행되는 전쟁으로 이어졌으며, 때로는 ‘분쟁지역’에서 수천 마일 떨어진 곳에서 조종자들이 무장한 무인항공기(UAV)를 조종하여 지상의 목표물을 향해 미사일과 폭탄을 발사한다. 예를

12

들어, 2008년과 2012년 사이에, 미국과 동맹국들은 아프가니스탄, 리비아, 이라크에서 약 1,200회의 드론공격을 감행한 것으로 추정된다. 그리고 전쟁에 사용된 폭발물 또한 더욱 파괴적이 되었다. 2017년 선출된 트럼프 대통령은 미군에게 동부 아프가니스탄의 산악 동굴 네트워크에 GBU-43/B 공중폭발대형폭탄(MOAB, '모든 폭탄의 어머니'로도 알려져 있음)을 투하하라고 명령했다고 떠벌렸다.

그러나 이러한 것들은 폭발적인 화력으로 파괴적인 공중폭격을 정상화한 것이며, 이는 현재의 대량살상무기 자체의 사용이라기보다는 '재래식' 전쟁의 일부로 여겨진다. 대량살상무기라는 용어는 공중폭격의 잔인한 파괴를 묘사하기 위해 처음 도입되었지만, 그 현대적인 쓰임은 다소 다르다.

현대적 정의

WMD라는 용어는 오늘날 두 가지 범주의 무기를 언급하며 다소 배타적으로 사용된다. 이는 핵무기와 가장 밀접하게 관련되어 있으며, 아래에서 자세히 살펴본다. 그러나 국제기구와 조약은 또한 특정 전달수단을 통한 '대량화' 가능성 때문에 금지된 다양한 방사능, 화학, 생물학 무기를 WMD로 분류한다. 예를 들어, 폭탄에 있는 기존의 폭발장치는 핵폭발 없이 생물학적이고 생태학적으로 파괴적인 결과를 초래할 수 있는 방사능, 화학, 생물학적 물질을 광범위한 지역에 퍼뜨리는 데 사용될 수 있다. '테러와의 전쟁' 초기에는 그러한 '더러운' 폭탄을 사용한 공격(또는 실행 가능한 음모)이 실행되지는 않았지만, 서방의 정부와 안보기관에 의해 주요 안보위협으로 널리 활용되었다.

1946년에 서명된 유엔 총회의 첫 번째 결의안은 '핵무기와 대량살상에 사용할 수 있는 모든 주요 무기의 제거'를 조사하고 연구하기 위한 위원회를 설립했다. 오늘날 유엔은 WMD를 핵, 화학, 생물학의 세 가지 범주의 무기로 구성되어 있다고 정의한다. 앞으로 보게 되겠지만, 냉전과 탈냉전 시대를 거치며 핵무기의 생산을 제한하거나 종식시키고 사용을 방지하기 위한 상당한 국제외교적 노력이 있어 왔다. 화학, 생물학 WMD와 관련하여 비슷한 노력이 있어 왔으나 대부분 덜 성공적이었다. 특히 화학무기는 최근 몇 년 동안 무력충돌과 암살에 국가와 비국가 행위자들에 의해 사용되어 왔다. 유엔에서 화학무기금지협약(CWC)이 1993년에 서명되고 1997년부터 발효되었는데, 이 협약은 193개의 당사국들에게 '전체 범주의 대량살상무기 제거'를 약속했다. CWC의 첫 번째 조항은 다음과 같이 지시한다.

이 협약의 각 당사국은 어떠한 경우에도 다음과 같은 일을 하지 않는다.

1. 화학무기를 개발·생산·취득·비축·보유하거나 직·간접적으로 누구에게나 화학무기를 이전하는 것.

초 점

21세기 국가의 화학 대량살상무기 사용

1945년 이후 무력충돌에서 어떤 핵무기도 사용되지 않았지만, 비핵 대량살상무기들은 최근 몇 년간 세계무대에서 관심을 끄는 사용 사례들이 발견되었다. 21세기 초 일부 국가는 금지된 화학 대량살상무기를 사용하여 실제 또는 암살 시도를 한 배후에 있다고 주장된다. 특히, 러시아는 국내외에서 반체제 인사들과 망명자들을 살해하기 위해 그러한 무기들을 사용했다는 비난을 받아왔다. 2006년 FSB(구소련 시절 KGB로 알려졌던 정보기관)와 푸틴정권을 비판하는 인물로 변신한 전직 러시아 정보요원인 알렉산더 리트비넨코는 런던 초밥식당에서 KGB/FSB와 연관이 있는 두 명의 다른 러시아인들을 만난 후 고방사능 동위원소 폴로늄-210에 중독되어 사망했다. 2018년 스크리팔(Sergei Skripal)은 솔즈베리에서 그의 딸 율리아와 함께 노비촉으로 알려진 신경작용제에 중독되었는데, 그는 탈냉전 직후 영국 이중간첩 역할을 했던 전직 러시아 군인이며, 러시아와의 '스파이 교환'의 일환으로 영국으로 망명했다. 그들은 살아남았지만, 다른 남녀가 향수병에 버려진 화학무기를 발견한 후 독극물에 노출되었고, 그 여성은 사망했다. 이러한 사건은 두 명의 러시아 남성이 작은 도시 솔즈베리를 방문한 후에 발생했는데, 그들은 관광객이라고 주장했지만 러시아의 GRU 해외군사정보부의 일원으로 추정된다. 그리고 2020년, 러시아 야당 지도자 나발니(Alexei Navalny)는 노비촉에 중독되어 독일에서 치료를 받고 살아남은 후 푸틴이 직접적인 책임이 있다고 비난했다. 한편, 북한 당국은 2017년 지도자 김정은의 이복형 김정남을 암살한 배후로 널리 주장되었는데, 말레이시아 쿠알라룸푸르 공항에서 두 명의 여성이 그에게 접근하여 치명적인 신경작용제인 VX('독극물 X'의 줄임말)를 그의 얼굴에 뿌렸다. 그리고 2014년 시리아내전에서 화학무기를 사용했다는 비난이 거세었는데, 이 비난은 국가와 비국가 행위자 모두에게 향했다. 국가가 이러한 무기를 사용하는 것은 국제 규범과 법을 위반할 수도 있고, 유엔은 화학무기를 '금지(taboo)'할 필요가 있다고 설명하지만, 윤리적인 의문은 여전하다. 만일 재래식무기가 화학무기보다 더 많은 사람들을 살해하고 위협하는 데 일상적으로 사용되어 실제로 더 많은 '대량살상'을 한다면, 화학무기는 재래식 무기보다 도덕적으로 더 혐오스러운 것일까? 그리고 두 무기에 대한 정의도 똑같이 적용되는가? 예를 들어, 서방국가들은 종종 핵무기 자체를 보유하고 제조하는 한편, 치안유지나 군사적 목적을 위해 덜 치명적인 '최루' 가스와 같은 화학작용제들을 일상적으로 사용한다. 그리고 서방 인권단체들이 시리아내전에서 시리아정부군의 열압력무기(thermobaric weapons) 또는 '연료공중폭탄(fuel-air bombs)' 사용을 비난한 반면, 영국과 같은 서방국가들은 드론 공격을 할 때 선호하는 '지옥사격(hellfire)미사일'에 동일한 폭발기술을 사용한 것에 대해 국제적인 비난을 거의 받지 않았다.

12

2. 화학무기를 사용하는 것.
3. 화학무기를 사용하기 위한 모든 군사적 준비에 참여하는 것.
4. 누구든지 이 협약에 따라 당사국에게 금지된 모든 활동에 참여할 수 있도록 지원, 장려 또는 유도하는 것. (UN 1993)

이 협약은 화학무기를 (협약에 기술된 것 이외의 용도로 사용되는 것을 제외하고) 모든 '독성 화학물질', 그리고 이러한 독성 화학물질을 무기화할 모든 탄약, 장치, 관련 장비로 정의한다.

핵확산

핵무기의 본질

화학무기와 다른 대량살상무기는 그 자체로 논란이 많은 글로벌정치의 이슈이지만, 핵무기는 사람이 살 수 없도록 주요 도시를 파괴할 수 있고, 순간적인 예고로

■ 역자 주

핵과 핵무기에 대한 국내 참고 서적으로는 다음을 참조할 것.
Andrew Futter 지음. 고봉준 옮김. 『핵무기의 정치』 (명인문화사, 2016).
전봉근 지음. 『비핵화의 정치』 (명인문화사, 2020).

핵무기(Nuclear weapons): 핵분열(원자폭탄) 또는 핵융합(수소폭탄)을 사용하여 만드는 무기이며, 폭풍, 열, 방사능의 효과를 통하여 목표물을 파괴한다.

핵확산(Nuclear proliferation): 보다 많은 국가들 또는 행위자들이 보유(수평적 확산)하게 되거나, 기존 보유국들이 추가적인 축적(수직적 확산)을 하게 되어 핵무기가 확산되는 것이다.

수만 또는 수십만 명의 인명을 소탕할 수 있다는 점에서 최고의 대량살상무기로 남아 있다. 처음이자 유일하게 전쟁에서 핵무기가 사용된 것은 맨해튼 프로젝트에 의하여 개발된 원자탄을 1945년 8월 6일과 9일에 히로시마와 나가사키에 투하한 것이다. 미국의 물리학자 오펜하이머(J. Robert Oppenheimer)의 과학적 지시하에 개발되어 1945년 7월 16일 뉴멕시코 사막에서 실험을 거친 원자탄은 완전히 새로운 무기의 종류를 대표했다. 원자탄은 핵분열을 통해서 작동된다 (고농축우라늄[보통 U-235] 또는 플루토늄의 핵을 분열시킨다). 핵분열에 의한 무기는 연쇄반응을 통하여 작동되는데, 각 분열은 초과분의 중성자를 만들어내고, 이는 추가적인 분열을 발생시킨다. 게다가 보다 강력한 핵무기인 수소폭탄도 만들어졌다. 이는 핵융합을 기초로 하는데, 융합은 매우 높은 온도와 압력이 있을 경우에만 발생한다. 따라서 융합무기는 열핵(熱核)무기로 불리기도 한다. 핵무기는 세 가지 방식으로 파괴를 가져온다. 즉각적인 파괴는 가공할만한 폭발력의 폭풍효과(blast effect)이며, 이는 열방사능(thermal radiation)을 동반한다. 섭씨 1,000°의 열폭풍이 시속 수백 킬로미터의 속도로 퍼져 나간다. 그러나 보다 장기적이고 확산적인 효과는 핵방사능(nuclear radiation)에 의하여 발생된다. 핵폭탄의 폭발은 즉각적으로 핵방사능의 파동을 발생시키고, 폭발은 부수적으로 방사능 낙진을 형성한다. 어떠한 경우이든 방사능에의 노출은 방사능 질병과 함께 다양한 종류의 암을 포함한 장기적인 질병을 유발한다. 수소폭탄의 형태로 만든 핵무기는 엄청난 파괴력을 갖고 있다. 히로시마와 나가사키에 투하된 폭탄들은 나중에 실험된 열핵무기에 비해서 소형이었다. 열핵무기는 일본에 사용된 것들보다 파괴력이 2,000배가 넘는다.

냉전시대의 핵확산

핵무기의 전례 없는 파괴력 때문에 1945년 이후 핵확산은 국제안보 의제의 최우선 순위에 놓이게 되었다. 핵확산은 어떻게 설명해야 하는가? 일반적 논리는 모든 무기가 확산되는 경향이 있다는 점에 기초한다. 이는 무기의 상징적 중요성과 군사적 목적을 인식하는 안보딜레마(p. 68 참조)에 기초하고 있다. 요컨대, 방어를 목적으로 획득하는 무기들이 잠재적으로 또는 실질적으로 다른 국가들에 의해서 공격적인 의미로 받아들여질 수 있다. 이에 따라 그 국가들은 방어적 군사력을 강화하게 되고, 이러한 행위에 대해 다른 국가들은 공격적이라는 인식을 가지게 된다. 따라서 고전적인 군비경쟁은 국제정치가 불가피하게 우려와 불확실한 성격을 가진다는 단순한 사실로부터 발전된다. 이에 더하여, 아무 행동도 하지 않을 때(공격적인 군사력의 증강이 단순히 방어적이라 생각하고 무시할 때)의 손실이 행동을 할 때(방어적 군사력의 증강에 대하여 불필요한 대응을 할 때)의 손실보다 훨씬 더 크다.

그러나 핵무기의 경우 다른 많은 요인이 관련된다. 그 중에는 특히 억제효과의 중요성이 포함된다. 핵무기의 파괴적 잠재력의 관점에서 볼 때, 핵무기를 보유한 강대국을 공격하는 것은 거의 생각하기 어렵다. 따라서 1945년 미국의 일본에 대한 원자탄 공격은 소련으로 하여금 핵무기를 개발하려는 노력을 기울이도록 고무하였고, 결국 소련은 1949년 첫 핵실험을 하였다. 또 다른 요인은 핵무기를 보유하게 되면 정치적 위신이 상승된다는 상징적 중요성도 있다. 이에 따라 소위 '핵클럽'에 소속된 국가들은 항상 국가들 서열 중에 상위에 속한다. 따라서 냉전시대에 영국(1952), 프랑스(1960), 중국(1962)이 핵실험을 하여 '핵클럽'이 유엔 안전보장이사회의 5개 상임이사국(P5)으로 확대되었다.

때로는 '제1차 핵시대'로 불리는 냉전시대에 핵무기 확산은 주로 수평적이기보다는 수직적이었다. 주로 핵확산금지조약(NPT: Non-Proliferation Treaty)을 통하여 '5강국' 이외의 국가들로 핵무기가 확산되지 않도록 하는 데 집중하였는데, NPT는 1968년에 처음 체결되었고 1995년에 무기한 갱신되었다. 인도, 파키스탄과 이스라엘만 제외하고 거의 모든 국가가 NPT에 서명하였다. 반면, 이 기간에 미국과 소련은 세계를 수 차례 멸망시키고도 남을 정도의 핵무기를 보유하였다. 2002년까지 미국과 소련의 핵능력은 세계에서 제조된 핵탄두의 98퍼센트를 보유하는 수준이었다 (도표 12.1 참조). 양측은 대규모의 선제타격 능력을 빠르게 갖추었고, 보복타격 능력도 확보하였다. 보복타격은 적의 공격에 견뎌내면서 주요 전략적 목표와 인구밀집 지역을 파괴시키는 공격이다. 1960년대 초반까지 양 초강대국은 난공불락의 보복능력을 갖추었고, 이에 따라 핵전쟁은 상호확증파괴(MAD: Mutual Assured Destruction)로 귀결되는 상황이 되었다. 저비스(Jervis 1990)가 '핵무기 혁명'이라고 불렀던 것이 완성되었다. 핵억제체계는 '공포의 균형(balance of terror)'의 개념을 생성시켰는데, 일부 사람들은 공포의 균형이 평화와 안보를 유지하기 위한 세력균형의 가장 강력한 근거라고 주장한다. 실제로 핵전쟁은 환경파괴를 가져 오고, 이는 핵겨울을 생성시켜 인류의 파멸을 가져올 수도 있다는 위협이 제기되었다.

탈냉전시대의 핵확산

냉전의 종식은 핵확산이 약화될 것이라는 낙관적 기대를 가져다주었다. 동서대립이 핵 군비 경쟁을 가열시키고 공포의 균형을 등장시켰다면, 그 종식은 분명하게 핵확산을 그치게 할 가능성을 열어주는 것이었다. 이러한 기대는 1991년의 전략무기감축조약(START: Strategic Arms Reduction Treaty)과 1993년의 START Ⅱ에 의하여 촉진되었다. 이 조약들을 통하여 미국과 러시아는 처음으로 핵탄두 숫자를 줄이고 지상발사 대륙간탄도미사일과 같은 일정 종류의 무기를 제거하는 데 합의하였다. 그러나 이러한 초기의 낙관주의는 빠르게 사라져갔다. 때

개 념

군비경쟁

군비경쟁(arms race)은 둘 이상의 국가들이 서로에 대응하여 무기를 획득하고 군사력을 증강하는 것이다. 고전적 사례들로는, 제1차 세계대전 이전의 영국-독일의 해군 군비경쟁, 냉전 기간 미국-소련의 핵 군비경쟁이 포함된다. 군비경쟁은 방어적인 계산 또는 오산(안보딜레마)에 의하여 촉진되거나, 하나 또는 그 이상의 국가가 공세적 정책을 추구하기 위하여 군사적 이득을 모색하면서 발생할 수도 있다. 군비경쟁은 공포와 과대망상증을 고조시키거나 군국주의 또는 공격적 민족주의를 강화하기 때문에 전쟁의 가능성을 증가시키는 측면이 있지만, 전반적인 세력균형(p. 302 참조)을 유지시켜 억지를 확립하는 데 기여하기도 한다.

선제타격(First strike): 적에 대하여 보복을 못하도록 미리 기습적으로 하는 공격이다. '보복을 먼저 하는 것'.

보복타격(Second strike): 선제타격에 대한 대응으로 적에 대하여 보복으로 하는 공격이다.

핵겨울(Nuclear winter): 핵폭발에 의하여 생성된 연기와 먼지가 태양광선을 소멸시키고 지구의 온도를 급격하게 낮춘다는 이론.

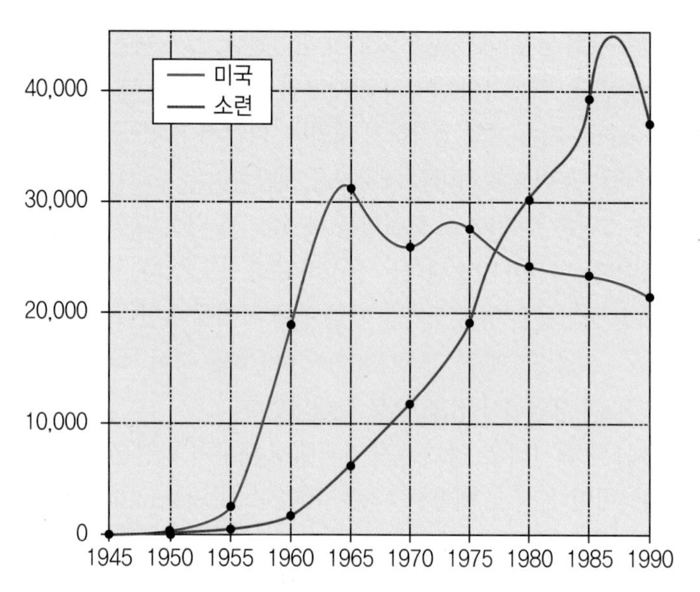

도표 12.1 미국과 소련이 축적한 핵탄두, 1945-90년

출처: Norris and Kristensen (2010)의 데이터.

로는 '제2의 핵시대'로 불리는 탈냉전시대는 핵확산의 열정이 고조되는 시대가 되었다. 이는 적어도 아래 네 가지의 이유로 발생하였다.

- 기존의 핵무기 보유국들이 핵전략 사용을 유지하였다.
- 국가들이 핵무기를 보유해야 할 동기가 늘어났다.
- 핵무기와 핵 기술에의 접근이 용이해지면서 확산이 쉽게 되었다.
- 핵무기가 '잘못된 자'들의 손에 들어갈지도 모른다는 우려가 고조되었다.

첫째, 초기에는 약간의 진전이 있었지만, 핵무기 비축량을 줄이고 핵무기 보유국이 핵무기를 포기하도록 하는 정책은 점차 약화되었다. 1989년 모스크바에서 START Ⅲ 협상이 시작되었지만, ABM조약의 재협상 가능성에 대한 합의를 이루지 못하여 실패하였다. 2002년의 전략공격무기감축조약(SORT: Strategic Offensive Reduction Treaty)은 '신사협정'의 성격을 가졌다. 이 조약은 검증수단을 포함하지 않았고, 미국과 러시아가 1,700~2,200개의 핵탄두만 배치하고 나머지는 폐기하지 않고 저장고에 보관하기로 하였으며, 양측이 3개월 전에 통보하면 이 조약에서 탈퇴할 수 있도록 하였다. 냉전이라는 '정당성'의 논리가 없는데도 불구하고 기존의 핵무기들이 대부분 그대로 유지된다면, 이는 핵무기가 그만큼 전략적으로 중요하다는 점을 보여주고, 핵보유국이 비핵국가에 대하여 사용할 수도 있다는 점에 대한 윤리적이고 외교적인 압력도 약화시킬 것이다. (미국과 러시아의 2010년의 타협을 통한 핵무기 감축 시도에 대해서는 이 장의 끝부분에서 논의된다) 더욱이 기존 핵무기 보유국들이 신세대 무기개발을 적극적으로 추진했다는 근거도 있다. 여기에는 저강도 전장핵무기, 즉 '미니 핵무기', 그리고 미국이 이란과 아마도 러시아로부터 자국을 보호하기 위해 폴란드와 체코에 배치할 계획이었던 미사일 방어체계가 포함되었다. 또한, 2007년 영국도 트라이던트(Trident) 핵무기체계를 업데이트하고 교체하기로 결정했다. 글로벌 코로나 바이러스 등의 이유로 여러 번 지체된 이후 2021년 영국은 새로운 트라이던트 핵잠수함이 '2030년대 초'까지 운용에 들어갈 것이라고 주장했다.

핵우산(Nuclear umbrella): 주요 핵강대국들이 비핵국가 또는 핵무기 소량 보유 국가들에 대하여 보호를 보장하는 것이며, 확장된 억제의 형태다.

둘째, 여러 경우에 비핵국가들은 핵무기 보유에 대한 압력을 점차 많이 받는다. 이는 다양한 방식으로 발생한다. 예를 들어, 초강대국 시대에는 부분적으로 '확장된' 억제를 통하여 유지되었는데, 이는 미국과 소련이 동맹국들에게 '핵우산'을 제공할 수 있는 능력에 기초하였다. 미국과 러시아의 핵우산 철수에 대한 우려는 국가들로 하여금 핵무기에 관한 한 자립을 하도록 촉진하였다. 1990년대 남아시아에서와 같이 지역적 긴장이 고조되면서 핵개발의 동기가 주어졌다. 인도와 파키스탄의 카슈미르를 둘러싼 대립은 격화되었으나 파키스탄에 대한 미국의 지지가 줄어들고 인도도 소련의 지지를 잃자, 1998년 이들은 핵실험을 하였고 '핵클럽'에 가입하였다. 중동에서의 지역 긴장도 이스라엘이 핵무기를 획득하려는 의지를 고무하였고, 이란도 핵능력을 추구하게 되었다. 그러나 핵무기를 보유하려는 가장 강력한 동기는 보다 강한 국가들이 간섭하는 것을 막을 수 있다는 분명한 이득으로부터 발생하며, 이는 이라크와 북한을 비교하면 명확해진다. 미국이 2003년 이라크를 공격한 이유 중의 하나는 후세인체제가 핵개발 프로그램을 보유하였고, WMD를 획득하려는 의도를 가지고 있었기 때문이었다 (그러나 침공을 한 이후 WMD의 근거를 찾지 못해 후세인이 1990년대 언젠가 핵프로그램을 포기한 것으로 추정되었다). 미국은 북한에 대하여 유사한 관심을 보였으나, 2006년 북한이 첫 핵실험을 한 이후 미국의 개입의지가 약화되었고, 2009년 북한은 히로시마에 투하된 규모의 핵무기 폭발실험을 하였다. 미국의 개입을 막으려는 이란의 기대(특히 2003년 이라크 침공 이후)는 이란이 핵무기를 보유하려는 의지를 강화시켰다. 도표 12.2는 핵강국들이 보유한 탄두 숫자를 보여준다.

셋째, 냉전시대보다 핵무기를 획득하거나 개발하는 것이 많이 쉬워졌다. '제1차 핵시대' 동안에, 핵무기 생산을 위해서는 광범위하고 정교한 기술과 핵심적인 과학적 지식이 있는 사람들이 필요하다는 점이 핵무기의 수평적 확산을 방지하는데 도움이 되었다. 단지 몇 안 되는 국가들만이 그러한 기술과 전문가를 보유하였다. 그러나 1990년대에 그러한 기술이 확산되기 시작하였다. 인도와 파키스탄이 '경계'의 지위에서 완전한 핵능력을 보유하는 지위로 격상되었다. 1990년대 소련이 붕괴하고 러시아의 정치와 경제가 불안정하게 되면서 이에 대한 관심이 집중되었다. 러시아의 핵기술과 핵물질이 개방된 시장으로 흘러 들어갈지도 모른다는

분석적 접근

세력균형

현실주의 견해

세력균형(Balance of Power) 개념은 현실주의이론에서 중심적 역할을 하고 있다. 예를 들어, 월츠(Waltz 1979)는 세력균형을 국제정치의 이론으로 표현했다. 이는 국가행위를 형성하는 힘과 국제정치를 구조화하는 세력관계의 역할의 중요성에 대한 핵심적인 가설을 반영한다. 현실주의자들은 둘 이상의 권력 블록 간의 대략적인 균형으로 이해되는 세력균형을 매우 적극적인 개념으로 이해한다. 힘은 힘만이 견제할 수 있기 때문에, 세력균형은 평화와 안정을 이끌어 낸다. 그러나 현실주의는 세력균형에 대한 두 가지 상이한 개념을 제시한다. 고전적 현실주의자에게 있어서 세력균형은 정치적 개입과 정치력의 산물인 하나의 정책이다. 이러한 자발적 행동주의(voluntarism, 자유 의지와 개인적 의무에 대한 믿음을 의미)의 사례는 핵심적인 외교정책 결정자들이 정책을 수립하는 데 있어서 (무제한적인 것은 아니지만) 자유를 향유한다는 것이다. 반면, 신현실주의자들에게 있어서 세력균형은 하나의 체계로 취급되며, 정책결정자들 자신의 의지에 의한 행동을 통해서가 아니라 자동적으로 발생하는 일련의 조치들이다. 결정론(determinism, 인간의 행위는 완전히 외부적 요인에 의하여 영향을 받는다는 의미)은 세력균형이 기본적으로 사건에 따라서 정치인에게 부과되는 것이며, 정치인은 국제체제의 역동성에 의하여 행동에 제한을 받게 된다. 자조(selp-help)체제의 국가들은 어느 한 국가의 패권적 지배를 방지하기 위하여 행동하는 경향이 있다. 그러나 세력균형은 다극체제나 단극체제보다는 양극체제에서 발전될 가능성이 높다 (p. 61의 '신현실주의의 안정이론: 숫자의 논리?' 참조).

자유주의 견해

자유주의자들은 일반적으로 세력균형 아이디어에 대해 비판적이다. 그들의 견해에 따르면, 세력균형은 권력정치와 국제경쟁을 정당화하고 확고하게 하며, 내재적 불안정을 조성하고 불신을 심화시킨다. 세력균형의 기본적인 전제는 다른 국가들, 또는 국가들의 연합이 안보에 대한 위협을 가하고, 이는 오직 힘의 축적 또는 경쟁동맹의 수립을 통해서만 막을 수 있다는 것이기 때문에 자유주의자들은 세력균형을 비판한다. 따라서 세력균형은 전쟁을 방지하는 것이 아니라 전쟁의 원인을 제공한다. 그러므로 국제정치에 대한 자유주의 사고는 대체로 평화와 안보를 확립하기 위한 대안적이고 효율적인 제도적 장치를 강구하는 데 초점을 맞춘다. 자유주의의 주된 해결책은 국제연맹과 유엔 같은 국제기구를 건설하는 것이고, 이는 국제정치라는 정글을 동물원으로 전환시켜 준다. 이렇게 될 수 있는 이유는, 세력균형이 국가들 간의 개별적인 합의를 증대시켜 주는 반면, 국제기구는 모두는 아니더라도 대개의 국가들을 포함하는 공적인 합의를 도출해 내고, 이에 따라 집단안보체계의 형성을 가능하게 하기 때문이다.

구성주의와 후기 구조주의 관점

사회구성주의자들은 세력균형에 대한 어떠한 평가도 인식, 생각, 믿음에 의존하는 정도를 강조해왔다. 그러므로 세력균형에 대한 어떠한 평가도 국가들이 그들 자신과 다른 국가들에 대해 가지고 있는 정체성에 의해 형성된다. 간단히 말해서, 무정부상태에 대한 웬트(Wendt 1999)의 자주 인용되는 주장을 요약하면, 세력균형은 국가들이 만드는 것이다. 이와 비슷하게, '영국학파'의 국제사회 이론가들도 세력균형은 인공적인 산물이라고 주장해 왔다. 그것은 공통의 규범과 가치의 존재, 그리고 전쟁을 피하기 위한 국가들의 상호적인 욕구로부터 나타난다. 따라서 세력균형은 국가들이 작동되기를 원하기 때문에 작동되는 것이다 (Bull [1977] 2012). 후기 구조주의자들은 자신들의 입장에서 세력균형에 대한 해체를 더 깊이 받아들인다. 워커(Walker 1992)는 세력균형이 무엇보다도 국제관계에 대한 개념을 '간소화'하고 '기계론적'으로 비유한다는 사실을 강조하는데, 이는 국제관계에서 국가에 대한 특별한 관점과 그것의 핵심 행위자로서의 역할을 '구체화'하는 데 도움이 된다.

마르크스주의 견해

마르크스주의자들에게 세력균형은 이데올로기적 개념인데, 이는 세상의 구조적 사회 불평등을 자연스럽고 불가피하며 시간이 흘러도 변치 않는 것처럼 보이게 하기 위해 존재하는 것이다. 로젠버그(Justin Rosenberg 1994)는 세력균형을 마르크스주의 관점에서 '역사화'할 것을 주장하며, 이를 국제관계이론의 사회적 개념으로 위치시킨다. 그는 마르크스 자신이 경쟁하고자 했던 주요 역사적이고 이데올로기적인 사상 중 하나인 아담 스미스의 시장의 '보이지 않는 손'과 비교한다. 세계질서에서 자연적인 '세력균형'의 존재를 당연하게 여긴다는 것은 근본적인 불평등과 폭력적인 사회적 불평등을 국제체제 '본질'의 특징으로 받아들이고, 따라서 이를 정당화한다는 것을 의미한다.

우려감이 팽배하였다. 핵무기 개발 기술과 무기의 부품들이 군산(軍産)복합체에 의하여 관리되면서, 국제입찰 같은 방식에 의하여 확산될 가능성이 증대되었다.

마지막으로 핵 능력을 가지려고 하는 국가들의 특성에 대한 우려로 핵확산에 대한 관심이 고조되었다. '핵클럽'은 유엔 안보리의 5개 상임이사국들을 포함하고 있기 때문에, 핵무기는 대체로 책임있는 국가들이 보유하게 되었고, 그들은 신중한 비용-편익분석을 한 후에 핵무기를 사용할 것으로 대체로 예상되고 있다. 이러한 상황에서 혹시 무모하게 사용될지도 모른다는 우려감에 관심을 가졌고, 핵무기는 실질적인 사용보다는 상징적인 의미가 크기 때문에 억제체계의 일부를 형성한다는 의미도 대두되었다. 그러나 핵무기의 수평적 확대에 대한 장애요인이 줄어들었고, 핵무기를 실제로 사용할지도 모르는 국가들이나 행위자들의 손에 핵무기가 들어갈 수 있는 가능성이 증대되었다. 이 중에 북한이 항상 언급되었고,

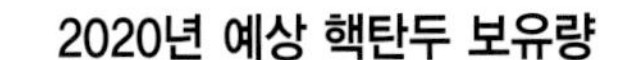

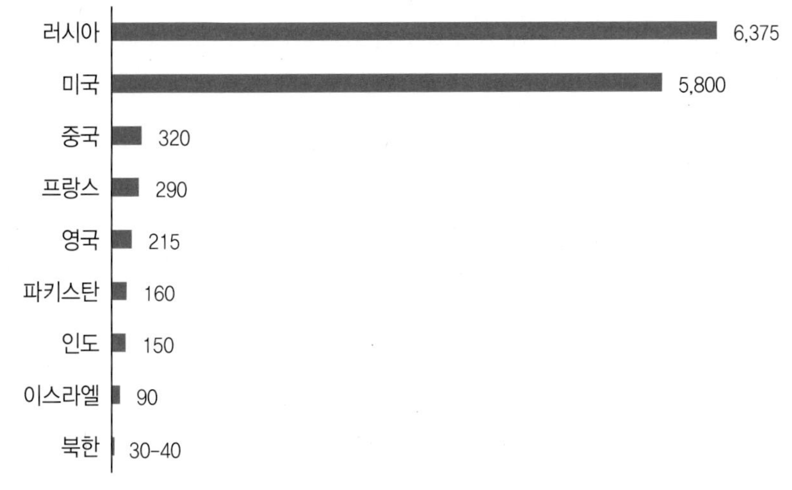

도표 12.2 핵무기 보유국의 탄두 수, 2020년 (배치 및 미배치 핵무기 추정)

출처: *Arms Control Association* 데이터, 2021년 3월.

2022년 러시아도 우크라이나에 대한 서방의 군사지원에 대응하여 핵무기에 대해 최고 경계상태를 발령했다. 이는 소위 '불량'국가들의 경우에 적용되는데, 특히 군대에 기반한 독재정부는 인종적이고 사회적 갈등과 결합되어 경제적 저발전과 함께 지역적 불안정의 맥락에서 공격적인 외교정책을 추진한다. 탈냉전시대에 미국의 외교정책은 이러한 국가들이 핵무기를 획득하지 못하도록 하는 데 초점을 맞추고 있다. 특히 2002년 부시 대통령은 이라크, 이란, 시리아, 리비아, 북한을 '악의 축' 국가들로 지정하였다. 그러나 더욱 심각한 것은 테러집단과 같은 비국가 행위자들의 손에 핵무기가 들어가는 것이다. 특히 극단적인 정치-종교이념에 기반한 집단들에게는 WMD 사용을 제한하는 전통적인 방식을 보복의 우려 때문에 적용하기가 어렵다. 소위 '핵 테러'에 대해서는 13장에서 논의된다.

그러나 비국가 행위자들의 집단을 비롯한 모든 국가들이 핵무기 획득을 추구한다는 것은 잘못된 주장이다. 실제로 무정부상태, 자조(selp-help)체제에서 예상했던 것보다 핵무기가 덜 확산되고 있는 편이다 (Smith 2010). 핵무기를 개발할 수 있을 정도의 경제적이고 기술적인 잠재력을 보유한 국가들이 개발을 하지 않는 결정을 내리고 있다. 그 국가들은 호주, 캐나다, 독일, 일본, 한국이다. 또 다른 국가들은 핵 프로그램과 핵무기를 자발적으로 포기했다. 브라질, 아르헨티나, 남아공은 이전에 핵 국가라는 의혹을 받았다. 우크라이나, 벨라루스, 카자흐스탄은 소련의 해체 이후 핵무기를 상속받았으나, 미국의 경제원조를 교환조건으로 하여 러시아로 반환하였다. 미국이 이라크를 공격하여, 걸프전 이후 언젠가 후세인이 국제원자력기구(IAEA: International Atomic Energy Agency, 국가들이 NPT와 다른 비확산 협정들을 준수하는지를 모니터하는 유엔기구)의 압력을 받아 화학무기 및 생물무기와 함께 핵 프로그램을 포기한 것을 확인하였다. 리비아는 미국 및 영국과의 무역협정을 체결하는 조건으로, 2003년 모든 WMD 프로그램을 자발적으로 포기하여 외교적 고립을 종식시켰다. 일방적으로 자발적 정책이나 자발적 제한을 하는 이유는 다양하다. 그 이유들은 핵무기를 획득하는 대가가 핵무기를 보유함으로써 갖게 되는 편익보다 크다는 점을 국가들이 인정하는 점, 국제사회가 핵무기 소유를 정당하지 않다고 비판하는 점, 그리고 기존 핵보유국들, 특히 P5가 비확산을 강조하는 점 등을 포함한다.

핵 군비통제와 군비축소

군비통제(Arms control): 생산, 배치, 사용을 제한하는 데 합의하여 군비의 확산을 방지하는 제도적 장치.

군비축소(Disarmament): 군비 또는 무기의 범주를 줄이거나 제거하여 전투능력을 약화시키는 것.

군비통제와 확산방지 전략

핵무기 군비통제는 갈등을 억제하고 글로벌안보를 확립하는 주요 수단으로 여겨져 왔다. 그러나 군비통제는 핵무기 군비축소보다 덜 야심적인 목표이다. 군비축소는 무기 보유량을 줄여서 국가 군대의 규모와 능력을 약화시키는 것이다. 군비

논 쟁

핵무기는 평화와 안정을 촉진하는가?

핵무기 확산의 의미에 대한 견해는 매우 다양하다. 현실주의자들은 핵무기를 냉전의 '긴 평화'의 핵심요인으로 해석하는가 하면, 다른 사람들은 핵무기가 평화와 안보에 항상 존재하는 심각한 위협이 된다고 경고한다.

그 렇 다

핵전쟁의 미발생. 핵무기에 대한 가장 괄목할만한 사실은 거의 사용이 되지 않는다는 점이다. 핵무기는 1945년의 전쟁수단으로 사용되어 일본의 항복을 앞당겨서 태평양전쟁을 종식시켰다 (그리고 미국은 소련에게도 메시지를 보냈다). 그 이후에 한 번도 사용되지 않았고, 두 핵강대국 사이에 재래식 전쟁이 한 번도 발생하지 않았다는 사실은 핵무기가 매우 특별한 종류의 무기라는 점을 나타낸다. 핵무기는 실질적인 중요성보다는 상징적인 중요성이 강하다는 점이 거의 확실하다.

효과적인 억제. 핵무기는 공격자들에 대하여 대량 파괴할 수 있는 무기이기 때문에 전쟁을 방지하는 억제역할을 한다. 핵무기가 이러한 역할을 할 수 있는 이유는 핵무기가 엄청난 파괴력을 보유하고 있으며 방어용 무기로는 상대적으로 비효율적이기 때문이다. 그 의미는 핵 강국들이 보복타격 능력을 불가피하게 발전시키고 있기 때문에 선제타격으로는 목적을 달성하기 어렵다는 것이다. 이에 따라 핵 보유국들이 핵전쟁을 한다는 것은 상상하기가 어렵다

국제적 안정. 핵무기의 수직적 확산은 국제정치를 불안정하게 만들지 않는데, 그 이유는, 비록 '공포의 균형'을 통해서이지만, '세력균형'을 유지시켜주기 때문이다. 수평적 확산은 느리게 진행되고 있다 ('핵클럽'은 1964년 5개국에서 2005년 8개국으로 늘어났는데, 이란과 이스라엘은 불분명한 핵국가이다). 핵무기가 점진적으로 확산되는 것이 확산되지 않거나 빠르게 확산되는 것보다 국제안정을 더 잘 유지시켜 준다.

핵정치. 핵무기의 보유는 책임감을 불러일으키고, 과거에는 모험주의와 공격성을 보인 국가일지라도 매우 조심스런 행동을 하게 된다. 예를 들어, 인도와 파키스탄 사이의 긴장은 현재 양측이 핵무기를 보유하게 됨에 따라 전쟁으로 발전할 가능성은 매우 낮게 되었다.

아 니 다

억제체제의 오류. 핵억제이론은 순진하고 위험한 것이다. 핵무기가 있는 세상은 항상 핵전쟁의 위협을 가져다준다. 억제는 오산과 사고 발생 때문에 실패한다. 예를 들어, 국가들은 다른 국가들이 난공불락의 보복타격 능력을 가졌는지, 또는 핵무기를 가졌는지에 대해 오산을 한다. 전쟁상황에서 정책결정자들을 둘러 싼 위기의 분위기 때문에, 재래식전쟁이 핵전쟁으로 발전될 가능성이 있다.

핵 불균형의 위험. 핵무기의 수직적 또는 수평적 확산이 세력균형을 유지할 것이라는 보장이 없다. 실제로 확산은 불가피하게 일시적인 불균형을 조성하고, 이는 공격적인 국가들에 의해 악용될 수도 있다. 결국 히로시마와 나가사키에 대한 원자탄 투하는 그러한 군사적 불균형의 이득에 의한 실행이었다.

사용가능한 핵무기. 최근 들어 더욱 정밀하고 억제된 영향을 갖는 핵무기 생산에 점점 더 초점을 맞추어 실제 '사용가능한' 핵무기를 만들고 있다. 이러한 '전술적' 또는 '전장적' 핵무기는 더 이상 상징적인 중요성만을 가지지 않는다. 이는 상호확증파괴(MAD) 논리를 거부하고 핵사용목표선정(NUTS: nuclear utilization target selection) 이론을 생성시켰고, 제한된 핵 교환이 발생할 수도 있다는 점을 제시한다.

무책임한 핵보유국. 양극의 '제1차 핵시대'에는 억제효과가 제대로 작동되었지만, 덜 안정된 다극의 '제2차 핵시대'에는 억제에 대한 신뢰가 떨어지고 있다. 핵 선제공격의 가능성은 모험을 싫어하지 않는 정치적 또는 군사적 리더십의 존재, 또는 상징적 폭력 추구로 '전면전'의 방식을 채택하는 리더십의 존재 여부에 달려 있다. 따라서 가장 우려되는 점은 핵무기가 핵무기 사용에 대한 윤리관을 갖고 있지 않는 군사독재정권, 심지어는 테러조직의 손에 넘어가지 않을까 하는 점이다.

통제의 목표는 무기의 증가를 제한하거나 사용을 저지하여 군비의 수준을 규제하는 것이다. 군비협정은 새로운 것이 아니다. 예를 들어, 기원전 600년에 중국 내의 국가들 사이에 군축 연맹이 형성된 적이 있다. 그러나 무기를 통제하거나 축소하기 위한 양자협정이나 다자협정은 20세기 이전에는 그 사례를 찾아보기 어렵다. 이를 변화시킨 것은 기술적으로 발전된 무기개발을 통한 산업화된 전쟁의 출현이었다. 이에 따라 1945년 이후 대량살상무기, 특히 핵무기의 확산을 제한하기 위한 시도를 포함한 군비통제 의제가 지배적으로 대두된 것은 놀라운 일이 아니다. 군비통제가 시도된 주요 수단은 다양한 조약과 협약들이었고, 그들은 안보딜레마로부터 생성되는 불확실성, 두려움, 편집증을 막아내기 위한 안보레짐 수립을 시도하였다.

핵무기 군비통제는 얼마나 효율적인가? 긍정적인 측면에서 군비통제는 대개가 부분적으로는 결실을 거두고 있다. 예를 들어, 부분적 핵실험금지조약(Partial Test Ban Treaty)은 대기권 핵실험 금지를 확인하는 데 오랜 시간이 걸렸지만 이루어냈다. 이와 유사하게, 가장 중요한 핵무기 군비통제 조약인 핵확산금지조약(NPT)은 핵무기를 개발하는 데 필요한 경제적, 기술적 능력이 있는 국가들에 의한 핵무기의 수평적 확산의 속도를 늦추는 데 큰 기여를 하였다. 더욱이, 특정 조항들은 무시당하기도 했지만, 미국과 소련의 양자조약들은 적어도 긴장을 줄이고 신중을 기하는 데 일부 기여하였고, 냉전의 종식으로 가는 길을 준비하는 데에도 기여를 하였다. 그러나 부정적인 측면에서 핵무기 조약들과 협약들은 냉전시대에 핵무기의 수직적 확산을 방지하는 데 실패했는데, 미국과 소련이 경이적인 비율로 핵무기 보유고를 늘려 나갔기 때문이다. 예를 들어, START I 과 START II 는 핵무기를 줄이는 것이 아니라 핵무기 증가 비율을 줄이려는 합의였는데도 '사문서'가 되어 버리고 말았다.

왜 군비통제는 실현하기가 어려운 것일까? 첫 번째 대답은 현실주의자들의 지적과 연결되는 바, 안보딜레마는 극복하기 어려운 문제이다. 안보레짐은 항상 붕괴되기 쉬우며, 군비경쟁은 피할 수 없게 된다. 둘째, 국가안보와 집단 또는 국제안보 사이에 차이가 있다. 국가안보는 특정국가의 국익에 기초하고 있고, 집단 또는 국제안보는 양자 또는 다자 간의 합의를 기초로 하고 있다. 다시 말해서, 국가는 스스로의 군사력 건설이 방어와 억지를 제공한다는 점에서 정당한 것이라고 생각하면서, 국가가 참여하고 서명하도록 요구받는 국제협정들은 무시한다. 북한은 NPT조약에서 탈퇴한 반면, 인도, 파키스탄, 이스라엘은 이 조약에 서명한 적이 없다. 셋째, 군비통제를 효과적으로 집행하는 데 있어서 가장 큰 어려움은 군비통제가 세계의 국가들 중에서 가장 중무장되어 있고, 따라서 가장 강력한 국가를 통제하려 하기 때문에 발생한다. 강대국, 특히 초강대국들은 자국의 이익에 부합된다고 계산할 때에만 안보레짐의 요구사항들을 준수한다. 2010년 프라하조약까지 미국과 러시아 사이에 핵군축의 실질적인 진전은 냉전종식 이후 짧은 기간 동안 이루어졌고, 이는 '평화배당금(peace dividened)'의 한 부분을 형성하였다. 그러나 두 국가의 안보적 우선순위는 곧 바뀌었다. 탈냉전 시대에 군비통제의 가장 중요한 행위자였던 미국은 1990년대 말까지 핵확산의 위험과 그에 대처하는 수단에 대한 판단을 수정하였다.

평화배당금(Peace dividend): 초강대국의 대립이 끝나면서 군비지출을 축소하고 경제와 사회비용 지출을 증가시키게 된 기회를 말하며, '총'을 '버터'로 바꾸었다고 표현되기도 한다.

미국에서 핵확산에 대한 우려는 '불량'국가들에 의한 위협에 초점이 맞춰지기 시작하였다. 기본적으로 그 국가들은 안보레짐에 의한 압력에 대하여 무관심하다. 1968년 NPT에 서명한 이라크가 핵무기를 개발하고 있다는 점이 걸프전 이후 밝혀지면서 관심이 증대되었다. IAEA의 검증단과 유엔특별사찰단(UNSCOM: UN Special Commissioners)은 이라크의 모든 핵, 생물 및 화학무기를 제거하도록 하는 위임을 받았다. 그러나 후세인이 UNSCOM과 검증단에 대한 협력을 거부하자 미국과 동맹국들의 많은 사람들은 이라크가 무기개발 프로그

주요 연표 ┆ 주요 핵무기 군비통제 협정

- 1959 남극조약(Antarctic Treaty) – 남극에서의 핵무기 실험과 배치 금지 (다자조약)
- 1963 부분적 핵실험금지조약(Partial Test Ban Treaty) – 대기권, 수중 및 우주 핵실험 금지 (다자조약)
- 1967 우주조약(Outer Space Treaty) – 우주에 핵무기 배치 금지
- 1968 핵확산금지조약(NPT: Nuclear Non-Proliferation Treaty (NPT) – (a) 비핵국의 핵무기 획득 금지 (b) 핵보유국으로 인정된 5개국의 단계적 핵무기 감축 및 제거 약속 (다자조약)
- 1972 전략무기제한협정 I (SALT I : Strategic Arms Limitation Treaty I) – 전략핵무기를 제한하고 1972년 수준으로 ICBM 동결 (미국/소련)
- 1972 탄도탄요격미사일통제조약(ABM: Anti-Ballistic Missile Treaty) – 탄도탄 요격미사일 숫자 제한 (미국/소련)
- 1987 중거리핵무기폐기조약(INF: ntermediate Nuclear Forces Treaty) – 유럽에서 모든 중거리핵무기 폐기 (미국/소련)
- 1991 전략무기감축조약 I (START I : Strategic Arms Reduction Treaty I) – 핵탄두 숫자와 운반체계 제한 (미국/소련)
- 1993 전략무기감축조약 II (START II : Strategic Arms Reduction Treaty II) – 핵탄두 숫자의 추가 제한과 특정 범주의 탄두 폐기 (미국/러시아)
- 1996 포괄적 핵실험금지조약(CTBT: Comprehensive Test Ban Treaty) – 핵실험 금지, 미국, 중국, 인도, 파키스탄과 북한은 미발효 (다자조약)
- 2002 전략공격무기감축조약(SORT: Strategic Offensive Reduction Treaty) – 핵탄두 배치 숫자 제한 (미국/러시아)
- 2010 새로운 전략무기감축조약(일명 프라하조약) – 양측의 핵탄두를 1,550개로 제한, SORT에서 30퍼센트 감축, START I 에서 74퍼센트 감축 (미국/러시아)
- 2017 핵무기금지조약(Treaty on the Prohibition on Nuclear Weapons, 또는 핵금지조약) 협상 및 서명 이후 2021년 1월 22일부터 발효

부시독트린(Bush doctrine): 대량살상무기 개발을 통해 그리고/또는 테러리스트들에게 은신처를 제공하여 미국을 위협하는 것으로 생각되는 국가들에 대해 정권교체를 목표로 하는 선제적 군사행동을 취할 것이라고 선언을 한 독트린.

램을 감추고 있으며, 결국 검증과정은 실패로 돌아갔다고 확신했다. 1998년 미국과 영국은 '사막의 여우 작전(Operation Desert Fox)'에 의하여 이라크가 핵, 생물, 화학무기를 보관하고 있다고 의심이 드는 시설에 대하여 단기간의 폭격을 하였다. 9월 11일 테러 공격 이후 미국의 '불량'국가들 전체와 특히 이라크에 대한 접근법이 크게 달라졌다. 봉쇄의 개념과 외교에의 의존을 모두 포기하면서, 미국은 '불량'국가와 WMD가 결합된 위협은 미래에 선제공격에 의한 전쟁과 정권교체를 통하여 대응할 것이라는 부시독트린을 채택하였다. 이는 2003년 이라크 자유작전(Operation Iraqi Freedom)과 이라크전쟁으로 귀결되었다. 그러나 이라크 침공은 WMD 시설을 찾아내고 무기개발 프로그램의 근거를 찾아내는 데 실패하였다. 후세인 정권은 불복종의 입장을 유지하면서도, 임시적인 조치일 수 있지만 무기들과 무기개발프로그램을 폐기한 것이다.

WMD를 보유했거나 획득을 추구하고 있는 '불량'국가에 대한 미국의 강력한 입장은 이란 및 북한과 관련하여 더욱 분명해졌다. 2003년 IAEA의 검증단은 NPT 가입국인 이란이 나탄즈에 우라늄 농축공장을, 이라크에 중수 생산공장을 건설하였다는 사실을 발견하였다. 이는 파키스탄의 기술지원을 받아 이란이 불법적인 핵무기를 생산하고 있다는 우려를 심화시켰다. 이라크전쟁이 발발한 이후 미국이 이란도 공격(이스라엘을 대리로 하여)을 할지 모른다는 근심 때문에 이란이 핵개발을 한다는 주장이 대두되었다. 그러나 이란 지도층은 이란의 시설들은 평화적 목적으로만 건설된 것이라고 주장하였다. 이에 따라 핵기술을 민간용 핵에너지 또는 핵무기 제조를 위한 '이중적 사용'의 문제가 제기되었다. 그러나 미국과 EU 3개국(프랑스, 독일, 영국)의 외교적 압력에 저항하면서, 그리고 이라크 방식의 미국이 주도하는 정권교체를 목표로 한 선제타격 가능성에도 불구하고, 이란은 2006년 소규모의 우라늄 농축을 재개할 것이라고 선언하였고, 이후 핵 프로그램을 재시작했음이 확인되었다. 핵 능력을 갖춘 위상을 달성하기 위한 이란의 진전은 2009년 최초로 자체 제작한 위성의 궤도 발사로 강조되었으며, 이는 핵 이란이 지역안정과 세계문제에 어떤 영향을 미칠지에 대한 치열한 논쟁을 촉발시켰다. 2013년 하산 로하니가 아마디네자드(서방 주도국인 미국과 관계가 좋지 않았던)를 대신하여 이란 대통령으로 선출된 것이 중요한 순간임이 입증되었다. 그해에 양국 간의 협상이 비밀리에 시작되었고, 2015년 비엔나에서 포괄적 공동행동계획(이란핵합의)이 체결되면서 협상이 끝났다. 이란과 'P5+1'(미국, 영국, 프랑스, 중국, 러시아 등 안보리 상임 5개 이사국과 독일), 그리고 EU 간의 이 합의는 오바마 행정부의 기본적인 외교정책 성과로 널리 알려져 있다. 결과적으로, 트럼프는 이 거래("내가 본 협상 중 최악의 거래"라고 주장)에 대한 반대를 2016년 그의 첫 대선 출마의 핵심 항목으로 삼았다. 대통령으로서 트럼프는 2018년 오바마 시대의 주요 정책을 되돌리는 광범위한 프로그램의 일환으로 미국을 이 협정에서 탈퇴시키고 이란에 대한 제재를 다시 부과했다. 미국이 없는 상황에서, EU는 미국의 제재를 무시하고 이란 및 다른 서명국들과 이 거래를 유지하기로 합의했다. 그러나 2020년 미국의 드론공격으로 이란의 군사 지도자인 카셈 솔레이마니 장군이 암살된 후, 이란은 더 이상 이 거래의 조건에 제약을 받지 않을 것이라고 선언했다. 그러나 이란은 IAEA와 협력을 유지했고, 그 해 말 바이든 대통령이 당선된 후, 이 거래의 조건을 재개할 가능성이 있음을 시사했다.

북한의 핵무기 보유에 대한 관심은, 북한이 핵개발을 하면 한국에게 위협이 되어서 한국도 핵개발을 해야 한다는 압력이 가해지고, 결국은 한반도에서 핵무기 경쟁으로 이어질 것이라는 점에 초점이 맞추어지고 있다. 또한, 북한이 미국 본토까지 핵공격을 할 수 있을 것이라는 가능성도 관심의 대상이다. 그러나 9월 11일 테러 공격 이후 북한을 고립시키려는 압력이 강화되었지만, 미국의 북한에 대한 지렛대는 매우 약하고 역효과를 낳기도 한다. 북한이 지리적으로 중국과 가깝다는 점은 북한의 정권교체를 위한 선제타격도 어렵게 하는 이유 중의 하나이다. 북한은 핵시설을 공개하라는 IAEA의 요구를 거부하였고, 2003년 NPT를 탈퇴하였다. 2006년 북한은 핵폭발 실험을 하여 세계 아홉 번째 핵무기 보유 국가가 되었다. 북한의 핵문제를 풀기 위하여 중국이 주도하고 미국, 한국, 북한, 러시아와 일본이 참여하는 6자 회담이 개최되었고, 2007년 북한은 핵 프로그램을 동결하였으나, 다음 해 플루토늄 재처리를 다시 실시하였다. 이후 2009년에 비록 실패했지만 장거리 미사일을 발사하였고, 핵무기 감시단을 추방하였고 6자 회담에서 영구히 철수했다. 이러한 조치들은 북한이 완전한 핵무기 보유국이 되려고 결정했다는 점을 보여준다. 그러나 트럼프 행정부의 놀라운 점들 중 하나는 미국과 북한 사이의 적대감이 초기에 심화된 후 – 트럼프는 김정은을 '작은 로켓맨', '미친 사람'으로 언급했고, 김정은은 트럼프를 '정신이상자'라고 비판 – 북미관계가 역사적으로 전례없는 최고점으로 발전했다는 것이다. 2018년에 양국은 싱가포르에서 정상회담을 개최했고, 핵확산에 대한 구체적인 약속은 거의 없었지만, 이 만남에서 트럼프와 김정은의 사이가 매우 좋아 보이는 분위기가 조성되었다. 일본에서 개최된 G20 정상회담 이후 2019년 미국과 북한의 관계를 위한 또 다른 첫 번째 회담에서 트럼프는 김정은과 문재인 대통령을 남북한 사이의 비무장지대에서 만났다. 김정은의 초대로 트럼프는 사진을 찍기 위해 남북한 경계선을 넘었고, 이로써 트럼프는 북한을 방문한 최초의 미국 대통령이 되었다. 탈식민주의(p. 86 참조)의 관점에서 볼 때, 비확산 이슈를 이란이나 북한 같은 국가들에 집중하고, 비확산과 '불량'국가의 '문제' 사이를 연결시키는 것은 대체로 유럽중심의 인식에 의하여 추동되는 것이다.

핵확산의 세계에서 안보에 대한 대안적 접근은 미사일 방패(missile shields)를 만드는 것이다. 미사일 방어 시스템의 논리는, 군비통제와 안보레짐으로는 핵

공격, 특히 ICBM 공격을 방지하기 어렵기 때문에, 탄도탄요격미사일을 개발하여 보유하는 것이다. 핵방어를 위한 이러한 접근을 할 수 있는 경제적이고 기술적인 자원을 가진 국가는 미국뿐이다. 첫 번째 시도는 '별들의 전쟁(Star Wars)'으로 불리는 전략방어구상(SDI: Strategic Defence Initiative)이었는데, 이는 1993년 레이건 대통령의 제의로 시작되었다. 상호확증파괴(MAD)의 대안으로 시도된 SDI는 개발에 성공하지는 못하였지만, 소련과의 군비경쟁을 유발하여 소련의 경제를 압박하였고, 결국 냉전 종식에 기여를 하였다. 부시 대통령은 SDI의 아이디어를 국가미사일방어(NMD: National Missile Defence)로 재탄생시켰고, 미국은 특히 이란으로부터의 위협을 고려하여 미사일 방패를 폴란드와 체코공화국, 그리고 다른 동유럽 국가들에 배치하려 했다.

그러나 미사일 방패도 결점을 지니고 있다. 첫째, 하나의 핵탄두가 가진 파괴적인 잠재력을 고려할 때, 어떠한 미사일도 방패를 통과할 수 없도록 포괄적이고 정교하고 신뢰할 수 있어야 하기 때문에 개발하는 데 엄청난 비용이 든다. 둘째, 많은 사람들은 건설비용이 얼마나 들지에 상관없이, 특히 한 발의 총알이 '항상' 다른 총알을 명중시킬 것이라는 가정에 기초하고 있는 미사일 방패가 과연 완전한 보호를 보장할지에 대하여 의구심을 가지고 있다. 셋째, 다른 어떠한 무기를

초 점

북한: '불량' 핵국가?

북한이 2006년 세계의 9번째 핵보유국이 된 것은 국제안보적인 측면에서 어떠한 의미를 가지는가? '불량'국가가 WMD, 특히 핵무기를 보유할 가능성에 대하여 언급할 때, 북한이 그 실현 가능성이 가장 높은 전형적인 사례로 고려되고 있다. 핵무기를 보유함으로써 다른 나라들이 자국을 조심하게 하는 것보다는, 북한의 경우는 한국뿐만 아니라 일본 및 미국까지 위협하는 핵 모험주의의 가능성을 유포시키고 있다. 북한에 의한 핵 선제타격이 현실화되고 있는데, 현재의 위험은 적어도 세 가지 요인에 기초하고 있다. 첫째, 북한은 폐쇄적인 국가이며, 국제적 견해를 경멸하고 다자협정들을 무시한다. 그 결과 NPT에서 탈퇴하였고 심지어 중국의 외교적 압력에도 저항하고 있다. 둘째, 북한의 리더십은 변칙적이고 독재적이며, 군부와 밀접하게 연관되어 있으며 (북한은 세계 4위 규모의 정규군을 보유하고 있다), 전체주의 이데올로기가 배어 있다. 셋째, 북한정권이 내부적으로 잔인한 탄압을 하는 정책은 정치적 목적을 달성하기 위하여 폭력을 사용할 의지가 있다는 점을 명백하게 보여주고 있다.

그러나 이러한 이미지는 북한정권에 대한 편협하고 제한된 이해만을 보여주는 것이며, 핵을 보유한 북한이 국제안보에 가하는 위협을 과대평가하는 역할을 할 수도 있다. 수세기 동안 침략과 식민지화, 수탈로 타격을 입은 작지만 전략적 위치에 있는 한국의 입장을 고려할 때, 북한이 세계 나머지 지역에 대해 취하는 비협조적이고 종종 호전적인 입장은 이해될 필요가 있다. 이러한 지리적 위치 때문에 한반도는 역사적으로 침입과 착취의 대상이 되어 왔다. 가혹한 일본의 식민통치가 1945년에 끝난 이후, 1950년대 초반 미국이 지원하는 남한과 소련이 지원하는 북한 사이에 내전이 발생하여 수백만 명이 사망하였다. 한국전쟁은 교착상태에 빠지면서 결국은 영구적인 평화보다는 임시적인 휴전이 이루어졌고, 북한정권과 군대는 지속적인 대립의 의지를 보이고 있다. 더구나 소련의 붕괴와 중국의 점진적인 자유화는 북한을 경제적이고 정치적으로 고립시켰고, 미군의 지원을 받으며 고도로 훈련된 한국군과 맞서야 했다. 이러한 상황에서 북한경제는 붕괴되었고 기아상태가 확대되었다. 이러한 점에서 북한에 대한 외교적 개입에 대하여 북한은 공격성보다는 두려움을 가지고 있으며, 지역적인 욕심을 가지고 있는 이란과 달리 북한의 우선순위는 정권유지라는 점을 고려해야 한다.

소유하는 것과 마찬가지로, 미사일 방패를 건설하게 되면 다른 국가들이 공격적인 행위를 하는 것으로 인식할 수도 있다. 미국의 NMD 건설, 특히 동유럽에 배치하려던 계획에 대하여 러시아가 강하게 비판하였으며, 2008년 조지아와의 전쟁을 수행하는 등 입장과시를 시도하였다. NMD를 계속 추진하게 되면 이란과 같은 긴박한 문제에 대하여 러시아의 협조를 얻기가 어려울 것이라는 점을 인정하고, 오바마 대통령은 2009년 미사일 방패 계획을 보류한다고 선언하였다. 하지만 이는 탈핵 세계의 가능성을 강조한 오바마 행정부가 미국의 핵 비확산 전략을 훨씬 더 광범위하게 재평가한 것의 일부일 뿐이다.

핵무기가 없는 세계?

탈핵 세계의 아이디어는 오래 전부터 평화운동에 의하여 제기되어 왔으며, 반핵 행동주의가 가장 주요한 대의로 삼고 있는 관심대상이다. 핵무기에 반대하는 캠페인은 세계에서 원자탄이 처음으로 실험되었을 때부터 시작되었다. 1945년 7월 첫 실험이 시작될 때, '원자탄의 아버지'라 불리는 오펜하이머는 '바가다드 기타(Bhagavad Gita, 힌두교 경전)'의 한 구절, "나는 이제 세계 파괴자, 죽음의 신이 되었다"를 읊었다. 오펜하이머는 나중에 더 끔찍한 수소폭탄의 개발을 반대했지만, 실패했다. 많은 사람들에게 핵무기가 발생시킨 전례 없는 규모의 사망자와 파괴력은 전쟁의 윤리에 대한 사고를 근본적으로 바꿔 놓았다. 특히 정당한 전쟁에 대한 관념을 불필요하게 만들었다. 냉전 기간 핵경쟁이 시작되면서, 반핵에 초점을 맞춘 대규모의 평화운동이 가속화되었다. 영국에 기반을 둔 핵군축캠페인(CND: Campaign for Nuclear Disarmament)은 세계의 핵무기와 WMD를 제거할 목적으로 1958년에 설립되었고, 유럽핵군축(END: European Nuclear Disarmament)은 유럽과 소비에트 블록까지 반핵 행동주의를 확대시키기 위하여 1980년대 초반에 설립되었다. 1983년 NATO가 미국의 크루즈와 퍼싱 중거리 미사일을 서유럽에 배치하기로 결정을 하자 대규모 시위가 발생하였다. 100만 명으로 추정되는 사람들이 런던에 운집하였고, 서독의 거리에는 60만 명이 모였다. 핵무기폐기 국제캠페인(ICAN: International Campaign to Abolish Nuclear Weapons)이 2007년 발족되었는데, 101개국에서 500개의 조직이 참여하였다. 2017년 ICAN은 주요 목표 중 하나를 달성했는데, 그 내용은 핵무기의 제조, 보유, 사용을 금지하는 법적 구속력 있는 국제조약의 체결이다. 이 업적으로 ICAN은 노벨 평화상을 받았다.

단순히 '핵금지조약(Nuclear Ban Treaty)'으로도 알려진 핵무기금지조약(Treaty on the Prohibition of Nuclear Weapons)은 86개의 서명국들이 '어떤 경우에도 절대로 핵무기나 다른 핵폭발 장치를 개발, 시험, 생산, 제조, 그 밖의 방법으로 획득, 보유, 비축하지 말도록' 언급하고 있다. 결정적으로, 세계 어느 핵무기 보유국도 이 조약에 서명하지 않았다. 그러나 유엔 총회 투표에서 회원국의 과반수가 지지하여 민주적으로 채택된 이 조약의 목적은 핵무기의 종말을 글로벌 '규범'으로 만들고, 따라서 핵무기 보유국들에게 핵무기 무장해제를 압박하는 것이다.

또한, 핵무기에 반대하는 캠페인은 세계의 많은 지역을 비핵지대(nuclear-free zone)로 지정을 함으로써 발전되어 왔다. 초기의 비핵지대는 남극(1959), 중남미와 카리브해(1967), 남태평양(1985)을 포함하였다. 펠린다바조약(Treaty of Pelindaba, 1996)은 아프리카를 비핵지대로 선언하였고, 방콕조약(Bangkok Treaty, 1997)은 동남아를 비핵지대로 선언하였다. 집단적인 측면에서 보면 이 조약들은 남반구 대부분이 비핵지대가 되었다는 점을 의미한다. 이러한 추세와 움직임은 다양한 요인들에 의하여 시작되었다. 가장 중요한 것은 핵무기가 사악한 것은 아니더라도 윤리적으로 방어하기 어려운 것으로 간주된다는 점이다. 이 견해에 따르면, 수만 명 또는 수백만 명의 사망자를 낼 수도 있는 무기의 개발, 사용, 사용의 위협은 어떠한 상황에서도 절대로 정당화될 수 없다. 핵군축을 선호하는 경제적이고 정치적인 이유는 다음과 같다. 첫째, 개발하는 데 많은 비용이 소요된다. 둘째, 핵억제 전략은 불안정한 핵 군비경쟁을 유발할 뿐이며, 전쟁을 줄이기보다는 전쟁 가능성을 더 높인다. 셋째, 엘리트 '핵 클럽'이 나머지 세계에 영향을 미치려고 시도함에 따라 국가들 사이의 불균형성을 더욱 심화시킨다. 심리적인 측면에서 핵무기는 불안과 공포를 확산시키는데, 1945년 이후의 세대는 핵무기의 그늘 아래에서 이러한 심리적 상태로 살아 왔다 (Lifton and Falk 1982).

자유주의자들과 사회적 구성주의자들은 핵무기에 대한 정책을 편협한 국가안보의 차원 이상으로 발전시키려는 시도를 하고 있다. 이는 냉전이 끝나면서 미국과 소련 사이에 잠깐 나타났다가, 오바마 행정부가 비핵지대 아이디어를 강조하면서 다시 시작되었다. 2009년 4월 러시아와의 새로운 START 조약을 체결하기에 앞서 프라하 성에서의 연설에서 오바마는 핵무기 없는 세계에 대한 자신의 비전을 제시했다 (그는 완전한 핵군축의 목표는 자신의 생애에서 이루어지지 않을 것이라는 점은 인정하였다). 2009년 9월 오바마는 미국 대통령으로서는 처음으로 유엔 안전보장이사회의 회의를 주재했는데, 그 주요 목적은 핵무기 확산을 종식시키는 요구를 하는 것이었으며, 2010년 5월부터 5년에 한번씩 시행되는 NPT 리뷰에 앞서서 비확산 레짐을 강화하는 안을 제시하였다. 러시아의 메드베데프 대통령이 지지한 오바마의 전략은 핵억제에 대한 구시대의 냉전적 사고방식을 탈피하는 것을 목표로 했다. 핵심적인 동기는 비핵국가들이 핵보유 추구를 포기하도록 가하는 압력에 윤리적 권위를 부여하는 것이었다. 이 전략은 핵군축과 비확산 사이의 연결을 인정하는 것이다. 만약 기존의 핵강국들이 자신들의 핵무기를 포기하는 데 대하여 심각하게 생각하지 않는다면, 그들의 비핵국에 대한 영향력은 약화될 것이고, 그들의 비확산 요구는 위선이라는 비난을 받으며 무시될 것이다. 이러한 점에서 미국이 특히 공격을 받기 쉬운 상황에 놓여 있는데, 그 이유는 미국이 세계 최대 핵무기 보유국이고, NPT의 내용대로 핵무기를 점차로 줄여가지 않고 있으며, 포괄적 핵실험금지조약(CTBT)도 가입하지 않고 있기 때문이다.

그러나 이 전략은 적어도 세 가지의 문제에 직면하고 있다. 첫째, 강력한 윤리적 권위에 기초하고 있는 이러한 압력들이 이란과 북한 같은 국가들에게 영향을 미칠 수 있을지가 불분명하다. 그 국가들은 자신들이 핵심적인 국가안보 목표라고 생각되는 것을 추구하는 데 대한 국제사회로부터의 비난을 감수할 의지를 이미 보이고 있다. 둘째, 이 문제에 대하여 강대국들이 만장일치로 합의할 수 있을지도 불분명한 상황이다. 예를 들어, 중국은 보유한 핵무기를 폐기할 의사가 없음을 분명히 하였으며, 글로벌 파워로 부상하고 있는 상황에서 중국이 미국의 선도에 이끌려 갈만한 동기도 별로 없어 보인다. 핵무기를 계속 보유하는 것보다 폐기하는 것이 안전한 선택이라는 데 대한 기존 핵보유국들의 확신은 도전을 받고 있다. 셋째, 실제로 핵무기 철폐가 이루어진다면, 중요한 기술적 문제들이 등장할 것이다. 핵탄두 폐기를 어떻게 검증할 것인가? 핵물질에 대해서 확실하게 감시를 할 수 있는가? 따라서 핵무기 제거는 쉽지 않을 것이고, 가까운 장래에 이루어지기도 어려울 것이다 (Perkovich and Acton 2008).

일부 사람들은 핵무기의 철폐가 가능하더라도 바람직하지 않다고 주장한다. 예를 들어, 핵군축이 성공적으로 수행된다면 이것이 전쟁의 가능성에 영향을 미칠 것이라고 우려하는 사람들이 있다. 1945년 이후 강대국들 사이에 주요 전쟁이 일어나지 않은 이유는 재래식 전쟁이 핵전쟁으로 발전할 것에 대한 두려움의 결과라는 주장이 나오고 있다. 따라서 핵무기의 축소나 제거는 전쟁발발의 새로운 조건이 될 것이라고 한다. 이는 냉전이 끝났다고 해서 핵무기의 억제효과가 끝나는 것이 아니라는 점을 보여 준다. 역설적이게도 핵군축은 비확산의 대의를 훼손시키거나 확산을 조장할 수도 있다. 최근 수십 년 동안 핵확산을 저지한 것은 미국 핵우산의 존재였다. 만약 핵군축의 신뢰할만한 공약이 미국 핵우산의 범위와 효율성을 축소시키는 것이라면, 아시아의 한국, 일본, 대만과 중동 및 걸프지역의 국가들은 자국의 비확산 정책을 재검토하게 될 것이다. 따라서 핵무기 없는 세계를 만들려는 노력은 역효과를 낳을 수도 있을 것이다.

요약

- 대량살상무기(WMD)의 개념은 주로 20세기 초 공중 폭격의 출현을 통해 넓은 지역을 파괴하기 위해 재래식 폭발물을 사용하는 것을 설명하기 위해 처음 만들어졌다. 현재 이 용어는 핵무기와 거의 동의어로 이해되지만, 유엔의 정의에 따라 주목을 받고 있는 수차에 걸친 암살에 사용된 화학무기도 포함한다.
- 핵무기의 대량살상능력은 핵무기가 다른 어떠한 무기도 가지지 못했던 영향력을 국제정치와 국내정치에 행사할 수 있다는 점을 의미한다. 냉전기간 핵무기의 수직적 확산은 미국과 소련의 대규모 핵시설의 확장을 가져 왔다.
- 탈냉전시대에 핵확산의 우려가 고조되었다. 그 이유는 많은 국가들이 핵무기를 보유하겠다는 의지를 가지게 된 점, 핵물질과 핵기술에 쉽게 접근할 수 있게 되었다는 점, 핵무기를 실제로 사용할지도 모르는 행위자들의 손에 핵무기가 들어가게 될 수도 있다는 위험의 증가 등이다.
- 비확산 레짐들이 폭 넓게 수립되었음에도 불구하고, 효과적인 군비통제가 실시되는 데 어려움이 등장하고 있다. 그 이유는 국가들이 양자협정이나 다자협정에 의한 의무보다 국가안보에 더 중점을 두기 때문이다.
- 평화 행동주의자들이 핵 없는 세상이라는 개념을 발전시켰으며, 최근에는 일부 고위 정치인들도 이 개념을 발전시켰다. 오바마 행정부의 국방전략은 비확산을 목표로 하여 강력한 도덕적이고 외교적 압력을 행사하는 능력에 핵군축에 대한 의지를 연결시켰다. 그러나 최근 몇 년간 우크라이나와 관련하여 러시아의 호전적인 태도와 핵무기 사용에 대한 암시는 군축문제에 대한 작은 진전조차도 취약하다는 것을 보여준다.

토의주제 ?

- WMD는 특정 범주의 무기를 의미하는가? 핵무기가 WMD의 유일한 사례인가?
- 왜 국가들은 WMD를 사용하는가?
- 왜 국가들은 핵무기를 보유하려고 하는가?
- 왜 국가들은 핵무기를 보유하려고 하지 않는가?
- 핵억제이론은 얼마나 설득력이 있는가?
- 핵무기가 '잘못된 손'에 들어갈지도 모른다는 생각은 단순히 유럽중심주의의 사례인가?
- 왜 핵 군비통제가 실현되기 어려운가?
- 핵무기를 보유한 이란은 국제평화와 안보에 심각한 위협이 되는가?
- 핵무기 비확산을 달성하려는 노력은 위선과 유럽중심적 편향에 기반을 두고 있는가?
- 미사일 방패는 핵공격 위협의 해결수단인가?
- WMD는 윤리적 측면에서 방어하기가 어려운가?
- 핵 없는 세계는 가능하고 바람직한가?

추가 읽을거리

Herring, E. (ed.), *Preventing the Use of Weapons of Mass Destruction* (2000). WMD 사용을 막기 위하여 사용되는 다양한 전략들을 연구한 에세이 모음집.

Hymans, J., *The Psychology of Nuclear Proliferation: Identity, Emotions and Foreign Policy* (2006). 프랑스, 오스트리아, 아르헨티나와 인도의 사례를 이용하여 핵결정의 역동성을 분석.

Nye, J. S., *Nuclear Ethics* (1988). 핵무기로부터 제기되는 윤리적 딜레마를 균형되고 정밀하고 포괄적으로 논의.

Solingen, E. *Nuclear Logics: Contrasting Paths in East Asia and the Middle East* (2007). 세계 여러 지역의 핵지대화와 비핵지대화의 비교 논리를 연구.

테러리즘

출처: *Anadolu Agency/Getty Images*

개요

2001년 9월 11일의 사건들은 이전에 부차적인 관심사로 치부되었던 테러의 본질과 중요성에 대한 대대적인 재평가를 불러왔다. 일부 사람들에게 '새로운' 테러 또는 '글로벌' 테러 등 다양하게 불렸던 것이 21세기 초 글로벌화의 조건에서 비국가 행위자들(이 경우 테러 단체들)이 국가들보다 중요한 이점을 획득하며 주요 안보위협이 되었다. 이를 넘어, '테러와의 전쟁'의 시작은 부활하는 테러가 가까운 미래에 글로벌정치를 정의할 새로운 단층선을 열었음을 시사했다. 그러나 테러는 매우 경쟁이 치열한 현상이기도 하고, 매우 논란이 많은 개념이기도 하다. 예를 들어, 비판이론가들은 테러에 대해 일반적으로 수용되는 많은 생각이 고정관념과 오해에 해당하며, 테러의 심각성은 보통 이념적인 이유로 인해 엄청나게 과장된다고 주장한다. 테러는 어떻게 정의되어야 하는가? 왜 그리고 어떻게 학자들은 테러의 본질에 대해 의견이 엇갈려 왔는가? 왜 극우 백인 우월주의 테러가 '서양'을 가로질러 증가하고 있는가? 그럼에도 불구하고 테러의 본질과 중요성에 대한 의견의 불일치는 테러가 어떻게 대응되어야 하는가에 대한 논쟁과 일치한다. 다양한 대테러전략의 효과에 대한 의견이 분분할 뿐만 아니라, 기본권과 자유의 잠식 측면에서 테러로부터 사회를 보호하기 위해 지불되어야 할 대가에 대한 치열한 논쟁도 있어 왔다. 테러는 국가안보 강화, 군사적 탄압, 또는 정치적 거래를 통해 대응되어야 하는가? 그러한 전략의 의미는 무엇인가?

핵심이슈

- 테러는 무엇인가?
- 테러에 대한 핵심적 관점은 무엇인가?
- 최근 들어서 테러의 성격은 변화하였는가?
- 테러는 '글로벌화'하고 있는가?
- 백인 우월주의 테러는 주요 글로벌위협인가?
- 현대 테러는 얼마나 심각한가?
- 테러의 위협은 어떻게 대응할 수 있고, 대응해야 하는가?

테러리즘의 이해

테러리즘은 현대적인 현상은 아니다. 역사 초기의 사례는, 1세기에 유대교의 극단적 광신당파인 시카리(Sicarri, '단도를 든 사람')가 유대에 있는 로마인들과 로마인들에게 협력을 하는 유대인들을 납치하고 살해한 것이었다. 마찬가지로, 19세기에 특별히 유명해진 칼리 여신을 기리기 위해 의식적인 살해를 수행했던 인도의 터기(Thugee 또는 Thugs[깡패])들도 13세기에 출현했을 수 있다. '테러리스트'라는 용어는 1793-4년 프랑스혁명과 공포시대(Reign of Terror)로부터 유래하였다. 로베스피에르(Robespierre)의 지도에 자코방(Jacobin)당은 약 4만 명의 '혁명의 적'들을 처형하였다.

서양사회가 처음으로 테러리즘과 광범위하게 접하게 된 것은 19세기 후반 무정부주의 단체들에 의한 은밀한 폭력이 확대되기 시작한 것인데, 1890년대에 절정에 달하였다. 주요 희생자들은 차르 알렉산더 2세(1881), 오스트리아의 엘리자베트 황후(1898), 이탈리아의 움베르토 왕(1900), 프랑스의 카르노 대통령(1894), 미국의 맥킨리 대통령(1901)이었다. 무정부주의 테러는 '행동에 의한 선전'의 형식을 보였다. 무정부주의 테러는 정치의식을 제고하고 대중들이 봉기하도록 고무하는 데 폭력을 사용하였으며, 때로는 탄압과 착취의 상징으로 보이는 것들에 대하여 공격을 하였다. 1894년 파리에 있는 테르미누스라는 카페에 공격이 발생했는데, 이는 '부르주아 사회'에 대한 공격이었고, 같은 해 나중에 프랑스의 무정부주의자로 판명된 사람이 런던의 왕립 그리니치 천문대 부근에서 자살 폭발을 시도하였다 (이 사건은 콘래드[Joseph Conrad]의 소설 *The Secret Agent*를 모방한 것이었다). 이 외에도 1960년대와 1970년대에 무정부주의자들에 의한 폭력이 발생하였는데, 이를 주도한 단체들은 서독의 바더-마인호프(Baader-Meinhof) 단체, 이탈리아의 붉은 여단, 일본의 적군, 영국의 성난 여단(Angry Brigade) 등이다.

그러나 1945년 이후의 테러는 대체로 민족주의 성향을 보였다. 1940년대와 1950년대의 테러리즘은 아프리카, 아시아, 중동의 반식민 투쟁과 관련되었고, 이후에는 팔레스타인해방기구(PLO: Palestine Liberation Organization) 및 검은 9월단(Black September) 같은 민족해방운동과 연계되었다. 또한, 테러는 선진 서양사회의 불만을 가진 소수 인종 및 민족집단에서도 나타났는데, 그들은 북아일랜드와 영국 본토의 아일랜드공화국군(IRA), 스페인 바스크 지역의 에타(ETA: '바스크 땅과 자유'를 의미), 퀘벡해방전선(FLQ) 등이었다. 2001년 9월 11일의 뉴욕과 워싱턴에 대한 공격(p. 23 참조)은 많은 사람들로 하여금 테러가 새롭고 보다 위험한 형태로 재탄생했다고 생각하게 하였고, 일부 사람들은 테러가 국제평화와 안보에 주요 위협요인이 되었다고 결론지었다. 그러나 이러한 주장을 열거하기 이전에, 테러의 본질, 테러가 이해되는 다양한 방식, 그리고 최근 들어 테러가 변화했는지에 대하여 보다 자세히 음미해볼 필요가 있다.

개 념

테러

광범위한 의미에서 테러는 공포, 불안, 불확실성의 분위기를 조성할 목적으로 폭력을 사용하여 정치적 목적을 달성하려는 시도를 의미한다. 글로벌하게 영향을 미치는 테러의 출현이 테러의 현상을 재정의하도록 위협했지만, 가장 공통적인 테러행위의 형태는 암살, 폭탄공격, 인질납치, 항공기 납치 등이다. 테러의 개념은 매우 경멸적인 의미를 지니고 있으며, 선택적으로 사용된다 (어떤 사람에게 테러리스트는 다른 사람에게는 자유전사로 보일 수 있다). 테러는 종종 반정부활동으로 표현되지만, '국가테러'의 경우와 같이 정부가 자국의 국민이나 다른 국가의 국민에 대하여 테러를 하는 경우도 있다. 테러는 매우 논쟁적인 개념이다.

테러의 정의

테러의 핵심적인 특징은 두려움과 불안의 분위기를 조성하여 목적을 달성하려는 정치적 폭력의 한 형태이다 (Goodin 2006). 테러는 매우 특별한 방식으로 폭력을 행사하는데, 그 방식은 살해와 파괴를 하는 것이 아니라, 미래에 살해와 파괴의 행위가 일어날지도 모른다는 불편함과 불안감을 조성하는 것이다. 따라서 테러의 폭력은 불확실성과 광범위한 불안감을 조성하기 위하여 은밀하면서도 기습적인 방식을 사용한다. 이에 따라 테러는 민간인을 목표로 하여 무차별 공격을 하기도 하며, 권력과 위신의 상징에 대하여 공격을 하고, 중요한 기업인, 정부 고위관료와 정치지도자들을 납치하거나 살해하기도 한다. 테러의 개념은 많은 문제를 안고 있다. 이는 테러를 정의하는 기초에 대한 혼란이 있기 때문이다. 테러의 본질에 대해서는 다음과 같은 세 가지 측면에서 정의될 수 있다.

- 테러의 '행위'. 무차별적인 성격의 은밀한 폭력이다. 그러나 테러의 본질은 원래 폭력행위 그 자체는 아니다. 그 의도는 위협하고 겁을 주는 것이다 (Schmid and Jongman 1988). 테러는 잔인한 것이라기보다는 사회적인 것이고, 테러행위의 의도는 복합적이고 불확실하다 (Jackson 2009).
- 테러에 의한 '희생'. 무고한 민간인이다. 그렇다면 군사적 목표나 군인에 대한 공격 또는 정치 지도자의 암살은 테러가 아닌가? 일부 테러리스트들은 민간인들이 '유죄'라고 생각하는데, 그 이유는 국가 또는 글로벌 차원에서 발생하는 구조적인 억압에 민간인들이 연루되어 있거나 혜택을 받기 때문이다.
- 테러의 '가해자들'. 정부나 국제기구의 활동에 영향을 미치려 시도하는 비국가 조직들. 그러나 라쿼(Laqueur 1977)가 언급한 바와 같이 '아래로부터의 테러'에 초점을 맞추다 보면, '위로부터의 테러', 즉 국가테러나 '국가가 지원하는' 테러의 비무장 민간인들에 대한 보다 광범위한 살해를 무시할 위험이 있다.

그러나 테러는 다른 형태의 정치적 폭력과 확실하게 구별될 수 있는 경우에만 의미 있는 용어이다. 테러는 '약자의 무기'라는 점에서 전통적인 전쟁과 다르다. 테러는 재래식 무력경쟁에서 상대방을 지배할 수 없는 자들에게 가장 유용한 수단이다 (Crenshaw 1983). 공개된 전투에 참여할만한 조직력과 파괴능력이 부족한 테러리스트들은 도발과 분열전략에 의존한다. 실제로 테러는 전투를 부정하는 것으로 생각될 수도 있는데, 그 이유는 테러의 대상들이 자기방어가 어렵거나 불가능한 수준으로 공격을 받기 때문이다. 테러는 게릴라전과 공통점을 보유한다. 이 둘은 비대칭전의 사례이며, 이들의 전술과 전략은 적의 우월한 기술력, 경

국가테러(State terrorism): 경찰, 군대 또는 정보조직과 같은 정부기구에 의하여 수행되는 테러.

제력, (재래식) 군사력을 상쇄하는 차원에서 채택된다. 또한, 테러와 게릴라전은 무력투쟁을 장기화시켜서 저항하려는 적의 의지를 약화시킨다. 또 다른 공통점은 테러리즘이 게릴라전 또는 반란전의 한 부분으로 사용되는데, 그 사례는 아프가니스탄의 탈레반 또는 시리아의 ISIS를 들 수 있다 (p. 342 참조). 이러한 점에서 테러는 특별한 종류의 '새로운' 전쟁, 또는 '새로운' 전쟁들에서 특징적으로 사용되는 전략으로 생각될 수 있다.

그러나 테러는 게릴라전과 구분되기도 한다. 첫째, 테러는 대상 집단의 의식과 행위를 다른 방향으로 형성하기 위하여 자신들의 대중적인 잔악성을 알리는 데 불균형적인 비중을 둔다 (Phillips 2010). 따라서 테러리스트들은 '선전활동'을 위하여 눈에 띄고 의식에 충격을 주는 폭력행위를 한다. 이 폭력행위는 정부의 무력함을 드러나게 하여, 대립적인 인종 및 종교집단에 위협을 주고, 대중들의 지지를 이끌어 냄으로써 정치적 행동주의를 자극한다. 둘째, 기본적으로 테러행위의 은밀한 성격은 테러리스트들이 대중의 행동주의에 관여할 수 있는 기회를 제한하는 데, 이는 게릴라군이 대중의 전폭적인 지지 기반에 의존하는 점과 대비된다.

그러나 위에서 논의한 사항들이 테러의 개념에 대한 논쟁점들을 해소한다는 의미는 아니다. '테러'의 개념은 특히 이념적이고 감정적인 측면에서 논쟁이 이루어지고 있다. 심지어 일부 사람들은 테러라는 용어 사용을 거부하는데, 그 이유는 너무 모호하거나 경멸적인 의미이기 때문이다. 이러한 부정적인 입장에 따르면, 테러라는 단어는 거의 항상 적대적인 집단의 행위에 적용시키고, 자신들의 집단 또는 자신들이 지지하는 집단의 행위에는 사용하지 않는다. 따라서 테러는 정치적 도구로 사용되고, 또한 고려되고 있는 집단이나 정치운동의 합법성 또는 불법성을 결정하는 수단으로 사용된다. 테러 그 자체가 사악한 것이냐, 그리고 윤리적 정당성을 넘어서는 것이냐에 대한 질문도 제기되고 있다. 테러에 대한 주류 접근은 테러를 문명화된 또는 인도적인 가치에 대한 공격이며, 허무주의(nihilism)의 사례로 표현한다. 반면, 급진적 학자들은 테러와 다른 형태의 정치폭력은 정치적 정의의 명제를 발전시키고, 보다 확대된 다른 형태의 폭력이나 학대에 대항하기 때문에 정당한 것이 될 수 있다고 주장한다 (Honderich 1989). 마지막으로 비판적 이론가들은 테러를 어떤 개인이나 집단의 본질적 특징으로 정의하면서 하나로 '요점화'하게 되면 발생할 위험에 대하여 경고한다. 이에 따르면, 테러리스트가 되는 것은 국적, 종교, 인종에 따른 정체성을 가지는 것이다. 알카에다, 헤즈볼라, 보코하람, 알샤바브, 옴 진리교, IRA, ETA 같은 집단들을 같은 수준으로 묘사하게 되면, 그들의 활동의 기초가 되는 상이한 역사, 정치, 사회, 문화적 맥락과 더불어, 그들이 관련되는 상이한 대의를 모호하게 하거나 무시하게 된다.

허무주의(Nihilism): 단어의 뜻은 아무것도 없는 것에 대한 믿음이다. 모든 전통적인 윤리와 정치의 원칙을 거부한다.

'새로운' 테러의 등장?

테러에 대한 추가적인 논의는 테러가 다양한 형태를 가지며 변화할 수 있고 변화해 왔다는 생각에 대한 것이다. 이 경향은 완전히 새로운 형태의 테러의 등장이 시작되었다고 일부 사람들에 의하여 평가되는 9월 11일 공격에 의하여 심화되었다. 예를 들어, 이그나티프(Ignatieff 2004)는 테러를 4가지로 분류하였다.

- '반란' 테러 – 국가를 혁명에 의하여 붕괴시키려는 목적을 지니고 있다 (예를 들어, 서독의 적군파와 같은 무정부주의적이고 혁명적인 공산주의 테러).
- '단독 또는 이슈' 테러 – 단일의 명제를 해결할 목적으로 추진된다 (예를 들어, 미국 낙태병원에 대한 폭탄테러, 1995년 옴 진리교 신도들이 일으킨 도쿄 지하철에서의 사린 신경가스 테러).
- '민족주의' 테러 – 식민지배 또는 점령에 대항하는 테러로, 종종 인종, 종교, 민족집단의 독립 쟁취를 목표로 한다 (예를 들어, 알제리의 FLN, 스리랑카의 타밀엘람해방호랑이, 이스라엘과 점령지역의 하마스와 헤즈볼라 등).
- '글로벌' 테러 – 글로벌 강대국에 피해와 모욕을 주고, 글로벌 문명관계를 전환시키는 것을 목표로 한다 (예를 들어, 알카에다와 다른 형태의 '이슬람주의' 테러, 백인 우월주의 테러 포함).

그러나 테러의 본질이 혁명적으로 변화한 '새로운' 테러의 개념은 1995년 도쿄 지하철에서 발생한 옴 진리교의 공격과 1997년 이집트 룩소(Luxor)에서 발생하여 62명의 여행객이 사망한 사건(Laqueur 1996, 1999)으로부터 시작하여 2001년 9월 11일 테러사건을 정점으로 하고 있다. 그러면 새로운 테러란 무엇이고, 얼마나 새로운가? 새로운 테러는 수많은 특징들을 가지고 있지만 (Field 2009), 가장 중요하고 가장 잘 정의된 특징은 테러의 종교적 동기가 세속적 동기를 대체하였다는 점이다. '전통적 테러'의 세속적 성격은 1945년 이후 대부분의 기간 동안 테러가 민족주의, 특히 분리주의 운동과 관련되어 있다는 아이디어로부터 생성되었다. 이러한 경우 테러의 목표는 편협하고 정치적이었는데, 구체적으로 외세의 지배에서 벗어나고 민족자결을 확립하기 위한 것이었다. 민족주의 테러가 보다 광범위한 이념적 신념에 의하여 고무되면, 대체로 마르크스주의 또는 마르크스-레닌주의에 기초한다. 그러나 1980년대까지 종교가 정치적 폭력의 중요한 동기가 되기 시작하였다. 호프먼(Hoffman 2006)에 따르면, 1995년까지 활동 중인 56개의 테러단체들 중에 거의 절반이 종교적 성격이나 동기를 지녔다고 분류되었다. 알카에다가 이러한 추세의 대표적인 사례이다. 알카에다는 '이슬람주의'를 기초로 한 급진적인 정치적-종교적 이데올로기에 의한 동기에 의하여 움직인다. 그러나 알카에다가 유일한 사례는 아니다.

새로운 테러의 아이디어를 지지하는 사람들은 테러가 실용적으로 선택된 정치

새로운 테러(New terrorism): 조직, 정치적 성격, 동기, 전략의 본질 때문에 '전통적' 테러보다 더 과격하고 파괴적이라고 평가되는 테러의 형태.

13

자살테러(suide terrorism): 가해자가 공격을 수행하는 과정에서 스스로 목숨을 끊는 테러의 한 형태이다.

전략이라기보다는 종교적 명령, 심지어 신성한 의무가 되었기 때문에, 테러단체의 성격과 정치폭력의 기능은 중대하게 변하였다고 주장한다. 전통적인 테러리스트들은 제한적인 정치변화와 자신들 요구의 부분적 수용에 만족하였지만, 새로운 테러리스트들은 그렇게 쉽게 매수될 수 없었고, 비정형적이고 광범위한 목표 때문에 유연하거나 타협적이 될 수 없었다. 이와 유사하게, 종교적 믿음은 테러단체들이 폭력에 의존하고 사용하는 윤리적 맥락을 변화시켰다. 테러의 폭력이 근본적으로 목적을 위한 수단으로서 전략적인 성격을 가지는 대신에, 폭력은 점진적으로 상징적인 것이 되었고 '전면전'과 같은 명분을 가지게 되었다. 폭력이 카타르시스적인 경험이 되면서, 폭력사용에 대한 심리적, 윤리적, 정치적 제약은 사라져 갔고, 새로운 테러리스트들은 무차별적이고 치명적인 형태의 폭력을 행사했다. 이러한 행태는 테러가 대량살상무기(WMD), 특히 핵무기와의 연관성이 증대되는 이유를 설명하고, 자살테러 방식이 증가되는 이유도 설명해 준다. 더욱이 테러의 폭력이 발생하는 과정에서의 윤리적 제한의 변화는 테러의 조직적 성격의 변화와도 연관된다. 전통적인 테러리스트들이 군대 스타일의 지휘와 통제 구조를 사용하는 반면, 새로운 테러리스트들은 느슨하게 연결된 셀 조직들로 구성된 보다 분산되고 비조직적인 국제 네트워크 내에서 활동하는 경향이 있으며, 네트워크들을 지원한다 (Wilkinson 2003). 예를 들어, 알카에다는 종종 조직이라기보다는 하나의 개념으로 묘사되며, 셀 조직의 네트워크는 너무 느슨하게 조직되어 있기 때문에 '지도자 없는 지하드'의 형태로 간주된다 (Sageman 2008). 테러공격은 점점 더 조직화된 집단(인터넷 게시판과 소셜 미디어를 넘어)과 확립된 연관성이 없는 소위 '외로운 늑대' 개인에 의해 행해지고 있다.

새로운 테러에 대한 관점도 비판의 대상이 되고 있다. 많은 사람들은 새로운 테러와 전통적 테러를 구분하는 것은 대체로 자의적인 것이거나, 적어도 많이 과장된 것이라고 주장한다 (Copeland 2001). 예를 들어, 종교적으로 고무된 테러는 분명히 완전하게 새로운 현상은 아니다. 고대의 사례까지 거슬러 올라가지 않더라도, 1928년에 결성된 무슬림형제단은 암살과 다른 공격행위를 자주 시도하였다. 그리고 모로민족해방운동(MLF: Moro National Liberation Movement), 이집트의 이슬람 지하드와 헤즈볼라 같은 민족주의 단체들은 종교적이고 정치적인 목표들을 융합하여 활동하였다. 이와 유사하게, 전통적 테러집단들도 새로운 테러집단들처럼 광신적이고 비타협적인 전략을 추구하고, 정치폭력을 무차별적으로 사용한 사례들이 있는데, 그들은 타밀호랑이, 팔레스타인 인민해방전선(PFLP: Popular Front for the Liberation of Palestine), 쿠르드 노동당(PKK: Kurdistan Workers' Party) 등이다. 이와 같은 세속적인 단체들의 경우, 그들이 활동하는 국가들과 미국을 포함한 서방 강대국들에 의해 테러단체로 지정되었다. 마지막으로 새로운 테러단체와 전통적 테러단체의 조직적 차이점에 대한 비교도 잘못된 것이라는 주장도 있다. 급진적 아일랜드공화국군(Provisional IRA), 그리고 팔레스타인해방기구(PLO) 내에서 가장 큰 파벌인 파타(Fatah)는 개별적 테러 셀 조직에 많은 자율권을 부여하였고, 지휘와 통제의 구조를 벗어나 독립적 활동을 할 수 있게 허용하였다.

테러의 중요성

9월 11일 테러가 테러의 '본질'이 변화했다는 것을 반영하는지의 문제를 떠나, 그 공격은 테러의 중요성이 심각하게 변화했다는 점을 보여준다. 테러에 의한 위협은 역사적으로 전례가 없는 수준의 중요성을 부각시켰고, 이는 테러가 21세기 글로벌정치를 정의하는 새로운 도구가 되었다는 믿음에 기초하고 있다. 이에 따라 '테러와의 전쟁'이 등장하였고, 세계질서의 새로운 모습으로 변화되는 상황을 맞게 되었다 (제10장에서 논의되었음). 그러면 이 가설은 얼마나 적실성이 있는가? 테러의 잠재성과 중요성은 극적으로 증가하였는가? 그렇다면 얼마나, 그리고 어떻게 이것이 가능해졌는가?

테러의 글로벌화

테러는 국제적, 초국가적 또는 글로벌 차원을 가진다는 점에 대해서는 새로운 논쟁거리가 없다. 예를 들어, 19세기 후반의 무정부주의자들은 자신들을 국제운동의 한 부분으로 인식하였고, 적어도 서유럽에서는 국경을 넘나들며 활동하였다. 서독의 바더-마인호프단체(공식적으로 '적군파'), 이탈리아의 붉은 여단, 일본의 적군 등과 같은 1960년대와 1970년대의 극좌파 단체들은 자본주의체제를 전복하고 서유럽이나 다른 지역에 주둔하고 있는 미군을 추방하기 위하여 글로벌 투쟁에 참여하였다. '국제'테러의 등장은 PLO와 같은 단체들이 1960년대 후반에 수행한 비행기 납치로부터 시작되었다. 그러나 글로벌한 차원은 아니더라도 초국가적 차원으로 테러가 발전한 것은 보편적으로 글로벌화의 진전과 관련되어 있다. 따라서 현대 테러는 글로벌화의 산물로 묘사되는 경우가 때때로 있는데, 거기에는 다양한 이유가 있다. 첫째, 사람, 상품, 돈, 기술과 아이디어의 초국경적 흐름이 증가하면서 국가의 희생을 딛고 비국가 행위자들이 많은 이득을 누리게 되었으며, 테러단체들은 고도의 이동성에 숙련되었다. 둘째, 국제이주의 증가는 테러캠페인을 유지하는 데 많은 도움을 주었는데, 그 이유는 타밀호랑이와 같이 디아스포라 공동체가 기금의 중요한 원천이 될 수 있기 때문이다. 셋째, 글로벌화는 정치적 호전성을 증대시키는 계기를 제공하였다. 이는 문화의 글로벌화와 서양의 상품, 아이디어, 가치의 확산에 대한 반발로 생겨났거나, 글로벌 자본주의체제가 글로벌 사우스를 더 가난하고 불안하게 만든 불균형의 결과이기도 하다.

분석적 접근

테러

현실주의 견해

테러에 대한 현실주의적 사고는 국가/비국가의 이분법을 강조하는 경향이 있다. 테러는 일반적으로 비국가 단체나 운동이 기존의 질서에 대하여 폭력적으로 행하는 도전으로 인식되고 있다. 현실주의자들이 권력추구나 경쟁을 정치의 영역으로 강조하는 것은 비국가 행위자뿐만 아니라 국가에게도 적용된다고 볼 수 있다. 이러한 관점에 따르면, 테러의 동기는 본질적으로 전략적이다. 테러단체들은 대체로 은밀한 폭력을 사용하고 민간인을 대상으로 하는데, 그 이유는 자신들이 전통적인 무력투쟁 방식으로 국가에 도전하기에는 너무 약하기 때문이다. 그들은 자신들이 붕괴시킬 수 없는 정부의 결의를 약화시키려는 시도를 한다. 현실주의자들의 테러에 대한 접근의 주요 특징은 시민질서를 파괴하고 정치체제를 전복하려고 시도하는 테러에 대한 국가의 대응책은 타협적이지 말아야 한다는 것이다. 이러한 정치적 전통은 마키아벨리까지 거슬러 올라가는데, 이는 위협을 받고 있는 정치공동체를 보호하기 위하여 정치지도자들은 전통적인 윤리성을 위반할 수도 있다는 믿음을 반영한다. 이는 때로는 '더러운 손'의 문제를 제기한다. 정치지도자들은 공적인 책임을 지고 있기 때문에 손을 더럽힐 각오가 되어 있어야 하고, 사적인 윤리관은 잊어야 한다.

자유주의 견해

현실주의자들과 마찬가지로 자유주의자들은 테러를 주로 비국가 행위자들에 의하여 수행되는 행위로 보고 있다. 테러의 동기에 대해서 다른 시각을 갖고 있는 자유주의자들은 단순한 권력추구보다는 이념적인 측면을 강조하고 있다. 따라서 테러를 설명하는 핵심요인은 심각한 불법성과 적대감을 조성하는 정치적 또는 종교적 이념의 영향이다. 따라서 폭력적인 범죄행위에 따른 윤리적이고 인도적인 대가에 대해서는 무감각하게 된다. 그러나 테러에 대한 자유주의적 사고는 대테러라는 과제가 제기하는 윤리적 문제의 딜레마에 지배되는 경향이 나타난다. 한편 자유주의자들은 테러를 자유민주주의의 원칙인 개방, 선택, 토론, 관용 등에 대한 공격으로 인식한다. 다른 한편, 자유주의자들은 테러의 대응책도 같은 가치들을 준수해야 하는데 실제로는 그러지 않는다고 비난하고 있다.

마르크스주의 견해

마르크스주의자들은 테러가 특히 재산을 향하거나 권력 있는 사람('무고한 시민'이 아니라)들에게 향할 때 정치적, 도덕적으로 정당한 전술일 수 있다는 생각에 더 공감한다. 역사적으로 테러는 마르크스주의자들과 무정부주의자 단체가 자신들의 혁명투쟁을 발전시키기 위해 사용된 전술이었고, 오늘날 좌파 정치 사상가들은 여전히 테러를 악마화하는 데 대해 회의적이다. 한편 비무장 민간인을 살해하는 테러는 국가와 비국가 행위자 모두에 의해 관여되고 있다. 국가가 비국가 행위자들보다 훨씬 더 강력한 강제력을 가지고 있기 때문에, 실제로 국가테러가 비국가테러보다 훨씬 더 심각하다. 따라서 테러는 주로 자본주의 국가가 권력을 유지하거나 다른 국가에 영향력을 행사하기 위해 민간인들에게 폭력을 사용하는 메커니즘이다. 이 점에서 테러는 '자본주의 내의 사회적 관계'이다 (Joseph 2011).

후기 구조주의 견해

많은 후기 구조주의자들은 테러를 후기 구조주의 발전의 분명한 사례로 보고 있는데, 특히 언어, 표시, 그리고 현실의 사회적 구성에 대한 '담론'의 중심성과 힘을 강조하고 있다. 그들은 국가가 폭력적인 정치적 반대자들을 '테러리스트'로 지정할 수 있는 임의성에 주목하고, 국가 자신의 정치적 폭력을 전쟁, 심지어 해방적인 것으로 간주한다 ('인도적 개입'의 경우). 그러나 후기 구조주의자들은 또한 '테러와의 전쟁' 담론이 오래된 선과 악의 이분법적 표현을 어떻게 포함하는지에 관심이 있다. 마르크스주의 프랑크푸르트 학파에도 영향을 미친 후기 구조주의는 담론적 렌즈를 통해 테러와 대테러를 분석하였다. 잭슨(Richard Jackson)과 같은 사상가들이 개척한 '비판적 테러연구' 분야는 '테러'라는 단어 자체가 권력자들의 정치적 담론에서 도구화된 '빈 기호(empty signifier)'일 수도 있다는 전제에서 시작되며, '테러와의 전쟁'에 대한 이야기는 구체적인 권력 역학을 모호하게 만들기 위해 은유(감정에 대항한 전쟁 수행)를 사용한다.

탈식민주의 견해

탈식민주의 관점에서 테러와의 전쟁 담론은 사이드(Edward

Said)의 *Orientalism*에서 완전히 해체된 무슬림과 '동양'에 대한 서양의 견해를 전형적으로 보여준다. 미국이 주도하는 서방국가들의 연합에 의한 9/11 이후의 아프가니스탄 점령을 '해방'의 형태로 틀을 잡는 것(미국의 코드명 '항구적 자유 작전'으로 표현됨)이 좋은 예이다. 아프가니스탄 사람들을 포함한 많은 사람들이 탈레반정권을 정치적으로 퇴행적이고 폭력적이며 비합법적인 정부형태로 보았지만, '테러와의 전쟁' 담론은 이를 훨씬 넘어 확장되었고, 식민주의의 많은 비유법에 의존했는데, 그 내용은 탈레반정권을 발전되고 온정적인 서양세력에 의해서 '구조'되어야 할 '퇴보되고' 비합리적인 종교사회로 간주하며, 이슬람을 본질적으로 폭력적이고 여성혐오적으로 보는 것이었다. 최근의 탈식민주의 분석은, 종종 사이드와 같은 사상가들에게 영향을 미친 후기 구조주의적 '담론분석' 방법에 근거하여, 아프가니스탄과 이라크와 같은 나라들에서의 '테러와의 전쟁'이 서양사회 내부의 이슬람교도들에 대한 억압적이고 인종 차별화된 국가 감시와 치안의 형태와도 밀접하게 관련되어 있다고 주장한다.

글로벌화는 테러가 점차 초국가적인 성격을 가지게 되는 배경을 제공했을지도 모르지만, 글로벌화 자체가 초국가적 또는 글로벌한 테러의 등장을 촉진했다고 할 수는 없다. 특히 이슬람 또는 지하드 테러와 같이 가장 분명하게 초국가적 테러의 경우에 명백하다. 이슬람테러는 허무주의 운동 또는 종교적 부흥주의의 표현으로 묘사되지만, 정치적-종교적 이데올로기에서 나타나는 정치적 상황과 위기에 대한 폭력적 대응으로 이해되는 것이 더 낫다 (Azzam 2008). 이슬람 테러는 1970년대 이후에 등장하였고, 세 가지 발전에 의하여 형성되었다.

1. 이슬람 국가들의 숫자가 증가하면서 정부의 정체성 위기를 경험하게 되었는데, 이에 따라 시민들의 경제적이고 정치적인 욕구를 충족시키는 데 실패한 부패 독재체제에 대한 대중의 불만이 상승하게 되었다. 아랍 민족주의와 공산주의가 좌절되면서, 이집트, 사우디아라비아, 수단, 파키스탄의 '배교자'로 이름붙여진 무슬림 지도자들을 제거하려는 종교에 기반한 운동이 성장하게 되었다. 이러한 지도자들과 체제들은 이슬람주의의 '가까운 적'으로 간주되었다.
2. 앞의 내용과 궤를 같이 하여, 미국의 중동에 대한 영향력이 확대된 것이다. 미국은 영국이 1968년 이후 수에즈 운하의 동쪽에 있는 군사기지들을 철수하면서 생긴 힘의 공백상태를 채웠다. 이에 따라 미국은 '머나먼 적'으로 간주되었다. 그 이유는 미국이 이스라엘을 대규모로 지원하고, 사우디아라비아의 무슬림 '성지'에 미군을 주둔시키고, 이 지역의 '배교자' 무슬림 지도자들을 지원했기 때문이었다. 이에 따라 미국은 이슬람에 대한 위협으로 인식되었다.
3. 이슬람세계의 많은 지역에서 정치와 연관된 종교적 근본주의(p. 241 참조)가 성장하였다. 이러한 추세는 1979년 이란에서 발생한 '이슬람 혁명'에 의하여 급

진적으로 가속화되었다. (정치적 이슬람의 기원과 발전에 대해서는 제9장에서 논의되었다.)

그러나 이슬람 테러의 경우, 1970년대와 1980년대에 국내 '지하드'가 글로벌 '지하드'를 지배하였다. 왜냐하면 미국에 대한 적대감과 서양에 대한 투쟁은 국가적 차원에서 권력을 장악하기 위한 배경만을 제공하였기 때문이다. 이는 1990년대 중반 이후에 변화하였는데, 정치적 이슬람이 국내 목표를 달성하는 데 실패하면서 시작되었다 (Kepel 2006). '배교적' 체제들이 보다 안정되고 오래 지속된다는 점이 밝혀졌고, 이집트와 알제리의 경우 군대가 이슬람 폭도들을 성공적으로 진압하였다. 이러한 맥락에서, '지하드'는 글로벌적으로 확대되기 시작했는데, 이는 이슬람운동 내부의 점증하는 요인들을 '머나먼 적'에 대한 전략에 재편성하면서 이루어졌으며, 머나먼 적은 중동과 특히 이슬람세계에 대한 서양, 특히 미국의 정책을 내포했다. 이러한 점에서 '지하드'의 글로벌적 확산은 이슬람주의의 부활이 아니라 쇠퇴를 의미하였다 (Roy 1994). 그러나 1979-89년 소련군을 추방하기 위한 아프가니스탄에서의 전쟁은 글로벌주의로의 변화에 중요한 역할을 하였다. 러시아에 대항한 초국가적 무자헤딘 저항세력의 등장은 다른 배경과 다른 교리적 신념을 가진 이슬람 집단들의 협력적 소속감을 고양시키는 데 도움이 되었다. 이를 계기로 국내투쟁은 보다 넓은 글로벌투쟁의 일부라는 믿음을 강화하였다.

이러한 상황에서 알카에다가 등장하였다. 알카에다의 등장은 글로벌 테러의 가장 분명한 사례로 묘사된다. 어떠한 점에서 알카에다가 이슬람 테러의 글로벌 측면을 대표하는가? 알카에다의 목표는 문명적인 것이 아니라 초국가적인 것이다. 알카에다는 '배교적' 지도자를 전복시키고 서양과 미국의 영향력을 추방시킴으로써 무슬림 사회 전체의 정화와 혁신을 추구한다. 또한, 알카에다는 서양으로부터 침투된 것으로 간주되는 윤리적 부패에 대한 큰 규모의 투쟁을 지속하고 있다. 알카에다는 예멘, 사우디아라비아, 케냐, 미국, 스페인, 영국 같은 상이한 국가들에서의 테러공격에 연관되어 있으며, 전 세계에 셀 조직 또는 방계조직들을 보유하고 있다. 따라서 초국가적 또는 글로벌 테러의 등장은 특히 경종을 울리는 발전으로 보인다. 그것은 언제 어디서든 공격을 가할 수 있는 테러의 형태이고, 문명적 대상을 목표로(세속적인 자유 사회의 전복) 정함에 따라 잠재적인 대상이 점차 대규모로 증가하고 있다.

그러나 현대 테러의 글로벌한 성격은 적어도 세 가지 측면에서 과장되었을 수가 있다. 첫째, 이슬람이나 지하드 운동은 단일하고 결속된 실체가 아니라 서로 다른 믿음과 목표를 가진 단체들을 포용한다. 실제로 그들 중 많은 사람들은 글로벌 혁명가가 아니라 종교적 민족주의자 또는 범이슬람 민족주의자로 인식되고 있다. 9월 11일 테러공격, 2002년과 2005년의 발리 폭파사건, 2004년의 마드리드 폭파사건, 2005년의 런던 폭파사건, 2008년의 뭄바이 폭파사건, 2015년 파리 공격 같은 테러들을 연결된 사건, 즉 공통된 동기와 동일한 목적을 가졌다고 다루는 것은 그들에 대한 이해를 제대로 하지 못한 결과이다. 둘째, 비록 테러는 여러 나라에 영향을 미쳤지만, 대다수의 테러공격은 비교적 적은 수의 국가에 대하여 시행되었는데, 그 국가들은 아프가니스탄, 이라크, 시리아, 파키스탄 등 극심한 정치적 갈등으로 고통을 받는 국가에서 발생하며, 이로 인해 세계 대부분이 테러의 영향을 받지 않는다. 셋째, 이슬람 테러가 글로벌 테러라는 이미지로 보이는 것은 그 테러의 본질적인 성격 때문이 아니라 그에 대응하는 방식 때문이다. 이러한 점에서 '테러와의 전쟁'을 글로벌한 차원에서 추진한 것은 글로벌 테러가 존재한다는 아이디어를 조성하고 유지시키기 위한 목적이 상당부분 있었다고 할 수 있다.

테러에 대한 대응

테러리즘은 기존 사회에 대하여 특히 어려운 도전을 한다. 다른 군사적 위협과 달리, 테러리스트들은 재래식 기지나 지역을 보유하지 않으며, 특히 민간인과 구분이 어렵다. 더욱이 납치, 무장공격(인질납치로 이어질 수도 있는), 차량폭탄, 자살공격 등을 막아 내기가 특히 어렵다. 어떻게 해야 테러에 가장 잘 대응할 수 있는가? 다양한 대테러 접근법으로 인해 발생할 수 있는 혜택과 비용은 무엇일까? 대테러 전략은 아래와 같은 사항들을 포함한다.

- 국가안보의 강화
- 군사적 대응
- 정치적 타협

국가안보의 강화

민족주의에 기초한 테러를 오랜 기간 경험해 온 이스라엘, 스리랑카, 스페인, 영국 같은 국가들은 때때로 비상입법을 통하여 강력한 국가안보를 시행해 오고 있다. 그러나 9/11 테러와 그 이후 발리, 마드리드, 런던, 파리에 대한 테러공격은 많은 국가들로 하여금 국가안보 조치를 개정하거나 강화하도록 하였다. 이는 테러리스트들이 민주주의와 글로벌화의 맥락에서 활동하면서 획득한 많은 이점들을 상실하는 결과를 초래하였다. 자유민주주의 사회는 개인의 권리와 자유를 보호하고 정부의 권한을 견제하기 때문에 테러의 위협을 받을 가능성이 매우 크다. 글로벌화가 조성한 '국경없는 세계'는 테러단체와 같은 비국가 행위자들이 상당한 수준으로 조직화하여 영향력을 행사할 수 있는 계기를 만들어 줬다. 국가안보는 정부의 법적 권한을 확대시키면서 강화되고 있다. 예를 들어, 국가들은 글로벌금융의 흐름에 대한 통제를 재강화하고 있으며, 경계기간에 출입국 조치를 엄격하

13

글로벌 행위자 이라크와 시리아의 '이슬람국가' (ISIS)

형태	설립	규모
폭력적 이슬람 군사집단	1999	최대 3만 5,000~10만 명(추정), 최대 10만 km^2의 영토(추정)

ISIS(이라크 및 레반트의 이슬람국가, 또는 ISIL로 알려져 있음)는 2014년에 글로벌 명성을 얻었지만, 훨씬 더 오랜 뿌리를 가지고 있다. ISIS의 가장 중요한 전신 조직은 '일신론과 지하드의 조직'을 의미하는 'JTJ'였다. JTJ는 알 자르카위(Abu Musab al-Zarqawi)에 의해 설립되고 운영되었는데, 그는 9/11 이후의 반미활동에 참여했던 많은 이슬람 과격분자들과 마찬가지로 1980년대에 소련의 아프가니스탄 침공에 대한 미국이 지원하는 무자헤딘 저항군의 일부로 무장투쟁에 참여했다. 2003년 미국이 주도한 이라크 침공 이후, 알 자르카위는 이라크의 미군점령에 반대하는 반란에 가담했고, 이후 '이라크의 알카에다'로 알려졌다. 이 단체는 2004년 이라크에서 일본 시민인 코다 쇼세이를 참수하는 비디오를 공개하면서 명성을 떨치기 시작했다. 2006년 알 자르카위가 드론공격으로 사망한 이후, 그가 설립하는 데 도움을 준 단체는 현재 ISIS로 알려진 조직이 되었다.

중요성: ISIS는 칼리프 국가, 즉 신성한 국가를 수립하는 광범위한 목적을 추구하기 위해 다양하게 상호 연결하는 전략을 사용했다. 지방정부 및 이라크와 시리아를 점령한 서방군대에 대항하는 반란을 일으켰을 뿐만 아니라, ISIS는 이름에서 알 수 있듯이 주로 베버의 의미로 한 영토 내 폭력수단을 독점하는 '국가'를 수립하려고 노력했으며, 시아파 무슬림, 기독교인, 쿠르드족, 야지디족 등을 포함한 지역의 종교 및 소수민족을 박해했다. 이러한 각 전선에서 ISIS는 민간인에 대한 극단적이고 상징적인 형태의 폭력을 사용하는 등 테러전술을 사용했다. 코다 쇼세이 살해 10년 후 ISIS는 특히 그들의 구성원들이 외국인 구호원을 포함한 군 및 민간인 포로를 고문하고 참수하는 섬뜩한 비디오를 소셜 미디어에 공유하는 등 악명을 떨쳤다.

2014년, ISIS 이름을 채택한 지 1년 만에 이 단체는 이라크의 모술과 티크리트의 도시들에 대한 성공적인 공격을 시행했다. 많은 도시와 마을을 점령한 후, ISIS의 지도자는 시리아의 도시 라카에 수도를 두고 시리아와 이라크의 거대한 지역을 통합한 칼리프 국가를 선포했다. 이 단체가 저지른 잔혹한 테러행위에 대한 세계적인 분노는 이 단체가 반(半)기능적인 국가이면서 얼마나 빠르고 성공적으로 자리매김했는지에 대한 충격과 함께 이루어졌는데, 특히 치안 및 공공서비스 운영 및 지역 주민의 세금징수를 빠른 속도로 정착시켰다. 게다가, 이라크와 시리아 밖에서 ISIS의 기치 아래 테러공격이 시행되었다. ISIS가 2015년 11월에 130명이 사망하고 413명이 부상당한 파리 공격, 2016년 12월에 발생한 베를린 크리스마스 마켓 트럭 공격, 2017년 영국 웨스트민스터, 맨체스터, 런던 브릿지에서 발생한 세 개의 주요 테러 공격에 대한 책임을 주장하면서 ISIS에 대한 서방의 두려움은 증폭되었다. 그러나 이라크와 시리아 밖에서 발생한 가장 큰 규모 공격의 대부분은 미국이나 서유럽이 아닌 '글로벌 사우스'의 다른 국가에서 발생했다. 2017년 11월에 ISIS가 주장한 이집트 모스크에 대한 단 한 번의 공격으로 311명이 사망하고 128명이 부상당했으며, 2018년 7월 파키스탄에서 열린 선거집회를 목표로 한 다른 공격에서 149명이 사망하고 186명이 부상했다. 따라서 ISIS는 알카에다를 완전히 대체하면서 세계에서 가장 광범위하고 효과적인 테러조직으로 빠르게 자리매김했다. 그러나 2017년부터 ISIS는 영토를 상실하기 시작했다. 이라크 특수부대, 쿠르드 민병대, 시리아 군대, 그리고 러시아, 미국, 영국의 공습과 드론공격을 포함한 외국의 행동은 티크리트, 모술, 라카를 포함한 ISIS의 거점들을 무너뜨렸다. 2019년 봄까지 ISIS는 5년 전에 보유했던 것으로 추정되는 10만 평방킬로미터를 모두 잃었고, 아프가니스탄과 파키스탄에서 관련된 'IS' 단체들이 증가하고 있지만, 그 미래는 불분명하다.

게 하고 있으며, 국내인들, 특히 '극단적' 단체들과 테러 동조자들에 대한 감시와 관리를 철저히 강화하고, 테러 용의자를 억류할 수 있는 권한을 강화하고 있다. 예를 들어, 영국의 대테러 조치는 테러리스트로 의심이 되는 사람을 28일까지 억류하도록 하였고 (그러나 2011년 이 권한이 소멸되었을 때 14일로 돌아갔다), 미국의 애국법(Patriot Act 2001)은 이주자들을 무기한 억류할 수 있도록 하였다.

그러나 다른 경우에 국가안보 조치는 초법적 또는 기껏해야 준법적 성격을 가진다. 9/11 테러 이후 미국의 부시 행정부는 여기서 한 걸음 더 나아가, 쿠바에 관타나모 수용소를 세웠고, '용의자 특별이송'과 같은 조치도 취하였다. 관타나모 수용소에 억류된 테러용의자들은 2008년까지 미국의 연방대법원의 관할권을 벗어나 군사재판에 해당되었고, 부시 행정부는 억류자들을 '적의 전투원'으로 분류하는 것을 거부하고, 따라서 포로관련 제네바 협정에 의한 보호를 거부하였다. 관타나모 수용소에서는 물고문 등 다양한 고문을 실시하였다.

그러나 테러에 대한 국가안보의 대응은 적어도 두 가지의 중요한 결점을 지니고 있다. 첫째, 테러에 대한 대응이 수호하려는 자유민주주의의 자유를 위태롭게 할 수 있다. 자유와 안보 사이의 교환이 이루어질 수 있는데, 이는 많은 민주국가에서 격렬한 논쟁을 불러일으키는 주제이다. 둘째, 테러에 대한 대응 조치들이 특정 집단(젊은 남성 무슬림들)을 목표로 할 때, 그들은 더 많은 불만을 가지고 테러 행위를 지원하거나 직접 참여할 가능성이 있다. 잉글리시(English 2009)는 테러리스트들이 가하는 가장 심각한 위험은 그들이 오판하거나 흥분된 상태에서 자신들의 이익을 위하여 사태를 악화시키는 것이라고 주장했다. 더욱이, 이러한 편향성이 국가안보 조치에 유입될 수 있는 추가적인 위험은 다른 형태의 테러를 간과할 위험이 있다는 점이다. 예를 들어, 백인 우월주의 테러리스트들은 온라인 또는 사회적 행동에서 명확한 '조기경고' 신호에도 불구하고 종종 공격을 시작하고 국가의 사전 예방을 피하는 데 성공했다. 그 이유는 서방국들의 반테러 및 반급진화 정책이 실제로는 무슬림 인구만을 목표로 설계되고 사용되었기 때문일 수 있다. 이러한 프로그램은 대부분 9/11 이후 시대에 만들어졌으며, 비평가들은 9/11 이후 서방의 이슬람교도들을 '용의자 공동체'로 구성했으며, 이 중 어떤 구성원이라도 테러로 '근본화'될 가능성이 있다고 생각을 한다는 비판을 했다. 서방국들의 현대 테러 위협에 대한 이러한 편협한 관점은 보다 최근 몇 년 동안 비폭력적이고 폭력적인 형태의 극우 극단주의의 증가를 예측, 예방, 완화하지 못한 것과 관련이 있을 수 있다. 그러나 특정 온라인 포럼들이 인종차별, 여성혐오적인 정치문화를 배양했으며, 일부 백인 우월주의 테러리스트들이 이러한 사이버 공간에서 공동체 의식을 발견했다는 것도 분명해졌다. 2019년 뉴질랜드 공격자와 같은 일부 백인 우월주의 테러범들은 휴대용 카메라를 사용하여 공격을 라이브 스트리밍했으며, 포챈(4chan)과 에잇챈(8chan) 같은 포럼에서 기술을 사용하고 대화를 통해 인종

용의자 특별이송(Extraordinary rendition): 외국의 '테러 용의자'를 심문을 위하여 제3국으로 보내는 초법적인 이송.

고문(Torture): 처벌의 수단으로, 또는 정보수집이나 자백을 받아내기 위하여 육체적이나 정신적으로 고통을 가하는 행위.

차별 테러를 '게임화'하여, 이전보다 많은 사람을 살해하는 목표를 설정하게 했다.

오바마정부하에서 이루어진 특별한 변화는 자유와 안보 사이의 불균형을 조정하면서 미국의 대테러 정책의 수준을 조절하는 것이었다. 이에 따라 2009년 1월 미 행정부는 1년 이내에 관타나모 수용소를 폐쇄할 것을 공약하였고 (실제로 실행되지는 않았다), 부시 대통령 시대에 이루어진 가혹한 심문을 중단하기로 결정하였다.

군사적 대응

최근 들어 군사력을 사용한 또는 억압적인 대테러 전략은 '테러와의 전쟁'으로 묘사된다. 테러에 대한 군사적 대응은 두 가지의 보완적 요인들에 기초하고 있다. 첫째, 과거에 테러리스트들의 도움을 받은 정권이 그들을 지원하거나 '후원자' 역할을 하지 않도록 하는 것이다. 2003년 후세인 정권을 붕괴시킨 것은 테러와의 연계가 명분 중의 하나였지만, 2001년 아프가니스탄의 탈레반 정권을 전복시킨 것은 가장 직접적인 이유였다. 두 번째 접근은 테러 훈련 캠프와 테러 지도자에 대하여 직접적으로 공격하는 것이다. 케냐와 탄자니아 주재 미국대사관에 대한 폭발테러에 대한 보복으로 미국은 1998년에 아프가니스탄과 수단에 있는 테러 목표에 대한 공중폭격을 실시했다. 2001년 말 알카에다의 지도자들은 아프가니스탄의 토라 보라 동굴 단지에서 공격을 받았고, 이스라엘은 2006년 레바논 남부의 헤즈볼라 목표물들에 대한 군사공격을 시행했고, 오사마 빈 라덴은 2011년 파키스탄의 아보타바드에서 특수부대 작전에 의해 사망했다. 아프가니스탄, 파키스탄, 이라크, 시리아에서 테러리스트들과 '테러 용의자'들을 대상으로 한 서방의 공습은 2010년대 들어 일상화되었다. 그 중에서도, 군대를 통해 테러집단들을 파괴하려는 가장 일치된 시도는 체첸과 스리랑카에서 발생했다. 분리주의자들의 선동과 테러공격이 빈번하게 발생하자, 러시아는 1999-2000년 제2차 체첸전쟁을 시작하였고, 이 전쟁으로 2만 5,000명에서 5만 명 사이의 사람들이 사망하였고, 체첸의 수도인 그로즈니가 황폐화되었다. 2008년에서 2009년 사이 스리랑카 군대는 타밀호랑이들에 대한 공격을 하여 분리주의 운동을 중지시켰으며, 스리랑카에서 26년 동안 지속된 무장투쟁을 끝냈다. 이 마지막 투쟁에서 사망한 사람은 7,000명에서 2만 명으로 추정되었다.

그럼에도 불구하고, 보통의 경우 군사적 방식만으로 어떻게 테러를 패배시킬 수 있는지에 대해서는 알기가 어렵다. 테러조직이나 단체에 대해서 공격하는 것은 테러의 대의보다는 테러 '행위'에 대해서 공격하는 것이다. 따라서 무력을 동원한 테러 대응은 별로 좋은 결과를 낳지 못했다. 이스라엘, 북아일랜드, 알제리, 체첸의 경우, 국가에 의한 대규모의 대테러 폭력은 테러의 폭력 수준을 더 높이는 결과를 초래하였다 (비록 ISIS의 대규모 군사적 패배는 예외이지만). 테러에 대한 군사적 대응이 인권과 시민들의 이익을 무시하고 수행될 때 군사적 진압은 역효과를 내기 쉽다. 따라서 2004년 이라크의 아부 그레이브 교도소에서의 광범위한 고문과 죄수 학대가 밝혀지면서 미국의 '자유세계' 수호자로서의 이미지에 손상이 갔고 이슬람 세계에서 반미감정이 심화되는 데 기여하였다. 더욱이 이라크와 아프가니스탄의 경우 테러가 보다 광범위한 반란전으로 사용되면서, 전통적인 시각에서 어떻게 해야 대테러전쟁에서 이길 수 있는지 방법을 찾기가 어렵게 되었다. 따라서 많은 군 지휘관들은 테러와 반란은 전체를 근절시키는 것보다 관리할 수 있는 수준으로 줄일 수만 있을 뿐이라고 주장한다.

정치적 타협

마지막으로 테러의 문제를 정치적으로 해결하는 것이다. 대개의 테러 캠페인은 정치적 목적을 지니고 있으며, 테러 캠페인이 별 효력을 발생하지 못하면 테러 지도자들은 정치적인 협상에 중점을 두게 되는 경향이 있다. 정부들도 테러리스트들이 정치폭력을 포기하고 협상과 외교 과정에 들어가도록 고무하는 전략을 추구한다. 예를 들어, IRA 급진파와 정치적인 협상을 벌이려는 의지는 북아일랜드의 테러를 중단시키고 1998년 벨파스트협정(Belfast Agreement, 때로는 Good Friday Agreement로 불림)을 이끌어 내는 기초가 되었으며, 그 협정을 통하여 북아일랜드의 위상과 미래가 결정되었다. 이와 유사하게 1990-3년 드 클러크(de Klerk) 대통령하의 남아공정부와 아프리카민족회의(ANC)의 협상은 아파르트헤이트를 끝내고, 1994년 ANC의 지도자 만델라(Nelson Mandela)를 대통령으로 하는 다인종 민주주의 국가를 설립하는 길을 터놓았다. 대테러의 정치적 접근은 테러가 요구하는 것이 아니라 테러의 정치적 원인을 해결하는 '가슴과 마음' 전략을 추구하는 것이다. 또한, 이 접근은 테러범들에게 정치과정 내에서 활동하면 정치과정에 반대하여 활동하는 것보다 이득이 많다는 점을 확신시키려고 노력한다. 이슬람 테러의 경우, 정치적 해결에는 '팔레스타인 문제'도 당연히 포함된다. 실제로 아랍-이스라엘 분쟁의 해결이 별 진전을 보지 못하는 것은 양측이 정치적 해결보다는 군사적 해결을 선호하는 결과이다. ('주요 연표: 아랍-이스라엘분쟁', p. 228 참조)

그러나 테러리스트들과 정치적 타협을 하거나 요구 사항을 들어줌으로써 테러에 대응하는 아이디어는 비판을 받고 있다. 우선적으로, 이는 신념을 지키려는 의지가 없고, 위협과 폭력에 맞서서 도덕적인 후퇴를 하는 유화(appeasement)의 사례로 보인다. 테러에 군사적으로 대응을 하게 되면 테러단체를 약화시키거나 붕괴시킬 수 있는 반면, 정치적인 대응을 하게 되면 테러단체와 그 대의를 정당한 것으로 인정을 하여 테러단체들을 강하고 대담하게 만들 수 있다. 민족주의적 테러의 경우에만 정치적 접근이 효율적이 될 수 있는데, 이 경우 권력공유, 정치적 자율성, 주권과 같은 문제들에 대해서 타협이 이루어진다. 반면, 종교적이거나 인

논 쟁

테러에 대응하기 위해서 인권과 기본적 자유를 제한하는 것이 정당한가?

테러는 자유민주주의가 공격을 받기 쉽다는 점을 활용하는 안보적 위협이다. 일부 사람들은 대중이 테러로부터 보호되려면, 권리와 자유가 축소되어도 할 수 없다고 하는 데 반하여, 다른 사람들은 그러한 접근은 도덕적으로 변명의 여지가 없고 역효과를 낸다고 주장한다.

그 렇 다

강자의 약점. 자유민주주의 사회에서 이동의 자유와 결사의 자유, 그리고 정부의 권력에 대한 법적 또는 헌법적 견제 등과 같은 권리들은 은밀하고 작고 느슨하게 작동되는 조직들로 활동하는 테러리스트들에게 악용될 수 있다. 다시 말해서, 개방성, 관용성, 합법성은 자신의 최악의 적이 될 수도 있고, 이 모든 가치들을 반대하는 사람들에게 이득을 안겨 줄 수도 있다. 효과적인 대테러는 테러리스트들로부터 이러한 이득을 빼앗는 것이고, 이를 위해서 개인의 권리와 자유는 선택적이고 적절하게 제한되어야 한다.

덜 악한 것. 행위의 옳고 그름이 가장 많은 사람들에게 최대의 선을 가져다주느냐의 여부에 기초할 때, 권리와 자유의 축소는 도덕적으로 정당화된다. 따라서 사회를 보호하기 위하여 취하는 제한은 '덜 악한 것' (Ignatieff 2004)이다. 예를 들어, 재판 없이 구금하는 등 테러 혐의자의 권리 침해는 가장 중요한 인간의 자유와 생명권을 침해하는 것보다 도덕적으로 덜 나쁜 것이다. 이와 유사하게 소수의 권리에 대한 침해가 다수의 권리를 보호해 준다면 최대의 선이 제공되는 것이다.

'더러운 손'의 필요성. '더러운 손(dirty hands)'의 교리는 공적 도덕이 개인의 도덕과 분리된다는 믿음에 기초하고 있다. 공적 도덕성을 보장하기 위한 것이라면 정치지도자들이 '잘못된 행동'을 하는 것이 '옳은 것'일 수도 있다. 전통적으로 이러한 상황은 최악의 위험에 처했을 경우, 정치인들이 정치공동체의 생존을 확립하기 위하여 수용된 도덕적 규율을 제쳐 놓는 것이다 (Walzer 2007). 이 교리는 소위 '시한폭탄가설(ticking bomb scenario)'에서 고문을 정당화하기도 한다. 즉, 수백 명의 목숨을 살릴 수 있다면 고문 등 어떠한 수단을 동원해서라도 테러 혐의자로부터 시한폭탄이 어디에 설치되어 있는지 정보를 획득해야 한다는 주장이다.

아 니 다

반(反)테러의 역효과. 거의 모든 테러는 정부가 과잉반응을 하도록 자극한다. 테러는 폭력적 공격을 통해서가 아니라 폭력적 공격에 대한 정부의 반응을 통해서 목적을 달성한다. 엄중한 조치를 선택하면서 정부는 테러단체의 손에 놀아나게 된다. 테러단체를 지지하는 세력이 테러단체가 탄압을 받고 불행해진다고 생각하게 되면, 테러단체들은 지지와 동정을 받고, 심지어는 조직원을 증가시킬 수도 있다. 만약 정부들이 과잉대응을 되풀이하면 상황은 더 나빠질 수 있다. 억압적인 조치를 취해도 테러 위협을 근절시키지 못하면 더 억압적인 조치를 취해야 하는 악순환이 되풀이된다.

근본적 가치로서의 자유. 인권을 신봉하는 사람들에게 있어서, 도덕은 더 나은 선(善)과 맞교환 할 수 있는 것이 아니라, 어떠한 행위의 옳고 그름을 가리는 본질적인 것이다. 인권은 보편적이고, 근본적이고, 절대적이며, 분할할 수 없는 것이기 때문에, 어떠한 정치적인 이유에서건 시민의 자유를 제한하거나 위반하는 행위는 잘못된 것이다. 정부가 도덕을 교환할 수 있는 것으로 다룬다면 그 정부는 권위주의로 급속도로 추락할 위험이 있다. 정부들은 무력사용에 길들여져 가고, 인권에 대해 둔감해지고, 인보기관들은 더 강력해지고 책임감은 점점 줄어든다.

도덕적 권위와 '소프트' 파워. 테러는 강력한 안보적 조치로만 대응하기 어렵다. 테러는 '마음과 정신'이 중요한 부분을 차지한다. 테러와 대테러 사이의 윤리적 자이를 구분할 수 없다면, 정부는 도덕적 권위를 잃게 되고, 국내외의 대중적 지지를 잃게 된다. 예를 들어, 관타나모 수용소에서의 부적절한 행위로 말미암아 미국의 '소프트' 파워에 손상이 갔고, '테러와의 전쟁'에 대한 국제적 지지가 약화되었다. 따라서 도덕적, 정치적으로 인권과 기본적 자유를 철저하게 유지하면서 테러와 싸워서 도덕적 우위를 확보하고 유지하는 것이 합리적이다.

종차별적인 테러는 단순히 정치적 '해결'의 범위를 벗어나 있다. 서양세계에 신정통치를 수립하고 자유민주주의 원칙과 제도를 전복시키려는 테러에 대해서는 어떠한 방식의 정치적 해결을 모색할 수 있을까? 아니면 인종적으로 '순수한' 사회를 확립하고자 하는 것일까? 마지막으로, 냉전 종식 이후에 테러과 전복활동이 범죄행위의 형태로 연결되면서 대규모 정치폭력을 포괄적으로 해결하기 위한 정치적 타협의 능력은 크게 약화되었다 (Cockayne 2010). 평화와 협상 방식은 아프가니스탄, 발칸, 콩고민주공화국, 과테말라, 소말리아와 같은 지역에 있는 테러단체들에게는 별로 매혹적이지 못한데, 그 단체들은 마약밀반입, 표적 설정 폭력과 다른 부정한 방법으로 엄청난 돈을 벌 수 있기 때문이다.

요약

- 폭 넓게 테러는 공포, 불안, 불확실성의 분위기를 조성하려고 폭력을 사용하여 정치적 목적을 달성하려는 시도를 의미한다. 테러는 매우 잔인하고 정치적 도구로서 사용될 가능성이 높기 때문에 테러의 개념은 매우 논쟁적이다. 주류적, 급진적, 비판적 관점은 테러의 본질과 가치에 대하여 매우 다른 견해를 보여 준다.
- '새로운' 테러 개념에 대한 지지자들은 1990년대 이후 등장한 보다 과격하고 파괴적인 형태의 테러리즘이 '전통적'인 테러와 차이점을 보이고 있다고 주장하는데, 새로운 테러의 성격, 동기, 전략, 조직은 종교적 동기가 점차 중요해지고 있음을 시사하고 있다. 그러나 이 차이에 대하여 심각한 의문이 제기되고 있다.
- 9/11 테러는 언제 어디서나 공격을 할 수 있다는 테러의 매우 심각한 형태를 등장시켰다. 현대 테러와 글로벌화의 과정에는 중요한 연결이 있다는 데 대하여 많은 사람들이 수용하지만, 일부 사람들은 테러가 진실로 글로벌하게 확산되었는지에 대하여 의문을 제기한다.
- 9/11 이후 수십 년 동안 국가와 언론의 관심이 '이슬람주의' 테러에 집중된 반면, 백인 우월주의 테러는 서방 전역에서 백인 우월주의 공격이 크게 증가하고 자유민주주의 국가에서 이민 및 기타 문제에 대한 일부 극우적 관점의 주류화와 함께 평화와 안보에 대해 가장 빠르게 확산되는 글로벌 위협 중 하나로 간주된다.
- 핵심적인 대테러 전략들로는 국가안보 강화, 군사적 억압의 활용, 정치적 타협이 포함된다. 국가안보와 군사적 접근은 역효과가 날 수 있고, 자유와 안보 사이의 적절한 균형에 대하여 심각한 논쟁을 불러일으킬 수 있다.
- 테러에 대한 효과적인 대응 방식은 테러범들로 하여금 협상과 외교과정에 참여하여 폭력 사용을 포기하도록 하는 것이다. 이러한 접근은 민족주의적 테러의 경우에 효과적인 경우가 있지만, 유화(appeasement)의 사례로 보이는 경우가 있고 이슬람 테러리즘을 다루는 데에는 부적절한 방식으로 평가되고 있다.

13

토의주제

- 테러는 다른 형태의 정치폭력과 어떻게 구분이 가능한가?
- '국가테러' 같은 것이 있는가?
- 테러가 정당화될 수 있는 상황이 있는가?
- 종교적 동기의 중요성 증대가 테러의 본질을 변화시켰는가?
- 9/11 테러는 진정한 글로벌 차원의 테러가 등장하는 계기가 되었는가?

- 왜 백인 우월주의 테러가 증가해왔는가?
- 자유에 대한 제한은 테러리즘의 위협과 비교하여 덜 나쁜 것인가?
- 왜 테러에 대처하기 위한 군사적 접근은 종종 비생산적인가?
- 테러범들과 정치적 거래를 해야 하는가?

추가 읽을거리

Bloom, M., *Dying to Kill: The Allure of Suicide Terror* (2007). 자살테러와 그 동기에 대한 균형적이고 상세한 분석.

Byman, D., *Spreading Hate: The Global Rise of White Supremacist Terrorism* (2022). 지난 10년간 글로벌 차원에서 백인 우월주의 테러의 급속한 증가를 기록하고, 이에 맞서기 위한 정책 처방 제시.

Hoffman, B., *Inside Terrorism* (2006). 테러의 본질과 발전, 그리고 대테러가 직면한 도전을 소개.

Jackson, R., M. Smyth, J. Gunning, and L. Jarvis, *Terrorism: A Critical Introduction* (2011). 테러와 그 연구에 대한 접근 가능한 평가이며, 주류적 가정과 사고를 재고한다.

Sageman, M., *Leaderless Jihad: Terror Networks in the Twenty-First Century* (2008). 알카에다를 핵심으로 한 이슬람 테러에 대한 사려 깊은 연구이며, 현대 테러가 확산되는 네트워크를 이해할 필요성을 강조.

인권과 인도적 개입

출처: *SOPA Images/Getty Images*

개요

국제정치에서 도덕과 윤리 문제는 항상 중요한 이슈가 되어 왔다. 냉전 종식 이후 이 이슈들은 더욱 관심을 끌게 되었고, 글로벌 정의(justice) 문제는 전통적인 관심사인 권력, 질서, 안보 문제 등과 경쟁하듯이 이슈화되고 있다. 더욱이 정의와 도덕 문제가 제기될 때, 이는 어디에서든지 인간이 동일한 도덕적 지위와 자격을 누릴 수 있다는 점을 강조한 인권선언을 통하여 다루어지고 있다. 인권은 국가주권과 상치되는 개념으로 국제문제와 인간개발의 지배적인 규범이 되고 있다. 인권과 국가권력 사이에는 긴장이 존재하고 있으며, 인권은 정의가 국경 '내'에서는 물론 '밖'으로도 확장되어야 한다는 점을 의미한다. 그러나 인권에 대하여 어려운 문제들이 제기되고 있다. 특히 인권의 본질과 인권에 대한 정당성이 부각되고 있다. 어떠한 점에서 이 권리들을 '인간'의 권리라고 하며, 인권은 어떠한 권리를 포함하는가? 실제로 어떠한 인권이 보호되어야 하는지, 인권은 모든 인류와 사회에 적용되는 보편적인 것인지에 대한 논의도 이루어지고 있다. 실제적으로 인권은 얼마나 적용되어야 하는가? 1990년대 이후 소위 '인도적 개입'이 증가하면서 국가권력과 인권 사이의 긴장이 심각해졌다. 다른 국가의 시민들이 자신의 정부로부터 가학행위를 당하거나 살해당하는 것을 방지해 주기 위하여 주요국들은 다른 국가들의 문제에 군사적으로 개입할 권리를 주장하고 있다. 그러한 개입은 인권과 어떻게, 그리고 어느 정도로 연관되어 있는가? 개입은 순수하게 '인도적인 것'이 될 수 있는가? 그리고 인도적 개입은 그 동기에 관련 없이 실질적으로 작동될 수 있는가?

핵심이슈

- 인권은 무엇이며, 어떠한 근거에서 주장될 수 있는가?
- 국제인권은 어떻게, 그리고 얼마나 효율적으로 보호되는가?
- 인권선언은 어떠한 토대 위에서 비판을 받고 있는가?
- 인도적 개입의 증가와 감소는 어떻게 설명되고 있는가?
- 어떠한 환경하에서 다른 국가의 문제에 개입하는 것이 옳은 것인가?
- 왜 인도적 개입은 비판을 받고 있는가?

개 념

인권

인권은 인간이 인간이기 때문에 가져야 할 권리이다. 인권은 '자연권'의 현대적이고 세속적인 개념이다. 인권은 보편적(인종, 종교, 성별 및 다른 차이에 관련 없이 모든 지역의 인간에게 적용된다는 점에서)이고, 근본적(인간이 인권을 가지는 자격은 박탈될 수 없기 때문에)이고, 불가분적(시민권, 정치권, 그리고 경제, 사회, 문화의 권리는 상호연결되며 동등한 중요성을 가지기 때문에)인 것이며, 절대적(제한될 수 없는 인간다운 삶을 살 수 있다는 점에서)이다. '국제'인권은 유엔 및 기타 조약 및 헌장들에서 밝혀지고 있다.

인권의 정의

글로벌정치에서의 개인

전통적으로 국제정치는 국가라는 집단적인 단체의 관점에서 이해되어 왔다. 따라서 개인의 요구라든가 이익은 '국가이익'이라는 보다 광범위한 관점에 포함되었다. 그 결과 국제정치는 대체로 국가들 사이의 권력 투쟁에 초점이 맞추어졌고, 그 투쟁이 관련된 개인들에게 어떠한 함의를 가지는지에 대해서는 거의 관심을 보이지 않았다. 따라서 개인, 그리고 개인의 행복, 고통, 복지 등은 국제정치의 그림에서 빠져 있었다. 그러나 국가정책과 개인 사이, 그리고 권력과 도덕 사이의 괴리는 점점 유지되기 어려워지고 있다.

많은 문화와 문명들은 인간의 내재적 가치와 존엄에 대한 생각을 발전시켜 왔다. 그러나 이러한 이론들은 전통적으로 종교의 신앙에 뿌리를 두고 있으며, 이는 개인의 도덕적 가치가 신권(神權)에 기초하고 인간은 신의 창조물이라는 의미를 가진다. 인권에 대한 현대적 아이디어의 표준은 '자연권(natural rights)'의 형식으로 초기 근대유럽에서 발전되었다. 그로티우스(Hugo Grotius), 홉스(Thomas Hobbes), 로크(John Locke, 1632-1704)와 같은 정치철학자들에 의하여 제시된 권리들은 '자연적'인 것으로 묘사되었는데, 이는 권리들이 신에 의하여 주어진 것이고, 따라서 인간 본성의 한 부분이 된다는 의미이다. 그러한 권리는 인간이 존재하도록 하는 기본적인 조건이었다. 자연권은 단순히 도덕적 주장으로 존재한 것이 아니라, 오히려 인간 내부의 근본적인 충동을 반영하는 것으로 생각되었다. 18세기 후반까지 그러한 아이디어는 '남성의 권리'로 표현되었다 (후에 페미니스트들에 의하여 여성의 권리도 포함되었다). 이러한 권리는 시민들이 보유하는 자율적 영역을 정의하여 정부의 권력을 제한하는 데 사용되었다. 이러한 아이디어는 생명, 자유, 그리고 행복추구를 박탈할 수 없는 권리로 선언한 미국독립선언(US Declaration of Independence, 1776)에 표현되었고, 프랑스인권선언(French Declaration of the Rights of Man and of the Citizen, 1789)으로 이어졌다.

이러한 권리들은 19세기와 20세기 동안에 인도주의(humanitarianism)에 기초한 국제행동의 표준을 설정하기 위한 국제적 차원의 시도를 통해서 획득이 가능해졌다. 예를 들어, 인도주의적 윤리에 대한 시각이 발전되면서 노예무역을 철폐하려는 시도가 이루어졌다. 이 대의는 비엔나회의(1815)에서 처음 인정되었고, 브뤼셀협약(1890)에 의하여 효력이 발생하였으며, 노예제도는 노예협약(1926년)에 의하여 공식적으로 불법화되었다 (그러나 노예의 형태는 예속노동[bonded labour], 강제결혼, 아동노동과 여성 인신매매 등으로 남아 있다). 1837년에 형성된 반노예협회(Anti-Slavery Society)는 아마도 세계 최초의 인권 NGO가 될 수 있을 것이다. 국제적 표준으로 해석되는 다른 인도적 대의들은 전쟁수행의 규칙과 노동조건

자연권(Natural rights): 인류에게 근본적이고 따라서 박탈할 수 없는, 신이 부여한 고유한 권리.

인도주의(Humanitarianism): 인류 전체의 안녕에 대한 관심이며, 전형적으로 동정, 자비, 박애활동을 통해 표현된다.

을 개선하기 위한 시도 등이 포함된다. 전쟁수행 규칙은 헤이그협약(1907)과 제네바협약(1926)이 대표적이다. 노동조건 개선의 시도는 1919년 베르사유조약의 부분으로 설립된 국제노동기구(ILO)이며, 이 조직은 1946년 유엔의 첫 번째 전문기구가 되었다.

그러나 제2차 세계대전이 끝날 때까지 이러한 발전들은 국제정치에서 부분적이고 주변적인 관심을 받았다. 유엔 총회가 채택한 세계인권선언(1948), 이후 시민권과 정치권에 대한 국제규약(1966)과 경제권, 사회권, 문화권에 대한 국제규약(1966)은 유엔 회원국의 정부를 위한 포괄적 규범을 개괄함으로써 현대인권의 의제를 수립하였으며, 국제관습법의 지위를 획득하였다. 제2차 세계대전의 끔찍한 결과(소위 '최종해결[Final Solution]'을 위하여, 나치 수용소에서 시행한 600만 명의 유대인, 집시, 슬라브족 학살)에 영향을 받아서 인권 전반에 대한 국제적 보호를 위한 선언이 법제화되고 표준이 설정되기 시작하였다. 베스트팔렌조약(1648)으로부터 정확히 300년이 지난 1948년까지의 기간에 국가주권은 국제정치의 지배적인 규범으로서 아무런 도전을 받지 않았다. 1948년에 세계인권선언이 인권의 규범으로 채택되었으나, 국가권리와 인권 사이의 긴장을 해소하지 못했다. 이 문제를 논하기 이전에 인권의 본질과 함의에 대하여 탐구할 것이다. 인권은 무엇이고, 왜 인권을 존중되어야 하는가?

인권의 유형

권리는 특정의 방식으로 행동하고 대우받는 자격이다. 따라서 권리는 의무를 수반한다. 권리를 가져야 한다는 주장은 다른 사람들이 특정 방식으로 행동하게 하거나 행동하지 못하게 하는 의무를 부여한다. 인권은 기본적으로 도덕적이고 철학적인 주장이지만, 1948년 이후 법적으로 실질적인 척도를 지니게 되었다. 가장 기본적인 차원에서 인권은 인간이 인간답게 살 수 있는 권리이다. 따라서 인권은 '보편적'인 권리이고, 특정 민족, 인종, 종교, 성별, 사회계급 등의 구성원이 아니라 모든 인류에게 속한다. 이러한 보편주의는 제퍼슨(Thomas Jefferson, 1743-1826)이 작성한 미국독립선언문에 표현되어 있다. "우리는 이러한 진리들이 자명하고, 모든 사람은 동등하게 창조되며, 그들은 그들의 창조주에 의해 양도될 수 없는 특정한 권리들을 부여받는다." 그러나 인류가 어떠한 권리를 향유해야 하는가에 대해서는 뿌리 깊은 분열이 있어 왔다. 실제로 세월이 지나면서 인권의 내용에 대한 관심은 지속적으로 발전하였고, 세 가지 유형 또는 '세대'의 인권이 논의되고 있다 (Vasak 1977) (표 14.1 참조).

- 시민권과 정치권
- 경제적, 사회적, 문화적 권리

보편주의(Universalism): 역사적, 문화적, 또는 다른 차이에 상관없이 모든 사람과 사회에 적용이 가능한 특정 가치와 원칙을 밝히는 것이 가능하다는 믿음.

소극적 권리(Negative rights): 다른 사람들, 특히 정부의 비활동성으로 인해 누리는 권리이며, (다소 오해의 소지가 있지만) '으로부터의 자유(freedoms from)'이다.

시민의 자유(Civil liberties): 국가가 아니라 시민에게 속하는 '사적' 영역으로 정의되는 권리와 자유이며, 정부로부터의 자유이다.

시민권(Civil rights): 권력에 참여하고 접근할 수 있는 권리이며, 여기에는 전형적으로 투표권과 정치권, 그리고 차별을 받지 않는 권리가 포함된다.

적극적 권리(Positive rights): 정부의 적극적 개입을 통해서 누릴 수 있게 되는 권리이며, '무엇을 할 수 있는 자유(freedom to)'이다.

- 연대권(solidarity rights)

'시민권과 정치권'은 가장 초기 형태의 자연권 또는 인권이다. 이들은 17세기 영국의 혁명, 18세기의 프랑스와 미국의 혁명을 통해서 발전되었다. 시민권과 정치권의 핵심은 생명, 자유, 재산의 권리이며, 이들은 차별로부터의 자유, 노예상태로부터의 자유, 고문 또는 비인간적 형태의 처벌로부터의 자유, 임의체포로부터의 자유 등으로 확대되었다. 시민권과 정치권은 때로는 소극적 권리 또는 '관용(forbearance)'의 권리로 인식된다. 이 권리들은 다른 사람들에게 제약이 가해져야만 누릴 수 있다. 따라서 소극적 권리는 다른 사람들의 침해로부터 독립되고, 특히 국가의 간섭이 배제되는 사적 영역에서 모색된다. 이에 따라 소극적 인권은 고전적인 시민의 자유와 합치하는데, 이는 표현의 자유, 언론의 자유, 종교와 양심의 자유, 이동의 자유와 결사의 자유에 대한 권리를 포함한다. 그러나 시민권과 정치권 모두가 '소극적'이라고 생각하는 것은 잘못된 것이다. 예를 들어, 차별을 받지 않을 권리는 입법과 정부의 집행에 의하여 유지되고, 자유롭고 공정한 재판을 받을 권리는 경찰력과 법원 시스템의 존재를 필요로 한다. 따라서 때때로 시민적 자유는 시민권과 구분된다. 이 경우 시민권은 단순히 관용보다는 정부의 적극적 행위를 포함한다. 시민권과 정치권의 이중적 성격은 인권과 민주주의 사이의 복합적인 관계에서 명백하게 나타난다.

'경제적, 사회적, 문화적 권리'를 위한 투쟁은 20세기 동안, 특히 1945년 이후 많은 성과를 거두었다. 전통적인 '자유주의' 권리에 비해서, 소위 '제2세대' 권리로 불리는 이 권리들은 사회적 부정과 불평등한 계급 권력을 향한 자본주의 발전의 경향에 대한 사회주의의 가설에 근거한다. 사회보장의 권리, 노동의 권리, 유급휴가의 권리, 보건의 권리, 교육의 권리 등을 포함하는 사회-경제적 권리는 시장 자본주의의 불평등을 균형화하기 위하여 설계된 것이고, 이는 노동자 계급과 식민지 주민들을 착취로부터 보호하는 역할을 한다. 이 권리들은 적극적 권리이고, 복지제공(복지권), 노동시장에 대한 규제(노동권), 그리고 일반적인 경제관리 등의 형태로 국가가 상당한 수준으로 개입한다.

그러나 경제와 사회의 권리들에 대하여 심각한 논쟁이 계속되고 있다. 경제와 사회의 권리들을 옹호하는 사람들은 이 권리들의 유지가 다른 모든 권리를 누리기 위한 전제조건이 되기 때문에 경제와 사회의 권리들은 인권의 가장 기초적인 것이라고 주장한다. 이러한 관점에 따르면, 인간의 존엄성은 '자유적' 권리를 부정하기 때문이 아니라 빈곤, 질병, 무시, 다른 형태의 사회적 불이익에 의하여 심각하게 위협을 받는다. 그러나 경제와 사회의 권리들은 미국이나 서양국가에서 잘해야 2등급 인권이라고 간주된다. 경제와 사회의 권리는 세 가지 점에서 비판을 받는다. 첫째, 그러한 권리를 유지하려면 물질적 자원과 정치적 능력을 필요로 하는데, 대개의 국가들은 이들을 보유하고 있지 않다. 따라서 경제와 사회의 권리는 실질적이라기보다는 열망이다. 둘째, 누가 또는 무엇이 경제와 사회의 권리를 지탱시켜 주는 책임을 가지고 있는지 불분명하다. 자원과 능력의 부족으로 국가정부가 경제와 사회의 권리들을 제공할 수 없다면, 이 의무는 다른 국가(만약 그렇다면 어느 국가?), 국제기구, 또는 세계의 다른 사람들에게 부여되는 것인가? 셋째, 경제적 자유주의의 관점에서, 경제와 사회의 권리는 역효과를 발생시키는데, 그 이유는 높은 수준의 국가개입(좋은 의도를 가졌더라도)은 자본주의 경제의 활력과 효율성을 저하시키기 때문이다.

1945년 이후 추가적인 권리들이 연대권(solidarity rights) 또는 '제3세대' 권리들의 형태로 등장하였다. 이들은 보다 넓은 범위의 권리들을 포괄하고, 분리된 개인이 아니라 사회단체 또는 전체 사회에 적용된다. 제1세대 권리가 자유주의에 의하여 형성되었고, 제2세대 권리가 사회주의에 의하여 형성되었다면, 제3세대 권리는 글로벌 사우스 지역에 대한 관심으로부터 형성되었다. 따라서 자결권이 1945년 이후 탈식민화 과정과 민족해방운동의 등장과 연결된다. 다른 권리들은 개발의 권리, 평화의 권리, 환경보호의 권리, 다문화 권리들을 포함한다. 따라서 연대권은 개발, 환경 지속 가능성, 문화 보존과 같은 문제들에 도덕적 차원을 부여하는 데 사용되었다. 그러나 '제3세대' 권리에 대한 비평가들은 이 권리의 본질적인 모호함을 강조하고, 보다 심각한 측면에서 개인이 아니라 국민과 집단에게 인권이 적용될 수 있는가의 질문을 제기한다. 이러한 관점에서 봤을 때 인권에 대한 아이디어는 개인의 자존적 가치에 기초하고 있으며, 이 가치는 개인이 단체

표 14.1 인권의 3세대

세대	유형	핵심주제	권리	핵심문서
제1세대 (18세기와 19세기)	시민권과 정치권	자유	• 생명, 자유, 재산 • 비차별 • 임의체포로부터의 자유 • 사상의 자유	• 유엔 선언 3조에서 21조 • 시민적이고 정치적 권리에 대한 국제규약
제2세대 (20세기)	경제적, 사회적, 문화적 권리	평등	• 노동 • 사회보장 • 보건 • 교육 • 유급휴가	• 유엔 선언 22조에서 27조까지 • 경제, 사회, 문화 권리에 대한 국제규약
제3세대 (1945년 이후)	연대권	우애	• 자결 • 평화 • 개발 • 환경보호 • 원주민권리	• 인간환경에 대한 스톡홀름협약, 1972 • 리우 '지구정상회의', 1992 • 원주민 권리에 대한 유엔 선언, 2007

의 구성원이라는 생각을 가질 때 약화될 위험이 있다.

글로벌정치에서 인권의 의미

본질적으로 인권은 글로벌정치에서 중요한 의미를 지닌다. 왜 그런가? 첫째, 보편적이고 근본적인 인권은 정부의 국내외 정책에 있어서 강력한 의무감을 부여하고 있다. 따라서 인권의 보호와 실현은 정부의 중요한 역할이고, 자유주의자들에 의하면 핵심적인 목표이다. 이에 따라 국가들의 상호활동은 적어도 인권의 측면을 중시해야 한다. 따라서 적어도 이론적으로 국가정부들이 자국 국민들과 다른 국가 국민들을 다루는 데 있어서 인권이 제약요인이 되고 있다. 이러한 점에서 인권은 전쟁(인권에 대한 관심은 '정당한 전쟁'을 해야 한다는 점과 일맥상통하다), 외교정책, 무역정책을 수행하는 의지에 많은 영향을 미친다. 보다 급진적이고 논쟁적인 측면에서, 인권에 대한 정부의 의무는 다른 국가들이 스스로의 국가 내에서 인권을 유린하는 행동을 하지 않도록 군사적으로 간섭하는 활동을 하는데, 이를 '인도적 개입(humanitarian intervention, p. 364 참조)'으로 부른다.

인권이 글로벌정치에 영향을 미치는 두 번째 요인은, 도덕적 관심이 국경선을 넘어서 확산된다는 점이다. 인권은 모든 인류의, 모든 인류에 대하여 필요로 하는 것이다 (Luban 1985). 인권 교리의 수용이 늘어남에 따라 화합하는 세계주의적 의식이 증대된다. 포기(Pogge 2008)는 인권이 세계주의(cosmopolitanism)의 세 가지 요소를 충족시킨다고 주장하는데, 그들은 개인주의(집단이 아닌 인간 또는 사람에 대한 궁극적인 관심), 보편성(모든 개인의 동등한 도덕적 가치 인정), 일반성(국적 등에 관련 없이 인간이 모든 사람들의 관심 대상이라는 믿음) 등이다. 인권의 세계주의적 함의는 국가행위의 기준을 설정하는 '연성'법이지만 국제법을 사용하려는 시도에 있어서 뿐만 아니라, 국가주권을 제한하거나 재정의하기 위하여 지역과 글로벌거버넌스(p. 496 참조)를 강화하려는 시도에서 분명하게 나타난다. 인권법을 강화하고, 일반적으로는 세계주의 사상, 특정적으로는 인권사상에 대한 관심을 증대시키더라도, 인권에 대한 이론적 함의는 강력한 실제적이고 도덕적인 고려에 의하여 균형이 맞춰진다. 이는 인권보호를 복잡하고 어려운 과정으로 만들어준다.

인권레짐

유엔

1948년 이후 글로벌 차원에서 인권을 증진시키고 보호하기 위한 국제레짐(p. 77 참조)이 등장하였다. 유엔의 세계인권선언이 이 레짐의 중심부에 자리 잡고 있었다. 이 선언의 기본방향을 설정한 1945년의 유엔헌장은 "모든 사람의 인권과 기본적 자유를 보편적으로 존중하고 관찰하도록” 촉진하여 국가들이 보장하고 존중해야 할 인권을 상술하였다. 유엔의 세계인권선언은 법적으로 구속하는 조약은 아니지만, 국제관습법으로 여겨지고 있으며, 이 선언의 내용들을 위반하는 정부에 대하여 외교적이고 도덕적인 압력을 가하는 도구로 활용되고 있다. 국가들은 유엔의 주요 기관에서 의제로 논의될 위험이 있기 때문에 더 이상 인권을 침해할 수 없게 되었다. 결국 유엔의 세계인권선언은 국가가 국민에 대하여 가지는 배타적인 관할권에 도전하게 되었고, 국내문제에 대한 불개입원칙을 약화시켰다. 1966년에 시민권과 정치권에 대한 국제협약과 경제적, 사회적, 문화적 권리에 대한 국제협약이 채택됨에 따라 세계인권선언은 법적인 구속을 받도록 법제화되면서 인권법에 흡수되었다. 1948년의 선언과 두 가지 협약들은 묶어서 ‘국제인권헌장’으로 불리고 있다.

1960년대 중반까지 유엔은 인권의 규범과 표준을 정하는 데 집중하였다. 이후 그 집행에 강조점을 두었다. 이러한 주요 조치로 1993년 유엔 인권고등판무관실(OHCHR: Office of the UN High Commissioner for Human Rights)이 설립되었다. OHCHR의 역할은 인권조약에 의하여 설립된 기구들을 지원함으로써 국제법에 기술된 인권에 대한 존중을 범세계적으로 촉진하는 것이다. 그러나 OHCHR은 인권법을 집행하는 것보다 인권침해를 밝혀내는 데 있어서 더 효과적이라는 점이 입증되고 있다. OHCHR의 제재수단은 위반한 국가의 이름을 공개하고 고발하는 것이며, 설득과 관찰을 통하여 각 정부의 인권정책을 개선하는 데 노력을 기울이고 있다. 비판을 받던 인권위원회를 2006년에 대체한 인권이사회는 47명으로 구성되어 있으며, 인권위반 사항을 밝혀내고 있다. 그러나 인권이사회는 유엔 총회에 권고안을 제출할 권한만 가지고 있으며, 안보리에도 자문만 할 수 있다. 전신인 인권위원회와 마찬가지로 인권이사회는 인권남용을 밝히는 데 있어서 편견을 갖고 있으며 일관적이지 못하다는 비판을 받고 있다. 이사회는 인권에 대한 의심스러운 기록을 갖고 있는 국가들을 포함하고 있을 뿐만 아니라, 회원국들은 또한 비난으로부터 서로 (그리고 일반적으로 개발도상국)를 보호하는 경향이 있고, 일부 주장에 의하면 이스라엘에 의해 시행된 위반을 강조하려고 과도하게 의지하고 있다.

비정부기구

인권레짐의 주요 특징들 중의 하나는 광범위한 비정부기구들(NGOs)이 주도하는 역할이다. 예를 들어, 1,500개 이상의 NGO가 1993년에 개최된 비엔나세계인권회의에 참석하였고, 2018년까지 세계에는 50개의 대규모 NGO가 있고 작은 규모의 NGO는 30만 개에 달하는 추산되었으며, 그들 대부분은 인권과 인도적 목적을 가지고 활동한다. 국제적십자위원회, 국경없는 의사회, 옥스팜 같은 운영

분석적 접근

인권

현실주의 견해

현실주의자들은 국제문제에 있어서 인권에 대한 관심은 안보나 번영의 추구와 같은 '경성' 또는 '핵심'이슈에 비해 '연성'이슈로 간주하는 경향이 있다. 다른 현실주의자들은 한 걸음 더 나아가, 국제 및 글로벌 이슈와 관련된 인권 문제는 완전히 잘못된 방향으로 나아가고 있다고 주장한다. 현실주의자들은 국제정치를 도덕적 개념으로 분석하는 것은 불가능하고 바람직하지 않다는 시각을 가지고 있다. 도덕과 국익은 확실하게 구분되며, 인권은 모호하고 혼란스러운 것이기 때문에 윤리적 고려가 국가의 행위에 영향을 미칠 경우 국가가 자국의 국민(종종 다른 나라의 국민)을 적절히 대하는 데 실패한다. 현실주의가 인권 문화를 반대하는 데에는 세 가지 요인을 바탕으로 하고 있다. 첫째, 현실주의자들은 인권에 기초가 되는 인간의 본성에 대한 낙관적인 모델에 이의를 제기한다. 존엄, 존중, 합리성을 강조하는 모델을 반대하는 것이다. 둘째, 현실주의자들은 집단활동, 특히 국민들을 위한 질서와 안정을 유지시켜주는 국가의 능력에 주된 관심을 보인다. 따라서 국익은 개인 기반의 도덕관에 선행한다. 셋째, 실증주의에 기초하여 현실주의는 과학적 신뢰를 중요시한다. 이는 '무엇이 되어야 한다'보다는 '무엇이다'에 초점을 맞춘다.

자유주의 견해

인권에 대한 현대의 교리는 대체로 자유주의 정치철학의 산물이다. 자유주의 가설에 너무 깊숙하게 관련되어 있기 때문에, 일부 사람들은 인권이 이념의 차이보다 상위의 것이라고 표현될 수 있는가에 대한 의문을 제기한다. 철학적인 차원에서 '권리 보유자'로서 인간의 이미지는 자유주의적 개인주의로부터 도출된다. 정치적 차원에서 자유주의자들은 정통성의 기초를 세우기 위하여 자연권과 인권에 대한 관점을 사용해 왔다. 따라서 사회계약이론가들은 정부의 중심 목표는 일련의 천부적 권리를 보호하는 것인데, 그 천부적 권리는 '생명, 자유, 재산'(로크) 또는 '생명, 자유, 행복의 추구'(제퍼슨)를 포함한다. 만약 정부가 그러한 권리를 남용하거나 보호하지 않으면서 전제적이 된다면, 국민과 정부 사이의 내면적인 계약은 파기되고 국민들은 반란을 일으킨다. 영국, 미국과 프랑스의 혁명들은 그러한 점에서 정당화된다. 20세기 동안 자유주의자들은 국제적 정통성의 기초를 수립하는 데 그러한 생각을 활용하였고, 국가들이 자국의 국민과 더불어 다른 국가들을 다루는 데 있어서 법적으로 인권을 중요시해야 한다고 주장하였다. 따라서 자유주의자들에게 있어서 1948년의 유엔 세계인권선언은 종교처럼 중요한 것이었다. 그러나 자유주의자들은 시민권과 정치권만을 근본적인 권리로 간주하고, 때로는 경제적 권리와 집단적 권리를 의문시하는 경향이 있다.

마르크스주의 견해

마르크스는 자신이 말하는 '이른바 인권'에 대해 매우 회의적이었다. 마르크스의 관점에 따르면, 자본주의하에서 권리에 기반한 '시민사회'는 자아를 '공공'과 '사적' 영역으로 분리하고, 인간이 서로 소외되는 것에 의존한다. 자본주의 사회에서 '권리들'은 반사회적이고, 그들은 서로에 의한 간섭으로부터의 자유로서 소극적으로 정의되는 자유의 형태에 해당한다. 서방 자본주의 사회에서 지배적이었고, 서방국가들이 설립한 국제기구들에 의해 점점 더 글로벌하게 강제되고 감시되어 온 인권에 대한 이러한 자유주의적 개념은 개인주의적 사회론에 기초한다. 마르크스가 스미스와 리카르도의 정치경제학 저술에서 비판한 원자화된 개인의 '로빈슨 크루소'와 같은 형상에 뿌리를 둔 인간 본성에 대한 비전은 실제 현실에 존재한 적이 없는 '추상'인 동시에, 개인주의적, 사회적 존재론이 아닌 사회적 상호작용 및 집단주의자에 의존하여 실현되는 보다 진정한 형태의 자유의 실현을 방해하는 '지배사상'(마르크스적 의미에서 이념의 일부)이다. 이러한 전통에 따라 현대 마르크스주의 사상가들은 인권을 일부 회의주의적인 시각으로 보는 경향이 있다. 일부는 '노동권' 또는 노동자의 권리 개념을 발전시키기 위해 전략적으로 '권리에 대한 대화'에 참여하지만, 마르크스주의자들은 인권이 착취와 고통으로부터 의미 있는 해방의 기초가 될 수 있다고 확신하지 않는다.

탈식민주의 견해

탈식민주의이론은 서방의 자유주의적 전통인 '권리 대화'에 대해 매우 회의적인데, 이는 서방이 지배하는 세계질서와 유럽 중심적 가치체계를 글로벌적으로 부과하는 데 대한 도덕적 정당성을 비판적으로 보는 것이라 할 수 있다. 예를 들어, 아프가니스탄과 이라크에서의 이른바 '테러와의 전쟁'과 더불어 한국과 베트남전쟁을 포함한 냉전의 갈등과 같은 선택적인 전쟁의 정당성에 인권이라는 언어를 사용하는 것은 탈식민주의 관점에서 볼 때 문제가 된다. 문제는 본질적으로 세 가지이다. 첫째, 인권의 보편성이 유엔과 같이 인권을 증진하는 다양한 기관에서 선언되지만, 구체적인 권리는 강력한 서방국가들에 의해 주로 형성되었고, 사회적이고 철학적 기반의 문화적 측면에서 유럽 중심적이다. 둘째, 인권과 조화되는 최고이면서 거의 신성불가침의 지위 (그리고 서방의 권리 대화가 자유주의 정치사상의 기독교 신학적 뿌리를 두고 있다는 비판)는 국가들이 인권을 옹호하기 위해 끔찍한 행위를 수행할 수 있도록 한다. 대규모 공중폭격과 수천 명의 민간인 살해를 동반하는 다른 국가에의 침입은 정치지도자들의 횡포로부터 폭격을 당하고 있는 동일한 인구를 해방시키기 위한 노력으로 정당화될 수 있다. 셋째, 인권이 '실제로' 전쟁의 정당성을 알리는 방식은 '글로벌 차원에서 유색인종을 대하는 방식'과 밀접하게 관련이 있으며, 서방의 다수 백인국가들이 '글로벌 사우스'의 유색인종 인구를 '보호'한다는 명분으로 자유롭게 군사 개입주의를 사용한다. 따라서 '인권'이라는 표제 아래 이러한 무력 사용은 탈식민주의 렌즈를 통해 이전의 '소유물'에 대한 서양국가의 식민지 시대 권력의 현대적 재조화로 볼 수 있다.

NGO는 고통 경감 업무에 직접 관여하고, 인권조약들과 인도적 법의 준수를 촉진한다. 가장 저명한 옹호 NGO는 휴먼라이츠워치(Human Rights Watch, 처음에는 헬싱키감시단이었으며 동유럽 반체제집단의 활동에 대응하기 위하여 설립되었다)와 국제앰네스티(Amnesty International)이다. 이들은 미디어 보도의 도움을 받아 높은 도덕적 목표에 기초하여 압력을 행사한다. 이에 따라 NGO들은 인권문화의 범세계적인 성장에 기여하고 있으며, 정부에 영향을 미칠 뿐만 아니라, 해외 공장에서의 임금과 노동조건과 같은 문제에 대하여 초국적기업에도 영향을 미치고 있다. 그럼에도 불구하고 인권레짐 내 NGO의 영향력은 특히 정부대표단과 전문가의 비하인드 로비와 결의안 초안 작성을 하는 등 활동 범위를 넓혀가고 있다. 1972-3년 동안의 국제앰네스티와 국제법률가위원회(International Commission of Jurists)의 캠페인은 1975년 고문금지선언을 이끌어냈다. NGO들은 1990년 아동 권리에 대한 협약의 작성에 기여하였고, 1997년 지뢰금지조약 체결에 결정적인 영향을 미쳤다. 그러나 NGO는 활동에 제약을 받기도 한다. 인권 NGO는 정부들의 방식을 바꾸게 하지는 못하고, 유엔 내에서의 영향력은 유엔의 결정을 행사할 권한을 가진 안보리에 비해서 매우 취약한 편이다. 마지막으로, NGO들은 자체적인 위상 또는 기금을 향상시킬 목적으로 대중과 미디어의 지지를 활용하는 '편승(bandwagon)' 전략을 채택한다는 비판을 종종 받는다.

일반적으로 인권보호는 유럽에서 가장 잘 이루어지고 있다. 이는 유럽인권협약(ECHR: European Convention on Human Rights, 1950)의 폭넓은 수용

주요 연표 ┆ 주요 국제인권 문서

- 1948 세계인권선언(Universal Declaration of Human Rights)
- 1949 전쟁포로 대우와 전시 민간인 보호에 관한 제네바협약(Geneva Conventions on the Treatment of Prisoners of War and Protection of Civilian Persons in Time of War)
- 1950 유럽인권협약(European Convention on Human Rights, 인권보호와 기본자유에 관한 협약[Convention for the Protection of Human Rights and Fundamental Freedoms])
- 1951 제노사이드협약(Genocide Convention, 대량학살방지와 처벌에 관한 협약[Convention on the Prevention and Punishment of the Crime of Genocide])
- 1954 난민 지위에 관한 협약(Convention Relating to the Status of Refugees)
- 1966 시민적, 정치적 권리에 관한 국제규약(International Covenant on Civil and Political Rights, 1976년 발효)
- 1966 경제, 사회, 문화의 권리에 관한 규약(International Covenant on Economic, Social and Cultural Rights, 1976년 발효)
- 1969 인종차별철폐국제협약(Convention on the Elimination of All Forms of Racial Discrimination)
- 1975 고문금지선언(Declaration on Torture)
- 1981 여성차별철폐협약(Convention on the Elimination of All Forms of Discrimination Against Women)
- 1984 고문 및 기타 잔혹한, 비인도적이고 굴욕적인 대우나 처벌 방지에 관한 협약(Convention against Torture and Other Cruel, Inhuman and Degrading Treatment or Punishment)
- 1990 아동의 권리에 관한 협약(Convention on the Rights of the Child)
- 1993 인권에 관한 비엔나협약(Vienna Convention on Human Rights, 조약법에 관한 비엔나협약[Vienna Convention on the Law of Treaties])
- 2000 유럽연합기본권헌장(Charter of Fundamental Rights of the European Union)
- 2007 원주민 권리에 관한 유엔 선언(The United Nations Declaration on the Rights of Indigenous Peoples)
- 2008 인권, 성적 취향, 젠더 정체성에 대한 (66개 유엔 회원국의) 공동선언 (Joint Statement (of sixty-six United Nations member states) on Human Rights, Sexual Orientation and Gender Identity)

과 지위를 반영하는 동시에 유럽평의회(Council of Europe)의 협력으로 개발되었으며 유엔의 세계인권선언에 기초하고 있다. 유럽평의회의 47개 회원국 모두 이 협약에 서명하였다. ECHR은 프랑스 스트라스부르그에 있는 유럽인권재판소(European Court of Human Rights)에 의하여 집행되고 있다. 서명국이나 개인은 스트라스부르그의 재판소에 소송을 제기할 수 있으며, 매년 약 4만 5,000건의 신청이 유럽인권재판소에 제출된다. 너무 많은 소송이 제기되어 통상적으로 3년에서 5년이 지나야 심리가 되고 비용도 많이 든다. 그러나 재판소의 판결을 거의 준수하기 때문에 인권보호를 위한 제도적 장치의 효율성이 입증되고 있다. 재판소가 허용한 기한 내에 준수하는 비율은 거의 90퍼센트에 육박하고 있다. 이에 따라 ECHR은 인권 '경성'법에 가깝다는 평을 듣는다.

국가

인권보호의 핵심 딜레마는 국가가 인권을 증진시킬 수 있는 강력한 행위자이지만, 또한 가장 강력한 인권남용 당사자라는 점이다. 이는 인권과 외교정책 사이의 전통적인 긴장을 반영하고 있으며, 이에 대하여 빈센트(Vincent 1986)가 관심을 가지고 연구하였다 (그는 국내정책도 함께 연구하였다). 그러나 인권과 국가의 권리 사이에는 피할 수 없는 적대감이 존재한다는 주장은 잘못된 것이다. 첫째, 국가가 국내법에 시민의 자유와 인권을 확립하려던 경향은 국제인권레짐이 등장하기 오래 전부터 있었다. 둘째, 국제인권기준은 NGO, 시민 캠페인, 또는 국제기구 등이 주저하는 국가들에게 강제로 준수하도록 한 것이 아니고, 국가들, 더 정확히 말해서 특정 국가들이 자진해서 제정한 것이다. 미국과 다른 서방국가들이 1945년 이후 인권레짐을 만드는 데 앞장섰고, 1990년대부터 탈공산주의 국가들과 많은 개발도상국들이 지지하였다. 인권보호가 다른 지역보다 유럽에서 더 효율적인 이유는 인권의 중요성에 대하여 유럽국가들이 동의하는 수준이 높기 때문이다.

그렇다면, 왜 국가들은 인권의 대의를 받아들이고 때로는 옹호하는 것일까? 거의 모든 국가들이 유엔의 세계인권선언에 서명을 하였고, 대다수가 선택적으로 두 개의 국제협약에도 서명을 하였다. 자유주의의 견해에 따르면, 국제인권에 대한 지지는 자유민주주의 국가에게 기본이 되는 가치와 약속을 외부적으로 표현하는 것일 뿐이다. 이 관점에 의하면 외교정책은 도덕적 목적을 가지게 되며, 가져야 한다. 국익의 추구는 자유와 민주주의의 세계적 확산과 협력하여 이루어져야 한다. 추가적으로 국가들이 인권협약에 서명하고 적어도 인권의 의미에 지지를 하는 이유는, 1948년 이후 이것이 국제공동체에 참여할 수 있는 전제조건들 중의 하나였고, 이를 통하여 외교적이고 무역 및 안보적 이득을 챙길 수 있기 때문이었다. 따라서 인권에 대한 지지는 국제체제를 국제사회로 전환시키는 공통규범들 중의 하나이다. 그러나 이는 때때로 국가가 지지하는 국제기준과 실제로 자국 국민들이나 다른 국가들에 대한 행위 사이에 심각한 틈을 발생시킨다. 다른 경우에 국가들은 인권문제를 비합리적으로 사용할 수도 있다. 예를 들어, 현실주의자들은 인도주의와 도덕적 목적을 앞에 내세운 인권문제는 국익에 대한 고려와 얽혀져 있다고 주장한다. 이 경우 인권문제는 선택적으로 적용되는데, 적대국의 인권침해에 대해서는 큰 관심을 기울이면서 우호국의 경우에는 무시한다. 1970년대에 미국이 소비에트 진영 국가들의 인권문제에 대해서는 비난하면서 인권탄압을 하는 중남미와 다른 지역의 억압적인 국가들과는 긴밀한 외교, 경제 및 정치적 결

글로벌 행위자 국제앰네스티(AMNESTY INTERNATIONAL)

형태	설립	본부	직원수	회원수
NGO	1945	런던	약 650명	700만 명(주장)

국제앰네스티(보통 앰네스티 또는 AI로 불림)는 인권남용에 주목하고 국제기준을 준수하도록 하며, 정치범(앰네스티의 창시자이면서 1961-6년 사무총장을 지낸 베넨슨[Peter Benenson]은 '잊어버린 죄수' 또는 '양심수'로 불렀다)의 권리에 대해 특히 강조하고 있다. 작가, 학자, 법률가, 언론인들이 포함된 작은 단체로 시작한 AI는 50개 이상의 지부를 가진 글로벌한 조직으로 발전하여 현재 전 세계에 100개 이상의 국가에 주재하고 있다. 국제위원회(International Council)는 앰네스티의 다양한 지부, 국제네트워크, 관련단체를 대표한다. 선출된 국제집행위원회는 조직의 광범위한 전략을 수립한다. 사무총장이 이끄는 국제사무국은 조직의 업무와 일상적인 문제들을 다룬다.

중요성: 앰네스티는 주로 정부를 대상으로 하여, 종교와 정치범의 석방, 체포된 자들의 공정한 재판, 고문, 사형과 다른 가혹한 징벌 금지, 인권남용자들에 대한 재판 징구 등을 추구한다. 앰네스티의 주요 방법은 공표, 교육, 정치압력이다. 이 방법들은 개인의 사례를 강조하는 데 초점을 맞추는데, 이는 앰네스티 직원들이 희생자들을 인터뷰하고, 그들의 사례가 앰네스티 회원들과 지지자들에 의하여 '채택'되도록 고무하고, 구체적인 보고서를 제출하는 방법으로 추진된다. 그러한 활동들은 광범위한 캠페인들에 의하여 지지를 받는데, 최근의 캠페인은 테러와 안보, 중국의 인권, 난민과 망명, 군비통제, 여성폭력금지, 빈곤과 인권 개선, 인터넷 사용제한 철폐 등에 대한 것들이다. 1970년대 이후 앰네스티는 유엔의 1975년 고문금지선언 등 인권관련 입법을 제안하고 작성하는 데 노력을 기울여 왔다.

앰네스티는 인권옹호 분야에서 가장 강력한 힘을 발휘하고 있으며, 다른 단체들의 힘을 모두 합친 것보다 강력하다 (Alston 1990). 1974년 국제집행위원회 위원장이었던 맥브라이드(Sean MacBride)는 노벨평화상을 받았으며, 앰네스티 자체도 1977년에 노벨평화상을 받았다. 앰네스티의 강점은 인권분야에 있어서 가장 긴 역사를 가지고 가장 잘 알려진 조직으로서 글로벌하게 공적 지지를 받는다는 점이다. 이 조직의 명성은 세밀한 조사를 하고 공평한 보고서를 작성한다는 점에 기반하고 있다. 업무를 스스로 제한하고 있다는 점도 장점으로 꼽힌다. 주로 정치범에 초점을 맞추는 앰네스티는 정의로운 대의에 대한 합의를 도출해 내고 많은 희생자들에게 도움을 제공하고 있다. 따라서 앰네스티는 분명한 목적의식을 가지고 있으며, 개인 사례를 성공적으로 해결함에 따라 회원들에게 성취감을 안겨주고 있다.

그러나 앰네스티는 두 가지 측면에서 비판을 받고 있다. 첫째, 앰네스티가 상대적으로 민주적이고 개방된 국가들에서 발생하는 인권남용에만 불균형적으로 초점을 맞추는 경향을 보임에 따라 세계 최악의 인권침해에 대해서는 거의 관심을 두지 않는다는 비판을 받는다. 이에 대한 앰네스티의 변명은, 효과를 낼 수 있고 신뢰가 쌓일 수 있는 지역에 대하여 공적압력이 초점을 맞추는 경향이 있고, 선진지역의 인권남용에 주목을 함으로써 후진지역에 영향을 미칠 수 있다는 것이다. 둘째, 앰네스티는 이념적 편향성에 대한 비난을 받는데, 이는 인권선언 준수에 대한 비판과 연결되어 있다. 그 주체는 중국, 콩고민주공화국, 러시아, 한국, 미국(앰네스티의 사형제도와 관타나모 수용소에 대한 캠페인), 그리고 가톨릭교회(낙태에 대한 입장) 등이다. 더욱 어려운 문제는 이 단체에서 두 명이 자살한 사건 이후, 2019년에 실시된 독립적인 검토 결과 앰네스티의 업무 문화가 괴롭힘과 피해를 특징으로 하는 '독성'이 있는 것으로 나타났으며, 이 사실은 전 세계 앰네스티의 옹호를 약화시키거나 포기하게 하기 위해 '정부와 다른 앰네스티 업무에 반대하는 사람들에 의해 사용되어' 조직의 임무를 근본적으로 위태롭게 할 것이라고 언급되었다는 점이다 (Avula et al. 2019). 이 단체는 또한 2019년에 재정에 수백만 달러에 달하는 대규모 적자가 생긴 이유로 대규모 해고를 발표했다.

속을 유지하였다는 비판을 받았다. 촘스키(p. 270 참조)와 같은 급진적 이론가들은 미국이 패권적 야망을 충족시키기 위하여 인권을 도덕적 구실로 사용하였다고 주장한다.

국제인권의 성공이 국가와 다른 기구의 행위를 개선하는 데 기여했는지, 특히 야만적이고 체계적인 탄압행위를 방지했는지에 대한 대답은 별로 인상적이지 못하다. 국가들이 충돌할 경우 주권이 인권을 앞선다. 이는 강대국들의 경우에 더 확실하다. 강대국들은 내부적이건 외부적이건 인권에 대한 비판에서 면제되어 있고, 외교관계와 경제이익에 해가 될 것을 우려하여 다른 국가들은 강대국들의 위반행위를 적발하지 못한다. 소련이 인권 문제로 비난받은 적은 거의 없으며, 이에 따라 아무런 문제없이 1956년 바르샤바조약기구 군대가 헝가리에 진입하였고, 소련이 1968년 체코슬로바키아와 1979년 아프가니스탄에 침공하였으며, 1990년대에 러시아가 체첸반란에 대하여 잔혹한 진압을 할 수 있었다. 반면, 소비에트 진영 내외부의 인권 행동주의는 동유럽 공산주의체제의 궁극적인 붕괴에 기여하였다. 정치적 자유에 대한 욕구의 증대가 동유럽 공산체제들의 정통성을 약화시켰고, 1989년 동유럽 전체에 시민저항의 물결이 확산되는 데 기여하였다. 주목할 만한 사실은 1985-91년 소련공산당의 서기장이었던 고르바초프(Mikhail Gorbachev)는 자신의 경제와 정치의 개혁과 서방과의 새로운 관계수립에 인권문제를 활용하였다. 그는 인권이 자본주의와 공산주의의 분열을 초월하는 원칙이라고 주장했다.

1989년 천안문 광장에서의 저항 사건 이후, 미국, 그리고 국제앰네스티와 휴먼라이츠워치와 같은 단체들은 중국의 인권문제에 대하여 자주 비판을 하였다. 중국의 인권문제에 대한 논쟁은 반체제 정치인사들에 대한 탄압, 사형제도의 빈번한 사용, 파룬궁과 같은 소수종교 억압, 신장(新疆) 같은 중국 북서부 무슬림 지역에 대한 정치적 탄압, 그리고 가장 중요하게 티베트 점령과 티베트 문화, 종교, 민족 정체성의 말살정책 등이 포함된다. 중국의 경제대국으로의 성장에 걸맞은 정치개혁이 이루어지지 않는 점이 관심사항으로 등장하고 있다. 중국은 국가적 자존심의 측면에서, 그리고 경제개혁으로 인한 압력을 봉쇄하기 위하여 인권문제에 대하여 비타협적인 태도를 보이고 있다. 중국경제가 급격하게 성장하면서 다른 나라들의 비난도 점차 약화되고 있다.

미국의 경우, '테러와의 전쟁' 이후 인권과 인도주의 법에 대한 공약이 의심을 받기 시작하였다 (p. 346의 '테러에 대응하기 위해서 인권과 기본적 자유를 제한하는 것이 정당한가?' 참조). 냉전이 끝나면서 인권규범이 불가역적인 것으로 받아들여져야 한다는 인식이 팽배하였으나, 9/11테러가 발생하면서 이러한 인식이 약화되기 시작하였다. 1948년 이후 국제 인권레짐을 구성하는 데 주된 역할을 한 국가가 분명하게 인권을 위반한다면, 다른 국가들이 그러한 대의를 지킬 것이라

상대주의(Relativism): 관념과 가치가 특정한 사회적, 문화적, 역사적 조건과 관련될 경우에만 유효하다는 믿음이고, 보편적 진실(인식론적 상대주의)은 없거나 보편적 가치(도덕적 또는 문화적 상대주의)도 없다는 논리에 기반한다.

는 희망을 가질 수 있는가?

분쟁상황에서 인권은 특히 지켜지기가 어렵다. 유엔 안보리 상임이사국들 사이의 권력정치는 유엔이 인권문제에 대하여 분명한 선을 긋는 데 있어서 방해요인이 된다. 따라서 세계는 인권침해가 대규모로 발생하는 것을 방관하기도 한다. 이에 따라 80만 명의 투치족과 온건한 후투족이 살해당한 1994년의 르완다 대량학살과 약 8,000명의 보스니아 남성과 소년들이 살해된 1995년의 스브레니카 학살에 대한 조치를 취하지 못하였다. 그러나 1990년대 이후 권리에 대한 대규모 위반에 대해서 국제법을 확대 적용할 수 있도록 강조되었는데, 구체적으로 대량학살, 인류애에 반하는 범죄, 전쟁범죄가 심판을 받도록 하였다. 2002년 이후 국제형사재판소(ICC: International Criminal Court)가 인권 침해를 다루는 데 대해서는 제15장에서 논의된다.

인권에의 도전

점차로 발전되고 있지만, 1970년대 이후 인권에 대한 인식은 다양한 원천으로부터 압력을 받고 있다. 최근 들어서 인권에 대한 가장 강력한 공격은 인권에 대한 보편주의적 가설에의 도전이며, 이는 보편주의와 상대주의(relativism)의 논쟁을 불러 일으켰다. 보편주의가 비난을 받게 되는 두 가지 시각이 있다. 첫째는 철학적으로 불합리한 보편주의적 접근이고, 둘째는 정치적으로 해로운 것이라는 묘사이다.

철학적 반론

인권에 대한 관념을 지지하는 보편주의적 자유주의의 권위는 서양의 두 가지 철학적 발전에 의하여 도전을 받았다. 공동체주의의 관점에 따르면, 자유주의에는 결점이 있는데, 그 이유는 개인을 반사회적이고, 원자화되어 있고, '불완전한 자아(unencumbered self)'로 보는 것은 별 의미가 없기 때문이다 (Sandel 1982; Taylor 1994). 공동체주의자들은, 자아는 공동체에 속하는 것이고, 각 개인은 자신의 욕망, 가치, 목적을 형성해 주는 사회의 한 부분이다. 따라서 개인의 경험과 믿음은 사회적 맥락에서 분리될 수 없다. 권리 및 정의와 관련된 보편적 이론들은 지역적이며 특정적인 것들에 양보해야 한다는 점을 의미한다. 포스트모더니즘 이론가들도 비슷한 결론을 내렸는데, 그 기본적인 면에서는 차이가 있다. 포스트모더니즘은 '계몽 프로젝트'에 대한 비판을 발전시켰는데, 이 프로젝트는 자유주의나 마르크스주의 같은 이념적 전통을 정치적으로 표현한 것이며, 이념은 객관적 사실과 보편적 가치를 세우는 것이 가능하다는 가설에 기초하고 있었다. 포스트모더니즘은 그 대안으로 현실의 분열적이고 다원적인 성격을 강조하였는데, 이는 어떠한 종류이건 토대주의(foundationalist)적 사상은 불합리하다는 의미이다. 료타르(Jean-François Lyotard 1984)의 말에 따르면, 포스트모더니즘은 '거대담론에 대한 불신'으로 정의될 수 있다. 따라서 인권과 다른 보편적 정의에 대한 이론들은 모두 포기되거나 그 아이디어가 등장한 정치적, 문화적 맥락을 고려한 엄격한 자격을 갖춘 방식으로만 사용되어야 한다.

탈식민주의의 비판

인권에 대한 서양의 관심은 대체로 철학적인 지향성을 보이지만, 탈식민주의의 관심은 보다 정치적이다. 탈식민주의 사상가들은 두 가지 점에서 상대주의를 보호한다. 첫째, 공동체주의와 포스트모던 사상과 연계하여 탈식민주의 이론가들은 사회마다 문화마다 환경이 다르기 때문에 각각의 상이한 도덕적 가치와 인권의 개념이 필요하다고 주장한다. 어느 사회에는 옳은 것이 다른 사회에는 옳지 않은 것이 될 수 있다. 세계는 각 민족국가들의 선택을 존중해야 한다. 둘째, 보다 급진적으로 탈식민주의 이론가들은 보편적 가치와 인권을 문화 제국주의로 표현한다. 이러한 사상은 사이드(Edward Said)의 *Orientalism* ([1978] 2003)에서 명백히 밝혀지는데, 이 책은 탈식민주의에 대한 가장 영향력있는 텍스트로 인정받고 있으며, 이 책에서 사이드는 동양주의가 유럽, 특히 서양의 문화적, 정치적 헤게모니를 보장한다는 유럽중심주의에 대한 비판을 발전시켰다.

아시아와 이슬람 세계에서 '보편적' 인권의 교리를 통하여 작동되는 문화적 편견에 대하여 밝혀내려는 시도가 있어 왔다. 제9장에서 논의되었듯이, 인권에 대한 아시아 국가들의 비판은 아시아 사회의 특징적인 역사, 문화, 종교적 배경을 반영하는 '아시아적 가치'의 존재를 강조하고 있다. 핵심적인 아시아적 가치는 사회적 화합, 권위에 대한 존중, 가족 내의 믿음 등을 포함하며, 이들이 사회적 결속을 유지하게 한다. 아시아인들은 인권에 관한 전통적 개념에 도전하여 의무보다는 권리, 공동체보다는 개인이 유리하도록 균형을 맞추는 시도를 해왔다. 또 다른 차이는, 아시아적 가치의 관점에서 볼 때, 정치적 정통성이 민주주의나 시민의 자유보다는 경제와 사회발전에 의존하고 있다는 점이다. 아시아적 가치를 지지하는 사람들이 원칙적으로 인권에 대한 아이디어를 거부한 적은 없지만, 그들은 항상 '서양'의 시민권과 정치권보다는 경제와 사회적 권리를 더 강조한다. 비엔나 세계인권회의를 개최하기 위한 준비모임에서 채택된 1993년의 방콕선언에서 아시아의 장관들은, 아시아 문화의 독창성과 인권의 상호의존성과 불가분성 모두를 인정함으로써 균형적인 방식을 선택하였다. 중국정부는 중국의 인권문제에 대한 비판에 대하여, 시민권과 정치권보다 집단적인 사회-경제적 권리가 더 중요하다고 역설하면서, 3억 명을 빈곤으로부터 벗어나게 한 공적을 강조하곤 한다.

사우디아라비아가 1948년의 유엔 선언이 중요한 이슬람 원칙들, 특히 배교(종교의 포기 또는 부인)에 대해 거부했다는 이유로 이 선언의 채택을 거부한 이후,

개 념

인도적 개입

인도적 개입(humanitarian intervention)은 전략적 목적보다는 인도적 목적을 추구하기 위해 수행되는 군사적 개입이다. 그러나 이 개념은 매우 논쟁적인데, 그 이유는 개입을 '인도적'이라는 표현을 써서 정당화하고 방어하기 때문이다. 따라서 이 개념의 사용은 당연히 평가적이고 주관적이다. 그러나 일부는 개입에는 여러 의도가 있음을 인정하면서, 인도적 개입을 의도의 측면에서 정의한다. 만약 개입이 주로 다른 사람들에게 가해지는 피해를 막아주기 위한 목적으로 수행된다면, 이는 '인도적' 개입이다. 일부는 인도적 개입을 결과의 차원에서 정의한다. 개입의 결과가 인간이 당하는 고통의 조건을 개선하고 경감시키는 경우에만 '인도적' 개입으로 규정할 수 있다.

인권에 대한 이슬람의 유보적인 태도가 분명해졌다. '이슬람 인권에 대한 카이로 선언'(1990)에 의해 요약된 이슬람의 비판의 기본은 권리, 그리고 모든 도덕 원칙들이 인간이 아닌 신성한 권위에서 유래한다는 것이다. 이와 같이, 유엔 선언, 그리고 그와 관련한 어떤 다른 인간 원칙과 법이 신성한 샤리아 법에 요약된 가치와 원칙들과 충돌한다면 무효가 된다. 정말로, 원칙적으로, 전자는 후자에서 유래되어야 한다. 이러한 관점에서, 보편적 인권의 원칙은 단지 서양이 관습적으로 중동, 특히 무슬림 세계에 대해 행사해온 정치적, 경제적 지배의 문화적인 표현일 뿐이다. 실제로, 아시아적 가치 논쟁에 의해 제기된 많은 우려들은 이슬람 정치사상 내에 반향을 일으켰다. 이러한 것들은 서구 사회의 세속적인 본성에 대한 우려인데, 구체적 내용은 종교에 대해서 명백하게 적대적이지는 않더라도 공감대가 부족한 점, 그리고 전통적인 가치와 사회적 통합을 위협하는 과도한 개인주의를 포함한다. 요컨대, 서구는 도덕적으로 퇴폐적이고, 인권에 대한 생각을 통해 세계의 나머지 부분에 대해 도덕적 퇴폐성을 강요할 위험에 처해 있다. 그럼에도 불구하고, 이슬람 비판은 문화적 상대주의의 한 형태가 아니라, 자유주의와 마찬가지로 이슬람이 모든 문화와 모든 사회에 적용 가능한 것으로 추정되는 보편적 코드를 포함하고 있기 때문에, 대안적인 보편주의의 한 형태이다.

인도적 개입

인도적 개입의 등장과 쇠퇴

전통적으로 국가체제는 **개입**(intervention)의 거부를 기초로 하고 있다. 이는 국제법이 국가주권의 존중을 바탕으로 만들어졌다는 사실을 반영하며, 국경선은 침범되지 말아야 한다는 점을 의미한다. 그러나 오랜 기간 **인도적**(humanitarian) 차원에서의 개입은 인정되어 왔다. 예를 들어, 비토리아(Francisco de Vitoria, c. 1492-1546)와 그로티우스(Hugo Grotius, p. 378 참조)는 국가가 자국민들에 대한 학대를 방지하기 위한 개입의 권리를 인정하였으며, 이러한 이유로 위의 두 사람은 인도적 개입의 초기 이론가들이 되었다. 전통적으로 드물기는 하지만, 그러한 개입의 몇 가지 사례가 있다. 1827년 나바리노만의 전투에서 영국과 프랑스는 그리스의 독립을 지원하기 위하여 그리스 남서부에서 터키와 이집트의 함정들을 물리쳤다. 1945년 이후 개입은 인도적 성격을 가지게 되었고, 방글라데시와 캄보디아의 사례를 들 수 있다. 1971년 동서 파키스탄 사이의 짧지만 잔혹했던 내전에 인도 군대가 개입하여, 동 파키스탄이 방글라데시로 독립하는 것을 도와주었다. 1978년 베트남 군대는 폴 포트의 크메르루주체제를 붕괴시키기 위하여 캄보디아를 침공하였다. 1975-9년 사이 크메르루주체제하에서 100만에서 300만 명이 기아, 내전, 처형에 의하여 사망하였다. 그러나 이러한 군사활동 어느 것

개입(Intervention): 다른 국가의 동의 없이 그 국가에 대하여 취하는 강압적 행위.

인도적(Humanitarian): 다른 사람들의 복지를 증진시키고 고통을 줄여서 인류의 이익에 관심을 갖는 것.

도 '인도적 개입'으로 인정받지 못하였다. 예를 들어, 인도와 베트남은 자국의 개입을 국익과 지역안정 회복의 개념으로 정당화하였다. 인도적 개입에 대한 현대적 아이디어는 탈냉전 이후에 만들어졌고, 이는 '신세계질서' 수립이라는 긍정적인 기대와 밀접하게 연결되어 있다.

인도적 개입과 '신세계질서'

1990년대는 인도적 개입의 황금기라 불리고 있다. 냉전의 종식은 초강대국 대결과 '공포의 균형'으로 특징되는 권력정치가 종결될 것으로 예상되었다. 대신, 국제규범과 도덕기준에 대한 공통된 인식을 바탕으로 '자유적 평화'가 지배적으로 될 것으로 예상되었다. 여기서 핵심은 글로벌 시대에 국가들은 더 이상 도덕적 책임을 자국민들에게만 국한시킬 수 없게 되었다는 점이다 (Wheeler 2000). 냉전 종식 직후에 인도적 개입이 증가한 이유를 성명하기 위해서는 두 가지 질문에 대한 답을 해야 한다. 첫째, 왜 그렇게 수많은 인도적 위급상태가 발생하였는가? 둘째, 왜 국가들은 다른 국가에 개입하는가?

탈냉전 시대에 평화와 번영의 세계가 건설될 것이라던 낙관적인 기대는 곧 '혼란의 지대' (Singer and Wildavasky 1993), 또는 '전근대적 세계' (Cooper 2004)라고 불리는 곳에서 무질서와 혼돈의 성장에 의해 물거품이 되었다. 그러한 혼란과 무질서는 두 가지의 상당히 다른 방식으로 설명될 수 있다. 우선 내부적 요인으로 사회 '자체의' 실패와 결점이다. 이 요인들로는 독재정부, 만연한 부패, 경제·사회적 후진성, 살벌한 인종 대립 등을 포함한다. 반면, 세계의 혼란과 무질서는 '외부적' 요인들로 설명될 수 있는데, 그들은 글로벌체제의 구조적인 불균형과 불평등이다. 그들은 식민주의의 유산, 경제 글로벌화로 비롯된 긴장, 국제통화기금(IMF, p. 505 참조), 세계은행(p. 509 참조) 및 다른 기구들에 의하여 부여된 구조조정프로그램(p. 415 참조)의 충격 등을 포함한다. 내부적 요인들에 의하여 발생하는 인도적인 위기들에 대해서는 '전근대적 세계'를 구하는 것과 같이 개입이 인정될 수 있다. 그러나 인도적 위기가 외부요인에 의하여 발생하면, 어느 정도의 개입, 특히 군사 개입이 이루어져야 문제를 풀 수 있을지의 여부에 대해서는 예상을 하기 어렵다.

1990년대에 인도적인 문제가 발생한 상황에 정부들이 개입할 의지를 증대시킨 데 대하여 4가지 요인들로 설명할 수 있다.

1. 현실주의자들과 신현실주의자들이 주장하는 바와 같이, 인도적인 고려는 종종 국익에 대한 고려와 중첩된다. 인도적 개입의 동기는 항상 혼합되어 있고 복합적이다. 예를 들어, 미국의 아이티에 대한 개입 동기의 일부는 아이티 난민들이 미국으로 유입되는 것을 막기 위한 것이었다. 이와 유사하게, 1999년 코소보에 대한 NATO의 군사활동도 난민의 위기를 피하고 지역의 불안정을 피하려는 목

적에 의하여 영향을 받았고, 이는 정치적으로 보다 위험한 수준의 개입을 필요로 했다. 단순하게 말해서 현실적으로 도덕적 정당성을 제외하면 국가들은 자국의 이익과 관련되지 않는 상황에 군대를 개입시키는 데 주저하는 경향이 있다.

2. 글로벌 텔레비전과 통신이 확대 발전됨에 따라, 인도적인 위기와 비상사태 발생시 정부들이 개입하도록 상당한 대중의 압력하에 놓이게 된다. 이는 특히 '불개입'의 결과에 대한 비판에 의하여 명확해 졌는데, 1994년 르완다의 대량학살과 1995년 스레브레니카 학살을 방지하지 못한 사례가 언급되고 있다. 소위 'CNN 효과'는 글로벌 정보와 통신의 흐름이 정부들로 하여금 자국민들에게만 도덕적 책임감을 제한하는 것이 얼마나 어려운지를 보여준다.
3. 냉전대립이 끝나고 미국이 세계 유일 초강대국으로 등장하면서, 주요국들이 개입에 대한 합의를 이끌어 내는 데 유리한 환경이 조성되었다. 특히 러시아와 중국이 미국을 방해하거나 도전할 의사를 가지지 않게 됨에 따라 대개의 개입이 쉽게 이루어질 수 있게 되었다. 러시아는 소련의 붕괴 이후 정치적이고 경제적인 혼란에 빠져 있었고, 중국은 경제발전의 초기 과정에 있었기 때문에 미국의 정책에 도전할만한 겨를이 없었다.
4. '신세계질서'를 건설할 수 있다는 기대감에 정치인들과 정책결정자들은 인권선언이 윤리강령의 기준을 제시했다는 점을 수용하였다. 코피 아난 유엔 사무총장(1997–2007), 미국의 클린턴 대통령(1993–2001), 영국의 블레어 수상(1997–2007) 같은 정치인들은 인권에 대한 인식이 국가들로 하여금 다른 나라의 문제에 대하여 언제 그리고 어디에 '개입해야 하는지의 권리'를 위한 기반을 제공하였다고 인정하였다. 군사개입에 대한 국가의 행동 변화를 구성주의로 설명하면서 핀모어(Martha Finnemore 2003)는 '인류를 구해야 하는 의무를 규정하는 새로운 규범에 대한 관심을 집중하는 데 있어서 사회적 영향과 내면화'를 강조하였다.

인도적 개입과 '테러와의 전쟁'

'테러와의 전쟁'은 인도적 개입 이슈를 매우 다른 차원으로 바꿔 놓았다. 2001년 이전에 인도적 개입에 대한 문제에 대한 인식은 별로 많지 않았고, 단지 르완다와 보스니아에서 학살과 야만적 행위에 대한 국제 공동체의 양심적 반성만이 있었다. 그러나 그 이후 인도적 개입에 대한 매우 많은 논의가 이루어졌다. 왜냐하면 아프가니스탄과 이라크의 전쟁들이 부분적으로 인도적인 차원에서 정당화되었기 때문이다. 엄밀하게 말해서, 아프간전쟁과 이라크전쟁 어느 것도 인도적 개입의 사례가 아니다. 두 전쟁 모두 군사행위의 주요 명분은 자위(self-defence)였고, 그 목적은 '미래의 르완다'보다는 '미래의 9/11'을 방지하는 것이었다. 그러나 이 전쟁들을 지지하는 사람들은 정도의 차이는 있지만 이 전쟁들을 인도적 모험이었다고 묘사한다. 아프가니스탄의 경우, 잔혹하고 억압적인 탈레반 정권이 여성들을 교육,

주요 연표 ┆ 인도적 개입의 주요 사례

1991 북부 이라크. 걸프전 종식 이후 미국은 이라크 북부지역에 쿠르드족을 위한 '안전한 지역'을 설치할 목적으로 프로바이드 콤포트 작전(Operation Provide Comfort)을 개시하였다. 이 지역에 미국, 영국과 프랑스 비행기가 정찰 및 감시하는 비행금지 구역을 설치하였다.

1992 소말리아. 인도적 재앙이 발생하면서, 유엔이 위임하고 미국이 주도하는 개입(리스토어 호프[Restore Hope] 작전)은 남부 소말리아에서 인도적 활동을 수행하는 환경을 조성하였다.

1994 아이티. 아이티에 군사쿠데타가 발생한 이후 무법천지가 되고 아이티인들의 미국으로의 유입이 증가하자, 아이티의 질서를 회복하고 민간정부 수립을 지원하기 위해 1만 5,000명의 미군이 파견되었다.

1994 르완다. 르완다 대량학살이 발생하고 투치족이 국가의 거의 모든 지역을 지배하자, 프랑스는 후투난민들이 탈출할 수 있도록 '안전지대'를 설정하였다 (투르크아즈 작전[Operation Turquoise]).

1999 코소보. 알바니아인들에 대한 '인종청소'의 공포 분위기에서, 미국이 주도하는 NATO군이 공중폭격을 하여 세르비아 군대가 코소보에서 철수하도록 하였다.

1999 동티모르. 인도네시아가 동티모르에 대한 협박과 탄압을 강화하자, 유엔이 위임하고 호주가 주도하는 평화유지군이 동티모르를 인도네시아의 영향권에서 벗어나게 하면서 관리를 시작하였다.

2000 시에라리온. 장기간의 내전 이후 영국정부는 소규모 군대를 시에라리온에 파견하였는데, 초기 목적은 영국시민을 보호하는 것이었지만, 궁극적으로는 잔혹한 행위를 일삼는 반군에 대항하는 선출된 정부를 지원하기 위한 목적이 있었다.

2011 리비아. 카다피 대통령에 대항하는 민중봉기의 상황에서, 미국이 주도하는 연합군이 리비아군에 대하여 공습과 미사일 공격을 가했고, NATO는 신속하게 비행금지구역의 치안유지에 대한 책임을 떠맡게 되었다 (p. 369 참조).

취업, 공공생활에서 격리시켜 여성의 권리를 침해했다는 논리이다. 이라크의 경우, 후세인 정권은 북부 쿠르드족과 시아파 주민들에게 지속적인 위협이 되었고, 이들은 정치적 배제와 육체적 공격에 시달려야 했다. 따라서 탈레반과 후세인 정권의 붕괴를 통한 '정권교체'는 인권존중, 신앙의 자유, 민주정부 수립을 약속하는 것이었다. 이와 같이 '테러와의 전쟁' 지지자들은 인도적 개입의 명분을 확대시켰지만, 인도적 개입의 아이디어를 다른 환경에 적용시키기 어렵도록 퇴색시켰다.

1990년대에 인도적 개입은 엄격하게 제한된 목적을 가지고 수행되었다. 군사행위는 비상상황에서 평화와 질서를 회복하고 인도적 구호가 제공될 수 있는 범위 내에서만 허용되었다. 동티모르, 시에라리온, 코소보(2000년 밀로셰비치의 몰락에 기여함으로써)의 경우 인도적 개입의 결과 다당제 민주주의 과정이 수립되었지만, 일반적으로 개입은 사회를 재건설하는 목적과는 연결되지 않았다. 아프가니스탄과 이라크에서 사용되었던 것처럼, 인도적 개입의 아이디어는 자유주의적 개입주의의 프로젝트로 확대되었다. 자유주의적 개입주의는 두 가지 가설에 기초하고 있다. 첫째, 시장경제와 자유민주주의를 내용으로 하는 자유주의적 가치와 제

자유주의적 개입주의(Liberal interventionism): 자유주의의 가치와 제도가 보편적으로 적용가능하고, (해당되는 상황에서) 다른 국가에 개입할 때 준수되어야 한다는 이론.

도들은 보편적으로 적용이 가능하고 다른 가치와 제도들보다 우월하다. 둘째, 국민들이 독재적이고 억압적인 정부를 제거할 수 없기 때문에 자유주의의 발전이 방해를 받는 상황에서, 기존의 자유주의 국가들이 지원을 하는 것은 권리이면서 의무이기도 하다. 그 지원 방법으로 외교적 압력, 경제제재, 또는 인권이 심각하게 침해되는 경우 군사개입까지 동원된다. 그러한 개입은 인도적 구호를 제공하는 것뿐만 아니라 문제의 근원을 해결하는 것도 포함되는데, 이는 자국의 국민들에게 위협이 되는 정부나 체제를 제거하는 것도 포함된다. 따라서 자유주의적 개입주의자들은 인도적 개입을 체제전환과 민주주의 촉진이라는 보다 광범위하고 장기적인 목표와 연결시킨다. 이러한 아이디어는 '테러와의 전쟁'이라는 미국의 전략적 접근을 형성한 신보수주의와 중첩되고 정보를 제공하는 데 도움을 주었다.

개입은 인도적 또는 보다 넓은 의미의 자유적 목표를 가져야 한다는 아이디어를 '테러와의 전쟁'과 연결시킬 경우 문제가 생긴다. 첫째, 많은 사람들은 아프가니스탄과 이라크에의 개입을 인권적 측면에서 합리화하는 것은 전시효과에 불과하다고 주장한다. 탈레반과 후세인 정권은 문제가 있지만, 어느 경우에도 인도적인 위기나 대량학살의 위협은 존재하지 않았다. 실제로 '테러와의 전쟁'에 대한 급진적 비판가들은 정권교체와 민주주의 촉진과 같은 목표는 미국의 글로벌 패권을 공고화하고 중동으로부터 석유공급을 안전하게 확보하기 위한 것이라고 주장하였다. 둘째, 아프가니스탄과 이라크에 대한 개입은 예상했던 것보다 많은 문제를 발생시켰는데, 그 이유는 두 전쟁 모두가 장기적인 반란진압 작전으로 전환되었기 때문이었다. 개입의 동기가 무엇이든 간에 개입의 지연시 국내적인 지지가 약화되어 개입의 수렁에 빠져들게 하는 위험을 내포한다. 셋째, '테러와의 전쟁'은 자유주의적 개입주의를 옹호하는 보편적 가설에 대한 심각한 문제를 불러 일으켰다. 서양식 민주주의를 정착시킬 수 있는 가능성에 대하여 의구심이 제기되었고, 아프가니스탄과 이라크전쟁은 여러 가지 측면에서 이슬람 세계와 서양 사이의 긴장을 심화시켰다. 만약 인권과 다당제 민주주의 같은 자유적 가치의 보편적 적용이 불가능하다면, 인도적이고 도덕적인 개입을 위한 일관된 기준을 수립하는 것도 불가능하다.

인도적 개입의 조건

인도적 개입이 정당화될 수 있다면, 어떠한 경우에 정당화될 수 있는지에 대한 관심이 증폭되고 있다. 이는 인도적 개입의 경우 '정당한 전쟁론(p. 302 참조)'을 과감하고 도전적인 방식으로 확대시킬 필요가 있다는 점을 반영한다. 인도적 개입이 야기하는 도덕적 도전들은 아래와 같다.

- 인도적 개입은 '국경의 불가침성'이라는 아이디어에 기초한 국제 불개입규범을

리비아에 대한 인도적 개입

사건: 2011년 3월 19일 미국이 주도하는 연합군이 카다피 대통령에게 충성하는 리비아군에 대해 공중 및 미사일 공격 캠페인을 시작했다. 이는 내전이 대두되고 있는 상황에서 일어났으며, 특히 친카다피 군대가 반군 거점인 벵가지로 이동하면서 오바마 대통령의 표현대로 '끔찍한 규모의 폭력'을 가하겠다고 위협했다. 1970년과 1973년의 유엔 안보리 결의에 따라, 이 공격은 리비아에 대한 무기 금수조치를 시행하고 비행금지구역을 설정하며 리비아 시민과 민간인 거주 지역을 보호하기 위해 '필요한 모든 조치'를 취하도록 의도되었다. 수일 내에, 그리고 계획된 대로, 군사작전에 대한 지휘와 통제 책임이 미국에서 NATO로 넘어갔다. NATO의 개입은 효과적으로 리비아의 공군을 무력화시키고 중화기의 효과를 심각하게 감소시켜 아마도 결정적으로 리비아 반대세력에 유리하게 분쟁의 균형을 맞추도록 도왔다. 10월 초까지 리비아 국가과도위원회가 국가 전체에 대한 통제권을 확보했고, 반군은 카다피를 체포하고 살해했다. NATO작전은 시작된 지 222일 후인 10월 31일에 종료되었다 (Daalder and Stavridis 2012). 3년 후 리비아는 두 번째 내전에 빠져들었고 아직 빠져나오지 못하고 있다.

중요성: 'R2P'와 명백하게 관련된 첫 번째 개입인 2011년 미국이 주도한 NATO의 리비아 개입은 인도적 개입의 이론과 실천에 대한 중요한 질문을 제기했다. 리비아는 인도적 개입에 대한 지지를 되살렸는가, 아니면 일탈인가? 1999년 코소보와 동티모르, 그리고 2000년 시에라리온 이후로 주요 인도적 개입이 일어나지 않았기 때문에, 일부 사람들은 인도적 개입의 시대는 끝났다고 결론을 내렸다. 인도적 개입은 본질적으로 탈냉전 초기에 만연했던 특이한 상황, 특히 세계정치가 도덕적 원칙에 의해 인도되어야 한다는 믿음의 강화와 미국이 세계 유일 초강대국으로 등장했기 때문이다. 인도적 개입은 (아프가니스탄과 이라크전쟁에 비추어 볼 때) 미국의 해외 군사개입에 대한 욕구의 감소와 러시아와 중국의 부상이 미국이 그러한 문제에 대해 자유재량을 가질 가능성이 적다는 것을 의미했기 때문에 끝난 것처럼 보였다. 그러나 리비아는 인도적 개입이 여전히 일어날 수 있으며, 따라서 미래에도 배제할 수 없다는 것을 증명했다.

개입의 동기는 여느 때와 마찬가지로 논란과 논쟁의 여지가 있었다. 오바마 대통령, 사르코지 프랑스 대통령, 캐머런 영국 총리가 모두 인도적 원칙을 내세웠지만, 비평가들은 석유와 경제이익도 작용했다고 주장했다. 이러한 견해는 카다피가 살해되기 며칠 전인 2011년 10월 클린턴 미국 국무장관이 예고 없이 리비아를 방문하여 '리비아와 미국기업 간의 유대관계를 구축하고 리비아를 지역 및 글로벌시장에 더 밀접하게 통합하는 데' 초점을 맞추었기 때문에 지지될 수 있다. 물질적 이익이 개입의 중요한 조건이 되는 시기였다. 상당한 국제적 및 지역적 지원이 개입에 대한 실질적 법적 근거를 제공하는 것으로 보였다. 유엔 안보리의 승인과 주요 지역기구들, 특히 아랍연맹과 걸프협력회의의 개입 지원은 카다피의 리비아에 신뢰할 만한 우방이 거의 없고 러시아나 중국과 긴밀한 관계도 없다는 사실에 의해 가능했다. NATO군은 또한 스웨덴, UAE, 요르단, 모로코와 같은 파트너들의 참여를 통해 더 확실한 정당성을 획득할 수 있었다. 이 작전은 군사적으로도 가능한 것으로 간주되었다. 리비아의 상대적으로 약한 공중 및 미사일 방어와 공중 및 군사 공격에 중점을 둔 것은 NATO 사상자를 최소화하는 데 기여했으며(당시 NATO 사상자는 없었다), '지상전'을 피할 수 있음을 의미했다. 마지막으로, 당시의 군사적 및 정치적 평가는 개입의 결과에 대해 낙관적이었다. 이러한 낙관론은 처음에는 현지에서의 사실에 의해 지지되었지만, 2014년에 발생한 새로운 내전은 불안정화 측면에서 개입에 '의도하지 않은 결과'가 있을 수 있음을 시사했다.

> **개 념**
>
> **대량학살**
>
> 대량학살(genocide)은 민족적, 인종적, 종교적 집단을 전체 또는 부분적으로 파괴하려는 시도이다. 유엔의 제노사이드협약(Genocide Convention, 1948)은 다섯 가지의 대량학살 행위를 규정한다. (1) 집단의 구성원들을 살해하는 것, (2) 집단의 구성원들에게 심각한 육체적 또는 정신적 위해를 가하는 것, (3) 집단의 전체 또는 부분적인 물리적 파괴를 초래할 목적으로 삶의 조건에 대하여 고의적인 해를 가하는 행위, (4) 집단 내의 출생을 막을 목적으로 가하는 행위, (5) 아동들을 한 집단에서 다른 집단으로 강제 이동시키는 행위. 대량학살은 특정 집단의 사람들을 제거할 명확한 결정, 계획 또는 프로그램을 수반해야 한다. 대량학살은 '인종청소'와 중복되는데, 후자는 인종집단을 강압적으로 재배치하는 것도 포함한다.

위반하는 것이다. 따라서 인도적 개입을 국가주권의 고전적 관념과 조화시키는 것은 어렵다. 국가주권하에서 국가들은 동등하고 자치적 능력을 가진 존재로 취급받고, 국경 내에서 발생하는 일에 대하여 배타적인 책임을 진다. 국가주권의 약화는 기존의 세계질서 법칙을 위협할 수도 있다.

- 인도적 개입은 자위(self-defense)가 무력사용의 핵심적 정당성의 동기라는 '정당한 전쟁'의 관념에서 벗어나는 것이다. 그 대신, 인도적 개입의 경우 무력사용은 다른 사회의 사람들을 방어하고 지켜주기 위한 것이라는 측면에서 정당화된다. 따라서 인도적 개입은 국가들이 이방인들을 구하기 위하여 자국의 군인들의 희생을 감수하는 세계주의적 윤리이론에 기초하고 있다.
- 인도적 개입은 인권선언이 모든 정부와 사람들에게 적용될 수 있는 행동기준을 제공한다는 생각에 기초하고 있다. 그러나 인도적 개입은 윤리적 다원주의, 그리고 세계의 종교적이고 문화적 차이가 다른 도덕적 틀을 수립한다는 점을 고려하기에는 불충분하다.
- 인도적 개입에도 '정당한 전쟁'의 기본이라 할 수 있는 '최후의 선택' 원칙이 적용될 수 있다. 그러나 대량학살의 위험 또는 지속되는 인도적 비상상태에 직면하여, 무력을 사용하기 이전에 모든 비폭력적 선택지를 사용하여 시간을 소비하는 것은 도덕적으로 설명하기 어렵다. 따라서 인도적 개입에 있어서 무력사용은 '우선적인 선택'이 될 수도 있다.

이러한 고려사항들의 관점에서, 인도적 목적의 군사개입은 예외적이고 특별한 조치이다. 언제, 어디에, 어떻게 인도적 개입이 발생할 것이라는 분명한 지침이 없는 상황에서, 국가들은 팽창주의적 야욕을 도덕적 정당성 뒤에 숨길 수 있고, 이 경우 인도적 개입은 새로운 형태의 제국주의로 탈바꿈한다. 두 가지의 핵심적 이슈가 특별히 관심을 끈다. 군사개입을 보장하는 '정당한 명분(just cause)', 그리고 실제로 개입을 정당화하는 '올바른 권위(right authority)'이다.

인권의 교리가 인도적 개입을 위한 도덕적 틀을 제공한다는 것은 널리 받아들여지고 있지만, 인권 그 자체가 개입의 정당성에 적합한 지침을 제공하지는 않는다. 왜냐하면 인권은 다양한 의미 — 예를 들어, 유엔 세계인권선언(1948)은 29조로 구성되어 있다 — 를 지니고 있으며, '인권침해'는 매우 폭 넓은 상황에서 개입을 정당화하기 때문이다. 보다 나은 지침은 '인류에 대한 범죄'라는 아이디어에 의하여 제공되며, 이는 제2차 세계대전 이후의 뉘른베르크 재판(Nuremberg Trials)을 통하여 등장하였다. 그러나 가장 광범위하게 사용되는 인도적 개입의 정당성은 대량학살을 중단시키거나 예방하기 위한 것이며, 이는 인류에 대한 범죄, 또는 '범죄 중의 범죄'로 인식되고 있다. 그러나 대량학살이 인도적 개입을 위하여 얼마나 일관되고 확실한 '정당한 이유(just cause)'를 제공할 수 있을지를 파악하는 것은 어렵다. 왜냐하면, 대량학살이 살해와 파괴를 사전 계획한 프로그램에 의한 것은 아니더라도 숙고한 뒤에 실시하는 행동으로 보이지만, 실제로 대규모의 살해는 대체로 무작위적인 폭력행위, 또는 정치질서의 완전한 붕괴의 결과 시행되는 것이며, 처음부터 '대량학살의 의도'를 가지는 경우는 별로 없기 때문이다.

'보호를 위한 책임'(R2P)?

군사개입의 원칙을 수립하기 위한 면밀하고 신중한 시도는 '보호를 위한 책임(R2P: The Responsibility to Protect)' 보고서에서 확인할 수 있다. 이 보고서는 캐나다정부가 2000년에 설립한 '개입과 국가주권에 대한 국제위원회(ICISS: International Commission on Intervention and State Sovereignty)'에 의하여 생산되었다. R2P는 정당한 군사행동에 대한 두 가지 범주를 제시하였다.

- 숙고된 국가행동, 국가의 방임 또는 행동능력 부족, 또는 실패한 국가상황의 산물이면서 대량학살 의도 여부와 관련없이 실제 또는 체포된 '대규모 인명 손실'
- 살해, 강제추방, 테러행위 또는 강간에 의하여 실질적으로 발생할 우려가 있는 '대규모 인종청소'

이러한 범주의 상황이 발생하게 되는 경우, 단순히 개입할 권리가 생기는 것이 아니라, 이러한 행위의 희생자가 되거나 희생자가 될 우려가 있는 사람들을 보호해야 할 국제적인 책임이 생긴다는 것이 ICISS의 주장이다. 이러한 주장이 가져다주는 이로운 점은 '인류에 대한 범죄'를 일반화시키지 않고 구체적으로 명시하여, 숙고된 인간행위의 결과가 아닌 '대규모 인명손실'에 개입을 할 수 있다는 점이다. 예를 들어, 만약 국민들이 아사상태에서 벗어나도록 국가가 지원할 능력과 의지가 부족할 경우 개입이 정당화될 수 있다.

인도적 개입을 위한 범주가 수립된 이후 우리에게 남겨진 문제는 그 범주가 만족되는 시기를 누가 결정하는가이다. 누가 인도적 목적의 군사개입을 승인하는 '정당한 권위'를 보유하고 있는가? 이 질문에 대하여 일반적으로 수용되는 대답은 유엔 안전보장이사회가 가장 적합한 기구라는 점이다. 이는 유엔이 국제법의 주요 원천으로서의 역할을 하고, 안전보장이사회가 국제평화와 안보의 책임(제19장에서 논의됨)을 갖고 있다는 점을 반영한다. 여기서 두 가지 어려운 문제가 제기된다. 첫째, 제15장에서 논의되겠지만, 인도적 개입에 대한 국제법은 유엔헌장에 의한 분명한 금지, 그리고 국제관습법에 의한 광범위하지만 잘못된 수용 사이에서 자리를 잡지 못하고 있다. 이 어려운 문제는 국가주권에 대한 법적이고 도덕적인 함의에서 발생하기 때문에, 인도적 개입을 지지하는 사람들은 국가주권의 개념 자체를 변경시키려 한다. 코피 아난 유엔 사무총장은 주권과 인권 사이의 충돌을 조정하기 위하여 다음과 같이 주장하였다. 글로벌화와 국제협력의 맥락에서 국가는 국민에 대한 봉사자가 되어야지 그 반대가 되면 안된다고 주장했다

책임있는 주권(Responsible sovereignty): 국가주권은 국가가 국민들을 대하는 방식에 달려 있다는 개념이며, 국가의 권위는 궁극적으로 주권을 보유한 개인으로부터 나온다는 믿음이다.

(Annan 1999). 그러한 생각은 '책임있는 주권'의 개념을 점차로 수용하도록 유도하였다. 예를 들어, R2P는 ICISS의 권고를 받아들여 만들어졌는데, 그 내용은 국가의 주권은 시민들을 보호해야 하는 의무를 충족시키는 조건하에서 부여되어야 한다는 것이다. 이 견해에 따르면, 국가는 궁극적으로 국민들이 보유하게 되는 주권의 관리인일 뿐이다.

둘째 문제는 개입에 대한 안전보장이사회의 승인을 받기가 어려울 것이라는 점이다. 왜냐하면 안보리의 거부권을 보유한 5개국은 인도적 문제에 대한 관심보다는 글로벌 권력관계에 더 관심을 가지기 때문이다. R2P 원칙은 이 점을 인정하고 군사개입이 수행되기 이전에 안보리의 승인을 받아야 하지만, 안보리가 안건을 거부하거나 일정 기간 내에 이 문제를 처리하지 못하면 대안이 마련되어야 한다는 필요성을 제기하였다. R2P에 따르면, 이 대안은 인도적 개입 안건에 대하여 유엔총회의 긴급특별회기 또는 지역기구에서 다루는 것이다. 실제로 NATO는 이와 같은 방식을 종종 사용하여 인도적 개입을 정당화하는 데 기여하였고, 코소보, 아프가니스탄, 리비아의 경우와 같이 개입을 수행하는 군사적 도구의 역할을 하였다

인도적 개입의 효과

인도적 개입의 편익이 비용을 앞서는가? 단순하게 말해서, 인도적 개입이 실제로 많은 인명을 구했는가? 이는 개입을 동기나 의도의 개념, 또는 국제법의 개념이 아니라, 결과의 측면에서 평가하는 것이다. 그러나 이 문제는 해결되기 어려운 문제이다. 왜냐하면 실질적인 결과는 가정적인 상황(만약 개입을 하지 않았다면, 또는 개입이 발생하였다면이라는 가정)에서 발생했을 결과와 비교를 해야 하기 때문이다. 1994년 르완다에 조속하고 협력적인 개입이 이루어졌다면 수십만의 인명을 구할 수 있었을 것이라는 가정은 전혀 증명이 되지 않는다. 그러나 다른 방식으로는 불가능했을 것이지만 성공적인 결과를 창출한 개입의 사례도 있다. 1991년 북부 이라크에 설정한 '비행금지구역'은 쿠르드족의 반란에 대한 보복공격 내지는 학살을 방지할 수 있었고, 쿠르드족이 사는 지역에 상당 수준의 자치권을 부여할 수 있었다. 1999년 코소보에 대한 개입은 세르비아의 경찰과 군대를 축출하는 데 성공하였고, 인구의 대규모 분산을 방지할 수 있었으며, 더 이상의 공격을 막을 수 있었다. 이 두 작전 모두가 NATO에 의해서 수행되었기 때문에 개입군의 인명피해는 최소화할 수 있었다. 시에라리온에 대한 개입은 10년이나 지속되면서 5만 명의 사망자를 낸 내전을 종식시켰고, 2007년 의회와 대통령 선거가 개최될 수 있는 기초를 제공하였다.

그러나 다른 개입들은 효과적이지 못하였다. 유엔 평화유지군은 때로는 인도적 재앙이 발생하였음에도 방관자 역할밖에 하지 못하였고 (콩고민주공화국), 일부 개입들은 성공하지 못하고 즉시 포기되었으며(소말리아), 장기간에 걸친 반란

논 쟁

인도적 개입은 정당한가?

인도적 개입은 글로벌정치에서 가장 뜨거운 논쟁을 불러일으키는 이슈이다. 일부 사람들은 인도적 개입이 세계문제를 새롭고 보다 문명화된 세계주의적 관점에서 해결한다는 점을 보여준다고 주장한다. 다른 사람들은 인도적 개입을 잘못 인도되고 도덕적으로 혼란스러운 것으로 인식한다.

그 렇 다

불가분의 인류애. 인도적 개입은 공통의 인류애가 존재한다는 믿음에 기초하고 있다. 이는 도덕적 책임이 '자국'의 국민들에게만 국한되는 것이 아니라, 모든 인류에게 확대된다는 의미이다. 따라서 자원이 충분하고 대가가 크지 않으면, 외부인들을 구해야 하는 의무가 존재한다.

글로벌 상호의존. 글로벌 상호연결과 상호의존에 대한 인식의 증가로 지구 다른 편에서 발생하고 있는 사건들과 관련하여 행동해야 할 책임이 증대하고 있다. 국가는 더 이상 외딴 섬처럼 행동할 수는 없다. 따라서 인도적 개입은 계몽화된 자기이익에 기초하여 정당화될 수 있다. 그 실례로, 다른 국가들에게 심각한 정치적이고 사회적인 긴장을 초래하는 난민위기의 방지를 들 수 있다.

지역안정. 실패한 국가의 맥락에서 인도적 비상사태는 지역의 세력균형에 급진적인 영향을 미쳐 불안정과 불안을 조성하게 된다. 이는 이웃국가들이 개입하게 되는 동기를 제공하는데, 주요국들은 지역전쟁을 방지하기 위하여 개입을 한다.

민주주의의 촉진. 위험에 처하거나 고통을 받는 사람들이 자신의 어려움을 극복할만한 민주적 수단을 가지지 못한 경우 개입은 정당화된다. 따라서 인도적 개입은 대체로 독재와 권위주의의 환경에서 이루어진다. '민주주의 촉진'은 개입의 정당한 장기적 목표이고, 인권에 대한 존중을 강화하며, 향후 인도적 위기의 발생을 줄여준다.

국제공동체. 인도적 개입은 공유된 가치(평화, 번영, 민주주의, 인권)에 대한 국제공동체의 공약을 확인해주고, 정부가 국민을 대하는 방법에 대한 분명한 지침을 제공하는데, 이는 '책임있는 주권'의 원칙에 반영되어 있다. 따라서 인도적 개입은 규칙에 기반한 글로벌질서의 발전에 기여한다.

아 니 다

국제법 위반. 국제법은 정당방위의 경우에만 개입을 인정한다. 이는 국가주권 존중이 국제질서 유지를 위한, 비록 불완전할지라도 가장 확실한 수단이라는 가정에 기초한다. 인도적 목적의 개입이 허용되면, 국제법이 혼란스럽게 되고 세계질서를 유지하는 기존의 규칙이 약화된다.

국익의 지배. 현실주의자들이 주장하는 바와 같이, 국가의 행위는 국익에 대한 관심에 의하여 동기화되고, 인도적인 고려에 의하여 군사행동이 동기화된다는 주장은 정치적 허구이다. 반면, 만약 개입이 순수하게 인도적이라면, 개입하는 국가는 국익을 훼손해 가면서 다른 나라 사람들을 구하기 위하여 자국의 국민들을 위험에 빠지게 할 수도 있을 것이다.

이중적 기준. 개입이 배제되거나 고려되지 않는 인도적 위기가 발생하는 사례들이 많다. 이는 국익이 관련되어 있지 않거나, 미디어에서 다루지 않거나, 개입이 정치적으로 불가능(예를 들어, 체첸과 티베트)한 경우이다. 이는 정치적이고 도덕적인 개념에서 인도적 개입을 절망적으로 혼란스럽게 한다.

단순화한 정치. 개입은 정치 갈등의 '선과 악'이라는 단순한 이미지에 기초한다. 이는 때때로 왜곡의 결과(예를 들어, 잔인성의 과장)이기도 하고, 모든 국제적 갈등에 나타나는 도덕적 복잡성을 무시한 결과이기도 하다. 실제로 인도적 위기를 단순화하는 경향은 '임무표류(mission drift)'의 경향을 낳게 하고, 잘못된 개입을 초래한다.

도덕적 다원주의. 인도적 개입은 문화적 제국주의로 인식된다. 이는 세계의 다른 지역에는 적용이 안 될 수도 있는 서양의 인권관념에 기초하고 있다. 따라서 역사적, 문화적, 종교적인 차이는 정부의 행위에 대한 보편적인 지침의 설정이 불가능하게 하고, 개입을 위한 '정당한 이유'를 수립하는 임무의 달성을 어렵게 한다.

대응 투쟁을 해야 했다 (아프가니스탄과 이라크). 가장 심각한 문제는 군사적 개입이나 '자유전쟁'이 득보다 실이 많을 수도 있다는 점에서 현실주의자들이 말하는 '의도하지 않은 결과'를 초래할 수도 있다는 것이다. 오래된 독재자를 해외점령군이 대체하면 긴장이 고조되고, 민간인들이 지속적으로 전쟁상태에 놓이게 된다. 만약 내전이 정부권위의 붕괴를 위한 시민들의 투쟁이라면, 외국의 개입은 사태를 호전시키기보다는 악화시킨다. 따라서 정치적 안정, 민주적 거버넌스, 인권존중은 바람직한 목표일지 몰라도, 외부자들이 그러한 것들을 강요하고 집행하는 것은 거의 불가능하다. 다르푸르, 버마, 짐바브웨, 시리아의 공포를 경감시킬 방법은 거의 없다. 이러한 측면에서, 인도적 개입은 적어도 장기적인 관점에서 추진되어야 하고, 인도적 비상상태와 "무언가 해야 한다"는 대중들의 압력에 대하여 자동적인 대응을 보이는 것은 바람직하지 않다. 많은 인도적 개입이 실패하였는데, 그 이유는 재건을 위한 부적절한 계획과 재건설을 하는 데 필요한 자원의 불충분한 공급 때문이었다. 따라서 R2P 원칙은 '보호의 책임'과 더불어 '예방의 책임'과 '재건의 책임'도 강조하고 있다. 따라서 인도적 문제에 대한 장기적인 발전은 평화건설(p. 486 참조)과 국가건설을 달성하려는 노력과 연결되어 있다. 이에 대해서는 제19장에서 구체적으로 논의된다.

요약

- 인권은 보편적이고 근본적이며 불가분적이며 절대적이다. 그러나 시민권과 정치권, 경제, 사회, 문화적 권리, 그리고 연대권 등의 구분이 있다. 인권은 국가정부가 외국의 국내문제에 대한 의무가 있다는 점을 의미하고, 정의는 세계주의적인 성격을 가진다는 점을 나타내준다.
- 인권은 인권 관련 국제 선언들을 준수하는 체제에 의하여 보호되며, 이는 유엔 기구들, 인권 NGO들, 그리고 인권을 발전시키려 노력을 하는 국가들의 지원을 받는다. 그러나 국가들은 인권을 침해하는 당사자들이기도 하며, 인권과 국가권리 사이에 긴장이 조성되기도 한다.
- 1970년대 이후 인권을 지지하는 보편주의적 가설은 점차 압력을 받게 되었다. 공동체주의자들과 포스트모던주의자들은 인권이 철학적으로 불합리한 것이라고 주장하는데, 그 이유는 도덕이 언제나 상대적인 것이기 때문이라고 한다. 탈식민주의 이론가들은 인권에 대한 광범위한 관점을 수용하지만, 때때로 인권의 관념을 서양의 문화제국주의로 인식한다.
- 인도적 개입은 전략적 목적보다는 인도적 목적을 추구하기 위하여 수행되는 군사개입이다. 1990년대에 인도적 개입이 자주 발생했는데, 그 이유는 '신세계질서'에 대한 전망과 미국의 패권에 연계된 자유주의적 기대 때문이었다. 그러나 미국이 아프가니스탄과 이라크에 군사적 개입을 한 이후 인도적 개입에 대한 우려가 증폭되었다.
- R2P는 인도적 개입의 조건을 열거하였는데, 이는 인종청소에 의한 대규모의 인명손실이 예상되면서, 해당 국가가 대응할 의사 또는 능력이 없는 상황이다. 이러한 생각은 주권에 대한 재정의, 특히 '책임있는 주권'의 정의를 기초로 하고 있다.

- 인도적 개입은 인명손실과 인류의 고통이라는 측면에서 비용보다 편익이 클 때 효력이 발생한다. 이러한 계산을 객관적인 측면에서 하기는 어렵지만, 성공적인 개입도 있다. 그러나 일부 개입들은 좋은 결과보다는 해가 되는 경우가 있는데, 그 이유는 경제적이고 정치적으로 당면한 문제들이 난해한 성격을 가지기 때문이다.

토의주제 ?

- 인권은 다른 종류의 권리와 어떻게 다른가?
- 경제와 사회적 권리는 진정한 인권인가?
- 원주민 권리에 대한 주요 위협은 무엇인가?
- 인권을 보호하는 데 있어서 NGO는 얼마나 효과적인가?
- 국가의 권리와 인권 사이의 긴장은 해결하기 어려운가?
- 인권은 서양의 문화 제국주의에 불과한 것인가?
- 왜 1990년대에 인도적 개입이 많이 증가하였는가?
- 군사개입은 진정으로 '인도적'인가?
- 인도적 개입은 국가주권의 규범과 조화될 수 있는가?
- 인도적 개입은 단순히 글로벌권력의 불균형만 심화시키는가?

추가 읽을거리

Donnelly, J., *Universal Human Rights in Theory and Practice* (2003). 탈냉전의 주요 이슈에 비추어 인권의 중요성을 고려한 광범위한 분석.

Dunne, T. and N. J. Wheeler (eds), *Human Rights in Global Politics* (1999). 보편적인 인권에 대한 관념의 철학적 기초와 정치적 함의를 탐구하는 훌륭한 에세이 모음집.

Hehir, A., *Humanitarian Intervention: An Introduction* (2009). 인도적 개입의 역사, 이론, 실천에 대한 통찰력있고 포괄적인 개관.

Sabaratnam, M., *Decolonising Intervention* (2017). 모잠비크의 사례 연구를 통한 비군사적 '국가건설' 개입에 대한 분석.

Weiss, T. G., *Humanitarian Intervention: Ideas in Action* (2007). R2P의 '제한적' 범주를 방어하는 인도적 개입 이슈에 대한 폭 넓은 설명.

14

국제법

출처: *no_limit_pictures/Getty Images*

개요

국제법은 논란의 여지가 있는 현상이다. 법은 보통 군주, 독재자, 또는 민주적으로 임명된 입법부든 주권적 권력(sovereign power)에 의해 결정되는 강제적이고 집행 가능한 규칙이나 규범의 집합으로 이해된다. 그럼에도 불구하고 현실주의 국제관계 이론가들이 지적하기 위해 고심해 온 바와 같이, 법적이든 다른 방식이든 규칙을 집행할 수 있는 중심적인 주권적 권위체는 국제정치에 존재하지 않는다. 따라서 일부는 국제법이라는 개념 자체를 무의미하다고 일축한다. 그러나 국제법은 실질적이고 중요한 의미를 가지고 있다. 예를 들어, 14장에서 설명한 바와 같이 오늘날 강대국들이 전쟁을 할 때, 그들은 거의 항상 인도적 개입과 관련된 국제법을 참조하여 무력충돌을 추구한 데 대한 정당성을 주장한다. 다른 이슈들, 예를 들어, 무역과 같은 외교적 메커니즘과 조약의 집합으로서의 국제법은 국가와 비국가 행위자들에게 제약하거나 허용하는 행동의 틀을 구성하여 제시할 수 있다. 그러면 국제법의 본질은 무엇이며, 그것은 어디에서 비롯된 것일까? 또한, 국제법이 관습적인 의미에서 집행 가능한 경우가 거의 없다면, 왜 국가들은 그것을 준수하는가? 20세기 초 이후 국제법이 점차로 중요해지면서 범위, 목적과 작동 측면에서 변화하고 있다. 특히 단순히 국가들 사이의 관계를 결정하는 '국제(international)'법에서, 개인, 집단과 사조직도 국제법의 대상으로 인정하는 '세계(world)' 또는 '초국가적(supranational)'법으로 전환되고 있다. 국제법은 인도적 기준 설정, 특히 소위 '전쟁법규'와 관련하여 논쟁의 대상이 되고 있다. 냉전종식 이후 국제법은 정치 및 군사지도자들로 하여금 인권위반에 대하여 국제형사재판소의 틀 내에서 개인적인 책임을 지도록 하는 시도가 이루어지고 있다. '국제'법은 어느 정도로 '세계'법으로 전환이 이루어지고 있는가? 전쟁법규는 어떻게 국제인도법(international humanitarian law)으로 발전하였는가? 그리고 국제형사재판소는 질서와 글로벌 정의를 확립하는 효과적인 방법이라는 점이 입증되었는가?

핵심이슈

- 국제법은 국내법과 어떻게 다른가?
- 국제법의 원천은 무엇인가?
- 왜 국제법은 준수되는가?
- 최근 들어서 국제법은 왜 그리고 어떻게 변화하였는가?
- 개인이 국제인도법 위반에 대하여 책임을 진다는 의미는 무엇인가?

국제법의 본질

법이란 무엇인가?

법은 거의 모든 현대 사회에서 발견되며, 보통 '법의 지배'는 민주적인 여부에 상관없이 성공적인 국가의 근본적인 기반으로 간주된다. 그러면 무엇이 법을 다른 사회규칙과 구분시키고, 법은 국제, 심지어는 글로벌 차원에서 어떠한 점에 기초하여 작동되는가? 정말로 '국제법'과 같은 것이 있는가? 국내법의 경우 특징적 성격을 식별하는 것이 비교적 쉽다. 첫째, 법은 주권적 권위체에 의하여 만들어지며, 따라서 사회 전체에 적용된다. 법은 국가의 의지를 반영하고, 따라서 모든 다른 규범과 사회적 규칙에 앞선다. 국내법은 특정 정치사회에서 보편적인 사법적 권한을 가진다. 둘째, 법은 의무적으로 준수되어야 한다. 국민은 어떠한 법을 준수하고 어떠한 법은 무시할지 선택하도록 허용되지 않는다. 왜냐하면 법은 강제와 처벌체계에 의하여 뒷받침되고 있기 때문이다. 셋째, 법은 성문화되고 공표되며 승인된 규칙으로 구성되기 때문에 '공적' 성격을 가진다. 법은 공식적이고 공적인 입법과정을 통하여 제정된다. 더욱이 법을 지키지 않았기 때문에 언도된 처벌은 이해될 수 있어야 하고, 법의 지배의 부재는 '임의적인' 체포, 구금 및 처벌이 자주 발생하는 상황을 의미한다. 넷째, 특정 법은 정의롭지 않고 불공평하다고 간주되기도 하지만, 법은 적용되는 사람들에게는 항상 구속력을 갖는 것으로 인식이 된다. 따라서 법은 집행 가능한 명령 이상의 것이며, 법은 규범적이고 도덕적 주장을 구체화하기 때문에 법규칙은 준수되어야 한다.

'국제법'의 개념은 19세기가 되어서야 사용되기 시작했지만, 국제법의 개념은 훨씬 오래되었고, 적어도 고대 로마시대까지 거슬러 올라갈 수 있다. 제도로서의 국제법의 기원은 16세기와 17세기 유럽에 자리 잡았고, 새로 등장하는 국가체제의 규칙들을 제정하는 과정에서 체결된 여러 조약들이 국제공법의 기초가 되었다. 이 조약들은 아래와 같다.

국제법의 아이디어와 이론은 그로티우스(Hugo Grotius)의 저술을 통하여 시

개 념

국제법

국제법은 국가와 국제행위자들을 지배하는 법이다. 국제법에는 공(公)법과 사(私)법의 두 가지가 존재한다. 국제사법은 개인, 기업, 기타 비국가 행위자들이 수행한 국제행위를 규제한다. 따라서 국제사법은 국내법체계와 중첩되는 부분이 있고, 이를 '법의 충돌'이라고 한다. 국제공법은 법적 '인격체'라 할 수 있는 국가에 적용된다. 따라서 국제공법은 정부와 정부의 관계와 더불어 국가와 국제기구 또는 기타 행위자 사이의 관계를 다룬다. 국제법은 국제입법기구와 집행체계가 없다는 점에서 국내법과 차이가 있다.

15

제도(Institution): 국제기구의 물리적인 성격을 갖지 않고, 행위와 기대를 형성하는 규범, 규칙과 실천의 체제다.

주요 연표 ¦ 국제 공법의 기초

1555	아우구스부르크평화조약 (Peace of Augsburg)	신성 로마제국으로부터 게르만 공국들의 독립을 재확인하고, 그들이 자신들의 종교를 선택할 수 있도록 허용한 일련의 조약들.
1648	베스트팔렌평화조약 (Peace of Westphalia)	오스나브뤼크조약과 뮌스터조약으로 구성되어 있고, 국가주권의 원칙과 군주가 상설군대를 유지하고 요새를 건설하며 세금을 부과할 권리에 기초한 중부유럽의 새로운 정치질서를 설계.
1713	위트레흐트조약 (Treaties of Utrecht)	주권적 권위체를 고정된 영토 경계에 연결함으로써 주권의 원칙을 공고히 한 위트레흐트 평화를 확립.

자연법(Natural law): 인간의 법들이 따라야 하는 도덕체계이고, 자연법은 자연, 이성, 신으로부터 도출되는 보편적 행위 기준을 규정.

실정법(Positive law): 도덕적 내용과 상관없이 집행이 요구되는 명령체계.

작되었다. 초기의 이론화 작업은 정당한 전쟁(p. 302 참조)의 조건에 초점을 맞추었다. 법이 발전하면서, 도덕과 관련하여 두 가지 다른 법의 특징이 등장하였다. 법이 도덕체계에 뿌리를 두어야 한다고 주장하는 사상가들은 자연법이론에 동의한다. 자연법 개념의 중심 명제는 법은 이전의 윤리적 기준을 따라야 한다는 아이디어이고, 법의 목적은 도덕을 강요하는 것이다. 따라서 아퀴나스(Thomas Aquinas) 같은 중세 사상가들은 인간의 법이 도덕적 기초를 당연히 보유한다고 주장한다. 아퀴나스에 따르면, 자연법은 신이 부여한 자연적 이성을 통하여 사회에 침투되고, 이 땅에서 우리가 좋은 생활을 할 수 있도록 인도한다. 그러나 이러한 관점은 19세기 이후 '실정법의 과학(science of positive law)'을 통하여 공격을 받게 되었다.

실정법의 아이디어는 법에 대한 이해를 도덕적, 종교적, 신화적인 가설에서 벗어나도록 하는 것이다. 이는 홉스(Thomas Hobbes, p. 17 참조)의 법명령이론(command theory of law)에 기초하고 있다. 19세기까지 이러한 사고는 '법실증주의'이론으로 발전하였고, 법의 특징은 상위의 도덕적 또는 종교적 원칙을 따

주요 인물

휴고 그로티우스(Hugo Grotius, 1583-1645)

출처: *Imagno/Getty Images*

네덜란드의 법률가, 철학자이면서 작가. 전문 법률가 집안에서 태어난 그로티우스는 외교관과 정치 자문관이 되었고 다수의 정치관련 직책을 맡았다. *On the Law of War and Peace* (1625)에서 그로티우스는 국제법에 대한 세속적인 기초를 발전시켰고, 국제법은 신학에 바탕하지 않고 이성에 바탕한다고 주장했다. 이는 대체로 자연권에 기초한 정당한 전쟁론 구축에 의하여 달성되었다. 그로티우스는 정당한 전쟁에 대해 (1) 자기방어, (2) 권리의 집행, (3) 상해에 대한 보상 추구, (4) 잘못을 저지른 사람에 대한 처벌이라는 네 가지 요건을 제시하였다. 국가가 정치적 목적으로 전쟁을 시작하는 권리를 제한하기 위하여, 그로티우스는 국제공동체의 공동목적을 강조했고, 신 그로티우스 영국학파에 의하여 발전된 것과 같은 국제사회의 개념을 정립하는 데 도움을 주었다.

라야 하는 것이 아니라 정치적 우월자인 '주권자 또는 기구'에 의하여 만들어지고 집행된다는 점으로 설명되었다. 이는 법이 준수되기 때문에 법이라는 믿음으로 요약된다.

그럼에도 불구하고 초기부터 국제법은 몇 가지 중요한 측면에서 국내법과 다르다는 점이 입증되었다. 가장 중요한 점은 국제법이 국내법과 같은 방식으로 집행될 수 없다는 점이다. 예를 들어, 국제법을 제정할 최고입법기구 또는 정부가 존재하지 않고, 국가들이 법적 의무를 준수하도록 하는 국제경찰력도 없다. 국내법과 가장 근접할 수 있었던 계기는 1945년 유엔을 설립하면서 이루어졌다. 적어도 이론적으로 유엔은 일정 수준의 초국가적 권력을 부여받았고, 국제사법재판소(ICJ)라는 재판조직도 구비하였다. 그러나 ICJ는 집행권이 없으며, 군사와 경제제재를 취할 수 있는 안보리의 결의안은 기술적으로는 모든 회원국을 구속할 수 있지만, 결의안을 준수하도록 강요할 수 있는 독립적인 제도적 장치는 갖고 있지 못하다. 따라서 국제법은 '경성'법이 아니라 '연성'법이다. 반면, 국제법을 준수하는 수준, 특히 국제사법의 준수는 국내적 기준이 있는데도 불구하고 상당히 높은 편이다. 이는 종종 국제법의 역설로 불리는데, 그 이유는 전통적인 강제 준수 메커니즘이 없는데도 불구하고 국제법체계는 효과적으로 작동되기 때문이다. 그로티우스는, 국제법 집행은 국가 사이의 결속, 또는 잠재적 결속에 기초하고 있다는 주장을 하였다.

이러한 의미에서 보면 국제법에 대해서 매우 많은 의구심이 제기된다. 예를 들어, 만약 조약과 유엔 결의안들이 집행되지 않는다면, 그들은 법이 아니라 도덕적 원칙과 이상들을 모아놓은 것이라고 간주된다. 19세기에 법실증주의의 등장으로 자연법이론이 흥미를 끌지 못했지만, 20세기에 들어서 새로운 관심을 끌기 시작하였다. 이는 나치와 스탈린의 테러 뒤에 법이라는 가면을 씌워 놓은 불편한 진실 때문에 시작되었다. 국가법에 의한 판단보다 상위의 도덕적 가치가 우선시되어야 한다는 기대는 뉘른베르크전범재판(1945–9)과 도쿄전범재판(1946–8)에 의하여 추구되었다. 이는 자연법의 관점과 관련하여 이루어질 수 있었는데, 현대적인 언어로 인권으로 탈바꿈하였다. 실제로 현재 국내법과 국제법 모두가 인권선언에 제시된 상위의 도덕적 원칙을 따라야 한다는 점이 수용되고 있다. 국제법에 있어서 이는 국제인도법의 확산에 반영되어 있으며, 이 장의 끝 부분에서 논의된다.

연성법(Soft law): 구속력이 없고 강제할 수 없는 법이며 도덕적 의무만을 부과하는 준법적 수단.

경성법(Hard law): 집행이 가능하고 구속력 있는 의무를 부과하는 법.

국제인도법(International humanitarian law): 때로는 전쟁의 법칙으로 식별되는 국제법체계이고, 분쟁 상황에서 전투원과 비전투원 모두를 보호하도록 추구한다.

국제법의 원천

국제법은 어디에서 유래하는가? 위의 아퀴나스, 그로티우스, 홉스에 대한 언급이 시사하듯이, 오늘날 세계적으로 통용되는 국제법의 개념, 관행, 제도가 서양과 유럽의 '강대국'들에 의해 만들어지고 대중화되었다는 점을 인식하는 것이 먼저 중요하다. 이는 탈식민주의자들로 하여금 국제법의 전체 체계를 '유럽 중심주의'나

15

조약(Treaty): 국제법상 구속력이 있는 것으로 간주되는 둘 이상의 국가 간의 공식적인 협정.

동의(Consent): 따르거나 허용하는 것. 구속력 있는 의무 또는 상위 권위체를 따르겠다고 합의하는 것.

계약은 지켜져야 한다(*Pacta sunt servanda*): (라틴어) 조약은 모든 당사자에게 구속력 있고 신의를 바탕으로 집행되어야 한다는 원칙.

사정변경의 원칙(*Rebus sic stantibus*): (라틴어) 근본적인 상황변화가 발생하여 국가가 조약에 의한 의무를 중단시킬 수 있다는 교리.

관습(Custom): 오랫동안 지켜져 왔고 수용되어왔기 때문에 법과 같은 효력을 가지게 된 관행.

서방의 규범적 작품일 뿐만 아니라, 실제로 이전 식민지 개척자들이 도덕적 정당성의 허울을 가지고 과거 식민지에 대한 권력과 통제를 계속 행사하도록 허용하는 기능을 하는 것이라는 비판을 하도록 한다.

국제사법재판소 규정에 의해 정의된 바와 같이, 국제법에는 다음과 같은 네 가지 출처가 있다.

- 일반적이든 특정적이든, 대립하는 국가들이 명시적으로 인정하는 규칙을 제정하는 국제협약들.
- 일반적인 관행이 법으로 수용되는 국제관습.
- 문명국에서 인정된 법의 일반 원칙들.
- 다양한 국가의 최고 수준의 법학자들의 사법적 결정과 가르침들.

국제협약의 가장 공통된 형식과 국제법의 가장 중요한 원천은 **조약**이며, 조약은 국가들이 특정행위에 관여하거나 자제하겠다고 합의하는 공식적이고 기록된 문서로 구성된다. 조약은 양자적이거나 다자적일 수 있다. 양자조약은 전략무기감축협정(START)과 같이 두 국가가 맺는 조약이다. START를 통하여 미국과 러시아가 핵무기 비축량을 줄이기로 합의하였다. 그러나 대개의 조약들은 세 국가 또는 그 이상이 체결하는 다자조약이다. 일부 다자조약은 1968년의 핵확산금지조약(NPT)과 같이 특정분야에 대한 조약이고, 다른 조약은 유엔헌장과 같이 광범위하고 포괄적이다. 조약은 두 가지 점에서 국제법의 독특한 형식이다. 첫째, 유엔헌장을 제외하고 조약은 법이 모든 정치공동체 구성원들에게 자동적이고 조건 없이 적용되어야 한다는 법의 원리를 위반한 것이다. 조약은 체결 당사국에게만 적용이 되지만, NPT와 같은 조약은 국가들에게 관습적인 의무감을 부여하기 때문에 체결하지 않은 국가도 준수해야 한다. 둘째, 조약에 의하여 발생하는 법적 의무는 분명하게 **동의**에 근거하고 있으며, 국가들은 자유롭고 자발적으로 조약에 가입할 수 있다. 조약이 체결되고 비준되면 준수되어야 하는데, 이는 "**계약은 지켜져야 한다**(pacta sunt servanda)"는 원칙에 표현되어 있다. 그러나 이러한 동의는 조건부일 수도 있다. 일부 국가들은 조약을 체결할 당시에 비하여 상황이 바뀌었기 때문에 조약의 내용을 준수하지 않는 경우가 있다. 이 경우 **사정변경의 원칙**(rebus sic stantibus)이 발생한다. 조약과 협약은 계약적 성격 때문에 실정법에 분명하게 포함되며, 국제법의 경우는 신의 계시나 도덕적 명령이 아니라 주권국가들의 협상 결과이다.

국제적 **관습**, 또는 국제관습법은 국제법의 두 번째로 중요한 원천이다. 20세기에 조약이 급속도로 확산되기 이전까지 국제법의 가장 중요한 원천이었다. 국제관습법은 국가들의 실질적인 활동으로부터 도출된다. 세월이 흐르면서 국가들의 공통적으로 잘 정착된 방향으로의 실행은 법적인 구속력을 갖게 되었다. 따라서 관습적 의무는 국가들이 과거에 수용된 방식으로 활동을 할 것이라는 기대로부터 나온다. 조약과 달리 관습법은 명시적인 동의를 필요로 하지 않고, 동의는 국가들의 행동에 의하여 나타난다. 반면 조약과 달리 국제관습법은 뿌리 깊은 규범과 도덕적 원칙을 토대로 할 때 보편적인 법리를 가지며, 이는 자연법 전통과 밀접한 관련을 갖는다. 관습법의 사례는 외교가 어떻게 수행되어야 하는가에 대한 많은 법들을 포함하며, 이는 오랫동안 관련국들의 상호 편의성에 의하여 형성된 행위 규칙으로 발전되었다. 여기에는 외국의 **외교관 면책특권**의 부여가 포함된다.

외교관 면책특권(Diplomatic immunity): 신임장을 받은 외교관이 외국에서 누릴 수 있는 권리와 면제의 집합이며, 범죄혐의에 대한 구속이나 재판을 받지 않는 권리, 여행과 통신의 특권 등을 포함한다.

관습법의 약점은 공식적이고 기록된 합의가 아니라 관행에 기초하고 있기 때문에 정의하기 어렵고, 언제 어떻게 공통적인 관행이 법적 힘을 가지게 될지 결정하기 어렵다는 점이다. 이러한 이유 때문에 관습을 조약이나 협약으로 전환시키는 경향이 점차 많이 나타나고 있다. 외교와 영사관계에 대한 비엔나협약(Vienna Conventions on Diplomatic and Consular Relations, 1961, 1963)은 외교수행과 관련된 많은 규범들이 성문법의 위상을 갖도록 하였고, 1926년의 노예철폐협약(Slavery Convention)은 노예와 노예매매를 금지해 온 오랜 기간의 관습을 공식적으로 인정받게 하였다. 그러나 관습법이 깊게 내재된 도덕적 이해를 반영한다는 점에서 조약에 기반한 법보다 강력한 효과를 가질 수도 있다. 예를 들어, 관습에 기초한 대량학살금지는 국가가 1948년의 제노사이드협약에 서명을 했는지의 여부에 관련 없이 적용되는 보편적인 도덕적 요구사항이다.

국제법 원천의 마지막 두 가지는 조약이나 관습보다는 덜 중요하다. 국가 사이에 공식적인 합의가 없거나 관습 또는 조약이 없는 경우, 모호한 '법의 일반원칙'과 '법이론'이 등장하게 된다. '법의 일반원칙'에 따르면, 국내법체계에서 범죄로 인정되는 행위가 국제적 맥락에서 발생하게 되더라도 범죄로 인정해야 한다. 다른 나라에 대해 침략하고 무력으로 병합하려는 시도는 조약의 의무를 위반하고 주권국들이 평화롭게 살아야 하는 관습적 기대를 무시하는 행위이지만, 또한 문명화된 행위의 원칙을 준수하지 않음에 따라 국제법을 위반하는 행위로 인식된다. 법의 학문적 측면에서, 가장 자격이 높고 존경받는 판사와 변호사의 서면변론의 총합이 앞의 세 가지 법의 원천(조약, 관습, 법의 일반원칙)으로 해결하지 못하는 국제법적 문제를 해결하는 방식이라고 국제사법재판소가 인정한다.

왜 국제법은 준수되는가?

국제법 아이디어를 무시하는 사람들은 법을 매우 엄한 명령으로 생각하는 사람들이다. 이는 법 집행이 법을 준수하도록 하는 유일한 믿을만한 수단이라는 의미이다. 그러나 만약 효율적인 법체계의 핵심적 특징이 준수하는 것이라면, 국내법 중에 완전히 준수된다고 평가를 받을 수 있는 법은 거의 없을 것이다. 강간, 절도,

 개 념

상호성

상호성(reciprocity)은 둘 또는 그 이상의 당사자들 중 각각의 행동이 타자의 행동과 동등하게 된다는 의미이다. 따라서 선(善)은 선으로 돌아오고, 악은 악으로 돌아오는데, 이 경우 상호 이득과 보상은 거의 평형을 이룬다. 긍정적 상호성("나의 등을 긁어주면 나도 네 등을 긁어 주겠다")은 중앙 집행권위체가 없음에도 어떻게 그리고 왜 국가들이 협력하는가를 설명하고, 이는 국제법 준수, 국제레짐 또는 다자주의(p. 503 참조)에 의하여 이루어진다. 부정적 상호성('눈에는 눈, 이에는 이')은 분쟁과 군비경쟁의 보복성(tit-for-tat) 가속화가 그 사례이다.

살인은 법적으로 금지되어 있는 데에도 불구하고 세계 모든 국가에서 계속적으로 발생하고 있다. 실제로, 법이 전혀 위반되지 않으면, 법이 만들어질 필요가 없다. 그렇다고 법을 준수하지 않는 폭이 넓다고 해서 법체계 기능의 문제로 보기도 어렵다. 모든 법체계에는 준수와 위반의 균형이 있고, 국제법도 예외는 아니다. 그러나 국제법에 있어서 괄목할만한 사실은, 위반 시 그 파장이 크고 널리 알려지지만, 준수되는 비율이 상당히 높다는 점이다 (Franck 1990). 현실주의의 대가인 모겐소(Hans Morgenthau 1948)는 "40년 동안 존재하면서 국제법은 대체로 견실하게 준수되어왔다"고 주장했다. 그러면 집행이나 처벌 기능이 없는데도 준수되는 수준이 높은 이유는 무엇인가? 국가들은 아래와 같은 내용을 포함하는 다양한 이유로 국제법을 준수하는 경향이 있다.

- 자기이익과 호혜
- 무질서에 대한 우려
- 소외에 대한 우려
- 응징에 대한 우려
- 국제규범의 식별

국가들이 국제법을 준수하는 주요 이유는 그렇게 하는 것이 그들에게 이익이기 때문이다. 이는 '공리적 준수(utilitarian compliance)'라고 불리는데, 그 이유는 국가들이 법을 준수하는 것이 장기적으로 이익을 가져다주고 해를 줄여준다고 생각하기 때문이다. 이득의 핵심은 '상호성'인데, 이 상호성은 국가 사이에 선의는 선의로 돌아오고 응징은 응징으로 돌아온다는 상호교환관계이다 (Keohane 1986). 예를 들어, 외교관 면책특권 때문에 외국의 외교관이 자국에 와서 비도덕적이거나 극악한 범죄를 저질러도 처벌을 받지 않는 데 대하여 불만을 가질 수 있지만, 이는 자국의 외교관이 외국에서 안전하고 자유롭게 살고 활동할 수 있도록 해주는 상호적인 것이라고 국가들은 받아들인다. 이와 유사하게, 국가들은 자유무역과 관세 및 비관세 장벽 철폐에 대한 세계무역기구(WTO, p. 556 참조)의 규칙들을 수용하는데, 그 이유는 다른 국가들이 상호적인 행위를 하면 자국에게도 도움이 되기 때문이다.

국가들이 국제법을 준수하는 두 번째 이유는 무질서보다 질서를 선호하기 때문이다. 이는 국제법이 일련의 공통된 이해를 창출할 수 있는 능력을 보유했다는 점을 의미하며, 이를 통하여 국가들은 '게임의 규칙'을 파악하게 된다. 국제법을 수립하고 공표하는 데 도움을 주는 규칙의 틀은 국가 사이의 관계에 있어서 불확실성과 혼란을 줄여주고, 그 결과 각국은 공유된 기대와 강화된 예측성의 이득을 볼 수 있다. 다시 말해서, 국가는 다른 국가가 어떻게 활동할지에 대하여 더 잘 감지하게 된다. 그러나 심층적인 차원을 보면 혼란과 무질서의 공포가 있다. 이는 부정적 상호성에 의하여 발생하는데, 초기의 아주 소규모의 국제법 위반이 국제질서와 안정에 해를 가할 수도 있는 일련의 보복을 가속화하는 결과를 초래할 수도 있다. 이러한 점은 방어적 현실주의자들에 의하여 강조되는데, 그들은 국제질서는 본질적으로 붕괴되기 쉽다고 믿지만, 국가의 주요 동기는 힘을 극대화시키는 것이 아니라 안보를 유지하는 것이라고 주장한다 (p. 278의 '공격적 또는 방어적 현실주의?' 참조)

보복(Reprisal): 잘못된 행위를 하는 사람을 응징하거나 상해에 대한 보상을 위하여 복수하는 행위이며, 보복은 비례성을 원칙으로 하여 전쟁으로 비화될 상황까지는 가지 않도록 한다.

셋째, 국가가 국제법을 준수하는 수준은 국가가 국제사회의 일원이 되는 핵심적인 결정요인이다. 따라서 국제법은 국가 사이의 문화적 결속과 사회통합을 달성하여 협력과 상호 지원을 이루어 내는 주요 제도들 중의 하나이다. 따라서 국제법 준수는 국가의 위상과 평판을 제고시키고, 더욱 강력한 '소프트' 파워를 제공하며, 국제공동체의 다른 국가들이 자국에 반대되지 않고 함께 하는 행동을 하도록 고무한다. 이러한 점은 가장 강력한 국가들에게도 영향을 미친다. 예를 들어, 2003년 미국과 연합국들이 이라크를 공격할 때, 코피 아난 유엔 사무총장 등이 국제법 위반이라는 비판을 하자, 미국은 국제법을 준수한다는 점을 보여야 할 압력을 받게 되었다. '테러와의 전쟁'에 대한 폭 넓은 지지를 받기 위하여 미국은 유엔 결의안의 틀 내에서 활동한다는 점을 강조하지 않을 수 없었다. 국제법을 자주 어기는 국가들은 고립의 위험에 빠지고, 국제적 부랑자로 취급받기도 하며, 때로는 외교적이고 경제적인 측면에서 높은 대가를 치르기도 한다. 예를 들어, 리비아는 테러와의 연계와 대량살상무기 개발 시도로 수십 년 동안 국제사회로부터 소외되었다. 이러한 소외는 리비아가 2003년 과거와의 단절을 모색하고 국제법을 준수하게 하였다.

넷째, 국제법은 통상적인 집행을 할 수는 없지만, 처벌의 두려움 때문에 국제법이 준수되는 경우가 있다. 이 경우의 처벌은 세계경찰력에 의해서가 아니라 국가들의 개별적 또는 집단적 행위에 의하여 이루어진다. 국제법은 기존의 규범과 원칙을 위반하는 국가에 대하여 다른 방법으로는 대응하기 어려울 경우에 취하는 보복행위를 인정한다. 유엔헌장 제51조는 다른 국가의 무력공격에 대하여 국가가 자위권을 소유할 수 있도록 규정하고 있다. 이에 따라 1967년 6월 이스라엘은 6일전쟁 초기에, 이집트와 시리아의 공격에 대한 보복이었다고 하며 이집트 공군을 궤멸시킨 것을 정당화하였다. 이와 유사하게, 1991년의 걸프전은 이라크가 쿠웨이트를 무력으로 병합하려는 시도에 대하여 수행된, 법적으로 위임받은 응징으로 인정되었다. 실제로 '신세계질서'의 특징들 중의 하나는 탈냉전 세계에서 군사적 모험주의에 대하여 집단안보의 차원에서 응징을 한다는 점이다.

마지막으로, 단기적이고 장기적인 자기이익이 될 것이라는 생각 때문에만 국제법이 존중된다고 가정하는 것은 잘못된 것이다. 대개의 경우, 국제법은 위반의 결과에 대한 계산 때문이 아니라 국제법이 옳은 것이고 도덕적으로 구속을 하는

분석적 접근

국제법

현실주의 견해

현실주의자들은 국제법과 그 가치에 대하여 회의적인 태도를 보이며, 국내법과 국제법의 차이점을 부각시키곤 한다. 국내법은 법을 제정하고 집행하는 책임을 가진 주권적 권위체의 존재에 의하여 생성되는데, 국제사회에는 중앙 정치적 권위체가 없기 때문에 소위 '국제법'이라고 불리는 것은 도덕적 원칙과 이상의 집합체에 불과하다. 홉스(Hobbes [1651] 1909)는 "공통권력이 없는 곳에 법도 없다"고 주장했다. 모겐소(Morgenthau)에 따르면, 국제법은 전근대 사회에서 수립된 행동규범과 유사한 원시법의 형태를 지녔다. 극단적 현실주의자들은 국제법 자체를 부정한다. 대개의 현실주의자들은 국제법이 국제체제에서 핵심적 역할을 한다는 데에 대해서는 동의하지만, 제한되어야 한다고 주장한다. 국제법은 국가들, 특히 힘이 있는 국가들이 국제무대에서의 주요 행위자라는 점에서 제한되는데, 이는 국제법이 대체로 국가이익을 반영하고, 그 틀 내에서 제한된다는 점을 의미한다. 현실주의자들은 국제법의 올바르고 정당한 목적은 국가주권의 원칙을 유지하는 것이라고 믿는다. 이러한 점에서 현실주의자들은 국제법이 '초국가'법 또는 '세계'법의 방향으로 발전하여, 글로벌 정의의 관념과 혼합되고 국가권리보다 개인권리를 보호하는 데 대해서 심각한 의문을 제기한다.

자유주의 견해

자유주의자들은 국제법의 역할과 중요성에 대하여 분명히 긍정적인 평가를 한다. 이는 인류에게는 권리가 부여되어 있고 이성에 의하여 인도된다는 믿음으로부터 시작된다. 국제정치적 영역은 도덕을 기반으로 한 영역이기 때문에, 핵심적 윤리원칙들이 국제법의 틀 내에 성문화되어야 한다. 이상주의자들에게 있어서, 국내정치와 마찬가지로 국제정치에서 무정부적인 무질서와 혼란을 해결하는 유일한 방법은 최고의 법적 권위체를 설치하고 국제적인 법의 지배를 확립하는 것이다. 예를 들어, '법을 통한 평화'의 독트린은 국제연맹의 설립과 1928년 켈로그-브리앙협정(Kellogg-Briand Pact)에 표현되었고, 이들은 전쟁을 금지하였다. 현대 자유주의자들, 특히 신자유주의자들은 그와 같은 이상주의를 포기하였지만, 그들은 국제정치에서 국제법이 중요하고 건설적인 역할을 한다고 계속 믿고 있다. 그들은 국제법 레짐들이 국가 지도자들을 구속하는 공통의 이익과 공통의 합리성을 반영한다고 생각한다. 국가들 사이의 합의를 권위적인 원칙들로 해석하고 상호의 신뢰를 강화함으로써 국제법은 상호의존을 심화시키고 협력을 촉진한다. 국제행위의 공식적 규칙들에 의하여 결속되는 상호의존의 성향은 기능주의 통합이론에 포함되고, 이는 제20장에서 논의된다.

구성주의와 후기 구조주의 견해

구성주의이론에서 정치적 실천이 규범과 인식에 의해 결정적으로 형성된다는 주장은 국제법에 구체화된 규범이 국가의 정체성과 국가가 추구하는 이익을 구조화하는 정도를 강조한다. 예를 들어, 위의 논리는 노예제, 외국 용병의 사용, 전쟁 포로에 대한 학대와 같은 한때 인정되었던 관행이 덜 일반화되는 등 국가행동이 시간이 지남에 따라 변화하는 이유와 방법을 설명하는 데 도움이 된다. 후기 구조주의의 영향을 받아, 비판적 법률연구(CLS: critical legal studies)는 법 언어가 다양하고 경쟁적인 의미를 가질 수 있다는 사실에 기초하여 본질적으로 불확정적인 국제법의 본질을 강조한다. CLS 접근법은 마르크스주의와 페미니즘 사상을 포함한 다양한 비판이론의 영향에 의해 형성된다.

마르크스주의 견해

마르크스주의자들은 국제법의 효과가 항상 있는 것은 아닐지라도 그 궤적과 목적에 회의적이다. 소설가이자 수필가인 미에일(China Miéille)은 소설 경력을 시작하기 전에 *Between Equal Rights: A Marxist Theory of International Law* (2005)를 출판했다. 미에일에 따르면, 국제법 학자들과 실천가들은 국제법이 본질적으로 긍정적이고 자비로운 현상이라는 가정에서 시작하는 경향이 있는 반면, 마르크스주의의 관점에서 국제법은 "오늘날 사회문제 중 최악의 상황에 연계되어 있으며, 근본적으로 개혁이 불가능하다"고 주장한다. CLS에 대해 유물론적 분석이 부족하다며 비판적인 미에일은 '강압적인 정치적 폭력인 제국주의'가 바로 국제법이 물질적 현실로 만들어지는 바로 그 방법이라고 제시한다.

페미니즘 견해

페미니스트들은 법적 '사람'(개인이든 국가든)이 남성적 규범에 기초하여 구성되기 때문에, 또는 국제법이 여성을 희생자로 이미지를 영속화하기 때문에 국제법이 가부장적 편견을 구현한다고 제안했다. 그럼에도 불구하고 일부 페미니스트들은 가부장적 폭력으로부터 여성을 더 안전하게 보호하기 위해 특정 영역에서 국제법을 다시 작성하려고 노력했다. 여성과 소녀를 대상으로 하는 성폭력은 시대를 거치면서 전쟁의 지속적인 특징이었고, 유엔 안보리가 여성에 대한 전쟁의 불균형한 영향을 인정한 여성, 평화, 안보에 관한 결의안 1325호(2000)와 강간과 성폭력이 '전쟁 범죄를 구성할 수 있다'고 결정한 결의안 1820호(2008)를 모두 채택하는 데에는 페미니스트 법학과 행동주의가 주효했다.

것이라고 생각되기 때문에 준수되는 것이다 (Buchanan 2007). 이는 국내법과 연관이 되는데, 대체로 국민들은 형사사법제도가 있기 때문에 절도, 신체공격, 살인 등을 자제하는 것이 아니라, 이 행위들이 혐오스럽고 비도덕적이기 때문에 하지 않는 것이다. 같은 논리가 국제법에도 적용되는데, 특히 노예제도, 기습공격, 대량학살의 금지와 같은 폭 넓은 대중적 지지를 받는 행위의 규범들을 국제법이 수용할 경우에 국제법이 준수된다. 인간이 이성적이고 도덕적인 생명체라고 믿는 자유주의자들은 현실주의자들보다 국제법을 준수하기 위한 도덕적 동기에 더 중점을 두는 경향이 있다. 그러나 많은 사람들은 그러한 문제에 대한 국가행위는 혼합된 동기에 의하여 형성되는데, 자기이익 및 처벌의 두려움과 연결된 실질적인 고려사항들이 다양한 윤리적 고려사항들과 뒤얽히게 된다고 주장한다. 구성주의자들은 국가이익과 국제영역에서 도덕적으로 옳은 것에 대한 감각이 모두 사회적으로 구성되는 정도를 강조하는데, 이것은 그들이 부분적으로 국제법 자체에 의해 형성된다는 것을 의미한다.

국제법의 변화

20세기 초 이후 국제법이 점차 부각되면서 정치적인 논쟁이 시작되었다. 국제법의 범위, 목적과 성격은 아래와 같은 다양한 방식으로 변화해 왔다.

- '국제'법에서 '세계' 또는 '초국가적'법으로의 전환
- 전쟁법에서 국제인도법으로의 발전
- 국제형사재판소의 광범위한 사용

주권평등(Sovereign equality): 다른 차이점과 관계없이 국가들이 국제법에 의하여 누리는 권리, 자격, 보호에 있어서 동등하다는 원칙이다.

초월적 사법(meta-juridical): 법보다 선행하거나 법위에 존재하는 것이며, 원칙(예를 들어, 정의)과 사회적 관행과 약속(예를 들어, 국제법, 국가, 국가체계)을 포함한다.

자결(Self-determination): 국가가 스스로 통치하는 실체여야 한다는 원칙이며, 국제체제하에서 주권적 독립과 자치권을 보유한다.

불개입(Non-intervention): 국가가 다른 국가의 내정에 간섭하지 말아야 하는 원칙이다.

법체계(Jurisprudence): 법의 과학이나 철학, 또는 법체계나 법구조이다.

헌법(Constitution): 정부의 다양한 기관들이 가지는 의무, 권력, 기능 등을 정의하는 성문 또는 불문 규칙들의 모음이며, 이들 사이의 관계 및 개인과 국가 사이의 관계를 정립한다.

국제법에서 세계법으로?

전통적으로 국제법은 확고하게 국가 중심이 되어 왔다. 이것이 바로 '국제'법으로 불리는 계기가 되었다. 국가를 지배하고, 국가 사이의 관계를 결정하며, 국제질서를 안정적으로 유지시키는 것이 주요 목적인 법이 되었다. 이러한 점에서 국가주권이 국제법의 근본적 원칙이다. 따라서 국가들은 순수하게 '수평'적 차원에서 서로 법적인 관계를 맺고, 주권평등의 원칙을 인정한다. 국가체계에서 상위의 권위를 보유한 세계정부와 국제공동체가 없고 조약과 협약에 의하여 결정된 국제의무는 완전히 국가의지의 표현이다.

이러한 고전적인 견해는 4개의 특징으로 해제될 수 있다. 첫째, 국가는 국제법의 '주체'이다. 실제로 이 견해에 따르면, 국가는 초월적 사법의 사실이다. 국제법은 단지 국가 설립의 결과를 인정할 뿐이지, 국가를 애초에 구성할 수는 없다. 1933년의 국가의 권리와 의무에 관한 몬테비데오협약은 국가가 세 가지 범주를 충족시킬 때 국제법 공동체에 포함될 수 있다고 승인하였다. 즉, 국가는 안정된 정부를 보유해야 하고, 영토를 관할해야 하고, 국민을 보유해야 한다. 둘째, 국가는 국제법의 주요 '행위자'이다. 다시 말해서, 국가는 국제법을 입안하고 제정하며 집행하는 권한을 부여받았다. 셋째, 국제법의 목적은 국가 사이의 관계를 규제하는 것이며, 이는 기본적인 주권원칙을 실질적으로 유지시키는 것을 의미한다. 주권은 국가 정통성의 개념을 정의할 뿐만 아니라 자결과 불개입의 규범을 포함한다. 마지막으로 국제법의 범위는 정의에 대한 이슈들보다는 질서에 대한 이슈들에 엄격하게 국한되어야 한다. 따라서 국제법은 평화와 안정을 유지하기 위하여 존재하고, 보다 광범위한 목적으로 사용하면 안 된다. 만약 인도적 이슈 또는 분배, 환경, 젠더 문제가 법의 틀 내에 편입되게 하려면, 이들은 국내법 차원에서 다루어져야 한다. 주권적 실체인 국가는 자체 사회 내의 고유한 가치, 문화, 전통의 관점에서 도덕적 문제들을 다룰 수 있다. 이러한 국제법의 고전적인 견해는 국제사법재판소의 역할과 권력에 의하여 예증된다.

그러나 국제법의 고전적 개념은 국제법을 세계의 헌법적 질서로 만들려는 시도에 의하여 도전을 받았다. 하버마스(Habermas 2006)는 이를 '국제법의 헌법화'로 표현하였다. 이러한 국제법에 대한 '헌법적' 개념의 접근은 시간이 지나면서 국제법체계에 대한 지배적인 주류 접근법이 되었다. 국제법이 국가들을 규칙과 규범의 틀 내에 편입되는 것을 목표로 한다는 점에서 헌법적이 되었는데, 그 틀은 보다 상위이며 구속적 권위체인 헌법이다. 이는 국가와 국제법 사이의 '수직적' 관계를 확립하고, 국제법을 '초국가'법 또는 '세계'법으로 전환시켰다(Corbett 1956). 제1차 세계대전에 대한 서양의 인식에 영향을 받아, 이러한 경향은 글로벌거버넌스체제(p. 496 참조)의 등장과 밀접하게 연관이 되었으며, 4가지의 주요 발전으로 이어졌다.

첫째, 개인, 단체, 민간기구들이 국제법의 주체로 점차 인정받고 있다. 즉, 국가는 더 이상 유일한 법적 '인격체'가 아니다. 특히 이는 개인의 권리에 대한 현대 국제법 내에서 명백하게 드러나는데, 그 결과 국제인권법의 확대와 '전쟁법규'의 범위 확대가 이루어졌다. 둘째, 비국가 행위자들이 국제법의 중요한 '행위자'가 되고 있다. 민간사회조직과 비정부기구(NGO)가 국제조약과 협약을 형성하고 초안을 작성하는 데 기여하고 있다. 2002년의 국제형사재판소(ICC)의 설립에 기초가 된 로마규정(Rome Statute)은 다수의 NGO에 의하여 초안이 작성되었다. 셋째, 국제법의 '목적'은 전쟁행위를 예방하고 규제하는 측면에서 국가 간 관계를 관리하는 시도를 훨씬 넘어 실질적으로 확장되었으며, 특히 자국 영토 내에서의 국가 행동을 규제하는 데에도 관여하게 되었다. 예를 들어, 국제무역 분야에서 가장 중요한 조직인 세계무역기구는 무역분쟁을 해결하는 과정에서 국가에게 관세 및 비관세 장벽을 철폐하도록 지시할 수 있는 실질적인 권한을 보유하고 있다. 마지막으로 국제법의 '범위'가 국제질서의 유지를 넘어서 확대되었으며, 현재는 적어도 글로벌 정의의 최소 기준 유지를 포함하고 있다. 여성의 권리, 환경보호, 난민대우에 대한 국제기준을 수립하는 시도를 하고 있을 뿐만 아니라 임시 국제재판소와 국제형사재판소의 사용을 통해 국제형법을 집행하려는 움직임을 보이고 있다.

국제법에 대한 경쟁되는 개념의 존재는 의견 불일치, 긴장, 혼란을 불러일으키고 있다. 의견 불일치는 대체로 현실주의자들을 한편으로 하고, 자유주의자들과 세계주의자들을 다른 한편으로 한다. 현실주의자들에게 있어서, '세계'법에 기초하여 세계의 헌법적 질서를 수립하려는 시도는 주권을 약화시키고 국제질서를 위험에 빠트리게 하는 위협이 된다 (Rabkin 2005). 이러한 견해에 따르면, 국제법이 국가주권에 대한 공약에 기초하는 것을 중단하면, 정통성도 중단된다. 자유주의자들과 세계주의자들은 구속받지 않는 국가주권에 대하여 항상 우려를 표하면서, 글로벌정치에 윤리적인 면을 부여하는 데 국제법을 활용하는 것을 원하고 있다 (Brown 2008). '세계'법이 존재한다면, 이것이 '국제'법을 포함하고 확대시킨다는 사실에 대하여 긴장과 혼란이 발생한다. 따라서 국제법은 국가주권의 기본적인 중요성을 지속적으로 인정하면서, 동시에 인권에 대한 관념과 인도적 기준의 필요성을 인정한다. 이러한 점에서 '국제적' 개념은 '세계적' 개념에 대한 정치적 우월성을 유지한다. 그러나 미래 국제법의 발전은 이러한 대립되는 규범과 원칙들에 의한 긴장이 어떻게, 그리고 얼마나 성공적으로 관리될 수 있는가에 달려 있다.

이는 인도적 개입의 합법성에 대한 이슈에 의하여 여실히 드러나고 있다. 인도적 개입을 다루는 국제법은 1990년대 초반 이후 현저하게 등장하였지만, 아직까지 이 법들이 의미하는 바에 대한 합의는 이루어지지 않고 있다. 표면적으로 어떠한 목적에서 이루어지든지 개입은 국제법 위반으로 판단된다. 유엔헌장 제2조는 "모든 회원국은 국제관계에 있어 다른 국가의 영토보전이나 정치적 독립에 대

글로벌 행위자 국제사법재판소

형태	설립	위치
국제재판소	1945년	네덜란드 헤이그

국제사법재판소(ICJ: International Court of Justice)는 유엔의 주요 사법조직이다. 1945년 6월 유엔헌장에 의하여 설립되어 1946년 4월에 활동을 시작하였다. ICJ의 역할은 국가가 제출한 법적 분쟁을 국제법에 의거하여 해결하고, 유엔 기구와 전문기구가 제시한 법적 문제에 대한 자문의견을 제공하는 것이다. ICJ는 유엔 총회와 안보리가 별도의 투표로 선출한 9년 임기의 재판관 15명으로 구성되어 있다. 이들 중 3분의 1은 3년마다 교체된다. 안보리의 상임이사국은 항상 1명의 재판관을 임명할 수 있으며, 만약 재판에 관련된 국가의 재판관이 없을 경우에는 임시 재판관을 임명할 수 있다. 재판장과 부재판장은 재판관들의 비밀투표에 의하여 3년마다 선출된다. 재판장은 재판소의 모든 회의를 주재하고, 재판소의 업무와 다양한 위원회의 업무를 지시하며, 양 측 투표가 동수일 경우 캐스팅 보트를 행사한다.

중요성: ICJ는 국제분쟁에 법치를 적용시키기 위한 가장 원대한 시도이다. 예를 들어, 영해수역, 어업권, 해저 대륙붕 측정 방법 등과 같은 이슈들에 대한 기준을 만들었다. 또한, 재판소는 국제분쟁들을 해결하는 데 괄목할만한 성과를 보였는데, 그들 중에는 1969년의 '축구전쟁'으로 불리는 엘살바도르와 온두라스의 국경분쟁, 그리고 석유가 풍부한 반도의 소유권 때문에 발생하여 2002년에 해결된 카메룬과 나이지리아의 무력분쟁이 포함된다. 이에 더하여 재판소는 많은 '자문의견'을 제시하여 분쟁 이후의 국제적 갈등을 해결하는 데 기여하였다.

그러나 ICJ는 다수의 심각한 결점을 지니고 있다. 첫째, 재판소의 사법 관할권은 엄격하게 국가로 제한되어 있다. 개인, 기업, NGO와 기타 비국가 조직들은 배제되어 있다. 이에 따라 재판소는 다양한 인권과 인도적 이슈들에 대한 문제들을 다루지 못한다. 결국 다른 재판소들(르완다와 구유고슬라비아를 위한 국제범죄재판, 그리고 국제형사재판소)이 설립되어야 했고, ICJ는 아무런 기여를 할 수 없었다. 둘째, ICJ의 가장 큰 결점은 강제관할권(compulsory jurisdiction)이 결여되어 있으며 판결을 집행할 메커니즘이 없다는 점이다. ICJ를 창설하는 조약에 서명한 국가들은 선택 조항에 서명함으로써 법원의 강제 관할권을 적용받기를 원하는지 여부를 선택할 수 있고, 단지 약 3분의 1의 국가만이 그렇게 하기로 동의했다. 게다가, 1984년 니카라과가 CIA에 의한 니카라과 항구의 채굴이 국제법에 위반되는지 여부를 ICJ에 결정해 달라고 요청했을 때 미국이 했던 것처럼, 국가들은 선택조항에 의해 행한 약속을 취소할 수 있다. 이론적으로 재판소는 판결사항을 집행하도록 안보리에 요구할 수 있으나, 이는 한 번도 발생하지 않았다. 마지막으로, 특히 초기에 재판소가 서방국가들의 이익에 따라서 활동한다는 비판을 개발도상국들로부터 많이 받았다. 그럼에도 불구하고, 미얀마의 로힝야 대학살 사건을 포함하여, 매년 ICJ에 제기되는 사건의 수는 냉전 종식 이후 두 배 이상 증가했다. 미얀마 내 무슬림 소수집단인 로힝야족이 ICJ에 직접 소송을 제기하지 못했지만, 7,000마일 떨어진 곳에 있는 무슬림 다수인 작은 국가 감비아는 2019년 ICJ가 감비아와 미얀마가 서명국인 대량학살 방지 및 처벌에 관한 협약을 판결할 수 있다는 이유로 소송을 법원에 제기했다.

하여 또는 유엔의 목적과 부합하지 않는 어떠한 기타 방식으로도 무력의 위협이나 무력사용을 자제해야 한다"고 선언하고 있다. 제7조는 "이 헌장의 어떠한 규정도 본질상 어떤 국가의 국내 관할권에 속하는 사항에 간섭할 권한을 유엔에 부여하지 않는다"고 선언하고 있다. 1965년에 채택된 총회 결의안 2131호는 이 문제를 더 분명하게 표현하고 있다. "어떠한 국가도 어떠한 이유에서건 다른 국가의 내부 또는 외부 문제에 직간접적으로 개입할 권리를 보유하고 있지 않다." 그러나 동시에 시민적, 정치적, 사회적, 경제적 권리의 보호를 확인하는 다양한 법적 제도들이 등장하였는데, 이는 주권의 원칙과 불개입 규범을 의문시하게 만드는 것이다. 여기에는 제노사이드협약과 1966년에 초안이 작성된 유엔의 인권에 관한 두 가지 규약이 포함된다. 인도적 개입을 정당화하면서 분명히 정의되고 법적으로 속박하는 조약은 존재하지 않지만, 이는 국제관습법의 형식으로 이해되고 있다.

전쟁법의 발전

'국제'법에서 '세계'법으로 전환한 가장 명확한 사례 중 하나는 전쟁법이 국제인도법으로 진화한 것이다. 산업화된 전쟁의 도래와 20세기 두 차례의 세계대전의 경험은 정당한 전쟁론의 두 측면에 대한 사고를 모두 변화시켰다. 정당한 전쟁의 의지와 관련하여 1945년 유엔헌장은 법적으로 정당한 전쟁의 범위를 상당히 좁혔다. 무력이 정당하게 사용될 수 있는 상황은 오직 두 가지, 즉 다른 국가의 물리적 공격을 받을 경우 국가가 무력을 사용할 자격이 있는 주권적 권리를 갖는 자위권(제51조)과 평화강제행위의 일환으로 유엔에 의한 무력 사용의 허가를 받은 경우(제42조)이다.

전쟁의 정당한 수행의 경우, 주요 발전은 전쟁범죄의 아이디어를 창출해 낸 것이었다. 그러나 전쟁범죄 처벌에 대해서는 새로운 것이 없다. 전시의 부당한 대우나 가혹행위에 대한 법적 조치의 사례는 고대 그리스까지 거슬러 올라간다. 1474년의 하겐바흐(Peter von Hagenbach) 재판은 최초의 전쟁범죄 재판이라 할 수 있다. 하겐바흐는 오스트리아에서 전쟁기간 잔혹행위를 했다는 이유로 신성로마제국의 임시재판 결과 참수형에 처해졌다. 전쟁범죄에 대한 현대적 사고는 1899년과 1907년 헤이그평화회의로부터 시작하였다. 이 회의는 국가가 군대를 사용할 수도 있는 분쟁을 해결하기 위한 상설중재재판소를 설치하였고, 전쟁의 잔악상을 줄이기 위한 일련의 협약도 성립시켰다. 현대 전쟁법규의 기초를 마련한 헤이그회의는 무엇보다도 풍선기구에서 투사체와 폭발물 발사, '덤덤탄'(명중하면 다른 탄보다 상처가 더 크게 나는 탄) 사용을 금지하고, 포로대우와 중립국의 권리와 관련된 규칙을 제정하였다. 뉘른베르크 원칙에 포함된 전쟁범죄는 민간인, 인질, 전쟁포로의 살해와 학대 문제를 포함하였다. 1949년에 체결된 4개의 제네바협약에 1977년 2개의 의정서, 2005년에 세 번째 의정서가 추가로 포함되었는데, 이들은 전쟁범죄에 대하여 가장 광범위하고 구체적인 법제화를 이루어냈고, 국제인도법을 위한 기초를 마련하였다. 그들이 명시한 전쟁범죄들은 아래와 같다.

전쟁범죄(War crime): 전쟁법규와 관습을 위반하는 행위로, 개인도 범죄에 대한 형사책임을 지도록 하였다.

반인도적 범죄(Crimes against humanity): 민간인에 대한 광범위하고 체계적으로 되풀이되는 공격의 일부분을 구성하는 국제적인 행위이다.

- 계획적 살해
- 생체실험을 포함한 고문과 비인간적 대우
- 계획적으로 신체 또는 건강에 심한 고통을 주거나 심각한 상해를 입히는 행위
- 민간인이나 전쟁포로에게 강제로 적대적 권력에 봉사하게 하는 것
- 민간인이나 전쟁포로로부터 공정한 재판의 기회를 박탈하는 것
- 인질 억류
- 불법적인 추방, 이송 또는 억류
- 군사적 필요성에 의하여 정당화되지 않는 무분별한 파괴와 재산 몰수

이 전쟁범죄 목록에 유엔 안보리의 여성, 평화 및 안보에 관한 결의 1820호가 중요하게 추가되었다. 2008년에 통과된 이 결의는 제네바협약과 같은 법적 지위를 갖지는 않지만, 그럼에도 불구하고 유엔이 위임하여 개입하는 근거로 작용할 수도 있는 것으로 강간과 성폭력이 '전쟁범죄, 인도에 반한 죄 또는 대량학살에 관한 구성적 행위를 성립할 수 있다'는 점을 인정하고 있다.

논쟁거리는 되고 있지만, 전쟁법의 가장 중요한 발전은 '반인도적 범죄'의 생각에 관심을 두게 된 것이다. 반인도적 범죄(이러한 용어는 사용되지 않았지만)에 대한 가장 최초의 관심은 노예매매를 철폐하기 위한 운동으로부터 시작되었다. 예를 들어, 1815년의 노예매매철폐선언은 노예매매를 '인류애와 보편적 도덕성 원칙'에 반하는 범죄라고 비난하였다. 그러한 행위들을 범죄로 인정한다는 생각은 '아르메니아 대량학살'로 알려진 범죄에 대하여 처음으로 적용되었는데, 이 사건은 1915년과 1917년 사이에 오스만제국에 거주하던 아르메니아, 그리스, 아시리아인들에 대한 일련의 대량학살 사건이었다. 러시아, 프랑스, 영국의 동맹체였던 3국협상(Triple Entente)은 대량학살을 '인류와 문명에 대한 범죄'로 규정하였다. 1945년의 뉘른베르크 헌장은 한 걸음 더 나아가 전쟁범죄와 반인도적 범죄를 공식적으로 구분하였고, 이것이 이후 국제법체계의 초석이 되었다. 전쟁범죄는 '전쟁법와 관습을 위반'하는 것이고, 반인도적 범죄는 아래와 같은 세 가지의 특징을 가진다.

- 민간인을 대상으로 하는 범죄
- 광범위하고 체계적이면서 되풀이되는 범죄
- 고의적으로 행하는 범죄

반인도적 범죄로 범주화될 수 있는 범죄를 법제화하는 가장 구체적이고 의욕적인 시도는 국제형사재판소를 설치한 1998년의 로마규정(Rome Statute)이었다. 이 규정은 살해, 몰살, 노예화, 추방, 고문, 강간 또는 성노예, 인종적 또는 다른 형식의 박해, 그리고 인종차별범죄에 초점을 맞추었다. 일반적인 개념에 있어

서 대량학살은 반인도적 범죄가 분명하지만, 제노사이드협약과 로마규정은 이 범죄를 별도의 범주를 만들어 취급했는데, 그것은 '범죄 중의 범죄'였다. 반인도적 범죄와 대량학살의 개념을 국제법에 포함시킨 장점은 전쟁범죄에 대한 고전적인 관념에 해당되지 않는 행위를 개인의 책임으로 확립하여 광범위한 잔혹행위의 이슈들을 처리할 수 있게 되었다는 점이다. 특히 반인도적 범죄의 개념은 도덕적 세계주의(moral cosmopolitanism)에 의하여 지지된다. 도덕적 세계주의는 인류에 대한 적절한 입장으로 존중, 보호, 구원을 포함한다. 그러나 일부 비판론자들은 이렇게 범죄에 대한 범주를 넓히는 것이 의미가 있는지 의문을 제기하고, 보편적인 도덕 원칙들에 대해서도 의구심을 보인다. 이러한 국제인도법에 대한 관심은 국제형사재판소의 설립을 통하여 전쟁범죄, 반인도적 범죄, 대량학살에 대한 개인의 책임을 강화함에 따라 더욱 민감한 성격을 가지게 되었다.

국제재판소와 국제형사재판소

국제재판소는 국제형사법의 위반이 발생한 것으로 여겨지는 사건들을 결정하기 위해 설치된 임시적인(또는 때로는 영구적인) 재판소로 정의될 수 있다. 역사적인 선례는 그러한 위반이 거의 항상 전쟁 문제와 관련되어 있다는 점을 보여주며, 이는 국제형사법의 가장 중요하고 오래 지속된 분야이다. 제2차 세계대전이 끝나고 뉘른베르크와 도쿄재판이 개최된 이후 냉전 동안 초강대국들이 동의하지 않아서 국제형사재판의 활용이 배제되었다. 그러한 사건이 생기면 국내법정에서 다루도록 하였다. 그러나 냉전이 끝나고 유엔 안보리의 교착상태가 완화되면서 국제재판이 다시 활성화될 수 있는 환경이 조성되었다. 구유고슬라비아에서의 대량학살과 인종청소에 대한 보고서들은 1993년 구유고슬라비아 국제형사재판소(ICTY: International Criminal Tribunal for the former Yugoslavia)가 네덜란드의 헤이그에 설치되는 데 기여하였다. 이는 뉘른베르크와 도쿄재판 이후 처음으로 개최된 국제재판이었다. 재판은 유고슬라비아 분쟁에서 발생한 반인도적 범죄, 전쟁법 위반, 대량학살 등을 다루었다 (제노사이드협약을 발동한 최초의 재판소였다). ICTY에 의하여 기소된 가장 책임있는 인물은 유고슬라비아 연방공화국의 전 지도자인 슬로보단 밀로셰비치였다. 밀로셰비치는 국제인도법에 의하여 소추된 첫 번째 국가지도자였다. 그는 2001년에 체포되었고, 다음 해부터 대량학살, 인류에 대한 범죄와 전쟁범죄에 대한 66가지의 기소조항에 대한 재판이 시작되었다. 그러나 2006년 밀로셰비치가 사망함에 따라 재판절차는 중단되었다. ICTY를 통해 유죄 판결을 받은 다른 유명한 인물들은 2017년 전쟁범죄, 반인도적 범죄, 그리고 대량학살로 종신형을 선고받은 보스니아 세르비아계 군 지도자 라트코 믈라디치를 포함했다. ICTY는 2017년 12월 31일에 폐막했다. 마지막으로 심리된 사건은 역사상 그 어떤 사건 못지않게 논란의 여지가 있었는데, 보스

15

니아 크로아티아 장군 슬로보단 프랄작이 믈라디치의 선고 일주일 만에 전쟁범죄와 반인도적 범죄에 대해 20년 형을 선고한 것에 대한 항소였다. 프랄작은 자신의 항소가 기각되었다는 판사의 진술을 들은 후 "슬로보단 프랄작은 전범이 아니다!"라고 발표한 후 작은 독극물병을 꺼내 마시고 법정에서 자살하였다.

1994년의 르완다 대량학살이 있은 후 유엔은 두 번째 국제재판을 승인하였다. 당시 르완다에서는 80만 명의 투치족과 온건한 후투족이 학살당하였다. 새로운 재판인 르완다 국제형사재판소(ICTR: International Criminal Tribunal for Rwanda)는 탄자니아의 아루샤에 위치하였고 첫 재판을 1997년에 개최하였다. 2012년 11월까지 74명의 피고에 대한 54건의 재판 판결이 이루어졌다. 이 재판들의 가장 획기적인 점은, 르완다의 전 수상인 장 캄반다가 대량학살로 유죄선고를 받은 첫 번째 국가원수라는 점이다. 그는 1998년에 기소되어 종신형 선고를 받았다. 10년에 걸친 시에라리온내전 동안 발생한 국제인도법 위반을 다루기 위해 유엔과 시에라리온정부가 합동으로 시에라리온 특별재판소를 2002년에 설치하였다. 이는 전쟁범죄로 라이베리아의 전 대통령인 찰스 테일러를 기소하고 유죄를 선고하는 것과 관련이 있었다. 2003년 유엔은 크메르루주의 생존한 지도자들을 재판에 회부하기로 캄보디아정부와 합의하였다. 크메르루주는 1970년대 후반에 4년 동안 공포정치로 지배하는 동안 100만 명 이상의 국민들을 살해하였다.

다른 경우의 형사재판소들은 국가 차원에서 설치되었다. 인도네시아가 지배하는 동안 자행된 인권침해를 조사하기 위하여 동티모르재판소가 2002년에 설치되었다. 2006년 이라크의 전쟁범죄재판소는 1982년 바그다드 북부 두자일에서 자행된 학살에 대한 후세인의 유죄를 인정하고 사형을 판결하였다. 1973–90년 칠레의 독재자였던 피노체트는 인권침해의 죄목으로 1998년 스페인 재판에 회부되었다. 그는 국제체포영장에 의하여 런던에서 체포되었으나, 그의 병이 너무 심해 재판을 받을 수 없다는 이유로 2000년에 석방되어 칠레로 돌아가도록 허용되었다.

이러한 다양한 재판소들, 특히 구유고슬라비아와 르완다에서 행해진 잔혹행위들을 조사하기 위해 추진된 재판소들은 국제형사법의 발전에 여러 가지 중요한 영향을 미쳤다. 첫째, 그들은 고위 정치인사들에 대한 상위급 재판을 통해 대규모 인권침해 사건들에 관심을 다시 불러일으켰다. 무엇보다도, 이는 전쟁범죄, 반인도적 범죄, 대량학살에 대한 개인의 죄를 확정하는 아이디어를 강화하였고, 대규모의 잔혹행위를 줄였으며, 지도자들은 자신들이 국제법보다 상위에 있는 것처럼 행동할 수 없다는 점을 인정하게 되었다. 둘째, 이전의 전쟁범죄 재판이 국가 사이의 맥락에서 이루어진 행위에 대해서만 다룬 반면, ICTY와 ICTR은 반인도적 범죄가 내전이나 심지어는 평화시에도 발생할 수 있다는 점을 인식함으로써 국제인도법의 적용 범위를 확대했다. 셋째, 유엔이 지원하는 임시재판 과정을 통해 국제인도법에 대한 범죄를 다루는 데 고비용, 저효율 측면이 나타났다. 예를 들어, ICTY와 ICTR이 재판을 시작하는 데 2년 이상이 걸렸고, 많은 재판이 수개월 진행되었으며, 일부는 몇 년간 계속되었다. 2000년 한 해 동안 이 재판들에 유엔 정기예산의 10퍼센트가 지출되었으며, 2009년까지 총 지출은 16억 달러에 달하였다. 이러한 이유로 임시재판을 상설제도로 전환하여 국제형사재판소(ICC: International Criminal Court)가 설립되었다.

1998년 160개국의 대표, 그리고 33개의 국제기구와 NGO연합이 ICC의 법령을 만들기 위해 로마에서 만났다. 로마규정은 ICC를 '최후 수단의 재판소'로 설립

초 점

미국: '불량국가'?

미국은 국제형사재판소(ICC)의 설립에 정식으로 서명하지 않았다. 클린턴 대통령은 2000년 임기 마지막 날 로마규정에 서명했지만, 규정에 근본적으로 결함이 있으므로 비준을 위해 로마규정을 미국 상원에 요청하지 않을 것이라고 말했다. 2002년 부시 행정부는 로마규정의 서명을 사실상 '무효화'하여 미국이 ICC 재판에 노출되는 기회를 줄이려 하였다. 이를 위하여 부시 행정부는 양자불인도협정(BIAs: Bilateral Immunity Agreements), 다른 말로는 '98조' 합의(ICC규약 98조)를 체결하여, 어떠한 당사국도 다른 국가의 국민을 ICC의 재판에 회부할 수 없도록 하였다. 100건 이상의 BIAs가 협상되었으나, 그들의 법적인 위상은 불분명하다. 오바마 행정부는 로마규정에 '재서명'하는 수준까지는 나아가지 않았지만, 법원에 더 적극적으로 참여하는 선택을 했다. 트럼프 행정부는 다자주의에 대한 혐오와 다양한 국제기관에 대한 적대감으로 인해 덜 건설적인 태도를 보였다. 2019년 3월 미국정부는 미군 또는 '이스라엘인을 포함한 동맹국 요원'에 의해 자행될 수 있는 전쟁범죄를 조사하는 과정에서 미국으로 여행하려는 ICC 직원들에 대한 비자발급 금지를 발표했다. 2021년 바이든 대통령의 민주당 행정부는 비자 금지를 해제했지만, ICC가 미군이나 이스라엘군을 조사하는 데 대한 반대를 재확인했다.

중요성: 전 세계에서 가장 많은 군사예산과 가장 많은 무력충돌에 연루된 군사적으로 최강국인 미국의 민주당과 공화당정부가 일관되게 ICC에의 가입을 거부하는 태도는 이 재판소에 주요 장애요인이 되고 있다. ICC는 국제법의 이익을 위해 행동한다고 주장하지만, 실제로는 아프리카 전쟁범죄 혐의자들을 기소하는 것으로만 간주되고, 가장 중요한 서방세력은 면제되고 있기 때문에 ICC는 심각한 '정당성 격차'를 지니고 있다. 자국 군대가 ICC의 재판을 받는 것을 거부하는 것은 미국이 국제법체계 측면에서 선도적인 국가라고 주장하는 데 있어서 주요한 문제점들을 나타낸다. 국제법을 제정하는 유엔, WTO, 그리고 다른 중요한 국제기관들이 설립되는 데 주도적인 역할을 했으며, 지도자들과 외교관들이 '불량 국가'들을 비난하면서 '규칙에 기반한' 세계질서의 중요성을 강조해 온 미국이 ICC에 가입하지 않는 것은 위선이라는 비난을 받을 여지를 남긴다. 최근의 전쟁들에서, 미군이 ICC에서 재판을 받을 수도 있는 범죄들을 저질렀다고 의심을 하거나 증명하는 국가들은 서명국이다. 휴먼라이츠워치를 포함한 비정부기구뿐만 아니라 아프가니스탄 시민들은 아프가니스탄의 20년 분쟁에서 CIA 요원들을 포함한 미군이 불법구금과 심문을 하면서 민간인들에 대한 과도한 무력사용, 심지어 살인을 하는 등 전쟁법을 어겼다고 주장한다. 그러한 사건들이 미국에 의해 다뤄질 때, 그것은 자체 조사의 형태로 끝난다. 예를 들어, 2021년 미국이 아프가니스탄에서 마지막 군대를 철수할 때, 10명의 민간인들을 사망에 이르게 한 드론 공격을 시작했는데, 10명 중 7명은 어린이들이었고 가장 어린 사망자는 두 살짜리 소녀였다. 이전의 많은 공격들과 마찬가지로, 사망자의 친지들이 미국이 민간인들을 살해했다고 비난했을 때, 국방부는 처음에 차에 타고 있던 '적어도' 한 명은 지역의 이슬람국가 전투원이라고 주장했다. 나중에 미국은 공습의 희생자들은 모두 민간인이었다는 사실을 인정했다. 사망자 성인 세 명 중 한 명인 아마드 나세르는 심지어 미군의 통역사로 일했다. 이어진 펜타곤의 조사에서 공격은 '솔직히 실수'였으나 '전쟁법을 포함한 법 위반은 없었다'는 결론을 내렸다. 비평가들은 국가가 자국의 군대를 지지하고 보호하려고 하는 것이 놀라운 일이 아닌데, 이것이 바로 ICC가 필요한 이유라고 지적했다. 2022년 초 바이든 행정부가 푸틴의 기소를 포함하여 우크라이나에서 러시아의 전쟁범죄 혐의에 대한 ICC의 잠재적인 조사를 강력하게 지지하게 되면서, ICC와 미국의 관계를 둘러싼 모순이 다시 불거졌다. 그러한 입장은 미국이 자신들을 위한 법, 다른 모든 사람들을 위한 다른 법을 원한다는 비난을 받도록 하고 있다.

하였는데, 각국의 국내 재판소들이 조사하고, 기소할 의사가 없거나 능력이 없을 경우 ICC가 재판권을 행사하도록 하였다. 2002년에 설립된 ICC는 대량학살, 반인도적 범죄, 전쟁범죄, 잠재적인 침략행위에 대해서 소추할 수 있는 광범위한 권한을 부여받았다 (침략행위에 대해서는 나중에 포함하도록 남겨 두었지만 포함될 가능성은 극히 희박하다). ICC는 국제사법재판소(ICJ)와 마찬가지로 네덜란드 헤이그에 위치하고 있지만, 유엔체제의 한 부분이 아니라 독립된 국제기구이다. ICC와 유엔 안보리의 관계는 매우 중요하지만 논쟁적인 문제이다. 국제형사재판소 아이디어에 대하여 처음부터 적극적으로 지지한 미국은 안보리가 재판소의 게이트키퍼 역할을 하면서, 국제평화와 안보를 유지하려는 안보리의 책임이 반영되기를 원했다. 그러나 이 제안은 로마에서 거부되었는데, 그 이유는 미국과 안보리의 상임이사국들(P5)이 거부권을 행사하여, 인권을 위반한 자국 국민들이 재판을 받게 되는 것을 방해할 가능성이 있기 때문이었다. 대신 소위 '싱가포르 타협'에 의하여 로마회의는, 만약 ICC가 국제평화와 안보를 유지하기 위한 안보리의 시도를 방해한다고 인정되면 안보리가 12개월 동안 재판을 지연시킬 수 있도록 허용하였다. 그러나 재판을 지연시키기 위해서는 안보리가 결의안을 통과하도록 했기 때문에, 실제로 안보리의 상임이사국들이 거부권을 행사하여 조사를 중단시키는 것을 방지한 것이나 다름없다.

처음부터 ICC의 논쟁적인 성격이 드러났다. 120개국이 로마규정을 찬성하고, 인도와 아랍 및 카리브해 국가 등 21개국이 기권하고, 7개국이 반대하였다. 법령에 반대한 국가들은 미국, 중국, 이스라엘, 리비아, 이라크, 카타르, 예멘으로 알려져 있다 (공식적으로 인정된 것은 아니다). 2019년 5월 현재 재판소의 회원국은 122개국이고, 추가로 31개국이 로마규정에 서명은 하였지만 비준을 마치지 않은 상태이다. 중국, 인도, 러시아, 미국이 비회원국인데, 이 점은 ICC가 활동할 수 있는 범위를 좁혀주고, 실패한 국제연맹을 연상하게 하면서 국제적 신뢰를 떨어트린다. 안보리 상임이사국들 중에서 가장 영향력이 약한 영국과 프랑스만이 로마규정을 비준하였다. 유럽 이외의 어떠한 핵무기 보유국도 조약을 비준하지 않았고, 이는 ICC가 유럽, 중남미, 아프리카 국가들에 의하여 지배되고 있다는 점을 의미한다.

논 쟁

국제형사재판소는 질서와 정의를 유지하기 위한 효과적인 수단인가?

국제형사재판소(ICC)는 매우 논쟁적인 국제기구이다. 일부 사람들은 ICC가 정의와 인권을 근본적으로 보장한다는 주장을 하는가 하면, 다른 사람들은 ICC를 국제질서와 평화를 위협하는 결점이 많은 조직으로 인식한다.

그 렇 다

국제인도법의 강화. ICC는 국제인도법(international humanitarian law)의 규범과 원칙을 법제화하여, 대량학살, 반인도적 범죄, 전쟁범죄에 대한 가장 권위적이고 구체적인 개념을 제공한다. 임시재판소의 체계와 비교하여, ICC는 집행과정에 필요한 결속을 가능하게 하고, 유엔 안보리의 간섭을 최소화하여 상임이사국들의 책임 회피를 방지해 준다.

글로벌 정의의 격차에 대한 도전. 글로벌 정의의 격차는 수백만 명의 사람들을 인권남용과 억압에 시달리게 한다. 이러한 인권침해와 억압은 자국의 탄압정책 때문에, 또는 대규모 인권위반을 방지하지 못하는 정부의 의지부족과 무능력 때문에 발생한다. ICC는 이러한 문제를 해결하기 위해 설립되었고, 내부적 해결방법이 강구되지 않을 때 외부의 개입을 위한 기초를 제공한다. 그러나 이 조약에 서명을 하지 않는 강력한 국가들의 집단에 의하여 ICC의 임무는 위태로운 상황에 놓여 있다. 그들이 조약 서명을 꺼리는 이유는, 자국의 자유로운 군사활동을 보호하거나 동맹국들을 비판으로부터 보호하기를 원하기 때문이다. 이는 글로벌 리더십의 심각한 실패를 의미한다.

미래 잔혹행위의 방지. ICC의 목적은 2002년 설립 이후 행해진 범죄를 재판하는 것일 뿐만 아니라, 세계의 정치 및 군사지도자들의 미래 행동 지침을 제공하는 것이다. 이 견해에 따르면, 지도자들이 자신의 행동이 처벌을 받지 않은 것이라고 믿기 때문에 잔혹행위가 발생한다. 정부 지도자에 대한 재판의 중요성은 미래에 이러한 일이 다시는 발생하지 않을 것이라는 점을 보여주는 것이다. 어떠한 지도자도 국제인도법의 상위에 있지 않다. ICC에 의한 법적 절차의 가능성에 대한 두려움이 우간다의 반정부군(Lord's Resistance Army)의 지도자들이 2007년의 평화협상에 참석하게 하는 도구가 되었다.

아 니 다

주권과 국가안보에의 위협. 재판소에 대한 가장 공통적인 비판은 주권국가의 문제에 침투한다는 점이다. ICC는 국가주권을 위협하는데, 그 이유는 ICC의 사법권이 로마규정을 비준하지 않은 국가의 시민들까지 잠재적으로 확대되기 때문이다. 재판소의 사법권을 받아들인 국가에서 범죄가 행해질 때, 또는 유엔 안보리가 ICC에 범죄의 재판을 의뢰했을 때 이러한 일이 발생할 수 있다. 특히 미국이 이 문제에 관심을 가지는데, 왜냐하면 세계 유일 초강대국으로써 미국은 '뜨거운 지역'에 다른 나라들보다 많은 군대를 파견하기 때문이다.

개인의 죄에 대한 불필요한 집착. 범죄의 책임이 국가가 아니라 개인에게 있다는 책임을 밝힘으로써, ICC가 국제법을 활용하여 다양한 도덕적 캠페인을 확대한다는 우려를 심화시키고 있다. 인도적 범죄에 대한 개인의 죄는 복잡한 문제일 뿐만 아니라, 국제법이 글로벌 정의를 발전시키는 도구로 사용되면 이에 대한 제한이 어려워진다. 개인의 죄에 우선적인 중요성을 부가하고 범죄에 대한 재판을 진행하면, 수단의 바시르 대통령을 기소한 결과에서 나타난 바와 같이 평화와 정치적 해결의 전망에 피해를 줄지 모른다.

서양의 정치적 도구. ICC는 서양 또는 유럽 중심의 편향성을 갖고 있다는 비판을 받고 있다. 첫째, 인권의 개념을 토대로 하고 있는 서양의 가치와 법적 전통에 기반하고 있으며, 이를 일부 아시아와 이슬람 세계가 거부하고 있기 때문에 글로벌 차원에서 합의된 것이라고 보기 어렵다. 둘째, ICC는 때때로 EU국가들로부터 불균형적인 영향을 받고 있는데, EU국가들은 모두 로마규정을 비준하였다. 셋째, ICC에 제소된 사건들의 대부분은 개도국 세계에서 발생한 사건들이다. 따라서 ICC는 가난한 국가의 이미지를 계속 혼란스럽고 야만적인 모습으로 보이게 한다.

요약

- 국제법은 국가와 다른 행위자들을 지배하는 법이다. 그러나 대개의 상황에서 집행될 수 없기 때문에 '연성'법으로 생각되고 있다. 국제법의 가장 중요한 원천은 조약과 국제관습이다. 전자의 경우 법적 의무는 동의에 기초하고 있으며, 후자의 경우 의무는 오랜 기간의 습관과 도덕규범으로부터 나온다.
- 국가들이 법을 준수하면 장기적으로 이득을 가져다주고 해를 줄여줄 것이라는 생각에 국제법을 준수한다. 국제법을 준수하는 다른 이유는 무질서에 대한 우려, 소외에 대한 두려움, 경우에 따라 처벌에 대한 두려움, 국제법이 정당한 것이고 도덕적 구속력을 가진다는 믿음이다.
- 고전적 전통에 따르면, 국제법은 국가중심적인 것이며, 국가주권의 기본적 원칙에 기초하고 있다. 그러나 이러한 개념은 국제법의 '헌법적' 개념에 의한 도전을 받고 있는데, 이는 '초국가'법 또는 '세계'법으로 불린다. 초국가법이나 세계법의 범위는 글로벌 정의의 최소 기준을 유지하는 것이다.
- '국제'법에서 '세계'법으로 전환된 가장 분명한 사례는 전쟁법이 국제인도법으로 진화된 것이다. 이는 주로 전쟁범죄 개념의 발전에 의하여 이루어졌는데, 이를 통하여 개인이 전쟁의 관습을 위반하는 범죄의 책임을 지게 되었다. 반인도적 범죄에 대한 관념도 '세계'법으로의 전환을 이루게 하는 데 일조하였다.
- 냉전종식 이후 국제인도법이 국제재판과 재판소를 통하여 광범위하게 집행되고 있다. 이는 특히 구유고슬라비아와 르완다에서 발생한 잔혹행위에 대한 보고서를 검증하기 위해 설립된 재판소들에 의하여 실행되었으나, 보다 중요한 발전은 2002년에 활동을 시작한 국제형사재판소(ICC)의 설립에 의하여 이루어졌다. 그러나 세계에서 가장 크고 지속적으로 활동하는 군사력을 보유한 미국을 구속하지 못하기 때문에 여러 가지 면에서 부족하다는 점이 발견되었다.

토의주제

- 국제법은 정말 법인가?
- 어떻게 그리고 왜 조약은 국제법의 가장 중요한 원천이 되는가?
- 왜 국제법을 준수하는 것이 국가의 이익이 되는가?
- 국가가 국제법을 준수하는 데 있어서 도덕적 동기는 얼마나 강하게 작용하는가?
- 국제법체계에 있어서 국제법의 '헌법적' 개념은 어떠한 의미를 가지는가?
- '국제'법과 '세계'법은 어느 정도로 양립할 수 있는가?
- 국제법은 인도적 개입을 정당화하는가?
- 주권에 대한 국가의 권리는 조건부인가? 그렇다면, 어떠한 면에서 그런가?
- 반인도적 범죄의 관점은 법적인 의미를 가지기에 너무 모호하고 혼란스러운가?
- 정치지도자들은 국제인도법을 위반한 데 대하여 개인적인 처벌을 받아야 하는가?

추가 읽을거리

Anghie, A., *Imperialism, Sovereignty and the Making of International Law* (2004). 국제법체계의 식민지적 뿌리를 밝히고 탐구하는 탈식민주의이론의 핵심 연구.

Gray, C., *International Law and the Use of Force* (2008). 국가 또는 유엔 또는 기타 평화유지군에 의해 수행되는 무력사용이 국제법에 미치는 영향에 대한 유용한 논의.

Hehir, A., N. Kuhrt, and A. Mumford (eds), *International Law, Security and Ethics* (2013). 9/11 이후 국제법의 성격과 효용성에 대한 논쟁이 어떻게 전개되었는지에 대한 고찰.

Koskenniemi, M., *From Apology to Utopia: The Structure of International Legal Argument* (2006). 국제관계의 '탈정치화'를 목표로 하는 논증적 실천으로서 국제법에 대한 비판적 접근을 서술하는 핵심 연구.

Miéille, C., *Between Equal Rights: A Marxist Theory of International Law* (2005). 일관된 '유물론적' 마르크스주의 국제법이론의 윤곽을 잡으려는 시도.

빈곤, 개발, 불평등

출처: *ozgurdonmaz/Getty Images*

개요

제2차 세계대전 이후 개발과 빈곤감소 이슈들이 점차 중요하게 부각되어 왔다. 초기에 '제3세계'로 표현된 지역에서 탈식민지화가 경제적이고 사회적인 발전을 가져오지 못한 반면, 서양의 산업화된 선진국들은 전례 없는 수준의 경제성장을 경험하였다. 글로벌경제의 불균형이 심화되면서, 일부 사람들은 식민주의가 '신식민주의'로 전환되었고, 정치적 지배가 보다 교묘하지만 효과는 떨어지는 경제적 지배로 대체되었다고 주장하였다. 다른 사람들은 '북-남 분열'을 예고하였다. 이러한 맥락에서, 세계은행과 IMF를 한편으로 하고 다수의 개발 NGO들과 행동단체들을 다른 편으로 하는 차별적인 조직들은 부유국과 빈곤국 사이의 격차를 줄이는 임무를 도덕적 의무로 인식하기 시작하였다. 그러나 빈곤, 불평등, 개발은 복잡하고 논쟁적인 이슈들이다. 빈곤은 단지 돈이 없는 경제적 현상인가, 아니면 보다 광범위하고 심오한 의미를 가지는가? '개발'은 빈곤사회가 소위 '발전된 서양' 또는 '선진화된 경제'라 불리는 부유한 사회에 기초하여 리모델링되어야 한다는 점을 의미하는가? 더 많은 이슈들이 글로벌 불평등의 본질, 범위, 원인들을 설명한다. 세계는 더 평등한 사회, 아니면 불평등한 장소로 되어 가고 있는가? 글로벌화는 빈곤과 불평등이라는 글로벌 패턴에 어떠한 영향을 주고 있는가? 마지막으로, 개발을 도모하는 방법에 대한 논쟁이 벌어지고 있다. 특히 이 논쟁은 개발에 대하여 1980년대 이후에 지배하고 있는 시장지향 접근이 가치가 있는지의 여부에 초점을 맞추고 있다. 세계은행과 IMF 같은 조직들은 세계의 빈곤을 감소시키는 데 실패하였는가? 부유국들은 빈곤국들을 도와야 할 의무를 가지고 있는가? 만약 그렇다면, 그 의무는 어떻게 이행되어야 하는가? 국제원조 제공? 채무탕감? 무역방식의 변경? 아니면 기타의 방법인가?

핵심이슈

- 빈곤은 무엇인가?
- '개발'은 어떻게 이해되어야 하는가?
- 글로벌 빈곤과 불평등의 핵심적인 추세는 어떠한 것인가?
- 글로벌화는 글로벌 빈곤을 심화시켰는가, 약화시켰는가?
- 공식적인 개발정책들은 얼마나 성공했는가?
- 국제원조와 채무면제는 제대로 작동되고 있는가?

빈곤과 개발의 이해

빈곤은 세계사에 있어서 대부분 보편적인 현상이었다. 선진화된 통치체제를 소유한 잘 조직된 사회(고대 중국, 로마, 잉카 등)에 있어서도 경제는 기술적으로 단순했고 낮은 생산수준을 유지했으며 주민들은 가난했다. 그 시절에는 부유하다고 생각되는 사람들도 현대 기준으로는 가난한 것으로 인식된다. 빈곤은 예외적인 것이 아니었으며, 관례였다. 이 관점의 예외는 현대 서양에서 누리고 있는 부이며, 이것도 상당히 최근의 일이다. 맬더스(Thomas Malthus)의 전망과 달리 유럽과 북미사회는 18세기 말부터 생산성을 높이기 시작했다. 그는 인구의 증가는 생산성의 제고를 수포로 돌아가게 할 것이라고 경고하였다. 어떻게 서양사회는 맬더스의 덫(Malthusian trap)을 피할 수 있었을까? 이에 대한 대답은 '개발'이다. 개발은 일련의 기술혁신과 산업혁명을 주도한 조직과 연관되어 이루어졌음은 분명하다. 그러나 선진국들의 풍요는 어떻게 이룩되었는지, 그리고 어떻게 하면 풍요와 개발이 비서양 세계에서 복제될 수 있는지에 대한 논쟁이 계속되고 있다. 개발에 대한 복합적이고 대립적인 이슈를 논하기 이전에, 빈곤이 무엇인지, 그리고 어떻게 측정되는지에 대하여 보다 면밀하게 살펴볼 필요가 있다.

빈곤의 정의와 측정

빈곤은 무엇인가? '빈곤층'과 '부유층'은 무엇으로 구분하는가? 빈곤감소가 국가, 지역, 글로벌정책의 목표라면, 무엇이 빈곤이고 어떻게 측정하는가를 이해할 필요가 있다. 그러나 빈곤은 복합적이고 논쟁적인 개념이다. 표면적으로 빈곤은 생필품들이 결핍된 상태, 즉 '신체적 효율성(physical efficiency)'을 유지하는 데 필요한 식품, 연료, 주거, 의복의 결핍상태이다. 원초적으로 이는 인간의 삶이 유지되는 데에 필요한 최소한의 '절대적' 기준이다. 예를 들어, 성인 여성은 일정 몸무게를 유지하기 위해 하루 약 2,000 칼로리를 섭취해야 한다. 이러한 견해

개발(Development): 성장, 그리고 개선하고 확대하며 정제하는 행위. 개발은 보통 경제성장과 연결되지만, 이 개념은 매우 논쟁적이다.

에 따르면, 미국, 영국 또는 독일과 같은 고도로 산업화된 국가에서, 빈곤층은 비록 증가하고는 있지만, 적절하게 먹을 능력이 없는 사회의 작은 부분에 국한된다. 절대적 빈곤은 '기본적 욕구(basic needs)'의 개념에 기초하고 있으며, 매슬로우(Maslow, 1943)의 '욕구의 위계(hierarchy of needs)'에 나타나는 심리적 욕구와 일치된다 (도표 16.1 참조).

그러나 절대적 빈곤의 개념은 빈곤의 중요한 측면을 무시하게 된다. 사람들이 빈곤하다고 느끼는 이유는, 자신들이 물질적 어려움으로 고통받고 기본적 욕구가 충족되지 않기 때문이 아니라, 다른 사람들이 가진 것을 자신들은 가지지 못하기 때문이다. 그들은 자신들이 속한 사회의 대다수가 누리는 삶의 기준, 조건, 즐거움에 대한 박탈감을 느낀다. 이러한 점에서 빈곤은 단순히 심리적인 현상이 아니라 사회적인 현상이다. 빈곤은 사회질서 내에서 사람들의 '상대적'인 위상에 기초한다. 상대적 빈곤은 가난을 '필요함'보다는 '부족함'으로 정의한다. 예를 들어, 경제협력개발기구(OECD)와 유럽연합(EU)은 상대적 빈곤의 최저수준에 기초한 '빈곤선(poverty line)'의 개념을 사용한다. OECD의 경우 중위 가구의 50퍼센트 또는 그 이하, EU는 60퍼센트 이하의 소득 수준으로 설정된 상대적 빈곤 임계값에 빈곤선을 설정한다. 다시 말해서 사람들은 자신의 가용소득이 자기가 살고 있는 국가의 보통 사람들보다 소득이 적을 때 '가난'하다고 생각한다. 상대적 빈곤의 개념은 중요한 정치적 질문을 제기한다. 왜냐하면 이 개념은 빈곤과 불평등을 연결시키고, 이에 따라 빈곤의 감소 또는 근절은 부의 재분배와 평등의 촉진을 통하여 달성될 수 있기 때문이다. 이 문제는 이 장의 후반부에서 논의된다.

상대적 빈곤이 가난한 자와 나머지 사회 사이의 격차에 의하여 생성된 박탈과 불이익의 감정에 기초한 주관적인 계산인 반면, 절대적 빈곤은 객관적으로 정의된 것이다. 그러면 어느 수준이 되어야 절대적으로 빈곤한 것인가? 글로벌 빈곤

절대적 빈곤(Absolute poverty): 소득수준 또는 식품, 의복, 주거 등의 자원에 대한 접근권에 기초한 빈곤의 기준이며, 신체와 정신 모두가 유지되기에 불충분한 상황이다.

상대적 빈곤(Relative poverty): 자신이 속한 사회에서 관습적으로 나타나는 삶의 조건과 편의시설이 박탈된 사람들이 느끼는 빈곤의 기준이다.

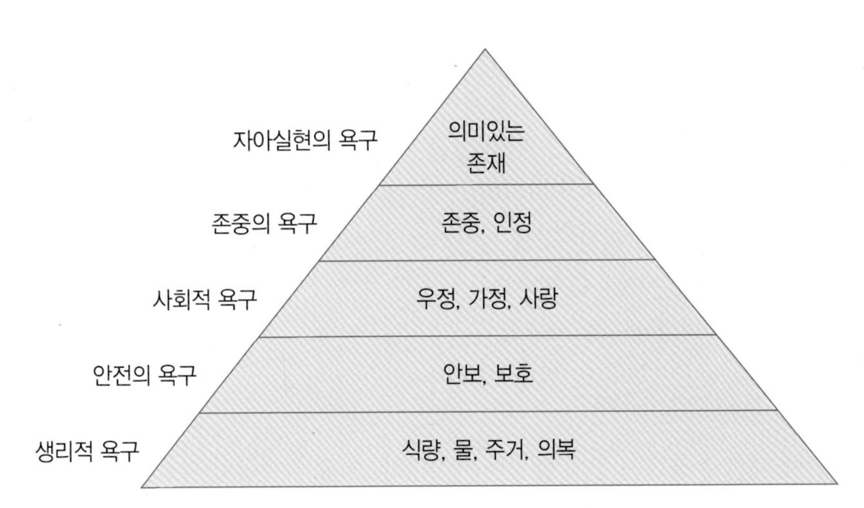

도표 16.1 매슬로우의 욕구의 위계

구매력평가지수(Purchasing power parity): 다른 나라들의 상대적인 생활비용과 물가상승률을 고려한, 때로는 '국제 달러'에 기초한 구매력의 계산 방식.

적극적 자유(Positive freedom): 자아실현과 인간능력 개발의 측면에서 정의되는 자유이며, 무엇이 되거나 무엇을 할 수 있는 자유이다.

감소의 책임을 맡고 있는 세계은행(p. 509 참조)은 전통적으로 소위 '하루 1달러'의 소득 수준을 극단적 빈곤의 기준으로 삼았다 (이 측정치를 대중화한 1990년 '세계개발보고서'는 실제로 **구매력평가지수**[PPP]에서 계산된 연간 370달러 또는 하루에 1.01달러를 사용했다). 2004년에는 이 값이 하루에 1.25달러로, 2015년에는 1.90달러로 재계산되어 글로벌 인플레이션을 생활비에 광범위하게 반영했다. 비록 세계은행이 1990년에 이 측정치를 사용하기 시작했을 때도 언급했듯이 이 측정치는 다소 자의적이라고 할 수 있는데, 그 이유는 국내가 아니라 글로벌 빈곤에 대한 측정은 본질적으로 부정확한 과학이기 때문이다. 2018년 보고서에서 세계은행은 극단적 빈곤에 대해 '엄청난 진전'을 강조하면서, 1990년에서 2015년 사이에 '하루에 1달러'의 극단적 빈곤 상태에 살고 있는 글로벌인구의 비율이 "36퍼센트에서 10퍼센트로 매년 평균 1퍼센트 포인트 하락했다"고 주장했다 (World Bank 2018).

그러나 빈곤을 편협되게 소득에 기초하여 정의하는 데 대하여 불만이 증가하기 시작했다. 가난한 사람들은 물질적 욕구뿐만 아니라 비물질적 욕구를 충족시키는 데 실패했기 때문에 빈곤감을 느끼게 된다는 점이 인정되고 있다. 센(Amartya Sen)은 기아가 항상 식품의 부족 때문에 등장하는 것이 아니라, 식품 가격의 인상, 식품 분배체계의 문제, 정부의 비효율성 등 사회적, 경제적, 정치적 요인들 때문에 등장한다고 지적하였다. 따라서 빈곤은 소득과 자원의 부족 때문에 생기기도 하지만, 기회의 제한과 자유, 특히 적극적 자유의 부재 때문에 생기기도 한다. 이러한 생각은 '인간개발(human development)'의 개념을 적극 강조하고 있다.

절대적 빈곤과 상대적 빈곤을 설명하는 핵심적인 근거로서 매슬로우의 욕구의 위계는 '인종 중심적' 서양이론으로 비판의 대상이 되기도 했다. 호프스테드(Geert Hofstede 1984)는 매슬로우의 논문이 매슬로우의 모국인 미국과 서양의 다른 사회적, 문화적 '개인주의' 사회들과 잘 맞을 수도 있지만, 동반구나 글로벌 사우스의 더 많은 집단주의 사회들에게는 덜 맞을 수도 있다고 주장했다. 호프스테드의 관점에서, 매슬로우의 '자아실현'은 개인주의적 관심사이며 모든 사회에서 가장 높은 수준의 욕구가 아니다. "더 많은 집단주의 문화에서, '소속감'은 자아실현과 존중 같은 자아 욕구를 넘어서야 할 수도 있다" (Hofstede 1984: 87). 이러한 관점에서, 서양문화의 규범은 비서양 세계의 '필요'와 빈곤에 대한 서양의 관점을 왜곡하거나 색칠할 수도 있다.

개발: 경쟁적인 비전

빈곤에 대한 논쟁은 빈곤의 본질뿐만 아니라, 어떻게 빈곤이 가장 잘 설명될 수 있는지, 따라서 어떻게 빈곤에 도전해야 하는지, 즉 어떻게 '개발'이 이루어져야 하는지에 대해서 초점을 맞추고 있다. 그러나 개발의 관점은 정치적이고 이념적인 논쟁에 둘러싸여 있다. '개발된' 사회를 '개발도상' 또는 '저개발' 사회와 어떻게 구분하는가? 개발에 대한 관념은 우리가 '정통적' 또는 '대안적'이라 부르는 두 가지의 광범위한 범주로 분류된다.

개발에 관한 정통적 견해

개발에 대한 정통적 견해는 경제적 자유주의에 뿌리를 두고 있다. 이러한 점에서, 빈곤은 소득과 자원의 결핍 때문에 기본적인 물질적 욕구를 충족시켜 주는 데 실패한다는 경제적 개념에 의하여 정의된다. 따라서 빈곤감소 또는 제거는 경제성장을 촉진할 수 있는 능력에 연결되어 있으며, 이는 국민 1인당 **국내총생산**(GDP)에 기초하여 계산된다. 실제로 개발은 경제성장과 동의어이다. 그러면 경제성장은 어떻게 가장 잘 촉진될 수 있는가? 핵심적 메커니즘은 자유시장체제이다.

자유시장의 장점은 자유시장이 개인들에게 자기이익을 추구하고, 일을 하고, 매매에 참여하고, 기업을 세우는 작업을 가능하게 해준다. 또한 자유시장은 수요와 공급이 서로 조화를 이루게 하여 장기적인 경제적 균형을 확립시킨다. 따라서 시장은 무제한 경제성장의 가능성을 제공하면서 부를 창출하는 믿을만한 유일한 수단이다. '후퇴된' 또는 '저개발된' 사회가 '현대적' 또는 '개발된' 사회로 전환이 가능하다. 개발에 대한 이러한 견해는 **현대화이론**에 반영되어 있는데, 그 사례는 로스토우(Rostow 1960)의 경제발전 단계에 대한 이론이다. 로스토우는 경제발전의 5단계를 아래와 같이 개괄하였다.

- '전통적 사회' – 초보기술, 과학 이전의 가치와 규범, 생존형 경제로 특징되는 사회
- '도약의 전제조건' – 이 단계에서 사회는 상당 수준의 자본동원(은행과 화폐)을 보여주고 기업가 계층을 개발하기 시작한다.
- '도약' – 경제성장의 규범들이 제대로 수립되고 영역별 주도성장이 보편화된다.
- '성숙으로의 추동' – 경제적 다양화가 이루어지고, 빈곤감소와 생활수준 상승을 가져다준다.
- '대량소비의 고조' – 경제는 점차 현대 소비재 생산의 방향으로 나아가게 되고, 풍요가 확대되기 시작한다.

정통적 견해는 1945년 이후 빈곤, 불평등, 개발과 관련된 문제들에 대한 생각에 지배되고 있다. 이러한 견해는 1970년대와 1980년대에 확대되기 시작하였는데, 특히 신자유주의(p. 127 참조)의 등장을 통하여 이루어졌으며, 또한 글로벌경제 거버넌스가 친시장적 경제철학으로 전환되는 과정을 통해서 이루어졌다. 1990년대에는 구공산주의 국가들에 의한 시장개혁의 광범위한 도입을 통해

국내총생산(Gross domestic product): 한 경제가 생산한 모든 상품과 서비스의 총 가치이며, 국가소득의 척도이다.

현대화이론(Modernization theory): 개발로 향하는 단일하고 직선적인 통로가 있다는 이론이며, 서양국가들이 전통적이고 산업화 이전인 농경사회로부터 현대적이고 산업화되었으며 대량소비사회로의 전환을 의미한다.

■ 역자 주

개발 혹은 국제개발에 대한 국내 참고 서적으로는 다음을 참조할 것. Anna Lanoszka 지음. 김태균, 문경연, 송영훈, 최규빈, 김보경 옮김. 『국제개발: 사회경제이론, 유산, 전략』(명인문화사, 2021).

분석적 접근

개발

현실주의 견해

개발에 관한 현실주의이론 같은 것은 없다. 그러나 경제개발에 대한 현상을 설명하는 데 있어서, 현실주의자들은 일반적으로 중상주의 사상에 많은 의존을 하고 있다. 중상주의는 경제학과 정치학의 상호작용을 강조한다. 건실하고 안정된 국내경제는 국가개입에 의존하고, 특히 대외무역관계를 관리(보호주의를 의미)하기 위해서는 국가의 개입이 필요하다. 이러한 현실주의자들의 견해는, 시장경제에서는 자연적으로 균형과 성장이 이루어진다는 자유주의자들의 견해에 대한 의구심을 보이면서, 시장은 관리될 필요가 있다는 점을 제시한다.

자유주의 견해

개발에 대한 자유주의적 접근은 경제적 자유주의 사상에 확고한 뿌리를 두고 있다. 고전적 자유주의 경제학은 인간의 본성에 대한 개인주의적이고 합리주의적 가설에 강하게 의존하고 있으며, 인간의 행위는 주로 물질적 소비에 대한 욕구에 의하여 동기화된다고 강조한다. 따라서 자유주의는 '성장으로써의 개발'이라는 정통적 관념의 기초를 제공한다. 자유주의 관점에 따르면, 부를 창출하는 중심적 메커니즘은 자유로운 개인의 욕구와 결정에 따라 작동되는 시장이다. 시장의 매력은 자기 규제적인 메커니즘이고, 이는 경제적 번영과 안녕을 촉진한다. 그러나 개인의 욕심과 시장의 힘은 자체적으로 경제개발을 제공할 만큼 강력하지는 못하다. 자유주의자들에게 있어서 '개발의 실패'는 사회 자체의 내부적 요인들로부터 발생한다. 내부적 요인들은 개인의 자아추구를 억제하는 문화적이거나 종교적 규범, 엄격하고 권위적인 국가제도, 만성적인 부패, 시민질서를 파괴하는 인종대립 등을 포함한다. 이러한 장애요인들을 극복하는 최선의 방법은 시장을 개혁(사유화, 금융규제 완화, 노동의 유연성, 세금감면 등)하고, 국가경제를 글로벌 자본주의경제(자유무역과 개방경제)로 통합하는 것이다.

마르크스주의 견해

마르크스주의 또는 '신마르크스주의'이론은 개발에 대한 내부 장애요인들에 대한 관심을 외부의 장애요인, 특히 글로벌 자본주의체제의 구조적 역동성에서 생성되는 요인들로 전환시키고 있다. 개발에 대한 신마르크스주의의 생각은 두 가지의 주요 이론적 전통에 의하여 형성되었다. 종속이론은 전통적인 제국주의가 1945년 이후 신식민주의로 전환되었는데, 이는 '경제적 제국주의' 또는 '달러 제국주의'로 불렸다. 공식적인 독립과 주권을 누렸지만, 개도국들은 경제적 종속에 놓이지 않을 수 없었는데, 이는 불평등 무역관계, 초국적기업의 영향, 산업 선진국들의 이익을 보호하는 IMF와 세계은행 같은 기구들을 매개로 하여 이루어졌다. 다른 신마르크스주의의 핵심적 논리는 세계체제론(world-system theory, p. 100 참조)으로부터 시작되었는데, 이 이론은 세계경제를 핵심, 주변부, 반주변부가 서로 연결되는 전체로 묘사한다. 이에 따라 경제적으로 발전되고 정치적으로 안정된 핵심부는 낮은 임금, 저발전 기술과 농업생산에 의존하는 주변부를 지배하고 착취한다.

탈식민주의 견해

탈식민주의 이론가들은 개발의 개념에 도전하면서 대신 '탈개발(post-development)'이라는 개념을 발전시켰다. 전통적인 개발모델은 서방국가들에 의해 생성되고 지배된 국제금융기관(세계은행, IMF 등)들에 의해 주도된 경제 개입주의 과정에서 비서방사회에 서방의 제도와 가치를 부과하는 것을 포함한다. 이는 일종의 신식민주의에 해당하며, 이를 통해 '글로벌 사우스' 국가들에 대한 '글로벌 노스' 국가들의 폭력적인 수탈주의 식민지적 접근이 공식적으로 '탈식민지적' 맥락에서 지속된다. 대신 '탈개발'은 각 사회가 사회 자체에 필요한 열망과 진정한 문화유산에 기반하여 경제적, 사회적 진보라는 고유한 모델을 수용할 수 있도록 한다.

녹색이론 견해

개발에 대한 다른 비판적 접근인 녹색정치는, 지속가능한 개발(p. 435 참조)의 개념과 연결되는 '지속가능성으로서의 개발'의 관념을 옹호하면서 전통적인 경제발전 방식에 도전한다. 이 견해는 경제발전이 생태적 비용과 균형을 이루어야 하고, 건강한 환경이 의미 있는 개발의 핵심이 되어야 한다고 주장한다. 즉, 환경적 지속가능성은 로마클럽(전현직 외교관, 과학자 및 유엔관리들이 주도하는

INGO)에 의한 영향력 있는 1972년 보고서가 '성장의 한계'라고 불렸던 것을 결정해야 한다. 녹색이론의 중심 관심사들의 주류, 즉 기후변화의 중심성과 국가, 기업, 국제조직 간의 협력을 필요로 하는 집단적, 글로벌적, 정치적 도전으로서 지속가능성의 주류는 아마도 2015년 이후 새천년개발목표(p. 422 참조)를 대체할 '지속가능발전목표'를 설정하기로 한 유엔의 결정에서 가장 분명하게 나타난다.

서 이루어졌다. 그러나 개발에 대한 성장지향과 시장지향의 견해는 최근 들어 비판을 받고 있다. 개발전략과 관련하여 뒤에서 논의하겠지만, 반대자들은 국가들을 기괴한 형태의 시장과 국제무역체계에 노출시키는 경제개혁은 역효과를 낳을 것이고, 꾸준한 성장과 빈곤감소보다는 경제적이고 사회적인 혼란을 일으킬 것이라고 주장한다. 1990년대에 이러한 비판적 시각은 특히 IMF(p. 505 참조)와 세계은행에 의하여 만들어진 '구조조정프로그램(SAPs: Structural Adjustment Programmes, p. 415 참조)'에 초점을 맞추었다. 더욱이 반대자들은 시장에 기반한 해결책이 세계의 모든 국가와 지역의 이익을 동등하게 충족시킬 수 있을지에 대하여 의문을 제기하였다. 예를 들어, 신마르크스주의 비판가들은 글로벌 자본주의체제가 심각한 구조적 불균형적인 성격을 가졌다고 주장한다.

개발에 대한 대안적 견해

빈곤과 개발에 관한 대안적 견해는 1980년대에 기술적이고 하향식이며 성장위주의 전략의 미몽에서 깨어나면서 보다 활성화되었다. 대안적 견해는 '글로벌 사우스'의 사상가들과 저항운동을 포함한 다양한 근원으로부터 나왔다. 예를 들어, 그들은 멕시코의 치아파스에서 발생한 사파티스타 운동과 인도의 남부 카르나타카주에서의 농민 저항운동, 유엔기구들과 개발 NGO활동, 그리고 다양한 포럼들을 포함한다. 그러한 활동과 포럼들은 세계사회포럼, 그리고 광범위한 반자본주의(p. 197 참조)와 반글로벌화운동이다.

그러나 개발에 대한 '대안적' 아이디어들의 단일하고 결속된 프로그램은 없다. 급진적 요소는 반서양, 반기업적이며, 자주관리와 환경주의를 강조한다. 개혁적 요소는 정통적인 자유주의 원칙들을 조금 수정하고, 주요 국가와 제도의 글로벌 경제 거버넌스의 우선순위를 다시 균형적으로 만드는 데 노력을 기울인다. 대안적 견해에 대한 특정한 명제가 식별되는데, 그중에서 가장 중요한 것들은 아래와 같다.

초 점

북-남 분열

'북-남 분열(North-South divide)'은 소위 브란트(Brandt) 보고서들인 *North-South: A Programme for Survival* (1980)과 *Common Crisis: North-South Cooperation for World Recovery* (1983)에 의하여 대중화되었다. 세계가 '글로벌 노스'와 '글로벌 사우스'로 분열되어 있다는 주장은 산업이 발전된 국가들이 북반부에 집중되어 있고 가난한 국가들이 남반부에 집중(호주는 제외)되어 있다는 추세에 기반하고 있지만, 이 개념은 지리적인 것보다는 개념적이고 이론적인 것이다.

북-남 분열의 개념은 원조, 개도국의 부채, 초국적기업의 실적 등이 높은 임금과 높은 투자로 산업화된 북부와 낮은 임금과 낮은 투자로 현저하게 취약한 남부 사이의 구조적인 불평등을 지속하게 하는 데 주목한다. 브란트 보고서들은 북부와 남부의 상호의존성에 초점을 맞추면서, 북부의 번영은 남부의 개발에 의존한다고 강조하였다. 그러나 일부 사람들은 북-남 분열 아이디어의 지속적인 적절성에 대하여 의문을 제기한다. 그들은 무엇보다도 남부 자체에서의 불균형적 개발(예를 들어, 중국과 사하라 이남 아프리카의 격차), 남부에 대한 정치적 영향력 확대(G20의 등장), 북부와 남부의 다른 지역들 사이에 형성된 상이한 관계 등에 대하여 주목하고 있다.

- 기회, 자유, 권한을 부여하는 빈곤에 대한 인류애적 견해 (이를 통하여 물질적이고 비물질적 욕구들을 충족시킨다).
- 부유국, 국제기구, 시장에 대한 의존보다는 자립.
- 생태적 균형, 지속가능성과 '글로벌 공유재(global commons)'의 보존 (물, 토지, 공기, 숲).
- 문화적 다양성과 여성 및 토착민들을 포함한 주변 집단들의 이익에 대한 존중을 통한 사회적이고 문화적인 포용.
- 공동체 활동과 민주적 참여를 통한 지방 통제의 성취.
- 빈곤이 글로벌무역체계의 불균형에서 발생하는 구조적 성격을 가졌다는 견해.

'대안적' 견해는 정통적 사고의 '만병통치'적 해결책, 특히 '전통적' 사회로부터 '개발된' 사회로의 직선적인 전환을 받아들이지 않는다. 중남미, 아시아, 아프리카 국가들이 조만간 '글로벌 노스' 국가들이 겪은 것과 같은 현대화의 과정으로 나아가게 될 운명이라는 점을 받아들이지 않는다. 다시 말해서, 개도국들은 따라가는 행위는 하지 않을 것이라는 주장이다. 실제로 그 국가들의 어려움은 외부적 요인들, 특히 서양국가와 초국적기업(p. 131 참조)의 이기적인 영향 때문이라는 비난을 받는다. 예를 들어, 수혜국들은 공여국들이 요구하는 대로 국가형성을 해야 하고 국제경제 안으로 편입되도록 요구된다. 반면, '대안적' 입장을 지지하는 사람들 중에 개발도상 세계의 경제를 글로벌경제로부터 분리하거나, 자본주의 이외의 다른 경제제도를 모색하는 것을 옹호하는 사람들은 거의 없다. 대신에 그들은 성장 위주의 경제정책이 지역에서의 요구 및 이익과 결합되기를 원하고, 문화적 다양성, 생태적 균형, 자립을 강조한다. 따라서 때때로 개발에 대한 '남부 합의(Southern Consensus)'는 국가개입에 대하여 경제적 자유주의 지지자들이 수용하는 것보다 더 많은 역할을 하는 것을 받아들인다. 개발에 대한 신중상주의 접근을 채택한 동아시아의 '호랑이' 경제들은 자유시장에 의존하기보다는, 교육과 훈련을 강조하면서 국제경쟁력을 제고하는 전략을 추구할 수 있는 국가의 능력에 더 많은 의존을 하였다. 개발에 대한 가장 인상적인 남부 모델은 시장경제와 스탈린식 정치체제가 혼합된 중국의 사례(p. 126의 '중국의 경제모델?' 참조)를 들 수 있다.

개발에 대한 유력한 구체적 대안은 자유주의에 뿌리를 둔 '인간개발' 접근법과 마르크스주의와 탈식민주의 사상(제4장 참조)에 뿌리를 둔 구조주의적 접근법을 포함한다. 인간개발은 사람들이 자신의 잠재력을 충분히 개발하고 자신의 필요와 관심에 따라 충족되고 창조적인 삶을 영위할 수 있는 능력을 고려하는 인간복지의 표준이다. 이는 종종 사람들의 선택을 확대하는 측면에서 간단히 정의된다. '자유로서의 개발'에 대한 센(Sen 1999)의 개념에 영향을 받은 이러한 생각은 1993년부터 유엔의 인간개발보고서에 국가들의 순위를 매기기 위해 사용된 인간개발지수(Human Development Index)를 통해 완전히 정교화되었다. 주요 인간개발지표(Human Development Indicators)는 다음과 같다.

- 길고 건강한 삶을 영위하는 것 (수명 및 건강 프로파일).
- 지식습득 (교육 및 문해력).
- 적절한 생활수준에 필요한 자원(연료, 위생, 주거지 등)에의 접근.
- 미래 세대를 위한 자원 보존 (인구학적 추세 및 지속가능성).
- 인간안보(p. 463 참조) 확립 (식량, 직업, 범죄, 개인적 고통).
- 모든 여성과 남성의 평등을 달성하는 것 (교육, 경력/고용, 정치 참여).

반면에 프랭크(Andre Gunder Frank)와 로드니(Walter Rodney)를 포함한 사상가들에 의해 대중화된 **저개발**이론과 임마누엘 월러스타인(Immanuel Wallerstein, p. 137 참조)의 세계체제론을 포함한 구조주의적이고 마르크스주의적인 접근법은 개발에 대해 더 급진적인 관점을 제공한다. 세계체제론의 중심 사상은 16세기 이후부터 자본주의의 확장이 세 개의 서로 맞물려 있는 부분으로 구성된 글로벌 경제체제를 만들었다는 것이다.

- 대량 시장산업과 정교한 농업을 포함하여 상대적으로 높은 임금, 첨단기술, 다양한 생산 혼합이 특징인 핵심부.
- 낮은 임금, 초보적인 기술, 곡물, 목재, 설탕 등 기본 상품에 맞춘 단순한 생산 혼합이 특징인 주변부.
- 일부 핵심부 및 일부 주변부를 포함하는 경제적으로 혼합된 반주변부.

개 념

저개발

저개발(underdevelopment)이라는 개념은 개발에 대한 많은 비판적이고 대안적인 관점들의 중심에 자리잡고 있다. 이 개념은 1960년대에 나타났고 독일계 미국인 사회학자 프랭크(Andre Gunder Frank, 1929–2005)와 가이아나의 역사가이자 정치활동가인 로드니(Walter Rodney)의 연구에서 가장 영향력 있는 표현들을 발견했다. 로드니의 *How Europe Underdeveloped Africa* (1972)는 저개발을 식민주의의 결과로서 일부 국가의 경제(및 더 넓은 사회)가 식민지화한 권력들 스스로의 이익을 위해 효과적으로 억제되었던 과정으로 묘사한다. 이러한 의미에서 저개발은 '자본주의, 제국주의 및 식민지 착취의 산물'이다. 이러한 관점에서, 아프리카, 아시아 및 미국 경제의 개발은 유럽의 식민지화 이전에 상당히 독립적으로 발생했다. 식민주의는 이러한 사회와 자원을 식민지화한 강대국에 대한 봉사에 투입하기 위해 인위적으로 개발을 중단시켰는데, 식민지화한 사회는 자신들이 필요로 하는 것을 추출하고, 식민지화된 사회를 탈식민화 이후에도 저개발 상태가 되도록 남겨두었다.

핵심-주변부 모델은 강한 국가가 약한 국가에 대해 불평등한 교환을 강제할 수 있는 방법, 즉 주변부에서 핵심부로의 경제적 잉여의 이전, 의존성과 저개발을 유지하는 데 도움을 주는 방법을 강조한다. 주변부의 저임금 및 저수익 생산자는 핵심부의 고임금 및 고수익 생산자를 서비스하고 지원하는 데 사용된다. 반주변부는 세계체제 내에서 완충 또는 충격 흡수자 역할을 하며, 핵심부 국가들이 통일된 반대에 직면하지 않도록 보장한다. 이러한 관계는 핵심과 주변부 사이의 정치적 차이에 의해 더욱 보강되며, 핵심부는 민주정부, 효과적인 국가조직 및 발전된 복지 서비스를 갖는 경향이 있고, 주변부는 일반적으로 권위주의적 정부, 약하거나 비효과적인 국가조직 및 매우 초보적인 복지 제공을 갖는다. 글로벌경제 내에서 글로벌 빈곤과 지역 불균형의 종식은 자본주의 세계체제의 전복 또는 내재적 불안정성과 반복되는 위기로 인한 붕괴를 요구한다.

보다 불평등한 세계?

글로벌 불평등성에 대한 이해

빈곤에 대한 질문은 불평등의 문제와 연결된다. 상대적 빈곤의 관점에 따르면, 빈곤과 불평등의 개념은 본질적으로 연결되어 있고, 불평등의 확대는 빈곤의 증가를 '의미'한다. 그러나 글로벌 불평등의 이슈는 특별한 논쟁의 영역이다.

불평등을 측정하는 과제를 둘러싸고 상당한 어려움이 있을 뿐만 아니라, 불평등의 추세 자체도 빈부격차라는 단순한 생각이 시사하는 것보다 훨씬 더 복합적이다. 궁극적으로 글로벌 불평등의 전체적인 추세를 식별하는 것은 가능하지 않을 것이고, 글로벌 불평등의 윤곽만 논의하는 데 초점을 맞추는 것이 바람직하다. 그 이유는 여러 가지가 있다.

- 무엇을 측정하여야 하는지에 대한 명료함이 부족하다. 소득, 기대수명, 교육기회, 깨끗한 물에의 접근 등이 포함된다.
- 불평등을 측정할 데이터는 신뢰할 수 없고 편향을 포함하고 있을지 모른다.
- 서로 다른 시간 범위는 서로 다른 추세를 보여준다.
- 누가 '부자'이고 누가 '빈자'인지에 대한 혼란이 있다.
- 국가 내 추세는 국가 간 추세만큼 중요하거나 더 중요할 수 있다.

평등에 대한 논의를 할 때 첫 번째 문제는 무엇을 측정하는가에 대한 것이다. 무엇에 대한 평등인가? 세계은행은 소득, 즉 1인당 GDP에 기초한 불평등의 측정치를 사용한다. 이러한 방식을 사용하는 이유는 이 데이터가 의료와 깨끗한 물에의 접근 같은 대안적 방법보다 수집하고 계산하기가 쉽기 때문이다. 또 다른 이유는 구매력평가지수를 위해 조정된 소득이 사람들의 생활기준에 대하여 광범위하지만 신뢰할만한 지표를 제공하기 때문이다. 그러나 이에 대한 대안은 유엔의 인간개발에 대한 개념인데, 이는 다차원적일 뿐만 아니라, 관심을 경제적 평등에서 삶의 기회의 평등으로 전환시킨다. 둘째, 글로벌 불평등에 대한 평가를 제공하는 데이터는 항상 완전한 것이 아니고 신뢰성도 높지 않다. 세계은행의 연례 『세계개발보고서』는 소득분배에 대한 가장 포괄적이고 공통적으로 사용되는 데이터를 제공한다. 그러나 일부 사람들은 세계은행의 중립성에 대하여 의문을 제기하였으며, 2000년대 초반까지 각국의 환율, 생활비, 인플레이션 수준 같은 요인들에 대한 정보를 제공하지 못했다. 데이터 수집과 해석에 대한 접근의 시대적 변화는 논평자들로 하여금 글로벌 불평등에 대한 성격과 수준에 대한 견해를 수정하게 강요했다. 더욱이 소득 불균형에 대한 데이터가 신뢰할 수 없는 중요한 영역이 남아있거나, 가난한 국가 내 불평등에 대한 데이터가 불충분하게 제공되고 있다.

셋째, 글로벌 빈곤에 대한 추세는 측정되는 시간의 척도에 의하여 많은 영향을 받는다. 불평등에 대한 장기적인 견해, 특히 19세기와 20세기의 추세에 대한 견해를 보면, 부국과 빈국 사이의 격차가 확대되는 심오하고 확고한 추세가 발견된다. 예를 들어, 1800년의 경우 미국의 1인당 소득은 아프리카보다 3배가 많았으나, 2000년에는 20배로 늘어났다. 아프리카에서 가장 가난한 국가에 비하면 50에서 60배가 된다. 이러한 추세는 개발된 북부의 산업화 결과이고, 이는 특히 19세기 이후 생활수준의 확고한 상승으로 이어졌다. 이러한 불평등 확대의 추세는 1945년부터 현재까지 더욱 분명해지고 있다. 그 이유는 1950년대와 1960년대의 소위 '장기 호황'의 혜택은 거의 모두가 산업화된 선진세계에 집중되었기 때문이다. 그러나 1980년대 이후의 글로벌 불평등을 측정해 보면, 불평등이 확대되고 줄어드는 상반된 이미지들이 나타나는 복합적인 그림이 그려진다. 더욱이 1980년대 이후의 기간 동안 여러 지점에서 다른 추세가 식별된다. 예를 들어, 1990년대 동안에 불평등이 확대되는 현상을 보이는데, 이는 개도국의 누적된 부채 위기, 그리고 러시아와 구공산국가들의 '충격요법'에 의한 시장경제로의 전환 이후의 경제 붕괴와 같은 요인들에 의하여 발생하였다. 이에 반하여, 2001년 9월 11일 테러사건과 2007-9년 글로벌 금융위기 사이의 기간은 세계경제의 강력한 성장의 특징을 보였고, 이는 부유한 국가들보다 가난하거나 저소득 국가들에게 혜택을 가져다주었다.

넷째, 누가 '부자'이고 누가 '빈자'인지에 대한 고정되고 객관적인 정의가 없다. 예를 들어, 우리는 개인이 살고 있는 국가의 평균소득의 관점에서 최고의 부자와 최악의 가난한 자를 10퍼센트, 20퍼센트 또는 30퍼센트로 비교할 수 있는가? 그러한 문제는 학술적 흥미의 관점일 뿐만 아니라 추세를 밝혀내는 데에도 영향을 미친다. 2001년의 『인간개발보고서』에 따르면, 세계에서 가장 가난한 20

퍼센트의 인구를 보유한 국가들의 평균소득에 대한 세계에서 가장 부유한 20퍼센트의 인구를 보유한 국가의 평균소득 비율은 1970년에 비하여 1997년에 많이 하락하였다 (15:1에서 13:1). 그러나 가장 부유한 10퍼센트 국가들과 가장 가난한 10퍼센트 국가들의 경우 상기 비율은 증가하였다 (19:1에서 27:1). 이렇게 된 이유는 최근 수십 년 동안 가장 빠르게 성장한 개도국들은 가장 가난한 국가들이 아니었기 때문이다.

마지막으로, 글로벌 불평등에 대한 분석은 '개인' 또는 가족이 아니라 '국가' 사이의 비교를 기초로 하기 때문에 정확성을 기하기가 어렵다. 1인당 GDP는 개인의 실질적인 소득에 대한 측정치가 아니라 국가의 명목상 평균소득에 대한 계산이다. 국가 내의 소득분포가 같이 고려되지 않으면, 국가 사이의 비교는 항상 제한적이고 잘못된 결과를 알려 줄 것이다. 실제로 국가 내 소득 격차가 많이 벌어지는 추세가 나타나면, 부유국과 빈곤국 사이의 격차가 줄어들더라도 부유한 사람과 가난한 사람의 격차는 더 늘어날 수 있다. 이는 빈곤 문제가 빈곤국에만 국한되지 않는다는 점을 보여준다. 부유한 국가에도 가난한 사람들은 있다. 국가 내의 불평등을 측정하는 데 가장 많이 사용되는 방식은 지니계수(Gini coefficient)인데, 수치는 0 (완전 평등)에서 100 (완전 불평등) 사이에 다양하게 존재한다. 예를 들어, 2015년 기준 덴마크의 지니계수는 28.2인 반면, 나미비아의 지니계수는 59.1이다.

글로벌 불평등의 상황

최근 수십 년 간 글로벌 불평등의 상황은 세 가지 핵심 추세로 분류될 수 있다.

- 평등화 추세. 중국과 정도는 덜하지만 인도의 경제성장에 기초한다.
- 불평등 심화 추세. 2000년대까지 사하라 이남 아프리카의 지속적이고 심화되는 빈곤의 영향을 받는다.
- 국가 내의 불평등이 증가되는 일반적 추세.

평등화 추세

각기 세계 인구의 25-30퍼센트를 차지하는 가장 부유한 국가들과 가장 가난한 국가들 사이의 격차가 좁혀지는 것은 주로 최근 수십 년 간 중국과 인도의 높은 성장률 때문이다. 1990년대부터 2000년대까지의 중국의 성장률은 약 8퍼센트에서 10퍼센트이었으며, 이 성장률은 2010년 이후 느리지만 꾸준히 감소하여 2014년부터 2018년까지 평균 7퍼센트 미만이었고, 2018년에는 30년 동안 가장 낮은 6.6퍼센트에 이르렀다. 2000년대 초반 인도의 GDP 성장률은 약 7퍼센트에서 8퍼센트였으며, 비록 글로벌 금융위기와 함께 급격하게 하락했지만, 대체로 회복되어 현재는 연간 6퍼센트에서 7퍼센트로 중국과 거의 동등하다. 이는 유럽연합과 미국의 산업화된 선진경제의 사례와 뚜렷하게 비교된다. 유럽연합과 미국의 선진경제는 글로벌 금융위기 이전에 2퍼센트에서 4퍼센트 정도의 성장에 그쳤고, 금융위기 당시 마이너스 성장(불황)에 빠졌으며, 2014년쯤 회복된 이후 2퍼센트에서 3퍼센트로 안정화되었다. 이로 인한 영향은 중국과 인도가 세계 인구의 거의 40퍼센트를 공동으로 차지하고 있기 때문에 더욱 크다. 중국의 빈곤 감소는 특히 두드러졌다. 중국의 빈곤율 (삶을 유지하기 위해 필요한 식량의 양을 기준으로 함) 계산에 따르면, 1978년 개혁과정 시작 당시 2억 5,000만 명에서 2001년 2,800만 명으로 절대 빈곤이 감소했다. 2020년 중국은 이와 같은 측정치를 근거로 절대 빈곤을 완전히 '제거했다'고 발표했다. 세계은행의 수치는 약간 낮지만, 중국이 인류 역사상 가장 놀라운 빈곤 감소를 가져왔다는 점을 받아들인다. 이 평가에 따르면, 1981년에서 2008년 사이에 하루에 1.25달러 미만으로 살아가는 인구를 6억 6,300만 명까지 줄이는 데 성공한 것은, 중국의 성장이, 2015년까지 극빈 인구를 절반으로 줄인다는 핵심적인 새천년개발목표를 5년 앞당겨서 2010년에 달성했음을 의미한다. 세계은행은 2019년까지 자체적인 조사 (하루 1.90달러 이하로 생활)를 통해 빈곤 인구비율을 0.1퍼센트로 감소시켰다고 인정했다 (도표 16.2 참조).

중국의 빈곤감소 전략은 제조업 생산의 확대, 특히 수출지향적 산업, 대규모 인프라 프로젝트, 특히 이제는 사라진 '한 자녀'정책을 통한 인구통제, 빈곤 구제 수준의 개선 등을 포함한다. 이와 관련하여 중국은 특히 세계은행과 같은 국제적인 파트너들과 협력해 왔다. 반면, 중국의 빈곤감소에 대한 현격한 성공을 위하여 대가를 치루기도 하였는데, 그 대가는 오염, 급격한 도시화에 의한 대규모 이주, 작업장에서의 안전문제, 가족구조의 분열 등을 포함한다.

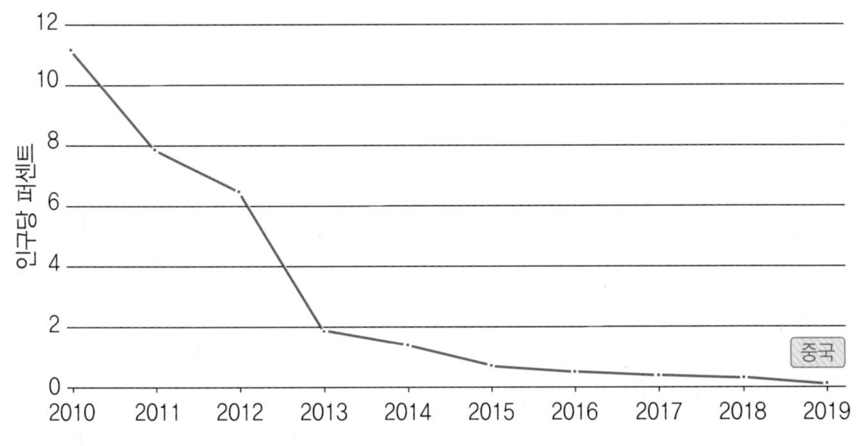

도표 16.2 중국 내 절대빈곤층 비율의 감소를 나타내는 세계은행 자료

16

빈곤의 순환(Poverty cycle): 보건, 시민질서, 정치 및 경제적 수행 등에 영향을 주면서 가난을 되풀이되게 하는 일련의 상황이다.

불평등 추세

세계의 다른 지역들이 경제적인 발전을 이루었고, 2018년 GDP 성장률 상위 10개국이 모두 글로벌 사우스에 있다는 근거가 있는 반면, 사하라 이남 아프리카가 주요 예외 지역으로 부상했다. 2009년 『인간개발보고서』에 따르면, 유엔의 인간개발지수가 가장 낮은 24개국은 모두 사하라 이남 아프리카에 위치하고, '저수준 인간개발'의 범주에 속하는 국가들이다 (표 16.1 참조). 2015년 사하라 이남의 기대 수명은 60.88세였다 (세계 평균 72.38세와 비교됨). 비록 기대 수명은 10년 전의 52.88세에 비해 크게 향상된 것이지만, 인구의 20퍼센트, 즉 5명 중 1명은 영양 결핍 상태인 것으로 추정되어 글로벌 비율의 약 두 배에 달했다.

왜 사하라 이남 지역이 그렇게 되었을까? 이 지역은 빈곤의 순환 때문에 빈곤을 벗어나는 것이 어려웠고 불가능하다. 빈곤과 질병의 연결 때문에 상황은 더 악화되었다. 에이즈(HIV/AIDS)가 사하라 이남 아프리카를 더욱 황폐화시켰는데, 2007년에 전세계 감염자의 68퍼센트와 에이즈 사망자의 76퍼센트가 이 지역에 분포되어 있었다. 최근 몇 년간 극적인 개선이 있었고, 동부 아프리카와 남부 아프리카의 에이즈 관련 사망자는 2010년에서 2017년까지 42퍼센트 감소했다. 이 전염병은 스와질란드(2016년 기준 인구의 27.2퍼센트가 HIV/AIDS의 감염자), 레소토(25퍼센트), 보츠와나(21.9퍼센트) 등 남부 아프리카 국가들에서 특히 심각했다. 2017년 말라리아로 인한 사망자의 93퍼센트가 아프리카 사람들이고, 그 중 대다수(61퍼센트)가 5세 미만의 어린이들이다. 빈곤과 내전, 범죄, 부패, 국가

표 16.1 인간개발지표(HDI) 순위 상위 10개국과 하위 10개국

상위	하위
1. 노르웨이	180. 에리트레아
=2. 아일랜드	181. 모잠비크
=2. 스위스	=182. 부르키나파소
=4. 홍콩	=182. 시에라리온
=4. 아이슬란드	184. 말리
6. 독일	185. 부룬디
7. 스웨덴	186. 남수단
=8. 호주	187. 차드
=8. 네덜란드	188. 중앙아프리카공화국
10. 덴마크	189. 니제르

출처: UN (2019)

실패의 관련성은 식민주의의 유산과 인종 간 긴장의 측면에서 사하라 이남 아프리카에 심각한 불이익을 가져다준다. 빈곤의 악순환의 다른 요인들은 빈곤에 따른 교육의 부실, 투자율 저하, 통제되지 않는 인구증가(2017년 세계은행 자료 기준, 세계에서 출생률이 가장 높은 30개국 중 27개국이 사하라 이남 아프리카 국가들이다), 그리고 풍요의 역설(paradox of plenty, p. 451 참조) 등이다.

그러나 사하라 이남 아프리카의 쇠퇴 추세가 끝났을 수 있다는 근거가 있다. 세계은행에 따르면, 사하라 이남 아프리카는 2008년에 1.25달러의 빈곤율을 48퍼센트로 줄였는데, 이는 처음으로 50퍼센트 아래로 떨어진 수치이며 1999년 최고점인 58퍼센트보다 현저히 낮아진 현상이며 2015년에는 41퍼센트를 기록했다. 이는 주로 아프리카 대부분 지역의 경제성장률이 개선된 점을 반영한다. 2007-9년의 글로벌 금융위기에도 불구하고, 사하라 이남 아프리카의 경제는 2000년과 2011년 사이에 연평균 4.7퍼센트의 성장을 했다. 2010년대 중국의 성장 둔화는 2016년 GDP 성장률이 1.2퍼센트로 감소하는 등 사하라 이남 아프리카의 상품 수출에 짧지만 손상을 입히는 연쇄효과를 미쳤지만, 2017년에 성장이 다시 회복되었다. 아프리카 경제부활에 대해 제시된 설명으로는 국제원조의 영향과 특히 채무면제, 높은 상품가격(부분적으로 중국의 부상에 의해 주도됨), 대부분의 아프리카 내전 종식, 세계은행과 IMF가 장려한 시장기반 경제개혁 등이 있다. 그럼에도 불구하고, 아프리카의 경제호황에 대한 낙관론은 정치적 불안정성이 여전히 광범위하고 사하라 이남 아프리카의 제조업 생산이 GDP에서 차지하는 비율이 1970년대와 동일하다는 이유로 조정되어야 한다는 인식이 대두되고 있다 (Devarajan and Fengler 2013).

국가 내 불평등

마지막으로, 국가 사이의 불평등은 줄어들고 있지만, 국가 내의 불평등은 심화되고 있다는 근거가 있다. 코니아(Cornia 2003)는 자신이 조사한 73개국 중의 3분의 2가 1980년부터 2000년 사이에 국가 내 불평등 확대를 경험했다고 발표하였다. 세계은행은 최근에 소득과 기대수명의 국가 내 불평등이 증가하고 있음을 인정했다. 경제학자 피케티(Thomas Piketty)는 2013년 베스트셀러 국제학술서 *Capital in the 21st Century*(한국번역서: 『21세기 자본』)에서 이러한 종류의 불평등이 자본주의에 내재되어 있다는 것을 증명하기 위해 많은 증거를 정리했다. 이러한 국가 내 불평등은 수준의 차이는 있지만 많은 국가에 적용이 된다. OECD 국가들 중에서 신자유주의를 가장 열정적으로 받아들인 미국, 영국과 같은 국가에서 가장 현저하게 나타난다. 금융규제 완화, 사회보장 지출의 억제, 개인과 기업의 세금 축소 등에 의하여 소득불균형이 확대되었다. 이러한 추세는 동유럽의 구공산국가들과 중남미에서 특히 명백해졌다. 동유럽의 공산주의 국가들에서 계승되던 경제와 사회체제가 해체되었고 상대적인 빈곤이 증가하였으며, 러시아에서는 절대적 빈곤의 수준이 증가하고 기대수명은 줄어들었다. 중남미에서 소득불평등은 1980년대와 1990년대에 특히 악화되었는데, 이는 때때로 경제자유화와 규제완화를 하라는 외부의 압력과 연관되어 있다. 중국의 경험은 국가 간 불평등의 축소와 국가 내 불평등의 확대가 어떻게 같은 과정에서 발생할 수 있는가를 보여준다. 1978년 이후 중국의 경제개혁은 평균소득을 대폭 증가시키고 절대적 빈곤을 급격하게 감소시켰지만, 동시에 소득불균형을 증가시켜 도시-지방 간 분열을 조장하였다. 지방의 빈곤 현상은 글로벌화의 영향과 관련하여 다음 절에서 구체적으로 논의된다.

글로벌화, 빈곤, 불평등

1990년대 초 이후 빈곤과 불평등에 대한 글로벌화의 영향은 많은 논쟁거리가 되어 왔다. 글로벌화를 지지하는 사람들은 글로벌화가 모든 사람들에게 향상된 기회를 준다고 주장했다 (Norberg 2003; Lal 2004). 그러나 비판가들은 글로벌화를 양극화와 종속의 심화에 연결시켰다 (Held and Kaya 2006). 불행하게도, 실증적 분석으로 이 이슈를 해결하려는 시도는 한계가 있다. 가장 공통된 접근은 경제 글로벌화의 진전과 소득격차의 추세 사이의 상호관계를 식별하는 것이다. 이미 지적한 바와 같이 불평등의 추세가 복합적이고 어느 정도 모순될 뿐만 아니라 상관관계(위와 아래 모두)가 반드시 원인이나 중요성을 나타내는 것은 아니며, 다른 요인들이 빈곤과 불평등의 추세에 영향을 미칠 수도 있다.

글로벌화를 불평등의 확대와 연결시키는 사람들은 다양한 과정에 대하여 관심을 가진다. 첫째, 그들은 글로벌화를 승자와 패자의 게임으로 표현하고, 다른 사람들의 희생을 토대로 한 이득 추구를 그 논거로 한다. 이는 세계체제론에 의하여 제시된 핵심/주변 모델에 새로운 관심을 가지게 한다. 북부는 글로벌경제에서 핵심지역이며, 최첨단 하이테크 생산의 본거지이며 세계의 초국적기업을 이끌고 있다. 남부는 글로벌경제에 있어서 주변부이며, 산업은 주로 농업생산과 원자재 공급에 국한되어 있다. 동부(중국, 남아시아 등)는 반주변부로 활동하는데, 아직 북부의 연구 및 개발과 발전된 기술에 필적하지는 못하지만 글로벌경제의 생산기지로서의 역할을 하고 있다. 이에 따라 글로벌화는 가난한 남부의 희생을 토대로 북부에 이득을 안겨주고 있으며, 국가 사이의 불평등을 확대시키지는 않더라도 유지하는 데 기여한다. 초국적기업들은 남부의 원재료와 값싼 노동력을 착취하면서, 남부의 희생을 발판으로 북부의 이득을 추구하고 있다. 둘째, 국가 간의 불평등은 글로벌무역체제와 특히 자유무역 원칙에 의하여 악화되었다. 19장에서 논의하겠지만, 자유무역은 부유국들이 자국은 위험에 노출되지 않으면서 가난한 국가들의 시장에 침투하여 이익을 챙기게 해 준다는 비판을 받고 있다. 산업화된 선진국들은 다른 국가들이 경제개방을 하도록 하고, 미국과 EU가 채택한 농업 보호주의와 같은 변칙적 정책들이 유지되도록 세계무역기구(WTO)를 통하여 압력을 행사하고 있다.

셋째, 글로벌화의 진전은 지방의 빈곤이 악화되고 도시-지방 간 불평등이 확대되는 원인이 되고 있다. 글로벌적으로 도시보다 지방에서 더 많은 사람들이 빈곤하게 살고 있다. 이는 주로 국제금융기관의 대출조건을 포함한 글로벌경제의 압력이 개도국의 농업관행을 광범위하게 파괴하고 농민들이 환금작물로 전환하여 수출용으로 생산하고 지역 수요와 지역 사회에 적합한 자급형 농업을 포기하도록 장려했기 때문에 발생한다. 그러나 일부 선진경제도 영향을 받는데, 특히 미국은 도시보다 지방에서 더 높은 수준의 빈곤(아동 빈곤 포함)으로 고통 받고 있다. 넷째, 글로벌화는 국가 내의 불평등을 적어도 두 가지 방식에 의하여 조장하였다. 첫째는 사회의 계층질서를 통해서이다. 기업들은 자유자재로 투자와 생산장소를 바꿀 수 있는 능력을 사용하여 정치적 힘을 확대시킬 수 있다. 노조들은 고임금과 개선된 근로조건을 요구하게 되면 고용안정에 해가 될 것을 우려하여 스스로 약화되고 기업 권력은 더 강력해지고 있다. 둘째 방식은 보다 개방되고 경쟁적인 경제를 채택하여 모든 국가들이 복지와 재분배 프로그램을 뒤로 미루는 동시에 경제에 대한 규제를 완화하고 세금체계를 재구조화하도록 하는 것이다. 이에 따라 부자는 더 부자가 되고 가난한 사람은 더 가난해 진다. 설상가상으로 '낙수'이론이 신화처럼 모든 곳에 전파되어 있다.

반면, 글로벌화의 지지자들은 글로벌화가 빈곤을 감소시키고 불평등을 줄이는 가장 확실한 방법이라고 주장한다. 이는 두 가지 측면에서 설명될 수 있다. 첫째, 글로벌화는 포지티브섬 게임이다. 글로벌경제에 참여하면 서로가 이득을 획득할 수 있다. 이것이 프리드먼(Friedman 2006)이 지구가 '평평(flatter)'해지고 있다고 하면서 주장한 내용이다. 글로벌화는 선진화된 산업국과 개도국이 경쟁을 벌이는 무대의 수준을 비슷하게 해준다. 1980년대 초반 이후 글로벌화가 가속화되던 시기는 신흥공업국들(NICs: newly industrializing countries)의 등장과 과거에는 빈곤과 저개발로 특징지어졌던 지역의 눈부신 경제성장이 이루어진 시기라 할 수 있다. 신흥공업국들은 글로벌경제에서 벗어나려는 시도보다는 글로벌경제와의 전략적 관계를 기반으로 발전해 왔다. 그들의 두 가지 전략은 수입대체산업과 수출지향적 개발이었으며, 세계시장에서 성공적인 경쟁력을 가지는 것을 목표로 한 다양한 산업을 발전시켰다.

중국은 어떻게 신흥공업국(NIC)이 글로벌화를 자국에게 이득이 되도록 만드는지를 보여주는 획기적인 사례이고, 인도, 브라질, 멕시코, 말레이시아와 동아시아의 '호랑이들' (홍콩, 싱가포르, 한국과 대만)도 국가마다 차이는 있지만 유사한 전략을 채택하고 있다. 글로벌경제에 통합 — 또는 적어도 '전략적' 통합 —

낙수(Trickle down): 자유시장정책의 도입이 경제성장과 삶의 조건 향상을 통하여 부자뿐만 아니라 가난한 사람들에게도 이득을 안겨준다는 이론이다.

수입대체(Import substitution): 국내산업의 생성기에 외국과의 경쟁에서 국내기업을 보호하는 경제정책이다.

16

을 하게 되면 1인당 GDP의 성장이 가능하지만, 통합에 실패하거나 거부하게 되면 저성장과 경제침체를 경험하게 된다. 이는 사하라 이남 아프리카에서 증명되고 있다. 또한 글로벌화를 지지하는 사람들은 초국적기업이 남부에 적대세력이고 글로벌정의에 위협이 된다는 논리에 도전하고 있다. 실제로 초국적기업은 고용기회 확대, 고임금, 기술훈련과 투자, 현대기술을 포함하여 다양한 이득을 가져다준다. 초국적기업이 개도국정부들에게 위협이 되기보다는, 연합을 하게 되면 정부들은 초국적기업을 자체적인 목표를 달성하는 데 활용할 수 있다. 마지막으로, 낙수경제가 실패한 것으로 보이지만, 글로벌화를 지지하는 이론가들은 국가 내의 불평등이 부자를 더 부유하게 만들더라도, 중요한 점은 가난한 사람들이 가난을 유지한다는 점보다 가난한 사람이 덜 가난하게 되는 것이라고 주장한다. 이는 불평등의 일반적인 중요성에 대한 의문을 제기한다.

글로벌 불평등이 중요한가?

평등에 대한 입장은 전통적으로 사람들의 핵심적 이념 성향을 형성해 왔다. 좌파는 일반적으로 평등과 사회정의를 지지한 반면, 우파는 전형적으로 불평등이 불가피하고 심지어는 이득이 된다는 점을 수용하였다. 이 입장은 글로벌화에 대한 논의에 영향을 주고, 글로벌화에 대한 비판자들의 평등적 견해와 글로벌화 지지자들의 불평등적 입장을 반영한다. 사회적 평등을 옹호하는 경우에 권력, 갈등, 개인의 안녕의 세 가지 고려사항을 기초로 한다. 사회적 불평등은 권력관계에 영향을 미치기 때문에 평등의 이슈는 권력과 연결되어 있다. 부유한 사람들은 가난한 사람들을 통제하고 억압할 수 있는 경제적이고 사회적인 자원들을 관리한다. 이 견해에 따르면, 부자들은 가난한 사람들을 자기 뜻대로 관리하여 더 부유해진다. 따라서 불평등한 세계는 정의롭지 못하고 착취적이며, 글로벌 정의는 절대적 빈곤의 감소뿐만 아니라 빈부격차의 축소를 요구하고 있다.

사회적 불균형은 분노, 적대감, 경쟁을 불러일으키기 때문에 불평등은 갈등과 연결된다. 이는 빈곤국의 국가 내 불평등과 관련하여 특별한 관심을 끌고 있다. 개발도상 세계에서 글로벌화의 핵심 결과들 중의 하나라 할 수 있는 토착적 빈곤과 소득격차 확대의 조합은 인종 및 부족 갈등과 시민질서 붕괴의 토대를 만든다. 이러한 점에서 글로벌 불평등은 국가의 실패와 인도적 위기뿐만 아니라 '새로운' 전쟁의 발발과 테러의 등장을 조장한다 (제13장 참조). 불평등과 개인적 안녕 사이의 연결이 이루어지는 이유는, 인간안보(p. 463 참조)와 행복은 사람들이 다른 사람들과 관련한 자신의 위치를 감지하는 사실에 의하여 영향을 받기 때문이다. 만약 사람들이 자신의 사회에서 관습처럼 행해지는 혜택과 보상에서 제외되었다고 느끼게 되면, 그들은 사회에서 소외되고 영향력을 박탈당했다고 느끼게 된다 (Wilkinson and Pickett 2010). 이는 국가 내 불평등의 분명한 이유가 된다. 그러나 글로벌 차원의 정보와 통신이 발전함에 따라, 위의 사실은 국가 사이의 불평등 원인으로 적용될 수도 있다. 예를 들어, '지구촌'의 다른 지역에서 누리는 번영이 알려지게 되면, 빈곤국에서 부유국으로 대규모 이주가 발생할 것이다.

그러나 다른 사람들은 불평등의 중요성에 대하여 의문을 제기하면서, 빈부격차를 줄이려는 노력은 잘못된 것이고 실패할 것이라고 주장한다. 그러한 첫 번째 주장은 불평등보다 빈곤을 강조한다. 이 관점에 따르면, 절대적 빈곤은 현실적인 이슈이다. 행복과 개인의 안녕에 위협이 되는 것은 빈부격차보다는 기아, 오염된 식수와 비위생, 낮은 기대수명과 같은 사회악이다. 그렇다면 국가, 지역, 글로벌 정책은 극단적인 빈곤을 감소시키는 목표를 설정해야 하고, '상대적인' 빈곤에 대해서는 논의할 필요가 없다. 따라서 가난한 사람이 덜 가난하게 된다면 부자가 더 부유해져도 문제가 되지 않는다.

두 번째 주장은 불평등이 경제적 이득을 가져다 줄 수도 있다는 것이다. 경제적 자유주의자들은 사회적 수준의 동일화는 경제침체를 가져다 줄 수 있는데, 그 이유는 기업을 운영하고 열심히 일할 열망과 동기를 제한하기 때문이다. 이 관점에 따르면, 사회주의 국가들의 저성장과 궁극적인 붕괴의 원인은 평등주의적 사회구조 때문이었다. 실제로 불평등의 확대는 산업발전이 '시작'되는 국면의 특징이다. 세 번째 주장은, 국가 내에서 또는 국가 간의 소득 또는 부의 분배는 도덕적이나 정치적으로 덜 중요하고, 더 중요한 것은 그 분배가 어떻게 달성하는가이다. 이 견해에 따르면 불평등은 자유보다 덜 중요하다. 개인적 차원에서, 사람들은 사회에서 일어설 수도 있고 주저앉을 수 있어야 하며, 마지막 위상은 자신의 열정, 재능, 일을 하려는 욕구를 반영하는 것이 되어야 한다. 글로벌한 차원에서 국가는 주권을 누리고 다른 국가로부터 간섭을 받지 말아야 하며, 이는 국가로 하여금 글로벌경제 내에서 국가발전을 위한 전략을 개발하는 데 있어서 자신들이 보유한 모든 자원을 활용할 수 있게 해준다. 국가가 정치적 독립을 향유한다면, 어떻게 다른 국가들에 대한 경제적 서열이 자국의 국민들에게 영향을 미칠 수 있는가? 그것은 글로벌 정의(justice)의 문제가 아니다.

개발과 원조의 정치

구조조정프로그램

1950년대와 1960년대에 아시아와 아프리카에서 제국의 종말과 신생 독립 국가의 탄생은 중대한 정치적 효과를 낳았지만, 경제적인 성과는 거의 없었다. 세계경제 내에서 제조업 생산의 본거지인 산업화된 북부와 주요 생산지이면서 원재료와 식품원료의 제공지인 가난한 남부 사이의 확립된 분업체계는 변하지 않았다. 많은 개발도상국들이 수출에 의한 소득을 단일 상품 또는 매우 좁은 범위의 상품에 의존하고 있기 때문에, 이에 따른 남부의 경제적 다각화의 부족은 경제적인 취약성을 심화시켰다. 2005년에 43개의 개도국들은 수출에 의한 수입의 20퍼센트 이상을 단일상품에 의존하였다. 이에 따라 세계수출시장의 요동에 따른 단일경제 분야의 침체는 심각한 결과를 초래한다. 1970년대 이후 세계은행과 국제통화기금은 구조조정프로그램(SAPs: Structural Adjustment Programmes)을 활용하여 개발을 촉진하는 새로운 접근법을 추진하였다. 왜 이러한 정책변화가 이루어졌고, SAPs의 본질과 목적은 무엇인가?

구조조정프로그램(SAPs)과 때로는 구조조정대출(SALs: Structural Adjustment Loans)은 개발도상국가의 경제성장을 저해하는 구조적 비효율성으로 인식되는 것들을 극복하기 위한 시도로 IMF와 세계은행이 사용하고 있는 장치이다. 이들은 1980년대와 1990년대 동안에 대출을 허용하는 근거로 사용되었으며, 경제자유주의의 강한 신뢰장치로 사용되었고, 자유시장의 이름으로 규제와 정부개입으로 회귀하는 기대도 반영되었다. SAPs는 자신이 다루는 모든 국가들에 대하여 유사한 목표와 내용을 설정하였다. SAPs가 원하는 주요 개혁은 아래와 같다.

- 때로는 복지조항 삭감을 통하여 정부지출 축소, 또는 정부 수입 확대를 통한 정부예산의 균형 유지 (예를 들어, 정부 서비스에 대한 높은 수수료 부과를 통하여).
- 수입대체전략의 일환인 국내기업에 대한 보조금 축소 또는 철폐.
- 수입품과 수출품에 대한 관세, 쿼터, 기타 제한의 축소 또는 철폐.
- 경제에 대한 일반적인 규제완화, 특히 자본시장 자유화를 확립하기 위한 해외투자 제한 철폐.
- 정부가 소유한 기업과 서비스의 민영화 또는 매각.
- 수출을 장려하고 수입을 축소하기 위한 환율의 평가절하.

개발의 접근이 구조조정으로 전환된 데에는 두 가지 이유가 있다. 첫째는 개도국의 부채위기가 발생한 것이다. 이는 가난한 국가들이 서양의 은행과 민간기관으로부터 대규모의 자금을 빌리면서 발생한다. 이 은행과 기관에는 1973년 석유가격이 급등함에 따라 석유수출국기구(OPEC)의 '오일달러'가 유입되었다. 그러나 1970년대 금리의 상승과 세계경제의 침체(부분적으로 세계석유파동 때문)는 개도국 세계에 불경기를 가져다주었고, 이에 따라 부채위기가 발생하였다. 이러한 맥락에서 많은 개도국들은 IMF(수지균형의 위기를 벗어나기 위하여)나 세계은행(개발 프로젝트의 기금을 조성하기 위하여)에 눈을 돌리기 시작하였다. 이전에 제공한 차관이 경제성장을 촉진하는 데 별 역할을 하지 못했기 때문에, 글로벌 금융기구들은 융자를 증가하거나 재구성해야 한다는 압력을 받게 되었다. 두 번째 요인은 1970년대 초 브레튼우즈체제(19장 참조)의 붕괴와 소위 '워싱턴 합의(p. 129 참조)'의 등장에 따른 이념적 전환이었다. 부채위기와 다른 문제들은 많은 개도국

부채위기(Debt crisis): 경제적 잉여가 이자상환을 하기에 불충분하여 국가가 부채를 상환할 수 없는 상황.

경제의 구조적 비효율성에 기인한다는 믿음에 기초하여, IMF와 세계은행은 미래의 차관에 대출조건을 제시하도록 결정하였다. 이러한 조건의 목적은 경제정책을 신자유주의 원칙에 맞도록 시장지향형으로 '구조조정'하도록 하는 것이었다.

대출조건(Conditionality): IMF와 세계은행에 의하여 결정되는 것으로, 대출이 합의되거나 이루어지기 전에 미래 경제정책의 방향에 대한 특정 조건을 맞추도록 요구하는 것.

구조조정프로그램의 부과는 많은 논쟁을 불러 일으켰다. 이 프로그램의 논리는 경제적 자유주의를 토대로 하고 있다. IMF와 세계은행의 관료들에게 있어서 개발의 핵심은 시장개혁이었고, 이는 경제성장, 고용, 빈곤감소에 기본이 되는 역동성, 혁신, 기업가 정신을 고양시킨다고 그들은 믿었다. 가난한 국가들의 정부들이 이러한 개혁을 도입하도록 고무하기 위하여 IMF와 세계은행의 관료들은 자기들이 각국 국민들의 이익을 위하여 활동한다고 자부하였다. 구조조정프로그램은 원하지 않거나 저항하는 국가에는 부과되지 않았다. 대신에 각국이 대출을 다른 곳에서 받을 수 없게 되고 시장개혁이 이득을 가져다준다고 인정할 때 국가와 국제조직 사이에 협상을 하여 합의를 하도록 하였다. SAPs가 주는 주요 이득은, 자유무역과 시장개혁이 국가경제의 글로벌경제로의 통합을 촉진하고, 이에 따라 성장률을 높여주고 빈곤의 악순환을 줄여주는 것이다. 실제로 이러한 논리는 아프리카와 동아시아 경제실적의 놀랄만한 차이에 의하여 밝혀진다. 1950년대와 1960년대에 많은 아프리카 국가들의 1인당 GDP는 지금과는 달랐고, 당시 경제적 무능력 국가로 간주되던 중국과 인도를 포함한 동아시아 국가들보다 높았다. 그러나 동아시아 국가들은 급성장을 하였다. 그 성장은 동아시아 '호랑이들'이 채택한 수출지향 전략의 성공, 그리고 1978년 이후 중국, 1991년 이후 인도가 채택한 시장개혁을 통해서 가능했다. 이러한 큰 차이는 1957년 가나의 국민총생산(GNP)이 한국보다 많았으나, 1996년 한국의 GNP는 가나보다 거의 7배가 많은 사례에서도 볼 수 있다. 그러나 동아시아경제의 성공을 자유무역의 덕분이라는 생각은 보호무역주의(5장에서 논의되었음)의 관점에서 조심스럽게 접근해야 한다.

그러나 최근 경제성장과 빈곤감소를 가장 성공적으로 이룩한 국가들이 무역과 경제통합을 강조하였다는 점을 인정하는 것은 SAPs의 혜택을 받았다는 점과는 거리가 있다. 사실상 SAPs는 그러한 목표를 달성하는 데 있어서 매우 비효과적이고, IMF와 세계은행도 그러한 점을 인정하였다 (Przeworski and Vernon 2000; Easterley 2001). 미국에서 훈련받은 IMF와 세계은행의 관료들에 의하여 디자인된 시장개혁의 하향식 프로그램은 가혹하고 현지의 요구와 상황에 거의 관심을 기울이지 않는 것이었다. 칠레(프리드먼[Milton Friedman]의 아이디어를 따른 시카고학파 경제학자들에 의하여 설계된 개혁프로그램 채택), 아르헨티나, 멕시코의 경우 시장지향형 구조조정은 경제적 혼란과 정치적 불안정을 초래하였다. 1997년 아시아 금융위기 당시, IMF의 차관과 이에 따른 조건을 받아들이지 않은 말레이시아가 IMF의 차관과 처방을 받아들인 태국과 한국보다 빠르게 경제회복을 이룩하였다. 중국과 인도의 교훈은 시장지향형이고 수출주도형 개혁이 국가개발전략의 한 부분일 때 효과적으로 작동된다는 점을 보여주고, 국가들은 자국의 상황에 맞게 글로벌경제에 참여하게 된다.

SAPs의 단점은 무엇인가? 첫째, 스티글리츠(Joseph Stiglitz, p. 507 참조)는 SAPs의 귀결점은 빈곤을 줄이는 것이 아니라 확대시키는 것이었다고 지적한다. 예를 들어, 정부지출을 축소하도록 하는 압력은 복지, 교육, 보건관련 예산의 삭감을 의미하고, 이는 부와 관련해서, 특히 여성과 소녀들에게 불균형적인 영향을 준다. 이와 유사하게, 상대적으로 취약한 경제를 해외 경쟁에 노출시키면 실업을 증가시키고 임금을 하락시키며 근로조건을 악화시키는데, 이 모든 것이 '노동의 유연성'을 확대한다는 미명하에 이루어진다. 또한 해외투자의 증가는 세계시장을 위한 소비재 생산에 초점을 맞추게 되고, 경제적으로 회수가 거의 되지 않는 학교, 도로, 병원건설 등에는 관심을 별로 두지 않는다. 둘째, SAPs는 글로벌 경제성장의 계기는 만들지 않으면서 미국을 비롯한 공여국들의 이익획득에 기여를 한다. 공여국들은 개도국들이 필요로 하는 데에는 관심을 두지 않으면서 투자와 무역기회를 확대하는 정책만을 추구한다. 이는 대체로 서양에서 교육을 받은 IMF와 세계은행의 고위관료들의 편향적인 시각을 보여준다. 기아, 질병, 빈곤, 악순환되는 부채의 압력을 받는 개도국들은 국제기구들을 대하는 데 있어서 제한적인 활동의 자유를 가지게 된다.

마지막으로, 그리고 아마도 제일 중요한 것은, SAPs가 개발에 대한 결점있는 모델에 기초하고 있다는 점이다. 매우 취약한 실증적 토대를 지니고 있으며, 경제적으로 발전된 선진국들이 실제로 따라서 해 보지 않은 개발모델을 기초로 하고 있다. 선진국들은 SAPs를 적용시키면서 "우리가 한 방식으로가 아니라, 우리가 말하는 방식대로 하라"고 요구한다. 미국, 독일, 일본, 그리고 최근 중국의 기록은 자신들의 기업이 강한 경쟁력을 가지기까지 수입을 금지하고 자국의 기업을 보호하는 정책과 밀접하게 연결되어 있다. 그러한 국가들은 국내기업들이 위험스러운 상태에서 벗어났다는 점이 확인되는 경제적 성숙 수준에 도달하였을 경우에만 자유무역과 경제적 자유주의 정책으로 전환했다. 이에 비하여 SAPs는 자유시장 개발의 신화에 기초하고 있으며, 그들은 개방경제가 개발의 결과가 아니라 개발의 전제조건으로 생각하고 있다. 1990년대에 SAPs에 대한 비판이 심화되면서, 개혁의 압력이 거세졌다. IMF와 세계은행도 SAPs가 적어도 단기적인 경제·사회 분열의 원인이 되었고 성장을 증대시키는 데 있어서 신뢰할 수 없는 수단이 되었다는 데 동의하였다. 2002년 이후 '누구에게나 맞는 한 사이즈'의 구조조정 접근 방식을 포기하였다. 기존의 SAPs는 빈곤감소전략문서(PRSPs: Poverty Reduction Strategy Papers)로 대체되었는데, 이 문서는 보다 유연하고, 국가소유권을 촉진하도록 하고, 빈곤감소를 더 강조하고, 장기대출(7년까지)을 허용하였다. 그러나 시장경제와 수출촉진에 대한 강조는 그대로 남겨졌다.

글로벌 행위자 세계은행

형태	설립	본부	회원국
국제기구	1944년	워싱턴 D.C.	189개국

세계은행은 빈곤감소 임무를 강조하면서, 재건과 개발을 지원하기 위하여 대출과 금융 및 기술지원을 하는 은행이다. 세계은행은 1944년의 브레튼우즈협정에 의하여 설립되었고, 첫 대출은 1947년부터 시작되었다 (2억 5,000만 달러가 전후 복구를 위하여 프랑스에 대출되었다). 세계은행은 두 개의 기관을 포함하고 있다.

- 국제부흥개발은행(IBRD: International Bank for Reconstruction and Development)
- 국제개발협회(IDA: International Development Association)

세계은행 총재는 은행 업무 전반에 대하여 책임을 지고 있다. 이사회는 대출과 보증, 새로운 정책, 예산과 핵심 전략적 결정을 승인한다. 회원국들은 재정적 기여에 따라 가중적 투표권을 행사한다. IBRD는 세계금융시장에서 채권을 매각하여 기금을 조성하고, IDA는 기금의 대부분을 미국을 중심으로 한 40개의 기여국들로부터 지원을 받고 있다. 총재는 미국의 재무장관이 임명하며 언제나 미국시민이 임명되었다. 은행의 자본은 1945년 100억 달러였으며, 2003년에는 1,895억 달러로 증가하였다. 1993년 이래 세계은행은 매년 약 200억 달러를 대출하고 있다.

중요성: 초기에 세계은행은 전후 복구에 전념하였다. 그러나 시간이 지나면서 개발 촉진이 주 업무가 되었다. 이는 여러 국면을 통해서 이루어졌다. 첫째, '걱정 없는 현대화(modernization without worry)'로 수송, 에너지, 전자통신 등 기간시설 프로젝트를 지원하였다. 1970년대에 맥나마라(Robert McNamara, 1968-81) 총재하에서 은행은 빈곤감소를 강조하였고, 특히 지방의 개발과 기본 욕구의 충족을 위한 프로젝트를 시행하였다. 1980년대 초반부터 개도국들의 점증하는 부채위기에 직면하여, 그리고 '워싱턴 합의'로 대표되는 신자유주의적 경제를 향한 이념적 전환의 영향하에서, 세계은행은 IMF와 연계하여 '구조조정' 전략을 추진하였다. 구조조정프로그램(SAPs)은 대출과 다른 형태의 지원을 폭 넓은 시장개혁과 정치상황 개선을 필요로 하는 조건에 연결시켰다. 1990년대에 점증하는 비판과 SAPs의 많은 실패를 인정하면서 세계은행은 거시경제개혁을 덜 강조하고 개발의 구조적, 사회적, 인간적 측면을 더 강조하였다. 이는 포괄적 개발체계(CDF: Comprehensive Development Framework)를 통해 이루어졌고, 1999년 OECD와 연계하여 IMF와 유엔은 2015년까지 빈곤감소를 위한 6가지의 목표를 설정하였다. 새로운 전략은 '탈워싱턴 합의'로 불렸다.

세계은행은 개발과 빈곤에 관심 두고 있는 세계에서 가장 선도적인 조직이다. 이 조직에 대한 지지자들은 개발 프로젝트를 통하여 자원을 부유국으로부터 빈곤국으로 전환시키는 데 성공했다는 강조를 한다. 또한 그들은 은행이 초기의 실수에 대하여 받아들이고, 국가 소유에 더 중점을 둔 보다 유연하고 창의적인 빈곤감소 접근방식이 필요하다는 점을 인정한다. 덧붙여서, 세계은행은 개발에 대한 주요 정보수집자이면서 배포자이다. 세계은행은 『연간 세계은행보고서(*World Bank Annual Report*)』, 『세계개발보고서(*World Development Report*)』와 『글로벌 개발금융(*Global Development Finance*)』 등을 발간하고 있다. 세계은행을 비판하는 사람들은 개발을 위한 세계은행의 자금이 부족하고, 빈곤감소 실적이 미미하며, 정형화된 SAPs를 포기했음에도 불구하고 신자유주의적 편향이 유지되고 있으며, 세계무역기구(WTO, p. 556 참조) 및 IMF와 함께 글로벌 경제질서의 불균형과 격차에 대하여 도전하기보다는 지지하고 있다.

국제원조와 개발윤리

1980년대 이후 개발에 대한, 그리고 개발을 어떻게 달성하는지에 대한 정치적이고 윤리적인 논쟁이 거세게 일어났다. 부분적으로 이는 개발을 위한 '정통적'인 시장기반 접근방식에 대한 각성을 바탕으로 하였고, 개발에 대한 비판적인 '대안' 이론들에 초점이 모아졌으며, 대체로 북부의 기술주의적 개입보다는 남부의 관점이 많이 반영된다. 센(Amartya Sen 1999)의 '자유로서의 개발'에 대한 관념과 '인간개발'에 대한 점증하는 관심을 기초로 한 빈곤에 대한 접근은 이 과정의 사례다. 이에 덧붙여서, 글로벌 반(反)빈곤운동이 등장하였고, 이는 보다 큰 규모의 반글로벌화와 반자본주의운동 내에서 가장 월등한 요소로 작용하였다. 반빈곤 메시지들이 다양한 개발 NGO들과 단체, 캠페인에 의하여 전달되었다. 그 단체들과 캠페인으로는 쥬빌리(Jubilee) 2000 캠페인(개도국의 부채를 2000년까지 탕감해주는 캠페인)과 '빈곤을 과거 역사로 만들자(Make Poverty History)'는 캠페인, 1985년의 라이브 에이드 콘서트 캠페인(에티오피아의 기아 구호를 위한 기금모집 목적), 라이브 8 콘서트, 그리고 2005년 스코틀랜드 글렌이글스에서 개최된 G8 정상회담에 영향을 미치기 위한 저항운동 등이 포함된다. 이러한 운동들의 결과 중의 하나는 삭스(Jeffrey Sachs 2005)가 '빈곤의 종식'이라고 부른 과감한 시도와 이를 달성하기 위한 목표를 설정한 것이었다. 이를 수행하고 개발 의제를 다시 활성화하려는 가장 중요한 시도는 새천년개발목표(MDGs)와 나중에 지속가능발전목표(SDGs)의 수립을 통해 이루어졌는데, 그들이 얼마나 성공했는지에 대한 논쟁이 지속되고 있다.

이러한 개발에는 새로운 개발윤리의 등장이 토대를 이루고 있으며, 새로운 개발윤리는 현실주의 가설의 영향력 약화와 세계주의적 감정의 강화가 반영되고 있다. 개발에 대한 현실주의의 접근과 외국에 대한 원조와 다른 종류의 지원은 국가의 자기이익에 대한 관심에 의하여 동기화된다. 이는 사람들의 도덕적 의무가 기본적으로 시민권과 문화에 의하여 제한되고, 따라서 같은 민족 정체성을 공유하거나 같은 공동체에 있는 사람들에게로 제한된다는 가정에 기초하고 있다. 이러한 윤리적 민족주의는 다른 사람과 국가들의 곤경에 대한 관심이 일종의 계몽된 자기이익에 의하여 인식된다는 점을 보여주는데, 그 사례로 부유국들은 자신들에게 이득이 되는 새롭고 보다 강력한 시장을 만들기 위하여 국제원조를 제공한다. 이에 반하여, 세계주의는 국적에 관계없이 모든 사람과 단체에 확대되는 도덕감을 글로벌화 한다. 이는 글로벌 정의 원칙에 기반하여 개발과 빈곤감소를 지지하는 더욱 강하고 보다 적극적인 근거를 제공한다. 이에 따라 도덕적 의무의 정도, 그리고 특히 우리의 의무가 세계의 모든 다른 사람들에게도 확대가 되는지에 대해서는 뜨거운 논쟁이 벌어지고 있다.

그러한 개발의 윤리를 지지하기 위해 적어도 세 가지의 주장들이 사용되고 있다. 첫째는 일반적인 자선의 원칙에 기초한다. 예를 들어, 싱어(Peter Singer 1993)는 공리주의적 주장을 사용하여 "만약 우리가 그에 상응하는 어떤 것을 희생하지 않고 나쁜 것을 방지할 수 있다면 우리는 그것을 해야 한다"라는 원칙을 발전시켰다. 공리주의적인 주장은 모두에게 행복을 증진시키고 고통과 피해의 수준을 감소시키는 행위를 선호하는 것이다. 만약 절대적 빈곤은 나쁜 것이고, 어떠한 중대한 희생 없이 절대적 빈곤을 방지할 수 있는데도 도움을 주려는 노력을 하지 않으면 잘못된 것이고, 싱어는 도덕적으로 살해와 마찬가지라고 주장한다. 두 번째 주장은 인권의 원칙에 기초하고 있다. '개발할 권리'의 아이디어는 경제적 권리와 '3세대'의 연대권(14장에서 논의되었음)의 조합으로부터 출현하였다. 이 권리는 다른 사람들에게 중요한 임무를 부여한다. 예를 들어, 슈(Shue 1996)는 사람들이 다른 사람들 것을 박탈하지 말아야 하고, 박탈감을 느끼지 않게 해 줘야 할 의무도 있다고 강조하였다. 이러한 의무를 수용한다는 것은 글로벌 차원에서 부와 자원을 재분배하는 것에 동의한다는 점을 의미한다. 세 번째 주장은 과거의 불의(injustice)를 고치도록 하는 시도에 기초한다. 만약 북부의 부가 남부에 대한 억압과 착취에 의하여 획득된 것이라면(특히 식민주의와 신식민주의에 의한 것이라면), 부유국들은 과거의 행위를 수정하고, 보상하고, 반환하는 의무를 수행해야 한다. 그러나 분명히 빈곤감소를 지지할 의무가 있는 사람들이 스스로 착취에 관여하지 않을 수 있지만, 그들은 착취의 인과 사슬의 일부로서 과거와 현재의 착취의 수혜자일 수 있다 (Dower 1998).

국제원조는 국가가 자국의 개발 책임을 다하고 다른 국가의 사회-경제적 개발이 촉진되도록 돕는 것이다. 원조는 자금, 자원 및 장비 제공, 또는 전문가 파견이 포함된다. 일련의 국제개발 구상이 원조를 증대시키는 데 초점을 맞추고 있지만, 실제로 제공되는 원조의 수준에 대한 관심도 지속되고 있다. 부유국들은 GNP의 0.7퍼센트를 원조에 제공하도록 한 유엔의 목표를 맞추려고 노력하지만, 기부금의 수준은 많이 모자란다. 2007년에 오직 5개의 OECD국가(노르웨이, 스웨덴, 룩셈부르크, 덴마크, 네덜란드)만이 목표를 달성하였다. 10년 후인 2017년에 가장 최근의 완전한 연도 데이터(2015년 수치)가 발표되었는데, 영국은 0.7퍼센트 목표를 달성한 6번째 국가가 되었다. 대신, 원조 수준은 일반적으로 0.2-0.4퍼센트 범위에 있었다. 세계의 가장 큰 경제인 미국은 지속적으로 OECD 국가 중 가장 낮은 지출국 중 하나이다. 2000년 이후, 미국의 최고 지출은 0.226퍼센트 (2005년)인 반면, 이는 2017년에 0.177로 떨어졌다. 더욱이 원조에 대한 공식적 통계는 신뢰가 떨어지는 부분이 있는데, 그 이유는 원조금액에 채무면제 액수가 포함되어 있기도 하고, 직접적인 경제지원 형태가 아닌 원조에 드는 행정비용도 포함되어 있기 때문이다. 또한, 공식적 통계는 정부의 지출만을 포함했지, 다

국제원조

국제원조(international aid, 때로는 해외원조로 불리기도 함)는 재화와 서비스가 한 국가에서 다른 국가로 이전되는 것을 의미하며, 그 동기는 받는 국가나 국민들에게 혜택을 주기 위한 것이다. 양자(bilateral)원조는 국가 간 직접적인 것이며, 다자(multilateral)원조는 국제기구를 통해 이루어진다. 인도적 원조(또는 긴급구호)는 개발원조와는 다르다. 인도적 원조는 즉각적이고 기본적으로 필요한 것들을 지원하는 것이고, 개발원조는 장기 프로젝트에 의하여 지원하는 것이다. 원조라는 개념은 기본적으로 이기적일 수도 있는 행위에 이타적인 동기를 부여하기 때문에 논쟁적이다. 원조는 '아무런 대가성 없이' 이루지는 경우가 많지만, 항상 분명하게 인도적인 것은 아니다.

새천년개발목표에서 지속가능발전목표로

사건: 2000년부터 2015년까지 유엔과 그 회원국들, 그리고 다양한 유엔 산하 기관들은 새천년개발목표(MDGs: Millennium Development Goals)를 달성하기 위해 헌신했다. MDGs는 새로운 '개발을 위한 글로벌 파트너십'을 구축하는 동시에, 극심한 빈곤과 굶주림, HIV/AIDS와 다른 질병들, 그리고 어린이 사망률을 줄이거나 근절하는 데 집중했다. 대부분의 목표는 기껏해야 2015년까지 부분적으로만 달성되는 것이었다. 예를 들어, 세계보건기구(WHO)는 2018년에 5세 미만의 어린이 530만 명이 세계적으로 사망했다고 언급했다. 이는 2000년에 MDGs가 설정되었을 때 1,000명당 76.4명의 어린이가 사망한 수치가 2018년에 1,000명당 38.6명으로 세계적으로 감소했지만, WHO는 변화가 균일하지 않았다고 지적한다. 특히 사하라 이남의 아프리카 국가들은, 예를 들어, 유럽연합 회원국(1,000명당 4명)이나 미국(1,000명당 6.5명)보다 여전히 훨씬 더 높은 어린이 사망률(2018년 77.5명)을 보이고 있다. 2012년부터 2015년까지 유엔은 MDGs를 대체하기 위해 '포스트-2015 개발어젠다'를 설정했다. 17개의 지속가능발전목표(SDGs)는 2016년부터 도입되었다.

중요성: SDGs는 2030년까지 글로벌개발을 이끌기 위한 것이며, 이름에서 알 수 있듯이, 원래의 MDGs보다 환경적 지속가능성에 더 큰 중점을 두고 있다. 20세기 초 중국의 폭발적인 경제성장은 중국으로 하여금 이웃 일본을 포함한 오랜 경제대국들을 빠르게 추월하여 세계에서 두 번째로 큰 경제국이 되도록 했다. 그러나 동시에 중국은 미국을 제치고 세계 최대의 이산화탄소 가스 배출국이 되었고, 양자강의 돌고래는 수질오염을 포함한 인간의 활동에 의해 멸종된 첫 번째 돌고래 종이 되었으며, 베이징과 같은 거대 도시의 인구와 대기 오염이 크게 증가했으며, 심천과 같이 오염된 새로운 거대한 산업도시를 만들었다. SDGs는 분명히 방향의 전환를 알리기 위한 것이다. 경제개발은 극단적인 환경

2013년 5월 유엔에서 데이비드 캐머런 영국 총리와 엘렌 존슨 설리프 라이베리아 대통령이 포스트-2015 개발 의제 패널에 참석했다.

출처: *AFP/Getty Images*

악화와 기후변화의 대가를 치르게 하면서 추진될 수 없다. 그러나 정치적, 사회적 '지속가능성'은 '강력한 제도'를 개발하는 목표(SDG 16)와 같은 목적을 추구하기도 한다. SDGs는 MDGs가 그랬던 것과 같은 많은 비판을 받아왔다. 일부 비평가들은 SDGs가 고상하고 감탄할만하다고 주장하지만, 국제정치의 중심에 있는 이기심과 권력투쟁을 고려할 때, 국가와 다른 주요 행위자들에 의해 우선순위로 결정되지는 않을 것이다. 그리고 MDGs와 마찬가지로, 서방에 의해 서방의 이익을 위해 설립된 유엔과 같은 국제조직이 경제 '개발도상국'에 대해 요구를 할 권리가 있는지에 대한 도덕적인 의문이 남는다. 그 이유는 개도국들의 이전 '저개발'은 글로벌 공유재(대기, 해양, 토양 등)를 보호한다는 명목으로 자신들의 개발활동을 제한할 필요가 전혀 없었던 서방국들의 탐욕적인 식민주의에 직접적인 원인이 있기 때문이다. SDGs는 아직 비교적 새로운 것이기 때문에, 2030년까지 목표 달성에 있어 어떤 성공이 있을지 시간이 말해줄 것이다.

양한 민간 기부자들의 더 많은 액수는 무시하고 있다. 예를 들어, 미국의 민간기부(재단, 기업, NGO, 종교단체, 대학)는 미국의 국제원조예산의 두 배 이상에 이르고 있으며, 개도국으로의 미국의 개인송금은 약 세 배에 이른다. 그럼에도 불구하고, 국제원조의 수준은 의미있는 개발을 지원하기에 불충분하고, 지속가능발전목표의 달성이 위험에 빠져 있다는 데 대하여 대체로 동의하고 있다.

이러한 어려움 때문에 국제원조에 사용될 수 있는 추가적인 기금을 창출하려는 시도가 가속화되고 있다. 그 사례로는 금융시장의 변동성을 약화시키는 것을 목표로 하는 '토빈세', 항공권 부담금, 그리고 금융시장에서 정부가 지원하는 채권의 판매를 수반하는 국제금융시설 등이 포함된다. 그러나 국제원조 이슈는 숫자에 관한 것만이 아니다. 국제원조의 질도 양만큼 중요한 것이다. 삭스(Jeffrey Sachs 2005)는 성공적인 원조의 기준은 그 목표가 구체적이고 측정가능하고 책임감을 가져야 하며 규모가 있는 것이어야 한다고 주장한다. 더욱이 원조는 '세 가지 전환(triple transformation)'을 지원해야 한다. 농업분야에 있어서, '녹색혁명'을 촉진함으로써 기근의 악순환을 종식시키기 위하여 식량생산을 증대시키는 것이다. 보건분야에 있어서, 영양을 향상시키고 깨끗한 식수에의 접근을 가능하게 하며 기본적인 보건 서비스를 확충하는 것을 목표로 해야 한다. 기간시설 분야에 있어서, 교통 및 공급망을 제공하여 경제적인 고립을 벗어나는 데 도움을 제공해야 한다.

국제원조가 개발을 촉진할 것이라는 아이디어에 대해서 의문을 제기하는 사람

토빈세(Tobin tax): 미국 경제학자 토빈(James Tobin)에 의하여 제안된 외환거래에 대한 거래세.

녹색혁명(Green revolution): 농업생산을 증대시키기 위하여 농약과 다수확 작물을 도입.

주요 연표 ┆ 주요 개발 구상

- **1970** 부유국들은 GNP의 0.7퍼센트를 제공하는 유엔의 목표를 지키기로 약속하고, 가난한 국가에 공식적인 지원을 하기로 결정.
- **1974** 자원을 북부로부터 남부로 급진적으로 재분배하는 것을 포함한 유엔의 신국제경제질서(NIEO: New International Economic Order) 선언.
- **1980** 브란트(Willy Brandt, 전 독일총리)가 위원장으로 있는 국제개발문제독립위원회의 브란트 보고서는 북부-남부 분열을 강조하고 '이익의 상호성'을 촉구.
- **1987** 세계환경개발위원회(World Commission on Environment and Development)가 작성한 브룬트란트 보고서『우리 공동의 미래』는 경제성장과 빈곤감소를 강력한 환경보호에 연결시키는 '지속가능 개발'의 원칙을 강조.
- **1992** '지구정상회의'로 알려져 있는 유엔의 환경과 개발에 관한 회의는 지속가능 개발을 광범위한 정책제안으로 포함 시도.
- **2000** 새천년개발목표에 189개국과 적어도 23개 국제기구가 서명하고, 2015년까지 빈곤감소를 위한 다양한 목표 설정.
- **2005** 스코틀랜드 글레니글스에서 열린 G8 정상회의에서 아프리카에 대한 원조를 확대하고 부채탕감 프로그램 채택.
- **2015** MDGs는 2030년까지 계속될 17개의 지속가능발전목표(SDGs)로 대체.

부패(Corruption): 뇌물 또는 횡령 등의 방식으로 사적인 이득을 추구하기 때문에 '올바른' 공적 책임을 수행하지 못하는 것.

식량덤핑(Food dumping): 시장 점유율을 유지하거나 글로벌 가격을 상승시키기 위하여 잉여 식량을 가난한 국가에게 무료 또는 저렴한 가격에 제공하는 것.

채무면제(Debt relief): 외채를 '지속가능 수준'으로 탕감해 주거나 줄여주는 합의이며, 굿 거버넌스의 조건과 연결된다.

이 없지 않다. 경제적 자유주의자들은 원조가 '빈곤의 함정'이고 박탈을 조장하며 글로벌 불균형을 지속하게 한다고 주장한다. 이러한 관념에 따르면, 국제원조는 종속을 심화시키고 창의력을 약화시키며 자유시장의 작동을 방해한다. 예를 들어, 이스털리(Easterly 2006)는 지난 40년 이상 부유국들이 아프리카에 제공한 5,680억 달러의 국제원조는 1인당 소득을 증가시키지 못했다고 주장하였다. 이의 주요 원인은 부패의 증가 때문이라고 한다. 제도권 내에서 부패의 수준은 외부의 견제, 행정 규율의 수준, 내부 법과 규범의 수준, 그리고 경제개발의 일반적 수준 등의 요인들에 의하여 좌우된다. 따라서 권위주의 또는 독재체제에 대한 정부간 원조는 엘리트 집단에게만 혜택이 돌아가게 하고 빈곤 또는 박탈을 경감시키는 데에는 거의 기여를 하지 못한다. 이러한 이유로 1990년 이후 원조 프로그램은 '굿(good) 거버넌스'의 조건을 충족시켜야 한다는 점을 강조하고 있다. 더욱이 원조는 아무런 욕심 없이 제공되는 경우는 거의 없다. 현실주의자들에 따르면 원조는 제공하는 국가의 국익이 반영되지 않을 수 없다. '아무런 대가성 없이' 원조가 제공되지 않는다. 따라서 미국의 공식적인 원조의 많은 부분이 무역협정과 연결되어 있는데, 이는 EU가 되도록 피하는 방식이다. 이와 유사하게 기아를 구제하기 위하여 계획된 식량원조는 '식량덤핑'의 형태로 제공되는데, 이는 경쟁력이 약한 지역 농부들을 약화시키고 직업을 잃고 빈곤에 처하게 한다.

채무면제와 공정무역

1970년대와 1980년대의 부채위기 이후 개도국의 부채문제가 부각되었다. 이는 북부와 남부 모두의 문제가 되었다. 가난한 국가들(1982년 멕시코부터 시작하여)이 더 이상 부채를 변제할 수 없다고 선언하면서, 북부의 은행들이 붕괴 위기에 처하게 되었다. 부채의 크기와 열악한 경제성과 때문에 남부 국가들은 점차 불어나는 부채상환에 많은 자금을 퍼부으면서 경제가 더욱 악화되었다. 개도국들은 어느 다른 기관에서 빌리는 것보다 좋은 조건으로 세계은행과 IMF로부터 대출을 하였지만, 부채는 급격하게 늘어났다. 예를 들어, 짐바브웨의 해외부채는 1970년 8억 1,400만 달러에서 1990년 70억 달러로 늘어났다. 이에 따라 채무면제 캠페인이 증가되기 시작하였다 (George 1988).

채무면제에 대한 반대 목소리도 나오기 시작하였다. 예를 들어, 채무면제가 세계금융체제의 안정에 미치는 영향에 대한 우려가 제기되었고, 가난한 국가들이 금융규율(financial discipline)을 지켜야 할 필요성에 대한 요구도 등장하였다. 반면, 북부 국가들은, 만약 부채부담이 커져서 남부의 빈곤이 악화되면, 이는 국제원조와 다른 형태의 지원을 확대하도록 하는 압력이 강화될 것이라는 인식을 하게 되었다. 1989년 미국은 '브래디 본드(Brady bond)'를 발행하여 1970년대와 1980년대에 중남미 부채의 상환 불가능분에 대한 부담을 떠안았다. 1996

논 쟁

국제원조는 효과가 있는가?

전통적으로, 국제원조는 가난한 국가가 빈곤을 이겨내게 하고 경제성장을 유도하는 주된 방식으로 간주되어 왔다. 만약 우리가 개발을 촉진하기를 원한다면, 그 해결책은 더 많이 주는 것이다. 그러나 인도적 차원에서의 논쟁은 원조가 효과적이라는 증거가 부족하다는 점이다.

그 렇 다

보다 편평한 무대. 자립과 세계시장의 힘이 "모두를 잘 살게 한다"는 생각은 근본적으로 잘못된 생각이다. 글로벌경제 내에는 가난한 국가들의 희생을 대가로 부유국들을 유리하게 하는 구조적 편향이 존재하고, 이는 자유무역의 영향과 북부에 집중된 기업권력과 연관되어 있다. 따라서 가난한 국가들은 동등한 조건에서 경쟁을 할 수 없다. 국제원조는 돈과 자원이 북부에서 남부로 흐르게 함으로써 이러한 격차를 해소하는 데 기여한다. 이에 더하여 일부 사람들은 국제원조를 제공해야 하는 도덕적 의무도 있는데, 그 이유는 북부의 부와 번영은 대체로 남부를 혹사시켜서 획득한 것이기 때문이라고 주장한다.

국내 역량 강화. 원조는 수혜국들이 자신들 원하는 대로 적절하게 또는 부적절하게 사용할지 모르고 돈을 제공하는 것이라는 생각은 가설에 불과하다. 국제원조는 장기개발 프로젝트를 목표로 하고, 미래를 위한 역량 강화에 초점이 맞춰져 있다. 구체적으로 원조는 경제적 기간시설(댐, 도로, 다리, 공항)을 개선하고, 식량생산('첨단기술' 수확, 농약, 관개시설)을 향상시키며, 보건복지와 교육, 특히 초등교육을 발전시키기 위하여 제공된다. 원조의 효율성이 입증되는 점은, 중국, 인도, 브라질, 태국 같은 과거의 주요 수혜국들이 이제는 전략적 원조 프로그램을 개발하고 있다는 점이 입증하고 있다.

긴급구호. 원조의 많은 부분이 긴급구호의 목적으로 제공되며, 이것이 소위 인도적 원조이다. 내전, 인종분쟁, 지구 온난화에 따른 기후변화 등과 같은 '인도적' 위기가 증가함에 따라 긴급구호의 필요성이 늘어나고 있다. 긴급구호는 식량, 깨끗한 물, 거주지, 예방접종 등을 포함하기 때문에, 긴급구호의 정당성은 상당히 단순하게 인명을 구하는 것이다. 국제공동체는 이러한 상황에 대비해야 하는 도덕적 의무를 가진다는 점을 점차 수용하고 있다.

아 니 다

가난에 대한 비효율적 기여. 원조가 경제성장을 고무하고 빈곤감소에 기여했다는 믿을만한 근거는 없다. 이는 아프리카, 특히 사하라 이남 아프리카의 경험이 입증하고 있다. 수십 년에 걸친 국제원조에도 의미있는 경제발전을 하지 못했고, 심지어 반생산적인 경우도 있었다. 실제로 원조는 글로벌 불평등에 대하여 도전하기보다는 그 패턴을 고착화한 측면이 있고, 수혜국의 자립을 방해하였고, 종속의 문화를 심화시킨 측면이 있다. 어쨌든 원조의 수준은 가난한 국가와 국민들에게 효과를 내기에 불충분하였다.

시장의 왜곡. 일부 원조나 외부지원은 가난한 국가들이 장기적인 개발을 추구할 수 있는 시장경제의 균형을 깨트리는 경우가 있다. 이는 발전의 동기를 약화시키고 기업가 정신의 성장을 막는 동시에, 자원이 가장 수익성 있게 사용되지 못하고, 경제적 비효율성과 낮은 생산성을 야기한다. 따라서 원조는 경제를 '망치거나', 지방 기업이나 산업에 해를 미치거나, 성장을 제한한다. 이는 식량원조가 국내농업생산을 약화시키는 경향을 나타내고, 농촌 빈곤이 확대되는 결과를 초래한다.

부패와 억압. 원조는 반드시 수혜국 정부와 관료들을 통해서 전달되는데, 대체로 권력은 몇 사람에게 집중되어 있고, 책임의 메커니즘이 거의 존재하지 않는다. 원조가 목표로 하는 국민, 프로젝트, 프로그램이 아니라 부패한 지도자들이나 엘리트들에게 혜택이 돌아가는 경향이 있다. 실제로 원조는 부패를 조장하고 억압을 심화시킬 수 있다. 독재자는 원조자금을 자신의 풍요로운 생활에 사용하기도 하고, 적대세력을 멸망시키고 선호하는 집단들에게 혜택을 주기도 한다. '굿 거버넌스'와 관련되는 원조조건은 수립하는 것이 집행하는 것보다 쉽다.

공정무역(Fair trade): 단순히 경제적 범주가 아니라 도덕적 범주를 충족시키는 무역이며, 가난한 지역의 빈곤을 줄이고 판매자와 생산자의 이익을 존중한다.

년의 협상에 의하여 만들어진 외채과다빈곤국(HIPC: Heavily Indebted Poor Countries)에 대한 외채경감 구상에 따라, 세계은행과 IMF는 세계에서 가장 빈곤한 40개국에 대한 채무면제 기회의 확대를 합의하였다. HIPC에 의하여 채무면제를 처음으로 받은 국가는 우간다였고, 2005년 G8의 글렌이글스타협은 채무면제의 속도를 가속화하였고, 채무의 100퍼센트를 취소해 주기로 합의하였으며 이를 IMF와 세계은행이 부담하도록 하였다. 2018년까지 36개국이 총 990억 달러의 채무면제를 받았다. 국제원조의 수준을 높이는 것보다는 채무면제가 더 많이 이루어졌고, 자유무역에서 공정무역으로 전환하는 획기적인 진전이 이루어졌다. 그러나 일부 사람들은 채무면제에 할당된 자금이 국제원조예산으로 계정되기 때문에 국제원조에 대한 압력이 줄어들고 있다는 주장을 한다.

국제원조와 채무면제 다음의 빈곤 퇴치 의제는 글로벌무역체계이다. 빈곤 퇴치 운동가들은 자유무역이 공정무역으로 대체되어야 한다고 주장한다. 이는 글로벌무역체계 내에서 발생되는 구조적 불균형은 가난하고 저개발된 국가의 희생을 대가로 가장 부유하고 개발된 국가들에게 체계적인 혜택을 준다는 믿음으로부터 나왔다. 무역의 개념 자체가 불평등적이다. 1차 상품은 개도국에서 생산되고 비교적 저렴한 반면, 제조상품은 대체로 선진국에서 생산되고 가격이 비싸다. 따라서 소위 '자유'무역은 개도국 사람들이 가난을 벗어나게 하지 못한다. 국제원조와 채무면제를 통하여 개발을 촉진하는 시도가 이루어지고 있지만, 글로벌무역체계를 무시하고는 성공하기가 어렵다. 따라서 많은 개발 NGO들은 자유무역보다 공정무역을 요구한다. 공정무역은 개도국에서 생산된 상품의 가격을 정할 때 임금수준과 노동조건을 보호하는 차원에서 이루어지도록 하여, 가난한 국가들의 생산자들이 보다 나은 입장에서 협상을 할 수 있도록 하였다. 그러나 그러한 캠페인이 빈곤을 감소시킬 수 있는 정도는 매우 제한되어 있다. 보다 진전된 공정무역의 수립은 글로벌무역체계 자체의 개혁을 필요로 한다. 이 이슈는 제20장에서 보다 심층적으로 다루어진다.

요약

- 절대적 빈곤과 상대적 빈곤은 구분된다. 절대적 빈곤은 '기본적 요구'의 아이디어를 기반으로 하고, 상대적 빈곤은 '요구' 보다는 '부족'하다는 감정을 기반으로 한다. 그러나 빈곤을 편협적으로 소득에 기반한 개념으로 보는 시각은 제한적이고 잘못된 것이다. 더 폭 넓은 인간개발이 관심을 끌고 있다.
- 개발에 대한 '정통적' 견해는 경제성장을 목표로 하고 현대화를 서양식의 산업화로 이해한다. 개발에 대한 '대안적' 견해는 전문가적이고 하향식이며 성장 위주의 전략을 거부하고 광범위한 견해와 접근방식을 수용한다.
- 글로벌 불평등의 추세는 때때로 매우 복합적이고 모순적이다. 최근 수십 년 사이 새로 등장하는 경제의 중요성은 평등화하는 영향을 가지는데, 이는 사하라 이남 아프리카의 빈곤과 국가 내의 불평등의 추세에 의하여 균형이 깨진다.
- 빈곤과 불평등에 대한 글로벌화의 영향은 실증적 추세만으로는 해결하기가 어렵다. 일부는 글로벌화가 궁극적으로 "모든 사람들에게 이롭다"고 주장하는가 하면, 다른 사람들은 글로벌화가 일부 국가나 지역에만 혜택을 주는 구조적 불균형에 기초한다고 주장한다.
- 1980년대와 1990년대의 공적개발정책은 구조조정프로그램에 기초하였는데, 이 프로그램은 개발도상국의 경제성장에 대한 방해요인들의 제거를 추구하였다. 이 프로그램은 빈곤을 줄이지 않고 심화시킨다는 이유로 많은 논쟁을 불러 일으켰고, 최근 들어 일부 내용이 수정되었다.
- 국제원조는 때때로 개발의 핵심 메커니즘으로 인식된다. 이는 개발 윤리에 의하여 정당화되고, 부유국들은 빈곤국들을 지원하고 글로벌 불평등을 해소할 의무가 있다는 점이 제시된다. 그러나 비판가들에 의하면, 원조는 세계 빈곤지역에 비효율적인 지원을 하는데, 그 이유는 원조가 시장을 약화시키고 부패와 탄압을 조장하기 때문이다.

토의주제 ?

- '부자'와 '가난한 자'는 무엇으로 구분되는가?
- 왜 빈곤은 점차 인간개발의 개념에 의하여 측정되는가?
- '성장으로서의 개발' 모델의 장점과 단점은 무엇인가?
- 북-남 분열은 무엇이며, 왜 이 관련성에 대한 문제가 계속 제기되는가?
- 왜 글로벌 불평등에 대해서는 그렇게 많은 의견 불일치가 있는가?
- 빈곤의 심화는 어느 정도로 글로벌화의 진전에 책임을 물을 수 있는가?
- 왜 공적개발정책은 개발도상 경제의 구조조정을 목표로 하는가?
- 새천년개발목표(MDGs)와 지속가능발전목표(SDGs)는 효과적인가?
- 국제원조는 글로벌경제의 불균형을 수정하는가?
- 개도국의 채무면제는 도덕적이고 경제적인 선의를 제공하는가?

16

추가 읽을거리

Brett, E., *Restructuring Development Theory: International Inequality, Institutional Reform and Social Emancipation* (2009). 개발이론과 이 이론의 다른 사회과학과의 관계에 대한 체계적 평가.

Greig, A., D., Hulme and M. Turner, *Challenging Global Inequality: Development Theory and Practice in the 21st Century* (2007). 21세기 글로벌 불평등과 개발의 아이디어와 실행에 대한 개관.

Riddell, R., *Does Foreign Aid Really Work?* (2007). 현대 국제원조의 이득과 실패에 대한 포괄적이고 통찰력있는 탐구.

Willis, K., *Theories and Practices of Development* (2005). 개발과 개발의 실질적 함의에 대한 경쟁적인 이론적 접근의 분석적 소개.

글로벌 환경이슈

출처: *Ian Forsyth/Getty Images*

개요

환경은 글로벌이슈의 전형적인 사례로 인식된다. 그 이유는 환경문제가 국경으로 구분되지 않고, 본질적으로 초국적이고 글로벌적인 성격을 가지기 때문이다. 국가들은 다른 나라에서 행해지는 활동 때문에 특히 환경적인 피해를 입을 가능성이 있기 때문에, 환경이슈에 대한 의미 있는 진전이 국제적 또는 글로벌 차원에서만 이루어질 수 있다. 그러나 환경문제에 대한 국제협력이 다양한 이유로 이루어지기 어려운 경우가 있다. 첫째, 환경은 이념적이고 정치적인 논쟁의 영역이다. 환경문제의 심각성과 본질에 대한 의견 불일치가 있고, 환경을 우선시하는 시각은 경제문제와 충돌이 되기 때문에 어떻게 접근하여야 하는지에 대해서도 합의가 안되고 있다. 환경문제는 현재의 사회-경제체제 내에서 다루어질 수 있는가, 아니면 이 체제 자체가 환경문제의 근원이 되고 있는가? 특히 기후변화에 관한 획기적인 파리협정으로부터 미국의 탈퇴가 보여주었듯이 글로벌 환경의제인 기후변화에 있어서 무엇이 가장 중심적인 이슈인지에 대한 뜨거운 논쟁이 진행되고 있다. 만약 기후변화를 해결하지 못하면 발생하게 될 재앙적인 예측이 있음에도 불구하고, 이 이슈에 대한 공동의 국제적 대응은 불행하게도 아주 느리게 제시되고 있다. 기후변화에 대한 국제협력의 장애요인은 무엇이며, 어떠한 협력적 국제활동이 필요한가? 마지막으로 글로벌 환경의제에는 기후변화만이 있는 것은 아니다. 주된 논의가 되고 있는 다른 이슈는 에너지안보이다. 일부는 신국제에너지질서를 주장하는데, 이에 따르면 국가들의 위계서열은 석유와 천연가스의 매장량 또는 그것들을 획득할 수 있는 능력에 의하여 결정된다. 에너지안보는 세계질서를 어느 정도로 재편성할까? 천연자원은 항상 축복일까?

핵심이슈

- 어떻게 그리고 왜 환경이 글로벌이슈로 발전하였는가?
- 현대 환경문제들은 개혁적이고 급진적인 해결을 필요로 하는가?
- 기후변화의 원인과 주요 결과는 무엇인가?
- 기후변화에 대한 국제행동은 어느 정도 진전이 되었는가?
- 기후변화에 대한 국제협력의 방식에는 어떠한 장애요인이 있는가?
- 에너지안보는 국가 사이와 국가 내의 갈등을 어떻게 형성하는가?

녹색정치의 등장

글로벌이슈로서의 환경

생태주의 또는 녹색정치는 19세기의 산업화된 사회에 대한 반발로 시작되었지만, 환경문제가 국가 또는 국제적으로 이슈화 된 것은 1960년대와 1970년대이다. 이는 서양 선진국의 성장과 풍요에 따른 환경비용을 강조하기 위한 환경운동의 등장으로 시작되었고, 인류와 자연 사이의 괴리가 점점 커지는 데에도 관심을 가지게 되었다. 특히 생태학 아이디어의 영향을 받은 녹색정치의 선구적인 작품은 카슨(Rachel Carson)의 *The Silent Spring* (1962)이었는데, 이 책은 살충제와 다른 농화학물질의 사용 증가가 야생과 인류세계에 해를 미치는 데 대하여 비판하였다. 그리고 부크친(Murray Bookchin)의 *Our Synthetic Environment* ([1962] 1975)는 살충제, 식품첨가물, X-레이가 어떻게 암을 포함한 인간의 질병의 원인이 되는가를 탐구하였다. 1960년대와 1970년대에는 활동 NGO의 새로운 세대가 등장하여 오염, **화석연료**, 삼림파괴, 동물실험 등에 대한 캠페인을 벌이기 시작하였다. 활동 NGO들은 그린피스, 지구의 벗, 동물해방운동가, 그리고 소위 '에코 워리어(eco-warrior)' 압력단체 등을 포함한다. 1980년대 이후 환경문제는 녹색정당들에 의하여 정치의제에서 상위를 차지하였는데, 녹색정당은 독일 녹색당을 모델로 하여 거의 모든 선진국에 존재하고 있다. 환경운동은 세 가지 일반적인 문제를 다루고 있다.

- '자원'문제 – 재생이 불가능한 자원(석탄, 석유, 천연가스 등)의 사용을 감소시키고, 재생 가능한 자원(풍력, 파도, 조력)의 사용을 증가시키고, 인구증가를 억지하여 자원소비를 줄여서 자연물질들을 보존시키는 시도를 한다.
- '폐기물'문제 – 오염 수준을 낮추고, 재활용을 확대하고, 녹색기술(오염 감소)을 개발하여 경제활동에 의해 발생하는 폐기물로 인한 피해를 감소시키는 노력을 한다.

생태주의(Ecologism): 생태주의는 자연이 상호연결된 전체라는 믿음에 기초한 정치적 이데올로기이며, 인간과 비인간, 그리고 무생물계를 포용한다.

화석연료(Fossil fuels): 매장된 유기체의 유해가 땅 속에 파묻혀 생성된 연료이며 탄소가 풍부하다. 사례로는 석유, 천연가스, 석탄 등이다.

■ 역자 주

환경, 기후변화에 대한 국내 참고 서적으로는 다음을 참조할 것.
Pamela S. Chasek 외 지음, 이유진 옮김. 『글로벌 환경정치』 (명인문화사, 2017).
신상범 지음. 『지구환경정치』 (명인문화사, 2022).
이태동 지음. 『기후변화와 도시: 감축과 적응』 (명인문화사, 2023).

개 념

생태학

'생태학(ecology)'의 개념은 1866년 독일의 동물학자 핵켈(Ernst Haeckel)에 의하여 만들어졌다. 어원은 그리스어 oikos인데, 그 의미는 가정 또는 서식지를 의미한다. 핵켈은 생태학을 '유기적이고 무기적 환경에서 동물의 전체적인 관계에 대한 조사'로 개념화하였다 (Haeckel 1866). 생태학은 식물과 동물이 생물학적 요소와 비생물적 요소로 구성된 생태계인 자연계를 자율적으로 조절함으로써 유지된다는 인식이 커지면서 생물학의 별개의 분과로 발전했다. 생태계의 단순한 사례들은 평야, 숲, 호수 등이다. 모든 생태계는 자율적 조절 시스템을 통하여 조화와 균형상태를 가지는 경향이 있으며, 생물학자들은 이를 항상성(恒常性, homeostasis)이라고 부른다.

- '윤리'문제 – 야생동물과 황무지 보존, 다른 종(種)에 대한 존중(동물의 권리와 동물의 복지), 변화된 농경방식(유기농업) 등을 통하여 인류와 자연 사이의 균형을 회복하려는 노력을 한다.

1970년대에 환경정치는 특히 자원문제에 초점을 맞추었다. 이는 인류가 '글로벌 유한성(finiteness)'의 세계에 살고 있다는 인식을 반영한 것이고, 1973년의 석유위기가 이러한 인식을 더욱 강화시켰다. 환경운동에 대한 가장 영향력 있는 은유는 '우주선 지구'의 개념인데, 그 이유는 이 개념이 제한되고 소모되는 자원의 관점을 강조하기 때문이다. 불딩(Kenneth Boulding 1966)은 전통적으로 인간은 자신이 '카우보이 경제' 안에서 살고 있는 것처럼 행동한다고 주장했는데, 그 경제는 서부 개척 당시 미국인들이 누렸던 무제한의 기회를 제공하는 경제를 의미한다. 그러나 우주선이 캡슐인 것과 마찬가지로 우주선 지구는 폐쇄된 시스템이고 엔트로피의 증거를 보여 주는데, 그들은 외부의 투입으로 지속되는 것이 아니기 때문에 내부에서 붕괴되어 간다. 따라서 인간이 아무리 현명하고 조심스럽게 행동하더라도, 지구, 태양, 우주와 별들은 고갈되고 사라지게 되어 있다. 유엔의 비공식 보고서 *Only One Earth* (Ward and Dubois 1972)와 로마클럽의 보고서 *The Limits to Growth* (Meadows et al. 1972)는 글로벌 유한성에 대한 유사한 관점을 설명하였다. 로마클럽의 보고서는 향후 지구가 맞이하게 될 주요 위기 요인으로 세계인구, 산업화, 오염, 식량생산, 자원고갈 5가지를 제시하고 1992년까지 세계의 석유공급이 끝나게 될 것이라고 예측하였다. 그러나 그 예측은 지나친 과장이었다는 점이 입증되었다. 사용된 방법론에 대하여 많은 비판이 쏟아졌지만, 성장에 제한을 가하여야 한다는 아이디어는 환경에 대한 사고에 지배적인 영향을 미쳤다.

환경이슈는 점차로 국제적인 관심을 끌고 있다. 이는 환경문제가 본질적으로 초국적 성격을 갖고 있다는 점을 반영한다. 따라서 국가들은 다른 나라에서 발생하는 경제활동 때문에 환경적으로 위태로운 경우가 많다. 1970년대에 산성비가 지역에 주는 영향과 오존층 파괴의 전 지구적 충격은 환경의 초국적 성격을 강화하고 있다. 오존층 파괴는 염화불화탄소(CFCs: chlorofluorocarbons, 프레온가스)와 할론(halon)과 같은 인간이 만든 화학물질의 배출이 원인이 되고 있다. 환경이슈에 대하여 개최된 첫 번째 국제회의는 1972년 스톡홀름에서 개최된 유엔인간환경회의(UNCHE)였다. 이 회의는 유엔환경계획(UNEP)을 준비했는데, 이 계획은 지역과 글로벌 차원의 환경보호를 촉진하기 위하여 국가와 국제기구의 환경활동을 주관하는 임무를 맡았다. 그러나 1970년대의 세계적 불황과 1980년대 초반 '신냉전'의 시작으로 환경이슈는 국제의제에서 하위에 놓이게 되었다. 1984년 보팔 화학공장과 1986년 체르노빌 원자로의 대재앙을 겪으면서 환경이슈가 다시 부각되었다. 환경파괴가 글로벌화의 진전과 깊은 연관이 있으며, 이에 따라

엔트로피(Entropy): 붕괴하거나 해체되는 추세이며, 모든 폐쇄된 시스템이 보여주는 현상이다.

산성비(Acid rain): 화석연료가 타면서 대기로 배출된 황, 질소, 그리고 기타 산에 의하여 오염된 비.

오존층 파괴(Ozone depletion): 지구 성층권에서 전체 오존량의 감소가 원인이며, 특히 남극 상공의 소위 '오존홀'의 생성에 의하여 이루어진다.

주요 연표 ┆ 환경에 관한 주요 국제구상

- 1946 국제포경규제협약은 국제포경위원회(IWC)를 설립하였으며, 이 위원회는 포경에 대한 국제적인 모라토리엄을 유지함으로써 고래를 보존하고자 한다.
- 1950 세계기상기구(WMO)는 유엔의 기상학(날씨와 기후) 및 관련 지구물리학 전문기관으로 설립되었다.
- 1959 남극조약. 토착민이 전혀 없는 대륙에 대한 과학적 보존을 위한 조약이다.
- 1972 스톡홀름에서 개최된 유엔 인간환경회의(UNCHE). 국제수준에서 환경활동의 토대를 수립하고, 유엔 환경계획(UNEP)을 시작하는 방안을 마련하였다.
- 1973 멸종위기종 국제거래협약(CITES). 야생동식물의 국제거래가 그들의 생존을 위협하지 않음을 확인하기 위하여 체결되었다.
- 1982 유엔 해양법협약(UNCLOS). 세계 해양을 사용하는 데 있어서 국가의 권리와 책임을 규정하고, 기업활동, 환경, 해저 천연자원 관리에 대한 지침을 수립하였다 (1994년 발효).
- 1985 오존층 보호를 위한 비엔나협약. 남극의 '오존홀(ozone hole)'의 존재를 확인하고, 프레온가스(CFC gas) 사용의 축소를 시도하였다 (1987년 발효).
- 1987 브룬트란트 위원회 보고서. 지속가능 개발의 아이디어를 제시하였다.
- 1987 오존층 파괴물질에 관한 몬트리올의정서. 2050년까지 오존층을 회복하기 위하여 염화불화탄소(CFCs)의 사용을 점차적으로 축소하도록 결정하였다.
- 1988 국제기후변화패널(IPCC). 유엔 기후변화협약(FCCC)의 집행에 대한 보고를 하기 위하여 설치하였다.
- 1992 유엔 환경개발회의(UNCED) 리우데자네이루에서 개최. '지구정상회의'로 불림. 기후변화와 생물다양성에 대한 협약들을 포함하였고, 지속가능개발위원회(CSD: Commission on Sustainable Development)를 설치하였다.
- 1997 유엔 기후변화협약(FCCC)에 연관된 교토의정서. 선진국들이 온실가스배출을 단계적으로 줄이도록 법적으로 구속하는 공약을 수립하였다 (2005년에 발효되었고, 첫 공약기간은 2008–12년으로 결정).
- 2009–12 교토의정서의 후속조치를 공식화하기 위해 코펜하겐, 더반, 도하에서 개최된 유엔 기후변화회의 (p. 442 참조).
- 2015–16 2015년 유엔 기후변화협약(UNFCCC) 협상은 2016년 기후변화에 관한 파리협정으로 이어졌다 (p. 445 참조).

남부에서 환경과 개발이슈를 연계시키면서 환경문제가 국제사회의 관심사항으로 부각되었다. 이는 환경문제를 이해하고 해결하기 위한 지배적인 주류 프레임워크를 제공한 1987년 브룬트란트위원회 보고서, 그리고 1992년 리우 '지구정상회의'에 의해 예시되었다

1990년대부터 환경에 대한 논의는 점차 지구온난화로 야기된 '기후변화'에 초점을 맞추기 시작하였다. 처음에는 기후변화에 대한 관심이 염화불화탄소(CFC) 배출에 집중되었으나, 시간이 흐르면서 '온실가스'로 이동되었다. 지구정상회의의 결과들 중의 하나는 유엔 기후변화협약(FCCC)을 마련한 것이었는데, 이 협약은 인간이 변화시키는 위험한 기후변화를 방지하는 수준으로 온실가스 배출을 안

지구온난화(Global warming): 이산화탄소와 같은 온실가스에 의해 갇힌 열 때문이라고 널리 알려진 지구의 온도 상승 현상.

온실가스(Greenhouse gases): 지구 하층의 대기에 열을 가두는 가스(이산화탄소, 수증기, 메탄, 아산화질소, 오존 등)가 '온실효과'를 일으킨다.

수용력(Carrying capacity): 식량, 주거지, 물, 다른 필수품을 제공하면서 생태계가 지탱할 수 있는 최대 인구.

글로벌 공유재(Global commons): 누구도 소유하지 않고, 따라서 국가의 관할권에 속하지 않는 지역과 천연자원이며, 그 사례로는 대기, 바다와 아마도 남극을 포함한다.

정화시키려는 첫 번째 시도였다. FCCC의 이행에 대하여 보고하는 책임은 기후변화에 대한 국제위원회(IPCC)에 부과되었다. 그러나 온실가스배출을 통제하기 위한 측정은 1997년 교토의정서(Kyoto Protocol)에서야 합의되었다. 교토의정서에 의하여, 선진국들은 '의무이행 기간'인 2008-2012년 동안 배출을 1990년 수준에 대해 평균 5퍼센트 줄이는 데 합의하였다. 이후 교토의 후속조치를 공식화하기 위하여 코펜하겐(2009), 더반(2011), 도하(2012), 파리(2015)에서 회의가 소집되었다. 그러나 이 회의들은 각국의 다른 방식으로 기후변화 문제에 대해 일치되고 효과적인 조치를 달성하는 어려움을 보여주었다. 이러한 어려움은 가장 기본적으로 국가이익과 국제공동체의 집단이익 사이의 괴리와 관련되어 있으며, 이는 '공유지의 비극'이 잘 나타내 주고 있다. 잠재적으로 이 문제는 모든 환경이슈에 적용된다.

녹색정치: 개혁주의 또는 급진주의?

환경은 이념적이고 정치적인 논쟁이 지속되는 분야이다. 환경문제의 심각성과 본질, 그리고 어떻게 대처해야 하는가에 대한 의견불일치는 인류와 자연세계 사이의 관계에 대한 철학적 논쟁에 깊은 뿌리를 두고 있다. 전통적인 정치사상은 깨달

초 점

공유지의 비극?

공유된 자원들은 항상 오용되거나 남용될 것인가? 토지, 숲, 어장을 공동체가 소유하면 황폐화되는가? 이는 현대 환경문제에 어떠한 영향을 미치는가? 하딘(Garrett Hardin)은 '공유지의 비극' 아이디어를 울타리치기 전의 지구환경 파괴와 공유지의 운명 사이의 관계를 설명하는 데 활용하였다. 그는 만약 목초지가 모두에게 개방된다면, 목축업자 각자는 공유지에 되도록 많은 가축을 보유하려 할 것이라고 주장했다. 그러나 머지않아 가축의 수가 토지의 수용력을 초과하여 공유지에 대한 본질적 의미가 상실되고 냉혹한 비극이 시작될 것이다. 각 목축업자는 동물 한 마리를 추가하여 생기는 '긍정적' 이득(궁극적인 판매 이득)은 목장에 대한 '부정적' 영향을 능가할 것이라 생각할 것이고, 이 생각은 모든 목축업자들이 공유할 것이다. 하딘이 주장하는 바와 같이, "공유지에서의 자유는 모두를 파멸시킬 것이다." '공유지의 비극' 아이디어는 '글로벌 공유재' 또는 '공유재'의 중요성에 관심을 갖게 한다. 그리고 이는 과다 인구(하딘의 주 관심사항), 오염, 자원고갈, 서식지 파괴, 어류남획 등의 위협을 발생시킨다.

현재 많은 사람들이 '공유지의 비극' 이면의 논리에 의문을 제기한다. 하딘의 반이민, 인종주의, 그리고 우생학적 관점은 그의 중심적인 논문과 직접적으로 연결되었으며, 특히 그의 후기 연구에서 확장되었다. 1950년대부터 하딘은 전 나치 우생학자 폰 베르슈어(Otmar Freiherr von Verschuer)와 함께 미국우생학학회를 주도하는 회원이었다. 사람들을 환경에 대한 주요 위협으로 보는 그의 관점은 머천트(Carolyn Merchant) 등이 그를 '환경 인종주의'의 핵심 인물로 만들게 하였다. 또한, 인간의 본성과 행동에 대한 기본적인 유럽중심적 가정에 대한 하딘의 생각도 도전을 받아왔다. 오스트롬(Elinor Ostrom 1990)은 일부 사회가 다양하고 때로는 상향식 제도적 조치를 개발하여 공유재 문제를 해결하는 데 성공했다고 주장했다. 역사적 증거는 호주의 원주민들과 같은 예들에 의해 입증되는 바와 같이 공유지가 보통 공동체에 의해 성공적으로 관리되었음을 시사할 뿐만 아니라(Cox 1985), 그 주장은 또한 순환적이다. 인간의 본성이 이기적이고 변하지 않는다는 가정에 따르게 되면 앞의 결론은 맹목적이다 (Angus 2008). 실제로, 생태사회주의자들은 이기심, 탐욕, 그리고 자원의 원초적인 사용이 사적 소유체계의 원인이 아니라 결과라고 주장한다. 대조적으로, 공동체 소유는 자연환경에 대한 존중을 발생시킨다.

음에 대하여 인간을 중심으로 한 접근방식을 사용하는데, 이를 인간중심주의로 표현한다. 따라서 도덕적 우선주의는 인간의 욕구와 목적을 달성하는 데 자연이 존재하고, 자연은 이러한 욕구와 목적을 성취하게 하는 도구로 간주될 뿐이다. 영국의 자유주의 철학자 로크(John Locke, 1632–1704)는 인류가 '자연의 주인이자 소유자'라고 주장했다. 이에 비하여 환경사상은 생태학의 원칙에 기초하고 있으며, 인간을 비롯한 모든 생명을 지속시키는 관계의 네트워크를 강조한다. 그러나 녹색정치는 두 가지의 광범위한 접근방식을 포함하는데, 그들은 '개혁적' 생태학과 '급진적' 생태학이다.

개혁주의 생태학

개혁주의 생태학(reformist ecology)은 생태학의 원칙을 자본주의적 현대성의 중심적 특징(개인 이기주의, 물질주의, 경제성장 등)과 조화시키려는 노력을 하고, 그 때문에 때때로 '현대' 생태학으로 불린다. 개혁주의 생태학은 분명히 인간중심의 또는 '표층(shallow)' 생태학이다. 개혁주의 생태학의 핵심적 특징은 '성장의 한계'가 있다는 점을 인정하는 것이고, 환경의 질적 저하(예를 들어, 오염 또는 재생 불가능한 자원에 의한)는 궁극적으로 번영과 경제성장을 위협한다는 것이다. 이러한 생태주의 형식의 슬로건은 지속가능 개발이고, 특히 '약한' 지속가능성으로 불린다. 경제적 개념으로, 이는 '보다 천천히 풍요로워지는 것'을 뜻한다. 개혁적 관점에서, 환경파괴는 외부성(externality) 또는 '사회적 비용'이다. 그러한 비용을 고려하여 현대 생태주의자들은 현대화와 지속가능성 사이의 균형을 발전시키려는 노력을 한다.

개혁주의 생태학에 영향을 미치는 주요 이데올로기는 공리주의인데, 이는 고전적 자유주의 사상에 기반하고 있다. 이러한 점에서 개혁주의 생태학은 '계몽된' 인간중심주의라 불리는 것을 실행하고, 개인이 단순히 단기적 이익이 아니라 장기적 이익을 고려하도록 한다. 영국의 공리주의 철학자이면서 정치가였던 밀(John Stuart Mill, 1806–73)은 자연에 대한 숙고가 '더 높은' 즐거움을 가져다준다는 논리를 통하여 (경제적 성장은 없지만) 안정된 상태의 경제를 정당화하였다. 싱어(Peter Singer 1993)는 인간뿐만 아니라 모든 종들이 고통을 받지 않을 권리가 있다는 근거로 동물의 권리를 정당화하였다. 보다 일반적으로, 공리주의 사상은 환경의 질적 저하가 미래 세대의 이익 측면에서 인간 삶의 질에 영향을 미친다는 점을 인정하였다. 환경문제의 본질은 우리 행동의 많은 결과들이 수십 년, 심지어 수백 년 동안 느껴지지 않을 수 있다는 것을 의미한다. 예를 들어, 산업화는 유한한 석유, 가스, 석탄 자원의 고갈 또는 온실가스 배출에 대한 우려가 제기되기 전 약 200년 동안 진행되었다. 따라서 생태학자들은 우리의 의무가 현재 세대를 넘어 생명체와 아직 태어나지 않은 사람들까지 포함하는 미래 세대로 확장된

인간중심주의(Anthropocentrism): 인간의 욕구와 이익이 도덕적이고 철학적 중요성을 앞선다는 믿음.

표층 생태학(Shallow ecology): 생태학의 교훈을 인간의 욕구와 목적을 달성하는 데 연결시키고, 지속과 보존 같은 가치에 역점을 두는 녹색 이데올로기의 관점.

외부성(Externality): 광범위한 영향은 있지만, 기업의 대차대조표나 국가 GDP의 한 부분이 되는 역할을 하지 않는 경제활동의 대가.

지속가능성(Sustainability): 일정 기간 동안 어떠한 시스템이 활력을 유지하면서 지속적으로 존재하는 능력.

공리주의(Utilitarianism): '선'을 즐거움 및 행복과 동일시하고, '악'을 고통 및 불행과 동일시하며, '최대 다수를 위한 최대의 행복'을 누리게 하는 것(일반 효용의 원리)을 목적으로 하는 도덕철학이다.

다는 점을 제시하면서 세대 간 정의에 대한 아이디어를 개발했다.

그러한 '미래성'은 각기 다른 방식으로 정당화되어 왔다. 미래 세대에 대한 보살핌과 의무는 우리의 아이들, 나아가 그들의 아이들에 대한 도덕적 관심의 확장인 '당연한 의무'로 여겨져 왔다. 미래 세대에 대한 관심은 '생태학적 관리'라는 개념과도 연결되어 왔다. 이는 현 세대가 과거 세대에 의해 생성된 부를 보관하는 사람에 불과하며 미래 세대의 이익을 위해 이를 보존해야 한다는 개념이다. 그러나 세대를 초월한 정의라는 개념은 비판을 받아 왔다. 일부는 모든 권리가 호혜성(권리는 어떤 일이 이루어졌거나 이루어지지 않았기 때문에 존중된다)에 의존한다고 주장하는데, 이 경우 아직 태어나지 않은 사람을 위해서 현재 생존하고 있는 사람에게 의무를 부과하는 권리를 부여하는 것은 불합리하다고 주장한다. 게다가 잠재적으로 무한할 수 있는 미래 세대의 규모에 비추어 볼 때, '미래성'이 부과하는 부담은 실질적으로 헤아릴 수 없다. 현재 세대는 훨씬 더 나은 삶을 살고 있음이 입증될 수 있는 미래 세대의 이익을 위해 희생을 하고 있을 수도 있고, 그들의 희생은 미래의 필요를 충족시키기에 완전히 불충분할 수도 있다.

따라서 자원을 보존하는 가장 확실한 경우는 지금 살아있거나 앞으로 태어날 사람들의 복지 또는 행복을 최대화하는 것이다. 마지막으로 개혁적 생태학은 환경문제를 다루는 수단에 의하여 정의되고, 주류 환경운동에 의하여 유형화된다. 개혁적 생태학은 환경파괴에 대한 세 가지 해결방식을 옹호한다.

- '시장생태주의' 또는 '녹색자본주의.' 이는 환경피해를 고려하는 데 있어서 시장을 적용시키고, 외부효과를 기업 또는 조직 등 내부 책임으로 전환시키는 것이다. 이의 사례로는 **환경세**를 포함한다.
- 인간의 창의력과 환경기술의 개발 (가뭄에 강한 작물, 에너지 절약형 교통수단, '청정' 석탄). 과거 산업문명을 일으킨 발명과 혁신능력은 환경친화적인 산업화를 추진하는 데 사용될 수 있다.
- 국제레짐(p. 77 참조)과 초국적 규제 시스템. 글로벌거버넌스(p. 458 참조)는 '공유지의 비극'의 영향을 없애지는 못하더라도 줄일 수 있다는 전망을 제공할 것이다.

환경세(Green taxes): 개인이나 기업에게 벌금형태의 세금을 내게 하는 것이며, 그 사례는 폐기물, 오염, 배출물 등이다.

사회생태학(Social ecology): 생태학적 원리가 사회조직에 적용될 수 있고 적용되어야 한다는 아이디어이며, 이 개념은 원래 생태 무정부주의자들에 의하여 주로 사용되었다.

급진주의 생태학

급진주의 생태학은 환경문제에 대하여 보다 광범위하고 심지어는 혁명적인 변화를 요구하는 다양한 녹색 관점들을 포함한다. 이 이론은 생태학의 원칙을 자본주의적 현대성의 중심적 특징과 조화시키기보다는, 자본주의적 현대성, 가치, 조직과 제도를 환경파괴의 근본적인 원인으로 간주한다. 이러한 다양한 관점들은 집단적으로 **사회생태학**으로 범주화할 수 있으며, 인간과 자연 사이의 균형을 사회구조적 차원에서 설명한다. 따라서 생태학 원칙의 발전은 급진적 사회변화의 과정을 필요로 한다. 이러한 사회변화는 적어도 세 가지 다른 방식으로 이해된다.

- '생태사회주의'는 자본주의가 환경문제에 대한 책임이 있다고 비판한다. 생태사회주의자들에게 있어서 자본주의의 반생태적 편향성은 사유재산 제도와 '상품화'를 향한 추세로부터 나온다. 이러한 요인들은 자연을 단순한 자원으로 격하시키고, 생태학적 지속가능성을 위한 유일한 희망은 사회주의 사회의 건설이라는 점을 제시한다.
- '생태무정부주의'는 계급과 권위가 환경문제에 대한 책임이 있다고 비판한다. 생태무정부주의자들에게 있어서 사람에 대한 지배가 자연에 대한 지배로 연결된다. 이들은 국가를 없애고, 분권화되고 자체 관리를 할 수 있는 공동체의 설립을 통해서 인류와 자연 사이의 균형을 이룰 수 있다는 점을 제시한다 (Bookchin 1982).
- '생태페미니즘'은 남성가부장제가 환경문제에 대한 책임이 있다고 비판한다. 생태페미니즘에게 있어서 여성에 대한 지배가 자연에 대한 지배로 연결된다 (Merchant 1983, 1992). 남성들은 도구적 이성(instrumental reason)에 대해 의존 및 통제하고 정복하려는 성향을 가지고 있기 때문에 자연의 적이다. 따라서 자연의 존중은 탈남성가부장 사회의 수립을 필요로 한다.

사회생태학은 급진적 사회변화를 생태적 지속가능성으로 인식하는 반면, 소위 '심층' 생태학은 패러다임 변화, 즉 세계에 대한 우리의 핵심적 사고와 가설의 변

상품화(Commodification): 어떤 것에 경제적 가치를 갖게 하여 사고 팔 수 있는 상품으로 전환시키는 것.

심층 생태학(Deep ecology): 인간중심주의를 반대하고 자연의 보호에 우선을 두는 녹색이념의 관점이며, 생명평등, 다양성, 분권화 같은 가치와 연관된다.

생태발자국(Ecological footprint): 개인의 천연자원 소비를 위하여 공급되고 폐기물을 처리하는 데 필요한 생물학적 생산 토지의 넓이에 기초한 생태학적 수용능력의 척도이다.

초 점

지속가능 개발: 성장과 생태학의 조화?

개발은 생태학적으로 지속가능한가? 경제성장과 환경보호 사이에는 불가피한 긴장이 발생하는가? 1987년 브룬트란트 보고서 이후 '지속가능 개발' 아이디어는 환경과 개발 이슈를 지배해 왔다. 이 개념에 대한 브룬트란트 보고서의 정의는 다음과 같다.

> 지속가능 개발은 미래 세대의 요구를 충족시키는 능력을 유지하도록 하면서 현재의 요구를 충족시키는 개발이다. 이는 두 가지 핵심적 개념을 포함한다. (1) 요구의 개념이고, 특히 세계 빈곤층의 기본적 요구이며, 우선적 관심이 주어져야 한다. (2) 제한의 개념으로, 현재와 미래의 요구를 충족시키는 과정에서 발생하는 환경문제에 대하여 기술과 사회조직에 의하여 부과된다. (UN 1987)

그러나 지속가능 개발이 실제로 무엇을 의미하는지, 어떻게 성장과 생태를 조화시킬 수 있는지에 대한 논쟁이 계속되고 있다. 때때로 '약한' 지속가능성(개혁주의 생태학)이라고 불리는 것은 경제성장이 바람직하다는 점을 수용하지만, 생태적 비용이 장기적 지속가능성을 위협하지 않는 한도 내에서 성장이 이루어져야 한다는 점을 인정한다. 실제로 이는 보다 천천히 부자가 되어야 한다는 점을 의미한다. 더욱이 이러한 견해를 지지하는 사람들은 인간자본이 자연자본을 대체할 수 있다고 주장한다. 예를 들어, 보다 나은 도로 또는 비행장을 건설하기 위해서는 서식지와 농경지의 손실을 보상해야 한다. 이 견해에 따르면, 지속가능성의 핵심적 요구사항은 미래 세대에게 가능한 자연자본과 인적자본의 순 합(net sum)이 현세대의 것보다 덜하면 안 된다는 것이다. 그러나 급진적 생태주의자들이 선호하는 '강한' 지속가능성은 약한 지속가능성의 성장 친화적 시각을 거부한다. 이는 단지 자연자본의 보존과 유지의 필요성에 초점을 맞추고, 인적자본은 자연을 해치는 것이라고 폄하한다. 이는 자연자본이 사람들의 '생태발자국' 개념에 의하여 평가되어야 한다는 점을 반영하고, 이는 급진적인 인류 평등주의의 아이디어에 기반한다.

분석적 접근

자연환경

현실주의 견해

현실주의는 전통적으로 환경문제에 거의 관심을 두지 않았고, 현실주의가 자연에 대한 특정 개념에 연관될 수 있다는 주장은 매우 의문스럽다. 현실주의는 지속가능성보다는 생존에 대한 관심을 더 가진다. 그러나 현실주의는 인간과 자연세계의 관계라는 이슈에 대하여 적어도 두 가지 측면에서 관심을 가져 왔다. 첫째, 고전적 현실주의자들은 인간의 행위와 본질을 다른 동물, 그리고 자연 그 자체에서 발견되는 것들의 개념으로 설명을 한다. 이기심, 탐욕, 공격성은 인간의 본질적 특성이며, 모든 종에서 발견되는 성향을 반영하는 것으로 인식되었다 (Lorenz 1966). 보다 광범위한 측면에서 현실주의자들이 생각하는 인간 존재의 근본적인 특징은 자연 그 자체가 '인정사정 봐주지 않는다'는 사실에 기원한다. 따라서 갈등과 전쟁은 사회적 다윈주의(Darwinism)의 '적자생존'의 원칙으로 보여진다. 둘째, 현실주의자들은 희소성에 따른 자원에 대한 갈등이 국제적 긴장을 야기한다는 점을 인식하고 자연의 중요성을 인정한다. 이러한 생각은 그 자체가 환경주의의 형식을 지니는 지정학의 개념에서 입증되고 있다. 이러한 점은 많은, 아마도 대부분의 전쟁이 '자원전쟁'이라는 생각에도 반영된다.

자유주의 견해

자유주의 견해에 따르면, 자연은 인간의 욕구를 채워주는 수단으로 인식된다. 이는 왜 자유주의자들이 인간의 자연지배에 대한 의문을 거의 제기하지 않는지를 설명한다. 스스로의 가치가 없기 때문에, 자연은 인간의 노동에 의하여 변형될 때 또는 인간의 목적을 위하여 쓰여질 때 가치가 부여된다. 이는 재산권은 자연이 효과적으로 노동과 결합될 때 획득된다는 로크의 이론에 반영된다. 따라서 자연은 경제적 가치에 의하여 상품화되고, 시장경제의 과정으로 편입된다. 실제로 자유시장 자본주의의 가치를 강조하면서, 고전적 자유주의자들은 이기적인 물질주의와 경제성장을 인정하였고, 많은 생태주의자들이 자연의 강탈적인 착취에 연결되어 있다는 입장을 보였다. 자유주의의 반자연적 또는 반생태적 편향은 두 가지 원천에서 비롯된다. 첫째, 자유주의는 개인주의를 옹호하는 강한 인간중심주의이다. 둘째, 자유주의자들은 과학적 합리성과 기술에 강한 신뢰를 보이며, 이들을 통하여 자연에 대한 문제 해결 접근을 하며, 인간의 독창성에 강하게 의존한다. 그러나 자유주의 내의 대안적 시각은 자연에 대한 보다 적극적인 접근을 시도하였다. 이에는 현대 자유주의가 인간의 활동을 강조한다는 점이 포함되었고, 이는 자연에 대한 세밀한 관찰을 통하여 이루어졌다. 또한, 행복을 최대화하고 고통을 최소화하는 공리주의적 강조도 포함되었는데, 이는 다른 종 또는 미래 인류에게도 적용된다는 입장이다 (Singer 1993).

마르크스주의 견해

마르크스주의자들은 전통적으로 자연환경에 대한 언급을 거의 하지 않았으며, 전개과정으로서의 목적론적 역사관은 산업화를 자연적인 것으로 받아들였으며, 결과적으로 산업화가 창조해 내는 산업노동자 계급이나 '프롤레타리아'가 제공하는 혁명적 잠재력에 초점을 맞추기 위해 오염과 환경파괴 효과를 무시했다. 그러나 '생태사회주의'는 매우 영향력 있는 정치이론이 되었으며 많은 나라의 녹색당에 알려졌다. 포스터(John Bellamy Foster 2000)와 같은 주요 지지자들은 마르크스주의 생태학이 전적으로 가능하다고 주장했고, 환경문제를 다루는 방법에 대한 이론화를 하는 데 있어서 마르크스와 마르크스주의로부터 많은 영향을 받았다.

녹색이론 견해

녹색 정치의 관점에서 보면, 자연은 인간과 비인간, 그리고 무생물 세계를 포용하는 상호 연결된 전체이다. 따라서 자연은 조화와 전체성의 원리를 구현하며, 이는 인간의 충족이 자연을 지배하려는 시도에서 오는 것이 아니라 자연에 대한 친밀함에서 비롯된다는 것을 암시한다. 이러한 총체적 관점은 자연이 모든 가치의 원천이라고 주장하는 심층생태학자들에 의해 가장 급진적으로 수용된다. 따라서 자연은 윤리적 공동체이며, 인간은 더 이상 권리가 없고 공동체의 어떤 구성원보다 더 존중받을 자격이 없는 '평범한 시민'에 지나지 않는다 (Leopold 1968).

화 필요성을 강조한다. 이는 모든 형태의 인간중심주의를 반대하고 그 대신 생태중심주의를 포용한다. 따라서 심층 생태학은 세계가 상호연결과 상호의존의 개념에 의하여 이해되어야 한다는 급진적 전체주의(holism)를 옹호한다. 인간이라는 종(種)은 자연의 한 부분이며, 다른 부분보다 더 중요하지도 않고 더 특별하지도 않다. 이러한 생태중심적 사상은 새로운 물리학(특히 양자역학), 체계이론, 동양의 신비주의(특히 불교와 도교) (Capra 1975, 1982, 1996) 등 다양한 기초 위에서 구성되어 왔으며, 특히 소위 가이아 가설에서 발전된 '어머니 대지(mother earth)'의 개념을 강조하는 것들을 포함한다. 심층 생태주의자들은 전통적 윤리사상을 급격하게 수정하면서, 도덕은 인간이 아니라 자연으로부터 나오는 것이라고 주장하며, '생명중심적 평등'을 지지한다. 또한, 그들은 소비주의와 물질주의를 강하게 비판하면서, 이들은 인류와 자연 사이의 관계를 왜곡시킨다고 주장한다.

생태중심주의(Ecocentrism): 인간의 목적 달성보다는 생태적 균형의 유지에 우선권을 두는 이론적 정향.

생명중심적 평등(Biocentric equality): 생태권의 모든 유기물과 존재물들은 동등한 도덕적 가치를 보유하고, 각각은 상호 연관된 전체의 일부라는 원칙.

기후변화

기후변화는 가장 괄목할만한 글로벌 환경이슈이면서도, 현재 국제공동체가 직면하는 가장 긴급하고 중요한 도전이기도 하다. 그러나 이 이슈는 다양한 논쟁과 의견 불일치로 문제가 되고 있다. 이들 중 가장 중요한 것은 다음에 대한 것들이다.

- 기후변화의 '원인': 기후변화는 발생하고 있는가? 어느 정도로 인간활동에 의한 영향을 받는가?
- 기후변화의 '중요성': 기후변화의 결과는 얼마나 심각한가?
- 기후변화의 '치유': 기후변화는 어떻게 해결해야 하는가?

기후변화의 원인

기후(climate)는 날씨(weather)와 다르다. 기후는 어떤 지역의 장기간 또는 광범위한 날씨 조건이다. 미국의 작가 하인라인(Robert A. Heinlein 1973)은 "기후는 우리가 기대하는 것이고, 날씨는 우리가 얻는 것"이라고 했다. 그러나 이것이 지구의 기후가 안정되고 변하지 않는다는 것을 의미하지는 않는다. 실제로 기후는 46억 년의 역사 동안 거세게 변화하여 왔다. 여러 번의 빙하기를 거쳤고, 마지막 빙하기는 약 1만 년 전에 끝난 플라이스토세 시대에 일어났고, 그 기간 동안 북미 대륙의 빙하는 오대호만큼 남쪽에 도달했고, 빙상은 북유럽에 퍼져 남아 있으며, 스위스만큼 남쪽에 남아 있다. 대조적으로, 약 5,500만 년 전 팔레오세 시대 말과 에오세 시대 초에, 지구는 지질학 역사상 가장 극단적이고 급격한 지구온난화 사건들 중 하나로 뜨거워졌다. 지구가 더워지기 시작하면서 여러 가지 변화가 수반되었다. 태양의 열 복사량이 변하였고, 태양을 향한 지구의 위치가 변하였고, 지구 대기의 성분이 변하였다. 지난 세기에, 그리고 특히 지난 몇 십 년 동안 급격하게 기후가 변하는 새로운 시대가 시작하였고, 온도도 급상승하였다. 이러한 기후변화는 대체로, 그리고 아마도 명백한 인간활동의 결과이다.

1990년대에 기후변화에 따른 지구온난화 이슈는 국제환경 의제에서 상위를 점하게 되었다. 이렇게 된 이유는 그린피스와 지구의 벗 같은 환경단체들이 지구온난화를 멈추게 하기 위한 노력을 가장 중요한 행동목표로 삼았기 때문이고, 이 문제를 중점적으로 다루기 위한 첫 기구로 IPCC가 설치되었으며, 이 기구는 정말로 지구온난화에 대한 권위있는 과학적 원천이 있다는 점을 의미했기 때문이다. 후자의 전개는 주로 기후변화에 관한 최초이자 가장 기본적인 논쟁에 기여했는데, 그것이 실제로 일어나고 있는가? 2004-5년경까지 대체로 미국의 석유회사들로부터 지원을 받은 '부인 로비(denial lobby)'는 지구온난화 아이디어를 반박하면서 지구대기의 온도변화에 대한 데이터는 신뢰성이 부족하고 모순적이라고 주장했다. 그러나 2005년 사이언스 저널에 게재된 여러 논문들은 '부인 로비스트'들이 사용한 데이터들의 심각한 오류들을 지적하였다. 세계는 점점 더워지

초 점

인류세

환경과학자 크루첸과 스토머(Paul J. Crutzen & Eugene F. Stoermer 2000)는 국제과학평의회(International Science Council)가 설립한 국제 NGO인 국제지구권-생물권 프로그램(International Geosphere-Biosphere Programme)의 2000년 호 뉴스레터에서 "현재의 지질시대를 위해 '인류세(anthropocene)'라는 용어를 사용할 것"을 제안했다. 이 제안은 인간이 만든('인류발생') 또는 인간이 가속화한 과정들이 '홀로세(Holocene)'를 대체할 새로운 이름을 보장하는 방식으로 행성 수준의 자연환경을 형성하게 되었다는 다양한 증거에 기초하여 이루어졌다. 홀로세는 거의 1만 2,000년 전(마지막 '빙하기'였던 플라이스토세가 끝났을 때)부터 오늘날에 이르는 지질학적 시기를 일컫는 용어다. 크루첸과 스토머는 20세기에 글로벌 인구의 폭발적 증가, 도시화 및 산업화가 화석연료의 추출과 연소를 크게 증가시켰다는 점을 강조하면서 이들이 대기오염, 광화학적 오존 또는 '스모그'의 생성, 오존층의 남극 구멍에 대해 측정 가능한 영향을 끼쳤으며, 더불어 핵무기의 폭발, 해양 어류 자원의 고갈, 농업을 위한 자연 서식지의 손실, 소와 같은 동물의 대량 생산에 의한 영향도 중복되었다는 점을 인용했다.

인류세는 여전히 다소 논쟁의 여지가 있는 개념으로 남아 있으며, (글을 쓰는 시점에서) 아직 관련 국제지질기구들에 의해 공식적으로 채택되지는 않았지만, 런던 지질학회와 미국 지질학회에서 인정하는 이외에 국가과학계에서 공식적이고 비공식적인 인정을 광범위하게 받고 있다. 34명의 저명 과학자들로 구성된 국제 인류세 워킹그룹은 2019년 공식적인 지질대조연표(geologic time chart)를 감독하는 국제층서위원회(International Commission on Stratigraphy)에 인류세라는 용어를 1945년 '트리니티' 미국 핵폭탄실험으로부터 시작된 시기를 설명하는 데 사용할 것을 2021년까지 공식 제안하겠다고 발표했지만, 다른 과학자들은 이를 너무 최근의 시작점으로 간주하고 있다. 어쨌든, 인류세는 글로벌사회 및 정치이론에서 핵심적인 개념이 되었다. 국제관계이론에서 챈들러(David Chandler 2018) 등은 기후변화뿐만 아니라 '빅 데이터', 기계학습 알고리즘, '사물인터넷'의 부상과 관련하여 거버넌스 구조가 점점 더 확산될 수밖에 없는 정치적 시기로서 인류세의 중요성을 탐구했다. 한편, 무어(Jason Moore 2016)는 '인류세'를 거부하고 '자본세(Capitalocene)'에 찬성하면서, 인류세가 묘사하고자 하는 극적인 환경변화를 만들어내기 위한 자본주의의 중요성을 강조했으며, 포스트 휴머니스트 또는 '다종 페미니스트'로 불리는 해러웨이(Donna Haraway)는 자신의 용어 '크툴루센(Cthulucene)' (2015)이 행성의 생존과 더 '살아있는' 미래를 위한 인간과 비인간의 관계개선의 필요성을 포착하는 더 희망적인 방법이 될 것이라고 제안한다.

고 있으며 이는 확실하다는 새로운 공감대가 형성되었다. IPCC의 2013년 제5차 평가보고서에 따르면, 1995년과 2006년 사이의 12년 중 11년은 1850년 지표면 온도를 측정한 이후 가장 높은 기록 년도에 포함되었다. 또한, 1998년 이후의 온도상승에서 소위 '일시 정지'는 장기적인 추세로 반영하기에는 너무 짧다고 지적했다. 1956년부터 2005년까지 50년 동안의 선형적인 온난화 추세가 1906년부터 2005년까지의 100년 동안의 선형적인 온난화 추세보다 거의 두 배였다는 것은 더 중요하다. 그러나 지구온난화 사실은 부인하기가 점점 더 어려워지고 있지만, 이를 설명하는 요인들은 때때로 열정적인 논쟁의 문제로 남아 있었다.

기후변화 '회의론자'들은 지구온난화와 인간활동 사이의 연관성, 구체적으로 '온실가스'의 방출에 의문을 제기했다. 그들은 지구의 기후가 간빙기에도 자연적으로 가변적이라는 것을 강조함으로써 회의론을 확인했다. 예를 들어, 19세기 후반까지 지속된 소위 '작은 빙하기' 동안, 유럽과 북미는 혹독한 겨울을 겪었고 아이슬란드는 자주 얼음으로 잠겼다. 다른 이들은 지구의 온도와 태양 흑점활동과 같은 요인들 사이의 연관성을 확립하려고 시도했다. 미국의 부시 행정부(2001-9)는 지구온난화를 시인하였고 인간에 의하여 변화가 이루어졌다는 점을 인정하였지만, 온실가스와 기후변화의 관계에 대한 과학적 이견을 교묘하게 이용하여 기후변화를 다루는 더 큰 프로젝트의 가치에 의문을 제기했다. 그러나 시간이 흐르면서 온실가스 배출과 기후변화의 관계는 더 이상 의문을 제기할 수 없게 되었다. 이는 기후변화의 과학이 '온실효과'의 개념에 의하여 더 잘 이해가 되었고, 지구온난화의 속도와 온실가스배출의 분명한 상관관계가 밝혀지면서 가능했다. IPCC는 2001년의 3차 평가보고서에서 온도상승은 인위적으로 생성된 온실가스 농도의 증가 때문일 '가능성'이 있다고 주장하였으며, 2007년의 4차 평가보고서에서는 이 인과관계가 90퍼센트 이상으로 '매우 가능성'이 높다고 보고하였다. 2014년의 제5차 평가 보고서에서는 이것이 '극히 가능성' 또는 95-100퍼센트 확실성으로 상승했다고 주장했다. 말할 것도 없이 기후변화에 대한 토의는 정치적으로 매우 중요한데, 그 이유는 이러한 토의가 문제를 파악하는 데 도움을 주고 해결책을 강구하는 데 기여하기 때문이다.

기후변화의 결과

기후변화의 심각성은 이 현상이 인류의 안녕과 미래의 인류에 미치는 재앙적 의미와 연관되어 있다. 지구온난화의 결과는 얼마나 심각할 것인가? 장기적인 기후변화는 어떠한 영향을 미치는가? 온난한 지역에 사는 사람들은 지구온난화가 실제로 발생하는지, 그 원인이 인간의 행위와 연관이 되는지에 대하여 의문을 제기한다. 기후변화에 대한 연구를 처음 시작하였을 때 온실가스 배출은 미래 수십 년 후에야 재앙적 영향을 줄 것으로 생각하였다. 따라서 현재보다는 미래 세대를 위하여 의무를 지켜야 한다고 생각하였다. 그러나 기후변화의 영향은 예상했던 것보다 앞서서 충격적으로 발생하였고, 이에 따라 더 이상 단순히 '미래 세대'의 이슈로 취급할 수 없게 되었다. 그럼에도 불구하고 기후변화에 대한 우려는 미래를 내다보는 성격을 계속 지니게 되었고, 이에 대한 강력한 조치를 취하지 않으면 그 영향은 오늘날의 어린이들, 또 그들의 어린이들에게 심각하게 미칠 것으로 인식되고 있다.

IPCC는 2014년 평가 보고서에서 다음을 포함한 기후조건의 다양한 변화에 주목했다.

- 1983년부터 2013년까지가 북반구에서 최소 1,400년 동안 가장 따뜻한 시기였을 '가능성이 높다' (66−100퍼센트 확신).
- 1971년부터 2010년까지 700m에 이르는 지구의 해양 상층부가 따뜻해진 것은 '거의 확실하다' (99−100퍼센트).
- 그린란드와 남극의 빙상이 지난 20년간 질량을 잃어가고 있으며, 거의 전 세계적으로 빙하가 계속 줄어들고 있다는 점을 '확실하게' 말할 수 있다.
- 가끔 극단적인 겨울이 계속되겠지만, 폭염은 더 높은 빈도와 지속시간으로 발생할 '가능성이 매우 높다' (90−100퍼센트).

기후변화가 인류에 미치는 영향은 매우 심각하고 점차 심해질 가능성이 있다. 따뜻한 날이 더 많고 추운 날이 더 적은 지역에서 추위에 덜 노출되기 때문에 인간의 사망률은 낮을 것으로 예상되지만, 기후변화의 영향은 항상 부정적이다. 열대지방의 사이클론은 홍수, 그리고 물과 음식에 의한 질병을 통한 사상자와 이재민을 발생시킨다. 1990년대 중반 이래 대서양의 허리케인이 40퍼센트 증가하였고, 현재 열대지방의 가장 강력한 사이클론은 30년 전에 비해 두 배 자주 발생하고 있다. 중국은 특히 양쯔강, 황하강 등 여러 강에서 홍수로 인한 심각한 피해를 입고 있다. 극단적인 해수면 상승으로 발생하는 사고는 사망과 부상의 위험을 가져다준다. 방글라데시의 벵갈 삼각주, 베트남의 메콩 삼각주, 이집트의 나일 삼각주, 중국의 양쯔강 삼각주와 같은 세계의 거대한 강 삼각주에서 특히 그러한 일이 발생할 가능성이 높다. 만약 현재의 해수면 상승이 지속된다면, 금세기 중반까지 방글라데시 육지의 6분의 1이 바다에 상실될 것이고 인구의 13퍼센트가 농지 또는 주거지를 잃을 것으로 예상되고 있다. 몰디브와 같은 저지대 섬 그룹에 사는 사람들의 전망은 더 암울한데, 그 이유는 이들이 완전히 사라질 수 있기 때문이다. 가뭄과 사막화의 진전은 식량과 물의 부족, 영양실조, 물과 음식으로 인한 질병의 위험을 초래할 것으로 예상되고 있다.

기후변화는 세계 모든 지역에 영향을 미치고 있지만, 그 영향은 동등하지 않다. 아프리카와 북극(10년마다 바다의 빙산이 2.7퍼센트 녹아서 줄고 있다)은 지대가 낮은 작은 섬들과 아시아의 삼각주들과 함께 기후의 영향을 심각하게 받을 것이다. IPCC는 지금의 추세가 지속된다면 2080년까지 12억에서 32억 명의 인구가 물 부족을 경험하고, 2억에서 6억 명의 인구가 영양실조와 기아상태에 놓이게 되며, 매년 200만에서 700만 명이 해안 홍수에 의한 희생을 당할 것이라고 보고했다. 기후변화는 이주와 경제개발에 대한 영향을 통하여 글로벌적인 것이 될 것이다. 2050년까지 물 부족, 해수면 상승, 목초지의 파괴, 갈등과 기아 등으로 2억에서 8억 5,000만 명이 온대성 기후의 지역으로 이주할 것인데, 이들은 모두 기후변화와 관련이 있다. 출생률의 큰 격차 및 빈부차이와 더불어 기후변화는 선진국 내에서 인종적이고 사회적 문제들을 발생시킬 것이다. 기후변화가 미치는 경제적 영향의 측면을 보면, 지구온난화는 경제적이고 사회적 활동을 위축시켜 세계 GDP가 최대 20퍼센트 하락하는 결과를 야기할 것이다 (Stern Review 2006).

그러나 일부 환경주의자들은 기후변화의 결과에 대하여 더욱 비참한 이미지를 그리면서, '재앙의 시나리오'를 만들고 있다. 첫째, 극지의 얼음은 그 지역에 복사되는 태양열을 80퍼센트 반사하여 지구를 시원하게 유지하도록 도와주기 때문에, 극지의 얼음이 사라지면서 지구의 온도는 급상승하게 된다. 반면 해수는 태양열을 흡수하고 거의 반사하지 않는다. 둘째, 북반부 위도가 높은 지역의 땅을 덮고 있으면서 두껍게 얼어 있는 동토층(凍土層)이 녹게 되면, 축적되어 있던 온실가스가 배출되어 지구온난화를 가속시키는 주 원인이 된다. 셋째, 극지의 얼음이 녹으면서 차가운 물이 방출되면 바다의 온도가 내려가고, 이것이 만류(Gulf Stream)를 방해하여 북유럽의 많은 지역이 얼어붙는 환경으로 바뀌게 된다 (2004년 할리우드 영화 *The Day After Tomorrow*의 시나리오). 그러나 일부 사람들은 이러한 재앙의 시나리오를 유언비어로 위협을 가한다고 비난한다. 예를 들어, IPCC는 21세기 만류가 불안정하게 될 '가능성은 거의 없다'고 주장한다 (10퍼센트 미만의 확률).

기후변화는 어떻게 대처해야 하는가?

기후변화에 대응하는 임무는 무척 어렵고, 심지어는 불가능할 수도 있다. 이러한 점에서 기후변화를 취급하는 노력과 오존층 파괴 문제에 대한 대응책을 비교하는 것은 도움이 된다. 오존층 파괴의 경우 그 원인에 대한 과학적 측면에서 의견 불일치는 거의 없다 (에어로졸과 다른 원천으로부터의 CFC가스배출). 오존층 파괴의 결과는 부정적인 것이고 선진국과 개도국 모두에게 영향을 미친다는 데 합의가 되었다. 그리고 가장 중요한 것은, 수용할만한 비용으로 간단한 해결 방식을 찾을 수 있는데, 그것은 CFCs배출을 금지하고 그 대안을 개발하는 것이다. 1987년의 몬트리올의정서는 환경문제에 대한 국제협력이 얼마나 효과적인지를 보여준다. 1990년대 중반부터 CFC배출이 줄어들기 시작하였고, 2030년까지 완전히 없어지게 하고, 2050년까지 오존층을 완전히 회복하도록 되어 있다.

반면, 기후변화의 원인이 어떠한 특정물질의 사용과 특정 생산과정 때문이 아니라 산업화 과정 그 자체이기 때문에 다루기가 어려운 점이 있다. 화석연료(석탄, 석유, 천연가스)는 산업화의 기본이 되었고 지난 200년 동안 경제성장의 핵심이 되었을 뿐만 아니라, 지구온난화의 원인인 온실가스 배출의 기초가 되었다. 따라서 기후변화 문제를 해결하기 위해서는 산업사회를 개조하여 '탄소 산업화'의 대안을 마련하거나, 경제발전과 궁극적으로는 물질적 번영을 상당 부분 희생시키는 것이다. 기후변화에 대한 국제협력은 얼마나 진전이 되었고, 효과적인 국제행위를 하는 데 어떠한 장애요인이 있는가?

기후변화에 대한 국제협력

1992년의 리우 '지구정상회의'는 기후변화 이슈에 심각한 관심이 집중된 첫 번째 국제회의였다. 이 회의에서 FCCC를 '기본협약'으로 추진하여 온실가스를 안전한 수준까지 안정화시키는 데 합의하였다. 이는 동등의 원칙에 기초해야 하고, 국가들의 '공통적이지만 차별화된 책임과 각국의 능력'에 따라 달성하도록 하였다. 분명한 목표는 선진국들이 앞장서서 2000년까지 배출량을 1990년 수준으로 낮추는 것이다. 그러나 181개의 정부가 동의하였지만, FCCC는 행동 추진을 위한 기본협약에 불과했고 법적 구속력이 없다. 이는 1990년대 동안 탄소배출량이 계속 증가한 선진국들에게도 마찬가지로 적용되었다. 개도국을 제외한 사실적 이유는 특히 중국과 인도의 경제부상으로 배출량이 급격하게 늘어났기 때문이다.

기후변화에 대한 가장 중요한 국제협정은 1997년에 협상된 FCCC에 대한 교토의정서였다. 교토의정서의 중요성은 선진국들이 2012년까지 온실가스 배출을 줄이거나 제한하도록 하는 구속력있는 목표를 정한 것이었다. 목표는 선진국들의 전체 배출량을 줄이는 것이었으며, 목표치는 1990년 수준 대비 5.2퍼센트를 줄이게 하는 것이었다. 그러나 국가들마다 목표치는 달랐다. EU와 미국은 각기 8퍼센트와 7퍼센트 줄이도록 하였고, 호주의 경우에는 오히려 1990년 수준 이상의 배출을 허용하였다. 교토의정서는 목표를 달성해야 하는 국가들을 지원하도록 탄소거래를 허용하는 '신축적 제도'를 도입하였다. 이는 기후변화에 대한 '배출권 거래제' 접근법을 수립하였는데, 이는 이후 이 이슈를 해결하기 위한 주요 전략이 되었다. 교토의정서의 장점은 온실가스 배출에 대하여 법적으로 구속력있는 목표를 처음으로 정하였다는 것이고, 또 다른 장점은 37개의 선진국(이른바 '부속서 1' 국가)에 적용되는 목표를 정함으로써 의정서를 비준한 나머지 137개의 개도국도 참여할 수 있는 길을 열었다는 것이었다. 더욱이 배출권 거래제를 마련함으로써, 탄소를 상품으로 생각하는 아이디어를 제공하였고, 구속력있는 목표를 수용하도록 보다 유연성있는 제도를 마련하였다. 예를 들어, 배출권 거래제는 선진국

배출권 거래제(Emissions trading): 교토의정서에 참여한 국가들이 배출권을 다른 국가들과 사고 팔 수 있도록 허용한 제도이며, 전체적인 배출량 목표는 유지한다.

들이 개도국에 대한 기술이전과 투자를 통하여 자신들의 목표를 달성하도록 하였고, 이는 적어도 이론적으로 배출량 수준을 낮추는 데 기여할 수 있는 것이었다. 그러나 탄소거래를 비판하는 사람들은 국가들이 거래를 통하여 자신들의 목표를 초과하도록 하는 것은 기후변화를 충분하게 신중히 생각하지 않는 것이며, 특히 단속할 수단이 없으며 남용하는 사례가 상당히 등장하고 있다고 주장한다.

교토의정서는 심각한 제한요인도 지니고 있다. 첫째, '기후시스템에 대한 인간의 위험한 인위적 간섭'을 방지하기 위하여 교토에서 설정한 목표는 부적절한 것이라는 주장이 있다. 예를 들어, 기후변화를 해결하는 캠페인을 주도적으로 벌이는 EU는 온실가스배출을 2010년까지 15퍼센트 줄이는 방안을 제시하고 있는데, 이는 교토의정서보다 짧은 기간에 거의 세 배를 줄이는 것이다. 둘째, 미국이 의정서를 비준하지 않은 점이다. 클린턴 행정부는 미 상원이 비준하지 않을 것이라며 반대했고, 부시 행정부는 명시적으로 반대했다. 이러한 미국의 반대는 교토의정서의 큰 약점이 되었고, 기후변화에 대응하는 데 있어서 10년을 뒤처지게 하였다. 미국은 세계 온실가스 배출의 25퍼센트를 점유하고 있는 최대 배출국이고, 중국이나 인도 등 개도국들도 미국을 따라서 교토프로세스에 참여하지 않을 수도 있다는 우려가 제기되고 있다. 셋째, 선진국만 구속하는 결정은 교토프로세스에서 처음부터 문제가 되었던 협상대상이었다. 미국은 중국과 인도를 제외한 것을 자국의 불참여를 정당화하는 데 지속적으로 사용하였다. 더욱이 중국의 탄소배출량은 급격하게 증가하여 2008년에 미국의 배출량을 넘어섰다. 이는 기후변화가 더 이상 선진국들의 문제가 아니라는 점을 의미한다.

교토의정서는 기후변화에 대한 해결방안은 되지 못한 채, 단지 해결의 길로 나가는 데 필요한 조치의 첫 단계만을 제공하였다. 교토의정서가 제대로 진전되지 않음에 따라 2005년까지 세계의 탄소배출은 1990년대에 비해서 4배 빠른 속도로 증가할 것이라고 예견되었다. 이에 따라 강조점이 '완화'에서 '완화와 적응'으로 전환되었다. 2007년 IPCC의 평가보고서는 핵심적 '완화' 기술과 실행을 아래와 같이 식별하였다.

- 연료를 석탄에서 가스로 전환
- 원자력 사용의 확대
- 재생가능한 열과 동력(수력, 태양, 풍력, 지열, 바이오 에너지 등)의 확대
- 이산화탄소 포집과 저장의 조기 적용(예: 천연가스에서 CO_2를 제거한 후 저장)
- 하이브리드 및 청정디젤 차량과 같은 연료절약형 차량 사용 확대
- 교통수단을 철도, 대중교통, 모터 없는 수단(자전거, 도보)으로 전환

동일한 보고서는 다양한 '적응' 전략들을 아래와 같이 열거하였다.

완화(Mitigation): 어떠한 것으로부터의 충격을 적당하게 조정하거나 줄이는 것. 특히 기후변화를 제한하기 위하여 온실가스 배출을 줄이는 것.

적응(Adaptation): 새로운 환경에 맞도록 변화시키는 것. 특히 기후변화에 맞도록 사는 법.

- 특히 해변에 사는 사람들의 주거지 재배치
- 제방과 방파제 개선
- 빗물집수장치 확대와 물 저장 및 보존기술 개선
- 농작물을 심고 거두는 기간 조절
- 작물 재배치 및 토지관리 개선(예: 나무 심기를 통한 침식 제어 및 토양 보호)
- 기후병 감시 및 관리 개선

교토의정서의 제한요인에도 불구하고, 기후변화에 대한 대중들의 인식이 변화하고 환경NGO들의 적극적 활동이 이루어지면서, 기후변화의 존재, 원인, 함의 등에 대한 과학적 합의는 이 이슈에 대한 국제협력을 강화하였다. 교토의정서를 러시아는 2004년, 호주는 2007년에 비준하였다 (그러나 러시아는 캐나다, 일본, 뉴질랜드와 함께 2012년 교토의정서에서 탈퇴했다). 가장 획기적인 것은, 2008년 오바마가 미국 대통령에 당선되고 민주당이 양원을 통제(2011년까지)하면서 미국정책의 핵심적 변화의 계기가 마련되었으며, 미국은 2012년에 종료되는 교토의정서의 후속 프로그램에 참여하려는 의사를 보였다. 게다가, 중국이 사과하지 않고 주로 석탄을 기반으로 한 산업성장을 강조하고 있음에도 불구하고, 탄소 산업화의 환경비용은 점점 더 명백해졌는데, 대표적 사례로 심하게 오염된 도시들 (세계에서 가장 오염된 도시들 중 8개가 중국에 있다), 티베트-칭하이 고원의 빙하 축소, 폭포수의 감소 등이 원인이 되었다. 이것은 중국과 다른 개발도상국들이 기후변화 문제를 기꺼이 다루고자 하는 것에 관심이 있다는 것을 인식할 가능성을 증가시켰다. 이러한 상황은 중국과 개도국들이 기후변화 문제를 기꺼이 다루고자 하는 관심과 의사를 가질 가능성을 증가시켰다. 이에 따라 2009년 12월 코펜하겐에서 유엔 기후변화회의가 개최되어 교토 이후 기후변화체제의 형태를 고려하기 시작했다. 그러나 코펜하겐 정상회의는 실망스러운 결과를 냈고, 기후변화에 대한 국제합의가 어렵다는 점만 부각시켰다. 2016년부터 유엔 기후변화협약(FCCC)는 교토의정서를 파리협정으로 대체했다.

왜 국제협력은 달성하기가 그렇게 어려운가?

기후변화를 해결하기 위한 국제협력에 장애요인들이 발견된다면, 이를 제거하기 위한 효과적인 국제활동이 전개될 것이다. 가장 심각한 장애요인들은 아래와 같다.

- 공공재와 국익의 충돌
- 선진국과 개도국 사이의 긴장
- 경제적 장애요인
- 이념적 장애요인

파리협정

사건: 2015년 프랑스 파리에서 열린 유엔 기후변화회의 당사국총회(COP 21)에서 196개국 대표가 만나 교토의정서를 대체할 새로운 기후변화에 관한 유엔 기후변화협약(FCCC)을 협상하였다. 12월 12일 모든 참가국이 협약조건을 승인하였고, 2016년 4월 22일 유엔 뉴욕시 본부에서 174개국이 협약에 서명하였다. 충분한 국가 비준의 문턱에 도달한 2016년 11월 4일 발효된 파리협정은 서명국들에게 금세기 지구온도 상승을 산업화 이전 수준보다 섭씨 2도 이하로 유지하고, 온도 상승을 1.5도로 더욱 제한하는 노력을 추구하며, 기후변화 영향에 대한 각국의 대처능력을 높이는 동시에 온실가스 배출을 낮추고 '기후 회복력'을 구축하는 것과 일관된 국제금융 흐름을 만들 것을 약속하였다.

케리(John Kerry) 미 국무장관은 손녀가 참석한 가운데 파리협정에 서명함으로써 미래 세대를 위한 이 조약의 중요성을 강조했다.

출처: *Spencer Platt/Getty Images*

중요성: 중국 다음으로 온실가스를 많이 배출하는 국가이지만 1인당 배출량은 훨씬 더 많은 미국은 교토의정서를 비준하지 않아 논란이 일었다. 이어진 많은 논쟁들은 미국의 참여가 부족한 협정의 약점에 초점을 맞추었다. 이에 따라 미국의 파리협정 가입은 주요한 성과로 널리 여겨졌다. 그러나 오바마 행정부가 협상을 수용하였지만, 협정은 임기 마지막 해에 서명되었다. 트럼프는 이 협정을 '취소'하겠다는 약속을 포함하는 공약으로 2017년에 미국의 대통령으로 선출되었다. 트럼프는 공개적으로 기후변화 일반과 특히 지구온난화를 '날조(hoax)'라고 불렀고, 기후변화의 존재에 대한 회의론자들(무슬림과 다른 인종 차별화된 소수자, 이민, 페미니즘, 성전환자들에 대한 반대와 함께)은 트럼프를 권력에 이르게 한 소위 '극보수(alt right)', 즉 극우적 문화정치의 핵심적인 발판이었다. 취임 후 트럼프는 2019년 11월에 파리협정으로부터 미국의 탈퇴를 공식적으로 예고했고, 1년 후에 공식적으로 떠났다. 그러나 공식적인 탈퇴 후 단지 몇 달 후, 바이든이 2021년 1월에 미국 대통령으로 취임 선서를 했고, 취임 첫 날 바로 파리협정에 다시 서명했다. 어쨌든, 파리협정이 현재 발생하고 있는 기후재앙을 상당히 늦추거나 멈추기에 충분하다는 것은 훨씬 덜 분명하다. 2022년 유엔은 비록 파리협정의 당사국들이 모든 약속을 충족한다고 할지라도, 기후변화의 최악의 영향을 의미 있게 다루기 위해 1.5도의 제한이 필요한 세기 말까지 세계 온도의 상승을 섭씨 2.5도로 제한할 것이라고 결정했다. 궁극적으로 파리 이후 주요 신규 협정이 체결되지는 않았지만, 최근 몇 년간 추가적인 당사국총회 협상과 환경사회운동이 다시 긴박하게 전개되고 있다.

공공재(Collective good): 어떠한 개인도 제외될 수 없는 혜택이고, 따라서 수혜자는 어떠한 대가도 지불할 필요가 없는 일반 이익.

기후변화의 이슈는 '공유지의 비극'의 전형적 사례로 인식된다. 국가들이 자신들 모두에게 일반적으로 이득이 된다고 수용하는 것은 각 국가들에게 이득이 된다는 것과 같지 않을 수 있다. 따라서 맑은 공기와 건강한 환경은 공공재이고, '글로벌 공유재'의 핵심요소들이다. 그러나 지구온난화에 대한 대응은 개별국가에게 비용을 부과한다. 완화와 적응전략을 추진하기 위해서는 많은 투자가 필요하고, 낮은 수준의 경제성장을 수용해야 한다. 이러한 상황에서 국가들은 '무임승차자'가 되는 경향이 있고, 비용을 지불하지 않고 건강한 대기의 혜택을 누리기를 원한다. 따라서 각 행위자가 기후변화 문제를 극복하기 위해 가능한 한 적게 '비용을 지불'하려고 노력하는 것은 전적으로 합리적이다. 결국 국가들은 구속력 있는 목표에 대한 합의를 주저하거나, 목표가 정해지더라도 문제를 효과적으로 해결하는데 필요한 목표보다 낮은 수준에서 결정될 가능성이 높다. 더욱이 국가가 경제적으로 더 개발될수록, 국가들이 기후변화를 대응하기 위하여 지불하는 비용이 더 많아지고, 그 국가들은 공동행동 추진을 망설이게 된다. 이러한 맥락에서, 민주주의는 특히 성장과 번영을 전달할 수 있는 능력에 대한 경쟁적인 주장을 중심으로 정당경쟁이 지향되는 경향이 있기 때문에 추가적인 문제를 일으킬 수 있다.

두 번째 문제는 기후변화 이슈가 선진국과 개도국 사이의 심각한 분열을 조장한다는 점이다. 다시 말해서 기후변화는 북부와 남부의 격차를 더욱 확대한다는 것이다. 긴장의 원인 중의 하나는 현재의 배출수준이 '아웃소싱' 때문에 불공평한 목표를 설정하게 한다는 것이다. 많은 제조업이 개도국으로 이전되었기 때문에 선진국이 소비하는 상품이나 서비스에 필요한 이산화탄소의 3분의 1이 실제로는 선진국 밖에서 배출된다고 한다. 더욱 심한 분열은 기후변화 분야의 분담금 문제에 대한 경쟁적 접근에 의하여 생성되었다. 남부의 관점에서, 선진세계는 산업시대 시작 당시부터 배출된 탄소의 축적에 대한 역사적 책임을 져야 한다는 주장을 한다. 실제로 선진국들은 대기의 탄소를 안전하게 흡수할 수 있는 능력을 사용해왔고, 그 결과 경제성장과 번영의 관점에서 많은 이득을 누렸다. 이에 비하여 개도국들은 기후변화에 의하여 극히 불공평한 영향을 받고 있으며, 완화 또는 적응을 통하여 기후변화에 대응할 능력을 거의 보유하고 있지 않다. 이는 개도국에 배출목표가 부여되지 말아야 하거나 (교토의정서와 같이), 목표는 역사적 책임을 고려하여 설정되어야 하며, 이에 따라 개도국보다 선진국에 더 많은 부담이 부과되어야 한다는 의미를 포함한다.

그러나 북부의 관점에서, 선진국들은 이미 죽은 자들이 생전에 한 행위에 대해서까지 책임을 질 수 없다고 주장한다. 따라서 '현재의' 배출 수준에 대해서만 목표가 설정되어야 하고, 선진국과 개도국이 같은 차원에서 취급되어야 한다. 무엇보다도 중국, 인도, 브라질 같은 국가들의 경제가 점차 중요해지고 있기 때문에, 그 국가들이 배출을 줄이는 중요한 역할을 하지 않으면 글로벌 목표는 이루기 힘들다. 인구수와 개인소득을 고려한다면 선진국과 개도국 사이의 논쟁은 더욱 격화된다. 예를 들어, 비록 중국이 현재 세계의 가장 주요한 이산화탄소 배출국으로서 미국을 훨씬 능가하는 반면, 미국은 2007년 이후 절대 배출량이 얕은 감소를 보이고 있지만, 미국의 1인당 배출량은 중국(2018년 7.4톤 대비 15.2톤)의 두 배 이상을 유지하고 있다. 이 문제에 대한 남부의 생각은 권리에 기반을 두는 경향이 있는데, 이는 각 인간이 세계의 남은 탄소 공간에 대해 동등한 권리를 가지고 있다는 생각과 (이미 선진국이 행사하고 있는) 개발권에 대한 생각을 모두 반영한다. 이는 배출목표가 세계의 가난한 사람들 대부분뿐만 아니라 세계의 대부분 사람들이 살고 있는 개발도상국에 분명히 유리하게 되어야 함을 시사한다. 그럼에도 불구하고 기후변화를 다루기 위한 권리에 기반을 둔 접근방식을 비판하는 사람들은 이 방식이 삶의 다른 측면에는 적용되지 않는 평등주의적 가정을 도입한다고 주장한다. 예를 들어, 천연자원을 동등하게 공유해야 한다는 더 넓은 문제에 대한 합의가 없는데 왜 세계의 남은 탄소공간의 사용이 동등하게 할당되어야 하는가?

사회 생태학자들과 심층 생태학자들을 포함한 급진적 생태학자들은 기후변화에 대한 대응이 진전하지 못하는 것은 보다 심층적이고 아마도 구조적인 뿌리를 갖고 있기 때문이라고 주장한다. 문제는 국제협력이 어렵기 때문이 아니라, 자본주의적 현대성을 형성하는 이념적이고 경제적인 힘 때문이다. 경제적 측면에서의 비판은 항상 국내와 글로벌 차원에서 자본주의체제의 반생태적 성향에 초점을 맞춘다. 특히 이윤을 최대화하는 기업들은 가장 흔하게 구할 수 있고 값이 싼 에너지의 원천인 화석연료를 사용할 유혹에 끌릴 것이다. 생태적 지속가능성보다는 단기적 이익확보에 더 큰 관심을 보이고 있다. 이러한 점에서 '녹색자본주의'라는 용어는 모순적이다. 이념적 측면에서, 국가가 탄소에 의한 산업화에 집중하는 것은 물질주의적 가치의 표현이며, 이는 현대 사회에서 인간과 자연을 심각하게 분열시키는 역할을 한다. 물질주의와 소비주의는 경제와 정치체제가 경제성장과 생활기준 향상 추구를 향해 나아간다는 점을 의미한다. 이러한 관점에서 기후변화를 다루는 어려움은 사람들에게 최소한 물질적 번영의 척도를 포기하도록 설득하는 문제뿐만 아니라, 보다 도전적으로 사람들에게 가치를 수정하도록 장려하는 과제에서 비롯된다.

자원안보

1980년대 이래 기후변화가 글로벌 환경의제에 있어서 관심을 끄는 이슈가 되어 왔지만, 유일하게 중요한 이슈는 아니었다. 거의 같은 기간에 재생불가능한 자원, 특히 에너지 자원은 안보, 개발, 분쟁의 주요 동기가 되어 왔다. 기후변화와

논 쟁

급진적 행동만이 기후변화 문제를 해결할 수 있는가?

녹색정치에 대한 급진주의자와 개혁주의자 사이의 분열은 기후변화에 대응하는 데 대한 경쟁적인 접근을 의미한다. 일부는 구조적인 경제와 이념변화를 선호하는 반면, 다른 사람들은 덜 급진적이고 덜 고통스러운 선택을 옹호한다.

그 렇 다

위험한 지연. 지구온난화 문제의 인정과 효과적인 국제 행동의 도입 사이에는 넓은 간격이 존재하고 있다. 따라서 리우, 교토, 코펜하겐의 실패들은 더 이상 완만한 배출감소는 적절하지 않다는 점을 의미한다. 글로벌 온도 2℃ 이상의 상승은 인간에게 위험스러운 영향을 주는 '임계점'이라는 데 일반적으로 동의하고, 2013년의 IPCC 예측에 의하면 이 온도는 4.8℃까지 올라간다고 한다.

'용이한' 해결의 신화. 슬프게도 경제적이나 정치적으로 가장 문제가 없는 전략은 효력도 가장 부족하게 된다. 재생가능한 에너지원은 화석연료 사용을 줄이는 데 작은 기여만을 할 것이다. 탄소거래는 배출을 많이 줄이는 데 실패하였다. 바이오 연료의 사용, 탄소저장, 원자로 개발 등 기후변화에 대한 기술적 혁신은 비용이 많이 들고, 비효과적이며, 다른 환경비용과 연관되는 단점이 있다.

경제의 재구조화. 지구온난화의 원인이라 할 수 있는 경제체제를 바꾸지 않고 지구온난화 문제를 해결할 수단을 강구하는 것은 어려운 일이다. 시장자본주의는 부를 창출하는 매우 효과적인 방식이지만, 생태적 지속가능성의 적이다. 비록 생태사회주의자들의 아이디어는 조롱감이 되고 있지만, 많은 환경주의자들은 자본주의의 급진적인 재구조화를 요구하며, 특히 지속가능성의 실행을 위하여 국가의 개입이 강화되기를 원하고 있다.

탈물질사회. 산업사회와 '성장주의'를 지속하게 하는 가치와 욕구가 도전을 받지 않으면, 경제의 재구조화는 불가능하다. 따라서 기후변화에 대한 공동의 행동은 문화적이고 심리적인 측면을 지닌다. '충분히'에 기초한 정상상태 경제가 '점점 더'라는 요구를 대체함에 따라 물질주의는 타도되어야 한다. 가치와 감각이 변화하여야 국가와 국제수준의 정책결정자들이 문제를 해결하기 위한 의미 있는 해결책을 발전시킬 수 있는 정치적 공간을 확보할 수 있다.

아 니 다

과장된 우려. 기후변화에 대한 우려는 일종의 환경 히스테리에 의하여 부각되고 있다. 환경NGO들은 '세계 최후의 날 시나리오'를 만들어 내며 대중의 관심을 끌고 태도를 바꾸게 하려고 노력한다. 이에 협력하여 매스 미디어도 환경문제에 대한 관심을 끌게 하고 있다. 따라서 정책결정자들은 급진적인 전략을 택하는데, 이는 기후변화 문제를 풀기 위한 목적보다는 이 이슈에 대한 대중의 우려를 불식시켜 주기 위한 것이다.

변화에의 적응. 대개의 환경주의자들은 지구온난화의 영향은 부정적이라는 가정에 기초하여 지구온난화가 중단되어야 한다고 생각한다. 그러나 기후변화는 도전뿐만 아니라 기회를 가져다준다 (새로운 여행지 개발, 식물 생존력 향상 등). 더욱이 부정적 영향을 막기 위한 비용은 매우 많이 들 것이다. 이러한 상황에서, 지구온난화의 의미를 이해하고 이를 활용하여 함께 사는 것이 보다 비용절감 방식이 될 것이다.

시장을 통한 해결. 자본주의자들은 결코 녹색 반대자들이 아니다. 자본주의가 환경에 대한 고려를 한다는 점은, 친환경적 소비자들의 요구에 순응하고, 기업의 장기적인 이익은 지속가능한 개발을 해야 가능하다는 점이 확인해 준다. 더욱이 탄소사용은 규제와 제한으로 줄일 수 있는 것이 아니라, 시장 메커니즘을 통하여 탄소사용을 줄이게 하면서 저탄소 또는 탄소중립적인 기술을 개발하도록 장려하는 것이 훨씬 효과적이다.

인간의 발명력. 탄소산업을 개발하고 창조한 능력은 탄소중립적인 기업, 산업, 사회를 구축하는 데 사용될 수 있다. 현재 재생가능 에너지자원에 대한 투자는 불충분하지만, 그 잠재력은 대단하다. 초효율 풍력발전용 터빈과 태양력 발전은 세계 도처에서 보편화되고 있으며, 중국, 아부다비 등에 탄소 제로 '에코 시티'가 건설되고 있다.

자원안보는 국가의 균형을 맞추는 우선순위가 되었다. 예를 들어, 기후변화는 화석연료 사용을 줄이도록 요구하고, 자원안보를 추구하게 되면 새로운 화석연료 매장량을 찾고 개발하도록 장려한다. 환경주의자들은 자원안보로 가는 '녹색'길을 개척하기 위하여 재생가능 자원과 탄소 불사용 기술에 대한 투자를 독려하고 있지만, 이는 그러한 대안이 화석연료와 동일한 에너지 수준을 생산할 수 있는 진정한 능력을 가지고 있을 때에만 적용된다. 그러나 분명한 것은 인구를 유지하고 국력을 확립하기 위한 천연자원의 충분성에 대한 관심은 기후변화에 대한 관심보다 훨씬 전부터 시작되었다는 점이다. 이 문제는 맬서스(Thomas Malthus)까지 거슬러 올라가는데, 그는 '인구의 원리' 때문에 어떠한 국가라도 삶의 기준은 생존의 수준으로 되돌아가게 될 것이라고 암울한 예측을 하였다. 기술개혁과 새로운 자원의 발견이 맬서스의 비관론을 무색케 하지만, 역사적으로 자원의 희소성 때문에 갈등과 혼란이 지속되었다. 예를 들어, 19세기에 초기 산업강국들은 철과 석탄의 지배를 놓고 경쟁과 대립을 하였고, 제1차 세계대전 이후 유럽의 열강들은 해외의 석유를 획득하기 위한 절대적인 노력을 기울였다.

1970년대와 1980년대에 자원에 대한 불안감이 어느 정도 줄어들었는데, 그 이유는 새롭고 풍부한 화석원료의 공급원을 찾아냈고, 글로벌화가 가속화되면서 에너지와 다른 자원에 대한 보다 규모가 큰 시장이 만들어졌기 때문이었다. 그러나 1990년대 이후 자원에 대한 불안감이 다시 시작되었고, 에너지안보의 이슈가 국제 의제에 있어서 상위를 차지하게 되었다. 점차로 많은 수의 전쟁들이 자원전쟁으로 인식되었다 (Klare 2001). 사라졌다고 생각되던 지정학이 다시 등장하였다. 왜 이런 일이 생겼을까? 적어도 세 가지 발전사항들이 이를 설명해 준다. 첫째, 중국, 인도, 브라질 등 신흥경제국들의 등장에 따라 석유, 가스, 석탄 등의 에너지 수요가 급격히 증가하였다. 둘째, 세계 최대 에너지 소비국인 미국이 값싼 자국 석유의 공급축소와 비싸고 획득이 쉽지 않은 해외석유에 대한 의존에 관심을 증대시키기 시작하였다. 셋째, 수요에 대한 압력이 강화되면서 자원에 대한 불안감이 다시 불거졌다. 일반적으로 세계의 필수 상품 비축량이 줄어들기 시작했다는 우려가 커졌고, 이러한 우려는 특히 석유에 집중되었다 (Deffeyes 2005). 수요를 맞출 수 있는 새로운 공급원을 개발하는 데 실패했고, 곧 석유정점의 순간에 도달하게 될 것이라는 점들 때문에 새로운 우려가 시작되었다 (일부에서는 반박하고 있다). 세계의 석유는 어떠한 대체 에너지를 준비하지 못한 채 고갈될 수도 있다. 이러한 발전은 석유와 다른 자원의 풍부한 공급에 따라 '축복' 받는 국가들 내에서 혼란과 종종 갈등을 야기할 뿐만 아니라 글로벌권력의 중요한 변화에 기여한다.

자원안보(Resource security): 국가의 경제와 군사적 요구를 충족시키기에 충분한 에너지와 다른 자원에 대한 접근의 개념에서 이해되는 안보.

자원전쟁(Resource war): 경제발전과 정치권력에 중요한 자원의 통제권을 획득하거나 유지하기 위하여 벌이는 전쟁.

석유정점(Peak oil): 석유추출이 최대에 달한 정점.

개 념

지정학

지정학(geopolitics)은 외교정책분석의 한 접근방식이며, 위치, 기후, 천연자원, 물리적 지형, 인구 같은 지리적 요인들을 바탕으로 하여 국가의 행위, 관계 및 중요성을 다룬다. 마한(Alfred Mahan, 1840-1914)이 처음으로 지정학 분야를 개척하였는데, 그는 바다를 지배하는 국가가 세계정치를 지배할 것이라고 주장했다. 이에 반해 매킨더(Halford Mackinder, 1861-1947)는 독일과 중앙 시베리아 사이의 육지를 지배하는 국가가 세계정치를 지배한다고 주장했다. 지정학을 비판하는 사람들은 국제정치에서 '지리가 운명'이라고 주장을 기반으로 하는 지리적 결정론에 반대한다. 글로벌화의 등장은 지정학을 불필요한 것으로 만든 것으로 인식되지만, 러시아-우크라이나전쟁을 포함한 최근의 갈등들은 지정학의 지속성을 강조했다. 한편 초기 우주정치는 지정학의 전통적인 관심사가 미래에도 관련이 있을 것임을 시사한다 (p. 562 참조).

자원, 권력, 번영

자원과 글로벌권력의 연결은 국제에너지질서의 등장에서 찾아볼 수 있다. 이러한 점에서 국가의 서열은 전통적인 경제와 군사적 능력에 의하여 결정되는 것이 아니라, 석유와 가스 매장량과 에너지를 구입할 수 있는 다른 부의 능력에 의하여 좌우된다 (Klare 2008). 이는 세계를 에너지 잉여국과 에너지 결핍국으로 나누게 하고, 잉여와 결핍을 더욱 세분화하여 분류할 수 있다. 국제에너지질서의 핵심 행위자들 중에서, 미국, 중국, 인도는 에너지 결핍국가들이고 러시아는 에너지 잉여국이다. 미국의 경우 국내에 축적된 석유의 감소와 국제 석유가격의 상승 때문에 석유가 가장 풍부한 걸프지역에 대한 지정학적 영향력의 확대를 모색하고 있다. 따라서 많은 사람들은 1991년의 걸프전과 2003년의 이라크 침공의 동기는 석유에 대한 관심이었다고 주장한다. 따라서 '테러와의 전쟁'(제10장 참조)도 미국의 에너지안보에 대한 관심에서 비롯되었다고 한다 (Heinberg 2006).

중국과 인도의 경제적인 부상은, 때로는 'Chindia'로 불리면서 석유, 천연가스, 석탄, 우라늄 및 기타 주요 에너지 자원과 더불어 철광석, 구리, 알루미늄, 주석 같은 공업물자들을 포괄하는 세계시장의 변화를 가져왔다. 중국의 경우 에너지 안보의 추구는 국내정책과 외교정책에 큰 의미를 부여하였다. 국내적으로, 분리주의 운동에 대하여 단호한 조치를 취하고, 신장과 티베트 같은 서부와 서남부 지역에 대한 정치적 통제권을 강화하였다. 이에 따라 중앙아시아에의 접근 및 그 지역의 풍부한 석유와 다른 자원들의 공급이 가능해졌다. 중국의 대외 영향력 확대는 이란 같은 석유부국과의 외교관계 수립, 그리고 아직 미개발된 석유와 광물이 풍부한 아프리카 지역에 대한 대규모 투자에 초점을 맞추었다. 중국은 아프리카에서 '자원 획득을 위한 투쟁'을 하고 있는데, 이는 19세기 '식민지 획득을 위한 투쟁'과 닮은꼴이다. 새로운 국제에너지질서는 가장 많은 에너지 잉여국인 러시아에 유리하게 형성되었다. 러시아는 공산주의 붕괴, 10년 동안의 탈공산 혼란상태를 거쳐서 에너지 초강대국이 되었다. 이제 러시아는 유라시아 에너지 공급시장에서 핵심적 실세로 활동하고 있으며, EU와 기타 국가들이 러시아의 석유와 자연가스에 의존함에 따라 중요한 외교적 지렛대를 행사할 수 있게 되었다. 그러나 에너지안보에 대한 추구는 러시아가 '가까운 이웃', 특히 석유가 풍부한 코카서스 지역에 대한 지배권을 강화하도록 고무하였다. 예를 들어, 2008년 러시아의 조지아 침공도 이러한 이유에서 비롯되었다고 할 수 있다.

마지막으로 천연자원은 순수한 축복으로 간주되고, 국력의 핵심요소들 중의 하나로 인식된다. 에너지, 광물, 그리고 기타 자원들은 국가에게 장기적 경제개발의 기초와 더불어, 다른 국가들로부터 이득을 취하면서 동시에 영향력을 행사할 수 있는 수단을 제공한다. 사우디아라비아와 석유가 풍부한 걸프국가들, 베네수엘라, 카자흐스탄, 물론 러시아의 사례들이 이를 뒷받침한다. 그러나 실제로 천연자원은 축복을 가져다주는 만큼 많은 문제도 안겨 준다. 세계에서 가장 가난하고 문제가 많은 지역들 중의 일부가 풍부한 양의 에너지와 광물을 공급하고 있으며, 사하라 이남의 아프리카와 중동이 그 사례이다. 이는 '자원의 저주'라는 아이디어를 생성시켰고, 때로는 '풍요의 역설(paradox of the plenty)'로 불리기도 한다.

자원의 저주(Resource curse): 천연자원이 풍부한 국가와 지역이 저성장, 개발 저지, 때로는 내전을 겪는 경향.

초 점

풍요의 역설: 자원의 저주?

자원은 축복인가 저주인가? 왜 천연자원이 풍부한 국가와 지역은 세계에서 가장 가난하거나 문제가 많은 지역이 되는가? 첫째, 천연자원은 많은 경제적 불균형과 문제들을 야기할 수도 있다. 여기에는 인플레이션과 거품경기-불경기 순환을 유도하는 국가수입의 변동성 증가가 포함된다. 천연자원 수출에 의한 수입은 임금과 환율을 상승시켜 다른 경제영역까지 해를 미친다 (때때로 이는 네덜란드 병[Dutch disease]이라 불리는데, 1960년대 네덜란드에서 천연가스의 발견은 제조산업의 쇠퇴로 이어졌다). 이는 경제적 다양성에 해가 되는 원인이 된다. 다른 산업들은 천연자원의 수익성 수준에 경쟁이 되지 않기 때문에 발전이 불가능하다.

둘째, 천연자원은 거버넌스의 성격과 질에 악영향을 미칠 수도 있다. 천연자원으로부터 자금의 흐름이 많아지면, 정치적 부패를 조장할 수 있고, 자원이 많은 국가들은 일반대중으로부터 국가수입을 충당하지 않아도 되기 때문에 대중으로부터의 압력에 관심을 가질 필요가 없다. 따라서 풍부한 천연자원과 권위주의가 연결된다. 셋째, 천연자원은 분쟁과 시민투쟁을 불러일으킨다. 분쟁은 자원에 대한 관할과 사용, 그리고 수입의 배분을 놓고 발생한다. 이에 따라 자원이 풍부한 사회에서는 인종분쟁, 분리주의 봉기, 군국주의 등이 발생할 가능성이 높다. 아프리카에서는 대체로 짧은 기간의 '다이아몬드 전쟁'이 자주 발생하였는가 하면, 알제리, 콜롬비아, 수단, 인도네시아, 나이지리아, 적도 기니에서는 석유와 관련된 분쟁들이 발생했는데, 그 형태는 낮은 수준의 분리주의 투쟁으로부터 전면적인 내전까지 다양했다.

요약

- 환경은 종종 글로벌 이슈의 전형적인 사례로 간주된다. 환경과정의 본질적인 초국적 성격은 국가들이 다른 국가에서 발생하는 환경문제 때문에 피해를 볼 수도 있다는 점을 의미한다. 따라서 환경문제를 해결하기 위한 의미 있는 과정들이 국제적이나 글로벌한 차원에서 수행되는 경우가 있다.
- 환경문제의 심각성과 본질에 대한, 그리고 어떻게 대응해야 하는지에 대한 의견불일치는 인류와 자연세계 사이의 관계에 대한 심층적이고 때로는 철학적인 논쟁을 뿌리로 하고 있다. 개혁적이고 급진적인 전략들은 인간의 욕구(인간중심주의)와 광범위한 생태적 균형(생태중심주의) 중에 어느 것이 우선시되어야 하는지에 대한 상반되는 견해에 의하여 영향을 받는다.
- 1990년대 초반 이후 기후변화가 국제환경 의제를 지배하였다. 비록 일부 견해 차이는 있었지만, 기후변화가 일어나고 있다는 데에 점차 합의가 있었고, 이는 인간의 활동, 특히 산업시대가 시작된 이후 온실가스의 배출 때문에 발생하였다는 사실에도 합의가 이루어졌다. 그러나 결과(그리고 문제의 심각성)에 대하여, 그리고 어떻게 대응해야 할지에 대해서는 의견 불일치가 계속되고 있다.
- 기후변화에 대응하는 효과적인 국제활동은 국제협력에 대한 다양한 장애요인들에 의하여 방해를 받는다. 이들 중에 가장 심각한(아마도 가장 근본적인) 것들은 국익과 공동선 사이의 충돌, 선진국과 개도국 사이의 다양한 종류의 긴장, 성장을 추구하는 자본주의의 내부적 편향, 물질주의와 소비주의의 심층적인 윤리문제 등이다.
- 에너지자원은 안보, 개발, 분쟁 같은 문제들과 관련이 되어 있고, 특히 석유, 가스, 석탄에 대한 접근문제는 21세기 세계질서를 형성하는 결정요인이 되고 있다. 그러나 천연자원이 항상 국력의 원천이 되는 것은 아니다. 자원이 경제적 불균형을 조장하거나 외세개입을 불러들인다면, 그 자원은 '저주'가 된다.

토의주제 ?

- 왜 환경이슈는 국제적 관심사의 주요 초점이 되는가?
- '표층' 생태학은 '심층' 생태학과 어떻게 다른가?
- 지속가능 개발이라는 개념이 주는 시사점은 무엇인가?
- 우리는 미래 세대에 대한 의무를 갖고 있는가? 그렇다면, 그것은 무엇인가?
- 기후변화는 인간의 활동에 의하여 시작되었다는 데 대해서는 계속 의문이 제기될 수 있을 것인가?
- 기후변화의 부정적 결과에 대한 주장은 과장되었는가?
- 선진국들은 기후변화에 대하여 우선적으로 책임을 져야하는가?
- 온실가스 배출목표는 1인당 기준으로 설정되어야 하는가?
- 자원안보에 대한 관심은 항상 기후변화에 대한 우려와 충돌되는가?
- 천연자원은 어느 정도로 '저주'가 되는가?

추가 읽을거리

Betsill, M., K. Hochstetler and D. Stevis (eds), *International Environmental Politics* (2006). 국제환경정치에 대한 핵심적인 논쟁들을 재검토한 에세이들의 모음.

Dessler, A. and E. Parson, *The Science and Politics of Global Climate Change* (2010). 글로벌 기후변화의 본질과 이에 대한 도전을 명확하고 의미 있게 소개.

Elliott, L., *The Global Politics of the Environment* (2004). 글로벌 환경이슈의 본질과 발전에 대한 포괄적이고 구체적인 탐구.

Stevenson, H., *Global Environmental Politics: Problems, Policy and Practice* (2017). 글로벌 환경정치를 탐구하는 광범위한 입문 교과서.

글로벌정치에서 여성, 젠더, 성

출처: *Leon Neal/Getty Images*

개요

전통적으로 국제정치연구는 '젠더에 관심을 두지 않았다'. 세계문제에 대한 실천과 연구가 모두 남성에 의해 지배되던 시기에, 성정치와 젠더관계는 거의 또는 전혀 관련이 없는 것처럼 보였다. 그러나 1980년대 이후 세계문제에 대한 페미니스트 관점은 점차 중요성을 갖기 시작하였다. 이는 대체로 페미니스트 사회운동이 젠더문제를 우리의 세계를 이해하기 위한 사회적 맥락으로 '주류화'하는 데 성공한 것을 반영했다. 이는 세계정치가 '젠더렌즈'를 통해서 이해되어야 한다는 점을 의미한다. 그러면 글로벌정치에 '젠더렌즈'를 활용한다는 것은 무엇을 의미하는가? 페미니즘은 국제와 글로벌 과정에 대한 우리의 이해를 어떻게 변화시키고 있는가? 국제 및 글로벌문제를 다루는 데 있어서 젠더의 관점을 선택하는 의미는 남성이 지배하는 세계 내의 '편향성의 동원화(mobilization of bias)'를 보상하는 차원에서 여성이 보이도록 하는 것이다. 다시 말해서, 여성은 항상 세계정치의 한 부분이 되어 왔지만, 여성의 역할과 기여는 무시되어 왔다. 보다 심층적이고 분석적으로 중요한 차원에서, 글로벌정치에 '젠더렌즈'를 활용하는 것은 전통적으로 세계를 이해하는 도구였던 개념, 이론, 가설이 젠더화하고 있다는 의미이다. 따라서 젠더분석은 '남성성', '여성성', 그리고 점점 더 '논 바이너리(non-binary)' 젠더정체성, 상징, 구조와 그것들이 어떻게 글로벌정치를 형성하는지에 대한 분석이다. 이는 주류 이론의 개념적 틀을 형성했던 '남권주의적' 편향성을 노출시키고, 이러한 개념적 틀이 페미니스트 인식을 고려하여 개조되도록 한다. 여성과 남성이 세계를 다르게 이해하고 행동하는가, 그리고 이것은 글로벌정치 이론과 실제에 있어서 어떠한 중요성을 가지는가?

핵심이슈

- 페미니즘의 사고와 운동은 국제관계와 어떤 관련이 있는가?
- 젠더는 무엇이며, 이는 정치적 이해에 어떻게 영향을 미치는가?
- 젠더와 성은 정체성으로서 어떻게 관련되고 정치화되는가?
- 페미니스트들은 안보, 전쟁, 무력충돌을 어떻게 이해하는가?
- 국가와 민족주의는 남권주의적 규범에 기초하여 구축되었는가?
- 젠더관계에 대한 인식은 글로벌화와 개발 같은 이슈에 대한 우리의 생각을 어떻게 변화시키는가?

페미니즘, 젠더, 그리고 글로벌정치

페미니즘 사상과 운동

페미니즘은 20세기에 이론과 사회운동의 뚜렷한 집합체로 등장했지만, 훨씬 더 긴 뿌리를 가지고 있다. 페미니스트들은 항상 이론과 실천에 대한 통합적 접근법인 '실천'에 참여해 왔으며, 이를 통해 이론은 개인의 생동적인 경험에 기원하며 이론의 목적은 그 경험을 바꾸는 것이다. 즉, 페미니즘은 단순한 학문적 추구가 아니라 살아있는 사회운동이며, 그 안에서 학문적 이론과 분석은 정치적 실천과 행동주의와 함께 작은 부분에 불과하다. 따라서 글로벌정치에 대한 페미니즘의 접근은 두 가지 측면에서 이루어진다. 이들은 한편으로 글로벌정치 자체의 '현실세계'(예를 들어, 외교적 관행과 국제기구의 업무, 혹은 전쟁과 군국주의 등)에서 젠더화된 '현상'을 부각시키고 도전하고자 한다. 다른 한편으로 이들은 남성에 의한 글로벌정치(특히 국제관계의 학문적 분야) '연구'의 우위를 남성주의이론과 개념, 분석에 의하여 추구한다. 페미니즘 국제관계 이론가 티크너(J. Ann Tickner)가 언급했듯이, 전통적으로, 외교, 군사, 그리고 국제정치의 과학은 주로 남성 영역이었다. 과거 직업외교관과 군인들 중에 여성은 거의 없었다. 국제관계 학문분야를 전공한 여성들은 상대적으로 드물었고, 안보전문가도 거의 없었다 (Tickner 1988).

페미니즘이론과 행동주의는 1980년대 후반까지 국제관계 분야에 등장하지 않았으며, 엔로이(Cynthia Enloe)와 같은 인물들과 함께 티크너를 이 운동의 주도자로 내세웠다. 중요하게도, 이 시기는 페미니즘 사상과 운동의 두 번째 물결에서 세 번째 물결로 전환되는 시기였다. 이와 같이, 페미니즘은 순전히 '여성'해방을 위한 운동으로서가 아니라, 첫 번째 물결의 참정권운동과 두 번째 물결의 '급진적'이고 사회주의적 페미니즘의 지배적인 주제로서 국제관계에 페미니즘이 포함되었고, 불평등, 주변화, 억압의 매개체로서 '젠더'와 성에 더 맞추어진 일련의 접근법으로서 국제관계에 포함되었다. 즉, 국제관계 분야의 페미니스트들은 국제관계 분야가 여성에 대해서 어떠한 영향을 미치는지, 남성성의 특정 모델을 어떻게 (재)생성하는지, 그리고 성소수자의 삶과 경험에 대한 이성애규범성과 이분법적 젠더 정체성을 어떻게 강화하고 특권화하는지의 관점에서 글로벌정치를 들여다 본다.

따라서 처음부터 페미니즘의 글로벌정치 접근법은 여성평등이라는 대의를 진전시키는 것보다는 국제관계에 대한 우리의 이해를 '젠더화'하는 것에 더 가까웠다. 그렇긴 하지만, 특히 페미니즘 국제관계 1세대는 주로 여성에 초점을 맞추고, 글로벌정치의 실천과 연구에서 여성을 제외시키는 것에 초점을 맞춘 경향이 있었다. 페미니즘 국제관계에서 더 넓은 젠더접근법과 '퀴어이론'이 심각한 경향이 된 것은 2000년대 들어서였다.

글로벌정치에 대한 '젠더렌즈'

페미니즘이론들은 1980년대 후반이 되어서야 국제 및 글로벌이슈의 연구에 적용되기 시작하였는데, 이는 페미니즘이 다른 사회과학 분야에 영향을 미치기 시작한 지 약 20년이 지난 후이다. 그로부터 페미니즘은 점차 주요 분야로 자리 잡게 되었고, 다른 비판이론들과 함께 현실주의와 자유주의 등 주류이론에 다양한 방식으로 도전해 오고 있다. 페미니즘은 국제관계의 '제4논쟁'에 특히 기여하였으며, 이는 이론의 본질과 지식의 정치에 대한 질문을 제기하였다. 이러한 보다 새로운 관점들은 모든 이론의 이론화 작업이 사회적이고 역사적인 맥락에 의하여 조절된다는 점을 수용한다 (Steans 1998). 그러면 글로벌정치에 '페미니즘렌즈' 또는 '젠더렌즈'를 적용하는 것은 무엇을 의미하는가? 어떻게 민족주의, 안보, 전쟁 등의 이슈들이 젠더화될 수 있는가? 지배적인 젠더관계가 글로벌정치에 대한 분석적이고 이론적인 접근을 변경시킬 수 있는지는 두 가지 방식에 의하여 설명된다. 이들은 실증적 페미니즘과 분석적 페미니즘이다 (True 2009).

실증적 페미니즘은 기존의 분석틀에 여성을 추가하는 것이다 (때때로 "여성을 넣어서 섞어라"는 비하적인 말도 나온다). 특히 자유주의적 페미니즘의 영향을 받은 이 관념은 기본적으로 실증적 성향을 보이는데, 그 이유는 전통적으로 남성이 지배하는 제도나 과정에만 초점을 맞춰온 학문에서 여성의 과소표현이나 잘못된 표현을 다루기 때문이다. 따라서 국제정치에 대한 전통적 접근에 대한 비판은 "여성들은 어디 있는가?"라는 질문으로 요약된다. 국제정치를 페미니스트적 성격으로 만드는 것은 세계정치를 형성하는 데 있어서 여성의 보이지 않는 기여를 인정하는 것이며, 그 사례로는 다양한 종류의 국내 노동자, 이주 노동자, 외교관의 처, 군 기지 내의 성 노동자 등이 포함된다 (Enloe 1989, 1993, 2000). 이러한 생각의 영향은 유엔 자체와 세계은행과 같은 기관들에 의한 젠더 주류화의

젠더

기본적으로 젠더(gender)는 성별 차이에 대한 사회적 구성이다. 이에 따라 '젠더'는 '성(sex)'과 분명히 다르다 (때로는 일상용어에서 혼용되어 사용된다). 대개의 페미니스트들에게 있어서 '성'은 여성과 남성 사이의 생물적이고, 따라서 뿌리 깊은 차이를 강조하고, '젠더'는 여자와 남자 사이의 일련의 문화적으로 정의된 구분을 나타낸다. 젠더는 고정관념(여성성과 남성성의 비교모델에 기초하여)을 통하여 표시되거나, 구조적 권력관계의 표현이다. 이러한 젠더에 대한 구조주의적 설명은 세 가지 유형의 페미니즘의 도전을 받고 있다. 첫째, 본질주의적 페미니즘은 성/젠더의 구분을 반대한다. 둘째, 탈구조주의적 페미니즘은 젠더의 모호성을 강조한다. 셋째, 탈식민적 페미니즘은 젠더의 정체성은 단일하지 않고 복합적이라고 주장한다.

성소수자(LGBTQIA+): 레즈비언, 게이, 양성애자, 트랜스젠더, 퀴어, 간성(intersex), 무성애자를 나타내는 약칭으로, '더' 또는 '기타' 소외된 성과 젠더를 나타낸다.

이성애규범성(Heteronormativity): 성소수자와 그들의 경험을 소외시키며, 성적이고 가족 관계에 대한 가장 '정상적'이거나 수용 가능한 모델로서 남녀 간의 이성애자 관계에 대한 많은 사회에서의 지배적인 표현이다.

젠더 주류화(Gender mainstreaming): 정책결정 이전에 그 결정이 여성과 남성에 각기 어떠한 영향을 미칠지 분석을 하여 젠더를 정책결정 과정에서 '주류화'하려는 시도.

글로벌 행위자 여성운동

형태

사회운동

조직화된 여성운동은 19세기 중반에 시작되었고, 여성 참정권 캠페인에 초점을 맞추었으며, '제1물결' 페미니즘의 목표를 정의하였다. 19세기 말까지 여성 참정권을 주장하는 단체들은 대부분 서양국가에서 적극적인 활동을 전개하였다. 20세기 초에 선진국에서 여성 참정권의 목표가 대체로 성취되었지만 (1893년 뉴질랜드에서 처음으로 도입), 아이러니하게도 여성 참정권의 획득은 통합된 목표와 목적의식을 상실하게 하여 여성운동을 약화시켰다. 1960년대 '여성해방운동'이 시작되면서 여성운동이 다시 활성화되었다. 이와 같은 '제2의 물결' 페미니즘에 따르면, 여성의 지위를 회복하기 위해서는 정치개혁뿐만 아니라 급진적이고 문화적인 변화를 필요로 하고, '의식제고'와 가족, 가정 및 개인생활의 변화에 의하여 이루어진다. 이러한 페미니스트 행동주의의 급진적 단계는 1970년대 초부터 침체되었지만, 여성운동은 계속 성장하였고 국제적인 차원으로 발전하였다.

중요성: 사회운동의 영향은 측정하기 어려운데, 그 이유는 목표가 광범위하고 불명확한 문화전략을 통하여 영향력을 행사하기 때문이다. 그러나 여성운동의 경우, 수년에 걸친 문화적 가치와 도덕적 태도의 변화를 통하여 정치·사회 분야에서 심오한 변화가 발생하였다는 점이 분명하게 나타난다. 초기의 여성 참정권에 더하여, 1960년대 이후의 페미니스트 행동주의는 서양사회 구조의 심층적이고 광범위한 변화를 이끌어냈다. 교육, 직업, 공공생활에 대한 여성의 접근이 상당히 확대되었고, 필요에 따른 자유로운 피임과 낙태가 가능해졌고, 여성들이 법적이고 재정적인 독립을 할 수 있게 되었으며, 여성에 대한 강간과 폭력에 대한 처벌이 강화되었다. 이러한 변화들은 가족과 사회구조에 주요 변화를 동반하였고, 특히 직장 내 여성의 수가 크게 증가했다. 국제적인 차원에서도 유사한 변화가 발생하였다. 여성의 발전과 권한 부여는 여성이 국제의제 논의에서 우선순위에 놓이게 하였다. 이는 개발의 구상에 대한 여성의 권한부여도 명시적으로 이루어졌는데, 구체적으로 인간개발, 인간안보, 여성인권, 그리고 유엔과 세계은행과 같은 기관의 '젠더 주류화(gender mainstreaming)'의 채택 등을 포함하였다.

그러나 여성운동의 중요성과 영향력은 여러 면에서 의문이 제기되었다. 첫째, 남녀평등은 여성운동보다는 자본주의의 현대성에 의한 압력에 의하여, 그리고 개인의 지위보다는 개인이 생산과정에 기여하는 개인의 가치에 의하여 이루어졌다. 둘째, 여성운동에 의한 성의 혁명은 완성이 되지 않은 상태이다. 여성을 위한 교육, 직업, 정치적 기회의 확대는 대체로 글로벌 노스에 국한되어 있고, 여전히 상당히 불균형적이며, 전문직, 기업, 정치계의 고위직으로의 여성 진출이 부족하며, 가사업무와 양육업무가 제대로 분배되지 않고 있다. 셋째, 시간이 지나면서 여성운동은 점점 더 이질적이고 분열되어 왔다. 서양 페미니즘의 핵심적 전통(자유주의, 사회주의/마르크스주의, 급진적 페미니즘)이 흑인 페미니즘, 탈식민적 페미니즘, 탈구조적 페미니즘 등에 의한 도전을 받고 있다. 마지막으로 사회 보수주의자들은 여성운동이 가족과 사회에 대한 책임 이전에 경력향상과 개인만족을 추구함으로써 사회적 분열을 조장한다고 비판한다.

채택을 통해 볼 수 있는데, 이는 유엔이 여성을 위한 10년(Decade for Women 1976–85)을 정한 이후에 채택되었다. 그러나 '여성 추가하기'는 여성이 국제정치활동과 글로벌 과정에 관련되어 있다는 점을 나타내지만, 이러한 젠더렌즈는 한계가 있다. 첫째, 이는 젠더를 분석적 범주가 아니라 실증적 범주로 인정하고, 글로벌 과정에 대한 우리의 '이해'를 변화시키기보다는 글로벌 과정에 대한 인식의 폭을 넓혀준다. 둘째, 국가, 국제, 글로벌 수준에서 여성의 리더십 역할이 과소대표되는 점은 엘리트 여성의 능력을 폄하하는 결과로 나타나며, 남녀 불균형을 수정하는 데 관심을 보이지 않으면, 이는 글로벌 행위자들의 행동에 많은 영향을 미친다.

반면, 분석적 페미니즘은 주류 국제정치이론, 특히 현실주의의 이념적 틀과 핵심 개념에 스며들어 있는 젠더에 대한 편견을 밝혀내고자 한다. 분석적 페미니즘은 세계가 어떻게 보여지고 이해되어야 하는지의 이슈를 분석한다. 주류이론들은 전통적으로 젠더 중립적인 것처럼 보이려 하지만, 분석적 페미니즘은 주류이론들이 남성지배가 당연시되는 사회적이고 정치적인 맥락을 기초로 하고 있다는 숨겨진 가설을 밝히려고 노력한다. 따라서 주류이론의 핵심 개념과 생각은 남권주의의 편향을 반영한다. 관점적 페미니즘(standpoint feminism)은 국제정치의 남성지배 고전이론의 문제점을 밝혀내려는 노력을 한다. 티크너(Tickner 1988)는 객관적으로 보이는 법이 실제로는 여성이 아니라 남성의 가치를 반영한다는 점을 밝혀내기 위하여, 모겐소(Hans Morgenthau)의 정치적 현실주의 6가지 원칙을 재구성하였다. 모겐소의 권력정치에 대한 설명은 국가를 다른 국가에 대한 권력을 획득하여 자기이익을 추구하려는 의지를 가진 자율적인 행위자로 묘사하는데, 이는 가족 내에서 남편-아버지의 전통적 지배와 사회 내에서 남성 시민의 지배를 모델로 한다. 따라서 권력이라는 것은 지배를 의미하고, 돌보고 서로 의존하고 협력하는 여성의 경험에 더 접근하는 형태의 인간관계는 고려하지 않는다. 티크너가 재구성한 6가지 원칙은 아래와 같다.

- 객관성은 문화적으로 정의되고 남성성과 연관되어 있다. 따라서 객관성은 항상 편파적이다.
- 국익은 다차원적이다. 따라서 어느 한 편의 이익으로만 정의될 수 없다 (또한, 정의되지 말아야 한다).
- 지배와 통제로서의 권력은 남성성을 특권화한다.
- 권력을 국제무대에서 집단적 권한으로 사용할 가능성이 있다.
- 모든 정치행위는 도덕적 중요성을 지니고 있다. 정치와 도덕을 분리하는 것은 불가능하다.
- 편협하게 정의되고 '자율적인' 정치영역은 여성에 대한 관심과 기여를 배제하는 방식으로 정치를 정의한다.

 개 념

퀴어이론

퀴어이론(Queer Theory)은 제3물결 페미니즘사상으로부터 등장했다 (p. 92 참조). '퀴어'는 영어권에서 특히 게이 남성(그리고 때로는 여성)의 폄하에 사용된 경멸적인 용어였다 (그리고 일부 맥락에서 현재도 남아 있다). 퀴어이론은 이러한 동성애 혐오적인 사용으로부터 이 용어를 효과적으로 '교정'했으며, 젠더, 성 및 둘 사이의 관계에 대한 급진적인 재고를 제공했다. 제3물결 동안 등장한 퀴어이론가들은 주류 '이성애규범적' 문화에서 동성애의 의미가 어떻게 무언의 것 또는 억압된 것으로 되는지에 대해서 탐구했다. 그 후 퀴어이론은 성소수자 사회운동, 트랜스젠더, '젠더 퀴어' 및 '젠더 부적합' 정체성 등에 대한 이론화 및 분석을 포괄하기 위해 확장되었다. 퀴어이론가들과 '퀴어연구'의 초학문분야 또한 퀴어공동체가 경험하는 소외, 박해 및 불평등을 설명하고 도전하는 데 관심이 있다.

18

젠더화와 퀴어화되는 글로벌정치

젠더화된 국가와 민족

글로벌정치에서 정체성 이슈는 대체로 민족국가와의 정체성에 대한 강조에 의해 지배된다. 이러한 정체성이 특히 강한 이유는 시민권(국가의 구성원)과 국적(민족의 구성원)이라는 중첩되는 의무가 영토적으로 정의된 공동체에 초점을 맞추기 때문이다. 더욱이 민족국가의 단일성은 왜 사회계급, 젠더, 종교, 인종 같은 정체성의 대안적 형태들이 정치적으로 주변부화되는지를 설명해 준다. 현대 여성운동의 부상은 초국가적 젠더 충성도를 기반으로 '국제자매관계'라는 경쟁적 의식을 강화하여 민족국가의 충성심에 대항하려 했으나, 20세기 '프롤레타리아 국제주의'의 의식을 심어주려는 사회주의 운동의 시도와 마찬가지로 별로 심각한 영향을 미치지 못했다. 그러나 페미니스트들은 국가와 민족 모두가 젠더의 가설과 편견에 얼마나 얽혀져 있는지를 보여주기 위하여 노력하고 있다.

페미니즘은 국가론 같은 것은 포함하지 않고 있다 (MacKinnon 1989). 더욱이 페미니스트들은 국력의 본질을 중심적인 정치이슈로 간주하지 않고, 그 대신에 가족과 같은 제도에 집중된 남성권력의 '보다 심층적인 구조'에 집중하는 것을 선호한다. 급진적 페미니스트들에 따르면, 가부장제는 국가 내에서 그리고 국가를 통해서 작동되고, 실제로 국가가 가부장제 국가라고 주장한다. 그러나 이러한 주장과 비교되는 도구주의적이고 구조주의적인 버전이 있다. '도구주의' 접근은 국가를 단순히 '대리인' 또는 '도구'로 인식하고, 남성들이 이를 통하여 자신들의 이익을 보호하고 가부장적 구조를 유지한다. 이러한 주장은 사회를 공적 영역과 사적 영역으로 분리함으로써 가부장제가 유지된다는 페미니스트의 핵심적인 믿음에 기초한다. 여성의 종속은 전통적으로 여성이 가족과 가정을 책임진다는 사적 영역에 국한되었다는 점을 반영하는 것이었다. 여성은 주부이면서 어머니에 국한되면서 정치와 경제에 관련된 공적 영역으로부터 배제되었다. 이러한 견해를 아주 간단히 말하면 국가는 남성에 '의해서' 남성을 '위하여' 운영된다. 도구주의 주장이 국가의 개인, 특히 국가 엘리트에 초점을 맞추는 반면, '구조주의' 주장은 국가기구가 얼마나 가부장적으로 구조화되었는지를 강조한다. 현대의 급진적 페미니스트들은 복지국가의 등장에 특별한 관심을 기울이면서, 복지국가를 새로운 종류의 가부장적 권력을 나타내는 것으로 간주한다. 복지는 사적인 의존(가정주부로서 여성은 생업수단인 남성에 의존)에서 공적으로 의존하는 시스템으로 전환되기 때문에 가부장제를 지탱시키고, 여기서 여성들은 확대된 국가제도에 의하여 통제되어 간다. 예를 들어, 여성은 국가 서비스(보육시설, 유치원, 학교 등)의 고객 또는 소비자로서, 그리고 피고용인, 특히 '돌봄' 관련 직업(간호사, 사회복지사, 교육)으로서 국가에 의존하게 된다.

국가의 젠더적 특성은 남성 권력의 내부적 구조를 공고화하고 확대시키는 데 있어서 중요할 뿐만 아니라, 국가의 대외활동과 국제체제의 구조를 형성하는 데 있어서도 중요하다. 여기서 가부장제는 국가가 경쟁적이 되고 잠재적으로 공격적이 되는 데 영향을 미치고, 일반적으로 남성사회의 특징을 가지는 사회적 상호활동의 형태를 반영한다. 따라서 가부장제 국가체제는 분쟁과 전쟁을 하기 쉬운 체제이다. 더욱이 이러한 경향과 행태는 국제체제가 전통적으로 해석되어 온 개념적 틀에 의하여 정당화된다. 예를 들어, 이는 주권의 사례에서 볼 수 있다. 베스트팔렌 국가체제의 중심 원리인 국가주권에 의하여 국가는 분리되고 독립적인 실체가 되고, 무정부적 환경에서 활동하는 자율적인 행위자가 된다. 남성으로서의 양육이 독립, 자립, 강건함을 키워주는 것을 강조한다면, 기본적으로 남성주의적 세계관이 반영될 것이다. 소년과 남성성인이 스스로를 분리되고 자립적 창조물이라고 생각하는 데 익숙하게 되면, 국가가 유사한 성격을 가지게 되는 것은 당연하다. 이는 주류 국제관계이론이 국익을 국가의 주요 동기로 간주하는 것과 같은 것이다. 이러한 점에서 고전적 현실주의의 신념인 국가 이기주의가 인간 이기주의를 반영한다는 주장은 국가 이기주의가 남성의 이기주의를 반영한다로 고쳐져야 한다.

민족과 민족주의에 대한 젠더의 관점들도 개발되었다 (Yuval-Davis and Anthias 1989; Yuval-Davis 1997). 이 관점들은 여러 가지의 접근법을 수용하였지만, 민족주의에 대한 가장 중요한 젠더의 시각은 여성이 인종, 종교 또는 민족집단의 문화적 유산을 상징화하는 데 사용되는 점에 초점을 맞춘다. 이에 따라 젠더는 민족과 문화적 차이의 이슈들과 혼합되고 있다. 이는 민족을 분명한 젠더의 개념('motherland' 또는 때때로 'fatherland')으로 묘사하는 공통적인 추세에서 보여지고 있다. 이러한 이미지들은 민족과 가족의 병렬적인 점을 반영한다. 이들은 '본거지(home)'로 인식되기도 하고 혈족 또는 혈족 수준의 결속에 의하여 형성되었다. 민족주의의 수사학은 또한 종종 심하게 성적화되고 젠더화되며, 국가에 대한 사랑으로서의 애국심이라는 생각이 그 사례다. 젠더 이미지는 인종, 종교, 민족의 정체성이라는 퇴행적 형식에서 더욱 명백해진다. 여성의 역할을 '민족의 어머니', 즉 인종 또는 민족단체의 재생산자 또는 개별 문화의 전달자로 인식하면서, 여성의 '순수함'에 대한 강조가 이루어졌다. 이러한 추세는 전통적인 젠더의 역할을 재수립하려는 종교적 근본주의와 연결되고, 종교 부흥주의는 '이상화된 여성상(idealized womanhood)'으로 상징화된다. 그러나 이러한 추세는 보다 광범위한 함의를 지니는데, 특히 민족주의적 갈등을 여성에 대한 폭력의 가능성과 연결시키는 경우도 있다. 여성이 고결함과 모성상의 상징적 가치를 구체화한다는 관점은 공격적 성향의 민족주의가 강간과 성폭력을 통하여 여성을 목표로 한다는 의미를 가질 수도 있다. 남성의 명예(여성을 보호하는 측면에서)와 민족의 도덕적 고결함은 여성의 명예에 대한 물리적 공격에 의하여 파괴된다. 예를 들어, 1990

분석적 접근

젠더

현실주의 견해

젠더와 관련된 현실주의이론은 없다. 현실주의자들은 젠더관계가 국제 및 글로벌문제와 관련이 없다고 인식하고 있다. 그 이유는 세계무대에서 주요 행위자는 국가이고, 국가의 행위는 국익에 대한 최우선적인 관심에 의하여 형성되기 때문이다. 그리고 무정부적인 국제체제 내에서 국가는 안보(특히 군사안보)를 최우선으로 고려하도록 강요받기 때문이기도 하다. 따라서 국가는 '블랙박스'이다. 젠더, 계급, 인종, 또는 다른 분열의 측면에서 국내정치, 헌법구조, 그리고 사회적 구성은 대외적 행위와 연관이 없다. 그러나 국가 이기주의는 개인 이기주의로부터 시작된다고 주장하는 모겐소 같은 전통적 현실주의자들은 지배하려는 성향이 가족을 포함한 모든 인간의 집단에서 나타나는 특징이라고 강조한다. 따라서 가부장제 가족, 그리고 '공적' 남성과 '사적' 여성(Elshtain 1981) 사이의 성별 노동분업은 당연한 것이고 불변의 것으로 생각되는 경향이 있다.

자유주의 견해

자유주의자들은 성 평등에 대하여 오랜 기간 관심을 보여왔다. 자유주의적 페미니즘의 철학적 기초는 개인주의 원칙에 있다. 개인은 자신의 젠더, 인종, 피부색깔, 종교와 상관없이 동등하게 취급되어야 한다. 따라서 자유주의적 페미니스트들은 여성이 직업을 구하고 정치활동을 하는 것, 그리고 여성이 공적이고 정치적인 조직에서 고위직을 차지하는 것을 제한하도록 하는 법적이고 사회적 압력을 폐기하려는 노력을 하고 있다. 그들은 이것이 정의(남성과 여성의 동등한 기회)의 이익, 그리고 정치가 어떻게 수행되어야 하는지의 차별성을 보여주는 것이라고 믿고 있다. 페미니즘의 생각은 코헤인(Keohane 1989, 1998) 같은 자유주의적 국제관계 학자들에게 의미있는 영향을 미쳤는데, 코헤인은 관점적 페미니즘이 복합적 상호의존과 제도변화 같은 아이디어에 젠더를 고려하는 형식을 제공했다는 점을 인정하였다.

후기 구조주의와 구성주의 견해

후기 구조주의와 페미니즘은 제3의 페미니즘 물결과 밀접하게 연결되었다. 후기 구조주의의 언어와 의미의 힘에 대한 집중은 젠더를 사회적으로 구성된 범주로 이론화하는 데 결정적 역할을 했다. 후기 구조주의와 구성주의 분석은 모든 사람이 '남성' 또는 '여성'으로 분류되고 이 이분법적 분류와 관련된 특정한 특성과 행동에 기인하는 '성'에 대한 이항적 이해를 탈자연화하는 수단으로서 젠더의 개념을 발전시키고 대중화하는 데 도움을 주었다. 버틀러(Judith Butler)의 *Gender Trouble* (1990)은 아마도 후기 구조주의 페미니즘 사상의 가장 잘 알려진 작품이며, 젠더는 타고난 생물학적 '실체'가 아니라 우리가 수행하도록 사회화된 사회적 관행과 행동으로 존재한다는 '수행성(performativity)'의 개념을 대중화했다. 글로벌 정치 연구에서 실베스터(Christine Sylvester)와 같은 후기 구조주의 페미니스트들은 '개발'과 탈/식민과 같은 문제를 중심으로 젠더화 담론과 지식생산 관행을 탐구했다.

페미니즘 견해

젠더가 선천적 또는 '생물학적'으로 결정된 범주가 아닌 '사회적 구성'이라는 믿음은 거의 모든 다양한 페미니즘의 기본 가정이다. 즉, 페미니스트들은 젠더가 '자연적' 또는 생물학적이 아니라 사회적으로 결정된 정도에 따라 다르다. 보다 '전통적' 이론(제3장 참조)에 근접한 자유주의자들과 다른 페미니스트들은 젠더가 사회적으로 구성되어 있다는 견해를 고수할 수 있지만, 근본에는 그 사회적 구성과 독립적인 '생물학적 성'이 여전히 존재한다는 견해를 고수할 수 있다. 즉 사람들은 여전히 본질적으로 남성과 여성으로 구분될 수 있다는 것이다. 반면, 후기 구조주의자들과 '퀴어이론' 페미니스트들은 이러한 프레이밍을 '본질주의자'로 거부하고, 젠더나 '성'에 부착된 모든 의미를 사회적으로 구성된 것으로 간주하며, 따라서 맥락에 따라 다른 것으로 보는 경향이 있다. 그들은 이러한 관점의 실증적 증거로서 전 세계의 젠더화 관행의 중요한 문화적 차이를 지적하는 반면, 그들의 이론적 주장은 정치적 권력이 종종 언어, 라벨링, 그리고 포괄과 배제를 만드는 분류의 담론과 관행을 통해 표현된다는 견해에 뿌리를 두고 있다. 이 견해에 따르면, 젠더는 본질적으로 '담론'의 집합이다.

년대 크로아티아와 보스니아에서는 물론 2002년 인도 구자라트에서 발생한 반이슬람 폭동에서도 젠더 폭력사건이 발생했다.

안보의 역설(Security paradox): 국가안보를 강화하기 위한 군사력 증강이 역효과를 낼 수 있다는 역설이며, 군비증강은 다른 국가들이 더욱 위협적이고 적대적인 입장을 취할 가능성을 높인다.

구조적 폭력(Structural violence): 지배, 억압, 착취 등 사회구조로부터 발생하는 폭력의 형태이며, 이는 개인이나 집단에 의하여 행해지는 '직접폭력'과 반대되는 개념이다.

젠더와 안보, 전쟁, 무력분쟁

페미니스트들은 안보와 전쟁을 분석하는 데 있어서 젠더의 개념을 중요시한다 (Tickner 1992a, 2001). 안보에 대한 전통적 접근방식은 젠더의 개념을 국제정치에 있어서 '최고의 목적'으로 제시하였다 (Waltz 1979). '국가안보'의 개념에 반영되었듯이, 국가는 안보를 유지하는 일차적인 책임을 갖고 있다. 안보에 대한 주요 위협은 대외적인 것이고, 특히 다른 국가들로부터 발생한다. 이러한 점에서 폭력과 다른 형태의 물리적 강제력의 위협은 본질적으로 국가 사이의 전쟁의 전망과 연결된다. 따라서 국가안보는 그러한 전쟁의 예방과 밀접하게 연관되어 있고, 통상적으로 잠재적인 침략자들을 억지하기 위하여 군사력 증강을 통하여 이룩한다. 페미니스트들은 이러한 안보개념에 대하여 두 가지 차원에서 비판을 한다. 첫째, 안보개념은 대립, 경쟁, 불가피한 분쟁이라는 남성적인 가설을 전제로 하는데, 이는 권력을 추구하는 자율적 행위자 사이의 상호활동의 관점에서 세계를 보는 경향으로부터 시작된다. 둘째, 국가안보에 대한 전통적 개념은 안보의 역설의 결과 자멸적인 것으로 보는 경향이 있다. 이는 '안보의 안보불안(insecurity of security)'이라는 개념을 탄생시켰다.

이에 비하여 페미니즘 이론가들은 안보에 대한 대안적 개념인 '인간안보'를 받아들였다. 그러나 인간안보의 특징은 불분명한 경우가 있다. 일부는 인간안보가 '공포로부터의 자유' (안보에 대한 주요 위협은 무력분쟁과 인간이 행하는 물리적 폭력이다)에 국한되어야 한다고 주장하고, 다른 일부는 '결핍으로부터의 자유'(빈곤, 불평등, 구조적 폭력이 주요 위협이다)를 포함하도록 확대되어야 한다고 주장한다. 연구자들과 정책결정자들이 실제 상황에 적용하기 쉽도록 인간안보 개념을 측정할 수 있도록 하는 시도에 대한 논쟁이 일어났다. 인간안보와 관련된 자원에 대한 온라인 데이터베이스인 인간안보 게이트웨이(Human Security Gateway)는 1,000명 이상의 민간 사망자가 발생하는 상황을 인간안보의 위기로 분류한다. 일부 페미니스트들에게 있어서, 그러한 논리는 강간, 재산손실, 불량식품, 환경파괴 같은 위협보다는 물리적 안보와 군사위협에 대하여 암암리에 특전을 주는 것으로 인식된다. 이러한 비군사적 위협들은 사망자를 발생시키지는 않지만, 심각한 안보불안을 야기하고 또 다른 폭력을 유발할 수 있다 (Truong, Wieringa, and Chhachhi 2007).

페미니스트들은 안보에 대한 보다 광범위하고 다차원적인 관점을 선호한다. 이는 가족과 가정생활에서 발생하는 여성 폭력에 대한 장기적인 관심, 그리고 성노예와 무력분쟁으로부터 발생하는 여성에 가해지는 위협에 대한 인식을 통하

모계(Matriarchy): 문자적으로 어머니에 의한 지배를 뜻한다. 역사 또는 가설의 경우에 상관없이 여성이 지배하는 사회이다.

여 이루어진다. 따라서 젠더의 관점에 의하면, 국가 간 전쟁에 관심을 집중시키는 '전쟁'과 '평화'의 분명한 구분은 별 의미가 없고, 이는 여성들이 고통을 받는 다른 광범위한 위협을 감추기 위한 것일 뿐이다. 전통적인 의미에서 전쟁이 발생하지 않는다는 것은 사람들, 특히 여성들이 공포없이 살 수 있도록 보장하는 것은 아니다. 페미니스트들은 단순히 안보를 젠더화하는 것에서 더 나아간다. 그들은 전쟁을 이해하는 데 젠더렌즈를 적용시키는 노력을 한다.

많은 페미니스트들에게 있어서, 전쟁은 남성성과 밀접하게 연관되어 있다. 그러한 연관은 여러 가지 수준에서 발생한다. 첫째, 정치와 군사의 고위직을 남자가 차지했다는 점은, 무력분쟁이 불가피하고 심지어는 바람직하다는 세계관을 가진 사람들에 의하여 전쟁과 평화의 결정이 이루어진다는 점을 의미한다. 이 분석에 따르면, 여성들은 남성보다 전쟁을 선호하지 않고, 협력, 합의 추구, 비대립적 전략을 선택하기 때문에, 정치나 군사 리더십을 더 많은 여자들이 차지하게 되면, 세계문제를 해결하는 데 있어서 무력사용이 그 만큼 줄어들 것이라고 기대될 수 있다. 실제로 이는 페미니스트의 대안인 '민주적 평화' 명제(p. 74 참조)로 이어지고, 자유주의자들이 선호하는 이 정책은 민주주의를 포용했다는 점보다는 모든 수준에서 남녀평등이 실행된다는 점에서 사회가 보다 평화롭게 된다는 점이 강조된다. 이 관점에 따르면, 모계(matriarchal) 사회는 가부장제 사회보다 평화로운 것은 확실하다. 그러나 이러한 생각에 대한 실증적 근거는 복합적이다. 국내 수준에서 여성에게 권력이 주어지면 평화적인 국제정치가 이루어진다는 측면이 있지만, 여성 지도자의 존재는 위기에 사용되는 폭력의 잔혹성이 더 증가되는 경우가 있다 (Caprioli and Boyer 2001). 이러한 상황이 발생하는 이유는 여성 지도자가 '남성의 세계'에서 활동하고, 따라서 '초남성적' 행위의 패턴을 선택하도록 고무되기 때문이다.

전쟁과 남성의 두 번째 연결은 국제적 긴장과 갈등의 시기에 군사화된 남성성이 국가의 이상으로 수행하는 역할을 통해서 작동된다. 이는 (주로 남성적인) '영웅적 전사'의 이미지로 나타나며, 군기, 복종, 무자비함, 무엇보다도 감정을 드러내지 않는 행동 같이 '남성답게' 만드는 군사훈련을 강조한다. 군사훈련은 여성의 유연함, 여성다운 충동과 반응을 체계적으로 억압하는 시도로도 보여질 수 있다. 따라서 골드스타인(Goldstein 2001)은 전쟁을 가장 선호하는 문화는 가장 성 차별적이라고 하면서, 전쟁과 젠더를 연결하게 되면 남성의 성격은 군인이 되어 전투를 할 수 있는 동기를 부여하고, 남성이 전쟁을 구상하게 된다는 점이 밝혀진다고 주장한다. 셋째, 전쟁은 '보호의 신화(protection myth)' 개념으로 정당화되는 경우가 있다. 이는 약하고 공격받기 쉬운 여성과 어린이들을 보호하는 것이 남성 전사들의 역할이라는 아이디어다 (Enloe 1993). 이러한 점에서 전쟁은 남성/여성의 이분법을 과장하고 그것을 정당화하기도 한다. 전투가 배타적으로 남성에

초 점

인간안보: 개인은 위험에 처해 있는가?

광범위한 측면에서, 인간안보는 국가가 아니라 개인의 안보를 의미한다. 인간안보는 '국가안보'와 비교되는데, 국가안보는 국력 및 군사력과 필연적으로 연결되어 있고, 안보에 대한 주 위협은 다른 국가들의 공격행위로부터 시작된다. 인간안보의 관점은 위협의 개념을 확대하고 심화시키는 것이며, 인간개발(이 아이디어는 1994년의 유엔 인간개발보고서까지 거슬러 올라간다)과 인권 독트린의 영향을 받았다. 인간안보는 다양한 측면을 지니고 있다.

- 경제안보 – 기본소득의 보장
- 식량안보 – 기본식량에 대한 물질적이고 경제적인 접근
- 보건안보 – 질병과 건강하지 않은 삶의 방식으로부터의 보호
- 환경안보 – 인간이 자초한 환경파괴로부터 보호
- 개인안보 – 모든 형태의 육체적 폭력으로부터 보호
- 공동체안보 – 전통적인 정체성과 가치의 보호
- 정치안보 – 폭정과 정부의 남용으로부터 국민을 보호하기 위한 권리와 자유의 존재

페미니즘의 관점에서 볼 때, 인간안보는 국가 및 국제안보를 재구성하는 잠재적으로 중요한 방법이며, 전통적으로 남성주의적 사고가 군사 및 치안력, 주권의 권력, 국경, '영토적 통합성'으로 대표되는 것으로 표현되어 왔다. 2019년 유엔 마약범죄국(UNODC)은 여성 및 소녀에 대한 '젠더 관련' 살해를 내용으로 하는 주요 보고서를 발표하여 친밀한 파트너 및 가족에 의한 가정폭력이 테러 또는 무력충돌보다 세계 여성 및 소녀의 신변안전에 훨씬 더 크고 치명적인 위협이 되고 있다는 사실을 강조했다. 이 보고서는 2017년에 8만 7,000명의 여성이 고의로 살해되었으며, 이 중 58퍼센트(5만 명)가 친밀한 파트너 또는 가족에 의해 살해되었다고 밝혔다. 이에 반해 글로벌 테러지수(Global Terrorism Index)는 같은 해에 단지 1만 8,814명(전체 성별)만이 테러에 의해 살해되었다고 밝혔다. 페미니스트들은 이러한 사실을 예로 들어 서방국가들에서 상위 '안보 위협'에 속하는 경향이 있는 '이슬람주의' 테러보다 가부장적 이데올로기와 폭력이 더 큰 위협을 가하고 있으며, 이러한 우선순위 설정 자체가 가부장제 및 안보정책 결정권에서의 남성지배의 결과라는 의미로 해석할 수 있다.

의하여 이어질 때 남성의 전쟁은 영속적으로 이어진다.

그러나 전쟁의 젠더화는 전쟁의 원인과 남성 사이의 연결을 탐구할 뿐만 아니라 전쟁과 무력분쟁이 여성과 남성에 미치는 차별적인 의미도 인정한다. 전통적으로 무력분쟁은 '남성의 세계'로 인식되어 왔다. 군대에서 여성을 배제시키는 것은, 싸우고 죽이고 죽는 것은 남성 전투원들이 수행하는 것이라는 점을 의미한다. 여성이 전쟁에서 중요한 역할을 수행한다면, 그것은 후방을 유지하는 것이다. 제1차와 제2차 세계대전에서 선진국들은 작업장에서 일을 시키기 위하여 여성들을 많이 모집하였다. 그러나 남성 전투원과 여성 비전투원을 구분하는 것은 여성이 다양한 방식으로 무력분쟁에 영향을 주고 영향을 받는다는 사실을 은폐한다. 여성과 소녀가 전쟁의 희생자가 되는 사례는 점차 증가하고 있다. 20세기 '전면'전의 등장은 여성이 남성만큼 전쟁의 희생자가 될 가능성이 높다는 점을 의미한다. 예를 들어, 제2차 세계대전 기간에 4,200만 명의 민간인이 사망했는데, 대부분이 여성이었고, 이는 2,500만 명의 군인 사망자와 비교된다. 그러나 제11장에서 논의된 바와 같이 '새로운' 전쟁의 등장은 여성과 소녀들에게 심각한 의미를 가져다줬다. 이 전쟁들은 대체로 인종적이고 종교적인 분열에 의하여 발생하였고 게릴라와 반란전술을 사용했기 때문에, 대규모의 민간인 피해를 유발하였다. 20세기

논 쟁

모계사회가 보다 평화로울 것인가?

전쟁에 대한 페미니즘 분석은 전쟁이 남성에 의한 것이라는 점을 강조한다. 일부 경우에 이는 '평화로운' 여성과 '공격적인' 남성 사이의 구분에 기초한다. 그러면 많은 여성들이 리더십의 지위에 오르게 되면 전쟁의 가능성이 줄어들까?

그 렇 다

생물적인 것은 운명이다. 보수적 반페미니스트, 근본주의적 페미니스트, 진화론적 심리학자들은 여성과 남성 사이에는 생물학적인 차이가 있으며, 이는 대조적인 행태적 성향에 반영된다고 주장한다. 후쿠야마(Fukuyama 1998)는 선천적으로 남성이 공격적이라는 아이디어를 사용하여, 완전히 여성지도자로 지배되는 세계는 여성지도자가 소수인 세계보다 평화로울 것이라고 주장한다. 그는 인간의 가장 근접한 동물인 침팬지의 살인적 행태를 사용하여 이를 설명했다.

군사화된 남성성. 생물학적 이유가 아니라 사회적 조건 때문에 남성이 여성보다 전쟁을 좋아한다. 소년들에게 자기과시, 경쟁심, 투쟁심은 '자연스러운' 것이고, 이들은 소년들이 일반적으로, 그리고 필요하다면, '공적' 영역을 위한 군대생활을 준비하는 데 도움을 준다. 이에 비하여 소녀들은 협력적이고 순종적이 되며, 가정에 책임을 지는 '사적' 영역을 준비한다. 따라서 남성성과 전쟁은 사회적 구성체를 상호 강화한다.

공격적인 젊은 남성. 젠더와 관련된 전쟁의 대안적 이론은 정치와 군사 지도자의 남녀 불균형에는 관심을 덜 가지며, 인구추세, 특히 평화적 성향이 불충분한 젊은 남성의 지배에 관심을 더 가진다. 전쟁으로 파괴된 지역에는 일반적으로 미혼이고 직업이 없는 젊은 남자들이 넘쳐난다. 그들은 자신들이 필요한 것을 획득하기 위하여 위험을 감수하는 경향이 있다.

평화창출자로서의 여성. 전쟁보다 평화를 선호하는 여성의 성향은 생물학적이고 사회적인 요인들에 의하여 나타났을 뿐만 아니라, 무력분쟁의 성격 변화가 여성을 공격받기 쉽게 한 사실에서도 나타났다. 여성과 어린이들이 무력분쟁에 의한 사상자들의 대다수를 차지하면서, 그들의 고통은 죽는 것뿐만 아니라 강간, 성폭

아 니 다

'자연적' 공격성의 신화. 공격성 같은 관습적 행태에 대한 생물학적 설명은 심각한 결함이 있다. 그러한 이론들은 불편한 진실(침팬지와 마찬가지로 인간과 가장 유사한 동물인 보노보 원숭이는 집단공격의 성향을 보이지 않는다)을 외면하고, 인류문화와 사회의 다양성에 대한 인류학적 근거를 무시하며, 행위의 성향에 대한 일반화의 발견을 어렵거나 불가능하게 한다. '공격적' 남성과 '평화적' 여성의 아이디어는 너무 단순하다.

젠더의 고정관념에 대한 오해. 문화와 사회적 조건 때문에 남성이 전쟁을 좋아하고 여성이 평화를 선호한다는 관점은 실제의 여성과 남성의 행위를 탐구하면서 붕괴되었다. 예를 들어, 여성 테러범들과 게릴라 전사들이 보여주는 바와 같이 여성들도 싸운다. 여성지도자들(마가렛 대처, 골다 메이어, 인디라 간디)은 외교정책에 있어서 '남성적' 접근법을 택하였고, 남성지도자들(간디, 마틴 루터 킹, 빌리 브란트)은 비폭력과 화해의 전략을 추진하였다.

권력이 젠더를 이긴다. 정치와 군사지도자들이 경쟁적이고 공격적인 행위를 하도록 하는 사회적 요인은 젠더보다는 권위와 관련이 있다. 여성이든 남성이든 지도자들은 자신의 지배적인 지위 때문에 부패할 가능성이 크고, 자신의 중요성을 과신하게 되고, 군사수단에 의하여 자신의 권력을 확대시키는 욕구도 가진다. 남성지도자들이 군사주의와 팽창주의의 성향을 더 가지고 있지만, 이는 대개의 정치지도자들이 남성이라는 사실을 반영할 뿐이다.

국가가 전쟁을 시작한다. 전쟁은 복합적이고 종합적이며 고도로 조직화된 행위이기 때문에 개인의 행태적 습관 같은 것으로 설명이 안 된다. 예를 들어, 현실주의자들은 전쟁이 무정부적인 국가체계의 불안과 불확

행, 신체절단, 수치심, 추방 등이었다. 이 때문에 여성들은 전쟁 회피에 특별한 관심을 가지게 되었고, 평화와 화해 운동에서 중요한 역할을 하고 있다.

실성에서 나온다는 점에서 젠더의 영향을 부인한다. 자유주의자들은 군사주의를 제국주의, 권위주의, 경제적 민족주의와 연결시킨다. 따라서 외교정책은 광범위한 고려사항들에 의하여 형성되며, 젠더관계와 별 다른 관련이 없다.

초의 분쟁들에서 민간인 사망자는 전체의 5퍼센트를 차지했으나, 새로운 전쟁의 민간인 피해자는 75퍼센트에 달하였다. 최근의 무력분쟁에서 여성과 어린이들은 불균형적인 표적이 되고 있으며 희생자들의 대다수를 차지하고 있다 (Moser and Clark 2001).

특히 강간과 다른 형태의 성폭력이 체계적이고 조직화된 전쟁의 전술이 되고 있다는 사실에 관심이 집중되고 있다. 전시 강간은 현대적인 현상이 절대 아니다. 예를 들어, 구약성서는 정복을 한 종족이 여성들을 강간하는 것은 일상적인 행위이고, 실제로 승리자에 대한 보상이라고 밝히고 있다. 실제로 군인에 의한 무작위적인 강간은 모든 전쟁과 무력분쟁의 특징이기도 하다. 또한, 강간은 적의 사기를 저하시키고 응징하고 수치심을 주기 위한 군사전략으로 사용되고 있다. 그 사례는 제1차 세계대전 시 독일이 벨기에를 진격할 때, 1937-8년 일본군이 난징(南京)을 공격할 때, 제2차 세계대전 말기에 소련군이 베를린을 진격할 때 발생하였다. 현대의 무력분쟁도 특히 강간을 체계적이고 광범위하게 사용하고 있다. 예를 들어, '보스니아-헤르체고비나의 전쟁과 대량학살 범죄 등록을 위한 제니카 센터(Zenica Centre for the Registration of War and Genocide Crimes in Bosnia-Herzegovina)'는 4만 건 이상의 전쟁과 관련된 강간을 기록하였고, 세르비아와의 전쟁 기간에 코소보의 알바니아 여성 중 2만 3,000명에서 4만 5,000명이 강간을 당한 것으로 알려졌다. 이 사건들은 여러 요인들이 연계되어 발생했는데, 그들은 내전에서 수반되는 사회적 일탈, 군인들의 비정규적 성격과 훈련부족, 그리고 민족적 증오, 남성의 본능, 폭력성의 혼합 등을 포함한다.

여성과 무력분쟁 사이의 마지막 연결은 군사기지와 성노동 사이의 관계이다. 역사적으로 '전리품' 또는 '종군 민간인'으로서의 여성들의 사례가 많지만, 성노동은 거의 분석이 안되었고 인정도 되지 않아 왔다. 그러나 1980년대 이래 군대 성노동의 체계적인 성격, 그리고 개인 및 국가안보에 미치는 영향에 대해 점차 인정하기 시작하였다. 1990년대 초 일본정부는 제2차 세계대전 기간 '위안부'라는 이름의 성노예에 대하여 사과하였다. 오키나와, 필리핀, 한국, 태국의 미군기지 주변에서의 군대 성노동은 지방정부와 국가정부에 의하여 마련되었고 군 당국의 묵인하에 실시된 것으로 알려졌다. 걸프전, 아프가니스탄전쟁, 이라크전쟁에의

전시 강간(War rape): 무력분쟁 또는 전쟁 기간에 군인, 기타 전투원 또는 민간인이 저지르는 강간.

군대 성노동(Military sex work): 군대를 위하여 제공되고, 때로는 군대에 의하여 조직되는 성노동 (역사적으로 그러나 도덕적으로 '매춘'이라고 함).

미군 파병은 성노동을 부활시켰고 중동지역에서 여성매매가 이루어졌다. 그러나 군대 성노동은 여성의 신체적, 성적, 경제적 착취 이상의 것이고, 국제정치에도 영향을 미친다. 예를 들어, 한국의 성노동자와 미군 사이의 성 동맹은 제2차 세계대전 이후 미국과 한국 사이의 군사동맹이 불평등하다는 점을 정의해 주고, 동맹에 대한 지원을 하는 데 기여한다 (Moon 1997). 성노동자들의 성 건강과 접대행위를 감시함으로써, 한국정부는 미군에게 보다 쾌적한 환경을 마련해 준다. 결국 한국은 관련된 여성의 인간안보를 희생시키면서 국가안보의 이득을 취하게 된다.

젠더, 글로벌화, 개발

오래전부터 경제이슈에 대한 페미니스트의 이론화 작업이 이루어져 왔는데, 특히 사회주의 페미니스트들이 주도하였다. 사회주의 페미니즘의 중심 아이디어는 가부장제와 자본주의가 중첩되며 억압하는 체계라는 점이다. 노동의 성(性)적 분업은 남성이 공적 영역을 지배하고 여성이 관습적으로 사적 영역에 국한되도록 하며, 이는 자본주의의 이익 충족에 여러 가지 방식으로 기여한다. 일부 사회주의 페미니스트들에게 있어서, 여성은 추가 생산의 필요가 있을 때 모집하여 활용하는 '노동 예비군'이다. 그러나 불경기가 시작되면 고용주와 국가의 부담을 덜기 위하여 가정으로 돌려보내 진다. 동시에 여성의 가사노동은 경제의 활력과 효율성에 핵심이다. 자녀를 낳고 기르는 것은 여성이 자본주의의 다음 세대 노동자들을 확충해 주는 것이다. 이와 유사하게, 가정주부의 역할과 관련하여, 여성은 남

초 점

'트랜스젠더 배제' 또는 '비판적 젠더'

일부 21세기 페미니스트들 사이에서 트랜스젠더의 권리문제에 대한 분열이 일어났다. 특히 관심을 끄는 것은 트랜스젠더 여성이 법에 따라 여성으로서 '자기 정체성'을 갖고 결과적으로 공공건물과 직장의 욕실을 포함한 여성전용 공간에 접근할 수 있는 권리이다. 제3물결 젠더이론의 영향을 받은 상호교차 페미니스트들은 종종 이 문제로 인해 갈등을 겪는데, 일부 사람들은 그들을 '성소수자 배제 급진적 페미니스트(TERFs: trans-exclusionary radical feminists)'로 부른다. 제2물결 급진주의의 영향을 받은 남성과 여성의 운동은 자신들은 '비판적 젠더'로 특징화하면서, 여성으로 태어나지 않은 트랜스젠더 여성을 '실제' 여성으로 인정하지 않는다. '비판적 젠더' 또는 'TERF' 페미니스트들은 성전환 여성들의 법적 인정과 여성전용 공간에 대한 접근에 대한 요구가 '진짜' 여성들의 지위와 안전에 잠재적으로 위협적이라고 보는 경향이 있으며, 남성 폭력으로부터 여성을 보호하기 위한 페미니스트 운동의 진전을 위험에 빠뜨리고 있다고 주장한다. 상호교차 페미니스트들, 그리고 많은 트랜스젠더들은 그러한 권리와 공간에서 트랜스젠더를 배제하는 시도가 문제있는 (가부장적인) 젠더 규범을 강화하고 교차적인 억압을 더욱 가중시키는 것으로 보는 경향이 있다. 이러한 제3물결 및 제4물결 페미니스트들과 많은 트랜스젠더 권리 단체의 눈에 'TERFs'는 이미 주변화된 사회적 소수자를 배제하고, 생물학적 성에 대한 구식 개념을 강화하려는 정치적 반동주의자들로 보인다 (p. 455 '젠더' 참조). 일부 자칭 '비판적 젠더' 지식인들과 유명인사들이 상대적으로 두각을 나타낸 반면, 데이비스(Angela Davis)와 버틀러(Judith Butler)를 포함한 가장 유명한 살아있는 페미니스트들 중 많은 사람들은 트랜스젠더 권리를 지지한다고 주장해 왔으며, 버틀러는 2020-1년에 발표된 인터뷰와 기사에서 페미니즘 내의 '비판적 젠더' 또는 'TERF' 의견은 규모가 과장되어 있으며 새로운 극우파의 부상과 연결되어 있다고 주장했다.

성에게 가사와 육아의 부담을 면제해 줌으로써 남성이 피고용인으로서의 임무를 완수할 수 있게 해준다. 전통적 가정은 남성 노동자들에게 '임금노예'라는 소외와 좌절감을 이겨낼 수 있도록 안락감을 가져다준다. 그러나 정치경제의 전통이론은 이러한 젠더화의 과정을 대체로 무시하고, 상업적 교환과 임금노동에만 집중하기 때문에 여성이 생산활동에 기여하는 바는 사라지게 된다. 이는 고전적 정치경제, 특히 경제적 자유주의의 개념적 틀에 내재하는 성적 편견에 의하여 더욱 가속화된다. 이는 특히 '경제적 남성(economic man)'이라는 관념에 대한 페미니스트의 비판에서 더욱 명백해진다 (Tickner 1992b). 인간은 물질적 소비를 통하여 즐거움을 모색하는 합리적인 자기추구형 창조물이라는 아이디어는 시장경제의 근본이 되는 아이디어이고, 이기주의와 경쟁에 대한 남성적 가설을 바탕으로 구성되었다. 궁극적으로 페미니스트들은 '경제적 여성(economic woman)'이 다르게 활동할 것이라고 제시한다.

글로벌화의 결과에 따른 경제의 재구조화는 젠더관계에 많은 영향을 미쳤다. 첫째, 글로벌 차원에서 '일의 여성화'를 가져왔다. 이것은 개발도상국에서, 예를 들어 라틴 아메리카의 수출 지향 과일 산업에서 농업 노동자로서, 그리고 선진국에서 개발도상국으로 제조업 일자리가 수출되는 글로벌산업 구조조정 과정을 통해 여성의 고용 기회의 확대에서 분명히 드러났다. 이는 개발도상 세계에서 여성을 위한 고용기회의 확대에서 분명해졌는데, 아시아 전자산업과 멕시코 의류산업의 성장이 그 사례이다. 선진세계에서도 경제의 서비스 분야의 확대를 통하여 '여성화된' 또는 '핑크 칼라' 직업들이 성장했는데, 그들은 소매업, 청소업, 데이터 처리업 등이다. 임금노동에 종사하는 여성들이 늘어가지만, 그만큼 취약하고 착취당할 우려가 있다. 여성 노동자들은 낮은 임금을 받으며 (부분적으로 풍부한 공급 때문에), 대체로 근로자의 권리가 거의 없거나 노동조직이 취약한 곳에서 일을 하게 된다. 따라서 여성 근로자들은 낮은 임금과 가정노동을 해야 하는 이중부담 속에서 살아야 하며, 신자유주의적 글로벌화의 진전에 따라 보건, 교육, 기본식량의 국가지원도 축소되고 있다.

경제 글로벌화는 '이주의 여성화'를 발생시키는 역동성도 발휘하였다. 선진국과 개도국 모두에서 이러한 추세를 생성하는 압력이 가해졌다. 예를 들어, '돌봄 결핍(care deficit)'이 여성의 이주를 증가시켰는데, 특히 부유한 국가에서 이를 필요로 했다. 전통적으로 주부에 의하여 행해지던 역할을 대신할 돌보는 사람과 가정부의 요구가 증가하면서 여성 이주가 늘어났다. 여성 이주자들의 흐름은 동남아시아에서 석유가 풍부한 중동 또는 '호랑이' 경제를 누리는 동아시아로, 구소비에트 블록에서 서유럽으로, 멕시코와 중미에서 미국으로, 아프리카에서 유럽의 다양한 지역으로 이어졌다. 동시에 개발도상 세계의 빈곤은 여성들이 취업을 위하여 해외로 진출하도록 하였다. 이주 여성들은 고국으로의 송금을 통하여 가족의 생계를 지원하는 중요한 역할을 하게 되었다. 여성 이주자들이 보다 더 가족에 결속되어 있고 의무감을 느끼기 때문에 남성 노동자들보다 송금에 주력하고 있다. 따라서 글로벌화의 압력으로 성별 노동분업을 글로벌과 인종적 개념에서 재정의하게 되었는데, 이는 선진국의 부유한 중산층이 자녀양육과 가사업무를 이주여성들에게 의존하게 되었기 때문이다 (Ehrenreich and Hochschild 2003).

주부의 전통적인 역할과 관련된 서비스의 글로벌 차원의 전환은 성(sex)과 관련될 때 가장 본질적인 문제를 제기한다. 글로벌화는 국가와 글로벌 차원에서 성산업을 발전시켰고, 놀랄 정도로 많은 수의 여성과 소녀들이 매매되었고 성 노예로 팔려갔다. 예를 들어, 태국에는 20만~100만 명의 매춘부가 있고 이들 중 20분의 1이 노예화되어 있다. 1970년대 경제호황기에 태국의 매춘은 급격하게 증가하였는데, 이는 남성 노동자들의 생활수준이 높아지면서 수요가 늘어났기 때문이다. 태국 북부의 전통적으로 가난한 산악지대의 어린이들이 노예로 팔려서 매춘부가 되었다 (Bales 2003). 글로벌 차원에서 섹스거래는 다양한 측면을 지니고 있다. 도미니카공화국과 태국에서의 섹스관광이 증가하였고, 배우자의 '우편 주문(mail order)'이 성행했는데, 특히 남성이 많은 북미와 서유럽에서 동남아시아와 구소비에트 블록으로부터 여성 배우자를 맞아들이고 있다. 가장 잔인하고 착취적인 섹스거래는 사람의 밀반입과 인신매매이다.

개발과 관련하여, 젠더에 대한 많은 대립적 관점들이 등장하였다. 현대화 이론가들은 경제개발을 여성의 전통적인 역할로부터의 해방과 관련시켰다. 이 견해에 따르면, 가부장적 지배와 여성의 종속은 전통사회에서 주류를 이루었던 핵심적 위계질서들 중의 하나이다. 시장에 기반한 자본주의 관계의 성장은 개인주의를 향한 강력한 추동력을 제공하였고, 사람들을 지위나 전통보다는 생산과정에의 기여도에 비중을 더 두고 평가한다. 이는 평등한 가족구조를 등장시켰고, 모든 가족 구성원들은 가족의 기능에 더 광범위하게 참여한다. 현대화가 보다 숙련되고 유식한 작업자를 필요로 하기 때문에 여성의 교육과 취업의 기회가 확대되었다. 따라서 유엔의 성불평등지수(GII: Gender Inequality Index)에 기초한 국가 순위에서 선진국들이 지속적으로 개도국들을 능가하는 것은 당연하다 (표 18.1 참조). 요컨대 성평등은 현대성(modernity)과 함께 진행된다.

그러나 페미니즘의 관점에서, '현대성'의 개념은 기본적으로 남성적 규범에 기초하여 구성된다. 이미 조사한 바와 같이, 현대성은 경제적 자유주의에 적용이 되고, 따라서 '성장으로서의 개발' 아이디어에 의하여 명백히 나타난다. 페미니스트들은 개발에 대한 정통적인 접근방식이 여성과 관련된 빈곤의 정도를 인정하지 못했다는 데 대하여 우려한다. 애보트 등(Abbott, Wallace, and Tyler 2005)이 언급한 바와 같이 "여성이 세계 인구의 반을 차지하고, 세계 노동시간의 3분의 2의 일을 하지만, 세계 소득의 10분의 1만 벌고 있으며, 세계 재산의 100분의 1만 소유

성불평등지수(Gender Inequality Index): 유엔은 성불평등으로 인한 인간개발의 손실을 출산 건강, 권한부여, 노동시장의 세 가지 차원을 고려하여 측정한다.

표 18.1 성불평등지수비교 일람표, 상위 10개국과 하위 10개국

상위	하위
1. 스위스	153. 코트디부아르
2. 덴마크	154. 니제르
3. 스웨덴	155. 시에라리온
= 4. 네덜란드	156. 라이베리아
= 4. 벨기에	157. 아프가니스탄
6. 노르웨이	158. 말리
7. 핀란드	159. 중앙아프리카공화국
8. 프랑스	160. 차드
9. 아이슬란드	161. 파푸아뉴기니
10. 슬로베니아	162. 예멘

출처: UN (2020)

하고 있다." 세계은행에 따르면, 2018년 세계 최빈층의 약 50퍼센트가 여성이다. 센(Sen 1990)은 "1억 명 이상의 여성들이 실종되고 있다"고 하면서 여성의 빈곤이 무시되고 있다는 점을 밝히려 하였다. 정상적인 추세는 여성이 남성보다 조금 많지만 (세계 모든 곳에서 여아보다 남아가 많이 태어나지만, 여자의 수명이 길기 때문에 성인사회에는 여성이 더 많다), 남아시아와 아프리카 같은 지역에서 남성이 여성보다 많기 때문에 인구통계에 의하여 '실종된 여성'이 명백하게 나타난다. 일부 조사에 의하면, 인도에서만 5,000만 명이 실종되고 있다고 한다. 이러한 추세는 일부 지역에서 남성이나 소년들에 비해서 여성과 소녀들의 사망률이 높다는 점을 보여준다. 이에 대한 설명들 중의 한 부분은, 일부 부모들이 경제적이고 문화적인 동기로 남아를 선호하고, 이는 성별을 선택하여 낙태를 하거나 유아살해를 하는 행위로 이어진다. 이는 동아시아와 남아시아의 일부 지역에서 발생하고 있으며, 특히 이전의 '한 자녀' 정책(1980–2015)과 관련된 중국과 인도의 일부 주에서 빈번하게 일어나고 있다. 다른 경우, 여성과 소녀의 더 높은 질병 및 사망률은 그들에게 소년 및 남성과 동일한 수준의 의료, 음식, 사회 서비스를 제공하지 못하는 데에서 비롯된다. 이러한 자원의 잘못된 배분은 일반적으로 시골 지역에서 더 심각하고 특히 늦게 태어난 소녀들에게 더 심각하며, 언니가 있는 소녀들에게는 더 심각하다. 자원이 부족한 가정은 소년들이 임금 생활자나 가족 노동자로 성장할 것이라는 기대 때문에 소녀들보다 소년들을 돌보기로 선택하는 반면, 소녀들은 소

지참금 제도(Dowry system): 신랑 가족에게 신부와 함께 현금이나 물품을 지불하는 관행.

소액대출(Microcredit): 사업투자를 위하여 빌려 주는 작은 규모의 대출이며, 기존 방식의 신용대출을 할 수 없는 사람에게 제공된다.

득을 올릴 가능성이 적고 지참금 제도가 존재하는 곳은 부담으로 간주될 수 있다.

반면, 탈식민 페미니스트들은 개발도상 세계에서 여성들의 이미지가 가난, 낮은 수준의 교육, 억압, 권한박탈 등 희생자로 비치는 데 대하여 비판한다. 그들은 여성이 개발과 빈곤감소 구상에 있어서 때때로 주도적 역할을 수행한다고 주장한다. 특히 그 구상이 개발의 하향식 관료모델을 거부하고 지역 소유에 기초할 때 중요한 역할을 한다고 한다. 개발구상 중에서 여성의 역할을 특히 강조하는 것은 소액대출(microcredit)의 확산이다. 이를 처음 시작한 것은 방글라데시의 그라민(Grameen) 은행인데, 그 창시자인 유누스(Muhammad Yunus)는 2006년에 노벨 평화상을 받았다. 소액대출은 가난한 가정들이 자립단체를 결성하고 소규모 사업을 하거나 농사 프로젝트를 진행하도록 돕는 가장 효율적인 수단이다. 세계은행은 소액대출자들의 90퍼센트는 여성이라고 추정했다. 이는 가난한 공동체에게 상당한 이득이 돌아가는 결과를 낳았는데, 그 이유는 여성들이 대출을 받아서 자신을 위하여 사용하기 보다는 공동체를 위해서 사용하기 때문이다. 그리고 여성들은 남성보다 상환을 잘 한다는 기록도 있다. 인도와 방글라데시가 그러한 개발구상의 주요 수혜국들이고, 보스니아-헤르체고비나, 러시아, 에티오피아, 모로코, 브라질도 혜택을 받고 있다. 그러나 '소액대출혁명'은 결점도 지니고 있다. 비판자들은 여러 가지 비판을 한다. 소액대출은 정부가 사회보장 규모를 줄이게 할 수 있고 외부 자본에 장기간 의존하게 할 수도 있다. 소액대출은 여성의 권한을 증대시키기 위하여 고안되었지만, 지역경제로 현금이 유입되면 결혼지참금 같은 것을 증가시킬 우려가 있다.

젠더화된 글로벌정치의 퀴어링과 탈식민화

퀴어이론(p. 457 참조)은 특정한 사회적 또는 정치적 실천 또는 학문 분야를 '퀴어링'할 가능성을 제시한다. 이는 예를 들어 이성애규범적 가설(p. 455 참조), 이분법적 젠더, 성 정체성을 통해 퀴어의 실천 또는 학문 분야가 전통적으로 구성되는 방식을 탐구하고, 젠더와 성에 대한 보다 유동적인 분석을 이끌어내어 성소수자 공동체들의 경험과 정체성을 더 낫게 이해시키고 설명하는 것을 의미한다.

웨버(Cynthia Weber)는 국제관계 학문분야를 퀴어링한 중심적인 인물이다. 2014년에 그녀는 퀴어학 학문이 '글로벌 퀴어학'이라는 기치 아래 정치-지리적인 범주를 확장해 왔지만, "퀴어에서 글로벌 퀴어로의 전환은 국제관계의 규율을 대체로 영향을 받지 않게 만들었으며, 퀴어학이 글로벌화되었다면, 국제관계의 규율은 왜 퀴어적으로 되지 않았는가?"라는 질문을 제기한다 (Weber 2016). 웨버가 퀴어 국제관계로 부르는 것을 발전시키는 프로젝트(2016)의 일부는 '퀴어 학문과 국제관계 학문을 성과 주권에 대한 대화에 삽입'시키는 것이다. 그녀는 '퀴어학자들이 퀴어에 대해 말하는 것'과 비판이론, 특히 후기 구조주의학자들이 주권에 대해서 말하는 것은 병렬적이라고 주장하는데, 퀴어학자들이 말하는 것은 '성, 젠더, 그리고 성별과 관련하여 단일체로 의미할 수 없는 거부 또는 무능력을 지정하는 것이고, 후기 구조주의학자들이 주권에 대해서 말하는 것은 국가 현실주의자들이 가정하는 본질적 특성이 아니라, 국제사회에서 특정 행위자에 대한 권력의 정당화를 위한 사회적 구성에 관한 것이다. 다시 말해서, 글로벌정치를 퀴어링하는 것은 부분적으로 단일적이고 이항적인 사회형태가 사회 세계에 대한 정확한 설명을 하지 않는다는 점을 인식하는 것이다. 퀴어이론가들의 관점에서, 그들은 자신들의 존재를 정당화하고 합법화하는 동시에 다른 사람들을 비합법화하면서 특정한 정치적이고 규범적 질서를 세계에 부과하려고 노력한다.

다른 사람들은 글로벌정치에서 퀴어와 인종차별화된 정체성 및 경험 사이의 교차점을 지적했다. 예를 들어, 푸아르(Jasbir Puar)는 '테러와의 전쟁'에 대한 분석에 탈식민지 퀴어이론 렌즈를 적용한다. 이처럼 푸아르는 갈등의 관행과 대표성에 내재되어 있는 다양한 젠더화되고 인종차별화된 현상들을 강조한다. 예를 들어, '이슬람주의' 테러와 테러리스트들은 종종 성적으로 '비정상적'이거나 좌절감을 느끼거나 심지어 '기형적'인 것으로 서양에서 표현된다 (Puar and Rai 2002). 이 담론은 테러를 열등한 문화(또는 '인종')에서 태어난 심리적 일탈의 한 형태로 묘사하면서, 테러 뒤에 있는 정치적 추론을 정치적 (그리고 종교적) 폭력의 한 형태로 연결시키는 것을 피해 나간다. 한편, 서양의 '호모내셔널리즘(homonationalism)' 관행은 비서방사회를 대표하는 민족주의, 동양주의, 인종주의의 대의에 전수된 성소수자와 정치를 젠더와 성문제에 대한 후진성으로 간주한다고 푸아르(Puar 2007)가 주장한다. '페모내셔널리즘(Femonationalism)'이 비서구사회에서 젠더 불평등과 가부장제를 '나쁜' 것으로 묘사하는 '백인 페미니스트' 캠페인, 그리고 다수가 백인인 서양에서 성소수자와 인종차별화된 권력을 경시하거나 무시하면서 '그곳에 있는' 여성들을 보호하려는 '백인 구세주' 캠페인을 언급하는 것과 같이, '호모내셔널리즘'은 어떻게 일부 성소수자 사람들이 테러와의 전쟁의 '우리와 함께 또는 우리와 반대'라는 정치적 편승에 합류하여 미국의 사회 정치적 삶에 수용되고 정상화되는가를 지적한다.

호모내셔널리즘과 페모내셔널리즘 성향은 궁극적으로 탈식민주의 또는 반인종차별 페미니즘 관점에서 자멸적인 것이다. 왜냐하면 그들은 글로벌 사우스의 여성들(예를 들어 서방의 군사 개입주의를 정당화하는 것)과 서방 내의 인종 차별화된 여성들에게 해를 끼칠 뿐만 아니라, 백인 여성과 백인 성소수자들에게 영향을 미치는 가부장적이고 이성애규범적 권력구조를 경시하면서도 유지하기 때문이다. 이러한 관점에서, 필요한 것은 탈식민주의이자 글로벌정치에 대한 퀴어적인 렌즈이다. 즉, 인종화되고 젠더화된 불평등의 교차 경험을 강조하고 그것들을 생산하는 강력한 사회구조를 타도하고자 하는 렌즈이다.

요약

- 페미니즘은 여성의 사회적 발전을 위한 운동으로 광범위하게 정의될 수 있다. 그러나 페미니즘은 다양한 형태를 보이는데, 그 중에서도 양성평등의 목적을 추구하는 페미니즘 전통과 여성이 '여성의 정체성'을 가져야 한다는 점에 대한 강조 사이에 구분이 이루어지고 있다.
- 실증적 페미니즘의 '젠더렌즈'는 기존의 분석틀에 '여성 추가'하는 데 대하여 주된 관심을 가지고, 특히 여성과 남성 사이의 간격에 대한 도전을 한다. 따라서 국제정치에 페미니즘의 감각을 부여하는 것은 그동안 세계문제를 해결하는 데 있어서 여성들의 보이지 않게 기여한 점을 인정하는 것을 의미한다.
- 분석적 페미니즘의 '젠더렌즈'는 주류 국제관계이론, 특히 현실주의의 이론적 틀과 핵심 개념에 만연해 있는 젠더 편향을 밝혀낸다. 이들은 남성주의적 편향을 드러내도록 해체되며, 이는 결국 젠더화된 위계질서를 정당화하고 여성의 소외를 영구화하는 데 도움이 된다.
- 페미니스트들은 국가와 민족의 젠더적인 성격에 대하여 주목한다. 국가의 가부장적 편향은 국가가 경쟁적이고 적어도 잠재적으로 공격적이게 하는 반면, 민족과 민족주의는 대체로 여성적인 이미지와 혼합되어 여성적인 '순결'을 특별히 강조한다.
- 페미니스트들은 전통적인 국가안보의 개념을 비판하면서, 인간안보의 광범위한 아이디어가 여성들의 관심을 더욱 강조할 수 있는 수단으로 인식하고 있다. 전쟁도 젠더의 현상으로 인식될 수 있다. 정치와 군대생활에서 고위직은 남성들이 지배하는 경향을 보이고, 남성 '전사'들은 여성과 어린이들은 보호할 의무를 가진다.
- 경제이슈를 이론화하는 페미니스트는 자본주의에 경제적 이익을 가져다주는 노동의 성별 분업에 대하여 강조하면서, 전통적인 정치경제의 개념적 틀은 남성을 기초로 하여 구성되었다는 점을 밝힌다. 이러한 아이디어는 글로벌화와 개발에 대한 페미니스트의 생각에 영향을 미친다.
- 퀴어이론은 보다 광범위한 젠더 중심적 접근뿐만 아니라 세계정치에 대한 많은 페미니스트 분석을 여성에 대한 배타적인 관심에서 벗어나 성별과 젠더 정체성에 대한 더 복잡한 논쟁으로 이동시켰다.

토의주제 ?

- '젠더'란 무엇이며, '성'에 대한 전통적인 이해와 어떻게 다른가?
- '젠더 주류화'는 젠더 부정의(gender injustice)를 해결하기 위한 효과적인 전략인가?
- 주류 국제관계이론의 핵심 개념들은 남권주의적 가설을 바탕으로 하고 있는가?
- 페미니스트들은 민족과 국가의 젠더적 성격에 어떠한 의미를 부여하는가?
- 왜 페미니스트들은 전쟁과 젠더가 본질적으로 연결된다고 주장하는가?
- 경제 글로벌화는 여성의 삶에 도움을 주는가, 해를 주는가?
- 퀴어이론은 국제관계에서 젠더와 권력에 대해 무엇을 말해줄 수 있는가?
- 글로벌정치에 대한 페미니스트 접근법은 '탈식민화'될 수 있는가?

추가 읽을거리 

Enloe, C., *The Curious Feminist: Searching for Women in a New Age of Empire* (2004). 여성이 국제정치에 참여하는 다양하고 중요한 방식을 밝히는 에세이 시리즈.

Peterson, V. S. and A. S. Runyan, *Global Gender Issues in the New Millennium* (2010). 글로벌정치의 젠더 문제에 대한 접근 가능하고 포괄적인 소개.

Shepherd, L. J., *Gender Matters in Global Politics* (2010). 글로벌정치의 광범위한 측면에서 젠더적 성격을 검토하는 매우 유용한 에세이 모음.

Tickner, J. A., *A Feminist Voyage through International Relations* (2014). 글로벌정치에서 젠더에 대한 티크너의 핵심 저술과 성찰의 모음.

국제기구와 유엔

출처: *Stefan Cristian Cioata/Getty Images*

개요

국제기구(international organization)의 숫자와 중요성의 성장은 1945년 이후 세계정치의 가장 괄목할만한 특징들 중의 하나이다. 이들 중 일부는 세간의 주목을 끌었는데 바로 유엔, 세계은행, 세계무역기구(WTO), 국제통화기금(IMF) 등이다. 다른 기구들은 덜 알려졌지만, 특정 분야에서 핵심적인 역할을 하고 있다. 국제기구는 국가 사이의 문제를 해결하기 위한 협력적 틀을 제공하면서, 국가주권과 자기결정의 원칙을 존중하는 등 전통적인 권력정치를 수정해왔다. 그러나 국제기구가 등장하고 늘어나는 현상은 수많은 질문들을 제기한다. 예를 들어, 국제기구의 등장을 설명하는 데 있어서 어떠한 요인과 힘이 도움을 주는가? 국제기구들은 회원국들의 집단이익을 반영하는가, 아니면 강대국에 의하여 강대국을 위하여 설립되는가? 국제기구는 글로벌정치의 결과에 어느 정도의 영향을 미치는가? 그리고 최근 글로벌정치의 방향 변화는 국제기구들이 만들어졌다고 주장되는 '규칙에 기반한' 국제질서를 얼마나 위협하는가? 이러한 광범위한 질문들 중 많은 것들은 세계의 선도적인 국제기구인 유엔의 경우를 고려함으로써 가장 잘 해결되지만, 유엔은 핵심 목표와 관련하여 어떻게 활동해왔고, 그 미래는 무엇인가?

핵심이슈

- 국제기구는 무엇인가?
- 왜 국제기구들이 설립되는가?
- 국제기구의 성장은 어떠한 의미를 가지는가?
- 평화와 안보를 유지하는 데 있어서 유엔은 얼마나 효율적인가?
- 유엔은 경제와 사회 이슈에 어떠한 영향을 미치는가?
- 오늘날 국제기구와 유엔이 직면한 도전은 무엇인가?

개 념

국제기구

국제기구(때로는 국제정부간 기구 또는 IGOs로 불림)는 공식적인 절차와 회원국을 보유하고, 셋 이상의 국가들이 참여하는 기구이다. 국제기구는 회원국 사이의 관계를 규제하는 규칙, 그리고 이 규칙들을 집행하는 공식적 구조에 의하여 특징을 갖게 된다. 국제기구는 수단, 무대 또는 행위자로 인식되기도 한다 (Rittberger, Zangl, and Kruck 2019). 수단으로서 국제기구는 국가가 자국의 이익을 추구하는 메커니즘이다. 무대로서 국제기구는 토의와 정보교환을 용이하게 하여 회의외교의 상설적 제도를 수립한다. 행위자로서 국제기구는 국가들로 하여금 협력행위를 하게 하는데, 이는 '집단적' 주권에 대한 보장 수단을 필요로 한다.

■ 역자 주

국제기구에 대한 국내 참고 서적으로는 다음을 참조할 것.
Margaret P. Karns 외 지음. 김계동, 김현욱, 민병오, 이상현, 이유진, 황규득 옮김. 『국제기구의 이해: 글로벌 거버넌스의 정치와 과정, 제3판』 (명인문화사, 2017)

국제기구

국제기구의 등장

역사상 최초의 국제기구는 나폴레옹전쟁 이후에 설립되었다. 비엔나회의(Congress of Vienna, 1814–15)가 처음 설립되었는데, 이 기구는 제1차 세계대전까지 존재하였던 유럽협조체제(Concert of Europe)를 수립하였다. 19세기와 20세기 초반 국제기구의 수와 회원국 수가 점차로 증가하였으며, 제1차 세계대전, 월스트리트 대폭락, 제2차 세계대전과 같은 주요 글로벌 위기 이후 새로운 국제기구들이 급증했다. 이는 권력정치, 경제위기, 인권침해, 개발격차, 환경악화에 대한 우려와 관련하여 국가 간 상호의존성이 증가한다는 인식뿐만 아니라, 미국의 국익 추구와 국제협력 증진을 상호 지속적인 목표로 간주한 미국의 새로운 패권적 역할을 반영했다. 냉전이 끝나고 소비에트 블록이 해체되면서 상대적으로 감소했지만, 국제기구들과 제도들, 그리고 국제기구에 의해 탄생한 기구들의 수는 계속 증가했다.

이러한 점을 감안할 때 국제기구가 매우 다양한 형태를 취하게 된 것은 놀라운 일이 아니다. 국제기구를 분류하는 가장 일반적인 기준은 다음과 같다.

- '회원' – 회원권이 제한적이냐 보편적이냐의 여부
- '권한' – 책임이 특정 이슈에 대한 것이냐 포괄적이냐의 여부
- '기능' – 프로그램 기구이냐 활동기구이냐의 여부
- '의사결정체계' – 정부간주의(p. 501 참조)에 기초하느냐 초국가주의(p. 499 참조)에 기초하느냐의 여부

국제기구라는 현상의 중요성에 대해서 뜨거운 논쟁이 있어 왔다. 예를 들어, 일부 사람들은 국제기구를 전통적인 권력정치를 다른 방식으로 추구하기 위한 도구로 생각하는 반면, 다른 사람들은 국제기구가 초국가주의 또는 세계정부의 단초를 제공한다고 생각한다. 국제기구와 글로벌거버넌스(p. 497 참조)의 관계 역시 논쟁의 주제이다. 국제기구의 부상은 글로벌거버넌스체계가 등장하는 근거로 인식될 수 있지만, 글로벌거버넌스는 국제기구보다 광범위한 현상이다. 특히 글로벌거버넌스는 비공식적이고 공식적인 과정을 포괄하고, 다양한 행위자들이 참여하는데, 그 행위자는 국가정부, NGO, 시민운동, 초국적기업, 글로벌시장 등이다. 국제기구는 글로벌거버넌스 조치들의 핵심적 요소이며, 글로벌거버넌스의 중심에 놓여 있는 문제를 해결하는 협력적 과정은 항상 국제기구에 의하여 진행된다 (Weiss and Kamran 2009). 이러한 점에서, 국제기구는 글로벌거버넌스의 핵심이 되는 공식적이고 제도적인 면이다 (글로벌거버넌스의 본질에 대해서는 제19장에서 구체적으로 논의됨).

국제기구는 왜 창설되는가?

국제기구를 탄생시킨 힘과 과정에 대해서 정치적이고 학문적인 논쟁이 있어 왔다. 국제기구가 창설된 동기가 모든 국가들의 집단적 이익에 의한 것인지, 또는 주로 강대국들이나 지역 또는 글로벌 패권국(패권안정이론, p. 270 참조)에 의한 것인지에 대하여 자유주의자, 현실주의자 등에 의한 정치적 논쟁이 지속되고 있다. 이러한 논쟁은 국제기구의 성격과 정통성에 대한 중요한 의미를 부여한다. 자유주의자와 현실주의자 사이의 이론적 차이의 핵심 사항에 대한 요약은 표 19.1에서 설명하고 있다. 국제기구와 권력정치 사이의 관계에 대해서 신현실주의자들과 신자유주의자들의 논쟁이 계속되는데, 그 논제는 국가들이 '상대'이득 또는 '절대'이득을 취하느냐에 대한 관점이다.

국제기구 설립의 동기와 과정에 대한 논쟁도 있는데, 동기와 과정은 국제적 수준에서 국가들의 통합 및 제도형성(institution building)과 연관이 된다. 여기서 제기되는 이론은 연방주의, 기능주의, 신기능주의이다.

- 연방주의는 권력의 지역분산을 기초로 하며, 주권을 중앙(국내 또는 국제)조직과 주변조직이 공유하는 제도이다. 연방주의 관점에 따르면, 국제기구는 정치적 엘리트들에 의한 의사결정을 위한 조직이며, 정치엘리트들은 전쟁과 같이 국가체계에서 발생하는 특정문제의 해결책을 찾으려는 노력을 한다. 만약 전쟁이 무정부적인 상황에서 자기이익을 추구하는 주권국가에 의하여 발생한다면, 국가들이 보다 상위기구인 연방조직에 주권을 전이시킬 경우에만 평화가 이룩될 것이다.
- 기능주의는 국제기구가 점진적인 과정에 의하여 설립된다고 주장한다. 이에 따르면, 광범위한 정부의 기능은 개별국가보다는 집단적인 행위에 의하여 보다 효과적으로 수행될 수 있다. 따라서 통합은 대체로 경제와 기타 분야에서의 점진적인 상호의존을 바탕으로 하여 결정된다. 미트라니(David Mitrany 1966)는 "형식은 기능을 따른다"고 했는데, 여기서 '형식'은 제도적 구조를 뜻하며, '기

표 19.1 국제기구에 대한 자유주의와 현실주의의 관점

	자유주의	현실주의
이익	국가의 집단적 이익 반영	강대국들의 이익에 기여
권력관계	복합적 상호의존성(Keohane and Nye 1977). 강대국과 약소국에 영향을 미치는 상호취약성	권력정치는 국제기구 안에서 그리고 국제기구를 통해 운영된다.
위상	중립적인 심판으로서 상위 또는 동급에서 국가체제의 권력정치에 대해 어느 정도의 질서를 부여한다.	국가체제의 상위가 아닌 부속기관

분석적 접근

국제기구

현실주의 견해

현실주의자들은 국제기구에 대하여 매우 회의적이다. 그들은 그러한 조직은 비효율적이라 하면서 그 권위에 대하여 의문을 제기한다. 국제기구의 약점은, 국제정치가 국가들 사이의 권력추구, 즉 상대이득 추구라는 사실로부터 기원한다. 만약 세계정치가 이익의 조화가 아니라 권력을 위한 투쟁에 의하여 형성된다면, 국제기구에 의미 있고 영향력 있는 개입을 허용할 수 있는 수준의 협력과 신뢰의 여지는 거의 없을 것이다. 게다가 국제기구의 성장은 보통 주권에 위협적인 영향을 미치는 것으로 여겨진다. 어떠한 형태의 국제기구도 민족국가의 권위를 잠식하는 것으로 간주된다. 그러나 현실주의자들은 국제기구의 역할을 완전히 무시하지는 않는다. 예를 들어, 신현실주의자들은 국제기구와 패권 사이의 관계에 주목한다. 패권국들은 우세한 힘을 보유하고 있기 때문에, 자신들이 절대이득을 취하고 있는 한 다른 국가들이 상대이득을 취하는 것에 대하여 인내할 수 있다. 따라서 국제기구의 효력은 18세기와 19세기의 영국, 그리고 1945년 이후, 특히 1990년 이후의 미국 등 글로벌 패권국가의 출현과 밀접하게 관련되어 있다. 그러나 패권국들이 짊어지고 있던 불균형적인 부담은 장기적인 쇠퇴에 기여할 수도 있다.

자유주의 견해

자유주의자들은 국제기구를 가장 지지하는 사람들에 속한다. 이는 자유주의적 제도주의를 반영한다. 제도주의자의 관점에서, 국가들은 협력하는 것이 자기들에게 이익이기 때문에 그렇게 한다. 국가들의 이익이 항상 조화롭게 일치한다는 것은 아니고, 국가 사이의 협력이 합리적이라고 생각되는 상호이익의 분야가 있다. 따라서 국제기구는 글로벌체제에서 상호의존의 정도를 반영하고, 국가들은 단독 행동보다는 함께 행동할 때 더 많은 것을 성취할 수 있다는 점을 인정한다. 상호이익이 존재하는 분야에서, 절대이득을 취하려는 국가의 기대는 상대이득 추구보다 앞선다. 신자유주의적 제도주의는 국가 사이의 복합적 상호의존의 존재가 자동적으로 국제기구의 창설로 이어지는 것은 아니라고 주장한다. 공동이익이 존재함에도 불구하고, 국가들이 합의를 파기할 동기가 생겼을 때, 또는 다른 국가가 파기할 것이라고 판단될 때, 협력은 달성되기가 어려워진다. 따라서 국제기구의 목적들 중의 하나는 이러한 상황이 발생하지 않도록 하는 것이다. 국제기구를 통해서 국가 사이의 신뢰가 구축되어야 하고 행위를 규제하는 규칙이 있어야 한다. 이러한 사항들은 국가가 권력의 위계질서 어디에 있든지 상관없이 모든 국가에 적용되는 것이기 때문에, 자유주의자들은 국제제도가 성공하려면 패권국의 참여를 필요로 한다는 현실주의의 논리에 질문을 제기한다.

구성주의 견해

사회구성주의자들은 신현실주의자들과 신자유주의자들의 주장에 이의를 제기하며, 이들의 차이에도 불구하고 국가는 객관적 이익에 의해 이끌어지는 합리적인 행위자라는 가정을 공유하며, 관념과 인식의 역할은 무시한다고 주장한다. 구성주의자들은 국가체제를 주관적 상호작용의 장으로 보고 있다. 따라서 국가가 다른 국가들의 정체성과 이익뿐만 아니라 자신의 정체성과 이익을 어떻게 구성하느냐에 따라 국제체제 내의 협력 수준이 달라진다. 이는 더욱이 국제기구의 가입과 내부에서 일어나는 상호작용으로 인해 변화하는데, 이는 국제기구 자체가 본질적으로 이데올로기적 구성물이라는 것을 의미한다. 이는 국제기구가 국가규범에 의해 형성되고 다시 국가규범을 재구성한다는 '이중적 역할' 관점으로 설명된다. 구성주의 측면에서 국제기구와 국가는 국제관계를 통해 서로 '공동구성'되거나 '상호구성'된다.

주요 인물

로버트 코헤인(Robert Keohane, 1941년생)

미국의 국제관계 이론가. 오랜 기간의 협력자인 나이(Joseph S. Nye, p. 258 참조)와 함께 코헤인은 *Transnational Relations and World Politics* (1971)에서 현실주의 분석의 일부 핵심 가설들에 대하여 의문을 제기하면서, 세계문제에서 비국가 행위자들과 경제문제의 중요성을 강조하였다. *Power and Interdependence: World Politics in Transition* (1977)에서 코헤인과 나이는 현실주의 대안으로 '복합적 상호의존(complex interdependence)' 이론을 제시하였는데, 이는 국제협력을 향한 경향과 국제레짐의 점증하는 중요성을 기초로 하였다. 그러나 *After Hegemony* (1984)의 출판 이후 코헤인은 구조적 현실주의와 복합적 상호의존을 합성하여 '변형된 구조적 현실주의' 또는 '신자유주의적 제도주의'를 고안하였다. 그의 주요 저작은 *International Institutions and State Power* (1989)와 *Power and Interdependence in a Partially Globalized World* (2002) 등이다.

출처: *Wikimedia Commons*

능'은 정부의 핵심적 활동을 의미한다.

- 이러한 생각은 신기능주의의 아이디어로 수정되었는데, 신기능주의는 국제협력이 파급효과의 과정을 통하여 어떻게 확대되고 심화되는지를 설명하려고 노력했다.

이러한 제도형성이론들이 대체로 지역통합, 특히 유럽통합을 설명하기 위해 개발되었기 때문에 제21장에서 구체적으로 논의된다.

유엔

국제연맹에서 유엔으로

의심의 여지없이 유엔(UN: United Nations)은 현존하는 가장 중요한 국제기구이다. 샌프란시스코 회담(1945년 4–6월)에 의하여 설립된 유엔은 지금까지 설립된 기구 중에 유일하게 진정으로 글로벌한 조직이며, 193개 국가가 참여하고 있다. 설립 시 제정된 헌장에 제시된 유엔의 주요 목표는 아래와 같다.

- '다음 세대를 전쟁의 재앙으로부터 구하기 위하여' 평화와 안보를 보호한다.
- '근본적인 인권에 대한 신념을 재확인'한다.
- 국제법에 대한 존중을 유지한다.
- '사회발전과 보다 나은 삶의 기준을 증진'시킨다.

그러나 유엔이 세계평화를 수호하기 위해 설립된 첫 번째 국제기구는 아니다. 전신인 국제연맹(League of Nations)은 1919년 파리평화회담에 의하여 설립되었다. 국제연맹의 목표는 유엔과 유사하게 집단안보를 가능하게 하고, 국제분

파급효과(Spillover): 한 정책분야의 통합이 이루어지면, 새로운 목표와 새로운 압력이 발생하여 다른 분야까지 '파급효과'가 이루어진다는 역동적인 과정이다.

집단안보(Collective Security): 공동방어의 아이디어와 실행이며, '모두를 위한 하나는 하나를 위한 모두'라는 원칙하에 다수의 국가들이 서로의 방어를 위하여 약속하는 것이다.

쟁을 중재하며, 군축을 실현시키는 것이었다. 국제연맹은 미국 윌슨(Woodrow Wilson) 대통령의 14개조 평화원칙에 고무되어, 제1차 세계대전 이후 유럽의 장기적인 평화를 목표로 하여 설립되었다.

그러나 연맹은 주요 결점들을 지니고 있었는데, 이들은 후일 유엔을 창설할 때 설계사들이 충분히 고려하였다. 특히 '국제연맹'이라는 이름으로 존재하지 못했는데, 그 이유는 일부 주요 국가들이 참여하지 않았고, 특히 미국의 경우 고립주의를 지향하던 미 의회가 미국 가입의 비준을 거부하여 윌슨의 열정이 봉쇄당했다. 1933년에 가입한 소련은 1939년 핀란드를 공격한 후 추방되었다. 더구나 연맹은 효과적인 힘을 지니지 못하였다.

- 국제연맹은 권고만 할 수 있었고 구속력있는 결의안을 통과시키지 못하였다.
- 권고안들은 만장일치로 통과되어야 했다.
- 사악한 국가에 대한 군사적 또는 경제적 조치를 취할 수 있는 메커니즘을 결여하였다.

결과적으로, 독일, 이탈리아, 일본이 1930년대에 공격적인 전쟁을 시작하면서 국제연맹은 거의 무력화되었다. 1933년 나치가 집권한 후 독일은 국제연맹을 떠났다. 일본과 이탈리아는 만주점령과 아비시니아 침공에 대한 국제연맹의 비판에 귀를 기울이지 않고, 각각 1933년과 1936년에 국제연맹을 탈퇴했다. 이 사건들은 궁극적으로 (2장에서 살펴보았듯이) 제2차 세계대전의 도화선이 되었다

두 번에 걸친 세계대전의 여파로 국제연맹과 유엔이 각기 결성된 것은 우연이 아니었다. 국제연맹의 경우와 마찬가지로 미국은 유엔 창설 과정에서 주도적인

주요 인물

우드로 윌슨(Woodrow Wilson, 1856-1924)

출처: *Library of Congress*

1913-21년 미국 대통령. 장로교 목사의 아들로 태어난 윌슨은 1902년부터 1910년까지 프린스턴 대학교의 총장을 역임하였다. 이후 1911년부터 2년 동안 뉴저지주의 민주당 도지사를 하였고, 1912년에 대통령으로 선출되었다. 제1차 세계대전 초기에 윌슨은 미국의 불개입을 유지하였으나, 세계를 '민주주의를 위한 안전한 지역'으로 만들기 위하여 1917년 4월 참전을 결정하였다. 윌슨은 국제관계에 대하여 순수하고 유토피아적 자유주의 목소리를 내는 이상주의자로 종종 이해되었다. 때때로 '윌슨주의(Wilsonianism)'로 불리는 윌슨의 이상주의적 국제주의는 14개조 평화원칙에 반영되었는데, 14개 원칙은 민족자결, 합의의 공개와 비밀외교 종식, 무역과 항해의 자유, '국가들의 일반적 결합'을 통한 군축과 집단안보 달성 등을 포함하였다. 윌슨의 자유주의는 미국을 모델로 한 민주적 민족국가들의 세계가 전쟁을 방지하는 가장 확실한 수단이라고 주장한다. 윌슨은 남북전쟁 이후 미국에서 적극적으로 인종차별정책을 추구했으며, 또한 쿠 클룩스 클랜(Ku Klux Klan)을 옹호하고 흑인들을 '무식하고 열등한 인종'이라고 불렀다. 이전의 칸트처럼, 윌슨의 표면적으로 '세계주의' 자유주의 국제주의는 사실 배제적이고 인종주의적인 계몽주의 프로젝트와 관련이 있다.

주요 연표 ¦ 유엔의 창설

- 1942 유엔 선언, 26개국 연합이 추축국들을 물리치기로 약속했다.
- 1944 덤바튼 오크스 회의(미국, 소련, 영국, 중국)는 미래 유엔의 일반적인 목표와 구조를 설정했다.
- 1945 유엔헌장은 샌프란시스코에서 50개 국가가 승인했다 (폴란드는 참석하지 않았으나, 나중에 이 헌장에 서명하여 유엔의 51개 회원국 중 하나가 되었다). 1945년 6월 26일 샌프란시스코에서 유엔헌장이 서명되었고, 10월 24일 (이후 유엔의 날로 알려짐)에 유엔이 공식적으로 발효되었다.
- 1946 리(Trygve Lie, 노르웨이)가 사무총장으로 임명되었다.

역할을 맡았으며, 루스벨트(Franklin D. Roosevelt) 대통령이 제2차 세계대전 막바지 몇 년 동안 이를 추진했다.

유엔의 구조

유엔은 광범위하고 복잡한 조직이며, 유엔의 두 번째 사무총장인 함마슐트(Dag Hammarskjöld)는 유엔을 '이상한 피카소의 추상화'라고 표현한 바 있다. 그 규모와 복합성 때문에 유엔은 다양한 이해관계에 대응할 수 있게 되었고, 날로 확대되는 글로벌의제에 대처할 수 있게 되었지만, 유엔은 또한 대단히 번거롭고, 종종 분쟁에 휘말려 비효율적일 수밖에 없는 조직으로 귀결되기도 한다.

유엔은 5개의 주요 기관으로 구성되어 있다.

- **안전보장이사회(Security Council)**
  이 조직은 국제평화와 안보의 유지를 맡고 있으며, 협상자, 관찰자, 평화유지자, 궁극적으로 평화집행자로서의 유엔 역할을 책임지고 있다. 안보리는 회원국 자격을 일시 정지시키거나 추방하기 위하여, 경제제재를 가하기 위하여, 또한 평화와 안보를 유지하거나 회복을 목적으로 군사행동을 취하기 위하여, 법적 구속력이 있는 결의안을 통과시킬 수 있는 권한을 보유하고 있다. 안보리는 15개국으로 구성되어 있다. 미국, 러시아, 중국(1971년까지는 중화민국, '대만'), 영국, 프랑스의 상임이사국(P5)은 '거부(Veto)권'을 보유하고 있는데, 이를 통하여 안보리의 다른 회원국들에 의한 결정을 봉쇄할 수 있다. 다른 10개 회원국은 총회에 의하여 2년 임기로 선출되는 비상임이사국들인데, 완전하지는 않지만 지역안배를 하여 선출한다.
- **총회(General Assembly)**
  유엔의 주요 심의조직이고 '국가들의 의회(parliament of nations)'라고 불리기도 한다. 총회는 모든 회원국들로 구성되어 있으며, 각 회원국은 동등하게 1표 행사권을 보유한다. 총회는 헌장이 제시한 문제들에 대하여 토의하고 결의

안을 통과시킬 수 있으며, 유엔의 예산을 승인하고, 회원국들의 기여금을 결정하고, 안보리와 협력하여 사무총장과 국제사법재판소(International Court of Justice)의 재판관들을 선출할 권한을 보유하고 있다. 중요한 결정들은 3분의 2 이상의 찬성으로 이루어지지만, 중요한 것은 이 결정들이 집행 가능한 국제법이라기보다는 권고안이라는 점이다. 총회는 입법기능을 갖고 있지 못하며, 안보리나 사무국을 의미 있는 수준에서 감시 감독할 권한도 없다.

- **사무국(Secretariat)**
  유엔의 다른 주요 기관들에 대해 서비스를 하고, 그들에 의하여 만들어진 프로그램과 정책들을 관리한다. 주요 활동은 뉴욕의 본부에서 이루어지지만, 전 세계에 지부가 있고 40,000명이 직원으로 일하고 있다. 사무국의 장인 사무총장은 유엔을 대표하며 행정업무도 관장한다. 안보리의 권고에 따라 총회에서 5년 임기로 임명하는 사무총장은 다양한 국가와 문화로부터 충원되는 관료들을 관리하고 안보리의 상임이사국으로부터 독립된 유엔의 권위를 지키려 노력한다. 사무총장은 유엔의 지위와 정책방향에 영향을 미칠 수 있는 일부 능력을 보유한다.
- **경제사회이사회(Economic and Social Council)**
  이 조직은 총회에서 선출된 54개국의 대표로 구성된다. 주요 역할은 유엔과 하부조직의 경제와 사회업무를 조정하는 것이다. 이 조직은 다수의 프로그램, 기금, 전문기구를 감독한다. 여기에는 '세 자매'로 불리는 세계은행, IMF, WTO 등이 포함되고, 그 이외에도 국제노동기구(ILO), 세계보건기구(WHO), 유엔 교육사회문화기구(UNESCO), 유엔 아동기금(UNICEF) 등을 관리한다. 유엔의 경제와 사회제도들의 확대는 기능에 따라 이루어지고, 특정 경제나 사회문제의 등장에 따라 새로운 제도를 만들거나 발전시킨다.
- **국제사법재판소**
  유엔의 주요 사법기관이며, 보다 자세한 내용은 제15장 참조.

유엔은 강대국 정치의 현실을 받아들이고 회원국들의 주권적 평등을 인정해야 하는 경쟁적인 관심사들을 중심으로 구성된 혼합체이다. 이것은 어떤 의미에서 유엔을 두 방향으로 끌어당겼는데, 하나는 안보리에, 다른 하나는 총회에 반영되었다. 안보리는 유엔의 가장 중요한 기관이지만, 빈약한 대표성과 강대국에 의해 지배되고 있다는 비판을 받는다. 반면에 유엔의 모든 회원국들을 동등하게 대표하는 총회는 어떤 의미에서는 과도한 대표성을 가지고 있으며, 종종 선전의 장에 지나지 않는 고도로 분산된 기관이다.

1960년대 이후 두 기구 사이의 이러한 분열은 총회에서 새로 독립한 개발도상국들의 영향력이 증가하고 P5가 안보리로 효과적으로 후퇴함에 따라 점점 더 명확해졌다.

초 점

유엔 안전보장이사회의 개혁?

왜 유엔 안보리를 개혁하라는 압력이 있어 왔는가? 그리고 왜 그러한 개혁은 그렇게 어렵게 이루어져 왔는가? 안보리의 개혁 요구는 상호 연관되어 있기는 하지만, 두 가지 핵심 쟁점에 초점을 맞추고 있는데, 바로 상임이사국들의 거부권과 그들의 정체성이다.

상임이사국 자격과 안보리 결정에 대한 거부권은 핵심 쟁점인 평화와 안보에 관한 한 유엔이 강대국 정치에 의해 지배되고 있음을 의미한다. 일부 유엔 회원국들은 명백히 다른 회원국들보다 더 평등하다. P5 국가들의 만장일치라는 요건은 예외적인 상황(한국과 걸프전)을 제외하고 집단안보의 근거로서의 유엔을 무력화시켰다.

더구나 P5 국가의 존재는 구시대적인 것으로 보여지며, 1945년 직후의 맥락에 갇혀 있다. (적어도 핵 능력 면에서) 미국, 중국, 러시아의 위상에 도전할 국가는 거의 없지만, 프랑스와 영국은 오래 전에 1등 국가의 위상을 상실했다. 과거 일본과 독일의 경제력에 근거하여, 그리고 더 최근에는 인도, 브라질, 나이지리아, 이집트, 남아공과 같은 신흥강대국들이 등장함에 따라 상임이사국 포함 주장이 나왔다. 확실히, 기존의 상임이사국들은 아프리카나 라틴 아메리카를 대표하지 않는 등 지역 불균형을 반영한다. 상임이사국을 개편하면 보다 대표성을 가질 수 있고, 안보리가 더 넓은 지원과 영향력을 누리며 유엔을 보다 효과적인 평화조정자와 평화유지자로 만드는 것을 도울 수 있게 된다. 그러나 안보리를 개혁하려는 전망은 멀어 보인다. 거부권은 P5국의 만장일치 없이 제거될 수 없으며, 그들 중 누구라도 자발적으로 그들의 특권적인 자리를 포기할 가능성은 낮다. 게다가, 영구적인 거부권의 지속적인 존재는 어쨌든 유엔이 미국, 중국, 러시아의 지원을 유지하도록 보장하는 (아마도 중요한) 방법인데, 이는 개혁된 안보리가 가져올 이익과 영향력의 다른 구성을 두려워할 수 있다. 더욱이 지역긴장의 당사국일 수 있는 특정 국가의 회원국의 출마에 대한 저항 또한 P5 외부에서 표면화될 수 있다. 예를 들어, 많은 유럽국가들은 독일의 포함을 반대하고, 남아공과 나이지리아는 서로의 포함을 반대하고, 아르헨티나는 브라질의 포함을 반대한다. 마지막으로, 글로벌권력의 분배는 항상 변하기 때문에, 지금 회원국 구성을 수정하는 것은 정기적인 회원국 심사를 위한 선례를 만들 수 있다.

평화와 안보의 증진

'전쟁의 고통' 추방?

유엔의 주된 목적은 '국제평화와 안보를 유지'하는 것(제1조)이고, 이 책임은 안보리에 주어졌다. 실제로 유엔의 성과는 주로 치명적인 군사적 충돌을 피하거나 종결하는 데 기여하는 바에 의해 판단될 수 있다. 그러나 이는 평가하기가 어렵다. 20세기의 양차 세계대전이 제3차 세계대전으로 이어지지 않았다는 점이 유엔의 최고업적으로 간주되지만, 현실주의 이론가들은 1945년 이후 세계대전이 없었던 것은 유엔과 관련이 없고, 냉전 기간 미국과 소련 사이의 핵무기 경쟁에 따른 '공포의 균형'의 결과라고 주장한다. 그러면 유엔이 없었다면 글로벌 또는 지역분쟁이 어떻게 발전하였을지, 그리고 '냉전'이 '열전'으로 발전하였을 지의 질문에 대해서는 대답하기가 어렵다. 그러나 유엔이 폭력에 대해 홀로 대응하는 것을 대체한 집단안보체제를 확립하는 데 제한적이고 간헐적인 성공을 거둔 것은 확실하다.

집단안보를 집행할 수 있는 유엔의 능력은, 기본적으로 유엔이 회원국들에 의하여 설립되었다는 사실에 의하여 제한을 받는다. 유엔은 회원국, 특히 상임이사국들이 허용하는 것 이상을 하기가 어렵다. 그 결과 유엔의 역할은 국제분쟁의 평화적 해결을 촉진할 수 있는 메커니즘 제공에 국한되어 있다. 그러나 이러한 제한사항에도 불구하고 유엔은 간헐적인 성공을 기록하였다. 그 성공의 사례로는 1959년 인도와 파키스탄의 휴전협상, 1960년 벨기에령 콩고(후에 자이레, 현재 콩고민주공화국[DRC])의 평화유지, 1962년 서이리안(현재 뉴기니)에 대한 네덜란드와 인도네시아 사이의 중재 등을 들 수 있다. 그러나 유엔의 존재 기간 대부분 초강대국의 대립으로 무력화되었다. 냉전 기간 미국과 소련은 반대되는 입장을 견지하였고, 이에 따라 안보리는 결정적인 활동을 하기가 어려웠으며, P5가 P2로 줄어들었다.

개 념

집단안보

집단안보(collective security)는 국제질서가 파괴되는 경우 공격을 억지하고 공격자를 응징하기 위하여 서로 방어해 주기로 서약하는 이론 또는 실천이다. 집단안보의 핵심개념은 다수 국가들의 통합된 행위가 공격을 가장 잘 물리칠 수 있다는 아이디어이며, 이것이 권력정치에서 안보불안과 불확실성에 대한 유일한 대안으로 고려된다. 성공적인 집단안보는 세 가지 조건에 의존한다. 첫째, 국가들은 어느 정도 균형적이어야 하거나 적어도 압도적인 국가가 없어야 한다. 둘째, 모든 국가들이 서로 방어해 주는 비용과 책임을 지겠다는 의지를 가져야 한다. 셋째, 효과적인 활동을 할 수 있는 도덕적 권위와 정치적 역량을 보유한 국제조직이 있어야 한다.

냉전의 교착상태

안보리의 초강대국적 지위는 다른 두 가지 요인에 의해 더욱 악화되었다. 첫째, P5의 거부권 행사로 평화와 안보에 대한 위협 또는 공격행위에 대하여 안보리가 행동을 취할 수 있는 범위가 크게 축소되었다. 1971년 중화인민공화국이 대만의 석을 대체하기 전까지는 사실상, 논쟁적인 이슈에 대한 안보리의 표결은 소련과 다른 4개국 사이의 충돌에 의한 결과로 나타났다. 냉전 기간 소련이 거부권을 가장 많이 사용한 국가였는데, 1946년부터 1955년까지 82차례 사용하였다. 그러나 1970년에 처음으로 거부권을 행사한 미국이 이제 거부권을 제일 많이 사용하는 국가이다.

둘째, 안보리의 하부조직으로 군사참모위원회(Military Staff Committee)를 설립하도록 한 유엔헌장의 조항에도 불구하고, P5의 반대 때문에 유엔의 독자적 군사능력 보유가 실현되지 않고 있다. 유엔이 군사행동을 승인할 경우 이는 미국이 주도하는 군대(한국전쟁과 걸프전), 또는 NATO(코소보)나 아프리카연합(다르푸르) 같은 지역조직의 도움을 받거나, 회원국들이 기여한 군대로 구성된 다국적군이 '블루 헬멧' 또는 '블루 베레모' 등의 이름으로 작전을 수행해야 한다. 이에 따라 효율적인 집단안보를 위한 핵심적 조건들 중의 하나인, 안보리의 의지를 집행하기 위한 유엔 상비군의 창설이 충족되지 않고 있다.

냉전 시대에 안보리가 군사적 집행 조치에 합의한 유일한 사례는 1950년 한국전쟁에 관련된 것이었다. 그러나 이것이 가능했던 상황은 매우 예외적인 것이었다. 유엔의 한국전 개입은 '붉은 중국'(중화인민공화국)의 유엔 대표권 불인정에 대한 항의로 소련이 안보리에서 임시 철수하였기 때문에 가능했다. 어쨌든 유엔의 한국전 개입은 유엔이 서방의 지배하에 놓이게 될 것이라는 우려를 낳게 하였다. 비군사적 집행 조치는 국제적인 문제국가, 현재 짐바브웨로 알려진 로디지아(1966년 백인 소수 정권의 일방적인 독립선언이 평화에 대한 위협이라는 이유로)와 남아프리카공화국(1977년 흑인 거주 지역의 불안을 진압한 후, 아파르트헤이트 정권에 무기 금수조치가 부과되었다)에 대해 단 두 번만 사용되었다.

■ 역자 주

한국전쟁에 대한 유엔 및 국제개입에 대해서는 김계동, 『한국전쟁: 불가피한 선택이었나』 (명인문화사, 2014) 참조.

비록 그 어느 것도 글로벌 전쟁으로 이어지지는 않았지만, 유엔의 개입 없이 다른 전쟁과 갈등은 계속해서 분출되었다. 1956년 수에즈 위기는 P5 내의 권력 불균형을 보여준 중요한 사건이었다. 이스라엘, 영국, 프랑스의 행위를 비난하기 위한 미국의 결의안에 대하여 영국과 프랑스가 처음으로 거부권을 행사했지만, 미국의 외교적 압력과 소련의 이집트 나세르(Gamal Abdel Nasser) 정권에 대한 지지 때문에 영국과 프랑스는 즉각적으로 굴욕적인 철수를 해야 했다. 1962년 세계가 핵전쟁에 처하게 될 가능성이 있었던 사건인 쿠바 미사일위기 사건 당시 유엔은 무기력한 방관자에 불과했다. 또한, 유엔은 소련의 헝가리(1956), 체코슬로바키아(1968), 아프가니스탄(1979)에 대한 침공을 막아내지 못했고, 1960년대와 1970년대 미국의 베트남전쟁에 대한 확대개입도 방지하지 못했다. 이와 유사하게 유엔은 계속된 아랍-이스라엘전쟁에서 제한된 역할만을 하였다 (주요 연표: 아랍-이스라엘 분쟁, p. 228 참조).

탈냉전: 유엔을 위한 새로운 장?

장기간 초강대국 대립에 의하여 주변부화 된 유엔은 효과적인 집단안보가 실행될 수 있는 도구로써 새로운 힘을 갑자기 얻게 되었다. 예를 들어, P5의 거부권 행사가 현격하게 줄어들어, 1996년과 2006년 사이에 13회만 사용되었다. 1991년 유엔의 걸프전 개입은 유엔이 대규모 군사활동을 승인한 두 번째 사례(한국전 이후)였는데, 이는 공격을 억지하고 평화를 유지하는 유엔의 의무를 충족시키는 새로운 능력을 보여주는 것이었다. 미국은 유엔의 권한 밖의 행위가 될 것을 우려하여 이라크 군을 이라크 국내로 추격하지 않기로 결정하였다. 실제로 유엔 행동주의의 새로운 시대는 부시 대통령(아버지)이 선언한 '신세계질서'의 주요 구성요인이 되었다. 안보리는 다수의 비군사 강제조치를 승인하였는데, 그 사례들은 아프가니스탄, 앙골라, 에티오피아와 에리트레아, 아이티, 이라크, 르완다, 소말리아, 구유고슬라비아 등과 관련된 사건들이었다. **평화유지활동**(다음 절에서 논의됨)과 관련된 군사적 조치도 다수 실행되었다.

그러나 유엔이 지배하는 평화시대에 대한 초기의 희망은 빠르게 사라졌다. 르완다와 구유고슬라비아에서 평화유지가 실패하였고, 미국은 안보리의 일부 주도국들의 반대에도 불구하고 2003년 이라크 침공을 결정하였다.

탈냉전 기간 유엔은 다수의 새로운 문제와 분쟁에 직면하게 되었다. 자국의 안보가 더 이상 동서대립으로부터 위협을 받지 않는 국가들은 집단안보를 위한 자원제공을 주저하고, 지구 반대편에 있는 국가들의 방어에 대한 지원에도 소극적인 태도를 보이고 있다. 더욱이 미국과 동맹국들이 명확한 안보리 승인 없이 2003년 이라크를 침공한 의지에서 볼 수 있듯이, 냉전시대의 양극체제(p. 259 참조)가 유엔을 약화시켰던 것처럼 탈냉전의 단극체제도 유엔을 무력화시키는 방

평화유지(Peacekeeping): 전투가 중단되었을 때 평화를 보존하고, 평화를 만드는 사람들이 달성한 합의의 이행을 지원하기 위해 고안된 기술 (p. 484).

개 념

평화유지

평화유지(peacekeeping)는 '분쟁으로 고통 받는 국가들이 지속가능한 평화를 추구하는 것을 지원하는 방식'으로 유엔에 의하여 정의되고 있다. 따라서 평화유지는 기본적으로 전투가 끝난 지역의 평화를 보호하고 평화중재자들에 의하여 이루어진 합의 사항의 집행을 지원하기 위한 수단이다. '전통적' 또는 고전적 평화유지는 분쟁이 끝난 지역의 평화과정을 감시하고 관찰하는 것이다. 평화유지군은 휴전이 협상된 이후에 파견되고 자위의 경우를 제외하고는 전투를 하지 않도록 되어 있다. 이러한 평화유지의 형태는 합의에 의해서 이루어지며 접수국(host state)의 동의를 받아야 한다. 휴전을 제대로 지키는지의 여부를 공평하게 보고할 수 있는 능력이 있기 때문에 이전 교전 당사자들의 신뢰를 받을 수 있다는 장점이 있다.

향으로 나아가고 있다. 그럼에도 불구하고 시리아내전은 부상하는 다극체제(p. 271 참조)가 어떻게 유엔에 대한 제약으로 작용할 수 있는지에 대해서 강조한다. 마지막으로 국제정치 초점 자체도 전환되었다. 유엔의 역할은 자본주의와 공산주의 사이의 갈등이 지배하는 세계에서 평화를 유지하는 것이었다. 이제 유엔은 부의 분배와 자원의 불균형으로 인해 갈등이 점점 더 심화되는 글로벌자본주의의 역학구조에서 새로운 역할을 찾아야 한다. 평화와 안보를 촉진하는 유엔의 역할은 경제와 사회개발을 확립해야 할 임무와 융합되었으며, 이에 따라 '전통적' 평화유지가 '다차원적' 또는 '강력한' 평화유지로 전환되고 있다.

평화유지에서 평화구축으로

유엔헌장에 '평화유지'라는 개념은 없다. 그러나 오래전부터 평화유지는 유엔이 국제평화와 안보를 유지하는 책임을 완수하기 위한 가장 중요한 수단이 되고 있다. 유엔이 협상과 중재 같은 수단을 통하여 분쟁을 평화적으로 해결하는 임무(6조), 그리고 안보를 유지하기 위하여 보다 강압적 활동을 하는 임무(7조) 사이에 놓인 평화유지에 대하여 함마슐트 사무총장은 6.5조에 속한다고 주장하였다. 1948년과 2019년 사이에 유엔은 71차례의 평화유지활동을 수행하였다. 2019년에는 13개 사례의 평화유지활동이 진행 중이었고, 120개국에서 파견된 군인, 경찰, 전문가, 군사참관단 등 10만 명이 활동 중이었다. 2019년부터 2020년까지 13개 유엔 평화유지활동에 대한 승인된 예산은 65억 1,000만 달러였다.

고전적 또는 '제1세대' 유엔 평화유지는 휴전이 이루어진 후 분쟁 당사자 사이에 유엔군을 배치하는 것이다. 1948년 유엔 평화유지군이 제1차 아랍-이스라엘전쟁이 끝난 후 휴전을 감시하였고, 다음 해 카슈미르 지역의 휴전을 감시하기 위하여 유엔 군사참관단이 파견되었다. 이는 인도와 파키스탄의 분리 이후 발생한 대규모 사망자가 발생한 후 취해진 조치이다. 1956년 수에즈 위기 이후 이스라엘과 이집트 사이의 물리적 장벽으로 활동하도록 했고, 영국과 프랑스 군대가 이 지역에서 철수하도록 지원하기 위하여 6,000명의 강력한 다국적 평화유지군을 파견한 것이 '제1세대' 평화유지의 원형으로 여겨지고 있다. 평화유지는 접수국(host state)의 합의를 필요로 하고, 목적은 분쟁의 심층적인 원인을 해결하거나 영구적인 해결을 추구하기보다는 미래의 적대감을 방지하도록 방패를 제공하는 것이다. 동서대립의 맥락에서 유엔이 분쟁 이후의 상황에 영향을 미치기보다는 확고한 중립성과 공평성을 가지고 분쟁 이후를 감시하는 것이 평화를 유지하는 데 기여할 수 있는 유일한 수단이었다.

그러나 이러한 전통적인 평화유지 활동은 탈냉전 시기에 도전을 받았다. 다양한 종류의 인도주의적 위기와 내전이 격화되면서 유엔 평화유지 활동이 크게 늘어났다. 이는 부분적으로 초강대국의 영향력이 쇠퇴하면서 민족분열과 다른 갈

국제기구에 대한 반론

사건: 1994년 르완다에서의 대량학살을 막지 못한 유엔, 또는 2011년 리비아와 같은 이미 긴장된 국가와 지역의 악화된 안보 상황에 대한 NATO, 이러한 사례들 때문에 국제기구들은 항상 비판에 직면해 왔지만, 이는 최근 몇 년간 더욱 심화되었다. 특히 주요 국제기구의 창설을 주도하고 비평가들이 배후에서 통제하고 있는 세력이라고 밝힌 강력한 서방국가들 내의 정치 지도자들과 운동들이 이러한 기구들에 등을 돌렸다. 새로운 반글로벌 정치적 권리의 부상은 특히 중요하다. 2016년 미국 대통령 선거 운동 과정에서 트럼프는 '글로벌리즘'과 글로벌화가 미국의 저소득층 시민들에게 미치는 부정적인 영향에 대해 지적했다. 또한, 그는 자신이 국제기구들을 평범한 미국인들의 이익에 해를 끼치는 글로벌리즘 의제의 선도적인 기관으로 본다는 점을 분명히 했다. 2016년 트럼프는 NATO(그는 '퇴물'이라고 부름)와 유엔(사람들이 모여서 이야기하고 즐거운 시간을 보내는 클럽)과 같은 국제기구를 떠나는 것, 극적으로 개편하는 것, 자금을 삭감하는 것 등 다양한 활동을 했다.

중요성: 대부분의 대통령들도 마찬가지이겠지만, 트럼프의 더 과감한 선거공약들 중 많은 것들이 취임 이후 실천되지 못했다. 그러나 좋은 방향이든 나쁜 방향이든 국제기구의 핵심 동인으로 널리 알려진 국가 외교정책 담론의 변화는 그 자체로 중요하다. 그리고 재임 중 트럼프는 미국의 재정 지원에 대한 위협 또는 실제적 철회를 통해 국제기구들을 흔들려는 노력을 확실히 했다. 2017년 트럼프 행정부는 유엔 핵심 자금의 22퍼센트와 평화유지 예산의 28.5퍼센트를 제공하는 유엔의 가장 큰 단일 재정국인 미국이 190억 달러의 분담금을 줄일 것을 제안했다. 사무총장실은 이 제안이 '유엔이 평화, 개발, 인권 및 인도주의적 지원을 증진시키는 모든 업무를 계속하는 것을 불가능하게 만들 것'이라고 응답했다. 미국은 아직 그러한 방대한 감축 조치를 취하지 않았지만, 2017년 총회 투표에서 128개국이 예루살렘

출처: *Handout/Getty Images*

을 이스라엘의 수도로 인정하는 미국의 결정을 비난하는 결의안에 찬성(단지 8개국만이 반대)한 것에 대한 보복으로 유엔 지출을 수백억 달러 수준으로 줄였다. 영국의 유럽연합 탈퇴(영국에서 비슷한 반글로벌주의 운동의 부상 이후)와 함께 유엔, NATO 및 G7을 포함한 다자기구들에 대한 트럼프의 전투적인 접근법은 국제기구에 대한 반발이 수사적인 외교정책 기조 이상이며 심각한 장기적인 영향을 미칠 수 있음을 시사하지만, 2021년부터 바이든 대통령의 등장은 이 문제에 대한 잠재적인 재조정을 시사한다. 한편, 세계적인 코로나바이러스 팬데믹에 대한 대응을 조정하는 국제기구들의 중요한 역할은 그들의 미래에 대한 낙관과 비관의 원인이 되었다. 한편으로, 세계보건기구와 유엔은 바이러스의 확산을 방지하는 방법, 건강에 미치는 영향을 제한하는 데 가장 효과적인 방법이 무엇인지, 그리고 변화하는 바이러스 변종과 관련하여 어떤 증상을 주의해야 하는지에 대한 정보를 전 세계에 퍼뜨리는 데 중요한 역할을 맡았다. 반면에, 국제기구에 반대하는 트럼프 운동의 많은 사람들은 종종 이 작업을 거부했고, 어떤 경우에는 이 조직들이 바이러스의 위협을 과장하거나 심지어 해를 끼치기 위해 바이러스를 퍼뜨리려고 한다는 '가짜 뉴스'를 공유한 음모론에 의존했다.

등이 동시에 이루어졌고, 안보리에서 이루어진 새로운 만장일치의 환경으로 개입하기에 유리한 조건이 형성되었기 때문이다. 이에 못지 않게 중요한 것은 폭력적 갈등의 성격이 변화하면서 평화유지 활동이 더욱 복잡하고 어려워졌다는 점이다. 국가 사이의 전쟁이 줄어들고 내전이 늘어나면서, 많은 분쟁들이 인종과 문화의 대립과 사회-경제적인 분열과 혼합되어 있었다. 이는 1990년대 이후 두 가지 발전을 반영하였다. 첫째, 폭력의 위협이 남아 있는 분쟁지역에 대한 평화유지군의 파견이 점차 늘어나면서, '강력한' 평화유지를 강조하게 되었고, 이는 때때로 '평화강제(peace enforcement)'로 표현되었다. 둘째, 분쟁상황이 보다 복잡해지면서 평화유지활동의 계획과 초점이 계속 진화되어야 했다. 이는 '다차원적' 평화유지를 고안하게 했는데, 그 내용은 포괄적 평화협정을 집행하고, 인도적 목적으로 무력을 사용하고, 긴급구호 조항을 마련하고, 정치적 재건을 단계별로 추진하는 것 등을 포함한다. 따라서 강조점은 평화유지에서 평화구축(peace-building)으로 전환되었다.

> **개 념**
>
> **평화구축**
>
> 평화구축(peace-building)은 지속가능한 평화에 필요한 조건을 창조하는 장기과정이다. 엄밀하게 말해서, 평화구축은 평화조성(peacemaking)과 평화유지가 완성된 이후에 이루어지는 평화과정의 한 단계이다. 그러나 이러한 활동들은 어느 정도 중복될 수밖에 없다. 장기적 분쟁의 해결방식으로서 평화구축은 다양한 전략을 포함한다. 경제재건, 경제와 사회 기간시설의 보수 또는 개선, 지뢰제거, 동원해제와 구전투병들에 대한 재훈련, 실향민의 재통합, 공동체 조직의 설립, 정부제도 또는 '국가건설'의 수정 등이다.

유엔 평화유지와 평화구축은 작동되고 있는가?

탈냉전 시기에 다차원적 평화유지는 얼마나 성공하고 있는가? 유엔 평화유지는 분쟁의 비용, 인명피해와 경제적 황폐화를 비교할 때 효과적이고 비용 효율적이다 (Collier and Hoeffler 2004). 2007년 랜드연구소의 연구에 따르면, 유엔이 주도한 8번의 평화유지활동의 사례 중에서 7번이 평화를 유지하는 데 성공하였고, 6번은 민주주의를 촉진하는 데 기여했다고 한다 (Dobbins 2007). 이 사례들은 콩고민주공화국, 캄보디아, 나미비아, 모잠비크, 엘살바도르, 동티모르, 동슬라보니아, 시에라리온을 포함한다. 그러나 여러 차례의 평화유지가 실패한 사례가 있는데, 그들은 르완다, 보스니아, 소말리아 등이다. 1994년 보스니아에서 대량학살이 발생하였을 때 유엔 평화유지군은 방관자에 불과했다. 유엔이 후원한 미국의 소말리아 개입은 모욕감만 안겨 줬고, 1995년 철수하였으며, 전쟁은 중단없이 지속되었다. 1995년 보스니아-세르비아 군대는 스레브레니카의 '안전지역'에서 제2차 세계대전 이후 유럽에서 발생한 가장 최악의 대량학살을 자행하였다. 당시 그 지역에는 네덜란드에서 파견된 유엔 평화유지군 1개 대대가 주둔하고 있었다. 일부 사람들은 이 사건이 질서가 부족하고 정치제도의 정당성이 부족한 이국에의 개입이 주는 위험 사례라고 주장한다. 그러나 다른 사람들은 그 사건들이 유엔체제의 결점과 실패를 명확하게 보여준다고 주장한다. 기초적 차원의 실패는 명확한 임무의 부재, 특히 개입의 의무와 평화유지군이 직면한 안보 문제 사이의 심각한 격차, 다양한 평화유지군의 자질과 혼란스러운 지휘체계, 그리고 '주둔에 의한 억제'에 대한 의존을 포함하며, 이는 자유롭고 범죄적으로 무력을 사용하는 평화파괴자들에 대한 무력 사용을 주저하는 점을 반영한다. 더 높은 수준의 실패

평화강제(Peace enforcement): 공격행위가 발생한 상황에서 평화와 안보를 회복하기 위하여 행사하는 군사력 사용을 포함한 강압적인 조치.

는 정치적 의지의 부족, 그리고 안보리와 다른 회원국들 사이의 상충되는 우선순위 및 의제와 관련이 있다.

그러나 유엔이 교훈으로 깨우쳤다는 근거도 있다. 1992년 *An Agenda for Peace* 보고서 이후 평화유지만으로 지속적인 평화를 확립하는 것은 충분하지 않다는 인식이 있었다. 평화구축에 대한 점증하는 강조는 분쟁이 재발하는 것을 방지하고 '적극적' 평화를 수립하는 데 기여하기 위하여 평화를 강화하고 공고화하는 구조를 인식하고 지지하는 열망을 반영한다. 군대가 평화유지의 중추적 역할을 하지만, 평화유지의 다양한 측면은 행정가와 경제전문가, 경찰과 법률가, 지뢰제거전문가와 선거전문가, 인권감시자와 민정 및 거버넌스 전문가 등을 필요로 한다. 2005년에 유엔 평화구축위원회(Peacebuilding Commission)가 총회와 안보리 산하의 자문조직으로 설립되었다. 이 위원회의 목적은 분쟁을 갓 경험한 국가들의 평화를 위한 노력을 지원하는 것이다. 이를 이루는 방식은 모든 관련된 행위자들을 함께 모으고 (국제공여자, 국제금융기관, 국가정부와 군대파견 국가를 포함한다), 자원을 집중시키고, 분쟁 이후 평화구축과 재건을 위한 통합전략을 자문하고 제안하는 것이다. 자문기관인 평화구축위원회는 자체적인 노력으로 달성할 수 있는 것이 별로 없지만, 유엔 평화구축에 대한 가장 중요한 점은 고전적 평화유지는 쓸모없는 것이고, 평화강제는 항상 어려운 것이고 특정 상황(p. 373의 '인도적 개입은 정당한가?' 참조)에서만 가능하다는 점을 인정하는 것이다. 그러나 평화구축은 유엔의 '보다 강하고' '보다 부드러운' 측면을 포괄하는 종합적인 행위이다. 이 위원회의 평화와 안보를 촉진시키는 노력은 경제와 사회개발을 위한 공약과 융합되어 있다.

경제와 사회개발의 촉진

초기부터 유엔의 창시자들은 경제와 정치적 이슈의 상호연결성을 인정하고 있었다. 이는 대공황의 경제침체와 정치적 극단주의의 등장 및 제2차 세계대전으로 발전된 국제분쟁의 증가 사이에 연관성이 있다는 인식을 반영하였다. 따라서 유엔헌장은 이 기구가 '사회발전과 보다 나은 삶의 기준'을 증진시킬 것이라는 내용을 담았다. 그러나 초기에 경제와 사회이슈에 대한 유엔의 관심은 서유럽과 일본의 전후 재건과 회복 이상을 벗어나지 못했다. 경제와 사회개발의 촉진을 추구하는 방향으로의 전환은 1960년대 이후 모색되었다. 이는 세 가지 요인의 결과였다.

- 첫째, 가장 중요한 요인으로, 탈식민지화의 과정과 확대되어 가는 유엔 내에서 개도국들의 영향력 증대는 세계 부의 불공평한 배분에 관심을 보이도록 하였다. 따라서 유엔 내에서 북부-남부분열(p. 404 참조)이 동서대립의 중요성만큼 부각되었다.

- 둘째, 1980년대 이후 상호의존과 글로벌화의 영향에 대한 인식이 증대되면서, 세계 한쪽 지역의 경제와 사회문제들은 다른 지역에도 영향을 미친다는 점, 그리고 빈곤과 불평등의 패턴은 글로벌경제의 구조와 연결된다는 점에 대한 수용이 점차 이루어졌다.
- 셋째, 평화유지에서 평화구축으로 전환되면서, 내전과 인종대립의 증가는 평화와 안보를 한편으로 하고, 개발, 정의, 인권을 다른 편으로 하는 것들은 분리되는 의제가 아니라는 점이 명확해 졌다.

유엔의 경제와 사회적 책임은 경제사회이사회(ECOSOC)가 프로그램, 기금과 전문기구들을 확충하면서 맡고 있다. 주요 분야들로는 인권(14장에서 논의되었음), 개발과 빈곤감소(16장에서 논의되었음), 환경(17장에서 논의되었음) 등이다. 개발과 관련하여, 글로벌 차원의 개발정책에 책임이 있는 주요 수단은 1965년에 만들어진 유엔개발계획(UNDP)이다. UNDP는 170개 이상의 국가에 진출하여 그 국가들과 함께 글로벌 또는 국가차원의 개발에 도전하는 문제들을 해결하기 위하여 노력을 하고 있다. 또한, UNDP는 개도국들이 원조를 받게 해주고 효과적으로 사용할 수 있게 해 준다. 연례인간개발보고서(HDRs: Annual Human Development Reports)는 핵심적 개발이슈에 초점을 맞추면서, 새로운 측정도구(인간개발지수[HDI: Human Development Index)])를 제공하고, 혁신적인 분석을 수행하는 동시에 논쟁적인 정책제안을 발전시킨다. UNDP는 '인간개발'과 '인간안보'의 관점에 초점을 맞추면서, 빈곤과 궁핍에 대한 혁신적인 사고를 배양시키는 작업을 하고 있다. 1994년 부트로스-갈리(Boutros Boutros-Ghali) 사무총장은 *An Agenda for Development*를 발표하여(이는 2년 전의 *An Agenda for Peace*를 보완한 것이다), 글로벌화의 시대, 그리고 냉전종식의 차원에서 지속가능한 개발(p. 435 참조)을 위한 협력적인 프로그램을 수립하려는 시도를 하였다.

그러나 1990년대 후반까지, 심화되는 글로벌 불평등, 특히 사하라 이남 아프리카의 비참한 상황에 대한 관심은 유엔개발계획의 영향에 대한 열망을 증폭시켰다. 1999년의 인간개발보고서는 세계 가장 부유한 국가들의 상위 5분의 1 인구가 수출거래의 82퍼센트를 차지하고 있으며, 하위 5분의 1은 1퍼센트만을 차지하였다고 보고하였다 (UNDP 1999). 유엔의 개발프로그램을 재활성화시켜야 한다는 희망은 2000년에 새천년개발목표(MDGs: Millennium Development Goals)를 모색하게 하였고, 2015년에는 지속가능발전목표(SDGs)가 발표되었다 (p. 422 참조).

유엔의 미래 : 도전과 개혁

유엔에 대하여 논쟁이 벌어지고 비판이 일고 있는 것은 이상하지 않다. 유엔의 핵심임무가 광범위하고 대담한 것이기 때문에, 기대와 성과 사이에 간격이 있는 것

주요 연표 ┆ 유엔의 발전

- 1948 인권선언(Universal Declaration of Human Rights) 채택.
- 1950 안전보장이사회 한국에서의 군사활동 승인.
- 1950 유엔난민고등판무관(UNHCR: High Commissioner for Refugees) 설치.
- 1953 함마슐트(Dag Hammarskjöld, 스웨덴) 사무총장 취임.
- 1956 수에즈 운하에 첫 유엔 평화유지군 파견.
- 1960 벨기에 지배로부터의 독립과정을 감시하기 위해 유엔의 콩고 평화유지 실시.
- 1961 우 탄트(U Thant, 버마) 사무총장 취임.
- 1964 사이프러스에 유엔 평화유지군 파견.
- 1965 유엔개발프로그램(UNDP) 설치.
- 1968 총회 핵확산금지조약(NPT: Treaty on the Non-Proliferation of Nuclear Weapons) 승인.
- 1971 유엔 안보리 의석에서 중화민국(대만)을 축출하고 중화인민공화국이 차지.
- 1972 제1차 유엔 여성회의를 멕시코시티에서 개최. 국제 여성의 해 출범.
- 1972 발트하임(Kurt Waldheim, 오스트리아) 사무총장 취임.
- 1982 데 케야르(Javier Pérez de Cuéllar, 페루) 사무총장 취임.
- 1990 유엔아동기금(UNICEF) 어린이들을 위한 세계정상회의 개최.
- 1992 부트로스 갈리(Boutros Boutros-Ghali, 이집트) 사무총장 취임.
- 1992 안보리 '평화를 위한 의제(An Agenda for Peace)' 발표. 평화조성, 평화유지, 평화구축을 위한 접근 강조.
- 1997 아난(Kofi Annan, 가나) 사무총장 취임.
- 2000 총회 새천년개발목표(MDGs) 채택.
- 2002 국제형사재판소(ICC) 설립 (p. 391 참조).
- 2005 유엔 평화유지위원회 설립.
- 2007 반기문(한국) 사무총장 취임.
- 2015 총회 MDGs를 대체하는 지속가능발전목표(SDGs) 채택 (p. 422 참조).
- 2017 구테흐스(António Guterres, 포르투갈) 사무총장 취임.

은 불가피하다. 그러나 유엔이 직면한 도전들의 성격은 시간이 흐르면서 변화해 왔다. 21세기가 흘러가면서 유엔은 어떻게 변화할 것인가? 유엔이 행사하는 영향력을 형성하는 주요 요인은 글로벌 차원의 힘의 배분이다. 20세기의 많은 기간 유엔은 냉전 양극체제에 의하여 무력화되었다. 가장 높은 수준의 영향력은 1990년대 초반부터 중반까지 이루어졌는데, 당시 냉전종식 이후 안보리 P5 국가들 사이의 협력이 잠시 동안 가능했다. 그러나 당시 유엔은 유일한 초강대국인 미국에 강하게 의존하지 않을 수 없었는데, 이는 미국의 패권이 유엔을 미국의 적합성에 따라 사용되고 남용되거나 무시될 위험을 초래할 것이라는 우려를 낳았다. 반면, 중국이 부상하고, 인도, 브라질, 남아공 같은 국가들의 영향력이 증대되면서 점차 다극체제 성향으로의 진전은 유엔에도 많은 영향을 미쳤다. 이러한 영향의 본질은 파악하기가 쉽지 않다. 어떠한 견해에 따르면, 글로벌권력이 공평하게 배분되면 다자주의가 발전하게 되고, 이 경우 국가들은 폭력에 대하여 자조적인 방어보다는 유엔에 의하여 추진되는 집단안보에 보다 강하게 의존하게 된다. 다른 견해에 따르면, 다극체제는 분쟁을 증가시키고 불안정을 심화시킬 수 있고, 이 경우 강대국들의 대립에 의하여 국제중재와 협상이 점차 어려워지거나 불가능할 가능성이 있기 때문에 미래 유엔의 역사는 국제연맹의 전철을 밟게 될 수도 있을 것이다. 어떠한 경우든, 글로벌 권력의 변화는 안보리 개혁의 이슈에 대하여 많은 관심을 가지게 할 것이다.

현대의 유엔이 직면하고 있는 안보적 도전의 새로운 이슈는 이전의 것들과는 다르다. 특히 핵 테러의 위협, 국가붕괴의 문제, 전염병의 확산에 기인한 혼란 등이 새로운 개념의 안보 이슈가 되고 있다. 전쟁과 무력분쟁의 성격 변화는 유엔이 평화유지와 평화구축 역할을 수행하는 데 어려움을 주고 있다. 정체성 전쟁의 등장, 인도적 문제, 난민보호 등이 지속가능한 평화를 달성하기 어렵게 하고 있으며, 글로벌정의의 추구와 국가주권의 존중 사이의 긴장이 유엔의 안보적 임무를 더욱 어렵게 만들고 있다. 2000년대의 다르푸르 사례는 해당 정부가 거부하면 평화를 유지하고 인도적인 지원을 하려는 유엔의 개입이 봉쇄당한다는 점을 여실히 보여주었다. 그러나 유엔이 '보호를 위한 책임'을 수용한다면, 개입이 어디서 끝나게 될지를 예견하는 것은 어렵다. 추가적으로 유엔은 활동에 대한 자금 조달 문제에 계속 직면해 있다. 유엔의 평화유지, 개발과 기타 활동들이 확대되고 있지만, 기여를 통하여 유엔의 정책에 영향을 미치려는 주요 기여국들이 재정적 기여를 유지시키는 데 대하여 난색을 표하고 있다. 2019년 10월 회원국들이 미납한 기여금은 13억 달러였는데, 전년도의 미지불금 3억 8,100만 달러에 더해 미국이 그 해의 미해결 예산의 절반(6억 7,400만 달러) 이상을 차지했다. 어떻게 필요한 활동을 줄이지 않으면서 재정문제를 해결할 것인가? 어떻게 재정적 기여와 정책적 영향력 확보의 연결고리를 끊을 것인가?

이러한 문제들 때문에 유엔의 개혁 필요성이 점차 증대되고 있다. 1990년대 후반 코피 아난 사무총장은 유엔의 경제 및 사회의 협력적 구상을 개선하고 다자체제의 규범을 강화하기 위한 광범위한 프로그램을 시작하였다. 그러나 이 과정

글로벌 행위자 유엔

형태	설립	위치	회원국
정부간기구	1945년	뉴욕	193개국

유엔(United Nations)은 국제연맹의 후속기구로 설립되었으며, 50개국이 샌프란시스코에 모여 유엔헌장의 조항들을 합의하였다. 유엔은 5개의 주요 조직을 보유하고 있다.

- 총회
- 안전보장이사회
- 사무국
- 국제사법재판소
- 경제사회이사회

또한, 유엔은 전문기구, 기금, 프로그램들을 보유하고 있는데, 그들은 IMF, 세계은행, 세계보건기구(WHO), UNESCO, UNICEF 등이다.

중요성: 유엔은 독특한 국제적 성격을 가지는 글로벌조직이다. 유엔은 헌장에 기초하여 이론적으로 분야에 제한 없이 모든 활동을 할 수 있다. 유엔이 활동하는 분야는 환경, 난민보호, 재난구호, 대테러, 군축, 인권, 경제와 사회개발 등이다. 그러나 유엔의 핵심 역할은 국제평화와 안보의 유지라는 점이 폭넓게 받아들여지고 있으며, 특히 이 역할은 안보리가 구속력 있는 결의안을 통과시킬 수 있는 능력을 통해서 수행되고 있다. 또한, 이 능력은 결의안을 준수하지 않을 경우 비군사적이고 군사적인 제재를 가할 수 있다는 능력에 의하여 보강되고 있다. 이는 유엔을 국제법(p. 377 참조)의 주요 원천으로 만든다.

냉전 기간에 초강대국의 대립이 안보리를 교착상태로 만들어 유엔은 마비상태를 벗어나기가 어려웠는데, 상임이사국들의 거부권 행사가 그 원인이었다. 또 다른 문제는 유엔이 자체적으로 군대를 보유할 수 없어서, 항상 회원국들이 파견하는 군대에 의존해야 하는 점이다. 따라서 평화와 안보문제에 대한 유엔의 영향력은 극히 제한적이다. 그러나 냉전종식은 유엔이 '신세계질서'를 관장할 수 있는 능력을 보유할 것이라는 낙관주의를 생성시켰다. 유엔은 1991년 이라크를 쿠웨이트로부터 퇴각시키는 미국 주도의 걸프전을 승인하였고, 몇 년 사이에 유엔 평화유지활동이 배로 늘어났고, 평화유지 예산도 4배로 증액되었다. 그러나 탈냉전시대에 보다 효율적인 유엔에 대한 희망은 곧 꺾였다. 그 이유는 동서대립의 긴장에서 벗어난 국가들이 중립적인 다자개입을 수용할 의지를 별로 보이지 않았고, 미국의 재정적이고 군사적인 지원이 줄어들었기 때문이었다. 일부 평화유지(모잠비크와 엘살바도르)와 평화구축(동티모르) 활동이 성공하였지만, 1990년대 중반 르완다와 보스니아에서 대량학살을 방지하지 못했기 때문에 유엔의 명성이 하락하게 되었다.

그럼에도 불구하고 유엔은 특히 개발도상 세계에 '소프트' 파워를 행사하였다. 그 지역에서 유엔은 경제와 사회개발을 주도적으로 지원하는 기구로 인식되었다. 유엔은 글로벌거버넌스에 가장 근접한 형태를 지닌 기구로 인정되고 있으며, 유엔의 틀을 이용하여 평화와 안보, 군축과 비확산, 환경보호, 빈곤감소, 성평등, 긴급구호 등의 국제문제를 해결을 모색하게 되었다. 유엔의 독특한 역할과 도덕적 권위의 관점에서, 만약 유엔이 존재하지 않았다면 새로 만들어져야 할 필요가 있다는 시각에 대해서 동의하지 않는 사람은 거의 없을 것이다. 그러나 유엔은 다양한 종류의 비판을 받고 있다. 가장 비판적인 내용은 유엔이 정통성이 전혀 없고, 민주적이지 못한 원시적 세계정부이며, 시간이 흐르면서 국가주권에 대한 관심도 줄어들었다는 것이다. 다른 사람들은 유엔이 토의하는 사회에 불과하고, 회원국들, 특히 P5가 허용하는 것만 할 수 있다고 비판하였다. 또 다른 비판은 유엔이 너무 관료적이라는 데 초점을 맞추었고, 2003년 '식량을 위한 석유(oil-for-food) 스캔들'(이라크가 석유를 팔아 식량을 구입하도록 유엔이 허가했으나, 부패한 정부관료들이 인도적인 용도로 사용하지 않았기 때문에 발생한 스캔들 – 역자 주) 등 여러 가지 사건으로 유엔의 비효율성과 운영부실이 비판을 받았다.

논 쟁

유엔은 쓸모없고 불필요한가?

유엔은 오랫동안 논쟁의 대상이 되어왔다. 70년 이상 유엔을 구성하고 있는 국가들은 이 기구의 가치와 필요성을 인정하지만, 유엔과 하부기구들에 대한 근본적인 비판이 제기되고 있다.

그 렇 다

원시적인 세계정부. 유엔은 국제체제를 감시하는 초국가 조직으로 만들어졌기 때문에 근본적인 결점을 안고 있다. 특히 세계정부가 되기 위해서 필요한 정통성, 책임, 민주성을 결여하고 있다. 유엔은 민족국가의 문제에 간섭하고 있으며 (국가주권에 대한 지지가 약해지고 있다), 세력균형체제의 작동을 방해하여 평화와 안정을 위태롭게 하고 있다.

무관한 토의사회. 많은 사람들에게 있어서 유엔은 세계문제를 해결하는 데 있어서 비효율적이라는 문제를 안고 있다. 일반적으로 언급되듯이, 유엔이 설립되기 전보다 설립된 이후에 전쟁이 더 많이 발생하였고, 주요 세계문제가 발생하였을 때 유엔은 변방에 머물러 있는 경우가 많았다. 안보리에서 결의안을 통과시키기 어렵기 때문에 무력화되었고, 지역에서 유엔의 활동을 수용하지 않는 경우가 많았으며, 미국의 지지가 부족했다.

도덕적 기준의 결핍. 이 견해에 따르면, 유엔은 설립 시 파시즘에 대항한 전투로부터 비롯된 분명한 도덕적 좌표를 갖고 있었는데, 그것은 인권과 기본적인 자유를 방어하는 것이었다. 그러나 유엔이 확대되고 실질적으로 글로벌조직이 되면서 도덕적 상대주의를 향하여 표류하게 되었다. 독재자에 맞서고 인권침해를 비난하며 대량학살을 방지하기 위하여 개입하는 활동이 현저하게 줄어들었다.

구시대적이고 개혁이 불가능하다. 유엔을 개혁해야 한다는 데에는 대체로 동의하지만, 개혁이 실제로 이루어질지에 대해서는 불분명하다. 안보리의 개혁은 상임이사국들의 거부권 때문에 불가능하다. 유엔은 너무 확대되어 있고, 복잡하며, 중첩되어 있기 때문에 기능이 크게 저하되어 있다. 더욱이 기구를 능률화하려는 시도는 상황을 호전시키기보다는 악화시킬 것이다.

아 니 다

필수불가결한 조직. 결점이 있더라도 가장 중요한 점은 유엔이 있는 세계가 유엔이 없는 세계보다 안전하다는 것이다. 유엔이 모든 전쟁을 방지할 수 없고 모든 분쟁을 해결할 수 없지만, 국제사회가 사용하기로 선택만 한다면 협력을 위한 필수불가결한 협력의 틀을 제공할 수 있다. 완전하지는 않지만, 유엔은 국제적 갈등이 전쟁까지 가지 않고 해결될 수 있도록 하고, 군사분쟁이 발생하더라도 바로 평화조성과 평화구축을 할 수 있게 한다.

평화유지의 성공. 평화유지의 '실패'가 과도하게 공론화되기 때문에 유엔이 효율적으로 평화를 유지하는 이미지가 훼손되고 있다. 대개의 연구는 유엔 평화유지 활동이 성공하지 못한 사례보다 성공한 사례가 많다는 것을 보여준다. 활동의 측면에서 다른 기구들보다 유엔이 더 낫게 기능할 수 있는 분야가 있는데, 여기에는 소규모의 평화유지, 인도적 지원, 선거감시가 포함된다. 다차원적 평화유지로의 전환에서도 유엔이 강점을 지니고 있다.

새로운 의제와 새로운 사고. 유엔은 초기의 임무를 시대에 뒤떨어진 것으로 만들지는 않았지만, 오히려 새로운 글로벌 도전에 새롭게 적응하고 재정의하는 데 성공하고 있다. 유엔은 범세계적으로 경제와 사회개발을 촉진하는 선도 조직으로 발전하였을 뿐만 아니라 새로운 글로벌 이슈의 의제를 형성하는 데 기여하고 있다. 새로운 이슈들은 기후변화, 성평등, 인구조절, 전염병 관리 등이다.

해체보다 개선이 필요. 완전하지는 못하지만, 유엔이 개혁하기 불가능한 조직이라는 주장은 터무니없는 것이다. 최근 평화유지에 대한 활동적이고 전략적인 접근과 인도적 지원은 상당히 향상되었고, 추가적인 개혁도 반드시 이루어질 수 있을 것이다. 예를 들어, 유엔 스스로 활동하기보다는 유엔 산하기구들이 동등한 수준으로 국제적인 정통성을 가지고 활동하게 하고 있다. 또한, 지역기구들과의 관계도 강화되고 있다.

은 완성되지 않았고, 완성하려면 유엔의 더 많은 노력을 필요로 하고 있다. 개혁의 다른 중요한 분야는 평화활동, 개발, 인권문제이다. 2000년의 평화유지에 관한 브라히미 보고서(Brahimi Report on Peacekeeping)는 유엔의 평화활동을 재검토하는 데 기여하였고, 2005년에 유엔 평화구축위원회의 설립배경을 제공하였다. 특히 관심을 가졌던 영역은 유엔이 '신속파견능력'을 갖추는 것인데, 이는 짧은 통고를 받고도 평화유지군을 지구 어느 구석이라도 파견할 수 있는 능력이다. 늦게 파견되면 평화유지군은 상당히 어려운 상황을 맞게 될 가능성이 있다. 유엔의 개발활동이 직면한 주요 개혁의 도전은 어떻게 과다한 유엔의 개발관련 기구들의 협조를 향상시키고 중첩과 모방을 줄이는가 하는 문제이다. 하나로 뭉쳐서 활동하자는 공감대는 이루어지고 있지만, 효율성을 높이고 행정비용을 줄이기 위한 실제적인 실현은 아직 달성이 어려운 상황이다. 인권과 관련하여, 유엔은 국제인권 입법기구를 설치하고, 글로벌 인권규범에 따라 감시하고 보고하는 조직들을 만들어 내는 데 성공하였다. 그러나 유엔 내에서 그리고 유엔을 통하여 활동하는 데 있어서 다양한 이익이 존재하기 때문에 이 조직들이 강력하게 활동하는 것은 쉽지가 않다. 많은 비판을 받았던 인권위원회(Commission on Human Rights)는 인권이사회(Human Rights Council)로 변경되었지만, 2009년 스리랑카가 타밀호랑이에 대항해 내전을 수행한 데 대하여 비판을 하지 못한 점은 심각한 인권침해의 경우에도 제재를 피해 갈 수 있다는 점을 보여줬다.

요약

- 국제기구는 공식적인 절차를 가진 조직이며, 셋 또는 그 이상의 회원국을 보유하고 있다. 국제기구는 국가들이 이익을 추구하는 수단이고, 토론의 장을 마련해 주며, 행위자들이 글로벌적 결과를 산출해 낼 수 있는 조직으로 생각된다.
- 국제기구는 다양한 요인들의 조합에 의하여 설립된다. 이 요인들은 정책결정자들로 하여금 국제협력이 공동이익을 충족시켜 준다고 믿게 하는 국가 사이의 상호의존성의 존재, 그리고 국제기구를 설립하고 유지하는 비용을 기꺼이 부담할 수 있는 패권국의 존재 등이다.
- 유엔은 현재까지 설립된 기구들 중에 유일하게 진정한 글로벌한 조직이다. 그러나 유엔은 혼성의 조직인데, 한편으로는 강대국 권력정치의 현실을 수용하기 위한 대립적 구성의 측면이 있고, 다른 한편 회원국들의 주권평등을 인정해야 한다. 이는 사실상 유엔을 두 방향으로 끌어당긴다.
- 유엔의 주요 목적은 국제평화와 안보를 유지하는 것이고, 이에 대한 책임은 안전보장이사회가 맡고 있다. 그러나 이러한 역할을 수행하는 데 있어서 제한 요인이 있는데, 그것은 P5의 거부권과 독립된 군사력의 부재이다. 평화유지 분야에서 유엔의 엇갈린 성과는 오히려 평화구축 과정에 대한 강조로 이어지고 있다.
- 유엔의 경제와 사회적 책임은 복잡하게 확대된 프로그램, 기금과 전문기구들이 맡고 있다. 이들이 다루는 주요 분야는 인권, 개발, 빈곤감소, 환경 등이다. 이러한 분야의 확대는 특히 개발도상 세계에 대한 유엔의 강력한 지지를 확립해 주고 있다.

- 유엔은 개혁을 위한 중요한 도전과 압력을 받고 있다. 특히 글로벌권력이 점차 다극체제로 전환되고 있다는 점, 안보리의 구성과 권력에 대한 비판, 유엔의 재정과 조직의 문제점 등에 의한 개혁이 요구되고 있다.

토의주제 ?

- 국제기구는 국가와 어떻게 다른가?
- 국제기구와 글로벌거버넌스는 어떻게 연결되는가?
- 국제기구는 단순히 다른 방식으로 국가이익을 추구하는 메커니즘인가?
- 국제기구를 설립하는 데 패권국이 필요한가?
- 국제기구는 어느 정도로 이념적인 구성체인가?
- 왜 유엔은 국제연맹보다 성공적인가?
- 안보리 개혁이 왜 그렇게 어려운가?
- 왜 유엔은 집단안보체제를 수립하는 데 제한적인 성공을 했는가?
- 어떻게 그리고 왜 유엔의 평화유지에 대한 접근이 이루어졌는가?
- 유엔이 경제적이고 사회적인 책임을 수행하는 데 있어서 얼마나 효율적인가?

추가 읽을거리

Armstrong, D., L. Lloyd and J. Redmond, *International Organization in World Politics* (2004). 특히 유엔의 발전을 강조하는 현대 국제기구의 역사에 대한 입문서.

Gareis, S. B., *The United Nations: An Introduction* (2012). 유엔, 유엔의 구조와 업무, 영향, 그리고 가능성 있는 역할과 미래 전망에 대한 간결한 분석.

Rittberger, V., B. Zangl, and A. Kruck, *International Organization, 3rd edition* (2019). 국제기구의 진화, 구조, 정책에 대한 체계적인 이론적, 실증적 소개.

Weiss, T. G., *What's Wrong with the United Nations (and How to Fix It)* (2009). 유엔의 결점과 이의 치유책에 대한 발전적인 연구.

글로벌거버넌스

출처: *FABRICE COFFRINI/Getty Images*

개요

1990년대부터 글로벌거버넌스의 개념은 글로벌화, 국가, 그리고 세계질서에 관한 논쟁의 중심이 되었다. 냉전종식 이후 일반적인 국제기구, 특정적으로는 유엔에 대한 기대가 증대되고 있다. 글로벌화의 가속화는 세계경제의 추세와 세계경제를 규제하는 제도적 틀 사이에 대한 논의를 불러 일으켰다. 그리고 개별국가의 능력을 가지고 스스로 해결하기에 어려운 수많은 범세계적 문제들이 존재한다는 점이 일반적으로 인정되고 있다. 그러나 베스트팔렌 세계의 주권국가들과 세계정부라는 매혹적인 아이디어 사이에 존재하는 글로벌거버넌스는 분석하고 평가하기가 무척 어렵다. 어떻게 하면 글로벌거버넌스가 잘 이해될 수 있을까? 글로벌거버넌스는 실제로 존재하는가, 아니면 단순히 열망에 불과한 것인가? 글로벌거버넌스가 가장 발전되는 무대는 경제정책결정 분야이다. 이는 1944년 브레튼우즈협정으로부터 시작되었는데, 그 목적은 IMF, 세계은행, GATT(나중에 세계무역기구로 대체됨) 등 세 가지 새로운 기구를 설립하여 전후 국제경제질서를 위한 구조를 수립하기 위한 것이었다. 이 세 기구는 '브레튼우즈체제'로 불렸다. 이 체제는 시간이 흐르면서 현격히 진화하여, 세계경제가 가하는 압력의 변화에 적응해 나갔다. 유럽의 전후 재건과 이후 제3세계의 개발에 대한 관심을 거치면서 핵심 기구들은 1970년대 이후에 심층적 논쟁의 대상이 되었고, 그들은 경제자유화의 의제로 전환되었으며, 신자유주의적 글로벌화의 힘에 연결되었다. 브레튼우즈체제의 설립에는 어떠한 요인들이 작용했으며, 이후 그 임무는 어떻게 변화하였는가? 브레튼우즈 제도는 선한 힘이었는가 또는 악한 힘이었는가? 그리고 글로벌경제 거버넌스의 어떤 대안적 메커니즘이 있는가?

핵심이슈

- 글로벌거버넌스는 무엇인가?
- 글로벌거버넌스는 신화인가 현실인가?
- 어떻게 그리고 왜 브레튼우즈체제가 만들어졌는가?
- 어떻게 브레튼우즈체제가 경제자유화로 전환되었는가?
- 왜 브레튼우즈체제는 그렇게 많은 비판을 받았는가?
- 2007-9년의 글로벌 금융위기는 우리들에게 글로벌경제 거버넌스의 필요성에 대하여 무엇을 말하고 있는가?
- 글로벌거버넌스에 대한 대안이 있다면 무엇인가?

■ 역자 주

글로벌거버넌스에 대한 국내 참고 서적으로는 다음을 참조할 것. Thomas G. Weiss 외 지음, 이유진 옮김, 『글로벌거버넌스: 도전과 과제』 (명인문화사, 2023).

글로벌거버넌스

글로벌거버넌스는 '오늘날 세계의 다양한 수준에 존재하는 거버넌스와 관련된 공식적이고 비공식적인 행동, 규칙, 메커니즘의 집합'으로 표현된다 (Karns and Mingst 2009). 따라서 글로벌거버넌스는 문제해결을 위한 다양한 조치들을 의미하며, 이 조치들의 공통적 성격은 '정부'에 의하여 추진되는 것과 달리 사회생활의 '협력적' 관점에서 '거버넌스'(p. 166 참조)를 제공한다는 것이며, 이는 집행을 위한 결정체계를 통하여 작동되는 질서 있는 규칙을 의미한다. 냉전종식 이후에 이러한 조치들은 점차 글로벌정치의 특징이 되어 가고 있으며, 특히 글로벌화 과정에 대응을 하거나 또는 어느 정도 그 과정을 형성하는 시도에 기여를 하기도 한다. 실제로 글로벌거버넌스는 단순하게 정의를 내리거나 설명을 할 수 없는 복합적인 현상이다. 우선 글로벌거버넌스는 대체로 국제기구와 혼동되며, 때로는 현존하는 국제기구를 묘사하는 집단적 개념으로 사용되기도 한다. 비록 글로벌거버넌스와 국제기구는 동의어는 아니지만, 글로벌거버넌스가 등장하게 된 중요한 배경은 국제기구의 수와 중요성이 증대된 측면과 관련된다. 더욱이 주권을 포기하지 않고 국가들이 협력하는 과정의 집합으로서 글로벌거버넌스는 범주화하기 어려운 현상이다. 그러면 글로벌거버넌스는 세계정치의 다른 모델들과 어떻게 구분할 수 있는가?

어떤 것이 글로벌거버넌스이고, 어떤 것이 아닌가

글로벌거버넌스는 글로벌 수준에서 상호작용하는 정책결정의 광범위하고 역동적이며 복합적인 과정으로 이해될 수 있다. 이는 무슨 의미인가? 글로벌거버넌스의 특성은 무엇인가? 글로벌거버넌스를 정의하는 가장 좋은 방식은 글로벌거버넌스와 세계정치의 다른 형태 사이의 유사점과 차이점을 비교하는 것이다.

- 국제 무정부상태
- 글로벌 패권
- 세계정부

국제 무정부상태

국제 무정부상태는 국제정치를 이해하기 위한 고전모델이었으며, 그 기원은 17세기 베스트팔렌 국가체제의 등장으로 거슬러 올라간다 (제2장 참조). 또한, 이는 현실주의이론의 핵심적인 가설들 중의 하나이다. 이 관점에 따르면, 국제체제의 중심적 특징은 국가들의 행위를 규제할 수 있는 초국가적 권위체가 '결여'되어 있다는 것이다. 따라서 국가는 주권적 존재이며, 생존과 안보는 자조(自助, self-help)에 의존하지 않을 수 없다. 궁극적으로 국제체제는 역동적이고 갈등적이 되는 경향이 있으며, 특히 이는 안보딜레마(p. 68 참조)에 의하여 생성되는 불안과 불확실성의 결과이다. 그러나 국제 무정부상태는 반드시 끝없는 혼란과 무질서의 성격만 가지는 것은 아니다. 오히려 평화와 상대적인 질서유지의 기간이 있을 수 있으며, 국가들로 하여금 공격적 욕망을 자제하게 하는 세력균형(p. 302 참조)이 이루어지는 경우도 있다. 더욱이 국가들이 힘을 최대화(정복과 팽창을 통한 이득)하기보다는 안보를 최대화(전쟁의 기피)하기 때문에 전쟁의 가능성이 줄어든다 (p. 278의 '공격적 또는 방어적 현실주의?' 참조).

국제 무정부상태는 아직도 지배적인가? 이 모델의 주된 약점은 1945년 이후 세계 도처의 국가들이 국제기구의 도움을 받아 지속되는 협력적 행태를 보이고 있다는 점이다. 그러한 협력적 행태는 신뢰와 상호성의 수준을 향상시키는 규범과 규칙에 기초하고 있다. 예를 들어, 유럽연합에 의하여 달성된 국제협력의 수준은 현실주의이론의 가설들을 무력화한다. 따라서 국제체제는 국제사회로 발전하였고, 이는 국제 무정부상태가 불(Hedley Bull [1977] 2012)이 언급한 '무정부사회(anarchical society)'로 발전했다는 의미라는 주장이 대두되고 있다. 그러나 자조와 권력정치가 모두 사라진 것은 아니다. 예를 들어, 중동과 관련된 국제관계는 아직도 세력균형의 개념에 의하여 가장 잘 이해되고 있으며, 9/11 테러사건은 전통적인 지정학(p. 450 참조)으로의 회귀로 폭 넓게 해석되고 있다. 더욱이 현실주의 이론가들은 국제질서가 권력정치 논리를 초월하는 방향으로 수립될 수 있다는 관념에 도전하고 있다.

> **개 념**
>
> **글로벌거버넌스**
>
> 글로벌거버넌스(global governance)는 글로벌 수준에서 상호작용하는 정책결정의 광범위하고 역동적이며 복합적인 과정이며, 공식적이고 비공식적인 메커니즘과 더불어 정부적이고 비정부적인 조직을 포함한다. 국가와 정부는 공공이익과 글로벌공동체의 이익을 형성하는 주된 기관이지만, 글로벌거버넌스는 정부간 또는 초국가적 조직들을 포함한다. 글로벌정책은 수평적이고 수직적으로 상호작용하는 시스템에 의하여 만들어지고, 이 시스템에서 정부의 부처들은 다른 국가들의 상대 부처뿐만 아니라 정부 밖의 행동가, 과학자, 은행가 등과 함께 업무를 수행한다. '글로벌거버넌스'의 개념은 때때로 이러한 상호작용이 이루어지는 기구들을 의미하는 편협성을 지니기도 한다.

글로벌 패권

현실주의자들은 국가 사이의 위계질서가 있다는 측면에서 조직력이 국가체계에 적용이 된다는 점을 항상 인정한다. 국가들이 주권 관할권을 보유한다는 점에서는 공식적으로 동등하지만, 자원과 능력에 있어서는 동등하지 않다. 따라서 강대

개 념

세계정부

세계정부(world government)는 모든 인류가 하나의 공통된 정치 권위체하에 통합되어야 한다는 아이디어다. 세계정부의 개념은 입법권과 집행권을 보유한 초국가적 기구에 권위를 집중시키는 중앙화에 기초하고 있다. 세계정부에는 매우 다른 두 가지 모델이 있다. 단일(unitary) 모델에서, '국제도시(cosmopolis)' 또는 세계국가는 무력의 정당한 사용을 독점하고 확고한 위계적 세계질서를 수립한다. 연방(federal) 모델에서 중앙 권위체는 법치와 질서유지에 기반을 둔 자율적 권위를 보유하고, 구성 단위체(지방정부)들은 지방과 국내문제에 대한 관할권을 가진다.

국들은 특히 제국주의를 통하여 자신들의 의지를 약소국에 부과한다. 글로벌 패권의 개념은 한 단계 떨어진 '위로부터' 부과된 국제질서의 관념을 받아들인다. 패권국은 탁월한 군사적, 경제적, 이념적 자원을 보유하고, 지역(지역패권) 또는 범세계(글로벌 패권)에 자국의 의지를 부과할 수 있는 국가이다. 이러한 극히 비대칭적인 권력배분은 적대감과 불만을 야기할 수도 있지만, 통상적으로 약소국들은 안보와 다른 보상을 받기 위하여 '편승(bandwagon)'을 한다. 따라서 글로벌 패권국이 안정된 금융체계, 신뢰할 수 있는 국제통화, 지역 및 기타 분쟁 등을 해결할 수 있는 '세계 경찰'의 역할 등 공공재를 제공할 수 있을 때 글로벌 패권은 국제질서와 부합된다.

많은 사람들은 패권이 현대의 글로벌정치를 이해할 수 있는 열쇠를 제공한다고 주장한다. 1945년 서반구의 패권국으로서 영국을 대체한 미국은 냉전종식과 소련의 붕괴의 결과 글로벌 패권국이 되었다. 이 견해에 따르면, 1945년 이후 국제기구의 성장은 국가들이 협력하려는 의지는 반영하는 것이라기보다는 미국의 '구조적' 힘을 모으는 능력을 더 표현하는 것이다. 그러나 비록 미국이 글로벌거버넌스의 주도적 기구(유엔, 세계은행, 국제통화기금, 세계무역기구)를 설립하는 데 중추적 역할을 하였고, 유럽통합 과정에 계속 힘을 불어넣어 주었지만, 국제기구들이 오로지 미국이 국익을 추구하는 데 사용하는 메커니즘에 불과하다는 것은 너무 단순한 주장이다. 예를 들어, 미국은 때때로 유엔과 불편한 관계를 가진다. 더욱이 제10장에서 언급한 바와 같이 다극적 세계질서의 등장에 따라 미국의 글로벌 지배, 그리고 글로벌거버넌스 기구들에 대한 리더십은 점차 사라져 가고 있다.

세계정부

여기서 논의되는 글로벌정치의 모든 모델들 중에서 세계정부가 현대 글로벌시스템의 구조와 과정에 가장 적게 부합된다. 글로벌거버넌스는 세계정부가 없는 상황에서 이루어지는 국제협력으로 표현되기도 한다. 실제로 세계정부의 아이디어는 명백하게 구시대적인 것이다. 그러나 반드시 그런 것은 아니다. 세계정부의 개념은 국제관계 사상사에 나타나고 있으며, 고대 그리스와 로마의 제논과 마르크스 아우렐리우스까지 거슬러 올라간다. 그로티우스(Hugo Grotius, p. 378 참조)는 모든 국민과 모든 민족을 구속하는 법체계를 옹호하는 주장을 하였고, 칸트(Immanuel Kant, p. 18 참조)는 '영구적 평화'가 보편적 우호를 바탕으로 한 자유로운 국가들의 연방을 통해서 가능하다고 강조하였다 (그러나 이는 단순히 세계정부의 계획을 의미하는 것은 아니었다). 국제연맹(1919-46)과 유엔의 설립 정신은 세계정부의 이상을 포함하고 있었으며, 연방 형태의 세계정부는 아인슈타인(Albert Einstein, 1879-1955), 처칠(Winston Churchill, 1874-1965), 러셀(Bertrand Russell, 1872-1970), 간디(Mahatma Gandhi, p. 307 참조) 등이

지지하였다. 세계정부 아이디어의 논리는 고전적인 자유주의가 국가를 정당화한 것과 같은 사회계약론이었다. 서로 다른 이해관계를 가진 개인들의 질서와 안정을 확립하는 유일한 수단이 주권국가의 수립인 것처럼, 이기적인 국가들 사이의 분쟁을 방지하는 유일한 수단은 강력한 세계 권력을 수립하는 것이다 (Yunker 2007). 그러나 이러한 기대는 대체로 비현실적이고 바람직하지 않을 것으로 간주되고 있다.

국가들 또는 국민들이 자신들의 주권을 글로벌국가 또는 세계연방에 포기할지의 징후가 보이지 않기 때문에 세계정부는 비현실적이다. 유럽이라는 한 대륙의 경우만 보더라도, 초국가적 정치적 정체성의 등장은 초국가적 제도 구축보다 항상 뒤처질 가능성이 있다. 이는 만약 세계정부가 설립된다면, 세계제국(아마도 로마제국과 유사한 형태), 즉 글로벌 패권의 극단적이고 제도화된 행태가 될 가능성이 있다는 점을 의미한다. 세계정부는 적어도 네 가지 이유로 바람직하지 않은 것으로 인식되고 있다.

1. 세계정부는 견제되지 않고, 견제할 수 없는 권력을 생성시킬 것이고, 이에 따라 글로벌독재가 이루어질 것이다.
2. 문화, 언어, 종교 등의 차이 때문에 지역 차원의 정치적 충성도가 글로벌 차원보다 강력해질 것이다.
3. 세계정부체제 내에서 민주적 책임이 얼마나 효율적으로 이루어질지를 예상하기가 어렵다.
4. 다수의 자유주의 이론가들은 세계정부 아이디어를 포기했는데, 그 이유는 글로벌거버넌스의 성공과 세계주의(cosmopolitanism)의 확산은 글로벌국가가 없어도 전쟁, 글로벌빈곤, 환경파괴 같은 문제들에 대응할 수 있다는 점을 보여주기 때문이다.

그러나 비록 현재 세계정부는 의미 있는 정치적 프로젝트가 되기 어려울 것이라는 공감대는 형성되고 있지만, 세계정부를 옹호하는 초국가주의 원칙의 중요성이 부각되는 것은 사실이다. 예를 들어, 초국가적 권위체로 인식되고 있는 유엔안전보장이사회(헌장 25조에 포함된 평화와 안보 문제와 관련된 권한을 통하여), 국제사법재판소, 국제형사재판소, EU의 일부 기구(p. 542) 등은 적어도 세계정부의 특성을 지니고 있다.

글로벌거버넌스의 형태

세계정부가 매혹적이지 않은 것은 아니지만 구시대적인 것으로 인식되고 있는 상황에서, 글로벌거버넌스에 대한 대안적인 관심이 늘어나고 있다. 글로벌거버넌스는 연구의 대상이라기보다는 연구 '분야'이다. 글로벌거버넌스는 특정 제도들

> **개 념**
>
> **초국가주의**
>
> 초국가주의(supranationalism)는 민족국가보다 상위에 권위체가 존재한다는 의미이고, 이 상위 권위체는 자신의 의지를 국가에 부과할 수 있는 능력을 보유하고 있다. 따라서 초국가주의는 주권과 의사결정 권위를 구성국가들로부터 국제기구 또는 지역기구로 전환시킨다. 이는 국제연방의 수립을 통해서 이루어지고, 그 내부에서 주권은 중앙조직과 하위조직이 공유하는데, 이는 연합주권의 과정이다. 초국가주의의 발전은 글로벌정치 내에서 이루어지는 일반적인 통합 방향의 한 부분으로 인식된다. 그러나 초국가주의를 비판하는 사람들, 특히 현실주의자들은 초국가주의가 주권뿐만 아니라 국가정체성과 민주주의에 위협이 되고, 심지어는 세계정부의 시작이 될 수도 있다고 주장한다.

이나 식별가능한 행위자들과 연관될 수 있지만, 기본적으로 과정 또는 과정의 복합체이다. 단순하게 말해서 글로벌거버넌스는 중앙정부가 없는 상황에서 글로벌 정책의 관리체계이다. 이에 따라 글로벌거버넌스는 지속적인 협력의 수준을 포함하고 자조체제에서는 불가능한 집단행위를 선호한다는 측면에서 국제 무정부상태와 다르다. 글로벌거버넌스체제에서 국가들은 자발적으로 협력하고, 그렇게 하는 것이 자신들의 이익이라는 점을 인정한다. 따라서 글로벌거버넌스는 다양한 정책분야에서 국가가 직면하는 문제를 개별국가로서는 효율적으로 해결하기 어렵다는 점을 국가들이 수용하면서 시작된다. 글로벌거버넌스는 글로벌 패권 및 세계정부와 다른데, 그 이유는 이들이 초국가적 권위체의 존재를 전제조건으로 하기 때문이다. 따라서 글로벌거버넌스는 '무정부상태하의 협력'체계로 표현된다 (Oye 1986). 결국 글로벌거버넌스는 국제 무정부상태가 세계정부나 세계 패권적 질서 없이 극복될 수 있다는 점을 의미한다 (표 20.1 참조). 글로벌거버넌스의 핵심적 특징들은 아래와 같다.

- '다중심주의(polycentrism)' – 현대 글로벌거버넌스체제 내에서 유엔의 광범위한 역할에도 불구하고, 글로벌거버넌스는 단일적이라기보다는 다자적이며, 이슈 영역에 따라 다른 제도적 틀과 의사결정 메커니즘을 보유한다.
- '정부간주의' – 글로벌거버넌스 내에서 국가와 국가의 정부들은 상당한 영향력을 보유하는데, 이는 국제기구가 합의에 의한 의사결정을 지향하고 약한 집행력을 가진다는 의미이다.
- '다양한 행위자들의 참여' – 국가와 국제기구에 더하여, 글로벌거버넌스는 NGO, 초국적기업, 기타 글로벌 시민사회의 기관들을 포함하고 있다. 글로벌거버넌스에서 공적/사적 구분이 희미하다는 점은, 국내정치에서 국가와 시민사회 사이의 구분이 글로벌 의사결정 과정에는 결여되어 있다는 점을 보여준다.
- '다층(multilevel) 과정' – 글로벌거버넌스는 다양한 층(도시, 지방, 국가, 지역, 글로벌)의 단체들과 기구들 사이의 상호행위를 통하여 작동되고, 어떠한 층도 다른 층을 지배할 수 없다.
- '탈공식화(deformalization)' – 글로벌거버넌스는 공식적이고 법적으로 구성된

표 20.1 글로벌정치의 대립적 모델

	초국가적 권위체 없음	초국가적 권위체
구속적 규범과 규칙 없음	국제 무정부상태	글로벌 패권
구속적 규범과 규칙 있음	글로벌거버넌스	세계정부

출처: Adapted from Rittberger et al. (2019)

조직보다는 규범에 기반을 둔 비공식적 국제레짐(p. 77 참조)을 통하여 작동되는 경향이 있다.

글로벌거버넌스: 신화 또는 현실?

현대의 세계정치는 글로벌거버넌스체제의 특징에 어느 정도로 적합한가? 특히 자유주의 이론가들은 글로벌거버넌스를 선호하는 명백하고 불가역적인 경향이 있다고 주장한다. 국제기구의 성장은 국가들이 집단행위에 협력하고 참여하겠다는 의지를 가졌다는 근거를 제공하고, 규칙을 준수하는 행위를 하여 국가들 사이의 신뢰를 강화하면서 협력을 진행해 나갈 것이라는 점을 보여준다. 글로벌거버넌스가 글로벌화에 밀접하게 연결되어 있다는 점에서, 글로벌거버넌스가 한번 수립되면 상호의존성과 상호연결성을 향한 추세는 역전되기 어렵게 된다. 이는 국제이주와 글로벌테러로부터 초국가적인 범죄조직과 글로벌 팬데믹에 이르기까지 다양한 발전에 의해 입증된다. 그러나 세계 전체에서 질서가 유지되고 규범에 의한 통치가 이루어지고 있다고 과장해서는 안된다. 완성된 글로벌거버넌스체제보다는 글로벌거버넌스 '과정'이 등장하고 있다고 언급하는 것이 보다 적절하다. 더욱이 글로벌거버넌스의 규범과 규칙은 세계의 지역마다 더 잘 수립되는 지역이 있고 못한 지역이 있다. 예를 들어, 쿠퍼(Cooper 2004)가 묘사한 바와 같이, 유럽이 주권을 모으고 세력균형 정치를 타파하는 데 성공하였다는 점에서 소위 '포스트모던' 세계의 중심이다. 그러나 유럽은 예외적인 사례이고, '불량'국가와 천민국가가 존재하는 것처럼 세계에는 국제규범과 규칙의 영향을 거의 받지 못하는 지역이 있다.

정부간주의

정부간주의(intergovernmentalism)는 독립된 주권에 기반을 두어 활동하는 국가들 사이의 상호작용을 의미한다. 따라서 정부간주의는 초국가주의와 대비된다. 정부간주의의 가장 공통적인 형태는 조약 또는 동맹이고, 가장 단순한 형태는 양자협정이다. 정부간주의의 또 다른 주요 형태는 석유수출국기구(OPEC), 경제협력개발기구(OECD) 같은 연맹이나 연합이다. 이러한 조직에서 핵심적으로 국가에 중요한 문제에 대하여 각 회원국이 거부권을 가지는 만장일치 의사결정 과정을 통하여 국가주권이 보존된다.

글로벌경제 거버넌스: 브레튼우즈체제의 전개

글로벌거버넌스를 향한 추세는 경제정책결정의 영역에 있어서 특히 뚜렷하다. 그 이유는 경제가 국가들 사이의 상호의존이 가장 분명하게 나타나는 분야이고, 국제협력의 실패에 의하여 가장 분명한 피해를 보는 분야이기 때문이다. 1945년 이후 다자협정, 공식제도와 비공식 네트워크의 두터운 망을 통하여 글로벌경제 거버넌스체제가 들어섰다. 그 중에 가장 중요한 제도는 제2차 세계대전 종료 직전에 협상된 브레튼우즈협정이었다. 이 협정의 주요 목적은 경제적 불안정, 특히 양차 대전 사이의 혼란기로 돌아가지 않는 것이었다. 이러한 요인에 특히 관심을 가졌던 이유는 실업과 경제적 불안정이 파시즘의 등장을 가져왔고, 제2차 세계대전으로 이어졌기 때문이다 (제2장에서 논의되었음). 1930년대의 대공황이 주는 교훈은 소위 '이웃 궁핍화(beggar-thy-neighbour)' 정책인 보호주의는 경제적으로 자멸적인 것이고 정치적으로 위험한 것이라는 점을 인식하게 한 것이었다. 그러

보호주의(Protectionism): 국내 산업을 보호할 목적으로 관세, 쿼터와 다른 수단을 사용하여 수입을 제한하는 것.

나 그러한 추세는 규범, 규칙, 이해의 틀이 수립되어 국가들이 경제문제에 대하여 협력하면 극복될 수 있다.

브레튼우즈체제의 수립

1944년 8월 미국과 영국 이외에 42개국이 뉴햄프셔주 작은 휴양도시인 브레튼우즈(Bretton Woods)에서 만나 유엔 통화금융회의(Monetary and Financial Conference)를 개최하고, 전후 국제금융통화체제를 만들기 위한 논의를 하였다. 브레튼우즈 과정의 가장 괄목할만한 결과는 집합적으로 '브레튼우즈체제'로 알려진 3개의 조직을 적낭한 절차를 거쳐서 설립하기로 결정한 것이다. 이 조직들은 아래와 같다.

- 국제통화기금(IMF). 1947년 3월에 설립되었다.
- 국제부흥개발은행(IBRD). 세계은행으로 더 잘 알려져 있고, 1946년 6월에 설립되었다.
- 유엔 무역고용회의에 의해 1948년 1월에 실질적으로 만들어진 관세 및 무역에 관한 일반협정(GATT). 대체로 GATT는 브레튼우즈체제의 한 부분으로 인식되고 1995년 세계무역기구(WTO)로 대체되었다.

브레튼우즈체제의 중심에는 IMF의 감독을 받는 새로운 통화질서가 들어서면서 안정된 환율의 유지를 모색하였다. 미국 달러의 가치에 모든 화폐들을 고정시켜 미국의 달러를 '기축통화'로 인정하고, 금과 달러의 교환비율을 1온스당 35달러로 정하였다. 세계은행과 GATT는 새로운 통화질서를 보완하여 각기 새로운 국제금융질서와 새로운 국제무역질서를 확립하였다. 세계은행의 주요 임무는 재건과 개발이 필요한 국가들에게 대출을 해 주는 것이고, 국제기구이기보다는 다자협정으로써 존재하는 GATT의 임무는 관세장벽을 낮추어 자유무역의 동기를 마련하는 것이었다. 이 기구들은 미래 국가 사이의 경제관계를 인도할 규범과 규칙의 틀에 기초한 초보적인 글로벌경제 거버넌스를 구축하였다.

브레튼우즈협정은 1945년 이후 두드러지게 나타난 다자주의의 분명한 사례다. 그러나 브레튼우즈를 단순히 다자주의와 상호이익의 인식으로 묘사하는 것은 잘못된 것이다. 이는 제2차 세계대전 이후 세계의 가장 지배적인 군사와 경제강국으로 등장한 미국의 중요한 역할을 무시하는 말이다. 그 회의는 미국 땅에서 미국에 의하여 주도되었고, 미국이 협상과정에서 주도적 역할을 하면서 핵심 결과에 영향을 미쳤다. 미국이 우선적으로 중요하게 생각하는 사항은 두 가지였다. 첫째, 전쟁으로 가는 과정에서 그리고 전쟁 기간에 재무장과 수출증대를 통한 산업의 대규모 증대는 이전 루스벨트의 뉴딜정책이 이루지 못한 완전고용을 이룩해냈는데, 미국은 전후에도 국내 성장수준을 유지시키기 위한 조치가 필요했다. 이

환율(Exchange rate): 어떤 화폐가 다른 화폐와 교환되는 비율.

자유무역(Free trade): 관세 또는 다른 종류의 보호주의에 의하여 제한되지 않는 국가들 사이의 무역체계.

는 개방적이고 안정된 국제경제체제의 수립을 요구하였다. 둘째, 미국의 생각은 소련의 위협에 대한 인식과 공산주의의 확산을 봉쇄할 필요성에 의하여 형성되었다. 이는 미국으로 하여금 전쟁으로 폐허가 된 유럽, 그리고 시간이 흐르면서 패전국인 독일과 일본을 재건설하는 방안을 추구하게 하였다.

그러면 브레튼우즈체제에는 어떠한 사상이 숨겨져 있는가? 브레튼우즈는 개방적이고 경쟁적인 국제경제를 지향하는 자유주의 경제이론을 지지하여 설립된 것이 분명하다. 그러나 국제경제를 '감시'하고 안정을 확립하기 위하여 제도적 장치가 마련되어야 한다는 점은 고전적 정치경제와 자유방임주의(laissez-faire, p. 141 참조)에 대한 깊은 의구심을 반영한 것이었다. 고전적 정치경제의 핵심 아이디어는 규제되지 않는 시장경쟁이 장기적인 균형을 조성한다는 것이었다. 따라서 경제는 정부에 의해 홀로 남겨질 때 가장 잘 작동이 되는데 이는 국가적 차원뿐만 아니라 국제적 차원에도 적용된다는 것이었다 (p. 127의 '신자유주의' 참조). 그러나 브레튼우즈는 규제받지 않는 국제경제는 본질적으로 불안정하고 위기를 조성한다는 우려에 의하여 형성되었으며, 대공황(Great Depression)이 대표적 사례이다. 케인스(John M. Keynes, p. 142 참조)의 아이디어를 원용하면 시장은 '관리'되어야 한다. 국내정치에서 이러한 사상의 확산에 따라 전후기간에 모든 산업화된 국가들이 케인스의 경제관리 기술을 점차 채택하게 되었다. 이에 따라 성장을 도모하고 낮은 실업률을 유지시켜 주는 재정정책(정부예산과 세금)이 추진되었다. 브레튼우즈는 국제경제에 대한 케인스식 규제 틀을 수립한 것이다. 이는 시장경쟁의 제한된 이득만을 인정하기 때문에 '순수한' 자유주의와 반대되는 **내재적 자유주의**(embedded liberalism)로 표현된다 (Ruggie 1998).

그러나 브레튼우즈에서 합의된 제도적 틀의 정확한 형태는 미국의 우선순위와 관심에 의하여 형성되었다. 특히 브레튼우즈에 영국 대표단장으로 참석한 케인스의 국제통화와 금융정책의 급진적 변화에 대한 제안이 거부된 점이 미국의 영향력을 보여주는 사례였다. 'IMF의 지적 대부(intellectual godfather)'로 잘못 불리게 된 케인스는 방코르(bancor)라는 독자화폐를 발행하는 국제청산연맹(International Clearing Union)이라는 글로벌은행의 설립을 제안하였다. 청산연맹이 채권국과 채무국에 각기 조건을 제시하여 그들 사이의 **교역조건**을 영구적으로 변경시킬 수 있는 권한을 청산연맹에 부여한다는 내용이 케인스의 제안의 급진적 성격을 나타냈다. 무역수지 흑자를 누리는 국가들은 자국 통화의 가치를 올려서 수입을 증가시키고 수출 경쟁력을 약화시켜야 할 것이다. 또한, 케인스는 자본이 무역적자 상태의 국가로 흘러 들어가게 해서 성장을 고무하고 수출품의 가치를 높이도록 해야 한다는 제안을 하였다. 세계 최대 채권국인 미국이 보다 평등한 국제경제 질서를 수립하자는 제안을 거부함에 따라 성공적인 수출국이 축적하는 흑자를 제한할 수 없게 되었고, **국제수지**의 적자에 대한 책임은 부채국가가

 개 념

다자주의

다자주의(multilateralism)는 셋 또는 그 이상의 국가들이 행위의 일반화된 원칙에 의거하여 활동을 조정하는 과정으로 광범위하게 정의된다 (Ruggie 1992). 순수하게 다자적인 과정이 되기 위해서는 다음의 세 가지 원칙에 부합해야 한다.

- 비차별성 (모든 참여국들은 동등하게 대우를 받아야 한다).
- 불가분성 (참여국들은 집단 안보를 추진하는 것과 같이 자신들이 하나의 존재인 것처럼 행동해야 한다).
- 포괄적 호혜성 (국가들 사이의 의무는 1회성 협력이 아니라 일반적이고 지속적인 성격을 가져야 한다).

다자주의는 셋 또는 그 이상의 국가들이 공통된 규범과 규칙을 수용하는 것이지만 비공식적일 수 있다. 그러나 일반적으로 공식적이며, 이러한 측면에서 다자주의는 제도주의와 동등하다.

내재적 자유주의(Embedded liberalism): 시장의 효율성을 사회공동체의 보다 광범위한 가치와 조화시키려는 자유주의의 형태.

교역조건(Terms of trade): 수입가격과 수출가격 사이의 균형.

국제수지(Balance of payments): 국가 사이에 이루어지는 거래의 균형이며, 눈에 보이는 거래(수입과 수출), 눈에 보이지 않는 거래(서비스), 투자와 대출 형태의 자본 흐름을 포함한다.

부담하게 되었다. 글로벌경제 거버넌스를 비판하는 사람들은 이것이 세계경제를 운영하는 데 있어서 구조적 불평등과 불균형을 조장한다고 주장하였다.

브레튼우즈체제의 운명

20년 동안 브레튼우즈체제는 상당한 성공을 거두었다. 제2차 세계대전이 끝난 후 일부 사람들은 군사비 지출의 감소로 다시 대공황의 암울한 시대로 되돌아 갈 것이라고 우려했지만, 전후 세계경제는 당시까지 경험하지 못한 '긴 호황'의 시작을 예고하였다. 1950년대와 1960년대의 '황금시대'에 OECD 국가들은 연평균 4~5퍼센트의 경제성장을 지속적으로 달성하였다. 많은 사람들에게, 이러한 성장은 세계경제의 새로운 안정성의 전망을 밝게 해주는 것이었으며, 이것이 가능한 것은 브레튼우즈의 역할이 크고, 자유무역, 자유로운 자본의 이동, 통화의 안정이 혼합하여 이득을 안겨다 주었기 때문이었다. 그러나 브레튼우즈가 전후의 경제적 호황에 얼마나 기여했는지의 여부는 논쟁의 대상이 되고 있다. 예를 들어, 많은 사람들은 정부가 지속적인 재정적자를 유지하면서 국내성장을 고무하는 '국가적' 케인스주의의 경우 '국제적' 케인스주의보다 영향을 더 받을 것이라고 주장했다 (Skidelsky 2009). 급진적 이론가들은 긴 호황을 일종의 '군사 케인스주의'라 할 수 있는 '영구적 무기 경제'와 연결시켰는데, 이 경제에서 성장을 위한 주요 원동력은 냉전시대에 정당화된, 높고 지속가능한 군비지출이었다 (Oakes 1944). 반면, 당시의 경제안정은 새로운 시대의 다층거버넌스의 산물이라기보다는 미국과 달러의 압도적인 경제지배 덕분이었다. 1950년 미국은 산업화된 세계의 모든 자본금 중 60퍼센트를 보유하였고, 전체 산업생산의 60퍼센트를 책임지고 있었다. 황금시대를 이상하게 만든 것은 세계경제를 자국의 이익에 맞게 조절할 수 있는 미국의 능력이었다. 따라서 브레튼우즈체제는 미국패권의 표현으로 간주되었다.

그러나 전후의 긴 호황은 1960년대 후반부터 점차 소멸되기 시작하여 1970년대의 '스태그플레이션(stagflation, 경기 불황하에서 물가가 계속 오르는 현상 – 역자 주)'으로 이어졌다. 특히 미국경제가 어려움에 봉착하여 1971년 미국은 고정환율제도를 포기하였으며, 결국 원래 형태의 브레튼우즈체제의 종말이 예고되었다. 브레튼우즈협정의 일환으로 설립된 제도들은 고정환율에서 변동환율로 전환되는 동안 살아남았으나, 역할과 미래 정책은 불투명하게 되었다. 이러한 맥락에서 주요 선진국의 지도자들과 재정장관들은 세계경제에 관련된 통화이슈와 다른 문제들을 논의하기 위하여 정기적인 화합을 가졌다. 결국 1975년에 G7의 설치를 이루어냈다. 1970년대의 경기후퇴는 무역장벽을 줄이려는 GATT의 노력을 약화시키거나 역전시켰으며, 특히 선진국들은 소위 비관세장벽을 강하게 밀어 붙였다. 이에 대한 개도국들의 불만은 '신국제경제질서(NIEO)'에 대한 지지로 나타났다. NIEO를 수립하려던 시도는 진전되지 않았는데, 결국 이는 세계경제의 힘

비관세장벽(Non-tariff barriers): 정부의 조달정책, 국경통과 지연, 까다로운 건강 및 국가표준의 방식으로 수입을 방해하는 규칙, 규정 또는 관행.

신국제경제질서(New International Economic Order): 개도국들을 보다 잘 보호하기 위하여 세계경제를 개혁하자는 제안. 그 방안으로 무역 조건의 변경, 규제의 강화, 해외기업의 국유화 등이 제시되었다.

의 균형 추가 어디에 놓여 있는가를 여실히 보여주었다. 그 대신 1980년대에 소위 '워싱턴 합의'(p. 129 참조)의 아이디어를 기반으로 글로벌경제 거버넌스의 제도들이 다시 추진되었다. 이는 결국 내재적 자유주의에 기반을 둔 체제가 신자유주의(p. 127 참조)에 기반을 둔 체제에 길을 내준 것이었다.

금환본위제도(Gold exchange standard): '금본위제(gold standard)'에 적용되는 화폐(이 화폐는 금으로 교환될 수 있다)와의 가치에 따라 각국의 화폐들을 평가하는 지불제도.

평가절하(Devaluation): 한 국가의 화폐가 다른 국가의 화폐와 교환되는 공식 환율을 낮추는 것이다.

체제전환국(Transition countries): 중앙계획경제에서 시장자본주의로 전환하는 과정에 있는 구소비에트 진영 국가들.

글로벌경제 거버넌스의 평가

국제통화기금

국제통화기금(IMF)은 새로운 금융질서를 감독하기 위하여 브레튼우즈협정에 의하여 수립되었다. 주된 목적은 외환거래에 대한 규제를 철폐하고 환율을 안정시키며 회원국 사이의 다자간 지불제도를 활성화하여 통화분야에 대한 국제협력을 촉진하는 것이었다. 회원국들은 고정되었지만 융통성 있는 환율제도를 사용하게 되었고, IMF가 수지 적자를 경험하고 있는 국가들에게 대출을 해 주면서 '통화의 완충'역할을 하도록 하였다. 브레튼우즈에 의하여 수립된 고정환율제도는 금환본위제도를 기본으로 하였고 미국 달러를 기축통화로 설정하였다. 이러한 제도의 장점은 수입과 수출가격을 변동시키는 환율 동요의 두려움 없이 안전하고 안정된 상태에서 국제사업을 할 수 있다는 것이었다. 그러나 이 제도에 유연성의 요소가 도입되었는데, 미국 달러에 고정되어 있는 환율에서 1퍼센트까지 벗어날 수 있게 하였다. 이는 다른 국가들과의 관계에 있어서는 2퍼센트까지 벗어나는 것이었다. 그러나 IMF 회원국들은 이것이 최후의 수단이라고 받아들였지만, 극심한 국제수지 불안의 경우 통화가치가 평가절하될 수 있었다.

1970년대 초반 고정환율에서 변동환율로 전환됨에 따라 IMF의 기능도 근본적으로 변화하게 되었다. '통화의 완충' 역할을 포기하고, IMF는 개도국에 대한 대출에 초점을 맞추기 시작하였고, 냉전종식 이후에는 탈공산주의 국가들, 또는 체제전환국에 대한 대출로 이어 나갔다. IMF는 각국의 금융위기 방지에 특별한 관심을 보였는데, 1982년 멕시코, 1987년 브라질, 1997–8년 동아시아, 1998년 러시아의 위기가 포함된다. IMF는 이러한 위기가 글로벌금융 및 통화제도에 확산되고 위협을 가하는 것을 방지하려고 노력했다. IMF가 제공하는 대출의 가장 논쟁적인 측면은 대출에 제한조건(conditionalities)이 붙어 있다는 점이다. 1980년대 이후 이 조건은 '워싱턴 합의'의 결정에 맞게 제시되었다. 그 결정은 수혜국들이 시장근본주의의 신뢰를 받을 수 있도록 '구조조정'프로그램(p. 415 참조)을 도입하는 것이었다. 이는 신자유주의적 틀을 '모든 국가들에게 적용시키는 것'이었는데, 그 내용은 다른 경제적 목표보다 앞서서 인플레이션 통제, 무역 및 자본의 흐름에 대한 장벽 제거, 은행제도의 자유화, 부채상환만 제외하고 모든 정부지출의 축소, 해외 투자자들에게 매각될 수 있도록 허용하는 자산의 민영화 등이었다.

분석적 접근

글로벌경제 거버넌스

현실주의 견해

글로벌경제 거버넌스에 대한 현실주의의 견해는 중상주의, 그리고 세계경제가 국가들이 경쟁하는 무대이고 따라서 각국이 부와 상대적인 힘을 최대화하기 위하여 노력한다는 믿음에 의하여 형성된다. 따라서 경제는 대체로 정치적 개념으로 설명된다. 현실주의자들에게 있어서, 국가이기주의와 국제 무정부상태의 결합은 대부분의 상황에서 경제문제에 대한 국가 간 협력 범위가 제한된다는 점을 확인해준다. 이러한 시각은 패권국의 등장과 함께 변하는데, 그 이유는 지배적인 군사와 경제적 위상을 보유한 패권국의 이익이 자유주의적 세계경제에 복잡하게 연결되기 때문이다. 패권안정이론(p. 270 참조)에서 설명했듯이, 자유주의적 세계경제를 건설하고 발전시키기 위해서 패권이 필요한데, 그 이유는 패권국이 있어야 기본 규칙을 만들고 집행할 수 있기 때문이다. 따라서 1930년대에 약화되어 가는 패권국인 영국이 더 이상 경제안정을 재구축할 의사와 능력을 가지고 있지 않았기 때문에 대공황이 지속되었다 (Kindleberger 1973). 같은 의미로, 브레튼우즈체제의 등장은 미국을 패권국으로 등장시켰다. 현실주의의 관점에서, 1970년대 초반 브레튼우즈체제의 붕괴는 미국 패권의 쇠퇴 또는 미국의 '약탈적 패권국'으로의 등장을 의미하였다. 그러나 월츠(Kenneth Waltz, p. 67 참조)와 같은 현실주의자들은 "경제시장과 경제이익은 정부의 기능을 수행할 수 없다" (Waltz 1999)고 지적하면서 브레튼우즈체제에 부속된 글로벌거버넌스의 전체 개념을 부정한다.

자유주의 견해

글로벌경제 거버넌스에 대한 자유주의의 입장은 시장 및 자유로운 경쟁에 대한 신뢰를 바탕으로 하고 있다. 비인격적인 시장의 힘이 자원을 가장 이롭게 사용되도록 하고 장기적으로 균형적인 상황을 수립하는 것과 마찬가지로, 시장의 자유로운 활동에 대한 장애요인이 제거되어야 한다는 논리를 바탕으로 한다. 이러한 입장은 국가적 차원에서건 글로벌 차원에서건 어떠한 경제 거버넌스의 형태에도 적대감을 보일 수 있다. 그러나 대부분의 자유주의자들은 경제 거버넌스가 개방성과 자유경쟁을 제한하기보다는 촉진하는 한 경제 거버넌스의 필요성을 수용하고 있다. 따라서 글로벌경제 거버넌스라는 틀의 등장은 경제적 상호의존의 상황에서 합의된 규범과 규칙들을 국가들이 지지하는 상호이익을 가진다는 점을 인정하는 것이다. 이러한 규범과 규칙들의 성격이 매우 중요하다. 경제적 자유주의 관점에 의하면, 브레튼우즈체제는 처음부터 결점이 있었다. 왜냐하면 브레튼우즈체제는 고정환율제이기는 했어도 자유롭고 규제받지 않을 때 가장 잘 작동되는 자유주의적 경제질서를 규제하기 위하여 시작되었기 때문이다. 따라서 브레튼우즈체제의 붕괴는 미국 패권의 쇠퇴를 반영하는 것이 아니라 브레튼우즈 자체를 수립할 때 근본적인 결점이 있었다는 점을 의미하는 것이다. 이와 비교하여, 1980년대 이후 워싱턴 합의의 등장으로 이루어진 신자유주의로의 전환은 브레튼우즈의 준중상주의에 대한 자유주의의 승리로 기록되었다.

구성주의 견해

러기(Ruggie 1998, 2008)와 같은 사회적 구성주의자들은 세계경제를 통제하기 위한 정책과 제도적 틀이 역사적, 사회적 요인에 의해 어느 정도 형성되었다는 점을 강조한다. 따라서 브레튼우즈체제는 단순히 국가권력과 이익의 재구성을 반영하는 것이 아니라, 산업화된 국가들 사이에 널리 공유되기 시작한 '내재적 자유주의' 형태의 사회적 기대, 규범, 경제관념의 변화 패턴을 반영했다. 마찬가지로, 이후 워싱턴 합의의 채택은 세계시장에 대한 믿음을 심어주는 데 도움이 된 신자유주의 이데올로기의 점증하는 패권적 영향력이 커졌기 때문이다.

마르크스주의 견해

마르크스주의자들은 글로벌경제 거버넌스의 제도들이 모든 집단과 국가의 이익을 반영한다는 점에서 중립적이라는 자유주의적 가정에 이의를 제기했다 (Soederberg 2006). 대신, 그 제도들은 글로벌 자본주의체제에서 지배적인 이익에 부합하게 구성되어 있는데, 그들은 주도적 자본주의 국가로서의 미국, 초국적기업(TNCs, p. 131 참조), 은행재벌 등을 포함한다. 세계체제 이론가들에게 글로벌경제 거버넌스의 제도들은 부와 자원을 세계경제의 '주변부' 영역에서 '핵심' 영역으로 부의 중요한 이전을 주도해 왔다 (Wallerstein 1984). 한편, 네오-그람시주의자들은 '공식적으로 정당화된 강제력이 없을 때 통제와 지향점을 제시'하고, 따라서 '글로벌 패권'을 강화하는 글로벌거버넌스 개념 자체의 이념적 힘과 대중성을 강조한다 (Cox 1999).

구조조정프로그램은 한국에서와 같이 수혜국에게 이득을 안겨 주는 경우도 있지만, 개도국이나 체제전환국에 더 해가 되는 사례도 있는데, 그 이유는 '충격요법' 시장개혁이 불안정한 영향을 주기 때문이다. 정부의 지출을 줄이고 복지제공을 축소하기 때문에 빈곤과 실업이 증가하고, 경제개방은 취약한 경제를 해외경제와의 경쟁에 노출시키고, 외국은행과 외국기업의 이익 추구에 의한 영향이 확대된다. 아시아, 러시아 등에서 IMF가 주도한 구조조정은 경제위기를 줄여주기보다는 더 심화시키는 경우가 있는데, 스티글리츠에 따르면, 그렇게 되는 이유는 IMF가 '서양 금융공동체의 이익과 이념'에 맞추기 때문이다 (Joseph Stiglitz 2002). 실제로 IMF는 글로벌경제 거버넌스에 대한 비판의 중심에 있다. IMF는 북부 경제에게 있어서 강력한 경제이익의 도구이며, 북부 경제에는 미국에 연결된 초국적기업과 국제은행 재벌이 포함되는데, 이는 개도국의 이익에 반대되는 체계적 편향으로 인식된다. IMF는 미국 워싱턴 D.C.에 위치하고 있으며 수석부총재는 항상 미국인이 맡기 때문에 미국과 긴밀한 관계를 유지하고 있다. IMF 이사회의 의결권은 국가의 경제규모에 따라 차등적으로 부여되는데, 정책결정을 위해서는 85퍼센트의 동의를 요구하기 때문에 미국은 효과적인 거부권을 행사할 수 있다.

주요 인물

조셉 스티글리츠(Joseph Stiglitz, 1943년생)

노벨상을 수상한 미국의 경제학자. 클린턴 대통령의 경제자문위원회 위원장(1995-7)이었으며, 세계은행의 수석 경제분석가(1997-2000)를 역임하였다. 스티글리츠는 글로벌경제 거버넌스와 글로벌화에 대한 비판적 견해 때문에 잘 알려져 있다. *Globalization and its Discontents* (2002)에서 스티글리츠는 IMF가 개도국에게 국제수지 위기를 경감시키기보다는 악화시키는 정책을 부과하였는데, 이는 빈곤을 줄이기보다는 선진국의 금융과 재정이익을 도와주도록 계획된 것이라고 주장했다. *Making Globalization Work* (2006)에서 스티글리츠는 세계화를 '미국화', 환경파괴, 민주주의의 후퇴, 개발 불균형의 확대와 연결시켰고, 경제의 기회를 확대하고 금융위기를 예방할 수 있는 보다 강력하고 투명성 있는 국제기구의 필요성을 제기하였다. 스티글리츠의 다른 주요 저작으로는 *The Roaring Nineties* (2003), *Freefall* (2010), *People, Power, and Profits: Progressive Capitalism for an Age of Discontent* (2019) 이 있다.

출처: *ERIC PIERMONT/Getty Images*

글로벌 행위자 국제통화기금

형태	설립	위치	회원국
국제기구	1947년	워싱턴 D.C.	188개국

국제통화기금(IMF: International Monetary Fund)은 1944년 브레튼우즈협정의 한 부분으로 창설되었다. IMF의 임무는 환율안정성을 보장하고 회원국들이 무역과 통화교환에 대한 제한을 제거하도록 장려하기 위하여 국제금융제도를 감시하는 것이었다. 이 임무는 1971년 브레튼우즈체제가 붕괴되면서 끝이 났고, IMF의 역할은 이후 10년 동안 변동환율의 결과와 1973년과 1979년의 석유위기에 대처하는 국가들을 지원하는 것으로 변경되었다. 1980년대 초반 이후 IMF는 부채위기로 고통 받는 개도국과 체제전환국을 지원하는 데 초점을 맞추었다. IMF의 확대된 역할은 금융위기를 관리하고 국가 또는 지역위기가 글로벌위기로 발전하지 않도록 하는 것이다. IMF는 유엔의 전문기구이지만, 자체적인 구조와 재정을 규정하는 별도의 헌장을 보유하고 있다. 최고의 의사결정조직은 이사회이며, 회원국의 경제력에 따라 차등적인 투표권을 부여하고 있다.

중요성: 환율안정을 보장하는 임무를 부여받은 IMF는 처음 20년 동안 상당히 성공적으로 임무를 수행하였다. IMF는 선진국들이 1945년 이후 초반기에 경험한 지속적인 경제성장에 기여를 하였다. 더욱이 1970년대 초반 고정환율에서 변동환율로 전환되면서 이루어진 이 시스템의 붕괴는 IMF의 비효율성 때문에 발생한 것이 아니지만, 이 사건은 최초 임무의 장기적인 지속 불가능성을 반영했을지 모른다. 1980년대부터 IMF에 대한 논쟁이 시작되었다. 그 이유는 IMF가 개도국과 체제전환국에 대한 대출조항을 자유시장과 자유무역에 적절하지 않은 '구조조정' 조건과 연계시켰기 때문이었다. IMF의 지지자들은 단기적으로 불안정하고 안보불안이 있을지 몰라도, 개방적이고 시장에 기반을 둔 경제로의 구조조정은 장기적으로 성공적인 경제로 가는 유일한 방도라고 주장한다. IMF의 다른 강점은 IMF가 다른 방식의 재정적인 도움을 받을 수 없는 국가들에게 대출을 제공한다는 점, 그리고 다른 방식의 대출보다 이자가 저렴하다는 점이다. 또한, IMF는 광범위한 정보를 제공하는데, 특히 회원국의 경제상태와 안정성을 평가하여 권고안을 제시한다.

그러나 IMF는 심각한 비판을 자주 받는다. 급진주의자들과 반자본주의 운동에 동조하는 사람들은 IMF와 글로벌경제 거버넌스를 신자유주의 글로벌화의 정치적 도구로 간주한다. IMF는 가난하고 약한 국가들이 미국의 비즈니스 모델을 받아들이도록 강요하는데, 이 모델은 장기적인 개발에 필요한 것보다는 서양의 은행과 기업이 필요로 하는 것에 부응한다. IMF 개입이 문제를 더 많이 발생시킨다는 사실은 결점이 있는 개발모델 때문이라고 비판자들은 주장한다. 그 모델은 시장이 실패할 가능성과 경제의 개방에 따른 문제점들을 인정하지 않는다고 비판받는다. 또한, IMF는 민주주의와 인권의 적으로 인식되는데, 그 이유는 IMF가 때때로 미국과 정치적으로 친근하거나 서방의 이익에 부합되는 군사독재를 지지하기 때문이다. 자유시장을 지지하는 경제학자들은 IMF를 두 가지 이유로 비판한다. 첫째, '구조조정'프로그램은 인위적이고 기업가적 문화와 가치의 개발에 관심을 두지 않는다. 둘째, 평가절하와 세금인상 등의 '구제방식'은 시장의 대응력을 약화시킨다. 2007-9년 글로벌 금융위기가 발생하였을 당시 IMF는 이 위기가 야기할 불안정성과 불균형성에 초점을 맞추어 위기를 예방하지 못한 데 대한 비판을 받았다. 이에 따라 글로벌 금융시스템을 규제할 능력을 강화하기 위한 IMF의 개혁 필요성이 부각되었다. 그러나 단지 차등적인 투표권을 개도국에 유리하게 소극적으로 조정한 것 이외에 다른 개혁이 이루어지지 않고 있다.

비판에 대한 IMF의 대응은 개발을 촉진하는 파트너인 세계은행보다 느린 편이다. 그러나 2006년에 IMF는 정책결정 과정에 개도국의 역할을 증대시키는 방향으로 거버넌스를 바꾸었고, 2008년 글로벌 금융위기가 발생하면서 이 조치를 강화하였다. 실제로 2007-9년의 위기는 IMF의 임무를 재편성하였다. 이를 통하여 IMF는 개도국에서 금융과 거시경제의 조정자 역할을 줄이고 글로벌금융 감시자의 역할을 강화하였는데, 이에 따라 IMF는 위기를 봉쇄하는 역할이 아니라 예방하는 역할을 수행하게 되었다. 그러나 이 새로운 역할을 효율적으로 수행하기 위해서 IMF는 획기적으로 개혁이 되어야 하는데, 이에 대해서는 이 장의 마지막 절에서 논의된다.

세계은행

세계은행(World Bank)은 IMF의 파트너 조직이다. 두 조직 모두가 브레튼우즈협정에 의하여 탄생하였고, 워싱턴 D.C.의 같은 건물에 있으며, 글로벌경제에서 각국의 힘을 고려하여 가중투표권을 주는 것도 비슷하고, 특히 1980년대와 1990년대에 '워싱턴 합의'에 의한 신자유주의 이념적 정향을 공통적으로 보였다. IMF와 GATT/WTO가 국제경제관계를 위한 규제 틀을 만드는 데 관심을 가진 반면, 세계은행은 주로 재분배 기능을 보유하고 있다. 세계은행은 초기에 전후 유럽의 복구에 집중하였으나, 1960년대 이후 점차로 개도국에, 그리고 공산주의 붕괴 이후에는 체제전환국에 초점을 맞추었다. 이를 위하여 세계은행은 주요 투자프로젝트를 위하여 저금리 대출과 함께 기술지원을 했다. 그러나 이러한 목적을 성취하기 위한 방식은 시간이 흐르면서 변화하였다. 소위 '걱정 없는 현대화'의 초기단계에서 세계은행은 에너지, 통신, 운송과 같은 분야의 대규모 기간시설 프로젝트를 주로 지원하였다. 그러나 미 국방장관 출신인 맥나마라(Robert McNamara)가 1968년 세계은행의 총재가 되면서, 세계은행의 우선순위가 기본적인 필요와 빈곤의 원인이라 생각되는 것들을 해결하는 프로젝트로 전환되었다. 이에 따라 인구조절, 교육, 인권 같은 분야에 집중하기 시작하였다.

그러나 1980년 맥나마라의 뒤를 이어 클라우젠(A. W. Clausen)이 총재로 선임되었고, 1982년 크루거(Ann Krueger)가 수석 경제분석관으로 임명되었는데, 이 둘은 모두가 개발기금에 대한 기존 접근방식을 비판하고 시장지향형 사고에 동조하는 사람들이었다. 결국 세계은행은 이후 10년 동안 시장지향형 정책을 펼치면서 IMF 스타일의 구조조정 정책에 동조하는 편협한 시각을 보였다. 규제철폐와 민영화에 대한 강조, 보호주의보다는 수출주도형 성장에 대한 강조를 함에 따라 중남미, 아시아, 사하라 이남 아프리카의 빈곤을 줄이기보다는 확대시키는 경우가 많았다. 세계은행의 조정프로그램은 IMF가 추진하는 것보다 대체로 폭이 넓었으며, 보다 장기적인 개발계획이 포함되어 있었다. 세계은행은 무역, 특히 현금 작물을 수출함으로써 성장을 촉진할 필요성을 강조하였으며, 종속과 빈곤이 유지되는 데 기여하였다. 따라서 개발 불균형은 지속되었는데, 특히 1990년대에 선진국은 고가이면서 자본중심적인 상품을 판매하여 부를 축적한 반면, 개도국은 저가이면서 노동집약적인 상품을 때로는 변동성이 큰 시장에서 판매하는 무역 불균형을 통하여 개발 불균형이 확대되었다. 이러한 방식으로 세계은행은 IMF와 함께 세계경제의 주변부지역으로부터 산업화된 핵심지역으로 상당한 부의 이전을 주도했다 (Thurow 1996).

그러나, 비록 세계은행이 '워싱턴 합의'를 지지하는 신자유주의 패러다임에 충실하였지만, 1990년대 초부터 내외의 비판에 직면하여 개혁의 필요성을 인정하였다. 이는 산업화, 도시화, 주요 기간시설 프로젝트에 따른 환경비용에 대한 인식을 바탕으로 하였고, 세계은행의 관심이 지속가능 개발로 전환하는 데 기여하였다. 굿 거버넌스와 반부패정책에 대한 강조는 최소한 정부(minimal government)의 교리에 대한 거부를 반영한다. 이는 국가가 시민질서를 유지하고 범죄적 폭력을 방지하는 동시에 기본적인 사회보호를 제공하는 기본적인 역할을 수행한다는 점을 인정하는 것이다. 더욱이 세계은행의 빈곤감소 프로그램은 2002년 이후 수혜국과의 협상을 통해서 형성되어 갔으며, 이는 보다 높은 수준의 지역통제와 책임이 필요하고, 프로젝트들이 지역의 요구에 따라 짜여야 한다는 점을 수용하였다. 이는 '파트너십'에 대한 강조로 반영되었다. 개도국의 아이디어에 귀를 기울이겠다는 의지는, 특히 2007-9년의 글로벌 위기의 관점에서, 세계은행이 2010년 봄에 자본을 20년 만에 처음으로 860억 달러로 증액하고, 이사회에 사하라 이남 아프리카 대표 1석을 추가하는 결정을 내리게 하였다. 개도국의 투표권은 47퍼센트로 증가하였는데, 50퍼센트 이상을 목표로 하고 있다.

세계무역기구

세계무역기구(World Trade Organization)는 1947년에 수립된 GATT를 대체하여 1995년에 설립되었다. GATT는 국제무역기구(ITO: International Trade Organization)를 설립하려는 시도가 실패로 돌아간 후 전후 국제무역질서를 확립하기 위하여 설립되었다. ITO는 유엔 경제사회이사회에 의하여 1945년에 제안되었고, IMF와 세계은행에 필적하는 완성형의 국제기구의 성격을 가지게 되어 있었다. 그러나 미국의 트루먼 대통령이 설립조약인 하바나 헌장(Havana Charter 1948)의 비준을 받기 위하여 미 상원에 제출하지 않음으로써 폐기되었다. 트루먼은 미 상원이 이 조직을 미국주권에 대한 위협으로 간주할 것이라고 우려하여 제출하지 않았다. 기본적으로 GATT는 회원국들이 비차별성과 상호성의 다자적 원칙을 무역에 적용시키려는 협정이었다. 이는 각국이 모든 무역상대 국가들에게 **최혜국대우**를 부여하는 규정을 준수함으로써 보장되게 하였다. 이에 따

최혜국대우(Most favoured nation): 다른 국가들에게 적용되는 모든 또는 대부분의 유리한 무역 조건의 자격을 어떠한 국가에게 부여하는 것.

라 특정 무역상대국이 다른 국가들보다 혜택을 받게 되는 것을 방지하였다.

GATT 무역레짐은 여러 가지 이유로 제한되었다. 첫째, GATT는 일련의 규범과 규칙으로 존재하였고, 1960년에 GATT 이사회를 설립하였을 때 비로소 제도적인 성격을 가지게 되었다. 더구나 GATT는 수입품에 대한 관세장벽을 낮추는 데에만 제한적으로 초점을 맞추고 있었다. 따라서 농업과 서비스 분야는 대체로 GATT의 의제에 해당되지 않았고, '비관세 장벽'의 성장을 견제하는 데 있어서 GATT는 제한된 능력만을 보유하였다. 무역 파트너 사이의 분쟁을 해결하기 위한 GATT의 절차도 취약하였다. 그러나 주어진 영역 내에서 GATT는 매우 성공적이었다. 협상의 5차, 6차, 7차 라운드인 케네디라운드, 도쿄라운드, 우루과이라운드 동안 제조품에 대한 관세는 많이 낮춰져서 실질상 거의 없는 것이나 마찬가지의 수준이 되었다. 1947년 수입상품 가격의 평균 40퍼센트가 관세로 부과되었으나, 2000년에는 약 3퍼센트로 줄어들었다. GATT의 마지막 세 차례의 협상 라운드는 '덤핑'(상대국의 국내산업을 약화시키기 위하여 저렴한 가격으로 대량 수출하여 시장이 넘쳐나게 하는 행위)과 같은 비관세 장벽도 다루는 진전이 있었다. 그리고 이 라운드들은 서비스, 지적 재산권, 섬유, 농업 등 다양한 분야를 다루기 시작하였다.

그러나 GATT의 전체적인 한계는 우루과이라운드에서 분명해졌고, 결국 1993년 WTO를 설립하기로 결론이 내려졌다. WTO의 등장은 1980년대 국제무역체계가 변화해야 한다는 절박감 때문이었으며, 신자유주의의 승리 및 글로벌화의 가속화와도 연관되었다. 이는 보다 광범위한 책임을 가진 더욱 강력한 무역기구를 통한 자유무역의 대의를 발전시켜야 한다는 강한 압력을 생성시켰다. WTO의 보다 광범위한 책임은 재협상된 GATT(1947년의 GATT가 아니라 1994년의 GATT), 그리고 제조품에 관련된 GATT 협정의 틀을 포함함으로써 달성되었다. 또한, 서비스무역(GATS)과 지적 재산권의 보호(TRIPS)에 대한 무역협정들도 포함되었다. 1970년대 이후 국제무역에 악영향을 미친 비관세장벽인 '새로운' 또는 숨겨진 보호주의의 포함도 WTO 확대의 주요 요인이었다. WTO는 특히 분쟁해결의 분야에서도 GATT보다 강력하였다. GATT하에서 분쟁해결은 분쟁패널의 모든 구성원들의 합의를 필요로 했는데, 그 구성원들은 GATT이사회의 이사들과 분쟁 당사국들로 이루어졌다. 이에 비하여 WTO하에서 분쟁발생 시 해결을 위한 결정은 분쟁해결기구(Dispute Settlement Body)의 모든 구성원들의 반대가 있어야만 무효가 되는데, 그 기구에는 모든 회원국들이 속해 있다. 이는 WTO가 무역분야 국제법의 주요 기구라는 점을 명확하게 해준다.

또한, 새로운 기구의 규칙들은 우루과이라운드의 협상에 참여했던 주요 당사국들의 이익에 의해 만들어졌다. 농업과 섬유를 WTO의 책임에 포함시키는 결정은 개도국에 대한 양보였고, 비관세장벽을 레짐 내에 포함하는 문제를 캠페인의

주요 연표 ┆ GATT/WTO 협상 라운드

- 1947 23개국이 GATT 조약에 서명. 1948년 1월 1일 발효.
- 1949 제2회 GATT 라운드, 프랑스 안시(Annecy)에서 개최.
- 1950 제3회 GATT 라운드, 영국 토키(Torquay)에서 개최.
- 1955–6 제4회 GATT 라운드, 스위스 제네바에서 개최.
- 1960–2 제5회 GATT 라운드. 미국 재무장관 딜론(Douglas Dillon)의 이름을 따서 딜론(Dillon)라운드로 불림.
- 1964–7 케네디라운드 – 400억 달러에 달하는 세계무역 관세삭감 달성.
- 1973–9 도쿄라운드 – 3,000억 달러 이상에 달하는 관세삭감과 비관세장벽 축소 달성.
- 1986–93 우루과이라운드 – 무역체계가 서비스와 지적 재산권 분야로 확대. 농업과 섬유를 포괄하는 규칙 개혁. 1995년 WTO 설립 협정 체결.
- 2001 WTO에 의하여 도하라운드 시작. 20년이 넘도록 타결되지 못하고 있다.

중심으로 포함한 것도 개도국을 배려한 것인데, 그 이유는 비관세장벽들 대부분이 선진국들에 의하여 세워진 것들이기 때문이었다. 반면, 선진국들은 무역레짐에 서비스 분야를 포함하기를 원했는데, 그 이유는 선진국 경제가 점차 서비스 분야로 확대되기 시작하였고, 제조업은 선진국에서 개도국으로 전환되고 있었기 때문이다. 비록 농업이 WTO레짐 안에 공식적으로 포함되었지만, 농업관련 합의는 취약했고 지속적으로 농업 보호주의를 유지할 수 있는 여지를 남겨두었는데, 이는 미국과 유럽연합의 특별한 관심사항이었다. 어떠한 측면에서 보면, WTO는 IMF나 세계은행보다 민주적인 조직으로 보인다. WTO의 의사결정체계는 '1국가, 1투표'로 이루어져 있고, 통상적으로 단순 과반수를 필요로 한다. 이론적인 차원에서 이 규칙은 WTO 회원국의 3분의 2를 차지하고 있는 개도국에 무게를 둔 것으로 평가된다. 그러나 WTO는 1999년의 시애틀전투(Battle of Seattle)의 사례에서 보여지듯이 반글로벌화와 반자본주의 운동의 주요 대상이 되는 매우 논쟁적인 기구이다.

WTO에 대한 비판가들은 의사결정구조 내에 선진국들이 개도국들보다 체계적으로 유리한 미묘한 편향이 존재한다고 주장한다. 합의에 기반을 둔 의사결정을 강조하는데, 개도국들은 제네바의 WTO 본부에 상주하는 대표가 없거나 선진국에 비해서 작은 대표단이기 때문에 개도국에게 불리하다. 그리고 클럽 형태의 회합을 선진국들이 지배하고 개도국들은 제외된다. 이와 유사하게, 선진국들은 분쟁해결 패널에 많은 이슈를 쉽게 제기하고, 분쟁해결 과정에 영향을 미칠 수 있는 '제3자' 역할이 선진국에게 더 많이 제공되어 개도국에게 불리한 진술이 이루어진다. 이와 같이 의사결정 과정에 존재하는 편향과 투명성 및 책임의 결여 때문에 WTO는 '부자의 클럽'이라고 표현된다. 그러나 2001년 WTO에 가입한 중국의 경제적인 부상, 그리고 인도, 브라질, 이집트, 남아공 같은 신흥경제국들의 영향력 증대는 WTO의 균형을 바꾸기 시작하였다. 이는 2001년에 시작된 도하라운드 협상이 2009년에 중단된 사실이 입증하고 있다. 이는 농업과 섬유에 대한 의견 불일치 때문이었는데, 미국과 유럽이 이 분야의 보호주의를 포기할 의지를 보이지 않았다. WTO가 주는 혜택과 그 반대에 대한 이념적인 논쟁은 자유무역의 철학에 대하여 집중되고 있다. 일부 사람들은 자유무역이 모든 사람들에게 번영을 가져다주고, 따라서 전쟁 가능성을 낮춰 준다고 주장하는 한편, 다른 사람들은 공정무역은 매우 불공평하고 구조적 불평등의 원인이 된다고 강조한다.

브레튼우즈체제의 개혁?

글로벌경제 거버넌스와 2007-2009년의 위기

글로벌경제 거버넌스의 성과에 대한 우려는 지속되고 있다. 브레튼우즈의 제도적 구조는 1930년대의 경제적 혼란에 의하여 발생한 문제들을 해결하기 위하여 만들어졌고, 1960년대 이후 금융과 경제위기가 정기적으로 발생하고 있으며, 1980년대 이후에는 위기가 훨씬 심각하게 자주 발생하고 있다. 1997-8년의 아시아 금융위기와 특히 2000년의 닷컴위기** 이후, 글로벌경제 거버넌스가 불안정성과 위기의 가능성에 대하여 사전에 적절한 경고를 하지 않은 데 대하여 비판의 목소리가 높았다. 아시아 위기의 경우, IMF의 개입이 위기를 경감시키기보다는 더 심화시켰다는 주장이 있다. 더욱이 지식인들과 학자들은 글로벌경제의 불안정성이 지속적으로 심화되고 있다고 주장한다. 예를 들어, 스트레인지(Susan Strange 1986, 1998)는 '카지노 자본주의'의 위험을 강조하며, 규제받지 않은 글로벌 자본이동의 역동성은 '매드 머니(mad money)'가 세계에 급증하도록 허용하여 지속 불가능한 '거품'과 갑작스런 위기를 조성한다고 주장했다 (현대 글로벌 자본주의의 위기에 대해서는 제4장 참조). 스티글리츠(Joseph Stiglitz), 크루그먼(Paul Krugman), 소로스(George Soros) 같은 저명한 경제 평론가들은 신자유주의적 글로벌화를 지지하고 '워싱턴 합의'가 이루어지는 데 기여한 시장 근본주의의 도그마에 숨겨져 있는 위험을 강조하였다. 그러나 이러한 경고와 비판은 별 관심을 끌지 못했는데, 그 이유는 30년에 걸쳐 성장한 글로벌경제에 대한 비판이었기 때문이었고, 발생한 위기는 세계경제의 핵심 국가들이 아니라 신흥경제국 또는 체제전환국들에 영향을 미쳤기 때문이었다.

** 역자 주
1995-2000년 인터넷 사업의 등장으로 미국 등의 주식시장이 급격히 상승하다가 폭락한 거품경제 현상

그러나 2007-9년의 글로벌 금융위기는 보다 심층적이고 도전적인 문제들을 다수 안겨 주었다. 첫째, 그 위기는 현대 글로벌 자본주의의 이전 위기들보다 심

논 쟁

자유무역은 번영과 평화를 보장하는가?

19세기 이후 자유무역에 대한 논쟁이 있어 왔지만, 현대 글로벌정치에 있어서는 자유무역의 자유방임(laissez-faire) 패러다임에 대한 WTO의 관련을 둘러싼 논쟁이 지속되고 있다. 자유무역은 모든 사람들에게 번영을 가져다주고 전쟁의 가능성을 낮춰 주는가? 아니면 불공정성을 가져다주고 국가안보를 위험에 빠트리는가?

그 렇 다

전문화의 혜택. 아담 스미스(Adam Smith, p. 119 참조)와 리카르도(David Ricardo, 1772-1823)까지 거슬러 올라가면, 자유무역을 지지하는 핵심적인 경제적 논리는 비교우위이론(theory of comparative advantage, 비교생산비론[comparative costs]으로도 알려져 있다)이다. 이는 국제무역이 모든 사람들에게 이득을 가져다주는데, 그 이유는 국제무역이 각 국가가 가장 생산하기에 좋은 상품이나 서비스 생산에 전문화하도록 하기 때문이다 (천연자원, 기후, 기술, 인구 규모 등의 관점에서). 따라서 자유무역은 경제적 자원을 국제적 차원에서 가장 이롭게 사용하게 하여 보편적인 번영을 가져다준다.

효율성과 선택. 자유무역은 더 많은 경제적 이익을 가져다준다. 여기에는 전문화를 통해 더 큰 규모의 생산을 할 수 있고, 따라서 더 큰 효율성을 기대할 수 있다는 점이 포함된다. 예를 들어, 규모의 경제(economies of scale)는 분업의 최대 활용, 원재료와 부품의 저가 구입 능력, 제 경비의 축소 등을 통해 이득을 볼 수 있다. 추가적으로 소비자들은 국내와 해외에서 만든 상품들을 폭 넓게 선택할 수 있고, 효율적이고 저비용 생산이 가능하기 때문에 상품가격도 하락한다.

평화와 세계주의. 자유무역을 선호하는 정치적 주장의 핵심은 자유무역이 국제평화와 조화를 가능하게 한다는 점이다. 이는 두 가지 점에서 가능하다. 첫째, 경제적 상호의존을 강화시키기 때문에 국제적 갈등은 물질적 비용을 상승시키고 무역 파트너 사이의 전쟁은 상상도 못하게 된다. 둘째, 국가 사이의 경제적 연결과 거래는 그들 사이의 상호이해력을 높여주고, 서로의 문화와 전통을 존중하도록 해준다. 이에 비하여 보호주의는 전쟁과 연관되는데, 그 이유는 국가들은 자원을 추구하지만 무역을 통하여 획득할 수 없게 되고, 이는 팽창과 정복의 방식을 선택하게 한다.

아 니 다

신식민주의로서의 자유무역. 자유무역은 가난한 개도국의 희생을 대가로 산업화되고 경제적 선진국에 이득을 가져다준다. 특히 자유무역의 대의는 세계경제를 지배하는 국가들, 특히 19세기에는 영국, 20세기 중반 이후에는 미국에 의하여 강압적으로 발전하였다. 그 국가들은 무역장벽을 낮추게 하면서 이득을 취하였는데, 그 이유는 자국의 상품을 판매할 거대한 시장을 확보할 수 있었고, 동시에 원자재와 수입품의 가격을 낮게 유지할 수 있었기 때문이었다. 개도국들은 세계경제가 요구하는 것들을 충족시키느라고 불이익을 받게 되었다. 이에 따라 그들은 식품과 원자재를 생산해야 했고, 결국은 경제발전을 도모하기가 어렵게 되었다.

보호주의를 통한 발전. 폭넓은 이득을 가져다주는 국제무역을 거부하지 않고도 보호주의를 통하여 경제적 이득을 취할 수 있는 여러 가지 상황이 존재한다. 이의 가장 분명한 방법은 경제개발 초기 단계로서 강대국들의 불공정한 경쟁으로 인해 왜곡되거나 위축될 수 있다. 취약한 경제와 소위 '유아적' 산업을 국제경쟁의 완벽한 힘에 노출시키는 것은 결코 발전할 수 없다는 점을 확인시켜 주기 때문에, 성장에 유리한 국내 경제환경을 조성하기 위해 보호주의 조치를 전략적으로 사용할 필요가 있다.

국가안보 보호주의. 자유무역을 반대하는 핵심적 정치 논리는 전략적 측면에서 모든 산업이 동일하지 않다는 점이다. 요컨대, 국가안보가 경제적 효율성을 능가한다는 것이다. 농업의 경우에 이 점이 확실하다. 국가는 식량을 공급받음으로써 다른 국가에 종속되는 것을 피하려 하는데, 그 이유는 국제위기나 전쟁 상황에서 공급이 중단되기 때문이다. 다른 핵심적 천연자원의 경우에도 같은 논리가 적용되는데, '에너지안보'를 확보하기 위하여 보호주의의 필요성을 강조한다.

각하였고, 1930년 이래 세계경제가 가장 심각하게 하락하였다. 세계은행에 따르면, 2009년 글로벌 GDP가 1.7퍼센트 하락했는데, 이는 세계에서 처음으로 하락한 기록이었다. 그리고 세계무역의 규모는 6.1퍼센트 감소하여 (1930년대의 대공황과는 대조적으로) '대침체'라고 불렸다. 둘째, 위기의 심각성은 국가마다, 지역마다 달랐지만, 그 충격은 글로벌하였고 세계 모든 국가에 영향을 미쳤다. 셋째, 이 위기는 신흥경제국이나 체제전환국에서 발생한 것이 아니라 금융자본주의 국가인 미국에서 시작되었다. 이러한 점에서, 그리고 특히 2008년 9월 세계 주식시장이 폭락하고 글로벌 자본주의가 붕괴할지도 모른다는 우려가 확산된 이후 글로벌경제 거버넌스 구조의 긴급한 개혁이 필요하다는 주장이 대두되기 시작하였다. '새로운 브레튼우즈'가 필요하다는 표현이 많이 등장하였다.

새로운 브레튼우즈는 어떠한 모습일까? 개혁된 글로벌경제 거버넌스의 유일한 모델은 없고, 오히려 많은 모델들이 존재한다. 이러한 여러 모델들의 공통점은 어떠한 모델도 브레튼우즈체제로 회귀하지 않는다는 점이다. 다시 말해서 어느 누구도 달러에 기반을 둔 금환본위제도의 재정립을 제의하지 않는다. 현대의 글로벌화 된 경제상황에서 고정환율로의 회귀는 부적절한 것으로 인식되고 있다. 더욱이 시장 근본주의의 관점에서도, 위기에 대한 가장 적절한 대응은 실제로 아무 것도 하지 않는 것이다. 이러한 점에서 금융과 경제위기는 세계경제가 약 30년 동안 지속적인 성장하면서 지불해야 할 작은 대가이고, 따라서 국가 및 글로벌 차원에서 규제를 강화하는 시도를 하는 것은 상황을 좋게 만드는 것이 아니라 더욱 악화시킬 것이다. 반면, 시장의 잘못된 점에 대하여 케인스적인 또는 다른 통찰력에 의존하는 규제적 자유주의자들에게 있어서 필요한 것은 글로벌 금융조직을 특별하게 개혁하고, 국내적 차원에서 새로운 규제레짐을 만드는 것이다 (Gamble 2009). 이 관점에 따르면, 개혁은 과도한 신자유주의를 억지하는 데 초점을 맞추어야 하는 것인데, 이는 '워싱턴 합의'가 개정된 형식으로라도 지배적으로 남아 있는 한 불가능한 것이다. 따라서 다양한 개혁안, 특히 IMF와 세계은행에 대한 개혁안들이 제시되고 있다. 이 개혁안들에는 개도국의 정치적 영향력을 높이고 이 기구들과 북부국가들의 연결을 약화시키기 위하여 의사결정 과정에 투표권 배분을 조정하자는 내용, 이 기구들이 부채와 위기로 고통 받는 국가들을 지원할 수 있는 능력을 강화시키자는 내용, 미래의 위기에 대한 단순한 대응이 아니라 사전에 예방할 수 있도록 세계경제를 감시하고 규제하는 이 기구들의 능력을 강화시키자는 내용이 포함되어 있다.

개혁에 대한 보다 급진적인 제안도 나왔다. 세계주의적 자유주의자들(cosmopolitan liberals)은 글로벌경제 거버넌스의 현존하는 조직을 개혁하는 것보다 심각한 문제가 있는 IMF, 세계은행, WTO를 대체할 수 있는 완전히 새로운 조직을 만들어야 한다는 주장을 한다. 새로운 글로벌조직은 보다 포괄적인 기반을 가지

글로벌경제 거버넌스의 붕괴 이후

사건: 2008년 9월 글로벌 금융위기가 최고조에 달했을 때, 미국, 영국 등에서 은행위기가 발생하고 전 세계적으로 주식시장이 자유낙하하면서, 기업과 소비자의 신뢰가 무너져 1930년대 대공황 이래로 가장 심각한 글로벌 경기침체를 낳았다. 2008-9년 동안, 나중에 '대침체'라고 불렸던 이 시기에, 대부분의 선진국 경제가 위축되었고 성장률이 개발도상국에서 크게 하락했다. 국제노동기구는 2008년 한 해에만 글로벌 실업이 1,400만 명 증가했다고 추정했다. G20(p. 157 참조)은 국제사회가 위기 대응을 관리하려고 시도하는 선도적인 메커니즘이 되었다. 2008년 11월 워싱턴에서, 그리고 2009년 4월 런던정상회담에서 G20 국가들은 실질적이고 신속한 금리인하 (통화부양), 경제 선진국들의 내수 진작 (재정부양), 그리고 관세인상 압력과 경제 민족주의로의 회귀에 저항하는 합의를 포함하는 통합 전략에 전념했다. 2010년 11월 서울에서 G20은 조직 내 개발도상국의 목소리와 대표성을 강화하고 국가 및 글로벌경제 상황에 대한 IMF의 감시를 강화함으로써, IMF를 개혁하겠다고 약속했다.

중요성: 많은 사람들이 2007-9년 글로벌 금융위기를 글로벌경제 거버넌스의 실패라고 강조했는데, 글로벌경제 거버넌스의 핵심 제도들은 신자유주의 경제에 몰입되어 부적절한 은행 및 금융 규제 시스템을 유지하고 있었다. 마찬가지로 대침체는 세계가 위기에 대응할 수 있는 적절하고 효과적인 메커니즘이 부족하다는 것을 보여주었다. 워싱턴과 런던에서 형성되었던 거시경제정책에 대한 합의가 2010년 토론토 G20 정상회의에서 결렬되었는데, 이는 증가하는 부채 수준에 대해 우려하는 점점 더 많은 국가들이 오바마와 미국이 주장하는 것처럼 지속적인 재정 및 통화확장보다는 긴축정책을 채택함에 따라 발생했다. 2011년 이후 유럽의 증가하는 국가 부채위기를 통해 위기의 새로운 국면도 나타났다. IMF와 EU가 공동으로 그리스, 포르투갈, 스페인 및 기타 국가에 국제 구제금융에 대한 책임을 공유했음에도 불구하고 리더십 부족과 (특히 성장을 손상시키지 않고 부채문제를 해결하는 방법에 대한) 새로운 아이디어를 도출하지 못함으로써 유로존 위기에 대한 대응은 독일이 지배하는 EU에 의해 크게 좌우될 수 있었다. 더욱이 많은 찬사를 받았던 IMF의 개혁은 작은 할당량 지분 조정과 증가된 자금지원을 넘어 실현되지 못했을 뿐만 아니라, 중국과 다른 신흥국으로 권력이 이동하는 글로벌경제에서 조직은 점점 더 관련 없는 유럽-대서양 기구처럼 보이고 있다.

GDP와 국제무역의 증가 측면에서, 거시경제 회복이 2008년 이후에, 1929년의 월스트리트 붕괴 이후 보다 빠르게 달성되었으나, 약간의 시장 변동성이 남아있었으며, 붕괴 이후의 긴축 정책은 정치적 불안정과 글로벌거버넌스에 대한 자유주의적 사고로부터의 전환으로 연결되었다. 트럼프주의와 브렉시트의 쌍둥이 영미 세력은 반이민과 반글로벌주의 정치 의제에 초점을 맞추어 '핵심' 서방사회의 경제적 하락에 대한 대응으로 널리 해석되어 왔다. 트럼프는 2016년 대선 캠페인 동안 WTO를 '재앙'이라고 부르며 대통령으로서 WTO를 개혁할 것임을 시사했다. 한편, 브렉시트를 주도하는 운동가인 패라지(Nigel Farage)는 2017년에 트위터에 "글로벌거버넌스에 반하는 혁명은 유럽 전역에서 계속될 것이다"라고 밝혔다. 정부와 글로벌경제 거버넌스 기관들이 대침체를 끝내기 위해 비교적 효과적으로 노력했을지 모르지만, 미시경제적이고 미시사회적인 것에 대한 관심은 거의 틀림없이 부족했는데, 이는 많은 가장 큰 기업들은 구제되었지만, 번화가는 겉으로 보기에 말기적인 감소에 접어든 반면, 개인들은 공공 지출의 삭감으로 고통을 받았다. 글로벌거버넌스에 반하는 '포퓰리즘'의 전환은 트럼프와 패라지 같은 관심 있는 정치인들에게 쉽게 유도되었다. 한편, 2020년 코로나바이러스 팬데믹의 시작으로 인한 글로벌경제의 둔화와 다양한 국가적인 '봉쇄'는 세계보건기구가 팬데믹 대응을 과도하다고 보는 사람들의 분노를 일으키면서 정치적 우파로부터 비판을 받기도 했다.

고, 글로벌 시민사회의 견해와 관점을 고려해야 하고, '세계주의적 민주주의'의 원칙을 지향해야 한다 (Held 1995). 그러나 반자본주의자들에게 있어서 금융위기와 대침체에 의한 문제는 더 심각하다. 그들은 글로벌경제 거버넌스의 틀이 야기한 결점이나 실패에 초점을 맞추는 대신, 글로벌경제 자체의 불균형과 불평등을 강조하였다. 따라서 필요한 것은 국가사회 내에서, 그리고 글로벌경제 내에서 부와 힘의 재분배가 있어야 한다는 것이다 (Monbiot 2004).

세계경제와 관련하여 개발과 협력전략을 위한 메커니즘으로 G20의 중요성이 부각되고 G7/8의 중요성이 하락하고 있는 상황에서, 특히 글로벌 차원에서 2007-9년 위기에 대한 제도적 대응은 미미한 것이었다. 글로벌경제 거버넌스의 3대 기둥은 그들이 브레튼우즈체제가 붕괴했을 때 살아남았던 것처럼 생존하게 되었다. IMF와 세계은행에서 개도국들에게 유리하도록 투표권 배분에 대한 일부 조정이 있었지만, 이 조직들 내에서 근본적인 힘의 균형은 기본적으로 변화되지 않고 있다. 2009년 4월 런던에서 개최된 G20 정상회의에서 제안된 금융안정이사회(FSB)가 금융안정포럼을 대체하여 2009년 4월에 설립되었다. FSB의 목적은 글로벌 차원에서 국가금융기관과 국제표준설정기구와의 업무를 조정하고, 효율적인 규제, 감독 및 금융분야 정책을 원활하게 수행하도록 하는 것이다. FSB를 글로벌경제 거버넌스 구성체의 4번째 기둥으로 설립한 것은, 개혁된 IMF가 국가,

초 점

G7/8: 포기된 프로젝트?

G7/8의 역할과 중요성은 무엇이며, 왜 중요성이 점점 약해지고 있는가? G7은 1973년 세계 선진국(미국, 프랑스, 독일, 영국, 일본, 이탈리아, 캐나다)의 비공식 재무장관 회합으로부터 시작되었다. 이는 브레튼우즈체제의 붕괴와 1973년 석유위기를 배경으로 시작하였다. 이 회합은 1975년부터 공식화되었고, 연례 정상회의를 포함하는 수준으로 확대되었다. 1997년 러시아가 정상회의에 포함되면서 G8으로 발전하였으나, G7의 틀은 재무장관 회의로 유지되었고 러시아는 이 회의에 한 번도 참여하지 못했다. G7/8의 주 역할은 글로벌경제 거버넌스체제의 전체적인 협력을 확립하는 것이었다. 이러한 점에서 G7/8은 성공적이었다. 예를 들어, 1970년대 후반 G7/8은 서독과 일본이 경제를 팽창시키도록 설득하였다. 그 대신 미국이 인플레이션을 줄이기 위하여 재정정책을 긴축하도록 개입하기로 했다. 이는 WTO 협상의 우루과이라운드를 위협하는 정체형상을 극복하는 데 기여하였다. 그리고 2005년 G8은 세계에서 가장 가난한 국가들의 부채를 탕감하는 과감한 정책에 합의하였다.

그러나 시간이 흐르면서 글로벌경제 거버넌스의 체제의 협력을 위한 메커니즘으로서 G7/8 역할의 효율성은 점차 약화되었다. 대체로 이러한 상황이 발생한 것은 1980년대에 글로벌화가 등장한 것과 더불어 경제적 정통성이 케인스의 통제주의에서 자유시장의 개념으로 전환되어 글로벌 거시경제정책의 범위나 목적이 거의 남지 않았기 때문이었다. G7/8은 빈곤, 글로벌 불평등, 무역정책, 기후변화를 효율적으로 다룰 능력과 의지가 부족하다는 평을 받았다. 이에 따라 G8 정상회의, 특히 2001년 제노바 회의는 반글로벌화 운동의 관심 대상이 되었다. 더구나 G8 정상들 사이의 의견 불일치가 나타났지만, 전체 합의가 필요했기 때문에 효율성이 더욱 제한받았다. 그러나 글로벌경제 내에서의 힘의 배분이 신흥경제국으로 전환됨에 따라 G7/8의 정통성이 심각하게 훼손되면서 심각한 활동의 제한을 받게 되었다. G8을 확대하여 신흥경제국(중국, 브라질, 인도, 멕시코, 남아공)들을 포함하려는 시도가 있었지만, G20(p. 157 참조)가 2007-9 글로벌 금융위기를 해결하기 위한 도구로 사용됨에 따라, 글로벌 경제정책 결정을 위한 주도적 포럼이 대체되고 있다는 점이 확인되었다.

지역, 글로벌 수준에서 정책결정자들에게 경제가 불안정하다는 것을 경고하여 미래의 위기를 방지하는 효율적인 메커니즘이 될 수 없다는 점을 인정하는 것이다. 그럼에도 불구하고 FSB 회원국들은 G20 주요 경제국과 기타 선진국 또는 신흥국을 모두 포함하고 있지만, FSB는 세계 개발도상국들의 다수를 대표할 수 있는 것은 아니다.

'베이징 합의'?

키신저(Henry Kissinger)의 키신저 어소시에이츠에서 일하게 될 외교정책 컨설턴트인 라모(Joshua Cooper Ramo)는 2004년 영국의 싱크탱크인 외교정책센터(Foreign Policy Centre)가 발간한 논문에서 상투적인 '워싱턴 합의'에 대한 대응으로 '베이징 합의'라는 용어를 만들어냈다. 그는 "중국은 하나의 거대한 권력의 중심을 가진 세계에서 삶의 방식과 정치적 선택을 보호하기 위해 단순히 국가를 어떻게 발전시킬지뿐만 아니라 어떻게 진정으로 독립할 수 있는지를 알아내기 위

초 점
브릭스와 신개발은행: 브레튼우즈의 대안?

브릭스(BRICS) 국가들은 얼마나 영향력이 있는가? 브릭스의 부상은 세계적인 세력균형과 미국패권의 종말에 결정적인 변화를 의미하는가? 브릭스(BRICs)라는 용어는 브라질, 러시아, 인도, 중국 등 4개의 크고 빠르게 성장하는 경제의 중요성 증가를 강조하기 위해 2001년 투자은행인 골드만 삭스의 보고서에서 만들어졌다. 2010년부터 남아프리카공화국이 합류(명칭이 BRICs에서 BRICS로 변경)하면서 2009년 첫 번째 연례 정상회담을 공식화했다. 브릭스를 글로벌 정치실체로 뒷받침하는 기본 전제는 결국 '서방' 국가들 또는 글로벌 노스 국가들의 경제성장과 지배력이 '동방' 국가들과 글로벌 사우스 국가들에 의해 추월당할 수 있다는 것이다. 글로벌 금융위기가 브릭스 성장에 대한 낙관적인 예측 중 일부를 약화시켰지만, 일부 브릭스 국가들, 특히 중국이 주요 서방국가들보다 경제 폭풍을 훨씬 더 잘 견뎌낸 것이 눈에 띈다. 2013년 제5차 브릭스 정상회담에서, 브릭스 5개국은 브레튼우즈 조직에 대항하기 위해 국제개발은행을 설립하기로 약속했다. 브릭스 개발은행은 처음에 알려진 대로 2015년 상하이에 본부를 두고 1,000억 달러의 초기 자본을 바탕으로 설립된 신개발은행(NDB)이 되었다.

그러나 국제관계에서 브릭스의 강력한 블록으로서의 내부 응집성, 회원국들의 경제적, 정치적 궤적, 그리고 NDB가 IMF와 세계은행에 진정한 대안을 제시할 수 있을지의 잠재성에 대해 최근 몇 년간 의문이 제기되고 있다. 적어도 국제관계의 현실주의 분석가들의 관점에서 볼 때, 중국, 러시아, 인도라는 핵무기 보유국들 간의 강대국 경쟁은 그들이 지역적 패권을 위해 투쟁하면서 동맹의 지속성을 약화시킬 수밖에 없다. 글로벌 금융위기의 장기적인 영향도 브릭스의 미래에 대한 질문들을 촉발시키고 있다. 중국과 인도가 모두 2007–9년의 폭락으로부터 고통을 받았지만, 그들의 국내총생산 성장률은 그 이후의 기간 동안 비교적 안정적이거나 완만한 하락만을 보였다. 한편 러시아, 브라질, 남아공경제는 2012년 이후 성장률에서 더 큰 폭의 하락을 경험했다. 이들은 특히 러시아와 브라질의 정치적 불안정과 연결되었는데, 2010년대 두 국가의 경제하락은 글로벌 금융위기뿐만 아니라 부패와도 연결되어 있다. 러시아의 푸틴, 그리고 최근에는 브라질의 보우소나루가 이끄는 보다 권위주의적이고 민족주의적인 정치로의 표류 또한 경제와 통치의 문제들과 연결되어 있다. NDB는 2018년 글로벌 신용평가 기관으로부터 긍정적인 'AA+' 등급을 획득하고, 50퍼센트의 '현지통화금융' 대출로 이동하는 동시에 브릭스 국가들의 주요 개발 및 건설 프로젝트에 공공 및 민간 기업들이 혼합된 형태로 수억 달러(미 달러 자금이 아닌)의 대출을 발행하기로 약속하는 등 브레튼우즈에 대항하는 임무에서 확실히 진전을 이루었다. 그러나 브릭스와 NDB가 정말로 글로벌경제 거버넌스의 대안 모델을 제공할 수 있을지는 두고 보아야 한다.

해 노력하는 세계의 다른 국가들을 위해 길을 개척하고 있다"고 주장했다 (Ramo 2004). '베이징 합의'라는 개념은 2010년대에, 중국이 권위적이고 일당정치체제를 유지하는 동시에 글로벌거버넌스 기구들이 요구하는 민주화와 인권개선에 저항하면서, 어떻게 경제적 리더십과 기술혁신의 길을 계속 갈 수 있는지를 설명하기 위해 지적인 지지를 계속 모았다. 자유민주주의를 헌법모델로 채택하지 않으면서 거대한 경제성장과 발전을 유지할 수 있는 중국의 능력은 후쿠야마(Francis Fukuyama, p. 557 참조)의 '역사의 종말' 명제를 부인하였다. 중국은 서방식 자유민주주의를 전혀 수용하지 않고 시장을 매우 성공적으로 유지해왔다. 한편 중국은 브레튼우즈체제의 대안으로 상하이에 본부를 둔 브릭스의 '신개발은행(New Development Bank)' 건설을 포함해 자체적으로 글로벌거버넌스 과정과 제도에 점점 더 관여하고 있다. 다극적 세계질서에서 미국이 주도하는 브레튼우즈의 글로벌경제 거버넌스와 '워싱턴 합의'는 다른 초강대국들의 대안적 접근법들로부터 점점 더 도전을 받게 될 가능성이 높다.

요약

- 글로벌거버넌스는 글로벌 차원에서 상호작용의 의사결정을 하는 광범위하고 역동적이고 복합적인 과정이다. 글로벌거버넌스는 베스트팔렌 국가체제와 세계정부의 사이에 위치하고 있다. 글로벌거버넌스는 구속력 있는 규범과 규칙들을 포함하지만 이들은 초국가적 권위체에 의하여 집행되지 않는다.
- 자유주의 이론가들은 글로벌거버넌스를 선호하는 명백하고 되돌릴 수 없는 추세가 존재하고 있으며, 이는 상호의존이 확대되고 국가들이 집단행위에 참여할 의지를 보이는 것이라고 주장한다. 그러나 글로벌거버넌스는 설립된 체제가 아니라 발전하는 과정이다.
- 글로벌거버넌스를 향한 추세는 특히 경제 분야에서 두드러지고 있으며, 이는 제2차 세계대전 이후에 등장한 브레튼우즈체제와 연관되어 있다. 이 체제는 IMF, 세계은행, GATT 등 3개 기구를 기반으로 하고 있으며, GATT는 1995년 WTO로 대체되었다.
- 브레튼우즈체제는 초기에 주로 환율안정을 통하여 세계경제를 관리하였다. 그러나 이 체제는 1970년대 초반 고정환율이 변동환율로 대체되면서 붕괴되었고, 이 과정을 통해서 브레튼우즈체제는 경제자유화의 대의로 전환되기 시작했다.
- IMF, 세계은행, WTO는 신자유주의적 글로벌화 과정과의 연관성을 통해 서로 다른 방식으로 논쟁의 대상이 되었다. 이 기구들을 지지하는 사람들은 이들이 글로벌경제를 훌륭하게 확대시키는 데 기여했다고 칭송하는 한편, 비판자들은 이들이 글로벌 불평등을 심화시켰고 불안정한 금융질서를 생성하였다고 주장한다.
- 2007-9년 글로벌 금융위기와 2020년부터 글로벌 코로나바이러스 팬데믹은 글로벌경제 거버넌스의 효율성에 의문을 제기하게 하였고, 개혁의 필요성이 등장하였다. 한편, BRICS의 부상과 다른 발전들은 글로벌거버넌스의 미래에 대한 가능한 대안적 모델을 제시하고 있다.

토의주제 ?

- 어떻게, 그리고 어느 정도로 글로벌 거버넌스는 국제 무정부상태와 다른가?
- 글로벌거버넌스는 세계정부로 발전될 수 있을까?
- 글로벌거버넌스는 어떻게 공공/민간의 구분을 희석시키는가?
- 어떻게 현대 세계정치는 글로벌거버넌스체제로 기능할 수 있는가?
- 왜 글로벌거버넌스는 경제분야에서 가장 발전하는가?
- 브레튼우즈체제 설립에 배경이 된 사상은 어떤 것인가?
- IMF는 단지 북부 경제대국들의 이익을 위한 수단일 뿐인가?
- 세계은행은 세계의 가난한 사람들을 돕는 데 얼마나 성공했는가?
- WTO에 의하여 설립된 글로벌무역체계는 공정하고 효율적인가?
- 2007–9년의 위기는 글로벌경제 거버넌스 과정에 어떻게 영향을 미쳤는가?

추가 읽을거리

Goldin, I., *Divided Nations: Why Global Governance Is Failing and What We Can Do About It* (2013). 현행 글로벌거버넌스체제의 결점을 '낙관주의'의 관점에서 세밀하게 검토.

Karns, M. and K. Mingst, *International Organizations: The Politics and Processes of Global Governance* (2009). 글로벌거버넌스에 대한 도전, 그리고 국제기구의 역할과 활동에 대한 권위적 분석.

Peet, R., *Unholy Trinity: The IMF, World Bank and WTO* (2009). 핵심 브레튼우즈 기구들의 설립, 발전, 활동에 대한 비판적 연구.

Weiss, T. G. and R. Wilkinson, *Rethinking Global Governance* (2019). '탈냉전시대에 글로벌거버넌스와 국제기구의 활동 사이의 단순한 연관성을 파헤치려는' 혁신적 작업.

지역주의와 글로벌정치

출처: *Keystone/Getty Images*

개요

글로벌화가 하나의 통합된 글로벌정치 공간을 만들어 냈다는 견해와는 반대로, 20세기와 21세기 초반에 지역주의의 힘이 증가했고, 이는 초국가적인 경제와 정치의 힘이 여전히 글로벌의 하위 수준에서 주장될 수 있다는 것을 암시한다. 초기 형태의 지역주의가 안보, 정치, 경제 등 다양한 이슈에 걸쳐 지역 협력, 심지어 통합을 촉진했던 반면, 1990년대부터 '새로운' 지역주의는 현존하는 지역 무역블록을 새로 만들거나 강화하는 데 가장 두드러지게 반영되어 왔다. 어떤 이들은 심지어 지역주의가 경쟁하는 무역블록들의 세계를 창조하고 있다고 믿는다. 그러면 지역통합을 이끄는 주요 동력은 무엇인가? 지역주의는 글로벌화의 적인가, 아니면 이 두 경향이 상호 연결되고 상호 강화되는가? 지역주의의 발전이 글로벌질서와 안정을 위협하는가? 세계 어디에서나 가장 고도로 통합된 지역주의 체계는 유럽에서 발견된다는 점이 일반적으로 알려져 있으나, 최근 몇 년 동안 유로존 위기, 난민 위기, 특히 브렉시트가 이러한 관점에 도전하고 있다. 유럽연합(EU)은 경제연합뿐만 아니라 정치와 통화의 연합을 포함하는 초국가적인 협력에 대한 실험을 해왔다. 그 과정에서, EU는 엄밀히 말해서 전형적인 국제기구도 아니고 국가도 아니지만, 이 둘의 특징을 가진 정치조직으로 발전했다. EU는 어떻게 가장 잘 이해되는가? EU가 효과적인 글로벌 행위자를 구성하는 정도는 어느 정도인가? 그리고 가장 핵심 회원국이면서 가장 큰 경제 중 하나인 영국을 상실한 이후, EU의 미래는 어떻게 될 것인가?

핵심이슈

- 지역주의는 무엇이며, 지역주의가 갖는 주요 형태는 어떤 것인가?
- 왜 지역주의는 중요성을 갖는가?
- 지역주의와 글로벌화는 어떠한 관계를 갖는가?
- 유럽의 지역주의는 세계 다른 지역의 지역주의와 어떻게 다른가?
- 브렉시트 이후 EU의 전망은?

지역과 지역주의

지역주의의 본질

광범위한 의미의 지역주의는 지리적 지역이 의미 있는 정치적 및/또는 경제적 단위가 되는 과정이며, 협력과 정체성을 위한 기초의 역할을 한다. 지역주의는 두 가지 측면을 가지고 있다. 첫째, 지역주의는 하위국가(sub-national)의 현상이며, 국가 내에서 발생하는 탈중앙화(지방분권화)의 과정이다. 예를 들어, 이는 연방주의를 실행하는 국가의 경우에 적용할 수 있다. 미국, 브라질, 파키스탄, 호주, 멕시코, 스웨덴, 나이지리아, 말레이시아, 캐나다 등이 이 제도를 택하고 있다. 하위국가 지역주의는 권력이양을 실행하는 국가들에서도 발견되는데, 그 국가들로는 스페인, 프랑스, 영국 등이 있다. 지역주의의 두 번째 측면은 하위국가가 아니라 초국가적인 것이다. 이 경우 지역주의는 세계의 동일한 지역에 존재하는 국가 사이의 협력 또는 통합의 과정을 의미한다. 이 장에서는 이러한 세계정치에서의 지역주의를 주로 다룰 것이다.

그러나 하위국가 지역주의와 초국가적 지역주의는 명확하게 구분이 안 되는 경우가 있다. 첫째, 모든 종류의 지역주의는 중앙과 주변의 관계에 있어서 동일한 역동성을 보이는데, 이는 결합과 분리로 나타난다. 둘째, 초국가적 지역주의체제 내의 중앙화는 국가형성 과정에 연결될 수 있으며, 이 틀 내에서 하위국가 지역주의체제가 등장할 수 있다. 이러한 점에서 미합중국의 수립은 지역주의의 중요성을 보여주는 가장 비근한 역사적 사례라 할 수 있다. 북미의 13개 영국 식민지 지역이 독립전쟁(1776년)에서 승리하여 주권적 독립을 이룩한 후, 그들은 연합을 형성하였다. 첫 단계에는 대륙회의(Continental Congresses, 1774–81년)를, 두 번째 단계에서는 연합규약(Articles of Confederation)에 의한 연합(1781–9년)을 구성하였다. 그러나 대외적인 영향력을 높이고 내부적인 협력을 강화하기 위하여, 13개 식민지들은 결합하여 1789년 헌법 비준 이후 미합중국을 설립하였다. 이렇게 하여 미국은 세계 최초의 연방국가가 되었다. 이후 미국의 지역주의는 다른 하위국가 지역 프로젝트의 모델이 되었으며, '유럽합중국(United States of Europe)'의 아이디어를 통한 유럽 등의 초국가적 프로젝트의 기초적 모델이 되기도 하였다. 셋째, 하위국가 지역주의와 초국가적 지역주의의 구분이 희미해지는 경우가 있는데, 그 이유는 하위국가 지역이 때때로 초국가적 성격을 가지기 때문이다. 하위국가의 문제가 국가의 국경을 넘기도 하고 국가 사이의 관계에 영향을 미치기도 한다. 예를 들어, 중동의 쿠르드 지역은 튀르키예 동부, 이라크 북부, 시리아와 이란의 일부지역을 포함하여, 이주민 유입 문제와 더불어 분리주의 민족주의를 등장시켰다. 미국 캘리포니아의 샌디에고와 멕시코의 티후아나 경제의 연결은 소지역통합으로 이어졌는데, 이는 북미자유무역협정(NAFTA: North

탈중앙화(Decentralization): 권력과 책임을 국가정부로부터 이동시켜 지역 자율성을 확대시키는 것.

연방주의(Federalism): 중앙조직(국가 또는 국제)과 주변부조직이 주권을 공유한다는 개념에 기초한 권력의 지역적 배분 (p. 172 참조).

권력이양(Devolution): 중앙정부로부터 하위지역조직에 권력 일부를 양도하는 것으로, 연방과 달리 주권을 공유하지는 않는다.

중앙화(Centralization): 정치권력과 정부권위를 중앙으로 집중시키는 것.

연합(Confederation): 각 국가가 독립을 유지하고 만장일치 의사결정을 보장하는 상태에서의 국가 사이의 결합.

American Free Trade Agreement)을 통한 미국-멕시코의 지역협력과는 다른 수준으로 존재한다 (Breslin 2010).

지역주의에 대한 지속적인 문제는 지역의 성격과 범위를 정하는 것이다. '지역(region)'이란 무엇인가? 표면적으로 지역은 구분되는 지리적 면적이다. 따라서 지역은 지도를 보고 파악할 수 있다. 이에 따라 지역은 대륙으로 식별되기도 하는데, 예를 들어 유럽(유럽연합을 통하여), 아프리카(아프리카연합[AU]을 통하여), 미주(미주기구[Organization of American States]를 통하여) 등이다. 그러나 많은 지역기구들은 하위대륙 기구들인데, 그들은 동남아시아국가연합(ASEAN), 남아프리카관세동맹, 중미공동시장 등이다. 초대륙적 기구들도 있는데, 그들은 아시아-태평양경제협력기구(APEC), 북대서양조약기구(NATO) 등이다. 지역 정체성의 대안은 사회-문화적 정체성인데, 이는 이웃하는 국가들 사이의 종교적, 언어적, 역사적, 심지어는 이념적 동질성으로 나타난다. 특히 문화적 정체성은 아랍연맹과 북유럽이사회(Nordic Council)의 경우에 중요하고, 회원국들이 분명한 자유민주주의의 가치를 가져야 하는 EU의 경우에도 적용될 수 있다. 이러한 점에서, 지역은 헌팅턴의 '문명의 충돌'이 의미하는 바와 같이 '문명의 지리적 표현'이라 할 수 있다. 그러나 과거 적성국 또는 문화적·이념적 정체성이 상이한 국가들이 협력하여 경제통합을 추진하는 경우도 있다. 만약 소속 단위의 문화의식이 '지역'의 기본적 특징이라고 한다면, '지역'은 세계 어느 곳에도 존재할 수 없다. 이 경우 EU를 포함한 어떠한 지역조직도 정치적 정체성의 측면에서 민족국가의 경쟁상대가 되지 못할 것이다.

(만일 그러한 것이 존재한다면,) 지역 정체성은 복합적이고 중첩되기 때문에 문제는 더욱 복잡해진다. 예를 들어, 멕시코는 북미의 한 부분(NAFTA의 회원국)인가, 중미(식민지 이전의 문화)의 한 부분인가, 라틴 아메리카의 한 부분(스페인의 식민지로써의 언어, 문화와 역사)인가, 아니면 아시아-태평양의 한 부분(APEC의 회원국)인가? 물론 대답은 모두에 속한다는 것이다. 지역 정체성은 상호 배타적인 것이 아니고, 국가 정체성과 공존할 수 없는 것도 아니다. 결국 지역은 정치적이고 사회적으로 구성된다. 민족과 마찬가지로 지역은 '상상의 공동체'이다 (Anderson 1983). 궁극적으로 '유럽', '아프리카', '아시아', '중남미'는 아이디어이지, 지리적, 정치적, 경제적, 또는 문화적 실체가 아니다. 정치적 구성체로서 지역은 끊임없이 유동적이다. 그 이유는 지역의 범위가 재정의 또는 재형성 될 수도 있고, 협력의 정도와 목적이 계속 변할 수 있으며, 구성국도 계속 변하게 되기 때문이다. 이는 지역 정체성이 충돌하는 이유를 설명한다. 지역통합에 대한 경쟁 모델 또는 '프로젝트'가 등장하는데, 이들은 다른 국가들 간에, 다른 정치단체들 간에, 또는 경제 및 정치 엘리트들과 일반 국민들 간에 발생한다.

마지막으로 지역주의는 이웃국가가 협력하려고 선택하는 주요 분야에 따라 다

개 념

지역주의

지역주의(regionalism)는 다수의 국가가 포함된 지리적 범위 내에서 사회적, 경제적 또는 정치적 활동을 조화시키는 이론 또는 실행이다. 제도적 차원에서 지역주의는 결속을 이루게 하는 규범, 규칙, 공식적 구조의 성립을 포함한다. 정서적인 차원에서 지역주의는 정치적 정체성과 충성을 국가로부터 지역으로 재편성하는 것을 의미한다. 지역통합은 결합 정도에 따라 정부간주의(p. 501 참조)에 기초한 주권국 사이의 협력, 그리고 초국가주의(p. 499 참조)에 기초하여 권위를 국가로부터 중앙의 의사결정 조직으로 전환시키는 방식이 있다.

자유무역지대(Free trade area): 국가들이 관세 및 기타 무역장벽들을 줄이기로 합의하는 지역.

관세동맹(Customs union): 다수의 국가가 역내 관세를 철폐하는 동시에 외부 세계에 대한 공동의 부관세를 수립하는 협정.

공동시장(Common market): 노동과 자본이 자유롭게 이동되고, 높은 수준의 경제적 조화가 이루어지는 다수의 국가가 포함되어 있는 지역이며, 때때로 단일시장으로 불린다.

안보공동체(Security community): 국가 사이의 협력과 통합의 수준이 높아서 전쟁이나 대규모 폭력 사용을 불가능하게 하지는 못하더라도 되도록 발생하지 못하게 하는 공동체.

른 형태를 보이게 된다. 이러한 지역주의의 유형은 아래와 같다.

- 경제적 지역주의
- 안보적 지역주의
- 정치적 지역주의

'경제적' 지역주의는 같은 지리적 지역에 있는 국가들이 협력을 통하여 경제적 기회를 극대화하는 것이다. 경제적 지역주의는 지역통합의 주요 형태이며, 1990년대에 소위 '신'지역주의의 등장 이후 지역 무역블록을 형성하고 기존의 무역블록을 심화하여 지역협력을 강화한다. 이러한 추세가 지속적으로 발전하여, 2020년 3월까지 단 하나의 WTO 회원국인 모리타니(Mauritania)만이 현재 발효 중인 지역무역협정(RTA)의 당사자가 되지 않았지만, WTO는 모리타니가 협상 중인 EU-서아프리카 RTA의 당사자가 될 것이라고 통보되었다. 2020년 1월까지 483개의 RTA가 GATT/WTO에 통보되었다. 대부분의 무역협정들은 **자유무역지대**를 설립하지만, 다른 경우에는 **관세동맹** 또는 **공동시장**을 형성하고 있다. WTO는 이러한 협정들에 대해 모든 무역 파트너들을 동등하게 대해야 한다는 '최혜국대우' 원칙의 예외로 인정하면서 수용하고 있다.

'안보적' 지역주의는 국가들을 이웃 또는 먼 지역의 적으로부터 보호하기 위한 협력의 형태를 의미한다. 도이치(Karl Deutsch 1957)는 이러한 측면의 지역통합을 '**안보공동체**'로 불렀다. 이는 두 가지 방식으로 적용된다. 첫째, 지역기구들은 회원국들이 '협력을 통한 평화'의 체제 내에서 협력을 모색하도록 한다. 이 상황에서 특히 경제문제에 대한 상호의존과 통합이 심화되면, 회원국 사이의 전쟁은 불가능하게 된다. 1952년 유럽석탄철강공동체(ECSC)와 1958년 유럽경제공동체(EEC)를 설립한 동기는 프랑스와 독일 사이의 미래 전쟁을 방지하기 위한 것이었다. 지역협력의 다른 안보적 동기는 공동의 외부 적의 공격으로부터 보호하기 위한 것이다. 유럽통합은 소련의 팽창주의의 위협으로부터 유럽을 지키기 위한 수단이었다. ASEAN의 원래 역할은 공산주의에 대항한 공동방어를 제공하기 위한 것이었다. 안보적 지역주의는 지역의 평화유지를 선호하는 글로벌 추세에서도 나타난다. 예를 들어, 아시아-태평양 국가들이 군대와 경찰인력을 캄보디아(1992–3년)와 동티모르(1998–2002년)에 평화유지군으로 파견하였으며, 서아프리카경제공동체(ECOWAS)가 라이베리아의 평화와 안정을 회복하기 위하여 군인들을 파견(1990–8)하였다.

'정치적' 지역주의는 같은 지역에 있는 국가들이 공유된 가치를 강화하거나 보호하여 자신들의 이미지와 명성을 향상시키고 강력한 외교적 위상을 확보하기 위한 시도이다. 1949년 인권, 민주주의, 법치에 대한 존중을 확립하여 유럽대륙 전체에 공통된 민주적이고 법적인 지역을 수립하기 위하여 1949년에 창설한 유럽평의회(Council of Europe)가 이러한 정치적 지역주의를 바탕으로 하였다. '회원국들의 독립과 주권을 보호하고, 아랍국가들의 문제와 이익을 다루기 위하여, 회원국들의 밀접한 관계를 수립하고 협력을 도모할 목적으로' 1945년 아랍연맹이 창설되었다 (Arab League 1945). 아프리카단결기구(OAU)는 국경선을 존중하는 자립정부를 설립하고 아프리카대륙 전체에 사회적 발전을 도모하기 위하여 1963년에 설립되었다. OAU는 2002년 아프리카연합(African Union)으로 대체되었다. 이러한 조직들이 창설되었지만, 경제적, 안보적, 정치적 지역주의의 형태 구분은 잘못될 수도 있다. 지역기구들은 특정 목적을 가지고 창설되고 원래 목적을 충실하게 유지하면서 활동하지만, 대부분의 지역조직들이 복합적이 되면서, 경제, 전략, 정치 문제에 개입하게 된다. 예를 들어, 아프리카연합은 범아프리카의회와 아프리카사법재판소를 총괄하는 정치조직이지만, 아프리카연합은 하위지역의 경제통합을 촉진하고, 개발 이슈에 개입하며, 아프리카에서 AIDS을 퇴치하는 데 노력을 기울인다. 또한, 아프리카연합은 2005년 수단의 다르푸르 사례와 같이 지역분쟁에 대한 군사개입도 한다.

왜 지역주의인가?

여러 가지 측면에서, 지역주의의 등장에 대한 설명은 보다 광범위한 현상인 국제기구에 대한 설명과 중첩된다. 그러나 지역통합을 향한 추세, 특히 초국가적 협력의 유럽 경험은 국제적 차원에서의 통합과 제도형성의 동기와 과정에 대한 이론적 논쟁을 불러일으킨다. 세 가지 주요 이론이 포함된다.

- 연방주의
- 기능주의
- 신기능주의

연방주의

연방주의는 지역 또는 글로벌 통합에 대한 초기 이론이고, 18세기 이후 헤겔(G. W. F. Hegel, 1770-1831)과 루소(Jean-Jacques Rousseau, 1712-78) 같은 정치 사상가들이 옹호하였다. 또한, 연방주의는 국내정치에서 중앙과 지방 사이의 긴장을 조정하는 장치로 사용된다. 연방주의는 지역적이고 국제적 협력 차원에서 정치적 엘리트들에 의한 의사결정 과정에 의존한다. 국제 연방의 장점은 국가 사이의 문제, 특히 전쟁 문제에 대한 해결책을 제시한다는 점이다. 만약 전쟁이 무정부상태에서 자기이익을 추구하는 주권국가에 의하여 시작된다면, 국가들이 주권의 일부분을 상위의 연방기구에 할양할 경우에만 평화가 이루어질 수 있다. 이는 때때로 연합주권으로 묘사된다. '다양성을 통한 통일'이라는 연방주의의

연합주권(Pooled sovereignty): 국제협력체제 내에서 국가들의 의사결정 권위의 공유이며, 일부 주권이 중앙조직에 이동된다.

기능주의(Functionalism): 정부가 주로 인간이 필요로 하는 것에 책임이 있다는 이론이다. 구성국가들이 통제하는 단계에 따라 특정분야에 대한 통합을 점진적으로 이루어 간다는 이론.

신기능주의(Neofunctionalism): 기능주의의 수정이론이며, 한 분야의 지역통합은 '파급효과'의 형식으로 추가적인 통합의 압력을 발생시킨다는 이론.

파급효과(Spillover): 어느 한 분야의 경제통합의 시작과 심화가 다른 분야의 경제통합, 나아가서는 정치통합을 향한 압력을 생성시키는 과정.

비전은 국제기구와 국가기관 사이의 공유된 주권체계에 의하여 달성되었고, 로마조약(1957년)에서 '보다 긴밀한 연합(ever closer union)'을 목표로 내세운 유럽공동체의 설립자들에게 강한 영향을 미쳤다. 그러나 연방주의는 보다 광범위한 통합과정이나 글로벌거버넌스에는 별로 큰 영향을 미치지 못했다. 그 이유는 연방주의가 너무 야망적이어서 국가들에게 자발적으로 주권을 희생시키도록 요구하였고, 연방주의에 대해서는 정치 엘리트 또는 지식 엘리트들만이 열정적인 반면 대중들은 오히려 정치적 민족주의에 더 관심을 가졌기 때문이었다.

기능주의

유럽의 경우 통합이 진행되는 과정에서 연방주의 사고는 기능주의 접근에 길을 내줬다. 기능주의의 핵심 아이디어는 미트라니(David Mitrany 1966)의 "형식은 기능을 따른다"라는 언급이 설명하고 있다. 이 견해에 따르면 협력은 특정 활동(기능)에 초점을 맞출 때에만 작동되고, 이 협력은 개별국가보다는 집단행동을 통해서 더 효율적으로 이루어진다. 이후 이러한 분야에서 협력을 심화시키는 구조(형태)를 구성하도록 하는 압력이 발생한다. 유럽통합은 분명하게 이러한 기능주의적 경로를 따랐다. 유럽통합의 추진은 경제협력부터 시작되었는데, 국가들은 경제분야가 가장 논쟁이 없는 분야이면서, 통합에 가장 중요한 분야로 인정하였다. 기능주의자들은 통합과 국제협력의 가능성에 대하여 일반적으로 많은 기대를 하였고, 기능적 조직이 상품과 서비스를 제공하는 데 효율적이기 때문에 정치적 충성이 민족국가로부터 비교적 쉽게 새로운 기능적 조직으로 이동될 것이라고 믿었다. 그러나 기능주의의 약점은 국가들이 기술분야도 아니고 정치분야의 책임을 기능적 조직에 기꺼이 넘겨줄 것이라고 과신한 점이다. 더욱이 기능의 중요성에 상관없이 국제기구가 민족국가에 경쟁이 되는 대중적 정통성을 획득할 것이라는 근거도 별로 없었다.

신기능주의

이러한 기능주의의 단점 때문에 신기능주의에 대한 관심이 증폭되었다. 하스(Haas 1964)의 저술에 따르면, 신기능주의는 전통적인 기능주의 논리의 한계, 즉 통합이 경제 등의 분야에서 상호의존의 심화에 의하여 결정된다는 점에 대한 대안으로 제시되었다. 신기능주의는 경제와 정치 사이의 상호작용을 강조한다. 이 관점에 따르면, 기능적 협력은 보다 긴밀한 협력을 요구하는 초국가적 지지자들을 만들어내는 성향을 가지게 되고, 보다 광범위한 정치통합을 이끌어내는 역동성을 창출한다. 이 과정을 **파급효과**라 한다. 엘리트의 사회화, 그리고 통합과정이 개조되고 재정의되어야 한다고 강조하게 되면서 신기능주의는 구성주의이론과 유사하게 되었다. 그러나 신기능주의의 단점은 이 이론이 유럽통합 과정에 편협하게

표 21.1 세계 주요 지역기구

지역	지역기구	설립년도	회원국 수
아프리카	아프리카연합(AU: African Union)	2002	54
	중부아프리카경제관세연합(Central African Customs and Economic Union)	1966	6
	서아프리카경제공동체(ECOWAS: Economic Community of West African States)	1975	15
	중부아프리카경제공동체(ECCAS: Economic Community of Central African States)	1983	6
	아랍마그레브연합(Arab Maghreb Union)	1988	5
	남부아프리카개발공동체(SADC: Southern African Development Community)	1992	15
	남아프리카관세동맹(SACU: Southern African Customs Union)	1910	5
미주	북미자유무역협정(NAFTA: North American Free Trade Agreement)	1994	3
	남미공동시장(Mercosur: Southern Cone Common Market)	1991	6
	미주기구(OAS: Organization of American States)	1948	35
	중미공동시장(CACM: Central American Common Market)	1960	5
	안데스 그룹(Andean Group)	1969	4
	라틴아메리카통합연합(LAIA: Latin American Integration Association)	1980	14
아시아	동남아시아국가연합(ASEAN: The Association of Southeast Asian Nations)	1967	10
	아세안지역안보포럼(ARF: ASEAN Regional Forum)	1994	27
	동아시아정상회의(EAS: East Asian Summit)	2005	18
	남아시아지역협력연합(SAARC: South Asian Association for Regional Cooperation)	1985	7
	걸프협력회의(GCC: Gulf Cooperation Council)	1981	6
	상하이협력기구(SCO: Shanghai Cooperation Organization)	2001	6
	경제협력기구(ECO: Economic Cooperation Organization)	1985	10
아시아-태평양	아태경제협력기구(APEC: Asia-Pacific Economic Cooperation)	1989	21
	태평양경제협력이사회(PECC: Pacific Economic Cooperation Council)	1980	26
	태평양제도포럼(Pacific Islands Forum)	1971	15
유라시아	유라시아경제공동체(EAEC: Eurasian Economic Community)	2000	6
	흑해경제협력기구(BSEC: Black Sea Economic Cooperation)	1992	12
유럽	유럽연합(EU: European Union)	1952	27
	유럽평의회(CoE: Council of Europe)	1949	47
	북유럽이사회(Nordic Council)	1952	8*
	베네룩스경제연합(Benelux Economic Union)	1958	3
유럽-대서양	북서대양조약기구(NATO: North Atlantic Treaty Organization)	1949	28
	유럽안보협력기구(OSCE: Organization for Security and Cooperation in Europe)	1973	57

* 3개의 자치적 영토 포함.

연결된다는 점이고, 다른 지역기구들, 그리고 글로벌거버넌스의 기구들이 유럽의 신기능주의적 경로를 거의 활용하지 않는다는 점이다. 실제로 일부 사람들은 신기능주의가 국제기구의 이론이기보다는 유럽의 경험을 묘사한 것에 불과하다는 주장을 한다.

1970년대 중반 이후 권력정치가 새로운 형태의 초국가적 거버넌스에 의하여 대치되고 있다는 신기능주의의 주장에 의한 환상에서 깨어나야 한다는 분위기가 조성되었다. 당시까지 경험에 의하여 신기능주의가 수용되기 어려운 상황으로 전개되고 있었다. 다른 어떠한 형태의 지역주의도 연방 스타일의 통합을 하는 유럽의 사례를 따를 의사를 보이지 않았고, 유럽 내에서 '보다 긴밀한 연합'을 위한 희망도 일부 국가와 민족주의적 충성에 의하여 좌절되어 가는 상황이 전개되었다. 이러한 맥락에서 많은 사람들은 국가 간의 협력을 대안으로 제시하면서, 상호의존, 다자주의, 국제레짐, 글로벌거버넌스를 강조하였다. 결국 통합을 선호하는 뿌리 깊고 거역하기 힘든 역동성의 아이디어는 특정한 역사적 요인의 역할이 인정됨에 따라 대부분 포기되었다. 예를 들어, 아프리카와 아시아의 탈식민화 과정은 특히 1960년대에 정점을 찍은 지역주의의 첫 번째 물결에 기여했는데, 새로 독립한 국가들은 지역주의를 자신들 사이뿐만 아니라 이전의 식민지 권력과의 정착된 관계를 설정하는 메커니즘으로 보는 경향이 있었기 때문이다. 두 번째 요인은 저개발과 저조한 경제성과로부터 비롯되는데, 특히 국가들이 긴밀한 지역협력에 대해서 성장을 자극하는 동시에 심화되는 국제경쟁으로부터 보호를 획득하기 위한 수단으로 생각한 것이다. 이는 지역주의와 글로벌화 사이의 복잡하고 때로는 모순된 관계에서 특히 분명하게 드러났다.

지역주의와 글로벌화

1980년대 이후 지역주의의 명백하고 지속적인 재부상이 있었고, 지역주의의 '제2의 도래' 또는 '신'지역주의로 불렸다. 그러면 신지역주의의 새로운 것은 무엇인가? 신지역주의는 기본적으로 경제적인 성격을 지녔고, 지역 무역블록을 형성하는 형태로 나타났다. 더욱이 이러한 무역블록들은 국가들이 유럽연합 스타일의 초국가적 통합보다는 상호활동할 수 있는 지역적 공간으로 형성되었다. 1990년부터 1994년 사이에 GATT는 33개의 지역 무역협정에 대한 정보를 수집하였는데, 이는 1948년 이후 이루어진 협상의 3분의 1을 차지하였다. 아시아-태평양경제협력기구(APEC)는 1989년에 창설되었고, 12개 회원국에서 21개국(호주, 중국, 러시아, 일본, 미국 포함)으로 확대되었고, 이 기구는 세계 인구의 40퍼센트와 세계 GDP의 50퍼센트 이상을 포함하고 있다. 1991년에 체결된 아순시온조약(Treaty of Asuncion)에 의하여 남미공동시장(Mercosur)이 창립되었다. 이 기구에 아르헨티나, 브라질, 파라과이, 우루과이, 베네수엘라가 회원국으로 가입하였고, 칠레, 콜롬비아, 에콰도르, 페루, 볼리비아는 준회원국으로 활동하고 있다. 남미공동시장은 중남미에서 가장 큰 무역블록이다. 캐나다, 멕시코, 미국을 연결한 NAFTA는 1992년에 서명되었고 1994년에 발효되었다. 1993년에 유럽연합조약(TEU 또는 마스트리트조약)이 비준되어 유럽공동체(European Community)가 유럽연합(European Union)으로 탈바꿈하였다. 같은 해에 ASEAN 자유무역지대(FTA)가 체결되었다. 1994년에 미주국가들의 자유무역지대를 구축하기 위한 협정이 체결되어, NAFTA를 확대하고 궁극적으로 남미와 북미 국가들을 포괄하려는 계획이 수립되었다.

경제적 지역주의의 증가는 다양한 종류의 요인들에 의하여 이루어졌다. 첫째, 경제적 지역주의는 개도국의 수출주도형 경제전략을 반영한 것이다. 많은 국가들이 주도국들의 전략을 따라 했는데, 초기에는 일본 스타일을 모방하였고 후에는 아시아의 '호랑이' 경제 국가들을 모방하였다. 둘째, 냉전종식은 구공산권 국가들로 하여금 경제통합이 자신들의 시장경제로의 전환을 지원하고 공고화해 줄 것으로 기대하였다. 이에 따라 EU가 동쪽으로 확대되는 계기가 마련되었다. 셋째, WTO의 설립과 글로벌경제 거버넌스 기구들의 영향력 증대는 많은 국가들로 하여금 지역주의가 다자기구 내에서 영향력을 획득할 수 있는 방식이라는 점을 설득하는 데 기여하였다. 넷째, 미국이 지역주의에 대한 지원역할에서 적극적으로 참여하게 된 전환은 지역주의의 과정에 상당한 추가적인 추동력을 제공하였다. 마지막으로 가장 근본적인 요인은 1980년대와 1990년대 글로벌화의 가속화였다. 지역주의는 글로벌자본의 흐름을 급속하게 확대시켰기 때문에 점차 매력적인 것이 되었고, 초국가적 생산패턴의 추세는 국가의 독립적인 경제단위로서의 신뢰를 저하시키는 것으로 보였다. 따라서 지역주의는 국가들이 글로벌화의 영향을 관리할 수 있는 메커니즘으로 재탄생하였다. 그러나 이러한 상황에서 지역통합이 어떻게 사용되어야 하는지, 따라서 글로벌화에 대한 지역주의의 의미에 대해서 많은 논의가 이루어지고 있다.

바그와티(Bhagwati 2008)는 지역 무역블록이 글로벌체제 내에서 '블록을 쌓는지' 또는 '블록을 무너트리는지' 의문을 제기하고 있다. 지역적 상호작용은 어떻게 글로벌화하는가? 경제적 지역주의의 한 측면은 기본적으로 방어적이다. 이에 따라 지역기구들은 글로벌경쟁의 심화에 의하여 경제와 사회생활이 붕괴되는 것을 방지하는 수단으로 보호주의를 포용하는 경우가 있다. 이것은 마치 한때 유행했던 '유럽 요새' 개념처럼 지역을 요새로 개념화했다. 거의 동시에 이루어진 NAFTA의 창설, EU의 시작, ASEAN의 자유무역지대 설정 등은 이러한 개념에서 이해되고, 세계가 경쟁하는 지역블록들로 채워지는 생각이 들게 한다. 방어적 지역주의는 하위국가 또는 초국가적 이익집단들에 의하여 추동되는 상향식 과정이라 할 수 있는데, 그 사례로는 유럽연합과 미국의 농업 관련 이익을 들 수 있다.

논 쟁

지역주의의 발전은 글로벌질서와 안정을 위협하는가?

지역주의의 심화와 확대는 현대 글로벌정치의 가장 중요한 특징 중의 하나이다. 그러나 일부 사람들은 '지역들의 세계(world of regions)'를 분쟁과 불안정의 근원이라 인식하는가 하면, 다른 사람들은 지역주의가 안보를 증진시키고 번영을 가져다 줄 것이라고 주장한다.

그 렇 다

지역 이기주의. 지역주의는 세계정치의 근본적인 갈등적 성격을 바꾸지 못하고 있다. 그 대신 국가체제 내의 권력정치는 지역체제 내의 권력정치로 대체되는 과정에 있다. 이는 두 가지 이유로 발생한다. 첫째, 현실주의자들이 주장하듯이 인간의 본성은 변하지 않는다. 따라서 만약 지역이 글로벌정치의 핵심 단위로서 국가를 대체한다면, 국가 이기주의가 지역 이기주의로 재탄생할 것이다. 둘째, 글로벌체제의 기본적인 무정부적 성격 때문에, 만약 국가라는 메커니즘을 통하여 안보와 생존을 담보 받을 수 없다면, 지역활동을 통하여 확보할 것이다. '요새(fortress)' 지역주의는 아마도 불가피하게 공격적 지역주의 또는 패권적 지역주의로 발전할 것이다.

문화적 또는 문명적 충돌. 역내 갈등의 또 다른 이유는 문화의 차이이며, 이는 '문명의 충돌'의 관점에서 표현되고 있다. 이 견해에 따르면, 지역통합은 공유된 가치, 전통, 신념의 존재에 의하여 시작되며, 이러한 이유로 지역통합은 공통된 문화와 이념적 유산이 있는 지역에서 보다 빠르게 진행된다. 지역에 의구심을 갖고 있거나 적대감을 갖는 경우 상이한 가치, 문화와 전통을 보유하고 있다. 따라서 지역들의 세계는 경쟁적인 가치체계를 지닌 세계이고, 갈등과 글로벌 무질서의 원인이 된다.

보다 심화된 통합. 지역주의는 보다 깊은 수준의 통합을 조장하는 논리에 의하여 추동되고, 지역기구들은 점차 내부 문제를 중시하게 되고 갈등이 억제된다. 신기능주의적 파급효과는 불가피하게 경제통합을 정치통합으로 전환시킬 것이다. 이러한 논리에 의한 유럽통합의 사례를 다른 지역들도 따라서 할 것이다. 이는 지역화된 엘리트와 주변부화되고 불만을 가진 대중의 간격을 더 벌려 놓을 것이다. 이 간격은 정치적 극단주

아 니 다

민족주의가 지역주의를 앞선다. 역내 갈등이 증가할 것이라는 전망은 잘못된 것이다. 지역주의가 국가체제를 능가하기보다는 보완하는 것이 현실이다. 세계무대에서 국가가 주요 행위자로 남을 것이며, 어떠한 지역기구나 글로벌기구도 국가가 정치적 충성과 시민적 정체성을 생성시키는 능력에 필적하지 못할 것이다. 따라서 초국가적 지역주의는 지역기구들이 국가들로 하여금 상호이익 문제에 대하여 협력할 수 있는 정치적 공간이 되도록 하는 데 실패하였다. EU를 제외하고 어떠한 지역기구도 세계무대에서 글로벌 행위자로 되는 데 필요한 수준의 통합을 이루지 못하고 있다.

글로벌한 것이 지역적인 것을 지배한다. 글로벌경제가 점점 더 지역 경쟁의 장이 될 것이라고 암시하는 주장, 즉 지역블록이 글로벌화의 장애물이라는 생각은 지속되기 어렵다. 현대 세계의 국가들이 공동의 문제를 해결하기 위해 협력해야 한다는 인식, 즉 지역통합은 상호의존의 논리에 의해 추진된다는 생각은 협력이 지역을 넘어 지역 간 협력, 나아가 글로벌협력까지 포함해야 함을 의미한다. 기후변화, 자유무역, 개발 불균형, 국제안보 같은 이슈들은 지역적 차원에서 해결하기가 어렵다. 지역기구는 개방적이어야 하고 외부 지향적이어야 하지만, 보다 높은 수준의 협력을 위한 디딤돌이 되어야 한다.

지역주의의 한계. 심층적인 지역통합에는 심각한 장애물이 존재한다. 민주적으로 책임 있는 지역기구를 만들기가 쉽지 않다는 점은 그러한 기구가 대중적 지지를 받는 데 한계가 있다는 의미이다. 더욱이 경제의 규칙과 제도의 조화를 이루는 것이 쉽지 않다. 이는 공동시장 또는 단일시장을 만드는 것이 어렵다는 점을 입증하고 있다. EU에서 나타나듯이 순수하게 자유시장과 노동과 자본의 자유로운 흐름을 성취하려면 단일화

의를 조장할 것이고, 특히 지역화 과정에 의하여 권리를 박탈당한 사람들이 주도할 것이다.

폐와 공동이자율을 택하여야 한다. 그러나 이러한 조화의 수준을 맞추는 것은 언젠가 붕괴될지도 모르는 과도하게 엄격한 경제조치들을 필요로 한다.

EU 내에서 특히 중요한 관심사는 유럽의 사회모델을 보호하는 것인데, 그 모델은 신자유주의 글로벌화로 인해 촉발된 보편적 복지제공에 의해 성격이 규정되었다.

'신'지역주의는 단순히 보호주의에 의해서가 아니라 경쟁적인 동기에 의하여 유발되었다. 이 경우 국가들은 글로벌시장의 힘에 저항하기 위하여 지역블록을 형성한 것이 아니라 보다 효과적으로 참여하기 위해 형성하였다. 국가들은 보다 확실하고 넓은 시장에 접근하기 위하여 무역블록을 강화하거나 확대했지만, 더 넓은 글로벌시장에 등을 돌리지는 않았다. 이를 위해서 교차 지역적 상호작용을 시도하고 WTO와 기타 기구들에 대한 영향력 확대를 모색한다. 지역주의는 경제자유화를 향하여 손을 맞잡고 나아가는 것이라는 사실 때문에 지역통합의 요새모델(fortress model)은 약화된다. 시장, 경쟁, 기업가 정신을 포용함에 따라 지역 무역블록은 개방되고 외부를 향하게 되며, 단순히 지역적 차원이 아니라 글로벌 차원의 자유무역에 참여하게 된다. 방어와 경쟁을 향한 대립적 충동의 균형에서 지역블록은 국내 이익과 우월성에 대한 위협에 대응하면서 요새보다는 필터의 기능을 하였다. 그러나 지역 무역협정들이 늘어남에 따라 글로벌 자유무역 체계보다는 쌍무적이고 지역적인 협정들이 복합적이고 중첩되게 나타나고 있으며, 그들은 서로 모순되고 충돌하는 조항들을 보유하고 있는데, 바그와티(Bhagwati 2008)는 이를 '스파게티 접시' 시스템으로 불렀다.

아시아의 지역주의

아시아에서 시작된 가장 중요한 지역적 구상은 동남아시아국가연합(ASEAN)이다. ASEAN은 1967년 인도네시아, 말레이시아, 필리핀, 싱가포르, 태국이 설립하였고, 브루나이(1984년), 베트남(1995년), 라오스와 버마(1997년), 캄보디아(1999년)가 나중에 합류하였다. ASEAN은 냉전의 산물이었고, 초기에는 주로 안보 문제, 특히 역내 분쟁을 해결하고 강대국의 영향을 막아내는 것이 최대 관심사항이었다. 그러나 이 기구는 경제와 무역문제에 대한 협력을 향하여 꾸준히 움직여 나갔고, ASEAN 자유무역지대 설치를 위한 협정을 1992년에 체결하였다. 이는 정치적 지역주의의 성장에 의해 보완되었으며, '아시아적 가치'(제9장에서 논의됨)를 강조하는 형태로, 때로는 '아세안 방식'으로 묘사되기도 했지만, 확장과 발전은 시간이 지남에 따라 아세안 프로젝트가 더 한계적이고 경쟁적인 측면이 되었다는 것을 의미했다. 1990년대 후반 통합과정에 대한 논의도 시작되었는데, 그 계기는 1997-8년의 아시아 금융위기와 중국과 인도의 빠른 경제성장에 대항하기 위해서였다. 이에 따라 'ASEAN 경제공동체'를 창설하기로 하였고, 일부 사람들은 EU와 유사하게 만들고 따라서 유럽통합 과정을 모델로 하기를 원하였다. 이에 더하여 아시아-태평양의 3대 강국인 미국, 중국, 일본과의 정치적이고 경제적 대화의 기회를 확대하였다. 특히 ASEAN과 중국의 관계를 강화하려는 노력을 기울였다. 예를 들어, 2002년 중국과 ASEAN은 세계의 가장 큰 자유무역지대를 체결하기로 합의했는데, 이로써 2010년 초에 20억 인구를 포함하는 자유무역지대가 되었다.

ASEAN은 다양한 방식으로 지역협력을 확대하려고 노력하였다. 이 중에는 아세안지역안보포럼(ARF)이 있는데, 아시아-태평양 국가들 사이에 신뢰를 구축하고 대화를 증진시키기 위하여 1994년에 설립되었다. 2022년 현재 ARF는 27개 회원국을 보유하였다 (EU는 단일 회원국으로 계산한다). ASEAN+3는 ASEAN 10개국과 중국, 일본, 한국 사이의 협력을 강화할 목적으로 1997년에 창설하였다. 가장 중요한 업적은 2000년의 치앙마이 이니셔티브였는데, 이를 통하여 ASEAN+3 국가들은 다자간 통화스왑을 실시하여 미래 금융위기에 대응할 수 있는 장치를 마련하였다. 또한, ASEAN은 동아시아정상회의(EAS)를 주도했는데, 2005년부터 시작된 이 회의에는 ASEAN 국가들과 더불어 중국, 일본, 한국, 인도, 호주, 뉴질랜드가 참여하고 있다. 그러나 아시아의 지역통합은 ASEAN이나 ASEAN과 관련된 이니셔티브에 국한된 것이 아니다. 비ASEAN 이니셔티브는 아시아-태평양경제협력기구(APEC)와 더불어 중국에 의하여 이루어졌다. 중국의 가장 중요한 지역구상은 2001년에 중국, 카자흐스탄, 키르기스스탄, 러시아, 타지키스탄, 우즈베키스탄이 참여하는 상하이협력기구(SCO: Shanghai Cooperation Organization)를 창설한 것이다. 앞의 5개 국가는 1996년에 설치된 상하이 5개국(Shanghai Five)의 회원국이었다. 처음에는 테러, 분리주의, 정치적 극단주의와 관련된 안보문제에 대한 중앙아시아 국가들의 협력을 도모하기 위하여 SCO가 설립되었으나, 시간이 흐르면서 활동은 군사, 경제, 문화협력 분야로 확대되었다. 일부 사람들은 SCO의 전통적 형태의 지역주의 배경에는 보다 중요한 지정학적 의미가 있다고 한다. 광대한 유라시아에 대한 미국과 NATO의 침투를 막아내고 자원이 풍부하고 전략적으로 중요한 중앙아시아를 지켜내는 것이다.

아프리카의 지역주의

대부분의 아프리카 국가들은 자신들의 심각한 경제적, 정치적, 사회적 문제들에 대한 해결책의 한 부분으로 지역주의에 관여하고 있지만, 지역통합의 발전은 빈곤, 정치적 불안정, 국경분쟁, 아프리카 국가들 사이의 정치적이고 경제적인 차

초 점

아시아의 지역주의: 유럽 경험의 복제?

아시아의 지역주의와 유럽의 지역주의 사이에는 유사점이 있는가? ASEAN은 아시아판 EU의 과정에 있는가? 1990년대 후반부터 비평가들이 유럽통합의 과정과 비교할 정도의 수준으로 ASEAN이 발전하였다. 이는 2003년 발리에서 개최된 제9차 ASEAN 정상회의에서 ASEAN 공동체 설립 계획을 논의하면서 명확해졌다. 유럽연합조약(TEU)을 모방하여 '3개의 기둥'을 만들기로 했는데, 그들은 ASEAN 경제공동체, ASEAN 정치-안보공동체, ASEAN 사회-문화공동체를 포함하였다. 이러한 협력 강화의 경제적 측면은 특히 중요한데, 그 이유는 ASEAN이 자유무역지대를 설립하는 데 있어서만 제한적인 성공을 거두었기 때문이다. ASEAN 경제공동체의 목적은 효율적인 생산기반과 회원국들 사이의 통합된 시장을 건설하는 것이다. 2022년 기준으로 ASEAN 회원국은 상품에 대한 98퍼센트 이상의 관세를 철폐했다.

그러나 지역통합 모델로서 ASEAN과 EU 사이에는 분명한 차이가 존재하고 있고, 이 차이는 지속될 것이다. 특히 ASEAN은 자유무역지대의 설립을 향하고 있으며, 공동외부관세(이를 통해 ASEAN은 완전한 관세동맹을 달성)의 목표까지 설정을 하고 있다. 이에 비하여 EU는 훨씬 더 나아가 단일시장과 화폐동맹을 모색했다. 가장 중요한 것은, ASEAN이 정부간주의의 성격을 유지하고 있으며, EU 스타일의 초국가적 거버넌스의 경험을 모색하지 않는다는 점이다. ASEAN은 보다 중앙집중화 된 의사결정 틀을 구성하는 데 방해가 되는 주권을 오랫동안 강조하고 있다.

ASEAN과 EU의 차이는 어떻게 설명할 수 있을까? 첫째, ASEAN은 경제적이고 정치적인 다양성을 EU보다 더 많이 포용하고 있다 (예를 들어, 싱가포르와 버마의 경제개발 수준과 형태는 엄청나게 차이가 난다). 둘째, 아시아의 가장 큰 경제규모를 소유한 국가들인 중국, 일본, 인도, 한국이 ASEAN의 역외에 있기 때문에 ASEAN은 내부 시장의 강화보다는 폭 넓은 협력을 지원한다. 셋째, ASEAN 회원국들은 비교적 동등한 국가들이기 때문에, 유럽에서 프랑스와 독일이 수행한 방식으로 통합과정을 주도할 강대국이 ASEAN에는 존재하지 않는다. 넷째, 유럽의 경우에는 프랑스와 독일의 적대감을 줄이고 미래의 세계대전을 방지한다는 필요성이 존재하고 있었으나, ASEAN에는 이와 같이 지역통합을 가속화할만한 긴요한 정치적 문제가 존재하지 않는다.

이 때문에 부정적 영향을 받고 있다. 아프리카 지역주의의 초기 경험은 반식민주의 정치로부터 등장하였고, 때때로 이전에 존재하였던 식민주의의 방식에 기초하였다. 1960년 독립 이후 프랑스령 서아프리카연방이 서아프리카경제통화연합으로 전환되었다. 1910년에 세계 최초의 관세동맹으로 설립된 남아프리카관세동맹의 경우, 식민지 시대에 설립된 지역기구가 독립 이후 새로 개혁되어 생존한 기구이다. 남부아프리카개발공동체(SADC)는 남아프리카 국가들의 경제협력을 증진하고 아파르트헤이트 시기 남아공에 대한 의존을 줄이기 위하여 결성된 9개 회원국 조직을 계승하여 1992년에 설립되었다. 남아프리카의 15개국으로 확대된 SADC는 경제통합을 심화하고 정치 및 안보분야까지 확대하는 목표를 수립하였다. 아프리카 지역주의의 두 가지 가장 중요한 사례는 아프리카단결기구(OAU)를 대체하여 2002년에 설립된 아프리카연합(AU)과 서아프리카경제공동체(ECOWAS)이다.

AU는 EU를 모델로 하여 이전의 조직보다 야심찬 조직으로 구성하였다. 1963년에 설립된 OAU는 식민통치를 끝내고 정치적 해방을 지원할 목적으로 설립되었다. 이 조직은 1993년 '아프리카경제공동체'를 설립하고 2001년 '아프리카 개발을 위한 새로운 파트너십(NEPAD)'에 대한 협정을 체결하면서 의제를 확대시켰다. NEPAD는 빈곤을 감소시키고 글로벌화로의 구조적인 개입을 증진시키기 위한 프로그램이었다. 그러나 이러한 경제적 구상은 별로 이득을 안겨 주지 못했다. 그 부분적인 이유는 개발에 대한 정통적이고 시장지향형인 접근을 아프리카가 어느 정도 받아들여야 하는가에 대한 지속적이고 뿌리 깊은 의견불일치 때문이었다. AU가 반서양 인식을 포기하고 전쟁범죄와 대량학살 문제에 대하여 서양과 파트너십을 구축해야 하는지에 대한 불확실성 또한 민주주의, 인권, 법치와 같은 이슈들에 대하여 아프리카에서 리더십을 발휘하려는 AU의 능력을 제한하였다.

ECOWAS는 아프리카에 설립된 가장 큰 하위 지역기구이며, 15개 국가와 약 3억 9,700만 명의 인구를 포괄한다. 그러나 회원국들에 대한 경제적 성과에 미치는 영향력은 거의 없다. 그 이유는 정치적 불안정과 이 지역에 만연된 부패, 그리고 ECOWAS의 허약한 하부구조와 정치적 의지의 결여 때문이다. ECOWAS가 1990년대에 자체의 평화유지군을 사용하여 라이베리아와 시에라리온의 내전에 개입하는 데 대하여 의견 불일치가 있었고 결국은 유엔 평화유지군으로 대체되었다. 이후 가나와 나이지리아는 지역 평화유지 능력을 제고하는 움직임을 보였다.

아메리카의 지역주의

아메리카 대륙 내의 지리적, 문화적, 정치적 중요성을 반영하는 지역주의는 다자적이고 때로는 경쟁적이다. 북미 지역주의의 가장 중요한 사례는 미국, 캐나다, 멕시코가 자유무역지대를 설립할 목적으로 1994년에 서명한 NAFTA이다. 이 기구는 GDP 26조 3,000억 달러와 인구 4억 9,800만 명을 포함한다. NAFTA는 서반구 전체를 포함하는 폭 넓은 경제적 파트너십의 기초를 제공하는 것을 목적으로 하였고, 이는 미주자유무역지대(FTAA)를 구축하기 위한 1994년의 협정을 통하여 표현되었다. NAFTA의 목적은 EU와 비교해서 완곡하게 설정되었다. NAFTA의 주요 목표는 농산물과 다양한 제조상품에 대한 관세를 단계적으로 폐지하고, 은행과 기타 금융조직들이 광범위한 시장에 접근할 수 있도록 허용하며, 화물자동차들이 국경을 자유롭게 통과하도록 허용하는 것이다. NAFTA는 EU에 비해서 느슨한 조직이고, 정부간주의적 의사결정 과정을 철저히 준수하여 무역협력이 경제 및 정치 분야로 파급효과를 발생시키는 신기능주의적 압력을 성공적으로 막아내고 있다. NAFTA는 미국 내에서 논쟁적인 이슈로 남아 있는데, 특히 제조업 일자리를 멕시코에 넘겨주고 있는 데 대하여 비판을 받고 있다. 한편으로 미국과 캐나다, 다른 한편으로 멕시코 사이의 부, 교육, 경제구조의 불균형과 더불어 3국 시민들 사이의 상호 이해 부족이 심각한 문제로 대두되고 있다. 또한, 이미 제안된 바 있는 FTAA의 경우, 이를 설치하기 위한 협상이 제대로 진행되지 않고 있는데, 그 이유는 20장에서 논의된 바와 같이 WTO의 도하라운드 협상의 완결을 방해하고 있는 것과 유사한 선진국과 개도국 사이의 긴장이 2005년 이후 지속되고 있기 때문이다.

남미에서 가장 중요한 무역블록은 남미공동시장(Mercosur)이며, 이 조직은 1994년의 협정을 통하여 아르헨티나, 브라질, 베네수엘라, 파라과이, 우루과이, 볼리비아를 정회원국으로, 칠레, 콜롬비아, 에콰도르, 페루를 준회원국으로 받아들이면서 확대를 도모하였다. 남미공동시장의 주요 목적은 회원국 사이의 무역을 자유화하고, 관세동맹(준회원국은 참여 불가)을 완성하고, 역내 경제정책의 조정을 돕는 것이다. 처음부터 남미공동시장은 WTO와 기타 기구들이 권고한 대로 '개방적 지역주의'를 포용하였고, 시장지향 전략에 참여하였다. 1991-6년 동안 남미공동시장 국가들은 역내 무역뿐만 아니라 역외국가들과의 무역에 있어서 급격한 성장을 구가하였다. 그러나 그 이후 브라질과 아르헨티나의 금융위기 영향을 받아 남미공동시장 국가들의 무역은 완만하게 성장하였다. 남미공동시장의 장기적이고 심각한 문제는 이 조직 전체 인구의 72퍼센트와 GDP의 75퍼센트를 차지하고 있는 브라질이 다른 회원국들, 특히 아르헨티나를 경시하기 때문에 생기는 긴장으로부터 발생하고 있다.

유럽의 지역주의

'유럽의 아이디어' (광범위한 의미에서 역사적, 문화적, 언어적 차이에도 불구하고, 유럽은 단일 정치공동체를 구성하고 있다는 믿음)는 1945년 훨씬 이전에 태어났다. 16세기 종교개혁 이전에 로마에 대한 공동 충성심(common allegiances)은 교황에게 유럽 대부분에 대한 초국가적 권위를 부여하였다. 유럽의 국가체제가 존재하기 시작한 이후에도 루소, 사회주의자 생시몽(Saint-Simon, 1760-1825), 민족주의자 마치니(Mazzini, 1805-72) 같은 다양한 성향의 사상가들도 유럽 협력의 대의를 옹호하였고, 심지어는 범유럽 정치기구의 설립을 지지하였다. 그러나 20세기 중후반까지 그러한 대망은 희망이 없는 유토피아적인 것으로 인식되었다. 제2차 세계대전 이후 1946년 처칠이 '유럽합중국'이라고 언급한 바와 같이 역사적으로 전례 없는 통합의 과정을 시작하였다. 실제로 유럽통합은 민족국가의 결함이 분명해지는 상황에서 범세계적으로 수용될 수 있는 정치적 모델을 제공하고 있다는 견해가 제시되고 있다.

이 과정은 1945년 이후 유럽의 강력하고 되돌이킬 수 없는 역사적 상황에 의하여 촉진되고 있는 것이 분명하다. 이들 중에 가장 중요한 것들은 아래와 같다.

- 전쟁으로 황폐화된 유럽을 협력과 대규모 시장의 창설을 통한 경제재건의 필요성
- 보불전쟁(Franco-Prussian War, 1870-1)과 양차 세계대전을 야기한 프랑스와 독일 간의 처절한 대립을 영구적으로 해결하여 평화를 유지하려는 열망
- 독일을 광범위한 유럽에 통합시킴으로써 '독일문제'를 해결해야 한다는 인식

독일문제(German problem): 유럽의 국가체계 내에서 강력하고 통일된 독일에 의하여 야기되는 구조적 불안정

- 유럽을 소련 팽창주의의 위협으로부터 보호하고, 양극의 세계질서에서 유럽의 독자적 역할과 정체성을 확보하려는 열망
- 미국상품의 시장으로써, 또한 공산주의 팽창에 대한 보루로써, 번영하고 통일된 유럽을 건설하려는 미국의 기대
- 주권적 독립국가가 평화와 번영의 적이라는 점에 대한 광범위한, 특히 유럽대륙에서의 수용

유럽통합을 향한 발전은 국제주의에 대한 이상주의의 관여, 그리고 국제기구가 국가의 명령보다 높은 도덕적 권위를 구현한다는 믿음에 의하여 가속화되는 기회를 가졌다. 유럽통합은 연방주의자들의 꿈을 실현하는 것이었는데, 통합을 처음 제의한 모네(Jean Monnet)와 슈망(Robert Schuman, 1886-1963)의 아이디어였다. 그러나 유럽국가들의 주권이 공유되는 연방 유럽에 대한 시작 당시의 꿈은 모두 사라졌다. 대신, 통합을 향한 기능주의적인 길이 뒤따랐다. 결국 유럽 프로젝트는 경제협력을 촉진하는 방식에 초점을 맞추었고, 국가들 입장에서 이는 논쟁의 여지가 있지만 통합을 위해서는 필요한 형식이라는 인식을 하게 되었다. 프랑스 외무장관인 슈망의 자문관이었던 모네의 주도로 1952년 유럽석탄철강공동체(ECSC)가 설립되었다. 1957년의 로마조약에 의하여 유럽경제공동체(EEC)가 탄생하였다. 이에 의하여 유럽공동시장의 설립과 '유럽 국민들 사이의 보다 긴밀한 통합'이 모색되었다. EEC는 1967년에 유럽공동체(EC: European Community)로 합병되었고, 궁극적으로 1993년 유럽연합(EU)으로 전환되었다. 그러면 EU는 어떠한 조직이며, 어느 정도의 영향력을 가지는가?

EU는 무엇인가?

EU는 범주화하기에 매우 어려운 정치조직이다. EU는 국가, 또는 초국가인가? EU는 국제기구인가? 그렇다면 어떠한 종류의 국제기구인가? EU는 회원국들이 상호 활동하는 무대 또는 공간인가, 아니면 그 자체가 의미 있는 행위자인가? 이 질문들은 EU의 내부구조와 EU의 다른 세계와의 관계를 살펴보면 답을 구할 수

주요 인물

장 모네(Jean Monnet, 1888-1979)

프랑스의 경제학자이면서 행정가. 모네는 대체로 독학하였다. 그는 제1차 세계대전 기간 프랑스-영국 전쟁물자 공급을 조정하는 업무를 하였고, 후에 국제연맹 사무부총장에 임명되었다. 모네는 1945년 드골(de Gaulle)하에서 프랑스의 현대화 프로그램의 책임을 맡았고, 1950년에 슈망계획을 작성했는데, 이 계획에 의거하여 유럽석탄철강공동체와 유럽경제공동체가 만들어졌다. 모네는 초국가적 정부를 옹호하며 정부간주의를 반대하였지만, 유럽의 연방주의를 공식적으로 지지하지는 않았다.

출처: *Bert Hardy/Getty Images*

초 점

인종차별 프로젝트로서의 유럽?

'유럽주의' 사회과학자들, 그리고 EU와 유럽통합 프로젝트를 설계하고 발전시킨 백인 유럽 정치인들과 외교관들은 유럽통합을 국제주의의 긍정적이거나 적극적인 표현으로 보는 경향이 있다. 탈식민지 학자들과 유럽 이외의 세계로부터의 관점은 다소 다르다. 20세기 말에 이르러 '요새(Fortress) 유럽'이라는 용어는 비유럽인과 비백인을 다루는 데 있어 유럽 내 이민 규제의 가혹함에 대한 대중적인 비판적 표현이 되었다. 유럽에서의 직업, 교육, 의료, 복지에 대한 광범위한 접근과 함께 상대적으로 높은 생활수준과 임금은 해외에서 이주하여 재정착하려는 사람들에게 유럽국가들을 바람직한 목적지로 만들었다. 그러나 많은 회원국들은 자신들의 부를 유럽 밖의 사람들과 공유하는 데 대하여 저항했다. 탈식민지의 관점에서, '비유럽인' 또는 '비서방인'의 인종적 배제는 유럽을 인종차별 프로젝트로 탄생시킨 수세기 동안의 과정 중 하나이다. 모든 지역과 마찬가지로, 유럽은 영토경계와 정치적, 문화적 규범에 따라 변화하는 문화적 가치를 가진 지정학적 실체이다. 이와 같이, '유럽', '유럽성' 및 '유럽적 가치'의 창조는 역사적으로 구체적이고 정치적인 과정이며, 이는 또한 유럽/유럽인이 아닌 것을 정의하는 데 중점을 두었다. 백인과 식민지 주민은 이러한 사회구성 과정의 중심에 있었다. 유럽이라는 아이디어는 식민주의를 통해서 연마되었는데 (Dabashi 2019), 식민주의는 포르투갈, 스페인, 영국, 프랑스, 벨기에, 네덜란드 등 제국주의 국가들이 멀리 떨어진 장소에 있는 '미개인' 또는 '토착민'이라고 비인간적으로 불리는 비백인 인구를 통제하고 노예화하고 착취하는 데 있어서 새로운 공유된 이해관계를 중심으로 이루어졌다. 반식민주의 운동가이자 학자인 파농(Frantz Fanon)이 언급했듯이, 유럽의 불균형한 부를 생산했던 노동(노예 노동 포함), 원자재, 그리고 기타 상품들이 현재 '글로벌 사우스'라고 불리는 곳의 사회들로부터 무력으로 추출되었기 때문에, '유럽은 문자 그대로 제3세계의 창조주'이다. 유럽과 보다 넓은 백인 주도 '서양'의 인종과 인종주의 정치는 최근 몇 년간 난민위기와 새로운 극우주의의 부상과 관련하여 더욱 긴급해졌기 때문에, 유럽을 인종주의 프로젝트로 간주하는 비판적 관점은 유럽연합과 유럽주의자들 및 지역주의자들의 주장에 대한 매우 적절한 반박이라고 할 수 있다.

있다. EU의 구조를 이해하는 데 있어서 어려움들 중의 하나는 1952년 ECSC의 설립 이후 수차례에 걸쳐서 재설계되고 재형성되었다는 점이다. ECSC는 EEC, EC, 그리고 EU로 발전하였지만, 다른 변화들도 있었는데, 그들은 단일시장(1986년 단일유럽의정서[SEA]를 통해서), **통화연합**(1993년 TEU를 통해서), 그리고 단일의 법적 실체로 EU(2009년 리스본조약을 통해서)를 설립한 것 등이다. 가장 중요한 것은 EEC/EC/EU로의 발전이 확대와 심화과정을 동반하여 이루어졌다는 것이다. 설립 회원국 6개국(프랑스, 독일, 이탈리아, 네덜란드, 벨기에, 룩셈부르크)에서 현재 27개국으로 확대되었다. 통합의 물결을 타고 일부 의사결정 권위가 회원국에서 EU 조직으로 전환되는 통합과정의 심화가 있었다.

엄밀하게 말해서, EEC와 EC는 정부간주의에 기초하여 만들어진 독립국들의 연합이라 할 수 있지만, EU는 더 이상 그렇게 보기 어렵다. 회원국들의 주권은 1966년의 소위 '룩셈부르크 타협'에 의하여 보호되기 시작하였다. 이는 각료이사회(Council of Ministers, 현재 이사회로 알려짐)의 표결을 만장일치로 하는 제도를 확립시켰고, 핵심적 국익에 손상이 가는 이슈에 대해서는 회원국에게 거부할 수 있는 권리를 부여하였다. 그러나 EU의 연합 이미지는 적어도 세 가지 이유 때문에 유지하기가 어렵게 되었다. 첫째, 유럽단일의정서(SEA)부터 시작하여 유럽연합조약(TEU), 암스테르담조약, 니스조약, 리스본조약을 거치는 동안, 이사회

통화연합(Monetary union): 여러 국가로 구성된 지역 내에 단일 통화를 설립하는 것.

초 점

EU는 어떻게 작동되는가?

- **이사회(Council)**: 비공식적으로 각료이사회(Council of Ministers)로 불리며, EU의 의사결정 조직이다. 27개국의 장관들로 구성되며, 자국 정부의 입장을 대변한다. 의장(개인이 아니라 국가에 부여)은 매 6개월마다 회원국들 사이에 순환된다. 중요한 결정은 만장일치로 이루어지며, 다른 결정들은 가중다수결 또는 단순다수결에 의해 이루어진다(정부간기구이다).
- **유럽이사회(European Council)**: 비공식적으로 유럽 정상회의로 불리며, 각 회원국의 대통령 또는 총리로 구성되며 외무장관을 동반한다. 2019년 유럽이사회의 상임의장으로 미셸(Charles Michel)이 임명되었다. 유럽이사회의 회의는 1년에 4차례 개최되며 EU를 위한 전략적 리더십을 제공한다 (정부간기구이다).
- **유럽집행위원회(European Commission)**: 브뤼셀에 위치하고, 직원은 20,000명에 달하며, EU의 집행관료조직이다. 28명의 위원과 위원장이 대표하고 있다. 라이엔(Ursula von der Leyen)이 2019년부터 위원장직을 시작하였다. 집행위원회는 입법안을 제안하며, EU조약들이 존중되고 있는지 감시를 하며, 정책집행에 광범위하게 책임을 지고 있다 (초국가기구이다).
- **유럽의회(European Parliament)**: 통상적으로 스트라스부르에 위치하는 의회는 766명의 유럽의회의원(MEP)들로 구성되는데, 그들은 5년 임기로 직접 선출된다. MEP는 국적보다는 정치단체에 따라 구성되어 있다. 리스본조약은 의회를 더 강력한 입법기관으로 만들어 40개 분야에서 이사회와 동등한 권리를 부여했다. 그러나 의회의 주요 권한들(유럽연합의 예산을 거부하고 위원을 해임할 수 있는 권리)은 실행하기가 매우 어려운 성격을 지니고 있다 (초국가기구이다).
- **유럽사법재판소(European Court of Justice)**: 룩셈부르크에 위치하고 있는 ECJ는 EU법과 조약을 해석하고 판결한다. 각 회원국에서 한 명씩 배출한 27명의 재판관과 8명의 법률자문관으로 구성되어 있다. 회원국의 법보다 EU법이 우선권을 가지기 때문에 재판소는 국내법을 적용하지 않는다. 제1심은 개인과 기업에 의하여 제기된 문제들을 다룬다 (초국가기구이다).
- **유럽중앙은행(European Central Bank)**: 프랑크푸르트에 위치하는 ECB는 유럽 단일화폐인 유로를 위한 중앙은행이다. ECB의 주요 업무는 유로의 구매력을 유지하고 유로지역의 가격 안정을 도모하는 것이다. 유로존은 1999년 이후 유로화를 도입한 19개 회원국을 포함한다 (초국가기구이다).

가중다수결제도(Qualified majority voting): 국가들의 (대강의) 규모에 따라 투표권의 가중치를 부여하면서 서로 다른 이슈에 따라 다른 다수결을 필요로 하는 투표제도.

에서 가장 큰 국가도 압도될 수 있는 **가중다수결제도**가 광범위한 정책분야에 적용되도록 결정되었다. 이는 국가가 사용할 수 있는 거부권의 폭을 좁혔고 이에 따라 국가주권에도 일부 제한이 가해졌다. 둘째, 이 경향은 EU법이 모든 회원국에 구속력을 가지고 있다는 사실 때문에 더욱 악화된다. 이러한 점이 EU와 다른 국제기구들과의 차이점이다. EU는 자체적으로 '경쟁력'을 갖고 있는 분야에서는 국가법을 대신하는 법체계를 보유하고 있으며, 이 법의 위상은 유럽사법재판소의 판결에 의하여 뒷받침된다. 법체계의 수립은 광범위한 정책분야에서 회원국들이 자발적으로 권력을 포기했기 때문에 가능했고, 회원국들은 새로 개발된 법적 권위에 종속되었다 (McCormick 2020). 셋째, 일부 EU조직들의 권력은 국가정부의 희생하에 확대되었다. 그 결과는 정부간주의와 초국가주의 특징을 혼합한 정치조직이 되었다.

EU는 드골(Charles de Gaulles)이나 대처(Margaret Thatcher)가 주장하는 독립국가의 연합 범위를 벗어나 로마조약의 목표인 '보다 긴밀한 연합'까지는 실현하였으나, '유럽합중국'의 실현까지는 달성하지 못하고 있다. 아직 유럽연방을 만들지 못했지만, EU법이 회원국의 국내법보다 우위에 있다는 점은 적어도 유럽이 '연방화'하고 있다고 말하는 것이 정확하다. EU 내에서 중앙집권화(연방화) 되는 것을 견제하는 조치들은 TEU에 의하여 수립된 보충성의 원칙에 대한 존중, 그리고 핵심국가들인 프랑스와 독일이 선택한 통합에 대한 실용적인 접근이다. '신'유럽 내의 의사결정은 다층 거버넌스(multilevel governance)에 기초하여 이루어지고 있다. 다층 거버넌스에서 정책과정은 하위국가, 국가, 정부 간, 초국가적 수준에서 상호연결되고, 그들 사이의 균형은 이슈와 정책분야에 따라 달라진다. 이러한 복합적 정책결정의 이미지는 국가주권과 EU의 지배 사이의 의미 없는 갈등보다는 훨씬 가치가 있는 것으로 평가된다. EU헌법은 이러한 복합적이고 때로는 비효율적인 정책과정에 보다 강한 응집성과 형식성을 부여하였다. EU헌법은 과거의 모든 조약들을 흡수하거나 초월하면서 주요 규칙과 원칙을 법제화하였다. 그러나 이 헌법을 제정할 헌법조약이 2004년에 국가 또는 정부의 수장들에 의해 승인되었지만, 2005년 네덜란드와 프랑스의 국민투표 패배로 인해 비준되지 않았다. 비록 헌법조약의 많은 요소들이 2009년에 비준된 리스본조약에 통합되었지만, 이 에피소드는 수십 년에 걸친 제도적 심화에도 불구하고 여전히 EU 회원국이 국가로서 기능하고 있는 정도를 강조한다.

 개 념

보충성

보충성(subsidiarity, 라틴어 *subsidiarii*로부터 나온 개념으로, 보충부대를 의미한다)은 의사결정 권한을 중앙에서 하부 수준으로 이양하는 것을 의미한다. 그러나 이 개념은 두 가지로 이해된다. 독일 같은 연방국가에서, 지방기구들을 통한 분권화와 대중 참여의 정치적 원칙으로 이해된다. 이에 따라 TEU는 결정이 '되도록 시민들에게 가깝게' 이루어져야 한다고 주장한다. 그러나 반연방주의자들은 보충성을 EU조직의 침투에 대항하여 국가주권을 지켜내는 헌법적 원칙으로 해석한다. 이에 따라 TEU는 '회원국들에 의하여 달성할 수 없는' 문제에 대해서만 EU가 활동해야 한다고 주장한다.

EU와 세계

EU는 대외정책을 보유하고 있다는 점은 분명하지만, 국제적 '행위성'(글로벌체제에서 단일의 실체로 행동하는 능력)에 대해서는 논쟁이 벌어지고 있다. 가장 문제가 되는 것은 외교와 방위정책이다. 통합이 시작되는 초기에는 외교정책을 포함한 정치연합에 대해서 별로 다루어지지 않았다. 로마조약은 외교정책에 대하여 거의 언급을 하지 않았고, EEC는 기본적으로 경제문제에만 초점을 맞추었다. 당시 통합을 추진하는 데 있어서 정치통합은 거의 고려되지 않았다. 예를 들어, 유럽방위공동체(European Defence Community)가 1950년에 프랑스의 주도로 제의되었으나, 이 조직이 NATO의 권위에 대한 위협으로 간주되었고, 결국 1954년 프랑스 국회가 거부하여 이 제안은 포기되었다. 그러나 EU의 외교와 방위정책에 대한 관심은 TEU를 통하여 다시 부각되었고, EU의 '두 번째 기둥'으로 공동외교안보정책(CFSP: Common Foreign and Security Policy)이 삽입되었다. 비록 CFSP는 느슨하게 정의된 목표이지만, 점차 중요성을 가지게 되어 암스테르담조약에서 외교고위대표(High Representative for foreign affairs)라는 새로운 직위를 설치하였고, NATO 사무총장이었던 솔라나(Javier Solana)를 임명하였다.

공동외교안보정책은 많은 업적을 기록하였다. 보스니아, 차드, 동부 콩고, 인도네시아 등 세계의 분쟁지역에 20가지 이상의 평화유지군, 경찰, 민간인들을 파견하였다. 또한, 이란이 우라늄 농축 프로그램을 포기하도록 하는 EU3(EU와 프랑스, 독일, 영국)의 노력을 포함한 국제외교에 참여하였다. 그러나 성공한 사례보다 실패한 사례가 더 많다. 아프가니스탄, 파키스탄, 북한 등 가장 심각한 국제문제들이 등장하였을 때 EU는 보이지 않았고 참여하지 않았다. 보스니아와 코소보에서 EU의 참여는 평화를 확립하는 데 기여했지만, 발칸지역에 대한 EU의 정책은 시간이 지나면서 단호함이 부족하고 분명하지 못한 성향을 지니게 되었다. 자체 군대가 없는 상황에서 EU는 1999년 코소보 문제의 해결을 미국 주도의 NATO군에 넘겨야만 했다. 2008년에 미국과 EU국가들이 코소보의 독립을 승인하였을 때, EU의 5개국은 발칸지역에 대하여 어렵게 획득한 통일된 접근 약속을 파기하며 승인을 거부하였다. 이와 유사하게 슬로베니아는 국경분쟁 때문에 크로아티아의 EU가입을 봉쇄하였고, 불가리아는 영토, 역사, 문화적 논쟁들과 관련된 이유로 북마케도니아의 EU 회원권 획득을 방해하였다.

EU가 효율적인 공동외교와 방위정책을 추진하는 데 있어서 걸림돌은 다양하고 여러 가지가 있다. 첫째, 영국 등 일부국가들은 외교정책에 있어서 '대서양주의' 접근을 옹호하고, 프랑스 등 일부국가들은 '유럽주의' 접근을 지지하는데, 이 둘 사이에는 영구적인 긴장이 존재하고 있다. 대서양주의자들은 EU의 군비 개발을 비롯한 방위정책은 NATO의 외부가 아니라 내부에서 이루어져야 하거나 NATO의 틀을 사용해야 한다고 주장한다. 둘째, 회원국들은 대체로 경제통합을 강조하며 정치통합에 대한 지지는 망설이고 있으며, 특히 외교와 방위정책에 대해서는 지지를 유보하고 있다. 국가의 핵심 목표는 안보와 생존 등의 '상위 정치'를 확립하는 것이기 때문에, 외교와 국방문제에 대한 독립적인 통제가 국가주권의 가장 중요한 측면이라고 강조된다. 셋째, EU가 효과적인 대외정책을 추진하는 데 있어서 방해되는 요인은 누가 EU를 대표하는가에 대한 혼란이다. 키신저(Henry Kissinger)는 "내가 유럽에 전화를 하고 싶을 때 누구에게 전화를 해야 할지 모르겠다"고 언급한 바 있다. 외교와 방위정책에 있어서 전통적으로 '트로이카(troika)'가 EU를 대표했는데, 그들은 외교고위대표(High Representative for foreign affairs), 대외담당 집행위원(European Commissioner for External Affairs), 이사회 의장직을 맡고 있는 국가의 외무장관으로 구성되었다. 이러한 혼란을 인식하고 리스본조약에서 외교안보정책담당 고위대표(High Representative for Foreign Affairs and Security Policy) 직위가 신설되었다. 넷째, 효율적인 공동방위정책은 상당 수준의 기금을 필요로 하는데, 2007–9년의 글로벌 금융위기 이후 지원을 할 국가는 거의 없다. 또한, 장비의 표준화를 위하여 방위산업의 조화가 필요한데, 이를 달성하기에는 시간이 많이 걸리고, 심지어는 불가능해 보인다.

그러나 경제문제, 특히 무역분야에 있어서 EU의 대외정책은 매우 분명했다. 왜냐하면 EU는 공통된 통상정책과 공동외부관세를 추구하는 관세동맹이었으며,

회원국들보다 집행위원회가 외부세계와의 무역관계 업무를 수행했기 때문이다. 이들 중에는 세계 모든 지역과의 무역협정, GATT와의 협상, 그리고 보다 최근에는 WTO와의 협상도 포함된다. 또한, 집행위원회는 다른 지역 무역블록 및 개별국가들과 경제협력을 위한 협상도 하고 있으며, 그 사례로 2년에 한 번씩 아시아-유럽회의를 개최하고 있다. EU 대외관계의 추가적인 측면은 원조와 개발 문제이다. 프랑스, 벨기에 (그리고 이전에는 영국) 등 핵심적인 EU 회원국들은 과거 제국주의 국가들이었고, 글로벌 사우스 국가들이 EU 수출의 중요한 시장이라는 점에 착안하여 EU는 세계에서 가장 큰 규모의 공식적 개발지원을 하고 있으며, 2021년에 전체 1,789억 달러 중 46퍼센트를 제공하였다. EU 원조의 대부분은 사하라 이남 아프리카로 향했고, 중남미에의 지원도 늘어나고 있다. 또한, EU는 인도적 긴급구호에 대한 지원도 확대하고 있으며, 세계 식량지원은 미국에 이어 두 번째로 많이 하고 있다.

EU의 위기?

EEC/EC/EU의 역사 전체에서 유럽통합에 대한 비판적 시각과 실패 가능성에 대해 자주 언급되었다. 일부 사람들에게 있어서 EU의 실패는 시간문제로 보였다. 이 견해에 따르면, EU 내의 역사, 전통, 언어, 문화의 다양성 때문에, EU는 정치적 충성심을 획득하고 세계무대에서 효율적으로 활동하는 데 있어서 민족국가의 능력에 필적하지 못한다. 21세기 초반에 두 가지 이슈들이 특히 문제가 있는 것으로 주장되었다. 첫째는 EU의 확대와 그 의미이다. 유럽통합의 초기과정에서 성공적이었던 것은 창립 6개국이 강력한 역사적, 정치적, 경제적 요인으로 묶여 있었던 때문이었고, 프랑스와 독일 사이의 평화와 안정이 확립되어야 한다는 기대가 있었고, 프랑스와 독일의 화해로부터 발생하는 이득은 이웃 약소국들에게도 혜택이 되었기 때문이었다. 그리고 확대는 각 단계마다 유럽의 계획을 새로 형성하였다. 유럽의 이상에 소극적으로 동조하는 국가들(영국과 덴마크)이 가입하였고, 경제적으로 부유하지 않은 남부 유럽국가들(스페인, 포르투갈, 그리스)이 포함되었다. 그러나 2004-13년 EU의 동쪽 지역으로의 확대는 어떠한 다른 확대(p. 543 참조)보다도 야심차고 의미 있는 것이었다. 일부 시각에 따르면, 이 확대들은 EU가 이룬 최고의 성취였다. 이 확대들은 중부와 동부 유럽의 정치-경제적 전환의 토대를 마련하고 어떤 의미에서는 완성시킨 것이며, 궁극적으로 유럽 전체에 있어서 자유민주주의의 승리라 할 수 있다. 그러나 이 확대들은 심각한 어려움의 원인이 되기도 하였다. 특히 EU 내의 단일성과 다양성 사이의 균형이 다양성에 유리한 방향으로 기울게 한 측면이 있다. 만약 EU가 적은 수의 큰 나라들(프랑스, 독일, 그리고 이전에 영국)에 의하여 운영될 수 없게 된다면, EU 내에서 효율적인 의사결정과 결속된 생각은 기대하기 힘들었을 것이다. 만약 EU에 미래

글로벌 행위자 유럽연합

형태	설립	위치	회원국	인구
지역기구	1993년	브뤼셀	27개국	4억 4,700만 명

유럽연합(EU)은 1993년 유럽연합조약(TEU)의 비준을 통하여, ECSC, EEC, EC를 계승하면서 설립되었다. EU는 정부간주의와 초국가주의의 특징이 혼합되어 있는 독특한 국제조직이다. 회원국들은 독립된 주권국가로 남아 있지만, 세계에 대한 영향력을 강화하기 위하여 일부 주권은 공유되고 있다. EU는 4가지의 주요조직으로 구성되어 있다.

- 이사회(Council): 각 회원국들을 대표하며, 주요 의사결정 기구이다. '유럽이사회'는 정상들의 모임이며, 1년에 4번 정상회의를 개최한다.
- 유럽집행위원회(European Commission): EU 전체의 이익을 대표하고, 입법제안을 하며 EU의 집행부 역할을 수행한다.
- 유럽의회(European Parliament): 직선에 의하여 선출되며, 조사와 감시 기능을 수행한다.
- 유럽사법재판소(Court of Justice): EU법을 해석하고 적용한다.

EU는 세 개의 '기둥'을 포함한다. 첫째 기둥은 기존의 세 개 공동체들(ECSC, EEC, Euratom)을 포함한다. 둘째와 셋째 기둥은 각기 외교와 방위정책, 사법내무정책을 포함하며, 이들은 정부 간 협력의 영역이다. EU 내에서 시민들은 공동시민권을 누리고, EU 내에서 아무 곳에서나 살고 일할 수 있는 권리가 있으며, 거주하면 정치권도 행사할 수 있다.

중요성: EU는 세계에서 가장 발전된 지역통합의 사례이다. 5억의 인구를 보유하는 EU는 중국과 인도 다음으로 큰 정치적 단위다. 의심의 여지없이 EU는 경제적 초강세력이다. 세계 GDP의 15퍼센트 이상을 차지하고 세계무역의 14퍼센트를 점유하고 있다. 유럽의 단일시장은 1993년에 완성되었으며, 단일화폐인 유로는 1999년에 도입되었다. EU의 27개 회원국 중 19개국이 유로존에 속해 있다. 이러한 이유들 때문에 EU는 미국패권에 대한 주요 도전자라고 인식되는 경우가 있다. 냉전기간 미국이 제공했던 안보우산이 더 이상 필요하지 않게 되어 EU와 미국은 세계를 다른 관점에서 보고 있다(Kagan 2004). EU를 지지하는 사람들은 여러 가지 이점을 강조한다. 양차 세계대전 당시 절실했던 평화와 정치적 안정을 가져다준 것, 유럽인들에게 편협한 민족주의에서 탈피하게 해준 것, 연합주권은 EU국가들로 하여금 단독으로 활동할 때보다 세계에 더 많은 영향력을 행사하게 해준 것, 경제연합과 단일시장은 경제성장을 촉진하고 기회를 확대시켜 준 것 등을 포함한다.

EU의 경제력은 의심의 여지가 없지만, 다른 관점에 있어서는 약한 글로벌 행위자이기도 하다. 효율적인 공동외교안보정책(CFSP)을 수립하기 위한 노력은 제한적인 발전만 하고 있다. 이 분야에 대한 의미 있는 협력은 특히 달성하기가 어렵다. 회원국 사이의 분열은 글로벌 이슈에 대한 EU의 위상을 약화시킨다. 그 사례들은 '테러와의 전쟁'에 대한 EU의 대응, 인권과 티베트 문제를 둘러 싼 중국과의 관계, 무역 및 에너지 의존과 관련된 러시아와의 관계이다. 일부 사람들은 EU가 근본적으로 완전하지 못하고 중심을 잃고 휘청거릴 위험이 있다고 주장한다. 비판자들은 민족적, 언어적, 문화적 차이 때문에 EU가 정치적 충성심을 확립하기 어려울 것이고, EU 내의 '민주성의 결핍'이 극복되기 어려울 것이며, 통합의 확대와 심화 사이의 긴장을 해결하기 어려울 것이며, 통합은 유럽인들을 능가하는 정치 엘리트와 기업의 이익에 의하여 추진된다고 한다. 또한, EU는 신뢰할 수 있는 경제모델을 제시하지도 못하는데, 그 이유는 높은 수준의 사회보장 때문에 글로벌 차원에서 경쟁력이 없고, 단일화폐는 장기간 지속되기 어려울 수도 있기 때문이다. 마지막으로, 2020년에 EU의 경제적, 군사적으로 가장 강력한 회원국 중 하나인 영국의 탈퇴는 글로벌정치와 경제 활동에서 전체적인 점유율에 상당한 영향을 미치고 있다.

글로벌정치의 실제

EU의 동쪽으로의 확대

사건: 2004년 5월 1일 EU는 역사상 전례가 없는 규모의 확대를 하였다. 과거의 확대는 많아야 3개국이 새로 가입할 정도였는데, 이번 확대는 10개국을 새로 받아들여, 회원국이 15개국에서 25개국으로 늘어났다. 더구나 몰타와 키프로스를 제외하고, 새로운 가입국들은 중앙과 동유럽의 과거 공산국가들이었다. 에스토니아, 라트비아, 리투아니아는 과거 소련의 공화국이었고, 체코, 헝가리, 폴란드, 슬로바키아, 슬로베니아 등은 소비에트 블록의 일부 국가들이었다 (소비에트 시대에 체코공화국과 슬로바키아는 체코슬로바키아라는 하나의 국가였고, 슬로베니아는 유고슬라비아 공화국에 속해 있었다). 확대과정은 2007년 1월 1일 소비에트 블록에 속해 있던 불가리아와 루마니아를 새롭게 받아들여 EU는 27개국이 되었다. 2013년 크로아티아의 가입으로 EU의 회원국은 28개국이 되었다 (2020년 영국의 탈퇴로 그 숫자는 다시 27개국으로 감소했다).

중요성: EU의 동유럽으로의 확대는 여러 가지 이유로 중요하다. 첫째, 이 확대는 유럽을 지정학적으로 재구조화하는 중요한 영향을 미쳤다. 이 확대는 1989-91년의 동유럽혁명을 통한 공산주의의 붕괴에 의하여 시작된 과정을 완성시켰다. 철의 장막에 의하여 분열된 유럽의 통일을 완수한 것이었다. EU 가입은 동유럽의 정치-경제적 전환에 중요한 역할을 하였다. 1993년에 정해진 '코펜하겐 기준'을 충족시키기 위하여, 중앙과 동유럽의 새로운 가입국들은 민주주의, 법의 지배, 인권, 소수자 보호에 대한 지지를 표하는 동시에, 시장경제를 실시하고, 정치, 경제, 통화연합을 추구하는 EU의 목표를 받아들였다. 2004-2007년 이후 동유럽에 대한 자유민주주의의 확산은 빠르게 진행되었다. 둘째, 동쪽으로의 확대는 EU 내의 균형과 향후 지향점에 대하여 영향을 미쳤다. 그동안 EU는 프랑스와 독일이 지배한 '서유럽 클럽'으로밖에 기능하지 못했고 큰 국가들 뜻대로 움직였다. 확대 이후 약소국들의 목소리가 커지기 시작하였고, EU는 경제개발과 사회개발을 강조하기 시작하였다. 어떠한 점에서는 EU의 무게 중심이 동쪽으로 옮겨가고 있는데, 이는 튀르키예, 마케도니아, 세르비아, 우크라이나가 가입을 원하고 있으며, EU와 러시아의 관계도 중요성을 더 해 가고 있다는 점 때문에 가속화되고 있다.

출처: *SPOA Images/Getty Images*

셋째, 동쪽으로의 확대는 EU의 경제성장에도 영향을 미쳤다. 한편으로, EU의 인구가 20퍼센트 늘어남에 따라 내부 시장이 확대되었으며, 이는 모든 회원국들의 경제를 활성화시키고 새 가입국들도 경제발전을 도모할 수 있게 하였다. 다른 한편, 기존 회원국들(EU-15)과 새 가입국들 사이의 생활수준과 경제실적의 차이, 그리고 중앙계획경제에서 시장경제로의 전환이 아직 진행 중이라는 사실은 EU에 대한 경제적 도전이 되었다. 예를 들어, 동쪽으로의 확대는 EU의 GDP를 5퍼센트 증가시켰을 뿐이고, E-15는 2007년 이후 수익의 90퍼센트를 EU에 제공해야 하는 등 상당한 압력을 받았다. 마지막으로 확대는 EU의 의사결정 과정에 중요한 영향을 미쳤다. 단순하게 말해서, 충족해야 할 국가적이고 정치적 이익의 폭이 넓어질수록, EU가 정책결정을 하고 결속된 전략을 추진하는 것이 더 어려워진다. 많은 사람들이 EU의 확대가 통합의 심화에 중대한 제한을 가했다고 생각한다. 이는 EU헌법을 통하여 보다 능률적이고 중앙화된 의사결정 절차를 만들게 하는 시도를 하게 하였다. 확대는 되었지만 의사결정 과정을 분산시키는 것이 불가능해졌고, EU가 더 분열되어 네덜란드와 프랑스에서 헌법조약이 거부되어, 내용을 수정하여 리스본조약에서 통과되는 일도 있었다. 따라서 일부 사람들은 확대가 EU의 원래 목표인 '보다 긴밀한 연합'을 불가능하게 하고 있다고 주장한다. 한편, 푸틴 체제에서 러시아는 EU의 동쪽 확장을 러시아 세력권에 대한 위협으로 간주하는 경향이 있었고, EU와 NATO의 확장주의는 모두 2022년 러시아의 우크라이나 침공의 원인으로 언급되었다.

초 점

위기 이후의 위기: EU가 살아남을 수 있을까?

EU의 20세기 발전이 점점 보다 긴밀한 통합과 더욱 광범위한 영토 확장으로 특징지어졌다면, 21세기 초반은 해체와 축소도 가능하다는 것을 보여주었다. 2004년과 2007년의 동부 확장은 이 독특한 지역주의 프로젝트의 높은 성공을 상징했을지도 모른다. 두 번째 동부 확장을 한 해는 글로벌 금융위기와 대침체의 시작을 나타냈다. '유로존 위기'는 유로 통화를 채택한 상대적으로 저개발된 회원국들이 2009년 이후 국가 부채 채무를 상환할 수 없었고, 그 후 EU와 IMF가 부과한 심각한 긴축 정책의 영향을 받았는데, 저개발된 국가들은 대표적으로 그리스였고 정도는 덜 하지만 포르투갈, 이탈리아, 스페인도 포함되었다.

유럽의 많은 지역이 거시경제 회복의 길로 들어서자마자 EU는 또 다른 위기에 직면했다. 2014년부터 '난민 위기'가 시작되면서 EU 회원국들이 이민에 대해 매우 다양한 정책을 채택하였고 새로운 극우정치 운동이 번성하면서 많은 회원국에서 반EU 민족주의가 다시 유행되었다. 수 천 명의 사람들이 몇 년 사이에 EU 해안에 도착하려고 시도하다가 익사했고, 이에 대한 대응으로 EU는 EU로 이주하려는 사람들이 여행을 떠나는 것을 막기 위해 리비아와 같은 나라에 있는 구치소에 대한 자금지원을 늘렸다.

계속되는 난민 위기 속에서, 2016년의 중요한 국민투표 결과 영국은 EU를 완전히 떠나는 것으로 결정되었다. 가장 큰 경제국 중 하나가 EU를 탈퇴하기로 결정했기 때문에, '브렉시트' 결정은 영국정치뿐만 아니라 EU의 의사결정과 외교도 앞으로 수년간 지배할 것이다. 아직 다른 회원국들이 추가로 떠나지 않은 가운데, 반정부 폭동을 일삼는 초국가적 극우파에 의해 회원 자격 유지에 대한 논쟁이 있어 왔다. 경제, 이주, 정치와 관련된 세 가지의 역사적인 위기는 인권, 민주주의, 법치에 대한 약속을 포함하여, EU가 매우 중시하는 '유럽의 가치'에 대한 명제와 혼합되어 나타나고 있다. 회원국 간의 점점 더 엄격해지는 이주정책, 2017년 카탈로니아 독립 국민투표에 대한 스페인의 폭력적 억압에 대한 EU의 관용, 그리고 회원국으로 남아 있는 동안의 법치를 효과적으로 뒤엎을 수 있는 헝가리 극우정부의 선출은 모두 지역주의 프로젝트로서의 EU의 미래를 의문으로 불러왔다.

가 있다면, 그것은 경제와 정치연합이 아니라, 다양한 '속도조절(multispeed)'의 유럽, 또는 2층 내지 3층의 유럽이 있기 때문일 것이다.

EU가 직면하고 있는 두 번째 도전은 정치적인 것보다 경제적인 것이다. 대체로 정치연합보다 경제연합이 성공적이지만, EU의 지속적인 경제적 성공에 대하여 확신을 하지 못하는 이유가 있다. 세계무역과 생산에 있어서 EU의 몫은 점차 줄어들고 있다. 다른 나라들보다 유럽경제에 더 큰 타격을 준 글로벌 금융위기, 그리고 영국경제의 이탈과 함께 신흥경제국의 부상이 결합되어 글로벌 무대에서 EU의 위상을 약화시켰다. 글로벌 불황은 EU의 많은 지역에 국가부채를 안겨주었는데, 유로존에서는 그리스, 스페인, 포르투갈, 그리고 정도는 덜하지만 이탈리아에, 그리고 유로존 밖에는 영국이 영향을 받았다. 종종 은행위기와 관련된 이러한 부채위기는 그리스(2010년과 2012년), 아일랜드(2010년), 포르투갈(2011년), 스페인(2012년), 키프로스(2013년)에 의한 EU, IMF, 유럽 중앙은행의 구제금융으로 이어졌다.

유로존 위기(Eurozone crisis): 저성장과 경쟁력 저하로 뒷받침된 유로존 내 국가부채와 은행위기가 복합적으로 작용.

이번 유로존 위기는 중대한 영향을 미쳤다. 예를 들어, 유로존 자체의 느슨한 규제를 강조했는데, 이는 취약한 경제를 더 경쟁력 있게 만들기는커녕, 주로 남유럽 국가들이 경제를 개혁하지 않고 자산 거품을 부채질하기 위해 저금리를 사용해온 일종의 피난처 역할을 했다. 이는 적어도 유로존 내에서는 물론이고 그 너머에서 특히 복지 축소와 공공 부문의 규모 축소를 통해 정부지출 수준을 줄이는 것을 훨씬 더 강조했음을 의미한다. 이는 단일통화가 살아남으려면 경제 분야의 의사결정이 더 집중되어야 하고, 통화연합이 재정연합으로 이어져야 할 뿐만 아니라, 부채와 긴축의 시대에 사회적 긴장과 정치적 불안이 더 일상화될 가능성이 높다는 것을 의미한다. 유로 위기의 또 다른 의미는 독일에 미치는 영향이다. 독일은 EU 내에서 가장 큰 경제이자 통합의 핵심인 동시에, 아마도 다른 어떤 국가보다 독일이 전통적으로 EU의 이익을 자국의 국익과 동일한 것으로 간주하고 있다. 그러나 그리스와 다른 국가들을 구제하는 독일의 역할은 독일 내에서 유로존 내에서의 책임과 심지어 단일통화에 대한 약속에 대해 심각한 의문을 제기했다. 동시에, 위기는 유로존 내에서 독일의 위치를 크게 강화했으며, 더 넓은 EU 내에서 독일경제의 규모와 근본적인 힘은 특정 위기가 어떻게 관리되고 해결되는지를 사실상 지시할 수 있도록 했다.

재정연합(Fiscal union): 여러 국가로 구성된 지역 내에서 조정된 조세 및 지출정책의 수립.

한편, 2020년에 시작된 글로벌 코로나바이러스 팬데믹은 일부 EU 회원국들에게 특히 큰 타격을 주었다. 경제적 영향이 몇 년간 지속될 수 있다는 예측이 있는 가운데, 우선 이탈리아와 이후 다른 회원국들은 공중보건 위기로 인해 성장이 붕괴되는 등 심각한 경제침체를 겪었다.

요약

- 지역주의는 지리적 지역이 중요한 정치적이고 경제적 단위가 되는 과정이고, 협력과 정체성의 기반이 된다. 주요 협력 분야가 경제, 안보 또는 정치인지에 따라 지역주의는 다른 형태를 가진다.
- 지역통합의 추세와 유럽의 초국가적 협력의 경험은 국제적 차원에서 발생하는 통합과 기구설립의 동기와 과정에 대한 이론적 논쟁을 불러 일으켰다. 연방주의, 기능주의, 신기능주의는 지역통합의 주요 이론이다.
- '신'지역주의는 기본적으로 경제적인 성격을 가지며, 지역 무역블록을 개발하는 형식을 보인다. 일부 사람들은 무역블록이 글로벌화의 블록을 쌓고, 국가들이 글로벌시장의 세력에 효율적으로 참여한다고 한다. 다른 사람들은 무역블록이 경제적이고 사회적인 이익을 폭 넓은 경쟁의 압력으로부터 보호하기 위하여 설계된 방어적인 조직이라고 한다.
- 지역주의의 형태는 아시아, 아프리카, 아메리카에 등장하고 있지만, 지역통합은 유럽에서 가장 많이 진척이 되어있고, 이는 독특한 역사적 상황 때문이다. EU는 범주화하기가 매우 어려운 정치조직이다.
- EU가 글로벌체제 내에서 단일 실체로써 활동할 수 있는 능력은 공동외교방위정책을 개발할 수 있는 시도에 의하여 향상되었다. 그러나 '대서양주의자'들과 '유럽주의자'들 사이의 갈등이 장애요인이 되고 있다. NATO를 향한 안보적 지역주의, EU의 미국과의 관계, 국가주권을 침해하는 데 대한 우려 등이 왜 안보에 관련된 통합문제가 빠르게 진전되지 않는지를 보여준다.
- 1980년대와 1990년대에 유럽통합에 추진력이 가해진 이후, 이 유럽의 계획에 가해지는 방해요소에도 관심이 증대되었다. 그들은 심화와 확대 사이의 긴장, EU의 쇠퇴하는 글로벌 경쟁력, 단일화폐가 장기적으로 작동될 것인가에

대한 우려 등이다. 2020년 영국의 EU 탈퇴와 글로벌 코로나바이러스 팬데믹은 여전히 세계에서 가장 진보적인 지역주의 프로젝트에 중대한 장애물이 될 수 있다.

토의주제

- '지역'이란 무엇인가?
- 하위국가 지역주의는 국제적 현상의 지역주의와 어떻게 연결될 수가 있는가?
- 경제적 지역주의는 어떠한 상이한 형식을 가질 수 있는가?
- 왜 정치적 지역주의는 경제적 지역주의나 안보적 지역주의보다 발전이 늦은가?
- 어떻게 그리고 어느 정도로 지역주의는 글로벌화의 발전을 방해하고 있는가?
- '신'지역주의는 무엇이 새로운가?
- 유럽의 지역주의와 아시아의 지역주의 사이에 유사한 점이 있는가?
- 유럽통합을 가장 잘 설명할 수 있는 방법은 무엇인가?
- EU 내에서 심화와 확대의 목표 사이에서 비롯되는 긴장을 해결하는 것이 가능한가?
- 글로벌 행위자로서 EU는 얼마나 중요한가?
- 유럽통합의 과정은 해체될 위험에 처할 가능성이 있는가?

추가 읽을거리

Beeson, M., *Regionalism and Globalization in East Asia: Politics, Security and Economic Development* (2014). 동아시아에서 지역주의와 글로벌화 사이의 복잡한 관계를 탐구.

Fawn, R. (ed.), *Globalising the Regional, Regionalising the Global* (2009). 6개의 지역 사례연구를 포함한 지역주의에의 이론적 주제별로 접근한 권위 있는 논문들의 모음.

Jacobs, F. B., *The EU After Brexit* (2018). 영국의 EU 탈퇴가 가지는 정치적, 문화적, 경제적 함의에 대한 장기적 전망을 추구.

Rosamond, B., *Theories of European Integration* (2000). 유럽통합의 과정으로부터 제기된 주요 이론적 논쟁에 대한 간결하고 권위적이며 명료한 분석.

누구의 글로벌정치인가?

출처: *Klaus Vedfelt/Getty Images*

개요

글로벌정치의 미래는 무엇인가? '글로벌'과 '글로벌주의'의 정치적 움직임에 대한 이해를 뒷받침하는 많은 가정들에 대해 최근 몇 년 동안 의문이 제기되었다. 국제관계의 이론과 분석에서, '글로벌화'의 개념은 2000년대 중반에 정점에 이르렀고, 이후 그 사용은 꾸준히 감소하고 있다. 그러나 영어 출판물에서 '글로벌'의 사용은 그 이후로 안정적으로 유지되고 있는데, 이는 아마도 글로벌화 과정이 대체로 완전한 것으로 인식되고, 우리는 이제 우리의 일상을 글로벌 '시공간' 안에서 일어나는 것으로 보다 편안하게 이해하고 있기 때문이다. 즉, 21세기 첫 20년 동안 오랜 정치·경제 질서와 정통성의 주요 변화는 글로벌정치의 근간이 되는 가장 근본적인 사상을 성찰하게 하는 원인을 제공하는데, 그 변화는 글로벌 금융위기, 서방의 (신)자유주의적 글로벌주의에 대한 반발, 중국의 글로벌강국으로 재부상, 그리고 인종차별, 기후변화, 팬데믹과 같은 글로벌 문제에 대한 다양한 대응 등을 포함한다. 오늘날 정치적 공간으로서 '글로벌'과 같은 것이 정말로 존재하는가? 글로벌화는 여전히 일어나고 있으며, 그렇다면 누구에게 이익이 되는가? 정치와 정치 행위자들은 글로벌 수준에서 어떻게 변화하고 있는가? 권력의 분배와 사용의 가능성에 대한 미래, 그리고 글로벌정치에서 사회 정의나 불의는 무엇인가? 오늘날 글로벌정치에서 누구의 힘, 이익, 정체성이 가장 잘 표현되거나 가장 강력한 영향력을 행사하고 있으며, 누가 세계로부터 '소외'되어 있는가?

핵심이슈

- '글로벌'은 여전히 정치적 공간으로 존재하는가?
- 글로벌정치는 어떻게 변하고 있는가?
- 글로벌정치의 가능한 미래는 무엇인가?
- 현대의 글로벌정치는 누구의 이익을 가장 잘 보장해 주고 있으며, 미래에 어떻게 변할 수 있을까?

'글로벌'의 쇠퇴?

이 책의 서두에서, 우리는 권력을 향해서, 그리고 사회를 조직하는 방법을 놓고 투쟁하는 정치가 발생하는 공간을 묘사하는 수단으로서 '글로벌'의 개념을 탐구했다 (제1장). 글로벌은 논쟁적인 정치공간으로 존재하며, 일부 사상가, 정치가, 대중은 (예를 들어, 더 전통적인 '국제'를 지지하는) 바로 그 존재를 부정할 것이다. 글로벌의 가능한 미래에 대한 단서를 찾기 위해, 우리는 반드시 글로벌의 최근 역사와 현재로 눈을 돌려야 한다. 21세기 초의 주요 사건들과 변화들은 정치와 권력의 영역으로서 글로벌의 중요성을 강조하는 역할을 해왔다. 예를 들어, 다음과 같이 생각해보자.

- 2001년 이후 '9/11' 공격과 글로벌 '테러와의 전쟁'의 시작.
- 2007-8년의 글로벌 금융위기와 그 이후 10년 이상의 극적인 경제적, 정치적 변혁이 많은 국가에서 발생.
- 중국이 글로벌 차원에서 군사적, 경제적으로 강력한 국가로 부활.
- 새롭고 소셜 미디어가 가능한, 해방과 평등을 위한 글로벌 사회운동의 등장. 사례는 흑인 생명의 중요성(Black Lives Matter), 미투(#MeToo), 그리고 멸종저항(Extinction Rebellion)과 같은 생태운동 등.
- 유럽에서 남아시아, 남미에 이르기까지 새로운 초국가적 '반글로벌주의자'와 민

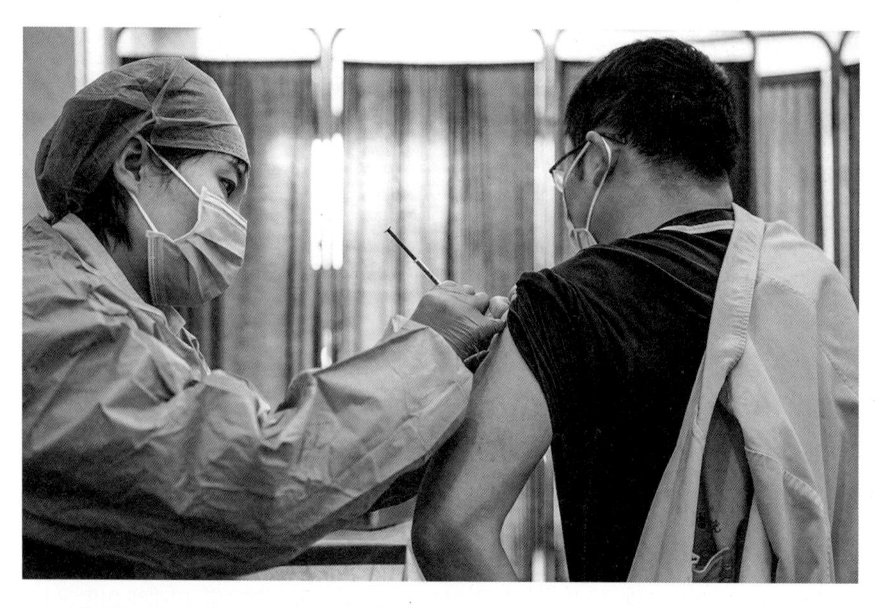

2021년 6월, 중국인 의료 종사자가 최초로 바이러스가 검출된 도시 우한에서 코로나19 백신을 투여하고 있다.

출처: *STR/Getty Images*

족주의적 우파 정치의 부상.

- 인위적인 기후변화로 인한 전 글로벌 '기후위기' 또는 '기후 비상사태'에 대한 일부 국가와 많은 생태학자 및 환경 압력단체의 선언.
- 2020년부터 시작된 글로벌 코로나19 팬데믹과 그에 따른 사회 및 경제적 영향.

이러한 이슈들 각각은 21세기 사회의 글로벌 상호연결성에 대해 우리에게 말해준다. 한 사회에서 정치인, 투자 은행가, 공공 보건 공무원, 군인, 반정부 운동가, 정치활동가, 그리고 '보통' 사람들의 행동은 어떤 또는 다른 사회에 살고 있는 사람들에게 지대한 영향을 미칠 수 있는 동시에 연결될 수도 있으며, 그들의 작은 파문은 전 세계로 빠르게 퍼질 수 있다. 이는 수학의 '카오스이론'에서 '나비효과'라고 알려져 있다. 한 장소에서 겉보기에는 작은 행동이나 변화가 잠재적으로 광대하고 심지어 글로벌한 패턴이나 체계를 형성할 수 있는데, 나비 한 마리의 날개짓이라는 작은 대기 변화가 궁극적으로 수천 마일 떨어진 곳에서 토네이도를 일으킬 수 있다는 논리다. 사회과학에서 '복잡계이론(complexity theory)'은 글로벌화와 글로벌주의 시대에 점점 더 영향력을 배가시키고 있는데, 그 이유는 시스템으로서의 인간사회가 매우 복잡하고, '개방적'이고, 상호 연결되어 있으며(그리고 비인간 시스템과 상호 작용하고), 따라서 '혼돈'의 원리에 의해 유사하게 영향을 받기 때문이다.

글로벌 빌리지의 긴장

글로벌정치에서 나비효과의 사례로 2020년 미니애폴리스에서 조지 플로이드(George Floyd) 살해를 촬영한 17살 프레지어(Darnella Frazier)를 생각해보자. 영상을 제작한 공로로 2021년 퓰리처 특별 저널리즘 상을 수상한 프레지어는 그녀의 휴대전화를 사용하여 백인 경찰관이 그녀 이웃의 흑인 남성에게 저지르는 심각한 부당함을 기록하였다. 그러한 '시민 저널리즘'과 스마트폰 영상 제작과 공유가 이제는 매우 흔하지만, 프레지어의 영상은 계속해서 '흑인 생명의 중요성' 운동의 글로벌화에 박차를 가했다. 특히 이 영상은 볼티모어에서 브뤼셀까지의 거대한 시위, 전 세계 주요 기업, 정치인, 대학 및 고용주들의 '반인종차별주의', '성찰', '개선'에 대한 성명서 발표, 무수히 많은 정책과 공공장소의 변화, 역사적 서술과 교육법에 대한 검토, 그리고 셀 수 없이 많은 다른 효과들을 유발했다. 영상은 또한 플로이드를 살해한 경찰관의 재판에서 중요한 증거로 채택되어 아프리카계 미국인을 살해한 백인 경찰관에 대한 이례적으로 드문 유죄 판결을 이끌어냈다.

프레지어의 시민 저널리즘과 그것이 전 세계에 미치는 파급효과는 글로벌이 정치공간, 즉 권력과 경쟁의 공간으로서 지속되고 있고, 아마도 훨씬 더 중요하다고 시사한다. 그러나 그것은 또한 우리에게 글로벌 시간, 또는 '일시성' (오늘날

일시성(Temporality): 시간은 단순하고 일상적인 것, 즉 존재를 측정하는 선형적인 방법처럼 보일 수 있다. 하지만 글로벌정치에 대한 비판이론들은 시간을 점점 '문제화' 시켜왔고, 서로 다르고 경쟁하는 일시성(시간의 개념과 표현)이 얼마나 정치적으로 중요할 수 있는지 탐구해왔다.

비인간화(Dehumanization): 인간의 독특한 특징으로 간주되는 불가능한 행동과 경험, 예를 들어 선택 또는 '자유 의지'의 행사, 자신의 몸에 대한 통제 등을 매우 폭력적으로 저하시키는 대우.

시공간(Space-time): '글로벌'은 종종 시공간의 척도로 묘사된다. 즉, '지역'이나 '국가'처럼 공간적 차원과 시간적 차원을 모두 가지고 있으며, 우리는 시간을 통해 공간을 경험하고, 그 반대의 경우도 마찬가지다.

국제관계의 비판이론가들 사이에서 인기 있는 주제)에 대해 말해줄 수도 있다. 조지 플로이드 살해에 대한 기록은 한 순간 발생한 하나의 사건이지만 거대한 초국가적 운동에 불을 붙일 정도로 상징적으로 심오한 사건이었으며, 다른 시대의 다른 사건들에게도 이야기할 수 있는 것이었다. 오늘날 미국의 '인종관계'는 미국의 역사에 의해서 형성되었는데, 그 역사는 주로 유럽의 백인 식민주의자들이 북미 원주민을 추방, 소외, 몰살시키고 아프리카 대륙에서 인간을 납치, 노예화, 거래하면서 이루어진 역사다. 흑인의 조상들은 노예가 되어 대륙으로 끌려왔고, 백인 '소유자'의 변덕에 따라 살고 죽었으며, 거의 상상할 수 없는 형태의 폭력과 타락, 또는 비인간화를 경험하면서 고통 받았다. 19세기의 노예제도의 폐지와 20세기의 명백하고 법적으로 제재된 인종차별의 궁극적인 폐지는 미국의 설립을 가능하게 했던 많은 인종주의적 사회구조를 변화시켰다. 그러나 삶의 기회와 삶의 경험에 있어서 중대한 구조적 차이는 여전히 존재한다. 미국의 감옥 시스템에 있는 흑인들의 수감 비율의 불균형성, 특히 백인 경찰관들에 의한 흑인 살해의 수는 많은 사람들이 과거 형태의 인종주의적 폭력과 억압이 '다른 방법으로' 지속된다고 해석한다. 조지 플로이드와 같은 흑인이 그 나라의 시민권을 '섬기고 보호'하겠다고 맹세한 백인 경찰관에 의해 살해되었을 때, 이것이 위태로운 일시성이다. 백인에 의해 '재산'이 된 흑인들을 노예로 만들고, 고문하고, 살해하는 일상적인 관행은 더 이상 지속되지 않을 수도 있다. 노예제 폐지 이후 이어진 직장, 공공장소, 학교 등에서의 합법적인 인종차별은 사라졌을 수도 있다. 그러나 인종차별적인 치안유지와 투옥의 체계라고 널리 알려진 것(경제적 불공정을 포함한 불평등의 다른 체계적인 관행과 함께)은 '백인 우월주의'라는 사회구조를 유지하고 있다. 그러므로 인종차별적인 경찰의 폭력을 통해 키워진 수세기 동안의 세계역사와 아프리카와 아메리카대륙에서 유럽식민주의의 무게는 '흑인 생명의 중요성' 운동을 이끌어 내고 있다.

글로벌 시공간은 단지 '새로운' 것만이 아니다. 아프리카계 미국인 소설가이자 평론가인 볼드윈(James Baldwin)은 자신의 에세이 '마을의 이방인(Stranger in the Village)'([1953] 1956b)에서 서유럽의 작고 백인이 대다수인 스위스의 한 마을에 살았던 경험에 대해 썼다. 볼드윈은 자신이 예고했듯이, 거리에 있는 한 흑인을 보고 스위스의 백인 아이들이 그를 향해 '흑인' 혹은 '니그로(negro)' 용어를 얼마나 신나게 외쳤는지를 묘사한다. 그는 당시 자신의 모국에서 흑인들에 대하여 행하는 대우와 유사한 모습을 보았는데, 그의 모국에서 'n'-단어는 인종차별주의자 백인들이 인종차별을 유지하기 위해 싸우는 데 공통적으로 사용되고 있었다. 이에 따라 볼드윈은 전 세계를 수천 마일 여행했고, 스위스와 미국에 있는 고향 모두에서 자신이 '마을의 이방인'임을 발견했다. 자신의 에세이에서 "사람들은 역사에 갇혀있고 역사는 그들 안에 갇혀있다"고 썼을 때, 볼드윈은 우리의 현재

사회체계와 언어적, 상징적 질서의 구조화를 유지하기 위한 노예제도를 포함한 인종차별과 식민지 폭력의 역사적 능력을 언급했다. 따라서 글로벌 시공간은 인간의 경험과 사회적, 정치적 활동의 규모와 마찬가지로 역사에 갇히고 있다.

글로벌의 종말인가, 아니면 글로벌주의의 종말인가?

우리는 또한 이 책의 앞부분에서 '글로벌주의'에 대해 논의했는데, 이는 특히 자유주의와 신자유주의의 국제관계이론들에게 글로벌은 뚜렷하고 중요한 초국가적 영역으로 존재하며, 정치적, 경제적 공간으로서의 글로벌의 출현과 발전은 일반적으로 좋은 (그리고 피할 수 없는) 것이라는 광범위한 믿음을 기반으로 하고 있다. 1990년대에 이러한 사고방식은 많은 사회와 국제적 제도와 조직에서 거의 헤게모니적 위상을 차지했다. 탈냉전이라는 '행복한 90년대' (Žižek 2009)의 관점은 특히 점점 더 글로벌화되고, 통합되며, 세계적인 미래 중 하나인 글로벌경제를 지배했던 서방의 자유민주주의 국가들에 해당되었다.

이 '역사의 종말'은 자유주의와 신자유주의 글로벌주의자들에 의해 기념되었지만, 단명했다고 주장되어 왔다. 마르크스주의 정치철학자 지젝(Slavoj Žižek)은 9/11 테러가 사실은 이 '할리우드식 결말'이 공상이었음을 보여주었다고 주장한다. 이 견해에 따르면, 9/11은 글로벌주의 패권의 종말과 '이스라엘과 서안 사이, 유럽연합 주변, 미국과 멕시코 국경을 따라, 뿐만 아니라 민족국가 자체 내에서도 새로운 벽이 어디에서나 나타나는 것으로 보이는 시대'의 도래를 예고했다 (Žižek 2009: 3). 이후 2014년부터 유럽에서 '이민 위기' 또는 '난민 위기'가 시작되고, 트럼프의 2016년 대선 캠페인을 통한 미국과 멕시코 국경정치의 심화, 그리고 그의 대통령직 수행 당시 이스라엘과 팔레스타인의 긴장, 국경과 관련한 이러한 '새로운 벽'과 사회적 분열, '국경화'하는 글로벌 정치적 관행 (El-Enany 2020)이 증가한 것으로 보일 뿐이다.

1990년대 초부터 신현실주의자 미어샤이머(John Mearsheimer, p. 279 참조)부터 마르크스주의 세계체제 이론가 월러스타인(Immanuel Wallerstein, p. 137 참조)에 이르기까지 글로벌주의 사고에 회의적인 국제관계 이론가들은 냉전의 종식이 '양극체제'에 의해 유지되는 세계질서의 상대적 안정성이나 예측 가능성을 심각하게 위협할 수 있다고 전망해왔다. 그들은 더 광범위한 경쟁적인 국가이익이 나타나서 국제체제에 잠재적인 갈등과 혼란을 초래할 것이라고 예상했다. 1990년대에 탈냉전의 불안에 대한 보다 극적인 전망 중 일부는 글로벌주의자들에게 공상적으로 보일 수 있다. 예를 들어, 월러스타인(Wallerstein 1993)은 '미국의 패권시대'와 자유주의적 세계질서가 이미 1990년에 실효적으로 종식되었고, '우리는 이제 탈아메리카 시대와 탈자유주의 시대에 진입하여 '위대한 세계 무질서의 시대'를 맞이하게 될 것이라고 주장했다. 이러한 주장은 1990년대 말에

국경화(Bordering): 국경이 사회적으로 구성되는 관행이다. 비판 이론가들의 관점에서 국경은 자연스럽지도 않고 정적이지도 않은 변화하는 사회적 구성이며, 이는 단순히 '지도 위의 선'을 넘어설 수 있다.

탈자유주의(Post-liberal): 자유주의 이념의 글로벌 지배 이후의 정치 또는 시기. 제2차 세계대전 기간에 형성되었다는 '자유주의 세계질서'가 탈자유주의의 위협을 받는다고 주장되고 있다.

단극체제(Unipolarity): 세계질서에서 단일하고 매우 강력한 국가가 더 넓은 체제를 지배할 수 있는 구조이며, '글로벌 패권'을 의미한다. 일부 사람들은 냉전 직후의 시대를 미국에 의한 단극의 순간으로 여기고 있다.

부정되었고, 2000년대에 '인도적 개입 (p. 364 참조)'과 '테러와의 전쟁(p. 266 참조)'을 통하여 미국의 '단극' 글로벌 지배가 전개되기 시작했다.

그러나 2020년대의 관점에서 보면, '위대한 세계 무질서'의 증거를 찾아내는 것이 더 쉽다. 국가 간 전쟁, 제1차 또는 제2차 세계대전의 변종 가능성에 대한 미어샤이머(Mearsheimer 1990)의 우려가 소련의 붕괴 이후 서유럽으로 회귀되는 것은 억지처럼 보일 수 있지만, 자유주의 세계질서의 붕괴 또는 쇠퇴와 '탈자유주의 시대'의 도래에 대한 월러스타인의 보다 일반적인 명제는 시기상조이기는 했지만 어느 정도 선견지명이 있었다. 서방의 반자유주의적 전환과 '글로벌 백인 민족주의'의 부상, 많은 서방 자유주의자들이 기대하거나 희망하지 않았지만 결과적으로 더 많은 자유주의적 민주사회를 낳은 '아랍의 봄' 봉기(p. 242 참조)의 궤적, 중국과 러시아와 같은 비자유주의적 '대국'의 부활과 러시아의 주요 인접 국가인 우크라이나에 대한 2022년의 침공(p. 165 참조), 그리고 인위적 환경 악화로 인한 '기후 혼란'의 시작 등이 자유주의 세계질서의 쇠퇴에 영향을 미쳤다. 이 모든 문제들을 종합해 볼 때 1990년대 글로벌주의자들이 설명한 '글로벌'이 글로벌 통합과 협력의 증대 대신 국가와 지역의 이해관계, 국경, 정체성, 갈등이 재확인되는 등 위험에 처해 있음을 파악할 수 있다.

또 다른 견해는 현재 위험에 처한 것은 글로벌 그 자체가 아니라 글로벌주의자들의 구체적인 명제라는 것이다. 다시 말해, 글로벌은 글로벌한 차원에서는 아무런 문제점 없이 최근 몇 년 동안 더 심층적이거나 눈에 띄게 갈등하는 정치영역이 되었을 수 있다. 강대국의 갈등, 글로벌 사회운동(반동적이고 해방적인)의 부상, 기후변화와 팬데믹이 많은 사회에 미치는 부정적인 물리적 영향 등은 모두 세계가 얼마나 글로벌해졌는지 보여주는 것으로 이해될 수 있다. 그러나 글로벌은 자유주의적 글로벌주의 비전과 관련된 일종의 정치적, 경제적, 문화적 동질화의 공간이 되기보다는 깊게 분열되고 갈등하는 정치적 영역으로 자리매김했을 수 있다. 글로벌주의는 글로벌정치 자체에서가 아니라 실존적 위기에 직면했을 수 있다 (Davies 2021).

글로벌정치의 질서 재편

현대 글로벌정치를 상징한다고 할 수 있는 고조된 긴장, 분열, 위기와 중첩되어 글로벌정치 내에서 권력의 질서가 재편되고 있다. 탈냉전 직후 글로벌에 대한 개념이 점차 대중화되면서 '미국의 패권' 또는 '단극체제'가 그 시대의 질서였다. 미국은 유엔과 NATO에서 WTO와 IMF에 이르기까지 중요한 국제기구를 강력하게 장악하고 일방적으로 행동하려는 의지로 지구 대부분에서 정치적, 경제적, 군사적 힘을 효과적으로 행사했다. 언론인과 학자들이 '미국이 주도하는' 세계질서를 말하고 쓰는 것은 흔한 일이었다. 하지만 오늘날 우리는 적어도 미국의 지배만큼 세계질서 속에서 '미국의 쇠퇴'와 '중국의 부상'에 대해 읽거나 들을 가능성이 늘어나고 있다.

따라서 글로벌의 변화에 대한 잠재적인 설명 중 하나는 세계질서가 '다극체제'의 조건(제10장 참조)에 다시 진입했다는 것이며, 세계에 두 개 이상의 국가가 다른 국가들에 대해 지배력이나 '패권'을 행사할 수 있는 경제력, 정치적 영향력 및 군사적 능력을 가지고 있다는 것이다. 21세기 초 중국의 급격한 경제성장이 진행되고 있을 때, 중국 또는 다른 어떤 국가가 미국을 대신할 글로벌파워의 중요한 대안적 극을 형성한다는 생각은 미국 군사력의 압도적인 우위 때문에 언급되지 않았다. 미국은 오랫동안 다른 어떤 국가보다 방대한 양의 군사비를 지출해 왔으며, 이는 사실상 세계 대부분의 국가를 합친 것보다 더 많은 것이다 (도표 22.1 참조). 2021년, 바이든 대통령은 군사비로 7,150억 달러를 약속했으며, 이 추세를 되돌릴 기미가 보이지 않는다.

미국의 단극성 글로벌 패권에 대한 이러한 비전을 뒷받침하는 가정은 1990년대와 2000년대에 북아프리카, 중동, 아프가니스탄에 대한 개입에서 입증된 바와 같이, 미국이 스스로를 글로벌 '경찰'로 임명하고 자국의 이익이 위태롭다고 인식되는 글로벌문제에 군사적으로 개입하는 능력에 있어서는 타의 추종을 불허한

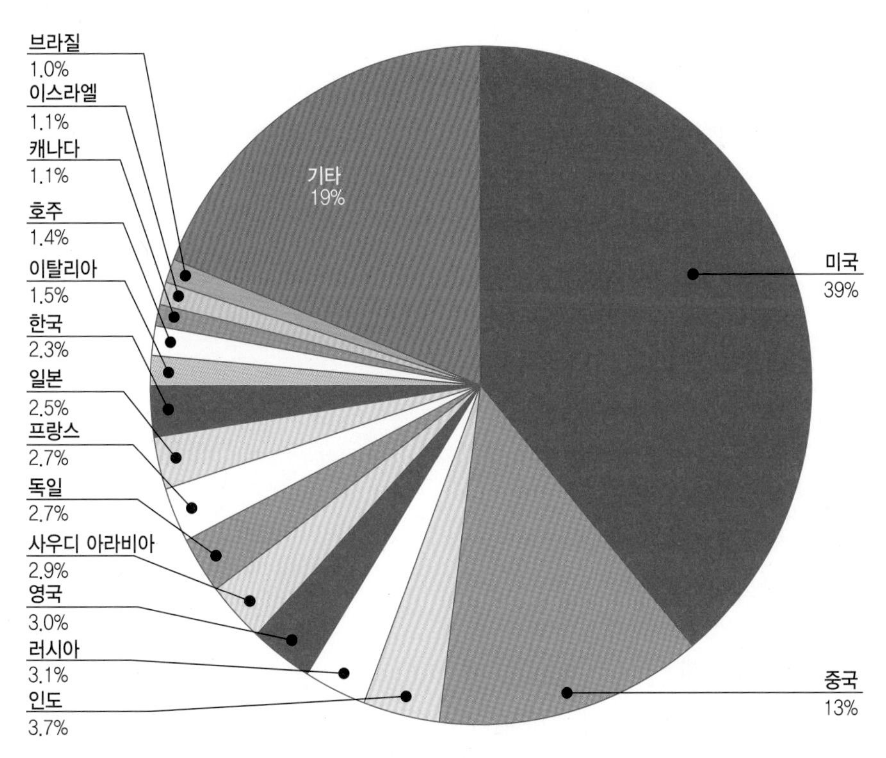

도표 22.1 세계 군사비 지출

출처: SIPRI Trends in World Military Expenditure 2020

다는 것이었다. 그러나 보다 최근의 사건들은 미국권력에 대한 이러한 비전을 의심스럽게 만들었다. 그 사건들은 2011년 '아랍의 봄' 봉기(p. 242 참조) 이후 10년 이상의 유혈 내전이 이후 알 아사드(Bashar al-Assad)가 권력을 회복하고 푸틴과 동맹을 맺은 것, 러시아의 2008년 이웃 조지아 침공, 2014년 크림반도 합병, 2022년 우크라이나 침공, 2019년부터 중국이 언론 및 정치시위에 대한 중대한 '단속'을 포함하여 홍콩의 자치적 '특별행정구역'에 대한 점점 더 직접적인 정치 및 군사적 통제를 주장한 것, 2021년 미얀마 쿠데타가 발생하여 서방의 지원을 받아 선출된 지도자 아웅산 수치(Aung San Suu Kyi)정부가 전복되고 비민주적인 군사독재로 대체된 것을 포함한다. 미국은 이 모두에 대해서 비난을 했지만, '경찰'적인 개입은 하지 않았다. 미국과 동맹국들에 동조하지 않은 다수의 국가들, 특히 명백하게 중국과 러시아는 미국의 이익과 가치에 역행하는 방식으로 국제문제에 접근을 하고, 별다른 저항에 부딪히지 않았다. 따라서 다수의 '강대국'들은 다시 한번 세계질서를 형성하고 패권을 향해 경쟁한다고 말할 수 있다. 이러한 관점에서 글로벌은 1945년 마지막 세계대전 이후 볼 수 없었던 다극화의 시기에 접어들었다.

글로벌 미래에 대한 경쟁적 비전

최근 수십 년 동안, 국제관계학자, 사회과학자, 정책자문관, 언론인, 때로는 정치인들이 글로벌정치에 대해 자기가 이해한 방향으로 학계와 대중에 각인시키기 위해 경쟁을 하여 왔고, 이에 따라 수많은 비전들이 제시되었다. 가장 영향력 있는 것들 중 일부는 다음과 같은 것들을 포함한다.

- 국경 없는 세계
- 민주주의의 세계
- 중국의 세기
- 국제공동체의 성장
- 글로벌 사우스의 '부상'
- 환경재앙의 도래
- 지구 밖의 글로벌정치

국경 없는 세계?

국경 없는 세계의 이미지는 오마에(Ohmae 1990)의 저서에서 처음으로 언급되었다. 이는 글로벌화에 대한 초글로벌주의 모델의 핵심 아이디어를 수용하는 이미지라 할 수 있다. 이 이미지는 글로벌화를 국가와 전통적인 주권 개념에 극적인 영향을 미치는 경제, 문화, 기술, 정치의 심오하고 심지어는 혁명적 변화로 묘사하고 있다. 글로벌화가 진전되면서, 사람, 상품, 돈, 기술, 아이디어의 국경을 넘는 흐름의 증가는 영토적 실체로써의 국가를 약화시켰고, 국가 정부가 국경 내에서 발생하는 문제들을 통제할 수 있는 능력을 현저하게 손상시켰다. 국경 없는 세계는 어떤 모습일까? 가장 중요한 것은 글로벌 상호연결과 '가속화된' 상호의존의 세계가 될 것이라는 점이다. 초글로벌주의자들에게 있어서 상호 맞물리는 글로벌경제가 등장한다면, 이는 모두에게 번영을 가져다 줄 것이다. 세계 어디에 존재하든지 상관없이 경제자원은 가장 이롭게 사용될 것이다. 글로벌경제에 참여하는 모든 국가와 지역이 이득을 보고 '대융합'이 이루어지기 때문에 자원의 불균형도 많이 줄어들 것이다 (Mahbabani 2013). 이러한 점에서, 제2차 세계대전 이후 세계무역기구 같은 기구들의 후원으로 이루어진 자유무역으로의 전환은 부자들은 더 부자가 되게 하고 가난한 사람들을 덜 가난하게 하였다. 국경 없는 세계의 정치적 함의도 중요하다. 특히, 상호의존적 자유주의 아이디어와 함께 글로벌 자유무역, 초국가적 생산과 투자는 광범위하고 지속적인 평화를 가져다 줄 것이다. 이러한 맥락에서 전쟁의 비용은 수용할 수 없을 정도로 많이 들고, 경제와 금융의 상호연결의 강화는 국제적 이해를 높여 주고 심지어는 세계주의(cosmopolitanism, p. 82 참조)를 구축하게 할 것이다.

이 비전은 얼마나 설득력이 있는가? 세계정치에 대한 초글로벌주의 모델의 주요 문제점은 글로벌화의 진전이 국가를 약화시키고 국경을 의미 없게 만든다는 점을 너무 과장하는 것처럼 보인다는 점이다. 6장에서 논의한 바와 같이, 국가는 글로벌화의 진전에 따라 변화되고 있다는 주장이 대세이지만, 실제로 글로벌화는 국가를 강화하는 측면도 있다. 국가는 역사의 쓰레기통에 버려지지 않았다. 실제로 중국과 러시아는 현대화의 상징으로써 새로운 중요성이 부각되고 있다. 국가와 국가체계가 지속적으로 영향력을 행사함에 따라 글로벌정치는 상호의존의 힘과 무정부상태의 힘이 대결하는 전투장이 될 것이며, 후자는 전자에 굴복하기를 완강히 거부할 것이다.

민주주의의 세계?

민주주의 세계의 이미지는 공화주의적 자유주의에 뿌리를 두고 있으며, 정부권력의 계약적 기초에 대한 17세기와 18세기의 아이디어로 거슬러 올라간다. 현대적 의미에서 이 개념은 민주적 거버넌스에 대한 지지와 독재나 권위주의에 반대하는 추세를 강조한다. 후쿠야마(Francis Fukuyama) 같은 '역사의 종말' 이론가들에 따르면, 민주주의, 더 정확히 말하면 자유민주주의는 인간 역사의 결정적인 종착점이다. 자유민주주의는 사회의 모든 구성원들에게 사회적 유동성과 물질적 보장의 전망을 하게하고, 시민들이 국가의 간섭 없이 개인적인 자기개발을 할 수 있

글로벌 행위자 세계무역기구

형태	설립	본부	회원국
정부간기구	1995년	제네바	164개국

세계무역기구(WTO: World Trade Organization)는 관세 및 무역에 관한 일반협정(GATT)을 대체하여 1995년 1월 1일에 설립되었다. WTO는 1986-93년 우루과이 라운드 무역협상에 의하여 탄생했다. WTO의 핵심 목적은 다자간 무역체계의 원칙을 유지하는 것이다. WTO는 회원국 정부들이 상호 문제가 생겼을 때 해결하기 위하여 시도하는 협상포럼이다. 이 조직은 회원국 정부에 의하여 운영되며, 모든 주요 결정들은 회원국 전체에 의하여 이루어진다. 결정은 보통 만장일치로 이루어진다. 이러한 점에서 WTO는 세계은행(p. 419 참조)과 IMF(p. 508 참조) 등 유엔의 기구들과 다르다. 이 기구들은 집행직원들에게 지시를 하는 이사회를 보유하고 있으며, 투표권은 선진국에게 유리하도록 가중투표제를 사용하고 있다.

중요성: WTO 지지자들은 WTO가 무역자유화를 실현하는 데 핵심적 역할을 하였고, 세계경제의 지속가능한 성장을 하는 데 기여했다고 주장한다. 이는 대체로 자유롭고 개방적인 무역에 참여한 국가들은 모두가 혜택을 볼 수 있다는 믿음에 기초한다. 무역자유화는 경쟁을 강화하고, 혁신을 촉진하고, 모두를 성공하게 한다. 세계은행이나 IMF와 달리 WTO는 모든 회원국들의 합의구축에 기초한 강력한 민주적 문화를 지니고 있다. WTO 규칙들은 자신들이 협상하여 합의한 절차에 따라 회원국들이 집행한다. 제재가 가해지려면, 회원국 모두에 의하여 승인되어야 한다. 이는 개도국의 견해와 이익이 모두 고려된다는 의미인데, 그 이유는 수적인 우세(개도국이 WTO 전체의 3분의 2 차지)와 무역 지향형 개발에 대한 강조의 증가 때문이다. WTO의 효율성에 있어서 중요한 점은 분쟁해결과정인데, 이는 GATT보다 진일보한 것이다. GATT하에서, 분쟁을 해결하기 위한 시간표가 없었기 때문에, 판결은 봉쇄되고 많은 사건들이 무작정 시간을 보내게 된다. 이에 비하여 WTO는 보다 구조적인 과정을 가지고 빠른 해결을 강조한다. 그러나 대부분의 분쟁들은 '법원 밖에서' 비공식적인 협상에 의하여 해결이 되고, 사건의 3분의 1만이 분쟁해결기구(Dispute Settlement Body)에 의하여 해결된다.

그러나 WTO는 매우 논쟁적인 기구가 되고 있다. 많은 비판은 기본원칙에 대한 것이다. 무역 자유화는 모든 사람들에게 혜택을 주는 것이 아니라 구조적 불평등을 야기하고 노동권과 환경보호를 약화시킨다고 한다. 산업화되고 기술적으로 앞선 선진국들은 크게 노력을 기울이지 않고 대규모 시장에 접근하는 방식을 통해 국제무역으로부터 많은 것을 획득하려 한다. 더불어서 자유무역 규칙들은 국가들이 사회보호와 환경보호를 어렵게 한다. 더욱이 WTO가 합의구축을 강조하는 것은 WTO의 의사결정절차의 투명성과 책임성이 부족하다는 의미이다. 둘째 비판은 WTO의 민주성 결핍이다. 선진국들은 WTO 내에서 개도국들보다 많은 혜택을 누린다. 합의에 의한 의사결정은 크고 자원이 많고 제네바에 상주대표부를 갖고 있는 국가에게 유리하도록 한다. WTO는 종종 (G7/G8, 다보스에서 열리는 세계경제포럼과 함께) '부자들의 클럽'이라 불린다. 셋째 비판은 WTO의 약점에 초점을 맞추고 특히 강력한 반대 견해와의 타협 불가능성에 대해 언급한다. 이는 2001년에 시작된 도하라운드 협상이 거의 붕괴되어 가는 것이 이를 입증한다. 협상이 중단된 이유는 개도국과 중국 포함 신흥국들을 한 편으로 하고 선진국을 다른 편으로 하는 상황에서 농업보조금 문제에 대한 갈등 때문이었다. 이러한 실패는 미국과 EU가 농업 보호주의를 유지할 수 있도록 해줬고, 장벽을 낮추고 농가에 보조금을 지급하게 되면 가장 큰 혜택을 받을 수 있는 개도국과 가난한 자들을 궁지에 몰아넣었다.

도록 한다. 후쿠야마와 도일(Doyle 1986, 1995) 같은 이론가들에게 있어서 민주주의를 향한 거스를 수 없는 추세의 주요 결과는 평화의 확산, 그리고 국가 사이의 대규모 분쟁 가능성이 줄어들었다는 점이다. 이러한 예언은 '민주적 평화' 명제(p. 74 참조)를 기초로 하고 있다. 민주주의 국가들 사이에 전쟁을 하지 않는다는 것은 국가들이 자유민주주의의 규범으로 수렴되어 가는 가치의 동질화 개념에서 설명될 수 있다. 민주주의로 향하는 추세의 역사적 증명은 민주화의 3가지 '물결'을 주장한 헌팅턴(Huntington 1991)이 하고 있다. 첫 번째 물결은 1828년부터 1926년까지 계속되었는데, 미국, 프랑스, 영국 같은 국가들이 포함된다. 두 번째 물결은 1943년부터 1962년까지이고 서독, 이탈리아, 일본, 인도 등이 속한다. 세 번째는 1974년에 시작되어 그리스, 포르투갈, 스페인의 우익 독재를 끝냈고, 중남미의 군 장성 정치가들이 퇴진하였고, 가장 중요한 것은 1989년 이후 공산주의가 붕괴된 것이다. 2003년까지 전 세계 국가들 중에 63퍼센트, 그리고 전 세계 인구 중의 70퍼센트가 민주적 거버넌스하에서 살고 있다고 한다.

그러나 국가체계가 민주주의의 방향으로 전환되고 있다는 주장은 일부 비판의 대상이 되고 있다. '역사의 종말' 명제가 공산주의의 종말 이전에 나왔다면 덜 낙관적인 이미지를 보였을 것이다. 1989-91년 동유럽의 혁명은 1990년대의 유고슬로바키아의 해체를 비롯한 과거의 갈등과 증오를 폭발시켰고, 시장 자본주의로의 '충격요법' 전환의 부작용으로 범죄와 부패가 만연하게 되어 평화를 향한 장기적 추세보다 혼란과 불안정의 재등장을 가져왔다. 9/11 테러와 '테러와의 전쟁'의 민주적으로 의심스러운 관행, 주요 비민주국가들의 증가하는 세력은 케이건(Kagan 2008)과 다른 이들이 '역사의 귀환'을 선언하게 만들었다.

주요 인물

프랑시스 후쿠야마(Francis Fukuyama, 1952년생)

출처: *Leonardo Cendamo/ Getty Images*

미국의 사회분석가이며 정치비평가이다. 후쿠야마는 미국 시카고에서 개신교 목사의 아들로 태어났다. 미 국무부 정책기획실(Policy Planning Staff)의 참모로 활동한 이후 랜드(Rand) 연구소로 옮겼다. 공화당 지지자인 그는 "역사의 종말(*The End of History?*)" (1989)이라는 논문으로 국제적인 명성을 얻었고, 후일 *The End of History and the Last Man* (1992)이라는 책으로 발전시켰다. 이 논문과 책에서 후쿠야마는 자유민주주의를 '인간 정부의 최종 형식'으로 인정하면서 역사는 끝난다고 주장했다. *Trust* (1996)와 *The Great Disruption* (1999)에서 후쿠야마는 경제개발과 사회결속 사이의 관계에 대해서 논의하였고, 자본주의 발전에 비교되는 형식들을 설명하였다. 후쿠야마는 *Identity: The Demand for Dignity and the Politics of Resentment* (2018)에서 자신이 말하는 '자유주의적 세계질서'에 대한 최근의 도전과 '정체성 정치'의 우선순위 증가(제9장 참조)를 알카에다로부터 흑인 생명의 중요성까지 이어지는 '경멸에 대한 분노'로 비롯되어 등장하는 것으로 프레임화 했다.

중국의 세기?

통상적으로 20세기는 미국의 패권적 역할을 강조하기 위하여 '미국의 세기'로 묘사되고 있다. 우선 제2차 세계대전 이후에는 자본주의를 채택하고 있는 서양세계를 주도하는 의미에서, 둘째로는 냉전종식 이후 유일한 초강대국 지위를 확보했다는 의미에서 미국의 세기로 부르고 있다. 1970년대와 80년대에 미국의 쇠퇴가 자주 논의되었고 (Kennedy 1989), 21세기에 들어서서 이러한 논의가 다시 시작되었는데, 그 내용은 세계의 권력이 미국 주도의 서양에서 아시아, 특히 중국으로 전환하고 있다는 것이었다. 이러한 논점은 21세기가 '중국의 세기'라는 이미지로 구체화되었고, 중국은 새로운 글로벌 패권국이 되었다. 이러한 이미지의 주요 토대는 1980년대 이후 중국의 엄청난 속도의 지속적인 경제성장이었고, 2010년까지 중국은 세계에서 두 번째로 큰 규모의 경제를 운용하고 있으며, 미국을 빠르게 따라가고 있다. 중국경제의 부상과 함께 외교적 자신감도 성장하고 있으며, 구조적 권력도 강화되고 있다. 그러나 중국의 세기라는 아이디어는 두 개의 매우 다른 이미지와 연관이 되어 있다. 첫째, 중국의 부상은 국제분쟁과 전쟁가능성에 연결되어 있다. 특히 공격적 현실주의자들은 패권의 이동이라는 것은 평화적으로 이루어진 적이 없다고 한다. 왜냐하면 새로운 패권국은 새롭게 이룩한 경제적 지배에 걸맞은 군사와 전략적 위상을 추구하고, 구패권국은 자국의 위상과 지위의 상실을 순순히 받아들이지 않기 때문이다. 냉전 중에 설립된 NATO(p. 298 참조)는 '미국 세기'의 대표적인 본보기였으며, 그 기반이 되는 '집단안보' 협정을 주도한 미국의 핵우산을 제공받은 유럽의 '주니어 파트너'들은 글로벌 초강대국의 입지를 따라 중국에 대한 '전환'을 시작했다. 2021년 바이든 미국 대통령을 방문한 스톨텐베르그(Jens Stoltenberg) NATO 사무총장은 기자회견에서 "중국의 부상은 우리 경제에 기회를 제공하지만 … 동시에 중국은 곧 세계에서 가장 큰 경제를 갖게 될 것이다. 그들은 이미 두 번째로 많은 국방 예산, 가장 큰 해군을 보유하고 있고, 선진 군사력에 막대한 투자를 하고 있으며, 우리의 가치를 공유하지 않는다"고 주장했다 (NATO 2021b). 브뤼셀에서 개최된 NATO 정상회의에서 스톨텐베르그는 'NATO 동맹국들 간의 강력한 융합'을 설명하면서 "우리의 이익에 기초하여 우리는 기회를 본다 … 그러나 중국의 점증하는 영향력과 국제정책은 NATO 동맹의 안보에 도전을 하고 있다"고 강조했다. 그는 '워싱턴조약(NATO 창립조약 – (NATO 2021a)에 포함된 '근본적 가치에 반하는 중국의 강압적 정책, 핵무기의 확장과 군사력의 '불투명한' 현대화, 그리고 NATO의 전통적인 적인 러시아와의 군사협력을 강조했다. 그러나 두 번째 이미지에서 중국의 세기는 안정적이고 평화롭다. 그러한 기대는 글로벌화가 국가들이 어떻게 국익을 정의하고 서로 교류하는지를 바꿀지에 대한 믿음에 상당 부분 기반을 두고 있다. 이 관점에서 중국은 전략적인 것보다 경제적인 것을 우선시하기 위해 영구적으로 준비된 새로운 종류의 세계적인 패권국일 수 있다. 비슷하게, 미국이 패권의 상실에 대해서 글로벌 리더십의 부담으로부터 벗어날 수 있게 한다는 점과 상쇄할 수 있다.

국제공동체의 성장?

'국제공동체(international community)'의 개념은 '국제사회'의 관점에서 기원하는데, 전쟁은 원인과 수행이 정의의 원칙과 부합할 경우에만 정당한 전쟁이라고 한 그로티우스(p. 378 참조)의 사상에 뿌리를 두고 있다. 이러한 개념은 나중에 와이트(Martin Wight, 1913–72)와 불(Hedley Bull, 1932–85)을 포함하여 '영국학파'로 알려진 작지만 풍성한 국제관계이론 분야에 영향을 미쳤고, 최근에 던(Tim Dunne)에 의해 발전되었다. 국제사회에 대한 영국학파의 사고는 비관적 현실주의와 자유주의적 이상주의 둘 다의 함정을 피하려고 한다 (제3장 참조). 현대 국제사회 이론가들의 핵심적 가설은 국가들이 이기적이고 힘을 추구하기 때문에 그들의 관계는 상당 수준 문화적 결속과 사회적 통합에 의하여 구조화된다는 것이다. 따라서 국제체제는 현실주의자들의 주장처럼 '국가들의 체제'가 아니라 '국가들의 사회'이다. 그러나 국제공동체의 이미지는 이 과정에서 한 걸음 더 나아간다. 사회는 구성원 사이의 규칙적인 상호활동 패턴인 반면, 공동체는 감정과 상호존중의 결사체이다. 따라서 국제공동체의 개념은 단일의 통일된 실체로 화합하여 활동하는 국가들의 집합이라는 이미지를 형성한다. 국제공동체라는 개념은 국제정치에서 장기간 사용되어 왔지만(예를 들어, 국제기구는 '국제공동체의 의지'를 표현한다는 아이디어), 특히 1990년대 이후 국제공동체라는 용어가 많이 사용되기 시작하였다. 강대국 대립의 종식은 국제협력의 새로운 기회를 제공했고, 글로벌 상호의존의 추세는 경제적 의미보다는 정치적이고 안보적인 의미로 인식되었다. 1991년 걸프전과 '인도적 개입'의 확대에 비추어 볼 때 (1999년 당시 총리였던) 블레어(Tony Blair)는 이른바 '국제공동체의 독트린'에 대해 주목했다. 이에 따라 국제공동체는 타 지역의 분쟁에 적극적으로 개입할 권리와 책임을 갖고 있으며, 이는 오랫동안 국제질서의 핵심 규범이 되어 온 불개입의 원칙을 파기하게 되었다.

국제공동체의 성장은 지속되는 추세인가, 그리고 이는 보다 안전하고 정의로운 세계를 전망하게 하는가? 이에 대해 현실주의는 국제공동체에 의한 이득을 취하려고 편협된 자기이익 추구를 제어할 수 있는 국가들의 능력에 대하여 과장되게 주장한다고 비난한다. 실제로 국제공동체는 위장된 아이디어이고, 국가들의 자기이익 추구 행위에 도덕적 권위라는 도장을 찍어주는 것이라고 비판한다. 국제공동체에 대한 탈식민주의적 비판도 제시되고 있다. 이 견해에 따르면, 일부 서양국가들은 국제공동체라는 외투를 입고 있으며, 이를 통하여 선호하지 않는 국가들을 정리하는 데 사용하는데, 그 사례는 유럽중심주의다. 국제원조와 같은 수단으로 행하는 인도적 개입은 다른 수단에 의한 식민주의의 연속으로 인식된다. 마지막으로, 국제공동체는 의미 있고 가치 있는 아이디어이지만, 국가들은 특별한 역사적 경우에만 단일의 통일된 실체로 활동하기를 원하고 그럴 능력이 있다. 1990년대에 국제공동체에 대한 관심이 고조된 것은 탈냉전 직후의 비정상적인 상황이 반영된 것일 뿐이다.

글로벌 사우스의 부상?

중국의 경제적 부상, 그리고 글로벌권력의 서양으로부터 아시아로의 전환은 글로벌 노스와 글로벌 사우스 관계의 재편성이라는 거대한 과정의 한 부분이다. 노스와 사우스의 분열(p. 404 참조) 아이디어는 1980년대 초까지 거슬러 올라가고, 글로벌경제에 있어서 고임금과 고액투자의 산업화된 노스와 저임금과 저액투자의 지방을 중심으로 하는 사우스 사이의 구조적 불평등을 인정하는 것이다. 그러나 노스-사우스의 분열 아이디어는 이미 의미를 상실하고 있다. 이는 1970년대와 1980년대에 동아시아와 동남아시아의 '호랑이' 경제의 등장과 함께 이루어지기 시작하였으며, 중국, 인도, 브라질 같은 신흥경제의 등장으로 이어졌다. 따라서 글로벌 사우스의 많은 지역이 빈곤을 감소시키고 경제발전을 이룩하고 있다. 이에 따라 사우스와 노스의 모든 관계가 권력과 종속에 기초하여 이루어지는 것이 아니라는 점을 보여주고 있다. 그러나 사우스의 부상은 브릭스 국가들을 훨씬 넘어, 튀르키예, 멕시코, 태국, 인도네시아와 같은 개발도상국들도 세계무대에서 선두적인 행위자가 될 수 있다는 점을 보여 준다. 이에 대한 낙관론은 경제가 성장하고 있고, 전쟁이 끝나 가고 있으며, 에이즈의 어두운 그림자가 걷히기 시작하고 있는 아프리카까지 확장된다. 더 넓게 인구 통계학적 추세가 이러한 예측을 뒷받침한다. 세계 인구의 대부분이 글로벌 사우스에 살고 있으며, 이 인구들은 빠르게 고령화되고 있는 노스의 인구보다 훨씬 젊다.

글로벌 사우스의 부상은 글로벌정치에 어떤 영향을 미치는가? 글로벌 사우스의 부상에 대해서는 낙관적이고 비관적 평가가 존재한다. 낙관적 견해에 따르면,

주요 인물

헤들리 불(Hedley Bull, 1932-85)

호주의 국제관계학자. 불의 *The Anarchical Society* (1977)는 '국가들의 체계'와 '국가들의 사회'를 분명히 구분하였다. 그는 이론과 실제에 대한 신그로티우스 접근을 발전시켰는데, 이 이론에 따르면 국제사회는 현실적이지만 취약한 규범적인 질서이며, 세력균형이라는 제도, 국제법, 외교, 전쟁과 강대국에 기초하고 있다. 또한, 불(Bull 1966)은 국가들이 결속된 활동을 하고 공통된 목표를 추구하는 정도에 따라 국제사회의 연대주의 또는 다원주의 성향이 나타난다는 점을 인정하였다. 불의 기타 서적으로는 *The Control of the Arms Race* (1961)와 *Justice in International Relations* (1984)가 있다.

아시아 '호랑이'들의 등장과 이후 중국, 인도, 브라질의 성장은 노스에게 새로운 시장과 저렴한 제조상품을 제공하여 글로벌성장을 촉진시키고 있다. 아프리카와 아직 '저개발'된 사우스 지역의 성장도 같은 방식으로 이루어질 것이다. 글로벌경제가 확대될 것이고 이의 혜택은 공평하게 분배될 것이며, 이와 더불어 노스국가들이 원조를 할 필요성과 부채탕감은 별개의 문제로 발생할 것이다.

그러나 많은 사람들이 "'나머지'의 부상" (Amsden 2001)이 정말로 일어날 것인지에 대해 의구심을 갖고 있다. 신마르크스주의 세계체제 이론가들은 글로벌자본주의가 개혁되지 않은 채로 남아있고 시스템 자체에 구조적 불평등이 내재되어 있는 한 사우스의 저개발이 계속될 것이라고 주장한다. 추가적으로 사우스는 환경위협, 특히 기후변화의 피해에 노출되어 있다. 유럽, 미국, 일본은 기후변화에 적응할 수 있는 부를 보유하고 있고, 석유 비축량이 줄어서 가격이 상승되는 비용을 감당할 수 있고, 오염 산업을 가난한 국가로 이전시킴으로써 환경문제를 수출할 수 있다. 그러나 사우스국가들은 환경적 압박을 쉽게 피하기는 어려울 것이다. 왜냐하면 그들은 너무 가난(대부분의 아프리카 국가들)하기 때문이다. 마지막 문제는 사우스가 스스로 방향전환을 할지도 모른다는 점이다. 예를 들어, 아프리카의 노스에 대한 의존이 중국에 대한 의존으로 대체된다면, 광물과 중요한 천연자원을 구하려는 '신'식민주의가 대륙을 휩쓸고 지나갈 것이다. 그렇긴 하지만, 케냐의 농업 다각화에 대한 멕시코의 지원과 적어도 노스 자본의 횡포로부터 어느 정도 해방될 가능성이 글로벌경제의 결정요인으로 작용하는 등 이미 '남남협력'에 대한 중요한 근거가 있다 (Gray and Gills 2016).

다가오는 환경재앙?

환경운동가들은 세계가 생태계 재난으로 점차 빠져들고 있다는 주장을 한다. 지구에 대한 환경위협은 산림벌채와 열대우림의 손실, 심해를 포함한 바다 오염, 생물다양성의 축소 등이 포함되는데, 가장 심각한 것은 기후변화 또는 지구온난화이다. 국제공동체가 기후변화에 대하여 효과적인 정책을 취하는 데 대하여 두 가지 광범위한 요인들이 방해하고 있다. 첫째, 개별국가가 항상 국제공동체의 공공재보다 국익을 우선시하는 본질적인 문제이며, 이는 '공유지의 비극'이라는 아이디어가 제시한다 (p. 432 참조). 선진국과 개도국 사이의 긴장을 고려하면 문제는 더 심각해진다. 둘째, 주어진 임무의 범위와 규모가 낮은 수준이며, 온실가스 배출을 실질적이고 범세계적으로 감축을 하기 위한 정치적, 경제적, 개인적 비용이 크다는 점이다. 기후변화에 대한 대응은 탄소를 기반으로 한 생산에 기초한 경제구조를 전면 개편을 필요로 한다. 급진적 환경주의자들은 가스배출의 감축은 소비를 줄여야 가능하고, 따라서 낮은 생활수준을 유지해야 한다고 주장한다. 만약 이러한 장애요인들이 극복되지 않는다면, 그 결과는 매우 심각한 재앙이 될 것이다. 세계의 많은 지역에 더 길고 더 극심한 폭염을 가져다 줄 것이고, 홍수와 가뭄이 증가할 것이며, 북극 만년설의 용해, 해수면 상승, 더 규칙적이고 더 강한 허리케인과 다른 폭풍, 생태계에 대한 손상과 농업생산의 손실이 있을 것이다.

그러나 환경주의자들이 만들어 낸 환경재앙에 대한 공포는, 기후변화의 비용과 가능한 해결방법에 대한 균형적 평가가 배제된 매우 과장된 것이라고 주장하는 사람들이 있다.

지구 밖의 글로벌정치?

흥미롭게도, 국제법과 규범, 이주, 식민지화, 경제, 오염을 둘러싼 논쟁이 이루어지고 있는 글로벌정치의 가장 새로운 영역은 지구 그 자체가 아니다. 공상과학 시리즈 〈스타트렉(*Star Trek*)〉이 제시하는 것처럼, 우주는 '마지막 개척지'일지 모르지만, 인류가 점점 더 자주 접하는 개척지이다. 냉전시대의 '우주경쟁'은 미국과 소련이 20세기에 우주에서의 우월성을 놓고 다투는 것이었다. 이는 우주탐험의 초기에, 유엔이 1967년 '달과 다른 천체를 포함한 우주의 탐사와 이용에 있어서 국가들의 활동을 통제하는 원칙에 관한 조약', 즉 우주조약(Outer Space Treaty)을 체결하게 하였다.

우주조약은 유엔이 제시한 '국제우주법'의 핵심적인 원칙들을 제공한다. 여기에는 다음과 같은 조항들이 포함된다.

- 우주 탐사와 이용은 '모든 국가의 혜택과 이익을 위한' 것이며, 모든 국가가 이용할 수 있는 것이다.
- '점령의 사용'을 포함하여 어떠한 국가주권의 주장도 우주에서 행사될 수 없다.
- 어떠한 WMD(대량살상무기, 제12장 참조)도 궤도나 천체에 배치할 수 없다.
- 천체는 어떤 종류의 군사적 목적으로도 사용될 수 없다.
- 우주비행사는 모든 인류의 사절(envoy)이다.
- 국가는 우주에서의 자체 활동에 대해서 법적으로 책임을 져야 하고, 자국에 기반을 둔 비국가행위자(예: 기업)의 활동에 대해서도 같은 책임을 져야 한다.
- 국가는 자국이 활용한 '우주물체'(예를 들어, 우주선, 위성)에 의한 모든 피해에 책임이 있으며, 우주나 천체를 '오염'해서는 안 된다.

우주조약은 우주에서의 인간 활동을 규율하는 유일한 국제적으로 합의된 법으로 남아 있으며, 이 조약은 국가가 그러한 활동을 하는 데 있어서 법적인 권리와 책임의 중요한 위치를 적시하고 있다. 그러나 탈냉전시대에 국가들은 훨씬 적은 수의 고위험 고비용 승무원 탑승 우주비행을 해왔다. 예를 들어, 1972년 이후 달 착륙은 없었다. 국가가 주도하는 우주 탐사와 사용은 계속되어 왔지만 위성발사(2021년에 3,372개의 위성이 지구 궤도를 돌고 있었음)와 미국 항공우주국(NASA)의 5개 화성 탐사선 임무와 같은 무인 과학 임무로 구성되는 경향이 있다. 한편, 미국, 러시아, 일본, 유럽 및 캐나다 우주기관의 협력인 국제우주정거장(ISS)은 7명으로 구성된 국제팀이 탑승하여 지속적으로 지구 저궤도에 있으며 우주에서의 잠재적인 국제협력의 상징으로 남아 있다.

그러나 최근 몇 년 동안, 테슬라와 스페이스X의 창업자인 머스크(Elon Musk), 아마존의 최고경영자이자 블루 오리진의 창업자인 베조스(Jeff Bezos), 그리고 버진 그룹과 버진 갤럭틱의 창업자인 브랜슨(Richard Branson) 등 새로운 부류의 억만장자들이 민간 부문의 승무원이 탑승한 우주비행기 여러 대를 점점 더 정기적으로 띄웠다. 여기서 상기할 필요가 있는 것은, 이와 비슷하게 부유한 서양 탐험가들에 의한 소위 '신세계'의 식민지화도, 영국이나 네덜란드의 동인도회사들과 같은 민간기업들에 의해 주도되었다는 점이다 (제2장 참조).

초기에, 민간부문은 우주여행을 주로 관광사업으로 취급하고 있는데, 이는 다른 억만장자와 백만장자에게 우주비행 티켓을 팔고, 몇몇 유명인들과 '보통' 사람 몇명도 데려가는 것이다. 이와 더불어 스페이스X의 '스타링크' 위성 별자리를 포함하여, 기존의 지상 네트워크에 제한적이거나 전혀 연결이 되지 않는 지역에 무선 초고속 인터넷을 제공하는 것을 목표로 하는 다양한 지상 목적을 위한 상업위성들을 발사하고 있다. 그러나 지구의 자원부족, 환경악화, 기후 변화는 공공 그리고 민간 우주탐사 기업들이 '세상 밖'에서 인간 삶의 가능성과 화성을 포함한 행성들에 '식민지'를 건설할 가능성을 고려하도록 이끌었다. 하지만 우주활동의 증가가 충분히 입증한 것은, 지구상 글로벌정치에서의 주요 문제들과 질문들이 아래 주제들을 포함하여 우주공간으로 확장될 가능성이 있다는 것이다.

- **영토와 주권**: 국제우주법이 지구상 국가들이 천체에 대해 영유권 주장을 하는 것을 압도하고 막을 수 있을까? 국제법은 심지어 지구상에서도 집행수단의 부족으로 고통 받는데 새로운 '영역'을 어떻게 뛰어넘을 것인가?
- **경제적 불평등**: 최근에는 국가가 통제하는 탐사시대보다 민간의 우주여행을 위한 더 많은 기회들이 생겨나고 있지만, 그 수혜자들은 대체로 최상층 부자들이다. 많은 디스토피아적인 과학소설 작품들은 부자들이 오염된 지구를 탈출하는 반면 가난한 사람들은 남아서 고통받는 미래를 언급하고 있는데, 이것이 현실이 될 수 있을까?
- **공공/사적 분열**: 국가들이 장기적으로 자국 기업들이 우주에서 하는 행동에 대해 정말로 책임을 질 수 있을까? 그리고 국가가 아닌 스페이스X와 같은 기업들이 우주를 효과적으로 통제하고 통치할 수 있는 잠재력은 '우주 신자유주의'가 승리한다는 것을 의미할까?
- **식민주의**: '식민지화'라는 언어는 우주탐험에 관심이 있는 많은 사람들이 자유롭게 사용해 왔지만, 외계 생명체의 가능성과 영토 및 자원 주장을 하는 것이 주는

의미를 고려할 때, 우주에 대한 이러한 접근방식은 윤리적으로 지속가능한가?

- **환경오염**: 지구상의 글로벌정치에 이미 긴장을 야기하고 있는 하나의 주요 문제는 현재 궤도에 있는 수만 개의 작은 우주 파편들(파괴된 위성들을 포함하여)에 의해 야기되는 위험과 관련이 있다. 그러한 '쓰레기'는 우주선과 다른 위성에 재앙적인 손상을 일으킬 수 있고, 일본을 포함한 국가들은 지구의 궤도를 '정화'하기 위해 필요한 기술들을 탐구하고 있다.

알 수 없는 미래?

앞서 열거한 많은 것들이 향후 발생 가능하거나 피할 수 없는 미래의 모델로 고려되기는 하지만, 글로벌 미래에 대한 비전들이 항상 예측적인 것만은 아니다. 비전들을 탐구하는 가치는, 그들이 글로벌 미래의 형상에 대하여 우리에게 주는 통찰력보다는 현재 세계의 중요한 추세를 강조하는 능력에서 비롯된다. 이 비전들이 공유하는 한 가지는 그들이 각기 실제 사건에 의하여 좌절될 수 있다는 점이다. 각 비전은 실제의 방향으로 전개될 때 틀린 점이 나타날 수 있다. 왜냐하면, 처음 나타났을 때는 얼마나 선견지명이 있고 통찰력이 있다고 보였든지 간에, 역사의 전개는 우리들을 놀라게 하고 예상을 빗나가게 하는 지칠 줄 모르는 능력을 가지고 있기 때문이다. '역사의 종말'과 '문명의 충돌' 같은 이미지는 처음에 발표되었을 때 많은 흥미와 논의를 불러일으켰으나, 나중에는 찬사보다는 비판을 더 받았다. 이와 유사하게 일본이 글로벌 리더십을 가지게 될 것이라는 1980년대의 예상은 10년도 가지 않아 터무니없는 것으로 밝혀졌다 (당시 중국에 대해서는 아무런 언급도 없었다). 더욱이 공산주의의 붕괴, 종교적 근본주의의 등장, 초국가적 테러의 등장 같은 역사적 사건들은 대부분이 갑작스럽게 일어난 사건들이고 회고해 봐야 이해할 수 있는 일들이 발생한 것이다.

왜 미래를 예견하는 것이 그렇게 어려운가? 미래는 알 수 없는 것인가? 문제는 미래를 예측하는 대부분의 시도들이 현재 추세의 확대적용에 기초하고, 이는 신뢰성이 매우 떨어진다는 점이다. 이는 기상예측에서 명확히 나타나며, 경제예측도 마찬가지이다. 이 예측을 위해서 대학, 은행, 전문기관, 국가정부, 그리고 IMF 같은 기구들이 경제 전체 또는 부분을 예측하기 위하여 많은 자료를 활용하고 컴퓨터의 힘을 빌리기도 한다. 그럼에도 불구하고 2007-8년 글로벌 금융위기는 이 분야에서 일을 하는 대부분의 비평가들과 분석가들에게 상당히 놀라운 것으로 받아들여졌다. 실제로 우리가 확신할 수 있는 한 가지는 현재의 추세가 미래에도 변하지 않고 계속되지 않을 것이라는 점이다.

추가적인 문제는 현재에 대한 우리의 지식이 항상 제한되어 있다는 점이다. 우리의 이론들과 모델들을 아무리 다듬어 정교하게 만들어도, 그들은 현실세계의 거의 무한한 복합성을 완전히 파악해내지 못할 것이다. 다시 말해서, 우리는 알고 있는 것과 알고 있지 못한 것 사이에서 활동하고 있다. 2002년 미 국방장관이었던 럼스펠드(Donald Rumsfeld)는 "알고 있다는 것이 알려져 있다. 우리가 알고 있다는 것을 알고 있다. 모르는 것이 알려져 있다. 즉, 우리가 모르고 있다는 것을 우리가 알고 있다. 그러나 알려지지 않은 모르는 것도 있다. 우리가 모르고 있다는 것을 모른다." 이러한 말을 했을 때 럼스펠드는 조롱을 받았지만, 럼스펠드의 '모른다는 것을 모르는'이라는 어구는 왜 미래의 사건들에 대한 예측을 빗나가게 하는지를 알려 준다. 예측을 위한 근원에는 항상 결함이 있고, 우리는 어떠한 결함이 어디에 있는지 알지 못한다. 이러한 문제들이 민감해질수록 우리가 생각해야 할 범위는 더 넓어진다. 그 이유는, 카오스 이론가들이 강조하듯이, 복합적 체계들은 우리의 이해에 도전하고 사건들이 무작위적 성격을 가지게 하도록 상호작용하는 다수의 요인들을 포함하기 때문이다. 만약 이것이 정치의 모든 수준에서 적용된다면, 글로벌정치의 고도의 복합성 때문에 특히 적합성이 높을 것이다. 그러므로 세계의 미래는 항상 놀라움으로 남아 있어야 한다. 우리가 추측할 수 있는 것은 단지 그 놀라움의 성격에 대한 것뿐이다.

누구의 글로벌 미래?

이 책은 글로벌정치의 역사와 현재가 논쟁이 되고 있다는 것을 보여준다. 아마도 과거와 현재를 포함하여 글로벌정치에서 논쟁의 핵심은 불평등 구조의 원리로서 널리 퍼져 있는 특징일 것이다. 사회계층의 경제적 불평등은 세계 사회들 사이와 각 사회의 내부에 존재한다. 한편 인종과 성 불평등은 오늘날 세계에서 가장 긴장되고 흥미진진한 논쟁과 오늘날 세계에서 가장 큰 글로벌 사회운동을 촉진한다. 그리고 글로벌의 민족주의, 글로벌주의, 그리고 더 넓게는 세계의 '다원주의' 비전 사이의 과거, 현재, 미래의 긴장은 오늘날 국제관계의 이론과 실천에서 많은 논쟁의 중심에 남아있다.

이 장에서 설명했듯이, 이러한 논란과 불평등이 우리에게 보여주는 것은, 과거와 현재 같은 어떤 글로벌 미래가 다른 미래보다 더 나은 것을 제공할 가능성이 있다는 것이다. 고대 그리스 철학자 아리스토텔레스가 2,300년 이상 전에 '정치'를 정의했을 때, 그는 인간의 언어 능력을 언급함으로써 그렇게 했다. 그는 이것이 소통을 하거나 신호를 보낼 수 있지만 진정으로 '말할' 수 없는 다른 생물들과 인간을 구별되게 하는, 즉 옳고 그름, 좋고 나쁨, 원하는 것에 대한 비전을 분명히 표현할 수 있는 인간의 독창적 능력이라고 강조했다. 이러한 관점에서, 정치는 우리 자신을 사회로 조직하는 더 좋거나 더 나쁜 가능한 방법, 즉 권력, 권리, 책임, 자원을 분배하는 방법에 대한 경쟁에 관한 것이다. 권력의 다른 구성이나 분배는 다른 사회 집단과 개인들에게 이익이 되거나 해가 될 수 있다. 이 장은 '민주주의

다원주의(Pluralism): 세계정치에서, 상당히 다른 성격의 많은 사회들이 (많은 다원주의자들의 관점에서) 세계를 자신의 이미지로 형성하기 위해 단일, 패권적, 동질적인 '글로벌주의' 또는 편협하고 갈등적인 민족주의를 주장하지 않고 공존할 수 '있어야 한다는' 광범위한 견해이다.

의 세계'로부터 환경재앙에 이르기까지의 글로벌 미래에 대한 일부 비전을 탐구했는데, 이 비전들 각각은 글로벌 권력분배에 차별적인 영향을 미칠 수 있다.

그렇다면 우리가 제기해야 할 핵심적인 질문은 '누구의' 글로벌정치가 우리의 집단적인 글로벌 미래를 형성할 것인가에 대한 것이다. '민주주의 세계'와 '국제공동체' 비전은 서방이 지배하는 '유럽중심'의 세계질서를 유지하는 데 특권을 주는 경향이 있다. 반면 '중국의 세기'와 '글로벌 사우스의 부상' 비전은 향후 몇 년 동안 글로벌정치에서 힘의 재균형 가능성을 시사한다. 글로벌정치에 대한 우리의 이해를 '탈식민화'하자는 요구가 최근 몇 년 동안 가속화되고 있다. 최근의 한 주장에 따르면, 아리스토텔레스 자신이 전 세계에 지배력을 행사할 수 있는 문화적, 정치적 전통으로서 유럽 또는 '서구' 문명의 기본적인 인물로 추정되지만, 그는 오늘날 인정할 만한 의미에서의 '유럽인'은 아니며, 사실 '유럽인들을 야만인으로 분류'했다고 지적되고 있다 (Shilliam 2021: 1). 자주 언급되는 '글로벌'에 대한 비전은 일부 강대국의 사회 엘리트들에 의한 전 세계로의 서방식 투사를 의미하고, 일부 강대국은 글로벌 차원에서 현재 부와 정치지배를 보여줄 수 있는 이전의 식민권력을 포함한다. 보다 진정한 '글로벌'정치는 미래에 더 많은 목소리를 대변할 수 있으며, 역사적으로 소외된 개인, 집단, 사회가 글로벌 미래에 대해 점점 더 큰 힘을 행사하게 될 수 있을 것이다. 남겨진 모든 것은 글로벌정치가 피할 수 없는 저항과 경쟁에 직면하여 다른 사람들로 하여금 자신의 목소리를 듣게 하거나 자신의 권위를 주장하려고 고군분투하면서 경쟁적이고 논란이 많은 노력을 계속할 것이라는 점이다.

요약

- '글로벌'은 정치가 이루어지는 중요한 시공간으로 남아 있다. 민족이나 '지역' 못지않게 개인, 사회집단, 국가, 기구가 권력을 위해 투쟁하는 영역이다. 21세기의 첫 십 년을 장식한 글로벌 정치 사건과 과정, 운동은 이러한 사실을 더욱 강화시켰다.
- 반면, 글로벌화가 자연적이고 필연적이며 도덕적으로 '선하고' 유익한 과정이라는 믿음이 많은 다양한 사회에서 정치적 스펙트럼을 초월하여 점점 더 도전을 받고 있기 때문에, '글로벌주의'라는 정치적 이념은 최근 들어 많은 매력을 잃고 있다.
- 우리에게 유용한 글로벌 미래에 대한 많은 비전들이 있지만, 각 비전은 우리에게 관련된 '공상적인 것'을 마치 미래 그 자체인 것과 같이 말해 주는데, 그 공상에는 지위, 관심, 글로벌정치에서의 필요, 또는 욕망이 포함된다. 상이한 글로벌 역사와 마찬가지로 상이한 글로벌 미래, 그리고 우리의 글로벌 현재는 권력과 자원의 상이한 구성과 분배를 암시하고, '누구의 글로벌정치인가?'라는 질문의 지속적인 타당성을 확보한다.

토의주제 ?

- 현대 세계는 어느 정도까지 국경이 없는가?
- 민주주의를 선호하는 불가피한 글로벌 추세가 있는가?
- 21세기는 중국의 세기가 될것인가?
- '국제공동체'는 글로벌 정의와 안보를 위한 힘인가?
- 글로벌 사우스는 과연 사회적, 경제적 정의, 또는 노스와의 평등을 이룰 수 있을까?
- 기후변화에 의한 부정적인 결과는 과대평가된 것인가, 과소평가된 것인가?
- 우주여행은 글로벌정치에 어떤 영향을 미칠까? 그리고 그 반대는?
- 미래는 본질적으로 알기 어려운 것인가?
- 글로벌정치의 미래 경향을 예측하는 것은 가치 있는 시도인가?

추가 읽을거리

Bormann, N. and M. Sheehan (eds), *Securing Outer Space: International Relations Theory and the Politics of Space* (2009). 우주정치에 대한 학술논문 모음.

Cohen-Tanugi, L., *The Shape of the World to Come: Charting the Geopolitics of the New Century* (2009). 글로벌화, 변화하는 세계질서, 기타 발전에 따른 세계변화에 대한 논의.

Kegley, C. W. and G. A. Raymond, *The Global Future: A Brief Introduction to World Politics* (2011). 21세기 세계정치의 핵심적 경향과 변화에 대한 탐구.

Shilliam, R., *Decolonising Politics: An Introduction* (2021). 정치와 국제관계가 어떻게 이론화되고 실천되는지에 대한 많은 '상식적' 가정을 해체하고 재구성한다.

참고문헌

Abbott, P., C. Wallace and M. Tyler (2005), *An Introduction to Sociology: Feminist Perspectives*, London: Routledge.

Acharya, A. (2018), *Constructing Global Order: Agency and Change in World Politics*, Cambridge: Cambridge University Press.

Ackerly, B. and J. True (2010), *Doing Feminist Research in Political and Social Science*, Basingstoke, UK: Palgrave Macmillan.

Adams, C. J. (1990), *The Sexual Politics of Meat*, Cambridge, UK: Polity Press.

Adelman, J., E. Pollard, and R. Tignor (2021), *Worlds Together, Worlds Apart: A History of the World from the Beginnings of Humankind to the Present*, 6th edn, 2 vols, New York: W. W. Norton.

Agathangelou, A. M. and L. H. M. Ling (2009), *Transforming World Politics: From Empire to Multiple Worlds*, London: Routledge.

Agnew, J. (1994), 'The Territorial Trap: The Geographical Assumptions of International Relations Theory', *Review of International Political Economy*, 1(1): 53–80.

Albert, M., L.-E. Cederman, and A. Wendt, eds (2010), *New Systems Theories of World Politics*, Basingstoke, UK: Palgrave Macmillan.

Albrow, M. (1996), *The Global Age: State and Society Beyond Modernity*, Cambridge, UK: Polity Press.

Allison, G. (1969), 'Conceptual Models and the Cuban Missile Crisis', *The American Political Science Review*, 63 (3): 689–718.

Allison, G. (1971), *Essence of Decision*, Boston, MA: Little, Brown.

Allison, G. (2004), *Nuclear Terrorism: The Ultimate Preventable Catastrophe*, New York: Times Books.

Alston, P. (1990), 'The Fiftieth Anniversary of the Universal Declaration of Human Rights', in J. Berting, P. R. Baeher, J. H. Bergers, C. Flinterman, B. de Klerk, R. Kroes, C. A. van Minnen and K. Vanderwal (eds), *Human Rights in a Pluralist World*, London: Meckler.

Altheide, D. (2006), *Terrorism and the Politics of Fear*, Lanham, MD: AltaMira Press

Amin, S. (1997), *Imperialism and Unequal Development*, New York: Monthly Review Press.

Amin, S. (2008), *The World We Wish to See: Revolutionary Objectives in the Twenty-First Century*, New York: Monthly Review Press.

Amsden, A. (2001), *The Rise of 'the Rest' Challenges to the West from Late-industrializing Economies*, Oxford: Oxford University Press.

Anand, D. (2007), 'Anxious Sexualities: Masculinity, Nationalism and Violence', *The British Journal of Politics and International Relations*, 9(2): 257–69.

Anderson, B. (1983), *Imagined Communities: Reflections on the Origins and Spread of Nationalism*, London: Verso.

Anderson, B. (1998), *The Spectres of Comparison: Nationalism, Southeast Asia and the World*, London: Verso.

Anderson, B. (2005), *Under Three Flags: Anarchism and the Anti-colonial Imagination*, London: Verso.

Anghie, A. (2005), *Imperialism, Sovereignty, and the Making of International Law*, Cambridge: Cambridge University Press.

Angus, I. (2008), 'The Myth of the Tragedy of the Commons', *Monthly Review*, August.

Anievas, A., M. Manchanda, and R. Shilliam, eds (2015), *Race and Racism in International Relations: Confronting the Global Colour Line*, Abingdon, UK: Routledge.

Anievas, A. and K. Nişancıoğlu (2015), *How the West Came to Rule: The Geopolitical Origins of Capitalism*, London: Pluto.

Annan, K. (1999), 'Two Concepts of Sovereignty', *The Economist*, 18 September.

Antony, A. (2005), *Imperialism, Sovereignty and the Making of International Law*, Cambridge: Cambridge University Press.

Arab League (1945), *Charter of the Arab League*. Available online: https://arableague-us.org/wp/wp-content/uploads/2012/06/Charter%20of%20the%20Arab%20League.pdf (accessed 15 September 2022).

Archibugi, D. and D. Held, eds (1995), *Cosmopolitan Democracy: An Agenda for a New World Order*, Cambridge, UK: Polity Press.

Armstrong, D., L. Lloyd, and J. Redmond (2004), *International Organisation in World Politics*, Basingstoke, UK: Palgrave Macmillan.

Art, R. J., et al. (2002), 'WAR WITH IRAQ IS NOT IN AMERICA'S NATIONAL INTEREST', *New York Times*, 26 September. Available online: https://sadat.umd.edu/sites/sadat.umd.edu/files/iraq_war_ad_2002_2.pdf (accessed 16 September 2022).

Ash, T. G. (2005), *Free World: Why a Crisis of the West Reveals the Opportunity of Our Time*, Harmondsworth, UK: Penguin.

Avula, K., L. McKay, and S. Galland (2019), *Amnesty International Staff Wellbeing Review*, Washington, DC: The Konterra Group.

Axelrod, R. (1984), *The Evolution of Cooperation*, New York: Basic Books.

Azzam, M. (2008), 'Understanding al Qaeda', *Political Studies Review*, 6(3): 340–54.

Baev, P. K. (2003), 'Examining the "Terrorism-War" Dichotomy in the "Russian-Chechnya Case"', *Contemporary Security Policy*, 24(2): 29–46.

Baldwin, J. (1956a), *Giovanni's Room*, New York: Dial Press.

Baldwin, J. (1956b), *Notes of a Native Son*, Boston: Beacon Press.

Baldwin, J. (1963), *The Fire Next Time*, New York: Dial Press.

Baldwin, J. (1972), *No Name in the Street*, New York: Dial Press.

Baldwin, R. and D. Vines, eds (2012), *Rethinking Global Economic Governance in the Light of the Crisis: New Perspectives on Economic Policy Foundations*, London: Centre for Economic Policy Research.

Bales, K. (2003), 'Because She Looks Like a Child', in B. Ehrenreich and A. R. Hochschild (eds), *Global Women*, London: Granta Books.

Ball, P. (2004), *Critical Mass: How One Thing Leads to Another*, London: Arrow Books.

Barber, B. (2003), *Jihad vs McWorld*, London: Corgi Books.

Barkawi, T. and M. Laffey, eds (2001), *Democracy, Liberalism, and War: Rethinking the Democratic Peace Debate*, Boulder, CO: Lynne Rienner

Barnett, M. and R. Duvall, eds (2005), *Power in Global Governance*, Cambridge: Cambridge University Press.

Bartleson, J. (1995), *A Genealogy of Sovereignty*, Cambridge: Cambridge University Press.

Basch, L., N. Glick Schiller, and C. Blanc-Szanton (1994), *Nations Unbound: Transnational Projects, Post-colonial Predicaments, and De-territorialized Nation-states*, Geneva: Gordon & Breach.

Basham, V., A. Belkin, and J. Gifkins (2015), 'What Is Critical Military Studies?', *Critical Military Studies*, 1 (1): 1–2.

Bauman, Z. (1994), *Modernity and the Holocaust*, Cambridge, UK: Polity Press.

Bauman, Z. (1998), *Globalization: The Human Consequences*, Cambridge, UK: Polity Press.

Bauman, Z. (2000), *Liquid Modernity*, Cambridge, UK: Polity Press.

Bauman, Z. (2007), *Liquid Times: Living in an Age of Uncertainty*, Cambridge, UK: Polity Press.

Baylis, J., S. Smith, and P. Owens, eds (2008), *The Globalization of World Politics*, Oxford: Oxford University Press.

Beauvoir, S. de (1973), *The Second Sex*, New York: Vintage Books.

Beck, U. (1992), *The Risk Society: Towards a New Modernity*, London: Sage.

Beck, U. (2000), *The Brave New World of Work*, Cambridge: Cambridge University Press.

Beck, U. (2005), *Power in the Global Age*, Cambridge, UK: Polity Press.

Beck, U. (2009), *World at Risk*, Cambridge, UK: Polity Press.

Beck, U. and E. Beck-Gernsheim (2002), *Individualization: Individualized Individualism and Its Social and Political Consequences*, London: Sage.

Beeson, M. (2014), *Regionalism and Globalization in East Asia: Politics, Security and Economic Development*, Basingstoke, UK: Palgrave Macmillan.

Beeson, M. and N. Bisley, eds (2013), *Issues in 21st Century World Politics*, Basingstoke, UK: Palgrave Macmillan.

Beevor, A. (2002), *Berlin: The Downfall 1945*, London: Penguin.

Bell, D., ed. (2010), *Ethics and World Politics*, Oxford: Oxford University Press.

Bell, S. and A. Hindmoor (2009), *Rethinking Governance: The Centrality of the State in Modern Society*, Cambridge: Cambridge University Press.

Bellamy, A. (2006), *Just Wars: From Cicero to Iraq*, London: Polity Press.

Benería, L. and G. Sen (1981), 'Accumulation, Reproduction, and "Women's Role in Economic Development": Boserup Revisited', *Signs*, 7: 279–98.

Bentham, J. ([1789] 1968), *The Works of Jeremy Bentham*, Oxford: Clarendon Press.

Bentley, M. (2014), *Weapons of Mass Destruction and US Foreign Policy: The Strategic Use of a Concept*, Abingdon, UK: Routledge,

Berger, P. L. and T. Luckmann (1966), *The Social Construction of Reality: A Treatise in the Sociology of Knowledge*, New York: Anchor Books.

Berman, P. (2003), *Terror and Liberalism*, New York: W. W. Norton & Co.

Bernanke, B. (2004), *Essays on the Great Depression*, Princeton, NJ: Princeton University Press.

Betsill, M., K. Hochstetler, and D. Stevis, eds (2006), *International Environmental Politics*, Basingstoke, UK: Palgrave Macmillan.

Bhagwati, J. (2004), *In Defence of Globalization*, Oxford: Oxford University Press.

Bhagwati, J. (2008), *Termites in the Trading System*, Oxford: Oxford University Press.

Bhaskar, R. (1979), *The Possibility of Naturalism*, Abingdon, UK: Routledge.

Bhattacharyya, G. (2002), *Sexuality and Society: An Introduction*, Abingdon, UK: Routledge.

Bhattacharyya, G. (2005), *Traffick: The Illicit Movement of People and Things*, London: Pluto.

Bhattacharyya, G. (2008), *Dangerous Brown Men*, London: Bloomsbury.

Bhattacharyya, G. (2015), *Crisis, Austerity and Everyday Life*, Basingstoke, UK: Palgrave Macmillan.

Bhattacharyya, G. (2018), *Rethinking Racial Capitalism: Questions of Reproduction and Survival*, London: Rowman & Littlefield.

Bigo, D. (2011), 'Pierre Bourdieu and International Relations: Power of Practices, Practices of Power', *International Political Sociology*, 5 (3): 225–58.

Bigo, D. and R. B. J. Walker (2007), 'Political Sociology and the Problem of the International', *Millennium: Journal of International Studies*, 35 (3): 725–39.

Bisley, N. (2007), *Rethinking Globalization*, Basingstoke, UK: Palgrave Macmillan.

Blainey, G. (1988), *The Causes of War*, New York: Free Press.

Blair, T. (2004), 'Doctrine of the International Community', in I. Stelzer (ed.), *Neoconservatism*, London: Atlantic Books.

Bloom, M. (2007), *Dying to Kill: The Allure of Suicide Terror*, New York: Columbia University Press.

Bobbitt, P. (2002), *The Shield of Achilles: War, Peace, and the Course of History*, New York: Alfred A. Knopf.

Bohne, E. (2010), *The World Trade Organization: Institutional Development and Reform*, Basingstoke, UK: Palgrave Macmillan.

Bookchin, M. ([1962] 1975), *Our Synthetic Environment*, London: Harper & Row.

Bookchin, M. (1982), *The Ecology of Freedom: The Emergence and Dissolution of Hierarchy*, Palo Alto, CA: Cheshire.

Bookchin, M. (1995), *Re-enchanting Humanity: A Defence of the Human Spirit Against Antihumanism, Misanthropy, Mysticism and Primitivism*, New York: Continuum International Publishing.

Bookchin, M. (2006), *The Ecology of Freedom*, New York: AK Press.

Booth, K. and N. Wheeler (2008), *The Security Dilemma: Fear, Cooperation and Trust in World Politics*, Basingstoke, UK: Palgrave Macmillan.

Boserup, E. (1970), *Woman's Role in Economic Development*, London: Earthscan.

Boulding, K. (1956), *The Image: Knowledge in Life and Society*, Ann Arbor: University of Michigan Press.

Boulding, K. (1966), 'The Economics of the Coming Spaceship Earth', in H. Jarrett (ed.), *Environmental Quality in a Growing Economy*, Baltimore: Johns Hopkins University Press.

Boyle, A. and C. Chinkin (2007), *The Making of International Law*, Oxford: Oxford University Press.

Brass, P. A. (2003), *The Production of Hindu-Muslim Violence in Contemporary India*, Washington, DC: University of Washington Press.

Braybrooke, D. and C. Lindblom (1963), *A Strategy of Decision: Policy Evaluation as a Political Process*, New York: Collier Macmillan.

Brenner, N. (2004), *New State Spaces: Urban Governance and the Rescaling of Statehood*, Oxford: Oxford University Press.

Breslin, S. (2010), 'Regions and Regionalism in World Politics', in M. Beeson and N. Bisley (eds), *Issues in 21st Century World Politics*, Basingstoke, UK: Palgrave Macmillan.

Brett, E. (2009), *Reconstructing Development Theory*, Basingstoke, UK: Palgrave Macmillan.

Bretton Woods Project (2017), 'The IMF, Gender Equality and Labour'. Available online: https://www.brettonwoodsproject.org/2017/10/imf-gender-equality-labour/ (accessed 14 September 2022).

Brown, C. and K. Ainley (2009), *Understanding International Relations*, Basingstoke, UK: Palgrave Macmillan.

Brown, G. W. (2008), 'Moving from Cosmopolitan Legal Theory to Legal Practice', *Legal Studies*, 28(3): 430–51.

Brown, M. B. (1995), *Models in Political Economy: A Guide to the Arguments*, 2nd edn, Harmondsworth: Penguin.

Brown, M. E., ed. (1998), *Theories of War and Peace*, Cambridge, MA: MIT Press

Buchanan, A. (2007), *Justice, Legitimacy, and Self-Determination: Moral Foundations for International Law*, New York: Oxford University Press.

Bull, H. (1961), *The Control of the Arms Race: Disarmament and Arms Control in the Missile Age*, New York: Praeger.

Bull, H. (1966), 'The Grotian Conception of International Society', in H. Butterfield and M. Wight (eds), *Diplomatic Investigations*, London: Allen & Unwin.

Bull, H. (1984), *Justice in International Relations: The Hagey Lectures*, Waterloo, Ontario: University of Waterloo.

Bull, H. ([1977] 2012), *The Anarchical Society: A Study of Order in World Politics*, Basingstoke, UK: Macmillan.

Burchill, S., A. Linklater, R. Devetak, J. Donnelly, T. Nardin, M. Paterson, C. Reus-Smit and J. True (2013), *Theories of International Relations*, Basingstoke, UK: Palgrave Macmillan.

Burke, J. (2007), *Al-Qaeda: The True Story of Radical Islam*, Harmondsworth, UK: Penguin.

Burke, J. (2012), *The 9/11 Wars*, London: Penguin Books.

Burns, W. J. (2019), 'The Demolition of U.S. Diplomacy', *Foreign Affairs*. Available online: https://www.foreignaffairs.com/united-states/demolition-us-diplomacy (accessed 14 September 2022).

Burton, J. (1972), *World Society*, London: Cambridge University Press.

Buruma, I. and A. Margalit (2004), *Occidentalism: A Short History of Anti-Westernism*, London: Atlantic Books.

Butko, J. (2009), 'Four Perspectives on Terrorism: Where They Stand Depends on Where You Sit', *Political Studies Review*, 7(2): 185–94.

Butler, J. (1990), *Gender Trouble*, Abingdon, UK: Routledge.

Buzan, B. (2004), *From International to World Society?* Cambridge: Cambridge University Press.

Buzan, B., O. Waever and J. de Wilde (1998), *Security: A New Framework for Analysis*, London: Lynne Rienner.

Byers, M., ed. (2000), *The Role of Law in International Politics: Essays in International Relations and International Law*, Oxford: Oxford University Press.

Cabral, A. (1969), *Revolution in Guinea*, London: Stage One.

Campbell, D. (1992), *Writing Security: US Foreign Policy and the Politics of Identity*, Minneapolis: University of Minnesota Press.

Campbell, S., D. Chandler and M. Sabaratnam (2011), *A Liberal Peace? The Problems and Practices of Peacebuilding*, London: Zed Books.

Caney, S. (2005), *Justice Beyond Borders: A Global Political Theory*, Oxford: Oxford University Press.

Capra, F. (1975), *The Tao of Physics*, Boston: Shambhala.

Capra, F. (1982), *The Turning Point*, New York: Simon & Schuster.

Capra, F. (1996), *The Web of Life*, London: Flamingo; New York: Anchor/Doubleday.

Capra. F. (2003), *The Hidden Connections*, London: HarperCollins.

Caprioli, M. and M. Boyer (2001), 'Gender, Violence and International Crisis', *The Journal of Conflict Resolution*, 45(4): 503–18.

Carmichael, S. and C. V. Hamilton (1967), *Black Power: The Politics of Liberation in America*, New York: Vintage Books.

Carr, E. H. (1939), *The Twenty Years' Crisis 1919–39*, London: Macmillan.

Carr, N. (2008), 'Is Google Making Us Stupid?', *The Atlantic Magazine*, July/August.

Carr, N. (2010), *The Shallows: What the Internet is Doing to our Brains*, New York: Norton.

Carson, R. (1962), *The Silent Spring*, Boston, MA: Houghton Mifflin.

Carter, A., J. Deutch and P. Zelikow (1998), 'Catastrophic Terrorism', *Foreign Affairs*, 77(6): 80–94.

Carvalho, B. de., H. Leira and J. M. Hobson (2011), 'The Big Bangs of IR: The Myths That Your Teachers Still Tell You about 1648 and 1919', *Millennium: Journal of International Studies*, 39 (3): 735–58.

Casey, T. (2011), *The Legacy of the Crash: How the Financial Crisis Changed America and Britain*, Basingstoke, UK: Palgrave Macmillan.

Castells, M. (1996), *The Rise of the Network Society*, Oxford: Blackwell.

Castells, M. (2001), *The Internet Galaxy: Reflections on the Internet, Business and Society*, Oxford: Oxford University Press.

Castells, M. (2004), *The Internet Galaxy: Reflections on the Internet: Business and Society*, Oxford: Oxford University Press.

Castells, M. (2009), *Communication Power*, New York: Oxford University Press.

Castles, S., H. de Haas and M. J. Miller (2013), *The Age of Migration: International Population Movements in the Modern World*, Basingstoke, UK: Palgrave Macmillan.

Cerny, F. G. (2010), 'Globalization and Statehood', in M. Beeson and N. Bisley (eds), *Issues in 21st Century World Politics*, Basingstoke, UK: Palgrave Macmillan.

Chandler, D. (2018), *Ontopolitics in the Anthropocene*, Abingdon, UK: Routledge.

Chang, H-J. (2002), *Kicking Away the Ladder*, London: Anthem Press.

Chang, H-J. (2004), *Reclaiming Development*, London: Zed Books.

Chang, H-J. (2010), *23 Things They Don't Tell You About Capitalism*, London: Penguin.

Chang, H-J. (2014), *Economics: The User's Guide*, London: Pelican Books.

Charlesworth, H. and C. Chinkin (2000), *The Boundaries of International Law: A Feminist Analysis*, Manchester: Manchester University Press.

Chenoy, A. (2002), 'The Politics of Gender in the Politics of Hatred', *Aman Ekta Manchin Manch Digest*, 3.

Chomsky, N. (1999), *The New Military Humanism: Lessons from Kosovo*, Monroe, ME: Common Courage Press.

Chomsky, N. (2003), *Hegemony or Survival: America's Quest for Global Dominance*, New York: Henry Holt & Company.

Chowdhry, G. and S. Nair (eds) (2002), *Postcolonialism and International Relations: Race, Gender and Class*, London: Routledge.

Chua, A. (2003), *World on Fire: How Exporting Free Market Democracy Breeds Ethnic Hatred and Global Instability*, London: Heinemann.

Clarke, J. J. (1997), *Oriental Enlightenment: The Encounter Between Asian and Western Thought*, London and New York: Routledge.

Clausewitz, K. von ([1832] 1976), *On War*, Princeton, NJ: Princeton University Press.

Cockayne, J. (2010), 'Crime, Corruption and Violent Economies', in M. Bardel and A. Wennman (eds), *Ending Wars, Consolidating Peace; Economic Perspectives*, London: International Institute of Strategic Studies.

Cohen, R. and P. Kennedy (2013), *Global Sociology*, Basingstoke, UK: Palgrave Macmillan.

Cohen-Tanugi, L. (2009), *The Shape of Things to Come: Charting the Geopolitics of the New Century*, New York: Columbia University Press.

Colas, A. (2002), *International Civil Society: Social Movements in World Politics*, Cambridge, UK: Polity Press.

Collier, P. (2007), *The Bottom Million: Why the Poorest Countries Are Failing and What Can Be Done About It*, Oxford and New York: Oxford University Press.

Collier, P. and A. Hoeffler (2004), 'Greed and Grievance in Civil Wars', *Oxford Economic Papers*, 56(4): 563–95.

Columbus, C. ([1492] 1996), in P. Halsall (ed.), 'Christopher Columbus: Extracts from Journal', *Medieval Sourcebook*. Available online: https://sourcebooks.fordham.edu/source/columbus1.asp (accessed 24 August 2022).

Connolly, W. (1991), *Identity/Difference*, Minneapolis: University of Minnesota Press.

Cooper, R. (2004), *The Breaking of Nations: Order and Chaos in the Twenty-first Century*, London: Atlantic Books.

Copeland, T. (2001), 'Is the New Terrorism Really New? An Analysis of the New Paradigm for Terrorism', *Journal of Conflict Studies*, 11(2): 7–27.

Corbett, P. (1956), *Morals, Law and Power in International Relations*, Los Angeles: J. R. and D. Hayes Foundation.

Cornia, G. A. (2003), 'The Impact of Liberalization and Globalization on Within-Country Income Inequality', *Economic Studies*, 49(4): 581–616.

Cornia, G. A. and J. Court (2001), *Inequality, Growth and Poverty in the Era of Liberalization and Globalization*, Helsinki: UNU World Institute for Development Economics Research.

Cowen, N. (2001), *Global History: A Short Overview*, Cambridge and Malden, MA: Polity Press.

Cox, R. (1981), 'Social Forces, States and World Orders: Beyond International Relations Theory', *Millennium*, 10(2): 126–55.

Cox, R. (1987), *Production, Power and World Order: Social Forces in the Making of History*, New York: Columbia University Press.

Cox, R. (1993), 'Structural Issues in Global Governance: Implications for Europe', in S. Gill (ed.), *Gramsci, Historical Materialism and International Relations*, Cambridge: Cambridge University Press.

Cox, R. (1994), 'Global Restructuring: Making Sense of the Changing International Political Economy', in R. Stubbs and G. Underhill (eds), *Political Economy and the Changing Global Order*, Oxford: Oxford University Press.

Cox, R. (1999), 'Civil Society at the Turn of the Millenium: Prospects for an Alternative World Order', *Review of International Studies*, 25 (1): 3–28.

Cox, R. (2010), 'The Point Is Not Just to Explain the World But Change It', in C. Reus-Smit and D. Snidal (eds), *The Oxford Handbook on International Relations*, Oxford: Oxford University Press.

Cox, R. (with T. Sinclair) (1996), *Approaches to World Order*, Cambridge: Cambridge University Press.

Cox, R. and H. Jacobson (1972), *Anatomy of Influence: Decision Making in International Organization*, New Haven, CT: Yale University Press.

Cox, S. (1985), 'No Tragedy of the Commons', *Environmental Ethics*, 7 (1): 49–61.

Crawford, M. (2009), *Sex Trafficking in South Asia: Telling Maya's Story*, London: Routledge.

Crawley, H. (2016), 'Managing the Unmanageable? Understanding Europe's Response to the Migration "Crisis"', *Human Geography*, 9 (2): 13–23.

Crenshaw, M. (ed.) (1983), *Terrorism, Legitimacy and Power*, Middletown, CT: Wesleyan University Press.

Crenshaw, K. (2015), 'Why Intersectionality Can't Wait', *Washington Post*, 24 September. Available online: https://www.washingtonpost.com/news/in-theory/wp/2015/09/24/why-intersectionality-cant-wait/ (accessed 26 August 2022).

Crutzen, P. J. and E. F. Stoermer (2000), 'The "Anthropocene"', *Global Change Newsletter*, No. 41.

Cudworth, E. (2005), *Developing Ecofeminist Theory: The Complexity of Difference*, Basingstoke, UK: Palgrave Macmillan.

Cudworth, E. and S. C. Hobden (2011), *Posthuman International Relations Complexity, Ecologism and Global Politics*, London: Zed Books.

Cudworth, E. and S. C. Hobden (2017), *The Emancipatory Project of Posthumanism*, Abingdon, UK: Routledge.

Daalder, I. and J. Savrides (2012), 'NATOs Victory in Libya', *Foreign Affairs*, 91 (2): 2–7.

Dabashi, H. (2019), *Europe and Its Shadows: Coloniality After Empire*, London: Pluto.

Daly, H. (ed.) (1973), *Towards a Steady-State Economy*, San Francisco: Freeman.

Daly, H. and J. Cobb (1990), *For the Common Good: Redirecting the Economy towards Community, the Environment and a Sustainable Future*, London: Greenprint.

Daly, M. (1978), *Gyn/Ecology: The Metaethics of Radical Feminism*, Boston: Beacon Press.

d'Ancona, M. (2017), *Post-Truth*, London: Penguin.

Darby, P. and A. J. Paolini (1994), 'Bridging International Relations and Postcolonialism', *Alternatives: Global, Local, Political*, 19 (3): 371–97.

Davies, J. (2021), *Between Realism and Revolt: Governing Cities in the Crisis of Neoliberal Globalism*, Bristol: Policy Press.

Davis, M. (2020), *The Monster Enters: COVID-19, Avian Flu, and the Plagues of Capitalism*, London: Verso.

Dean, M. (2010), *Governmentality: Power and Rule in Modern Society*, 2nd edn, London: Sage.

Debord, G. ([1967] 1984), *Society of the Spectacle*, New York: Black & Red.

Dedeoglu, B. (2003), 'Bermuda Triangle: Comparing Official Definitions of Terrorist Activity', *Terrorism and Political Violence*, 15(3): 81–110.

Deffeyes, K. (2006), *Beyond Oil: The View from Hubbert's Peak*, New York: Hill & Wang.

Densu, K. (2018), 'Omenala: Toward an African-Centered Ecophilosophy and Political Ecology', *Journal of Black Studies*, 49 (1): 29–52.

Der Derian, J. (2009), *Virtuous War: Mapping the Military-Industrial-Media-Entertainment Network*, London: Routledge; Boulder, CO: Westview Press.

Der Derian, J. and M. Shapiro (eds) (1989), *International/Intertextual: Postmodern Readings in World Politics*, Lexington MA: Lexington Books.

Derrida, J. (1976), *Of Grammatology*, Baltimore, MD and London: Johns Hopkins University Press.

Dessler, A. and E. Parson (2010), *The Science and Politics of Global Climate Change*, Cambridge: Cambridge University Press.

Deutsch, K. (1957), *Political Community and the North Atlantic Area*, Princeton, NJ: Princeton University Press.

Devarajan, S. and W. Fengler (2013), 'Africa's Economic Boom' *Foreign Affairs*, 92 (3): 68–81.

Dillon, M. and J. Reid (2009), *The Liberal Way of War: Killing to Make Life Live*, Abingdon, UK: Routledge.

Dobbins, J. (2007), 'A Comparative Evaluation of United Nations Peacekeeping', Rand Corporation.

Donnelly, J. (2000), *Realism and International Relations*, Cambridge: Cambridge University Press.

Donnelly, J. (2013), *Universal Human Rights in Theory and Practice*, Ithaca, NY: Cornell University Press.

Dower, N. (1998), *World Ethics: The New Agenda*, Edinburgh: Edinburgh University Press.

Dower, N. (2003), *An Introduction to Global Citizenship*, Edinburgh: Edinburgh University Press.

Downs, A. (1957), *An Economic Theory of Democracy*, New York: Harper & Row.

Doyle, M. (1986), 'Liberalism and World Politics', *American Political Science Review*, 80 (4): 1151–169.

Doyle, M. (1995), 'Liberalism and World Politics Revisited', in C. W. Kegley (ed.), *Controversies in International Relations Theory*, New York: St. Martin's Press.

Doyle, M. (1997), *Ways of War and Peace: Realism, Liberalism, and Socialism*, New York: W. W. Norton.

Drezner, D. (2012), *The Irony of Global Economic Governance: The System Worked*, New York: Council of Foreign Relations.

Du Bois, W. E. B. (1903), *The Souls of Black Folk*, Chicago: A. C. McClurg and Co.

Du Bois, W. E. B. ([1903] 1961), *The Souls of Black Folk*, Robbinsdale, MN: Fawcett Publications.

Du Bois, W. E. B. (1915), 'The African Roots of War', *Atlantic Monthly*, May.

Dunne, T. and N. J. Wheeler (eds) (1999), *Human Rights in Global Politics*, Cambridge: Cambridge University Press.

Durkheim, E. ([1897] 1997), *Suicide*, New York: Free Press.

Easterly, W. (2001), 'IMF and World Bank Structural Adjustment Programs and Poverty', paper prepared for the World Bank, February 2001.

Easterly, W. (2006), *The Elusive Quest for Growth: Economists' Adventures and Misadventures in the Tropics*, Cambridge, MA and London: MIT Press.

Ehrenreich, B. (1999), 'Fukuyama's Follies: So What If Women Rule the World', *Foreign Affairs*, January/February.

Ehrenreich, B. and A. R. Hochschild (2003), *Global Women: Nannies, Maids and Sex Workers in the New Economy*, London: Granta Books.

Eichengreen, D. and K. O'Rourke (2012), 'A Tale of Two Depressions and a Redux', *Vox EU.Org*.

El-Enany, N. (2020), *(B)ordering Britain*, Manchester: Manchester University Press.

Elias, J. (2004), *Fashioning Inequality*, Farnham, UK: Ashgate.

Elias, J. and S. J. Gunawardana (eds) (2013), *The Global Political Economy of the Household in Asia*, Basingstoke, UK: Palgrave Macmillan.

Elias, J. and L. Rethel (2016), *The Everyday Political Economy of Southeast Asia*, Cambridge: Cambridge University Press.

Elias, J. and A. Roberts (2018), *Handbook on the International Political Economy of Gender*, Cheltenham, UK: Edward Elgar Publishing.

Elliott, L. (2004), *The Global Politics of the Environment*, Basingstoke, UK: Palgrave Macmillan.

Elshtain, J. B. (1981), *Public Man, Private Women: Women in Social and Political Thought*, Oxford: Martin Robertson; Princeton, NJ: Princeton University Press.

Elshtain, J. B. (1987), *Women and War*, New York: Basic Books.

Elshtain, J. B. (2003), *Just War Against Terror: The Burden of American Power in a Violent World*, New York: Basic Books.

Elshtain, J. B. (2008), *Sovereignty: God, State, and Self*, New York: Basic Books.

Emmott, B. (2009), *Rivals: How the Power Struggle between China, India and Japan will shape Our Next Decade*, London and New York: Penguin Books.

English, R. (2009), *Terrorism: How to Respond*, Oxford: Oxford University Press.

Enloe, C. (1989), *Bananas, Beaches and Bases: Making Feminist Sense of International Politics*, London: Pandora Books.

Enloe, C. (1993), *The Morning After: Sexual Politics at the End of the Cold War*, Berkeley: University of California Press.

Enloe, C. (2000), *Manoeuvres: The International Politics of Militarizing Women's Lives*, Berkeley: University of California Press.

Enloe, C. (2004), *The Curious Feminist: Searching for Women in a New Age of Empire*, Berkeley: University of California Press.

Enloe, C. (2017), *The Big Push: Exposing and Challenging the Persistence of Patriarchy*, Oakland: University of California Press.

Etzioni, A. (1993), *The Parenting Deficit*, London: Demos.

Evans, B. (2013), *Liberal Terror*, Cambridge, UK: Polity Press.

Evans, G. and J. Newham (eds) (1998), *The Penguin Dictionary of International Relations*, Harmondsworth, UK: Penguin.

Falk, R. (1991), 'The Terrorist Foundations of Recent US Foreign Policy', in A. George (ed.), *Western State Terrorism*, Cambridge, UK: Polity Press.

Fanon, F. (1952), *Peau Noire, Masques Blanc* [*Black Skin, White Masks*], Paris: Éditions du Seuil.

Fanon, F. (1961), *Les Damnés de la Terre* [*The Wretched of the Earth*], Paris: Francois Maspero.

Fanon, F. (1964), *Towards the African Revolution*, New York: Grove Press.

Farris, S. (2017), *In the Name of Women's Rights: The Rise of Femonationalism*, Durham, NC: Duke University Press.

Fawn, R. (2009), *Globalising the Regional, Regionalising the Global*, Cambridge: Cambridge University Press.

Field, A. (2009), 'The "New Terrorism": Revolution or Evolution?', *Political Studies Review*, 7(2): 195–207.

Finnemore, M. (1996), *National Interests in International Society*, Ithaca, NY: Cornell University Press.

Finnemore, M. (2003), *The Purpose of Intervention: Changing Beliefs About the Use of Force*, Ithaca, NY: Cornell University Press.

Fischer, F. (1968), *Germany's Aims in the First World War*, New York: W. W. Norton.

Forsythe, D. P. (2006), *Human Rights in International Relations*, Cambridge: Cambridge University Press.

Foster, J.B. (2000), *Marx's Ecology*, New York: Monthly Review Press.

Foucault, M. (1972), *The Archaeology of Knowledge*, London: Tavistock Publications.

Foucault, M. ([1972] 1984), 'Truth and Power', in P. Rabinow (ed.), *The Foucault Reader*, New York: Pantheon Books.

Foucault, M. (2008), *The Birth of Biopolitics: Lectures at the Collège de France, 1978–1979*, Basingstoke, UK: Palgrave Macmillan.

Fox, W. T. R. (1944), *The Super-Powers; The United States, Britain, and the Soviet Union–Their Responsibility for Peace*, New York: Harcourt, Brace & Co.

Fox, W. (1990), *Towards a Transpersonal Ecology: Developing the Foundations for Environmentalism*, Boston: Shambhala.

Franck, T. M. (1990), *The Power of Legitimacy Among Nations*, New York: Oxford University Press.

Freedman, L. (2005), 'The Age of Liberal Wars', *Review of International Studies*, 31 (S1): 93–107.

Friedman, E. (1995), 'Women's Human Rights: The Emergence of a Movement', in J. Peters and A. Wolper (eds), *Women's Rights, Human Rights: International Feminist Perspectives*, London and New York: Routledge.

Friedman, M. (1962), *Capitalism and Freedom*, Chicago: Chicago University Press.

Friedman, T. (2006), *The World Is Flat*, New York: Farrer, Straus & Giroux.

Fromm, E. (1941), *Fear of Freedom*, London: Ark.

Frowe, H. (2011), *The Ethics of War and Peace: An Introduction*, London and New York: Routledge.

Fukuyama, F. (1989), 'The End of History?', *The National Interest*, 16: 3–18.

Fukuyama, F. (1992), *The End of History and the Last Man*, London: Hamish Hamilton.

Fukuyama, F. (1998), 'Women and the Evolution of World Politics', *Foreign Affairs*, September/October.

Fukuyama, F. (2005), *State-Building: Governance and World Order in the Twenty-First Century*, London: Profile Books.

Fukuyama, F. (2018), *Identity: The Demand for Dignity and the Politics of Resentment*, London: Profile Books.

Galbraith, J. K. ([1955] 2009), *The Great Crash, 1929*, London and New York: Penguin.

Galbraith, J. K. (1963), *American Capitalism: The Concept of Countervailing Power*, Harmondsworth, UK: Penguin.

Galbraith, J. K. (1992), *The Culture of Contentment*, London: Sinclair Stevenson.

Galbraith, J. K. ([1954] 2021), *The Great Crash 1929*, London: Penguin.

Gallie, W. B. (1955/6), 'Essentially Contested Concepts', *Proceedings of the Aristotelian Society*, 56: 167–98.

Gamble, A. (2009), *The Spectre at the Feast: Capitalist Crisis and the Politics of Recession*, Basingstoke, UK: Palgrave Macmillan.

Gareis, S. B. (2012), *The United Nations: An Introduction*, Basingstoke, UK and New York: Palgrave Macmillan.

Garvey, M. (1986), *Message to the People: The Course of African Philosophy*, Dover, MA: The Majority Press.

Geary, D., C. Schofield, and J. Sutton (2020), *Global White Nationalism: From Apartheid to Trump*, Manchester: Manchester University Press.

Geis, A., L. Brock, and H. Müller (eds) (2006), *Democratic Wars: Looking at the Dark Side of Democratic Peace*, Basingstoke, UK: Palgrave Macmillan.

Gellner, E. (1974), *Legitimation of Belief*, Cambridge: Cambridge University Press.

Gellner, E. (1983), *Nations and Nationalism*, Ithaca, NY: Cornell University Press.

Gellner, E. (1987), *Culture, Identity and Politics*, Cambridge: Cambridge University Press.

Gellner, E. (1992), *Reason and Culture*, London: Wiley-Blackwell.

George, S. (1976), *How the Other Half Dies: The Real Reasons for World Hunger*, Harmondsworth, UK: Penguin.

George, S. (1988), *A Fate Worse Than Debt*, New York: Grove Weidenfeld.

George, S. (2004), *Another World Is Possible, If…*, London: Verso.

Giddens, A. (1990), *The Consequences of Modernity*, Cambridge, UK: Polity Press.

Giddens, A. (1994), *Beyond Left and Right: The Future of Radical Politics*, Cambridge, UK: Polity Press.

Giddens, A. (1998), *The Third Way: The Renewal of Social Democracy*, Cambridge, UK: Polity Press.

Gilbert, P. (2003), *New Terror, New Wars*, Edinburgh: Edinburgh University Press.

Gilpin, R. (1987), *The Political Economy of International Relations*, Princeton, NJ: Princeton University Press.

Gilpin, R. (2005), 'Conversations in International Relations: Interview with Robert Gilpin', *International Relations*, 19 (1): 5–18.

Gilroy, P. (2004), *After Empire: Melancholia or Convivial Culture?* Abingdon, UK: Routledge.

Goldin, I. (2013), *Divided Nations: Why Global Governance Is Failing and What We Can Do About It*, Oxford and New York: Oxford University Press

Goldstein, J. (2001), *War and Gender: How Gender Shapes the War System and Vice Versa*, Cambridge: Cambridge University Press.

Goodin, R. (2006), *What's Wrong with Terrorism?* Cambridge, UK: Polity Press.

Gopal, P. (2019), *Insurgent Empire: Anticolonial Resistance and British Dissent*, London: Verso.

Gramsci, A. (1971), *Selections from the Prison Notebooks*, London: Lawrence & Wishart.

Gray, C. (1997), *Postmodern War: The New Politics of Conflict*, New York: Guilford Press.

Gray, C. (2005), *Peace, War, and Computers*, New York and London: Routledge.

Gray, C. (2008), *International Law and the Use of Force*, Oxford: Oxford University Press.

Gray, K. and B. K. Gills (2016), 'South–South cooperation and the rise of the Global South', *Third World Quarterly*, 37 (4): 557–74.

Greenspan, A. (2008), *The Age of Turbulence: Adventures in a New World*, London: Penguin Press.

Greig, A., D. Hulme and M. Turner (2007), *Challenging Global Inequality: Development Theory and Practice in the 21st Century*, Basingstoke, UK: Palgrave Macmillan.

Griffiths, M. (ed.) (1999), *Fifty Key Thinkers in International Relations*, London and New York: Routledge.

Griffiths, M. (2011), *Rethinking International Relations Theory*, Basingstoke, UK: Palgrave Macmillan.

Griffiths, M. and T. O'Callaghan (eds) (2002), *International Relations: The Key Concepts*, London and New York: Routledge.

Grovogui, S. (1996), *Sovereigns, Quasi-Sovereigns, and Africans: Race and Self-Determination in International Law*, Minneapolis: University of Minnesota Press.

Guardiola-Rivera, O. (2010), *What if Latin America Ruled the World?* London: Bloomsbury.

Gutman, R. and D. Rieff (eds) (1999), *Crimes of War: What the Public Should Know*, New York: W. W. Norton.

Haas, E. (1964), *Beyond the Nation-State: Functionalism and International Organization*, Stanford, CA: Stanford University Press.

Haass, R. (2008), 'The Age of Nonpolarity: What will Follow US Dominance?', *Foreign Affairs*, May/June.

Habermas, J. (2001), *The Postnational Constellation: Political Essays*, Cambridge, MA: MIT Press.

Habermas, J. (2006), *The Divided West*, Cambridge, UK: Polity Press.

Habermas, J. (2010), 'The Concept of Human Dignity and the Realistic Utopia of Human Rights', *Metaphilosophy*, 41 (4): 464–80.

Haeckel, E. (1866), *Generelle Morphologie der Organismen*, Vol. 2, Berlin: Georg Reimer.

Hale, T., D. Held and K. Young (2013), *Gridlock: Why Global Cooperation Is Failing When We Need It*, Cambridge, UK: Polity Press.

Hall, P. and D. Soskice (eds) (2001), *Varieties of Capitalism: The Institutional Foundations of Comparative Advantage*, Oxford: Oxford University Press.

Hanhimäki, J. (2008), *The United Nations: A Very Short Introduction*, Oxford: Oxford University Press.

Haq, M. ul (1976), *The Poverty Curtain*, New York: Columbia University Press.

Haq, M. ul (1996), *Reflections on Human Development*, Oxford: Oxford University Press.

Haraway, D. (2015), 'Anthropocene, Capitalocene, Plantationocene, Chthulucene: Making Kin', *Environmental Humanities*, 6 (1): 159–65.

Hardin, G. (1968), 'The Tragedy of the Commons', *Science*, 162 (3859): 1243–248.

Hardin, G. (1974), 'Living on a Lifeboat', *Bioscience*, 24(10): 561–68.

Hare, N. (1970), 'Black Ecology', *The Black Scholar*, 1 (6): 2–8.

Harvey, D. (1990), *The Condition of Postmodernity: An Enquiry into the Origins of Cultural Change*, Malden, MA and Oxford: Blackwell.

Harvey, D. (2007), *A Brief History of Neoliberalism*, Oxford and New York: Oxford University Press.

Harvey, D. (2009), *Cosmopolitanism and the Geography of Freedom*, New York: Columbia University Press.

Hay, C. (2002), *Political Analysis: A Critical Introduction*, Basingstoke, UK: Palgrave Macmillan.

Hay, C. (ed.) (2010), *New Directions in Political Science: Responding to the Challenges of an Interdependent World*, Basingstoke, UK: Palgrave Macmillan.

Hay, C., M. Lister and D. Marsh (eds) (2006), *The State: Theories and Issues*, Basingstoke, UK: Palgrave Macmillan.

Hayek, F. A. (1944), *The Road to Serfdom*, Abingdon, UK: Routledge.

Hayek, F. A. (1948), *Individualism and Economic Order*, Chicago: University of Chicago Press.

Hayek, F. A. (1960), *The Constitution of Liberty*, Chicago: University of Chicago Press.

Hearn, J. (2006), *Rethinking Nationalism: A Critical Introduction*, Basingstoke, UK and New York: Palgrave Macmillan.

Hehir, A. (2013), *Humanitarian Intervention: An Introduction*, Basingstoke, UK: Palgrave Macmillan.

Hehir, A., N. Kuhrt and A. Mumford (eds) (2013), *International Law, Security and Ethics: Policy Changes in the 9/11 World*, London and New York: Routledge.

Heinberg, R. (2006), *The Oil Depletion Protocol: A Plan to Avert Oil Wars, Terrorism and Economic Collapse*, Gabriola Island, BC: New Society Publishers.

Heinlein, R.A. (1973), *Time Enough for Love*, New York: G.P. Putnam's Sons.

Held, D. (1995), *Democracy and the Global Order: From the Modern State to Cosmopolitan Governance*, Cambridge, UK: Polity Press.

Held, D. (2016), 'Elements of a Theory of Global Governance', *Philosophy & Social Criticism*, 42 (9): 837–46.

Held, D., A. McGrew, D. Goldblatt and J. Perraton (1999), *Global Transformations*, Cambridge, UK: Polity Press.

Held, D. and A. Kaya (eds) (2006), *Global Inequality: Patterns and Explanations*, Cambridge, UK: Polity Press.

Held, D. and A. McGrew (2007), *Globalization/Anti-globalization: Beyond the Great Divide*, Cambridge, UK and Malden, MA: Polity Press.

Held, V. (2005), *The Ethics of Care: Personal, Political, and Global*, New York: Oxford University Press.

Henderson, E. (2015), *African Realism? International Relations Theory and Africa's Wars in the Postcolonial Era*, London: Rowman & Littlefield.

Hermann, M. G. (1980), 'Explaining Foreign Policy Behavior Using the Personal Characteristics of Political Leaders', *International Studies Quarterly*, 24 (1): 7–46.

Herring, E. (ed.) (2000), 'Preventing the Use of Weapons of Mass Destruction', *Journal of Strategic Studies*, 23(1): 188–212.

Hertz, N. (2002), *The Silent Takeover*, London: Arrow.

Hesse, B. and S. Sayyid (eds) (2006), *Un/settled Multiculturalisms: Diasporas, Entanglements, Transruptions*, London: Zed Books.

Heywood, A. (2013), *Politics*, Basingstoke, UK: Palgrave Macmillan.

Hill, C. (2003), *The Changing Politics of Foreign Policy*, Basingstoke, UK: Palgrave Macmillan.

Hippler, T. (2017), *Governing from the Skies: A Global History of Aerial Bombing*, London: Verso.

Hirst, P. and G. Thompson (1999), *Globalization in Question*, Cambridge, UK: Polity Press.

Hobbes, T. ([1651] 1909), *Leviathan*, Oxford: Clarendon Press.

Hobsbawm, E. (1983), 'Inventing Traditions', in E. Hobsbawm and T. Ranger (eds), *The Invention of Traditions*, Cambridge: Cambridge University Press.

Hobsbawm, E. (1992), *Nations and Nationalism since 1780*, Cambridge: Cambridge University Press.

Hobsbawm, E. (1994), *Age of Extremes: The Short Twentieth Century 1914–1991*, London: Michael Joseph.

Hobsbawm, E. (2006), *Globalization, Democracy and Terrorism*, London: Abacus.

Hoffman, B. (2006), *Inside Terrorism*, New York: Columbia University Press.

Hofstede, G. (1984), 'The Cultural Relativity of the Quality of Life Concept', *The Academy of Management Review*, 9 (3): 389–98.

Hollis, M. and S. Smith (1991), *Explaining and Understanding International Relations*, Oxford and New York: Oxford University Press.

Holmes, R. (ed.) (1990), *Non-violence in Theory and Practice*, Belmont, CA: Wadsworth Publishing Co.

Honderich, T. (1989), *Violence for Equality: Inquiries in Political Philosophy*, London: Routledge.

hooks, b. (1981), *Ain't I a Woman?* London: Pluto.

hooks, b. (1984), *Feminist Theory: From Margin to Center*, London: Pluto.

hooks, b. (1994), *Teaching to Transgress*, Abingdon, UK: Routledge.

hooks, b. (2000), *Feminism Is for Everybody*, London: Pluto.

Hopf, T. (1998), 'The Promise of Constructivism in International Relations Theory', *International Security*, 23(1): 171–200.

Howard, M. (1983), *Clausewitz*, Oxford: Oxford University Press.

Howard, M. (2002), *The Invention of Peace and the Reinvention of War*, London: Profile Books.

Howell, A. and M. Richter-Montpetit (2019), 'Is Securitization Theory Racist? Civilizationism, Methodological Whiteness, and Antiblack Thought in the Copenhagen School', *Security Dialogue*, 51 (1): 3–22.

Hudson, V. M. and B. S. Day (2020), *Foreign Policy Analysis: Classic and Contemporary Theory*, 3rd edn, London: Rowman & Littlefield.

Huntington, S. (1991), *Third Wave: Democratization in the Late Twentieth Century*, Norman, OK and London: University of Oklahoma Press.

Huntington, S. (1993), 'The Clash of Civilizations', *Foreign Affairs*, 72(3): 22–49.

Huntington, S. (1996), *The Clash of Civilizations and the Remaking of World Order*, New York: Simon & Schuster.

Huntington, S. (2004), *Who Are We? The Challenges to America's National Identity*, New York: Simon & Schuster.

Hutton, W. (2007), *The Writing on the Wall: China and the West in the 21st Century*, London: Little, Brown.

Hymans, J. (2006), *The Psychology of Nuclear Proliferation*, Cambridge: Cambridge University Press.

Ignatieff, M. (2004), *The Lesser Evil: Political Ethics in an Age of Terror*, Edinburgh: Edinburgh University Press.

Ince, O. U. (2018), *Colonial Capitalism and the Dilemmas of Liberalism*, Oxford: Oxford University Press.

Inglehart, R. (1977), *The Silent Revolution: Changing Values and Political Styles Amongst Western Publics*, Princeton, NJ: Princeton University Press.

Inglehart, R. (1990), *Cultural Shift in Advanced Industrial Society*, Princeton, NJ: Princeton University Press.

Jackson, R. (2005), *Writing the War on Terrorism*, Manchester: Manchester University Press.

Jackson, R. (2009), 'The Study of Terrorism after 11 September 2001: Problems, Challenges and Future Developments', *Political Studies Review*, 7(2): 171–84.

Jackson, R. (2014), *Confessions of a Terrorist*, London: Zed Books.

Jackson, R. and S. J. Sinclair (2012), *Contemporary Debates on Terrorism*, London: Routledge.

Jackson, R. and G. Sørensen (2012), *Introduction to International Relations: Theories and Approaches*, Oxford: Oxford University Press.

Jackson, R., M. Smyth, J. Gunning and L. Jarvis (2011), *Terrorism: A Critical Introduction*, Basingstoke, UK: Palgrave Macmillan.

Janis, I. L. (1982), *Groupthink: Psychological Studies of Policy Decisions and Fiascos*, Boston: Houghton Mifflin.

Jervis, R. (1968), 'Hypotheses on Misperception', *World Politics*, 20 (3): 454–79.

Jervis, R. (1976), *Perception and Misperception in International Politics*, Princeton, NJ: Princeton University Press.

Jervis, R. (1990), *The Meaning of Nuclear Revolution: Statecraft and the Prospect of Armageddon*, Ithaca, NY: Cornell University Press.

Jessop, B. (2002), *The Future of the Capitalist State*, Cambridge, UK: Polity Press.

Jones, A. (2008), *Crimes Against Humanity: A Beginner's Guide*, Oxford: Oneworld Publications.

Jørgensen, K. E. (2010), *International Relations Theory: A New Introduction*, Basingstoke, UK and New York: Palgrave Macmillan.

Joseph, J. (2011), 'Terrorism as a Social Relation within Capitalism: Theoretical and Emancipatory Implications', *Critical Studies on Terrorism*, 4 (1): 23–37.

Joseph, J. (2012), *The Social in the Global: Social Theory, Governmentality and Global Politics*, Cambridge: Cambridge University Press.

Kagan, R. (2004), *Paradise and Power: America and Europe in the New World Order*, London: Atlantic Books.

Kagan, R. (2008), *The Return of History: And the End of Dreams*, New York: Alfred A. Knopf.

Kahn, H. (1960), *On Thermonuclear War*, Princeton, NJ: Princeton University Press.

Kaldor, M. (2003), *Global Civil Society: An Answer to War*, Cambridge, UK: Polity Press.

Kaldor, M. (2007), *Human Security: Reflections on Globalization and Intervention*, Cambridge, UK: Polity Press.

Kaldor, M. (2012), *New Wars and Old Wars: Organized Violence in a Global Era*, Cambridge, UK: Polity Press.

Kamola, I. A. (2012), 'Reading the Global in the Absence of Africa', in J. A. Tickner and D. L. Blaney (eds), *Thinking International Relations Differently*, Abingdon, UK: Routledge.

Kamola, I. A. (2013), 'Why Global? Diagnosing the Globalization Literature within a Political Economy of Higher Education', *International Political Sociology*, 7 (1): 41–58.

Kamola, I. A. (2019), *Making the World Global: U.S. Universities and the Production of the Global Imaginary*, Durham, NC: Duke University Press.

Kang, D. (2002), *Crony Capitalism: Corruption and Development in South Korea and the Philippines*, Cambridge: Cambridge University Press.

Karns, M. and K. Mingst (2009), *International Organizations: The Politics and Processes of Global Governance*, Boulder, CO: Lynne Rienner Publishers.

Kaufmann, M. (2017), *Black Tudors: The Untold Story*, London: Oneworld.

Kay, J. (2004), *The Truth About Markets: Why Some Nations are Rich but Others Remain Poor*, Harmondsworth, UK: Penguin.

Keane, J. (2003), *Global Civil Society?* Cambridge and New York: Cambridge University Press.

Kedourie, E, (1966), *Nationalism*, London: Hutchinson.

Kegley, C. W. and G. A Raymond (2011), *The Global Future: A Brief Introduction to World Politics*, Boston: Wadsworth.

Kelly, M. G. E. (2010), 'International Biopolitics: Foucault, Globalisation and Imperialism', *Theoria: A Journal of Social and Political Theory*, 57 (123): 1–26.

Kennedy, C. and T. Waldman (2013), 'Ways of War in the 21st Century', in M. Beeson and N. Bisley (eds), *Issues in 21st Century World Politics*, Basingstoke, UK and New York: Palgrave Macmillan.

Kennedy, P. (1989), *The Rise and Fall of Great Powers: Economic Change and Military Conflict from 1500 to 2000*, London: Fontana.

Keohane, R. (1986), 'Reciprocity in International Relations', *International Organization*, 40(1): 1–27.

Keohane, R. (1989), 'International Relations Theory: Contributions of a Feminist Standpoint', *Millennium*, 18: 245–53.

Keohane, R. (1998), 'Beyond Dichotomy: Conversations between International Relations and Feminist Theory', *International Studies Quarterly*, 42 (1): 193–97.

Keohane, R. and J. Nye (1977), *Power and Interdependence: World Politics in Transition*, Boston: Little Brown.

Kepel, G. (2004), *The War for Muslim Minds: Islam and the West*, Cambridge MA and London: Belknap Press.

Kepel, G. (2006), *Jihad: The Trial of Political Islam*, London: I. B. Tauris.

Keynes, J. M. (1936), *The General Theory of Employment, Interest, and Money*, London: Macmillan.

Keynes, J. M. ([1936] 1963), *The General Theory of Employment, Interest and Money*, London: Macmillan.

Kilcullen, D. (2005), 'Countering Global Insurgency', *Journal of Strategic Studies*, 28 (4): 597–617.

Kilcullen, D. (2009), *The Accidental Guerrilla: Fighting Small Wars in the Midst of a Big One*, Oxford: Oxford University Press.

Kilcullen, D. (2010), *Counter Insurgency*, Melbourne: Scribe.

Kinabo, J. (2004), 'Impact of Globalization on Food Consumption, Health and Nutrition in Urban Areas: A Case Study of Dar es Salaam, United Republic of Tanzania', in Food and Agriculture Organization (eds), *Globalization of Food Systems in Developing Countries*, Rome: Food and Agriculture Organization of the United Nations.

Kindleberger, C. (1973), *The World in Depression, 1929–1939*, Berkeley: University of California Press.

Klare, M. (2001), *Resource Wars: The New Landscape of Global Conflict*, New York: Henry Holt & Company.

Klare, M. (2008), *Rising Powers, Shrinking Planet: How Scarce Energy is Creating a New World Order*, Oxford: Oneworld Publications.

Klein, N. (2000), *No Logo*, London: Flamingo.

Klein, N. (2008), *The Shock Doctrine*, Harmondsworth, UK: Penguin.

Klein, N. (2014), *This Changes Everything: Capitalism Vs. The Climate*, London: Penguin.

Klein, N. (2019), *On Fire: The Burning Case for a Green New Deal*, London: Penguin.

Kolko, G. (1985), *Anatomy of a War; Vietnam, the United States, and the Modern Historical Experience*, New York: The New Press

Koskenniemi, M. (2006), *From Apology to Utopia: The Structure of International Legal Argument*, Cambridge: Cambridge University Press.

Kosko, B. (1994), *Fuzzy Thinking: The New Science of Fuzzy Logic*, London: HarperCollins.

Kristof, N. D. and S. WuDunn (2010), *Half the Sky: How to Change the World*, London: Virago.

Kristol, W. and R. Kagan (2004), 'National Interest and Global Responsibility', in I. Stelzer (ed.), *Neoconservatism*, London: Atlantic Books.

Krugman, P. (2007), *The Conscience of A Liberal*, New York: W. W. Norton & Company.

Krugman, P. (2008), *The Return of Depression Economics and the Crisis of 2008*, London: Penguin.

Kuhn, T. (1962), *The Structure of Scientific Revolutions*, Chicago: Chicago University Press.

Kymlicka, W. (1999), 'Misunderstanding Nationalism', in R. Beiner (ed.), *Theorizing Nationalism*. Albany: State University of New York Press.

Laclau, E. and C. Mouffe (1985), *Hegemony and Socialist Strategy: Towards a Radical Democratic Politics*, London: Verso.

Laferrière, E. and P. Stoett (1999), *International Relations Theory and Ecological Thought: Towards and Synthesis*, London and New York: Routledge.

Lal, D. (2004), *In Praise of Empire: Globalization and Order*, Basingstoke, UK: Palgrave Macmillan.

Laqueur, W. (1977), *Terrorism*, London: Weidenfeld & Nicholson.

Laqueur, W. (1987), *The Age of Terrorism*, Boston: Little, Brown.

Laqueur, W. (1996), 'Postmodern Terrorism', *Foreign Affairs*, 75 (5): 24–36.

Laqueur, W. (1999), *The New Terrorism*, Oxford: Oxford University Press.

Layard, R. (2006), *Happiness: Lessons from a New Science*, Harmondsworth, UK: Penguin.

Lenin, V. I. (1970), *Imperialism: The Highest Stage of Capitalism*, Moscow: Progress Publishers.

Leopold, A. (1968), *Sand County Almanac*, Oxford: Oxford University Press.

Lewis, B. (2004), *The Crisis of Islam: Holy War and Unholy Terror*, New York: Random House.

Lifton, R. J. and R. A. Falk (1982), *Indefensible Weapons: The Political and Psychological Case Against Nuclearism*, New York: Basic Books.

Lindblom, C. (1959), 'Science of Muddling Through', *Public Administration Review*, 19 (2): 79–88.

Ling, L. H. M. (2002), *Postcolonial International Relations: Conquest and Desire Between Asia and the West*, Basingstoke, UK: Palgrave Macmillan.

Ling, L. H. M. (2014a), *The Dao of World Politics: Towards a Post-Westphalian, Worldist International Politics*, Abingdon, UK: Routledge.

Ling, L. H. M. (2014b), *Imagining World Politics: Sihar and Shenya, a Fable for our Times*, Abingdon, UK: Routledge.

Linklater, A. (1990), *Beyond Realism and Marxism: Critical Theory and International Relations*, Basingstoke, UK: Palgrave Macmillan.

Linklater, A. (1998), *The Transformation of Political Community: Ethical Foundations of a Post-Westphalian Era*, Columbia: University of South Carolina Press.

Lipschutz, R. D. (ed.) (1995), *On Security*, New York: Columbia University Press.

Lomborg, B. (2007), *Cool It: The Skeptical Environmentalist's Guide to Global Warming*, New York: Knopf Publishing Group.

Lomborg, B. (2010), *Smart Solutions to Climate Change*, Cambridge: Cambridge University Press.

Lorenz, K. (1966), *On Aggression*, London: Methuen.

Lovelock, J. (1979), *Gaia: A New Look at Life on Earth*, Oxford: Oxford University Press.

Lovelock, J. (1989), *The Ages of Gaia: A Biography of our Living Earth*, Oxford: Oxford University Press.

Lovelock, J. (2006), *Revenge of Gaia: Why the Earth is Fighting Back, and How we can Save Humanity*, Santa Barbara, CA: Allen Lane.

Luban, D. (1985), 'Just War and Human Rights', in C. R. Beitz (eds), *International Ethics*, Princeton, NJ: Princeton University Press.

Luttlak, E. (2001), *Strategy: The Logic of War and Peace*, Cambridge, MA and London: The Belknap Press.

Lutz, E. and C. Reiger (eds) (2009), *Prosecuting Heads of State*, Cambridge and New York: Cambridge University Press.

Lyotard, J.-F. (1984), *The Postmodern Condition: A Report on Knowledge*, Minneapolis: University of Minnesota Press.

Mabee, B. (2013), *Understanding American Power: The Changing World of US Foreign Policy*, Basingstoke, UK and London: Palgrave Macmillan.

Machiavelli, N. (2014), *The Prince*, trans. and ed. with an intro. by T. Parks, London: Penguin Books.

MacKinnon, C. (1989), *Towards a Feminist Theory of the State*, Cambridge, MA: Harvard University Press.

Mahbubani, K. (2013), *The Great Convergence: Asia, The West and the Logic of One World*, New York: PublicAffairs.

Malcolm X (1963), Speech: 'Racial Separation', delivered UCL Berkeley, 11 October 1963. Available online: https://www.blackpast.org/african-american-history/speeches-african-american-history/1963-malcolm-x-racial-separation/ (accessed 9 September 2022).

Malcolm X (1965), *The Autobiography of Malcolm X*, New York: Grove Press.

Mann, M. (1986), *The Sources of Social Power, Volume 1: A History of Power from the Beginning to AD760*, Cambridge: Cambridge University Press.

Mann, M. (1993), *The Sources of Social Power, Volume 2: The Rise of Classes and Nation-States, 1760–1914*, Cambridge: Cambridge University Press.

Mann, M. (2012), *The Sources of Social Power, Volume 3: Global Empires and Revolution, 1890–1945*, Cambridge: Cambridge University Press.

Marcuse, H. (1964), *One Dimensional Man: Studies in the Ideology of Advanced Industrial Society*, Boston: Beacon.

Marx, K. (1968), *Marx and Engels: Selected Works*, London: Lawrence & Wishart.

Marx, K. ([1857–8] 1971), *Grundrisse*, London: Macmillan.

Marx, K. ([1867] 1990), *Capital*, Vol. 1, London: Penguin.

Marx, K. and F. Engels (1974), *The German Ideology*, Student edn, London: Lawrence and Wishart.

Marx, K. and F. Engels (1976), *The Communist Manifesto*, Harmondsworth, UK: Penguin.

Marx, K. (2000), *Karl Marx: Selected Writings, Revised Edition*, ed. D. McClellan, Oxford: Oxford University Press.

Maslow, A. (1943), 'A Theory of Human Motivation', *Psychological Review*, 50 (4): 370–96.

Maslow, A. (1970), *Motivation and Personality*, New York: Harper & Row.

Mastanduno, M. (1991), 'Do Relative Gains Matter? America's Response to Japanese Industrial Policy', *International Security*, 16.

McLellan, D. (ed.) (1980), *Marx's Grudrisse* 2nd edn, Basingstoke, UK: Palgrave Macmillan.

McCormick, R. (2020), *Understanding the European Union: A Concise Introduction*, Basingstoke, UK: Palgrave Macmillan.

McGrew, A. (2017), 'Globalization and Global Politics', in J. Baylis, S. Smith and P. Owens (eds), *The Globalization of World Politics*, 7th edn, Oxford: Oxford University Press.

Meadows, D. H., D. L. Meadows, D. Randers and W. Williams (1972), *The Limits to Growth*, London: Earth Island.

Mearsheimer, J. (1990), 'Back to the Future: Instability after the Cold War', *International Security*, 15(1): 5–56.

Mearsheimer, J. (2001), *The Tragedy of Great Power Politics*, New York: W. W. Norton.

Mearsheimer, J. (2005), 'Realism is Right', *The National Interest*, (81) (Fall): 10.

Mearsheimer, J. (2006), 'China's Unpeaceful Rise', *Current History*, (April).

Mearsheimer, J. and S. Walt (2007), *The Israel Lobby and US Foreign Policy*, New York: Farrar, Straus & Giroux.

Merchant, C. (1983), *The Death of Nature*, New York: Harper & Row.

Merchant, C. (1992), *Radical Ecology: The Search for a Liveable World*, London and New York: Routledge.

Miéville, C. (2005), *Between Equal Rights: A Marxist Theory of International Law*, Leiden: Brill.

Milanovic, B. (2005), *Worlds Apart: Measuring International and Global Inequality*, Princeton, NJ: Princeton University Press.

Miller, D. (2007), *National Responsibility and Global Justice*, Oxford: Oxford University Press.

Millett, K. (1970), *Sexual Politics*, New York: Doubleday.

Mitrany, D. (1966), *A Working Peace System: An Argument for the Functional Development of International Organization*, Chicago: University of Chicago Press.

Monbiot, G. (2004), *The Age of Consent: A Manifesto for a New World Order*, London: Harper Perennial.

Moon, K. (1997), *Sex Amongst Allies: Military Prostitution in US-Korea Relations*, New York: Columbia University Press.

Moore, J. (ed.) (2016), *Anthropocene or Capitalocene? Nature, History, and the Crisis of Capitalism*, Oakland, CA: PM Press.

Morgenthau, H. (1946), *Scientific Man Versus Power Politics*, Chicago: Chicago University Press.

Morgenthau, H. (1948), *Politics Among Nations: The Struggle for Power and Peace*, New York: Knopf.

Morgenthau, H. (1951), *In Defence of the National Interest: A Critical Examination of American Foreign Policy*, New York: Knopf.

Morgenthau, H. (1960), *The Purpose of American Politics*, New York: Knopf.

Morgenthau, H. J. (1962), *Politics in the Twentieth Century*, Vol. 1: *The Decline of Democratic Politics*, Chicago: University of Chicago Press.

Moser, C. and F. Clark (eds) (2001), *Victims, Perpetrators or Actors? Gender, Armed Conflict and Political Violence*, London: Zed Books.

Moses, J. and T. Knutsen (2007), *Ways of Knowing: Competing Methodologies in Social and Political Research*, Basingstoke, UK: Palgrave Macmillan.

Naess, A. (1973), 'The Shallow and the Deep, Long-Range Ecological Movement: A Summary', *Inquiry*, 16 (1–4): 95–100.

Naess, A. (1989), *Ecology, Community and Lifestyle*, Cambridge: Cambridge University Press.

Nardin, T. (2001), *The Philosophy of Michael Oakeshott*, University Park: Pennsylvania State University Press.

Narliker, A. (2005), *The World Trade Organization: A Very Short Introduction*, Oxford: Oxford University Press.

Narveson, J. (1970), 'Pacificism: A Philosophical Analysis', in R. Wasserstrom (ed.), *War and Morality*, Belmont, CA: Wadsworth Publishing Co.

Nagel. T. (2005), 'The Problem of Global Justice', *Philosophy and Public Affairs*, 33 (2): 113–47.

Nelson, S. (2020), 'Constructivist IPE' in E. Vivares (ed.), *The Routledge Handbook to Global Political Economy*, Abingdon, UK: Routledge.

Neocleous, M. (2014), *War Power, Police Power*, Edinburgh: Edinburgh University Press.

Nkrumah, K. (1963), *Africa Must Unite*, London: Heinemann.

Nkrumah, K. (1965), *Neo-Colonialism, the Last Stage of Imperialism*, London: Thomas Nelson & Sons.

Nkrumah, K. (1970), *Consciencism: Philosophy and Ideology for De-Colonisation*, New York: Monthly Review Press.

Norberg, J. (2003), *In Defence of Global Capitalism*, Washington, DC: CATO Institute.

Norris, R. and H. Kristensen (2010), 'Global Nuclear Inventories, 1945–2010', *Bulletin of the Atomic Scientists*, July/August.

North Atlantic Treaty Organization (NATO) (2021a), 'Brussels Summit Communiqué'. Available online: https://www.nato.int/cps/en/natohq/news_185000.htm#:~:text=It%20guarantees%20the%20security%20of,unity%2C%20solidarity%2C%20and%20cohesion (accessed 15 September 2022).

North Atlantic Treaty Organization (NATO) (2021b), 'Joint Press Conference'. Available online: https://www.nato.int/cps/en/natohq/opinions_188063.htm (accessed 15 September 2022).

Nugent, N. (2004), *The Government and Politics of the European Union*, Basingstoke, UK and New York: Palgrave Macmillan.

Nye, J. S. (1988), *Nuclear Ethics*, New York: Free Press.

Nye, J. S. (1990), *Bound to Lead: The Changing Nature of American Power*, New York: Basic Books.

Nye, J. S. (2002), *The Paradox of American Power*, New York: Oxford University Press.

Nye, J. S. (2005), *Soft Power*, New York: Public Affairs.

Nye, J. S. (2008a), *The Powers to Lead: Soft, Hard, and Smart*, New York: Oxford University Press.

Nye, J. S. (2008b), *Understanding International Conflict: An Introduction to Theory and History*, London: Longman.

Nye, J. (2020), 'How the World Will Look After the Coronavirus Pandemic', *Foreign Policy*, 20 March. Available online: https://foreignpolicy.com/2020/03/20/world-order-after-coroanvirus-pandemic/ (accessed 23 August 2022).

O'Brien, R. and M. Williams (2020), *Global Political Economy: Evolution and Dynamics*, 6th edn, London: Bloomsbury.

O'Brien, M. (1981), *The Politics of Reproduction*, London: Routledge and Kegan Paul.

O'Neill, O. (1996), *Towards Justice and Virtue: A Constructive Account of Practical Reasoning*, Cambridge: Cambridge University Press.

Oakes, W. (1944), 'Towards a Permanent Arms Economy?', *Politics*, February.

Oakeshott, M. (1962), *Rationalism in Politics and Other Essays*, London: Methuen.

Ohmae, K. (1990), *The Borderless World: Power and Strategy in the Interlinked Economy*, London: Fontana.

Ohmae, K. (1995), *The End of the Nation State: The Rise of Regional Economies*, New York: Free Press.

OpenLearn (2014), 'International Relations – Liberal Theory (2/7)', YouTube. Available online: https://www.youtube.com/watch?v=7D5FNrqT5dM.

Orford, A. (2003), *Reading Humanitarian Intervention*, Cambridge: Cambridge University Press.

Organisation for Economic Co-operation and Development (OECD) (2015), 'Is this Humanitarian Migration Crisis Different?', *Migration Policy Debates*, No. 7.

Osborne, D. and T. Gaebler (1992), *Reinventing Government*, New York: Addison-Wesley.

Østerud, Ø. (1996), 'Antinomies of Postmodernism in International Studies', *Journal of Peace Research*, 33 (4): 385–90.

Ostrom, E. (1990), *Governing the Commons: The Evolution of Institutions for Collective Action*, Cambridge: Cambridge University Press.

Otele, O. (2020), *African Europeans: An Untold History*, London: Hurst.

OED (2020), *Oxford English Dictionary*, Oxford: Oxford University Press.

Oya, C. and F. Schaefer (2019), 'Chinese Firms and Employment Dynamics in Africa: A Comparative Analysis', *IDCEA Research Synthesis Report*, London: SOAS.

Oye, K. (1986), *Cooperation under Anarchy*, Princeton, NJ: Princeton University Press.

Pan, C. (2012), *Knowledge, Desire and Power in Global Politics: Western Representations of China's Rise*, Cheltenham, UK: Edward Elgar Publishing.

Pape, R. (2005), *Dying to Win: The Strategic Logic of Suicide Terrorism*, New York: Random House.

Parekh, B. (2000), *Rethinking Multiculturalism: Cultural Diversity and Political Theory*, Basingstoke, UK: Palgrave Macmillan.

Parekh, B. (2008), *A New Politics of Identity: Political Principles for an Interdependent World*, Basingstoke, UK and New York: Palgrave Macmillan.

Parmar, I. and M. Cox (eds) (2010), *Soft Power and US Foreign Policy*, London: Routledge.

Paul, T. V. and J. A. Hall (1999), *International Order and the Future of World Politics*, Cambridge: Cambridge University Press.

Paupp, T. (2009), *The Future of Global Relations: Crumbling Walls, Rising Regions*, Basingstoke, UK: Palgrave Macmillan.

Peet, R. (2009), *Unholy Trinity: The IMF, World Bank and WTO*, New York: Zed Books.

Perkovich, G. and J. M. Acton (2008), *Abolishing Nuclear Weapons*, Abingdon, UK: Routledge.

Peterson, V. S. (1992), *Gendered States: Feminist (Re) Visions of International Relations Theory*, Boulder, CO: Lynne Rienner Publishers.

Peterson, V. S. and A. S. Runyan (2010), *Global Gender Issues in the New Millenium*, Boulder, CO: Westview Press.

Phillips, A. (2010), 'Transnational Terrorism', in M. Beeson and N. Bisley (eds), *Issues in 21st Century World Politics*, Basingstoke, UK: Palgrave Macmillan.

Pierre, J. and B. G. Peters (2000), *Governance, Politics and the State*, Basingstoke, UK: Palgrave Macmillan.

Piore, M. and C. Sabel (1984), *The Second Industrial Divide: Possibilities for Prosperity*, New York: Basic Books.

Pogge, T. (2008), *World Poverty and Human Rights: Cosmopolitan Responsibilities and Reforms*, Cambridge, UK: Polity Press.

Popper, K. (1959), *The Logic of Scientific Discovery*, London: Hutchinson & Co.

Pryke, S. (2009), *Nationalism in a Global World*, Basingstoke, UK: Palgrave Macmillan.

Przeworski, A. (ed.) (2000), *Democracy and Development: Political Institutions and Well-Being in the World, 1950–1990*, New York: Cambridge University Press.

Przeworski, A. and J. R. Vernon (2000), 'The Effect of IMF Structural Adjustment Programs on Economic Growth', *Journal of Development Economics*, 62: 385–421.

Puar, J. K. (2007), *Terrorist Assemblages: Homonationalism in Queer Times*, Durham, NC: Duke University Press.

Puar, J. K. (2017), *The Right to Maim: Debility, Capacity, Disability*, Durham, NC: Duke University Press.

Puar, J. K. and A. Rai (2002), 'Monster, Terrorist, Fag: The War on Terrorism and the Production of Docile Patriots', *Social Text*, 20 (3): 117–48.

Putnam, R. (2000), *Bowling Alone: The Collapse and Revival of American Community*, New York: Simon & Schuster.

Rabkin, J. (2005), *Law Without Nations? Why Constitutional Government Requires Sovereign States*, Princeton, NJ: Princeton University Press.

Ralston Saul, J. (2009), *The Collapse of Globalism*, New York: Atlantic Books.

Ramo, J. (2004), *The Beijing Consensus*, London: The Foreign Policy Centre.

Rao, R. (2010), *Third World Protest: Between Home and the World*, Oxford: Oxford University Press.

Rao, R. (2020), *Out of Time: The Queer Politics of Postcoloniality*, Oxford: Oxford University Press.

Ravenhill, J. (ed.) (2020), *Global Political Economy*, Oxford and New York: Oxford University Press.

Rawls, J. (1999), *The Law of Peoples*, Cambridge, MA: Harvard University Press.

Reinicke, W. H. and F. M. Deng (eds) (2000), *Critical Choices: The United Nations, Networks and the Future of Global Governance*, Ottawa: International Development Research Centre.

Reus-Smit, C. and D. Snidal (2010b), *The Oxford Handbook of International Relations*, Oxford and New York: Oxford University Press.

Reus-Smit, C. and D. Snidal (2010a), 'Between Utopia and Reality: The Practical Discourses of International Relations', in C. Reus-Smit and D. Snidal (eds), *Oxford Handbook of International Relations*, Oxford: Oxford University Press.

Riddell, R. (2007), *Does Foreign Aid Really Work?* Oxford: Oxford University Press.

Rittberger, V., B. Zangl and A. Kruck (2019), *International Organization: Polity, Politics and Policies*, 3rd edn, Basingstoke, UK: Palgrave Macmillan.

Ritzer, G. ([1993] 2019), *The McDonaldization of Society: An Investigation into the Changing Character of Social Life*, 9th edn, Thousand Oaks, CA: Pine Forge Press.

Robertson, R. (1992), *Globalization: Social Theory and Global Culture*, London: Sage.

Robinson, C. (1980), *The Terms of Order: Political Science and the Myth of Leadership*, New York: State University of New York.

Robinson, C. (1983), *Black Marxism: The Making of the Black Radical Tradition*, London: Zed Books.

Robinson, C. (1997), *Black Movements in America*, London: Routledge.

Robinson, C. (2019), *Cedric J. Robinson: On Racial Capitalism, Black Internationalism, and Cultures of Resistance*, London: Pluto.

Rodin, D. (2002), *War and Self Defence*, Oxford: Oxford University Press.

Rodney, W. (1972), *How Europe Underdeveloped Africa*, London: Bogle-L'Ouverture Publications.

Rosamond, B. (2000), *Theories of European Integration*, Basingstoke, UK: Palgrave Macmillan.

Rose, G. (1998), 'Neoclassical Realism and Theories of Foreign Policy', *World Politics*, 51 (1): 144–72.

Rosenau, J. N. (1990), *Turbulence in World Politics: A Theory of Change and Continuity*, Princeton, NJ: Princeton University Press.

Rosenau, J. (1997), *Along the Domestic-Foreign Frontier: Exploring Governance in a Turbulent World*, Cambridge: Cambridge University Press.

Rosenau, J. (2003), *Distant Proximities: Dynamics Beyond Globalization*, Princeton, NJ: Princeton University Press.

Rosenberg, J. (1994), *The Empire of Civil Society: A Critique of the Realist Theory of International Relations*, London: Verso.

Rostow, W. W. (1960), *The Stages of Economic Growth: The Non-Communist Manifesto*, Cambridge: Cambridge University Press.

Roszak, T. (1994), *A Cult of Information: The Folklore of Computers and the True Art of Thinking*, London: Paladin Books.

Roy, O. (1994), *The Failure of Political Islam*, Cambridge, MA: Harvard University Press.

Ruggie, J. (1992), 'Multilateralism: The Anatomy of an Institution', *International Organization*, 46 (3): 561–98.

Ruggie, J. (ed.) (1993), *Multilateralism Matters: The Theory and Praxis of an International Form*, New York: Columbia University Press

Ruggie, J. (1998), *Constructing the World Polity: Essays on International Institutionalization*, London: Routledge.

Ruggie, J. (ed.) (2008), *Embedding Global Markets: An Enduring Challenge*, Aldershot, UK and Burlington, VT: Ashgate Publishing Company.

Ruthven, M. (2005), *Fundamentalism: The Search for Meaning*, Oxford: Oxford University Press.

Sabaratnam, M. (2017), *Decolonising Intervention: International Statebuilding in Mozambique*, London: Rowman & Littlefield.

Sabherwal, A., M. T. Ballew, S. van der Linden, A. Gustafson, M. H. Goldberg, E. W. Maibach, J. E. Kotcher, J. K. Swim, S. A. Rosenthal and A. Leiserowitz (2021), 'The Greta Thunberg Effect: Familiarity with Greta Thunberg Predicts Intentions to Engage in Climate Activism in the United States', *Journal of Applied Social Psychology*, 51 (4): 321–33.

Sachs, J. (2005), *The End of Poverty: Economic Possibilities for our Time*, Harmondsworth, UK: Penguin.

Sachs, J. (2008), *Common Wealth: Economics for a Crowded Planet*, Harmondsworth, UK: Penguin.

Sageman, M. (2004), *Understanding Terror Networks*, Philadelphia: University of Pennsylvania Press.

Sageman, M. (2008), *Leaderless Jihad: Terror Networks in the Twenty-First Century*, Philadelphia: University of Pennsylvania Press.

Said, E. ([1978] 2003), *Orientalism*, Harmondsworth, UK: Penguin.

Said, E. (1993), *Culture and Imperialism*, New York: Alfred A. Knopf.

Samarasinghe, V. (2009), *Female Sex Trafficking in Asia: The Resilience of Patriarchy in a Changing World*, London: Routledge.

Sandel, M. (1982), *Liberalism and the Limits of Justice*, Cambridge: Cambridge University Press.

Sassen, S. (1988), *The Mobility of Capital and Labour*, Cambridge: Cambridge University Press.

Sassen, S. (2001), *The Global City: New York, London, Tokyo*, Princeton, NJ: Princeton University Press.

Sassen, S. (2006), *Territory, Authority, Rights: From Medieval to Global Assemblages*, Princeton, NJ: Princeton University Press.

Savigny, H. and L. Marsden (2011), *Doing Political Science and International Relations*, Basingstoke, UK and New York: Palgrave Macmillan.

Schmid, A. and A. Jongman (1988), *Political Terrorism: A New Guide to Actors, Authors, Concepts, Databases, Theories and Literature*, Oxford: North Holland.

Schmitt, C. (1996), *The Concept of the Political*, Chicago: University of Chicago Press.

Scholte, J. A. (1993), *International Relations of Social Change*, Buckingham, UK: Open University Press.

Scholte, J. A. (2005), *Globalization: A Critical Introduction*, Basingstoke, UK: Palgrave Macmillan.

Schumpeter, J. (1942), *Capitalism, Socialism and Democracy*, London: Allen & Unwin.

Schumpeter, J. (1954), *History of Economic Analysis*, Oxford: Oxford University Press.

Seabrooke, L. and E. Tsingou (2010), 'Responding to the Global Credit Crisis: The Politics of Financial Reform', *The British Journal of Politics and International Relations*, 12 (2): 313–23.

Sen, A. (1981), *Poverty and Famine: An Essay on Entitlements and Deprivation*, Oxford: Clarendon Press.

Sen, A. (1990), 'More than 100 Million Women Are Missing', *The New York Review of Books*, 37(20).

Sen, A. (1999), *Development As Freedom*, Oxford: Oxford University Press.

Sen, A. (2006), *Identity and Violence: The Illusion of Destiny*, London and New York: Penguin.

Sen, A. (2009), *The Idea of Justice*, London: Allen Lane.

Shaw, M. (2003), *International Law*, Cambridge: Cambridge University Press.

Shepherd, L. J. (2009), 'Gender, Violence and Global Politics', *Political Studies Review*, 7(2): 208–19.

Shepherd, L. J. (2010), *Gender Matters in Global Politics*, London and New York: Routledge.

Shilliam, R. (ed.) (2011), *International Relations and Non-Western Thought: Imperialism, Colonialism and Investigations of Global Modernity*, Abingdon, UK: Routledge.

Shilliam, R. (2015), *The Black Pacific: Anticolonial Struggles and Oceanic Connections*, London: Bloomsbury.

Shilliam, R. (2018), *Race and the Undeserving Poor: From Abolition to Brexit*, Newcastle, UK: Agenda.

Shilliam, R. (2021), *Decolonizing Politics*, Cambridge, UK: Polity Press.

Shimko, K. L. (2008), *International Relations: Perspectives and Controversies*, Boston: Houghton Mifflin.

Shiva, V. (1993), *Monocultures of the Mind: Biodiversity, Biotechnology and Agriculture*, New Delhi: Zed Press.

Shiva V. (1999), *Stolen Harvest: The Hijacking of the Global Food Supply*, Cambridge, MA: Southend Press.

Shue, H. (1996), *Basic Rights: Subsistence, Affluence and US Foreign Policy*, Princeton, NJ: Princeton University Press.

Shultz, G. P. and W. J. Perry, H. Kissinger and S. Nunn (2007), 'A World Free of Nuclear Weapons', *The Wall Street Journal*, 4 January.

Sil, R. and J. Katzenstein (2010), *Beyond Paradigms: Analytic Eclecticism in Study of World Politics*, Basingstoke, UK: Palgrave Macmillan.

Simon, H. (1983), *Models of Bounded Rationality*, Vol. 2, Cambridge, MA: MIT Press.

Singer, M. and A. Wildavsky (1993), *The Real World Order: Zones of Peace/Zones of Turmoil*, Chatham, NJ: Chatham House Publishers.

Singer, P. (1993), *Practical Ethics*, Cambridge: Cambridge University Press.

Singer, P. (2002), *One World: The Ethics of Globalization*, New Haven, CT and London: Yale University Press.

Sjoberg, L. (2006), *Gender, Justice, and the Wars in Iraq*, London: Rowman & Littlefield.

Sjoberg, L. and C. E. Gentry (2007), *Mothers, Monsters, Whores: Women's Violence in Global Politics*, London: Zed Books.

Sjoberg, L. (2014), *Gender, War, & Conflict*, Cambridge, UK: Polity Press.

Sjoberg, L. (2015), *Beyond Monsters, Mothers, Whores*, London: Bloomsbury.

Skidelsky, R. (2009), *Keynes: The Return of the Master*, London: Allen Lane.

Smith, A. ([1776] 1999), *The Wealth of Nations: Books I–III*, London: Penguin.

Smith, A. D. (1986), *The Ethnic Origin of Nations*, Oxford: Blackwell.

Smith, A. D. (1991), *National Identity*, London: Penguin.

Smith, A. D. (1995), *Nations and Nationalism in a Global Era*, Cambridge, UK: Polity Press.

Smith, M. E. (2010), *International Security: Politics, Policy, Prospects*, Basingstoke, UK: Palgrave Macmillan.

Smith, R. (2006), *The Utility of Force: The Art of War in the Modern World*, Harmondsworth, UK: Penguin.

Smith, S. (1995), 'The Self-Image of a Discipline: A Genealogy of International Relations Theory', in K. Booth and S. Smith (eds), *International Relations Theory Today*, Cambridge: Cambridge University Press.

Smith, S., A. Hadfield and T. Dunne (eds) (2012), *Foreign Policy: Theories, Actors, Cases*, Oxford: Oxford University Press.

Snow, D. M. (1998), *The Shape of the Future: World Politics in a New Century*, New York: M. E. Sharpe.

Soederberg, S. (2006), *Global Governance in Question: Empire, Class and the New Commonsense in Managing North-South Relations*, London: Pluto Press.

Solingen, E. (2007), *Nuclear Logics: Contrasting Paths in East Asia and the Middle East*, Princeton, NJ: Princeton University Press.

Sørensen, G. (2004), *The Transformation of the State: Beyond the Myth of Retreat*, Basingstoke, UK and New York: Palgrave Macmillan.

Soros, G. (2000), *Open Society: The Crisis of Global Capitalism Reconsidered*, London: Little Brown.

Soros, G. (2008), *The New Paradigm for Financial Markets: The Credit Crisis of 2008 and What it Means*, New York: PublicAffairs.

Spellman, W. (2006), *A Concise History of the World Since 1945*, Basingstoke, UK and New York: Palgrave Macmillan.

Spencer, P. and H. Wollman (2002), *Nationalism: A Critical Introduction*, London and Thousand Oaks, CA: Sage.

Sprinzak, E. (2001), 'The Lone Gunmen', *Foreign Policy*, 127: 72–3.

Squires, J. (1999), *Gender in Political Theory*, Cambridge, UK: Polity Press.

Steans, J. (1998), *Gender and International Relations: An Introduction*, Cambridge, UK: Polity Press.

Steans, J., L. Pettiford, T. Diez and I. El-Anis (2010), *An Introduction to International Relations Theory: Perspectives and Themes*, Harlow, UK: Pearson Education Limited.

Steger, M. (2003), *Globalization: A Very Short Introduction*, Oxford: Oxford University Press.

Stein, A. (1990), *Why Nations Cooperate: Circumstance and Choice in International Relations*, Ithaca, NY: Cornell University Press.

Stelzer, I (ed.) (2004), *Neoconservatism*, London: Atlantic Books.

Stevens, D. and N. Vaughan-Williams (2020), 'Was the UK Public Prepared for a Pandemic? Fear and Awareness before COVID-19', *LSE Blog*, Available online: https://blogs.lse.ac.uk/politicsandpolicy/public-fear-and-awareness-before-covid-19/ (accessed 23 August 2022).

Stiglitz, J. (1996), *Whither Socialism?* Cambridge, MA: MIT Press

Stiglitz, J. (2002), *Globalization and its Discontents*, New York: W. W. Norton.

Stiglitz, J. (2003), *The Roaring Nineties*, New York: W. W. Norton.

Stiglitz, J. (2005), *Fair Trade for All: How Trade Can Promote Development*, Oxford: Oxford University Press.

Stiglitz, J. (2006), *Making Globalization Work*, London: Penguin Books.

Stiglitz, J. (2010), *Freefall: America, Free Markets, and the Sinking of the World Economy*, New York: W. W. Norton & Company.

Stiglitz, J. (2019), *People, Power, and Profits: Progressive Capitalism for an Age of Discontent*, London: Penguin.

Stoessinger, J. G. (2005), *Why Nations Go to War*, Belmont. CA: Wadsworth.

Strange, S. (1986), *Casino Capitalism*, Oxford: Basil Blackwell.

Strange, S. (1988), *States and Markets*, London: Pinter.

Strange, S. (1996), *The Retreat of the State: The Diffusion of Power in the World Economy*, Cambridge: Cambridge University Press.

Strange, S. (1998), *Mad Money: When Markets Outgrow Governments*, Manchester: Manchester University Press.

Suganami, H. (1996), *On the Causes of War*, Oxford: Clarendon Press.

Sun, I. Y. (2017), *The Next Factory of the World: How Chinese Investment Is Reshaping Africa*, Boston: Harvard Business School.

Sutherland, C. (2012), *Nationalism in the Twenty-First Century: Challenges and Responses*, Basingstoke, UK and New York: Palgrave Macmillan.

Sylvester, C. (1994), *Feminist Theory and International Relations in a Postmodern Era*, Cambridge: Cambridge University Press.

Tate, M. (1954), *The United States and Armaments*, Cambridge, MA: Harvard University Press.

Tate, M. (1965), *The United States and the Hawaiian Kingdom: A Political History*, New Haven, CT: Yale University Press.

Tate, M. and D. M. Hull (1964), 'Effects of Nuclear Explosions on Pacific Islanders', *Pacific Historical Review*, 33 (4): 379–93.

Taylor, C. (1994), *Multiculturalism and 'The Politics of Recognition'*, Princeton, NJ: Princeton University Press.

Thakur, R. (2006), *The United Nations, Peace and Security: From Collective Security to the Responsibility to Protect*, Cambridge: Cambridge University Press.

Thiong'o, N. (1986), *Decolonising the Mind*, Nairobi: East African Educational Publishers.

Thucydides (1963), *History of the Peloponnesian War*, London: Penguin Classics.

Thucydides (1974), *History of the Peloponnesian War*, London: Penguin.

Thunberg, G. (2019), *No One is Too Small to Make a Difference*, London: Penguin.

Thurow, L. (1996), *The Future of Capitalism: How Today's Economic Forces Shape Tomorrow's World*, London: Penguin Books.

Tickner, J. A. (1987), *Self-Reliance Versus Power Politics*, New York: Columbia University Press.

Tickner, J. A. (1988), 'Hans Morgenthau's Principles of Political Realism: A Feminist Reformulation', *Millennium*, 17(3): 429–40.

Tickner, J. A. (1992a), *Gender in International Relations: Feminist Perspectives on Achieving Global Security*, New York: Columbia University Press.

Tickner, J. A. (1992b), 'On the Fringes of the Global Economy', in R. Tooze and C. Murphy (eds), *The New International Political Economy*, Boulder, CO: Lynne Rienner.

Tickner, J. A. (1997), 'You Just Don't Understand', *International Studies Quarterly*, 41 (4): 611–32.

Tickner, J. A. (2001), *Gender in World Politics: Issues and Approaches in the Post-Cold War Era*, New York: Columbia University Press.

Tickner, J. A. (2002), 'Feminist Perspectives on 9/11', *International Studies Perspectives*, 3(4): 333–50.

Tickner, J. A. and D. L. Blaney (eds) (2012), *Thinking International Relations Differently*, Abingdon, UK: Routledge.

Tickner, J. A. (2014), *A Feminist Voyage through International Relations*, Oxford: Oxford University Press.

Tobin, J. (1955), 'A Dynamic Aggregative Model', *Journal of Political Economy*, 63 (2): 103–15.

Tobin, J. (1969), 'A General Equilibrium Approach to Monetary Theory', *Journal of Money, Credit and Banking*, 1 (1): 15–29.

Tormey, S. (2004), *Anti-Capitalism: A Beginner's Guide*, Oxford: Oneworld Publications.

Towns, A. and Niklasson, B. (2017), 'Gender, International Status, and Ambassador Appointments', *Foreign Policy Analysis*, 13 (3): 521–40.

Townsend, C. (2002), *Terrorism: A Very Short Introduction*, Oxford: Oxford University Press.

True, J. (2009), 'Feminism', in S. Burchill et al. (eds), *Theories of International Relations*, Basingstoke, UK: Palgrave Macmillan.

Truong, T., S. Wieringa and A. Chhachhi (2007), *Engendering Human Security: Feminist Perspectives*, London: Zed Books.

United Nations (UN) (1987), *Our Common Future: Report of the World Commission on Environment and Development*, New York: United Nations.

United Nations (UN) (1993), *Convention on the Prohibition of the Development, Production, Stockpiling and Use of Chemical Weapons and on Their Destruction*. Available online: https://treaties.un.org/doc/Treaties/1997/04/19970429%2007-52%20PM/CTC-XXVI_03_ocred.pdf (accessed 14 September 2022).

United Nations (UN) (1999), *Human Development Report 1999*. Available online: https://hdr.undp.org/system/files/documents//hdr1999ennostatspdf.pdf (accessed 14 September 2022).

United Nations (UN) (2019), *Human Development Report 2019*. Available online: https://hdr.undp.org/system/files/documents//hdr2019pdf.pdf (accessed 14 September 2022).

United Nations (UN) (2020), *Human Development Report 2020*. Available online: https://hdr.undp.org/system/files/documents//hdr2020pdf.pdf (accessed 14 September 2022).

UNODC (2006), *Trafficking in Persons: Global Patterns*, Vienna: UN High Commission for Refugees.

UN Women (2019), 'Facts and Figures: Women's Leadership and Political Participation'. Available online: https://www.unwomen.org/en/what-we-do/leadership-and-political-participation/facts-and-figures (accessed 27 September 2019).

van Creveld, M. (1991), *The Transformation of War*, New York: Free Press.

van Creveld, M. (2000), *The Art of War: War and Military Thought*, London: Cassell.

van Kersbergen, K. (1995), *Social Capitalism: A Study of Christian Democracy and the Welfare State*, London: Routledge.

Vanderheiden, S. (2008), 'Two Conceptions of Sustainability', *Political Studies*, 56(2): 435–55.

Vasak, K. (1977), 'Human Rights: A Thirty-Year Struggle', *UNESCO Courier*, 30: 11, Paris: UNESCO.

Vincent, J. (1986), *Human Rights and International Relations*, Cambridge: Cambridge University Press.

Vitalis, R. (2015), *White World Order, Black Power Politics: The Birth of American International Relations*, Ithaca, NY: Cornell University Press.

Walker, R. B. J. (1992), *Inside/Outside: International Relations as Political Theory*, Cambridge: Cambridge University Press.

Wallerstein, I. (1974), *The Modern World System*, New York: Academic Press.

Wallerstein, I. (1983), *Historical Capitalism*, London: Verso.

Wallerstein, I. (1984), *The Politics of the World Economy: States, Movements and Civilizations*, Oxford: Polity Press.

Wallerstein, I. (1993), 'The World-System after the Cold War', *Journal of Peace Research*, 30 (1): 1–6.

Wallerstein, I. (2003), *The Decline of American Power*, New York: The New Press.

Walt, S. (2020), 'The Realist's Guide to the Coronavirus Outbreak', *Foreign Policy*, 9 March. Available online: https://foreignpolicy.com/2020/03/09/coronavirus-economy-globalization-virus-icu-realism/ (accessed 23 August 2022).

Waltz, K. (1959), *Man, the State, and War*, New York: Columbia University Press.

Waltz, K. (1979), *Theory of International Politics*, Reading, MA: Addison-Wesley.

Waltz, K. (1986), 'Reflections on Theory of International Politics', in R. Keohane (ed.), *Neo-Realism and Its Critics*, New York: Columbia University Press.

Waltz, K. (1990), 'Realist Thought and Neorealist Theory', *Journal of International Affairs*, 44(1): 21–37.

Waltz, K. (1999), 'Globalization and Governance', *PS: Political Science and Politics*, 32 (4): 693–700.

Waltz, K. (2000), 'Globalization and American Power', *The National Interest*, (59): 46–56.

Waltz, K. (2002), 'Structural Realism After the Cold War', in G. Ikenberry (ed.), *America Unrivalled: The Future of the Balance of Power*, Ithaca, NY and London: Cornell University Press.

Waltz, K. (2012), 'Why Iran should get the Bomb', *Foreign Affairs*, July/August.

Walzer, M. ([1977] 2006), *Just and Unjust Wars: A Moral Argument with Historical Illustrations*, New York: Basic Books.

Walzer, M. (1983), *Spheres of Justice: A Defence of Pluralism and Equality*, New York: Basic Books.

Walzer, M. (1994), *Thick and Thin: Moral Argument at Home and Abroad*, Chicago: Notre Dame Press,

Walzer, M. (2004), *Arguing about War*, London: Yale University Press.

Walzer. M. (2007), 'Political Action: The Problem of Dirty Hands', in D. Miller (ed.), *Thinking Politically: Essays in Political Theory*, New Haven, CT: Yale University Press.

Ward, B. and R. Dubois (1972), *Only One Earth*, Harmondsworth, UK: Penguin; New York: New American Library.

Weber, C. (2001), *International Relations Theory: A Critical Introduction*, Abingdon, UK: Routledge.

Weber, C. (2011), *'I am an American': Filming the Fear of Difference*, Bristol, UK: Intellect.

Weber, C. (2016), *Queer International Relations: Sovereignty, Sexuality and the Will to Knowledge*, Oxford: Oxford University Press.

Weber, M. ([1919] 1948), 'Politics as a Vocation', in H. H. Gerth and C. Wright Mills (eds), *From Max Weber: Essays in Sociology*, London: Routledge and Kegan Paul.

Weber, M. (1948), *From Max Weber: Essays in Sociology*, London: Routledge & Kegan Paul.

Weiss, G, and A. Kamran (2009), 'Global Governance as International Organization', in J. Whitman (ed.), *Global Governance*, Basingstoke, UK: Palgrave Macmillan.

Weiss, T. G. (2007), *Humanitarian Intervention: Ideas in Action*, Cambridge, UK: Polity Press

Weiss, T. G. (2009), *What's Wrong with the United Nations (and How to Fix It)*, Cambridge, UK and Malden, MA: Polity Press.

Wendt, A. (1987), 'The Agent-Structure Problem in International Relations Theory', *International Organization*, 41 (3): 335–70.

Wendt, A. (1992), 'Anarchy is what States make of it: The Social Construction of Power Politics', *International Organization*, 46(2): 391–425.

Wendt, A. (1995), 'Constructing International Politics', *International Society*, 20 (1): 71–81.

Wendt, A. (1999), *Social Theory of International Politics*, Cambridge: Cambridge University Press.

Wheeler, N. (2000), *Saving Strangers: Humanitarian Intervention in International Society*, Oxford: Oxford University Press.

Whitman, J. (ed.) (2009), *Global Governance*, Basingstoke, UK: Palgrave Macmillan.

Wight, M. (1991), *International Theory: The Three Traditions*, Leicester, UK: Leicester University Press.

Wilkinson, P. (2003), 'Why Modern Terrorism? Differentiating Types and Distinguishing Ideological Motivations', in C. Kegley Jr (ed.), *The New Global Terrorism: Characteristics, Causes and Controls*, Upper Saddle River, NJ: Prentice Hall.

Wilkinson, P. (2006), *Terrorism Versus Democracy*, London and New York: Routledge.

Wilkinson, R. and K. Pickett (2010), *The Spirit Level: Why Equality is Better for Everyone*, Harmondsworth, UK: Penguin.

Williamson, J. (1990), *Latin American Adjustment: How Much Has Happened?* Washington, DC: Institute for International Economics.

Williamson, J. (1993), 'Democracy and the 'Washington Consensus', *World Development*, 21 (8): 1329–336.

Willis, K. (2011), *Theories and Practices of Development*, London and New York: Routledge.

Wilson, P. (1998), 'The Myth of the "First Great Debate"', *Review of International Studies*, 24: 1–15.

Wohlforth, W. (1993), *Elusive Balance: Power and Perception during the Cold War*, Ithaca, NY: Cornell University Press.

Wolf, M. (2005), *Why Globalization Works*, New Haven, CT: Yale University Press.

Woods, N. (2006), *The Globalizers: The IMF, the World Bank, and their Borrowers*, Ithaca, NY: Cornell University Press.

World Bank (2010), *Global Economic Prospects 2009: Forecast Update*.

World Bank (2018), 'Decline of Global Extreme Poverty Continues but Has Slowed: World Bank'. Available online: https://www.worldbank.org/en/news/press-release/2018/09/19/decline-of-global-extreme-poverty-continues-but-has-slowed-world-bank (accessed 14 September 2022).

World Economic Forum (2007), *The Global Gender Gap Report 2007*.

Yergin, D. (1980), *Shattered Peace: Origins of the Cold War and the National Security State*, Harmondsworth, UK: Penguin.

Young, A., J. Duckett and P. Graham (eds) (2010), 'Perspectives on the Global Distribution of Power,' Exceptional special edition of *Politics*, 30(S1): 2–14.

Young, I. (1995), *Justice and the Politics of Difference*, Princeton, NJ: Princeton University Press.

Young, J. W. and G. Kent (2020), *International Relations Since 1945: A Global History*, 3rd edn, Oxford: Oxford University Press.

Young, R. (2003), *Postcolonialism: A Very Short Introduction*, Oxford: Oxford University Press.

Yunker, J. (2007), *Political Globalization: A New Vision of World Government*, Lanham, MD: University Press of America.

Yuval-Davis, N. (1997), *Gender and Nation*, London: Sage

Yuval-Davis, N. and F. Anthias (eds) (1989), *Woman, Nation-State*, London: Macmillan.

Zakaria, F. (1998), *From Wealth to Power*, Princeton, NJ: Princeton University Press.

Zakaria, F. (2009), *The Post-American World*, New York: W. W. Norton & Co.

Žižek, S. (2009), *First As Tragedy, Then As Farce*, London: Verso.

찾아보기

A

An Agenda for Development 488
An Agenda for Peace 487
ASEAN(동남아시아국가연합) 523-524, 527, 529, 531-533
APEC(아시아-태평양경제협력기구) 523, 527-528, 532

E

EEC(유럽경제공동체) 524, 536-537, 539, 541-542
EU(유럽연합) 7, 46, 51, 70, 72, 76, 79, 83, 144, 147, 156-158, 161, 165, 171, 218, 271, 273, 279, 281, 298, 324-325, 358, 395, 399, 409, 413, 422, 424, 442-443, 485, 497, 450, 499, 512, 516, 521, 523, 527-534, 536-545, 551
  EU에 대한 부정적 시각 542
  EU의 위기 544
  EU의 확대 543
  유로존 위기 51, 144, 516, 521, 544

G

G20 145, 156-157, 166, 197, 273, 276, 325, 404, 516-518
  G20에 대한 비판 157
GATT(관세 및 무역에 관한 일반협정) 133, 495, 502, 504, 509-512, 519, 524, 528, 541, 556

I

ICC ☞ 국제형사재판소 참조
ICJ ☞ 국제사법재판소 참조
IMF(국제통화기금) 7, 76, 78, 90, 99, 107, 127, 129, 133, 142-143, 147, 156-157, 163, 265-266, 365, 397, 402-403, 411, 416-419, 424, 426, 473, 480, 491, 495, 498, 502-503, 505, 507-510, 512-513, 515-520, 544, 552, 556, 564
  IMF에 대한 비판 507-508
ISIS 4, 93, 225, 266, 295, 334, 342, 344

N

NAFTA ☞ 북미자유무역협정 참조
NATO(North Atlantic Treaty Organization, 북대서양조약기구) 41, 46-49, 103, 150, 156, 165, 242, 260, 273, 275, 279, 285, 296, 298, 306, 327, 365, 367, 369, 372, 482, 485, 523, 527, 532, 539, 540, 543, 545, 552, 558
NGOs(Non-Governmental Organizations, 비정부기구) 4, 8-9, 12, 81, 167, 169, 174, 180, 183, 188, 196-197, 199-201, 214, 218, 277, 350, 355, 357, 359, 374-375, 387-388, 393, 403, 420, 423, 426, 429, 438, 444, 448, 474, 500
  국제 NGO 8
  비정부기구의 유형, 역할, 기능 199
  옹호성 비정부기구 197
  주창형(advocacy) NGO 8
  활동형(operational) NGO 8

O

OECD(경제협력개발기구) 197, 218, 399, 411, 419, 421, 501, 504

R

R2P ☞ 보호를 위한 책임 참조

S

SAPs ☞ 구조조정프로그램 참조

W

WMD(대량살상무기) 43, 189, 268-269, 297, 310-314, 317, 320, 322, 324, 326-327, 330, 336, 383, 562
WTO(세계무역기구) 3, 7, 12, 76, 99, 133, 150, 156, 158, 197, 273, 276, 382, 387, 393, 413, 419, 473, 480, 495, 498, 502, 509-517, 519, 520, 524, 529, 531, 534-535, 541, 552, 555-556
  WTO에 대한 비판 556

ㄱ

가부장제 21, 65, 87, 92-93, 95, 102, 106-107, 114, 163, 185, 232, 234, 256, 280, 435, 458-460, 462-463, 466, 471
가중다수결제도 538
개발 NGO 397, 403, 420, 426
거버넌스(governance) 11-13, 150-151, 154-157, 166-171, 178-179, 494-502, 504-509, 513, 515-520
걸프전 47, 51, 228, 266, 285, 295, 299, 306, 320, 323, 367, 383, 450, 465, 481-483, 491, 559
게마인샤프트 182
게젤샤프트 182, 193
경제자립체제(autarky) 37
경제적 글로벌화 11-12, 30
경제협력개발기구 ☞ OECD 참조
공공재(collective good) 446
공동외교안보정책(CFSP: Common Foreign and Security Policy) 539, 542
공동체주의(communitarianism) 83, 193-194, 230, 236, 362-363, 374
공유지의 비극 432, 434, 446, 561
공포의 균형(balance of terror) 47, 260, 315, 321, 365, 481
관계적 권력(relational power) 255
관계형 시장(relational market) 121
관료조직 모델 175, 177-178
관세 및 무역에 관한 일반협정 ☞ GATT 참조
교차적 페미니즘 95, 232

교토의정서(Kyoto Protocol) 266, 431–432, 442–446
구글 4, 131, 183, 186, 188, 245
구성주의 19, 21–22, 64, 69, 85, 87, 103–104, 106, 108–111, 113–114, 116, 125, 162–163, 172, 184, 208–230, 233, 262–263, 290, 318, 328, 366, 384–385, 460, 476, 506, 526
구조적 폭력(structural violence) 20, 256, 461
구조조정대출(SALs: Structural Adjustment Loans) 416
구조조정프로그램(SAPs: Structural Adjustment Programmes) 127–128, 365, 403, 415, 417–419, 427, 505, 507–508
　구조조정프로그램에 대한 논쟁 417
　구조조정프로그램의 단점 418
　구조조정프로그램의 문제점 507
구조화이론(structuration theory) 106
국가미사일방어(NMD: National Missile Defence) 326–327
국가의 권리와 의무에 관한 몬테비데오 협약(Montevideo Convention on the Rights and Duties of States) 4, 151–152, 386
국제공동체(international community) 48, 359, 373, 378, 383, 386, 425, 432, 437, 554, 559–561, 566–567
국제 무정부상태 7, 24, 59, 62, 67–68, 176, 208, 258, 281, 290, 497, 500, 506, 520
국제레짐 76–77, 158, 184, 354, 382, 434, 477, 501, 528
국제법 4, 18, 71, 74, 76, 151, 153, 167, 196, 214, 263, 290, 305, 354–355, 357, 362, 364, 371–373, 376–388, 390–393, 395–396, 477, 480, 491, 511, 560, 562–563
　국제공법 377
　국제법 준수 이유 382
　국제법의 기원 377
　국제법의 역설 379
　국제법의 원천 379
　국제법의 한계 379
　국제법의 헌법화 386
국제사법재판소(ICJ) 379–380, 386, 388, 394, 480, 491, 499
　국제사법재판소의 결점 388
국제앰네스티(Amnesty International) 8, 167, 183, 357, 360–361
　국제앰네스티 비판 360
국제연맹(League of Nations) 36–37, 58–60, 76, 305, 318, 384, 394, 477–478, 490–491, 494, 498, 536
　국제연맹의 결점과 실패 478
국제원조(international aid) 8, 397–398, 411, 420–421, 423–427, 560
　개발원조 421
　국제원조의 효과 425
　빈곤의 함정 424
　인도적 원조 421, 425
국제인권헌장 355
국제인도법(international humanitarian law) 376–377, 379, 385, 389, 391–392, 395–396
국제정치경제학 160, 190
국제정치사회학 125, 190
국제지뢰금지캠페인(International Campaign to Ban Land Mines) 199
국제통화기금 ☞ IMF 참조
국제형사재판소(ICC: International Criminal Court) 51, 155, 199, 266, 362, 376, 385, 387–388, 390–391, 393–396, 489, 499
　국제형사재판소 설립과정 393
　국제형사재판소에 대한 찬반론 395
　미국의 국제형사재판소 불참여 393
군국주의 13, 34, 60, 73, 210–212, 223, 287, 290, 315, 451, 454
군벌주의 161, 164
군비경쟁(arms race) 45, 314–315, 322, 326, 328, 382
군비통제 310, 320, 322–323, 325, 330, 360
군사적 모험주의 267, 383
권력정치 17, 23, 42, 56, 59–61, 66, 72, 74, 102, 286, 290, 301, 318, 362, 365, 457, 473–475, 482, 493, 497, 528, 530
그린피스 8, 167, 429, 438
극단적 글로벌주의(Hyperglobalnism) 11
글라스노스트(Glasnost) 45
글로벌 공유재(global commons) 404, 422, 432, 446
글로벌 금융위기 6, 13, 20, 51, 91, 129, 143–146, 148–149, 157, 159, 166, 272–273, 407–409, 411, 496, 508–509, 513, 516–519, 540, 544, 547–548, 564
　2007–9년 글로벌 금융위기 157, 273, 276
글로벌 불평등 125, 229, 272, 397, 406–408, 414, 425, 427, 517, 519
글로벌 빈곤 398, 399, 400, 406–407
글로벌 상호연결성 77–79, 82, 84, 135, 138, 549
글로벌 시민사회 8, 180–181, 184–185, 188, 195–197, 200–201, 277, 500, 517
　글로벌 시민사회 낙관론 200
　글로벌 시민사회 비판 200
글로벌 유한성 430
글로벌 코로나바이러스 팬데믹 1, 6, 20, 22, 24, 51, 115, 144, 276, 317, 485, 516, 519, 545–546, 549
글로벌 패권 50–53, 251, 264, 266, 269, 272, 278–279, 282, 306, 368, 475–476, 497–500, 507, 553, 558
글로벌거버넌스 3, 7, 11–13, 20, 22, 24, 36, 103, 163, 167–168, 170, 189, 196, 199, 244, 277, 279, 282, 354, 386, 434, 474, 491, 494–501, 506–507, 516, 519–520, 526, 528
글로벌경제 거버넌스 157, 271, 401, 403, 495–496, 501–502, 504–508, 513, 515–520, 529
글로벌성(globality) 1, 10, 132, 561
글로벌테러리즘 189
글로벌화 1–3, 6, 8–15, 20–25, 30–32, 40, 44–45, 76–83, 117–119, 121, 124, 127–128, 130–138, 148–151, 156–160, 189–192, 195–202, 210–211, 223–225, 243–245, 412–414, 466–468, 528–531, 545–547, 549, 551, 554–555
　경제의 글로벌화 10
　문화의 글로벌화 10
　정의와 논쟁 9
　정치의 글로벌화 10
글로컬라이제이션(glocalization) 198
글로컬화(glocalization) 170
금환본위제도 505, 515
기능주의 384, 475, 477, 525–526,

530, 534, 536, 545
기후 난민 214
기후변화 7, 13, 20, 72, 114–116, 157, 167, 187, 189, 214, 266, 273, 276–277, 403, 422, 425, 428, 431–432, 437–449, 452, 492, 517, 530, 547, 549, 552, 561–562, 567
기후변화의 원인 437, 442
긱(gig)경제 129

ㄴ

낙수경제 414
낙수이론 413
남미공동시장(Mercusor) 527–529, 535
남성주의(Masculinism) 87, 92–94, 163, 185, 209, 263, 454, 459, 463, 472
네덜란드 병(Dutch disease) 451
녹색운동 185, 192, 196–197
녹색이론 114, 402–403, 436
녹색정치 19, 402, 429, 432–433, 448
뉘른베르크 재판(Nuremberg Trials) 370

ㄷ

다문화주의 191, 219, 223, 235–236, 238–239, 250
다자주의 50, 233, 266, 268, 271, 282, 382, 393, 490, 502–503, 528
다중세계이론(theory of Multiple Worlds) 15
다층 거버넌스(multilevel governance) 151, 169–171, 178, 539
당구공 모델 5, 15
대량살상무기 ☞ WMD 참조
대량학살 154, 221, 228, 264, 296, 306, 358, 362, 366–368, 370–371, 381, 385, 388, 390–392, 394–395, 465, 485–486, 491–492, 534
대침체(Great Recession) 143, 145–148, 515–517, 544
데탕트(Detente) 44, 260, 262
도덕적 세계주의 82–83, 391
도하라운드 512, 534
동남아시아국가연합 ☞ ASEAN 참조
동인도회사(East Indian Company) 30, 130–131, 563

ㄹ

로마규정(Rome Statute) 387, 390–391, 393–395
로스토우의 경제발전 5단계 401
르완다 대량학살 362, 367, 392

ㅁ

마르크스주의 11, 18–22, 34, 37–38, 54, 56, 64, 85–87, 89, 93–94, 96–102, 104, 106–107, 111–114, 116, 118, 120, 124–125, 132–133, 137, 148, 162–163, 182, 184–185, 190, 192, 195, 206, 208–210, 226, 230, 253, 262–263, 288, 290, 318, 335, 338, 356, 362, 384, 396, 402–403, 405, 436, 456, 506, 551, 561
후기 마르크스주의 87, 100–101, 114, 162
맥월드(McWorld) 192, 195, 199
맬더스의 덫(Malthusian trap) 398
무정부상태 7, 17, 61, 64, 67, 69–70, 77, 103, 111, 176, 208, 258, 278, 281, 288, 318, 320, 497, 500, 506, 520, 525, 555
무정부주의 70, 72, 74, 84, 97, 195, 269, 271, 288, 290, 332, 335, 337–338, 434
무정부주의적 사회(anarchical society) 74
문화 글로벌화 54, 154, 180, 191–193, 201, 211, 236
문화 제국주의(Cultural imperialism) 191, 201, 363, 375
문화의 균질화(cultural homogenization) 191, 244
문화적 상대주의 82, 362, 364
미사일 방패(missile shields) 325–327, 330
미어샤이머(John Mearsheimer) 62, 69, 75, 112, 253, 262, 278–279, 551, 552
미투(#MeToo) 4, 92, 195, 548
민족자결 60, 158, 207–208, 210, 223, 244, 335, 478
민족주의
문화 민족주의 221, 236
시민 민족주의 219–220, 236
인종 민족주의 219–221, 223
민주적 평화 67, 73–75, 84, 244, 290, 462, 557

ㅂ

바르샤바조약기구(Warsaw Pact) 41, 46–47, 261, 298, 361
반란진압작전(counter-insurgency operations) 267
반인도적 범죄 390–392, 394–396
백인 우월주의 87, 95, 107, 231–232, 234, 256, 331, 335, 343, 347–348, 550
베르사유조약(Treaty of Versailles) 33, 35–36, 39–60, 142, 207, 296, 351
베스트팔렌 국가체제 6, 289, 292, 459, 497, 519
베스트팔렌조약(Peace of Westphalia) 4, 28, 227, 351
베스트팔렌평화조약 6, 151, 208, 378
벨 에포크(Belle époque) 30–31
벨파스트협정 345
보모국가(nanny state) 168
보스니아내전 296
보호를 위한 책임(R2P: The Responsibility to Protect) 166, 369, 371–372, 374–375, 490
복합적 상호의존(complex interdependence) 5, 72, 174, 258, 262, 460, 475–477
부분적 핵실험금지조약(Partial Test Ban Treaty) 322–323
부채위기 145–416, 419, 424, 508, 516, 544
북대서양조약기구 ☞ NATO 참조
북미자유무역협정(NAFTA: North American Free Trade Agreement) 156, 522–523, 527, 529, 534
브란트 보고서 404, 423
브레즈네프 독트린(Brezhnov doctrine) 45
브레튼우즈(Bretton Woods)체제 130–133, 142, 261, 416, 495–496, 501–504, 506, 508, 513, 515, 517, 519–520
브레튼우즈협정 419, 495, 501–502, 504–505, 508–509

브렉시트 83, 91, 105, 108, 125, 144, 262, 516, 521, 544
브릭스(BRICS) 52–53, 271, 273, 518–519, 560
비국가 행위자 7, 21, 24–25, 69, 77, 104, 109, 167, 174, 184, 188, 266, 277, 282–284, 289, 294, 312, 320, 331, 337–338, 341, 376–377, 387, 477
비극의 개별화(tragic individualization) 187
비대칭 전쟁 254, 272, 283, 293, 308–309
비용-편익분석 175, 289–291, 319
비정부기구 ☞ NGOs 참조
비판이론 19, 56, 75, 83, 85–87, 94, 98, 104, 108, 113–116, 133–134, 160, 162, 185, 190, 259, 262, 290, 331, 384, 455, 470, 549–551
비핵지대(nuclear-free zone) 328, 330
빈곤의 순환 410

ㅅ

3국동맹(Triple alliance) 33
3국협상(Triple entente) 33, 390
30년전쟁 6, 28, 243, 293
사이버전쟁 297, 299
사회생태학 434
사회시장(social market) 120–121
사회적 구성주의 19, 87, 290, 328, 506
사회적 성찰성(social reflexivity) 194
산성비 189, 430
상대이득(relative gains) 68, 84, 476
상품물신숭배(商品物神崇拜, commodity fetishism) 192
상품사슬(commodity chain) 100, 137
상하이협력기구(SCO: Shanghai Cooperation Organization) 527, 532
상호주관성 108
상호확증파괴(MAD: Mutual Assured Destruction) 43, 260, 263, 310, 315, 321, 326
새천년개발목표(MDGs: Millennium Development Goals) 403, 409, 420, 422–423, 427, 488, 489
생명중심적 평등(biocentric equality) 437
생태발자국(ecological footprint) 435
생태주의 81, 429, 433–437
생태학(ecology) 12, 22, 114–115, 205, 312, 429–430, 433–437, 447, 452, 549
  개혁주의 생태학 433, 435
    환경파괴에 대한 세 가지 해결방식 434
  급진주의 생태학 434
    사회생태학 434–435
    생태무정부주의 434–435
    생태사회주의 432, 435–436, 448
    생태페미니즘 435
  멸종저항(Extinction Rebellion) 548
  표층 생태학(shallow ecology) 433
석유수출국기구(OPEC: Organization of the Petroleum Exporting Countries) 133, 416, 501
성불평등지수(GII: Gender Inequality Index) 468–469
성서문자주의(scriptural literalism) 241
성소수자(LGBTQIA+) 209, 455, 457, 466, 470–471
세계경제포럼(WEF) 12, 196, 199, 556
세계무역기구 ☞ WTO 참조
세계사회(world society) 12, 181, 231, 403
세계사회포럼(World Social Forum) 12, 196, 403
세계은행 8, 90, 127, 129, 133, 138, 142, 157, 161, 215, 265, 365, 397, 400, 402–403, 406–407, 409, 411, 416–419, 424, 426, 455–456, 469–470, 473, 480, 491, 495, 498, 502, 507, 509–510, 512, 515, 517–520, 556
세계인권선언 8, 351, 354–356, 358–359, 370
세계정부 62, 80, 265, 288, 386, 474, 491–492, 495, 497–500, 519, 520
세계주의(cosmopolitanism) 82
세계주의(worldism) 14–15, 25, 73, 76–77, 82, 83, 98, 167, 196, 219, 354, 370, 373–374, 387, 391, 420, 478, 499, 514–515, 517, 555
세계체제론 57, 100, 137, 402, 405, 412
세계화(worlding) 14–15, 191, 198, 219, 507
세력균형(Balance of power) 7, 17, 33, 35–36, 38, 54, 62, 66, 68–69, 84, 110, 161, 174–175, 177, 260, 278, 280–281, 285, 290, 301–302, 315, 318–319, 321, 373, 492, 497, 501, 518, 560
세속주의(secularism) 239
소극적 평화 301
소액대출(microcredit) 470
시애틀전투(Battle of Seattle) 512
시한폭탄가설(ticking bomb scenario) 305, 346
식민성(coloniality) 185
신국제경제질서(NIEO) 423, 504
신국제에너지질서 428
신기능주의 475, 477, 525–528, 530, 534–545
신마르크스주의 96, 99, 112, 114, 137, 184–185, 402–403, 561
신민족주의 221
신식민주의 31, 87, 90, 134, 164, 261, 269, 397, 402, 421, 514
신유물론자 115
신자유주의 5, 70–74, 76–78, 84–85, 117–119, 123–129, 135, 142, 145–149, 159–160, 165–166, 475–477, 495, 505–506, 508–511, 513, 515–516
  신자유주의에 대한 비판 128
신자유주의 제도주의 20, 85, 109
신제도주의 76
신현실주의적 안정이론 57
신흥경제국 449, 513, 515, 517, 544
신흥공업국(NIC) 413
실정법(positive law) 378, 380
실정법의 과학(science of positive law) 378
실증주의 16, 19, 24, 109–110, 356, 378–379
실패국가(failed state) 163–164, 293

ㅇ

아랍의 봄 51, 218, 242, 248, 552, 554

아세안지역안보포럼(ARF) 527, 532
아시아적 가치 65, 194, 245, 247, 249–250, 363–364, 531
아시아-태평양경제협력기구 ☞ APEC 참조
아편전쟁 30
안보딜레마 68, 72, 110, 278, 288, 314–315, 322, 497
안보의 역설(security paradox) 461
알카에다 23, 48–49, 75, 167, 183, 186, 225, 297, 306, 334–336, 340, 342, 344, 348, 557
양심적 병역거부(conscientious objection) 305
에너지안보 428, 449–450, 514
연대권(solidarity rights) 352–353, 421
연대문화(solidaristic culture) 182
연방주의 50, 171–172, 475, 522, 525–526, 536, 539, 545
연합주권(pooled sovereignty) 158, 167, 499, 525, 542
영국학파 74, 181, 318, 378, 559
영토초월성(supraterritoriality) 190
오리엔탈리즘 29, 91, 235
오슬로협정 155, 228
오존층 파괴 189, 430–431, 441
온실가스 197, 431–433, 439, 441–445, 452, 561
외교정책분석(FPA) 171–173, 179
외생적 이론(exogenous theory) 67
외채과다빈곤국(HIPC: Heavily Indebted Poor Countries) 426
욕구의 위계(hierarchy of needs) 399–400
우루과이라운드 511–512, 517, 556
우주조약(Outer Space Treaty) 323, 562
워싱턴 합의 112, 122, 127, 129, 133, 416, 419, 505–506, 509–510, 513, 515, 518–519
  탈워싱턴 합의 419
원자주의(atomism) 182
월러스타인(Immanuel Wallerstein) 89, 96, 100, 112, 125, 137, 262, 405, 551–552
월츠(Kenneth Waltz) 11, 62, 64, 67, 69, 75, 78, 87, 174, 286, 318, 506
윌슨(Woodrow Wilson) 대통령 37, 58–60, 73, 76, 207, 261, 478
  14개조 평화원칙 478
유럽경제공동체 ☞ EEC 참조
유럽석탄철강공동체(ECSC) 524, 536–537, 542
유럽안보협력기구(OSCE) 47, 527
유럽안보협력회의(CSCE) 44, 47
유럽연합 ☞ EU 참조
유럽연합조약(TEU) 529, 533, 537, 542
유럽중심주의 30, 89, 173, 247, 330, 363, 560
유럽지역개발기금(European Regional Development Fund) 171
유스 아드 벨룸(jus ad bellum) 303–304, 309
유스 인 벨로(jus in bello) 303–304, 309
유엔(UN: United Nations) 3, 7–8, 155–157, 318–320, 353–360, 362–364, 369–372, 387–396, 402–405, 477–495, 498–500
  유엔에 대한 비판 491
유엔개발계획(UNDP) 488–489
유엔 경제사회이사회(ECOSOC) 480, 488, 491, 510
유엔 기후변화협약(FCCC) 431, 444–445
유엔 인권고등판무관실(OHCHR: Office of the UN High Commissioner for Human Rights) 355
유엔 평화구축위원회(Peacebuilding Commission) 487, 493
유엔 평화유지군 298, 372, 484, 486, 489, 534
유엔 평화유지활동 484, 491–492
이상주의 47, 59, 70–71, 96, 111, 263, 384, 478, 536, 559
  자유주의와의 차이 71
이성애규범성(Heteronormativity) 455
이웃 궁핍화 정책(beggar-thy-neighbour policies) 130, 141–142, 501
인간개발(human development) 349, 400, 405, 407, 410, 420, 427, 456, 463, 468, 488
인간개발지수(Human Development Index) 405, 410, 488
인간안보 21, 25, 104, 405, 414, 456, 461, 463, 466, 472, 488
인권선언 8, 195, 199, 230, 349–351, 354–356, 358–360, 366, 370, 379, 489
인도적 개입 75, 103–104, 107, 154, 166–167, 266, 303–304, 338, 349, 354, 364–376, 387–389, 396, 552, 559–560
인도주의(humanitarianism) 48–49, 80, 98, 103–104, 107, 166, 218, 294, 301, 303–304, 308, 338, 350, 359, 361, 370, 484–485, 559
인류세(Anthropocene) 22, 114, 429, 438
인종주의 19, 39, 91, 95, 102, 116, 123, 163, 185, 209, 227, 229, 232, 432, 471, 478, 537, 550
인종집단(ethnic group) 30, 204, 210–211, 287, 370
인종청소 104, 211, 221, 296, 367, 370–371, 374, 391
인종화 21, 28, 88–91, 115, 123, 125, 185, 197, 226–227, 230, 233, 291, 471

ㅈ

자본주의 19–21, 28–34, 39–42, 95–102, 111–134, 137–146, 189–193, 232–245, 262–266, 402–406, 433–436
  국가자본주의 119, 121–123, 127–128, 134, 148–149, 166, 245, 274
  기업자본주의 119–120, 123, 145, 148–149
  사회자본주의 119–121
  인종자본주의 91, 119, 123
  자본주의 역사 118, 139
  자본주의의 기원 118
  초고속자본주의 140
  초고속 자본주의(turbo-capitalism) 128
  카지노 자본주의 142–143, 513
  플랫폼 자본주의 129
자연권(natural rights) 350, 352, 356, 378
자원안보 126, 447, 449, 452

자원의 저주 451
자유방임주의 141, 193, 503
자유주의 54–60, 109–119, 287–290, 401–405, 415–419, 475–499
  공화주의적 자유주의 57, 71–74, 77, 555
  내재적 자유주의(embedded liberalism) 503, 505–506
  상업적 자유주의 71–72
  상호의존적 자유주의 57, 71–72, 76–77, 555
  신자유주의적 제도주의 5, 57, 70–71, 74, 76–77, 103, 110, 112, 476–477
  이원적 자유주의 74
  자유주의적 국제주의 36, 60, 71, 73, 77, 261, 301
  자유주의적 이상주의 59, 111, 559
자유주의적 개입주의 73, 367–368
자유주의적 전쟁 방식 75
자유주의 테러(liberal terror) 75
적극적 자유 400
적극적 평화(positive peace) 307
전략공격무기감축조약(SORT: Strategic Offensive Reduction Treaty) 316, 323
전략방어구상(SDI: Strategic Defence Initiative) 45, 326
절대이득 76, 84, 476
점증주의 모델 176, 178
정당한 전쟁(just war) 70, 301–306, 308–309, 327, 354, 368, 370, 378, 389, 559
정당한 전쟁론 57, 300, 302, 303–305, 308–309, 368, 378, 389
정부간주의(intergovernmentalism) 79, 158, 474, 500–501, 523, 533–534, 536–538, 542
  자유주의적 정부간주의 79
정체성 정치 114, 195, 223, 225, 227, 229–232, 235, 240, 249–250, 557
제1차 세계대전 26, 30–40, 46, 54, 58, 60, 63, 70, 77, 93, 139, 155, 207, 209–211, 214, 261, 271, 285–286, 290, 295, 311, 315, 386, 449, 465, 474, 478, 536
제국의 과도한 영향 165
제노사이드협약 358, 370, 381, 389, 391
젠더렌즈 453, 455–456, 462, 472
젠더 주류화(gender mainstreaming) 455–456, 472
죽음의 정치(necropolitics) 22, 115
중상주의 123–124, 133, 402, 405, 506
  공격적 중상주의 124
  방어적 중상주의 124
지구온난화 431, 437–439, 441–442, 445–446, 448, 561
지구정상회의(Earth Summit) 196, 353, 423, 431, 442
지배계층 168, 230
지속가능발전목표(SDGs) 403, 420, 422–423, 427, 488–489
지식경제(knowledge economy) 128–129, 183
지하드 195, 199, 306, 336, 339, 340, 342
질서자유주의(ordoliberal) 125
집단안보(collective Security) 76, 150, 263, 318, 383, 477–478, 481–483, 490, 494, 503, 558
집산국가(collectivized state) 158

ㅊ

채무면제 398, 411, 421, 424, 426, 427
체제이론 67, 112
초국가적 공동체 202, 211, 214, 216–217, 219, 223, 224
초국가적 사회운동(transnational social movement) 12, 54, 196–197, 200–201
초국가주의(supranationalism) 5, 6, 158, 217, 219, 474, 499, 501, 523, 538, 542
초국적기업(TNCs: Transnational Corporations) 4, 8, 19, 77, 124–125, 127, 129, 131–134, 136, 146, 149–150, 156, 159, 162, 164, 167, 174, 183, 186, 189, 191–192, 196–200, 277, 357, 402, 404, 412, 414, 474, 500, 506–507
초글로벌주의자(hyperglobalist) 133, 135, 154, 180, 183, 555
초영토성 154
최혜국 대우 524

ㅋ

카오스이론 81–82, 187, 549
칸트(Immanuel Kant) 18, 29, 58, 70, 73–74, 82, 86, 253, 289, 478, 498
케어 인터내셔널(Care International) 8
케인스(John M. Keynes) 119, 124, 126–127, 130, 141–142, 146–147, 158–160, 503–504, 515, 517
코소보전쟁 51, 296
퀴어이론 455, 457, 460, 470–472

ㅌ

탈식민주의 19–20, 75, 85, 87, 89, 93, 107, 114–116, 125, 163, 185, 190, 198, 209, 230, 233–235, 243, 250, 259, 263, 287, 291, 325, 338–339, 356–357, 363, 374, 379, 396, 402, 405, 471, 559
탈영토화(deterritorialization) 156, 190, 195, 217
탈인류질서 115
탈주권 거버넌스 154, 174, 178
테러와의 전쟁 11, 21, 23, 48–50, 52, 67, 69, 73, 75, 111, 113, 129, 164, 177, 225, 233–234, 250, 258–259, 266–269, 272, 282, 292, 294, 298, 305–306, 312, 331, 337–339, 341, 344, 346, 357, 361, 366–368, 383, 450, 471, 542, 548, 552, 557
  테러와의 전쟁의 글로벌화 267
통치성(governmentality) 103, 159
트랜스젠더 21, 92, 107, 231, 455, 457, 466

ㅍ

파급효과(spillover) 477, 526, 530, 534, 549
팔레스타인 51, 151, 153, 155, 198, 228, 248, 292, 332, 336–337, 345, 551
  팔레스타인 국가건설 가능성 155
  팔레스타인의 국가성 추구 155
  팔레스타인자치정부 155
  팔레스타인해방기구(PLO) 155, 228, 332, 337
패권안정이론 124, 270, 475, 506

페레스트로이카 45
페미니스트 행동주의 92, 456
페미니즘 19, 21, 56, 85, 87, 92-95, 107, 113-114, 116, 125, 163, 185, 190, 194-195, 197, 209, 224, 229, 231, 263, 287, 291, 384-385, 445, 453-458, 460-461, 463-464, 466, 468, 471-472
 관점적 페미니즘 457, 460
 분석적 페미니즘 455, 457, 472
 블랙 페미니즘 95
 상호교차성 페미니즘 95
 실증적 페미니즘 455, 472
 탈식민지 페미니즘 95
편향성의 동원화(mobilization of bias) 453
평화강제(peace enforcement) 389, 486-487
평화구축(peace-building) 166, 484, 486-493
평화를 위한 협력(PFP: Partnership for Peace) 298
평화배당금(peace dividened) 323
평화운동 185, 196-197, 209, 307, 327
평화의 배당(peace dividend) 164
포괄적 핵실험금지조약(CTBT) 323, 329
포스트모더니즘 209, 362-363
포스트모던 국가 161
풍요의 역설(paradox of plenty) 254, 411, 451
프랑크푸르트학파 86, 97-98, 185, 245

ㅎ

하이브리드전쟁 165, 296
하층계급(underclass) 120, 182
합리적 행위자 모델 175-178
핵무기 7, 41, 43, 47, 53, 69, 99, 110, 189, 199, 221-222, 254-255, 259, 268, 279, 284, 292, 295, 307, 310, 312-317, 319-330, 336, 380, 394, 438, 481, 518, 558
 맨해튼 프로젝트 314
 수소폭탄 314, 327
 핵확산 310, 313-316, 319, 322-323, 325, 329-330, 380, 489
핵무기 반대 운동 327
 유럽핵군축(END: European Nuclear Disarmament) 307, 327
 핵군축캠페인(CND: Campaign for Nuclear Disarmament) 307, 327
 핵금지조약(Nuclear Ban Treaty) 310, 323, 327
 핵무기금지조약(Treaty on the Prohibition of Nuclear Weapons) 199, 323, 327
 핵무기폐기 국제캠페인(ICAN: International Campaign to Abolish Nuclear Weapons) 199, 307, 327
핵사용목표선정(NUTS: nuclear utilization target selection) 321
핵확산금지조약(NPT) 315, 320, 322-326, 328-380, 489
행동경제학 160
행위자 네트워크이론 115
헌팅턴(Samuel P. Huntington) 199, 233-234, 239, 250, 523, 557
헤이그평화회의 389
현실주의 16-20, 24-25, 33, 36-37, 41-42, 55-56, 59-79, 83-85, 87, 94-95, 99, 103-104, 106, 109-114, 116, 124-125, 162-164, 175-177, 257-263, 266, 269-270, 278-282, 286, 288-291, 321-322, 373-374, 376, 382-385, 459-460, 464, 471-472, 475-477, 558-559
 고전적 현실주의 20, 56, 61-62, 64, 67-68, 72, 106, 175, 286, 290, 318, 436, 459
 공격적 현실주의 69, 278-279, 288, 290, 558
 구조적 현실주의 61, 67, 69, 477
 방어적 현실주의 69, 162, 278, 383
 변형된 구조적 현실주의 477
 신고전적 현실주의 70
 신현실주의 56, 61-64, 67-69, 72-73, 76-77, 85, 106, 110, 112, 162, 175, 177, 179, 260-262, 266, 271, 278-282, 288, 290, 302, 318, 365, 475-476, 551
 자유주의적 현실주의 74
 현실주의 비판 69
 후기 신현실주의 56
호랑이 경제 121-122
혼합 행위자 모델(mixed-actor model) 3-4
화학무기 32, 165, 310, 312-313, 320, 323-324, 330
화학무기금지협약(CWC) 312
후기 구조주의 19, 21-22, 64-65, 75, 85, 87, 92, 100-101, 102-103, 105, 107, 109, 113-116, 125, 159, 185, 190, 209, 231, 233, 259, 287, 318, 338-339, 384, 460, 470-471
후기 산업사회 180-182
후기 실증주의 19, 24, 109
후쿠야마(Francis Fukuyama) 46-47, 73, 106, 112, 234, 247, 464, 519, 555, 557
휴먼라이츠워치 357, 361, 393
흑인 생명의 중요성(Black Lives Matter) 4, 195, 229, 233, 237, 548-550, 557
힌두 민족주의 202, 221, 240

| 명인문화사 정치학 관련 서적 |

정치학 분야

정치학의 이해 Roskin 외 지음 / 김계동 옮김
정치학개론: 권력과 선택, 제15판 Shively 지음 / 김계동, 민병오 외 옮김
비교정부와 정치, 제12판 McCormick 외 지음 / 김계동, 서재권 외 옮김
정치학방법론 Burnham 외 지음 / 김계동 외 옮김
정치이론 Heywood 지음 / 권만학 옮김
정치 이데올로기: 이론과 실제 Baradat 지음 / 권만학 옮김
국가: 이론과 쟁점 Hay, Lister 외 엮음 / 양승함 옮김
민주주의국가이론 Dryzek, Dunleavy 지음/ 김욱 옮김
사회주의 Lamb 지음 / 김유원 옮김
자본주의 Coates 지음 / 심양섭 옮김
신자유주의 Cahill, Konings 지음 / 최영미 옮김
정치사회학 Clemens 지음 / 박기덕 옮김
정치철학 Larmore 지음 / 장동진 옮김
문화정책 Bell, Oakl 지음 / 조동준, 박선 옮김
시민사회, 제3판 Michael Edwards지음 / 서유경 옮김
복지국가: 이론, 사례, 정책 정진화 지음
포커스그룹: 응용조사 실행방법 Krueger, Casey 지음 / 민병오 외 옮김

국제관계 분야

국제관계와 글로벌정치, 제3판 Heywood, Whitham 지음 / 김계동 옮김
국제정치경제 Balaam, Dillman 지음 / 민병오 외 옮김
국제관계이론 Daddow 지음 / 이상현 옮김
국제개발: 사회경제이론, 유산, 전략 Lanoszka 지음 / 김태균 외 옮김
국제기구의 이해: 글로벌 거버넌스의 정치와 과정, 제3판
Karns, Mingst, Stiles 지음 / 김계동, 김현욱 외 옮김
글로벌연구: 이슈와 쟁점 McCormick 지음 / 김계동, 김동성 외 옮김
글로벌 거버넌스: 도전과 과제 Weiss, Wilkinson 편저 / 이유진 옮김
현대외교정책론, 제4판 김계동, 김태환, 김태효, 김현, 마상윤 외 지음
외교: 원리와 실제 Berridge 지음 / 심양섭 옮김
세계화와 글로벌 이슈, 제6판 Snarr 외 지음 / 김계동, 민병오 외 옮김
세계화의 논쟁: 국제관계 접근에서의 찬성과 반대논리, 제2판
Haas, Hird 엮음 / 이상현 옮김
세계무역기구: 법, 경제,정치 Hoekman 외 지음 / 김치욱 옮김
현대 한미관계의 이해 김계동, 김준형, 박태균 외 지음
현대 북러관계의 이해 박종수 지음
중국의 외교정책과 대외관계 Shambaugh 편저 / 김지용, 서윤정 옮김
한국의 외교정책과 대외관계 김계동, 김태균, 김태환, 김현 외 지음
글로벌 환경정치와 정책 Chasek 외 지음 / 이유진 옮김
지구환경정치: 형성, 변화, 도전 신상범 지음
기후변화와 도시: 감축과 적응 이태동 지음
핵무기의 정치 Futter 지음 / 고봉준 옮김
비핵화의 정치 전봉근 지음
비정부기구의 이해, 제2판 Lewis 외 지음 / 이유진 옮김

지역정치 분야

동아시아 국제관계 McDougall 지음 / 박기덕 옮김
동북아 정치: 변화와 지속 Lim 지음 / 김계동 옮김
일본정치론 이가라시 아키오 지음 / 김두승 옮김
현대 중국의 이해, 제3판 Brown 지음 / 김흥규 옮김
현대 미국의 이해 Duncan, Goddard 지음 / 민병오 옮김
현대 러시아의 이해 Bacan 지음 / 김진영 외 옮김
현대 일본의 이해 McCargo 지음 / 이승주, 한의석 옮김
현대 유럽의 이해 Outhwaite 지음 / 김계동 옮김
현대 동남아의 이해, 제2판 윤진표 지음
현대 아프리카의 이해 Graham 지음 / 김성수 옮김
현대 동북아의 이해 Holroyd 지음 / 김석동 옮김
현대동아시아의 이해 Kaup 편 / 민병오, 김영신 외 옮김
미국외교는 도덕적인가: 루스벨트부터 트럼프까지 Nye 지음 / 황재호 옮김
미국정치와 정부 Bowles, McMahon 지음 / 김욱 옮김
한국정치와 정부 김계동, 김욱, 박명호, 박재욱 외 지음
중일관계 Pugliese, Insisa 지음 / 최은봉 옮김

북한, 남북한 관계 분야

북한의 외교정책과 대외관계: 협상과 도전의 전략적 선택 김계동 지음
북한의 통치체제: 지배구조와 사회통제 안희창 지음
남북한 체제통합론: 이론 · 역사 · 경험 · 정책, 제2판 김계동 지음
남북한 국가관계 구상: 대북정책의 뉴 패러다임 김계동 지음
한반도 평화: 분단과 통일의 현실 이해 김학성 지음
한국전쟁, 불가피한 선택이었나 김계동 지음
한반도 분단, 누구의 책임인가? 김계동 지음
한류, 통일의 바람 강동완, 박정란 지음

안보, 정보 분야

국가정보학개론: 제도, 활동, 분석 Acuff 외 지음 / 김계동 옮김
국제안보의 이해: 이론과 실제 Hough 외 지음 / 고봉준, 김지용 옮김
전쟁과 평화 Barash, Webel 지음 / 송승종, 유재현 옮김
사이버안보: 사이버공간에서의 정치, 거버넌스, 분쟁
Puyvelde, Brantly 지음 / 이상현, 신소현, 심상민 옮김
국제분쟁관리 Greig, Owsiak, Diehl 지음 / 김용민, 김지용 옮김
국제안보: 쟁점과 해결 Morgan 지음 / 민병오 옮김
전쟁: 목적과 수단 Codevilla 외 지음 / 김양명 옮김
국가정보: 비밀에서 정책까지 Lowenthal 지음 / 김계동 옮김
국가정보의 이해: 소리없는 전쟁 Shulsky, Schmitt 지음 / 신유섭 옮김
테러리즘: 개념과 쟁점 Martin 지음 / 김계동 외 옮김